# 运城年鉴

2010

**图书在版编目（CIP）数据**

运城年鉴．2010／《运城年鉴》编纂委员会编．—太原：山西人民出版社，2011.3

ISBN 978-7-203-07095-5

Ⅰ.①运… Ⅱ.①运… Ⅲ.①运城市-2010-年鉴 Ⅳ.①Z522.53

中国版本图书馆 CIP 数据核字(2011)第 023434 号

运城年鉴（2010）

---

**编　　者**：《运城年鉴》编纂委员会
**责任编辑**：赵虹霞

---

**出 版 者**：山西出版集团·山西人民出版社
**地　　址**：太原市建设南路 21 号
**邮　　编**：030012
**发行营销**：0351-4922220　4955996　4956039
0351-4922127（传真）　4956038(邮购)
**E-mail**：sxskcb@163.com　发行部
sxskcb@126.com　总编室
**网　　址**：www.sxskcb.com

---

**经 销 者：山西出版集团·山西人民出版社**
**承 印 者**：运城市精睿印务有限公司

---

**开　　本**：185mm × 260mm
**印　　张**：29
**字　　数**：902 千字
**印　　数**：1-1000 册
**版　　次**：2011 年 3 月 第 1 版
**印　　次**：2011 年 3 月 第 1 次印刷
**书　　号**：ISBN 978-7-203-07095-5
**定　　价**：298.00 元

---

**如有印装质量问题请与本社联系调换**

# 《运城年鉴》编纂委员会



# 《运城年鉴》编纂成员

# 编辑说明

■《运城年鉴》是中共运城市委、市政府组织编纂的大型史册性资料文献，是本市唯一的综合性年鉴。《运城年鉴》公开发行，逐年记载全市各个领域、各项事业的发展概况，为广大读者和群众了解运城、认识运城、建设运城服务。

■本版年鉴的记事范围为2009年内容，上下限为所记年度的1月1日至12月31日。另外，在文献栏目中选载了2010年的内容。

■本版年鉴仍采用分类编排法，在结构上主要分为栏目、类目、条目，其中条目为年鉴内容主体部分。为使一些资料归类更为科学集中，在部分类目和条目之间增设了分目，以便于读者查阅。

■本年鉴稿件由市直各有关单位和各县（市、区）有关单位提供，主要统计数字来源于统计部门。

■《运城年鉴》作为一种地域性文献和信息载体，所具有的信息权威性、连续性、系统性、密集性、及时性等特点，正逐步被社会各界所认识。作为年鉴编纂者，将不断总结经验，与时俱进，为运城经济和社会转型发展、安全发展、和谐发展，为把运城建成现代化的工贸旅游中心城市，建成山西向东向西开发的桥头堡和大通道发挥应有的作用。

在此，对一直支持和帮助《运城年鉴》工作的社会各界和年鉴采编员表示诚挚的谢意。

# 运城市行政区划图

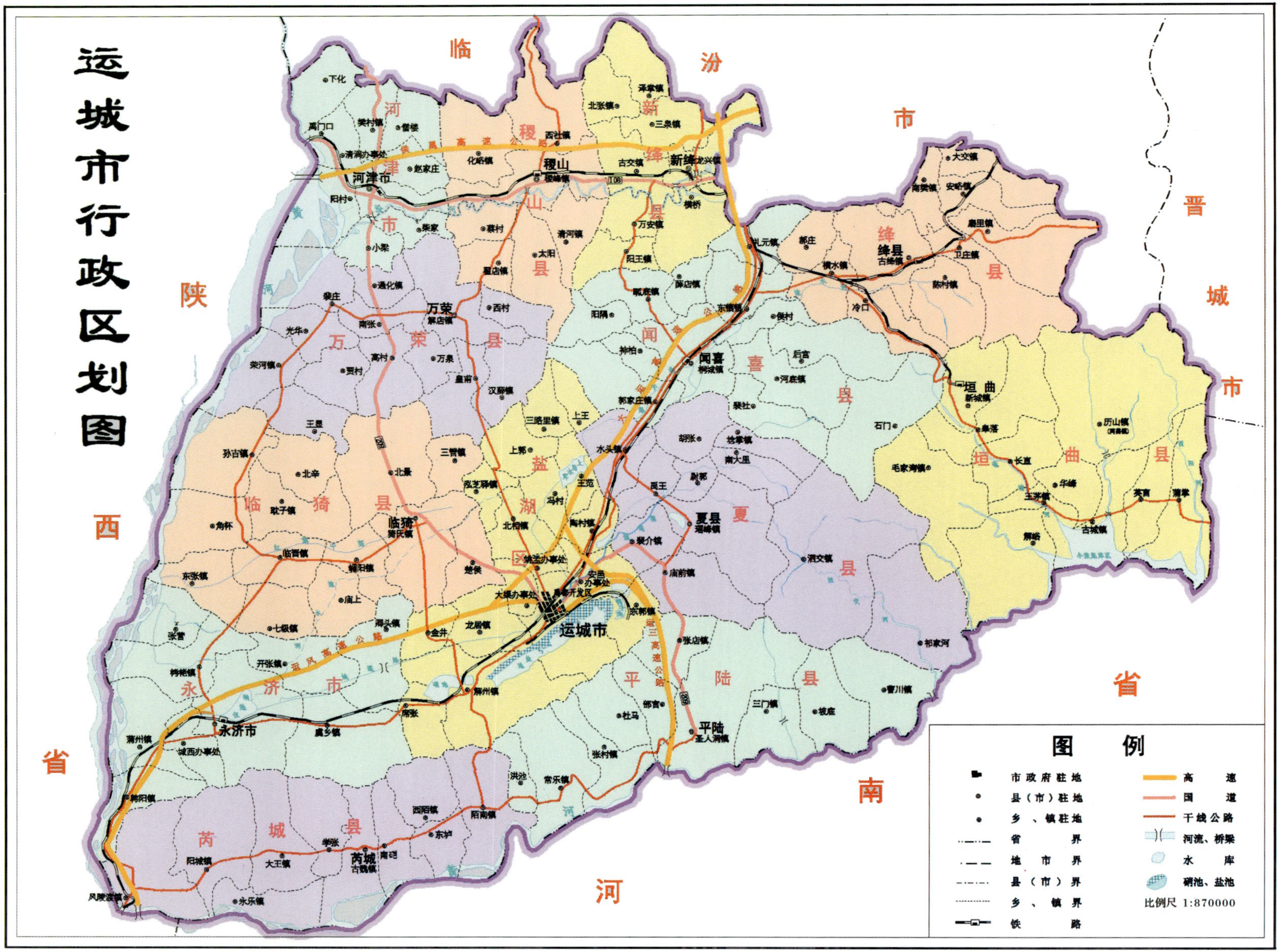

临汾市
晋城市
陕西省
河南省
运城市
永济市
河津市
芮城县
临猗县
万荣县
稷山县
新绛县
绛县
垣曲县
闻喜县
夏县
平陆县
盐湖区
图例
市政府驻地
县（市）驻地
乡、镇驻地
省界
地市界
县（市）界
乡、镇界
铁路
高速
国道
干线公路
河流、桥梁
水库
硝池、盐池
比例尺 1:870000

市委书记高卫东(右)在夏县武警某部视察工作

市长王安庞(右二)视察新开通的国粮街、条山街

市人大主任张建合（中）考察新绛县农业蔬菜基地

市政协主席柴林山（中）在临猗县中惠塑料包装有限公司视察工作

市委常委、副书记董鹏翔在夹马口引黄管理局调研

市委常委、常务副市长王殿民在市政府目标责任考核协调会上部署工作

市委常委、副市长张建喜(右二)在阳煤集团临猗丰喜分公司检查安全生产工作

市委常委、市纪委书记赵建平安排部署全市党风廉政建设和反腐败工作

市委常委、市委秘书长董一兵在市编办调研

市委常委、组织部部长陈振亮（左二）深入闻喜县查看学习实践科学发展观活动资料

市委常委、宣传部部长王蕾在全市宣传工作会议上安排部署工作

运城军分区政委刘哲凝(右二)陪同中国人民解放军海军“运城舰”主要首长来运参观访问

市委常委、政法委书记崔克信深入各县(市、区),市直各有关单位、各重点部位和复杂场所检查指导国庆60周年安全保卫工作

市委常委、统战部部长于波在全市统战工作会议上讲话

副市长吴菊仙(右)代表市政府与各县市分管领导签订二轮修志目标责任书

副市长武宏文（右二）在新绛县蔬菜基地调研

副市长王健康(中)在盐湖区解放路棚户区改造工地现场办公

# 盛世修志　益泽千秋

## ——纪念运城市新编地方志工作开展30年

2007年4月，中国地方志指导小组组长朱佳木（前排左四）、秘书长田嘉（前排左五）来运城视察工作

从1980年开始的我国新编地方志工作，已经走过了30年历程。全市地方志工作者在市、县两级党委和政府的领导和支持下，奋力拼搏，共同努力，使这项延续历史、实录当代、传承文化的德政工程日益巩固，新编地方志工作成绩斐然。

30年的不懈努力，全市地方志事业得到全面发展。截至2010年，市、县两级已圆满完成首轮修志工作，并顺利启动第二轮续修工作，编纂完成了《运城地区志》等市、县两级志书17部，编修市、县两级专业志、部门志百余部，一批乡镇、村志和旅游景区志相继出版发行。全市共编纂出版《运城年鉴》等市、县两级综合年鉴和专业年鉴近百部，整理、点校出版旧志10余部，还有相关的地方志理论与年鉴理论研究成果问世，多部志书、年鉴在全国、省、市获奖。这既是对我市市情开展的一次大规模调查，也是对本地经济

中排左七为运城地区专员、第一届地方志编纂委员会主任宁烈，右二为地方志办公室主任员创生

和社会发展状况的一次综合性研究，所取得的成果，在资政、存史、育人、推动全市经济社会发展和文化建设中发挥了重要作用。

30年的修志实践，积累了宝贵的工作经验。确立党委领导、政府主持、地方志机构组织实施、专家参与的修志体制，发展了方志官修的文化传统；全市形成修志编鉴、开发利用方志资源、提升服务能力的修志工作格局，促进了地方志事业全面协调可持续发展；认真贯彻《地方志工作条例》，地方志工作步入制度化、法制化轨道，“一纳入五到位”逐步得到落实，全市进入了依法修志新阶段；锻炼和培养出一批爱岗敬业、乐于奉献、精通业务的修志骨干力量，为我市地方志事业可持续发展奠定了坚实基础。

30年的修志信念，地方志工作任重道远。地方志作为记述经济社会历史与现状的资料性文献，作为传承文明、服务社会的重要载体，对推进全市文化事业大发展大繁荣，对推进我市转型发展、跨越发展有义不容辞的责任和义务。全市地方志工作者将坚定信心，明确思路，继续深入贯彻落实《地方志工作条例》，推动地方志事业科学发展；坚持质量第一原则，努力完成二轮修志工作，以科学认真、精益求精的态度，编纂经得起历史检验的精品佳志；继续稳定修志队伍，强化网络化、信息化建设，以改革创新的精神，为我市经济社会又好又快发展作出新贡献，谱写地方志事业新篇章！

《运城年鉴》发行表彰大会

2009年12月，全市地方志工作会议上，吴菊仙副市长与各县分管领导签订二轮修志责任书

市地方志办公室主任孙玉莲在全市地方志工作会议上安排部署工作

2008年6月23日，市地方志办、市总工会、市体育局在北京奥运会举办前，联合举办奥运知识宣传活动

2009年9月22日，为庆祝新中国60华诞，市地方志办举办“爱祖国、爱家乡、爱运城‘阳光杯’市情知识竞赛”

# 中共运城市委办公厅

市委常委、市委办公厅秘书长　王殿民

团结高效、奋勇争先的市委办公厅一班人

中共运城市委办公厅，为正处级建制，是市委的综合办事机构，担负着综合协调、调查研究、督促落实、参谋服务等主要职责。内设 15 个科（室、局），工作人员 96 名。近年来，在市委的坚强领导和大力支持下，市委办公厅围绕中心、服务大局，始终以科学发展观为统领，认真履行当参谋、搞协调、促落实、保运转的职能职责，坚持“政治坚定、坚守原则”，“努力学习、加强修养”，“勤奋工作、努力争先”，“严格要求、严守纪律”，“团结互助、加强协作”的五项准则，落实“忠诚、用心、务实”的六字要求，力求在文稿写作、信息上报、督促检查、应急值班、综合协调、机要保密、党的建设等重点工作上争创一流，为保障全市党委工作高效顺畅运行，促进全市经济社会平稳较快发展做出积极贡献。

努力加强机关建设　全力提高服务质量

运城市党委办公系统业务知识竞赛

# 运城市人大常委会

2009年5月14日运城市第二届人民代表大会第五次会议

市委书记高卫东与新、旧两届人大主任合影

新当选的市人大常委会主任张建合接受采访

常委会组成人员参加果业发展专题调研

人民代表大会分团组会议

运城市人大常委会组成人员视察企业

# 运城市人民政府办公厅

市政府办公厅秘书长　肖暹东

市政府办公厅召开科学发展观动员大会

运城市人民政府办公厅是市政府的综合办事机构，担负着综合协调、督促落实、参谋服务等重要职责。全办的干部标准是：“参谋作用强、协调能力强、业务水平强、材料写作强、网络运用强”；工作目标是：“参谋作用高层次，督促检查高水平，组织协调高效率，日常服务高质量，干部队伍高素质”。近年来，办公厅坚持把“服务为本、责任为根、创新为魂”作为办文、办会、办事的职业操守和工作根基；坚持把“勤奋、周到、尽责、诚信、高效”作为每个人员应有的工作态度和行为准责；坚持在学习培训、实践锻炼中不断提高人的素质，坚持在落实制度、创新机制中推动各项工作。为保证全市政务活动高效顺畅运行，为促进全市经济社会平稳较快发展做出了积极贡献。

市政府办公厅全体人员赴夏县烈士陵园为烈士扫墓并重温入党誓词

市政府办公厅全体人员在平陆后滩村帮扶

# 政协运城市委员会

政协主席柴林山在二届四次全体会议上讲话

安永全主席和柴林山主席在二届四次全体会议上

市政协领导班子在二届四次全体会议上

2009年9月庆祝人民政协60周年各界人士联谊会

2009年9月庆祝人民政协60周年书画展

2009年9月庆祝人民政协成立60周年知识竞赛

副主席李玉燕在空港华雄纺织有限公司调研

# 运城市纪律检查委员会

运城市委常委、市纪委书记赵建平安排部署全市党风廉政建设和反腐败工作

中央纪委副书记干以胜深入永济市调研指导反腐倡廉建设

山西省委副书记、省纪委书记金道铭在运城市委书记高卫东等领导陪同下，检查指导廉政警示教育工作

山西省委副书记、省纪委书记金道铭在运城市委书记高卫东等领导陪同下检查指导阳光农廉工作

运城市委书记高卫东、市长王安庞等领导在市廉政警示教育基地接受教育

运城市夏县瑶峰镇小郭村村民在村农廉查询室查询涉农信息

# 运城市委组织部

2009年，运城市委组织部坚持以中国特色社会主义理论体系为指导，全面贯彻落实科学发展观，以开展深入学习实践科学发展观活动、举办各类主体培训班、健全完善干部选任初始提名制度、探索实行干部回访调查制度为重点，大力加强领导班子和干部队伍建设；以扎实推进村级组织活动场所建设、选聘高校毕业生到村任职工作、落实发展党员“382”工程为重点，全面提高基层党组织建设和党员队伍建设水平；以开展第九届产学研合作与交流活动、百名优秀人才评选活动为重点，不断推进人才强市战略；以开展深入学习实践科学发展观活动、深化拓展“讲党性、重品行、做表率”活动和开展“万名组织部长下基层”活动为抓手，不断提高干部素质，各项工作统筹兼顾，整体推进，为全市经济社会平稳较快发展提供了坚强有力的组织保障和人才支撑。

市委书记高卫东与市委常委、组织部部长陈振亮陪同省委常委、组织部部长汤涛在永济市城东街道干樊村调研

市委常委、组织部部长陈振亮检查指导稷山县深入学习实践科学发展观活动开展情况

市委常委、组织部部长陈振亮视察2009年大学生村干部招录笔试工作

市委组织部对全市县处级领导干部和中青年干部进行正规化轮训

市委组织部“热爱运城、共谋发展”百名优秀人才命名表彰活动

市委组织部组织各类优秀人才进行体检

# 运城市委宣传部

市委常委、宣传部部长王蕾在全市宣传工作会议上

2009年面对国际金融危机影响经济发展的严峻形势，全市宣传思想文化战线始终坚持高举旗帜，围绕中心、服务大局，扎实推进理论武装、舆论引导、精神塑造、文明和谐创建、文化强市、对外宣传等重点工作，为促进全市经济社会平稳较快发展提供了强有力的思想保证、精神动力和舆论支持。深入开展科学发展观学习实践活动，大力宣传应对危机、落实“三保”的各项举措和成效，精心组织庆祝新中国成立60周年系列活动，成功举办了中国运城第20届国际关公文化旅游节、中国芮城永乐宫国际书画艺术节等大型文化活动。文化体制改革取得突破性进展，完成了市县两级文化、新闻出版、广播电视三局合，广播电视局台分离，组建了新的文化市场综合执法队。文化产业效益持续攀升，增加值占GDP比重达到3.8%。文化精品成绩喜人，电视剧《杏花岭》、广播剧《报答》、电视片《千年回响—神秘的绛州》、歌曲《妈妈的手擀面》等获省第八届精神文明建设“五个一工程”优秀作品奖，市委宣传部荣获组织奖；《昂贵的选票》获“新中国成立60周年”优秀报告文学奖；孔向东荣获第24届中国戏剧梅花奖；市文化艺术学校再次摘得5朵小梅花；市蒲剧青年团被授予“全国文化系统先进集体”称号；临猗、永济荣获山西省“十大文化强县”称号。

春节前组织文化下乡为群众写春联

中国运城第20届关公文化节主祭会场

开展建党88周年纪念活动

# 中共运城市委统战部

2009年，在市委的坚强领导和省委统战部的有力指导下，运城市委统战部认真学习贯彻党的十七届四中全会精神、全国全省统战部长会议精神和市委二届四次全会精神，扎实开展学习实践科学发展观活动，围绕有效应对国际金融危机影响、保持经济平稳较快发展这个大局，充分发挥统一战线的优势和作用，按照“保增长、保民生、保稳定”的要求，进一步引深“凝聚力工程”五大活动，在聚人心、集民智、抗危机、促发展上取得了实效，为推动全市经济社会实现转型发展、安全发展、和谐发展作出了新贡献。

市委常委、统战部部长　于　波

6月30日至7月1日，以省委统战部副部长郭海刚同志为组长的省委督查组对我市贯彻落实中央5号文件和省委31号文件精神情况进行了督查，督查组详细查看了相关资料，召开了民主党派、无党派人士座谈会和市直有关部门负责人座谈会，并走访了民主党派市委机关

9月21日，市委统战部在机关一楼大厅隆重举办庆祝新中国成立60周年书画摄影展开展仪式，市委副书记董鹏翔，市委常委、宣传部部长王蕾，市委常委、统战部部长于波，市人大副主任刘冠生，副市长吴菊仙，市政协副主席潘和平参加了开展仪式

8月8月，我市为庆祝全国第一个全民健身日启动仪式暨统一战线迎国庆，在市体育馆举行趣味体育比赛，由民革、民盟、民建、民进、九三学社市委会和市工商联、市侨联、市民族宗教局及市委统战部机关干部分别组成的十支代表队共三百余名成员，参加了定点定时投篮、跳绳接龙、多运快跑、摸石过河、袋鼠跳接力比赛

# 运城市政法委

2009年，在市委、市政府的领导下，全市政法系统认真贯彻落实党的十七大和十七届三中全会精神，以“保增长、保民生、保稳定”为目标，以队伍建设为龙头，以国庆60周年安保工作为重点，认真履行职责，扎实开展工作。共排查调处重大矛盾纠纷786起，查获“法轮功”等邪教人员196人，查处治安案件31204起，破获各类刑事案件4461起，查获犯罪集团115个，打掉黑恶势力犯罪集团31个，全市8类主要刑事案件同比下降13%，赴京涉法涉诉上访同比下降10%，全国“两会”和国庆60周年期间，实现了赴省进京“零上访”。同时，扎实开展政法队伍纪律作风整顿活动，共查处干警违法违纪案件137案189人，为全市转型发展、安全发展、和谐发展创造了和谐稳定的社会环境和公平正义的法治环境。

2009年11月3日，市委在河东会堂召开全市政法队伍纪律作风整顿动员大会，部署在全市政法机关开展为期5个月的纪律作风整顿活动，通过整顿重点解决干警不作为、胡作为、乱作为，贪赃枉法、办关系案、人情案、金钱案问题

在全市政法队伍纪律作风整顿活动中，市委常委、政法委书记崔克信带领有关人员，深入13个县(市、区)和市直政法各部门，逐案听取涉法涉诉信访案件办理和干警违法违纪案件处理情况汇报，督促指导工作

市委常委、政法委书记崔克信在市检察院调研政法队伍纪律作风整顿工作

市委常委、政法委书记崔克信深入各县(市、区)、市直各有关单位、各重点部位和复杂场所检查指导国庆60周年安全保卫工作

# 运城市财政局

局长孙太平在全市财政工作会议上

2009年，在市委、市政府的正确领导下，面对国际金融危机和宏观经济持续低位徘徊不利因素，全市各级财政部门多措并举抓收入、强化调控保增长、加大投入惠民生、严格管理强基础，财政预算执行在困难形势下取得了来之不易的成绩。虽然全市财政总收入只完成了63.7亿元，但是一般预算支出达到103.2亿元，同比增长10.94%，增支10.1亿元，“三农”、教育、就业、社保、医疗卫生等民生领域和环境保护、公共安全等重点领域所需资金得到有效保障，“十件实事”、“六个全覆盖”等重点工作所需资金全部落实到位。

与此同时，市财政局狠抓机关精神文明建设和干部队伍建设，积极巩固学习实践科学发展观活动成果，财政科学发展的体制机制进一步完善；认真开展廉政警示教育活动，党风廉政建设和反腐败工作不断引向深入，干部管理和教育培训力度进一步加大，机关党的建设、政风行风建设、目标责任制管理和精神文明创建等取得积极成效，广大财政干部思想水平、理论水平、政策水平和工作水平得到全面提升。

省财政厅潘贤掌副厅长在山西大运汽车制造有限公司调研

局长孙太平带领相关人员在运城经济开发区进行调研

组织党员领导干部参观廉政警示教育基地

财政局组织运城市第二届会计电算化技能大赛

# 运城市人力资源和社会保障局

局 长　张殿权

局长张殿权在全市人力资源和社会保障系统工作大会上讲话

市委常委、副市长张建喜与市委组织部副部长、市人力资源和社会保障局党组书记、局长张殿权为运城市人力资源和社会保障局揭牌

运城市人力资源和社会保障局干部在街头开展人力资源社会保障政策法规咨询宣传活动

# 运城市机构编制委员会办公室

市编办党组书记、主任　景俊明

市编办被授予十佳"五型党组织"称号

运城市编办在市委、市政府和市编委的正确领导下，深入贯彻落实科学发展观，紧紧围绕"改革、管理、建设"的思路，以转变政府职能为核心，积极稳妥推进市、县政府机构改革和事业单位分类改革，进一步优化组织结构，理顺职责关系，规范机构设置，提高行政效能，精简机构编制，为经济社会又好又快发展提供了坚强的体制机制保障；以落实机构编制法规为重点，制定了机构编制管理"五项制度"，确立了"编制就是法规、编制就是财政、编制就是人才、编制就是总开关"的工作理念，真正做到了用法规、用机制、用制度管机构、管编制、管职数，促进了机构编制管理的科学化、规范化和法制化；以提高干部队伍素质为目标，深入开展学习实践科学发展观活动和"五个一"读书学习活动，定期举办学习讲坛，广泛开展文明创建，机关规章制度健全完善，各项工作连续多年走在全省前列。

运城市编办先后荣获"全省机构编制工作先进集体"、"文明单位"、"文明和谐单位标兵"、"十佳'五型党组织'"等省、市表彰奖励20余项，市编办主任景俊明同志被授予"山西省劳动模范"、"十佳党员领导干部"等称号，并涌现出"山西省个人二等功"、"运城市劳动模范"、"十佳纪检监察干部"、"青年岗位能手"等一批先进个人。

市委、市政府召开全市政府机构改革和事业单位分类改革动员大会

市编办举办学习讲坛，景俊明主任主讲《谈学习之道》

市编办召开学习实践科学发展观活动动员大会

# 运城市发展和改革委员会

党组书记、主任　张玉忠

市发改委组织在广东佛山举办项目推介会

运城市发展和改革委员会是运城市经济综合部门，主要职能是研究提出全市经济社会发展战略、中长期规划和年度计划，对全市经济结构调整进行动态监控指导和组织协调，提出全社会固定资产投资总规模，规划重大项目布局，申报审批各类建设项目，指导全市体制改革，争取国家和省建设资金以及招商引资等。

围绕市委、市政府提出的“一个中心、两个基地”目标和培育“五大产业集群”要求，市发改委突出抓投资、抓引资、抓项目、抓服务，“十一五”前四年，全市固定资产投资保持了年均30%以上的增长速度，累计完成投资1200亿元，是“十五”时期全市投资的两倍多；2005年到2009年，全市招商引资到位资金760多亿元，引进上亿元项目314项；全市共有466项重大项目建成发挥效益，在建重大项目301项，这些项目全部建成后，可新增销售收入1490多亿元；全市发改系统共争取国家和省政策性资金26亿元；市发改委作为全省发改系统唯一推荐单位受到省政府表彰，被授予全省“政风行风先进单位”，被市委、市政府授予党风廉政建设先进单位，连年被市政府评为完成目标责任制先进单位。

运城市招商引资服务中心

# 运城市机关事务管理局

党组书记、局长　陈云龙

团结拼搏、开拓奋进的领导班子

运城市机关事务管理局成立于1991年10月，原名为运城地委行署机关事务管理局，2001年3月改为现名，主要负责全市公共机构节能，负责市直行政事业单位房地产管理、办公用房基本建设规划与投资，以及住房制度改革；负责市直行政事业单位国有资产管理；负责市四大班子的工作经费、公务用车、办公用房及住房的保障工作，全局现有干部职工266人，内设办公室、财务科、房产基建科、综合科等5个科室，以及机关汽车队、机关幼儿园、大楼服务中心、保安服务中心、机电服务中心等10个服务中心。1995年5月，以陈云龙同志为局长、党组书记的新班子组成以来，坚持以科学发展观为指导，根据“围绕一个中心，突出两个重点，实现三个提升”的总体工作思路，全面优化机关后勤服务，积极深化机关后勤改革，大力强化机关后勤管理，先后建成了人大办公楼、政协办公楼、荟萃花园、机关会议楼、机关食堂、机关洗浴中心、机关幼儿园等一批后勤服务设施，机关后勤服务的硬件设施得到明显改善，管理局也荣获“山西省机关后勤先进集体”、“运城市模范集体”、“全市优秀基层党组织”、“山西省巾帼文明岗”、“市直十佳人民满意岗位”等称号，特别是2009年开展学习实践科学发展观活动，在“执爱运城、共谋发展”的演讲比赛和知识竞赛中都取得骄人成绩。当前，全局上下团结一致，齐心协力，开拓创新，扎实苦干，努力开创机关后勤更加美好的新明天。

运城市学习实践科学发展观活动“热爱运城　共谋发展”演讲比赛中副局长王有余荣获特等奖

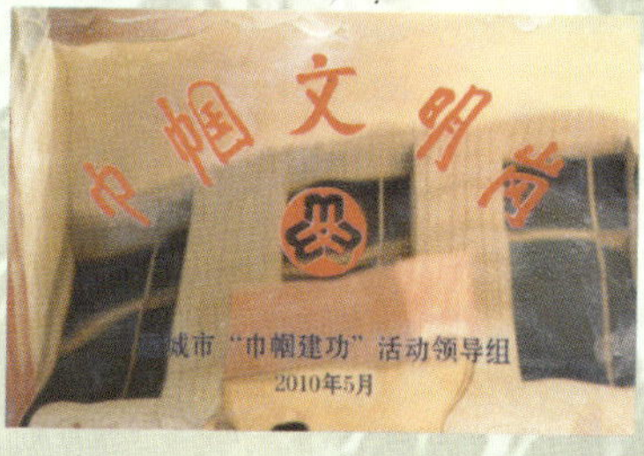

# 山西阳煤丰喜肥业(集团)有限责任公司
SHANXI YANGMEI FENGXI FERTILIZER INDUSTRY (GROUP) LLC.

总经理　王中刚

党委书记　闫文泉

山西阳煤丰喜肥业（集团）有限责任公司是一个集化肥、化工、化机制造于一体的国家大型煤化工企业集团，是山西省最大的化工企业之一。综合实力在全国化工企业 500 强中名列第 62 位，在全国氮肥企业 100 强中名列第 6 位。

总部设在山西省运城经济开发区，注册资本 6.69 亿元，总资产 80 亿元，员工 10000 余人，其中大中专毕业生及各类专业技术人员占到 40%。下设临猗、晋丰、永济、新绛、礼元、稷山、华瑞、平陆、丰荷、瑞翔、三维丰海、汉枫等 12 个生产性公司和运销、供应、农资、国贸、防腐、包装、污水处理等 7 个经营及辅助生产性公司。氨醇年生产能力为 160 余万吨，化肥、化工产品实物总量 300 万吨以上。其中：尿素 200 万吨、甲醇 40 万吨、纯碱 20 万吨、氯化铵 20 万吨、碳铵 15 万吨、复肥 40 万吨、三聚氰胺 5.2 万吨、二甲醚 1 万吨以及硝酸、硝铵、硝盐等其它产品 24 万吨、塑料编织袋 6000 万套，化工机械设备制造能力 5 万吨，年可实现销售收入 60 亿元以上。

化肥产业

化工产业

化机产业

公司于 2001 年开始通过 ISO9001 国际质量体系认证，2004 年通过 ISO14001 国际环境管理体系认证和 GB/T28001 职业健康安全管理体系认证。主导产品尿素曾先后荣获“中国首届亿万农村消费者信得过产品金奖”、“95 中国十大畅销化肥”、“中华化肥精品”、“山西省名牌产品”、“国家免检产品”等称号。“丰喜”商标连年被山西省工商局评定为“山西省著名商标”、“山西省标志性名牌产品”与“质量信誉等级 AAA 企业”，2006 年被评为“中国驰名商标”。丰喜系列产品畅销国内 20 多个省(市)、自治区，并出口日本、韩国、印度、巴基斯坦、美国、意大利、尼日利亚等国家和地区，深受广大用户的青睐。

展望未来，集团公司将按照“稳健经营、跨越发展”的总体思路和“以肥为主、肥化并举”的发展方针，在不断优化存量的基础上，通过持续的技术改造、新产品开发，转变发展方式，调整产品结构，进一步做精做优化肥产业，做大做强化工产业，积极发展装备制造业，努力打造百亿丰喜、百年丰喜、百姓丰喜，积极构建人文丰喜、绿色丰喜、和谐丰喜，从而把公司建设成为中国乃至全球最具竞争力的煤化工企业集团。

# 中共绛县县委　县人民政府

县委书记　张　冠

县　长　梁潞阳

县长梁潞阳视察城市建设

涑水大街夜景

横水至卫庄一级路

东华山

远征化工

维之王食品有限公司

梅花鹿

远征化工

大樱桃

山　楂

# 运城市总工会

运城市总工会是中共运城市委和山西省总工会领导下的运城市工人阶级群众组织，是运城市各级地方工会、产业工会企事业机关基层工会的领导机关，下辖 13 个县（市、区）总工会、3 个开发区工会。截至 2009 年底，全市共有基层工会组织 4782 个，会员人数 67 万余人。

1 月 6 日，市人大副主任、市总工会主席荆青莲为全国劳模代表发放“三金”

2009 年，市总工会在市委和省总工会的正确领导下，全面贯彻落实党的十七届四中全会精神，以科学发展观为指导，把“促进企业发展、维护职工权益”作为工作重点，深入基层调研，掌握了全市职工生产生活状况；开展重点工程劳动竞赛，促进了全市经济发展；突出抓好宣传教育工作，扩大了工会影响力；完善各种维权手段，切实维护职工合法权益；深化“共同约定行动”和送温暖工程，职工民生得到保障；不断加强工会自身建设，努力提升整体工作水平；加大资金向下倾斜工作，为基层开展工作提供坚实保障，在推动全市转型发展、安全发展、和谐发展和应对金融危机、促进社会稳定等方面，唱响了“咱们工人有力量、咱们工会有作为”的时代主旋律，彰显了工会组织的作用。

3 月 10 日，市总工会召开深入学习实践科学发展观活动动员大会

4 月 3 日，市总工会机关组织“我的岗位与科学发展观”演讲比赛

7 月 9 日，市总工会一届六次全委(扩大)会议

10 月 15 日，山西省人大副主任、省总工会主席郭海亮（中）在全省工会工作运城观摩会中查阅基层工会资料

# 运城市农业委员会

市农委主任　樊剑展

运城市农业委员会是市委、市政府主管全市农业和农村工作的职能机构，为市人民政府的工作部门。近年来，在以樊剑展为主任的班子领导下，我市农业和农村工作紧紧围绕市委、市政府提出的建设高效生态农业基地和现代农业示范区目标，大力发展现代农业，扎实推进社会主义新农村建设，确保了全市粮食安全、农产品有效供给和农民收入的稳定增长，实现了农业和农村经济的全面协调发展。2009年，在遭遇金融危机、严重自然灾害等影响农业生产的十分不利的条件下，粮食生产面积达937.3万亩,比上年增14%;总产22.2亿公斤,比上年增6.4%,创历史最高年水平。全市农民人均纯收入4110.5元，比上年增8.2%。

2009年，市农委荣获“全国基本农田保护工作先进单位”，“全省粮食生产先进单位、现代农业建设先进单位、农业产业化经营先进单位、农村沼气建设立功竞赛活动十大节能减排集体一等功”等多项荣誉称号，受到了上级部门和社会的广泛认可和赞誉。

王安庞市长在闻喜视察小麦生产情况

领导调研指导

办公楼

2007年永济市杜家营棉花覆膜播种机械化一体操作

# 运城市林业局

省长王君来运城视察园林村建设

近年来，在市委、市政府的正确领导和省林业厅的大力支持下，全市上下按照建设“生态文明”和构建和谐社会的要求，深入贯彻落实科学发展观，稳步推进生态兴市战略，以打造“绿色运城”为目标，全面实施国家、省、市林业重点工程，圆满完成了各项造林任务，为改善全市生态环境，促进全市经济社会又好又快发展，实现“两基地一中心”目标做出了应有的贡献。

多年来，我市林业建设得到了各级政府和领导的肯定，尤其是在全国率先提出实施“小康林业”建设，推进小康社会全面建设并取得了可喜的成绩，得到了国家林业局、省、市领导的高度评价和肯定，并在全国、全省得以推广。截至 2009 年年底，全市林地面积 502.46 万亩，活立木蓄积 670 万立方米，四旁植树 2.12 亿株，栽植各种经济林 420 万亩，通道绿化完成 4337 公里，园林村建设 1692 个，美化校园 532 个，生态企业 491 个，旅游景点绿化 217 处，培育各类苗木 3 亿多株。

市委书记高卫东在全省造林绿化年度启动会上作表态发言

市长王安庞参加义务植树劳动

市林业局局长阎有善检查林业工作

# 运城市审计局

运城市审计局成立于1983年，27年来，运城审计人凭着对事业的执著追求，用自己富有创造性的头脑和不畏艰险的开拓精神，顽强拼搏，依法审计，维护了人民群众的利益，捍卫了财经法规的尊严。全市审计系统始终紧紧围绕全市的各项中心任务，认真履行审计监督职责，保证了各项财经政策的落实和经济运行的规范高效。

近年来，运城市审计局注重班子建设和队伍建设，组织实施“提升运城审计”主题系统工程，提出一年夯实基础，二年变化起步，三年争先创优工作目标。审计系统“人、法、技”建设取得全面进展，全市512名审计人员中，本科以上学历的有122人，取得审计师资格以上的有220人；修订与完善了《廉政建设责任追究追偿制度》、《审计项目质量检查制度》等28项制度，有力保障了依法审计与廉洁审计，从而促进了审计质量的提高；全市共投资200多万元进行审计信息化建设，计算机辅助审计取得新突破。

在审计实施中，紧紧围绕全市全面建设小康社会的奋斗目标和经济发展的各项任务，突出重点，求真务实，依法履行审计监督职能，保证了各项财经政策的落实和经济运行的规范高效，为全市经济社会又好又快发展起到了保驾护航作用。

局长王吉海陪同来运城调研的省审计厅厅长郝志远，与市长王安庞座谈

审计人员进行计算机审计考试

市审计局举办庆祝审计机关成立20周年《审计之歌》晚会

组织全体党员干部到市直廉政教育基地接受警示教育

举办全市审计干部培训班，请国家审计署领导专家亲自授课

# 运城市卫生局

运城市卫生局是全市公共卫生、医疗机构监督和医师执业管理的行政机关，主要承担着拟订全市卫生工作和卫生改革的具体政策、办法；制定各项医疗卫生技术标准；拟订全市卫生事业发展的规划、计划，并履行组织、协调、监督、检查和实施的职责。现有 17 个科室，干部职工 73 人，下辖 16 个医疗卫生机构。

近年来，在市委、市政府的正确领导下，在省卫生厅的关怀指导下，在人大、政协的监督支持下，在社会各界的配合帮助下，紧紧围绕“一切为了人民健康”这一目标，坚持以落实科学发展为主线，坚持以构建和谐社会为中心，团结拼搏，求真务实，开拓创新，与时俱进，不断强化预防措施，让人民群众不得病少得病；逐步完善体系建设，让人民群众有地方看病；积极采取有效措施，让人民群众看得起病；全面加强内涵建设，让人民群众看病更满意。各项工作取得显著成效，谱写了卫生事业又好又快发展的新篇章，为全市 500 万人民的健康提供了有力保障，为全市经济社会的发展做出了积极贡献。

副省长张建欣在疾控中心调研甲流防控工作

省卫生厅厅长高国顺在市传染病医院视察医院文化建设

市委书记高卫东在临猗县董家庄村卫生室调研新型农村合作医疗

疾控中心接种人员进入托幼机构为适龄儿童接种疫苗

# 运城市文化新闻广电出版局

局长杨金贵同执法人员检查图书市场销售

集中销毁侵权盗版光盘

团结奋进的领导班子

开展侵权盗版制品及各类非法出版物集中销毁活动

# 运城市教育局

党组书记、局长　李晋杰

撤地设市的十年，是运城教育“发展环境最好，发展速度最快，发展水平最高”的重要时期之一。

十年来，全市学前三年教育普及率由86%增长到98%。免费义务教育全面实现，适龄少年儿童入学率、巩固率、合格率保持在98%以上。普通高中在校生由4万名增长到13.3万名，高中阶段毛入学率达到96.86%。

高考成绩持续攀升，专科以上达线人数由8104人增长到29420人，近十年共为高校输送优秀学生18.71万人。

坚持“抓职教就是抓经济”的发展理念，走公办与民办、高职与中职共同发展的道路，建立学校与企业对接、专业与市场对接的工作机制，朝着规模化、集约化、品牌化方向发展。

大力发展高等教育，积极建设运城大学群，努力打造中西部高层人才培养基地。高等院校由2所增长到6所，在校生由5000名增长到2万名，初步构建了工、农、医、师等“一本十专”门类齐全的高等教育新体系。

# 运城市农机局

省农机局局长王立伟、副局长许继光一行在市农机局局长麻石娃陪同下到稷山查看机收情况

运城市农机局是运城市政府主管全市农业机械化工作的直属事业单位。主要负责全市农业机械化的管理工作，担负着贯彻执行国家有关农机化工作的政策、法规，研究拟定发展计划，组织实施农机行业的科学研究、科技项目攻关及农机化新技术、新机具的推广，培育发展农机服务市场，依法加强对拖拉机、联合收割机等各类农业机械的安全监理、使用管理和产品质量检验、试验鉴定、认证管理等重要职责，承担着对农机驾驶操作人员的培训、农机维修行业管理、农机化统计等工作。其机构内设9个职能科（室），分别是办公室（党委办公室）、计划财务科、人事教育科、老干科、监察室（纪检组）、安全监理科、生产指导科、科技外经科、农机鉴定科；直属单位3个，分别是运城市农机研究所、运城市机电工程学校、运城市农机培训校。

# 运城市扶贫开发中心

运城市扶贫开发中心是市委、市政府主管全市扶贫开发的工作机构。2009年，以科学发展观为指导，以项目建设为载体，以解决贫困地区农民收入为中心，以解决民生问题为重点，在五个贫困县整村推进39个贫困村，涉及2万余贫困人口；移民扶贫2000人；“雨露计划”培训4399人，转移就业3920人；资助在校大中专和高中贫困生218人；农村实用技术培训和创业培训1.5万余人；招商引资1.7亿元。当年解决贫困3.1万人。先后被评为全市市直“四好机关”、“文明和谐单位”、“招商引资先进单位”、新农村建设帮扶先进单位、落实人口计生法定职责先进单位和全省“扶贫开发成绩突出单位”。

市扶贫办主任韩晓东参加“热爱运城 共谋发展”大讲述决赛

# 运城市人民政府外事侨务办公室

运城市人民政府外事侨务办公室前身为运城行署外事（侨务）办公室，成立于 1979 年，2010 年更名为运城市人民政府外事侨务办公室，正处建制，为政府组成部门。作为市委外事侨务工作办事机构和市政府管理全市外事侨务工作的职能部门，归口管理全市涉外工作。主要承担办理市委市政府与国际上的交往事务；办理全市范围的因公出国（境）手续；办理全市范围与国际上建立各种友好关系的手续；承担全市侨务工作；管理全市涉外及港澳地区的因公事务；承办外国人来运的邀请接待工作；牵头管理在本市工作的外国专家、外国教师；牵头办理全市涉外案件的调查呈报工作。

市外侨办成立以来，坚持以服务国家总体外交和促进地方经济社会发展为宗旨，全面贯彻落实中央外事侨务方针政策，充分发挥“管理、协调、服务、参谋”职能，扩大对外交往，促进改革开放，确保涉外安全，服务转型发展，为全市的对外开放和交流合作做出了积极贡献。

主任李峰会见日本客人山根靖则

副主任靳云艳赴韩国访问

邀请在运工作的国际友人参加国庆招待会

外侨办领导陪同香港李满福萧宝然慈善基金会负责人考察聋哑学校

# 运城市旅游局

党组书记、局长、第一届局党委书记　杨忠庭

2009年全市旅游系统安全工作会

市旅游局领导班子实地调研农家乐发展情况

2009年全市旅游工作会议

市委书记高卫东（左三）调研关帝御花园工程（左四为市旅游局局长杨忠庭）

晋陕豫三省四市“一证游”启动仪式

# 运城市市政公用管理局

局长　吴世良

运城市市政公用管理局是2008年7月由原市政处、公用处合并组建，隶属运城市住建局的副处级事业单位。主要负责编制本市规划区各项市政公用事业的中长期计划和年度计划组织实施；负责市区城市道路“三通一平”和道路桥梁等市政设施的日常维护和监督管理；负责市区城市道路挖掘审批工作；负责排水和市政养护、城市照明管理工作等。

精锐团队

造福为民　共建和谐

市领导检查圣惠桥改造工程

# 运城市住房公积金管理中心

主任　杨德才

运城市住房公积金管理中心成立于2004年6月，是直属市政府的副处级全额事业单位，负责全市行政区域内住房公积金管理。中心下辖13个县（市、区）管理部和山西铝厂管理部、中条山有色金属公司管理部。

住房公积金是单位及其在职职工依法缴存的长期住房储金，是住房货币化的主要组成部分。住房公积金制度以其互助性、保障性和“低存低贷”的政策优势，对加快城镇住房制度改革、提高城镇职工居住条件、促进住房保障体系建设，起到了积极的推动作用。截至2010年6月底，市住房公积金管理中心累计归集公积金32.62亿元，归集余额24.94亿元；累计发放公积金个人贷款17.75亿元，贷款余额8.26亿元；累计支取公积金8.42亿元。在今后工作中，市住房公积金管理中心将以“规范管理，安全高效，敬业尽责，热情服务”为宗旨，竭诚为职工服务，管好用好公积金，为实现城镇职工“住有所居”、构建和谐运城做出新的贡献。

市住房公积金管委会决策公积金重大事项

接受人大监督

业务培训

# 运城市城市建设投资开发有限公司

运城学苑北路立交桥

运城市城市建设投资开发有限公司（简称运城城投公司）2003年6月成立，是隶属于运城市人民政府的大型国有企业，注册资本两亿元人民币，主要承担城市项目的投融资、土地储备和一级开发、基础设施建设和其它特许项目经营职能，现辖运城市引水供水有限公司、运城市经纬燃气有限公司、运城市凤源热力有限公司、运城市富斯特污水处理有限公司、运城市城东污水处理中心、运城市鑫佰融交通建设有限公司、运城市金城房产开发有限公司等七个控股或全资子公司。2010年公司领导班子根据市委、市政府的安排部署，改革体制，落实职能，壮大资产，强化经营，现公司资产规模达到90多亿元，初步形成“借、用、还”一体化的经营体制；大力实施开放型融资战略，拓展融资领域，形成银行融资、信托融资、股权融资、债权融资并举的多元化融资格局，完成与国开行东部新区土地收储项目融资3亿元、与江南信托股份有限公司股权融资5亿元等重大项目融资，全年融资13亿多元；扎实建设市政重点工程，运城黄河文化博物馆主体工程建成封顶，内外装饰工程加紧推进，学苑北路立交桥一期工程基本完成，2011年可全部竣工投入使用。

**公司名称：** 运城市城市建设投资开发有限公司
**公司地址：** 运城市人民北路147号华旅大厦11楼
**联系电话：** （0359）2293608　2293609
**图文传真：** （0359）2293608
**电子邮箱：** yctzhb@163.com
**公司网址：** http：//www.sxycct.com/

运城黄河文化博物馆

# 闻喜县人民法院

院长　刘军宁

全力维护公平正义　创建一流审判队伍

闻喜县人民法院地处县城中心，占地面积约 8000□，建筑总面积约 6000□，全院现有 89 名正式干警，内设 12 个业务庭局、5 个行政处室、1 个法警大队，下设 4 个基层人民法庭。年平均审理案件约 1800 件。

近年来，院长刘军宁与院党组一班人团结带领全院干警，牢记“三个至上”，转变审判理念，促进和谐司法，在全县 13 个乡镇实现了巡回开庭，民商事案件调解率达到了 60%；以“审判作风年，案件质量年”活动为抓手，观摩开庭、法律考试、读书活动、质量评查常抓不懈，裁判文书改革初见成效；制度化管理，一体化考评，星级法官评选，创新了队伍管理，得到了省市法院的充分肯定；三座标准化法庭投入使用，基础设施显著改善。法院的社会地位大幅提升，各项事业都取得了长足的进步，为全县社会经济发展提供了坚强的司法保障。

2008 年 7 月，闻喜法院被省高院评为“优秀法院”，并荣立集体二等功，跨入了全省先进法院的行列。2009 年，被省政法委评为“清理执行积案先进集体”，被省高院评为“涉法信访工作先进法院”。

# 垣曲县人民检察院

党组书记、检察长　廉新纪

荣　誉

垣曲县人民检察院在县委和上级检察机关的正确领导下，坚持“强化法律监督，维护公平正义”的检察工作主题，紧紧围绕强县富民的发展思路和战略目标，充分发挥维护社会稳定、查办和预防职务犯罪、诉讼监督三大职能，强化思想政治、班子队伍、纪律作风、制度规范和检务保障五项建设，为维护全县社会和谐稳定，促进经济社会又好又快发展做出了积极贡献。2007 年至今，共批准逮捕各类刑事案件犯罪嫌疑人 266 件 455 人，提起公诉 313 件 524 人，立案侦查国家工作人员贪污贿赂、挪用公款和国家机关工作人员渎职侵权等案件 32 件 53 人，为国家挽回经济损失 400 余万元。2007 年至 2009 年连续三年被运城市检察院评为全市“先进检察院”，2008–2009 年度被山西省检察院授予“全省先进基层检察院”。

班子成员和专职委员研究部署工作

干警按照工作岗位职责参加前沿理论与创新实践分类学习

干警坚持每日晨练

# 运城市卫校附属医院

运城市卫校附属医院坐落于红旗西街西花园对面，环境优美，交通便利，是运城市全民所有制二级教学综合医院。医院现有职工 200 余人，医护人员中高级职称 40 余人，中级职称 50 余人，拥有一批知名老专家和年轻有为的中青年专家。

医院现开设病床 200 张，设置内科、内二科、神经内科、外科、泌尿外科、脑外科、手足外科、骨科、骨二科、妇产科、儿科、急诊科、耳鼻喉科、中医科、中西医结合科、口腔科、眼科、乳腺科、皮肤科、病理科等科室；医技科室拥有东软飞利浦 CT、德国 WOLF 腹腔镜、意大利彩超、东芝 B 超、东软 NAX-500RF 型数字遥 X 光机、德国 AGFA CR 计算机成像系统、奥林巴氏胃肠镜、纤维支气管喉镜、电测听、微波治疗仪、全自动生化分析仪、血流变仪、时间分辨荧光免疫分析仪、高压氧舱、碎石机等大型医疗设备。

病房设有急救传呼，并设有标间及套间高档病房，内有沙发、彩电、空调等设施，为病人治疗和恢复提供了良好的医疗环境，是一所“安全、规范、便利、价廉”老百姓放心的公立二级医院。

# 运城市疾病预防控制中心

中心主任周仁义（右二）向张建欣副省长、高国顺厅长、高卫东书记、王安庞市长汇报工作

运城市疾病预防控制中心成立于2004年，内设19个科室，现有在职职工103人，其中副主任医师以上20人（其中主任医师4人），中级职称39人。中心全体职工坚持以“三个代表”重要思想为指导，深入开展学习实践科学发展观活动，不断加强传染病及突发公共卫生事件的防控与管理，全面落实国家免疫规划政策，公共卫生服务能力不断提升，性病、艾滋病、结核病、地方病防治工作扎实，获得了全国结核病防治工作先进集体、全省卫生系统和市委市政府抗击“非典”先进集体、省劳动竞赛委员会集体一等功、市委市政府模范集体和市劳动竞赛委员会五一劳动奖等荣誉称号。中心本着创造维护健康的环境、促进人群健康、提高生命质量的宗旨，全面落实国家预防为主的工作方针，为全市500万人民提供健康服务，为全市的经济和建设服务。

# 运城市畜牧兽医发展中心

主任　姚　蔚

运城市畜牧兽医发展中心是主管全市畜牧兽医工作的职能部门。中心现有16个科（站），其中内设科室8个、下属单位8个；现有农业技术推广研究员3人、高级职称11人、中级职称32人。

近年来，中心在市委、市政府的领导下，认真践行科学发展观，着力构建“五型四好三满意”机关，先后被市委、市政府授予2008、2009年度招商引资先进单位。2008年，中心的“牛羊规范化饲养管理科学技术推广”项目获山西省农村技术承包奖一等奖，同年10月在第八届运城农业新技术新产品展示展销会上获创新奖。

# 运城市中心医院

院长　柴瑞霁

运城市中心医院由东院和西院两大部分组成，是集医疗、教学、科研、预防、保健和康复为一体的全市最大的“三级甲等”综合性医院，荣获全国百姓放心示范医院、省医德医风建设先进单位和省五一劳动奖状等。2010 年元月，作为市政府“十大重点工程”之一的东院全面投入运行，总占地面积 279.39 亩，其中医疗综合大楼建筑面积 14 万平方米，开设床位 1300 张，院内停车 1000 辆，绿化率 42%，总投资约 6.5 亿元人民币。它借鉴国内外医院建筑新理念，采用平面集中立体式建构，设计科学合理，功能完善齐全，地理位置优越，环境优美舒适，对于完善城市功能，提高城市品位，优化投资环境，保障人民健康，将起到积极的推动作用。

# 运城市第三医院（运城市血液病研究所）

团结战斗的院领导班子

运城市第三医院（运城市血液病研究所），是一家集医疗、科研、教学、康复为一体的国家二级综合医院，山西省唯一一所独立建制的血液病防治机构。2009 年，医院领导班子带领全院职工励精图治、开拓创新，业务工作、服务管理水平不断提高。成功实施了全市第二例外周血造血干细胞移植，技术日臻成熟；开展对脑中风所致偏瘫、失语的康复治疗，在全市影响力不断扩大。业务收入全年完成 1500 万元，同比增长 26.5%。广大医务人员积极开展科学研究、总结临床经验，共发表科研论文 19 篇，其中国家级杂志 3 篇，省级杂志 16 篇。院党支部被市卫生局授予“五型四好三满意”先进党支部，血液科被市劳动竞赛委员会授予“集体一等功”荣誉称号。

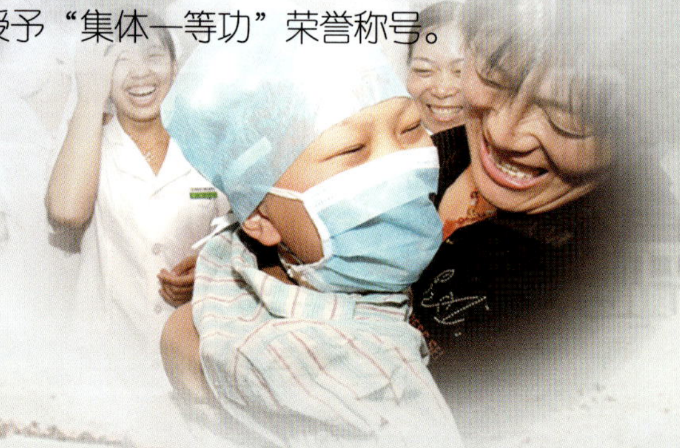

首例外周血造血干细胞移植患者出仓

# 运城市妇幼保健院

开拓进取的领导班子

运城市妇幼保健院始建于1985年，坐落于市区河东东街215号，经过20多年的发展、壮大，已成为一座技术力量雄厚，集医疗、保健、预防、教学和科研于一体的三级乙等妇幼保健机构，省妇幼保健院协作单位，担负着全市320万妇女儿童的健康指导工作，是全市13个县（市、区）妇幼保健技术指导中心。2005年成立“运城市儿童医院”，2007年成功创建“三级乙等妇幼保健院”，2010年正在全力以赴筹建一座现代化儿童医院，全院200余名干部职工将以一流的技术、一流的设备、一流的服务为全市广大妇女儿童的身心健康关怀呵护。

# 运城市急救中心·红十字会医院

主任　叶新龙

运城市急救中心·红十字会医院，位于解放南路346号，是国家投资新建的全民医疗机构。是一个集救援、医疗、预防、保健、教学、科研为一体的市级综合性医院。中心现有业务技术人员370人，其中高级职称45人，开放床位300余张，医疗设备先进、齐全，开展各类内外科系统疾病的诊断与治疗，还能开展各种介入微创手术及腔镜手术。形成“心脏中心”、“神经内外科诊疗中心”、“创伤中心”、“急危重症和中毒抢救中心”、“腔镜中心”、“肿瘤放疗中心”、“血液净化中心”、“健康体检及康复中心”八大特色中心。医院并设有“120”急救电话呼救台。

急救中心是政府为解决群众“看病难、看病贵”而建立的公益性医疗事业单位，是盐湖区法检定点医院，是运城市、盐湖区城镇职工、新农合医疗保险定点机构。

# 运城广播电视大学

校长　解国栋

党总支书记　陈　龙

运城广播电视大学成立于 1980 年，前身为“山西广播电视大学运城地区工作站”，1984 年，经省政府批准更名为“山西广播电视大学运城分校”，2001 年，经市机构编制委员会批准更名为“运城广播电视大学”。

学校拥有现代远程教育最先进的设施和办学网络，能广泛运用互联网、卫星电视、双向视频教学系统、VBI、IP 等多种手段和技术开展远程教育，建校 30 多年来，始终坚持面向地方、面向基层、面向农村服务社会的办学宗旨，充分利用其现代远程教育资源优势和系统优势，先后开办了普通专科、成人大专、电大自考、高职高专、开放教育（专升本）及电视中专等涉及文、经、理、工、农、医、法、外等 8 大类 60 多个专业，培养各类实用型人才 1 万多名；举办各种岗位培训、继续教育 2 万多人次，为创建学习型社会，构建终身教育体系奠定了良好的基础。2005、2006 年学校党支部被评为市教育局党委先进党支部；2005 年被评为运城市计划生育先进单位；2005 年被评为全省电大系统继续教育先进单位、资源管理先进单位；2006 年，被市劳动竞赛委员会荣记一等功，被市精神文明委员会评为精神文明和谐单位。

团结务实开拓创新的领导班子

山西广播电视大学党委书记李全贵、原市委书记、原市人大常委会主任黄有泉为学校远程教育中心揭牌

运城广播电视大学三十年校庆庆典会场

# 运城学院稷山师范分院

运城学院稷山师范分院创建于1959年7月，迄今已有50年的办学历史。2008年7月，彭刚上任分院院长。根据市政府常务会议精神，运师、稷师两校合并组建运城高等师范专科学校，2009年初新校区落户盐湖新区。学校始终坚持科学发展、长远发展、和谐发展，把新校建设工作作为全年的第一要务，成立新校筹建组，组建新区基建办。在短短的一年时间内，高效率、高质量地完成了新校区的土地征用、计委立项、项目规划、工程设计、环保评价、消防、贷款等手续的快速起步，并在新校区建设、学科建设、科研工作、50周年校庆、两校资源整合、开放办学等方面取得初步成效和众多突破，前期工作正在顺利进行。

团结奋进的院领导班子

新教育实验成果丰硕

庆祝建校50周年文艺晚会

# 山西运城农业职业技术学院

团结奋进的学院领导班子

山西运城农业职业技术学院是经山西省人民政府批准，国家教育部备案的一所公立高等农业专科院校。学院属山西省人民政府领导，运城市人民政府管理。

学院位于山西省运城市红旗东街46号，占地面积1013亩，学院建筑面积61944.03m²；学院现有教师143名，专任教师128名，其中副教授职称38名，讲师41名。

学院现有在校生2182人。生源以山西省为主，先后在周边8个省区招生。近三年来，毕业生就业率90%以上。

学院设三系一部：农林与工程系、经贸管理系、信息技术系、基础教学部。开设11个专科专业：园艺技术、园林技术、食品营养与检测、畜牧兽医、农业经济管理、会计电算化、计算机应用技术、市场营销、应用英语、计算机硬件与外设、多媒体设计与制作等。其中，园艺技术与农业经济管理专业为省级教学改革试点专业。

学院建有高标准的校内实训室、实习基地34个，校外实训基地21个及千亩实习农场一个。学院在创新中求发展，在发展中创优势，努力提高综合办学实力，实现学院又好又快发展。

# 运城市财经学校

校长　解　威

党委书记　吴国平

运城市财经学校创建于1978年，是由原运城地区会计学校和运城地区商业学校合并组建的一所国家级重点中等职业学校。

学校位于运城市空港南区华雄南路，占地面积260亩，建筑面积8万平方米，拥有功能齐全的办公楼、教学楼、图书楼、实训楼、后勤服务中心和设备一流的教学实训设施。学校现有在编教职员工251人，高级讲师50人，现有在校生5000余名。开设有14个专业。会计、市场营销为山西省省级示范专业。

办学30年来，学校秉承“诚信为本，技能为重”的校训，为社会培养了3万余名中、高级财经类人才，深受用人单位的肯定和好评，是“全国财政教育先进单位”、“山西省模范单位”、“山西省教育系统先进集体”，被誉为“会计师的摇篮、财经工作的后盾”。

# 运城市人民路学校

市长王安庞来学校调研

学生庆“六一”合唱比赛

运城市人民路学校创办于1974年，是一所由运城市教育局直属领导的省级示范小学。学校现有4100余名学生，204名正式教职工。

学校全面实施素质教育，努力实现教育思想、教育观念、教育内容、教育方法、教育手段从传统教育向现代教育的转换。《中国教育报》、《山西日报》、《山西教育》等报刊也先后分别报道学校先进的办学经验。

多年来，学校多次被评为全省文明学校、示范学校等。1999年被教育部命名为“全国现代教育技术实验学校”，2004年市教育局在学校召开了全市基础教育课程改革应用现场会，并把学校的经验总结推广至全省，中央电教馆馆长及省教育厅领导分别给予高度评价。

# 运城市实验中学

市委书记高卫东在市教育局局长李晋杰的陪同下到市实验中学调研

市长王安庞在市实验中学观看学生作品

运城市实验中学创办于1990年8月，是唯一一所直属市教育局领导的独立初中学校。学校现有87个教学班，在校学生5200余名，是全省最大的初中学校之一。全校共有教职工310人，其中专职教师260人，中学高级教师56人，一级教师120人。学校曾先后被授予省级示范初中、省级首批德育工作先进学校等称号，在组织“红领巾读书”活动中曾受到国家教委和共青团中央的联合表彰。办学20年来，学校在较好地完成了市直初中教育普及任务的同时，还为省级首批重点中学输送6000余名优秀新生，历年来中考成绩一直名列前茅。截至2009年，已有1000多名优秀学生经高一级学校再培养进入清华、北大、人大、复旦、南开等全国名校。学校南校区位于运城市中银南路，北校区位于运城市西北区，地理位置优越，交通便利，设施先进，功能齐全，师资雄厚，是学生治学、教师从业的极佳场所。

# 中国人民银行运城市中心支行

党委书记、行长　张　林

中国人民银行运城市中心支行是中国人民银行的派出机构，接受中国人民银行天津分行的领导，在货币信贷、金融统计、支付清算、货币发行、国库、保卫、外汇管理、会计财务等方面接受中国人民银行太原中心支行的管理。人行运城中支内设 13 个职能科室，4 个党群工作机构和 2 个直属单位，下辖 12 个县(市)支行。共有员工 522 人。

近年来，中国人民银行运城市中心支行，认真贯彻落实邓小平理论、“三个代表”重要思想和“十七大”会议精神，坚持科学发展观，以团结求实、竞争创新的精神，紧密结合运城实际，认真履行央行职责，正确执行中央的货币政策，贯彻金融宏观调控措施，努力维护辖区金融稳定，进一步提高金融服务水平，落实从严治行要求，全面强化党建工作和文明建设，较好地履行了基层中央银行各项职能，促进了辖区金融稳健运行，经济持续快速健康发展。先后获得市以上荣誉 40 余项。其中：2007 年，获“中国人民银行国库系统先进集体”荣誉称号，2008 年国库科被总行命名为“青年文明号”，并被授予“2005-2008”年度总行级先进集体荣誉称号。

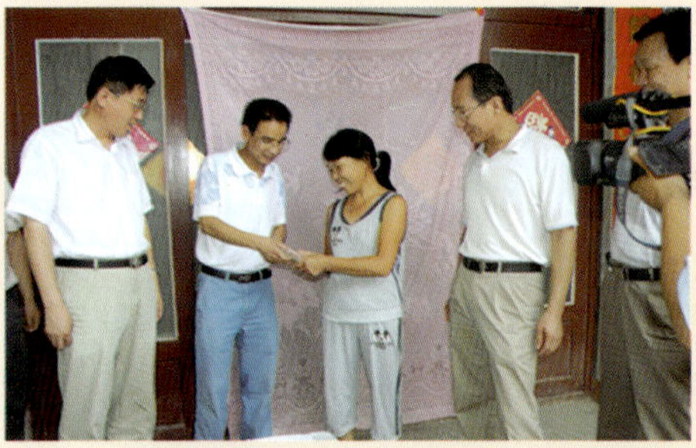

人民银行组织金融系统给困难家庭发放助学贷款(右二为张林行长)

人民银行获得各项荣誉

# 运城银监分局

局　长　卢文礼

2009 年，运城银监分局坚持以科学发展观统领监管工作，深入贯彻国家和银监会提振经济的一揽子措施，加强风险监管，努力提升金融服务水平，持续推进银行业改革，为支持地方经济应对金融危机，实现稳健发展发挥了重要作用。2009 年末，全市存、贷款余额分别实现 15.6% 和 9.6% 的增长，实现盈利 4.19 亿元。

山西银监局局长邓智毅一行来运城调研指导工作

# 运城宾馆

总经理　杜泰来

运城宾馆始建于1970年，占地面积40亩，拥有300名员工。馆内设有豪华套房及高、中档标准间350余间，内配备有中央空调、闭路电视等设施，装饰豪华雅致，方便舒适。宾馆餐饮部，由名师烹调各种中、西菜肴，可满足不同层次宾客的饮食需求，20多个装修典雅、风格各异的大、小餐厅与宴会厅可容纳800人同时就餐。另有商务中心、医疗室、商场、阅览室、酒吧、舞厅、健身房、民航飞机票代购处、火车票代购处、出租车服务处、贵重物品寄存处等，可为来自世界各地的中外嘉宾提供安全、卫生、舒适、方便、快捷的服务。

运城宾馆周围有“关帝庙”、“普救寺”、“永乐宫”、“大禹渡”、“鹳雀楼”、“舜帝陵”、“五老峰”、“后土祠”、“司马光墓”等丰富的自然风光资源和历史悠久的人文旅游资源。

馆内花草芬芳，绿树成荫，多姿多彩，四季如春。周到细腻的服务，温馨舒适的环境，令宾客留恋忘返，是接待各类会议、国内外宾客前来旅游观光、投资经商、寻根访祖的理想下榻场所，是外商走进运城、了解运城的窗口之一。

# 运城市盐湖区农村信用合作联社

理事长　杨志敏

运城市盐湖区农村信用合作联社位于运城市中银北大道363号，下设13个职能部门、1个营业部、29个信用社、14个分社、2个储蓄所，现有正式员工885人。多年来，盐湖区农村信用社始终坚持以服务“三农”为宗旨，把增加农民收入作为农村信贷工作的出发点和落脚点，不断增强服务功能，努力创新服务手段，为支持地方经济发展、农业增产、农民增收做出了突出贡献，受到了各级政府的表彰，先后荣获“运城市文明单位标兵”、“服务经济工作先进单位”、“帮扶兴建农村图书室工作先进单位”、“创优政务环境先进单位”、“支持新农村建设先进单位”、“爱心助学先进单位”、省市信合系统“先进单位”等荣誉称号。

# 中国移动通信集团山西有限公司运城分公司

党委书记、总经理　孙民英

副市长张建喜(中)、副秘书长陈省平(右四)参加运城移动第三代移动通信 TD-SCDMA 盐湖区开通暨全市建设启动仪式

中国移动通信集团山西有限公司运城分公司于 1999 年 9 月 20 日正式挂牌成立，2002 年，随着山西移动通信有限责任公司在香港和纽约上市，成为外商独资企业，现固定资产达 14 亿元左右。

公司成立以来，在省移动公司和运城市委、市政府的领导下，紧紧抓住地方经济快速发展的机遇，秉承“创无限通信世界，做信息社会栋梁”的企业使命，不断加快通信建设，大力开拓市场，深化管理改革，践行社会责任，实现了企业发展的历史性跨越。客户规模达 200 万户；网络覆盖全市 100%的城市、乡镇、高速公路及旅游景点，村庄覆盖率达到 99%以上，人口覆盖率达到 98%以上，国际漫游通达世界上 230 余个国家和地区。

公司先后荣获中国消费者协会“诚信维权单位”、“山西省文明和谐单位”、“全省维护消费者合法权益先进企业”、“计量信得过单位”、“全省用户满意服务”、“山西省质量服务诚信单位”，“政风行风评议先进单位”。党委书记、总经理孙民英被省委省政府授予“山西省特级劳动模范”称号。

市委副书记董鹏翔(中)、市农委主任樊剑展（右二）、运城移动公司总经理孙民英（左二）出席惠农通短信平台合作启动仪式

运城移动公司员工为玉树地震灾区积极捐款，奉献爱心

# 中国联合网络通信有限公司运城市分公司

党委书记、总经理　赵立勤

中国联合网络通信有限公司运城市分公司是由原运城网通和原运城联通合并组成，是运城市内具有电信全业务经营资质的宽带通信与综合信息服务主导运营企业。拥有全市最大的固定电话网络和完善的移动电话网络，覆盖河东城乡、通达世界各地。

2009年，经历重组合并的新联通起步运营，新公司继承了百年积累的雄厚基础，在固定、移动和互联网等各个通信业务领域均具有多年专业化的运营经验。在起步之年里，运城联通致力于筑就牢固的发展根基，投巨资实施了基础网络的升级、整合、改造，开展了大规模的“光速城市”行动，实现光纤到楼、到户，一年覆盖楼宇五千余栋，在城市地区普遍具备了2M以上高速宽带互联网的提供能力。也是在这一年，3G牌照正式发放，新联通实现了全业务经营，并且拿到了基于全球3G最为领先技术的WCDMA牌照，运城联通集中全员之力，用9个月时间便在全市开通了3G网络，同时引进了明星终端IPHONE。在3G环境下，可以随时随地享受高速的移动互联网服务，有线宽带和移动互联网一起，组成了一个无所不在的高速信息网络，掀起了本市信息通信行业发展的崭新一页。

2009年10月27日，山西联通与运城市政府举行战略合作协议签字仪式。副市长张建喜、原山西联通副总经理张世勇出席签字仪式并签署协议

2009年4月17日，由运城联通公司承办的山西省“电脑+宽带·下乡惠农大行动”启动仪式在运城市河东广场隆重举行，市委书记高卫东和原山西联通总经理苏强共同为启动仪式剪彩

2009年9月28日，运城联通举办3G业务商用启动仪式，副市长王健康以及来宾们兴致勃勃地到旗舰营业厅参观体验了3G业务演示，并对联通3G业务表示出浓厚的兴趣和充分肯定

# 运城供电分公司

团结奋进的领导班子

山西省电网建设动员大会暨运城500千伏稷山输变电站工程建设启动仪式

客户服务中心

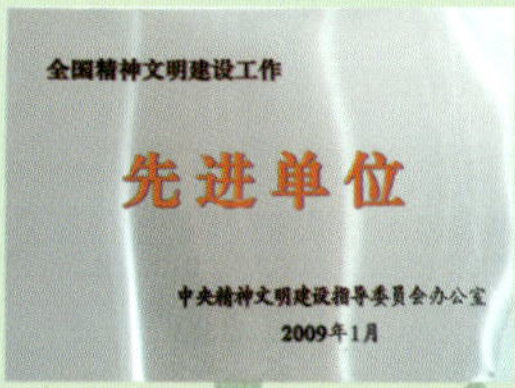


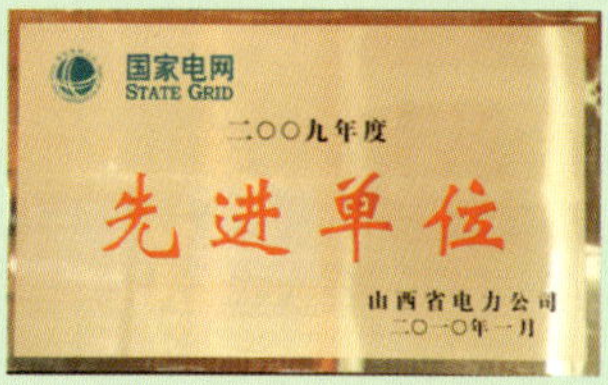

精神饱满的运城供电人

# 运城市电力设计院

运城市电力设计院前身为山西省运城地区电业局设计室。1970 年随运城地区电业局成立而组建，随着改革的不断深入发展，2002 年 6 月成立运城市电力设计院，目前已发展成为一家具备电力行业（送电工程、变电工程）专业乙级资质。主要承接：220 千伏及以下电压等级输变电工程的设计项目。多年来，为运城网架结构合理和电网安全经济运行的建设作出了突出贡献。

本院下设：办公室、财务室、变电一室、变电二室、土建室、线路室、微机出版室、概预算室、技术经营部、司机班十个部室。

现有职工 53 名，其中大集体 11 人。平均年龄 39 岁。有专业职称的 45 人，占总人数 85%；其中：高级工程师 11 名（一级注册结构师 1 人、二级注册结构师 1 人、二级注册建筑师 2 名、注册电气工程师 5 人）；中级工程师 12 人，初级 22 人。人员结构合理，技术力量雄厚，是一个知识密集型企业。目前设计优化率达 90% 以上，CAD 辅助设计制图率达 100%，1998 年实现了全室性的计算机联网。于 2008 年 2 月份通过了 ISO9001 质量管理体系认证。

本院一贯坚持“科学管理、精心测设、力争全面满足顾客的期望和需求”的质量方针。30 多年来，先后设计完成了 220KV 输变电工程新建及扩建项目 18 项，110KV 输变电项目 110 多项，35KV 及以下输变电项目不计其数，220KV 及以下线路工程 3000 多公里，其中，多项工程荣获山西省优秀工程设计一、二等奖项。尤其是在目前，我院设计人员精益求精，追赶电力发展潮流，工程设计广泛采用新技术、新设备、新材料，提高了我院设计水平，得到广大用户的一致好评。

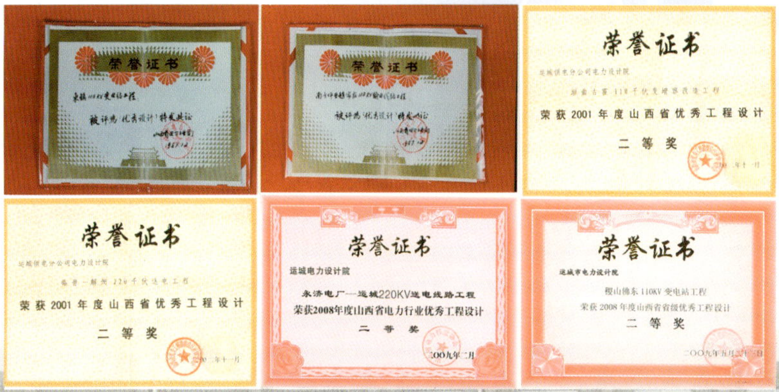


建院以来，共完成各项输变电工程设计几百项，而且多项工程荣获山西省优秀工程设计奖

2008 年 2 月通过 ISO9001 质量管理体系认证

2010 年 4 月通过新资质标准换证工作，取得工程设计电力行业（送电工程、变电工程）专业乙级新资质

# 盐湖供电支公司

经理　温育民

从60年代第一座火力发电厂建设，盐湖区供电局电力发展历尽沧桑，从无到有，从弱到强，发展到现在电网坚强、资产优良、服务优质、业绩优异的现代化电力企业。公司先后被国家电力公司授予“全国电力系统电力营业工作先进集体”、“农村电气化县”、“农村电网建设与改造先进区”、“一流县供电企业”，被省电力公司授予供电优质服务“民心工程”先进集体，连续四次被授予省级文明和谐单位。

2009年，盐湖区境内拥有公用220千伏变电站3座，主变压器6台，公用110千伏变电站8座，主变压器16台，公用35千伏变电站9座，主变压器17台，用户110千伏变电站5座，主变压器21台，用户35千伏变电站5座，主变压器7台。拥有用户关铝热电公司发电厂1座，20万发电机组2台，主变压器2台。拥有公用220千伏电力线路13条，429.529公里，110千伏线路21条，35千伏电力线路17条，143.154公里。10千伏配电主干线122条。年供电量达到123877.7万千瓦·时。实现了所辖公用10座变电站无人值班电力调度自动化管理。逐步建成了规划科学、安全可靠、经济高效、电网坚强的供电网络。

运城分公司经理刘显哲在营业厅调研

城网改造深受群众好评

发电车正式投入使用

安全用电进校园

营销安全宣传

# 临猗供电支公司

领导班子精心谋划临猗电网建设

开展优质服务

坚强电网

检修人员精心检修

# 平陆供电支公司

领导班子

2009年，平陆供电支公司坚持以科学发展观为指导，以“电网建设、严格管理、改革创新”为主题，以建设一流供电企业为总抓手，外求发展，内求创新，外创环境，内严管理，外树形象，内强素质，各项工作步入良性循环的新轨道，全力以赴建成投运了110千伏寨头输变电工程；对35千伏张村变电站进行了增容改造；新建了35千伏三门至曹川输变电工程，更换了76台高耗能配变。创新安全管理方法和规范工作制度，巩固一流企业的丰硕成果，重大问题整改率达100%。建立了有效的教育培训体系，认真推行企业绩效考核制度。同时积极在服务措施及服务过程中不断创新创优，使公司迈向了协调快速发展的新阶段。

荣获文明和谐单位

重点工程建设先进单位

经济建设先进单位

# 星河房地产

董事长　薛泽科

## 敬天爱人利他
## 志在城市运营

薛泽科，1978年出生，运城市万荣县人。曾就读于山西省水利学院水利建筑系，后在北京大学市场营销与企业管理专业深造。2001年创办运城市育英电脑科教服务中心。2003年更名为运城市智宇电子科技有限公司，先后在运城市各大商场建立联想笔记本电脑与三星数码专场店。2006年6月组建山西星河房地产开发有限公司，以“后来者居上”的凶猛来势在运城房地产史上谱写了属于星河的绚丽篇章。2008年，薛泽科当选为运城市政协委员。几年来，他先后荣获“运城市优秀科技实业家”、“运城市优秀企业家”、“山西省优秀企业经营者”、“山西省优秀企业家”、“山西省功勋企业家”等荣誉称号。山西星河房地产开发有限公司也先后被评为：建国60年——中国房地产诚信品牌企业，山西省优秀企业，山西省重合同守信誉企业，山西省百佳信用企业。

新天地鸟瞰图

星河城鸟瞰图

星河大厦

星河广场项目鸟瞰图

# 山西煤销集团运城有限公司

经理　解崇民

山西煤炭运销集团运城有限公司是运城地方煤炭运销的管理机构和经销企业，成立于1984年，隶属省煤炭运销集团有限公司，主要职责是对全市地方发煤站和专用线进行行业管理；对全市地方煤炭销售和调运进行综合平衡；负责签订地方煤炭订货合同；负责市内工业用煤及市场用煤的组织、订货、分配和调运工作；负责地方煤炭公路经销管理和专项基金的查验补征。

公司始终坚持“为煤矿服务、为用户服务、为地方经济建设服务”的经营宗旨，弘扬“廉洁、高效、务实、进取”的企业精神，连续多年被上级评为“文明和谐单位”和“守合同、重信用”先进企业。现已成为拥有固定资产3.5亿元，职工1306人，年销售收入达4亿元的煤炭综合性企业。公司下设8个县（市）公司，6个出省煤焦管理站，16个公路煤焦销售营业站，3个企业煤焦销售营业站，15个铁路煤炭发运站（年发运能力150余万吨），两个非煤产业经营公司，两个直属实体单位。

运城有限公司作为山西煤炭运销集团有限公司的子公司，将在省集团公司的领导下，按照集团公司构建现代大型煤炭物流企业集团的发展思路和运城市委、市政府的发展战略目标要求，坚持以邓小平理论和“三个代表”重要思想为指导，以科学发展观为统领，加强企业管理，拓展发展思路，创新工作方式，推动企业经营管理水平全面提升，不断开创运城煤销改革发展的新局面。

2009年7月18日，分公司召开全市上半年经济效益分析会

分公司领导解崇民、王洪、任保民、李耀进、杨永兴在主席台下就座

解崇民经理与县公司负责人签订绩效考核责任书

王洪书记与下属单位负责人签订党风廉政建设责任书

# 运城市凤源热力有限公司

运城市热电联产集中供热工程是市委、市政府确定的一项城市基础设施建设的重点工程，是改善市区环境，惠及千家万户的民心工程。运城市凤源热力有限公司成立于2007年3月5日，注册资本1000万元，法人代表孙耀民。公司位于运城市盐湖区人民北路147号华旅大厦十层。公司是市政府确定的重点工程热电联产集中供热工程的实施单位，主要承担工程的建设和运营。

运城市凤源热力有限公司被市政府评为2009年度集中供热先进单位

运城市热电联产集中供热工程自2007年6月启动，2008年全面建设，2009年稳步推进，已累计完成1000万平方米供热能力。

工程实施后，可以取代600余台燃煤供热锅炉和4000余户采暖小炉灶。年可节约采暖用煤60万吨，节约煤渣场占地44100平方米，年可减少烟尘排放1.75万吨，减少二氧化硫1.41万吨。届时，运城的天将更蓝，水将更绿，人民将更加健康！

市委书记高卫东在集中供热监控室观摩系统运行情况，指导集中供热工作

市长王安庞在热力站视察指导集中供热工作，研究解决工程建设中的困难和问题

副市长王健康和市凤源热力有限公司2009年度先进工作者合影

# 山西瑞芝生物科技有限公司

▲中共中央国家机关工作委员会常务副书记杨衍银(右二)与公司董事长董建生亲切握手

▶董事长董建生与山西省人大常委会副主任杨安和(左)在一起

山西瑞芝生物科技有限公司位于山西省运城市盐湖工业园区内，首创于2001年10月，原名运城瑞芝食品有限公司，2005年5月改为现名。总投资一千余万元，占地60余亩。现有员工98人，其中管理人员26名，专业技术人员10名(包括高级技术职称人员8名)。公司先后通过了国家食品质量安全“QS”认证和有机产品认证、食品安全管理体系认证,并获得出口食品企业资格认证。

瑞芝公司是一家专门从事中华医药瑰宝——灵芝菌种的选育及灵芝系列产品的开发、生产、销售为一体的综合性民营企业。先后研发生产出瑞芝牌灵芝系列食品（灵芝菌粉专利号为200810080268.5），并把产品拓宽到美容护肤品领域，形成了“内服外用”的瑞芝健康产业。目前，是全国最大的灵芝菌丝体生产基地、最大的有机灵芝生产基地。

瑞芝牌系列灵芝食品是以灵芝为主要原料，借助现代生物工程技术，加工提炼、科学配伍，而生产出来的一系列功能性食品，它摒弃了旧的观念，采用了新的技术，克服了灵芝老化营养含量大量丢失的缺陷，有效地提高了灵芝多糖等活

◀公司董事长董建生(左)和山西大学生命科学学院院长王兰（右）在公司生产基地为山西大学生命科学学院教学研基地揭牌

▲董事长董建生家乡临猗县三管村为感谢董事长情系家乡捐资修路义举敬送锦旗

国务院七部委领导、运城市区两级领导与公司高层领导在金鑫大酒店宴会厅就灵芝产业化全面推广进行深入研讨

山西省委常委、宣传部长胡苏平(原副省长)与公司董事长董建生亲切交谈

性物质的含量（经国家轻工业食品质量监督检测上海站，上海源本食品质量检验有限公司检测，每 100g 灵芝菌粉中含粗多糖 12.5g），而且口感好，容易被人体消化吸收。目前已投入生产的有“灵芝菌粉”、“灵芝菌片”、“灵芝蛋白粉”、“灵芝螺旋藻”、“灵芝高钙片”、“灵芝柿叶茶”和“有机灵芝菌粉”等瑞芝系列食品和“灵芝洁面乳”、“灵芝眼霜”、“灵芝保湿嫩肤霜”、“灵芝保湿嫩肤水”、“灵芝精华面膜”等瑞芙姿系列护肤品。

2009 年 8 月 1 日，由国务院发展研究中心牵头，国家农业部、发改委、财政部、商务部、科技部等七部委组成的国家农业产业化课题组到公司实地考察后，充分肯定了公司取得的成绩并为今后的发展指明了方向。

公司董事长董建生荣获“2009 中国农村十大致富带头人特殊贡献奖”，在人民大会堂门前留影

瑞芝公司与运城市工商行政管理学会等有关单位联合出品全国首部打击传销数字电影《黑梦》，董事长董建生在开机仪式上发表讲话(主席台上有国家、省、市三级工商、公司部门领导，运城市、区两级政府的主要领导以及《黑梦》剧组成员和主要演员)

副市长吴菊仙在“瑞芝情系老干部”大型捐赠活动上讲话

# 闻喜县华隆瓷业有限责任公司

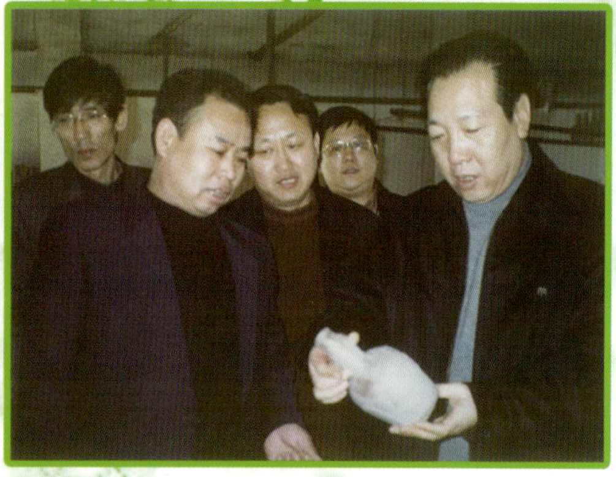

市委常委、市委副书记董鹏翔来厂考察

产品陈列室一角

闻喜县华隆瓷业有限责任公司筹建于1991年，现共有五个分厂。目前公司占地总面积80913.9平方米，建筑面积45300平方米。拥有员工1100余人，其中安置国企下岗职工600余人。拥有四条天然气全自动辊道窑生产线；一条天然气隧道窑生产线；三条天然气烤花窑生产线。年生产各类陶瓷酒瓶1200余万件，年产值近5000万元，累计上缴国家税收3231万元。

汾酒集团副书记阚秉华、县委书记裴良杰考察企业

华隆瓷业在董事长盛守文的带领下，经过近20年的快速发展，已成为我国北方最大的陶瓷酒瓶生产企业。与山西杏花村汾酒厂股份有限公司、新疆伊力特酒业股份有限公司、天津津酒集团、青海互助青稞酒集团等国内30多家酿酒企业建立了长期合作关系。公司重视科技创新和新产品研发，先后申报国家设计专利20余项，研究开发的“天然花金防伪釉”成为酒类企业防伪利器。2008年通过了ISO9001、ISO2000质量管理体系认证。“HL”牌注册商标被评为“山西省著名商标”。公司先后荣获省、市、县“守合同、重信用”企业；被全国酒类消费争议商品检测中心评为“中国陶瓷酒瓶制造龙头企业”荣誉称号；被中国企业发展监督委员会和中国质量管理体系认证中心评为“中国酒瓶制造十强企业”。

华隆一分厂46米天然气烤花窑

华隆二分厂42米天然气隧道窑

华隆四分厂63米天然气辊道窑

# 山西彩虹汽车贸易集团有限公司

董事长 总经理　王根才

山西彩虹汽车贸易集团有限公司创建于1993年，位于黄河大道中段，是集整车销售、售后服务、配件供应、信息反馈、汽车装潢美容、消费信贷及二手车交易为一体的大型汽车贸易集团。现有员工600余人，旗下拥有9家分公司，系上海大众、东风本田、上海大众斯柯达、上汽通用五菱、乐驰、昌河、奇瑞等品牌的运城、临汾和北京地区总代理，销售网点遍及城乡。集团公司连年被农业银行授予“AAA级信用度企业”，是工商管理部门的“守合同、重信用”单位。彩虹集团勇于承担社会责任，致力于慈善事业，引领汽车贸易潮流，着力打造“百年彩虹”品牌。

一握彩虹手，永远是朋友。

乐　驰

迈向辉煌

致力慈善事业

硕果累累

# 运城市元通、上通汽车销售服务有限公司

山西省运城市元通别克、上通雪佛兰汽车销售服务有限公司，成立于 2006 年 12 月 19 日，是上海通用汽车在晋南地区唯一授权的 4S 店，也是上海通用在晋、豫、陕三省中品质最高、规模最大的合作伙伴之一。主要提供通用别克、雪佛兰系列汽车的整车销售、售后维修、零配件供应、信息反馈、分期付款等标准业务服务。

公司把“一切为了客户满意”作为企业最高追求，将全力打造一支“集超值产品，应顾客急需，汇管理精华，供满意服务”的优秀企业，不辱企业使命，真诚服务于每一位顾客，全面推进企业社会效益和经济效益双丰收。

# 华雄纺织有限公司

董事长　吴荣华

运城市空港华雄纺织有限公司，成立于 2006 年 6 月，位于运城空港新区华雄南路 2 号，占地 443 亩，现有职工 380 余人，注册资本 2.091 亿元，总投资 7.5 亿元，是由民营企业家吴荣华先生于 2006 年独资筹建的现代化纺织企业，公司生产总规模为 30 万锭。

该项目投资属于国家发展和改革委员会令第 40 号《产业结构调整指导目录（2005 年本）》中鼓励类“高档纺织品生产”项目；符合发改运行[2006]762 号《关于加快纺织行业结构调整促进产业升级若干意见的通知》中调整方向；产品是国家发展和改革委员会关于《纺织工业“十一五”发展纲要》中棉纺织行业结构调整的重点产品。公司分三期建设，一期总投资 3.5 亿元，建成 10 万锭精梳纱纯棉纺纱生产线，2009 年 7 月建成投产，年产高支精梳纱 4000 余吨，年销售额 1.8 亿余元，消耗原棉 7000 吨，安排就业 380 余人，利税 2000 余万元。华雄纺织有限公司二期项目于 2010 年 4 月开工，预计 2010 年 11 月建成试产。二期项目建成投产后，年产高支精梳纱 5000 余吨，增加就业人员 350 余人，产值可达 2 亿元，利税 4000 余万元。三期正在建设中。全部投产后，可产各种纯棉高档纱线 1.2 万吨，年产值 6.5 亿元人民币，实现利税 1.3 亿元，可安排就业 1000 余人。公司将管理目标定位：质量达国际乌斯特公报 5%水平，用人达万锭用 35 人的国内领先水平；产品档次定位：“三无一精”，即：100%无棉卷，100%无接头, 100%无梭布, 100%精梳纱。公司立足于高起点、高工艺、高技术的原则，主要设备配置以国际一流的瑞士立达精梳机、末道并条机和德国赐来福生产无接头纱的全自动络筒机和国内顶尖的细纱机。国产设备主要部件再配置进口专件，使装备达到国内一流水平，确保十年不落后。项目全部建成后，无论是从生产规模还是从生产质量都会在省内乃至国内处于领先地位。公司将成为山西省煤炭转型发展的排头兵和山西纺织行业的试验田。

省委书记袁纯清视察公司生产情况

市委书记高卫东来公司视察指导工作

# 运城市明亮汽车销售有限公司

董事长　王明亮

运城市明亮汽车销售有限公司成立于2006年，位于运城市解放北路中段，是一家集汽车销售、售后服务、配件供应、信息反馈为一体的现代化汽车销售服务公司。公司经营南骏、五征、解放、凯马、陕汽华山等知名品牌的商用轻卡、自卸汽车，营销覆盖范围较大。公司拥有良好的经营环境和严格训练的高素质专业人才，品牌最多，规格型号最全，是综合实力雄厚、发展潜力巨大的汽车贸易公司。

公司在发展过程中始终坚持“尽我所能，为您所为，优质服务，全程无忧”的服务宗旨，秉承“诚信为本，客户至上”的经营方针，奉行“明明白白做人，亮亮堂堂做事”的价值观念，贯彻现代化企业管理制度，推行企业信息化管理。

公司未来的发展目标是，进一步规范管理、稳健经营，为客户创造更多更大的价值，打造晋南乃至山西省最大的商用轻卡、自卸汽车交易与服务市场，公司要发展成为全市乃至全省商用汽车行业的骨干企业。

启真

# 山西金星镁业有限公司

董事长　雷金狮

山西金星镁业有限公司创建于1998年，位于运城市夏县。公司主要从事镁系列产品及还原罐的生产销售，年产能镁锭20000吨、镁粉10000吨、镁合金10000吨、还原罐10000支，拥有总资产2.5亿元，是中国有色金属协会镁业分会副会长单位。公司曾荣获“山西省优秀企业”、“山西省功勋企业”、“运城市百佳诚信单位”、“守合同重信用单位”、“运城市工业企业50强”等荣誉称号，通过了“ISO9001：2000质量管理体系认证”、连续十年被中国农行评为“AAA级信用度企业”、连续十年荣获“夏县民营企业纳税第一大户”等荣誉称号。

公司董事长雷金狮，籍贯运城市三路里八将门村，北大工商管理硕士研究生、工程师，中共党员，运城市政协委员，曾荣获“山西省二等功臣”、“山西省优秀企业家、功勋企业家”、“山西省优秀民营科技企业家”、“运城市劳动模范”、“运城市非公有制企业家协会常务副会长”等荣誉称号。

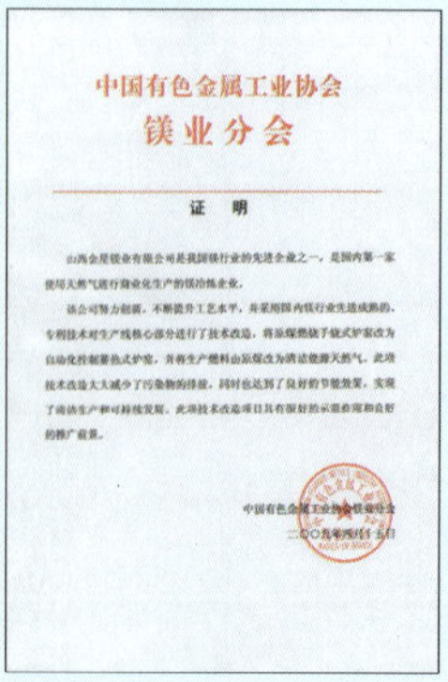


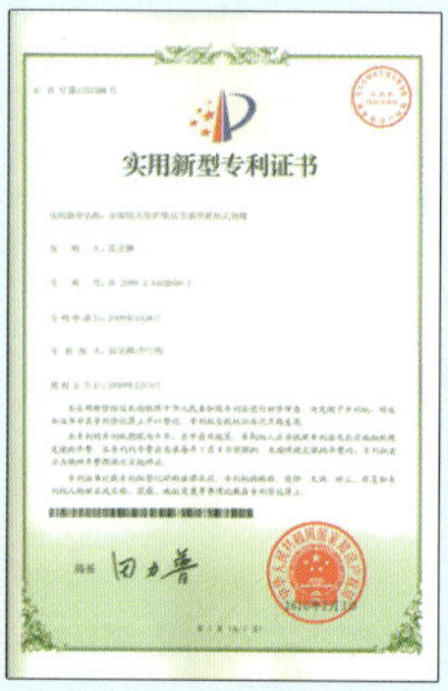


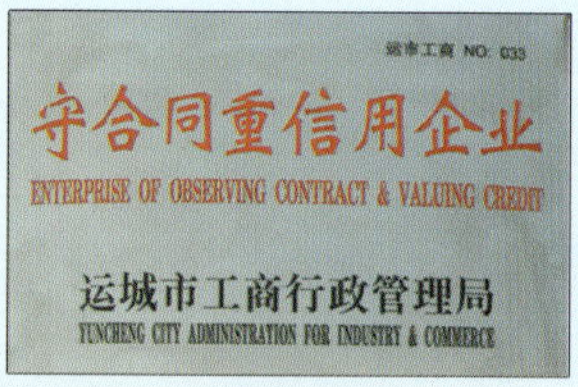


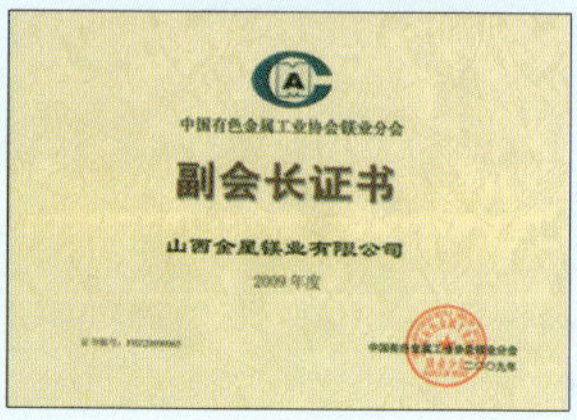

# 目　录

## 2010年

## 文　献



## 大　事　记



## 概　况

## 政　　治

## 人民武装

## 法　　制

## 经 济 管 理

## 农 林 水 牧

## 工 业 商 贸

## 建 设 环 保

## 交 通 邮 电

## 财　税　金　融

## 教　育

## 科学技术



## 文化

## 卫生　医药　体育

## 社　会　生　活

## 旅　　游



## 人　　物



## 县（市、区）、开发区概况



## 附　　录

# CONTENTS

## 2010 年

### DOCUMENTS



### EVENTS



### GENERAL SITUATIONS



### POLITICS

## EDUCATION



## SCIENCE & TECHNOLOGY



## CULTURE



## HYGIENE, MEDICINE & PHYSICAL CULTURE



## SOCIAL LIFE



## TOURISM



## PERSONAGES



## SURVEY OF THE COUNTIES (CITIES, DISTRICTS &.OPEN ECONOMIC ZONES)

# 文　献

# 运城市人民代表大会常务委员会工作报告

——2010年4月19日在运城市第二届人民代表大会第六次会议上

运城市人大常委会主任　张建合

各位代表：

我受市二届人大常委会委托，向大会报告工作，请予审议。

**过去一年的主要工作**

2009年，是全市人民团结拼搏、迎难而上，有效应对金融危机，加快我市科学发展的重要一年。一年来，市人大常委会在中共运城市委的正确领导下，全面贯彻党的十七大和十七届三中、四中全会精神，坚持以邓小平理论和“三个代表”重要思想为指导，深入贯彻落实科学发展观，紧紧围绕党和国家工作大局、围绕市委中心工作，不断强化责任意识，依法履行各项职责，为完成保增长、保民生、保稳定各项工作任务，进一步推动我市经济建设、政治建设、文化建设、社会建设和生态文明建设发挥了积极作用。

一年来，常委会共召开会议8次，听取审议“一府两院”专项报告17项，提出审议意见12件，开展专题调研、视察21次，对11部法律法规实施情况进行了执法检查和调研。

**一、抢抓机遇，应对挑战，全力促进运城科学发展**

一年来，常委会坚持抓大事、谋大事，紧紧围绕加快和推动运城科学发展这一战略目标和市委提出的在盐湖区建设经济发展较快集中区域的重大战略决策的实施，深入开展调研视察，认真审议专项报告，积极提出合理建议，依法行使重大事项决定权。

一是着力促进中心城市快速发展。去年，常委会先后听取审议了市政府关于中心城市基础设施建设情况、城市总体规划修编情况、市政工程项目招标投标执法情况等三个专项报告，督促政府继续在城市建设上加大投入，加快实施旧城改造，着力解决交通拥堵、排水不畅等影响制约城市发展的突出问题；要求有关部门坚持建管并举，依法整治建筑市场，严厉打击违规招投标行为。同时着眼城市未来发展，就进一步提高城市规划的战略性、前瞻性和科学性，提出了拓展城市发展空间，推动中心城市与周边区域协同发展；提升城市文化内涵，注重发挥河东文化对城市发展的促进作用等审议意见，并督促在城市总体规划修编（2007—2020年）中予以了落实。为了较好解决城市建设资金不足问题，常委会重点对市政府利用开行贷款进行市政基础设施建设情况、贷款规模、债务风险问题进行了认真调研和分析论证，在听取审议政府相关报告的基础上，依法作出决议，批准市政府以委托代建模式进行城市部分基础设施建设，确保城建重点项目资金落实到位。

二是全力推动我市经济平稳较快发展。面对金融危机的冲击，为实现拉动经济增长的目的，常委会多次组织代表深入豪德贸易广场、闻垣高速公路、大运汽车制造、华润雪花啤酒以及阳光焦化、凯特化工、华雄纺织等重点工程、重点企业进行调研视察，积极提出合理化建议，并通过牵头协调，跟踪督促，帮助解决困难和问题，推动重点工程项目顺利实施，推动重点企业转型升级。同时，认真贯彻落实中央关于扩大内需的政策措施，依法审查批准了市政府关于新增地方债券收入的预算调整方案，把债券资金全部用于解决农村困难群众住房配套、城镇居民医疗保险配套等民生项目上，加大财政支持保障力度，增强拉动经济增长的社会合力，促进我市经济社会又好又快发展。

三是大力促进区域协调发展。着眼运城的长远发展，常委会按照国家促进中部地区崛起的战略规划和市委要求，把推动晋陕豫黄河金三角区域协调发展综合试验区建设作为实现我市新一轮发展的新的战略机遇，列入人大工作重要议事日程。在深入调研、充分论证的基础上，把文化旅游、果业发展、铝镁生产及深加工、基础设施建设，作为区域合作的支撑产业和基础工作，着力培育，联合推动。文化旅游方面，联手启动了沿黄河旅游项目，全面开放区域旅游市场，支持旅游部门在三省四市开通了一证通半价优惠游，使各市旅游的收入增长均在20%以上。果业发展方面，重点对区域内果业发展情况进行了三次专题调研，针对产业组织化程度低、品牌竞争力不强等问题，提出加强市场资源和信息领域合作，联手打造优质果品生产基地的建议，并召开联席会，对苹果加工果收购价格机制达成了共识，有效地防止了加工果收购价格大起大落，促进区域果业稳步发展，同时对如何发挥区域内铝镁深加工在全国的比较优势，进行了深入的调研；基础设施方面，联合推动了区域内高速铁路、高速公路、运城机场扩建等重大基础工程立项建设。这些工作得到了省委、省政府的支持，得到了国务院领导和国家发改委的肯定和重视，先后作了重要批示，并在国家中部崛起规划中明确写到：鼓励晋陕豫黄河金三角地区突破行政界限，开展区域协调发展试验。这就为我们进一步开展工作奠定了坚实基础。

**二、突出重点，强化监督，服务改革发展稳定大局**

受国际金融危机影响，保增长、保民生、保稳定任务艰巨，各方面工作压力都很大。对此，常委会明确了监督与支持并重的工作思路，给予“一府两院”工作更大的支持和促进。

1. 夯实农业基础，支持农村改革发展。贯彻党的十七届三中全会精神，常委会把“三农”工作作为重中之重，大力促进我市农村改革与发展。去年，围绕发展现代农业、规范土地流转、加大支农投入等“三农”工作重大课题，组织开展了系列专题调研；在全市范围内组织检查了农业机械化促进法实施情况，促进农机具购置补贴惠农政策的落实；集体视察了夹马口北扩工程，着力推进灌区续建配套；听取审议了市政府关于农村改革发展和第八届村委会换届选举的专项报告，全力支持政府以发展现代农业为方向、以增加农民收入为核心、以促进农村和谐为重点，加快新农村建设步伐，推进农村基层民主政治建设。同时，提出公共资源向农村倾斜、公共设施向农村延伸、公共服务向农村覆盖，促进城乡统筹发展。

2. 加强审查监督，促进经济平稳增长。一是坚持科学分析论证，在年初计划预算编制工作中，积极提出合理建议，确保各项经济增长指标合理可行；二是结合审计工作报告，强化对市本级财政决算的审查，跟踪监督审计工作报告提出问题的整改落实；三是综合运用多种方式，加强对经济运行的监督。去年，常委会通过开展专题调研、深入企业帮扶解困、加强经济运行数据分析，了解掌握重点企业生产经营情况、重点行业市场运行情况和重要指标完成情况，在此基础上，听取审议了市政府关于1—7月全市计划和预算执行及经济运行情况的专项报告。面对财政收入下滑、工业企业亏损等严峻形势，常委会提出继续把保增长作为经济工作的首要任务，既要发挥优势、抓好一产三产，又要注重利用市场倒逼机制，进一步加大结构调整力度，促进二产发展等审议意见，全力促进我市经济平稳较快增长。

3. 关注群众利益，推动民生问题解决。常委会紧紧围绕人民群众最关心、最直接、最现实的利益问题积极作为。去年，重点对城乡低保资金和新型农村合作医疗基金使用情况开展了执法检查，确保中央资金专款专用，督促地方资金配套到位，使惠民政策落到了实处；在《食品安全法》执法检查中，常委会督促开展自查自纠，积极配合全国人大执法检查组，深入食品生产厂家、集贸市场、食品超市以及学校食堂，实地检查食品安全情况，促进法律宣传到位、执法监管到位，不断提高我市食品安全监管水平。为了打造宜居、和谐、优美的城市环境，常委会深入城市集中供热、道路改造以及中心医院新院、体育馆、职业技术学院、运城学院新校区、经济适用房建设工地进行视察，推动公益事业发展，对城市供水、污水处理、城市绿化、环境整治、物业管理等事关人民群众切身利益的民生问题，开展了一系列视察调研活动，积极向有关方面提出合理化建议，促进民生问题得到较好解决。同时，组织开展了《环境影响评价法》执法检查，督促有关方面大力发展循环经济、绿色经济，预防和减少因规划、建设不当对环境造成不良影响。常委会听取审议了市政府关于贯彻实施人口和计划生育法情况的专项报告，提出了加强流动人口和特殊人群计划生育管理工作的审议意见。常委会还配合全国人大内司委就优化未成年人成长环境，进行了执法调研；配合省人大开展了科学技术普及法和侨务外事执法调研以及抗震设防立法调研，督促有关方面加大了科普经费投入，解决归侨实际困难，促进重大工程严格按抗震设防要求施工建设。

4. 强化执法监督，维护社会公平正义。在保增长、促发展的同时，常委会大力促进依法行政、公正司法，不断加大执法监督力度。组织开展行政诉讼法执法检查，推进了行政首长出庭应诉制度落实；听取审议了公安机关关于取保候审工作情况的报告，要求公安机关对取保对象严格审批、严加控管。在司法监督方面，主要听取审议了市中院关于清理执行积案工作情况的报告、市检察院关于反贪污贿赂工作情况的报告，督促法院部门严格执法，完善执行工作机制，避免新的积案发生；督促检察部门认真开展预防职务犯罪工作，严查重点行业领域职务犯罪。在受理人民群众来信来访工作中，按照主任会议审议通过的人大信访事项交办实施细则，完善了接待、交办、督办、落实责任制度，加大了信访督办力度，全年共接待处理群众来信来访 1043 余人次（件），重点督办 97 件，依法维护了群众的合法权益，促进了社会和谐稳定。

过去一年，常委会认真行使人事任免权，坚持党管干部和人大依法任免有机统一，严把任命程序关，共任免国家机关工作人员 46 人（次）。补选省十一届人大代表 1 人。

**三、创建平台，搞好服务，充分发挥代表主体作用**

代表工作是人大工作的重要基础。过去一年，常委会在不断强化服务意识，拓展代表知情知政渠道的基础上，重点从四个方面，服务和促进代表依法履职。一是深入 13 个县（市、区）巡回指导，促进代表活动中心（室）规范化建设，促进代表小组活动经常化。二是组织代表开展专题调研、集体视察。去年 9 月，组织驻运省人大代表就中小学校舍安全、养老保险、社会就业、城市污水处理等民生问题，分五个专题开展了调研；12 月组织 33 名驻运省人大代表，对我市部分重点工程建设情况、传统产业改造升级、低保政策落实等情况进行了集体视察。随后，常委会召开反馈大会，及时将代表建议意见反馈给政府和有关方面，促进其改进工作。三是改进代表建议办理工作。常委会要求有关部门在办理中，加强与代表面对面协商办理；对建设出口水果基地、整治盐湖周边环境等重点建议，组织代表跟踪督办；对教育、城建等六个部门的办理工作，进行了集体视察。目前代表在市二届人大五次会议上所提出的 253 件建议和闭会期间提出的 3 件建议全部办结，办理质量得到提升。四是开展代表述职活动。去年，常委会第二十八次会议听取了 8 位驻运省人大代表所作的述职报告，对其依法履职工作情况，进行了民主测评，激励代表模范履职，自觉接受人民群众监督。去年 9 月，省人大还在我市召开了全省人大代表履职工作座谈会，推广我市代表工作做法和经验。

**四、注重学习，提高效能，不断加强常委会自身建设**

按照党的十七届四中全会精神要求，常委会把创建学习型机关作为加强自身建设的重要工作目标和任务，制定了学习计划，完善了学习制度，组织和引导常委会组成人员、机关工作人员重点加强对政治理论、经济法律知识以及人大业务的学习，使常委会组成人员、工作人员的政治素质、履职能力、服务水平都有了新的提高。特别是在学习实践科学发展观活动中，常委会坚持解放思想，突出实践特色，着重查找不适应、不符合科学发展观要求的思想观念，着力解决程序性监督多、实质性监督少等影响人大工作水平和质量的突出问题，着手建立完善了符合人大特点、高效规范的人大工作机制。同时，还强化了人大制度理论研究，密切了同县（市、区）人大的工作联系，共同推进全市人大工作整体上台阶。

各位代表，2009年是新中国成立60周年，地方人大设立常委会30周年，以此为契机，常委会先后举办了迎国庆“比奉献、树形象”演讲活动，纪念地方人大设立常委会30周年座谈会、图片展，“绛州绿”杯人大法律知识竞赛活动，开展了人大工作理论研讨，认真回顾总结地方人大30年光辉历程和人大工作宝贵经验，深入探讨地方人大工作内在规律和特点，在全社会营造了宣传人大制度、学习人大知识、支持人大工作的良好社会氛围。

回顾过去，我们所取得的成绩，离不开中共运城市委的正确领导，离不开全体代表的共同努力，离不开“一府两院”的有力配合，离不开全市500万人民群众的大力支持。在此，我谨代表市人大常委会向所有关心、支持人大工作的领导和同志们，表示崇高的敬意和衷心的感谢！

回顾过去，我们也清醒地认识到，工作中还存在不少差距和不足，主要是，对重大事项决定权的认识和行使上还不到位；监督工作离人民群众的愿望和要求还有距离，代表工作有待进一步加强，自身建设方面还不能完全适应形势发展要求。对此，我们将在今后工作中努力改进。

**今年的主要工作任务**

各位代表：今年是全面完成“十一五”任务、科学谋划“十二五”的关键之年，也是本届常委会恪尽职守、完成任期目标的一年。新的一年里，市人大常委会要在中共运城市委的坚强领导下，以邓小平理论和“三个代表”重要思想为指导，深入贯彻落实科学发展观，按照市委二届六次全会要求，始终坚持党的领导、人民当家做主、依法治国的有机统一，不断增强大局意识、责任意识，紧紧围绕全市工作大局和市委重要工作部署，以调结构、促转变、惠民生各项工作任务为主线，以促进晋陕豫黄河金三角区域协调发展、推进盐湖区经济发展较快集中区域建设为重点，以创建学习型机关为载体，进一步加强和改进人大监督工作，全面加强常委会自身建设，不断提高人大工作水平。

按照上述指导思想，今年，常委会工作重点是：一个目标，创建学习型机关；两项评议，搞好对“一府两院”重点工作、重点部门工作评议；三个考评机制，探索常委会组成人员、机关工作人员和市人大代表三个考评机制；努力做好五方面工作。具体讲：

**一、与时俱进，在推动人大工作创新上要有新思路**

面对新形势，适应新要求，常委会要依法行使好各项职责，推动人大工作创新发展，就必须坚持解放思想，与时俱进，在传承中发展，在创新中提高。

*一是着力创建学习型机关*。贯彻党的十七届四中全会精神，常委会要主动适应不断变化的形势发展要求，把加强学习作为推动科学发展的首要任务，作为一种政治责任，摆在更加突出的位置。要围绕提高常委会服务发展能力、依法履职能力、开拓创新能力，在勤于学习、善于学习上下功夫；要牢固树立全员学习、终身学习理念，坚持学习与运用相结合，大兴调查研究之风，充分体察民情，广泛了解民意，更好集中民智，使人大工作更好地体现人民群众意愿；要注重以学习促进制度建设，重点修改完善常委会议事规则、重大事项规定、专项报告提请审议程序等制度；要以学习促进机关效能建设，不断提高人大机关办事效率、服务水平。同时，也要通过创建活动，进一步加强对人大制度的理论研究、加强对基层人大的有力指导、加强人大工作的横向联系，努力开创人大工作新局面。

*二是重点搞好两个工作评议*。一个是围绕标志性产业项目建设，组织人大代表开展工作评议，带动产业升级，推动经济发展；另一个是通过公开征求意见，把人大代表和社会群众关注的部门作为评议对象。评议中，要注重综合运用多种监督方式，注重上下联动，注重与新闻媒体配合，力求深化监督层次，形成监督合力，使评议的过程成为听取民意、汇集民智、督促工作、促进整改的过程，评出动力，评出干劲，以期达到推动项目实施、推动部门工作、推动运城发展的目的。

*三是积极探索三个考评机制*。常委会要在充分调研的基础上，根据人大工作目标和任务，着手探索建立常委会机关工作人员工作量化考

核办法，以进一步提高常委会机关工作效能和服务水平。要围绕提高常委会议事水平，着手探索建立常委会组成人员依法履职考评办法。要以激励和引导人大代表模范履职为目的，着手探索建立市人大代表履职考评办法。通过对这三个办法的积极探索，努力使人大工作队伍精神风貌有新的变化，履职能力有新的提高，服务发展取得新的成效。

**二、奋发有为，在推进黄河金三角区域协调发展上要有新进展**

按照市委要求，常委会要围绕建设国家晋陕豫黄河金三角区域协调发展综合试验区这个重要目标，重点从三个方面，卓有成效地开展工作。一是加大申报力度，把区域协调发展上升到国家战略层面，争取试验区早日挂牌成立。二是加大合作力度，在深入调研的基础上，形成区域合作方案，着力推进区域内文化、旅游、果业、铝镁等重要产业实质性合作以及区域内基础设施建设，更好地发挥区域比较优势，提升区域经济竞争力。三是加大宣传力度，进一步扩大晋陕豫黄河金三角地区在全国的知名度和影响力。

**三、注重实效，在加强和改进监督工作上要有新突破**

一是突出对“三农”工作的监督。常委会要把统筹城乡发展作为全面建设小康社会的根本要求，以加快新农村建设为目标，以发展现代农业、增加农民收入、推进城镇基础设施建设为着力点，不断加大对“三农”工作的支持与监督。今年，常委会将重点组织开展农业专业合作社法执法检查，听取审议有关林业改革发展情况专项报告，督促政府及有关方面着力提高农业生产经营组织化程度；加快生态兴市步伐。二是突出对经济社会发展中重大事项的监督。常委会要在加强对计划预算执行及经济运行情况监督的同时，重点听取审议有关“十二五”规划编制工作、利用开行贷款进行建设情况、“蓝天碧水”工程实施情况等专项报告，大力促进我市低碳经济发展和发展方式转变。三是突出对民生问题的监督。围绕群众反映强烈的食品添加剂问题、城乡教育平衡发展等问题，将听取审议市政府关于食品药品行政执法情况报告、义务教育法执法情况报告，同时加强对社区建设情况、物业管理情况、省清真食品管理条例实施情况的检查监督，以进一步改善民生，提升人民群众生活的幸福指数。四是突出对法律法规实施情况和司法工作的监督。重点开展民事诉讼法、文物保护法执法检查，对旅游执法情况进行调研，确保法律正确实施；听取审议市检察院关于审查起诉工作情况报告、“两院”关于办理人大交办信访案件的专项报告，总结推广平陆县人大主任集体接待信访工作经验，加强人大信访督办工作，大力促进社会和谐稳定。

为了切实提高监督工作实效，常委会一是要加大工作调研力度，善于综合运用法律赋予的多种监督方式，使工作监督与法律监督相结合。二是建立制度，启动规范性文件备案审查工作。三是通过公开征集监督议题，提前介入，跟踪督办，切实改进监督方式。四是增强监督工作透明度，自觉接受人民群众的监督。根据监督法的有关规定，常委会要将“一府两院”专项工作报告的主要内容，常委会会议审议意见、“一府两院”研究处理情况，以及常委会重要监督活动开展情况，通过新闻媒体，及时向全社会公布，向代表通报。

**四、服务大局，在决定重大事项和干部任期目标监督上要有新作为**

常委会要把促进运城科学发展作为第一要务，突出加快经济发展方式转变这个战略重点，紧紧围绕事关调结构、促转变、惠民生、“十二五”规划编制以及盐湖区经济发展较快集中区域建设的重大部署、重大事项，根据国家宏观政策和我市实际，认真做好综合性、前瞻性调查研究，适时作出决议、决定，服务全市工作大局，优化发展环境，推动经济社会科学发展。

常委会要认真行使好人事任免权，在严把法律知识考试、民意调查、供职承诺等任命程序的同时，积极开展调研活动，探索“届初建账、届中查账、届末交账”干部任期目标监督新机制，即由人民代表大会及其常务委员会选举、任命的国家工作人员在任职时，根据工作职责与任务，要向常委会提出工作目标，作出履职承诺；在任期内，由常委会组织人大代表对其履职情况进行视察检查；届满时，向常委会报告工作目标与任务完成情况，常委会对其进行检查，并提出干部使用建议，以此加强对国家工作人员的任后监督。同时，要按照市委的统一部署，精心做好市人大换届的各项筹备

# 政 府 工 作 报 告

——2010 年 4 月 18 日在运城市第二届人民代表大会
第六次会议上

运城市市长　王安庞

各位代表：

现在，我代表市人民政府向大会作报告，请予审议，并请各位政协委员和列席会议的人员提出意见。

**一、2009 年工作回顾**

2009 年，由于受国际金融危机的严重冲击，我市的发展遇到前所未有的困难，也是撤地设市以来我市经济发展最为困难的一年。一年来，在市委的坚强领导下，在市人大和市政协的监督支持下，我们坚持以科学发展观为指导，认真贯彻落实中央、省“保增长、保民生、保稳定”的一系列决策部署，紧紧围绕保持经济平稳较快发展这一首要任务，针对性地采取保增长促发展十项措施，尽最大努力加快项目建设，尽最大努力帮扶企业渡过难关，尽最大努力发挥优势企业效益，迎难而上保增长，多措并举促发展，取得了应对国际金融危机的明显成效，经济实现了由下滑到增长的重大转折，各项工作都取得了新进展。

——顽强拼搏，经济在克服困难中实现持续发展。全市生产总值完成 728 亿元，同比增长 6.7%，增幅比全省高 1.2 个百分点。规模以上工业增加值完成 238.4 亿元，增长 6%，增幅比全省高 3.5 个百分点。全社会固定资产投资完成 481.5 亿元，增长 40.2%，创下十年来最高增速，增幅比全国、全省分别高 10.1 和 1.7 个百分点。社会消费品零售总额完成 328.2 亿元，增长 22%，增幅比全国、全省分别高 6.5 和 2.8 个百分点。万元生产总值能耗，二氧化硫、化学需氧量排放量，城镇新增就业人数和城镇登记失业率 4 项约束性指标都完成了年初确定的任务。

——化“危”为“机”，项目建设取得重大突破。重点项目完成投资 429 亿元，投资完成率达 192%，在全省排名第二。大西客运专线启动实施。闻喜至合阳、运城至灵宝两条高速公路开工建设。运三铁路、侯西铁路扩能改造立项前期工作圆满完成。电网建设实现历史性突破。特别是大运重卡的建成投产，成为我市乃至全省转型发展的重要成果，极大地鼓舞了全

---

工作。

**五、完善机制，在发挥代表作用上要有新举措**

常委会要模范贯彻执行《代表法》，积极营造服务和保障代表依法履职的良好社会氛围。常委会要进一步完善代表活动中心功能，注重提高代表素质，拓宽代表知情知政渠道，加强对代表小组履职活动指导，促进代表活动规范化、制度化。要组织代表开展专题调研、集体视察、执法检查、工作评议，使广大代表最大限度地发挥好密切联系群众的优势，发挥好带头表率作用、桥梁纽带作用，依法履行好代表职责。常委会要高度重视代表议案和建议办理工作，要通过加大协调督促力度、完善跟踪督办机制、开展视察、检查和评比表彰活动，促进办理部门强化责任意识，切实提高办理质量。

各位代表：积极有效应对国际金融危机的冲击，全力推动我市经济平稳较快发展，常委会倍感责任重大，使命光荣。让我们更加紧密地团结在以胡锦涛同志为总书记的党中央周围，在中共运城市委的坚强领导下，深入贯彻落实科学发展观，振奋精神，开拓创新，扎实工作，为全面完成“十一五”规划任务，早日实现“两基地一中心”宏伟目标而努力奋斗！

市人民战胜金融危机的信心。

——发挥优势，一、三产业快速增长。农业上，战胜严重干旱，全年粮食总产达到22.2亿公斤，同比增长6.4%，创历史新高。三产上，文化、旅游产业拉动住宿、餐饮、批发、零售等行业逆势上扬，第三产业增幅达10.4%，成为拉动经济增长的亮点。

——强化整治，安全生产形势明显好转。全市各类安全事故同比减少66起，下降6.5%，死亡人数同比减少23人，下降8.3%。

——关注民生，人民生活水平不断提高。城镇新增就业人数5.1万人。城镇居民人均可支配收入12657元，增长12.1%。农民人均纯收入4110元，增长8.2%。全市居民消费价格指数98.6%，分别比全国、全省低0.7和1个百分点。“六个全覆盖”中，两个已全面实现，其余四个完成当年任务。市政府向全市人民承诺的“十方面实事”如期实现。

一年来，我们主要做了以下工作：

（一）强力推进项目建设，投资对经济拉动作用明显。

紧紧抓住国家实施扩内需一揽子计划的历史机遇，把投资拉动作为保持经济平稳较快增长的切入点，将2009年确定为“项目建设年”。全市共确定重点项目178个，总投资1434亿元。经过努力，争取新增中央投资和省煤炭可持续发展基金13.5亿元。市政府多次召开常务会、观摩会，研究和推进项目建设，全市重点项目建设不断掀起高潮。85个项目建成或部分建成，74个项目开工建设。盐湖区经济发展较快集中区域建设全面启动。大规模的投资，不仅有效地拉动了当年经济增长，而且为长远发展打下了坚实基础。

（二）千方百计保运行促转型，新型工业化步伐加快。

受金融危机和自身结构偏重的双重影响，去年我市工业经济大幅下滑，规模以上企业停产面一度达1/4。面对严峻形势，市、县两级积极开展定点帮扶活动。认真落实国家“五缓四减三补贴”就业扶持政策，全市困难企业缓缴社保基金9000余万元，减负4239万元。加大协调力度，帮助企业解决煤电等生产要素。帮助企业解决融资难问题，落实各类资金800多亿元，提供融资担保9650万元。帮助企业解决销售难问题，67个在建重点工程项目基本采用本地钢材和水泥等产品。制定了装备制造、焦化、煤化工、食品等行业调整和振兴实施方案。新疆金风科技风电及设备制造、中科晶电高提纯砷化镓等一批新能源新材料产业项目积极推进。63个技改重点项目建成投产。新认定9家市级企业技术中心。新增中国驰名商标5件，累计达到12件，山西省著名商标达到73件。汽车和运输设备、铝和镁深加工、化工、农副产品加工四个产业集群增加值占到全市规模以上工业增加值的37.4%。坚决关停淘汰落后产能，钢铁、水泥、焦化、造纸等行业共淘汰落后产能114.3万吨。

（三）加强“三农”工作，农业和农村经济持续稳定发展。

全面落实各项惠农强农政策。完成“双创”增粮工程田3.3万亩。新认定无公害产地41.6万亩，累计达到325万亩；认证无公害和绿色有机农产品36个。大型养殖场（小区）发展到272个。发展农民专业合作社1401个，累计达到2863个。新增和改善农田灌溉面积37.6万亩，完成中低产田改造32.4万亩。发放农机购置补贴资金1.18亿元，新增农业机械2.6万台（件）。引黄灌溉电价由每度0.31元降为0.06元，水价由每方0.5元降为0.25元，每年为农民减轻负担2.83亿元。省级现代农业示范区建设全面启动。积极发展适度规模经营，土地流转面积59.2万亩。市财政拨出2000万元专项资金，重点扶持了53个农业产业化项目。市级以上龙头企业达到128家，辐射带动50多万农户。参加首届中国（山西）特色农产品交易博览会取得丰硕成果。新启动实施了259个新农村重点推进村建设工作。扶贫工作取得新成绩。

（四）壮大文化旅游产业，服务业发展势头强劲。

22个项目进入省服务业发展“1+10”项目盘子并积极实施。盐湖生态综合治理、垣曲历山开发等一批项目加快推进。“关公文化”被评为全省十大文化品牌之首，列入全省“3+1”重点发展内容。万荣笑话博览园、西厢文化产业园等初具规模。绛州鼓乐、稷山高台花鼓等文化精品在国内外赢得广泛赞誉。与临汾、渭南和三门峡等市联合推出黄河金三角三省四市“一证游”活动，进一步激活了客源市场。全年共接待游客1276万人次，同比增长10.2%。旅游总收入87.1亿元，同比增长19.3%。运城机场运送旅客突破50万人次。“万村千乡”市场工程和“新网工程”深入推进，新建了7个配送中心、600个农家店、100个放心粮油店。“家电下乡”共销售家电产品14.5万台，销售额2.9亿元，给农民发放补贴3579万元。

（五）完善基础功能，城市生态环境日益改善。

中心城市新一轮总体修编规划已上报省政府，7个县（市、区）城镇体系规划和17个镇（乡）的总体规划全面完成。市区解放北路、工农街和圣惠立交桥改造如期完成，解放南路拓宽改造、河东东街延长线和学苑路立交桥建设加紧推进。新增集中供热面积300万平方米。发展天然气用户3万户，累计达到7.2万户。航天公园建成开放。新增绿地面积48万平方米。市体育馆和中心医院新院投入使用。中心城市生活垃圾填埋场投入运行，临猗、新绛垃圾填埋场建成，全市垃圾处理率达到66.7%。中心城市城东污水处理厂建成，稷山、河津、夏县3个县（市）污水处理厂建成并投入运行。深入开展“创双优、迎国庆”城乡环境综合整治，城乡环境得到明显改善。全市造林绿化26万亩。市区二级以上优良天数达到354天，比上年增加14天。各县（市）二级以上天数都达到280天以上。

（六）深化改革开放，发展活力进一步增强。

全市政府机构改革已经完成，事业单位分类改革全面启动。市属国有企业改制取得新进展。煤炭资源整合、煤矿兼并重组工作全面完成，53座矿井整合为18座。先后邀请广东东莞160名企业家、上海9家商会来我市考察洽谈。在南京举办了运城特色食品展销会，在上海举办了“五个产业集群”50个重点项目暨旅游推介会，实现了招商引资、旅游宣传等多重效益。黄河“金三角”区域协调发展综合试验区纳入国家《促进中部地区崛起规划》。加强信用体系建设，我市被评为第五届“中国金融生态城市”。全年招商引资项目245个，引资实际到位176亿元。

（七）全面发展社会事业，民生得到有效改善。

新发展科技合作社32家。为67万名中小学生免除学杂费1.3亿元。为6万名家庭贫困生发放生活补助4149万元；投资3.5亿元，改造中小学校舍危房106万平方米。高中教学质量显著提高，向高校输送新生2.94万人。完成了3个县级文化（图书）馆、34个乡镇综合文化站、300个农村书屋和200个村级文化活动室建设。新农合参合率达到92.1%，县、乡、村三级医疗卫生机构达标率86%，改建、扩建53所中心院和边远山区卫生院。建成标准村级计生服务室1909个，为9万多户计生家庭发放奖励扶持资金4511万元。新建了920个村的农民体育健身工程。农村劳动力技能培训1.5万人,转移富余劳动力11.7万人。农村养老保险覆盖64.6万人，城镇基本养老保险覆盖40.2万人，城镇基本医疗保险覆盖67.8万人，企业退休人员养老金比上年提高10%。新绛、河津、垣曲三县（市）新农保试点工作积极推进。城乡低保纳保分别达到9万人和14.7万人。大力推进保障性安居工程建设，完成经济适用房、廉租房、棚户区改造47.5万平方米，解决农村困难群众住房1000户，改造农村贫困残疾人危房450户。扎实开展安全生产治理年活动，做好国庆60周年安保工作。加强甲型H1N1流感防控，积极应对强降雪灾害，保障了人民生命财产安全。同时，深入开展国防教育和双拥工作，军政军民团结进一步巩固。人口和计划生育工作扎实推进。民族、宗教、外事、侨务、对台工作取得新进展，统计、地方志、人防、气象、地震、文物、档案工作得到加强，老龄、残疾人、慈善救助和红十字会等社会事业都取得了新的成绩。

（八）民主法制得到加强，精神文明建设取得新成果。

各级政府自觉接受人大、政协、新闻媒体和社会各界的监督。全年共办理人大代表建议244件，办理政协提案250件。依法治市进程加快，“五五”普法扎实推进，公民法制观念明显增强。“一站式”网上行政审批不断完善，全年市直单位共办理网上审批4218件。政务公开、村务公开、厂务公开扎实推进。信访工作成绩显著。社会治安综合治理工作不断加强。应急管理体制和机制不断完善，预防和处置突发公共事件能力明显提高。行政监察和审计监督工作得到加强，廉政监察、执法监察和效能监察作用得到进一步发挥。煤焦领域反腐败专项斗争深入开展。精神文明创建活动丰富多彩，群众思想道德素质显著提高。

回顾一年来的工作，我们有以下深切体会：必须始终坚定信心，振奋精神。面对罕见金融危机冲击，正是由于全市广大干部群众认识高度统一，信念坚定不移，以顽强的意志，百倍的勇气，勇敢地迎接考验，才使我市经济走出了最困难的时期。必须善于“危”中寻“机”，借势发展。金融危机虽然对我市经济造成了严重冲击，但我们化“危”为“机”，抢抓国家一揽子计划的政策机遇，全力以赴争资金、上项目，使我们期盼多年的一大批重大基础设施项目得以实施。必须勇于迎难而上，奋力拼搏。去年，我市发展极为坎坷，经济下滑、强降雪灾害等各种困难接踵而至。各级各部门奋发努力，拼搏进取，及时根据形势变化采取有力有效的措施，以超常的努力，超负荷的工作，力促全市经济不断回升向好，尽快步入平稳较快增长的轨道。必须依靠团结协作，共克时艰。全市上下认真学习实践科学发展观，广泛开展“热爱运城、共谋发展”主题实践活动，创新理念，凝聚力量，同心同德，破解难题，形成了推动工作的强大合力。这些既是我们应对金融危机实践的宝贵经验，也是今后推进运城发展的精神财富。

各位代表，回顾一年来的工作，我们在极其困难的情况下，能取得这样的成绩确实不易。这是中共运城市委统揽全局、科学决策的结果；是市人大、市政协有效监督和大力支持的结果；是全市干部群众团结奋斗、努力拼搏的结果；也是社会各界广泛参与、关心支持的结果。在此，我代表市人民政府，向辛勤工作在全市各条战线上的广大工人、农民、知识分子、干部，向驻运部队、武警官兵和公安干警，向各民主党派、工商联、无党派人士和人民团体，向所有关心、支持运城经济社会发展的各界朋友们，表示崇高的敬意和衷心的感谢！

与此同时，我们必须清醒地看到，全市经济社会发展中还存在很多不容忽视的矛盾和问题：一是经济结构偏重，转型发展刻不容缓。2008年初的南方雨雪冰冻灾害和这次国际金融危机冲击，使我市经济的结构性矛盾更加凸现。经济发展过度依赖二产，财政收入的80%来源于二产。在二产中，焦化、冶金、电力、化工等占到75%，2009年财政收入减收28.8亿元，仅这几个行业就减收20.7亿元，占72%。地域分布不平衡，偏重于河津、闻喜等少数县（市），2009年财政减收的28.8亿元中，这两个县（市）减收25.4亿元，占减收额的88%。二是经济低位运行，回升基础不稳。尽管企稳回升态势明显，但多数对我市经济发展影响大的工业品价格依然在低位运行，而且波动较大。同时，原材料、燃料和动力的购进价格持续上涨，导致企业利润下降。到年底，461户规模以上企业，仍有40%处于亏损状态。三是财政收入降幅过大，收支矛盾突出。2009年，我市受国际金融危机冲击，主要工业品价格大幅下跌，导致财政收入锐减。全年财政收入仅完成63.7亿元，同比下降31%，减收28.8亿元，但各种支出都不断增加，特别是农林水事务、教育、卫生等分别增长19.4%、10.8%、30.7%，收支矛盾十分突出，压力很大。四是发展环境还不够宽松，服务意识亟待加强。一些部门的办事效率、行政效能还不高；一些领导干部的发展意识、大局意识还不强；政府自身建设需要不断加强，适应新形势、新任务的管理体制机制还需要进一步探索完善。对此，我们将积极采取有效措施，努力加以解决。

## 二、2010年主要任务

2010年，是努力克服国际金融危机影响、推动全市经济平稳较快增长的关键一年，是奋力实现“十一五”规划目标、为“十二五”发展奠定基础的重要一年。做好今年的工作，意义重大。

综合判断国内外经济走势，今年形势总体将好于去年。但就我市而言，“保增长、促转变”的任务依然繁重而艰巨，要从根本上改变经济“总量小、布局偏、结构重、方式粗、链条短”的现状，就必须充分挖掘一、二、三产业的增长潜力，大力发展现代农业和服务业，进一步改善和优化产业结构，力争较快的发展速度，壮大经济实力；就必须着力调整工业内部结构，加大提升和改造传统产业力度，努力提高新型产业和新兴产业的比重；就必须充分发挥原材料基础优势，延伸产业链，提高附加值，尽快把原材料优势转化为产业产品优势；就必须强力推进招商引资，以项目为支撑，园区为载体，优化产业布局，形成新的增长板块；就必须适应新型工业化的要求，全面推进特色城镇化进程，拓展发展空间，使之成为驱动经济增长的持久动力。

做好今年的政府工作，要认真贯彻落实党

的十七大、十七届四中全会和中央、省经济工作会议精神，以科学发展观为指导，扭住促转变、保增长这一主线，深入推进经济结构调整，积极培育优势产业，统筹城乡、区域协调发展，努力在农业增效、工业提速、三产扩张、特色城镇化发展上取得新突破，在深化改革开放、生态环境建设、改善民生、维护和谐稳定上迈出新步伐，奋力实现“十一五”目标任务。

2010年全市经济社会发展的主要预期目标是：地区生产总值增长11%；全社会固定资产投资增长18%；社会消费品零售总额增长19%；财政总收入增长26%，一般预算收入增长11%；城镇居民人均可支配收入增长10%，农民人均纯收入增长9%；居民消费价格涨幅控制在3%以内；外贸进出口总额增长26%。这些目标是导向性的，可因形势发展变化进行调整。

约束性指标是：万元生产总值综合能耗下降5.6%；二氧化硫、化学需氧量排放量分别下降2%和3%；城镇新增就业人数4.5万人，城镇登记失业率控制在4%以内。

为了尽最大努力完成“十一五”规划，我们在上述预期目标的基础上，自加压力，提出了一个奋斗目标，即：生产总值增长15%，财政总收入增长38%，一般预算收入增长23%，外贸进出口总额增长41%。对预期目标和约束性指标，我们要横下决心，全力以赴，确保完成；对奋斗目标，我们要克难攻坚，千方百计，争取实现！

完成好上述目标，要在全面做好各项工作的同时，重点抓好以下十个方面的工作：

（一）进一步强化项目建设，保持投资对经济增长的强力拉动。

加快推进已启动的重大基础设施项目。铁路建设，抓紧推进大西客运专线运城段、运城客运新站、货运新站的建设。完成侯西铁路扩能改造、运三铁路前期准备工作，力争年内开工建设。公路建设，确保运城客运东站建成运营，闻垣高速公路年内建成通车。加快推进运城至灵宝、河津至运城、东镇至合阳三条新开高速公路的建设步伐。机场建设，运城机场航站区扩建工程力争年内完成航站楼主体工程。水利建设，加快夏县温峪、闻喜石门引水工程建设步伐。确保西范、大禹渡和尊村三大泵站更新改造工程如期完成。北赵引黄灌溉工程年内完工，四大灌区续建配套和节水改造工程要按计划推进。加快禹门口提水东扩工程的实施进度。能源建设，积极推进永济热电厂2×30万千瓦机组以及电网工程建设进度，力争早日投产。加快推进河津第二电厂、垣曲电厂项目和平陆电厂2×30万千瓦低热值燃料发电项目的前期准备工作。

围绕五个产业集群，加快培育新的经济增长点。按照国家、省产业调整振兴规划，进一步细化汽车和运输设备、铝和镁深加工、化工、农产品加工、服务业五个产业集群的推进措施。大运重卡要千方百计开拓市场，尽快形成规模效益。雪花啤酒一期年产26万吨工程、卓里集团年产1万辆半挂车及改装车项目要尽早投产达效；运汽物流园、深国投购物广场要力争年内建成营业。加快推进中盐运城40万吨聚氯乙烯、阳煤丰喜8万吨环己酮和10万吨己二酸、山西德生年产100万条轮胎、银光镁业200万套汽车轮毂、海丰铝业10万吨铝镁合金深加工、翱翔铝业20万吨铝型材、石药银湖制药公司4亿瓶软包装大容量注射剂、鑫源骏达木业25万平方米中高密度板扩建、星河广场等一批重大项目，为壮大经济实力提供有力支撑。

为了不断培育新的经济增长点，进一步增强发展后劲，从2010年起，在全市实施“两个规划”，即：“标志性产业项目建设规划”和“中小企业发展规划”。标志性产业项目建设规划。就是按照生产经营性项目投资3亿元以上的标准，每年全市至少新上35个项目，总投资100亿元以上。中小企业发展规划。就是以各县（市、区）2009年规模以上工业企业数量为基数，从2010年起，全市每年力争纯增规模以上工业企业100户左右。

（二）在结构调整、增加效益上下功夫，促进工业经济稳步增长。

全面落实国家十大产业调整振兴规划、省28个行业实施方案，进一步加快传统产业新型化、新兴产业规模化步伐。抓好行业重组。钢铁、水泥、氧化铝、电解铝、金属镁、化工等行业，要以大型骨干企业为主体，积极推进同行业企业间的横向联合与兼并重组，提高产业集中度。重点抓好新绛中信焦化年产110万吨焦炭置换项目及焦炉煤气综合利用配套，建设丰喜华瑞二期“1830”项目，河津三联与民兴集团合作铸造项目；稷山永祥煤焦有限公司兼并重组6家规模较小的焦化企业，建设年产100

万吨5.5米以上的大型捣固机焦炉；稷山希尧有限公司和恒太焦铁实现联合重组，提升产业水平。抓好技术创新。坚定不移地实施品牌战略，建立健全以市场为导向、企业为主体、产学研相结合的技术创新体系。鼓励企业加大研发投入，加快技术改造，不断增强自主创新能力。办好第十届产学研合作交流活动。组织企业赴上海、南京等院所集中城市进行合作交流。加快企业技术中心建设步伐，力争新增1家国家级企业技术中心、2家省级企业技术中心、10家市级企业技术中心。

抓住全国市场回暖的时机，尽快帮助企业恢复生产能力，确保工业增加值增长14%以上。加大运行监控力度，加强对经济走势的分析研判，实行规模企业月报制和重要产品旬报制。对重点县市、重点行业、重点企业、重要生产要素进行预测预警，特别要做好重点企业的煤炭和电力供应工作。继续抓好省市已出台政策的落实，对困难企业继续实行“五缓四减三补贴”政策。积极争取国家、省价格政策支持，着力解决原材料购进和产品销售价格倒挂矛盾，帮助企业渡过难关。引深银保企洽谈活动和中小企业融资担保工作，创造条件引进股份制银行在我市落户。举办第六届银保企洽谈活动，为企业融资搭建平台。进一步拓宽融资渠道，加大阳光、银光、青山、永东化工等企业上市力度，力争实现企业直接融资新突破。对重点企业特别是困难企业，各级领导要继续包点帮扶，协调解决生产经营中的实际问题。

（三）大力发展现代农业，促进农业和农村经济持续发展。

加快现代农业示范区建设。按照现代农业示范区建设规划，大力推进“77531”核心示范区建设。今年，粮食高产示范区完成2.1万亩，水果高产示范区完成2万亩，棉花高产示范区完成1.6万亩，蔬菜高产示范区完成0.9万亩，芦笋高产示范区完成0.3万亩。通过努力，使示范区内农业科技贡献率达到52%，农民收入明显高于全市平均水平。

继续推进现代农业发展“五个计划”。“双创”增粮计划。以建设玉米、小麦丰产方为重点，辐射带动20万亩“双创田”，全市粮食总产完成17.5亿公斤。绿色农产品生产基地建设计划。建设5个高标准万亩无公害生产示范基地，新增无公害生产示范基地认定20万亩，新增无公害农产品认证10个，完成绿色有机产品认证10个。抓紧注册一批地理标志产品。规模健康养殖计划。新建和扩建标准化养殖小区150个，力争规模化饲养畜禽数量占到总饲养量的80%。加强重大疫病的监测预警和防治。农民专业合作社发展计划。新增合作社400个，参加合作社成员达到8万户以上。按照依法、自愿、有偿的原则，推进土地有序流转，鼓励发展适度规模经营。农业流通体系建设计划。有效整合资源，打造以增加农产品销售、增加农业生产资料供给为目标的开放性流通平台。在太原、北京、南京、上海、广州设立农产品销售窗口，促进我市农产品向全国辐射。做好新农村商网农副产品销售对接工作，进一步拓宽农产品销售渠道。

全力抓好农业八大工程建设。节水工程。全面落实高扬程提黄灌区农业排灌电价补贴政策。抓好大中型灌区续建改造，改善灌溉面积73.2万亩，发展各类节水面积1.5万亩。以沼气为主的再生能源建设工程。重点建设6座大型沼气工程，完成乡镇服务站建设，抓好600个村级服务网点的后续工作。积极开展省柴节煤炕连灶、高效低排放生物质炉、太阳能等农村新能源建设推广工作。耕地综合生产能力建设工程。实行最严格的耕地保护制度。完成耕地综合生产能力建设80万亩。全力搞好国家农业综合开发12万亩中低产田改造。农业机械化提升工程。重点提升玉米生产、棉花采摘、设施农业和果园植保等领域的机械化装备水平。全年补贴各类机具2.1万台，补贴资金1.5亿元，新增农机总动力25.5万千瓦。农业科技入户和新型农民培训工程。闻喜、临猗、万荣、芮城、稷山5个科技入户示范县，每县培养500个科技示范户，辐射带动1万户。永济、盐湖新型农民示范县，要培养2000个核心农户，确保参训农民掌握2~3门实用技术。果业品牌工程。强化科技服务，抓好标准示范。抓住世博会和亚运会的机遇，加大宣传力度，扩大品牌影响。稳定广州、长沙市场，积极拓展广西凭祥、内蒙古满洲里等市场。“151”产业化龙头工程。重点扶持10个市级龙头企业，50个县级龙头企业，100个重点专业合作社，提高对农民增收的辐射带动力。两区开发和扶贫开发工程。重点抓好85个两区开发项目，80%的项目启动开工。30个贫困村整村推进完成80%以上。平陆、夏县、万荣、闻喜四县实现移民扶贫3800人，完成建房主体工程。实现3万贫困人口稳定脱贫。

扎实推进新农村建设。新启动243个新农村重点推进村建设。积极培育壮大主导产业，把工作重点转移到农民持续增收和扩大消费上。加强农村基础设施建设和环境综合治理，巩固完善试点村、重点推进村的“四化四改”、“五个一”工程。做好住房建设样板示范，引导农民建设经济适用、节能环保、防震安全的宜居住宅。

（四）加快发展第三产业，千方百计增加城乡居民收入。

大力发展旅游业。突出宣传促销，积极与三门峡、渭南、临汾等周边城市协作联系，打造黄河金三角文化旅游圈，进一步扩展“一证游”覆盖范围。做强华夏寻根问祖之旅、大黄河游之旅、生态休闲之旅、历史文化之旅四条精品线路。开发建设风陵渡黄河景区。积极发展乡村旅游，规划建设一批“一村一品”、“一户一特”的乡村旅游客栈特色村，使乡村旅游成为旅游业新的增长点。加大在北京、广州等城市的宣传推介力度，突出文化特色，打响运城旅游品牌。充分利用上海世博会的历史机遇，广泛宣传我市旅游景点，最大限度吸引上海方面的游客来我市观光旅游。以运城至厦门航线开通为契机，举办厦门推介会，继续扩大关公文化品牌在东南沿海一带的影响。通过努力，争取接待国内外游客突破1400万人次，旅游收入突破96亿元，同比增长11%以上。与此同时，抓好各景区的管理工作，提高服务水平。

积极推进文化产业。继续深化文化体制改革，为文化产业发展注入新的动力。加大项目的策划、包装和储备力度，全力做好文博会的招商引资。积极推进关公文化产业园、蒲津文化产业园、绛州鼓乐产业园、洞宾文化产业园等工程建设。大力开发具有乡土特色的文化产品。重点抓好电视剧《杨贵妃秘史》的首播和《尧舜禹》的筹拍。办好第二十一届关公文化节、第三届芮城永乐宫国际书画节，吸引更多的海内外人士到运城观光旅游、投资创业。

加快发展商贸流通服务业。一是促进居民消费。继续做好家电下乡和汽车下乡工作。推进“万村千乡”市场工程和“新网工程”，全面启动家电、汽车以旧换新。继续抓好市区农贸市场建设，新建3-5家农贸市场。积极实施放心早餐工程。二是促进对外贸易快速增长。千方百计稳定现有市场，积极开拓新的国际市场。积极引导出口企业调整产品结构，提高国际市场竞争力。鼓励企业入股投资境外矿业，稳定矿产资源进口。同时，加快商贸物流园区建设，使我市成为辐射晋、陕、豫的商品集散地。认真落实国家、省关于加快服务业发展的实施意见，在金融、物流、科技、信息、咨询、会展、通讯、社区服务、教育培训等现代和新兴服务业发展上取得新突破。

（五）加强生态环境建设，提高可持续发展能力。

加强环境保护。切实抓好污染物减排工作。二氧化硫减排以工业减排为重点，用循环经济模式改造冶金、煤焦、化工、电力、建材等传统产业。化学需氧量减排以城市（镇）生活污水处理厂建设运行为重点，进一步改善我市地表水环境质量。深入推进蓝天碧水工程。以中心城市和各县城为重点，继续加大城中村燃煤锅炉改造，切实减少污染负荷。扎实推进盐湖生态环境综合治理。加强集中饮用水源地保护，水质达标率达到100%。继续抓好汾河、涑水河生态环境治理与修复工程建设。加大沿黄县（市）和解州北门滩、永济伍姓湖的湿地生态保护力度。强化环保执法监管力度。围绕工程减排、结构减排和管理减排三个重点，定期对主要污染物总量增减情况进行督查。严肃查处违法建设项目，依法淘汰落后生产工艺和设备，严厉打击超标超量排污行为。

大力发展循环经济、低碳经济。我市已被列为全省循环经济试点市。要加快发展循环经济企业、园区、社区和城镇，构建循环经济体系，促进能量和物质的循环高效利用。继续做好淘汰落后产能工作，完成钢铁、铁合金、水泥、造纸、电力等行业的淘汰落后任务。推行甲醇汽车、风力发电、煤改天然气等节能和替代技术。推进粉煤灰、煤矸石等大宗废弃物的资源综合利用。大力发展低碳经济，引导大众消费向低碳消费转变，倡导文明健康的生活方式，加快建设资源节约型、环境友好型社会，切实增强可持续发展能力。

加大植树造林力度。继续坚持山上治本与身边增绿同步推进，大力实施造林绿化工程，扩大造林规模，提高造林质量。突出通道绿化、环城（镇村）绿化、边山绿化、荒山绿化四个重点，全年完成30万亩造林绿化任务，使全市森林覆盖率提高一个百分点。全面推进集体林权制度改革，为生态建设提供保证。

（六）加快建设盐湖区经济发展较快集中区域，统筹县域经济协调发展。

加快建设盐湖区经济发展较快集中区域。充分发挥盐湖区在全市改革开放中的示范作用、产业发展的辐射作用和城市建设的带动作用，把盐湖区建设成改革创新的试验区、商贸物流的集中区、社会和谐稳定的先行区。今年，加快推进100个重点项目建设，总投资647.3亿元。其中，在建项目38个，总投资176.4亿元，要确保完工，尽快投产达效。43个新开工项目，总投资346.7亿元，要加快推进速度，确保年内完工。19个前期项目，总投资124.2亿元，要尽快完善前期手续，争取早日实施。

以园区建设为抓手，统筹县域经济发展。按照布局集中、用地集约、产业聚集的要求，全力打造"10+3"工业园区格局，在转型发展上实现新跨越。"10"就是加快建设和完善空港新区、盐湖工业园、新绛煤化工业园、临猗工业园，3个铝工业园区（解州、永济、河津）、3个镁工业园区（闻喜、万荣、稷山），形成区域经济新的增长极。"3"就是3个省级开发区（运城、绛县、风陵渡），要进一步明确产业定位，完善配套设施，加大招商力度，实现跨越发展，不断增强对全市经济发展的示范先导和辐射带动能力。与此同时，进一步加大晋陕豫黄河金三角区域协调发展综合试验区列入国家战略的争取力度，通过多渠道宣传，向国内外推介晋陕豫黄河金三角地区的发展潜力和优势，扩大影响力。

为了不断增强全市综合经济实力，必须把招商引资、招才引智放在更加突出的战略位置。成立专门机构，选聘专职人员，瞄准专业领域，通过以优质资源招商、优势产业招商、骨干企业招商、以商招商等方式，千方百计承接国内外产业转移，让好项目、大项目源源不断地落户我市。瞄准省煤炭资源整合和煤矿兼并重组后原矿主持现投资的机遇，积极和他们联系，争取他们的转型投资。要创造优惠条件，以事业招才，以感情招才，以待遇招才，以环境招才，使各类优秀人才能够引得进、留得住、用得上，为全市经济社会发展提供充足的人才支撑。

（七）提高综合承载能力，加快推进城镇化进程。

切实把城镇化作为拉动消费、保持经济增长的持久动力，作为统筹城乡、解决"三农"问题的重要抓手。今年上半年，要完成城镇化建设方案，以此为依据，着力实施和推进。加快完善以中心城市为核心，以12个县城为支撑，以东镇、解州、翟店等10个国家重点镇和东郭、虞乡、蒲州等15个省级重点镇为节点的市域城镇网络结构，着力强化产业支撑，提高城镇吸纳就业能力；强化基础功能支撑，提高城镇人居承载能力；强化公共资源支撑，提高城镇提升人的素质的能力。要使每一个转移到城镇的人口就业有岗位，居住有条件，生活有保障，努力缩小我市城镇化水平与全国全省的差距。今年，要继续以道路框架、文化设施、基础功能、园林绿化为重点，不断提升中心城市和各县（市）城镇的建设水平。

继续完善道路网络。加快解放南路拓宽改造、人民北路改造、学苑路立交桥、河东东街延长线、魏南街、周西路等道路工程建设，推进解放南路棚户区改造。抓紧启动河东西街延长线、棉北街等城市骨干道路建设。抓紧筹划和实施北外环绕城一级路建设。各县（市）都要按照城市总体规划，完善城市道路网络，使交通更加便捷畅通。

强化文化设施建设。加快建设黄河文化博物馆，启动河东农耕文明博物馆建设，满足广大市民的文化需求。各县市都要建设一批具有文化特色的景观大道、广场公园和特色建筑，构建独特的运城城镇风貌。

加快完善基础功能。加快完善污水和垃圾处理、集中供热和供气等基础设施。运城城西、城东、永济城区、新绛、河津、临猗、稷山、夏县污水处理厂确保正常运行，其余各县上半年确保建成投运；中心城市污水集中处理率达到90%，各县（市）污水集中处理率达到65%。新绛、万荣、临猗、绛县垃圾处理场建成投运，其余县加快建设；中心城市垃圾处理率达到85%，医疗垃圾处理场建成并投入使用。开发地热资源，为城市提供清洁能源。积极开展计量供热试点。在全市加快实施天然气全覆盖，完成中心市区天然气气站建设，新建临猗至永济、运城至平陆、东镇至降县三条天然气输气管道。运城市区气化率达到96%以上，河津、闻喜、稷山、新绛城区达到70%以上。

加大园林绿化力度。高质量、高水平搞好城市景观道路、公共绿地、广场绿化、庭院绿化等工作。加快城市出入口的绿化和单位庭院绿化达标工作，努力提升中心城市人居环境。各县（市、区）都要加快城郊森林公园建设。全市新增绿地面积150万平方米，其中，中心市区新增绿地面积30万平方米，绿化覆盖率再提高一个百分点。同时，要继续强化城市管理，不断提升城市品位。

（八）强化安全生产，确保安全生产形势稳定好转。

加大源头管理。认真落实省政府八项制度和市政府五项规定。通过用制度管人、管事，确保安全生产，构建安全生产工作长效机制。继续深化安全生产执法、治理、宣传教育“三项行动”和安全生产专项整治活动，全面推行安全监管责任三落实和法定代表人承诺制。加强对煤矿、非煤矿山、尾矿库、危险化学品、易燃易爆物品、道路交通、人员密集场所、防火、建筑施工、水库、学校等行业和领域的安全工作。切实抓好食品安全，积极创建食品安全放心城市。加强对重大危险源的监控管理，健全市、县两级重大危险源安全监控管理体系。同时，强化安全培训，提高从业人员安全素质。健全安全生产事故应急救援体系，提高对各类事故的处置能力。

强化隐患治理。建立隐患排查治理责任制和长效机制，加大对重点隐患的治理整改力度。对重点行业和领域继续实施分类整治。充分发挥安全生产专家组和市政府13个督查组的积极作用，着力提高检查工作的针对性和有效性。对检查中发现的问题和各类事故隐患定人、定责、定时，严格抓好整改落实。

严格考核问责。加强安全生产目标责任制考核，对年度内发生重特大事故和未完成目标责任考核指标的，坚决实行“一票否决”和行政问责。建立健全各级各部门领导班子成员安全生产责任制，明确抓安全、管安全、保安全的职责和任务。继续加强安全生产制度体制机制、安全保障能力和安监队伍“三项建设”。全面落实企业安全生产主体责任，引导企业建立健全各项规章制度，不断加大安全投入，积极改善安全生产条件。

（九）加快以改善民生为重点的社会事业发展，努力构建和谐运城。

优先发展教育。全面实施素质教育，统筹各类教育协调发展。重视学前教育。加强义务教育。保障全体学生特别是家庭困难学生、进城务工人员子女、农村留守儿童、残疾儿童等能够平等接受义务教育。推进优质教育资源共享，促进城乡教育均衡发展。大力发展职业教育、成人教育，积极发展高等教育。全面实施“人才强市”战略，把人才作为经济社会发展的第一资源摆在更加突出的位置。围绕五个产业集群，设置特色专业，传授适用技术，为我市经济发展培养大量实用型人才。

稳定扩大就业。引导和促进吸纳能力强的劳动密集型企业加快发展，努力开发就业岗位。鼓励和支持大中专毕业生到农村、社区等基层就业；认真落实国家扶持优惠政策，鼓励自主创业。加强农民工职业技能培训，引导农村富余劳动力就近就业和返乡创业。

大力发展医疗卫生事业。以深化医疗卫生体制改革为契机，加快实施基本药物制度。全面加强公共卫生服务体系建设，认真落实好国家基本公共卫生服务项目。强化县、乡、村三级医疗机构服务网络建设，着力改善农村医疗卫生服务环境。切实加强健康教育，培养健康的生活工作方式。做好重大传染性疾病的预防控制。持续开展爱国卫生运动，使城乡卫生面貌不断得到改观。

继续做好人口和计划生育工作。稳定低生育水平，加强出生缺陷干预，全面提高人口素质。加强流动人口服务管理，逐步实现惠民政策与计生奖励政策的良好衔接。依法搞好第六次全国人口普查工作。

健全社会保障体系。建立完善城乡养老保险制度，继续提高企业退休人员基本养老金水平，搞好新型农村社会养老保险试点，解决未参保集体企业退休人员基本养老保障遗留问题。积极稳妥推进事业单位养老保险制度改革。加快解决关闭破产企业退休人员和困难企业职工的医疗保障问题。全面实施被征地农民社会保障制度。提高城乡低保、农村五保等保障水平，提高优抚对象的生活补助标准。大力发展社会福利和慈善事业。做好老龄和红十字会工作。

加强社会管理。建立健全党委和政府主导的维护群众权益机制。正确处理各类社会矛盾，坚决纠正损害群众利益的突出问题，妥善处理土地征用、拆迁安置、企业改制、环境污染、劳资纠纷、涉法涉诉等方面的矛盾和问题。拓宽民意诉求通道，完善信访工作机制，深入开展社会矛盾大排查。充分利用报纸、电视、网络等传媒，了解民意，吸纳民智，并有效引导社会舆论。完善应急管理机制，积极预防和妥善处置群体性事件、敏感性事件和突发公共安全事件。加强社区建设和流动人口服务管理，强化对特殊人群的帮教管理。

加强防震减灾工作。做好防震抗震知识的宣传普及工作。全面提升地震监测预防、灾害防御和震后应急救援水平，提高全社会防震意识和抗御地震灾害的能力。

（十）加强民主法制和精神文明建设，促进和保障经济社会又好又快发展。

认真执行市人大及其常委会的决议决定，依法向人大及其常委会报告工作，广泛听取各民主党派、工商联、无党派人士的意见和建议。完善和落实各民主党派与市政府工作部门的联系制度。认真办理人大代表建议和政协委员提案。严格按照法定权限和程序履行职责，自觉接受人大、政协和社会各界的监督，强化监察、审计等专门监督。加强基层民主建设，健全政务公开、厂务公开、村务公开等制度，保障人民群众的知情权、参与权、监督权。积极支持法院、检察院依法履行职责，充分发挥工会、共青团、妇联、科协等群团组织的桥梁纽带作用。维护妇女、儿童、残疾人和社会弱势群体的合法权益。加强政府法制工作，深入开展“五五”普法工作。加大法律援助力度，保护困难群众和弱势群体的合法权益。搞好信访工作，畅通社情民意渠道。全面加强社会治安综合治理，引深专项整治行动，严厉打击各种违法犯罪特别是严重暴力犯罪活动和黑恶势力，为经济社会发展创造良好的环境。

加快发展文化事业，建立健全公共文化服务体系。完善基层文化体育设施建设，大力发展和繁荣新闻出版、广播电视、文化艺术事业，丰富人民群众的精神文化生活。广泛开展全民健身活动，努力提高竞技体育水平。加强社会主义核心价值体系建设，加强社会公德、职业道德、家庭美德、个人品德建设，提高公民文明素质和社会文明程度。深入开展文明和谐创建活动，争创“全国双拥模范城市”。破除陈规陋习，弘扬文明新风，促进社会和谐。

今年，在改善民生上，我们要全面完成“六个全覆盖”任务，并为全市人民办好十方面实事：教育方面，加固、改造中小学危房200万平方米。医疗卫生方面，新型农村合作医疗参合率达94%；县、乡、村三级医疗卫生机构达标率达88%；社区卫生服务机构规范率达85%；积极落实国家基本药物制度，率先在60%的政府举办的基层医疗卫生机构和社区卫生服务机构实行基本药物零差价销售。文化体育方面，完成2个县级图书馆和40个乡镇综合文化站建设。完成300个村的健身工程。住房保障方面，新建经济适用住房30万平方米。新建廉租住房5万平方米。改造棚户区20万平方米。解决农村困难群众危房2000户。改造农村贫困残疾人危房320户。生态环境方面，加快建设禹都公园，启动建设北郊公园，筹备建设凤凰谷二期工程。各县（市）都要因地制宜，提高城市绿化水平，改善人居环境。商贸服务方面，新建农家店500个、市级放心粮油店300个、新农村便民店76个。道路交通方面，改造农村公路400公里。社会保障方面，企业退休人员养老金待遇在上年基础上提高10%。城镇职工和城镇居民基本医疗保险参保达70万人。新建、改扩建农村敬老院13所。解决2.5万名重点优抚对象看病难问题。实施5000名残疾人康复救助。改善农村条件方面，新解决35.5万农村人口饮水问题。完成村通广播盲村605个。新建村级组织活动场所540个。市政工程方面，新增天然气用户1万户。在全力做好今年各项工作的同时，要充分调研，科学论证，广泛听取意见，认真做好“十二五”经济社会发展规划编制工作。

**三、切实加强政府自身建设**

各位代表，运城正处于克服金融危机影响、巩固回升向好基础的关键时期，今年经济工作的任务异常艰巨繁重。尤其今年是全面完成“十一五”规划的最后一年，由于国际金融危机的冲击，有些指标的完成需付出超常的努力。因此，做好今年的各项工作，是对各级政府的严峻考验。为了克难攻坚，推进工作，完成任务，市委、市政府把今年确定为“工作落实年”。我们一定要振奋精神，勇于拼搏，切实加强政府自身建设，努力提高行政能力，竭尽全力为民造福，更好地肩负起推动运城经济社会又好又快发展的历史重任！

（一）加强学习，提高领导经济工作的能力。应对金融危机的实践，使我们更加深切地感到加强学习的重要性和紧迫性。各级政府部门的领导干部都要把学习作为一种政治责任、精神追求和胜任工作的前提。要深入学习中国特色社会主义理论，善于用科学发展观的基本要求和根本方法谋划工作，培养系统思维和战略思维，提高统领经济社会发展的能力；要认真学习宏观经济知识和相关产业政策，善于运用新理念、新知识、新经验指导工作，注重研判宏观经济走势和产业发展趋势，提高科学决策和筹划项目的能力；要抓紧学习财税金融、现代科技、社会管理、法律法规等知识，善于综合运用经济、法律和必要的行政手段推动工作，提高破解发展难题的能力。在加快转变发展方式的新形势下，要特别善于用辩证和前瞻的眼光审视和把握本地优势，在困难中培育有利因素，在内外部条件的转化中捕捉机遇，推动当地经济社会发展不断迈上新台阶。

（二）强化管理，提高构建和谐社会的能力。随着经济体制深刻变革，社会结构深刻变动，利益格局深刻调整，政府社会管理的任务日益繁重。各级政府要创新管理理念，更加自觉地关注民生、惠及民利、维护民权、保障民安，以“感情上亲民、职能上护民、管理上惠民”的实际作为，回应人民群众对公平正义的新期待；要把为人民群众服务、为市场经济主体服务、为改革发展服务作为自己的天职，勤勉工作，毫不懈怠；要坚持过程开放、全民参与，注重发挥各类社会组织的作用，增强社会管理的亲和力；要从促进社会和谐的高度对待和处理问题，依法、及时、妥善处理各种矛盾，努力营造宽容谅解、文明法治、和谐稳定的社会氛围。

（三）强化落实，提高各级政府的执行能力。能否圆满完成今年的各项任务，是对各级政府执行力的现实检验。各级政府尤其是领导干部，要大力弘扬右玉精神，大兴调查研究之风，联系实际作决策，转变作风抓落实，对部署的工作要咬住目标，盯紧，抓牢，办成。要加快工作节奏，提高工作效能，坚决杜绝推诿扯皮现象。对确定的各项工作任务，要做到任务、时限、人员、奖罚“四明确”，定期督查，严格考核。要有效整合政务督查、效能监察、新闻媒体等监督检查资源，形成督查合力。对已经落实的，要问效果；对正在落实的，要查进度；对没有落实的，要找原因；对落实不力的，要严肃问责，确保政府各项工作目标任务落到实处。

（四）廉洁自律，提高反腐倡廉的能力。认真贯彻中央、省反腐倡廉的决策部署，全面落实党风廉政建设责任制，强化“一岗双责”，规范政府工作人员的从政行为，坚持用制度管人、管权、管事，从源头上预防腐败。大力推进政务公开，主动接受社会各方面监督，不断强化领导干部任期经济责任审计，让权力在阳光下运行。要大力发扬艰苦奋斗的优良传统，牢固树立过紧日子的思想，厉行节约，压缩开支，降低行政成本。要坚决纠正损害群众利益的不正之风，真正做到秉公用权，廉洁从政。

各位代表，面对改革发展的新形势，面对全市人民的新期待，面对艰巨而繁重的新任务，我们深感责任重大、使命光荣！让我们紧密地团结在以胡锦涛同志为总书记的党中央周围，在中共运城市委的坚强领导下，深入贯彻落实科学发展观，团结和依靠全市广大人民，务实苦干，克难攻坚，励精图治，昂扬奋进，全面开创经济社会发展新局面，为完成“十一五”规划各项任务，早日实现“两基地一中心”目标而努力奋斗！

# 关于2009年国民经济和社会发展计划执行情况与2010年国民经济和社会发展计划草案的报告

——2010年4月18日在运城市第二届人民代表大会第六次会议上

运城市发展和改革委员会主任　张玉忠

各位代表：

受市人民政府委托，我向大会报告2009年全市经济和社会发展计划执行情况，以及2010年全市经济和社会发展计划草案，请予审议，并请市政协委员和其他列席人员提出意见。

**一、2009年全市国民经济和社会发展计划执行情况**

2009年，是撤地设市以来运城经济社会发展最为困难的一年，是在逆境中奋发有为、在困难中夺取胜利的一年。一年来，在市委、市政府的坚强领导下，在市人大、市政协的监督支持下，全市上下坚持以科学发展观为指导，紧紧围绕保持经济平稳较快发展这一首要任务，奋力拼搏保增长，抢抓机遇谋发展，改善民生促和谐，经济实现了由下滑到增长的重大转折，转型发展、安全发展、和谐发展迈出了坚实的步伐。

（一）经济保持较快增长，工业运行回升向好。全市经济增速逐季加快，全年保持了较快发展。地区生产总值完成728亿元，增长6.7%，增幅比全省高1.2个百分点；全社会固定资产投资完成481.5亿元，增长40.2%，增速创下十年来的新高，增幅分别比全国、全省高10.1个和1.7个百分点；社会消费品零售总额完成328.2亿元，增长22.0%，增幅分别比全国、全省高6.5个和2.8个百分点；财政总收入完成63.7亿元，下降31.2%；外贸进出口总额完成8.2亿美元，下降39.4%；城镇居民人均可支配收入12656元，增长12.1%，增幅比全省高5.4个百分点；农民人均纯收入4110元，增长8.2%，增幅比全省高4.6个百分点。工业经济运行回升向好，自6月份起连续7个月呈现正增长，全年规模以上工业增加值完成238.4亿元，增长6.0%，增幅比全省高3.5个百分点。

（二）项目建设力度空前，投资拉动势头强劲。落实市委、市政府"项目建设年"工作要求，突出178项重点工程，全市上下应对非常之年保增长，抢抓非常之机谋争取，付出非常之力抓推进，取得非常之功促发展，一批事关全市经济社会长远发展、全市人民期盼已久的重大项目取得重大突破。据市财政局统计，2009年全市发改系统共争取中央扩大内需投资和省煤炭可持续发展基金11.06亿元，在全省各市安排资金下降9%的情况下，我市不但没有下降，而且多争取1.02亿元，连续两年争取资金总额超过11亿元。中央扩大内需投资：全市共争取4批新增中央投资项目235项，落实新增中央投资8.99亿元，中央预算内资金2.22亿元，争取的中央扩大内需投资占到全省各市可争取资金总额的11.5%，比全省平均水平高出2.5个百分点。在全省中央投资项目推进会上，我市作为全省先进在大会上做了典型发言。省煤炭可持续发展基金：落实资金4.02亿元。我市多个领域争取项目和资金额都在全省名列前茅。城建环保方面争取国省资金3.2亿元，占全省的17%，居全省第一；文教卫生方面争取资金1.68亿元，占全省的23%，名列全省第一；水利泵站方面争取中央投资6000万元，占全省的100%；农村饮水安全方面争取资金7914万元，排名全省第一；全省安排节能减排奖励项目19个，我市有9个，占到近一半；信息化、高新技术、社会事业方面争取分别占全省的21%、19%和15.2%，均为全省第一。铁路建设上，大西客运专线运城段、运城至三门峡铁路和侯西铁路电气化扩能改造三大项目前期立项工作基本完成，今年将开工建设。三条铁路在我市境内建设里程278公里，总投资250多亿元，里程之长、投资之大在我市历史上绝无仅有，是我市前所未有的大项目，建成后将彻底改变我市交通运输的“短板”，在我市铁路建设史上具有里程碑意义。机场建设上，运城机场航站区扩建工程开工建设，设计标准为年客运量150万人次，总投资4.5亿元，建筑面积2.48万平方米，是现有航站楼的5倍多。公路建设上，运三高速改造、大运二级公路运城段改造全面完成，盐湖跨湖公路已经竣工，闻垣高速公路加快推进，闻喜东镇至陕西合阳、运城至河南灵宝两条高速公路和市客运东站开工建设，垣曲华峰至河南渑池高速公路已列入省专项规划。电力建设上，稷山50万伏变电站建成投运，运城供热二期、大唐五四一电厂、河津第二电厂、平陆低热值发电项目列入省热电专项规划。中心城市建设上，市中心医院新院、运城高等职业技术学院、市体育馆、市集中供热二期、市生活垃圾填埋场、市城东污水处理厂等相继建成并投入使用，新增集中供热面积300万平方米，天然气用户3万户，污水处理率和生活垃圾无害化率分别提高到75%、56%。生态环境建设上，凤凰谷森林公园正式开放，盐湖生态环境综合整治、汾河流域生态治理进展顺利，全年造林绿化26万亩，城乡环境明显改善。产业集群发展上，转型发展标志性项目——大运重卡一期工程正式投产，冀东海天水泥、豪德贸易广场、空港华雄纺织、粟海肉鸡加工扩建等63个项目相继建成投产。全市重点项目建设工作力度之大，工程推进之快，取得效果之好都是近年来少有的。重点项目高起点、快速度、大力度的建设，不仅对全市经济企稳回升、整体向好起到了“火车头”的拉动作用，而且为我市长远发展奠定了坚实的基础。

（三）“三农”工作不断加强，农业农村经济稳步发展。农业生产全面发展，粮食产量22.2亿公斤，比上年增产1.31亿公斤，创历史新高；水果产量27.1亿公斤，增长12%；蔬菜产量18亿公斤，增长66.3%；肉、蛋、奶产量分别增长6.8%、9.4%和11.2%。现代农业示范区建设正式启动，新认证无公害农产品面积41.6万亩，新增无公害和绿色有机农产品36个。农业产业化步伐加快，新发展农业专业合作社1401个，累计达到2863个，农业产业化龙头企业达到128家。农业和农村基础设施不断改善，北赵引黄、夹马口北扩主体工程完成，新增和改善农田灌溉面积37.6万亩，改造中低产田32.4万亩。建制村通水泥（油）路、村级卫生室、中小学校舍危房改造、村通广播电视、农村饮水安全和村级组织活动场所六个全覆盖完成年度任务。新农村建设扎实推进，新启动实施了259个新农村重点推进村建设工程，80%的村完成了规划编制和“四化四改”，“五个一”工程完成全年任务的85%以上。

（四）结构调整深入推进，转型发展步伐加快。狠抓结构调整，加快转型发展。建设盐湖区经济发展较快集中区域工作全面启动。以“3540”工程为重点的项目推进计划取得积极成效，38个项目全部或部分建成，石药银湖制药、黄河纺织工业园等11个项目开工建设，推进计划完成投资52.3亿元，占到盐湖区投资总量的43%。服务业成为带动经济较快发展、促进转型发展的一大亮点。我市22个项目列入了全省服务业“1+10”项目盘子，旅游经济实现总收入87.1亿元，增长19.3%，宇达文化产业园、深国投购物广场、运汽物流园加快建设，全市服务业增加值完成278.5亿元，增长10.4%，增幅高于地区生产总值增速3.7个百分点，服务业占地区生产总值的比重达到了39.4%，比2008年提高2.8个百分点，对经济增长的贡献率达到80%以上。循环经济力度加大，作为全省循环经济试点市，我市循环经济中期评估通过了省组织的专家评审。丰喜、银光镁业、鑫源骏达木业等第一批省试点项目形成示范效应，阳煤丰喜节能改造、稷山合盛工贸资源综合利用、永东化工、翔宇化工、历山自然生态旅游等被列为国家和省重点支持项目，永济中农化工、临猗华恩机械等9个节能改造项目国家给予奖励支持。全市万元地区生产总值综合能耗下降为2.97吨标煤，降幅8%，超计划1.5个百分点；二氧化硫、化学需氧量排放量分别下降9.1%、4.3%，超计划6.5个和0.7个百分点。

*（五）招商引资成效明显，改革开放取得新成绩。*围绕扩大招商引资，我市突出抓产业转移源头，抓资本输出“高地”，进一步加大了“请进来”和“走出去”工作力度，先后邀请广东东莞160余名企业家、上海9家商会来我市考察洽谈，如此多的客商齐聚运城，在我市尚属首次，在全省也是首例。成功举办了上海·运城五个产业集群和50个重点项目招商推介会，签订了运城浙商产业园区、华夏殷商文化影视城等一批项目意向。市外来投资企业家协会组建成立，成为招商引资新的平台。去年全市共落实引资项目245项，引进社会资金176亿元，到位资金在全省排名第二，不仅超额16亿元完成目标任务，而且引进的大项目、产业集群项目、生产性项目明显增多。总投资上亿元项目87项，到位资金138.9亿元，分别占到全市引资项目总数和到位资金的35.5%和78.9%；五个产业集群项目162项，到位资金96亿元，占到66%和55%；生产性项目157项，到位资金134亿元，占到64%和76%。黄河金三角区域协调发展综合试验区写入国家促进中部地区崛起规划。农村土地流转、集体林权制度改革工作有序推进。煤矿企业兼并重组工作全面完成，国有企业改制取得新进展。

*（六）社会事业全面发展，民生保障持续改善。*坚持把保障和改善民生放在突出位置，不断加大对社会民生领域的投入，惠民生促和谐成效明显。科技创新体系不断加强。义务教育保障机制进一步完善，67万名中小学生免除学杂费。文化事业、公共卫生、劳动就业、社会保障服务体系建设加快。3个县级文化（图书）馆、34个乡镇综合文化站投入使用，新农合参合率达到92.1%，县乡村三级医疗卫生机构达标率达到86%，城镇基本医疗保险覆盖67.8万人，农村社会养老保险覆盖62.4万人，转移农村富余劳动力11.7万人。完成经济适用房、廉租房、棚户区改造47.5万平方米。深入开展安全专项整治，安全生产和社会管理全面加强。与此同时，人事劳动、民政、司法、新闻、广电、体育、统计、物价、人口、妇幼、文物、审计、外事、双拥、宗教、防震减灾等各项事业得到了新的发展。

在充分肯定成绩的同时，必须清醒地看到，当前全市经济社会发展仍存在一些突出困难和问题。主要是：经济回升的基础还不牢固，不少企业运行仍然困难，发展速度亟待加快；经济发展方式粗放，产业结构偏重，发展质量亟待提高；城乡居民增收渠道有限，就业、社保等民生问题压力加大，和谐发展亟待突破；财政收支矛盾突出，城乡区域发展不平衡，统筹发展亟待破题。对这些问题必须高度重视，认真研究，着力解决。

**二、2010年全市经济社会发展总体要求和主要目标**

2010年是乘势推进全市经济走出金融危机影响、谋划后危机时期经济社会平稳较快发展的关键之年，是全面完成“十一五”规划、谋划布局“十二五”发展的重要一年。总体判断，2010年全市经济发展环境要好于2009年。

2010年全市发展和改革工作的总体要求是：全面贯彻落实党的十七大、十七届三中、四中全会精神，认真落实中央和省、市经济工作会议部署，以科学发展观为指导，以调结构、促转型、保增长为主线，以扩投资、上项目为抓手，着力推进产业优化升级，着力统筹城乡协调发展，着力提升招商引资水平，着力改善社会民生，着力谋划“十二五”新一轮发展，奋力实现“十一五”目标任务，推动全市经济社会又好又快发展。

综合各方面因素，市委、市政府确定的2010年全市经济社会发展主要预期目标是：地区生产总值增长11%；全社会固定资产投资增长18%；社会消费品零售总额增长19%；财政总收入增长26%，一般预算收入增长11%；城镇居民人均可支配收入增长10%，农民人均纯收入增长9%；居民消费价格涨幅控制在3%以内，外贸进出口总额增长20%。这些目标是导向性的，可以根据形势发展变化进行调整。

约束性指标是：万元地区生产总值综合能耗下降5.6%；二氧化硫、化学需氧量排放量分别下降2%和3%；城镇新增就业人数4.5万个，城镇登记失业率控制在4%以内。

为了尽最大努力完成“十一五”规划，市委、市政府在确定上述目标的基础上，进一步提出了生产总值增长15%，财政总收入增长38%，一般预算收入增长23%，外贸进出口总额增长41%的奋斗目标。预期目标和约束性目标是“保底”目标，要千方百计完成；奋斗目标是力争目标，要自加压力，争取实现。

**三、2010年全市发展改革工作的主要任务**

落实工作总体要求，努力完成各项目标任务，全市发改部门将会同各级各部门扎实推进八个方面重点工作：

（一）强力推进项目建设，保持投资强势拉动力

今年全市固定资产投资目标是完成568亿元，增长18%，这是一个在高平台之上的硬任务，也是一个发挥投资拉动作用，确保全市经济平稳较快发展的硬指标。围绕这一目标，强化项目建设抓手，全市确定了重点建设项目166项，总投资1218亿元。其中，在建项目58项，新开工项目61项，预备项目47项，年度投资计划安排277亿元。我们要牢固树立“抓好项目是本职、不抓项目是失职，抓不好项目不称职”的意识，在狠抓项目建设上下工夫，快推进，求实效。

一要加快培育新的经济增长点，抓好产业集群项目。积极发展壮大装备制造、铝镁深加工、化工、农副产品加工和服务业产业集群，不断延伸产业链条，壮大产业实力。抓好大运重卡批量生产，尽快形成规模效益。加快推进卓里集团1万辆半挂车及改装车、绛县德生公司100万条全钢载重子午线轮胎、空港中鑫洋麻汽车内衬板、海丰铝业10万吨铝镁合金深加工、翱翔铝业20万吨铝材、阳煤丰喜8万吨环己酮和10万吨己二酸、亚宝药业缓控释剂、石药银湖制药大容量注射剂、雪花啤酒一期、鑫源家居工业园、万荣汇源果汁罐装生产线、深国投购物广场等项目，及早建成，发挥效益，形成新的经济增长点。

二要更加注重项目升级，抓好标志性工程项目。今年是市委、市政府实施标志性产业项目规划的启步之年，要把标志性产业项目作为搞好项目建设、优化投资结构、提升投资效益的重头戏，在项目上优选，在措施上完善，在推进上加力。要进一步建立健全标志性产业项目推进机制，制定标志性产业项目考核办法，新上投资3亿元以上的生产性项目35项，推进一批投资大、起点高、效益好、带动强项目的实施，不断增强经济发展后劲。

三要不断扩大投资规模，抓好重大基础设施项目。铁路建设上，抓紧推进大西客运专线运城段、运城客车新站、运城货车新站的建设，确保侯西铁路扩能改造、运三铁路开工建设。公路建设上，闻垣高速公路、沿黄干线公路年内要建成通车，运城客运东站要建成运营，加快推进运城至河南灵宝、运城至河津、闻喜东镇至陕西合阳三条新开高速公路的建设。机场建设上，运城机场航站区扩建工程年内完成70%投资，确保明年建成并交付使用。水利建设上，重点是加快禹门口提水东扩、夏县温峪、闻喜石门引水工程、四大灌区续建配套和节水改造建设步伐。能源建设上，积极推进永济电厂2×30万千瓦机组及电网工程建设进度，力争早日投产，抓紧做好河津第二电厂、垣曲电厂、大唐五四一电厂和平陆电厂低热值发电项目的前期准备工作，为项目及早开工建设创造有利条件。四要加大工作力度，全力争取国省政策资金支持。突出中央新增投资和省煤炭可持续发展基金投资重点领域，坚持争取中央投资和省煤炭可持续发展基金并重，争取项目资金和争取政策扶持并举，抢抓机遇争项目，研读政策谋项目，全力以赴上项目。抓住“晋陕豫黄河金三角区域协调发展综合试验区”写入国家促进中部崛起规划的有利机遇，进一步强化后续争取工作。认真研究我省进行资源型经济转型发展试点、创新型城市试点等重大政策，积极谋划，主动对接，争取省试点政策在我市有更充分的体现，努力把国家和省的政策转化为运城的产业发展规划，转化为运城的项目建设，转化为运城的经济增长点，使我市在区域化发展战略上站在一个更高的起点。

（二）加快经济结构调整，提升转型发展

内生力

加快结构调整，转变发展方式是确保经济持续平稳较快发展的根本途径。要坚持在发展中调结构，在调整中促转型，“抢位”战略高地，强化经济增长多元支撑，加快转型发展。

一要大力发展新兴产业。立足我市产业基础，瞄准先进装备制造业、新型材料、新能源、生物医药和高新技术等产业领域，以“10+3”园区为载体，大力度推进丰喜化工风电设备制造、运城恒磁永磁材料、稷山丰海纳米氧化锌、海博瑞丰玻璃钢管材、盐湖格瑞环保装饰材料、万荣黄腾化工新型减水剂、中科晶电砷化镓、平陆风电、亚宝药业抗癌制剂等一批产业化项目。增强以企业为主体的自主创新能力，完善科技创新体系，抓“点”培育亮点，抓“线”延伸链条，抓“面”集聚发展，尽快提升新兴产业比重，构建以高端化、高质化、高新化为主导的产业结构，提高发展质量和效益，推动经济发展向创新驱动、内生增长转变。

二要推动传统产业绿色转型。全面落实国家十大产业调整振兴规划、省28个行业实施方案。重点支持闻喜银光华盛镁业汽车轮毂、临猗华恩机械变速器壳体、丰喜华瑞二期“1860”工程、河津太兴煤焦油精细化工、新绛中信焦化焦炉煤气综合利用、绛县远征化工湿法造粒炭黑、新绛大新联结件等项目，促进工业化和信息化的“两化融合”，大力推进冶金、化工、建材、食品等传统产业升级改造，提升产业整体素质。

三要加快发展服务业。坚持市场化、产业化、社会化发展方向，加快推进服务业“1+10”工程，促进服务业拓展领域、扩大总量、优化结构、提升层次。加快旅游资源优势向产业优势转化，重点抓好关帝庙景区、运城华夏农耕文明博物馆、风陵渡黄河景区、垣曲历山、永济五老峰、闻喜中华宰相村等建设，促进旅游产业快速发展。加大生产性服务业发展力度，加快现代物流、商贸流通、文化创意、科技信息、金融保险等产业发展，促进服务业与制造业有机融合，推动服务业发展上规模、上水平、上台阶。完善农村市场服务体系，鼓励社区、家政、文化、体育等服务性消费，培育新的消费热点，增强消费对经济增长的拉动作用。

四要加快建设盐湖区经济发展较快集中区域。认真抓好建设盐湖区经济发展较快集中区域2010年项目推进计划，突出总投资647亿元的100个重大项目，充实一批、新上一批、储备一批，滚动实施、并行推进，确保42个项目建成投产。增强中心城市整体经济实力，辐射周边，双向拉动，促进区域经济协调发展。

（三）加大现代农业发展力度，强化农业基础保障力

全面落实强农惠农政策，围绕稳粮保供给、增收惠民生、改革促统筹、强基增后劲，进一步加大“三农”投入力度，强化农业农村发展基础，加快发展现代农业，提高农业综合效益，促进农民增收。突出运城现代农业核心示范区“77531”工程、现代农业发展“五个计划”、农业八大工程和新农村重点建设村，扶持一批特色产业基地、农产品加工转化、“两区”产业开发、标准化规模养殖、农村市场建设、新型农村服务业项目，促进农业标准化、规模化、集约化发展。拓宽农民增收渠道，加强新型农民培训，加快农村劳动力转移，进一步健全风险共担、利益共享的农业产业化机制，不断提高农民工资性收入。加快农村基础设施建设，抓好大中型灌区续建配套和节水改造、水源工程、中低产田改造，继续下大力气抓好农村沼气、饮水安全、乡镇基层卫生院、农村计生服务设施、乡镇文化站、农村道路、农村中小学危房改造等建设，改善农村生产生活条件。积极推进城镇化，加快完善以中心城市为核心，以12个县城（市）为支撑，10个国家级、15个省级重点镇为节点的城镇网络体系，统筹城乡一体化发展。加大资金、项目整合力度，扎实推进新农村建设，抓好新启动的243个重点村建设。加快“两区”产业开发项目，确保80%的项目启动建设。

（四）大力发展低碳经济，增强可持续发展牵引力

要以发展低碳经济、循环经济、环保经济为方向，积极推动高碳产业低碳发展、产业经济循环整合、生态环保可持续发展，全力打造“绿色运城”。大力推动低碳经济发展，把发展低碳经济同改造传统产业、发展新兴产业、节

能减排有效结合起来，以煤炭、焦化、冶金、电力为重点，推行清洁生产，促进能源高效利用，培育低碳产业，建设低碳城市，倡导低碳消费，抓紧建立以低碳排放为特征的产业体系和引导促进机制。大力发展循环经济，加快实施全市循环经济总体发展规划，推进粉煤灰、煤矸石和秸秆等大宗废弃物的资源化综合利用，继续加大项目和资金争取力度，抓好新绛煤化工业园、永济循环经济产业园和阳煤丰喜、稷山合盛工贸、临猗翔宇化工、永济中农化工、临猗华恩机械等一批试点项目，推动企业循环生产、产业循环延伸、园区集中布局，加快形成以循环经济为主导的产业形态。全面加强节能工作，强化工业节能、建筑节能、公共服务等重点领域节能工作，严格执行新上项目节能评估制度，把好“准入关”。深入推进蓝天碧水工程，加快汾河流域、涑水河流域和盐湖生态环境综合治理。大力实施造林绿化工程，抓好通道绿化、环城绿化、边山绿化、荒山绿化，全年完成30万亩造林绿化任务，促进生态环境质量持续改善。

（五）更加注重招商引资，激发扩大开放带动力

扩大招商引资，实现借力发展。一要发挥好我市外来投资企业家协会平台作用，在以商招商上有新突破。市外来投资企业家协会是我市招商引资难得的人脉资源库，要依此为平台，使运城成为“中字号”、“国字号”大企业整体发展战略和项目布局中的一个重要节点，不断引进后续投资，形成引进一个、带来一批、辐射一片的磁场效应，推动我市招商引资在“招大、引强、选优”上有新突破。二要主动承接产业转移，在专业招商上有新突破。抓紧研究出台我市承接产业转移实施方案，突出五大产业集群，抓好专业招商。要以“延长产业链、降低成本链、提升效益链”为目标，集中优势资源、集中优势产业，瞄准沿海发达地区和资本、技术输出重点地区，强化跟踪对接，引进资金、技术和人才。重点抓好专业队伍常年驻外招商。三要抓好重大招商活动，在产业链招商上有新突破。筹备组织好山东潍坊（运城）农副产品加工项目推介会和举办运城汽车及运输设备产业发展论坛，邀请瑞安、台州等汽车配件企业来运考察，扩大宣传，提高知名度，努力打造区域招商引资品牌。

（六）着力保障和改善民生，汇聚和谐发展凝聚力

以人为本，民生为先，加快以民生为重点的社会事业发展。要优先发展教育。继续加大基础教育投入力度，优化教育资源配置，全面完成中小学校舍安全工程，加快运城学院盐湖校区、运城高等职业技术学院、运城现代物流职业技术学院建设。要千方百计扩大就业。落实创业就业的各项政策，推进人力资源市场和公共就业服务平台建设，大力发展中小企业、服务业和劳动密集型产业，增加就业岗位。要加快覆盖城乡居民的基本医疗卫生服务体系建设。积极推进医疗卫生体制改革，加大力度建设一批县医院、乡镇卫生院、县计生服务站、村卫生室和城市社区卫生服务中心，进一步提高基层医疗卫生服务水平。要健全社会保障体系。扩大基本养老保障覆盖面，加快城乡社会养老服务设施建设，提高企业退休人员基本养老金水平，搞好新型农村社会养老保险试点，大力发展社会福利和慈善事业，加快构建更加完善的社会保障安全网。要加快完善城市功能。继续以完善城市道路、文化设施、基础功能、园林绿化为重点，抓好市黄河文化博物馆、运城城西、城东污水处理厂和各县（市、区）污水、垃圾处理场建设，启动县（市、区）集中供热工程建设。要加快实施保障性安居工程。抓好一批市县廉租住房、经济适用房、棚户区改造项目建设，有效解决困难群众住房难问题。要加强社会管理，完善应急管理机制。要强化安全生产，构建安全生产工作长效机制，全力维护社会和谐稳定。

（七）认真谋划新一轮发展，突出“十二五”规划引领力

“十二五”时期是我市积蓄增长能力、提升发展实力的关键时期。科学编制“十二五”规划，要突出围绕加快经济发展方式转变、调整优化经济结构、培育战略性新兴产业、加快新型加工制造业基地建设、高效生态农业基地建设、加快推进城镇一体化、加快文化旅游产业发展等关键领域，深入研究、科学分析、全局谋划，抓紧开展“十二五”规划专题研究。抓紧研究提出拟纳入规划的重要指标、重大工程项目，做好与国家、省规划的对接，争取把

# 关于运城市 2009 年总预算及市本级预算执行情况和 2010 年总预算及市本级预算草案的报告

——2010 年 4 月 18 日在运城市第二届人民代表大会第六次会议上

运城市财政局局长　孙太平

各位代表：

受市人民政府委托，我现将全市 2009 年总预算及市本级预算执行情况和 2010 年总预算及市本级预算草案的报告提请市二届人大六次会议审议，并请市政协委员和列席人员提出意见。

## 一、2009 年全市和市本级预算执行情况

2009 年，是我市经济社会发展形势非常严峻的一年。一年来，在市委、市政府的正确领导下，全市上下坚持以科学发展观为统领，全面落实中央、省“保增长、保民生、保稳定”的一系列决策部署，认真执行市二届人大五次会议通过的各项决议，积极应对国际金融危机

---

我市的重大项目、重大政策诉求纳入到国家和省级规划层面。要突出特色，突出创新，突出操作性，发动和依靠社会各界，进一步厘清发展思路，明确战略重点，强化发展举措，力求使规划重点突出、特色鲜明、操作具体，认真谋划好全市新一轮发展。

（八）创优服务水平，提高决策执行力

一要增强能力抓落实。要以战略思维谋划工作，按照“四宽”要求思考、谋划工作。要以科学理念推进工作，把党委、政府的重大决策和部署，转化为发展的具体规划、具体政策、具体项目。要以责任之心落实工作，始终保持对责任的敬畏，对岗位的热爱，对工作的执着，脚踏实地干工作，尽职尽责敢担当。

二要健全机制促落实。按照“硬指标、硬任务、硬考核、硬奖惩”的要求，切实做到发展任务目标化，目标任务具体化，具体工作责任化，工作推进时序化。以目标倒逼进度，以时间倒逼程序，以考核倒逼落实。

三要强化问责保落实。牢固树立“无为就是过”的理念，强化“无为必问责”的机制，坚决克服作风懒散的“不作为”，坚决克服办事拖沓的“慢作为”，坚决克服敷衍应付的“假作为”，坚决克服违规违纪的“乱作为”，以奋发有为的状态和争创一流的精神，努力创造过硬的工作成绩。

四要清正廉洁严落实。要坚持以民为本，依法行政，自觉接受市人大及其常委会的工作监督，自觉接受市政协的民主监督，自觉接受企业社会舆论监督。要筑牢思想防线，守住道德底线，不越纪律红线，树立管理规范、务实高效、风清气正的良好形象。

各位代表，时代赋予重托，奋斗铸就辉煌，新的一年充满希望和挑战。我们一定要在市委、市政府的坚强领导下，在市人大、市政协的监督支持下，深入贯彻落实科学发展观，坚定信心，砥砺奋进，开拓进取，真抓实干，全面完成“十一五”规划目标任务，努力为推动全市经济社会又好又快发展做出新的更大的贡献！

冲击，努力推动转型发展、安全发展、和谐发展，经济社会各项事业发展取得了新进展和新成效。全市及市本级预算执行克服各种困难，取得了比预期要好的结果。

（一）全市和市本级预算变动情况

2009 年，市二届人大五次会议审查通过的全市财政总预算及市本级预算，在执行中，根据上级追加、追减专项指标和各级预算调整情况，作了适当变动。全市一般预算收入 334206 万元未作调整。全市一般预算支出由年初的 576816 万元调整为 1313037 万元，增加 736221 万元。其中：上级下达专款增加 301301 万元，返还性收入减少 1674 万元，一般性转移支付补助增加 238996 万元，使用上年结转增加 239634 万元，当年短收 71464 万元，债券转贷收入增加 20000 万元，使用调入资金增加 1752 万元，其他增加 7676 万元。

市本级一般预算收入 73124 万元未作调整。市级一般预算支出由年初的 113678 万元调整为 178161 万元，增加 64483 万元，其中：上级下达专款增加 19311 万元，返还性转移支付补助减少 289 万元，一般性转移支付补助增加 16375 万元，使用上年结转增加 21682 万元，当年短收 7450 万元，债券转贷收入增加 3000 万元，其他增加 11854 万元。

（二）全市和市本级预算执行情况

1. 全市预算执行情况

2009 年，全市一般预算收入完成 262742 万元，为预算的 78.62%，短收 71464 万元，比上年降低 19.52%，减收 63714 万元。其中：增值税完成 62661 万元，为预算的 53.59%，比上年降低 39.28%；营业税完成 48038 万元，为预算的 83.71%，比上年降低 0.23%；企业所得税完成 11474 万元，为预算的 63.66%，比上年降低 53.63%；个人所得税完成 7959 万元，为预算的 87.15%，比上年降低 22.86%；资源税完成 2764 万元，为预算的 77.29%，比上年降低 1.99%；城市维护建设税完成 20056 万元，为预算的 88.17%，比上年降低 15.58%；城镇土地使用税完成 19477 万元，为预算的 97.91%，比上年降低 5.99%；耕地占用税完成 2559 万元，为预算的 106.40%，比上年降低 5.82%；专项收入完成 27637 万元，为预算的 69.11%，比上年降低 37.12%。

一般预算支出执行 1032560 万元，为预算的 78.64%，比上年执行数 930775 万元增长 10.94%，增支 101785 万元。

全市财政平衡情况：2009 年全市一般预算收入完成 262742 万元，上级补助收入 783541 万元（其中：返还性收入 39342 万元，一般性转移支付收入 442898 万元，专项转移支付收入 301301 万元），债券转贷收入 20000 万元，上年结余收入 247012 万元，调入资金 1752 万元，收入总计为 1315047 万元。当年全市一般预算支出 1032560 万元，调出资金 2010 万元，支出总计为 1034570 万元。收入总计与支出总计相抵后年终滚存结余 280477 万元，减结转下年支出 267425 万元，年终累计净结余 13052 万元。全市实现了收支平衡。

另外，2009 年全市政府性基金预算收入完成 74653 万元，为预算的 195.54%，超收 36475 万元，比上年增长 91.44%，增收 35658 万元。基金预算支出 102546 万元，为预算的 53.83%，比上年增长 28.86%，增支 22965 万元。

2. 市本级预算执行情况

2009 年市本级一般预算收入完成 65674 万元，为预算的 89.81%，比上年降低 5.94%，减收 4149 万元。其中：增值税完成 16943 万元，为预算的 58.89%，比上年降低 33.62%；营业税完成 15532 万元，为预算的 92.63%，比上年增长 9.88%；企业所得税完成 3329 万元，为预算的 71.1%，比上年降低 44.88%；个人所得税完成 2719 万元，为预算的 91.39%，比上年降低 16.08%；资源税完成 613 万元，为预算的 77.99%，比上年降低 1.29%；城市维护建设税完成 5313 万元，为预算的 113.94%，比上年增长 18.44%；专项收入完成 5700 万元，为预算的 58.03%，比上年降低 41.97%。

市本级一般预算支出执行 126491 万元，为预算的 71%，比上年降低 2.23%，减支 2886 万元。

市本级财政平衡情况：2009 年，市本级一般预算收入完成 65674 万元，上级补助收入 65640 万元（其中：返还性收入 36478 万元，一般性转移支付收入 9851 万元，专项转移支付收入 19311 万元），债券转贷收入 3000 万元，县（市、区）上解收入 14043 万元，上年结余收入 30601 万元，收入总计为 178958 万元。本年市级一般预算支出 126491 万元，调出资金 797 万元，支出总计为 127288 万元。收入总计与支出总计相抵后年终滚存结余 51670 万元，减结转下年支出 41158 万元，年终累计净结余 10512 万元。

总的来看，受国际金融危机和宏观经济持续低位徘徊的多重影响，2009 年我市财政运行遇到了前所未有的困难。面对种种不利因素，全市各级财政部门多措并举抓收入、强化调控保增长、加大投入惠民生、严格管理强基础，财政预算执行在困难形势下取得了来之不易的成绩。虽然全市财政总收入只完成了 63.7 亿元，但是一般预算支出达到 103.2 亿元，同比增长 10.94%，增支 10.1 亿元，“三农”、教育、就业、社保、医疗卫生等民生领域和环境保护、公共安全等重点领域所需资金得到有效保障，“十件实事”、“六个全覆盖”等重点工作所需资金全部落实到位。成绩的取得离不开市委、市政府的正确领导，离不开市人大、市政协的监督支持，更离不开全市人民的共同努力，全市各级财政部门为此也做了大量卓有成效的工作。

*1. 充分发挥财政职能作用，促进全市经济社会各项事业持续发展*

积极争取各种财政资金。2009 年，在市委、市政府的高度重视下，在各职能部门的密切配合下，财政部门积极争取到各种财政资金 67.1 亿元，比上年增加 15.6 亿元，增长 30.5%，其中：均衡性转移支付补助由 16.4 亿元增长到 23.1 亿元，绝对额增加 6.7 亿元，增长 41.1%；各种专款 44 亿元，比上年增加 8.9 亿元，增长 25.5%。

努力促进提升消费需求。扎实开展“家电下乡”、“汽车摩托车下乡”工作，全市共兑付“家电下乡”补贴 3579 万元，“汽车摩托车下乡”补贴 2910 万元，进一步活跃了农村市场，扩大和促进了农村消费。

着力帮扶企业渡过难关。认真落实“五缓四降三补”政策，切实帮助企业减轻负担。2009 年在市委、市政府的大力支持下，争取到省财政借款 2 亿元，注入市财政担保公司，为企业提供融资担保 9650 万元，有效缓解了企业融资难、贷款难问题，增强了经济发展后劲。

积极支持完善城市功能。2009 年落实城建资金 4 亿元，连续四年每年城建投入都在 2 亿元以上，中心城市基础设施建设取得重大进展。解放北路拓宽改造、河东东街延长线和学苑路立交桥建设加紧推进，国粮街、条山街建成通车，市区交通压力得到明显缓解。新增集中供热面积 300 万平方米，发展天然气用户 3 万户。市体育馆和中心医院新院投入使用，中心城市城东污水处理厂建成，生活垃圾填埋场投入运行，城市功能进一步完善，综合承载能力不断提升。

大力支持生态环境整治。2009 年全市环境保护支出 42275 万元，支持推进“创双优、迎国庆”城乡环境综合整治活动深入开展，城乡环境得到明显改善。支持全市造林绿化 26 万亩；人均公共绿地面积达到 9.5 平方米；市区二级以上优良天数达到 354 天，比上年增加了 14 天。

*2. 全力以赴保障和改善民生，全面推进和谐运城建设*

在促进就业和完善社会保障体系方面：2009 年，全市就业和社会保障支出 178564 万元，同比增长 15.89%，增支 24489 万元，有力地支持了下岗失业人员再就业和城乡社会救助体系建设，促进了社会保障制度的完善。支持农村劳动力技能培训 1.5 万人，全市转移富余劳动力 11.7 万人；农村养老保险覆盖 64.6 万人，城乡低保纳保人数分别达到 9 万人和 14.7 万人。福利彩票公益金支出 1576 万元，新建、改建、扩建敬老院、社区服务站 48 个，450 户农村贫困残疾人住进新房，5000 名残疾人得到康复和技能培训。

在推动教育均衡发展方面：全市教育支出 247288 万元，同比增长 10.76%，增支 24020 万元，支出规模不断扩大。认真落实城乡义务教育阶段各项政策，全市共拨付“两免一补”专项资金 37034 万元，受益学生近 67 万人；下达中小学校舍安全工程资金 18993 万元，维修面积 106 万平方米；认真落实大中专院校国家励志奖学金、助学金及家庭经济困难学生资助政策；大力发展职业教育，发放中职助学金 6895 万元，享受助学金的学生达 6 万人。

在提升医疗卫生水平方面：全市医疗卫生支出 86941 万元，同比增长 30.67%，增支 20406 万元。新型农村合作医疗参合率达 92.1%，县、乡、村三级医疗卫生机构达标率 86%，支持改建、扩建了 53 所中心院和边远山区卫生院。全市范围内实行了城市医疗救助和农村医疗救助，社区卫生服务网络进一步完善，公共卫生保障水平进一步提高。

在促进保障性住房建设方面：共下达保障性住房建设资金 11234 万元，支持完成经济适用房35.8万平方米，廉租住房4.9万平方米，13966个城市低收入无房户领到了住房补贴，进一步缓解了城市低收入群体和农村困难群众住房困难。

在支持公共安全事业发展方面：全市公共安全支出59035万元，同比增长15.84%，增支8073万元，有力地支持了各级政法机关装备建设、监所维修和严打办案等，有效保障了广大人民群众生命财产安全，维护了社会稳定。

3. 不折不扣落实强农惠农政策，积极推动城乡统筹发展

继续加大财政支农投入力度。2009年，各级财政部门按照城乡统筹发展的要求，积极调整财政支出结构，加大“三农”投入力度，全市农林水事务支出120604万元，同比增长19.36%，增支19566万元，重点支持了我市农业生产、农村基础设施建设和农村社会事业发展。

认真落实涉农补贴相关政策。认真落实粮食直补、良种补贴和农资综合补贴政策，不断完善农业补贴机制，稳步提高补贴标准，扩大补贴范围，提升拨付效率。全市共拨付各种补贴资金50644万元，其中：粮食直补5984万元，良种补贴10980万元，农资综合补贴33680万元。所有直补农户的资金均通过“一卡通”足额发放到农户手中，确保了国家惠农政策的落实到位。

着力提升现代农业发展水平。大力支持“五个计划”的顺利实施和现代农业示范区建设。安排2000万元农业产业化专项资金，重点扶持了53个农业产业化建设项目。加大农业综合开发投入力度，支持新增和改善农田灌溉面积37.6万亩，完成中低产田改造32.4万亩，农业基础条件逐步改善，农业产业化步伐不断加快。

积极支持农村公共事业发展。大力推进“六个全覆盖”，建制村通水泥（油）路和村级卫生室已实现全覆盖，中小学校舍改造、村通广播电视、农村饮水安全、村级组织活动场所四个全覆盖均完成当年任务。支持启动实施了259个新农村重点村建设工作，完成了39个村的整村推进任务。深入推进“万村千乡”市场工程，大力扶持发展连锁农家店和放心粮油店，农村生产生活条件明显改善，农民群众得到了实实在在的好处。

4. 坚持不懈深化改革强化管理，切实提高依法理财和科学理财水平

深化各项财政改革。不断引深预算管理体制改革，预算编制完整性进一步提高，所有预算都做到了公开、公正、合理、透明。国库集中支付业务日益规范化、程序化，政府宏观调控能力增强，财政资金使用效益进一步提高。同时以“体系完善、反映全面、分类明细、口径可比、便于操作”为具体目标，积极推进政府收支分类改革，为预算管理、统计分析、宏观决策和财政监督等提供了全面、真实、准确的经济信息。

强化财政监督检查。不断完善政府采购管理制度，全市采购规模达到50512万元，累计节约资金6009万元，节约率达10.03%。继续加强财政投资评审职能，全市评审项目275个，评审资金总额104761万元，节约财政资金19248万元，节约率达18%。进一步强化非税收入管理，财税协调联动机制逐步完善。严格实行“票款分离、收支脱钩”，“收支两条线”工作不断深化，“小金库”专项治理工作取得了阶段性成果。继续加大对“三农”、教育、社保资金等民生支出的监督检查和绩效考评力度，有效遏制了挤占、挪用、截留资金行为，确保了资金高效规范使用。

财经秩序不断规范。全面贯彻实施《会计法》、《山西省会计管理条例》，不断强化岗位责任，努力提升会计工作水平；精心组织会计从业资格考试和会计专业技术资格考试，圆满完成了考试任务；加强对会计师事务所以及财会人员的监管力度，促进了企业会计信息质量的提升和财经秩序的规范。

队伍建设不断强化。积极巩固学习实践科学发展观活动成果，财政科学发展的体制机制进一步完善；认真开展廉政警示教育活动，党风廉政建设和反腐败工作不断引向深入，干部管理和教育培训力度进一步加大，机关党的建设、政风行风建设、目标责任制管理和精神文明创建等取得积极成效，广大财政干部思想水平、理论水平、政策水平和工作水平得到全面提升。

在看到成绩的同时，我们也清醒地认识到目前财政运行仍然面临一些不容忽视的矛盾和问题：由于煤炭资源匮乏、农业税减免等原因，运城与全省其它市经济发展不平衡的矛盾日益突出；财源结构亟须优化，收入质量有待提高；

财政隐性债务风险不容忽视，防范和化解财政风险的任务非常艰巨；非税收入管理还存在较多薄弱环节，财政科学化、精细化管理水平有待进一步提高，等等。对此，我们将高度重视，采取针对性措施，努力加以解决。

## 二、2010 年全市和市本级预算草案

2010 年，是努力克服国际金融危机影响、巩固经济企稳回升良好势头的关键一年，是奋力实施“十一五”规划、为今后发展奠定基础的重要一年。安排和完成好今年的财政预算，对于巩固我市保增长、保民生、保稳定取得的积极成果，推动全市经济社会各项事业又好又快发展具有十分重要的意义。按照《国务院关于编制 2010 年中央预算和地方预算的通知》精神，围绕市委、市政府的决策部署，综合考虑今年财政经济发展的各种因素，2010 年全市财政预算安排总的指导思想是：全面贯彻党的十七大和十七届三中、四中全会精神，以邓小平理论和“三个代表”重要思想为指导，深入贯彻落实科学发展观，紧紧围绕转型发展、安全发展、和谐发展目标，按照市委、市政府总体部署，认真落实积极的财政政策，加强财政宏观调控，支持经济结构调整和经济发展方式转变；调整优化财政支出结构，增强公共财政保障能力，着力改善民生和促进社会和谐；推进财政科学化精细化管理，提高财政管理绩效，完善公共财政职能，以财政工作的新业绩促进我市经济社会又好又快发展。

根据这一指导思想，2010 年市级财政收支计划遵循的原则：一是财政收入的增长幅度要与经济发展速度相适应；二是积极稳妥，量力而行，留有余地，收支平衡，不列赤字；三是保持宏观经济政策的连续性和稳定性；四是做好改革发展稳定各项工作，继续加大“三农”、教育、科技、社会保障、医疗卫生、环境保护等重点支出需要；五是预算内外财力综合运用。

贯彻上述指导思想及原则，今年全市总预算及市本级预算草案如下：

### （一）全市财政总预算安排情况

2010 年全市财政总收入预期目标 80 亿元，比上年增长 26%，一般预算收入 29 亿元，增长 11%。分征收系统的收入计划为：国税系统 51 亿元，增长 27.6%，增收 10.9 亿元；地税系统 23 亿元，增长 29.7%，增收 5.3 亿元；财政系统 6 亿元。

按以上收入计划和现行财政体制计算，2010 年全市当年预算财力为 62.5 亿元。按照量入为出、收支平衡的原则，全市一般预算支出计划安排 62.5 亿元。其中：

一般公共服务 79045 万元，增长 8.31%；

公共安全 32112 万元，增长 8.66%；

教育 168368 万元，增长 10.98%；

科学技术 5916 万元，增长 10.87%；

文化体育和传媒 7681 万元，增长 8.86%；

社会保障和就业 112497 万元，增长 7.09%；

医疗卫生 37018 万元，增长 7.52%；

环境保护 36089 万元，增长 9%；

城乡社区事务 25459 万元，增长 8.96%；

农林水事务 62760 万元，增长 10.76%；

工业商业金融等事务 8576 万元，增长 8.75%；

其他支出 49146 万元。

这里需要说明的是，全市财政收支计划是市财政代编的指导性计划，待各县（市、区）预算经同级人代会通过后，市财政将汇总后的全市财政收支预算报市人大常委会备案。

### （二）市本级预算安排情况

2010 年市本级一般预算收入计划安排 72002 万元，根据现行财政体制测算，市本级当年预算财力为 121838 万元，按照量入为出、收支平衡的原则，市本级一般预算支出安排 121838 万元。其中：

一般公共服务 25931 万元，增长 7.6%；

公共安全 6880 万元，增长 7.2%；

教育 16879 万元，增长 10.5%；

科学技术 1041 万元，增长 10.9%；

文化体育和传媒 3238 万元，增长 7.4%；

社会保障和就业 8201 万元，增长 9.2%；

医疗卫生 9758 万元，增长 7.3%；

环境保护 9061 万元，增长 8.2%；

城乡社区事务 3610 万元，增长 7.5%；

农林水事务 12329 万元，增长 10.8%；

工业商业金融等事务 4667 万元，增长 7.2%；

其他支出 20243 万元。

2010 年全市政府性基金收入安排 76913 万元，基金支出安排 76913 万元。市本级政府性基金收入安排 11553 万元，基金支出安排 11553 万元。

各位代表：2010年全市财政总收入比上年增长26%，这样安排，既考虑了我市国民经济发展中可能存在的问题以及一些政策性减收因素，又考虑了维护全市改革、发展、稳定大局的资金需要，是实事求是、务实可行的。但财政收入的增长与改革深化、事业进步所需资金的要求相比仍有较大的差距，全市财政收支矛盾仍然十分突出，预算安排难度很大。支出预算既要考虑根据国家政策规定适当增加机关事业单位职工工资、确保公教人员基本工资按时足额发放的资金需要，又要兼顾支持社会保障体系建设、维护社会稳定的支出需要，同时还要保障教育、科学、农业等法律法规规定的重点项目支出。由于财力有限，许多需要安排的支出项目未能安排，请各位代表给予理解。

**三、坚定信心，扎实工作，努力完成2010年财政预算任务**

（一）紧紧围绕壮大财政实力这个根本，进一步狠抓增收节支，确保全市财政收入平稳较快增长

增收节支是财政工作永恒的主题。各级财政要充分运用财政政策，大力支持经济发展，不断培植壮大财源，为财政收入可持续增长提供强有力的支撑。要积极支持税务部门依法加强税收征管，做到应收尽收，不虚收探收，扎实完成各项收入任务。严格非税收入征缴，特别要加大城市基础设施配套费、土地价款、水资源补偿费、排污费等专项收入征管力度。

要按照建立节约型社会、节约型政府的要求，强化支出管理，硬化预算约束，做到一般性支出零增长。要严格执行《地方各级人民政府机构设置和编制管理条例》“县级以上人民政府应当建立机构编制、人员工资与财政预算相互制约的机制，在设置机构、核定编制时，应当充分考虑财政的供养能力”之规定，从严控制财政供养人员过快增长，降低行政成本，减轻财政负担，确保财政收支平衡。同时，财政部门要全面落实《运城市年度重要工作目标任务考核方案》，一如既往支持各部门各单位争取资金，认真落实争取资金经费补助和奖励政策，促进全市经济社会各项事业持续健康发展。

（二）充分发挥财政职能作用，积极推进我市经济结构调整和发展方式转变，着力提升经济发展的质量和效益

深入推进产业结构调整：一是着力支持传统产业整合提升。整合企业发展扶持资金，支持培育壮大五个产业集群；支持开发生产上下游配套产品，延伸产业链条，提高产品附加值。二是着力培育新兴产业发展壮大。全面落实国家、省产业调整振兴规划，立足我市产业基础，积极支持新型产业做大做强。三是着力推动服务业加快发展。认真落实促进服务业发展的各项财税优惠政策，重点支持发展旅游业和文化产业，不断提高第三产业在国民经济中的比重，促进我市产业结构优化升级。

积极推动发展方式转变：一是支持推进科技创新。积极争取国家、省技术创新扶持资金，对企业技术改造项目、技术创新活动予以财政资金补贴和税收政策优惠。二是支持发展循环经济、低碳经济。支持加快发展循环经济企业、园区、社区和城镇，继续做好淘汰落后产能工作，同时要加大财政对低碳产业的扶持力度，积极支持发展新能源。三是支持治理生态环境。深入推进实施蓝天碧水工程，继续推进运城生态市试点建设，加快建设资源节约型、环境友好型社会，切实增强可持续发展能力。

（三）加大强农惠农工作力度，进一步夯实“三农”发展基础，有力促进农业增产、农民增收

继续加大财政支农投入力度。认真落实中央、省、市关于推进农村改革发展的决策部署，财政支出要优先支持农业农村发展，加大对农村教育、医疗卫生、社会保障、基础设施和环境建设等方面的支持力度。继续认真落实各项涉农补贴政策，进一步加强补贴资金管理，提高拨付效率，确保各项涉农补贴资金及时足额发放到农民手中。

积极推动发展现代特色农业。继续设立农业产业化专项资金，筛选一批成长性好、带动性强的农业项目予以扶持，发挥财政资金的集聚引导作用，以农业产业化引领农业经济发展，不断夯实发展现代农业的产业支撑；继续推进市委、市政府提出的现代农业发展“五个计划”的深入实施，大力支持“77531”现代农业核心示范区建设，推进农业结构战略性调整，切实改善农业基础设施条件，促进农业和农村经济持续发展；继续加大农业科技投入，不断促进农业技术集成化、劳动过程机械化、生产经营信息化，健全新型农业社会化服务体系。

大力支持农村公共事业发展。各级财政部门要多渠道筹措资金，切实加大对农村公共事

业财政支持力度；“六个全覆盖”要在完成建制村通水泥（油）路和村级卫生室全覆盖的基础上，继续加大工作力度，全面完成剩余的中小学危房改造、农村饮水安全、村通广播电视、村级组织活动场所四个全覆盖任务：支持加固中小学危房200万平方米，新解决35.5万农村人口饮水问题，完成村通广播盲村605个，新建村级组织活动场所540个。

（四）提升财政公共服务保障能力，加快以改善民生为重点的社会事业发展，努力构建和谐运城

努力稳定和扩大就业。支持实施更为积极的就业政策，加强职业技能培训和公共就业服务，引导和促进吸纳能力强的劳动密集型企业加快发展，努力开发就业岗位；加大对农民工、零就业家庭、破产企业失业职工等就业困难群体的援助力度，鼓励大中专毕业生到农村、社区等基层就业和自主创业，促进城乡劳动者自主择业、平等就业，引导农村富余劳动力就近就业和返乡创业。

推动教育优先发展。继续落实农村义务教育经费保障机制和城市义务教育阶段学生免学杂费政策，重点保障家庭困难学生、进城务工人员子女、农村留守儿童、残疾儿童等能够平等接受义务教育；完成中小学校舍安全改造加固任务；继续推进义务教育学校绩效工资改革，加大农村教师培训力度，促进城乡、区域教育均衡发展。积极发展高等教育、职业教育，全面提升我市教育水平。

促进医疗卫生事业发展。认真落实医药卫生体制改革方案，支持完善基层医疗卫生服务体系。进一步提高新农合补助标准和参合率，提高县、乡、村三级医疗机构达标率，提高社区卫生服务机构规范率，加快边远山区卫生院建设。支持开展爱国卫生运动，使城乡面貌不断得到改观。

大力完善社会保障制度。进一步扩大社会保障覆盖范围，提高保障水平。继续提高企业离退休人员基本养老金待遇水平，深入推进新绛、河津、垣曲三县（市）的新农保试点工作；认真落实农村社会保障补助政策，适时调整城乡低保标准和优抚对象补助标准，努力保障全市城乡群众特别是困难群众的切身利益。

支持实施保障性安居工程。加大对城市廉租房和经济适用房建设支持力度，努力解决城市低收入家庭住房困难问题，支持新建经济适用房30万平方米，新建廉租住房5万平方米，改造棚户区20万平方米，支持解决农村困难群众住房2000户，改造农村贫困残疾人危房320户。

加快发展公益性文体事业。继续加大公益文化事业投入，支持完成2个县级图书馆和40个乡镇综合文化站建设，完成300个村的健身工程；深入实施文化信息资源共享、送戏下乡、农村公益电影放映以及农村无线覆盖等重点工程，推进农村公共文化体系建设。鼓励舞台艺术精品创作，繁荣文化事业发展。

（五）全面实施科学化精细化管理，进一步加强财政自身建设，大力推动财政事业健康快速发展

全面完成“五五”财政法制宣传教育规划，不断加大法制宣传培训力度，努力推进依法理财进程。加强预算编制、执行管理，努力提高年初预算到位率，强化财政预算约束。全面深化国库集中支付制度改革，加快实现财政性资金全部纳入国库单一账户体系运行管理机制；加强乡镇财政建设，提升乡镇财政监管能力。不断强化财政投资评审，提高财政资金的使用效益；继续完善政府采购监管和运行机制，提升政府采购效率和质量；深化和巩固“小金库”治理成果，进一步完善“小金库”治理长效机制。健全完善国有资产收益管理制度，建立健全行政事业单位资产监管机制。加大企业财务监管力度，认真落实企业会计准则体系，强化财务会计管理工作。

同时，要进一步加大干部培训力度，创新培训方式，努力提高干部队伍的政治素质和业务能力。加强党建工作，不断推进新时期党的建设实践创新、理论创新和制度创新。狠抓反腐倡廉建设，认真落实党风廉政建设责任制，在各级财政部门全面开展规范权力运行工作，进一步提高全市财政干部依法、规范、文明、高效的理财能力和工作水平。

各位代表：做好2010年财政经济工作，任务艰巨、意义重大。让我们在市委、市政府的坚强领导下，在市人大的监督支持下，深入贯彻落实科学发展观，坚定信心，迎难而上，开拓创新，团结奋进，以振奋的精神、务实的作风和有力的举措，确保2010年财政预算任务圆满完成，努力为推进运城转型发展、安全发展、和谐发展做出新的更大的贡献！

# 运城市中级人民法院工作报告

——2010年4月19日在运城市第二届人民代表大会第六次会议上

运城市中级人民法院院长　何振科

各位代表：

现在，我代表市中级人民法院向大会报告工作，请予审议，并请市政协委员和其他列席人员提出意见。

**一、去年工作的基本情况**

2009年，市中院在市委的正确领导下，在上级法院的指导和人大、政协的有力监督以及市政府的大力支持下，认真贯彻党的十七大精神，深入贯彻落实科学发展观，忠实履行宪法和法律赋予的职责，全面完成了以审判为中心的各项工作任务。全市法院共受理各类案件24168件，审执结24035件，同比分别增长11.3%和8.6%，其中市中院受理各类案件3075件，审执结2976件，同比分别增长13.1%和14.7%，结案率为96.8%。

（一）发挥审判职能，全力维护了社会和谐稳定。

严厉打击刑事犯罪，依法维护社会稳定。去年，全市法院充分发挥刑事审判职能，严厉打击各类刑事犯罪，依法惩处了杀人、抢劫、绑架等恶性暴力犯罪和盗窃、抢夺、诈骗等多发性侵财犯罪以及严重破坏社会主义经济秩序的犯罪。全年共受理刑事一审案件2669件4285人，审结2669件，同比增长17.5%，判处犯罪分子3320人。永济段磊、李华军、刘飞等16人，盐湖李保运等14人黑社会性质组织罪犯依法受到了严惩。市中院受理一审、二审刑事案件446件，审结445件，同比增长12.3%。在刑事审判中，市中院严把事实关、证据关和法律关，严格贯彻宽严相济刑事政策，依法保护被害人和被告人的合法权益；对刑事自诉案件和轻微刑事犯罪案件大胆适用调解和解，减少受害人与被告人的对立情绪，依法扩大缓刑适用范围；对表现好的服刑人员，依法减刑、假释219人，促进了罪犯改过自新；积极参与社会治安综合治理，贯彻“教育、感化、挽救”方针，加强青少年犯罪审判工作，有力地维护了社会稳定。

依法化解社会矛盾，促进社会和谐发展。2009年，全市法院坚持服务大局、执法为民，为我市经济平稳较快发展、维护公民合法权益提供了强有力的司法保障。全年共审结婚姻家庭、合同、权属纠纷等民商事案件15380件，同比增长12.8%，其中市中院审结1833件，同比增长14.8%。在民商事审判中，始终做到：一是坚持调解优先、调判结合的原则，把调解贯穿在立案、审判、执行、信访全过程，民事一审案件调解撤诉率达到61.1%，较年初省高院提出的50%目标高出11.1个百分点。永济、临猗等法院在立案庭设立了调解室，立案先过调解关，力争从源头化解矛盾、平息纷争，较好地实现了政治效果、法律效果和社会效果的统一。二是始终坚持司法为民、利民、便民，送法下乡，巡回办案，就地开庭，服务“三农”，力求把矛盾消化在基层。去年，市中院下乡办案70次121件，减免诉讼费76万余元。为了调解一起居住60余年、纷争了7年的房产纠纷案，市中院民二庭法官多次到新绛县双方当事人家中耐心讲法，做调解工作，使两位古稀老人在耄耋之年重归于好，原被告双方共同为法官送来了“爱心所至，金石为开”的牌匾，运城电视台还进行了跟踪宣传报道。三是面对金融危机，坚持能动司法。去年，在国际金融危机大背景下，市中院对涉及国企发展等敏感案件，采取能动司法，主动上门服务，统筹考虑企业发展、职工安置、社会稳定等因素，该缓判的缓判，该缓执的缓执，依法慎审企业破产案19件，审结企业债务、合同纠纷4231件，盘活资金3.95亿元，为我市经济又好又快发展，营造了良好的市场环境和法治环境。

坚持维护与监督并重，依法支持行政机关依法行政。一年来，市中院正确处理“维护”与“监督”的关系，依据事实和法律，对正确的行政行为坚决予以维护，对违法的具体行政行为坚决判决撤销，主动向应诉机关提出司法建议，依法促进行政机关提高执法水平。积极探索行政诉讼案件协调和解工作机制，妥善化解行政争议，省法院推广了我们的经验和做法，并把我院作为最高法院在山西省唯一的行政诉讼联系点。去年，全市法院共受理行政案件381件，审结375件，其中市中院受理并审结120件，同比增长29.6%。临猗县公安局长还首开了我市乃至我省行政首长出庭应诉的先例，赢得社会的敬重和人民群众对法院的信赖。

（二）实践主题活动，全面加强了队伍建设。

深入贯彻落实科学发展观，开展“人民法官为人民”主题实践活动是法院队伍建设中的一件大事。2009年，市中院以主题实践活动为主线，以创建“文明和谐单位”为目标，着重从五个方面加强了队伍建设。一是狠抓了队伍的思想政治建设。通过抓学习、抓教育，使广大干警的政治意识、大局意识、群众意识、公平正义意识和国情意识都有了新的认识、新的提高，为圆满完成各项工作任务，奠定了坚强的政治思想基础。二是扎扎实实开展纪律作风整顿活动。去年11月以来，市中院把主题实践活动贯穿于全市政法队伍纪律作风整顿活动中，通过召开党员民主生活会、党组班子剖析会、中层干部述职述廉以及向社会各界广泛征求意见，特别是观看纪律作风整顿警示片后，针对法院系统个别人违法违纪行为，市中院组织干警人人谈感受，个个写体会，对照检查自己，进一步增强了责任感、危机感和反腐倡廉的意识。三是突出了法院的文化建设。去年，市中院以文化建设为主线，通过开展歌咏比赛、主题演讲、书法摄影展、体育比赛等多种文体活动形式，既丰富了队伍的文化生活，又促进了文明和谐单位建设。一年来，先后取得了全省法院文艺节目调演总分第一名、全省法院“移动杯”乒乓球赛优秀组织奖、“人民法官为人民”主题演讲比赛第2名的好成绩，在“热爱运城、共谋发展”活动中，市中院有3人被评为百名优秀人才。特别是为庆祝建国60周年，中院党组、机关党委先后在全院开展了唱红歌、歌咏比赛、“抹不去的红色记忆”收藏展览等系列活动，陶冶情操，振奋精神，进一步激发了广大干警的爱国热情和工作激情。四是着力提高队伍的业务素质。2009年，市中院通过采取以会代训、专题培训、专家讲座等形式和方法，着力提高队伍的业务素质。邀请了中国社科院法学研究所教授来我院讲课，对新颁布的《侵权责任法》集中进行业务辅导。去年，全市法院有33名干警通过全国统一司法资格考试，取得了法官资格。五是坚持人文关怀，从优待警。去年以来，院党组为全院干警统一制作了棉大衣，坚持为干警定做生日蛋糕和贺卡，并由工会同志送到家门，使广大干警深切体会到组织的温暖，不仅增强了全院干警的凝聚力和向心力，而且队伍的思想更加稳定，工作更加努力，队伍更加团结。

（三）集中清理执行积案，基本实现了预期目标。

从2008年11月起，我市按照中央政法委统一部署，开展了集中清理执行积案专项活动。在两级党委、政法委的高度重视和大力支持下，全市法院把清理执行积案作为去年工作的重中之重，从人力、物力、财力上给予充分保障。市中院先后3次召开动员大会，院党组8次专题研究疑难案件，实行了全市法院月通报排名制和“五定一包”责任制。针对我市多达5247件执行积案，市中院决定利用2009年春节前后，集中采取四次大的行动。一是抓住战机，开展了“春雷行动”。就是春节前后，抓住被执行人返乡过年的有利时机，解决好长期困扰法院“被执行人难找”的问题，执结了一大批涉及特困群体、拖欠农民工工资、拖欠工程款案件。二是借势借力，全面掀起了“清积风暴”。就是调动一切可以调动的力量，在媒体舆论上大做文章，大张旗鼓地发布通告、公告，通过“曝光台”、“老赖榜”、“执行在线”等专题栏目，大造声势、大造舆论，在全社会形成高压态势，坚决打压“老赖”的生存空间和发展空间。全市法院先后曝光319人，跟踪报道典型案件57案，编发执行新闻稿件106篇，迫于社会压力，有120余名被执行人主动到法院履行了义务。闻喜县法院在公开执行兑现大会上，将19案56万余元执行款公开发放，9名被执行人公开拘留，38名欠债不还的“老赖”公开曝光，受到在场群众的一致称赞。三是多措并举，集中开展了“攻坚行动”。就是充分发挥我国特有的政治优势，紧紧依靠党委领导，人大、政协的监督和政府的支持，积极联动公安、检察、工商、税务、银行等职能部门，对一批“骨头案”、“难缠案”攻坚克难，强制执行了一批老大难案件，共依法拘留581人，逮捕11人，判刑8人，对“老赖”起到了强大的震慑力。四是讲求方法，力促和谐执行。全市法院在清理执行积案中，坚持以人为本，既要实现申请执行人的胜诉权益，又要兼顾被执行人的基本生活，努力寻找各方利益的平衡点，通过协调、执行救助等方法，和解执行了一批案件。专项活动中，全市法院共执结有财产可供执行案件1319件，执结金额2.24亿元，按照最高法院结案标准，执结、终结、中止无财产可供执行积案3844件，执结率达98.3%，我市也由活动之初的全省末位跃居第二名。截至去年11月底，全市法院都建立了党委政法委组织协调、人民法院主办、有关部门联动、社会各界参与的执行工作联动长效机制，有财产可供执行案件全部执结，执行信访矛盾得到有效化解，基本实现了中央政法委提出的三大预期目标。

在清理执行积案的同时，市中院分析积案产生的原因，完善了执行案件信息统一管理体制，力争从根本上减少和解决执行难，全年新收执行案283件，执结241件，结案率为85.1%，有效地避免了“前清后积”。

（四）积极化解矛盾，从源头上解决涉诉信访案件。

去年，为了迎接建国60周年，确保庆典期间的社会稳定，全力解决好涉诉信访案件，全市法院广泛开展了“两案三评一访”和“三争做”活动。市中院抽调精兵强将，对各级交办的65件涉诉信访案件，逐案分析，领导包案，责任到人，限期解决，使一批上访老户息诉罢访。河津郭某上访一案，因受害方得不到民事赔偿，多年停尸家中，在当地影响较大，曾受到省、市领导的批示和关注。“两个”活动中，刑事审判庭的法官不分昼夜，数十次前往河津，苦口婆心做双方当事人工作，最终调解解决了民事赔偿部分。审判人员还亲自参与了受害人的安葬，现场以案说法，既感动了双方当事人，又以实际行动展示了法官的良好素质和对人民群众高度负责的敬业精神。省高院对我们的“两项”活动检查验收后，给予了充分肯定。一年来，市中院加强立案信访和审判监督工作，依法保障当事人的合法诉求，坚持了院领导轮流值班接访，共接待来信来访2194件次，审查、复查申诉、申请再审案件254件，立案再审101件，妥善化解了一批上访案件。

（五）建立健全机制，着力推行《岗位目标责任制绩效考核办法》。

2009年，市中院为了进一步加强和规范机关管理，提高办公效率，建立完善了三项制度。一是在全院推行了《岗位目标责任制绩效考核办法》。《办法》明确了全院每个部门、每个人的工作责任目标，把日常工作全部量化，从“德、能、勤、绩、廉”五个方面考核打分，每季度张榜公示一次，不仅使每个部门、每个人的综合评定成绩一目了然，而且达到了“人叫人干人不干，制度调动千千万”的目的，广大干警的工作积极性普遍增强，办案质量和工作效率明显提高。2009年，市中院收结案数与2008年相比，分别增长13.1%和14.7%；结案率同比增加3.4个百分点；全院调解结案1230件，调解率达到40%；办案周期普遍缩短，20%的案件是在一个月内办结的，仅今年春节前后，市中院就审结了126件。对绩效考核的结果，市中院科学地运用到年底评先评优和干部选拔任用中，多干的受到了奖励，成绩突出者得到了重用，目前，全院上下风清气正，形成了不推自转、争先创优、比学赶帮的良好局面。二是实行了电脑分案、流程管理制度，既有效避免了当事人选法官、法官挑案件的现象，又对案件实行了全程跟踪监控，从源头上保证了案件的公平和公正。三是建立了当事人接待制度，对办公区和审判区实行了分离，禁止审判人员在办公室接见当事人，从制度上保障了廉洁办案。

（六）加强指导协管，促进了基层基础建设。

为了加大对基层法院的监督、指导和协管力度，去年，市中院党组成员先后多次深入13个基层法院和20个多个法庭，深入一线调研指导，广泛征求意见，制定了《全市法院审判绩效考评方案》。该《方案》通过21项硬指标，不仅全面反映了案件审判情况，而且增强了考核的透明度，促进了基层法院案件质量的提高。为了认真总结全市法院近年来重调息诉、和谐司法以及集中清理执行积案专项活动的成功经验，树立典型，推动工作，市中院先后对临猗、河津、盐湖、闻喜、永济、万荣、绛县法院和中院共 8 个单位进行了调研总结，其中市中院和盐湖区法院的经验在全省和谐司法交流大会上进行了交流发言，受到了省高院的充分肯定。

（七）自觉接受监督，不断加强和改进工作。

2009 年，市中院认真贯彻执行市人民代表大会及其常委会的各项决议和决定，自觉接受人大、政协和社会各界的监督。市人大二届五次会议闭会后，院党组对代表们提出的 4 件建议案和政协委员提出的 2 件提案认真进行了研究，责成专人办理，按期予以反馈，代表和委员们对办理结果表示满意。去年 10 月份，市中院又向市人大常委会作了清理执行积案专项工作报告，并按照审议意见及时进行了整改，加强了执行工作。一年来，市中院推行阳光司法，最大限度保障人民群众对法院工作的知情权、参与权、表达权和监督权，对社会影响大、群众关注的案件，先后邀请了 32 名人大代表和政协委员旁听了部分案件的公开审理，邀请 5 名人大代表参与民事案件的现场勘验与调解工作，让人大代表、政协委员及社会各界对法院的敏感案件进行全程监督。审判工作得到了进一步提高。

2009 年，经过全院干警的共同努力，圆满完成了各项工作任务。一年来，市中院先后收到当事人双方共同送来的感谢信、表扬信 76 封，光荣匾、锦旗 36 面，19 个（次）集体受到市级以上表彰，市中院被评为全国维护妇女儿童权益先进集体，执行局和审监庭被评为全国法院先进集体，全院有 39 名同志分别荣获省“三八红旗手”、“巾帼建功标兵”、“五一劳动奖章”、市“十大女杰”等荣誉称号。中央政治局常委、政法委书记周永康同志视察了市中院后，对市中院的工作给予了充分肯定和好评。

各位代表，我们深知，成绩的取得，是市委正确领导的结果，是市人大、市政协有力监督和市政府及社会各界大力支持的结果。在此，我代表市中院向各位代表致以崇高的敬意和真诚的感谢！

在肯定成绩的同时，我们也清醒地看到还存在一些问题和困难：一是审判管理改革还有待于进一步深化，新类型案件、新管理模式研究还不够。二是队伍建设还有待于进一步加强，行为不规范、审判纪律不严格、办案效率不高的现象，在少数法官身上还时有发生。三是基层法官队伍断层、青黄不接，尤其是法庭队伍还不太稳定，办案条件和经费还需要进一步改善和加强。对这些问题和困难，我们在今后的工作中要尽快加以纠正和解决。

**二、今年的工作思路及主要任务**

2010 年，市中院总的工作思路是：以党的十七大和十七届四中全会精神为指导，紧紧围绕科学发展观和构建社会主义和谐社会总目标，扎实推进社会矛盾化解、社会管理创新、公正廉洁执法三项重点工作，充分发挥审判职能，以队伍建设为重点，以司法改革为动力，以基层建设为基础，热爱运城，共谋发展，为我市转型发展、安全发展、和谐发展提供更加公正、高效、权威的司法保障。具体要抓好“五个坚持”：

（一）坚持政治建院，不断深化“人民法官为人民”主题实践活动。2010 年，我们要紧紧围绕社会矛盾化解、社会管理创新、公正廉洁执法三项重点工作，继续加强社会主义法治理念教育，不断深化“人民法官为人民”主题实践活动，确保人民法院为党和国家大局服务的方向。要不断强化思想政治建设、司法能力建设、司法作风建设、法院文化建设，努力建设一支政治坚定、业务过硬、一心为民、公正廉洁的复合型高素质法官队伍。

（二）坚持服务大局，做好社会矛盾化解工作。依法严厉打击危害社会稳定犯罪，严惩黑恶势力、严重暴力犯罪活动。认真贯彻宽严相济的刑事政策，积极参与社会治安综合治理，增强人民群众的安全感。依法稳妥处理民商事案件，加强新形势下经济、民事、行政法律关系问题的应对研究，努力满足人民群众日益增长的司法需求。依法加大重点工程、重点项目建设的支持力度，努力减少和化解影响工程建设的矛盾纠纷。依法处理好“三农”案件，妥善处理农民土地承包经营权转让、征地补偿、种粮补贴、搬迁安置等涉及的民事、行政案件，切实保障农民的合法权益。进一步加大民商事案件调解力度，努力化解社会矛盾，减少涉诉上访案件。

（三）坚持以人为本，不断健全司法为民新机制，促进社会管理创新。关注民生、重视民生、保障民生、改善民生是党和人民在依法治国进程中对我们的新要求。2010年，市中院在审判理念上要更加为民，在诉讼程序上要更加便民，在审判效果上要更加利民。要教育广大干警常怀爱民之心，多办惠民之事，恪尽安民之责，练就为民之功，把人民群众的满意不满意作为工作的最高标准。要继续推行阳光司法，增加司法透明度，充分保障人民群众知情权、参与权、表达权与监督权。继续推行巡回审判、速裁法庭等便民机制，开展法官进企业、入农户活动，通过送法下乡、服务“三农”，感受人民群众需求，体谅人民群众疾苦，强化司法为民意识。加大特困群体司法救助力度和范围，积极探索刑事被害人及其亲属救助制度，切实解决诉讼难、执行难问题。在基层法院内普及调解窗口，在乡村社区建立司法协助网络，努力满足人民群众对司法工作的新要求、新期待。

（四）坚持制度建设，不断完善岗位目标绩效考评制度。《岗位目标责任制绩效考核办法》，经过近一年的实践证明，干警作风纪律明显改善，机关的审判、办公秩序明显好转，案件的质量和效率明显提高，效果很好。新的一年，我们要继续广泛征求意见，不断充实和完善，使全院的每一个司法环节和每一个司法行为都有章可循、有规可依，使每个干警和每个案件都能得到有效监督和制约。要继续加强对基层法院的指导和协管，在抓好基层班子建设的同时，要组织全市法院进行审判业务对口交流培训。要进一步加快法庭建设步伐，不断改善基层司法环境。继续完善基层法院审判绩效的考核、考评，不断促进全市法院协调、全面发展。

（五）坚持反腐倡廉，自觉接受社会各界监督，确保公正廉洁执法。党风廉政建设和反腐败工作要“立足教育，着眼防范”，常抓不懈。2010年，市中院要以建立健全惩治和预防腐败制度为重点，以制约和监督权力为核心，以提高制度执行力为抓手，进一步引深政法队伍纪律作风整顿活动，坚定不移地落实“五个严禁”的规定，加大违规违纪案件查处力度，确保公正廉洁执法。

牢固树立自觉接受监督的意识。2010年，市中院要认真贯彻执行本次会议决议，忠实履行宪法和法律赋予的职责，自觉接受人大常委会和人大代表的监督，定期邀请人大代表和政协委员旁听审案，不断加强和改进工作，确保人民法院为大局服务，为人民司法。

各位代表，新的形势，新的任务，新的挑战，对法院工作提出了新的更高要求，市中院一定要在市委领导和市人大的监督支持下，深入贯彻科学发展观，坚定信心，开拓进取，不辱使命，以高度的政治责任感和神圣的使命感，不断开创法院工作的新局面，为我市转型发展、安全发展、和谐发展提供更强、更有力的司法保障！

谢谢大家！

# 运城市人民检察院工作报告

## ——2010年4月19日在运城市第二届人民代表大会第六次会议上

运城市人民检察院检察长　郝跃伟

各位代表：

现在，我代表运城市人民检察院向大会作报告，请予审议，并请市政协委员和其他列席人员提出意见。

**一、2009年全市检察工作主要情况**

2009年，全市检察机关深入贯彻党的十七大、十七届三中、四中全会精神，以科学发展观为统领，紧紧围绕保增长、保民生、保稳定的工作大局，坚持“强化法律监督，维护公平正义”的检察工作主题和“加大力度，提高执法水平和办案质量”的总体要求，认真履行法律监督职责，各项工作取得了新的成效。

*（一）充分发挥检察职能，努力服务全市工作大局*

面对受国际金融危机影响，地方经济运行困难加剧的严峻形势，全市检察机关立足于服务全市经济平稳较快发展，全面加强和改进检察工作，着力为“三个发展”提供坚实有力的司法保障。

找准服务“三个发展”的切入点、着力点和结合点。按照市委的工作部署和省院《关于充分发挥检察职能，为全省转型发展、安全发展、和谐发展服务的意见》，全市两级检察机关扎实开展了“深入农村、深入企业、深入社区”宣传调研活动，通过走访座谈，广泛征求社会各界的意见建议，与村镇、企业、社区建立了经常性的工作联系，进一步明确了新形势、新任务对检察工作的新要求和新期待，有针对性地对工作进行了调整、改进。

及时查办危害“三个发展”的犯罪活动。积极参与整顿和规范市场经济秩序工作，不断加大对金融诈骗、侵犯知识产权等破坏市场经济秩序犯罪的打击力度，共批准逮捕72件124人，提起公诉58件107人。深入开展治理商业贿赂专项工作和工程建设领域突出问题专项治理工作，共查办商业贿赂案件17件20人，涉案金额163万余元，其中大案7件，要案1件；查办工程建设领域案件13件17人，涉案金额282万余元，其中大案10件。查办危害能源资源和生态环境渎职犯罪案件7件13人；查办危害农村改革发展的犯罪案件35件39人。对制售假种子、造成4个县数千亩小麦绝收的4名犯罪嫌疑人依法批准逮捕、提起公诉。

重视对企业的司法保护。在办理涉及企业的案件时，注意把握好办案时机、办案重点，慎用强制措施和查封冻结手段，严格做到“六个不轻易”和“六个严禁”，一切从促进企业走出经济危机困境出发，惩治犯罪，促进企业的健康发展。市院通过办理宋某某贪污、挪用公款、信用卡诈骗、非法吸收公众存款案，共追回赃款、赃物700余万元，为企业避免了2000余万元的损失。

*（二）依法打击各类刑事犯罪，全力维护社会和谐稳定*

全市检察机关认真履行批捕、起诉职能，依法妥善处理矛盾纠纷，全力维护社会和谐稳定。共依法批准和决定逮捕1607件2691人，提起公诉2198件3572人。

严厉打击严重刑事犯罪。与公安、法院密切配合，始终保持对严重刑事犯罪打击的高压态势。突出打击严重暴力犯罪和“两抢一盗”等严重影响群众生命财产安全的犯罪，共批准逮捕864件1467人，提起公诉1116件1745人。继续深化“打黑除恶”专项斗争，依法对李运保等17人、段磊等23人两起黑社会性质组织犯罪提起公诉，段磊等四名罪犯被判处死刑。

认真贯彻宽严相济的刑事政策。进一步改进审查逮捕和审查起诉方式，健全完善快速办理轻微刑事案件和未成年人刑事案件工作机制，积极探索当事人达成和解的轻微刑事案件办理途径，对初犯、偶犯、未成年犯、过失犯及轻微刑事犯罪依法适用宽缓的刑事政策。

妥善处理矛盾纠纷。以全省政法机关开展“三争做”活动为契机，通过深入一线办案，对重信重访案件逐案清理督办，积极化解矛盾，使老上访案件逐步减少，新上访案件大幅度下降。坚持首问（办）责任制和检察长接待日制度，进一步畅通控告申诉渠道，及时解决群众合理诉求，共接待处理群众来信来访753件（次），立案复查不服检察机关处理决定的案件4件。对2008年以前已作出国家赔偿决定未执行的5件7人，向申请人赔礼道歉，筹措24万余元执行赔偿，案件全部息诉罢访。

（三）依法查办和预防职务犯罪，深入推进反腐倡廉建设

全年共立案查处贪污、贿赂、挪用公款等职务犯罪案件111件128人，同比分别上升6.7%和2.4%；立案查处渎职侵权犯罪案件47件74人。通过办案，共为国家挽回经济损失2147万余元。

突出查办群众反映强烈的职务犯罪大要案。共立案查处贪污、贿赂、挪用公款等职务犯罪大案69件87人，县（处）级干部犯罪要案3件3人，大要案比例占到此类案件总数的64.9%。所立案件已侦查终结110件127人，提起公诉98件114人，法院已作出有罪判决85人，其中被判处五年以上有期徒刑的16人。绛县开发区原副主任许丰产（正处级）受贿8万元被依法判处有期徒刑五年，农业发展银行河津信贷组原组长邢真荣贪污13.4万元、受贿1.5万元、挪用公款300万元被判处有期徒刑十七年，山西省茅津渡煤焦管理站原站长张林挪用专项资金500万元，法院一审已作出有罪判决。

着力加强反渎职侵权工作，维护公民合法权益。全年共侦查终结渎职侵权犯罪案件62件88人，提起公诉21件45人，法院已作出有罪判决33人。31名公安、司法人员因渎职侵权犯罪被依法查处。在办理一起税务人员玩忽职守案件中，为国家追回应纳税款70余万元。

深入推进职务犯罪预防工作。认真落实全省检察机关第一次预防职务犯罪工作会议精神，按照市人大的安排，统一部署了《山西省预防职务犯罪工作条例》的宣传贯彻。共举办法制讲座120场（次），组织35个行业3000余人（次）在警示教育基地接受反腐倡廉教育。对盐湖区解州至芮城陌南、闻喜东镇至临猗高速公路等全市32项重点工程进行了专项预防。在查处不法分子制售假种子造成农民巨额损失一案的同时，与市工商局、市农业局开展了联合预防。

（四）依法强化诉讼监督，努力维护社会公平正义

不断完善监督措施，全面强化对侦查、审判、刑罚执行和监管活动的法律监督，努力维护司法公正。

强化对刑事立案和侦查活动的监督。共办理公安机关应当立案而未立案、以罚代刑的案件40件，纠正公安机关不应立案而立案的案件11件17人。对应当逮捕而未提请逮捕、应当起诉而未移送起诉的，决定追捕74人，追诉93人。对不符合逮捕、起诉条件的，决定不批准逮捕422人，不起诉111人。对侦查活动中的违法行为发出纠正违法通知书31份。

强化对审判活动的监督。对认为确有错误的刑事判决、裁定提出、提请抗诉50件。在刑事审判法律监督专项检查活动中，重点对职务犯罪案件58件75人、经济犯罪案件46件79人进行了检查和复查，查办刑事审判人员职务犯罪案件2件，对法院裁判减刑、假释、暂予监外执行的114人进行监督。立案审查不服民事行政判决、裁定的申诉案件107件，市院抗诉21件，法院改判15件；向法院提出再审检察建议9件，法院采纳4件；向省检察院提请抗诉24件，省检察院向省高级法院抗诉9件。

强化对刑罚执行和监管活动的监督。充分发挥监所检察职能，开展了两次对看守所、监狱的执法专项检查，共纠正违法121件，立案查处监管人员职务犯罪案件2件2人，办理被监管人员又犯罪案件2件，打击牢头狱霸2起6人。在死刑临场监督工作中，市院向市中级法院发出检察建议，对人体器官的利用进行了规范。

（五）狠抓办案质量，确保公正执法

去年以来，全市检察机关开展了以“四个

严格”为主题的案件质量年活动，收到了良好效果，整体办案质量有了大幅度提高。

贪污、贿赂、挪用公款犯罪案件，大要案比例较上年增长1.3%，判处10年以上有期徒刑的案件，是成立反贪局以来最多的一年；渎职侵权犯罪案件的有罪判决率由2008年的37%上升到54%。对职务犯罪案件的办理实行全程同步录音录像，全年未发生办案安全事故，未发生违法违纪和因办案引发的非正常上访。

河津市公安局提请批准逮捕的王某某故意杀人一案，经严格的程序和证据审查，发现其在刑拘后七日内报捕有别于同类案件所用拘留时间，王某某杀害妻子、儿子的犯罪动机有悖常理，不具备作案时间，侦查证据不能认定王某某杀人。因此，河津市检察院、运城市检察院三次对王某某作出不批准逮捕决定。两个月后，两名真正的罪犯落入法网。

在全市推行“一案一总结”、“一案一分析”，要求办案人员每办理一起案件，都要进行总结、分析，以提高干警分析案件的能力、解决复杂案件的能力和工作能力。反贪部门根据自身特点，开展了法律文书质量评选活动；永济市检察院从受理案件开始，实行统一流程台账式管理，把责任落实到每个环节、每个办案人员；市院在备案审查中发现一名上访人员腿被打断、多年未破的案件线索后，及时移交市公安局，现已抓获两名犯罪嫌疑人。

职务犯罪案件审查决定逮捕权上提一级改革实施后，市院共受理基层院报请逮捕案件19件28人，决定逮捕11件19人，决定不捕8件9人。对所有犯罪嫌疑人都做到了告知诉讼权利义务，并依法讯问。案件均在法定期限内办结。

把案件质量纳入考核方案，对办案中发生问题不能及时处理的，取消评先资格。为促进干部素质提高，对无法律资格的干警进行了统一培训，有24名干警通过考试，获得司法资格。组织全市反渎职侵权部门进行了全员岗位素质培训。

通过狠抓办案质量，队伍素质得到锻炼提高，检察机关的执法公信力得到提升，四个县级院被评为全省先进基层检察院，一个县级院被评为全国先进基层检察院。

（六）坚持党的领导，自觉接受监督

全市检察机关始终把工作置于党的领导之下，按照党委的统一部署开展工作，重大事项及时向党委报告。认真落实党风廉政建设责任制，进一步加强了检察机关班子建设。市院协同各县市区委对县级检察院班子进行了充实调整。组织广大干警深入学习贯彻党的十七届四中全会精神，扎实开展了学习实践科学发展观活动和纪律作风教育整顿，检察干警的政治素质得到了普遍提高，工作作风有了根本转变。

认真落实市二届人大五次会议决议，扎实开展工作。对会议交付办理的代表建议进行专题研究，明确督办领导、承办部门和责任人，三件建议均在规定时限内办结并当面答复代表，收到了满意的效果。市人大常委会听取反贪污贿赂工作专题报告，鼓舞了干警士气，有力地推动了反贪污贿赂工作的平稳健康发展。

注重自觉接受民主监督和社会监督。以办理政协委员提案为契机，制定了加强改进举报工作的措施，广泛宣传最高人民检察院新修订的举报工作规定，进一步促进了检务公开，密切了与人民群众的联系。继续深化人民监督员制度试点工作，“三类案件”、“五种情形”全部纳入到人民监督员监督程序中。及时掌握网络舆情，虚心接受媒体批评建议。不断完善内部监督制约，确保了执法公正。

回顾总结去年的工作，全市检察干警恪尽职守，作出了显著成绩。总体而言，检察队伍是党和人民值得信赖的。同时，我们也深深地感到，成绩的取得，是市委和省检察院正确领导的结果，是市人大及其常委会有力监督支持的结果，是市政府、政协及社会各界大力关心帮助的结果。在市县党委、人大、政府、政协及社会各界的领导、监督、支持、帮助下，市院和夏县、芮城县院技侦大楼投入使用，平陆、闻喜、新绛、垣曲四个县院和董村区院正在积极建设，检察机关经费保障水平不断提高，“三网”建设基本完成。在此，我代表全市检察干警，向各位代表、各位政协委员和所有关心支持检察工作的领导和同志们表示衷心的感谢！

在肯定成绩的同时，我们也清醒地看到存在的问题和不足：一是对经济工作关注不够，还存在就案办案、孤立办案的现象；二是法律监督职能的发挥与人民群众的对公平正义的期待还有差距；三是查办人民群众反映强烈的有影响、有震动的大要案力度不够；四是个别检察人员对自身要求不严，出现[illegible]的以权谋私、执法犯法；五是科技投入不足，信息化建设步伐不大，“两房”建设债务负担较重。对于这些问题，我们将认真研究，努力加以解决。

**二、2010年全市检察工作主要安排**

2010年全市检察工作的指导思想是：全面贯彻党的十七大、十七届四中全会和全省、全市经济工作会议、政法工作会议精神，以邓小平理论和“三个代表”重要思想为指导，深入贯彻落实科学发展观，坚持以执法办案为中心，以提升执法公信力为目标，以深入推进社会矛盾化解、社会管理创新、公正廉洁执法三项重点工作为载体，强化法律监督，强化对检察权运行的监督，强化高素质检察队伍建设，努力适应经济社会发展的新要求和人民群众的新期待，在服务大局中实现检察工作的新发展。重点做好以下六个方面的工作：

（一）紧紧围绕经济社会发展大局，努力提高司法服务和保障水平。要正确认识和深刻把握全市经济社会发展的新形势，按照《山西检察工作科学发展五年规划》，统筹谋划各项检察工作，切实增强为大局服务、为发展服务的自觉性和坚定性。要深入贯彻落实省院服务“三个发展”的《意见》，探索建立检察机关服务“三个发展”的长效机制，真正把强化法律监督与服务经济社会又好又快发展紧密结合起来。要根据市委市政府的发展战略和决策部署，进一步调整、完善和落实为经济社会发展服务的措施，充分发挥打击、预防、监督、保护等职能作用，着力促进经济平稳较快发展。

（二）深入推进社会矛盾化解，积极参与社会管理创新，全力维护社会和谐稳定。要与有关部门密切配合，认真履行批捕起诉职能，深入开展打黑除恶专项斗争，依法严厉打击黑恶势力犯罪、严重暴力犯罪、多发性侵财犯罪，加大打击制售伪劣商品等经济犯罪特别是传销、集资诈骗等涉众型犯罪力度，维护市场秩序和群众切身利益。

认真贯彻宽严相济的刑事司法政策，积极改进办案方式方法，稳步推进量刑建议、刑事和解、轻微刑事案件快速办理等工作，完善未成年人犯罪案件办理机制，依法落实从宽政策，促进社会和谐稳定。

要把化解矛盾贯穿于执法办案始终，健全检察环节社会矛盾排查化解、执法办案风险评估等工作机制，规范执法行为，努力从源头上化解矛盾，防止和减少涉检信访发生。

配合有关部门加强特殊人群帮教管理，做好预防未成年人犯罪工作；积极参与对重点地区的综合治理，加强社会治安动态及对策研究，推动社会治安防控体系建设；高度重视涉检网络舆情，建立健全应对、引导等机制。

（三）继续加强查办和预防职务犯罪工作，充分发挥检察机关在推进党风廉政建设中的作用。严肃查办发生在党政机关和领导干部中的滥用职权、贪污贿赂、失职渎职案件，严肃查办商业贿赂和严重侵害群众利益、危害民生的犯罪案件，严肃查办群体性事件和重大责任事故背后的职务犯罪案件。积极参与工程建设、房地产开发、土地管理和矿产资源开发等领域专项治理，继续开展惩治涉农职务犯罪、危害能源资源和生态环境渎职犯罪工作。

加强与执法执纪部门的协调配合，健全侦查信息收集和共享机制，加快推进侦查一体化机制建设，提高自行发现和突破案件的能力。

立足检察职能，结合执法办案，加强和改进职务犯罪预防工作，促进惩治和预防腐败体系建设。认真贯彻《山西省预防职务犯罪工作条例》，积极构建党委领导下的职务犯罪预防大格局。

（四）全面加强诉讼监督，促进公正廉洁执法。坚持打击犯罪与保障人权并重，加强对刑事立案、侦查、审判活动的监督，防止冤错案件发生；进一步加大民事经济审判法律监督力度，积极开展对民事执行、司法调解的监督和督促起诉、民事公益诉讼等工作，重点监督纠正涉及民生和损害国家利益、社会公共利益的错误裁判；加强对侵犯在押人员合法权益和违法减刑、假释、暂予监外执行的监督，促进刑罚执行和监管活动的依法进行。

（五）加强队伍建设，确保办案质量。要加强检察干警的政治理论和检察业务的学习、培训，广泛开展“建设学习型党组织、学习型检察院”活动和“恪守检察职业道德、提升执法公信力”主题教育活动，培养干警严格遵循办案程序的意识和职业操守。要改进执法考评工作，进一步推行“四个严格”，严把案件质量关，促进形成办案力度、质量、效率、效果有机统一的正确执法导向。要坚持从严治检，塑造检察机关的良好形象。

（六）大力加强基层基础工作，筑牢检察工

作发展根基。要把基层检察院建设的重心放在提高法律监督能力上，积极探索检察机关联系基层、服务群众的新载体、新形式，开展设立乡镇检察室试点工作，进一步延伸检察机关的法律监督触角，切实发挥基层院服务发展、保障民生、化解矛盾、维护稳定的一线平台作用。进一步落实定点帮扶制度，帮助基层院解决制约工作发展的经费保障不足、信息化建设和应用水平不高等问题，增强基层发展动力，激发基层活力，全面提升检察工作水平。

各位代表，今年是努力克服国际经济危机影响、巩固经济企稳回升良好势头的关键一年，也是全面完成“十一五”规划目标任务、谋划布局“十二五”规划的重要一年。我们将在市委和省检察院的正确领导下，在市人大的有力监督支持下，认真落实本次会议决议，振奋精神，迎难而上，真抓实干，开拓奋进，全面推进各项检察工作，为服务全市经济社会又好又快发展作出新的更大的贡献！

（责任编辑：杨春英）

# 大 事 记

## 2009年

### 1月

**3日**

全市人口和计划生育工作会议召开。市委书记高卫东作重要讲话。市长王安庞主持会议。市委副书记尚平安、市人大常委会主任黄有泉、市政协主席安永全、副市长吴菊仙出席会议。会议通报了市委、市政府“关于2008年全市人口和计划生育工作目标责任制考核情况,”并对受省市两级表彰的人口计生工作先进县(市、区)、单位及个人进行了颁奖。还就2009年全市人口计生工作要从强化和完善基层基础建设入手,着力实施“12345”工程等做出安排部署。

**4日**

副市长吴菊仙带领供水、电力、城建、规划等部门负责人,到市中心医院新院工地现场办公,重点解决供水供电问题。

**同日**

市委、市政府召开农业产业化座谈会,要求各级各部门面对当前严峻的经济形势,进一步提高认识,增强做好“三农”工作的主动性和自觉性,以强有力的措施推进全市农业产业化的发展。市委书记高卫东出席座谈会并作重要讲话。市委副书记尚平安主持会议。市领导张建合、柴林山、王殿民、荆青莲、潘和平出席会议。

**5日**

全市召开会议,安排部署市管领导班子和领导干部2008年度工作和党风廉政建设责任制考核事宜。本次考核由市委办公厅统一下发通知,市纪委监察局、市委组织部、市直工委共同组织。这种由多部门共同组织考核的形式为近年来首次。

**同日**

《运城年鉴》(2004~2006版)发行暨表彰会议召开。市委常委、宣传部长董鹏翔,市人大常委会副主任梁天管,副市长吴菊仙,市政协副主席王七庚等出席会议。会议传达了全国第四次地方志工作会议和省地方志工作会议精神,向各县(市、区)和各经济开发区赠送了《运城年鉴》(2004~2006版),并对全市地方志工作先进集体和个人进行了表彰。

**6日**

侯(马)—禹(门口)高速公路河津西站建成投运,河津电厂连接城市道路改造工程也同时告竣。市委副书记尚平安、市政协副主席潘和平出席剪彩仪式。

**同日**

全市召开文物安全工作会议,研究部署文物建筑消防安全工作。市委常委、宣传部长董鹏翔出席会议。会上,市文物局负责人介绍了全市文物安全工作整体情况,市消防支队负责人介绍了国内外文物消防安全工作的部分经验和先进技术。

**7日**

省政府安全生产工作目标考核组来运就2008年度安全生产考核指标进行考核。经市安委会成员单位共同努力,全市全面完成了省政府下达的安全生产考核指标,省政府考核组对全市安全生产形势的稳步好转给予肯定。

**同日**

平陆黄河湿地蒿店黄河滩发生白天鹅中毒事件,经过当地各方人士营救,10只中毒白天鹅已获救,犯罪嫌疑人谭某、孟某等4人被抓获。

**7日至8日**

全市专门召开市公安局领导班子和各县市局、分局局长会议,部署打击“两抢一盗”违法犯罪专项行动。市委常委、政法委书记马东波主持会议。

**8日**

市长王安庞主持召开市政府第47次常务会,专题研究2009年全市工程项目建设工作。会议明确提出，将今明两年确定为项目建设年，必须抓住当前稍纵即逝的机遇，积极争取投资，尽快启动一批重大项目，有力拉动内需，推动全市经济平稳较快发展。市委常委、常务副市长张建合，市委常委、副市长柴林山，副市长吴菊仙、张建喜，秘书长肖暹东出席会议。市人大常委会副主任张道中受邀出席会议。

同日

省委常委、宣传部长胡苏平代表省委、省政府到稷山县看望和慰问部分困难劳模、优抚对象及农村低保户，把党和政府的温暖送到基层。市委书记高卫东，市长王安庞，市委常委、宣传部长董鹏翔，市委常委、秘书长王殿民参加慰问活动。

8日至9日

市委副书记尚平安带领市直有关部门和部分县(市)分管领导，到夏县、平陆就农业产业化发展情况进行检查。尚平安指出，各县(市、区)要按照市委、市政府的要求，坚持不懈地以项目建设为载体，强力推进全市农业产业化发展。

9日

全市村级组织和第八届村民委员会换届选举工作全面完成。从选举结果看，实现了村级班子主干“一肩挑”比例高、“两委”交叉任职比例高、党员村委主任比例高、妇女干部比例高、高中以上文化程度比例高、大学生村干部当选比例高、平均年龄低的“六高一低”目标。

同日

市委常委、常务副市长张建合带领市直相关部门负责人到闻喜、垣曲两县，就农业产业化工作进行检查。张建合指出，各级相关部门要落实各项惠农政策、提升农产品科技含量、加大扶持龙头企业力度、打造农产品品牌，强力推进全市农业产业化发展。

10日

全市公安交警2009年春运安全会议召开。会议传达了全市2009年春运交通安全保卫工作实施方案，全面部署了今年的春运安全工作，要求有关部门科学组织、热情服务、确保安全。

11日

以铁道部第三勘测设计院主管总工程师王稳为组长的专家组，就大同至西安客运专线(运城段)的线路走向与车站选址、运三铁路与该专线交会点的选址方案，征求运城市政府意见。副市长张建喜在与专家们座谈时表示，一定站在全局的高度，全力配合铁道部门做好大西客运专线建设工作。

12日

全市2009年文化、科技、法制、卫生“四下乡”活动在临猗县王景村启动。今年的“四下乡”活动，按照节俭实用的原则组织开展。活动服务团由市委宣传部及市文明办、文化局、广电局、科技局等20余家单位组成，活动内容有蒲剧演出，赠送春联、挂历，发放技术手册和宣传图，法律咨询，种植技术和农业信息咨询等。

同日

晋陕豫三省的运城、临汾、渭南、三门峡4市旅游局签署了《晋陕豫金三角旅游合作协议》，共同推出了黄河金三角旅游“一证游”。

13日

中国银行河津支行发现了两张HD90版的百元假钞。这表明，近来在各地时有发现的HD90版假钞已流入本市。

14日

从全市为城乡困难群众发放一次性生活补贴工作紧急会上获悉，从今日起，全市各级民政部门将以现金或通过邮政储蓄银行、农村信用社等打入发放对象个人账户等方式，为城乡困难群众发放一次性生活补贴，整个发放工作于1月20日结束。

同日

市人大常委会主任、运城代表团团长黄有泉主持召开全团会议，审议省人大常委会工作报告和省高级人民法院、省人民检察院工作报告。省委常委、宣传部长胡苏平参加了运城代表团审议。

15日

全市召开抗旱救灾电视电话会议，要求全市上下立即行动起来，迅速掀起抗旱救灾的高潮，最大限度地降低旱灾给农业造成的损失，为今年农业丰收和农村稳定奠定良好的基础。市委副书记尚平安讲话。市政府秘书长肖暹东主持会议。市水务局负责人通报了当前的旱情和抗旱情况。

16日

市委常委、副市长柴林山到夏县调研抗旱工作。据市水务局近期的墒情测定：10厘米土壤含水量平均为11.1%，20厘米土壤含水量平均为11.8%，40厘米土壤含水量平均为11.2%，远远达不到小麦正常越冬所需水分。为此，市防汛抗旱指挥部已发出干旱黄色预警，并启动三级抗旱预案，现已开动各类水利设施1.4万余眼处，全力抗旱。

17 日

副省长刘维佳在运调研抗旱工作时指出，各级各部门要深入农业生产一线，掌握旱情和冬浇情况，采取得力措施，切实做好抗旱救灾工作，最大限度地降低旱灾给农业造成的损失。省水利厅厅长潘军峰，市委书记高卫东，市长王安庞，市委副书记尚平安，市委常委、副市长柴林山，市委常委、秘书长王殿民等陪同调研。

18 日

市妇女儿童工作委员会主任、副市长吴菊仙来到盐湖区安邑办事处东杨家卓村，看望了航天英雄景海鹏的母亲王珍玲。

19 日

市长王安庞，市委常委、副市长柴林山，副市长张建喜带领市公安、交通、商务、卫生、安监、工商、物价、质监、药监、供热供气、消防、交警等部门负责人，检查了节前市场供应和安全生产工作。王安庞强调，各级各部门一定要站在以人为本的高度，扎扎实实搞好春节前市场供应和安全生产工作，确保市场繁荣，确保不发生安全事故。

同日

市领导分三路慰问驻运部队官兵，给官兵们送去了新春的问候。市领导高卫东、王殿民、陈振亮、刘振龙、梁天管、李玉燕、王正选及运城军分区、民政局、夏县的主要领导等，先后到武警驻夏县某部、武警政治部监狱，看望慰问了驻夏县的武警指战员。市领导王安庞、安永全、柴林山、董鹏翔、刘冠生、荆青莲、史海涌及运城军分区、民政局、盐湖区的主要领导等，到北空司训大队、运城军分区、武警支队、消防支队看望慰问了驻运城的部队官兵和武警指战员。

20 日

全市在市委南风厅召开会议，传达贯彻省“两会”精神。市委书记高卫东主持会议。王安庞、尚平安、黄有泉、安永全等市四大班子领导出席会议。会上，市人大常委会主任黄有泉传达了省十一届人大二次会议精神，市政协主席安永全传达了省政协十届二次会议精神。

同日

市长王安庞会见了香港中小企业联合会会长陈俊龙博士，就“多伦铁马”电动汽车建设项目落户风陵渡经济开发区进行了洽谈。副市长张建喜、市政府秘书长肖暹东会见时在座。

21 日

全市维护稳定暨信访工作电视电话会议召开。市领导高卫东、尚平安、马东波、王殿民出席会议。市委书记高卫东在会上指出，今年将迎来新中国成立 60 周年，维护社会稳定的任务十分艰巨。各级各部门要把维护社会稳定纳入重要议事日程，认真做好今年的维护稳定和信访工作。

同日

市委书记高卫东，市委常委、秘书长王殿民带领市商务、工商、物价、质监、卫生等部门负责人，就节前市场供应和群众消费情况进行检查。高卫东强调，各级各部门要站在以人为本的高度，扎扎实实搞好春节前的市场供应和安全监管工作，保证食品卫生安全。

27 日

农历牛年正月初二，参加牛年央视春晚的稷山高台花鼓演职人员返回运城。副市长吴菊仙及市委宣传部、稷山县相关部门负责人到运城火车站迎接。

28 日至 30 日

市人大常委会主任黄有泉等市领导先后到东杨家卓村看望了景海鹏及其父母。

31 日

市长王安庞，市委常委、宣传部长董鹏翔等带领市民政局和盐湖区负责人来到东杨家卓村，看望了即将返回北京的景海鹏。王安庞表示，景海鹏为祖国的航天事业作出了突出贡献，市委、市政府将以此为契机，把景海鹏的母校——解州中学建成飞行员培训基地。同时，在市区建设航天公园，进一步把景海鹏奋勇拼搏的精神作为新动力，推动全市经济社会又好又快发展。

## 2 月

1日

市委常委、副市长柴林山在市气象局负责人的陪同下，来到运城民航机场，看望执行增雨飞行任务的机组人员，协调指挥当天的飞机人工增雨作业。

同日

正月初七，春节长假后上班第一天，市四大班子领导集体来到市区南山凤凰谷口植树造林。

2 日

市长王安庞带领有关部门负责人视察在建的重点工程后，主持召开市政府第 49 次常务会议，研究讨论全力推进 2009 年特别是第一季度重点项目建设，推动全市经济平稳较快发展。市委常委、常务副市长张建合，市委常委、副市长柴林山，副市长吴菊仙、张建喜，市政府秘书长肖暹东出席会议。市人大常委会副主任张道中、市政协副主席杨泽生列席会议。

3日

全国政协委员、副市长吴菊仙召集市公安局、市教育局、市劳动和社会保障局、市人事局相关负责人举行座谈会，了解全市的大中专毕业生就业情况和待业青年犯罪情况，以向即将召开的全国政协会议反映情况、寻求解决办法。

4日

市委副书记尚平安主持召开农业、水务、林业、农机、电力等相关职能部门负责人会议，学习2009年中央“一号文件”精神，研究抗旱救灾、春耕生产、植树造林等工作落实情况。市委常委、副市长柴林山出席会议。

同日

市长王安庞会见了中国盐业总公司党委书记杜茂华一行。双方表示，将加快合作步伐，促进中国盐业总公司与运城盐化局既定的合作项目尽快取得实质性进展。副市长张建喜及运城盐化局负责人参加会见。

5日

副市长吴菊仙带领市卫生、城建、环卫、城管等部门相关负责人，到市区河东广场、明珠医院、盐湖会堂、运城火车站、南风广场等重点区域检查环境卫生工作，确保市区以干净整洁的面貌迎接元宵佳节。

6日

全市招商引资领导组会议召开。会议指出，去年全市克服全球金融危机等不利因素，招商引资到位资金预计达155亿元，超年度任务5亿元。并已着手开展考核工作。市委常委、副市长柴林山出席会议并讲话。副市长张建喜主持会议。

同日

市政府召开运城八一湖大桥设计方案汇报会，八一湖大桥设计方案进入进一步完善阶段。市长王安庞，市委常委、常务副市长张建合，市政府秘书长肖暹东及运城经济开发区、市建设部门负责人参加汇报会。八一湖大桥位于森林公园与河东东街延长线之间的八一湖上，是全市城市建设的重要工程。担任该大桥设计任务的上海同济大学设计院已拿出5种设计方案来实地考察征求意见，并做进一步的完善。

7日

市委常委、宣传部长董鹏翔带领市“迎新春元宵节文化活动”组委会成员单位负责人，对市区主要街道的“火树银花及城市亮化”工程进行督察。

同日

市人大常委会主任黄有泉，市委常委、宣传部长董鹏翔，市人大常委会副主任张道中，会见了来运城考察古中华文化创意园等项目的北京能通投资管理公司总经理王健康一行。并就文化创意产业在运城如何发展进行了探讨。

7日至8日

由水利部副部长周英带队的国务院抗旱督导组来运检查指导抗旱工作，要求全市进一步加大抗旱力度，将损失降到最低程度。市长王安庞，市委常委、副市长柴林山，副市长吴菊仙陪同检查。针对北方日益严重的旱情，中央、各省市相继发布干旱预警，并启动了抗旱应急预案。

9日

由市委、市政府主办，盐湖区承办的全市2009年元宵节民间社火表演在河东广场举行，市领导王安庞、黄有泉、安永全、董鹏翔、刘振龙、张道中、荆青莲、吴菊仙、王七庚与数万名市民一同观看了表演。

10日

市长王安庞主持召开市政府工作会议，分析研究一季度财税收入和上半年工业企业运行情况，安排部署项目建设、省政府关于民生问题的“五个全覆盖”、当前的春耕生产和植树造林工作等。会议指出，各级各部门要有紧迫感、责任感和使命感，积极主动帮助企业解决实际问题，千方百计开辟新税源，培育新的经济增长点。要千方百计掀起抓项目建设的热潮，千方百计抓好春耕生产和春季植树造林工作，为全市经济社会发展提供强有力的支撑。

同日

市委书记高卫东主持召开市委常委会，研究政法工作、市“两会”筹备及财政等工作。市委副书记、市长王安庞，市委常委、政法委书记马东波，市委常委、常务副市长张建合，市委常委、副市长柴林山，市委常委、宣传部长董鹏翔，市委常委、秘书长王殿民，市委常委、纪检委书记赵建平，市委常委、组织部长陈振亮，市委常委、统战部长王蕾出席会议。市人大常委会主任黄有泉、市政协主席安永全列席会议。

11日

市委常委、常务副市长张建合在城东污水处理厂进厂主干管道建设工地现场办公时要求，有关部门和单位要齐心协力，主动配合，加快进厂主干管道设计和施工进度，为进一步提升中心城市品位作出应有的贡献。

同日

市长王安庞、副市长张建喜带领市发改委等相关部门负责同志赴北京，就全市铁路建设有关事宜同铁道部计划司、铁三院、太原铁路局有关领导进行会谈。会谈中，王安庞就大西客运专线(运城段)和运三铁路的线路走向、站场选址等提出四点建议：一是客货分站设置，实行“一客一货”两站格局；二是市区内的既有线站整体北迁；三是运三铁路采取西线通过方案；四是运三铁路按客货分线建设，同步对南同蒲铁路东镇至华山段进行复线电气化改造。

12 日

全市金融工作会议召开。会议提出，全市金融机构要按照全市经济工作会议的部署，正确处理宏观调控与加快发展的关系，不断加大金融对经济发展的支持力度。市委常委、常务副市长张建合出席会议。

13 日

市委常委、纪检委书记赵建平向各民主党派运城市委、市工商联、市侨联、无党派人士和党风廉政建设监督员通报了全市 2008 年度党风廉政建设和反腐败工作及 2009 年工作安排。市委常委、统战部长王蕾主持通报会。

14 日至 15 日

由省地震局副局长樊琦、副市长吴菊仙及省地震局、市发改委、市财政局、市地震局相关人员组成的验收组，对运城数字地震台网进行了验收。这标志着运城数字地震台网即将正式投入运行，将大大加快全市乃至山西南部及晋陕豫交界地区的地震测报速度。

16 日

从市高速公路建设协调会上获悉，东镇—合阳、河津—金井两条高速公路的建设已经提上日程，力争年内或明年陆续开工。东镇—合阳高速公路全长 96.2 公里，计划投资 57.8 亿元，是全省交通规划网“十一横”中的“第十一横”。东到大运高速公路侯运段，西通过西禹高速公路至陕西合阳等市，主要经过闻喜、稷山、万荣、临猗 4 个县，建成后将促进运城及周边区域与中原、东南沿海等经济发达省市的经贸往来和旅游文化交流。河津—金井高速公路是全省交通规划网“三纵”中的“西纵”部分，主要经过河津、万荣、临猗、盐湖 4 个县(市、区)，全长 88 公里，计划投资 35 亿元。

同日

市委书记高卫东在部分工业企业调研时指出，各级各部门及有关企业要正确认识当前的经济形势，进一步坚定发展信心，破解发展难题，千方百计做好当前困难企业的各项工作，为促进全市经济社会平稳较快发展作出贡献。市委常委、秘书长王殿民，副市长张建喜及市直经济部门、金融部门负责同志参加调研。

17 日

市委书记高卫东深入新绛县农村进行专题调研。他指出，要高度重视农业及农业产业化问题，采取有力措施，做好抗旱工作，积极延伸农业产业链条，千方百计促进农业稳定发展、农民持续增收，为经济社会又好又快发展提供有力保障。市委常委、纪检委书记赵建平一同调研。

同日

全市 2009 年烟草工作会议召开，会议要求全市烟草系统将着力实施完善农村卷烟销售网络、发展现代烟草农业两大工程，为建设小康社会作出贡献。副市长张建喜出席会议。

18 日

全市召开 2008 年度县(市、区)党风廉政建设责任制考核汇报会。市委常委、纪检委书记赵建平在会上指出，党风廉政建设责任制考核要抓共性和普遍性的问题，为下一步整改提供依据。

同日

市委书记高卫东就城建工作进行专题调研。高卫东指出，要进一步加快城市规划步伐，加大城市建设管理力度，完善城市功能，促进运城经济社会平稳健康发展。市委常委、常务副市长张建合等一同调研。

同日

汽车东站项目开工奠基。

19 日

在全国行政复议工作经验交流暨表彰大会上，市政府法制办荣获“全国行政复议优秀单位”称号，是全省唯一获表彰的政府法制工作机构。

20 日

中商交运城分公司挂牌成立，并就共建信用体系与邮政储蓄银行运城分行开展合作。市委常委、副市长柴林山出席中商交运城分公司与邮储银行运城分行于当天举行的合作签字仪式。

22 日

民航华北地区管理局和山西省发改委共同主持，在北京召开运城机场航站区扩建工程初步设计评审会。会上，由中国民航建设集团公司完成的

《运城机场航站区扩建初步设计及概算》，经过有关部门领导和专家的充分讨论论证，顺利通过评审。市委常委、常务副市长张建合参加评审会。

**23日**

全市民政工作会议召开。会议表彰了2008年度民政工作先进集体和先进个人，传达了全国、全省民政工作会议，市委二届四次全会，全市经济工作会议精神，在回顾总结2008年全市民政工作的基础上安排部署了2009年的工作。

**同日**

全市召开“蓝天碧水工程”暨环保工作会议。会议通报了2008年全市环保目标责任制落实和“蓝天碧水工程”完成情况，公布了2009年全市“蓝天碧水工程”的奋斗目标。市人大常委会副主任荆青莲、副市长张建喜、市政协副主席杨泽生出席会议。

**24日**

全市劳动保障工作会议召开。会议指出，今年全市劳动保障工作要突出就业、维权、社保三个重点，全力推进城镇居民医疗保险、新型农村养老保险省级试点和农民工工资统收统支试点三项改革。市人大常委会副主任刘振龙、副市长张建喜、市政协副主席潘和平出席会议。

**同日**

水利部检查组在市委常委、副市长柴林山的陪同下，对夹马口灌区节水续建配套工程和王范集中供水工程等项目进行了检查，对工程进展情况给予充分肯定。

**25日**

全市迎来去冬今春首个降雪天气。截至26日14时，全市普降中雪，部分县（市）降雪量接近10毫米。这次大范围的降雪，对再次缓解农田旱情、降低森林火险气象等级、净化空气都十分有利。同时，气温没有大幅下降，因此对农作物不会产生冻害。

**同日**

向运城市区供水的引黄济运输水管道发生漏水事故后，市政府迅速组织人员进行抢修，并安排相关人员做好现场协调工作。同时，成立事故调查组，调查事故原因，并在第一时间向社会发布停水公告。截至27日12时，两处漏水点都已进入安装程序，抢修工作进展顺利。

**26日**

从全市公安机关电视电话会上获悉，全市公安机关从即日起至6月10日，在全市范围内组织开展集中打击赌博违法犯罪活动百日专项行动。市委常委、政法委书记马东波对专项行动进行了安排部署。

**同日**

山西天然气(运城—临猗—永济和运城—平陆)输气管网开工建设。省国际新能源发展集团有限公司董事长、省天然气股份有限公司董事长梁谢虎，市政协主席安永全，市委常委、常务副市长张建合，市人大常委会副主任刘冠生等出席开工仪式。

**同日**

彩虹汽贸总部开工奠基。

**同日**

中盐运城盐化集团有限公司年产40万吨聚氯乙烯项目一期工程开工奠基。

**27日**

全市招商引资暨重点项目建设工作会议召开。会议回顾总结了过去一年的工作，安排部署今年的招商引资和重点项目建设工作。市委书记高卫东，市长王安庞，市委常委、常务副市长张建合，市人大常委会副主任梁天管，副市长张建喜，市政协副主席史海涌等出席会议。市委常委、副市长柴林山主持会议。

**同日**

市委书记高卫东主持召开市委常委会议。会议研究了全市深入学习实践科学发展观活动方案等。市委副书记、市长王安庞，市委副书记尚平安，市委常委、政法委书记马东波，市委常委、常务副市长张建合，市委常委、副市长柴林山，市委常委、宣传部长董鹏翔，市委常委、秘书长王殿民，市委常委、纪检委书记赵建平，市委常委、组织部长陈振亮，市委常委、统战部长王蕾出席会议。市政协主席安永全、市人大常委会副主任刘振龙列席会议。

**28日**

全市电网建设动员大会暨河津220千伏输变电工程开工仪式在河津僧楼镇侯家庄村举行。市长王安庞宣布启动令。副市长张建喜主持开工仪式。今年，全市电网建设将投资24.33亿元，建设18项工程。其中，稷山500千伏输变电工程已于1月8日开工建设，预计10月份竣工；河津220千伏输变电工程投资1.646亿元，预计12月份竣工；芮城、永济等5项220千伏输变电工程，平陆、新绛、闻喜等11项110千伏输变电工程即将开工。工程全部完工后，全市将新增变电容量391.15万千伏安，新增输电线路794.4公里，电网供电能力将大幅提升。

同日

全市召开安全生产工作会议。会议强调，各级各部门要扎实开展安全生产专项整治行动，强化责任意识，落实各项措施，治大隐患、防大事故，保持全市安全生产形势持续稳步好转。市领导王安庞、张建合、柴林山、梁天管、张建喜、王正选出席会议。

## 3月

1日

全市深入学习实践科学发展观活动动员会议在市委、市政府南风厅召开。市委深入学习实践科学发展观活动领导小组组长、市委书记高卫东作动员报告。市委深入学习实践科学发展观活动领导小组副组长、市委副书记、市长王安庞主持会议。市委深入学习实践科学发展观活动领导小组副组长、市委副书记尚平安宣读《中共运城市委深入学习实践科学发展观活动领导小组关于第二批深入学习实践科学发展观活动的实施方案》。市委深入学习实践科学发展观活动领导小组副组长、市委常委、组织部长陈振亮宣读《中共运城市委组织部关于成立市委深入学习实践科学发展观活动领导小组的通知》。

同日

全市“家电下乡”活动在临猗县正式启动。按照有关规定，全市农村户口居民从即日起到2013年1月30日，凡在全省购买指定的家电产品，均可领到产品价格13%的资金补贴。全市共在各县(市、区)核准确定了269个“家电下乡”销售网点。

2日

中纪委修订《中国共产党党员领导干部廉洁从政若干准则(试行)》(以下简称《廉政准则(试行)》)征求意见部分省市座谈会在运城召开。中纪委副书记干以胜出席会议并讲话。省委常委、省纪委书记金道铭代表省委、省政府致辞。市长王安庞代表市委、市政府致辞。山西、辽宁、浙江、海南、陕西省纪委分管领导和法规工作部门负责人和运城、鸡西、阜阳、郴州、佛山、昆明等修订工作试点市纪委分管法规工作的负责人参加会议。市委常委、纪检委书记赵建平参加会议。

3日

运城市第二届人大常委会第23次会议召开。市人大常委会主任黄有泉，副主任刘振龙、柴瑞霭、刘冠生、张道中、梁天管、荆青莲，秘书长张建民出席会议。市一届人大常委会主任，市政府、市中级人民法院、市人民检察院负责人列席会议。黄有泉、荆青莲分别主持第一次、第二次全体会议。

同日

全市工业经济工作会议召开。会议提出，今年的工业经济工作要保增长、促转型、抓项目、降能耗。副市长张建喜指出，各级政府和职能部门要充分落实国家、省、市的产业政策，优化服务，与企业共渡难关。各企业要正确判断全市工业经济面临的形势，借全球金融危机的危中之“机”，淘汰落后产能、研发新技术、储备技术人才，为危机之后迅速腾飞奠定良好基础。

4日

中纪委副书记干以胜，省委常委、省纪委书记金道铭到永济调研党风廉政建设工作。市委副书记、市长王安庞，市委常委、纪检委书记赵建平参加调研。

5日

全市召开创建食品安全放心城市再动员暨食品添加剂专项整治工作会议，部署清理整顿违法添加非食用物质和滥用食品添加剂工作，确保全市在三年内创建食品安全放心城市目标的顺利完成。市委常委、常务副市长张建合出席会议。

5日至6日

省政府防震减灾专项检查组一行，就防震减灾工作来运调研。副市长张建喜代表市政府对全市2008年度防震减灾考核指标情况做了介绍。

6日

全市2009年银保企洽谈会召开。此次洽谈会紧紧围绕“对接融资信息，搭建交流平台，优化金融环境，促进经济增长”主题，邀请8家驻并股份制银行、7家驻运金融机构、1家省担保公司、11家市担保公司的负责人参加。会议共签署银保企融资协议226项，涉及信贷融资担保资金381.2亿元。市长王安庞在开幕式上致辞。市委常委、常务副市长张建合主持开幕式并在闭幕式上讲话。副市长张建喜介绍了全市2009年融资需求情况并主持闭幕式。

7日

省交通厅厅长段建国带领相关部门负责人到闻垣高速公路施工现场调研。市长王安庞、市人大常委会副主任张道中参加调研。

8日

太原市副市长吉久昌带领该市旅游、文物等部门负责人来到运城，考察旅游景点“一票通”、“一证游”的实施情况，并召开座谈会进行交流。

9日

为充分听取社会各界的意见，进一步优化和完善《政府工作报告》的结构和内容，市政府召开座谈会，就拟提交市二届五次会议审议的《政府工作报告》向来自社会各界的23名代表征求意见。市长王安庞，市委常委、副市长柴林山，市委常委、统战部长王蕾出席座谈会。市委常委、常务副市长张建合主持座谈会。

10日

全市供热供气工作暨廉政建设工作会议召开。市委常委、常务副市长张建合，市人大常委会副主任张道中，市政协副主席杨泽生出席会议。今年，全市将新增集中供热面积200万平方米；继续搞好集中供热分户控制、分户计量的试点工作；在中心市区发展天然气用户1万户，对盐湖工业园的49家企业输送天然气，并将启动汽车加气站建设；继续做好天然气置换人工煤气工作，争取将城区所有煤气用户在今年7月底前置换完毕；继续深入开展安全生产专项整治工作，建立健全安全隐患排查治理长效机制；继续落实党风廉政建设责任制，为做好供热供气工作提供政治和纪律保障。

同日

开发区召开深入学习实践科学发展观活动动员大会。市委检查组组长师自明等相关人员出席动员会，开发区领导王瑞宝、吴清普、原胜学、张岳群、王刚参加动员会。会议由副主任吴清普主持。

11日

市政府第五次全体(扩大)会议召开。会议修改了拟提交市人大二届五次会议审议的《政府工作报告》，安排部署了市政府系统深入学习实践科学发展观活动第一阶段的调研工作，分析通报了当前经济运行形势。市长王安庞，市委常委、常务副市长张建合，市政府秘书长肖暹东出席会议。

同日

市长王安庞会见了中国五矿集团工会主席张素青、五矿有色股份公司总经理王立新一行。双方表示，将一如既往地加强沟通，互相支持，推动关铝集团与中国五矿集团在实现成功合作后取得长足发展。副市长张建喜参加会见。

12日

市长王安庞主持召开市政府第51次常务会议，就城市建设问题进行专题研究。市委常委、常务副市长张建合，市委常委、副市长柴林山，副市长张建喜，市政府秘书长肖暹东出席会议。市人大常委会副主任张道中、市政协副主席杨泽生列席会议。会议就盐湖大桥建设、新火车站建设、机场候机楼改扩建、人民路立交桥方案调整、河东街西延长线方案、盐湖公园、百勤公园、北郊公园、解放南路拓宽、河东市场改造、机场大道两侧景观、条山街绿化规划命名、国粮街命名、学苑路立交桥建设方案调整、汽车东站建设、国粮街绿化规划、八一水库跨湖大桥建设、天然气和城市供热、凤凰谷开发等问题进行了研究。

13日

市长王安庞，市委常委、常务副市长张建合带领市建设、交通、国土、林业、水务、规划、园林及盐湖区负责人到市区国粮街、条山街调研绿化工作。王安庞提出，既要着眼长远，坚持高标准，保证绿化效果，又要结合全市财力及发展实际，兼顾投资成本，科学做好绿化工作。

14日

全国人大代表、市委书记高卫东，在圆满参加完十一届全国人大二次会议后，乘机抵达运城。市领导王安庞、尚平安、黄有泉、王殿民、刘振龙、王七庚等到机场迎接。

16日

市长王安庞就深入学习实践科学发展观活动到市发改委调研时指出，在全球金融危机肆虐的背景下，市发改委要认清形势，研究政策，充分发挥经济综合部门的牵头抓总作用，加大力度大上项目，以大项目带动大投资，以大投资拉动大发展。市委常委、副市长柴林山一同调研。

17日

市委召开常委扩大会议。会上，市委书记高卫东传达了十一届全国人大二次会议精神，市委常委、秘书长王殿民传达了全国政协十一届二次会议精神，市委常委、纪检委书记赵建平传达了中纪委副书记干以胜和省委常委、纪委书记金道铭来运调研时的讲话精神。

18日

市委副书记、市长王安庞就深入学习实践科学发展观活动到新绛县调研，听取了新绛县关于学习实践活动开展情况的汇报，实地观摩了横桥乡中心小学、西横桥村的小拱棚叶菜生产基地、东横桥村的宏明养猪场，并与新绛煤化工业园的部分企业家座谈。

19日

市公安局召开全市公安机关执法规范化建设和信息化建设动员部署会。市委常委、政法委书记马东波出席会议。

21日

运城市区解放北路拓宽改造工程开工。这项拓改工程南起工农街，北至侯运高速公路互通桥，全长6100米，总投资1.16亿元，包括强弱电综合管沟工程、非机动车道工程、人行道铺装工程。道路规划宽度100米，红线60米。其中，机动车道为双向6车道21米宽，两侧各设绿化隔离带；非机动车道宽5.5米，路面用沥青铺设；人行道宽9米，采用环保型渗水砖铺设，并设有0.8米宽的盲道。工程计划于9月30日竣工。

23日

市委常委、常务副市长张建合带领市建设、规划等部门负责人，就运城机场航站区扩建工程准备工作现场办公。张建合察看了机场航站区扩建工程拆迁工地，听取了民航局等单位关于工程开工准备情况的汇报。并要求大家齐心协力，倒排工期，加快航站区扩建工程建设进度，确保工程按期完成并投入使用。

24日

市委书记高卫东在闻喜调研时指出，当前，国际金融危机仍在蔓延。各级各部门和广大企业要以当前全市开展的深入学习实践科学发展观活动为契机，进一步推进结构调整，加强技术改造，不断提高应对金融危机的能力，努力实现全市经济社会平稳较快发展。副市长张建喜一同调研。

25日

运城机场航站区扩建工程开工。市委书记高卫东、市长王安庞，市政协主席安永全，市委常委、常务副市长张建合，市委常委、秘书长王殿民等市领导和来自山西省民航局、民航山西安全监督管理局、民航山西空管分局、中国民航机场建设集团公司等部门和单位的领导出席开工典礼。张建合主持开工典礼。

同日

市委常委、常务副市长张建合召集市直有关单位及驻运各金融机构负责人，就全市争创第五批“中国金融生态城市”进行动员。搞好金融生态环境建设，目的是通过金融功能的充分有效发挥，进一步促进经济发展，最终实现经济与金融双赢。

26日到27日

省委书记、省人大常委会主任张宝顺在运城进行工作调研。他强调，各级各部门要深入学习实践科学发展观，积极采取有效措施，应对金融危机带来的不利影响，推动全省的转型发展、安全发展、和谐发展。

27日

凤凰谷景区进一步开发建设协调会召开。会议审议了凤凰谷景区规划方案，确定了3个工作组，负责解决开发建设中遇到的问题。市长王安庞，市人大常委会主任黄有泉，市委常委、常务副市长张建合，市人大常委会副主任张道中出席会议。

28日

全市政府工作会议召开，安排部署清明节前后的森林防火工作和下一步政府工作。市长王安庞，市委常委、副市长柴林山出席会议。

29日

河东文化与城市发展论坛在运城举办，探讨如何在城市发展中突出本地的文化特色。来自中国城市规划研究院等单位的近20位专家深入探讨了河东文化如何定位、阐释，及怎样与城市发展结合等问题。据悉，全市初步规划了5个文化区：中区舜文化、东区禹文化、西区关公文化、南区盐文化、空港新区创意文化。

30日

粟海集团举行肉鸡扩建项目竣工投产剪彩暨标准化商品鸡场开工庆典。该集团新上的两条自动化生产线每小时可屠宰加工肉鸡两万只，标准化商品鸡场可带动3万余人从事养鸡业。市委书记高卫东，市长王安庞，市委常委、副市长柴林山，市人大常委会副主任荆青莲，副市长张建喜，市政协副主席潘和平出席庆典。应邀到场的嘉宾有中国农科院饲料研究所、省出入境检验检疫局、省农业厅、农发行山西省分行、农业银行山西省分行、省农科院畜牧兽医研究所等单位负责人。

31日

市人大常委会主任黄有泉，副主任刘振龙、梁天管、刘冠生到市中心医院新院、运城学院盐湖校区等项目建设工地和豪德光彩贸易广场、市职业技术学院、市卫生学校调研。

## 4月

2日至3日

省水利厅厅长潘军峰一行到禹门口东扩工程和北赵引黄工程进行工作调研，与市领导和部门负责人进行座谈。市长王安庞，市委常委、副市长柴林山参加调研和座谈。

6日

中国著名相声表演艺术家、中国曲艺家协会党组书记姜昆，著名相声表演艺术家常贵田一行，来到李家大院和中国万荣笑话博览园考察万荣笑话。副市长吴菊仙陪同考察。

7日

全省纪检监察宣传教育工作座谈会在运城举行。省纪委副书记、监察厅厅长杨森林，省纪委常委弓跃出席会议。市委副书记、市长王安庞致欢迎辞。市委常委、秘书长王殿民，市委常委、纪检委书记赵建平参加会议。

8日

全市召开落实中央投资项目工作会议。会议提出，要集中力量抓好中央投资项目的推进落实，坚持不懈抓好中央和省资金的争取落实，确保把新增中央投资项目实施好。据悉，在去年和今年年初的两轮新增中央投资中，全市共落实项目40个，争取中央资金2.8亿元，占全省总数的15.3%。新近又落实项目68项，争取资金1.73亿元。

11日

大西客运专线大运段现场调研会在运城召开，重点研讨大运段高速铁路线路走向和站场设置等设计方案。铁道部总工程师何华武，铁道部工管中心、鉴定中心、发展计划司、科技司、运输局负责人，太原铁路局、大西铁路客运专线公司筹备组、铁道部第三勘察设计院、省发改委相关负责人，大运段高速铁路沿线的太原、大同、忻州、晋中、临汾、朔州等市主管领导参加现场调研会。市长王安庞、副市长张建喜代表本市参加调研会。

14日

全市举行2008年度领导干部述职述廉述学大会，并对去年全市落实党风廉政建设责任制情况和全市2008年度工作进行民主测评。市四大班子领导，市纪委、市委组织部、市法院、市检察院领导班子成员，各县(市、区)四大班子主要负责人，市属企业、事业单位主要负责人，市纪委聘请的党风廉政监督员和群众代表，部分基层党代表、人大代表、政协委员等约300人参加会议。

14日至15日

省委常委、组织部长任泽民在运城指导检查第二批深入学习实践科学发展观活动时指出，要围绕学习实践活动的总体要求，突出实践特色，坚持边学边改，继续把学习实践活动引向深入，努力夺取全省转型发展、安全发展、和谐发展的新成效。市领导高卫东、王安庞、王殿民、陈振亮等陪同。

15日

从市纪委监察局了解到，全市清理“小金库”专项检查工作已进入重点检查阶段。在两周的突击检查中，市纪委监察局查处了两起私设“小金库”案件，收缴违规资金近170万元。

16日

市委书记高卫东在新绛县调研时指出，对农民土地承包经营权进行流转，有利于提升农业规模化经营水平。各县(市、区)及相关部门要结合实际，把土地承包经营权流转作为当前深入学习实践科学发展观活动中解决“三农”问题的一项重要内容，积极探索，进一步完善土地流转机制，促进农业适度规模经营。市委常委、纪检委书记赵建平一同调研。

18日

“中国企业五百强”——石家庄制药集团有限公司与山西银湖制药公司战略合作签约仪式在运城举行。“石药集团”将向“银湖制药”注资5.5亿元，建设塑瓶大输液和软袋大输液生产线项目。同时，将对“银湖制药”中药提取、动力供应系统进行改造。此举标志着“石药集团”正式落户盐湖工业园。市长王安庞出席签约仪式。

20日

市委书记高卫东对中心城区教育发展情况进行了调研。他强调，要以科学发展观为指导，推动教育大发展大繁荣。市委常委、秘书长王殿民参加调研。

21日

市长王安庞主持召开全市经济形势分析会，传达全国、全省经济形势分析会精神，总结一季度全市经济运行状况，分析当前经济形势，研究并部署二季度的经济工作。各县(市、区)长、各经济开发区负责人、市直相关部门负责人出席会议。

22日

全市行政监察和审计工作会议召开。市长王安庞、市人大常委会副主任柴瑞霭出席会议。副市长张建喜主持会议。

23日

全市信访工作会议召开。市委书记高卫东同各县(市、区)委书记签订了2009年度信访工作目标责任书，并作重要讲话。市委副书记尚平安宣读了市委、市政府《关于表彰2008年信访工作先进集体和先进个人的决定》。市委常委、政法委书记马东波组织颁奖。市委常委、秘书长王殿民主持会议。市人大常委会副主任梁天管、副市长吴菊仙、市政协副主席王七庚等出席会议。

**23日至24日**

澳大利亚农林渔业部安全局高级官员罗伯特及该国驻华使馆有关人员，来运就出口水果注册、果园和果品加工企业管理情况进行考察。市长王安庞会见了考察团一行。

**24日**

全市召开高速公路开工协调会，要求有关县(市、区)及电力、国土、水利等部门全力支持闻喜东镇—陕西合阳、运城—芮城—河南灵宝、河津—临猗—运城3条高速公路的开工建设。市人大常委会主任黄有泉、副主任张道中出席协调会。

**24日至26日**

由国家中医药管理局副局长李大宁带领的调研组就如何促进中医药事业发展来运调研。市人大常委会副主任柴瑞霭、副市长吴菊仙参加调研。

**27日至28日**

中国人民解放军海军“运城舰”舰长王先中、政委李运来一行4人，来到运城就“双拥双建”等工作进行调研。市委书记高卫东，市委副书记尚平安，市委常委、常务副市长张建合，市委常委、运城军分区政委刘哲凝等参加考察或座谈。

**28日**

副省长刘维佳带领省农业厅、建设厅负责人来到运城，就现代农业示范区建设情况进行调研。他指出，运城要在充分认识自身优势的基础上，对发展现代农业进行准确定位，努力发展运城模式的现代农业。市委副书记尚平安，市委常委、副市长柴林山参加调研或主持汇报会。

**29日**

市委书记高卫东带领市委办、市委政研室、市旅游局负责人，到“青之旅”、“运城中旅”、“运城国旅”、“天喜”等旅行社调研。高卫东指出，要把旅行社作为发展旅游业的重要抓手，创新并整合旅游产品，提升旅游服务质量，推动全市旅游业快速发展。

**30日**

市委常委、常务副市长张建合就解放南路改造指出，文化是一个城市的灵魂，在街道及旧城改造时，要注重把开发建设与历史文物保护结合起来，传承悠久灿烂的河东文化，打造有特色、有品位的城市。

## 5月

**2日**

中国艺术研究院戏剧研究所所长刘文峰及音乐研究所教授崔宪、李玫，山西大学非物质文化遗产研究所主任姚宝等专家，对运城近期非物质文化遗产普查中的重大发现——绛县尧王祭祀、临猗故事戏进行了专题考察。

**4日**

市政府召开专题会议，研究城建重点工程项目建设工作。市长王安庞主持会议。市委常委、常务副市长张建合，市委常委、副市长柴林山，副市长吴菊仙、张建喜，市政府秘书长肖暹东出席会议。

**5日**

北车集团永济新时速电机电器有限公司和丰喜集团化工设备有限公司举行风力发电机支架项目合作签约仪式。这是两大企业集团之间的一次强强联手，是积极应对金融危机、全力打造新型加工制造业基地的一个重要举措。 市委书记高卫东，市委常委、秘书长王殿民等出席签约仪式。

**6日**

市委副书记、市长王安庞到运城学院盐湖校区调研，帮助其解决建设过程中遇到的问题和困难。调研期间，王安庞还视察了运城文化体育中心和盐湖新区古建商业街建设工地。

**7日**

全市粮食工作会议召开。会议研究了在当前形势下全面完成粮食储备任务、确保粮食安全工作。市委常委、常务副市长张建合出席会议。

**8日**

全市召开一季度信访形势分析会，要求各级各部门认真贯彻落实科学发展观，以积极主动的态度、高度负责的精神扎实做好信访工作，确保全市社会和谐稳定。市委书记高卫东出席会议并讲话。市委常委、政法委书记马东波分析了一季度的信访形势。市委常委、秘书长王殿民主持会议。

**8日至10日**

全市普降中到大雨，13个县(市、区)平均降水量达21.4毫米，持续的旱情得以明显缓解，并对农作物当前的病虫害防控十分有利。各县(市、区)的降水量为：平陆32.6毫米，芮城14.9毫米，永济17.9毫米，盐湖25.1毫米，临猗12.1毫米，夏县19.8毫米，万荣23.7毫米，闻喜24.8毫米，垣曲

20.9 毫米，绛县 31 毫米，新绛 17.9 毫米，稷山 18 毫米，河津 18.9 毫米。

**10 日**

全市夏季人才交流大会在运城农业职业技术学院举行。市长王安庞，市委常委、副市长柴林山，副市长吴菊仙到招聘会现场视察指导工作。

**11 日**

市政府召开第 54 次常务会议，传达副省长牛仁亮和刘维佳在运调研时的讲话精神，研究招商引资等工作。市长王安庞主持会议。市委常委、常务副市长张建合，市委常委、副市长柴林山，副市长吴菊仙、张建喜，市政府秘书长肖暹东出席会议。

**12 日**

全市召开甲型 H1N1 流感防控工作会议，宣布成立运城市甲型 H1N1 流感防控协调组。副市长吴菊仙出席会议。协调组的职责是：研究决定全市防控甲型 H1N1 流感疫情策略；统一指挥、协调全市甲型 H1N1 流感防控工作，安排并落实各项防控措施；组织开展督导检查。协调组办公室设在市卫生局。协调组下设专家组、生猪防疫组、出入境检疫检测组、疫病监测和防治组、宣传组、保障组。

**13 日至 16 日**

第 12 届中国国际投资暨全球采购大会（渝洽会）在重庆国际会展中心举行，全市组团参加了大会，签约项目和贸易额达 2.6 亿元。

**14 日**

市委书记高卫东参加平陆、临猗代表团审议政府工作报告时说，要全面正确认识当前面临的经济形势，切实把保增长放在各项工作的首位，下工夫解决好经济运行中存在的突出问题，促进经济平稳较快发展。

**16 日**

市政协二届四次会议举行第四次全体会议。在团结、民主、和谐、奋进的气氛中，会议圆满完成各项议程，胜利闭幕。市领导高卫东、王安庞、柴林山、王七庚、史海涌、王正选、杨泽生、薛靛民、潘和平及市政协秘书长杜自立在主席台前排就座。市政协副主席李玉燕主持选举会议，安永全同志主持闭幕大会。

**17 日**

市抗震救灾指挥部举行应急预警和处置演练。下午 2 时 30 分，市长王安庞、副市长吴菊仙召集市抗震救灾指挥部全体成员单位负责人开会，对抗震救灾指挥系统人员集结情况进行了检验。

**18 日**

市委书记高卫东主持召开市委常委会议，就庆祝新中国成立 60 周年重点活动和经济工作进行了研究。

**18 日至 19 日**

来自韩国和匈牙利的两支代表团先后到闻喜县、盐湖区等地，就金属镁产业、旅游服务业、教育产业合作进行考察。

**20 日**

市长王安庞带领市经委、环保、国土、安监、国税、地税、供电、工行、信用联社、中小企业局 10 个部门和单位负责人，来到海鑫集团和中条山有色金属公司，就国际金融危机影响下企业遇到的资金、市场、原材料、员工队伍、经营管理等方面的问题进行调研。他要求，各级各部门尤其是领导干部要带头深入企业，了解生产经营情况，主动为企业排忧解难，切实帮助企业渡过难关。

**21 日**

位于运城市区工农东街的全户内式城中变电站拉开建设帷幕。这是中心城市近年来建设的第 4 座新型变电站，也是首座全户内式变电站。该项目投资 3800 万元，预计年底竣工运营。

**22 日**

副市长吴菊仙深入夏县、稷山检查指导第三次文物普查工作，提出要发动民间力量协助搞好文物普查。

**24 日**

全市召开 2009 年全市普通高校招生工作暨考风考纪工作会议，贯彻落实全国、全省高校招生工作暨考风考纪工作会议精神，安排部署今年全市的招生考试工作。

**25 日**

副省长张建欣来运调研时指出，各级各部门要提高认识，高度重视，采取得力措施，切实做好甲型 H1N1 流感防控工作。省政府副秘书长巨宪华，省卫生厅厅长高国顺，市领导高卫东、王安庞、吴菊仙等参加调研。

**26 日**

全市召开协调会，决定从 6 月至 9 月，举行八项庆祝新中国成立 60 周年重点活动。市委副书记尚平安，市委常委、宣传部长董鹏翔，副市长吴菊仙出席会议。董鹏翔主持会议。

**30 日**

市政协召开工作汇报会议，回顾总结今年 1 月 ~5 月的政协工作，安排部署下一步的工作。市政协主席柴林山，副主席李玉燕、王七庚、史海涌、王正选、杨泽生、潘和平，秘书长杜自立出席会议。

## 6月

1日

全市“三夏”工作电视电话会议召开。会议要求，在做好夏收工作的同时，抓住当前墒情好、国家惠农政策力度大等机遇，加大夏种、夏管力度，促进粮食增产增收。

同日

市委书记高卫东带领市文物、旅游、财政、国资委、编办、煤运公司负责人及万荣县委、县政府领导来到李家大院景区，就该景区管理体制、运行机制等进行调研。高卫东指出，有关部门要加强研究，尽快理顺李家大院景区的管理体制，完善运行机制，提高景区的运营效益。

2日

市人大常委会主任张建合、副主任荆青莲到万荣、临猗的果园、果品加工企业、果库，就如何促成果农和企业实现双赢、进一步做大做强全市果业进行调研。

3日

市人大常委会主任张建合带领市经委、国土、环保、供电等部门负责人到南风集团调研。张建合指出，市人大及有关部门要加大帮扶企业力度，尽心竭力搞好服务。

4日

市长王安庞、副市长吴菊仙带领市教育、公安、卫生、环保、交警、疾控中心等部门负责人，深入考点检查高考准备情况。王安庞指出，各职能部门要维护考场秩序，确保今年高考安全顺利进行。

5日

市长王安庞带领市交通局、建设局、国土局等部门负责人，就跨盐湖连接线、八一水库大桥等城建重点工程项目进展情况进行调研。市人大常委会副主任张道中一同调研。

6日

副省长刘维佳来到运城，就现代农业发展及“三夏”工作进行调研。他强调，要积极破解土地流转课题，加速推进农业规模经营及产业化进程。市长王安庞，市委副书记尚平安，市委常委、秘书长王殿民，省农业厅、省农机局及市直有关部门负责人参加调研。

7日

市委书记高卫东带领市发改委、经委、信用联社等十余家职能部门负责人到海鑫集团现场办公，解决企业发展中遇到的困难和问题。高卫东指出，各级各部门一定要进一步转变观念，强化服务，千方百计帮助企业走出困境，使企业实现可持续健康发展。

8日至9日

省政府经济形势调研组来到运城，召集有关部门和企业负责人进行座谈，对经济形势进行分析和研究。

10日

市长王安庞带领市发改委、经委、商务局、电业局、信用联社负责人，深入稷山、河津部分企业，就生产经营情况进行调研。他强调，各级各部门要进一步加大对国际金融危机冲击下企业的帮扶力度，创优发展环境，促使企业正常生产运行，早日做强做大。

11日

市委书记高卫东到芮城县就工业、农业、旅游、城建等工作进行调研。高卫东指出，要通过深入开展学习实践科学发展观活动，进一步增强加快科学发展的责任感和紧迫感，努力提升发展质量，打造县域经济新形象。市委常委、秘书长王殿民及市直有关部门负责人参加调研。

12日

副市长吴菊仙主持召开会议，就县级档案馆的新建、改扩建工作进行安排部署。吴菊仙指出，各县(市、区)要抓住这一机遇，及早规划、科学规划，根据各自的实际，立足于“30年不落后”的标准，确定新建或改、扩建面积，不虚报、不漏报，为保护好具有历史价值的档案资料创造良好条件。

12日至13日

由省国资委副主任李宝文带队的省扩大内需促进经济增长及重点工程项目建设督察组来到运城，检查了解全市重点项目开工建设情况及存在的问题。此次督察旨在通过全过程、全方位地监督检查，努力做到检查关口前移、防患于未然，为重点项目和工程建设顺利进行提供有力保障。市委常委、秘书长王殿民陪同督察。

13日至14日

省委组织部副部长张葆带领省委组织部组织处、大学生村干部管理处负责人来到运城，就基层党组织建设，大学生村干部选任、管理工作，学习实践科学发展观活动开展情况进行调研。市委常委、组织部长陈振亮参加调研。张葆还巡视了全市今年选任大学生村干部笔试考场。

15日至16日

内蒙古自治区政协副主席郧宝恒就文化旅游产业发展来

运城考察。市政协主席柴林山、副主席王七庚陪同考察。

16日

以省交通厅纪检组长韩日裕为组长的省重点项目检查组，对全市铁路和机场建设项目进行督察。市人大常委会副主任张道中参加汇报会，副市长张建喜向督察组一行汇报了工程建设总体情况。

17日

市委书记高卫东在运城会见了尤小刚带领的《杨贵妃秘史》剧组人员。双方就有关事宜进行了座谈。市委常委、宣传部长董鹏翔，市委常委、秘书长王殿民出席座谈会。

18日

市政协主席柴林山、副主席李玉燕带领部分市政协委员，就如何提高创业者素质、培养更多的高素质人才到康杰中学调研。

19日

由中财办经贸组组长张松涛、宏观组组长韩文秀带领的中财办调研组来到运城，就转型发展进行调研。听取市委、市政府工作汇报，实地察看通达重卡、粟海肉鸡加工等新型工农业项目，了解“六个全覆盖”在永济干樊村的进展情况。市委书记高卫东主持汇报会。市长王安庞代表市委、市政府向调研组汇报运城转型发展工作情况。市委副书记尚平安，市委常委、秘书长王殿民参加汇报会并调研。

20日

部属高校深入学习实践科学发展观活动第14指导检查工作组及北京理工大学、北京航空航天大学、南京理工大学、南京航空航天大学、西北工业大学、哈尔滨工业大学、哈尔滨工程大学7所高校的负责人到运城考察。市长王安庞，市委常委、组织部长陈振亮与考察团进行了座谈。

21日

市委书记高卫东带领市委办、文化、旅游、文物等部门及盐湖区负责人，对关帝庙景区在建的关帝御花园工程等进行调研。他强调，各旅游景点都要依托文化资源优势，大力创新文化旅游产品，最大限度吸引游客在运城多停留。

22日

市气象台相继发布了高温黄色预警、高温橙色预警和高温红色预警（级别为最高），全市大部分地区最高气温超过35℃，部分县区最高气温超过40℃。

23日

市长王安庞带领市水务、财政、公安、建设、环保、规划及盐湖区政府、运城经济开发区负责人，就城市水源建设和保护工作到安邑水库、樊村水库现场办公。

24日

市长王安庞，市委副书记尚平安，市委常委、组织部长陈振亮，市人大常委会副主任李景发在新绛县三泉镇孝陵村通过整合土地建成的连栋温室调研时，连声称赞高科技农业结出了累累硕果，要求各县(市、区)要依法有序促进土地流转，加速推进农业产业化进程。

25日

市委副书记尚平安来到联系单位市政协调研。他指出，市政协要充分发挥职能，对市政协常委会议、主席会议提出的建议案和政协委员的提案给予高度重视，促进政协参政议政成果的转化落实，推动经济社会平稳较快发展。市政协主席柴林山，副主席李玉燕、王七庚、杨泽生、潘和平等参加调研。

26日

作为全省“兴水战略”的重点提黄工程——禹门口东扩工程在临汾市襄汾县开工。省委常委、副省长李小鹏宣布工程开工。副省长刘维佳作重要讲话。运城市市长王安庞作表态发言。据估算,该工程建成投入运行后,每年可向运城市供水3703万立方米,使运城市水资源紧缺状况得到缓解。

27日至28日

由杭州驻沪企业联合会会长倪柏祥率领的浙江驻沪商会考察团来到运城，实地考察全市的投资环境。考察团先后到运城经济开发区、空港新区、永济铝工业园区等处进行了实地考察。

28日

副市长张建喜带领市发改委、经委、国土、规划、环保等部门负责人，就空港新区二期工业园区规划建设进行专题调研。

28日至29日

省委常委、组织部长汤涛就领导班子和干部队伍建设、农村基层党建、学习实践科学发展观活动等来运城调研。他强调，要以科学发展观为指导，理清发展思路，锤炼一支敢于谋大事、勇于创大业的干部队伍，促进经济社会平稳较快发展。省委组织部常务副部长朱先奇，市委书记高卫东，市委副书记、市长王安庞，市委常委、秘书长王殿民，市委常委、组织部长陈振亮等参加调研。

29日

市委常委会议召开。市委

书记高卫东，市委副书记、市长王安庞，市委副书记尚平安，市委常委马东波、董鹏翔、王殿民、赵建平、陈振亮、王蕾出席会议。市人大常委会主任张建合、市政协主席柴林山列席会议。会议听取了关于全省民主党派工作会议精神的汇报、全国机关党的建设工作会议精神的汇报、全省纪委书记座谈会议精神的汇报、全国地方县级纪检监察机关建设工作电视电话会议精神的汇报，认真研究讨论了全市的贯彻落实意见。

**30日**

市直机关召开纪念中国共产党成立88周年暨“五型四好三满意”创建活动先进单位和优秀个人表彰大会，对市地税局等40个先进单位和运城日报社社长史慧玲等79名优秀个人进行表彰。市委常委、秘书长王殿民出席会议。

## 7月

**1日**

闻喜至垣曲高速公路第一条隧道——蒲掌隧道左线贯通。蒲掌隧道位于中条山脉，施工难度较大，来自山东的100余名工程建设者克服工作面小、岩石稳定性差、随时有塌方的困难，经过280余天奋战，终于打通了左线隧道，为中条山沿线隧道工程施工提供了可靠的技术参数和经验。

**2日**

市长王安庞会见了意大利玛涅蒂马瑞利公司代表比革尼、微软特公司代表德·布拉希，双方就电动汽车项目落户风陵渡开发区进行了会谈。

**4日**

市长王安庞主持召开市政府专题会议，对保增长“十项措施”出台一个月来各项工作的落实情况进行总结，要求各级各部门继续加大落实力度，力争实现年初既定的各项发展目标。

**6日**

市人大常委会主任张建合带领市国土资源局、经委、煤运公司等部门负责人，到南风集团调研生产经营和项目建设前期准备情况。

**7日**

市长王安庞召集有关县和市直部门负责人座谈，研究解决当前抗旱用电等问题。他要求各级政府及有关部门深入一线解决问题，千方百计保证群众生活用电，千方百计保证农业灌溉用电。副市长张建喜参加座谈。

**8日**

市长王安庞冒雨到风陵渡开发区、永济市部分优势企业调研。他强调，要尽最大努力确保优势企业满负荷运转，为全市保增长作出贡献。

**同日**

市委常委、组织部长陈振亮到夏县就组织部门自身建设、基层组织建设及扎实做好第三批学习实践活动准备工作进行调研。他指出，组织部门要创新工作机制、服务中心工作，切实加强基层组织建设，扎实做好第三批深入学习实践科学发展观活动的准备工作。

**9日**

市总工会召开一届六次全委(扩大)会议。市委副书记尚平安，市人大常委会副主任、市总工会主席荆青莲出席会议。会议传达了全国工会十五大、省总工会十一届四次全委(扩大)会议精神。会议指出，各级工会组织要团结动员全市广大职工坚定信心、攻坚克难，在应对国际金融危机，保增长、保民生、保稳定，促进转型发展、安全发展、和谐发展中，切实维护职工的合法权益。

**10日**

全市党政联席会议召开，就盐湖区建设经济发展较快集中区域进行专题研究。市领导高卫东、王安庞、尚平安、张建合、王殿民、赵建平、陈振亮、王蕾、刘哲凝、张建喜、王七庚，盐湖区及市直有关部门负责人参加会议。

**11日**

市长王安庞主持召开市政府专题会议，研究新绛纺织厂(简称“新纺”)盘活、永济纺织厂(简称“永纺”)破产问题。副市长张建喜、市政府秘书长肖暹东，市国资委、劳动等部门和新绛县、永济市政府及两家企业负责人参加会议。

**12日**

市人大常委会主任张建合、副主任刘冠生就人大代表活动到盐湖区调研。张建合一行先后参观了盐湖区人大代表为民活动小组、盐湖区市人大代表10人活动小组及盐湖区龙居镇杜家坡选区人大代表小组的办公场所，听取了这些活动小组的工作汇报。

**13日**

市长王安庞在市广播电视局调研时指出，要进一步加大改革创新力度，坚持正面宣传为主的方针，努力提高播报质量和宣传效果。副市长吴菊仙一同调研。

**13日至14日**

省人大常委会检查组就贯彻《行政诉讼法》来运城检查。检查组先后到市中级人民法院和盐湖区、夏县，通过查阅案卷、剖析案例、听取汇报、召开座谈会等形式，了解全市贯彻《行政诉讼法》的情况。市人大常委会副主任梁天管、副市长张建喜陪同检查。

14日

市委书记高卫东到稷山县就工业经济发展进行调研。他指出，经济回暖更要注重结构调整。市委办公厅、市经委、市环保局、市中小企业局等部门负责人参加调研。

15日

市长王安庞带领市建设、城投、供电等部门及盐湖区政府负责人，就中心城市基础设施和工业重点项目进行调研。在现场协调解决一些项目存在的困难后，王安庞强调，要为项目建设出实招、办实事，推动一批重点项目早日投产达效，有效拉动全市经济增长。

16日

全市参加第三批学习实践科学发展观活动试点工作座谈会召开，1个省级试点单位、15个市级试点单位、37个县级试点单位负责人出席座谈会。会议指出，在试点单位的整改落实工作中，要着力解决一批群众关心的热点难点问题，为第三批学习实践活动的全面铺开创造经验，真正发挥好试点的示范、导向作用。

17日

市长王安庞专程到运城经济开发区调研。掌握该开发区重点项目进展情况、协调解决机构编制等问题后，王安庞要求该开发区进一步理清思路，明确产业发展定位，全力构建中心城市新的经济增长极。

19日

省委学习实践活动指导检查组第五组组长、省民政厅副厅长何耀光，带领指导组成员来运督导学习实践活动，传达省委常委、组织部长汤涛在全省学习实践活动领导小组会议上的讲话精神。市委常委、组织部长陈振亮出席传达会。

同日

根据省政府的要求，山西省建设系统安全生产专项整治省、市、县三级联动检查组对开发区建设系统安全生产专项整治工作进行了督查。

20日

市长王安庞主持召开市区东部新区森林公园建设讨论会，听取规划设计方案介绍，提出要加快推进森林公园建设步伐，为市民营造一个环境优美的休闲娱乐场所。市人大常委会主任张建合出席会议。

21日

省妇联主席李悦娥一行来到运城，先到运城学院盐湖校区建设工地慰问建筑工人，随后到平陆县进行调研。市人大常委会副主任荆青莲、副市长张建喜参加慰问、调研。

22日

全市召开防汛抗旱工作会议。会议提出，各级各部门要立足防大汛抗大旱，切实加强对防汛抗旱工作的组织领导，进一步落实防汛抗旱工作责任，通过相互配合、共同努力，确保全市防汛抗旱工作万无一失。市长王安庞出席会议。市直相关部门负责人、各县(市、区)和各经济开发区分管负责人参加会议。

23日

本市与新疆金风科技股份有限公司签署战略合作框架协议。据此，全市将利用丰富的风力资源，引进“金风科技”在风力发电方面的技术、资金、设备、人才，建设一批风力发电场，并配套发展风力发电设备生产、技术人才培养等相关产业。市长王安庞、副市长张建喜、金风科技公司董事长武钢出席签约仪式。

24日至25日

“全国循环经济专家行”专家团到运城调研阳煤丰喜公司的循环经济发展情况。专家团肯定了运城在发展循环经济方面探索出的经验，并希望运城在发展循环经济过程中避开国家拟淘汰的落后产业和过剩产能，加强与农业循环经济的联系，继续加大创新力度，探索新模式、新途径等，为进一步完善循环经济发展机制提供指导。

27日

市委书记高卫东主持召开专题会议，传达7月24日至25日省委常委(扩大)会议精神。他强调，要加强对经济工作的领导，千方百计保增长，努力完成年初确定的目标。在家的市四大班子领导，各县(市、区)和经济开发区负责人，市直各部门负责人出席会议。

28日

从全市城市道路照明节能工作会议上获悉，为减少电能消耗，降低运行成本，全市将对市区及各县(市)城区的城市道路照明系统进行智能节能改造。

30日

市委书记高卫东到闻垣高速公路、运城绕城高速公路西南段跨盐湖连接线、凤凰谷旅游路建设工地调研。他指出，各施工单位要在保证工程质量和安全的前提下，加快建设速度，力争早日竣工，造福河东人民。市人大常委会副主任张道中一同调研。

## 8月

2日

市人大常委会主任张建合带领相关部门负责人到绛县视察经济工作。他指出，绛县县委、县政府要进一步解放思想，发展特色农业、帮扶龙头企业，通过强化基础、提供优质服务，做大做强优势产业。

3日

副市长张建喜带领运城经济开发区管委会、市商务局、消防支队、交警支队、建设局等部门负责人到豪德光彩贸易广场现场办公，帮助该广场解决开业前的具体问题。

4日

市政府召开大西铁路建设协调推进会，要求沿线各县(市、区)和市直有关部门顾全大局、密切配合，不要讲条件，只讲怎么干，全力以赴支持工程建设，确保大西铁路运城段在全省率先开工。

5日

市人大常委会主任张建合，副主任刘冠生、荆青莲到运城职业技术学院、运城学院盐湖校区调研。张建合指出，要大力发展高等教育，将运城职业技术学院和运城学院打造成运城新的教育品牌。

5日至6日

省委副书记、省长王君来运城调研。他强调，要把思想和行动统一到中央对形势的分析判断和对工作的总体部署上来，按照省委常委扩大会议和省政府第五次全体会议的要求，进一步振奋精神，再接再厉、狠抓落实，全力以赴巩固和发展经济企稳回升的良好势头，努力完成全年目标任务。副省长牛仁亮一同调研。市委副书记、市长王安庞，市委常委、秘书长王殿民，市人大常委会副主任张道中陪同调研。

6日

闻喜至陕西合阳、运城至河南灵宝、河津至运城3条高速公路在万荣县解店镇南牛池村同时开工。省委副书记、省长王君，副省长牛仁亮，市委书记高卫东，市委副书记、市长王安庞，市委常委、秘书长王殿民，市人大常委会副主任张道中等省、市领导出席开工仪式。高卫东主持开工仪式。

7日

市长王安庞带领市经委、环保、药监、科技等部门负责人，就发展农副产品加工业到运城经济开发区和夏县调研，并深入部分工业企业了解生产经营状况。

8日

是国务院批准确定的第一个全民健身日，也是北京奥运会开幕一周年纪念日。当日上午，庆祝全国第一个全民健身日启动仪式暨统一战线迎国庆趣味体育比赛，在新建的市体育馆举行。市委常委、统战部长王蕾，市人大常委会副主任柴瑞霭，市政协副主席王七庚、王正选、史海涌、薛靛民出席启动仪式。

9日

运三铁路可行性研究评审及环评内审会在运城市举行。太原铁路局、铁道部第三勘察设计院等单位的领导和部分专家参加会议。并实地踏勘了运三铁路设计中的运城北站、中条山隧道进出口、黄河桥位、三门峡南站等地址。

9日至10日

市委书记高卫东，市委常委、宣传部长董鹏翔，市人大常委会原主任、关公研究会总顾问黄有泉，带领市文物、交通等部门及关公研究会的负责人，专程前往海南省海口市，就成立世界关公基金会一事，同海航集团有限公司负责人进行商谈。

10日

市人大常委会主任张建合，副主任柴瑞霭、刘冠生、张道中、梁天管、荆青莲到市中心医院新院调研。张建合指出，要加快工程建设进度，做好运营前的各项准备工作，努力为全市人民提供一流的医疗服务。

11日

市长王安庞就“创双优、迎国庆”活动进展情况到市区重点部位、窗口单位进行检查。他查看了这些地方的环境整治、市场管理、交通秩序、餐饮卫生及沿街门店治理等情况，并就存在的问题提出了整改意见。要求应以此次“创双优、迎国庆”活动为契机，使城市面貌有一个大的改观，使城市品位得到提升。

12日

市委、市政府召开全市经济工作分析会议，总结上半年经济工作，研究分析当前形势，提出了下半年经济工作重点，号召全市干部群众以更加坚定的信心、更加饱满的热情、更加过硬的作风，奋力完成全年经济社会发展的目标任务。市委书记高卫东主持会议。市长王安庞讲话。市领导尚平安、王殿民、赵建平、荆青莲、张建喜、潘和平等出席会议。

13日

市委书记高卫东、市长王安庞、副市长张建喜会见了来运出席《鹳雀楼与金门》特种邮票首发式的中国邮政集团公司副总经理冯新生。双方就加强互动合作交换了意见。

14日

副市长张建喜召集相关职能部门负责人，专题研究危险化学品专项整治活动，要求坚决取缔市区证照不全的加油站，设在繁华街道的加油站暂停营业。

15日

副市长张建喜带队对市区新建农贸市场的选址方案进行现场踏勘。据悉，今年全市计划在东、北、南3城区各建一个农贸市场，在市区内再改建3个到5个农贸市场；利用两年到3年时间，在城乡接合部建立若干个大型农产品批发市场，在13个县(市、区)各发展一个中型农贸市场。

16日

在欢快的锣鼓声中，原河东市场50余家经营窗帘、布艺、童装、中老年服饰、修衣等业务的商家正式入驻南风广场天泰商城。

17日

市政府召开第57次常务会议，就高速公路建设、运城现代物流职业技术学院筹建、城市基础设施配套费用专项清理等事宜进行了研究。市长王安庞主持会议。副市长吴菊仙、张建喜，市政府秘书长肖暹东出席会议。市人大常委会副主任张道中应邀出席会议。

同日

市长王安庞，市人大常委会主任张建合、副主任张道中，市人大常委会原主任黄有泉来到南环高速公路连接线和凤凰谷生态公园建设工地现场办公，协调解决施工过程中遇到的问题。

18日

市委书记高卫东在北赵引黄工程建设工地调研时指出，要加快工程进度，严格质量管理，强化安全责任，确保北赵引黄工程早日通水，早日使灌区群众受益。

19日

市长王安庞主持召开市政府专题会议，研究河东市场旧址改造等当前城市建设与管理的重点问题。市人大常委会副主任张道中，副市长张建喜等出席会议。

20日

市委书记高卫东深入盐湖区西城等5个办事处调研。他指出，各办事处要不断创优发展环境，激发群众创业热情，为在盐湖区再建一个经济发展较快的集中区域作出贡献。市委常委、秘书长王殿民一同调研。

22日至23日

2009年“亚宝药业”杯全国中药创新与研究论坛在运城举行。来自全国知名中医药院校、中医药研究所和中药生产企业的150余位专家，围绕中药药剂理论基础与生物药剂学研究、中药新药开发与国际化问题进行了交流、探讨。省药监局局长赵光国、副市长吴菊仙出席开幕式。

24日

由国家工商总局直销监管局副局长沈根申带队的国家工商总局检查组，就打击传销工作到运城进行检查指导。当日下午，检查组与本市工商和公安部门执法人员来到市区南街一出租房中，捣毁并查封了一个传销窝点，将10名传销人员登记入册后依法遣散。

25日

全市主城区地震应急避难场所建设工作会在市地震局召开。会议研究决定，从即日起到10月30日，首先在城区内建设南风广场、山西省水利学院操场、运城师范学院操场等10个地震应急避难场所示范点。会议宣布了《运城市城区地震应急避难场所建设实施方案》(讨论稿)，并成立了以副市长吴菊仙为组长的地震应急避难场所建设领导小组。

26日至27日

全国政协副主席、民建中央第一副主席张榕明一行来到运城，围绕党派工作开展、转型发展、服务业发展等进行视察。省政协副主席韩儒英，省委统战部常务副部长王大高，省民建主委王宁，市政协主席柴林山，市委常委、秘书长王殿民，市委常委、统战部长王蕾，市政协副主席李玉燕参加视察。

27日

省政协副主席韩儒英到运城调研时指出，各级政协组织要发挥人才密集的优势，积极建言献策，推动经济发展。市政协主席柴林山参加视察。

28日

阳煤丰喜集团旗下的山西金博雅装饰材料有限公司壁纸项目，在运城经济开发区丰喜工业园奠基开工。同日，坐落在这个工业园的阳煤丰喜集团办公及研发基地投入使用。市领导高卫东、张建合、柴林山、王殿民、吴菊仙出席开工仪式。

同日

开发区工业项目金博雅壁纸和蒲津塑钢型材项目开工奠基。

同日

丰喜总部及研发基地落成奠基。

同日

彩虹汽贸总部落成奠基。

29日

市政府召开全市安全生产暨应急管理工作会议，要求各级各部门紧急行动起来，抓好安全生产和应急管理工作，确保全市人民过一个安全、欢乐、祥和的国庆节。市长王安庞出席会议并讲话。市政府秘书长肖暹东主持会议。

同日

豪德贸易广场举行开业运营典礼。

30日

市二届人大常委会召开第二十六次会议。市人大常委会主任张建合，副主任刘冠生、柴瑞霭、张道中、梁天管、荆青莲、李景发及秘书长张建民出席会议。市长王安庞，副市长张建喜，市中级人民法院院长，市人民检察院检察长列席会议。会议听取审议了市政府关于今年1月至7月全市计划和预算执行及经济运行情况的报告；听取审议了市人民检察院关于反贪污贿赂工作情况的报告。决定任命武宏文、王健康为市人民政府副市长。

31日

市长王安庞主持召开运城新客站规划设计及城市建设管理工作会议。会议经过研究确定，要本着高雅、大气、简洁、舒服的原则，继续修改大(同)西(安)铁路运城站设计方案。副市长张建喜出席会议。会议还研究讨论了城市管理体制问题。市发改委、建设局、国土局、水务局、交通局、环保局、规划局及盐湖区政府负责人参加会议。

## 9月

1日至3日

全国人大常委会副委员长、民革中央主席周铁农来到运城，重点就农村环境建设进行调研。省委常委、统战部长李政文，省人大常委会副主任谢克昌，省委统战部常务副部长王大高，市委书记高卫东，市长王安庞，市人大常委会主任张建合，市委常委、秘书长王殿民，市委常委、统战部长王蕾，市人大常委会副主任刘冠生，副市长吴菊仙等省市领导参加调研。

4日至5日

市政府召开工作情况沟通会，听取各县(市、区)和市直有关部门的工作汇报，提出要认清形势、恪尽职守，努力抓好当前的经济工作，确保社会和谐稳定。市长王安庞主持会议。副市长吴菊仙、张建喜、武宏文、王健康等出席会议。

5日至6日

联合国儿童基金会视察组来运视察妇幼卫生和预防艾滋病合作项目的开展情况。商务部、卫生部及省商务厅、卫生厅的有关领导陪同视察。视察组到夏县、芮城视察了联合国儿童基金会“母子系统保健”项目、“阳性母亲和儿童及其家庭社区关怀”项目的开展情况。并听取了相关单位的项目实施情况汇报，还进行了多次座谈。

7日

全市应急管理工作推进会在芮城召开，旨在通过学习推广芮城在应急管理工作方面的先进经验，进一步提高全市各级政府的应急管理工作水平，为全市保安全、保稳定提供更有力的保障。

8日

全市召开庆祝第25个教师节暨表彰大会，对全市教育系统涌现的先进集体和先进个人进行表彰。市长王安庞在会上指出，要坚持教育优先发展的战略，全面加强教师队伍建设，在全社会营造尊师重教的浓厚氛围，努力开创教育工作的新局面。市人大常委会副主任荆青莲、市政协副主席史海涌出席会议。副市长吴菊仙主持会议。

同日

市长王安庞主持召开市政府保增长促发展十项措施落实情况汇报会，研究有关事宜及市政府当前重点工作。他强调，要以超常规的努力推动经济平稳较快发展。市委常委、市政府党组副书记王殿民，市委常委、副市长张建喜，副市长吴菊仙、武宏文、王健康及市政府秘书长肖暹东出席会议。

9日

阳煤丰喜集团5万吨化工装备扩能提质工程竣工投产。副省长陈川平，市长王安庞，市政协主席柴林山，市委常委、副市长张建喜，副市长武宏文等出席投产仪式。

10日

市委常委、组织部长、市委学习实践科学发展观活动领导小组副组长兼办公室主任陈振亮，就开展第三批学习实践活动准备情况到夏县调研。陈振亮听取了夏县负责人关于开展第三批学习实践活动准备情况的汇报，并到裴介镇党委和小吕村村委了解具体准备情况。

10日

在太原举行的2009年山西省招商引资项目签约仪式上，

永济市人民政府与中国电力投资集团公司华北分公司签订了永济热电有限公司“上大压小”2×300MW热电联产机组项目投资协议。市领导王安庞、张建喜参加签约仪式。

11 日

全市召开深入学习实践科学发展观活动第二批总结暨第三批动员大会。市委书记、市委深入学习实践科学发展观活动领导小组组长高卫东作重要讲话。省委第二批学习实践活动指导检查组组长、省民政厅副厅长何耀光，省委第三批学习实践活动巡回检查组组长、省卫生厅副巡视员乔连厚出席会议并讲话。市委领导、市委深入学习实践科学发展观活动领导小组副组长董鹏翔、王殿民、赵建平、王蕾、于波出席会议。市委常委、组织部长、市委深入学习实践科学发展观活动领导小组副组长兼办公室主任陈振亮主持会议。

12 日

全市召开维稳反恐暨信访工作会议，贯彻中央和省有关部署和要求，落实责任、强化措施，切实维护社会稳定。市委书记高卫东、市委副书记董鹏翔出席会议并讲话。市委常委、政法委书记崔克信具体安排政法系统工作任务。副市长王健康主持会议。

14 日

市二届人大常委会第二十七次会议召开。市人大常委会主任张建合，副主任刘冠生、柴瑞霭、张道中、梁天管、荆青莲、李景发，秘书长张建民出席会议。市长王安庞，市委常委、市政府党组副书记王殿民，副市长武宏文，原运城地区人大工委主任，市一届人大常委会主任、副主任，市二届人大常委会退休的主任、副主任列席会议。会议听取并审议了王安庞所作的关于被提请拟任免职人员的情况说明，被提请拟任职人员所作的供职发言，武宏文所作的关于农村改革发展情况的报告。会议表决通过了市人大常委会任免名单，投票表决任命王殿民为市人民政府副市长，免去董一兵市人民政府副市长职务。张建合向被任命人员颁发了任命书。

15 日

市长王安庞，市委常委、副市长张建喜带领市安监、公安、卫生、教育、环保、国土、消防等部门负责人，到市区及闻喜县检查安全生产工作。王安庞指出，各级各部门带班领导要坚守工作岗位，随时排查治理一切安全隐患，确保全市人民过一个欢乐、祥和的国庆节。

15 日至 16 日

由省纪委常务副书记刘巩、省国资委副主任李宝文带队的省检查组，对全市涉及中央投资的工程项目的资金到位和管理情况、项目手续和开工建设情况进行检查。市委常委、纪检委书记赵建平，市人大常委会副主任张道中陪同检查。副市长武宏文向省检查组汇报了全市中央扩大内需投资项目情况、省级和市级重点项目情况。

16 日

运城现代农业示范区项目对接及启动仪式在新绛县丁村千亩设施高效蔬菜基地举行。此举标志着全市现代农业示范区建设正式启动。副省长刘维佳出席仪式并讲话。市长王安庞致辞。副市长武宏文就《运城现代农业示范区建设规划》(以下简称《规划》)作了说明。省发改委、财政厅、农业厅及市发改委等20多个职能部门负责人参加会议。

17 日

市长王安庞，市委常委、副市长张建喜带领市发改委、经委、国土、环保、供电、商务等部门负责人，到绛县和绛县经济开发区调研。王安庞指出，要围绕汽车制造等五个产业集群建设时代性标志工程。

18 日

市委书记高卫东在市财税部门调研时指出，全市各级财税部门既要积极帮助企业渡过难关，又要坚持依法征收，更要着眼长远积极培植财源，努力推进全市经济社会平稳较快发展。市委常委、常务副市长王殿民一同调研。

19 日

运城“关帝表”杯国际男篮邀请赛在市体育馆开赛，约1500名观众观看了由巴西宇宙队对阵八一双鹿队的第一场比赛。赛前，市体育馆举行揭牌仪式，市委副书记董鹏翔、市人大常委会主任张建合为体育馆揭牌。市委常委、常务副市长王殿民致辞。市领导于波、刘冠生、张道中、荆青莲、李景发、王七庚、史海涌、杨泽生、潘和平到场祝贺。

21 日

市委书记高卫东在市委中心组学习会上指出，要充分认识十七届四中全会的重大意义，结合全市实际，不断把学习活动引向深入，把新形势下党的建设提高到新的水平。市委中心组成员集体学习了十七届四中全会《公报》。市委讲师团团长张玉焕进行了专题辅导。

22 日

全市政法系统干部会议召开。市委常委、政法委书记崔克信在会上强调，要全力以赴做好安保工作，加强政法队伍建设，为全市和谐稳定发展作出更大的贡献。市县两级人民法院、检察院、公安局、司法局及市安全局副科级以上干部参加会议。

23日

全市举行国庆招待会，邀请68位在运工作的外籍专家、国际友人、港台同胞、华侨共同庆祝新中国成立60周年。市领导高卫东、董鹏翔、张建合、柴林山、王殿民、李景发、吴菊仙出席招待会。国际友人还表演了小合唱《北京欢迎您》、《友谊地久天长》等文艺节目，表达对新中国60华诞的祝福。

24日

市人大常委会主任张建合带领部分市人大代表，视察了运城市区环境综合整治情况及部分城建重点工程。张建合指出，有关部门要再接再厉，在现有基础上把城市打扮得更加整洁美丽，为市民欢度国庆、中秋“两节”营造喜庆氛围。

25日

解州关帝庙举行关帝御园开园仪式。市委副书记、市长王安庞宣布关帝御园正式开园。据了解，关帝御园年内将对游客免费开放。省文物局副局长刘正辉，湖北省统战部副部长缪启明，市领导董鹏翔、张建合、王殿民、王蕾、刘哲凝、崔克信、吴菊仙、王健康等出席开园典礼。

同日

第20届国际关公文化旅游节隆重开幕。当日，解州关帝庙内香火缭绕、拜者云集。来自澳大利亚、美国、马来西亚等国及北京、云南、福建、江苏、湖北、河南、山西等地和香港特别行政区、台湾地区的关氏宗亲联谊会、朝拜团及游客万余人，在崇宁殿前举行己丑年关帝金秋大祭，共同祭拜关圣帝君。市领导王安庞、董鹏翔、张建合、柴林山、王殿民、王蕾、刘哲凝、崔克信、吴菊仙、王健康和省文物局副局长刘正辉等分别向关圣帝君敬献花篮，并向关圣帝君行鞠躬礼。

同日

大运汽车制造有限公司第一辆重卡顺利下线，运城人造汽车的梦想终于成真。市长王安庞为“大运一号”披红挂花并点火。市委常委、副市长张建喜启动大运重卡生产线。副市长王健康及市直有关部门负责人见证了这一有里程碑意义的时刻。

26日

市长王安庞，市人大常委会副主任张道中，副市长武宏文、王健康到凤凰谷森林公园现场办公，研究该公园开放的有关事宜。据悉，该公园一期工程建设已接近尾声，10月1日起将免费向市民开放。

27日

市政府召开第六次全体(扩大)会议，传达贯彻省政府9月22日召开的经济运行分析会精神，剖析当前经济形势，安排部署第四季度及明年政府重点工作。会议提出，要着眼当前，决战第四季度，奋力完成全年经济社会发展各项任务；要着眼长远，围绕转型发展，及早谋划明年及今后经济工作，着力培育一批新的经济增长点。

28日

由市委、市政府主办，市委宣传部、市文化新闻出版管理局、市广播电视台承办的“祖国万岁”庆祝新中国成立60周年文艺晚会在河东会堂隆重举行。市领导高卫东、董鹏翔、柴林山、赵建平、陈振亮、王蕾、于波、荆青莲、吴菊仙、王七庚、史海涌、王正选、杨泽生、潘和平等到场观看晚会。

## 10月

9日

市长王安庞主持召开市政府第58次常务会议。市委常委、常务副市长王殿民，市委常委、副市长张建喜，副市长吴菊仙、武宏文、王健康，市政府秘书长肖暹东出席会议。会议听取了关于第八批取消、调整新增行政许可和非行政许可审批项目意见的汇报；讨论研究了完善市政府工作规则等三项制度。

10日

市委副书记董鹏翔到市妇联、团市委、市科协调研。他指出，要充分认识群团工作的重要性，认真学习实践科学发展观并以此为指导思想，切实加强群团工作。

11日

市委常委、组织部长陈振亮到市信息工程学校调研。他察看了该校的机房、网络实训室、多媒体室、图书馆等硬件设施，听取该校负责人关于该校发展情况的汇报，指出要认真学习贯彻十七届四中全会精神，努力将该校办成人民满意的学校。

12日

政协第二届运城市委员会第二十次主席会议召开。市政协主席柴林山主持会议。市政协副主席李玉燕、王七庚、史海涌、王正选、杨泽生、潘和平，秘书长杜自立出席会议。会议讨论通过了市政协二届十八次常委会议召开日期的决定(草案)；讨论通过了市政协二届十八次常委会议议程(草案)等。

**13日**

从运城市贯彻落实泵站灌区电价水价扶持政策新闻发布会上获悉，由山西省物价局下发的《关于明确我省农业灌溉泵站电价水价执行标准的通知》中规定，从今年10月1日起，全省使用地表水实施农业灌溉的大中型泵站及省级水行政主管部门核准的小型泵站排灌电价，不分扬程高低暂统一执行0.06元/千瓦时(不含电源基地建设基金0.01元/千瓦时)。同时，降低灌溉工程水价，降价后灌溉工程水价不得超过0.25元/立方米。对由群众自行管理的末级渠系水价，加上管理费用等，农民供水终端水价标准不得超过0.30元/立方米。

**13日至14日**

全国人大常委会副委员长、民建中央主席陈昌智率全国人大常委会食品安全法执法检查组在运城检查。检查组一行在省人大常委会副主任安焕晓，市领导高卫东、王安庞、张建合、张建喜、于波、刘冠生、李景发等陪同下，深入市区福瑞特超市、金鑫大酒店、宏盛源屠宰场及新绛县亿家康面业公司、新绛职中餐厅、绛州绿有限公司等食品生产、经营、餐饮等单位，实地检查食品安全法贯彻执行情况和食品安全现状。

**14日**

全市召开2009年征兵工作电视电话会议，对今冬全市的征兵工作进行了安排部署。市委常委、常务副市长、市征兵领导组组长王殿民，市委常委、军分区政委、市征兵领导组副组长刘哲凝，军分区司令员、市征兵领导组副组长刘桂国，市政府秘书长、市征兵办公室副主任肖暹东出席会议。

**15日**

市政府召开全市中央投资项目和省、市重点工程进度汇报会，回顾总结各类重点项目1月至9月的进展情况，安排年底前的重点项目建设工作。会议要求，已开工的项目要抓紧实施，未开工的项目要抓紧开工，按时保质完成全年项目建设各项任务，打一场漂亮的项目建设攻坚战。

**16日**

市委常委、常务副市长王殿民到市银监局、工商银行运城分行，了解协调中小企业担保贷款工作情况，督促尽快解决中小企业贷款难问题，并对金融机构支持盐湖区经济发展较快集中区域建设提出要求。

**同日**

开发区2009年商贸交易会在豪德广场召开。

**17日**

2009年运城经济开发区经贸洽谈暨豪德广场商品交易会在新落成的豪德贸易广场隆重开幕。来自多个省、市、地区的600余家商户以及运城13个县(市、区）的参展团为交流会带来上千种商品。此次经贸洽谈暨商品交易会由运城经济开发区和运城市商务局主办，由运城豪德贸易广场开发有限公司具体承办。本着“规模更大、品种更全、形式更新、影响更广”的宗旨，本次洽谈交易会将致力于实现“大物流、大市场、大商贸、大发展”的经济格局，努力促进运城市场经济取得新的更大的发展。

**18日**

市政协主席柴林山、副主席王正选带领部分市政协委员，到运城经济开发区经贸洽谈暨豪德广场商品交易会视察。此次交易会从10月17日持续至11月16日。交易会期间，每天中午、晚上都有蒲剧、豫剧、曲剧、眉户、现代歌舞等戏曲歌舞表演，为交易会注入特色文化元素。据统计，交易会第一天，客流量达5.6万人次，交易总额突破290万元，户均交易额突破3000元，较上一届交易会有较大增长。

**19日**

市委书记高卫东带领市双拥办工作人员，慰问正在进行训练的海军“运城舰”全体官兵。市委常委、军分区政委刘哲凝一同慰问。

**20日**

副市长王健康带领市有关部门负责人，检查市区集中供热工程进展情况后要求，围绕确保市民温暖过冬的目标扎实开展各项工作。

**21日**

市政府召开中小企业信用体系建设工作推进会，督促各县(市、区)中小企业信用担保公司、小额贷款公司的筹建工作。市委常委、常务副市长王殿民出席会议。

**22日**

运城市第三届苹果文化节暨名优水果推介会在太原举行。副省长刘维佳、省农业厅厅长孙连珠、副市长武宏文等出席开幕式。

**23日至24日**

旅美华人、世界画坛巨匠

丁绍光与中央电视台《华人世界》栏目组一同来运，为其人物传记片的拍摄采撷镜头。市委书记高卫东，市长王安庞，市委常委、宣传部长王蕾，市委常委、统战部长于波陪同或看望丁绍光一行。

25日

全市道路交通安全工作会议在垣曲召开。会议通报了1月至10月全市发生交通事故及9月份以来全省的有关情况，安排部署下一阶段预防道路交通事故工作。市委常委、副市长张建喜出席会议。

同日

省委常委、宣传部长胡苏平在全市文化体制改革和文化产业发展工作座谈会上要求，要不折不扣地按照中央、省委的时间表、路线图和任务书，加快推进文化体制改革；要把关公文化打造成运城、山西乃至全国的文化产业品牌，以此推动运城和全省文化产业大发展、文化事业大繁荣。省委宣传部常务副部长杨波出席座谈会。市委副书记董鹏翔主持座谈会。市委常委、宣传部长王蕾，副市长吴菊仙参加座谈会。

26日

经过5年时间的建设，拥有自主知识产权和多项专利的“大运”重卡项目在运城正式投产。省委书记、省人大常委会主任张宝顺，省委副书记、省长王君为“大运一号”重卡揭幕。省委常委、宣传部长胡苏平，省委常委、省委秘书长高建民，省委常委、统战部长李政文，省人大常委会副主任杨安和，副省长陈川平，省政协副主席、省工商联主席韩儒英等省领导以及高卫东、王安庞、董鹏翔、张建合、柴林山等市四大班子在家领导等出席投产仪式。陈川平、王安庞分别作重要讲话。高卫东主持投产仪式。

同日

省委书记、省人大常委会主任张宝顺在出席“大运”重卡正式投产仪式后，深入本市部分企业、学校、乡村进行调研。张宝顺指出，要认真学习实践科学发展观，大力加强和改进党的建设，大力推动重点项目建设，确保经济社会平稳较快发展。省委常委、省委秘书长高建民，省委常委、统战部长李政文，省人大常委会副主任杨安和，市领导高卫东、张建合、陈振亮、崔克信、于波等参加调研。

26日至27日

省委副书记、省长王君在运城调研时强调，要认真贯彻落实十七届四中全会精神和省委、省政府关于全年及第四季度工作的安排部署，咬定目标，奋力冲刺，统筹做好农业、重点工程建设、工业经济及煤炭兼并重组等各项工作，力争圆满完成全年工作任务。市委书记高卫东，市委副书记、市长王安庞，市委常委、常务副市长王殿民，副市长武宏文参加调研。

27日

记者从卫生部门了解到，近4天来运城没有出现新的“甲流”确诊病例，疫情得到初步控制，但发烧人群出现新的变化。卫生部门指出，全市疫情形势仍然十分严峻，防控任务格外艰巨。首批1000支预防“甲流”疫苗今日到运。

28日

运城市温州商会举行揭牌庆典。市政协主席柴林山，市委常委、统战部长于波，市人大常委会副主任、市总工会主席荆青莲，温州市政府副秘书长李月祥出席庆典。市政协副主席、市工商联主席薛靛民主持庆典。

同日

侯马海关驻运城监管组揭牌，这意味着运城结束了无海关机构的历史，运城及周边地区外贸企业可在家门口办理海关通关手续，运城的进出口贸易将更加方便快捷。太原海关关长周斌，市委书记高卫东，市委常委、副市长张建喜出席揭牌仪式。

29日

市委常委、常务副市长王殿民带领市旅游、文化、文物等部门负责人，就解州镇街道仿古改造工程进行调研。王殿民指出，要以此次改造为契机，打造体现关帝文化特色的解州城，推动关公文化旅游产业蓬勃发展。

30日

市委书记高卫东来到南风广场，亲自把一包包中药发到群众手中。当日，运城市卫生局调集5万袋预防甲型H1N1流感的中药颗粒在南风广场免费向群众发放，以应对当前严峻的“甲流”形势。

31日

省委常委、组织部长汤涛就生活垃圾处理工程建设情况和设施农业发展情况到新绛县调研。市委书记高卫东，市委常委、组织部长陈振亮，市人大常委会副主任、新绛县县委书记李景发参加调研。

## 11月

1日

市委常委、副市长张建喜，

副市长王健康带领市有关部门负责人到关铝热电厂、部分热力站和管网铺设工地现场办公，解决存在的问题，确保11月15日全市集中供热正常进行。

**2日**

市长王安庞带领市直有关部门负责人就城市建设工程进行调研。王安庞指出，要按照既定目标，采取积极有力的措施，保证工程建设顺利推进。

**3日**

市长王安庞带领市发改委、教育、卫生、交通等部门负责人，深入夏县祁家河乡就偏远山区的道路建设和卫生院、学校的发展情况等进行调研。王安庞指出，要为偏远山区修好路、办好卫生院、建好学校，帮助偏远山区群众增加收入、发家致富，不断提高生活质量。当前特别要做好“甲流”防控工作，保证群众的身体健康。

**同日**

全市政法队伍纪律作风整顿活动动员大会召开。会议要求，从现在开始，利用5个月时间，在全市政法机关扎实开展纪律作风整顿活动，切实提高干警素质，纯洁政法队伍，树立良好形象，推进政法工作。市委书记高卫东出席动员大会并作重要讲话。市委常委、组织部长陈振亮出席动员大会。市委常委、政法委书记崔克信对活动开展作安排部署。

**3日至4日**

省委副秘书长、省信访局局长闫根生在运城调研时指出，要牢固树立“五种观念”，努力实现“五个转变”，通过扎实工作，将上访群众稳定在当地，把信访问题解决在基层。市委副书记董鹏翔，市委常委、政法委书记崔克信出席座谈会并讲话。

**5日**

市委副书记董鹏翔主持召开全市信访工作会议，通报全市信访工作形势，要求狠抓落实，务求实效，集中年底前大约两个月时间，化解100余件信访积案，落实全年信访工作目标。市委常委、政法委书记崔克信在会上全面总结了国庆期间的信访工作，安排部署了下一阶段信访工作。

**6日**

全市难点村整顿建设工作会议在夏县胡张乡召开。市委常委、组织部长、市委学习实践活动领导小组副组长兼办公室主任陈振亮出席会议。会议重点研究了如何解决省委学习实践活动领导小组确定的本市3个难点村存在的问题，以更好地推动全市第三批学习实践活动深入开展。

**8日至9日**

全国人大内务司法委员会副主任委员刘振华带领全国人大内司委执法调研组，就贯彻实施《未成年人保护法》、优化未成年人成长环境在运城进行调研。市领导高卫东、王安庞、张建合、梁天管、吴菊仙及市人大常委会原主任黄有泉，省人大常委会妇女儿童工作领导组、内务司法委员会和共青团山西省委有关负责人陪同调研。

**9日**

全省高中教育工作会议在运城召开，省教育厅领导、兄弟市教育局局长和全省示范高中校长共商教育发展大计。市委常委、常务副市长王殿民代表市委、市政府向与会代表介绍了运城发展高中教育的经验。

**9日至10日**

省委组织部调研组就深化干部人事制度改革，建立健全主体清晰、程序科学、责任明确的干部选拔任用提名制度在运城进行调研。

**10日**

下午17时，市气象台发布重要天气报告和道路结冰黄色预警信号：10日夜间到11日白天，全市出现雨夹雪天气，部分地区降雪级别达到大雪标准；11日夜间到12日白天，将出现结冰现象。建议市民和道路交通管理部门采取防护和应急管理措施。

**11日**

市政府召开第59次常务会议，传达省长王君在运城调研时的讲话精神，安排当前和今后一个时期的政府工作，研究讨论《关于深化文化体制改革实施意见》，通报《政府机构改革及事业单位分类改革实施方案》。市长王安庞主持会议。市委常委、常务副市长王殿民，市委常委、副市长张建喜，副市长吴菊仙、王健康，市政府秘书长肖暹东出席会议。市委常委、宣传部长王蕾应邀出席会议。

**12日**

台湾工业研究院能环所杨秉纯一行就LED(发光二极管)项目选址工作来运城考察。市委常委、副市长张建喜会见了考察组一行。台湾工业研究院是中国台湾地区著名的应用科技研究机构，其拥有的能环所主要致力于LED项目的研究。杨秉纯希望通过此次考察，在大陆选建几个制造基地。

**同日**

市长王安庞、副市长王健康带领市城建、电业、供热供气办、煤运公司、凤源热力公司等部门及盐湖区政府负责人，到市区部分小区查看居民取暖情况。王安庞指出，有关部门和单位要切实保证供暖质量，并积极协调帮助大暖未覆盖的小区抛开供暖“时间表”，从气温因暴雪而大幅下降的实际出发，尽快开始供暖，确保群众温暖过冬。

13 日

全市政府机构改革和事业单位分类改革动员大会召开，拉开了全市新一轮政府机构改革的序幕。市委副书记、市长王安庞，市委常委、常务副市长王殿民出席会议并讲话。市委常委、纪检委书记赵建平宣布《关于严明纪律，切实保证政府机构改革和事业单位分类改革顺利进行的通知》。市委常委、组织部长陈振亮主持会议。

14 日

市委副书记董鹏翔带领市农办、农业、畜牧、民政、财政、信用联社、保险公司等部门负责人，到盐湖区龙居、姚孟等地实地查看雪灾情况，慰问受灾户、困难户。他指出，面对雪灾，精神不能垮，设施要恢复，部门要支持，干部要下去，尽快掀起抗灾救灾高潮，把群众损失降到最低限度。

16 日

市委副书记董鹏翔带领市农办、农业、畜牧、民政、财政、信用联社、财产保险公司等部门负责人，深入闻喜县裴社、河底等乡镇，实地查看雪灾损失情况、检查抗灾救灾措施。他强调，各级各部门要紧急行动起来抗击雪灾，并夺取全面胜利。

17 日

市委书记高卫东带领市委组织部、市直工委有关负责人，到盐湖区王范乡调研第三批深入学习实践科学发展观活动进展情况。他指出，要突出实践特色，扎实推进第三批深入学习实践科学发展观活动。市委常委、统战部长于波参加调研。

18 日

市委常委、常务副市长王殿民带领市农业局、民政局、畜牧局、信用联社以及人寿保险公司、人保财险公司等单位负责人到夏县调研救灾工作。并先后到夏县瑶峰镇中留村和庙前镇杨村，实地查看蔬菜大棚的受损情况。

19 日

市委常委、常务副市长王殿民带领市发改、财政、城建等部门负责人到运城机场，就航站区扩建工程建设、安全运行情况等进行调研。王殿民一行实地察看航站区扩建工程建设工地和机场排水系统，并听取了机场负责人的工作汇报。

20 日

市委常委、宣传部长王蕾就发展文化事业和文化产业到夏县调研。王蕾还实地察看夏县的爱国主义教育基地——堆云洞及新建的文化馆、图书馆和文化中心。

21 日

市委常委、组织部长、市委学习实践活动领导小组副组长兼办公室主任陈振亮深入空港新区部分企业，就第三批学习实践活动开展情况和非公有制经济组织党组织建设情况进行调研。

23 日

市长王安庞带领市民政局、农业局、畜牧局及市信用联社、人保寿险公司、人保财险公司负责人到新绛视察救灾工作，并就进一步做好全市的救灾工作作出部署。

25 日

市委书记高卫东到垣曲县就经济社会发展、学习实践科学发展观活动等工作进行调研。高卫东指出，要深入学习实践科学发展观，加快县域经济发展步伐，努力维护社会和谐稳定。

26 日

“山西运城五个产业集群 50 个重点项目暨旅游上海推介会”在黄浦江畔的上海大厦成功举办。推介会通过与沪、江、浙企业界、旅游界进行点对点的对接，签订了引资 58.3 亿元的 5 个合作协议(意向)项目，全市 10 家旅行社与上海 50 家旅行社达成了 2010 年从上海为运城输送游客 11.6 万人次的协议。市长王安庞赴沪推介运城，全面宣传运城的基础条件和产业优势；副市长武宏文主持推介会。上海市政协原副主席毛经权、上海市政府合作交流办副书记鹿金东，浙江杭州驻沪商会会长倪柏祥等出席推介会；上海市合作交流办副主任胡雅龙致辞。

28 日

国粮街运城经济开发区段一标段通车。国粮街运城经济开发区段道路工程是运城经济开发区 2009 年重点工程之一。其中，一标段工程西起库东路，东至安中路，全长 700 米，机动车道宽 21 米，两侧非机动车道宽 6 米，人行道宽 5.5 米，花带宽 3 米，工程概算投资 1056 万元。该路建成通车后，将进一步改善全市的道路通行条件，为城区东扩提供良好的基础设施条件，对运城经济开发区的经济发展具有较大的促进作用。

30 日

随着国家电网 110 千伏城东变电站的成功投运，市中心医院新院、市体育馆等一批重要民生设施顺利通电，迎来一片光明。

## 12月

**1日至2日**

市长王安庞，市委常委、常务副市长王殿民，副市长武宏文等深入盐湖、芮城等7县(区)及风陵渡经济开发区、运城经济开发区，就全市2009年度重点工程项目建设情况进行检查。王安庞指出，要千方百计创优环境，千方百计加大资金支持力度，进一步加大项目建设力度。

**2日**

市委书记高卫东在芮城县就农村工作进行调研时指出，要抓好农村的矛盾纠纷排查和社会稳定工作，大力发展农村经济，加快推进社会主义新农村建设。

**3日**

省财政厅副厅长张韬来到运城，就农业综合开发项目和新农村建设进行调研。市委副书记董鹏翔参加调研。

**4日**

市长王安庞主持召开市博物馆新馆建设协调会，广大市民翘首期盼的市博物馆新馆将于年底奠基。市委常委、常务副市长王殿民，市委常委、宣传部长王蕾，副市长王健康，市政府秘书长肖暹东出席会议。

**5日**

晋陕豫黄河金三角地区区域协调发展市长联席会在运城召开。市长王安庞，市人大常委会主任张建合，市委常委、常务副市长王殿民与渭南市市长徐新荣，三门峡市市委常委、常务副市长苏新华，临汾市发改委主任郑建文出席会议。王安庞主持会议。

**6日**

市政府召开第61次常务会议，对当前的重点工作进行研究，并谋划明年的经济工作。市长王安庞主持会议。市委常委、常务副市长王殿民，市委常委、副市长张建喜，副市长武宏文，市政府秘书长肖暹东出席会议。市人大常委会副主任张道中受邀参加会议。

**7日**

国家住房和城乡建设部发布《关于公布第三批国家重点公园的通知》，新绛县绛守居园池榜上有名，该园成为山西省第一座国家重点公园。

**9日**

市委书记高卫东在临猗县调研时指出，要深入贯彻落实科学发展观，加快产业结构调整和重点项目建设步伐，努力提高经济发展的质量和效益，实现县域经济的平稳较快发展。

**10日**

市政协召开视察全市重点工程建设、农村“六个全覆盖”情况汇报会，认真总结从11月26日至12月4日开展的专题视察情况，为全市经济社会发展献计出力。市政协主席柴林山，副主席王七庚、史海涌、王正选、杨泽生、潘和平，秘书长杜自立出席会议。会议由杨泽生主持。

**11日**

市委副书记董鹏翔带领市农委负责人到山西河务局调研。董鹏翔指出，要把黄河防汛作为首要任务，抓好河务工作。

**14日至15日**

市委常委、政法委书记崔克信到万荣县、夏县检查指导政法队伍纪律作风整顿活动的开展情况。

**15日**

市委书记高卫东，市委常委、纪检委书记赵建平就发展文化旅游产业和农业产业化到闻喜县调研。

**17日**

市委书记高卫东主持召开市委常委会，研究加强和改进新形势下党的建设。市委副书记、市长王安庞，市委副书记董鹏翔，市委常委、常务副市长王殿民，市委常委、纪检委书记赵建平，市委常委、组织部长陈振亮，市委常委、宣传部长王蕾，市委常委、运城军分区政委刘哲凝，市委常委、政法委书记崔克信，市委常委、统战部长于波出席会议。市人大常委会主任张建合、市政协主席柴林山列席会议。

**20日**

市长王安庞就城建工程进行调研，研究解决工程建设中存在的问题。他要求加快城建工程建设速度，确保各项工程按时完工，努力提升城市品位。副市长王健康参加调研。

**21日**

新成立的市文化广电新闻出版局揭牌。市委常委、宣传部长王蕾，副市长吴菊仙为该局揭牌。

**23日**

全市地方志工作会议召开，布置2010年第二轮地方志修编工作。副市长吴菊仙出席会议，并与各县(市、区)签订二轮修志目标责任书。

**26日**

市委常委、纪检委书记赵建平带领市直涉农部门负责人到新绛县调研农廉监督网的建设工作。市人大常委会副主任、新绛县县委书记李景友参加调研。

**27日**

市长王安庞主持召开供热供气工作协调会，进一步落实集中供热的资金、煤源、技术等，以确保集中供热的稳定运行。市委常委、副市长张建喜及市发改委、监察局、财政局、建设局、审计局、供热供气办等相关单位负责人参加会议。

**28日**

市交通运输局挂牌成立。新组建的市交通运输局增加了过去由市城建部门承担的指导城市客运的行政职能，这样有利于交通运输部门进一步统筹城乡客运资源，优化城乡客运结构。副市长、市交通运输局局长王健康参加挂牌仪式。

**30日**

永济热电厂上大压小2×300MW热电联产机组工程开工奠基仪式在永济举行。市委书记高卫东下达奠基令。市长王安庞讲话。市领导柴林山、张建喜、张道中，山西漳泽电力股份有限公司领导等出席奠基仪式。

**31日**

新组建的市经济和信息化委员会挂牌成立。市委常委、副市长张建喜出席挂牌仪式。市经济和信息化委员会是由原经委、国资委撤并组建的，挂市政府国有资产监督管理委员会牌子，属市政府工作部门。

（武建华）

（责任编辑：武建华）

# 概　况

## 基本情况

### 自然环境

**【位置　面积】**　运城市位于山西省西南部，处于华北平原的丘陵区，黄土高原东沿第一台阶，黄河中游地带，北界吕梁山与临汾市的乡宁、襄汾、曲沃、侯马、翼城等县市接壤。东连太行山与晋城市的沁水、阳城二县毗邻，西南两面濒临黄河，河干流形成了本市与陕西、河南两省的天然分界线。本市境域轮廓大致呈不规则三角形，地理坐标为北纬34° 35′ ~35° 50′，东经110° 15′ ~112° 04′，东西宽约201.87公里，南北长约127.47公里，总面积13968平方公里，约占山西总面积的9%。　（石少青）

**【气候】**　2009 年度运城市天气气候的主要特点是：年平均气温偏高，降水偏少，日照不足。其中 1 ~ 2 月、春季温度偏高，夏季正常略高，秋季以后温度偏低。年降水总量不足，且时空分布不均，旱情严重。

1、温度：本年度全市平均温度为 13.6℃，比往年平均值偏高 0.5℃。

2、降水：年内全市平均总降水量为 466.0mm，比往年的平均值偏少 49.7mm，比上年偏多 46.1mm。

3、日照：年内全市平均总日照时数为 1994.5 小时，比往年平均值偏少 232.0 小时，比上年略多。　（市气象局）

**【水资源】**　2009 年，全年全市水资源总量 13.34 亿立方米。全年平均降水量 464.9 毫米，比上年增加 11%。年末全市农村饮水安全未达标人口 35.5 万人，当年解决农村饮水安全人口 41 万人。　（市统计局）

**【自然灾害】**　2009 年，全年全市各类自然灾害造成直接经济损失 10.43 亿元，与上年基本持平。全年农作物受灾面积 494.71 万亩，上升 18.0%。其中，绝收 94.92 万亩，上升 90.0%。　（市统计局）

**【地震】**　2009 年，全市境内共发生 2 级以上地震 6 次，分别是：垣曲县 1 月 21 日 09 时 44 分发生 2.1 级地震；夏县 1 月 26 日 04 时 05 分发生 2.7 级地震；万荣县 1 月 18 日 18 时 45 分发生 3.5 级地震；运城市区 6 月 16 日 21 时 31 分发生 2.0 级地震；万荣县 7 月 18 日 06 时 04 分发生 3.0 级地震；新绛县 9 月 15 日 21 时 04 分发生 2.4 级地震。　（闫亚荣）

### 行政区划

**【行政区划概况】**　2009 年，全市 2 个县级市、10 个县、1 个区。总面积 13968 平方公里，总人口 509.5 万人。

盐湖区　7 镇、6 乡、8 个街道办事处；314 个村委会。即：解州镇、北相镇、龙居镇、泓芝驿镇、三路里镇、陶村镇、东郭镇、金井乡、席张乡、上郭乡、上王乡、冯村乡、王范乡、东城、西城、南城、北城、中城、安邑、姚孟、大渠街道办事处。

永济市　7 镇、3 个街道办事处；265 个村委会、402 个自然村。即：虞乡镇、卿头镇、开张镇、栲栳镇、张营镇、蒲州镇、韩阳镇、城东、城西、城北街道办事处。

河津市　2 镇、5 乡、2 个街道办事处；148 个村委会。即：樊村镇、僧楼镇、小梁乡、柴家乡、赵家庄乡、下化乡、阳村乡、城区街道办事处、清涧街道办事处。

芮城县　7 镇、3 乡；173 个村委会、7 个社区居委会。即：古魏镇、西陌镇、陌南镇、风陵渡镇、阳城镇、永乐镇、大王镇、学张乡、南卫乡、东垆乡。

临猗县　9 镇、5 乡；375 个村委会、550 个自然村。即：猗氏镇、牛杜镇、嵋阳镇、七级镇、东张镇、临晋镇、孙吉镇、三管镇、耽子镇、庙上乡、角杯乡、北辛乡、北景乡、楚侯乡。

万荣县　4镇、10乡；281个村委会、5个社区居委会。即：解店镇、荣河镇、通化镇、汉薛镇、皇甫乡、西村乡、万泉乡、南张乡、高村乡、贾村乡、王显乡、光华乡、裴庄乡、里望乡。

新绛县　8镇、1乡；220个村委会、6个社区居委会、230个自然村。即：龙兴镇、三泉镇、泽掌镇、北张镇、古交镇、泉掌镇、万安镇、阳王镇、横桥乡。

稷山县　5镇、2乡、1办；200个村委会、3个社区居委会。即：稷峰镇、化峪镇、翟店镇、清河镇、西社镇、太阳乡、蔡村乡、社区办事处。

闻喜县　7镇、6乡；343个村委会、6个社区居委会。即：桐城镇、郭家庄镇、凹底镇、薛店镇、东镇、礼元镇、河底镇、神柏乡、阳隅乡、侯村乡、裴社乡、后宫乡、石门乡。

夏县　6镇、5乡；257个村委会、4个社区居委会。即：瑶峰镇、裴介镇、水头镇、庙前镇、泗交镇、埝掌镇、南大里乡、尉郭乡、禹王乡、胡张乡、祁家河乡。

绛县　8镇、2乡；205个村委会、3个社区居委会。即：古绛镇、大交镇、安峪镇、横水镇、南樊镇、磨里镇、卫庄镇、陈村镇、冷口乡、郝庄乡。

平陆县　6镇、4乡、1个开发区；228个村委会、4个社区居委会。即：圣人涧镇、常乐镇、张村镇、曹川镇、张店镇、三门镇、洪池乡、杜马乡、部官乡、坡底乡、茅津经济开发区。

垣曲县　5镇、6乡；188个村委会。即：新城镇、毛家湾镇、王茅镇、古城镇、历山镇、皋落乡、华峰乡、英言乡、蒲掌乡、解峪乡、长直乡。

（各县志办）

## 人口情况

**【人口构成】**　据市统计部门2009年人口抽样调查，全市年末总人口为509.5万人，男性258.4万人，占总人口50.7%；女性251.1万人，占总人口的49.3%，男女性别比为102.9(女性为100)，出生人口性别比为112.6。全市城镇人口186.7万人，乡村人口322.8万人，城镇化率达到36.6%，比上年提高1.4个百分点。（市统计局）

**【人口自然变动】**　据市统计部门2009年人口抽样调查，年末全市常住人口为509.5万人，比上年末增加1.9万人。全年全市出生人口5.7万人，人口出生率为11.2‰；死亡人口3.1万人，死亡率为6.1‰；自然增长率为5.1‰。（市统计局）

**【婚姻情况】**　2009年，全市共办理结婚登记43394对；办理离婚登记3783对；依法办理涉港台结婚登记2对；登记合格率达到100%。

（李俊民　闫向明）

## 民族宗教

**【民族】**　运城市以汉族为主，另有蒙古、回、满、瑶、土家等21个少数民族，占全市总人口的0.2%，主要分布在盐湖、垣曲、绛县、平陆、新绛、河津、闻喜、永济等8个县（市、区），其中，回族有9572人，占全市少数民族总人口的87%；满族有1370人；蒙古族有10人；土家族等10个少数民族不足50人，瑶族等8个民族在10人以下。（王阳洋）

**【宗教】**　运城市有天主教、基督教、佛教、伊斯兰教、道教5大宗教，共有信徒189707人，寺观、教堂504处，教职人员987名，分布在全市13个县（市、区）、146个乡镇、2881个村庄（厂矿）。其中，天主教7900人，堂点22处，教职人员45人；基督教138707人，堂点423处，教职人员865人；伊斯兰教8700人，清真寺14处，教职人员15人；佛教30000人，堂点40处，教职人员53人；道教4800人，堂点5处，教职人员12人。（王阳洋）

# 国民经济与社会发展

**【概况】**　2009年，是运城撤地设市以来经济社会发展面临困难最大、经受考验最多的一年，也是全市上下奋力拼搏，共克时艰，并取得来之不易成绩的一年。一年来，市委、市政府带领全市人民，认真贯彻落实中央提出的“保增长、保民生、保稳定”和省委提出的“转型发展、安全发展、和谐发展”的决策部署，结合运城实际，提出了“抓好一、三产补二产”的工作思路，及时采取保增长促发展十项措施，积极应对国际金融危机的冲击，努力化解制约和影响运城经济社会发展的突出矛盾和问题，全市经济增长速度实现了由负转正的重大转折，各项社会事业取得了新发展。

经济增长：2009年，全年全市地区生产总值728.0亿元，比上年增长6.7%。人均地区生产总值14316元，按2009年平均汇率计算达到2096美元。

价格：居民消费价格比上年下降1.4%，其中食品价格下降4.1%。商品零售价格下降0.8%。工业品出厂价格下降19.6%，其中生产资料价格下降20.6%，生活资料价格下降9.6%。原材料、燃料、动力购进价格下降4.8%。农业生产资料价格下降0.4%。

就业：年末全市从业人员264.2万人。城镇新增就业人员5.1万人，完成全年目标（4.49万人）的113.6%。下岗失业人员再就业人数达到1.35万人，其中就业困难对象再就业人数0.37万人。年末城镇登记失业率2.4%，控制在4.2%的目标范围之内。（市统计局）

**【农业】** 粮食生产：全年全市农作物种植面积771.8千公顷，比上年增长10.9%。全年粮食总产量222.2万吨，比上年增产6.4%。

畜禽及水产品产量：全年全市肉类总产量比上年增长39.0%。

林业生产：全年完成造林面积17333公顷，退耕还林工程配套荒山荒地造林面积2800公顷，完成天然林资源保护工程造林面积4534公顷。年末实有封山（沙）育林面积21979公顷，零星（四旁）植树1383万株。

农业机械：年末全市农业机械总动力570.8万千瓦，比上年末增长7.1%。机械耕地面积47.7万公顷，机械播种面积42.0万公顷，机械收获面积29.9万公顷。全市农机化经营总收入达到8.3亿元。

（市统计局）

**【工业和建筑业】** 工业：全年全部工业增加值283.2亿元，比上年增长4.6%，在二产中所占比重为86.9%，比上年下降3.9个百分点。其中，规模以上工业企业完成增加值238.4亿元，比上年增长6.0%。产品销售率96.0%，比上年提高1.5个百分点。

全社会原煤产量28.3万吨，比上年下降68.9%。焦炭产量900.8万吨，比上年增长14.2%；钢材332.8万吨，比上年增长27.6%；氧化铝129.3万吨，比上年下降34.7%。

规模以上工业企业主营业务收入777.5亿元，比上年下降18.2%。其中，五大支柱产业实现主营业务收入555.1亿元，下降25.8%，有色金属冶炼及压延加工业、黑色金属冶炼及压延加工业、炼焦业、化学原料及化学制品制造业、电力热力生产和供应业分别实现主营业务收入176.9亿元、146.5亿元、123.9亿元、70.5亿元和37.3亿元，分别增长-34.3%、-20.3%、-25.1%、-29.8%和28.8%。新型产业中，装备制造业和医药工业分别实现主营业务收入75.3亿元、12.6亿元，分别增长10.2%、12.3%。规模以上工业企业实现利税7.3亿元，比上年下降88.3%；实现利润-25.3亿元，下降300.2%。

建筑业：全年全市具有资质等级的建筑企业131个，其中有工作量的建筑企业113个，实现建筑业增加值42.5亿元，比上年增长6.5%。具有建筑业资质等级的总承包和专业承包建筑企业实现利润总额1.6亿元，下降13.0%；上缴税金1.8亿元，下降5.1%。（市统计局）

**【固定资产投资】** 2009年，全年全社会固定资产投资481.5亿元，比上年增长40.2%。全市全社会固定资产投资施工项目1283个，项目建成投产率为73.9%。新增固定资产294.8亿元，固定资产交付使用率为66.0%。房地产开发：全年房地产开发投资40.2亿元，比上年增长14.8%。按工程用途分，住宅投资29.5亿元，增长28.4%；商业营业用房投资6.0亿元，下降13.3%。

（市统计局）

**【能源】** 能源生产：全年全市一次能源生产折标准煤20.2万吨，比上年下降71.6%；二次能源生产折标准煤1885万吨，比上年增长8.2%。

能源投资：城镇投资中，能源工业投资完成39.9亿元，比上年增长55.2%。其中，焦炭工业投资14.3亿元，增长1.1倍；电力工业投资4.7亿元，下降6.8%。（市统计局）

**【国内贸易】** 消费品零售：全年全市社会消费品零售总额328.2亿元，比上年增长22.0%。其中，城市消费品零售额184.7亿元，增长16.9%；县消费品零售额79.9亿元，增长26.4%；县以下消费品零售额63.6亿元，增长33.1%。

（市统计局）

**【对外经济】** 进出口贸易：全年全市海关进出口总额81979万美元，比上年下降39.4%。其中，出口额15702万美元，下降71.2%；进口额66277万美元，下降18.0%。

招商引资：全年全市新设

立外商直接投资企业4家；实际使用外商直接投资金额1.77亿美元，比上年下降67.0%；其中纳入商务部口径统计的为0.42亿美元，下降83.3%。

全年全市对外经济合作新签合同额0.29亿美元，比上年增长7.4%。（市统计局）

**【交通、邮电和旅游】** 交通运输：全市年末公路线路里程14649公里，其中国道、省道1522公里（包括高速公路340公里），县道、乡道、村道及专用道13127公里。公路密度达到103.3公里/百平方公里。全市公路客运量4750万人，比上年增长7.6%；公路货运量4538万吨，比上年下降25.0%。公路旅客运输周转量19.7亿人公里，比上年下降0.8%；公路货物运输周转量122.6亿吨公里，比上年下降55.5%。

运城机场共开通了运城——北京、上海、广州、天津、重庆、深圳、成都、沈阳、昆明、武汉、南京、海口、厦门、三亚和太原十五条航线。全年客运量50.1万人，比上年增长69.3%；货运量1150吨，增长38.6%。飞机起降6132架次，增长30.1%。

年末全市民用车辆拥有量67.6万辆，比上年末增长11.6%。民用汽车拥有量达到25.6万辆（包括三轮汽车和低速货车4.5万辆），比上年末增长20.0%，其中私人汽车20.0万辆，增长22.5%。年末轿车拥有量10.1万辆，比上年末增长45.9%，其中私人轿车9.0万辆，增长56.0%。年末摩托车拥有量33.2万辆，比上年末增长6.1%。年末拖拉机拥有量7.9万辆，比上年末增长8.7%。

邮电：全年全市完成邮电业务总量60.0亿元，比上年增长9.7%。其中，邮政业务总量3.3亿元，增长12.0%；电信业务总量56.7亿元，增长9.5%。年末全市固定及移动电话用户总数达到362.2万户，比上年末增加37.8万户。其中：固定电话86.2万户，移动电话276.0万户。电话普及率达到71.1部/百人，其中固定电话和移动电话普及率分别达到16.9部/百人和54.2部/百人。全市宽带接入用户达到36.3万户，增长31.0%。

旅游：全年全市接待海外旅游者10.3万人次，接待国内旅游者1265.8万人次，分别增长14.1%和10.1%；旅游外汇收入2326.3万美元，国内旅游收入85.4亿元，旅游总收入87.1亿元，分别增长23.0%、19.1%和19.3%。（市统计局）

**【财政、金融、证券和保险】** 财政：全年全市财政总收入63.7亿元，比上年下降31.2%。其中，税收收入57.4亿元，下降32.8%。在税收收入中，国内增值税、营业税、企业所得税、个人所得税、资源税和城建税共计完成税收52.0亿元，分别下降39.3%、0.2%、53.6%、22.9%、1.9%和15.6%。全市一般预算收入26.3亿元，下降19.5%。

一般预算支出103.6亿元，比上年增长11.3%。其中农林水事务支出增长19.7%，教育支出增长7.0%，科学技术支出下降4.2%，社会保障和就业支出增长15.9%，医疗卫生支出增长30.8%，环境保护支出下降22.1%，文化体育与传媒支出增长17.2%，城乡社区事务支出下降0.3%，公共安全支出增长15.5%。

金融：年末全市金融机构本外币各项存款余额830.0亿元，比年初增长15.6%。各项贷款余额482.9亿元，增长9.3%。年末全市金融机构人民币各项存款余额827.9亿元，比年初增长15.6%；各项贷款余额479.6亿元，比年初增长9.1%。人民币个人消费贷款19.5亿元，增长15.9%。全年累计现金收入1990.2亿元，累计现金支出1998.0亿元，货币净投放7.8亿元。

年末全市农村金融合作机构（农村信用社、农村合作银行）人民币贷款余额167.5亿元，增长11.8%。

证券：全年运城辖区证券市场各类证券成交额433.3亿元，比上年增长55.0%。其中，股票成交额431.0亿元，增长55.3%；基金成交额2.2亿元，增长37.1%；债券成交额0.1亿元，下降32.0%。年末股票市场累计开户数5.7万户，比上年末增长38.1%。

保险：年末全市保险公司共有18家，全年保费收入27.7亿元，比上年增长23.8%。其中，人身险业务保费收入21.8亿元，增长20.2%；财产险业务保费收入5.9亿元，增长39.1%。支付各类赔款及给付5.7亿元，下降2.4%。其中，人身险业务给付3.0亿元，下降19.1%；财产险业务赔款2.7亿元，增长27.6%。（市统计局）

**【教育和科学技术】** 教育：普通高校在校生1.8万人，教职工1470人，其中专任教师966人。中等职业学校在校学生82482人，普通中学在校学生39.9万人，小学在校学生42.4万人。全市中小学专任教师达到5.7万人。高中阶段毛入学率达到90.0%，比上年提高2.9个百分点。

科学技术：全年全市共受理专利申请399件，比上年增长5.3%。全市技术市场共签订技术合同16份，成交金额1.2亿元。全年有9个项目列入国家各类科技计划，获得国家资助390万元。全年共取得16项科技成果，获得省级科技奖励7项。其中省级科技进步二等奖2项，三等奖4项；省级自然科学二等奖1项。认定省级企业（集团）技术中心4家。

运城、绛县、风陵渡3个省级经济开发区全年实现科工贸总收入222.0亿元，比上年增长18.7%；税收收入3.9亿元，增长7.4%；进出口总额5032.8万美元，下降52.5%。

年末全市共有产品质量监督检验所13个，市授权行业建立的检验所（站）55个，监督抽查了1223家企业12类1638批次产品和商品。全市共有法定计量技术机构13个，全年完成强制检定计量器具44549台件。

全市有气象台站14个。全市开展电话天气自动答询台站13个。全市气象系统开展人工影响天气业务单位12个，防雹、增雨受益覆盖面积1.4万平方公里。全市有天气预报服务网站2个，卫星云图接收站1个。

全市有市级地震台网中心1个，数字测震地震台网1个，数字测震子台5个。县级地震监测台（站）13个。全年小震活动141次，最大震级3.2级。

（市统计局）

**【文化、卫生和体育】**　文化：年末全市共有艺术表演团体16个，群众艺术馆1个，文化馆13个，公共图书馆13个，馆藏图书95.0万册。博物馆19个，档案馆14个。市级以上重点文物保护单位173处，其中国家级44处，省级92处，市级37处。广播电台17座，电视台20座。有线电视用户43.7万户。广播人口覆盖率94.1%，电视人口覆盖率95.1%。在全省国庆60周年系列活动中，本市参选舞蹈《渔夫与河蚌》和民歌《报一个喜》获山西省“三民调演”银奖。新创历史剧《斩公槐》获山西省第十二届“杏花奖”新编剧目、表演和舞美等七项奖。

卫生：年末全市共有卫生机构(含诊所)1934个，其中妇幼保健院（站）14个。全市卫生机构(含诊所)共有床位22254张，卫生技术人员27593人。全市13个县（市、区）开展了新型农村合作医疗试点工作，参合率达到92.1%。

体育：全年全市运动员在国内重大比赛中获铜牌1枚，销售中国体育彩票1.2亿元，比上年增长8.4%。　（市统计局）

**【资源、环境和安全生产】**　资源：（1）全年全市实际建设占用耕地679.3公顷。土地整理、复垦、开发补充耕地1923.3公顷，当年净增耕地73.3公顷。（2）年末全市4座中型水库库容量9055万立方米。全年解决农村饮水安全人口达59.3万人。年末农村饮水安全未达标人口46.9万人。（3）全市拥有省级自然保护区1个，自然保护区面积达到86861公顷，占到全市国土面积6.1%。

环境：（1）全年市区二级以上优良天数达到354天，超额完成省政府下达的280天的目标任务。综合污染指数预计可由2008年的1.98降低到1.67。汾河、涑水河化学需氧量（COD）分别控制在省定目标内。全市污染物二氧化硫、化学需氧量的排放总量分别控制在省定目标13.1万吨和7.8万吨之内，完成了省定的减排二氧化硫（SO2）0.06万吨、化学需氧量（COD）0.06万吨的目标任务。（2）年末全市城市污水处理率达到85%，提高10个百分点；城市生活垃圾无害化处理率达到85%，提高29个百分点；集中供热面积1206万平方米，增长9.6%；集中供热普及率达到86%，提高6个百分点。（3）全年全市各类自然灾害造成直接经济损失10.4亿元，与上年基本持平。全年农作物受灾面积33万公顷，增长18.0%。其中，绝收6.3万公顷，增长90.0%。

安全生产：（1）全年全市投入126万元，建成了煤炭产量监控、井下人员管理和煤矿瓦斯监测监控“三大系统”。从2008年至本年底，组织培训煤矿主要负责人和安全生产管理人员564人，培训煤矿特种作业人员448人，煤矿班（组）长984人，初步形成了市、县、矿三级煤矿安全培训网络。全年安全生产事故死亡253人，比上年下降8.3%。（2）治理车辆非法超限超载：全市超限、超载率由治超前的8%~11%下降为0.16%，高速公路杜绝了车货总重55吨以上非法超限超载车辆，长途运输中的非法超限超载车辆基本消除。（3）全年全市发生道路交通事故759

起，下降10.4%，造成242人死亡、891人受伤，直接经济损失158.8万元，比上年增长27.8%。（市统计局）

# 机构设置与领导人名单

## 中共运城市委

**书　　记**　高卫东
**副 书 记**　王安庞　董鹏翔
**市委常委**　高卫东　王安庞
　董鹏翔　王殿民
　张建喜　赵建平
　董一兵　陈振亮
　王　蕾　刘哲凝
　崔克信　于　波
**秘 书 长**　王殿民*董一兵

### 市委工作部门

**办公厅**
常务副秘书长　王　胜
副秘书长　陈云龙　王绍良
　家稳稳　刘红平
　韩永康　罗宏伟
　杜国华
纪检组长　梁平平

**组织部**
部　　长　陈振亮
副 部 长　相生勤（常务）
　张殿权　张守相
　张保安　任爱梅

**宣传部**
部　　长　董鹏翔*王　蕾
副 部 长　黄勋会（常务）
　史慧玲　张民庆
部务委员　严伟杰

**纪律检查委员会　监察局**
书　　记　赵建平
副 书 记　毋昆峰（常务）
　蔡铁刚（监察局长）
　葛作民
纪委常委　姜东俊　姚　云
　刘腊群　王运萍
　贾海林（秘书长、办公室主任）
监察局副局长　姚　云
　李新民　陈建春

**统战部**
部　　长　王　蕾*　于　波
副 部 长　罗俊林（常务）
　李新潮　杨生荣
副调研员　刘增辉

**政法委**
书　　记　崔克信
副 书 记　杨建华（常务）
　李高潮　鲁恒信
　王拂晓　崔长胜
纪检书记　张开高

**政研室**
主　　任　张志斌
副 主 任　贾玉明　孙道生

**机构编制委员会办公室**
主　　任　景俊明
副 主 任　张彩菊　王奋勇
纪检组长　段利民

**市直机关工委**
书　　记　张建文
副 书 记　周　江
　陈发元（党校校长）
　王过渡　张丙巳
纪工委书记、监委主任
　杨晓林
党校副校长　宋永胜
副调研员　陈英俊
市直工委委员　王建斌
　刘兆军

### 部门管理机构

**信访局**
局　　长　家稳稳
副 局 长　王雪萍　肖喜成
　张立功
副调研员　王秀川　黄立生

**老干部局**
局　　长　相生勤（市委组织部常务副部长）
副 局 长　雷英铎（常务）
　赵向利　宋雷柱
　谢丽娟

**台湾工作办公室**
主　　任　董泽民
副 主 任　王铁成
副调研员　盖素云　原　坚

### 党委直属事业单位

**市委党校**
校　　长　尚平安*　董鹏翔
常务副校长　邵景阳
副 校 长　畅一平　宁　勇
　郝向耕　李洪智
纪检书记　卫武康
校委成员　孙续功　王怀生
　陈敬伟　李瑜瑞
工会主席　李瑜瑞
助理调研员　孙恩恩

**运城日报社**
社　　长　史慧玲
总 编 辑　柴坤龙
副总编辑　李宏学　卫君翔
纪检书记　董长河
副 社 长　刘玉栋

**党史研究室**
主　　任　樊朝阳
副 主 任　张建国　赵自成

**讲师团**
团　　长　张玉焕
副 团 长　李昭阳　马淮镇

**新闻中心**
主　　任　王荣志

## 运城市人大常委会

**主　　任**　黄有泉*张建合
**副 主 任**　刘振龙*刘冠生
　柴瑞霭　张道中
　梁天管　荆青莲
　李景发
**秘 书 长**　张建民
**副秘书长**　赵振国（办公厅主任）

兰创国

**办公厅**

副 主 任　杜卫国

**法制工作委员会**

主　　任　姚振海

副 主 任　相耀倡

**财经工作委员会**

主　　任　王高殿

副 主 任　刘希文

**教科工作委员会**

主　　任　卢兰芳

副 主 任　常国才

**农村工作委员会**

主　　任　贾小兰

**城建环保工作委员会**

主　　任　陈银狮

副 主 任　宁怀章　翟李强

**人事代表工作委员会**

主　　任　王宏铎

**民族宗教工作委员会**

主　　任　刘国义

**研究室**

主　　任　秦爱民

副 主 任　杨晓康

**信访室**

主　　任　王群狮

副 主 任　张会元

## 运城市人民政府

**市　　长**　王安庞

**副 市 长**　王殿民　张建喜
　　吴菊仙　董一兵*
　　武宏文　王健康

**秘 书 长**　肖暹东

### 市政府工作部门

**办公厅**

副秘书长　李丰林　闫　勇
　　郭健平　李建业
　　陈省平　翟俊彦
　　王继宏

**发展和改革委员会**

主　　任　张玉中

副 主 任　席根柱　杨世平
　　陈林虎　姚志敏
　　王功臣　崔建军

总经济师　陈会民

党组成员、信息中心主任
　　樊晓阳

**经济和信息化委员会**

主　　任　卫明泽

副 主 任　丁志良　狄建国
　　卫晶兰　张炳奎

总经济师　李引平

总工程师　薛清华

纪检组长　张新智

**教育局**

局　　长　李晋杰

副 局 长　王秀香　翟立明
　　李玉锁　程温明

副调研员　陈建国　蔡俊儒

副处级督学　张俊耀（总督学）

副调研员　荆建功

**公安局**

局　　长　权志高

党委副书记、调研员　孙彦学

副 局 长　冯养合　王　巨
　　白根元　冯　文
　　李昆生　李恩生
　　张　凯

纪检书记兼盐湖公安分局局长
　　周　鑫

政治部主任　杨建云

交警支队长　陈河山

调 研 员　张　民

党委委员　高贯峰　侯玉杰
　　刘安康

**司法局**

局　　长　晋学苏

副 局 长　胡平定　李宝基
　　闫利军

纪检组长　崔晓勇

政治部主任　姚明喜

**民政局**

局　　长　王玉林

副 局 长　刘志冰　宁庚元
　　张太印　杨云科

纪检组长　李太宁

副调研员　杨京为　张泽民

**财政局**

局　　长　孙太平

副 局 长　张晋生　潘俊武
　　谭志民　孙建平
　　张国伟　张建国

总会计师　廉　宏

党组成员　王开进

**人力资源和社会保障局**

局　　长　张殿权

副 局 长　张建设　常五一
　　李晓良　赵永学
　　席新义　赵振明
　　姚丰吉　刘建中
　　杜步霄

纪检组长　史忠诚

党组成员　原　波（调研员）
　　李雪才（人才交流中心主任）
　　杨新民（失业保险管理中心）
　　侯卫河（企业养老保险管理中心主任）
　　李俊杰（医保中心主任）

军转干培训中心主任　王石根

人事考试中心主任　兰高文

**住房保障和城乡建设管理局**

局　　长　曹醒侨

副 局 长　董志强　李世元
　　张萍梅　张启民
　　孙文中

总　　工　王世斌

调 研 员　刘庆虎

**交通运输局**

局　　长　王健康

副 局 长　畅汇河　王树民
　　鲍师选　解建功

纪检组长　王书臣

总　　工　毋智民

党组成员、调研员
　　荆永勤　陈新安

**国土资源局**

局　　长　秦世昌

副 局 长　吴万喜　尚继德

朱新生　戴福安
薛学盛
总工程师　焦志宏
党组成员、盐湖分局局长
任尚元
纪检组长　李继军
调 研 员　乔三友　文丁寅
副调研员　杜青义　樊安邦
局长助理　孙华芳

**水务局**

局　　长　冯进喜
副 局 长　郝廷奇　沈辛未
辛选民
纪检组长　武惠珍
总　　工　王俊武
调 研 员　任望平

**农业委员会**

主　　任　樊剑展
副 主 任　李晋生（党组副书记）
李鼎龙（调研员）
裴宝珠（调研员）
周志华　裴正龙
亢青选　冯树英
刘志英　郝代业
张　帆
纪检组长　陈乃家
总农艺师　李社民

**林业局**

局　　长　阎有善
副 局 长　张全喜　宁星龙
张　驰　邢富生
纪检组长　吴炳森
总工程师　孙引科
副调研员　赵克信　郭梅英

**科学技术局**

局　　长　段兰亭
副 局 长　薛保刚　董建宏
陈力田　李永辉
纪检组长　卢青娟

**文化广电新闻出版局**

局　　长　杨金贵
副 局 长　杨福林　阎建华
亢跃辉　董　刚
纪检组长　张保家
副调研员　藏水江　李朝文

**卫生局**

局　　长　周　迎
副 局 长　陈金龙　吕拴过
李起炎　田康立
范建国
纪检组长　狄泰生
调 研 员　刘玉峰
副调研员　沈玉明

**人口和计生委**

主　　任　卫新平
副 主 任　王伯宏　刘存社*
樊桂萍　王新民
柳广振
纪检组长　王肖项
计生协会副会长　刘合周
副调研员　刘爱勤

**审计局**

局　　长　王吉海
副 局 长　侯曙光　王乐乐
陈立定　王　凌
总审计师　李乃胜
纪检组长　孙银虎
副调研员　姚向国　任兴龙

**商务局**

局　　长　闫甲午
副 局 长　李民龙　杜绪鹏
李志民　贠晨昱
总经济师　荆富功
副调研员　杨生军

**环境保护局**

局　　长　谢爱玲
副 局 长　王利民（兼纪检组长）
王建民　李福堂
张会生
总工程师　韩晓辉

**统计局**

局　　长　邓梦海
副 局 长　程传芳　李扎西
纪检组长　梁安定
总统计师　谢选立
监测中心副主任　王平安

**旅游局**

局　　长　杨忠庭
副 局 长　翟光明　孙年发
朱武生

纪检组长　王志凯
副调研员　令狐东华

**文物局**

局　　长　李　渡
副 局 长　李百勤　李红霞
史清华
副调研员　张国维

**体育局**

局　　长　任永吉
副 局 长　白宏运（市体校校长）
王　超　刘　晓
纪检组长　郭瑞璋

**粮食局**

局　　长　孙　伟
纪检组长　刘运法
副 局 长　侯茂盛　宁学武
薛高峰
工会主席　侯培坤
副调研员　李　冬

**外事侨务办公室**

主　　任　李　峰
副 主 任　安联平　靳云燕
王　波

**安全生产监督局**

局　　长　赵令刚
副 局 长　谢肃增　王晓东
王　雁
安全生产执法支队队长　李清水
总工程师　王永平

**民族宗教事务局**

局　　长　杨生荣
副 局 长　林　奎

**食品药品监督管理局**

局　　长　李东阳
副 局 长　赵通儒　段保宏
陈汪利
纪检组长　史秉团
调 研 员　史春刚

## 部门管理机构

**物价局**

局　　长　李苏杰
副 局 长　王采元　孙正印
谢正民　周　寅
纪检组长　万进科

**机关事务管理局**
局　　长　陈云龙
副 局 长　乔丁亚　陈志颖
　　　　　王有余
纪检组长　尉建龙
副调研员　上官纪昌

## 市政府直属事业单位

**改革与发展研究中心**
主　　任　陈省平
副 主 任　茹进朝　张美蓉
　　　　　王　选
**档案局**
局　　长　韩天有
副 局 长　王宝琴　耿秋菊
　　　　　张　静
**地方志办公室**
主　　任　孙玉莲
副 主 任　宁雪瑞　张武虹
**地震局**
局　　长　高　萍
副 局 长　胡吉星　张兴龙
　　　　　张永朝
纪检组长　孙良霞
总工程师　梁建华
**老龄委**
主　　任　崔新杰
**扶贫办**
主　　任　韩晓东
副 主 任　薛西昌　戴志忠
**果业发展中心**
局　　长　姚存忠
副 局 长　郝淑英　陈运来
　　　　　王宏伟
总农艺师　淮迎社
**畜牧兽医发展中心**
主　　任　姚　蔚
副 主 任　刘仕俊　冯红芳
　　　　　赵巧云
纪检组长　高运昌
**农机发展中心**
局　　长　麻石娃
副 局 长　张中林　王凤婷
　　　　　景运添
纪检书记　陈有智
局长助理　李庆业
**乡镇企业服务中心**
局　　长　蒋同军
副 局 长　陆世生　张世英
　　　　　张展科　吕陈虎
**农业综合开发中心**
主　　任　柴广林
副 主 任　王国和　杜勤学
**国际金融组织贷款管理局**
局　　长　刘　峰
副 局 长　董其祥　李振华
　　　　　杨继跃　李玉琴
总会计师　梁潞琪
**广播电视台**
台　　长　柴建良
副 台 长　党克让　张小民
　　　　　王益民　王　刚
　　　　　黄建国
纪检组长　朱玲娣
常务副总编　原启民
总工程师　杨泽勇
**城镇集体联合社**
主　　任　张堂民
副 主 任　杨亚朋
纪检组长　张　杰
**供销合作社联合社**
理事会主任　邵明水
监事会主任　席永红
理事会副主任　薛新宽
纪检组长　李　立
理事会副主任　闫晓刚
**圣惠小区管委会**
主　　任　郭治中
**集中供热供气办公室**
主　　任　董志强
副 主 任　郝代业　杜伟师
**疾病预防控制中心**
主　　任　周仁义
书　　记　张　萍
副 主 任　杨吉荣　王晋生
**运城民航机场有限公司**
董事长、总经理　郝荣生
副总经理　王朝民
**城市建设投资开发有限公司**
董 事 长　刘振华
总 经 理　陈新安
副总经理　焦　鹏　侯伟强
**运城高速公路有限责任公司**
总 经 理　贾建民
党委书记　昝生晋
副总经理　李鹏飞（常务）
　　　　　刘俊平　江家宏
　　　　　杨正元
纪检书记　姚文勇
总会计师　杨广晨
工会主席　任云西
**运城至灵宝高速公路建设管理处**
处　　长　王强锁
党委书记　刘俊平
党委副书记、副处长　黄河龙
副 处 长　杨正元
纪委书记　刘晓明
总会计师　孙　琳
总工程师　秦世华
**闻喜至合阳高速公路建设管理处**
处　　长　李继超
副 处 长　侯毅力（兼副书记）
　　　　　薛炎龙　王　直
纪检书记　王彩荣
总会计师　闫兆军
总工程师　解　荣

# 政协运城市委员会

**主　　席　**安永全*　柴林山
**副 主 席　**李玉燕　王七庚
　　　　　史海涌　王正选
　　　　　杨泽生　薛靛民
　　　　　潘和平
**秘 书 长　**杜自立
**副秘书长　**靳国全　刘东吉
**办公厅**
主　　任　靳国全
副 主 任　郭文汇　马国跃
　　　　　雷学智
**教科文卫委员会**
主　　任　马志勇
**农村委员会**
主　　任　贠志东

**社会法制委员会**
主　　任　李慧芳
**经济人口资源委员会**
主　　任　王小明
**民族宗教委员会**
主　　任　张保平
**提案委员会**
主　　任　邹光存
副 主 任　赵力学
**研究室**
主　　任　韩晓军
副 主 任　肖玉芬

## 政　法

**山西省人民检察院运城分院**
代检察长　郝跃伟*
检 察 长　郝跃伟
常务副检察长　段运生
副检察长兼反贪局长　郭瑞瑄
副检察长　胡铁牛　王大为
　　　　　焦良梅　魏良梅
政治部主任　吕天祥
纪检组长　李旭明
党组成员　董兆庆
**运城市中级人民法院**
院　　长　何振科
副 院 长　吕爱英（常务）
　　　　　冯克乃　王福生
　　　　　孙仰新　雷晓琪
纪检组长　王随旺
政治部主任　董朝科
党组成员、盐湖区法院院长
　　　　　周会峰

## 民主党派

**中国国民党革命委员会运城市委员会**
主　　委　赵通儒
副 主 委　田康立　刘国义
　　　　　王　玮　王　凌
**中国民主同盟运城市委员会**
主　　委　史海涌
副 主 委　戈建龙　张清龙
　　　　　刘红旗　范春玉
　　　　　景眉任
**中国民主建国会运城市委员会**
主　　委　孙涛锁
副 主 委　马春录　岳崇民
　　　　　李金果
**中国民主促进会运城市委员会**
主　　委　王正选
副 主 委　张亚茜　李明刚
　　　　　翟冬鸿
**九三学社运城市委员会**
主　　委　闫义勇
副 主 委　贾爱珍　王玉山
　　　　　王宏斌　王建国

## 群众团体

**工　会**
主　　席　荆青莲
常务副主席　董建民
副 主 席　牛凤琴　秦恩年
纪检组长　穆　羽
调 研 员　秦全发
副调研员　杨　晓
**团　委**
书　　记　王晓旭
副 书 记　王小波　丁　格
少工委主任　安　奇
**妇　联**
主　　席　薛印芳
副 主 席　刘　红　骆新爱
　　　　　解　芳
妇儿工委办主任　安林英
**工商联**
主　　席　薛靛民
党组书记　罗俊林
常务副主席、秘书长　王常伟
副 主 席　朱苏海　李兆会
　　　　　李家林　崔小龙
　　　　　吉意明　张旭婧
　　　　　原贵生　陈俊启
　　　　　王德文　张双林
　　　　　薛天祥　李　兵
**科　协**
主　　席　王林祥
副 主 席　黄万增　张素莉
**侨　联**
主　　席　李新潮
副 主 席　梁晓静　朱建中
**文　联**
主　　席　魏荣汉
副 主 席　杜东明　王　英
　　　　　武俊英
**残　联**
理 事 长　张学礼
副理事长　孟保林　闫敬民
纪检组长　郭丽梅
**贸促会**
会　　长　李建业（市政府副
　　　　　秘书长）
副 会 长　李乃民

## 垂直部门

**工商局**
局　　长　武晓勤
副 局 长　王　敏　焦志强
　　　　　王邑建
纪检组长　韩菊红
**国家税务局**
局　　长　沙　宏
副 局 长　赵志武　原文泽
　　　　　马福山
纪检组长　杨树人
总经济师　王元智
**地方税务局**
局　　长　郭建国
副 局 长　刘玉晶
　　　　　赵柏良（兼纪检组长）
　　　　　魏　钢
总经济师　丁世照
**质量技术监督局**
局　　长　乔宝贵
副 局 长　张永伟　乔泽明
　　　　　李随合
纪检组长　胥金来
检测所所长　宋　波

总工程师　贾秀民
稽查分局局长　廉顺生

**烟草专卖局（公司）**

局长、经理　景随玉
副 局 长　程向阳
　　　　　刘宏深（兼纪检组长）
副 经 理　李学军　杨新民
　　　　　姚　宏
经理助理　李永贵

**气象局**

局　　长　周国柱
党组副书记、纪检组长
　　　　刘德芳（正处级调研员）
副 局 长　贾朝阳

**无线电运城市管理处**

处　　长　张志铭
副 处 长　杨金乐
副调研员　牛映奎

**公路局**

局　　长　丁惠民
党委书记　权可进
副 局 长　畅良臣　郭临生
　　　　　吉王毅
副 书 记　王发刚
工会主席　李曙光

**供电分公司**

经　　理　刘显哲
　　　　（兼党委副书记）
党委书记　吕家柱（兼副经理）
副 经 理　吕家柱　刘正芳
　　　　　仇西林
　　　　　孙国繁（兼总工程师）
　　　　　李永生　潘永忠
党委副书记兼纪委书记
　　　　　张丙寅
工会主席　尚　凯

**石油公司**

经　　理　刘油旦
党委书记　赵国珍
经理助理　景随娃
副 经 理　李维新
总会计师　何桐姣
工会主席　黄福功

**运城银监分局**

局　　长　卢文礼
副 局 长　崔峰贾　孟　飞
纪委书记　尉海泉

**中国人民银行运城市中心支行**

行　　长　张　林
副 行 长　侯　龙　邓潜贞
　　　　　潘　锋　王　侃

**中国工商银行运城分行**

行　　长　薛会民
副 行 长　刘北恒　谭福才
　　　　　王晓红　丁志刚
纪委书记　韩保印
副调研员　林恩义

**中国农业银行运城分行**

行　　长　谢宏达
副 行 长　张建河　李建新
　　　　　杨　洪

**中国农业发展银行运城分行**

行　　长　冯春平
纪委书记、副行长　王俊民
副 行 长　赵克弟　闫智勇

**中国银行运城分行**

行　　长　李向阳

**中国建设银行运城分行**

行　　长　康尔宁
纪检书记　卫双良
副 行 长　潘新华　姜广兴
　　　　　张建平
工会主席　孟庆禄
风险主管　王　阳

**农村信用合作社联合社**

理 行 长　张保安
副理事长　郝新民
监 事 长　张智芳
主　　任　张　军
副 主 任　程清斌　王晓勤
　　　　　马明立

**中国人民财产保险公司运城分公司**

总 经 理　郭益民
副总经理　张金旗　周继腾*
总经理助理　郑平安

**中国人寿保险公司运城分公司**

总 经 理　梁　向
副总经理　崔　斌　成　元
　　　　　霍俊杰　土泽荣
　　　　　王作敏

**邮政局**

局　　长　何将祚
书　　记　张海云
副 局 长　卫永胜　姚　兵
副局长、副书记　张安桢
副调研员　薛林富

**中国电信运城分公司**

总 经 理　贾　健
副总经理　齐宝亮　侯正伟

**中国移动运城分公司**

总 经 理　孙民英
副总经理　张绍平（兼党委副
　　　　　书记、纪检书记、
　　　　　工会主席）
　　　　　薛剑波　霍军立

**中国联通运城分公司**

总 经 理　赵立勤
副总经理　崔明元　赵建中
　　　　　原跃飞　崔　浩
　　　　　管艳萍　刘伯承
　　　　　刘保康　靳继克

## 山西省军区运城军分区

**司 令 员**　刘桂国
**政治委员**　刘哲凝
**参 谋 长**　肖发南
**政治部主任**　李志刚
**后勤部部长**　朱灵敏

## 中国人民武装警察部队运城市支队

**支 队 长**　周文银*（上校）
　　　　　李文锁（上校）
**第一政治委员**
　　　　权志高（市公安局长兼）
**政治委员**　闫济忠（上校）
**副支队长**　闫海涛（中校）
　　　　　巩晓辉（中校）
**副政治委员**　尚春福*（中校）
　　　　　刘国军（中校）

**参 谋 长** 张新禄（中校）
**政治处主任** 杨 辉（中校）
**后勤处处长** 戴凤臣（少校）

## 学 校

**广播电视大学**
校　　长 解国栋
总支书记 陈 龙
副 校 长 吕建伟 樊振华
　　　　 张宇敏
纪检组长 晋严明

**运城学院**
党委书记 师 帅
党委副书记、院长 姚纪欢
党委副书记 赵小狮
党委委员、纪委书记 李德龙
副 院 长 安建平（党委委员）
　　　　 梁晋才 王卓民
　　　　 张凤琴

**市财经学校**
校　　长 解 威
党委书记 吴国平
副 校 长 李广英 李贵荣
　　　　 张普增
工会主席 李文选
纪委书记 白雪梅

（注：以上名单由各单位提供，姓名后加“*”者为当年离任。领导排名根据年鉴编纂规则按职务分类排序）

（责任编辑：石少青）

# 政　　治

## 党委工作

**【学习贯彻落实科学发展观】** 2009年，运城市委认真贯彻落实中央和省委的安排部署，把开展深入学习实践科学发展观活动作为应对国际金融危机、实现“三保”目标、推进“三个发展”的重大举措，突出“热爱运城、共谋发展”主题，以“提高思想认识、解决突出问题、创新体制机制、促进科学发展”为重点，加强领导、精心组织，取得了明显成效。

在第二批学习实践活动中，坚持把学习贯穿始终，不断深化认识。采取自学与辅导相结合、宣讲与培训相结合、专家报告与听基层干部介绍经验相结合等形式，深入学习科学发展观的丰富内涵和精神实质。集中开展了“金点子”征集、笔记展评、主题演讲及“热爱运城、共谋发展”领导干部大讲述、万人问卷调查、百名干部下基层集中调研、干部群众大访谈等活动，增强了学习实践活动的针对性和实效性。紧密联系实际，查找解决突出问题。组织各级党员干部深入基层一线，多种形式问需于民、问计于民，广泛征求群众意见和建议。对能够尽快解决的问题及时整改，对群众反映强烈的问题突出整改，对一时难以改进的问题长期整改，确保学习实践活动的成果让群众看得见、摸得着、感受深。同时，有序搞好第二批与第三批学习实践活动的衔接，更加注重贴近基层实际、因地制宜，分类指导、解决突出问题，推动第三批学习实践活动扎实顺利开展。

学习实践活动的扎实有效开展，增强了各级干部应对危机、实现“三保”目标的信心和决心，增强了贯彻落实科学发展观的自觉性和坚定性，为推进经济平稳健康发展注入了强大动力。尤其是形成了以宽广的视野认识发展、以宽阔的胸怀推动发展、以宽容的心态支持发展、以宽松的环境保障发展的思想共识，受到省委领导和中央巡视组的充分肯定。

（董晓丽）

**【保增长、保民生、保稳定】** 2009年，运城市委以“保增长、保民生、保稳定”为首要政治任务，全力遏制经济下滑。制定实施了加大重点项目建设、破解企业融资难题、支持企业开拓市场、减轻企业负担、推进“一、三产业”发展、培育县域经济增长点等十项措施，成立了六个工作组，分领域推进。市级领导每人联系一家企业，深入基层一线解决问题，并从市县两级抽调大批干部帮扶重点企业。认真落实国家扩大内需政策措施，大力推进万村千乡市场工程、新农村商网建设、家电下乡，活跃城乡消费市场。通过努力，全市经济已走出最为困难时期，企稳回升的良好态势进一步巩固，各项主要经济指标明显好转。2009年，全市生产总值730亿元，同比增长6%；全社会固定资产投资480亿元，同比增长40%；规模以上工业增加值236亿元，同比增长4.5%；社会消费品零售总额323亿元，同比增长20%。财政总收入完成63.6亿元，同比下降31.1%。

（董晓丽）

**【全力拉动经济增长】** 2009年，运城市委加大项目建设力度，全力拉动经济增长。把2009年确定为“项目建设年”，全力以赴争资金、上项目，以项目建设拉动推动经济增长。加强对项目建设的领导，将工作量化到每个季度、每个月，设立11个工作小组全力推进。各项工程进展顺利，178项重点工程取得重大进展，尤其是大运重卡已正式投产，这成为本市转型发展的一个重大标志，也是山西省装备制造业发展的一个重大突破。

加大经济发展较快集中区域建设力度，推动区域协调发展。着眼于解决县域经济发展严重失衡、中心城市对全市经济辐射拉动作用较弱、产业结构亟须调整等问题，提出了在盐湖区建设一个经济发展较快集中区域的工作思路，并及时动员部署，加强组织领导，理顺管理体制，统筹协调推进，狠抓工作落实。总投资778亿元的100个重点项目规划进展顺利，一批高、新、大项目相继开工，基础设施建设、现代农业、商贸物流、旅游开发等工作都呈现出新亮点、新特色。（董晓丽）

**【加大经济结构调整力度】** 2009年，运城市委奋力推进转型发展。抓住国家和省十大产业调整振兴的机遇，着力发展现代高效生态农业，提升文化旅游产业水平，培育壮大汽车和运输设备、铝和镁深加工、化工、农产品加工、服务业五个产业集群，加快转变发展方式，努力改变整个经济过渡依赖二产拉动、二产增长又过渡依赖原材料的畸重格局。（董晓丽）

**【编制完成现代农业示范园建设规划】** 2009年，运城市委编制完成现代农业示范园建设规划，大力发展现代农业。重点抓好“双创”增粮计划、绿色农产品生产基地计划、规模健康养殖计划、农民专业合作社建设计划、现代农业物流园区建设等“五大计划”。不断优化品种结构，提高农产品质量，大力发展设施农业。稳步推进土地合理流转，激活土地资源，发展适度规模经营。在财政十分困难的情况下，投入2000万元重点扶持了53个农业产业化项目，推进农业产业化进程。全市粮食总产22.2亿公斤，增长6.4%，创2000年以来新高；农林牧渔总产值继续增长，农民人均纯收入预计可达4104元，增长8%。（董晓丽）

**【制定实施行业调整和振兴方案】** 2009年，运城市委制定并实施了装备制造、焦化、煤化工和食品等行业调整和振兴方案，狠抓123个列入省工业转型发展重点技改项目的实施，冶金、焦炭、化工等传统产业技术改造有了新突破，汽车制造、铝镁深加工、煤化工和日用化工、新能源新材料取得新进展，节能减排和循环经济试点工作取得新成效。（董晓丽）

**【“三产”向特色化、规模化转变】** 2009年，运城市委文化产业重点抓项目、建园区，精心打造文化品牌，积极推出一批影视剧作，搞好文化工艺品的开发制造，不断提升文化产业的质量和效益。积极推进旅游景点配套设施等项目建设，整合旅游资源，扩大景区容量，充分发挥关帝庙、鹳雀楼、李家大院等拳头景点的带动作用，打造各具特色的旅游板块。2009年实现旅游总收入87亿元，同比增长19%。同时，充分利用区位、交通优势，围绕把运城建成辐射中西部的重要物流集散中心，大力发展现代物流业，交通运输、仓储、租赁、商务等服务业保持增长态势。（董晓丽）

**【促进城乡统筹发展】** 2009年，运城市委完善城市功能、打造城市形象，调整修编城市发展规划，中心城市总体规划已通过专家评审；加大基础设施建设力度，体育馆、城市生活垃圾无害化处理场、城东污水处理厂、集中供热等城建重点工程相继完工，污水处理率、集中供热普及率达80%以上；城区道路拓宽、改造和畅通工程进展顺利，交通条件明显改善；加强生态环境建设，全市新增绿化面积305.4万平方米，中心城市绿化覆盖率达40.5%，二级以上天数达到354天；积极创新城市管理，中心城市品位得到提高，城镇综合辐射带动能力进一步增强。大力实施城乡一体化战略，134个试点村和第三批259个重点推进村的“四化四改”工作取得新成效。积极引导企业以结对帮扶、领办项目、吸纳农村富余劳动力、兴办社会公益事业等方式支持“三农”，积极引导城市资金、人才、技术等生产要素向农村流动，以工补农、以城带乡的长效机制进一步确立和巩固。（董晓丽）

**【加大改革力度】** 2009年，运城市委深入推进政府机构改革，改革后，市级政府机构减少4个。国有企业改制、煤矿兼并重组工作进展顺利，中小企业改革深入开展。土地承包经营权流转全面铺开，集体林权、水权制度改革正在积极推进。争取建设国家晋陕豫黄河金三角区域协调发展综合试验区申报工作取得重大进展。强化招商引资工作，引资160亿元。大力推进全民创业，经济发展活力进一步增强。（董晓丽）

**【民主法治建设】** 2009年，运城市委坚持和完善人民代表大会制度，支持人大及其常委会依法履行职能，支持人大围绕保增长、保民生、保稳定等中心工作及维护群众利益等重大问题进行监督。坚持和完善中国共产党领导的多党合作和政治协商制度，支持人民政协履行政治协商、民主监督、参政议政职能，加强和改进政协提案、委员视察和专题调研等工作。加强民主党派、工商联、无党派工作，全面推进民族、宗教、侨务、对台和新社会阶层等各领域统战工作。深化村务、厂务、政务公开，加强基层民主建设，支持工、青、妇等群团组织依照法律和章程开展工作，团结和凝聚各方面力量，共谋发展、共促和谐。

依法治市取得新进展。广泛深入开展法制宣传教育活动，不断提高广大公民的法制观念和法律素养。推进司法体制改革，加强对司法活动的监督和保障。支持政府依法行政，推进各项事业依法治理，各级政府依法决策、依法行政的意识和能力进一步增强。（董晓丽）

**【增强文化发展活力】** 2009年，运城市委举办纪念新中国成立60周年系列活动，多形式开展强化公民道德和社会主义核心价值体系建设。深入开展精神文明创建系列活动，不断提高市民文明素质。深入推进文化体制改革，大力实施“文化强市”战略，市、县、乡三级公益性文化基础设施建设进一步加强，一大批文艺精品获得奖励，文化产业发展实现新突破。大力实施文化惠民工程，广泛开展文化、科技、法制、卫生“四下乡”活动，丰富群众文化生活，培育社会文明风尚。积极参加全国第五届文博会并取得丰硕成果，成功举办了第二十届关公文化旅游节、永乐宫书画艺术节、后土文化节、世界情侣月和“全国百家网络媒体山西行”运城采风等活动，有力推进了文化交流和对外开放。（董晓丽）

**【着力改善民生】** 2009年，运城市委在经济困难时期，更加重视改善民生，通过解决群众生产生活问题为推动发展、共渡难关凝聚力量。(1)大力实施惠民工程。进一步加大投入、健全机制、强化举措，抓好教育、文化、卫生、住房等惠民工程。大力推进“六个全覆盖”，建制村通水泥（油）路和村级卫生室实现全覆盖，中小学校舍安全改造、村通广播电视、农村饮水安全、村级组织活动场所全覆盖已完成上年任务。(2)加强社会保障工作。完善城乡低保、农村“五保”群众供养及灾害救助制度，认真做好新型农村社会养老保险试点工作，积极扩大城乡居民的社会保障范围，加大非公有制经济和灵活就业人员参保力度，社会保险综合覆盖率提前实现“十一五”目标。抓好新型合作医疗普及，做好甲型流感防治工作。采取有力措施扩大就业，城镇登记失业率控制在4%以内。加大扶贫解困和帮扶救助力度，认真解决好城乡困难群众尤其是强降雪中受灾群众的生产生活问题。（董晓丽）

**【“平安运城”建设】** 2009年，运城市委认真贯彻落实中央和省委关于维护稳定的一系列决策部署，做好维稳反恐工作。深入开展政法队伍纪律作风整顿，着力造就政治坚定、业务精通、作风优良、执法公正的高素质执法队伍。进一步加强信访工作，认真解决信访疑难案件。特别是我们在认真办理省委社情民意通道的基础上，开办了“对市委书记、市长说”栏目，及时听取群众意见、建议，并在网上公布处理结果。坚持把安全生产做为保增长的前提，扎实推进安全生产专项整治和长效管理，努力推进安全发展。（董晓丽）

**【干部队伍建设】** 2009年，运城市委加强思想政治建设。开展了新一轮大规模干部理论培训工作。以科学发展观和十七届三中全会精神、“六个为什么”、十七届四中全会精神为重点，分类举办短期培训班48期，累计培训各级干部6550余人；加强对干部政治理论水平和学习能力的考核，进一步提高了各级干部的政治素质和综合能力。

2009年，运城市委认真做好干部选拔任用工作。5月份，选拔12名同志担任正处级领导职务，55名同志担任副处级领导职务，9名同志为副处级非领导职务，转任和平调21人。11月份政府机构改革中，对有关市直单位领导班子和领导干部进行了调整分流。在选任干部中，做到三个注重：注重坚持党管干部原则；注重严格执行政策规定；注重优化班子整体结构。本年，选拔的55名副处级领导干部中，40岁以下的19人，占34.5%；党外干部5人，占9.1%；妇女干部11人，占20%；7名具有乡镇基层工作经历的干部调整配备到市直有关单位；20名市管干部进行了交流。（董晓丽）

**【干部监督管理】** 2009年，运城市委对381名县处级领导班子副职后备干部人选、86名新担任县处级领导干部和平调交流到重要岗位的县处级领导干部严格进行了任前审查，对78名新提任县处级领导干部进行了任前公示，有效防止了干部“带病提拔”和“带病上岗”；出台了《干部选任回访调查制度》，对2008年新提拔、交流的312名市管干部进行了回访调查，对测评优秀率低于70%的7名同志进行了约谈提醒。坚持从严管理干部，出台实施了《运城市挂职干部选派管理暂行规定》、《运城市市管领导干部请假报告制度》等15项制度，健全了“靠制度管人，按制度办事”的干部管理机制；开展了建立促进科学发展的干部考核评价机制试点工作，力求对干部进行更为全面科学的考核评价。（董晓丽）

**【基层党组织建设】** 2009年，运城市委以机制建设为重点，创新基层党组织工作。继续深化农村基层党组织“帮建升级”活动，对485个难点重点村进行集中整顿和帮扶，努力构建城乡基层党组织互帮共建长效机制。加强制度和机制建设，开展“五型、四好、三满意”活动，机关党建工作水平进一步提高。在国有企业完善落实党组织“双向进入、交叉任职”机制，在规模以上非公有制企业灵活设置党组织，在社区完善落实“党建联抓、经济联帮、治安联防、卫生联管、服务联手”的“五联共建”机制，不断创新基层党组织工作。

本年，出台落实相关制度，大力实施农村干部“素质提升工程”，全面提高农村新当选“两委”干部的综合素质。依据法律政策规范村规民约，提高农村民主管理水平。积极推进村级组织活动场所全覆盖。精心组织开展2009年选聘优秀高校毕业生到村任职工作，并充分发挥大学生村干部的作用。强化基层党员的教育管理，大力实施全市发展农村党员“382”工程，新发展党员7136名，其中农村党员5302名，占到74.3%。（董晓丽）

**【反腐倡廉建设】** 2009年，运城市委高度重视反腐倡廉工作，认真落实中央和省委的一系列部署和要求，扎实推进惩防体系建设，标本兼治、惩防并举，切实以反腐倡廉建设的实际成效取信于民。(1)紧紧扭住龙头，严格落实党风廉政责任制。抓住责任分解、责任考核和责任追究三个环节，将反腐倡廉的任务分解到39个牵头部门和30个配合单位，层层签订定目标责任书，并严格考核，对236名党员干部实施了责任追究。(2)突出警示教育，切实增强广大党员干部的拒腐防变和廉洁自律意识。紧紧依托全市14个廉政警示教育基地，不断改进警示教育、创新示范教育、强化岗位教育、开展跟踪教育、拓展社会教育，营造了“以廉为荣、以贪为耻”的良好社会氛围。全市共有近10万名党员干部接受了教育，其中属于第二轮接受教育的占总数的近20%。这一做法受到中纪委和省委的充分肯定，《人民日报》、《中央电视台》等多家媒体进行了报道。（董晓丽）

**【党风廉政监督检查】** 2009年，运城市委坚持以重大工程建设项目为重点，围绕扩内需、保增长政策措施落实情况开展监督检查，发现解决问题12类115个；强化源头治理，健全领导干部廉政档案，开展“小金库”专项治理；深入开展煤焦及矿产领域反腐败专项斗争和各项执法监察；不断深化农村党风廉政建设，深入开展种粮直补、农村合作医疗等涉农问题专项检查；狠刹党员干部违规出国旅游、参与赌博、大操大办、奢侈浪费歪风；深入开展效能监察；加强行风评议，深入推进纠风治乱工作，督办解决群众反映投诉问题806件。毫不动摇的把案件查处作为纪检监察工作的重中之重，立查案件802起，处分各类违纪人员838人，其中县处级干部22人、乡科级干部186人，并对典型案例公开曝光，充分发挥了典型案件的教育作用。

（董晓丽）

**【作风建设】** 2009年，运城市委营造求真务实、干事创业的良好风气。认真贯彻落实中共十七届四中全会关于作风建设的一系列新规定、新要求，在全市大兴求真务实、艰苦奋斗等优良传统和作风。市委常委带头围绕保增长破解难题、围绕保民生实事实办、围绕保稳定真抓实干；对涉及全市发展的重点工作，扭住不放，亲力亲为，抓好落实。建立了减少会议、勤俭办公、减少迎来送往和陪同等制度和规定，不断推进转变作风的制度化建设。多形式开展活动，尤其是在全市深入开展了学习弘扬“右玉精神”、加强作风建设活动，有力增强了广大党员干部转变作风的主动性和自觉性。

充分发挥市委的领导核心作用，及时对经济危机、促进转型发展、和谐运城建设等重大问题进行部署；全力支持市人大、市政府、市政协工作。认真执行民主集中制，充分发挥各位常委的作用和积极性，不断完善党委议事制度和决策机制。致力求真务实，保持良好形象。带头深入基层、深入群众、深入联系点调查研究，重实际、说实话，出实招、求实效，认真落实党风廉政建设责任制，严格遵守廉洁自律各项规定，自觉树立良好形象。

（董晓丽）

## 组织工作

**【精心组织学习实践科学发展观活动】** 2009年，市委组织部认真贯彻落实中央、省委关于把应对金融危机、落实“三保”和“三个发展”作为最大实践特色的要求，把“热爱运城，共谋发展”作为学习实践科学发展观活动主题。全市13个县（市、区）参加第二、三批学习实践活动的单位共有225个市直单位、13家中央及省属企业、38家市属企业、135个乡镇（办）、3180个农村、80个社区、1785所中小学、213个基层医疗卫生单位、338个非公有制经济组织和767个新社会组织，涉及党员206896名。

活动中，市委组织部先后组织9次中心组集体学习。要求各单位严格按照“四明确一承诺”，制定出目标和时限明确、措施具体、责任到位的整改落实方案。对查找出的问题分类逐条研究，改进整改方式，完善整改措施。第二批学习实践科学发展观活动单位群众满意度测评，市委常委会的满意度为96.8%。各参学单位满意度100%的162家，占68.1%。满意度测评95%以上的53家，占22.2%。（薛伟科　李念珍）

**【第三批学习实践活动进展顺利】** 2009年，市委组织部在第二批活动中，认真抓第三批试点工作，积极培育典型、总结经验。在运城军分区成立了领导小组及办公室，成立了7个巡回检查组和四个系统指导小组。市、县两级共派出巡回检查组108个，其中市派7个，县派101个；组成指导小组289个，其中市派5个，县、乡派284个。

开展了“热爱运城，共谋发展”楹联征集活动和“热爱运城，共谋发展”新闻大赛。在《运城日报》连续刊登《以宽广的视野认识发展》、《以宽广的胸怀推动发展》、《以宽容的心态支持发展》和《以宽松的环境保障发展》四篇评论员文章，深化了广大干部群众对“四宽”的认识。市、县、乡三级干部通过调研走访，初步查找问题5293个，着手解决2303个，并为群众办实事好事2139个。实行了解决突出问题和为群众办实事好事汇报、公报和通报三项工作制度。对于第三批活动中的难点村和重点村，市、县两级党委高度重视，责成组织、纪检、民政、公安、土地、农业、水利、信访等部门组成工作组驻村开展工作，集中解决存在的突出问题。共为难点村、重点村打深井25眼，修路350余公里，解决班子和干部作风问题45个，办实事、好事9823件，协调帮建资金620万元。同时，选择了17名更具典型意义的优秀人才到各个基层单位、各个行业进行集中宣讲。

（薛伟科　李念珍）

**【严格政治理论测试制度】** 2009年，市委组织部先后组织四次政治理论测试，共有544名县处级领导班子副职后备干部进行了政治理论测试。2月10日，组织对508名县处级领导班子副职后备干部人选进行了补考。3月13日，组织对15名因请假未能参加测试和19名政治理论测试不合格的县处级领导班子副职后备干部进行了补考。3月16日，组织对全市21名国有监管企业领导班子副职后备干部进行测试。5月，又组织对35名拟任副县处级领导干部进行测试。

（薛伟科　李念珍）

**【举办县处级领导干部培训班】** 2009年，市委组织部在市委党校分别举办提任县处级领导干部培训班和中青年干部培训班，培训县处级干部157名、副处级后备干部147名。先后聘请市委常委、常务副市长王殿民及统战、发改委、经委、民政、文化、环保等部门领导干部为学员授课。培训期间，创办学员论坛，为学员搭建更多的交流平台。结合纪念国庆60周年，开展红歌赛等文体活动；组织学员深入企业、社区、农村进行社会实践锻炼，赴井冈山接受革命传统教育。

（薛伟科　李念珍）

**【举办大规模干部轮训】** 2009年，市委组织部及时对市、县两级学习贯彻落实中共十七届三中全会精神进行了安排部署，在市委党校举办四期培训班。培训市直涉农部门、各县（市、区）党政班子中分管农业的县处级领导干部、乡镇主干和部分农村支部书记，共计531人。同年，在市委党校举办九期县处级干部轮训班，集中对1400余名市管领导干部进行了轮训。开展了“六个为什么”专题轮训，积极推进社会主义核心价值体系建设，共举办县处级干部“六个为什么”轮训18期。

本年，还联合市直有关单位举办具有行业特点的短期培训班，提高培训的针对性和实效性，先后与教育、妇联、纪委、发改委、统战、卫生、人事、司法、安监、旅游等联合举办短期培训班33期，累计培训干部5200余人次。

（薛伟科　李念珍）

【探索干部选拔任用提名办法】 2009年，省委组织部将运城市确定为干部选拔任用提名办法试点市，市委组织部出台了《运城市市管党政领导干部选拔任用提名办法（试行)》。《办法》明确提名主体，把干部提名主体确定为(1)市委书记；(2)市委副书记、纪委书记、组织部长；(3)其他市委常委；(4)分管市领导；(5)市委组织部；(6)主管干部科；(7)干部考察组；(8)参加推荐考察的干部群众等八个层面。规范提名形式和程序，细化了从调整配备方案到讨论决定干部任职过程，明确提名责任，划定了不同提名主体的责任，实行严格的责任追究制。（薛伟科　李念珍）

【健全从严管理干部机制】 2009年，市委组织部下发《关于严格执行领导干部工作调动有关规定的通知》、《运城市市管领导干部请假报告制度》、《关于对全市各单位国家工作人员因私出国（境）证件集中保管的通知》、《关于成立各类领导组的相关规定》、《运城市领导干部兼任社会团体领导职务若干问题的暂行规定》、《大专院（校）科技干部选拔任用工作程序》、《市管中专学校、中学、医院科级干部选拔任用工作程序（试行）》、《副处级单位副职领导干部选拔任用及管理工作暂行规定》、《关于严格执行党政领导干部任职试用期制的通知》和《中共运城市委关于加强乡镇党委书记队伍建设》等15个干部工作规范性文件。在落实干部工作调动有关规定中，共有300余名干部对自身存在的问题进行了纠正。其中，主动转移党组织关系19人，转移行政人事关系21人，转移工资关系21人，退还公用财务21人次，交换公务用车48辆。

（薛伟科　李念珍）

【培养选拔优秀年轻干部】 2009年，市委组织部注重从市直单位选拔优秀年轻干部到县（市、区）任职，从县（市、区）选拔富有基层工作经验的干部到市直机关任职。结合机构改革，认真研究制定干部分流政策；加大年轻干部、妇女干部、党外干部选配力度。

本年，出台了《关于加强乡镇党委书记队伍建设的意见》，对乡镇党委书记进行重点选拔、重点培养、重点管理，完成了133名乡镇公务员和县乡事业单位工作人员考试工作，及2009年山西省党群系统招录公务员（参照公务员）运城考区笔试工作。起草了《关于进一步做好选派干部到信访部门信访岗位培养锻炼工作的实施意见的通知》和《运城市挂职干部选派管理在行规定》，选派18名年轻后备干部到信访局挂职锻炼，加强后备干部培训力度，有效规范了干部挂职工作。

（薛伟科　李念珍）

【老干部工作】 2009年，市委组织部以落实老干部的政治、生活、文化、和社会“四个待遇”为重点，积极发挥职能作用。着力加强离退休干部党组织建设和老干部思想政治工作，加强离退休干部“两项建设”，积极打造亮点项目。隆重举办“欢庆建国60华诞老年书画展”、有奖征文、“迎国庆唱红歌”系列文体活动。下发《关于在离退休干部中开展“三个发展”做贡献的通知》，组织引导老干部发挥自身优势，再立新功。（薛伟科　李念珍）

【创新干部选任回访调查制度】 2009年，市委组织部对2008年新提拔、交流的312名市管干部进行了回访调查。对65名县处级正职领导干部、公示期间有举报反映的24名干部和任后有反映的9名干部进行了重点回访了解。对市委选人用人群众满意度情况进行了调查。同时，出台了《干部选人回访调查制度（试行)》。加强干部任后监督管理，延伸干部监督链条、规避用人适当风险的效果。

（薛伟科　李念珍）

【严格任前审查和公示规定】 2009年，市委组织部采取向被征求意见单位发函，各有关单位单独书面复函的方式，征求市纪委、综合办、“610”办、计生委、检察院等部门对县处级领导班子副职后备干部人选、新提任县处级干部的意见。对新提拔的正县处级领导干部全部在《运城日报》、运城电视台、运城市政府公众信息网上进行公示。对新提拔或新任的其他市管干部一律在当地新闻媒体或本单位进行公示，对群众反映问题全部进行了认真调查核实。结合市管领导班子和领导干部年度考核工作，全面开展2009年度“一报告两评议”工作。对全市贯彻执行

《干部任用条例》及有关政策法规情况进行了认真自查。

（薛伟科　李念珍）

【加大违规用人问题查处】 2009年，市委组织部拓宽监督渠道。设立了网上“组织部长信箱”，出台《组织部长信箱管理办法》。建立干部监督联络员工作制度，在全市聘任了35名干部监督联络员。认真做好“12380”举报受理、查核、查实处理和违规用人问题举报查核、查实处理情况统计工作。按时按要求向省委组织部上报统计情况，以及“12380”举报电话工作情况报告和查核违规用人问题情况的报告。

（薛伟科　李念珍）

【领导干部日常监督管理】 2009年，市委组织部根据经济责任审计有关规定，及时向市经济责任审计领导组办公室提出“2009年度经济责任审计建议名单”，组织协调有关单位对11名县处级领导干部进行了任期经济责任审计，其中包括县委书记1名，县长1名，市直单位负责人9名。下发了《关于认真做好党员领导干部报告个人有关事项工作的通知》。

（薛伟科　李念珍）

【规范村规民约】 2009年，市委组织部牵头召集民政、司法、农业等部门多次召开会议，讨论研究村规民约，出台样本。各村按照征求村民意见、拟定草稿、呈送乡镇人大把关、村民会议表决等程序制定村规民约，并且上墙公布，印册到户。全市3194个行政村全部完成了村规民约规范工作。

（薛伟科　李念珍）

【落实“一定三有”工作机制】 2009年，市委组织部与财政、劳动和社会保障部门联合出台《关于建立农村党支部书记和村委会主任岗位报酬集中统一发放制度的通知》和《关于村干部参加农村社会养老保险有关问题的通知》，全市农村党支部书记、村委会主任岗位报酬集中统一发放和参加新型农村社会养老保险缴费补助工作全部落实到位，共为符合条件的4685名农村“两委”主干发放岗位报酬2148万元，补助新型农保167万元。还以市委名义出台《关于建设健全农村党组织书记队伍建设五项工作机制的意见》，对农村党组织书记的任选、教育、管理、保障、监督做出明确规定。

（薛伟科　李念珍）

【村级组织活动场所建设】 2009年，市委组织部抽调县处级领导干部、后备干部组成13个督察组，对全市所有行政村村级组织活动场所建设情况进行摸底和实地检查。召开全市村级组织活动场所全覆盖工作推进会，要求“实现四个确保、达到五个统一、落实五项制度、做到五个不准、确保八个要求”。2010年6月底前，在全省率先基本实现村级组织场所和村级党员远程教育网络一体化全覆盖任务。

（薛伟科　李念珍）

【非公有制经济组织、新社会组织建党工作】 2009年，市委组织部出台《关于进一步加强在非公有制经济组织和新社会组织中建立党组织工作的通知》。全市共有非公有制经济组织110262个、个体工商户105112个。应单独建立党组织52个单位中，有46个单位建立了党组织；应建立联合党组织的266个单位中，已建立联合党组织124个，覆盖了195个单位；选派党建工作指导员8382人，覆盖了2933个企业、79384个个体工商户。全市共有新社会组织1057个。应单独建立党组织的57个单位中，有48个单位建立了党组织；应建立联合党组织的42个单位中，已建联合党组织13个，覆盖了33个单位；选派党建工作指导员315个，覆盖了790个企业。

（薛伟科　李念珍）

【选聘大学生任村干部】 2009年，市委组织部共受理大学生村干部选聘报名19895人，笔试16963人，面试1525人，到村任职1221名。基本实现“一村一名大学生村干部”目标。树立大学生村干部创业典型，组织各县（市、区）开展以“热爱农村、奉献青春”主题演讲比赛，涌现出18名优秀大学生村干部典型。鼓励支持大学生（社区）干部干事创业。同时，与团委、市农村信用联社联合下发《关于做好大学生村干部创业信贷扶持工作的通知》，按照一名大学生村干部一万元的标准协调贷款3000万元。（薛伟科　李念珍）

【农村党建工作】 2009年，市委组织部下发《关于实施农村发展党员“382”工程的意见》。通过3年时间努力，在全市农村建立培养一支8万名左右入党积极分子。2009年，全市共发展党员7163名。其中：生产、工作一线6601名，占发展数的92.5%；高中以上文化程度5716名，占80.1%；35岁以下5366名，占75.2%；农村党员5302名，占发展数的74.3%；妇女党员1791名，占25.1%。

本年，注重农村党员培训工

作。以县(市、区)和乡(镇)为单位，对农村党组织书记、“两委”成员和新党员进行集中培训,并及时下拨专门费用补助农村党员冬训工作。还对各县(市、区)选派的130名优秀农村党支部书记兼村委会主任进行集中示范培训。下发了《关于资源具备的农村党支部安装党员干部现代远程教育终端接收站点的通知》。2009年,全市共建成远程教育接收站点7941个（占全省建点数量三分之一），使用率达到73%。其中,农村党支部建点2683个,党员户建点4986个,市直机关事业单位建点106个,企业建点166个。

（薛伟科　李念珍）

**【党员干部队伍管理】**　2009年，市委组织部初步建立市、县(市、区)、基层单位三级党员信息库。出台了《关于进一步加强非公有制经济组织和新社会组织中党员组织关系管理工作的通知》，全市183名在非公有制经济组织和新社会组织中工作6个月以上的未转移正式组织关系的党员,全部接转了政治关系。研究出台《关于认真贯彻执行〈关于中国共产党党费收缴〉的通知》,统一印制并下发《党费证》、《党费收缴登记簿》和《上缴党费报告表》,规范党费收缴、管理和使用。同时,走访慰问老党员、老战士、革命烈士遗属、伤残军人、全国劳动模范以及全国道德模范2637人。

（薛伟科　李念珍）

**【推进人才强市战略】**　2009年，市委组织部联合市经委组织开展了“运城市第九届产学研合作与交流活动”。聘请中国科学院工程研究所课题组组长、研究员马兵到闻喜银光镁业集团挂职科技副总。同年，精心筹备运城籍在沪高层次人才联谊会，组织邀请教育、医疗、行政、金融等不同行业的40余名在沪运城籍专家、学者对联谊会成立的相关事宜进行了研究讨论。下发了《运城市引进区域外高层次人才实施细则》，吸引更多的外地高层次人才。　（薛伟科　李念珍）

**【百名优秀人才评选活动】**
2009年，市委组织部评选出在推进全市经济、政治、文化、社会建设领域科学发展过程中做出突出贡献的“热爱运城、共谋发展”100名优秀人才,以市委、市政府名义予以表彰。与市广播电视台联合拍摄了100期《“热爱运城,共谋发展”优秀人才风采录》系列专题片,集中宣传报道了优秀人才的事迹,在电视台及多家网站滚动播出;《山西日报》以《点燃家乡共谋发展激情—运城“百名优秀人才”评选活动纪实》为题,对活动进行了宣传报道。　（薛伟科　李念珍）

**【人才资源开发工作】**　2009年，市委组织部在万荣县成立了“运城市农村实用人才培训基地”，邀请山西农大教授、组织市级农业拔尖人才开展了病虫害综合防治、无公害有机栽培、农产品精深加工、畜禽良种繁育等实用技术培训20余场次，受训群众达5000多人。积极贯彻市委、市政府提出的“卫生室全覆盖”工作目标，出台《关于加强全市农村医疗卫生人才培养工作的通知》，对全市农村医疗卫生人才培养规划安排部署。组织对全市35岁以下优秀人才进行了摸底，建立优秀年轻人才战略储备库。在全省海外高层次人才引进工作会和全省人才工作座谈会上，做了题为《加强农村实用人才队伍建设为高校生态农业基地建设提供人才保障》的经验发言。　（薛伟科　李念珍）

**【“组织部长下基层”活动】**
2009年，市委组织部认真开展深化拓展“讲党性、重品行、作表率”活动和“组织部长下基层”活动。全市组工干部共下基层调研789次，完成调研报告117个，制定完善政策和规章制度66项；与4057名干部进行了谈话谈心，梳理意见近743条；建立联系点351个，帮扶困难党员、困难群众等619人，协调解决帮扶资金980524元；参加接访549次，接待群众信访1141人，解决信访问题340个。　（薛伟科　李念珍）

**【信息宣传和课题调研工作】**
2009年,市委组织部下发《关于进一步加强组工信息报送工作的通知》和《关于印发〈2009年我市党建和组织工作课题调研安排意见〉的通知》、《关于加强党建和组织工作应用性研究的制度》。对全市2009年推进组织工作的创新做法进行总结研究,完成《组织部门服务“三保”推动“三个发展”课题研究》等15个课题调研报告。对形成的研究成果,及时提交部务会议进行专题研究,组成课题转化小组,提出工作思路、制定工作措施、形成工作制度。根据2008年课题研究成果,制定了《市管领导干部选拔任用初始提名办法试行)》,并在全市范围内开展规范干部选拔任用提名试点工作。

《中国人事报》、《山西日报》、《人民网》等国内主流媒体多次刊登本市组织工作的典型经验。其中《山西运城选人用人制度》和《运城市从严整顿领导干部工作调动纪律》等做法引起了省委常委、组织部长汤涛的重视。　（薛伟科　李念珍）

## 宣传工作

**【加强中心组学习】**　2009年，市委宣传部制定出台了《中共运城市委关于进一步加强和改进党委（党组）中心组学习的实施意见》，使中心组学习进一步规范化、制度化、科学化。组织学习十七届四中全会精神、六个为什么、领导干部如何与媒体打交道等各种专题性学习、讲座论坛13次，邀请中央电视台敬一丹、中央党校曹立、宋福范等全国知名人士、专家教授分别授课。各县（市、区）也结合实际，邀请各家教授举办报告会60多场。同时，配合全市学习实践活动，创新学习方式，注重理论学习与实践更紧密地结合，在河津阳光集团、龙门村举办理论学习课，听取企业家和农村干部对科学发展感受与介绍。市委宣传部组织理论工作者深入各县（市）、市直各单位进行宣讲，有力地支持了全市学习实践活动的深入开展，同时，注重自身的学习实践，通过查找问题，破解难题，理顺了宣传文化工作的发展思路，为宣传文化工作顺利开展奠定了坚实的基础。市委宣传部举办了“热爱运城，共谋发展”领导干部学习笔记展评。　（王存狮）

**【中宣部部长刘云山来运调研】**　2009年月18日至19日，中央政治局委员、书记处书记、中宣部部长刘云山，以及省委常委、宣传部长胡苏平对本市宣传文化工作进行调研，这是建国以来中宣部部长首次来运城市进行调研。本市的宣传文化思想工作，特别是文化产业发展得到了刘云山部长的高度评价。市委宣传部荣获省宣传部调研工作先进单位，并在优秀调研成果评比中获一等奖1篇，二等奖2篇，三等奖1篇。

（王存狮）

**【“学习实践科学发展观活动”宣传报道】**　2009年，市委宣传部各家新闻媒体结合自身特点优势，开设了“深入学习实践科学发展观活动”专栏大造声势，并为“热爱运城、共谋发展”主题实践活动营造了强大的舆论氛围，特别是开展了“四宽”大家谈专栏专题，以及“科学发展大家谈”、“热爱运城，共谋发展”大家谈等栏目。成功举办了以“热爱运城，共谋发展”为主题演讲比赛知识竞赛、新闻大赛、大讲述、大访谈，推出了一批践行科学发展先进典型，在中央、省级新闻媒体刊播、刊发137篇（次），各级各类媒体各类体裁报道2570篇（次）。　（王存狮）

**【为保增长、保民生、保稳定提供舆论支持】**　2009年，市委宣传部大力宣传中央出台的“十项措施”扩大内需、促进发展的重大决策部署，大力宣传市委、市政府应对经济危机采取的一系列举措，大力宣传各级、各部门特别是企业应对挑战、确保增长的有效做法和成功经验。《运城日报》、市广播电视台等媒体开辟“千方百计保增长、保民生、保稳定”、“项目建设进行时”、“保增长促发展十项措施解读”、培育壮大“五大产业集群”等栏目、专题，在应对危机中唱响了服务发展的主旋律，为提振信心、加快运城经济发展提供了强大的舆论支持。特别是在市委提出的“再建一个经济发展较快的集中区域”出台后，及时推出系列评论、重点解读、动态报道。　（王存狮）

**【“庆祝新中国成立60周年”宣传报道】**　2009年，市委宣传部从6月份开始，逐步掀起欢庆国庆高潮。《运城日报》推出了“我和我的祖国”、“新中国成立60周年回忆录”、“穿越历史烟云、回首光辉足迹”、“历史上运城的第一”、“流金岁月、家国情怀”、“我的名字叫建国”等系列专版和《辉煌60年河东之光》、《辉煌60年、数字看运城》等栏目。市电视台开设了《祖国60年》、《激情岁月——记忆60年》专栏和开展了《风雨60年》大型采访活动，市广播电台开设了《我和我的家乡》等栏目，形象地反映运城60年巨变。　（王存狮）

**【净化社会文化环境】**　2009年，市委宣传部组织职能部门进行集中拉网式检查，整治互联网、网吧、净化荧屏声频、综合治理校园周边环境。各类违法活动得到严厉查处，各种违规不良现象得到取缔，一些突出问题得到解决。共查处违法经营户20户，罚款5.35万元，取缔“黑网吧”75户，罚款2.36万元，查封违法经营场所33处，没收无照经营电脑75台，其中查处取缔农村“黑网吧”59户。同年，监测检查电视、报纸、广播、期刊、户外等媒体广告233条（次），立案查处12件，监测检查互联网媒体网站56家、广告67条（次），责令停止发布4条（次）。解决校园周边摊点商铺向未成年人兜售烟酒、非法彩票、不合格食品等问题，取缔无证照经营户99户，查处有证照违法经营户42户，罚款2.3万元，查处制售、传播非法出版物案件2起，查缴非法出版物434册（盘、份）。（王存狮）

【深入开展文明和谐创建】2009年，市委宣传部以文明和谐城市（县城）创建为龙头，实施城市文化品牌创立工程、市容环境创优工程、市民文明素质提升工程、文明和谐社区创建工程。河津市首次跨入全省“创建文明和谐城市工作先进市行列”，有4个县城被评为全市文明和谐县城。组织开展了以“迎国庆、讲文明、树新风”为中心的文明和谐创建活动；启动开展了文明和谐单位和重点推进村“结对帮扶共建”活动，142对得到落实，将有力地促进以城带乡、城乡共建。

（王存狮）

【强化公民道德建设】2009年，市委宣传部积极开展第二届全国道德模范评选和“我推荐我评议身边好人”活动；积极参加礼仪知识竞赛，市文明办获省组织奖。继续开展“我们的节日”主题活动，利用清明、端午、中秋传统节日，凝聚民族情感，弘扬优秀传统文化，清明节期间，组织干部群众学生“网上祭先烈”、祭扫烈士墓、重温入党誓词活动。

（王存狮）

【文艺精品创作成效显著】2009年，市委宣传部选送的歌曲《妈妈的手擀面》、《妈妈》，广播剧《报答》，电视片《千年回响—神秘的绛州之一》，电视剧《杏花岭》荣获省第八届精神文明建设“五个一工程”优秀作品奖。魏荣汉创作的《昂贵的选票》获得“新中国60年优秀报告文学奖”。

11月24日，在文化部、人力资源和社会保障部联合表彰全国文化系统先进集体和个人大会上，市蒲剧青年实验团被授予“全国文化系统先进集体”称号；12月15日，文化部推出2008至2009年度国家舞台艺术精品工程剧目，本市蒲剧现代戏《山村母亲》成功入选。同年，盐湖蒲剧团孔向东荣获“第二届中国戏剧第24届中国戏剧梅花奖”；市文化艺术学校参加第13届“中国少儿戏曲小梅花”评选，摘得5朵“小梅花”；市蒲剧团苏鹏荣获第四届中国戏曲红梅“金花”奖，获得“红梅奖”的还有市蒲剧团李红丽、褚晓丹、盐湖蒲剧团张雨、薛琳。南风广场被评为“全省十大文化品牌广场”。临猗县、永济市荣获2009年至2010年度山西省“十大文化强县”称号，临猗县委书记胡宝、芮城县委书记王正风荣获“2009年度文化创新人物”称号。

（王存狮）

【健全公共文化服务体系】2009年5月，市委宣传部在平陆召开了乡镇文化站建设经验交流会，有力地促进了乡镇文化站建设，国家投资的34个乡镇综合文化站建设全部完工，并为通过验收的30个乡镇文化站配备了75万元的文化活动器材和75万元的文化资源共享设备，完成了300个农村图书室和200个村级文化活动室建设。

（王存狮）

【非物质文化遗产和文物保护】2009年，市委宣传部开展非物质文化遗产普查，建立网上数据库，共普查信息9246条，有20个重大发现，有25个省级项目申报第三批国家级。文物“三普”工作进展顺利，总量达5729处，新发现3876处，在全国位居前茅；配合市重点工程普查，发现古文化遗址9处，各类墓葬254座，抢救发掘30座；解州关帝庙御花园工程在关公文化节期间已对外开放。

（王存狮）

【文化体制改革工作】2009年，市委宣传部按照省委、省政府确定的时间表、任务书和路线图，统筹规划、加强领导，突出重点、有效推进。成立了市文化体制改革和文化产业发展领导组，出台了《深化文化体制改革实施方案》，召开了全市文化体制改革推进会，新成立了运城市文化广电新闻出版局、运城市广播电视台、文化市场行政执法大队，全市文化体制改革工作全面展开，进展顺利，完成省里规定的各项任务。本市荣获全省文化体制改革先进市，绛州鼓乐艺术团被评为“全省文化体制改革先进单位”。（王存狮）

【加快发展文化产业】2009年，市委宣传部组织参加“第五届中国（深圳）国际文化产业博览交易会”，现场销售近50余万元，达成订单合同165.8万元，山西宇达集团等5家企业达成合作意向协议融资总额1.789亿元。在北京文博会上签订合作协议1.2亿元。丰喜集团与魅力运城之窗联合注册了“运城西厢文化创意有限公司”，落实资金2千万元。包装印刷业产值达6亿元，同比增长40%；文化旅游业总收入达87亿元，同比增长19%。全市文物景点共创收2000余万元，其中解州关帝庙旅游景区收入达1360余万元，比上年同期增长16.04%。市电视台广告收入1250万元。绛州鼓乐经营收入实现新突破达1千万元，山西惠通文化创意公司实现利润500万元，万荣县实现旅游综合收入1200万元。（王存狮）

**【加大文化市场监管力度】** 2009年，市委宣传部在河东广场开展声势浩大的销毁侵权盗版及非法出版物活动，销毁10万余册非法出版物，8万余张盗版音像制品和计算机软件光盘。共出动1500余人（次），检查音像经营户270余家（次），演出市场33家（次），娱乐市场26家（次），网吧816家（次），书报刊市场246家（次），给予1家网吧停业整顿、30家网吧口头警告的处理，没收非法出版物1000余册，低俗及盗版音像制品700余张（盘），查处10名假记者，吊销了1家书社出版物发行许可证。（王存狮）

**【开展群众性爱国主义教育活动】** 2009年，市委宣传部组织“辉煌60年系列成就报告会”、“爱国歌曲大家唱”和“100位为新中国成立作出突出贡献的英雄模范人物和100位新中国成立以来感动中国人物”评选推荐等系列活动。举办了“庆祝新中国成立60周年”座谈会；组织对新中国成立前参加工作的老战士、老同志、革命烈士遗属、伤残军人、全国劳动模范和被中央授予其它荣誉称号的先进模范人物及全国道德模范走访慰问，积极帮助他们解决实际困难。举办了运城庆祝新中国成立60年书画、摄影、剪纸展，以多种形式形象地展示了60年辉煌成就；举办了“祖国颂—运城庆祝新中国成立60周年文艺晚会”；举办了庆祝新中国成立60周年优秀剧目大展演活动。特别是组织参加在省展览馆举办的《辉煌60年—山西省庆祝新中国成立60周年成就展》活动，运城展区由突出华夏五千年根祖文化，特色显明、设计新颖、制作精美，成为一大亮点。（王存狮）

**【第四届“全国百家网络媒体山西行”运城采访活动】** 2009年，来自全国67家网络媒体记者参观了运城根祖文化、旅游景点和优势企业，市委、市政府召开了新闻发布会，王安庞市长重点介绍了全市基本概况和发展优势、发展前景，活动之后网络媒体竞相发表有关运城新闻报道达180多篇，产生了较大的轰动效应，极大地提高了全市在外界的知名度和影响力。（王存狮）

**【举办了“第二十届国际关公文化旅游节”】** 2009年，市委宣传部举办了中国运城第二十届国际关公文化旅游节开幕式暨全球华人关帝金秋大祭活动、关帝御园开园庆典活动、文艺晚会暨关公文化产品评比颁奖活动、运城文化旅游推介会、电视剧《杨贵妃秘史》开机仪式、关公文化与诚信运城论坛，活动期间来自香港、台湾以及美国、马来西亚等朝拜团达千余人，省内外游客上万人。（王存狮）

**【影视剧创作实现新突破】** 2009年，市委宣传部与北京新世纪公司联合拍摄了大型电视连续剧《杨贵妃秘史》，完成拍摄，进入后期制作；大型电视剧《尧舜禹》经申报已获批立项；电影《血染中条》达成合作协议，影视剧《李家大院》基本完成剧本修改稿等。（王存狮）

## 统战工作

**【帮助企业战胜危机】** 2009年，市委统战部先后两次深入13个县（市、区）60余家重点非公有制企业开展调查研究。收取了非公有制经济人士提出的治超问题、发展环境问题、融资问题等意见和建议。同时，开展“全球金融危机对全市非公有制企业影响”大型调研活动，向市工商联执委以上企业以及在市人大、市政协做了政治安排的企业等具有代表性的130家企业发放了调查问卷，经分析整理后，形成了《金融危机对运城市非公有制企业影响的调查分析及应对建议》调研报告，为市委、市政府出台《关于促进全市经济实现平稳较快发展的十条举措》提供了重要决策依据。（刘增辉）

**【增强企业发展信心】** 2009年，针对非公有制经济人士对金融危机发展趋势把握不清、发展信心不足的实际，市委统战部、市工商联邀请国家发改委宏观经济研究院副院长陈东琪博士来运作了“2009中国经济分析与预测”专题报告，对全市规模以上非公有制企业的600多名董事长和总经理进行了辅导。同时，依托北大燕工远程教育学校，通过专家讲座、

校友互动、典型示范等方法，对全市重点非公有制企业的300多名高层管理人员就提升企业管理水平进行了专门的培训。（刘增辉）

【组织观摩交流活动】 2009年，市委统战部在全市选择了粟海集团、鑫源骏达木业、恒晟纺织、青山化工和阳光集团等5家在金融危机中发展较好的典型企业，组织30余家重点非公有制企业负责人进行了“应对金融危机流动观摩交流研讨活动”，企业家们实地观摩了这五家企业的发展状况，并分别就各自企业应对金融危机的措施、取得的效果和经验进行了交流研讨。（刘增辉）

【帮助企业开拓市场】 2009年，市委统战部组织全市部分重点非公有制企业积极走出去寻找商机，开拓市场。协助市政府在南京市成功举办了“山西运城特色食品推介会”，全市47家食品企业与南京84家食品企业进行了洽谈合作，山里红、农之龙等12家企业达成了合作协议。市工商联与南京市商会建立了友好商会关系。在全市大力推广河津市成立贷款担保公司和小额贷款公司的经验，有效缓解中小企业贷款难的问题。年底，全市创立了10家小额贷款公司，注册资本总额5.57亿元，其中5家正式开业，仅4个多月就发放贷款1.93亿元。13个县（市、区）全部设立了由财政出资的担保公司，成为企业融资贷款求发展的坚强后盾。同时，还成立了运城温州商会，依托商会吸引了一批浙江温州商人来运投资创业。（刘增辉）

【加强多党合作和民主党派工作】 2009年，市委统战部以中央和省委督察中央5号文件为契机，推进了多党合作和政治协商的制度化、规范化、程序化建设。以市政府文件印发《运城市人民政府关于加强政府工作同民主党派对口联系的意见》，明确市政府20个组成部门同5个民主党派市委建立对口联系，并对对口联系的形式、对象、内容等作了具体规定。同时，市委统战部与市检察院、教育局、监察局等八部门联合印发了《关于进一步加强特约人员工作的通知》，规范和加强了全市的特约人员工作。11月17日，召开了特约人员工作会议，市直7部门在会上聘任了58名特约人员，并在《运城日报》进行了公示。（刘增辉）

【搭建建言献策平台】 2009年，市委统战部围绕市委确定的“热爱运城、共谋发展”学习实践活动主题，在全市开展了“热爱运城、共谋发展，我为运城经济发展献一策建言献策”论坛。11月3日，经有关部门和专家的筛选、把关，来自全市10名代表在论坛上作了精彩发言，市四大班子领导和20多个职能部门的领导参加了论坛。本年，围绕“保增长、保民生、保稳定”，各民主党派、无党派人士共撰写提案347份，社情民意1800余条。（刘增辉）

【加强民主党派自身建设】 2009年，市委统战部通过举办专题辅导、事迹报告会、召开民主生活会、举办培训班等方式，加强了各党派领导班子建设和制度建设。贯彻落实“全省民主党派工作太原现场会议”精神，为五个民主党派市委会争取了10万元经费用于支持党派基层组织的活动。经多方协调，理顺落实了部分党派干部的工资和待遇。协助各民主党派市委圆满完成了4次重大接待任务。一年之内，连续4位国家领导人和民主党派中央领导来本市考察调研和指导工作。（刘增辉）

【加强党外干部工作】 2009年上半年，在市直县处级干部调整中，全市有5名党外干部走上了处级领导岗位。首次举办了全市县处级党外后备干部培训班，对96名党外副处级后备干部进行了提升综合素质的专门培训。（刘增辉）

【优秀中国特色社会主义建设者活动】 2009年，市委统战部围绕推进运城发展，加强对非公有制经济人士的政治引导，在全市非公有制经济人士中部署开展了“优秀中国特色社会主义事业建设者”主题教育活动。全市非公有制经济人士捐资60余万元建校2所，捐资80余万元帮助困难学生182人，捐资110万元修路12公里，救灾捐款820万元，安排农村劳动力4230人。324家非公有制企业与130个新农村建立结对帮扶关系，帮扶款物2000余万元。

在全市第二批学习实践科学发展观活动“热爱运城、共谋发展”百名优秀人才评选中，经市委统战部积极推荐，有30多名统一战线人士受到市委的表彰。在“第三届全国非公有制经济人士优秀中国特色社会主义建设者表彰大会”上，阳光集团董事长薛靛民作为全市唯一一名代表，被中央统战部等五部门授予荣誉称号。

本年，还积极协助省委统战部在夏县、闻喜分别举办了“农村困难群众危房改造捐款仪式”和“新晋商万企连万户海仓慈善基金会扶助老红军、老八路启动仪式”，为夏县170户困难群众解决150万元危房改造资金。以海鑫集团为主要出资人的“海仓慈善基金会”计划在10年内每年拿出120万元，帮扶资助全省205名健在的老红军、老八路改善生活、安享晚年。其中，资助帮扶老红军4名，老八路180名，涉及闻喜、夏县、垣曲、平陆、永济五个县市，本年的帮扶资金已在国庆节前全部发放到位。

（刘增辉）

**【民族宗教和谐稳定】** 2009年，全市民族宗教工作面临的形势比较复杂，新疆“7·5”事件发生之后，维护民族宗教领域和谐稳定成为头等大事。市、县两级统战、宗教部门多次深入寺观教堂了解动，掌握情况，向伊斯兰教群众讲真相、讲政策、讲党和政府的举措，积极帮助伊斯兰教群众解决生产生活中的困难和问题，并对全市范围内的外来人员进行摸排，建立健全了信息零报告制度，对情况实行动态跟踪，确保了全市民族宗教领域的和谐稳定。

在天主教“选圣”工作中，市委统战部、市宗教局与有关部门通力配合，细致工作，最终确保了天主教主教选举工作圆满成功。妥善处理了临汾杨王事件的影响，有效地保证了本市基督教的正常秩序。积极完成了市佛教协会的组建工作。加强对宗教界爱国人士的培养教育。省人大代表、市人大常委、盐湖区清真寺管委会主任曹来成被国务院授予“全国民族团结进步模范个人”荣誉称号。

（刘增辉）

**【庆祝建国60周年系列活动】** 2009年，市委统战部以纪念新中国成立60周年为契机，在全市安排部署了一系列庆祝活动。举办“统一战线庆祝建国60周年书画摄影展”。参展作品达179幅，作品主题鲜明、形式多样、内容生动、寓意深刻、艺术格调高雅，展览为期一周，参观人数达到2000余人次。举办统一战线成员观看《建国大业》电影座谈会。组织统一战线各界人士300余人集中观看了《建国大业》电影。举办“统一战线迎国庆趣味体育比赛”。统一战线10支代表队伍500余人参加了比赛，进行了跳绳、投篮等五个项目的激烈角逐。开展了爱国歌曲进教堂活动。市委统战部和市宗教局精心选择了10首经典爱国歌曲，印制成册，在全市445所宗教堂点进行了发放。市各宗教活动场所纷纷进行了爱国歌曲汇报表演，市委统战部、市宗教局对活动开展情况进行了验收检查。活动开展以来，先后有10万余名信教群众参与了歌唱活动。

（刘增辉）

**【加强港台地区统战工作】** 2009年，市委统战部以关公文化为纽带，密切与香港、台湾地区关帝庙宇和海外华人社团及代表性人士的联系。积极协助芮城县政府与香港、台湾方面的联系，推动吕洞宾纯阳宫建设。在全市部署开展了第二次统战资源和侨情普查工作。

（刘增辉）

**【指导非公有制经济组织活动】** 2009年，市委统战部先后组织了两次大的调查摸底活动，对全市非公有制经济组织的基本情况进行了深入摸底和调查。全市共有非公有制经济组织110262个，其中个体工商户105112个，基层党组织225个，党员人数2821名，参加第三批深入学习实践科学发展观活动的非公有制经济组织为338家，涉及党委6个，总支3个，支部216个，共参加党员2760名。10月23日，市委统战部成立“市非公有制经济组织学习实践活动系统指导组”，召开了全市非公有制经济组织学习实践活动工作会议，对全市学习实践活动进行了动员部署。

市、县两级指导组多次深入非公有制经济组织进行指导督促，及时掌握进展情况和存在问题。市委统战部创办了《非公有制经济组织学习实践活动简报》，及时编发有关县市和企业的典型经验和做法，全市非公有制经济组织学习实践活动进展良好，共有46个单位单独建立了党组织；有124个建立了联合党组织，覆盖了195个单位；已选派党建工作指导员8382人，覆盖了2933个企业、79384个个体工商户，覆盖率74.7%。

（刘增辉）

**【市委统战部自身建设】** 2009年，市委统战部深入开展了学习实践科学发展观活动，通过集中学习、专题辅导、笔记展、大讲述、民主生活会、组织调研等方式，增强了贯彻落实科学发展观的自觉性和坚定性。学习实践活动中，共查找出存在的突出问题三大类共14条。根据查找出的问题，市委统战部制定了详细的《整改落实工作方案》，并有针对性的修改完善了14项制度，新制定出台了1项制度。同时，市委统战部以建设“学习型机关”为抓手，进一步引深“树建”活动，开展“读书、写作、调研、交友”能力提升活动，把这项活动与加强统战宣传、调研、信息三项工作有机结合，进一步提升干部的履职能力和履职水平。全市共撰写调研文章87篇，上报优秀调研报告42篇。编发《统战专报》220期，《统战信息》24期。在新闻媒体刊发各类宣传稿件36篇。（刘增辉）

## 政法工作

【加强矛排组织网络建设】2009年，市政法委加强矛排组织网络建设。在稷山县开展试点工作，成立了以县委书记为组长、分管领导为副组长、各综治成员单位“一把手”为成员的稷山县综治矛排领导组，并在7个乡镇全部建立了高标准的矛调中心，200个行政村中的192个村建立的调解室，每个居民组设立调解员，全县共有调解人员1982人。各县（市、区）都进一步健全了县、乡、村、组四级矛排组织机构。同时，以各级矛排组织为依托，由矛排员兼任信息员，组建市、县、乡三级综治信息中心。在市矛排办，21个市直单位，13个县（市、区），427个机关、团体、企事业单位，171个乡（镇、社区），建立了综治信息中心。大量搜集本年各类影响稳定的情况信息，并向省综治信息中心上报情况信息75条。

（杜峰彦）

【集中排查调处活动】2009年4月份，市政法委在全市组织开展了不稳定因素集中排查调处活动。排查掌握全市社会不稳定因素13起，全部按照“谁主管、谁负责”和“属地管理”的原则，分解给相关县（市、区）和单位，进行认真解决和稳控。在元旦、春节、元宵节、“五一”、国庆节等节假日和全国、省、市“两会”以及“六四”敏感期前夕，市、县两级矛排组织都提前安排，超前部署，开展了多种形式的排查调处活动，化解了一批矛盾纠纷，消除了大量不稳定隐患，确保了敏感节点的和谐稳定。2009年，全市共排查各类矛盾纠纷820起，调处786起，调处率95.9%。全市司法行政系统共排查各类矛盾纠纷19371起，调解18876起，调解成功率97%，防止民间纠纷转化为刑事案件2194起。（杜峰彦）

【解除破产企业不稳定因素】2009年，市政法委根据排查发现的山西农药厂和永济编织厂因拖欠职工生活补助等问题可能引发群体性上访事件，永济市委、市政府高度重视，连夜召开常委会议进行研究解决，从相关部门抽调26名同志组成了2个工作小组，从5月14日起进驻两个企业现场办公，协助破产清算组解决破产过程中可能出现的矛盾纠纷，与职工座谈了解具体诉求，向职工通报有关问题的进展情况，耐心细致地做职工的思想工作等，最终稳控了事态的发展，防止了可能造成的不良后果。

（杜峰彦）

【涉法、涉诉信访案件工作】2009年，市政法委进一步落实“一委三长”接访制、首问责任制、办案质量终身负责制等，不断加大涉法涉诉信访案件处理力度。对重点疑难案件、赴省进京上访案件、重信重访案件坚持由党委、政府主要领导、政法委领导和政法部门领导包处，既包案件解决，又包人员稳控。5月份，市委政法委在全市政法系统部署开展了为期八个月的“三争做”活动。从8月13日开始，为确保国庆60周年庆祝活动的顺利进行，实行市、县两级政法部门一把手联合接访制度，有效化解了一批信访案件。10月份，市委政法委出台《涉法涉诉救助资金管理办法》，进一步规范了救助资金的筹集、使用和管理，确保了涉法涉诉救助工作的顺利开展，为有效化解信访积案提供保障。市委政法委和市中院联合开展集中清理执行积案活动，全市两级法院执行积案基本执结，656件重点案件执结649件，执结率达98.9%，清理执行积案工作居全省前三名。2009年，全市涉法涉诉赴市上访329人次，与2008年同比下降28.6%，赴市复访136人次，下降30.6%；赴省上访75人次，同比下降82%；赴京上访平均每季度19件，同比下降10%。中央、省交办本市涉法涉诉上访案件70起，全部办结并大部分息诉。特别是坚决果断、依法妥善处置群体性上访，强化舆论宣传引导，有效地促进了信访秩序好转。（杜峰彦）

【维护政治稳定工作】2009年，市政法委继续加强情报信息工作。公安机关重点加强了网上舆情监控和查处力度，发现并通报异地有害信息10231条，删除当地有害信息2300余条，并对8起涉军群体700余人赴省进京上访等事件进行了预警和劝阻。国家安全机关成立了情报信息预警中心，实行情报信息二级研判机制，并建立了情报信息月讲评通报机制，及时搜集研判和整编上报了大量重点情报信息。加大反恐工作力度。公安机关坚持每月召开反恐情报信息汇总研判例会，完善“情报、打击、防范、应急”一体化的反恐实战机制，组建了1000人的反恐处突力量，强化实战技能训练和合成作战演练，提高了反恐、防暴、处突能力。严厉打击“法轮功”等邪教组织违法犯罪活动，共查获各类邪教人员196人。特别是快速侦破了“3.09”张贴“法轮功”标语案、“3.21”煽动颠覆国家政权案、“7.13”“法轮功”喷涂标语案以及“8.12”播放“法轮功”视频案等一批影响重大的案件。

（杜峰彦）

**【“严打”斗争】**　2009年，全市公安机关以开展“六大战役”、“两严一保”、“社会治安整治行动”等专项斗争为重点，严厉打击各类违法犯罪活动。共查处治安案件31204起，破获各类刑事案件4461起，查获犯罪集团115个，打掉黑恶势力犯罪集团31个（其中黑社会性质犯罪集团2个）。特别是加大命案侦破力度，破获现行命案65起，破获命案积案10起。积极解救被骗至缅甸人员，全市被骗至缅甸扣为人质勒索赌债的31人（除1人自愿留下外），其余30人全部被安全解救回国。加大追逃力度，抓获逃犯1657名。加大打击各类经济犯罪的力度，破获案件328起，涉案金额52867万余元，挽回经济损失10464万余元。深入开展禁毒专项斗争，破获毒品犯罪案件652起，缴获毒品海洛因190克，K粉96克，冰毒42克，咖啡因1850公斤，铲除罂粟5849余株。严厉打击拐卖妇女儿童犯罪，破获案件60起，抓获犯罪嫌疑人43名。打击非法传销活动，取缔非法传销窝点48个，教育遣返1600余人。开展打击盗窃破坏“三电”设施专项斗争，清理整顿废旧金属收购站点265个，取缔13个。

全市检察、审判机关充分发挥职能作用，密切配合，协同作战。全市检察机关共受理各类审查逮捕案件1828件3121人，经审查依法批准和决定逮捕1607件2691人，共受理移送审查起诉案件2494件4096人，经审查依法提起公诉2198件3572人。同时，立案查办职务犯罪案件111件128人。全市两级法院共受理一、二审刑事案件3115件，审结3114件，结案率为99.97%，判处犯罪分子3320人，其中判处死刑、死缓、无期徒刑76人，有期徒刑2066人，其它刑事处罚1076人，免予刑事处罚102人。

（杜峰彦）

**【平安建设工作】**　2009年，各县（市、区）政法委不断深化平安建设工作。闻喜、夏县、垣曲、芮城、稷山、河津、临猗、平陆等县市结合实际，制定下发了《关于进一步引深“平安县”创建活动的实施意见》。绛县综治委制定下发了《关于在全县实行“平安建设”责任制的通知》。万荣、芮城、平陆、垣曲继续深化基层创安系统工程，把创建工作延伸到各景区、矿区、民企等，扩大创建工作的覆盖面。盐湖区进一步加大学校平安创建工作力度，在全区各学校都配齐了法制副校长，建立健全了治安防范制度和机制。永济市着力推进平安示范村建设，按照“六个一”标准，即：在每个村建立一个以村主干为核心的强有力的综治工作领导机构，成立一支以“两会一队”为主体的群防群治工作队伍，建设一个综合治理工作阵地，开展一项以“平安户”为载体的创建活动，完善一套综治工作机制，争创全省一流“平安村”。河津市以“创建平安社区，共建美好家园”为目标，发动老党员、老干部、老工人、物业管理人员积极参与治安防范，开展群防群治，创建成效明显。平陆县在农村大力开展“平安互助网”建设，促进了农村社会稳定。

（杜峰彦）

**【社会治安防控工作】**　2009年，各级政法综治部门充分挖掘资源，整合社会力量，坚持人防、物防、技防相结合，社会管控、街面巡控、农村防控、重点监控等多措并举，在全市着力构建全天候、多层次、立体化的治安防控网络。加强人防建设。各县（市、区）坚持以巡警、派出所、专业巡逻队为主，充分发挥居委会、村委会、企业、保安等社会治安力量的作用，广泛组织发动群防群治力量，在重点地区、路段、场所开展巡逻活动。全市148个行政村巡逻队员达到1200余人。国庆60周年期间，全市共抽调公安民警3000人、武警200人、联防队员2000人共计5000余人，形成了军警民携手联动的巡逻防控体系。各级公安机关还积极组织专业反扒队伍，配备必要的警械和防护装备，采取警便结合的方式，在人口密集区、公共复杂场所和客运车辆上认真执行反扒工作。加强物防建设。全市新配备巡逻车58辆，巡逻摩托100余辆。各县（市、区）不同程度地配备了测爆仪、阻车装备、对讲机、笔记本电脑等设施。加强技防建设。市、县两级政法部门继续大力实施天眼工程建设，总安装探头达到2000余个，资金投入达到3800余万元。（杜峰彦）

**【整治治安乱点工作】** 2009年，市综治委制定下发《关于深入开展排查整治治安混乱地区和突出治安问题的工作意见》。各县（市、区）组织精干力量，坚持逢街必过、逢店必进，乡不漏村、村不漏户，全面开展了拉网式排查。共排查治安混乱地区20个，突出治安问题75个，认真研究措施，进行有效整治，整治好转率达91%。永济市集中开展专项整治，依法取缔黑网吧14家，游戏厅4家，当场处罚违规网吧15家，立案查处1家，特别是由各通信部门负责，对全县所有网吧严格实行“零点断线”，效果良好。绛县重点对出租房屋、旅馆饭店、建筑工地等重点部位和场所进行了全面彻查，发现隐患32处，全部进行了整改；对全县300余家消防安全重点单位进行了消防安全大检查。平陆县针对境内公路沿线集市治安混乱的状况，组织县综治、公安、工商、卫生、公路段等在张村镇沿路市场进行现场办公，进行了专项整治，彻底解决马路市场存在的安全隐患。河津市相继开展两次治安大清查行动，出动警力260余人，清查公共场所42处，宾馆、旅店83家，发现隐患34起，下发整改通知书34份，整治治安乱点5处，查处治安案件7起。其它县（市、区）都结合实际，有针对性地开展了民爆物品专项整治行动、学校周边治安整治行动、网吧整治行动等。（杜峰彦）

**【综合治理专项工作】** 2009年，市政法委深入开展普法依法治理。以“法律六进”为载体，深入开展了多种形式的法制宣传教育活动，提高全民法律意识和水平。“法治运城”建设工作全面启动，农村基层依法自治水平进一步提高，“依法治理示范单位”创建活动不断深入开展。加强民爆物品管理工作。全市共检查涉爆单位580家，发现隐患423起，落实整改401起，确保了全市爆炸物品不流失，不炸响。加强流动人口和重点人口管理。共登记暂住人口79971人、出租房屋13988户24323间，做到了底数清、情况明、管得住、服务好。认真抓好刑释解教人员安置帮教工作。以“和谐回归”活动为载体，健全机制、强化责任，积极开展安置帮教，努力实现了“放出有人接，接回有人管，就业有人扶，困难有人助”的工作目标。全市共接收释解人员713人，帮教率达98%，就业率达90%，重新犯罪率控制在1%以下。（杜峰彦）

**【全面推进社区矫正工作】** 2009年，市委政法委成立了市、县、乡三级社区矫正工作领导组，各行政村成立了社区矫正工作站，在全市全面启动社区矫正工作。共接收社区服刑人员2090人，经过教育、感化、改造，有253名服刑人员解除了矫正，重新犯罪率不到千分之二。（杜峰彦）

**【校园周边环境整治】** 2009年，市委政法委开展了消费维权进校园、创建“青少年维权岗”、青少年远离毒品、青春红丝带等系列活动。特别是由市、县综治办牵头，组织安监、公安、工商、卫生、文化、建设、广电等部门，对全市学校及周边建筑物内的商业场所，进行了一次集中排查整治，取缔非法小卖部142家，饮食摊点256家，营业性网吧104家。（杜峰彦）

**【加强交通和消防管理】** 2009年，市委政法委交警部门共查处违章车辆52383辆（次），无牌无证车辆9437辆，假牌假证车辆547辆。查处酒后驾驶91起，醉酒驾驶15起，行政拘留15人。全市发生道路交通事故447起，死亡152人，受伤528人，直接财产损失109.7万余元，同比分别下降34.46%、26.21%、35.65%、1.39%。消防部门共排查各类场所3468家，整改火灾隐患5780余处。全市发生火灾141起，下降2.76%，无死亡人员。2009年，共建成闻喜、夏县、永济、芮城四个平安铁路示范县和南同蒲线平安铁路示范线，并实现了路外死亡零发生目标。（杜峰彦）

**【学习实践科学发展观活动】** 2009年，市政法委按照全市统一安排，市、县两级政法部门组织广大干警系统学习了科学发展观的一系列重要论述理论。深入开展调查研究，面向社会广泛征求意见和建议，适时召开党员组织生活会和领导干部专题民主生活会，撰写分析检查报告等，真正找准不足和问题，认真分析了原因，制定了整改措施。

市政法委机关紧紧围绕如何更好地服务经济发展、促进执法为民、完善体制机制、做到统筹兼顾、加强队伍建设等五个方面的突出问题，扎扎实实开展学习实践活动。市中级人民法院部署开展“人民法官爱人民”活动。市检察院始终坚持把学习实践科学发展观活动，作为解放思想、完善思路、破解难题、推动工作的有效举措。市公安局坚持把边学习、边调研、边整改贯穿学习实践活动始终，在为民“大走访活动”、“三基”工程建设、从严治警等方面取得了明显成效。市司法局，重点狠抓了各级司法行政机关的党建工作，实现了党组织和党的工作在律师行业的全面覆盖。市国家安全局制定了更加科学有效的工作考评机制，促进了工作落实。

（杜峰彦）

**【纪律作风整顿】**　2009年，全市政法机关扎扎实实开展纪律作风整顿活动。市委常委、政法委书记崔克信亲自担任整顿活动领导组组长。市委政法委印发《关于在全市政法机关集中开展纪律作风整顿活动的实施方案》。11月3日召开全市政法队伍纪律作风整顿活动动员大会，部署从2009年11月3日至2010年4月16日，分学习动员、自查自纠、建章立制、调查处理四个阶段。具体“抓四项工作”即：抓违法违纪典型案件的查处，抓工作积累问题的清仓见底，抓规范行为，堵塞漏洞，抓执法办案活动的监督检查。“达到四个目的”即：要消化矛盾，维护社会稳定，要教育干警，挽救干警，提高政法队伍的整体素质，清理害群之马；要解决认识问题，解决是非问题，解决公正执法的问题，解决尽职尽责的问题。

市委专门抽调了一批老同志和后备干部组成16个督导组，深入各县（市、区）和市直政法部门进行督导。崔克信书记坚持亲自带领市委政法委班子成员，深入各县（市、区）政法部门开展调查研究。12月2日，市委政法委召开了整顿活动阶段工作汇报会，及时总结，广泛搜集案件线索，严肃查处违法违纪干警，推进整顿工作动真碰硬，扎实开展。

（杜峰彦）

**【首问责任制工作】**　2009年，市、县两级首问责任制办公室将深化首问责任制工作与全市政法系统开展的影响司法公正突出问题专项治理活动、“三争做”活动以及全市公安部门开展的“大走访、大接访”活动相结合，进一步落实首问责任制工作各项制度，确保了首问接待及时、转办处理有序、责任落实到位，件件有着落，案案有交待。全年，全市政法系统共接待群众首问反映问题13892件，直接办理12516件，转办1376件，反馈评议12140件。（杜峰彦）

**【执法规范化管理】**　2009年，市政法委认真落实“三四四三”监督制约机制。即三个公开：审判公开、检务公开、警务公开；四个公正：用公开促进公正、用程序监督公正、用法治维护公正、用效益体现公正，讲四个道理：要求政法干警在办案过程中坚持看道理、听道理、想道理、讲道理；办三种案件：办经得起历史和时间检验的铁案、经得起社会和良知检验的精品案、经得起当事人和人民群众检验的和谐案，进一步规范了干警的执法行为，促进了执法公正。（杜峰彦）

**【党风廉政建设】**　2009年元月份，市政法委组织机关人员和市直政法部门全体干警到市党风廉政教育基地接受廉政教育，干警人人撰写了心得体会。3月25日至4月23日，组织人员先后深入永济、闻喜、平陆、稷山、河津、新绛等6个县（市）政法部门进行督查，促进了党风廉政建设工作的落实。2009年，市委政法委纪委还在全市广大政法干警中进一步深化“当好法律化身，树立干警形象”活动，弘扬了新风正气。市公安局认真贯彻落实“六条警规”，研究出台了20条具体措施和制定出台了《全市公安机关加强作风建设严肃工作纪律的规定》。同时，全市政法系统进一步狠抓干警违法违纪案件的查处，共查处38件58人，其中行政记大过4案4人，党内严重警告、行政降级3案6人，党内警告处分4案5人，留党察看一年、撤销职务2案3人，批准逮捕3案4人，刑事拘留、取保候审3案7人。

（杜峰彦）

## 市直工委工作

**【开展文明和谐创建活动】**　2009年2月，市直工委宣传部印发《关于公开申报评选2009年度“文明和谐单位、文明和谐单位标兵、文明和谐家庭、文明和谐创建先进工作者”的通知》。要求市直机关以“五四三”（“五型、四好、三满意”）格局，构建精神文明活动的开展，把“和谐运城”贯穿于各类群众性精神文明创建活动之中。组织动员市直机关广大干部职工广泛参与，推动形成“人人崇尚文明和谐、追求文明和谐、促进文明和谐”局面。同年，对市直申报的41个文明和谐单位，19名文明创建先进工作者，9个和谐家庭进行了审核把关。并向市文明办推荐了5个文明和谐单位标兵和9个文明和谐单位。（景　玺）

**【指导开展学习实践科学发展观活动】** 2009年3月至8月，市直工委全员参加第二批学习实践科学发展观活动的指导检查工作。按照市委统一部署，工委书记张建文担任市委学习实践活动办公室副主任兼指导组组长，指导组办公室下设28个指导检查组，工委班子成员担任指导检查组组长，负责全市16个县（市、区）、经济开发区、172个市直单位和38个市管国有企业学习实践活动的指导检查工作。指导组承办的“热爱运城、共谋发展”演讲比赛、领导干部大讲述、笔记展评等活动等引起全社会强烈反响。及时督促各单位整改落实及“回头看”工作，有效发挥在沟通信息、反馈情况，督促解决问题等方面的职责作用；做到“到位不越位”、“指导不指挥，帮忙不添乱”，圆满完成市委交给的科学发展观指导检查任务。（景　玺）

**【开办《党旗飘飘》栏目】** 2009年3月2日，市直工委与市广播局达成协议，在运城电视台开办《党旗飘飘》栏目，市直工委筛选并培养、总结机关各级党组织开展“五四三”创建活动过程中典型单位（个人）和先进经验；市直工委宣传部协同电视台每周拍一期专题片，并在市电视台一、二、三台分段播放。大力宣传了机关党建先进典型经验，专题片开播后，有效推动市直机关“五型、四好、三满意”党的工作创建活动开展。（景　玺）

**【组织开展“3.5”学雷锋活动】** 2009年3月5日，为了以实际行动纪念毛泽东“向雷锋同志学习”发表46周年，市直团工委围绕“学雷锋、情系三农，送温暖、和谐万家”主题，组织市中心医院、第二人民医院等10余家涉医单位，农学院的农业、果蔬等方面专家，文工团、幼儿师范等部分文艺工作者，赴盐湖区龙居镇进行科技、医疗支农，并举办文艺演出。本次活动共有3000余名群众接受了免费体检和医疗咨询，500余名群众接受农业科技培训，4000余名群众观看了文艺晚会。（景　玺）

**【开展“缅怀先烈”活动】** 2009年4月5日，市直团工委协同团市委组织市直十余所学校的7000余名青年学生，在市烈士陵园开展清明节扫墓活动。市直工委书记张建文、团市委书记张建元等领导出席扫墓活动，整个活动庄严肃穆，井然有序。（景　玺）

**【开通运城机关党建网站】** 2009年5月1日，为了丰富党的工作宣传载体，市直工委开通运城机关党建网站。运城机关党建网由中共运城市直属机关工作委员会主办。网站开通之后，对报道市直机关党的工作动态，交流基层党建经验，展示科学发展观教育活动和“五四三”机关党建新格局创建成果起到了积极作用。

（景　玺）

**【举办“青春万岁”文艺晚会】** 2009年5月4日，市直团工委组织策划“青春万岁”文艺晚会。市直200余名演职人员在运师礼堂进行了演出，观众达2000余人。广大青年通过欢快的歌声和舞蹈表达了对家乡、对党、对社会主义的无限热爱。市委常委、组织部长陈振亮、市直工委书记张建文、团市委书记张建元等出席晚会。

（景　玺）

**【庆祝新中国成立60周年系列活动】** 2009年，在庆祝伟大祖国成立60周年之际，市直工委结合市委《庆祝新中国成立60周年重点活动的实施意见》，组织、协调、指导市直各党委开展“辉煌60年”系列纪念庆祝活动。如：红歌声声颂党恩、文艺汇演展风采、书画征文庆国庆、爱岗演讲表决心、专题报告强信心、体育竞赛健体魄、走访慰问送温暖、技术比武提素质、重温誓词铸忠诚、创建文明树新风等各种活动，共有10类之多。（景　玺）

**【党的组织建设】** 2009年，市直工委组织部专门组织市直机关33名党务干部外出参观学习重庆经验。分三个类型召开了下属78个单位党组织负责人会议，深入到工商局、民政局、科协等单位进行调研指导。探索了三条在“市直非公有制企业和新社会组织中组建党组织工作”方法。(1)建立了组织部门、登记管理部门和业务主管部门“三位一体、共同负责、通力合作、齐抓共管”的工作机制。(2)按照“行业相近、地域相邻、工作方便”的原则，探索组织设置形式;(3)理顺归口管理体制。共组建党组织15个，其中党委1个，临时党委1个，支部13个，并对285个单位选派了党建指导员。

（景　玺）

**【规范发展党员工作】** 2009年9月，市直工委组织部先后制定下发了《发展青年学生党员工作若干规定》、《发展党员工作若干规定》，规范发展党员工作。明确了党员发展中要重视发扬党内民主，要倾听80%以上的党员和部分群众的意见，提高发展党员质量。在具体操作中，总结出“四个注重四个对照”做法，即:(1)注重把档案材料与本人实际相对照，做到心中有数，有备考察。(2)注重把本人的现实表现与历史表现相对照，从而提高准确性。(3)注重把本人素质与介绍人、支部书记的评价相对照，印证真实性。(4)注重把本人的综合表现与划定的标准原则相对照，做到科学量化评判。全年共预审考察596人，发展新党员546名，通过率91%。全年市直共转正党员377人。（景　玺）

**【市直机关共青团工作会议召开】** 2009年9月15日，市直团工委召开“市直机关共青团工作会议”。市直各基层团组织负责人共50余人参加。市直工委委员刘兆军主持，团工委书记王军对市直机关共青团2009年下半年工作进行安排部署，市直工委书记张建文出席会议。（景　玺）

**【市直讲师团工作】** 2009年8月，市直工委对市直讲师团领导机构进行了调整。相淑珍（原地直工委书记）任名誉团长，张建文（市直工委书记）兼团长，陈英俊任（市直工委助理调研员）常务副团长。9月17日，市直讲师团工作座谈会召开，市直机关部分党组织负责人共30余人参加会议。会议对讲师团工作提出新的要求。要实事求是，不断改进工作方法，创新工作思路；要不断加强讲师团队伍建设，树立市直讲师团良好形象；要搭建好平台，在讲课安排、对结、落实、回执、考核五个结合上，建立机制；要及时提供资料，供老师备课；要落实好讲师待遇，建立完善激励机制；要下基层调研，及时向各党委和讲师通报调研结果。（景　玺）

**【庆祝建国辉煌60周年成就报告会】** 2009年9月18日，市直工委邀请中央党校经济学部副主任、博士生导师赵振华教授，在市委南风厅举行“市直机关庆祝建国辉煌60周年成就报告会”，报告会由市委常委、组织部长陈振亮主持。市四大班子领导及市直各单位党政一把手、各党组织副书记、纪检组长（书记）共600余人聆听了报告。（景　玺）

**【健全各项工作制度】** 2009年10月，为全面推进市直机关“五型、四好、三满意”创建活动，市直工委机关建立健全工委委员会议制度、财务管理制度、工作奖惩制度、公务员及工作人员考核实施办法（试行）等19项制度，规范了机关办文、办会、办事规程。汇编了《中共运城市直属机关工作委员会规章制度汇编》，并组织工委全体人员进行了学习。

（景　玺）

**【建立干部廉政档案】** 2009年，市直工委为落实市委加强对科级干部监督的要求，市直纪工委抓好对科级干部党风廉政建设责任制的考核，并对二千多名科级干部建立了廉政档案，作为提拔、任用的依据。

（景　玺）

**【完善党费管理模式】** 2009年10月20日，市直工委组织部制定下发《党费管理有关规定》，完善创新了市直机关党费管理的新模式。明确收缴方式，实行银行帐户管理，杜绝党费使用的随意性；开发市直机关党费管理软件，使各单位党费收缴情况更加清晰，一目了然，并杜绝过去存在的漏洞。

（景　玺）

**【老年节“健康之声”演唱会】** 2009年10月21日，市直工委、市直老龄工委和市健康教育协会在市艺术学校隆重举办“市直机关庆祝老年节健康之声演唱会”。市直机关60余名党委分管老干部的领导、老干部科科长及各单位离退休人员等共500余人参加了开幕式。市老龄委常务副主任张呈祥，原地委秘书长董占锁，市直工委书记、市直老龄委主任张建文等领导出席开幕式，由市直工委副书记张丙巳主持。演唱会节目以“庆祝建国六十周年暨老年朋友健康长寿”为主题，由市直机关离退休老同志自发组合群团组织“运城金秋艺术团”

自编自演。（景　玺）

【学习贯彻中共十七届四中全会精神轮训】　2009年11月2日至11月19日，市直党校在市委党校大讲堂举办了两期“市直机关党务干部学习贯彻十七届四中全会精神轮训班”。参训对象主要有各基层党组织专（兼）职书记、副书记、委员，以及党办主任、党务干部等700余人。培训内容涉及十七届四中全会精神，“五、四、三”党建工作新格局的创建思路和工作方法，党务工作的基础知识和具体操作方法等。聘请了省委党校教研室主任郝彭证教授和市委党校教授讲课，还分别学习了重庆开拓“两新”党组织工作和福建龙岩“党建工作如何为经济建设服务”的经验。（景　玺）

【组织“救灾、帮困、送温暖”捐款活动】　2009年11月，市直工委全体干部职工积极响应市委号召，组织了应对强降雪“救灾、帮困、送温暖”捐款活动。市直工委机关33人共捐款3500元，全部交付运城市慈善总会。（景　玺）

【完善党务工作考评体系】　2009年12月4日，为全面促进市直机关和大中专院校党的工作，编印下发了《关于市直机关2009年度“抓党建、正作风、促和谐”工作考核方案》、《市直机关2009年度“抓党建、正作风、促和谐”工作考核细则》和《市直大中专院校2009年度“抓党建、正作风、促和谐”考核细则》，作为市直机关和大中专院校年度考核依据。市直机关党组织考核有五部分：“五型”党组织150分，“四好”机关100分，“三满意”100分，机关秩序100分，科学发展观整改落实情况50分，共500分。市直大中专院校的考核为六部分内容：“五型、四好、三满意”占200分，思想政治工作考核占200分，工作秩序和科学发展观整改落实情况各占50分，共500分。（景　玺）

【市直学校思想政治工作现场会】　2009年12月9日，市直学校思想政治工作现场会在运城市财经学校召开。市直26所学校的校长、党组书记、党办主任、学生科长、团委书记及班主任代表等共计200余人参加会议。市委常委、组织部部长陈振亮、市直工委书记张建文等领导出席会议。与会同志实地参观了财经学校的思想政治教育工作阵地，观看思想政治教育工作专题片。财经学校党委书记吴国平介绍了《完善机制、创新方法，全方位开展思想政治教育工作》经验。（景　玺）

## 信访工作

【规范执法行为】　2009年，市委信访局加强自身建设、整顿队伍纪律作风，减少和遏制涉法涉诉信访问题产生的重要途径。市委在全市政法机关，开展了为期5个多月的纪律作风大整顿活动。将“违法违纪案件是否得到严肃查处、突出问题是否得到解决、新增涉法涉诉信访问题是否明显下降、人民群众的反映是否实现明显好转”作为检验标准。本着先松后严的原则，要求各部门和广大干警本着不护短、不遮丑、不怕痛的态度，利用3个月时间，主动开展自查自纠。并针对存在问题，层层召开民主生活会，剖析产生原因，制定整改措施，主动消化矛盾。坚决做到有错必纠、违规必查，随时发现问题、随时查究处理。通过整顿，解决好政治意识、大局意识、责任意识淡泊，法纪意识、公平正义观念不强的问题；解决好特权思想严重、目无群众，甚至欺压群众的问题；解决好不作为、乱作为问题；解决好服务质量差的问题；解决好违反程序办案、越权办案，以权谋私的问题。（刘永平）

【加强矛盾排查】　2009年，市委信访局把加强矛盾排查、注重基层化解作为基础环节，坚持关口前移、重心下移，提高信访问题的一次办结率。实行“市包县、县包乡、乡包村、村包组”的四包排查工作机制，坚持面上情况定期排查、重大活动集中排查、重点部位经常排查，一月一梳理，一月一汇总。建立台帐，上通下达，确保做到矛盾纠纷早发现、早处置、早化解。在排查中，各级各部门实行领导分片包干责任制，分别由包联县、乡、单位的市、县级领导负责，组织并督促本片区的各级干部扎实开展矛盾纠纷排查工作，对所排查出的矛盾纠纷一一建立台帐，分类归口化解，能当场解决的当场解决；一时难以解决的，报市、县联席会议办公室，落实包案领导，确定化解时限，限期解决。（刘永平）

【实行综合化解】　2009年，市委信访局根据农村问题、征地拆迁问题、涉法涉诉问题比较突出的实际，市、县两级组织部和政法委共抽调组织、纪检、民政、国土、农业、公安、检察等部门3000余名干部，进企业，到乡村，入农户，了解民情，倾听民声，帮扶困难，化解民怨，面对面现场解决群众的诉求和问题。整合组织、纪检、民政、信访、国土、农业、司法等部门力量，充分利用乡、村两级矛调和综治组织，对各类矛盾纠纷进行一站式受理，集中调处，集中化解。全年，全市共排查各类矛盾纠纷2982件，调处化解2561件，化解率为85.9%。（刘永平）

**【加强形势研判】** 2009年，市、县两级信访部门对所有上访案件登记造册，建立台帐，定期梳理，归类定责，对每月的信访情况及时统计，及时通报。建立信访形势分析研判例会制度，市每季一次，县、乡每月一次，定期召集各级各部门汇报工作，通报情况，揭摆问题，研究对策。及时研判分析形势，准确把脉会诊热点，制定跟进措施，化解突出问题，及时化解了一大批涉及土地征用、民工工资拖欠、企业改制、农村管理、城镇拆迁等方面的信访突出问题，有效减少和降低了越级上访、集体上访的数量。（刘永平）

**【强化工作措施】** 2009年，市委信访局把强化工作措施、落实领导责任作为有效化解信访积案的关键举措，积极推进合力攻坚的态势。实行领导预约接访。坚持领导接访和部门约访相结合，对领导根据职责分工，确定接待受理范围，按规定日程预约上访群众，按照“谁接待、谁负责”的原则，明确责任主体和办理期限，避免了推诿扯皮、挂帐空转的问题。

对部门实行案件台帐管理，坚持月通报、季分析，排位前三名单位的主要领导被预约到信访接待室值班接访、现场办公、包案解决，直至信访突出问题完全消化。对连续两个季度信访形势无改观的单位，市委主要领导对其负责人进行诫勉谈话，直至追究责任，提高了信访问题的化解率。全年，全市共接待群众来访2986批6900余人次。其中，市级领导共接待来访群众531批1700余人次，化解信访问题454件，化解率为85.5%；县级领导共接待来访群众1922余批4500余人次，化解信访问题1417件，化解率为73.7%。（刘永平）

**【开展积案三级终结】** 2009年，市委信访局切实加大信访积案的化解力度。严格按照“信访积案化解年”活动的要求，先后于4月、8月、11月三次对全市的信访积案、进京上访案件和赴省集体上访案件进行了认真排查梳理，共排查515案。

开展“信访积案三级终结”专项活动。严格实行市、县领导包案责任制。其中，落实市级领导13人、县处级领导139人。市、县两级成立复查复核委员会，包案领导亲自参与复查复核全过程，主动跟进督办抓落实。对办案工作做到“三个清楚”、“四不放过”，即：事实清楚、办理程序清楚、政策和法律依据清楚。问题调查不清楚不放过、证据材料不充分不放过、调查结论不规范不放过、处理意见不落实不放过。并且把回访作为结案的必要程序，实行“回头五看”，即：一看处理意见是否符合法规政策；二看处理意见是否真正维护了群众利益；三看信访群众对处理意见是否满意；四看信访群众是否真正息诉罢访；五看对违法上访行为是否做到依法处置。领导包案责任的落实，三级终结的扎实开展，有力地推进信访案件化解。本年，省上交办的170案，已办结150案，息诉102案，结案率和息诉罢访率分别为88.2%和60%；全市自排的515案，办结498案，息诉390案，结案率和息诉罢访率分别为96.7%和75.7%。（刘永平）

**【严格稳控监管措施】** 2009年，市委信访局切实做到工作无疏漏、排查无缝隙，确保各项工作真正落到实处。全市国庆等重大活动期间在稳控监管、排查布控、信息报告、督导检查等环节采取强有力措施。(1)对重点上访对象，一一落实包案领导、稳控责任单位和责任人要求认真做好当事人的思想工作，并针对当事人的具体情况，从物质上、精神上给予很好的关怀和照顾，解决其实际问题，尽最大努力从根本上清除问题隐患，保持社会稳定，化解社会矛盾，确保不出问题，不出纰漏。(2)严格实行信访信息每日“零报告”制度，坚决做到有事报情况，无事报平安。(3)由市、县两级联席会议牵头，抽调纪检、组织、信访等部门人员成立信访督导组，深入各县（市、区）、各乡镇，巡回督导检查，跟踪督查。（刘永平）

**【强化问责处置】** 2009年，市委信访局把强化责任追究和依法严厉打击作为推进落实信访工作和规范信访秩序的强有力手段。严格按照“谁起的事、谁惹的事、谁误的事、谁造成的损失和影响，就追究谁的责任”的原则，狠抓追究执行落实。

市委先后对七个县（市、区）、三个市直单位的主要领导和15名包案领导分别进行了集体约谈。各县（市、区）也分别对4名乡镇主干进行了诫勉谈话、双规1人、党内严重警告5人、党内警告3人，责成写出书面检查5人。同时，加大对违法上访行为的依法处置力度，先后对78名违法上访人进行了行政拘留，对22名违法上访人进行了刑事拘留。

10月，先后对新绛县娄庄村王某因打工触电身亡、亲属抬棺冲击县政府机关；盐湖区周家坡村民因征地纠纷聚众围堵冲击市委市政府机关。芮城县风陵渡镇一儿童因烧伤经抢救无效死亡、60多名亲属围堵冲击市急救中心；临猗县大阎村200余名群众因土地纠纷冲击县委、挟持殴打有关工作人员等，几起恶性群体事件的挑头者、组织者，依法进行了果断处置。先后刑事拘留12人、行政拘留30人，并召开公处大会，在电视媒体公开曝光。通过采访周围群众、让违法者现身说法和由公安机关、信访部门有关领导宣讲法律条例等形式，加强舆论引导，教育广大上访人员要遵法、守法，依法维护社会秩序和自己的合法权益。

（刘永平）

## 机构编制工作

【新一轮市县政府机构改革】2009年，市机构编制办大力推进市县政府机构改革。着力构建权责一致、分工合理、决策科学、执行顺畅、监督有力的行政管理体制。

认真制定改革方案。根据中央、省关于政府机构改革的精神，起草了市政府机构改革方案。通过召开座谈研讨会、征求意见会、市编制委员会等形式，对方案进行了反复研究，并以市委、市政府文件在全省首家正式上报。

研究完善配套政策。研究制定了“三定”实施意见、纪检监察机构设置意见、资产处置意见、档案管理意见、纪律保证通知、人员编制划转通知、检查验收通知等一系列配套政策，为改革的顺利进行提供了可靠的制度保障。

11月13日，全市隆重召开“政府机构改革和事业单位分类改革动员大会”。市委常委、常务副市长王殿民就如何进行机构改革作了具体安排。市委副书记、市长王安庞作动员报告，要求严格落实政策精神，切实加强组织领导，确保市县政府机构改革顺利进行。

（段利民　赵建光）

【科学制定“三定”规定】2009年，市机构编制严格按照“编制随职责走、人员随编制走”的原则，认真审核各单位上报的“三定”规定。12月23日，市委常委、常务副市长、市编委副主任王殿民主持召开市直政府部门“三定”规定审定会，对各部门“三定”规定进行了逐一审定。首批26个单位“三定”规定已经印发实施。

（段利民　赵建光）

【认真指导县级改革】　2009年，市机构编制办根据省委、省政府《关于市、县政府机构改革的指导意见》，一次性批复了13个县（市、区）的政府机构改革方案，并对各县（市、区）的行政编制总量和领导职数、工勤编制等进行了重新核定，并在组织实施过程中及时给予指导，有力推进了县级政府机构改革的顺利开展。

（段利民　赵建光）

【推进事业单位分类改革】2009年，市机构编制办按照中央、省的要求，积极稳妥地推进全市事业单位分类改革。科学制定《运城市事业单位清理规范和分类改革方案》。事业单位分类改革按“三步走”思路进行：第一步，清理规范。主要采取撤销、合并、转企等三种方式对现有事业单位进行清理，在此基础上进行“七定”。第二步，分类。按照各个事业单位的职能特征，将其划分为行政职能类、生产经营类和公益一、二、三类。第三步，改革。对不同类型的事业单位分别采取不同的改革办法。隆重召开事业单位分类改革动员大会。

扎实开展事业单位清理规范和分类工作。下发了《关于事业单位机构编制清理规范和分类改革有关问题的通知》，将清理规范和分类工作分为宣传准备、组织实施、检查验收三个阶段，印制了《事业单位清理规范和分类改革审批表》，要求各事业单位结合职责任务、业务性质、功能定位等，如实填报，及时上报，按时完成清理规范分类任务。

（段利民　赵建光）

【理顺相关部门的体制机制】2009年，市机构编制办自觉将机构编制工作融入全市“三个发展”大局之中，积极做好相关体制机制的调整所涉及的编制工作。(1)对县级纪检监察机关统一设立了派出机构，编制人员统一管理，全面加强了纪检监察机构建设。(2)为市县两级组织部门统一设立了大学生村官管理办公室，核定了人员编制，加强了对大学生村干部的服务和管理。(3)成立了河津至运城、运城至灵宝、闻喜至合阳三个高速公路建设管理处，为全市重点工程项目建设提供了组织机构保障。(4)为运城、绛县、风陵渡三个经济开发区公安分局制定了“三定”方案，调整了人员编制，全市公安系统“三定”工作全部完成。(5)为各县（市、区）的乡镇街办统一设立了安监站，核定了全额编制，全面加强了乡镇基层的安全生产工作。(6)为市直9所大中专院校和3所国有企业移交地方的中小学校申请了教职工编制，为市直5所中小学校重新核定了的教职工编制。

（段利民　赵建光）

**【加强机构编制管理监督】** 2009年，市机构编制办大力强化“编制就是法规、编制就是财政、编制就是人才、编制就是总开关”的认识，全面推进机构编制管理的科学化、规范化、法制化。

按人员编制结构实行实名制管理。重点完成了全市党政群机关公务员、工勤人员和公安机关、教育系统的实名制登记管理。在全省机构编制工作会议上，市编办主任景俊明作了《创新机制，规范运作，积极实行机构编制实名制管理》的经验介绍，受到了与会人员的一致好评。从严控制机构编制审批和财政进人。按照中央关于市县政府机构限额和各级行政编制总量“两个不得突破”的要求，市编办严格依据有关政策法规审批机构编制，有效维护了机构编制工作的严肃性。对行政事业单位增加财政人员，严格执行控编增人报告制度，盘活存量，动态管理，实现了编制效用的最大化。

（段利民　赵建光）

**【认真学习贯彻中纪委《解释》】** 2009年，中纪委颁布《机构编制违纪行为适用〈党纪处分条例〉若干问题的解释》后，市编办立即组织全办人员认真学习，充分认识《解释》对深化行政管理体制改革和加强机构编制管理的重要意义；并与市纪委联合印发了学习贯彻《解释》的文件，对学习贯彻《解释》作出具体安排，掀起了学习贯彻《解释》的高潮。

认真办理信访举报和建议提案。共办理盐化中学人员移交、平陆行政事业单位进人、县级新农合增加编制等12个信访举报和建议提案。对接到的每一个信访举报和建议提案，都耐心倾听反映，组织专人调查，了解实际情况，并依法妥善处理，维护了干部群众的切身利益。（段利民　赵建光）

**【积极消化党政机关超编人员】** 2009年，市机构编制办按照中编办提出的2011年前完成消化党政机关超编人员的要求，下发了《关于消化党政机关超编人员任务分解的通知》，明确了市县两级2009－2011年的目标任务。截至12月底，市直消化超编人员104人，占任务目标的85%。（段利民　赵建光）

**【认真贯彻《事业单位登记管理暂行条例》】** 2009年，市机构编制办全市共登记法人事业单位2742个，其中新设立登记129个；应年检2514个，已年检2494个，年检率99%。依法作废了未按规定时间办理年检的果农报社、科技服务中心等10家事业单位的《法人证书》。按时完成了政务和公益机构中文域名注册工作，全市上报注册中文域名单位213家，位居全省前列。（段利民　赵建光）

**【加强机构编制部门自身建设】** 2009年，市机构编制办以学习实践科学发展观活动为主线，以打造班子作风好、队伍素质好、高效服务好、团结和谐好的“四好”机关为目标，改进作风，提高效能，树立了良好形象。扎实开展深入学习实践科学发展观活动。牢牢把握活动要求，认真做好思想发动、学习调研、讨论剖析、整改落实、完善机制、巩固成果等各个环节的工作。在思想认识上，树立以科学发展观统领机构编制工作的全局意识。在分析检查上，查找影响机构编制工作科学发展的突出问题，在整改落实上，完善推动机构编制工作科学发展的体制机制。

同时，坚持抓好读书学习活动。组织全办人员认真学习了党的十七大和十七届四中全会精神，深刻领会其中关于行政管理体制改革方面的论述，坚持机构编制工作围绕党政中心任务，为发展大局服务；编印了《机构编制法规汇编》，供市、县领导和广大干部职工学习参考，为准确运用机构编制政策法规提供了有效工具。

（段利民　赵建光）

**【积极开展信息宣传活动】** 2009年，市编办共编发《运城机构编制》信息12期，编发各类信息稿件百余篇，编发了4期专刊、3篇调研、8个专题；被省《机构编制信息》刊登9篇，被《中国机构网》刊登200余篇居全省前列。

（段利民　赵建光）

**【党风廉政建设】**　2009年，市编办制定了党风廉政建设责任制《分解意见》和《工作要点》，把党风廉政建设工作和反腐败工作纳入机构编制总体工作之中，统一部署，统一落实，统一检查，统一考核，确保机构编制工作与党风廉政建设齐抓共管，齐头并进。认真执行纪检监察工作有关规定，认真落实纪检监察工作季报制度；组织全办人员到市廉政警示教育基地参观学习，提高了全办人员的廉政意识，党风廉政建设各项工作任务圆满完成。大力开展党建和文明创建活动。定期召开民主生活会，按时进行党支部换届选举，深入开展建设“节约型”机关活动。全体干部职工踊跃捐款4000余元。（段利民　赵建光）

**【文明创建活动】**　2009年，市编办先后荣获了“全省‘扫黄打非’工作先进集体”、“全市人口和计划生育工作先进单位”、“文明和谐单位标兵”、“市直十佳五型党组织”等多项表彰奖励，并涌现了“十佳党组织书记”、“青年岗位能手”等一批先进个人。

（段利民　赵建光）

**【隆重庆祝市编办独立设置10周年】**　2009年，是市编办独立设置10周年。借庆祝新中国成立60周年之机，市编办制作了《机构编制辉煌十年》专题片，举办了庆祝10周年茶话会，编辑出版了《机构编制辉煌十年》画册，增强了广大机构编制工作者的凝聚力和战斗力。（段利民　赵建光）

## 老干部工作

**【贯彻全省老干部工作会议精神】**　2009年3月，市老干部局根据全省老干部工作会议精神，研究制定《全省老干部工作会议精神汇报提纲与贯彻意见》。5月下旬，新班子组建后，经过搞调研，摸情况，定制度，抓整顿，提出了“半年有变化、一年上台阶、二年争上游”的奋斗目标。6月，集中各县(市、区)老干部局长召开专题会议，汇报分析上半年工作进展情况。（薛小华）

**【参观考察外地老干部工作】**　2009年9月份，雷英铎带领全市13个县(市、区)的老干部局长和局机关科长一行19人，赴吕梁、忻州和晋城三市及孝义、代县和陵川三县(市)等地进行了学习考察。通过听取情况介绍、查看信息资料、参观活动阵地、实地调查研究，开阔了眼界，拓展了思路。（薛小华）

**【开展调研督查】**　2009年11月下旬，市委老干部局四位局领导分片对各县（市、区）的老干部工作进行了全面细致的调研，并有针对性地对尚未完成的任务进行了评估和督查，有效地促进了查漏补缺，及时赶队。12月中旬，由市局三名副局长带队，组成三个考核小组，集中时间对13个县(市、区)老干部工作进行全面细致考核。考核分六大类38个小项。项目多，内容全，标准高，要求严，达到了鼓励先进，鞭策后进，凝神聚力，共同奋进之目的。（薛小华）

**【举办新中国60华诞系列文体活动】**　2009年，市委老干部局创特色、出亮点。适逢新中国成立60周年，全市广大离退休干部开展了一系列主题鲜明、内容丰富、形式多样、富有特色的欢庆活动。(1)举办了全市老年书画展。9月28日在河东博物馆举办了全市开展仪式，共展出优秀书画作品140余幅，集政治性、思想性和艺术性于一体，表达了老干部们欢庆新中国成立60周年的喜悦心情。(2)喜迎建国60周年有奖征文。先后收到征文68篇，市局工作网站专门开辟了专栏，登载了部分优秀作品。(3)“迎国庆唱红歌”文艺演出。(4)8月初至9月24日，历时一个半月，各县(市、区)和市直相关单位广泛组织老干部，掀起群众性的唱红歌活动。共有各县（市、区）和市直单位选送的14个节目。（薛小华）

**【老干部工作表彰大会召开】**　2009年11月11日，运城市委、市政府召开全市离退休干部暨老干部工作先进集体、先进个人表彰电视电话会议。市委书记高卫东出席会议。市委副书记、市长、市老干部工作领导组组长王安庞主持会议。市直受表彰的先进个人和先进集体代表，全市重视老干部工作领导干部共60余人参加了主会场会议。

会上，市委、市政府领导分别给市直单位7名“双先”代表和全市重视老干部工作领导干部颁奖。主会场会议结束后，各县（市、区）主要领导都为本县（市、区）受表彰的“双先”代表颁了奖。永济市老区建设促进会等14个离退休干部发挥作用先进集体、永济市委老干部局等8个老干部工作先进单位、万荣县劳动和社会保障局等14个重视老干部工作先进单位、永济市老干部活动中心等10个先进老干部活动中心（室）、永济市老大学等9个先进老年大学、中盐运化离退休党委等15个先进离退休干部党组织以及林涛等13名离退休干部发挥作用先进个人、李芳等17名老干部工作先进个人、李海军等13名重视老干部工作县（市、区）直单位领导、王正风等3名重视老干部工作领导干部受到市委、市政府的隆重表彰。（薛小华）

**【各县(市、区)老干部工作】** 2009年，各县(市、区)按照市局的统一要求，围绕深化管理服务这个主题，使老干部工作各具特色。(1)永济市于3月23日成立了老干部党校，填补了运城市没有老干部党校的空白。(2)河津市老干部局将新办退休手续的117名干部集中起来，按原工作单位分成“市直班”和“乡镇班”，在老年大学进行为期一年的培训，培训期满“合格”后，再正式接收，纳入管理服务范围。(3)盐湖区积极开发老干部人才资源，组织具有专业特长的老干部，组成了企业、教育、卫生、新农村建设等五个专题调研小组，就保民生、调结构、促增长中的热点问题，深入农村、学校、企业，进行了为期一个月的调研工作，写出5篇高水准的报告，并集结成册。（薛小华）

**【离休干部“三个保障机制”】** 2009年，市各级党委、政府以高度的政治责任感，克服各种困难，确保离休干部“三个机制”的正常运行，并且坚持“共享改革成果”的原则，使离退休干部的生活待遇得到了全面保障。

市委高卫东书记、王安庞市长和陈振亮部长等领导，非常关心老干部的生活待遇，责成有关部门解决实际问题，并对相关信访多次做出重要批示。积极督查落实，通过协调卫生局、中心医院和市委医疗室部门，解决了老干部在医疗室就近看病，就近报销的问题。2009年，离休干部年全部进行了体检，一年一次的体检制度得到了落实。医药费按规定实报实销，统筹标准均在每人每年5000元以上，其中河津达到10000元，市直14000元，盐湖区15000元。稷山县财拨专款10万元首次对离退休干部同时进行了体检。全市行政、企事业单位离休干部和行政单位的退休干部，均发放了津贴，执行本地公务员津贴标准。

（薛小华）

**【特殊困难离退休干部帮扶机制】** 2009年，为了帮助解决离退休干部特殊困难，全市普遍建立了特殊困难离退休干部帮扶机制。市委老干部局下发了《关于建立特殊困难离退休干部帮扶机制的实施意见》。各县（市、区）均启动了帮扶机制的建立工作。为进一步加强对易地安置离退休干部的管理和服务工作，市局下发了运老字［2009］18号文件，对走访慰问易地安置离休干部工作进行了具体安排。一般干部的慰问金为500元，县处干部的为1000元，厅级干部的为1500元。全市两级老干部部门共慰问易地安置离休干部59名，发放慰问金3.75万元。（薛小华）

**【离退休干部“两项建设”】** 2009年，全市各级组织、老干部工作部门采取有效措施，着力加强离退休干部党组织建设和老干部思想政治工作。特别注重离退休干部党支部领导班子建设，注重对支部书记的培训工作。3月30日至4月1日，市委老干部局在市委党校举办了全市“支部书记培训班”。11月23日，市局又对市直单位的离退休干部党支部书记进行了培训。共组织离退休干部党务工作者，及党员培训班103期，参训人员6400余人次。

7月13日，运城市市长、市委老干部工作领导组组长王安庞在市委常委会议室，代表市委、市政府向厅级老干部从经济运行态势、市里采取的具体措施，以及当时重点工作等三个方面通报全市经济社会发展情况。全市除垣曲县外，其它12个县（市、区）均成立了老干部党总支或党委，从而使离退休干部党总支的数量达到16个，比2008年增加2个，单独离退休干部党支部数量达到378个，比上年的329个增加了49个，单独支部覆盖的党员数量由上年的8740名增加了9100名，占离退休干部党员总数13628人的66.7%。（薛小华）

**【老干部活动阵地建设】** 2009年，全市老干部活动阵地建设取得了新的进展。垣曲县新建2000多平方米的“老干部青少年活动中心”综合大楼，其中，专供老干部使用的室内面积有

500 多平方米。永济市投资 40 余万元，在原老干部活动中心扩建了 240 平方米。平陆、万荣和闻喜三县活动中心的省补资金下达，待配套资金、土地审批手完成后，即可动工兴建。

（薛小华）

**【老年大学工作】** 2009 年，全市共有市级老年大学 1 所，县级老年大学 12 所，其中有 10 个县（市、区）依托活动中心开办，市直、新绛、夏县则是租赁教室，坚持办学。除万荣外，县县都建立了老年大学。据统计，就读于老年大学的老同志有 6300 人，其中市老年 800 人，各县（市、区）老年大学有 5500 人。（薛小华）

**【组织引导老干部发挥余热】** 2009 年，市委老干部局认真贯彻落实《关于在离退休干部中开展为“三个发展”做贡献的通知》精神，依托老干部活动中心，通过各个涉老组织，组织引导老干部发挥优势，再立新功。全市各级涉老组织老年书画研究会、老促会、关工委、老年艺术团、各类老年体育协会等；以老干部为主体的社团有 122 个，吸纳有 12000 余名老干部。原地委委员、秘书长董占锁被中组部授予“全国离退休干部先进个人”；杨茂山等 6 人被省委、省政府评为“离退休干部先进个人”。中盐运化离退休党委等 15 个先进离退休干部党组织、林涛等 13 名离退休干部发挥作用先进个人受到市委、市政府表彰。（薛小华）

## 党校工作

**【组织教职工全员学习】** 2009 年，市委党校校委、党委共进行了 24 次中心组学习和 18 次全校党课集中学习；以科室为单位坚持每周四集中学习；组织全校教职工赴万荣和新绛两地进行考察学习；举办了学习实践科学发展观、十七届四中全会精神学习笔记展评，全校人员共记学习笔记约 300 万字。2009 年，工作和党风廉政建设责任制考核，校领导班子测评满意度为 100%。

（闫孝臣　杨　锐）

**【科研工作】** 2009 年，市委党校全体科研人员通过举办专栏、调查研究、举办研讨会、申报课题等形式，共发表科研文章 113 篇，其中国家级 5 篇、省级 38 篇，市级 70 篇；特别是与省委党校合作开办《山西党校报》（运城版），开了党校办报之先河。全年还发表通讯报道 59 篇，其中省级 35 篇。

（闫孝臣　杨　锐）

**【教育培训】** 2009 年，市委党校全年共举办各类培训班 89 期，培训 15252 人次。在组织部、人事局、统战部等部门的支持下，举办了 41 期正规化班次，培训了 8516 人次，累计培训天数达 390 天。同时，整合全校培训资源，成立了对外培训中心，自主办班 22 期，培训 1637 人；委托办班 26 期，培训 5115 人，初步确立了党校教育品牌。学历教育省函招生 200 人，省委党校校外本科班招生 330 人，在全省处于领先地位。

（闫孝臣　杨　锐）

**【机关党建】** 2009 年，市委党校认真落实党建工作部署，努力构建“五四三”机关党建工作新格局，全面加强机关党的建设，着力于提高党组织的创造力、凝聚力和战斗力，充分发挥党员的先锋模范作用，推动全校工作的开展。召开第二次党员大会，进行了党委换届，成立了新的党委和纪委，发展了 4 名预备党员和入党积极分子的培养工作。

（闫孝臣　杨　锐）

**【贯彻落实《中国共产党党校条例》】** 2009 年 12 月 29 日，经市委常委会批准，全市党校工作会议在市委关铝厅召开。会议印发了《中共运城市委关于贯彻落实〈中国共产党党校工作条例〉的实施意见》，市委书记高卫东、省委党校副校长高健生、市委副书记兼党校校长董鹏翔出席会议并分别做重要讲话，市委常委、市纪委书记赵建平宣读了《中共运城市委关于表彰全市党校工作先进集体、先进个人的决定》，市委常委、组织部长陈振亮主持会议。全市 13 个县（市、区）委副书记（党校校长）、常务副校长、办公室主任，受表彰人员以及市委党校副科级以上干部（科长助理）、专兼职教师共计 90 余人参加了会议。

（闫孝臣　杨　锐）

**【后勤保障校园建设】** 2009 年，市委党校把党校门前 7 米宽的出口拓宽至 20 米；筹资 108 万元，改造了 2 号楼和 4 号楼的学员宿舍；投资 33 万元改建了第三教室；投资 18.8 万元改造了 1 号楼卫生间和学员公厕；投资 54 万元购置了 2 辆公务用车和 1 辆生活用车。同时，投资 12 万元，启动了图书资料信息登陆工程，购买了密级柜，增加了图书资料；改造了自行车棚；为校内住户安装宽带；新建了教职工食堂；实行了无塔上水；整修了部分道路；为全校接通大暖；更换校园照明系统。同年，市委党校经过努力争取，把党校经费增加到70万元。市财政为党校预算再翻一番多，增加到150万元。

（闫孝臣　杨　锐）

【党风廉政建设】　2009年2月17日，市委党校组织全体人员在市发改委7楼接受了一次生动的反腐倡廉警示教育，下发《2009年党风廉政建设和反腐败工作任务分解意见》。同时，制定了《校委会工作制度》等45项规章制度并汇编成书。不断加大责任制考核力度，组织反腐倡廉专题教学。全面开展清理“小金库”工作和治理商业贿赂工作。对全校财务开支、工程项目、干部提拔等工作进行监督。　（闫孝臣　杨　锐）

【干部队伍建设】　2009年，市委党校在干部队伍建设上，市委在校内提拔了2名副校长；推荐了11名正科级干部和3名副科级干部。在教师队伍建设上，组织14次青年教师练讲和以深入学习实践科学发展观为主题的赛讲活动；派出2名青年教师到中央党校学习进修，8名教师到外地进行了短期学习培训，9名同志外出学习考察；聘请既有深厚理论功底又有丰富实践经验的领导和专家学者22人担任客座教授。

（闫孝臣　杨　锐）

【精神文明建设】　2009年，市委党校逐步增强了党校人的和谐意识，建立和谐党校。大大提高了党校人的爱国意识，以红歌赛、集体升旗仪式等实际行动庆祝新中国成立60周年。充分展示了党校人的爱心意识。11月26日，党校开展“救灾、帮困、送温暖”活动，向本市雪灾受灾群众捐款7100元。

（闫孝臣　杨　锐）

【荣获表彰】　2009年，市委党校先后被评市政府命名表彰为“园林式单位（居住小区）”，被市直工委授予“创建‘五型四好三满意’先进单位”，被市委机关妇委会授予“庆‘三八’合唱比赛暨演唱会金奖”。

（闫孝臣　杨　锐）

## 讲师团工作

【认真组织市委中心组理论学习】　2009年，市委讲师团根据市委和市委宣传部的学习意见，先后组织了11次中心组理论学习。根据学习需要，及时购买《六个为什么——对几个重大问题的回答》和十七届四中全会精神辅导读本等书籍供市委中心组成员学习参考。全年，共编辑印发7期《党委中心组理论学习参考》供市、县两级中心组成员学习。

（李昭阳）

【开展基层宣讲工作】　2009年，市委讲师团坚持“大宣讲”理念，围绕学习实践科学发展观、社会主义核心价值体系建设、十七届四中全会、形势政策教育等“四大板块”，不断丰富理论宣讲内涵，创新理论宣讲形式，注重理论宣讲实效，广泛开展各种形式的宣讲活动。及时把中央、省、市的精神全面准确地传达到广大干部群众中去。先后为全市各县（市、区）、市直各单位宣讲100多场次，受教育的党员干部群众数万人次。　（李昭阳）

【宣讲和传播党的创新理论】　2009年，市委讲师团通过调查研究，结合全市宣讲工作的实际，将围绕“贯穿一条主线，突出三个重点”的总体思路，宣讲和传播党的创新理论，解读社会热点难点问题。“坚持一条主线”，即：就是宣讲深入学习实践科学发展观。4至8月，第二批学习实践科学发展观活动开展后，密切配合这项活动，围绕科学发展的主题，突出实践特色，深入开展宣讲活动，为全市学习实践科学发展观活动提供思想保证。“突出三个重点”即：重点宣讲党的十七届四中全会精神；重点宣讲形势政策；重点宣讲社会主义核心价值体系建设。同时，广泛开展《六个为什么—对几个重大问题的回答》的形势政策宣讲。本年，先后为全市各县（市、区）、市直各单位宣讲30多场次。　（李昭阳）

【加强理论研究】　2009年，市委讲师团重点是组织、审查、把关、报送全市参与省委宣传部组织编辑的《市、县委书记论转型发展》一书的稿件。从8月开始，至9月底结束，将14位市、县委书记论转型发展的材料上报省委宣传部理论处。

（李昭阳）

【服务全市文化建设】　2009年，市委讲师团先后组织文化企业，在重点参加深圳文博会的基础上，协调参加了杭州文博会、西安文博会和北京文博会，使运城的文化产品走出了山西。建立了文化产业项目库，再版了《文化产业招商项目册》。加强了关公文化产业园、蒲津文化产业园、西厢文化产业园区的规划和整合，促其成为运城的名片和基地；策划魅力运城之窗与丰喜集团联合注册运城西厢文化创意有限公司。参与《杨贵妃秘史》的签约，新闻发布会，开机仪式等，筹

备《尧舜禹》和《李家大院》的开拍工作。参与全市的文化体制改革，突出抓了“三局合一”和文化执法大队的重组工作。（李昭阳）

**【参与多类型、多层次干部培训】** 2009年，市委讲师团先后参与了县处级领导干部十七届四中全会精神培训、市直机关党务干部十七届四中全会培训班、市直机关老干部支部书记培训班、社会主义新农村重点推进村干部培训班、全市乡镇干部培训班、大学生村官培训、人大、政协等干部培训工作，另外，讲师团还做了一些其它工作，如派人到党校进行县处级干部轮训班培训；在全市领导干部“大讲述”活动、全市村官演讲比赛中担任评委等。（李昭阳）

## 党史研究工作

**【党史资料征集】** 2009年，市委党史研究室在前三年工作的基础上，全面完成全市“抗日战争时期中国人口伤亡和财产损失调研”工作；初步完成2008年度《中共山西年鉴》运城资料的征集工作。同时，围绕新中国成立60周年，编写了《60年来运城英模》(上、下卷)，该书收录了建国60年来，运城涌现出的在全国有重大贡献和影响的57个先进集体和137个模范个人。完成了《中国共产党运城市大事记(1926-1949)》。这几项工作共形成约220万字、3000多幅图片的党史资料。

各县（市、区）党史资料征集工作也取得可喜的成绩。盐湖区编辑《中共盐湖区历史纪事》出版发行；闻喜县编写了《金长庚传》、《革命老区陈家庄》、《宋振山传》、《卫逢祺传》、《赵宜轩传》等人物和革命遗址资料；万荣编撰了《改革开放30年万荣大事纪要》；稷山县编写了《辉煌稷山30年》；垣曲县编撰了《中共垣曲县历史纪事(1927-2005)》；河津编撰了《中共河津历史大事纪要》；新绛编辑出版了《新绛改革开放30年》；绛县进行了老领导个人留存的党史资料的征集工作等等。各县（市、区）还都高质量地完成了《60年来运城英模》的资料上报工作。（刘辽源）

**【充分发挥党史服务中心作用】** 2009年，编辑出版有《运城市情·两会专刊》、《运城市情·农村信用社60年发展纪实》和《运城市情·万荣旅游兴县》(专刊三期)，汇集了部分市人大代表、政协委员对运城发展的热点和难点问题的代表性意见，提供了基层单位加快科学发展的可行性经验。在办刊形式方面，不断解放思想，把《河东党史研究》传统刊物改成了半画报式的《运城市情》，有更多的图片，更丰富的文字，更强的穿透力，大大增加了刊物的可读性、观赏性和吸引力，提升了刊物的档次。

同时，下发了《关于做好我市地方党史图书发行征订工作的通知》。市委党史工作委员会副主任樊朝阳在《运城日报》上发表了《学习党的历史，推进学习型党组织建设》的专题文章。（刘辽源）

**【加强党史宣传教育】** 2009年，市委党史研究室在党史宣传教育方面主要开展以下工作。(1)在《运城日报》开辟“运城重大历史纪事”专栏，共7期5万多字。(2)在《黄河晨报》开设“跨越60年的记忆”专栏，刊载了近100名运城革命先烈的英勇事迹，约20万多字。(3)在运城电视台开设了“走过60年”系列节目，介绍了全市各个时期的25个专题历史资料。对党史工用新闻报道、记者采访、开辟专题栏目、专题专版等形式，进行了十多次宣传报道。

稷山编撰完成了《稷山党史教育读本》。闻喜县面向全县党员干部和广大学生，举办了党史知识讲座。新绛在清明节期间，组织了“缅怀先烈，继承遗志，加强革命传统教育”活动，并给全县200多名入党积极分子、重点发展对象和预备党员举办了“党史知识培训班”。新绛、永济、闻喜举办了图片展、书画展、革命歌曲大家唱等丰富多彩的纪念建国60周年活动；盐湖、河津、芮城等在各级报纸上发表了纪念文章；万荣、河津、新绛等在电视台开办了专题节目或者拍摄专题片，对党史知识和党史人物进行宣传。（刘辽源）

**【学习实践科学发展观活动】** 2009年，市委党史研究室在第二批学习实践科学发展观活动中，以“更好地服务科学发展大局、更好地实现自身科学发展”为出发点和落脚点，坚持广泛征求意见，认真剖析原因，积极整改落实。形成了《领导分工负责工作制度》、《领导分片联系指导县（市、区）党史工作制度》等12种单位规范管理的制度，促进了班子协调团结，党史工作高效运转。市、县两级党史部门增强了以科学发展

观指导党史工作的自觉性和坚定性。（刘辽源）

【党史队伍和机关建设】 2009年，党史办坚持利用周会形式始终一贯地对全室人员进行理想信念和党史职业教育，增强大家对党史工作的热情。积极配班子、带队伍。在2008年底，配齐单位领导班子的基础上，2009年为一名同志落实了县级干部待遇，研究了3名科级干部。不断优化环境、创造良好氛围。2009年，对所有办公室进行了整修，为单位再次配备了打印机、复印机、传真机等7台（件）设备，提高了办公自动化水平。（刘辽源）

## 纪检监察工作

【加强廉政警示教育】2009年，市纪委监察局紧紧依托市、县两级的14个廉政警示教育基地，“用身边的事教育身边的人”，通过集中展示典型腐败案例，积极引导，以案明纪，增强党员干部是非面前辨别能力、诱惑面前自控能力、警示面前醒悟能力。廉政警示教育基地建成后，先后受到中纪委副书记干以胜、李玉赋、省纪委书记金道铭等领导同志充分肯定，新华社《国内动态清样》、中央电视台、《人民日报》、《中国纪检监察报》等国家级媒体相继予以报道。

廉政警示教育基地坚持“一天一个班，半年轮一遍”，警示教育的经常化。2009年，全年共有9.6万余名党员干部到基地接受教育，其中1.63万人二次到基地接受教育，占总数的17.4%。坚持把关键领域、重要岗位、作为教育的重点。对全市3200余名党政“一把手”，2550余名领导干部家属、子女和身边工作人员进行警示教育。

建立“看图、观影、咏歌、宣誓、读书、省身、谈心、写悟、答题、践行”十部曲流程，促使警示教育深入人心。募集捐款197万余元，设立“廉政基金”，奖励和资助勤政廉洁、勤政为民的党员干部，从而营造“崇廉耻贪”社会氛围。本年，市委还出台了《关于大力加强廉政警示教育，深入推进惩防体系建设的意见》，将警示教育情况纳入全市党风廉政建设责任制的考核范畴，作为全市精神文明先进单位和个人评选的一项重要指标。（杨　茜）

【开展煤焦领域反腐败专项斗争】 2009年，市纪委监察局深入开展煤焦领域反腐败专项斗争。(1)以解决费税流失问题为重点，狠抓资源审批、证照办理等十项清理整治工作。(2)以突破大要案件为重点，狠抓官煤勾结、暗箱招标投标、违规兼并、重组等十类案件查处工作。(3)以建立规范的权力运行机制为重点，狠抓跟踪问效、资金监管等十项制度建设工作。

全年，共清理取缔各类矿产企业509家，关停除金属镁、铝矾土、水泥生产用矿及北方矿业铜矿以外的所有小选矿。11名党员干部主动申报了入股621万元办矿问题，1503名党员干部主动上缴违纪款309.6万元。清缴各类矿产企业漏交的基金、价款、税费共计2.97亿元。特别是严肃查处了夏县政府及有关职能部门乱作为、不作为，协议出让探、采矿资格，并收取保证金，导致境内私挖滥采问题严重一案，对67名相关责任人给予了严肃处理，其中给予党政纪处分及移送司法机关处理22人。（杨　茜）

【查办违纪违法案件】 2009年，市纪检监察机关坚持把案件查办作为反腐倡廉工作的“重头戏”，严肃查办一批发生在领导机关和领导干部中的滥用权力、谋取非法利益违纪违法案件。

2009年，全市各级纪检监察机关共查处802案，处分各类违纪人员838人，其中，县处级干部22人，乡科级干部186人，为国家和集体挽回经济损失840.7万元。全市范围内比较典型的案件有：(1)夏县政府及其有关职能部门乱作为、不作为，协议出让探、采矿资格并收取保证金，导致境内私挖滥采问题；(2)原永济市信用联社党委书记赵某收受贿赂及礼金、有价证券161.84万元，违规跨区域发放贷款4553万元。被开除党籍、开除公职，并移交司法机关追究刑事责任；(3)原盐湖区公安分局副局长王某等人徇私舞弊、张冠李戴，制造母顶子罪案，被开除党籍、开除公职。（杨　茜）

【党风廉政建设和反腐败工作】2009年2月28日，召开了“全市党风廉政建设干部大会暨市纪委四次全委扩大会议”。运城市四套班子在家领导、市纪检监察干部监督员、民主党派党风廉政监督员、特邀监察员，市纪委全体委员，各县（市、区）委书记、县（市、区）长、纪委书记、市直各单位副处级以上领导干部，中央、省驻运单位、五大厂矿主要负责人、纪委书记、运城、风陵渡、绛县经济开发区党政一把手、纪委书记、纪委监察局机关全体干部，共约600余人参加了会议。

会上，市委常委、市纪委书记赵建平代表市纪委常委会作了《完善惩防体系，服务科学发展，努力开创党风廉政建设和反腐败工作新局面》的工作报告，从七个方面对2009年的工作进行安排部署：(1)继续坚持宣传教育不放松，树立“以廉为荣、以贪为耻”的社会风尚；(2)继续坚持制度建设不懈怠，发挥制度的制衡作用；(3)继续坚持监督检查不间断，保障科学发展观的贯彻落实；(4)继续坚持改革创新不停步，加大治本抓源头的工作力度；(5)继续坚持纠风治乱不含糊，维护人民群众的切身利益；(6)继续坚持从严治党不畏难，查办有震动、有影响的典型案件；(7)继续坚持自身建设不动摇，提高纪检监察队伍的能力和水平。市委书记高卫东出席会议并作重要讲话，并与各县（市、区）委书记、市直工委书记签订《党风廉政建设目标责任书》。

（杨　茜）

**【“小金库”专项整治】**　2009年，市纪委监察局针对党政机关私设“小金库”开展专项整治，将所有行政机关和事业单位全部纳入清理范围，将代行政府职能和垄断性经营、强制使用指定产品和服务的企业也纳入其中。不仅将一级单位纳入范围，而且将其下属的所有二级、三级单位也全部纳入。至9月，共清理出“小金库”325个，撤销违规账户142个，涉及资金7484.3万元，上缴财政留存资金1287.5万元；立查案件31起，给予党政纪处分48人。财政部有关负责同志在接受中央电视台《中国新闻》采访时，对运城治理“小金库”工作予以高度评价。同年，市纪委以市委、市政府名义起草了《城市预防和治理“小金库”工作实施意见》，以市纪委监察局名义研究起草《关于设立“小金库”和使用“小金库”等违规违纪行为的责任追究暂行办法（试行）》。（杨　茜）

**【中纪委副书记干以胜来运调研】**　2009年3月1日至4日，中央纪委副书记干以胜来运城就修订《中国共产党党员领导干部廉洁从政若干准则(试行)》进行深入调研，并于3月2日上午和下午，分别召开修订《廉政准则(试行)》征求意见部分省市座谈会和山西座谈会。山西、辽宁、浙江、海南、陕西省纪委的分管领导和法规室负责人，运城、鸡西、阜阳、郴州、佛山、昆明等六个修订工作联系点的纪委分管领导，以及山西省部分市和运城部分县（市）的相关负责人分别参加了两个会议。调研期间，干以胜副书记参观了运城市廉政警示教育基地并予以高度评价。

（杨　茜）

**【国有企事业领导干部出国（境）管理】**　2009年3月，市纪委监察局进一步加强对新形势下党政机关和国有企事业单位领导干部因私出国（境）的管理，制止少数领导干部隐瞒身份、变相出国（境）旅游的行为，对县处级以上领导干部因私出国（境）证照进行“集中保管”，先后下发《关于收缴全市县处级以上领导干部因私出国（境）证照的督办通知》及《关于全市县处级以上领导干部因私出国（境）证照收缴集中管理的情况通报》，责成市公安局直接书面通知有关县（市、区）、单位及个人，并组织专门力量赴单位进行催交。通过一系列强硬措施，全市共有县处级以上领导干部持有有效出国（境）证照434本，已收缴309本，丢失毁坏103本，因故未交22本。（杨　茜）

**【切实解决农村低保中的突出问题】**　2009年4月始，市纪委坚持将“解决农村低保中的突出问题”，作为农村党风廉政建设工作的重中之重，全面开展拉网式检查。共清理出关系保、人情保等违规低保831户1579人，已脱贫、死亡等但仍继续享受低保的993户3852人；涉及71个乡（镇、办）382个行政村，分别占到全市乡镇和行政村总数的46.4%和11.9%；以运城市每月低保补贴66元标准计，每年可为国家挽回损失430余万元。（杨　茜）

**【监督国家减轻企业负担政策落实】**　自2009年5月1日起，为帮助企业应对金融危机、顺利渡过难关，市纪委监察局作出重要决定：除安全、环保两部门外，其它单位在三个月内不得进入各类企业进行检查。同时，市纪委监察局全力加强对国家减轻企业负担政策落实的监督，重点是督促财政、税务、国土等部门认真落实国家已出台的各项税收优惠政策，切实减轻企业税费负担；督促财政、劳动保障部门积极贯彻落实国家最近出台的缓缴社会保险费、降低社会保险费率等相关社会保险政策；督促地方各级人民政府进一步对行政事业性收费进行全面清理，能取消的，一律取消；暂时不能取消的，要创造条件逐步取消；督促有关部门减少会议、检查、评比，严厉查处乱收费、乱罚款、乱摊派、乱检查行为。

（杨　茜）

【创建“归口双派双层”统管新模式】　2009年5月20日，在河津市召开全市纪检监察派驻机构统一管理工作推进会，全面推行运城市纪委监察局探索创建的“归口双派双层”统管新模式。至年底，13个县（市、区）全部完成统管改革。所谓“归口”，是指按照职能相近的原则，将各行政事业单位划分为5大块，设置5个纪检监察室，由市纪委常委和监察局副局长兼任室主任；所谓“双派”，是指5个纪检监察室为市纪委监察局的派出机构，同时市直各单位分别设立纪检组和监察室，为市纪委监察局的派驻机构；所谓“双层”，是指实行分层管理办法，派出机构由市纪委监察局直接管理，派驻机构由派出机构代为管理。派出纪检监察室的设立，进一步前伸了纪检监察机关的工作触角，使其对派驻机构的领导、管理、协调和推进的效果更加显著。

（杨　茜）

【中纪委等部门记者团来运采访】　2009年6月25日至26日，根据中央纪委领导同志要求，由中央纪委办公厅新闻处牵头组织，中央电视台、中央人民广播电台、新华社、《人民日报》、《中国纪检监察报》、《中国监察》等中央新闻媒体的记者来到运城市，就廉政警示教育基地建设工作进行联合采访。记者团一行先后深入新绛县、夏县、永济市、河津市等地，通过参观当地廉政警示教育基地、走访受教对象、与各方代表座谈交流等渠道，详细了解运城市开展廉政警示教育的内容、形式、措施、特色以及取得的积极成效。短短一天多时间中，运城廉政警示教育基地建设工作给采访团留下了深刻的印象，他们表示要如实、充分的宣传好、推广好运城的做法和经验。

（杨　茜）

【召开典型案件处理新闻发布会】　2009年7月16日，运城市纪委监察局就本年查办的6起典型案件处理情况，召开新闻发布会。这是市纪检监察机关首次向新闻媒体发布重要法规制度、重要工作部署、重要工作进展和重要案件查处等方面的情况。《运城日报》、运城电视台、运城人民广播电台，《山西日报》、《山西晚报》、《山西经济日报》、《山西法制报》、《发展导报》、《山西市场导报》、《山西画报》、《黄河晨报》、市政府网站等新闻媒体参加了此次新闻发布会。发布的6起案件为：原平陆县茅津渡煤焦管理站站长张某等8人严重违法违纪案；夏县政府及有关职能部门乱作为、不作为，导致境内私挖滥采问题严重案；绛县经济开发区原副主任许某等8人违纪案；市计生委主任卫某违反组织人事纪律案；原运城市和闻喜县信用联社理事长兰某、李某工作失职案；市民政系统多名领导干部在汶川地震期间违规出国考察旅游案。对这些案件的严肃查处和公开通报，进一步表明了市委、市政府加强反腐倡廉建设、坚决惩治腐败的坚强决心和鲜明态度。

（杨　茜）

【深入学习“右玉精神”】　2009年12月1日，为认真贯彻落实省委关于深入学习和大力弘扬“右玉精神”的决定精神，市纪委监察局特意邀请“右玉精神”报告团来运，为全市四大班子负责同志和工作部门班子成员作专场宣讲。右玉县委书记、报告团团长陈小洪，右玉县原政协主席刘义，右玉县李达窑乡党委书记贺仲，以及中共十六大、十七大代表余晓兰，大学生村官李丽芳5位同志作为“右玉精神”的缔造者、传承者、实践者和见证者，结合自己的亲身经历和感受，从不同的角度诠释了“右玉精神”的真谛和内涵，加深了参会党员领导干部对“右玉精神”的认识和理解。他们的报告内涵丰富、发人深省。

（杨　茜）

【改善基层纪检机关办公条件】　2009年12月18日，市纪委监察局和组织、编制、财政部门联合出台了《关于切实加强县级纪检监察机关建设的意见》，重点在人员编制、经费保障、装备设施等人、财、物三个方面，采取了一系列突破性举措。(1)增加行政编制数量。明确“大县32名、中等县28名、小县25名”的县级纪检监察机关最低标准，全市实际增加行政编制59名，超出省定标准13名。(2)严格干部准入资格。在县级纪检监察机关编制调整到位后，对空缺岗位人员严格按照资格准入条件和公务员招录程序选拔。(3)突破经费核拨标准。明确规定：凡县级财政不能按要求核定到位的，由市财政通过国库统一扣划；县级财政要根据纪检监察机关办案工作量大小和所需经费具体情况，从罚没款中适当予以核拨；县级财政要根据本级纪检监察机关前三年办案经费平均量，对当年办案费用予以列支。通过上述三条经费来源的明确措施，各县（市、区）纪委经费开支同比增长了24.4%。(4)提升装备配置水平。主动协调各县（市、区）党委、政府挤拨专款348万元，为县级纪检监察机关新配备办案用车11辆、电脑及打印机83台、数码相机和摄像机8个，改善基层纪检监察机关的办公办案条件。

（杨　茜）

**【建立阳光农廉公开监管体系】** 2009年12月30日，市委出台《关于在全市建立阳光农廉网络公开监管体系工作方案》。市纪委监察局在新绛县开展依托信息网络构建农廉监督新平台的试点工作，所有涉农单位和乡（镇、办）全部涉农政务及事务，在经“两严一究”的逐级审核把关程序后，统一在“农廉监督网”上予以公开，使农民群众随时可以通过互联网或者“便民服务中心”的电子触摸屏，使其成为一个畅通农村基层群众掌握政策、了解村情、反映诉求、维护利益的渠道。

（杨　茜）

## 人大工作

**【着力促进中心城市快速发展】** 2009年，市人大常委会先后听取审议了市政府关于中心城市基础设施建设情况、城市总体规划修编情况、市政工程项目招标投标执法情况三个专项报告，督促政府继续在城市建设上加大投入，加快实施旧城改造，着力解决交通拥堵、排水不畅等影响制约城市发展突出问题；要求有关部门坚持建管并举，依法整治建筑市场，严厉打击违规招投标行为。同时，着眼城市未来发展，就进一步提高城市规划的战略性、前瞻性和科学性，提出了拓展城市发展空间，推动中心城市与周边区域协同发展；提升城市文化内涵，注重发挥河东文化对城市发展的促进作用等意见，并督促在城市总体规划修编（2007—2020年）中予以了落实。

为了较好解决城市建设资金不足问题，常委会重点对市政府利用开发行贷款进行市政基础设施建设情况、贷款规模、债务风险问题进行了认真调研和分析论证，在听取审议政府相关报告的基础上，依法作出决议，批准市政府以委托代建模式进行城市部分基础设施建设，确保城建重点项目资金落实到位。

（詹　鹏）

**【推动全市经济平稳较快发展】** 2009年，市人大常委会多次组织代表深入豪德贸易广场、闻垣高速公路、大运汽车制造、华润雪花啤酒以及阳光焦化、凯特化工、华雄纺织等重点工程、重点企业进行调研视察，积极提出合理化建议，并通过牵头协调，跟踪督促，帮助解决困难和问题，推动重点工程项目顺利实施，推动重点企业转型升级。同时，认真贯彻落实中央关于扩大内需的政策措施，依法审查批准了市政府关于新增地方债券收入的预算调整方案，把债券资金全部用于解决农村困难群众住房配套、城镇居民医疗保险配套等民生项目上，加大财政支持保障力度，增强拉动经济增长的社会合力，促进我市经济社会又好又快发展。

（詹　鹏）

**【促进区域协调发展】** 2009年，市人大常委会按照国家促进中部地区崛起的战略规划要求，把推动“晋陕豫黄河金三角区域协调发展综合试验区”建设作为实现新一轮发展新的战略机遇，列入人大工作重要议事日程。在深入调研、充分论证的基础上，把文化旅游、果业发展、铝镁生产及深加工、基础设施建设，作为区域合作的支撑产业和基础工作，着力培育，联合推动。在文化旅游方面，联手启动了沿黄河旅游项目，全面开放区域旅游市场，支持旅游部门在三省四市开通“一证通”半价优惠游，使各市旅游的收入增长均在20%以上。在果业发展方面，重点对区域内果业发展情况进行了三次专题调研，针对产业组织化程度低、品牌竞争力不强等问题，提出加强市场资源和信息领域合作，联手打造优质果品生产基地的建议；召开联席会，对苹果加工收购价格机制达成共识，有效地促进区域果业稳步发展。

在基础设施方面，联合推动了区域内高速铁路、高速公路、运城机场扩建等重大基础工程立项建设。得到国务院领导和国家发改委的肯定和重视，并在“国家中部崛起规划”中明确写到：“鼓励晋陕豫黄河金三角地区突破行政界限，开展区域协调发展试验。”

（詹　鹏）

**【支持农村改革发展】** 2009

年，市人大常委会把“三农”工作作为重中之重，大力促进全市农村改革与发展。围绕发展现代农业、规范土地流转、加大支农投入等“三农”工作重大课题，组织开展了系列专题调研；在全市范围内组织检查了《农业机械化促进法》实施情况，促进农机具购置补贴惠农政策的落实。集体视察夹马口北扩工程，着力推进灌区续建配套。听取审议了市政府关于农村改革发展和第八届村委会换届选举的专项报告，全力支持政府以发展现代农业为方向、以增加农民收入为核心、以促进农村和谐为重点，加快新农村建设步伐，推进农村基层民主政治建设。同时，提出公共资源向农村倾斜、公共设施向农村延伸、公共服务向农村覆盖，促进城乡统筹发展。

（詹　鹏）

**【加强对经济运行的监督】** 2009年，市人大常委会坚持科学分析论证，在年初计划预算编制工作中，积极提出合理建议，确保各项经济增长指标合理可行。结合审计工作报告，强化对市本级财政决算的审查，跟踪监督审计工作报告提出问题的整改落实。综合运用多种方式，加强对经济运行的监督。

2009年，通过开展专题调研、深入企业帮扶解困、加强经济运行数据分析，了解掌握重点企业生产经营情况、重点行业市场运行情况和重要指标完成情况。听取审议了市政府《关于1—7月全市计划和预算执行及经济运行情况的专项报告》。面对财政收入下滑、工业企业亏损等严峻形势，常委会提出继续把保增长作为经济工作的首要任务，既要发挥优势、抓好一产三产，又要注重利用市场倒逼机制，进一步加大结构调整力度，促进二产发展等审议意见。

（詹　鹏）

**【推动民生问题解决】** 2009年，市人大常委会重点对城乡低保资金和新型农村合作医疗基金使用情况开展了执法检查，确保中央资金专款专用，督促地方资金配套到位；在《食品安全法》执法检查中，常委会督促开展自查自纠，积极配合全国人大执法检查组，深入食品生产厂家、集贸市场、食品超市以及学校食堂，实地检查食品安全情况，促进法律宣传到位、执法监管到位，不断提高全市食品安全监管水平。

为了打造宜居、和谐、优美的城市环境，常委会深入城市集中供热、道路改造以及中心医院新院、体育馆、职业技术学院、运城学院新校区、经济适用房建设工地进行视察，推动公益事业发展，对城市供水、污水处理、城市绿化、环境整治、物业管理等事关人民群众切身利益的民生问题，开展视察调研活动，积极向有关方面提出合理化建议。

（詹　鹏）

**【《环境影响评价法》执法检查】** 2009年，市人大常委会组织开展了《环境影响评价法》执法检查，督促有关方面大力发展循环经济、绿色经济，预防和减少因规划、建设不当对环境造成不良影响。听取审议了市政府《关于贯彻实施人口和计划生育法情况的专项报告》，提出了加强流动人口和特殊人群计划生育管理工作的审议意见。还配合全国人大内司委就优化未成年人成长环境，进行了执法调研；配合省人大开展了科学技术普及法和侨务外事执法调研，以及抗震设防立法调研，督促有关方面加大了科普经费投入，解决归侨实际困难，促进重大工程严格按抗震设防要求施工建设。

（詹　鹏）

**【强化执法监督】** 2009年，市人大常委会在保增长、促发展的同时，大力促进依法行政、公正司法，不断加大执法监督力度。组织开展行政诉讼法执法检查，推进了行政首长出庭应诉制度落实；听取审议了公安机关《关于取保候审工作情况的报告》，要求公安机关对取保对象严格审批、严加控管。在司法监督方面，主要听取审议了市中院《关于清理执行积案工作情况的报告》、市检察院《关于反贪污贿赂工作情况的报告》，督促法院部门严格执法，完善执行工作机制，避免新的积案发生；督促检察部门认真开展预防职务犯罪工作，严查重点行业领域职务犯罪。在受理人民群众来信来访工作中，按照主任会议审议通过的《市人大信访事项交办实施细则》，完善了接待、交办、督办、落实责任制度，加大了信访督办力度，全年共接待处理群众来信来访1043余人次（件），重点督办97件，依法维护了群众的合法权益。

2009年，市人大常委会认真行使人事任免权，坚持党管干部和人大依法任免有机统一，严把任命程序关，共任免国家机关工作人员46人（次）。补选省十一届人大代表1人。

（詹　鹏）

**【发挥人大代表主体作用】** 2009年，市人大常委会在不断强化服务意识，拓展代表知情知政渠道，服务和促进代表依法履职。深入13个县（市、区）巡回指导，促进代表活动中心（室）规范化建设，促进代表小组活动经常化。组织代表开展专题调研、集体视察。9月，组织驻运省人大代表就中小学校舍安全、养老保险、社会就业、城市污水处理等民生问题专题开展了调研。12月，组织33名驻运省人大代表，对部分重点工程建设情况、传统产业改造升级、低保政策落实等情况进行了集体视察，并及时将代表建议意见反馈给政府和有关方面。（詹　鹏）

【改进代表建议办理工作】2009年，市人大常委会要求有关部门在对代表建议办理中，加强与代表面对面协商。对建设出口水果基地、整治盐湖周边环境等重点建议，组织代表跟踪督办；对教育、城建等六个部门的办理工作，进行了集体视察。

代表们在市二届人大五次会议上所提出的253件建议和闭会期间提出的3件建议全部办结，办理质量得到提升。

（詹　鹏）

【开展代表述职活动】　2009年，市人大常委会第二十八次会议听取了8位驻运省人大代表所作的述职报告，对其依法履职工作情况，进行了民主测评，激励代表模范履职，自觉接受人民群众监督。9月，省人大还在运城市召开了全省人大代表履职工作座谈会，推广运城市的代表工作做法和经验。

（詹　鹏）

【常委会自身建设】　2009年，市人大常委会把创建学习型机关作为加强自身建设的重要工作目标和任务。制定了学习计划，完善了学习制度，组织和引导常委会组成人员、机关工作人员重点加强了对政治理论、经济法律知识以及人大业务的学习，使常委会组成人员、工作人员的政治素质、履职能力、服务水平都有了新的提高。特别是在学习实践科学发展观活动中，常委会坚持解放思想，突出实践特色，着重查找不适应、不符合科学发展观要求的思想观念，着力解决程序性监督多、实质性监督少等影响人大工作水平和质量的突出问题。着手建立完善了符合人大特点、高效规范的人大工作机制。同时，还强化了人大制度理论研究，密切了同县（市、区）人大的工作联系，共同推进全市人大工作整体上台阶。

在庆祝新中国成立60周年和地方人大设立常委会30周年，常委会先后举办了迎国庆“比奉献、树形象”演讲活动、纪念地方人大设立常委会30周年座谈会、图片展和“绛州绿”杯人大法律知识竞赛活动。开展了人大工作理论研讨，认真回顾总结地方人大30年光辉历程和人大工作宝贵经验，深入探讨地方人大工作内在规律和特点。（詹　鹏）

## 重要会议

【运城市第二届人民代表大会第五次会议】　2009年5月13日—5月17日，在运城召开。会议听取和审议运城市市长王安庞《关于运城市人民政府工作的报告》；听取和审议了运城市发展计划委员会主任张玉忠《关于运城市2008年国民经济和社会发展计划执行情况与2009年国民经济和社会发展计划草案的报告》；审查和批准《运城市2008年国民经济和社会发展计划执行情况的报告与2009年国民经济和社会发展计划》。听取和审议了运城市财政局局长孙太平《关于运城市2008年总预算及市本级预算执行情况和2009年总预算及市本级预算》（草案）的报告，并对报告进行了审查。批准了《运城市2008年市本级预算执行情况的报告和2009年市本级预算》。听取和审议了运城市人民代表大会常务委员会主任黄有泉《关于运城市人民代表大会常务委员会工作的报告》；听取和审议了运城市中级人民法院代院长何振科《关于运城市中级人民法院工作的报告》；听取和审议了运城市人民检察院代检察长郝跃伟《关于运城市人民检察院工作的报告》。

会议作出关于接受黄有泉辞去运城市第二届人民代表大会常务委员会主任职务的请求的决定，作出关于接受刘振龙辞去运城市第二届人民代表大会常务委员会副主任职务的请求的决定；补选张建合为市二届人大常委会主任，李景发为市二届人大常委会副主任，相生勤、董建民为市二届人大常委会委员，任命何振科为市中级人民法院院长，郝跃伟为市人民检察院检察长。对人大、政府、法院和检察院等六个报告作出决议。通过了《运城市人民代表大会议事规则》。

（詹　鹏）

【运城市第二届人大常委会第二十三次会议】　2009年3月3日，在运城举行。会议听取审议了市人大常委会秘书长张建民所作的《关于运城市第二届人民代表大会第四次会议主席团交付的大会议案办理情况的报告》；听取审议了市人大常委会人事代表工委主任王宏铎所作的《关于运城市第二届人民代表大会第四次会议代表建议、批评和意见办理情况的报告》；听取审议了市人民政府秘书长肖暹东所作的《关于运城市第二届人民代表大会第四次会议代表建议、批评和意见办理情况的报告》；听取审议了市中级人民法院代院长何振科所作的《关于运城市第二届人民代表大会第四次会议代表建议、批评和意见办理情况的报告》；听取审议了市人民检察院代检察长郝跃伟所作的《关于运城市第二届人民代表大会第四次会议代表建议、批评和意见处理情况的报告》。审议了市中级人民法院《关于市人大常委会对刑事审判工作情况报告的审议意见研究处理情况的报告》、市人民检察院《关于市人大常委会对贯彻实施〈中华人民共和国刑事诉讼法〉开展审查逮捕工作情况报告的《审议意见研究处理情况的报告》、市公安局《关于市人大常委会对公安派出所工作情况报告的审议意见研究处理情况的报告》，并进行了满意度测评。（詹　鹏）

**【运城市第二届人大常委会第二十四次会议】** 2009 年 4 月 28 日，在运城举行。会议听取审议了市人大常委会副主任刘振龙所作的市人大常委会主任会议《关于召开运城市第二届人民代表大会第五次会议的议案及其说明》；听取审议了市人大常委会副主任、代表资格审查委员会主任委员刘振龙所作的《关于代表变动及选举和补选代表资格审查的报告》；听取审议了市人大常委会副主任刘振龙所作的市人大常委会主任会议《关于徐信安、师自明辞去市人大常委会委员职务的说明》；听取审议了市人大常委会副主任刘冠生所作的《关于市二届人大第五次会议筹备情况的报告》；听取审议了市人民政府常务副市长张建合所作的《关于提请拟任免职人员情况的说明》；听取了市人大常委会人事代表工委主任王宏铎所作的《关于对市人民政府提请的拟任免职人员进行初审的情况报告》；审议了市二届人大第五次会议建议议程、主席团和秘书长建议名单、列席人员名单（草案）、议案审查委员会组成人员建议名单、市二届人大第五次会议计划和预算审查委员会组成人员建议名单、《关于许可对市人大代表贺仙娥采取司法拘留措施的决定》(草案）等。

会议表决通过了市人大常委会关于召开运城市第二届人民代表大会第五次会议的决定（草案）；表决通过了运城市第二届人民代表大会第五次会议建议议程、主席团和秘书长建议名单、列席人员名单(草案)；审查委员会组成人员建议名单；计划和预算审查委员会组成人员建议名单。表决通过了运城市第二届人大常委会代表资格审查委员会关于代表变动和补选代表资格审查的报告。表决通过了关于许可对市人大代表贺仙娥采取司法拘留措施的决定（草案)；表决通过了关于接受徐信安辞去市人大常委会委员职务请求的决定（草案)；表决通过了关于接受师自明辞去市人大常委会委员职务请求的决定（草案）。

会议根据运城市人民政府市长王安庞的提请，决定任命权志高为运城市公安局局长，决定免去段波运城市公安局局长职务。（詹　鹏）

**【运城市第二届人大常委会第二十五次会议】** 2009 年 6 月 17 日，在运城举行。会议听取审议了市政府《关于利用开发银行贷款进行市政基础设施建设的情况报告》；听取审议了市政府《关于运城市市本级 2008 年财政决算情况的报告》；听取审议了市政府《关于运城市市本级 2008 年财政预算执行和其他财政收支的审计工作报告》；听取审议了市财政局局长孙太平所作的《关于运城市市本级 2008 年财政决算情况的报》；听取审议了市人大常委会财经工委主任王高殿所作的《关于运城市市本级 2008 年财政决算情况的审查报告》；听取审议了市审计局局长王吉海所作的《关于运城市市本级 2008 年财政预算执行和其他财政收支的审计工作报告》；听取审议了市财政局副局长、市城建投融资管理中心常务副主任张晋生所作的《关于利用开发银行贷款进行市政基础设施建设情况的工作报告》；听取审议了市人大常委会副主任刘冠生所作的主任会议《关于提请相耀昌等同志任职的议案及说明》；听取审议了市人民政府副市长吴菊仙受市长王安庞委托所作的《关于被提请免职人员的情况说明》；听取审议了市人民检察院检察长郝跃伟所作的《关于被提请任职人员的情况说明》；听取审议了市人大常委会人事代表工委主任王宏铎所作《关于对市人民政府和市人民检察院提请拟任免职人员进行初审的情况报告》。

会议表决通过了市人大常委会《关于批准〈运城市人民政府以委托代理模式进行城市部分基础设施建设〉的决议》；表决通过了市人大常委会《关于运城市市本级2008年财政决算的决议》（草案）。

会议根据运城市人大常委会主任会议的提请，任命相耀昌为市人大常委会法制工作委员会副主任；姚勇强为市人大常委会法律咨询中心副主任。根据运城市人民政府市长王安庞的提请，决定免去张建合市人民政府副市长职务；柴林山市人民政府副市长职务。根据运城市人民检察院检察长郝跃伟的提请，批准任命毛毓登为新绛县人民检察院检察长；鲁双良为稷山县人民检察院检察长。张建合主任向通过任命人员颁发了任命书。（詹　鹏）

**【运城市第二届人大常委会第二十六次会议】**2009年8月31日，在运城举行。会议听取审议了市人民政府市长王安庞所作的《关于被提请拟任职人员的情况说明》；听取审议了被提请拟任职人员武宏文、王健康所作的供职发言；听取审议了市人民政府副市长张建喜所作的《关于1—7月全市计划和预算执行及经济运行情况的报告》；听取审议了市人口和计划生育委员会主任卫新平所作的《关于市人民政府贯彻实施人口和计划生育“一法一条例”情况报告》；听取审议了市民政局局长王玉林所作的《关于全市第八届村民委员会换届选举工作情况报告》；听取审议了市建设局局长曹醒侨所作的《关于市人民政府房屋建筑和市政工程项目招标投标执法情况的报告》；听取了市人民检察院检察长郝跃伟所作的《关于反贪污贿赂工作情况报告》；听取审议了市人大常委会秘书长张建民所作的主任会议《关于市人大常委会代表资格审查委员会部分委员职务调整的议案》。审议了市人大常委会执法检查组《关于开展〈中华人民共和国行政诉讼法〉执法检查情况的报告》。

会议表决通过了市人大常委会《关于市人大常委会代表资格审查委员会部分委员职务进行调整的决定》。

会议根据运城市人民政府市长王安庞的提请，决定任命武宏文为市人民政府副市长；王健康为市人民政府副市长。张建合主任向通过任命人员颁发了任命书。（詹　鹏）

**【运城市第二届人大常委会第二十七次会议】**　2009年9月15日，在运城举行。会议听取审议了市人民政府市长王安庞所作的《关于被提请拟任免职人员的情况说明》；听取审议了市人民政府副市长武宏文所作的《关于农村改革发展情况的报告》。会议根据运城市人民政府市长王安庞的提请，决定任命王殿民为市人民政府副市长，决定免去董一兵市人民政府副市长职务。（詹　鹏）

**【运城市第二届人大常委会第二十八次会议】**　2009年10月16日，在运城举行。会议听取审议了市公安局局长权志高所作的《关于全市公安机关取保候审工作情况的报告》；听取审议了市中级人民法院院长何振科所作的《关于清理执行积案工作情况的报告》；听取审议了市人民检察院检察长郝跃伟所作的《关于请求许可对市人大代表巴临霞采取拘留措施的报告及说明》；听取审议了市人大常委会人事代表工委主任王宏铎所作的主任会议《关于许可对市人大代表巴临霞涉嫌挪用公款罪采取拘留措施的决定（草案）的说明》；听取审议了市中级人民法院院长何振科所作的《关于被提请拟任免职人员情况说明》；听取审议了市人大常委会人事代表工委主任王宏铎所作的《关于对中级人民法院拟任免职人员进行初审的情况报告》；听取了驻运省十一届人大代表卫秀红、王小元、王志忠、王崇智、闫慧芳、赵美珍、管树岗所作的述职报告，省人大代表郭崇学作了书面报告。

常委会组成人员对在本次常委会会议上述职的省人大代表依法履职情况进行了无记名投票测评。会议表决通过了市人大常委会《关于许可对市人大代表巴临霞涉嫌挪用公款罪采取拘留措施的决定》。

会议根据运城市中级人民法院院长何振科的提请，任命王金梁、申远征、杨勇、刘旭东为市中级人民法院审判委员会委员；免去荆占奎市中级人民法院审判委员会委员、审判员职务；免去陈灵芝、王奎梅、贾育挺市中级人民法院审判员职务。张建合主任向市中级人民法院院长何振科颁发了通过任命人员的任命书。（詹　鹏）

**【运城市第二届人大常委会第二十九次会议】**　2009年12月18日，在运城举行。会议听取了市财政局局长孙太平所作的《关于2009年市本级财政预算调整方案的情况说明》；听取了市人大常委会财经工委主任王高殿所作的《关于2009年市本级预算调整方案的审查报告》；听取了市审计局局长王吉海所作的《关于2008年预算执行审计查出问题的整改报告》；听取审议了市人民政府副市长王健康所作的《关于中心城市重大基础设施建设情况的报告》；听取审议了市规划勘测局局长王立军所作的《关于城市总体规划修编（2007年—2020年）（草案）情况的报告》；听取了上海同济城市规划设计研究院专家对城市总体规划修编有关情况的说明。审议了市人大常委会执法检查组《关于对城乡低保资金和新型农村合作医疗基金执法检查的情况报告》；市人大常委会执法检查组《关于〈对中华人民共和国农业机械化促进法〉、〈山西省农业机械化条例〉执法检查的情况报告》；市人民政府《关于市人大常委会对全市公安机关取保候审工作情况报告的审议意见研究处理情况的报告》；市人民政府《关于市人大常委会对全市第八届村民委员会换届选举工作情况报告的审议意见研究处理情况的报告》；市中级人民法院《关于市人大常委会对清理执行积案工作情况报告的审议意见研究处理情况的报告》；市人民检察院《关于市人大常委会对反贪污贿赂工作情况报告的审议意见研究处理情况的报告》。听取了市人大常委会副主任刘冠生所作的《关于陈永信请求辞去山西省第十一届人民代表大会代表职务的说明》和市人大常委会主任会议《关于提名补选张建合为山西省第十一届人民代表大会代表的议案》。

听取了市人民政府常务副市长王殿民所作的《关于提名卫明泽等人任免职务的报告》；听取了市中级人民法院院长何振科所作的《关于提请刘乙龙等同志任职的报告》；听取了市人民检察院检察长郝跃伟所作的《关于提请杨梅等同志任免职务的报告》；听取了市人大常委会人事代表工委主任王宏铎所作的《关于对“一府两院”拟任免职人员初审情况的报告》；听取了市人民政府提请拟任职人员卫明泽、张殿权、曹醒侨、王健康、樊剑展、杨金贵、李峰、任永吉、邓梦海、赵令刚、杨忠庭、杨生荣、孙伟、李东阳、李波、李盛泉所作的供职发言。

会议表决通过了《市人大常委会关于批准2009年市本级财政预算调整方案的决议》（草案）；表决通过了市人大常委会《关于接受陈永信辞去山西省第十一届人民代表大会代表职务请求的决定》；以无记名投票表决方式补选张建合为省第十一届人民代表大会代表。

根据运城市人民政府市长王安庞的提请，决定任命卫明泽为运城市经济和信息化委员会（市政府国有资产监督管理委员会）主任，张殿权为运城市人力资源和社会保障局局长，曹醒侨为运城市住房保障和城乡建设管理局局长，王健康为运城市交通运输局局长，樊剑展为运城市农业委员会主任，杨金贵为运城市文化广电新闻出版局（市版权局）局长，李峰为运城市人民政府外事侨务办公室主任，任永吉为运城市体育局局长，邓梦海为运城市统计局局长，赵令刚为运城市安全生产监督管理局局长，杨忠庭为运城市旅游局局长，杨生荣为运城市民族宗教事务局局长，孙伟为运城市粮食局局长，李东阳为运城市食品药品监督管理局局长，李波为运城市文物局局长，李盛泉为运城市人民防空办公室主任。原市经济委员会主任、市人事局局长、市劳动和社会保障局局长、市建设管理局局长、市交通局局长、市农业局局长、市文化新闻出版管理局局长随市政府机构改革中机构的改组、更名、撤销，其职务自行消失，不再履行免职手续。根据运城市中级人民法院院长何振科的提请，任命刘乙龙、赵斌、孙雷青、常邓飞、卫文博、薛强、薛志武、杨晓英为运城市中级人民法院审判员。根据运城市人民检察院检察长郝跃伟的提请，任命杨梅、孙海波、王跃、黄雷平为运城市人民检察院检察员。免去杨锦山、张青兆、王忠志运城市人民检察院检察员职务。张建合主任向通过任命人员颁发任命书。　（詹　鹏）

## 政府工作

**【全市经济发展概况】**　2009年，市政府全市生产总值达到728亿元，比2008年增长6.7%；其中：第一产业增加值114.7亿元，增长6.5%；第二产业增加值325.8亿元，增长4.3%；第三产业增加值287.5亿元，增长10.4%。全市人均地区生产总值14316元，按2009年平均汇率计算达到2096美元。三次产业占生产总值的比重为15.8:44.7:39.5。全部工业完成增加值283.2亿元，增长4.6%。其中，规模以上工业企业完成增加值238.4亿元，增长

6%；实现主营业务收入 777.5 亿元，下降 18.2%；实现利税 7.3 亿元，下降 88.3%。全社会固定资产投资 481.5 亿元，增长 40.2%。社会消费品零售总额 328.2 亿元，增长 22%。全市海关进出口总额 81979 万美元，下降 39.4%，其中，出口额 15702 万美元，下降 71.2%；进口额 66277 万美元，下降 18%。财政总收入 63.7 亿元，下降 31.2%；一般预算收入 26.3 亿元，下降 19.5%。城镇居民人均可支配收入 12656.7 元，增长 12.1%（中心城市盐湖区城镇居民人均可支配收入 13416.2 元，增长 5.2%）。农民人均纯收入 4110.5 元，增长 8.2%。城镇居民家庭恩格尔系数为 33%（中心城市盐湖区城镇居民家庭恩格尔系数为 32%），农村居民家庭恩格尔系数为 35.3%。

（翟俊彦　晋泽军）

**【强力推进项目建设】** 2009 年，市委、市政府紧紧抓住国家实施扩内需一揽子计划，把投资拉动作为保持经济平稳较快增长的切入点，并将 2009 年确定为“项目建设年”。全市共确定重点项目 178 个，总投资 1434 亿元。经过努力，争取新增中央投资和省煤炭可持续发展基金 13.5 亿元。市政府多次召开常务会、观摩会，研究和推进项目建设。并对重点项目的投资额、投资完成率、开工率、完工率及投资同比增长率 5 项指标逐月进行考核，坚持一月一督查，一季一通报。59 个项目建成投产，74 个项目开工建设。盐湖区经济发展较快集中区域建设全面启动；重点项目完成投资 429 亿元，投资完成率达 192%；大西客运专线启动实施。闻喜至合阳、运城至灵宝两条高速公路开工建设；运三铁路、侯西铁路扩能改造立项前期工作圆满完成；电网建设实现历史性突破；特别是大运重卡的建成投产，成为本市乃至全省转型发展的重要成果；大规模的投资，不仅有效地拉动了当年经济增长，而且为长远发展打下了坚实基础。

（翟俊彦　晋泽军）

**【千方百计帮扶企业渡难关】** 2009 年，全市经济受金融危机和自身结构偏重的双重影响，工业经济大幅下滑，规模以上企业停产面一度达 1/4。市政府面对严峻形势，积极开展定点帮扶活动，认真落实国家“五缓四减三补”政策，全市困难企业缓缴社保基金 9000 余万元，减负 4239 万元。加大协调力度，帮助企业解决煤电等生产要素。通过举办第 5 届“银保企洽谈活动”、开展小额贷款公司试点工作，千方百计帮助企业解决融资难问题，落实各类资金 800 多亿元，提供融资担保 5150 万元。

促进本地产品销售。67 个在建重点工程项目基本采用本地钢材和水泥等产品。组织 60 家食品加工企业在南京举办了运城特色食品推介会，不仅达成产品销售意向 5000 余万元，而且建立了长期销售合作关系。制定了装备制造、焦化、煤化工和食品等行业调整和振兴实施方案。新疆金风科技风电及设备制造、中科晶电高提纯砷化镓等一批新能源新材料产业项目积极推进。63 个技改重点项目建成投产。新认定 9 家市级企业技术中心。新增中国驰名商标 5 件，累计达到 12 件，山西省著名商标达到 73 件。汽车和运输设备、铝和镁深加工、化工、农副产品加工四个产业集群增加值占到全市规模以上工业增加值的 37.4%，比上年提高 6 个百分点。坚决关停淘汰落后产能，钢铁、水泥、焦化、造纸等行业共淘汰落后产能 114.3 万吨。

（翟俊彦　晋泽军）

**【农村经济持续稳定发展】** 2009 年，市政府发展农业比较优势，落实惠农强农政策，大力发展农业生产，千方百计增加农民收入。全年粮食总产达到 22.2 亿公斤，同比增长 6.4%，创历史新高。完成“双创”增粮工程田 3.3 万亩。新认定无公害产地 41.6 万亩，累计达到 325 万亩；认证无公害和绿色有机农产品 36 个。大型养殖场（小区）发展到 272 个。发展农民专业合作社 1401 个，累计达到 2863 个。新增和改善农田灌溉面积 37.6 万亩，完成中低产田改造 32.4 万亩。发放农机购置补贴资金 1.18 亿元，新增农业机械 2.6 万台（件）。经过多方积极争取，引黄灌溉电价由每度 0.31 元降为 0.06 元，水价由每方 0.5 元降为 0.25 元，每年为农民减轻负担 2.83 亿元。省级现代农业示范区建设全面启动。积极发展适度规模经营，土地流转面积 59.2 万亩。市财政拨出 2000 万元专项资金，重点扶持了 53 个农业产业化项目。市级以上龙头企业达到 128 家，辐射带动 50 多万农户。参加首届中国（山西）特色农产品交易博览会取得丰硕成果。15 个产品获得金奖，现场销售特色农产品 2901 万元，达成销售合同 52 亿元，扩大了运城龙头企业和特色农产品的知名度和影响力。新启动实施了 259 个新农村重点推进

村建设工作。扶贫工作取得新成绩。（翟俊彦　晋泽军）

【服务业发展势头强劲】2009年，市政府坚持把发展服务业作为保增长、调结构、促转型的重要举措，以文化旅游业为龙头，带动服务业上规模、上水平。22个项目进入省服务业发展“1+10”项目盘子并积极实施。盐湖生态综合治理、垣曲历山开发等一批项目加快推进。“关公文化”被评为全省十大文化品牌之首，列入全省“3+1”重点发展内容。万荣笑话博览园、西厢文化产业园等初具规模。绛州鼓乐、稷山高台花鼓等文化精品在国内外赢得广泛赞誉。关帝御花园、万荣西滩景区、凤凰谷森林公园一期工程等景点建设如期完工，并向游人开放。与临汾、渭南和三门峡等市联合推出黄河金三角三省四市“一证游”活动，进一步激活了客源市场。全年共接待游客1276万人次，同比增长10.2%。旅游总收入87.1亿元，同比增长19.3%。运城机场运送旅客突破50万人次。“万村千乡”市场工程和“新网工程”深入推进，新建了7个配送中心、600个农家店、100个放心粮油店。“家电下乡”共销售家电产品14.5万台，销售额2.9亿元，给农民发放补贴3579万元。在文化旅游业的带动下，住宿、餐饮、批发、零售等行业逆势上扬，第三产业增幅达10.4%，成为拉动经济增长的亮点。

（翟俊彦　晋泽军）

【完善城市基础功能】2009年，市政府中心城市新一轮总体修编规划上报省政府，7个县（市）域城镇体系规划和17个镇（乡）的总体规划全面完成。市区解放北路、工农街和圣惠立交桥改造如期完成，解放南路拓宽改造、河东东街延长线和学苑路立交桥建设加紧推进。新增集中供热面积300万平方米。发展天然气用户3万户，累计达到7.2万户。航天公园建成开放。新增绿地面积48万平方米。市体育馆和中心医院新院投入使用。中心城市生活垃圾填埋场投入运行，临猗、新绛垃圾处理填埋场建成。中心城市城东污水处理厂建成，稷山、河津、夏县3个县（市）污水处理厂建成并投入运行。年末全市城市污水处理率达到85%，城市生活垃圾无害化处理率达到85%，集中供热面积1206万平方米，集中供热普及率达到86%。深入开展“创双优、迎国庆”城乡环境综合整治，城乡环境得到明显改善。全市造林绿化26万亩。市区二级以上优良天数达到354天，比上年增加14天。各县（市）二级以上天数都达到280天以上。全市污染物二氧化硫、化学需氧量的排放总量分别控制在省定目标13.1万吨和7.8万吨之内。（翟俊彦　晋泽军）

【深化改革开放】2009年，全市政府机构改革已经完成，事业单位分类改革全面启动。市属国有企业改制取得新进展。市无线电厂、市百纺公司改制进入实施阶段。临猗、永济医药药材公司改制顺利完成。永纺、糖酒公司、食品公司等企业破产工作有序推进。煤炭资源整合、煤矿企业兼并重组整合工作全面完成，53座矿井整合为18座。先后邀请广东东莞160名企业家、上海9家商会来本市考察洽谈。在南京举办了运城特色食品展销会，在上海举办了“五个产业集群”50个重点项目暨旅游推介会，实现了招商引资、旅游宣传等多重效益。黄河“金三角”区域协调发展综合试验区纳入国家《促进中部地区崛起规划》。全年招商引资项目236个，引资实际到位176亿元。

（翟俊彦　晋泽军）

【社会事业全面发展】2009年，市政府坚持把保障和改善民生摆在突出位置，不断加大对社会民生领域的投入。2009年，全市农林水事务、教育、社会保障、医疗卫生支出分别增长19.7%、7%、15.9%和30.8%。大力推进“六个全覆盖”。建制村通水泥（油）路和村级卫生室实现全覆盖。中小学校舍安全改造、村通广播电视、农村饮水安全、村级组织活动场所四个全覆盖完成当年任务。年初市政府向全市人民承诺的教育、医疗卫生、住房、生态环境等“十方面实事”如期完成。加快发展社会事业。新发展科技合作社32家。为67万名中小学生免除学杂费1.3亿元。为6万名家庭贫困生发放生活补助4149万元；投资3.5亿元，改造中小学校舍危房106万平方米。高中教学质量显著提高，向高校输送新生2.94万人。完成了3个县级文化（图书）馆、34个乡镇综合文化站、300个农村书屋和200个村级文化活动室建设。新农合参合率达到92.1%，县、乡、村三级医疗卫生机构达标率86%，改建、扩建53所中心院和边远山区卫生院。建设标准村级计生服务室1909个，为9万多户计生家庭发放奖励扶持资金

4511万元。新建了920个村的农民体育健身工程。加强就业和社会保障工作。城镇新增就业人数5万人，帮助下岗失业人员实现再就业1.2万人。农村劳动力技能培训1.5万人，转移富余劳动力11.7万人。农村社会养老保险覆盖62.4万人，城镇居民和城镇职工基本医疗保险覆盖67万人，企业退休人员养老金比上年提高10%。新绛、河津、垣曲三县（市）新农保试点工作积极推进。城乡低保、纳保分别达到8.9万人和14.5万人。大力推进保障性安居工程建设，完成经济适用房、廉租房、棚户区改造47.5万平方米，解决农村困难群众住房1000户，改造农村贫困残疾人危房450户。深入开展安全专项整治，安全生产形势进一步好转。全年各类安全事故同比减少66起，下降6.5%，死亡人数同比减少25人，下降9%。与此同时，加强甲型$H_1N_1$流感防控，积极应对强降雪灾害，强化国庆60周年安保、应急管理、信访和社会治安综合治理工作，确保了社会和谐稳定。

（翟俊彦　晋泽军）

## 人事工作

**【就业工作取得明显成效】** 2009年，市劳动人事局面对国际金融危机带来的严峻挑战，把稳定就业作为第一任务，经过艰苦努力，全面完成了市政府公开承诺的涉及就业的4件实事，实现城镇新增就业5万人，城镇登记失业率控制在2.4%以内，确保了全市就业形势的总体稳定。

（史忠诚　张　晓）

**【多种措施保就业】** 2009年，市劳动人事局通过开展政策咨询、职业培训、举办大型招聘会等多种形式促进就业，采取外输内转、项目拉动、创业带动、民企吸纳、开发岗位等多种渠道扩大就业。

2009年，市劳动人事局对67户困难企业和5.2万名职工认真落实“五缓四降三补贴”政策，帮助他们减轻资金压力，稳定了职工队伍。做好高校毕业生、农民工、就业困难人员三个重点群体就业。完成了省厅下达的“开发公益性就业岗位，安置困难高校毕业生实现就业和实施高校毕业生见习计划”任务。为100名自主创业高校毕业生提供了小额贷款。组织3000名高校毕业生赴外地就业。培训农民工6万余人次，组织1万多名农民工外出就业。公益性岗位安置“零就业家庭”、“4050”人员和残疾人等就业困难人员2520人。

（史忠诚　张　晓）

**【社会保障体系建设】** 2009年，市劳动人事局全面启动了城镇居民医疗保险，圆满完成覆盖30万人的工作任务。关闭、破产国有企业退休人员和困难企业职工参加医保问题得到妥善解决。多层次、多形式、全覆盖的医疗保障体系基本建立。新绛、河津、垣曲三县（市）新型农村社会养老保险试点工作圆满完成，年内农村社会养老保险费收入达到1.19亿元。

（史忠诚　张　晓）

**【普遍提高社会保险水平】** 2009年，全市企业退休人员养老保险待遇比上年提高10%；职工基本医疗保险报销最高限额得到了提高，自付比例有所降低；失业人员保险金待遇和工伤保险待遇都有了不同程度提高。

2009年，市劳动人事局补缴续缴政策相继出台，“五七”家属参保问题正在得到解决。机关养老保险稳步推进。工伤保险逐步把老工伤纳入了统筹范围。生育保险圆满完成了参保人数、基金征缴任务。

（史忠诚　张　晓）

**【提升人事服务水平】** 2009年，市劳动人事局基本完成了全市政府系统公务员的登记工作。事业单位参照公务员法管理审批工作稳步推进。完成了2008年度公务员考核工作。对2112名公务员进行了更新知识培训。会同有关主管部门评选了市级先进个人220名，市级先进集体50个，运城市抗震救灾医疗队、运城市军事化矿山救护队、运城市援建指挥部等3个单位和牛永国、王世斌、张国强、贾启峰等4名同志被省委省政府授予荣誉称号。

2009年，事业单位岗位设置管理实施工作稳步推进，全市2405所义务教育学校46622人的基础性绩效工资如期兑现。军转安置工作进一步加强，40名军转干部得到妥善安置；自主择业军转干部管理服务工作更加规范。（史忠诚　张　晓）

**【人才队伍建设】** 2009年，市劳动人事局通过外出引智，技术交流、柔性引进，为全市五大产业集群的重点行业、关键技术及重大项目提供智力了支撑。五次组团外出招才引智登记2180人，落实到岗221人，引进博士后2人，博士4人，教授2人。推荐入选“333人才工程省级人选”2人。完成了对3419名专业技术人员职称的推荐评审工作。组织各类专业技术人员和人事考试12项，报考人数达26580人次。技能人才队伍建设进一步推进。全年共培训考核机关事业单位工人3962人，完成职业技能鉴定10622人。（史忠诚　张　晓）

**【维权维稳工作】** 2009年，农民工权益得到保障。通过开展农民工工资统收统支制度试点工作，在建筑施工企业和砖瓦窑实施工资保证金制度，维护了农民工的合法权益。

2009年，开展整顿人力资源市场秩序、整治非法用工等专项行动，规范了煤矿、砖瓦窑、建筑等重点行业的劳动用工行为。接待群众来信来访4015人次。受理劳动人事争议仲裁案件483起，结案483起。加大政策落实力度，扎实做好企业军转干部解困维稳工作，自2001年，本市连续9年没有发生过企业军转干部赴京、赴省聚集上访事件，维护了全市的和谐稳定。

（史忠诚　张　晓）

**【市人力资源和社会保障局召开第一次全体人员大会】** 2009年，市劳动人事局按照市政府机构改革的部署和要求，新的人力资源和社会保障局挂牌组建。按照市委、市政府领导提出的“思想不乱、队伍不散、资产不流失、工作不间断”的要求，通过抓全员思想稳定，抓改革平稳推进，抓目标任务完成，为机构改革工作平稳推进奠定了良好的基础。

12月23日，运城市人力资源和社会保障局在市委南风厅召开了第一次全体人员大会。局党组书记、局长张殿权就抓改革、抓推进、抓考核、抓作风四方面工作作了重要讲话。同日，运城市人力资源和社会保障局正式挂牌。市委常委、副市长张建喜出席挂牌仪式并作重要讲话。

（史忠诚　张　晓）

## 民政工作

**【城市低保落实到位】** 2009年，全市城市低保纳保达到4万余户、9万余人，占城镇人口的5%，月人补助水平达到156元，基本达到应保尽保，累计发放1.8亿余元，较2008年增加2500万元。为了解决受金融危机影响困难企业下岗职工的基本生活，为全市33个市属困难企业3304户、8460名困难职工纳入城市低保救助，为其发放救助金1200余万元。

（李俊民　闫向明）

**【农村低保超额完成】** 2009年，全市农村低保纳保9万余户、14万余人，占乡村人口的4.5%，月人均补助水平达到66元，累计发放1.2亿余元，较2008年增加4300万元，超额完成了市政府“2009年新增农村低保5000人”的目标任务。

（李俊民　闫向明）

**【城乡医疗救助覆盖全市】** 2009年，全市0城市医疗救助4200人次，累计发放700余万元；农村医疗救助4.3万余人次，累计发放1200余万元。

（李俊民　闫向明）

**【圆满农村五保任务】** 2009年，全市民政工作者尽心尽职，农村五保任务完成任务圆满。农村五保对象10608户、10885人，实现了应保尽保、按标施保；启动100万元市级福利金，资助全市10个乡镇敬老院进行改扩建。（李俊民　闫向明）

**【慈善捐助活动有新突破】** 2009年，市民政局成功地组织了“我为残疾人献上一份爱”和“救灾帮困送温暖”两次专项捐助活动。在稷山、临猗等地开展了“慈善情暖万家”专项资助活动。在康杰中学、蓝海中学新增两个“福彩慈爱阳光班”，解决了200余名贫困学生上学难的问题。（李俊民　闫向明）

**【自然灾害救灾应急机制建设】** 2009年，市民政局针对本市农业生产先后遭受了旷日持久多年罕见的干旱、风雹、洪涝、病虫害等自然灾害侵袭，特别是初冬季节，又遭遇几十年来罕见的大雪，致使农作物严重受损，给灾区群众生活造成很大困难的实际。

2009年，各种自然灾害致使全市农作物受灾511.71万亩。其中，成灾面积326.68万亩，绝收面积99.2万亩。受灾人口176万人，倒塌房屋3780间。灾害造成直接经济损失14亿元，其中，农业经济损失12.93亿元。因雪灾造成滞留人口65人，死亡1人，伤病17人。全市各级民政部门逐乡逐村查灾核实，积极上报灾情，争取上级救助资金3240万元，确保了重点灾民有饭吃、有衣穿、有房住、有干净水喝。

（李俊民　闫向明）

**【重点解决优抚对象就医问题】** 2009年3月，市民政局联合有关部门出台《运城市优抚对象医疗保障实施意见》。各县（市、区）民政部门为每个重点优抚对象办理了参加新农合有关手续，为1000余人发放住院补助资金达208余万元，对年老体弱、行动不便的优抚对象进行上门服务，为6163名重点优抚对象进行了体检，补助资金达103余万元。

2009年，全市用于优抚对象医疗补助财政配套资金达398万元。全市2.5万名重点优抚对象就医问题得到妥善解决。

（李俊民　闫向明）

【双拥工作进一步深化】　2009年7月16日，市委、市政府召开了全市创建全国“双拥模范城”动员大会，吹响创建全国“双拥模范城”的号角，市民政局积极组织协调，军地双方先后开展一系列拥军优属、拥政爱民活动，达成《军民共建协议》，标志着全市双拥创建工作步入规范化、制度化、程序化崭新阶段。（李俊民　闫向明）

【退役士兵安置工作】　2009年，市民政局积极推进城镇退役士兵安置工作改革，督促市营以上企业接收安置对象346人，400名士兵签订了自谋职业协议，实现自谋职业，450名退役士兵经市复退军人培训中心培训后推荐上岗就业，此项工作受到了省厅的表彰。

（李俊民　闫向明）

【民间组织管理工作】　2009年，市民政局全年共审批、核准登记民间组织51家，其中，社团组织25家，民非组织26家，依法撤销68家，使市直390家民间组织顺利完成了年检工作。（李俊民　闫向明）

【区划地名工作】　2009年，市民政局所有建制镇和90%的行政村完成了地名标志设置任务，盐湖、河津、永济完成了城市地名规划的编制工作，全年投入制作简易街道标志和巷牌300块，并对省委、省政府确定的新农村试点村和推进村进行了地名标志设置。

（李俊民　闫向明）

## 机关事务管理

【推进公共机构节能工作】　2009年，市政府机关事务管理局以贯彻落实《公共机构节能条例》为契机，以建设节约型机关为重点，全面推进公共机构节能工作。5月，为加强公务用车管理，对全市各级党政机关的公务用车管理情况进行了一次全面调查，并针对强化全市公车管理制定了《运城市机关行政事业单位公务用车管理暂行办法》。6月14日—20日，开展以“推广使用节能产品，做好绿色机关建设”为主题的节能宣传周活动。11月2日，省政府机关事务管理局来本市，对《公共机构节能条例》贯彻实施情况进行专项检查中，对本市机关事务管理工作给予了充分肯定。根据市政府统一安排，针对党政机关、事业单位的节能工作起草了《运城市关于进一步强化机关节能管理，厉行节约的实施意见》。

（郑文胜　董　波）

【开展能耗统计工作】　2009年，市政府机关事务管理局在广泛收集各项统计数据，与统计局、发改委、财政局、经委等部门大力配合，认真开展能耗统计工作。6月5日、9月4日，机关事务管理局组织两次能源紧缺体验活动。10月底，完成市级公共机构2005—2007年的能耗统计上报工作；11月底，完成2008年的能耗统计工作。

12月，派员参加全省能耗统计培训班，组织全市各县（市、区）、各开发区、市直各单位负责能耗统计的工作人员120余人进行了业务培训，解决了统计过程中出现的基本信息不全，对统计指标理解不准，填报口径不统一等问题。（郑文胜　董　波）

【推进网络与信息安全保密工作】　2009年，省政府网络与信息安全协调组在对运泰文印公司进行检查时，发现有多台工作电脑存在重大泄密隐患，市政府机关事务管理局深刻吸取泄密教训，积极采取一系列补救的措施。5月22日，由管理局的保卫科牵头，对市委、市政府机关大院内所有文印公司、打字室、印刷室的工作人员进行全面政审；对市级领导司机、财务、人事、纪检等各类工作人员进行保密意识教育。同时，对机关大院所有电脑进行了持续一个半月的网络信息安全排查，对125台上网的工作电脑及时进行关网断线处理，使机关大院内的所有电脑达到“办公电脑不上网，上网电脑不办公”。

同时，还健全了《保密管理规定》、《保密工作制度》、《涉密事项审查审批制度》、《印章管理制度》、《档案管理制度》等一系列保密制度，建立《网络信息安全责任制》和《责任追究制》，积极研究制订网络与信息安全应急预案。（郑文胜　董　波）

【深入学习实践科学发展观】　2009年，市政府机关事务管理局组织全局党员开展学习实践科学发展观活动。4月15日，在学习调研阶段“七个一”活动中，纪检组长尉建龙带领局机关郑文胜、霍江曼、王姝岚等四人组成代表队，参加了市政府机关演讲比赛，在决赛中获二等奖。王有余副局长演讲的“寻找五十万元的答案”，以其主题鲜明、内涵深刻、强烈的现实性夺得特等奖。10月、11月，根据市委“回头看”的要求，进一步完善有关制度，解决了部分遗留问题，巩固了学习实践活动成果。

（郑文胜　董　波）

**【提高机关办公区服务质量】** 2009年4月，市政府机关事务管理局开展“管理大提升，安全大排查，卫生大整治”活动。7月份，与市委办公厅、市人大办公厅、市政府办公厅、市政协办公厅联合开展了“创双优、迎国庆”活动，利用3个月时间，解决机关室内、环境卫生死角和环境秩序不达标的问题，为迎接国庆60周年创造优美环境和良好秩序。

大楼中心邀请市邮政公司对会议楼的工作人员进行礼仪常识、会议服务礼仪、会务工作基本要领，以及消防原理、灭火方法、逃生技巧等知识培训，全面提高工作人员的综合素质。

同年，成功地接待了市政协二届四次会议，国家、省视频会议等各类大中小型会议、讲座、演出近600场（次），被授予市直“十佳人民满意工作岗位”称号。

（郑文胜　董　波）

**【机关住宅区服务管理】** 2009年，市政府机关事务管理局积极推进荟萃花园循环经济小区建设。按照国家相关政策要求，完善荟萃花园维修基金管理，将805户共计近350万元维修基金划转给市房产局，实行集中统一管理。完成了垃圾分类回收处理，达到垃圾日产、日运、日处理；启动雨水回收利用工程。

6月，还完成了机关十院、十二院共50套小院、5700平方米住宅的100%产权过渡，办理了二、三、四、十一家属院及凤凰小区五家属院共10栋楼房的房产证，完善家属院房产管理。10月，针对六院房屋破旧、设施老化、居住条件差的状况，积极推动改造重建工作。成立了“第一届业主委员会”。

（郑文胜　董　波）

**【行政机构改革和“三定”工作】** 2009年9月，市政府机关事务管理局完成第二批5名公务员的登记、审批工作。12月，完成了行政机构定职责、定机构、定编制的三定工作，改革后，本局变为副县级单位，保留了行政级别和公务员编制；并完成9名同志提高级别，分别享受正县、副县级的工资、医疗、住房优惠待遇。

（郑文胜　董　波）

**【幼儿教育创特色】** 2009年4月，市政府机关事务管理局幼儿园选派业务能力强，教学经验丰富的荀丽娟老师，在荟萃分园开办“亲子园”。他们在不断发挥创办幼儿园优势，积极探索托幼一体化的早教模式。2009年，该幼儿园荣获全国“巾帼文明岗”称号。

（郑文胜　董　波）

**【群众文化活动丰富多彩】** 2009年元月11日，市政府机关事务管理局围绕国庆60周年，在南风厅举办声势浩大“迎09新春，建和谐后勤”迎春联欢会。8月，全局干部职工在河东会堂，举行了200多人参加的集体大合唱，大唱歌革命歌曲；之后，还进行节目录制，在运城电视台“党旗飘飘”栏目进行一周连播。

9月，局机关开展“机关后勤迎国庆”摄影作品比赛。之后，选送了30幅作品参加全省“机关后勤风采杯”书画摄影大赛。10月，面向全市各县（市、区），市直各单位的机关后勤系统，进行筛选，经过认真的考核评比，优中选优，最后，向省管理局推荐3名先进集体、11名先进个人。

（郑文胜　董　波）

## 外事侨务工作

**【概述】** 2009年，市外侨办以服务经济，促进运城和谐发展为目标，以扩大经济合作交流为重点，全面贯彻落实中央和省外事侨务工作会议精神，围绕市委、政府中心工作，结合实际，发挥优势，真抓实干。市外侨办重视和加强国际间的友好往来，多渠道、多层次、全方位的联系世界各国友人来运访问。

2009年，全市共审核因公出国（境）团组9批21人次，办理邀请外国人来华手续18人次，接待外宾团组14批101人次。举办了运城市庆祝建国60周年国庆招待会，承办了外交部地方巡回培训山西班工作。

（贺月珍）

**【因公出国（境）管理工作】** 2009年，市外侨办严格执行外事政策，贯彻落实中共中央、国务院《关于进一步加强因公出国（境）管理的若干规定》、《关于坚决制止公款出国（境）旅游的规定》以及省、市有关规定。完善各项审核程序，编制年度出访计划，大力压缩团组人数，控制团组规模，完成了市委市、政府压缩20%的因公出国（境）团组和人数的任务。

本年，全市出访国家和地

区有德国、美国、新加坡、尼日利亚、香港等。出访任务涉及民航除冰设备验收、参加中德经济论坛、国外非赢利性组织培训、知识产权保护、妇女权益保障制度学习等。为加强管理，市外事侨务办，起草了《运城市关于进一步加强因公出国（境）管理实施办法》，并对出访团组的计划管理、审批管理、经费管理、证件管理等都做了细化规定，严格控制出访团组数量、规模、经费。

（贺月珍）

**【接待匈牙利客人】** 2009年1月，市外侨办接待匈牙利藉华人太空和平与国家发展科学（国际）基金会董事会副主席、索尔诺克市自治政府顾问周永平先生。本市南风集团、运城农学院、通达集团与匈牙利达成三个项目合作意向：(1)运城农学院与索尔诺克大学建立校际友好关系的意向，双方在互派师资，实习实训等方面开展合作。(2)合作开发盐湖黑泥洗浴的意向。(3)通达集团与匈方合作生产摩托车。

2009年2月，副市长张建喜在京会见了来华访问的匈牙利环境保护和水利部国务秘书、议员奥拉·劳约士率领的商务代表团一行8人。双方就南风集团和匈牙利水赢公司在运城市合作开发盐湖黑泥浴项目达成共识。5月，匈牙利国务秘书曼高逸·罗兰先生率旅游、水务、酒店等方面的专家一行6人，到南风集团对盐湖区周边的工业、农业、商业及旅游服务业远景规划进行了实地考察。

（贺月珍）

**【接待“韩中文化交流会”考察团】** 2009年2月，市外侨办协助市文化局接待了韩国“韩中文化交流会”考察团一行3人，在会长姜元求先生的率领下，来本市进行了非物质文化遗产参观访问交流。双方互签了《文化交流合作备忘录》。考察团先后赴新绛县、稷山县、永济市对绛州澄泥砚、仿古彩绘陶、仿古青铜器、云雕、绛州鼓乐、稷山螺钿、赵氏“四味坊”麻花、高台花鼓、走兽高跷、蒲津渡遗址等非物质文化遗产保护项目和文化产业项目进行了参观。（贺月珍）

**【接待西班牙商人】** 2009年4月，市外侨办先后三次接待西班牙阿尔克亚特兰提克商业有限公司总经理卡洛斯先生，拟引进葡萄种植和葡萄酒酿制技术和加工项目，提升运城的农副产品深加工水平。（贺月珍）

**【接待国际知名慈善家何鸿章】** 2009年4月，市外侨办配合市政府接待了国际知名慈善家英籍华人何鸿章先生、上海商业发展有限公司董事长汤贞望等一行16人的考察团。考察团参观了运城市特教学校、河东博物馆、空港开发区。上海商业发展有限公司与本市签订了在空港新区开发建设上海工业园的框架协议。（贺月珍）

**【接待德国国际企业家商会中国台湾分会考察团】** 2009年5月，市外侨办接待德国国际企业家商会中国台湾分会考察团一行12人。该团考察运城市投资环境、文化旅游产业、基础设施建设情况和招商引资政策，参观了解州关帝庙、李家大院，亲身体验运城市丰富的文化旅游资源和发展情况。经过洽谈协商，运城市与德国国际企业家商会中国台湾分会签订了委托引进投资计算机高科技项目的合作协议。还与台湾“十万无极养身中心”签订了文化旅游与投资合作协议，实现运城文化旅游产业发展与台湾的对接。

（贺月珍）

**【筹办运城市“第九届产学研活动”】** 2009年5月，市外侨办牵头组织并筹办运城市“第九届产学研活动暨中韩金属镁合作与交流洽谈会”。韩国全罗南道经济科学局战略产业课课长西淳株先生率领的韩国镁业一行5人，来运参加了洽谈会，与运城市金属镁协会就金属镁原材料出口、深加工等进行交流座谈，签订了金属镁协会合作交流协议书。（贺月珍）

**【接待中外国际男篮邀请赛】** 2009年9月，美国圣芭芭拉海浪职业俱乐部、巴西宇宙职业俱乐部、青岛双星雄鹰篮球队、八一男子队伍四支国际国内篮坛劲旅应邀在运城市体育馆参加中外国际男篮邀请赛，参赛外国的球员、教练27人。市外侨办进行涉外礼仪指导，保证了比赛安全、顺利进行。

（贺月珍）

**【接待日本民间组织访华团】** 2009年9月，北京友协率领的日本北海道民间组织访华团一行12人来运访问，该团在新绛县与当地民间组织开展植树活动，栽植了20余株象征友谊的树苗。访问团还参观解州关帝庙、永济普救寺、大铁牛。（贺月珍）

**【接待外国植物检疫工作人员】** 2009年4月、9月、10月，市外侨办协助市果业局分别接待了澳大利亚农林渔业部高级官员罗伯特、美国农业部动植物检疫局官员道娜女士、加拿大食品检验署官员，他们在国家质检总局及省、市检验检疫局相关人员的陪同下，对万荣县华荣果业公司梨果出口包装厂、通化乡出口注册果园、盐湖区上王乡子谏村、临猗县猗氏镇上里村的出口注册梨园进行了详细考察，对运城苹果生产、加工现状及出口模式进行了深入了解，并提出了中肯的意见和建议。（贺月珍）

**【涉外管理工作】** 2009年，市外侨办对在运城市常驻的外国专家、外国教师有140多人，采取走访、调研、座谈、检查等形式，完善管理措施，寓服务于管理之中，提高外专外教的工作积极性、主动性、创造性，使他们在完成本职工作之余，还热心参与运城市的各项重大活动及社会公益事业，对运城市的经济建设、文化教育事业做出了积极贡献。

（贺月珍）

**【为侨服务做实事】** 2009年，市外侨办通过与城建支队协调，帮助缅甸归侨苏茂里固定了经商摊位。帮助美籍华侨骆宜惠在国内身患重疾的侄女，寻找偏方，减免药费。协助处理澳大利亚华侨赵宗华之女赵运芬医疗事故，减少负面影响。协助处理澳大利亚侨眷赵凡之子赵蒙被打一事，最终使受害者获赔5.5万元，问题得到圆满解决。妥善处理侨资企业康杰中学国际部办校过程出现的纠纷问题，使双方延续合同，保证教学工作的稳定。（贺月珍）

**【佳节慰问暖侨心】** 2009年，外事侨务办共走访慰问了归侨侨眷40户，救济贫困侨生7名，发放救济款1.2万元。救济贫困归侨5名，发放救济款2500元，慰问归侨侨眷，发放慰问金2万元。中秋佳节侨办以寄月饼的方式慰问归侨侨眷30人，并制作中秋慰问卡寄往国外，对侨眷在海外的亲人表达节日的问候。在佳节和圣诞节期间，共给海外华侨和国际友人发送贺卡500多份，增进了友谊，联络了感情。

（贺月珍）

**【承办大型活动】** 2009年国庆节前夕，市外事侨务办成功举办了“运城市庆祝建国60周年大型国庆招待会”，运城市四大班子领导和县（市）主要领导出席招待会，会上以市政府名义对11名优秀外国专家和外国教师进行了表彰，并组织外专外教表演文艺节目。

11月12日至14日，外交部地方外事巡回培训（山西）在运城市举行，是外交部首次在省会以外城市组织的省级培训班。来自全省外事系统、相关委办厅局、国有大型企业、本科院校的外事管理人员及外事专办人员共计178人参加了培训。培训团由外交部外管司参赞陈曦、政策司参赞戚振宏、礼宾司参赞周小玲、领事司参赞孙显宇等组成。运城市四套班子领导及市直各单位负责人共计272人聆听了报告。外交部外管司参赞陈曦称赞说：“一个仅有20余人的地市级外办能把筹办工作做到这个程度，真是出乎意料”。（贺月珍）

## 对台工作

**【对台文化宣传】** 2009年，市台办围绕运城市“根祖文化”、“华夏文明”、“风土人情”、“轶情典故”、“自然风光”五大板块，组织专门力量进行有效整合，并在各级媒体和网络上编发稿件32余篇、图片信息270余条。3月份，台湾岛屿视觉创意有限公司“发现新大陆”栏目组来运城市采访，就黄河文化、蒲剧、地窖院、永乐宫、普救寺等文化遗产和文物古迹拍摄了专题纪录片。4月下旬，市台办经过组织协调，在台湾岛内成功举办永乐宫精品壁画摹本展。（李旭鹏）

**【涉台教育工作】** 2009年，市台办围绕纪念《告台湾同胞书》发表30周年，创新思路、多措并举，把涉台教育推向新的高潮。先后在各大中小学校、各级党校举办形势报告会45场次，座谈会15场次，印发宣传资料10万余份，创建更新各类专栏板报260余块。制定了信息工作机制和报送制度，并确定专门信息员，建立起台办与涉台部门工作互动平台，全年收集各类信息200余条，采纳信息160余条，汇编简报18期，印发900余份。（李旭鹏）

**【运台交流不断扩大】** 2009年，市台办协助市政府筹办了第二十届国际关公文化节、后土圣母祭祀大典、虞舜金秋公祭等重大交流活动。接待了以台湾社会知名人士萧天攒为团长的“关帝信仰文化交流团”、中华两岸公共事务交流协会、中华龙岗亲义总会、宜兰礁溪协天庙等8个文化交流团80余人次来访。6月中旬，接待了“台湾记者三晋行参访团”。8月下旬，接待了“华夏文明看山西—两岸青年黄河行”台湾青年学生交流团。

同时，本市优秀文化项目赴台交流取得新进展。4月下旬，永乐宫赴台参加道教文化交流活动，并在高雄县成功举办了“永乐宫精品壁画摹本展”。10月下旬，“关帝祖庙文化交流团”、“永乐宫纯阳祖师协会交流团”11人先后赴台交流，取得丰硕成果。为运城市同德医院、市中心人民医院、盐湖区教育局、小学生拼音报社、亚宝药业、青山化工等单位办理赴台手续，开展对口交流。其中市中心医院两名妇科医生赴台学习长达半年之久，推动运台医学交流向纵深发展。

（李旭鹏）

**【帮助台资企业克服困难】** 2009年，市、县两级台办围绕全市经济社会发展大局，贯彻中央省市经济政策，充分调研，制定措施，帮助台资企业克服困难。先后联系省台办、省建行，推荐津辉实业、台达化工等四家企业参加中小型台资企业融资贷款座谈会，争取国家对台资企业的信贷支持。多次深入闻喜甜柿基地、河津津辉实业、康杰初中、台达化工等台资企业调研，加大扶持力度。2009年，闻喜甜柿基地初见成效，在永济市投资发展；夏县泰顺兴业食品有限公司番茄深加工基地顺利投产；台资企业德克士快餐店在河津、临猗等县市开辟市场，取得较好收益。

（李旭鹏）

**【加强涉台管理】** 2009年，市台办根据形势需要，调整市、县台湾工作领导小组，健全县、乡、村三级台胞接待网络，建立对台工作各项制度，完善涉台突发事件应急预案，形成“台办部门牵头协调，有关部门齐抓共管”对台工作格局。规范赴台交流程序，严格赴台交流纪律，加强对旅游企业和旅游景点台胞接待状况的调研工作，对大型涉台接待车辆司乘人员的安全教育工作，加强对台资企业安全隐患、劳资纠纷的排查工作，有效预防涉台纠纷与涉台突发事件的发生。

（李旭鹏）

**【向台湾“莫拉克”台风灾区捐款仪式】** 2009年8月8日，台风“莫拉克”侵袭台湾中南部地区，给台湾同胞的生命财产造成重大损失。市台办在第一时间，向全市台办系统发出捐助倡议，并于8月22日举办了“向台湾莫拉克台风灾区捐款仪式”。市委副书记董鹏翔带头捐款1000元，各县（市、区）台办及台资企业踊跃行动，共筹善款46870元，展现了运城人民扶危济困的传统美德和血浓于水的同胞感情。

（李旭鹏）

## 档案工作

**【整合档案资源】** 2009年,全市档案部门采取各种措施,加大收集力度,整合档案资源,拓宽服务功能。绛县、永济等县(市)加强了对重大活动、名人档案、珍贵档案和特色档案的接收和征集。征集到原籍在该县区域内并从事过抗日或起义的国民党人士和在该县从事过抗日活动的其他籍的知名国民党人士的历史资料。闻喜县精选出《裴氏世谱》、《赵氏谱牒》、《郭景纯菊花图赞》、《闻喜县土地改革运动全宗档案》四个重要档案文献,参加了中国档案文献遗产的申报工作。芮城县征集到重大活动及历届领导人照片110张,并通过多方努力,将县公安局1万4千余卷重大案件档案、旧政权档案及文书档案全部移交进馆。全市各级综合档案馆2009年共接收档案45930卷,录音录像、光盘、磁盘档案18盘，照片档案381张。

（薛燕萍）

**【提高档案服务质量】** 2009年，各级档案部门编制各种检索工具，为社会提供便捷、优质的服务。全年14个综合档案馆向社会各界17757人(次)编史修志、工作考察、经济建设、宣传教育以及落实政策提供利用档案47239卷，接待参观档案180余人。利用档案涉及土地、人事、民政、水利等领域。解决了工资待遇、移民补助、身份认定、婚姻登记以及土地拆迁等诸多涉及民生的问题，为减少错案、降低上访，社会和谐起到了很重要的作用。

（薛燕萍）

**【档案业务建设】** 2009年，市、县两级档案部门配合社会主义新农村建设，做好农业、农村档案工作。市县两级分别转发了省委《关于进一步加强农业和农村档案工作的意见》。并根据各自不同情况联合涉农部门制定措施，对各乡镇、村的档案室建设、资金投入、人员配备等方面提出具体要求。市档案局多次召集涉农部门，研究解决具体工作中遇到的实际问题。绛县、永济分别与各乡镇签订了《农村档案工作目标责任书》，并把农业、农村档案工作作为乡镇、村年度考核的一项重要内容。稷山、万荣、闻喜、芮城、垣曲、河津等县市分别制订适合本地的意见要求。同时，各县档案部门还注重对乡镇档案员的培训工作，

通过乡镇档案员监督、指导村级档案工作，加快了农村档案工作规范化进程。（薛燕萍）

**【机关、企事业、社区、重点工程档案工作】** 2009年，市档案局积极开展机关档案保管期限的审批工作。市、县两级业务指导人员采取定期或不定期业务指导，变被动为主动，全面提升了各机关、企事业单位和社区档案的整体水平。据统计，2009年市县档案部门共对300余个机关、企事业单位的档案工作进行了指导。全市累计机关档案室达省三级726个，省二级206个，省一级151个；企事业单位档案室达A级169个，AA级51个。同年，积极参与重大建设项目档案的验收工作。芮城在永乐广场北扩工程动员会之后，提前介入，对工程前期文件材料督促建档。对第二届永乐宫国际书画艺术节形成的档案资料进行了登记、整理并归档。2009年，全市共监督指导13个重点工程建档，累计建档156个。（薛燕萍）

**【全市第一家农民家庭档案馆建立】** 2009年，在市县档案局的帮助支持下，闻喜县东镇东姚村王安顺家建立了全市首家农民家庭档案馆，保存1960年至今三类档案500余卷。《山西农民报》对此进行了报道。家庭档案作为记录家庭生活历史，反映社会发展变化的重要载体，对提高家庭生活质量，推动社会文明进步，具有重要的意义。市委书记高卫东、闻喜县委书记裴良杰、县长李尧林等领导曾亲自视察过王安顺家庭档案馆，并给予高度评价。（薛燕萍）

**【利用档案资料服务社会】** 2009年，市县档案馆相继成立了"现行文件利用中心"，并设立了政府信息查阅中心。河津、夏县、绛县、闻喜、新绛、芮城、稷山、永济、临猗、万荣档案馆相继被命名为"爱国主义教育基地"。平陆县档案馆被命名为"青少年教育基地"。分别利用馆藏的历史档案和革命历史资料、图片对青少年进行爱国主义教育。截止2009年底，各级现行文件利用中心共收集298个单位10826份文件，258册资料汇编，为893人提供利用政策性、法规性文件538余件。（薛燕萍）

**【县级综合档案馆建设规划编制工作】** 2009年，根据国家发改委、国家档案局《关于做好中西部地区县级综合档案馆建设规划编制工作的通知》要求，市档案局先后两次到太原参加省发改委、省档案局关于山西省编制县级综合档案馆建设规划会议。会后，召集各县档案局长召开会议，安排部署市县级综合档案馆建设规划编制工作。市档案局积极主动与市发改委联系沟通，协调规划，并多次派人到太原相关部门审核材料，完成了13个县级综合档案馆建设规划的上报工作。（薛燕萍）

**【档案安全检查】** 2009年，市档案局为确保馆(室)档案的安全，坚持"安全第一、预防为主"的方针，制定了档案安全责任制，成立了安全责任领导组，定期对馆(室)内重点部位和可能存在安全隐患的地方进行重点检查。7月，市档案局根据国家档案局、中央档案馆的紧急通知，及时通知各县档案馆做好汛期档案工作，并对市直单位档案室的档案安全情况进行了检查，对存有安全隐患的单位提出整改意见。稷山、闻喜、芮城、万荣、河津、临猗、新绛、夏县、平陆等县市采取措施,对本地的档案安全情况进行了摸底、排查，确保了档案的安全。全市2009年没有发生任何档案损毁、丢失、泄密的事件。（薛燕萍）

**【提高全社会档案意识】** 2009年，各级档案部门以纪念《档案法》颁布22周年、庆祝建国60周年以及12.4法制宣传日为契机，设立咨询台，散发档案宣传材料。并利用电视、广播电台、报纸等新闻媒体,大力宣传档案和档案工作。据统计，各级档案部门在省、市、县各级广播、电视、报纸、杂志、网络等新闻媒体上发表档案文章、通讯、信息共135篇，通过宣传，增强了全社会的档案意识。（薛燕萍）

## 地方志工作

**【概况】** 2009年，全市地方志工作继续保持蓬勃的发展势头，全年成绩可概括为"一个中心两个重点四个一"。"一个中心"就是"深入开展学习实践科学发展观活动"；"两个重点"就是"《运城年鉴》（2007—2009）编纂和二轮修志"；"四个一"就是"市地方志办编纂出版一部300万字《年鉴》，评审通过一部县志（《平陆县志》），组织一次大型知识竞赛活动，举办一次全市经验交流培训。"2009年元月，市地方志办公室荣获"山西省地方志系统先进集体”；3月荣获运城市“巾帼文明岗”。同时，武建华荣立山西省社会主义劳动竞赛个人二等功，张武虹被提任为办公室副主任，石少青被推荐县处级后备干部，赵新慧被评为全市“文明和谐家庭”，杨春英荣获全市“五十佳优秀共产党员”称号。

（张武虹）

**【开展学习实践科学发展观活动】** 2009年，市地方志办在第二批学习实践科学发展观活动中，全体人员能够认识到位，问题查找对路，原因分析透彻，发展思路清晰，使学习实践活动整改措施得力，整改效果明显。同时，出台了《市地方志办公室2009年工作目标责任制》、《运城市第二轮修志工作规划与措施》、《领导干部廉政建设机制》，并对2008年出台的《运城市地方志规章制度》进行了完善；围绕市委、市政府中心工作，启动与临汾、三门峡、渭南等市开展地方志书、地方综合年鉴交流活动，为市委、市政府认识了解黄河金三角提供服务。（张武虹）

**【全市二轮修志工作稳步推进】** 2009年，市地方志办继续坚持“紧抓年鉴编纂和二轮修志两个重点不放松”总体战略，全力推进全市二轮修志工作。各县（市、区）志办都配备了年富力强和充满活力的中青年领导干部。除先前完成的《垣曲县志》、《河津市志》出版外，《临猗县志》、《平陆县志》、《闻喜县志》三部县志率先完成志稿。《临猗县志》已交付印刷。5月，召开了《平陆县志》评审会。评审会上省史志院专家对运城市二轮修志进度、志书质量、评审会组织给予了高度评价。夏县在县委和县政府领导的大力支持下，跨入全市二轮修志先进行列；《新绛县志》2009年底进行总纂。《绛县志》资料收集基本完成；《芮城县志》、《稷山县志》、《万荣县志》进度也很快。全市修志工作显现出“先进促后进，后进赶先进”新格局，大家正齐心协力，共克难关，奋力拼搏在二轮修志第一线。（张武虹）

**【《运城年鉴》(2007—2009）编纂完成】** 2009年，市地方志办在上年编纂完成《运城年鉴》（2004-2006）基础上，又启动了《运城年鉴》(2007—2009）编纂工作。经过全办人员一年时间的集中精力，全力以赴，市直各部门的通力配合下，300余万字《运城年鉴》(2007—2009)编纂完成，并于年内印刷出版。此部年鉴内容更加丰富，质量更为上乘。2009年，市地方志办召开了隆重《运城年鉴》（2004-2006）出版发行会，把《运城年鉴》免费的赠送市委领导和市直有关部门，使修志的成果为社会提供最直接的服务。

（张武虹）

**【全市二轮修志垣曲现场会】** 2009年，针对各县（市、区）修志人员修志水平参差不齐的状况，市地方志办采取了多种形式，加强修志人员业务培训工作。7月，在垣曲县召开“运城市二轮修志垣曲现场会”，来自13个县（市、区）40余人参加了会议，会上完成二轮修志的垣曲、河津、临猗、平陆等先进县作了典型发言，向兄弟县介绍了经验，其余各县（市、区）志办也结合实际，进行了发言。针对具体工作中出现的难题、困扰，大家集思广益，群策群力。孙玉莲主任号召大家“继承和发扬“默默无闻，甘愿奉献”方志精神，把全市二轮修志工作推向新高潮。

（张武虹）

**【举办“阳光杯”市情知识电视大赛】** 2009年，市地方志办为了迎接祖国60华诞，把举办“爱祖国、爱家乡、爱运城”市情知识电视大赛，作为一项重要工作来抓。4—5月，在紧张《年鉴》编纂之余，组织编写了10余万字的《“阳光杯”市情知识问答》小册子。并印刷1000余册，发送到全市13个县（市、区）地方志系统，并在市区街头散发，向运城市民宣传、普及市情知识。

国庆前夕，与市委办公厅、市政府办公厅联合，在山西阳光焦化集团、市广播电视台、市文工团协办下，举办“阳光杯”市情知识竞赛。各县（市、区）志办公室，组织了参赛队。来自全市12支代表队36名选手参加了竞赛。市委、市政府、市人大、市政协领导亲临现场观看比赛，并为获奖的代表队颁奖。市文工团还奉献精彩文艺节目表演。整个活动气氛热烈，异彩纷呈。经激烈角逐，河津代表队获一等奖，闻喜、万荣代表队获二等奖。整个活动在市电视台进行了全程播放。此次活动既是一次运城市情知识的普及，又是对地方志知名度的大提高。（张武虹）

**【发挥优势服务社会发展】** 2009年，市地方志办指导、编写完成的专业、部门志有《运城市卫生志》、《运城市教育志》、《运城市中心医院志》等三部专志。《运城市教育志》(三卷本，310万字，山西人民出版社正式出版)，是多年来运城市专业志编修方面内容最为丰富一部专业志书。《运城市中心医院志》也即将出版，主要由市中心医院发起，市地方志办公室组织人员编写，全书共80万字。此外，还协助市民政局编写完成《汶川地震抗震赈灾志》(运城部分)。　(张武虹)

**【县（市、区）修志工作】** 2009年，各县(市、区)年鉴、专业志、地情书等编修工作也齐头并进，成果斐然。根据统计：(1)各县(市、区)年鉴出版有《河津市年鉴》、《新绛年鉴》(2008卷)、《垣曲年鉴》、《闻喜年鉴》(2007)、《稷山年鉴》(2008)共5部。专业年鉴出版有《绛县统计年鉴》、《河津市建筑公司年鉴》、《稷山统计年鉴》3部。(2)各县(市、区)部门志、专业志出版有《河津地税志》、《闻喜县环境保护志》、《芮城县人民医院院志》、《稷山县水利志》等10余部。(3)乡镇村志出版有：芮城县《古魏镇志》、《赵村村志》、闻喜县《下阳村志》、永济《卿头村志》。(4)各县(市、区)地情书出版有《人文河津》、《仝卜年》、《稷山风情》等近10部。　(张武虹)

## 无线电管理

**【全省无线电管理工作会议在运城举行】** 2009年3月24日，山西省无线电管理工作会议在运城市举行。省无委会专职副主任、办公室主任高云，运城市委常委、常务副市长、市无线电管理领导小组组长张建合，各市管理处处长，无线电监测站站长及省无委办各处处长共计50余人参加了会议。

会议由省无委办副主任席梅兰主持。省无委会专职副主任、办公室主任高云做《坚持以贯彻科学发展观为指导，开拓创新，扎实工作，推进无线电管理工作又好又快发展》的工作报告。会议还宣读了省无委会《关于对参加北京奥运会无线电安全保障工作人员进行表彰奖励的通知》和《关于对参加北京奥运火炬接力山西传递活动无线电安全保障工作人员进行表彰奖励的通知》、《关于对2008年度工作目标责任制考核情况的通知》；先进工作者代表、先进单位颁发了奖状和证书。高云主任代表省无委办分别与省无线电监测站、各市管理处签订了2009年工作目标责任书。　(牛映奎)

**【山西省无线电监测站B级站建设项目评审验收会议】** 2009年3月25日，山西省无线电监测站B级站建设项目评审验收会议在运城空港召开。参加这次会议的人员有国家无线电协会秘书长周鸿顺、山西省无委专职副主任、办公室主任高云、陕西省工信厅副厅长王武军、河南省工信厅副厅长杨新方、山西省军区通信处处长姜源、中北大学张记龙部长、谭迎新副院长、山西省财政厅常锦泉副处长、黑龙江省无线电监测站贾忠山副站长、三门峡市无线电管理处高建生处长、陕西省渭南市无线电监测站苟月琴站长和山西省各市无线电管理处的领导和专家。会议上通过了省无线电监测站畅洪涛站长作的《山西省无线电监测网B级站(一、二、三期)项目试运行报告》，观看了运城市管理处B级站监测网的演示。标志着山西省无线电监测开始走向科学化、正规化的轨道。(牛映奎)

**【黄河金三角地区无线电管理工作联席会议】** 2009年3月26日，为加强晋陕豫黄河金三角地区无线电管理的协调工作，在省无委办的倡议下，“晋陕豫黄河金三角地区无线电管理工作联席会议”在运城市召开。陕西省工业和信息化厅副厅长王武军、河南省工业和信息化厅副厅长杨新方、山西省无线电管理委员会专职副主任、办公室主任高云、三门峡市无线电管理处处长高建生、渭南市无线电监测站站长苟月琴、运城市无线电管理处处长张志铭等三市管理处（监测站）领导及运城市管理处相关科室负责人参加了这次会议。三市分别通报了本市无线电管理工作情况，相互交流了工作经验，并就晋陕豫黄河金三角地区的无线电管理机构在频率指配、台站设置、干扰协查、重要任务保障等方面需要进行协调的事宜，融洽友好的气氛中讨论、修改并通过了《晋陕豫黄河金三角地区无线电管理协调办法》。

这次会议对加强三省之间无线电管理工作，协调处理无线电管理工作中遇到的频率台站管理、排除无线电干扰、无线电行政执法等方面起到积极的促进的作用。在会上还明确，为了加强相互合作，增进友谊，在晋、陕、豫黄河金三角地区无线管理机构建立联席会议制度，市无线电会议，联席会议每年召开一次，轮流举办。

(牛映奎)

**【清理违法使用对讲机】** 2009年，制定了《清理违法使用对讲机专项行政执法活动的实施方案》，成立了对讲机专项行政执法活动领导组，自2009年7

月1日至10月底，通过电视、广播、报纸广泛宣传，散发、张贴《省无委办关于开展清理违法使用对讲机专项行政执法活动的通告》共计2500余份，发放《无线电对讲机使用管理问答》900余份、《对讲机专项行政执法活动自查登记表》500余份，接受用户咨询100余次，在全市十三个县（市、区）走访了600多个单位，对145个单位共841部对讲机全部进行了造册登记，整个活动清理登记对讲机（含车载台）2804部，其中公安部门1963部，民用841部。（牛映奎）

【清理整顿违法使用广播电视频率】 2009年，市无线电管理处严格按照国家、省频率台站规划要求，指配频率、审批电台，全市共设置无线电台站2575个，其中广播电视台站16个，高频电台2个，甚高、特高频电台279个，GSM基站1227个，CDMA基站238个，PHS基站695个，无线电数据电台103个，业余电台8个，其它台站7个，全部录入频率台站数据库。

为了贯彻落实省防办《关于清理整顿违法使用广播电视频率频道资源播出广播电视节目和广播电视设备设施销售市场的通知》，对全市广播电视台站进行了清理整顿，全市共清理整顿登记电视台站21个(含差转机)、广播电台12部、MMDS发射机6部。鉴于8月12日，运城市盐湖区冯村乡发生一起利用非法设置使用电视差转台，播出非法电视信号事件，造成了恶劣影响。由运城市政府下发《关于清理整顿乡镇违法广播电视台站的通告》，对乡镇设置的广播电视台站，由广播电视局全部予以取缔。（牛映奎）

【排查民航机场无线电干扰】 2009年2月2日，市无线电管理处收到省无线电管理委员会办公室批转的省民航局空管站《关于运城机场无线电干扰情况的报告》，获悉从2009年1月22日——1月31日的18时至22时，运城机场塔台调度飞机航行的无线电通信频率受到严重干扰，无法正常开展飞行调度工作。运城市管理处立即组织监测技术人员排查。通过对干扰信号的监测分析和监测仪器的交叉定位，于2月13日18时，将干扰源锁定在候机大厅上方“运城”两个霓虹灯字体上，及时排除了飞行事故的隐患，保障了民航飞机的正常飞行。（牛映奎）

【确保国庆节期间无线电安全】 2009年，按照省无委办《关于做好国庆60周年期间无线电安全监测工作的通知》精神，市无停电管理处下发了《关于做好国庆60周年无线电安全监测工作的通知》文件。

9月16日至10月8日，进行24小时监测值班，每天将当日值班情况以书面形式上报省无委办。管理处全体人员认真负责，严防死守，快速出击，及时排除了芮城、稷山、永济、民航机场等无线电干扰，保障了无线电安全，圆满完成了国庆期间的无线电安全保障工作。（牛映奎）

【山西省无线电监测业务培训会议召开】 2009年11月16日至20日，山西省无线电监测业务培训会议在运城市空港召开。省监测站畅洪涛站长、聂宏斌总工、阳泉、晋中、运城管理处处长出席了会议，各市监测站站长及技术人员共60余人参加了培训。会议传达了全省无线电监测“十二五”规划的重要精神；省监测站监测科李小平科长就无线电监测对象频谱特征、互调定量分析、等方面的内容进行了讲解。深圳嵘兴、安捷伦科技、北大青鸟IT教育等公司的专家就全省联网、操作、安全等方面知识向大家做了介绍。（牛映奎）

【荣获市文明和谐单位】 2009年11月23日，运城市文明办检查验收组就运城市管理处申报的运城市“文明和谐单位”进行了检查验收。管理处张志铭处长向市文明委汇报。市文明办按照“文明和谐单位”的条件和要求，全面检查了管理处开展创建文明和谐“单位”各方面的工作。管理处顺利通过了创建文明和谐单位检查验收，被评为运城市“2008年—2009年创建文明和谐单位”。（牛映奎）

## 政协工作

【政协全委协商议政】 2009年，市政协按照“民主、求实、团结、鼓劲”的方针，积极组织委员们就政府工作报告、国民经济和社会发展计划等重要内容充分展开讨论，就全市改革、发展、稳定中的重大问题进行议政发言。在市政协二届四次全会上，委员们共提交发言材料59份。其中，16位委员在大会上作了发言，他们围绕全市经济结构调整、环境保护、企业发展、“三农”问题等方面提出了许多建设性意见。市

委、市政府领导和市直有关部门负责同志分别参加了委员小组讨论。　（杨晓宁）

**【积极建言献策】**　2009年，市政协常委会按照市委、市政府的总体工作思路和工作布局，组织开展了两次大型专题调研活动，把保持经济平稳较快发展作为首要任务，多层次、全方位地开展调查研究、议政建言。6月，开展“百名委员进百企”调研，全面了解运城中小企业发展现状，找出企业遇到的困难和问题。经过市政协二届十七次常委会议充分讨论，向市委、市政府提交《关于帮助中小企业应对危机，促进全市经济平稳较快发展的建议》，就进一步就营造发展氛围、完善发展规划、解决融资难题、抓好产品销售、注重项目建设等方面提出意见和建议。10月，开展促进职业教育发展的调研，专门召开市政协二届十八次常委会议，就如何办“大”、办“新”、办“好”职业教育，向市委、市政府提出了7条意见和建议。

本年，根据省政协的安排，各专门委员会充分发挥自身优势，开展了创业就业、金融信用、工程建设、基础教育、粮食安全、农副产品加工和农村卫生工作等一系列专题调研活动，形成了《关于帮助大学生创业就业的建议》、《发挥农信社信用工程在服务“三农”中的重要作用》等调研报告，先后在省政协十届八次、十次常委会议和全省农村卫生工作研讨会上作了典型发言。　（杨晓宁）

**【全面提高提案质量】**　2009年，市政协各参加单位和政协委员共提出提案353件，其中立案的272件提案，经过市委、市政府、市政协三个办公厅和67个具体承办单位的共同努力，全部如期办理完毕，满意率和基本满意率达到98.9%。

提案委与报社联合开设征集提案线索专栏，在运城政务网设立征集提案线索窗口，发布了一批提案参考题目和调研目录。市委高卫东书记和市政府王安庞市长亲自对12件提案作了重要批示。

切实提高办理效果，积极探索“提、办、督”一体化的工作新机制，通过召开重点提案办理协商通报会，主席、副主席带队对重点提案办理工作进行视察，抓紧做好不满意提案的二次督办，确保把每件提案落到实处。提案工作的有效开展，促使农村专业合作社建设、支农资金阳光操作、农村低保政策落实、湿地保护、企业用电、金融服务、数字电视收费、医疗资源共享和环境保护等热点、难点问题逐步得到解决。　（杨晓宁）

**【加大对重点工程视察力度】**　2009年，市政协牢固树立“监督就是支持，监督就是服务”的思想，在“项目建设年”中务实开展各项视察工作。11月，市政协抽调80余名市政协委员，由市政协主席、副主席带队，组成7个视察组，深入到全市13个县（市、区）、3个省级开发区和空港新区，采取听取汇报、实地察看、座谈讨论等形式，对重点工程建设和“六个全覆盖”进展情况进行了全面视察。市政协提出的运城项目整体结构不尽合理，存在“三多三少”的问题，引起了市委、市政府的高度重视。　（杨晓宁）

**【推进运城和谐社会建设】**　2009年，市政协切实加强统一战线内部的团结。市政协积极组织各民主党派、团体及其成员参加政协开展的各种视察、调研和评议活动，鼓励支持党派、团体在政协各种会议上，以组织名义发言、提出提案和反映社情民意。为了全面加强联系和沟通，市政协重点开展了各民主党派、无党派、工商联人士史料征集工作。共征集到人物传记、事件回顾、发展历程等各方面稿件60余篇30余万字，编辑出版了具有浓郁统战特色的《河东文史》(第五辑）专刊。　（杨晓宁）

**【反映社情民意】**　2009年，市政协召开了三次全市政协系统信息工作会议，强化培训、完善机制、提高水平。全年共征集委员和各民主党派、工商联、各县（市、区）政协反映的社情民意信息4500余条，经筛选、提炼、综合，编发《社情民意》简报57期，报送信息1600余条。其中，125条信息经省政协上报省委、省政府，副省长刘维佳对《完善农村信贷担保机制的建议》、《农村集体超标提留土地问题应引起高度重视》等信息作出了重要批示。《农村智障聋哑儿童不应成为被教育遗忘的角落》、《进一步完善家电下乡政策》和《对〈个体工商户条例〉的修改意见》等6条信息被全国政协采用。　（杨晓宁）

**【做好民族宗教工作】**　2009年，市政协在乌鲁木齐“7·5”事件发生后，由市政协民族宗教委员会牵头，立即召开民族宗教界人士座谈会，学习中央有关文件精神，痛斥打砸抢分子的恶劣行径，教育和引导广大民族宗教界成员和党中央保持高度一致。同时，与市宗教局共同在全市开展了创建"和谐寺观教堂"活动。组织人员就宗教教职人员的社会保障、少数民族文化园区建设和少数民族聚居村经济发展等问题深入调研。市政协提出的《关于修复安邑塔的建议》，盐湖区领导高度重视，亲临现场办公，并拨出37万元专款实施了修复。（杨晓宁）

**【开展"四下乡"活动】** 2009年，市政协为了充分发挥人民政协人才荟萃、智力雄厚的优势，为广大农民群众送温暖，献爱心，办实事。市政协与各县（市、区）政协上下联动，统筹安排，抽调文艺界、卫生界、科技界、社科界的政协委员共组成40多支服务队伍，选择人口稠密的集镇和建设工地，深入到田间地头和边远偏僻的山村，开展了文艺演出、义诊、科技培训和法律咨询活动，服务群众3万多人次，受到了广大农民的欢迎和称赞。

（杨晓宁）

**【运城市政协首次提案工作会议】** 2009年9月8日，市政协首次提案工作会议在市政协九楼委员活动中心隆重召开。市政协主席柴林山出席。会议由李玉燕主持。这次会议的规模、规格、主题和形式，在市政协成立以来都是第一次。会上，杜自立秘书长传达了省政协十届九次常委会议精神，盐湖、新绛、河津、临猗、闻喜五个县（市、区）政协作了典型发言，市政协提案委主任邹光存作了题为《政协提案要努力出精品见实效》的报告，市政协主席柴林山作了重要讲话。

（杨晓宁）

**【庆祝人民政协成立60周年系列活动】** 2009年是人民政协成立60周年。市政协相继开展"委员论坛"、"书画摄影展"、"政协知识竞赛"和"各界人士联谊会"四大系列活动。先后在《运城日报》发表各级政协委员文章30多篇。论坛以举办形式新、参与人数多、涉及范围广、建言质量高在社会各界及广大委员中赢得好评。书画摄影展活动，共征集到各县（市、区）作品300余幅。通过"政协知识电视大赛"活动的形式，向全社会广泛宣传、普及了人民政协理论和知识。各界人士联谊会，成为全市各界共商大计、共谋发展的盛会。

（杨晓宁）

**【全市重点项目建设情况和农村"六个全覆盖"视察活动】** 2009年11月25日至12月4日，市政协抽调80余名市政协委员，由主席、副主席带队，组成7个视察组，深入到全市13个县（市、区）、3个省级开发区和空港新区，采取听取汇报、实地察看、座谈讨论等形式，对全市重点工程建设和"六个全覆盖"进展情况进行了全面视察。通过视察，分别撰写出了《关于全市农村"六个全覆盖"工作的视察报告》和《关于对全市重点项目建设情况的视察报告》提交给市委、市政府。（杨晓宁）

**【政协自身建设】** 2009年，市政协在全力做好接待工作的同时，不断扩大对外联络交流和合作领域，组织了6批学习考察团，赴外省、市学习取经。并4次组团赴内蒙、海南、四川、广西等地，参加了全国性的政协组织横向联系会议。围绕促进中小企业发展和职业教育发展两个专题，市政协分别在河津、新绛召开了常委会议，通过上下互动和配合，有效地提高了会议所在县政协机关的办会能力和水平。2009年，在机关干部中开展了演讲比赛和政协理论测试，参照干部公选的模式，开展了综合知识竞赛活动。坚持公平竞争、择优选拔、凭能力和实绩使用干部的用人导向，建立多出人才、早出人才、出好人才的激励机制。（杨晓宁）

## 政协例会

**【市政协二届十三次常委会议】** 2009年4月28日，市政协在九楼委员活动中心召开二届十三次常委会议。市政协主席安永全主持，副主席、秘书长及60名常委出席会议。会议共进行六项议程：(1)市委统战部常务副部长罗俊林作政协第二届运城市委员会委员调整情况的说明；(2)市政协秘书长杜自立作关于市政协二届四次会议有关事项的说明；(3) 表决通过委员调整事项；(4)讨论通过提交市政协二届四次会议审议的政协第二届运城市委员会常务委员会工作报告（讨论稿）；(5)讨论通过提交市政协二届四次会议审议的《政协第二届运城市委员会常务委员会关于二届三次会议以来提案工作情况的报告》（讨论稿）；(6)讨论通过市政协二届四次会议有关事项。

（杨晓宁）

**【市政协二届四次会议】** 2009年5月13日至16日，市政协二届四次会议在市委南风厅隆重召开。本次会议应出席委员353名，实到343名。中共运城市委、市人大、市政府、运城军分区的领导、退下来的正厅级实职领导出席会议。市委书记高卫东在闭幕式上作重要讲话；市政协主席安永全作《政协第二届运城市委员会常务委员会工作报告》；市政协副主席李玉燕作政协第二届运城市委员会常务委员会提案工作报告；并听取并讨论了王安庞市长所作的工作报告；补选了政协第二届运城市委员会主席、常务委员；审议通过了政协第二届运城市委员会第四次会议各项决议。　（杨晓宁）

**【市政协二届十四次常委会议】**　2009年5月15日，市政协在九楼委员活动中心召开二届十四次常委会议。市政协主席安永全主持，副主席、秘书长及66名常委出席会议。会议共进行七项议程：(1)市委常委、组织部长陈振亮作关于推荐政协第二届运城市委员会主席、常务委员候选人建议名单的说明；(2)审议通过提交市政协二届四次会议表决通过的“关于同意安永全同志辞去政协第二届运城市委员会主席职务请求的决定（草案）”；(3)审议通过提交市政协二届四次会议表决通过的“关于同意相生勤、兰创国同志辞去市政协第二届运城市委员会常务委员会职务请求的决定（草案）”；(4)审议通过政协第二届运城市委员会主席候选人建议名单；(5)审议通过政协第二届运城市委员会常务委员候选人建议名单；(6)审议通过提交市政协二届四次会议表决通过的大会选举办法（草案）；(7)审议通过提交市政协二届四次会议表决通过的大会总监票人、监票人、总计票人名单（草案）。　（杨晓宁）

**【市政协二届十五次常委会议】**　2009年5月16日，市政协在九楼委员活动中心召开二届十五次常委会议。市政协主席柴林山主持，副主席、秘书长及66名常委出席会议。会议主要讨论通过了《政协第二届运城市委员会常务委员会2009年工作要点》（讨论稿）。　（杨晓宁）

**【市政协二届十六次常委会议】**　2009年6月8日，市政协召开二届十六次常委会议。市政协主席柴林山，副主席李玉燕、王七庚、史海涌、王正选、杨泽生、潘和平，秘书长杜自立及64名常委出席会议，李玉燕主持会议。

会议共进行五项议程：(1) 杨泽生副主席传达省政协十届八次常委会议精神；(2) 杜自立秘书长作关于政协运城市委员会有关工作制度修订情况的说明；(3) 讨论通过新修订的四项工作制度；(4) 讨论通过雷学智任职的决定；(5) 柴林山主席讲话。　（杨晓宁）

**【市政协二届十七次常委会议】**　2009年7月17日，市政协在河津召开二届十七次常委会议。市政协主席柴林山，副主席李玉燕、王七庚、史海涌、王正选、薛靛民、潘和平，秘书长杜自立及河津市委书记崔克信、市长杨勤荣出席会议。李玉燕主持会议。会议共进行六项议程：(1) 运城市中小企业局局长将同军通报全市中小企业上半年经济运行情况；(2)杨泽生副主席作《关于帮助中小企业应对危机，促进全市经济平稳较快发展的建议》的说明；(3) 视察河津市部分中小企业；(4)讨论通过《关于帮助中小企业应对危机，促进全市经济平稳较快发展的建议》（讨论稿）；(5)柴林山主席讲话。　（杨晓宁）

**【市政协二届十八次常委会议】**　2009年10月16日，市政协在新绛县召开二届十八次常委会议。市政协主席柴林山。市人大副主任、新绛县委书记李景发，副市长吴菊仙，新绛县县长王志峰也应邀出席会议。会议共进行六项议程：(1) 吴菊仙副市长通报全市职业教育发展情况；(2) 史海涌副主席作《关于加快我市职业教育发展情况的建议》的说明；(3)视察新绛县部分职业教育示范点；(4)讨论通过《关于加快我市职业教育发展的建议》（讨论稿）；(5)柴林山主席讲话。　（杨晓宁）

## 重要活动

**【深入学习实践科学发展观活动】**　2009年3月9日，市政协召开市政协机关“深入学习实践科学发展观活动动员大会”。杜自立秘书长主持，机关全体人员参会，市政协副秘书长、办公厅主任靳国全宣读了市政协机关《深入学习实践科学发展观活动实施方案》。7月13日，市政协机关召开学习实践科学发展观整改促进会。会上，市政协副主席李玉燕通报了参加全国六省区二十一市（盟）政协工作横向联系会议暨学习考察的情况。　（杨晓宁）

**【市政协系统第十五次信息工作会议】**　2009年5月12日，市政协在运城大酒店召开全市政协系统“第十五次信息工作会议”。市政协副主席薛靛民主持。市政协秘书长杜自立宣读《政协运城市委员会关于表彰2008年度政协信息工作先进单位、先进个人的决定》，并对获奖的先进单位和个人进行颁奖。（杨晓宁）

**【百名委员进百企调研活动】** 2009年6月16日至26日，市政协在全市13个县（市、区）组织开展工作“百名委员进百企调研活动”。围绕经济危机下，如何保持中小企业顺利渡过难关、实现健康发展这一主题而展开的。市政协主席、副主席分别带队组成7个调研小组，通过采取听取汇报、座谈会、实地查看相结合方式进行的。各县（市、区）委、政府详细汇报了各自工业经济的发展现状，指出了企业在当前经济危机中所出现的困难和存在的问题。各调研组结合汇报情况向市委、市政府提交了《关于帮助中小企业应对危机，促进全市经济平稳较快发展的建议》。（杨晓宁）

**【稷山新绛调研经济社会发展情况】** 2009年6月24日，市政协主席柴林山，副主席李玉燕、王正选，带领部分市政协委员到稷山、新绛调研经济社会发展情况。柴主席一行先后到稷王中学、晋龙饲料公司、污水处理厂、阳煤丰喜集团丰喜稷山分公司、民乐园调研。（杨晓宁）

**【运城—东莞两市政协学习交流会】** 2009年6月25日，以广东东莞市政协主席刘树基为团长的东莞市政协商务考察团莅运，在市政协委员活动中心举行了运城—东莞两市政协学习交流会。市委副书记尚平安，市委常委、统战部长王蕾，市政协主席柴林山，及机关全体人员参加了交流会。（杨晓宁）

**【运城市政协系统第十六次信息工作会议】** 2009年6月30日，市政协在九楼委员活动中心召开全市政协系统第十六次信息工作会议。市政协副主席王七庚主持。研究室主任韩晓军通报了2009年上半年社情民意信息来稿及采用情况，分析了当前我市政协信息工作存在的主要问题。河津市政协主席王锡义、民进运城市委副主委李明刚、新绛县政协主席马怀茂、民盟运城市委副主委景嵋，分别介绍了做好信息工作的经验与体会。（杨晓宁）

**【六省区21盟市横向政协联系第20次会议】** 2009年7月2日至4日，市政协主席柴林山，副主席李玉燕，秘书长杜自立一行赴内蒙乌兰察布参加全国六省区21盟市横向政协联系第20次会议。会议主要交流研讨了新形势下人民政协履行职能的好经验和好做法。会议决定由运城市承办2010年六省区21盟市横向政协联系第21次会议。（杨晓宁）

**【委员论坛活动】** 2009年7月2日，为纪念人民政协成立六十周年，市政协在《运城日报》拉开委员论坛活动。历时近三个月，共有30篇理论文章陆续刊发。这项活动有效拓宽了政协委员建言献策的渠道，提高了市政协履行三大职能的透明度，为委员行使自己的话语权提供了更为广阔的舞台。（杨晓宁）

**【“六个为什么”专题辅导会】** 2009年7月19日，市政协邀请市委讲师团副团长李昭阳就“六个为什么——对几个重大问题的回答”进行专题辅导。李昭阳副团长从“六个为什么”提出的背景和重大意义、内容、面对当前形势应该怎么办进行了深入阐述，并针对影响我国发展方向的一些关键性、根本性问题进行了深入透彻的辅导。（杨晓宁）

**【视察北赵引黄工程工地】** 2009年7月24日，市政协主席柴林山，副主席李玉燕、王七庚到北赵引黄工程建设工地视察并慰问建设者，先后到万荣县荣河镇谢村二级站和南里庄南干二级站施工现场调研。柴主席代表市政协向工程建设者们表示亲切慰问，并要求相关单位照顾好施工人员的生活。（杨晓宁）

**【职业教育发展考察和调研视察活动】** 2009年8月10日，市政协组织开展了职业教育发展调研活动。调研组分赴东三省、内蒙、福建、河北和全市13个县（市、区）及市直有关学校，开展了为期两个月的考察学习和调研视察活动。调研组摸清了全市职业教育发展的情况，掌握了存在的问题。经过汇总情况和市政协二届十八次常委会的协商讨论，向市委、市政府提交了《关于加快我市职业教育发展的建议》。（杨晓宁）

**【豪德光彩贸易广场视察】** 2009年8月13日，市政协主席柴林山，副主席李玉燕、王七庚带领部分市政协常委到即将开业的豪德光彩贸易广场视察，看望工作人员，了解该广场开业前的准备情况。（杨晓宁）

**【全国政协副主席张榕明来运视察】** 2009年8月26日至27

日，全国政协副主席、民建中央第一副主席张榕明一行来到运城进行视察。张榕明一行听取了民建运城市委的工作汇报，实地考察了豪德光彩贸易广场及黄河铁牛馆、鹳雀楼、关帝庙等旅游景区。省政协副主席韩儒英，省委统战部常务副部长王大高，省民建主委王宁，市政协主席柴林山，市委常委、秘书长王殿民，市委常委、统战部长王蕾等参加视察。

（杨晓宁）

**【纪念人民政协成立60周年书画摄影作品展】** 2009年9月7日，作为市政协纪念人民政协成立60周年的四大系列活动之二的书画摄影作品展在河东博物馆隆重开展。此次书画摄影作品展旨在回顾新中国和人民政协走过的60年光辉历程，畅想伟大祖国的美好未来。共征集到作品300余件，经过认真评选，正式展出200件，并从中评出一等奖4名，二等奖8名，三等奖1名，优秀奖24名。（杨晓宁）

**【纪念人民政协成立60周年政协知识电视竞赛活动】** 2009年9月10日，作为市政协纪念人民政协成立60周年的四大系列活动之三的“人民政协知识电视竞赛”决赛在运城市通宝宾馆隆重举行。市委副书记董鹏翔，市政协主席柴林山，市委常委、宣传部长王蕾，市委常委、统战部长于波出席会议。经过个人必答、小组共答、抢答、风险题、加赛题等多个回合的激烈竞争，民进运城市委代表队荣获一等奖；芮城、垣曲代表队获得二等奖；新绛、永济、夏县代表队分别获得三等奖。（杨晓宁）

**【纪念人民政协成立60周年各界人士联谊会】** 2009年9月14日，作为市政协纪念人民政协成立60周年的四大系列活动之四的各界人士联谊会在市政协九楼委员活动中心隆重举行。市各民主党派、工商联负责人，无党派人士代表，民族宗教界和归侨侨眷代表，在运省政协委员、市政协常委和部分市政协委员、各县(市、区)政协主席，省管经济开发区、市直有关单位负责人等200余人欢聚一堂，畅叙情谊，展望未来，共同庆祝人民政协成立60周年。

市领导王安庞、董鹏翔、张建合、柴林山，市中级人民法院院长何振科、市人民检察院检察长郝跃伟出席会议。市政协副主席李玉燕主持会议。联谊会上，市委副书记、市长王安庞代表市委、市政府向人民政协成立60周年表示热烈的祝贺，向共同致力于运城建设和发展的各民主党派、工商联、人民团体和各族各界人士表示崇高的敬意，向全市各级政协委员和政协工作者表示诚挚的问候。广大文艺工作者献上了精彩的节目。（杨晓宁）

**【10省（区）28城市政协横向联系会第23次会议】** 2009年10月13日至15日，杨泽生副主席一行赴四川德阳参加全国10省（区）28城市政协横向联系会第23次会议。会议主要围绕贯彻落实《中共中央关于加强人民政协工作的意见》精神，就推进政协“三化”建设等方面内容进行了研讨。（杨晓宁）

**【参加南宁第六届中国—东盟博览会】** 2009年10月20日至24日，市政协主席柴林山，副主席王正选一行4人赴广西南宁参加第六届中国——东盟博览会和2009南宁国际民歌艺术节。（杨晓宁）

**【十省（区）十三市政协工作研讨会】** 2009年10月26日至29日，市政协副主席潘和平带领部分市政协委员赴海口、三亚参加十省（区）十三市政协工作研讨会。会议主要交流与探讨了应对国际金融危机，如何发挥政协优势，创新履职工作机制，服务发展大局，围绕“保增长、保稳定、保民生”中心工作建言献策的经验和做法。（杨晓宁）

**【运城市政协系统第17次信息工作会议】** 2009年11月15日，市政协在新康大酒店召开全市政协系统第17次信息工作会议。市政协副主席王七庚主持。会议邀请省政协调研室副主任王建华作了“反映社情民意信息要以质量为基础，服务决策为目标”的辅导报告。（杨晓宁）

**【参加全国15省（区）31市政协研讨协作会议】** 2009年11月22日至25日，市政协副主席李玉燕一行6人赴广西北海市参加全国15省（区）31市政协第33次工作研讨暨经济协作会议。会议主要交流探讨了各省市区政协在围绕中心、服务大局，团结民主、推动发展、促进和谐、创新履职等方面的好经验和好做法。（杨晓宁）

**【“我是政协人”演讲比赛】** 2009年11月24日，市政协举办“我是政协人”演讲比赛。此次比赛共有21名选手参加。

选手们用自己的所见、所闻、所感把政协人立足本职岗位、甘于清贫、乐于奉献的精神风貌和感人事迹生动地呈现出来充分展现了政协“团结、民主、和谐、奋进”的精神。

（杨晓宁）

【市政协工作创新座谈会】2009年12月11日，市政协在九楼会议室召开工作创新座谈会。座谈会上，与会的在运省政协委员和各县(市、区)政协主席结合各自的履职实际，围绕2010年政协工作应选择的重大课题、如何完善和创新履行政协职能的工作机制、如何发挥委员的主体作用、如何加强政协机关建设等谈经验、谈体会，提出了许多建设性的意见和建议。

（杨晓宁）

## 民主党派和工商联

### 中国国民党革命委员会运城市委员会

【参加“凝聚力工程”评奖活动】 2009年，民革运城市委积极参加中共山西省委开展“凝聚力工程”活动，在全省“凝聚力工程”活动评比中，民革运城市委荣获“强素质、树形象”活动先进集体，市直二支部主委王安乐评为“智力兴晋”先进个人。 （罗文田）

【召开二届三次全委（扩大）会议】 2009年2月28日，民革运城市委在运城大酒店召开“全委（扩大）暨2009年工作会议”。民革市委副主委田康立主持会议，传达了民革中央十一届二次全会和民革山西省委十届二次会议精神，听取并审议了2008年工作报告，表彰了一批先进集体和先进个人。来自全市的近百名党员参加了会议。 （罗文田）

【民革党员参加政协、人大会议】 2009年5月12日，政协运城市二届四次会议召开，赵通儒、田康立等15名政协委员参加了会议，并向大会递交集体提案10件，个人提案46件。5月13日，人大运城市二届四次会议召开，刘国义、陈淑琴参加会议。同时，市政协召开“2008年信息工作总结会议”，民革党员田康立、刘瑛被市政协评为“反映社情民意信息先进个人”。 （罗文田）

### 中国民主同盟运城市委

【学习情况】 2009年3月，根据民盟省委和中共运城市委的要求，民盟市委在全体盟员中开展了“学习贯彻科学发展观”活动。购置学习笔记本100余本，发放到各级骨干成员手中，9月份进行了集中检查和展评。9月19日，民盟市委班子集中学习中共十七届四中全会精神，民盟市委发出通知，要求全市的各级盟组织和全体盟员认真学习中共十七届四中全会精神，认清形势，增强紧迫感和忧患意识，学习借鉴执政党建设经验，不断提高自身建设水平。

（张占洲）

【纪念活动】 2009年，全市的各级民盟组织认真学习胡锦涛同志在庆祝新中国成立60周年和人民政协成立60周年大会上的重要讲话。民盟市委举办了庆祝中华人民共和国成立60周年“祖国在我心中”专题演讲比赛；组织盟员积极参加了市政协和市委统战部举办的书画摄影作品展、联谊会、政协知识竞赛、纪念会、座谈会、征文等一系列活动。 （张占洲）

【参政议政】 2009年，民盟市委领导出席市委、市政府、市政协及有关部门召开的协商会、座谈会、征求意见会、通报会20多次，先后就《政府工作报告》(征求意见稿)、职业技术教育、反腐败建设等发表意见，提出建议。5月，在市政协二届四次全会上，民盟市委和盟内政协委员共提交集体和个人提案22件，其中有16件被选为大会的议政发言材料。民盟市委副主委范春玉代表民盟市委作了题为《政府支农资金要双向公开、逆向透明，全程监督》的发言，万荣支部副主委史继辉和稷山支部卫更红分别作了题为《加强监督，确保农村低保金发放公开公正公平》和《严厉打击滥用食品添加剂，确保食品安全》的发言。民盟市委和史继辉提案，受到了王安庞市长的关注，王市长对这两份提案进行了专门批示。民盟市委的社情民意信息工作今年也取得了好成绩，全年累计向民盟省委和市政协报送信息285篇。 （张占洲）

【调查研究】 2009年，为有效应对金融危机，使运城市经济及早走出困境，3月份，民盟市委组织王运生、武兆文等10多位同志赴河津、万荣、稷山对中小企业的经营状况进行了调研。调研成果《帮助企业应对经济危机的几点建议》作为提案提交给市政协二届四次全

会，受到了市政府的高度重视，其中有两点建议得到了采纳。7月份，民盟市委还对本市的鼓乐文化进行了调研。（张占洲）

**【自身建设】** 2009年，民盟市委召开全委（扩大）会一次，参政议政经验交流会一次，社情民意工作会议一次，发展盟员25名；进一步完善和修订了领导班子民主生活会制度、谈心会制度、述职和民主评议制度等15项制度，并汇编成册，使民盟的工作更加规范化。

（张占洲）

**【获奖情况】** 2009年10月，民盟盟员畅民、景雪变、宁致义、蔺涛、屈殿奎等五位同志荣获“热爱运城共谋发展百名优秀人才”光荣称号。12月，民盟永济总支被盟中央表彰为“盟务工作先进单位”。

（张占洲）

## 中国民主建国会运城市委员会

**【接待上级调研】** 2009年8月26日，民建中央第一副主席、全国政协副主席张榕明来运城市调研工作，与运城民建会66名会员代表进行了一次座谈。10月14日，民建中央主席、全国人大副委员长陈昌智来运城市检查工作，与运城民建会70名会员见面座谈。两位中央领导分别听取了市委会的工作汇报。（马春录）

**【两会提案】** 2009年两会前夕，市民建会要求各基层组织和会员人大代表、政协委员深入基层开展调查研究，为两会提供提案和建议。在5月中旬召开的市政协二届四次会议上，市委会提交党派提案6件，其中《关于加快全市农民专业合作社发展的建议》，在议政大会上作了发言，并被列为重点提案，市长王安庞作了“此项工作，要认真实施，要有明显效果”的批示。2009年民建会员市政协委员共向市政协大会提交提案24件，会员市人大代表共向市人大会议提交议案、建议6件。（马春录）

**【反映社情民意工作】** 2009年，市民建会有47名会员参与了反映社情民意工作，会刊《运城民讯》转发会员反映社情民意稿件216件，《信息专件》报送时效性稿件73期。（马春录）

**【民主监督】** 2009年，市民建会又有6名会员分别担任了市特约土地资源监察专员、市特约教育督导员、市特约审计员、市特约地税监察员、市特约国税监察员。至此，全市共有17名会员担任市级、12名会员担任县级执法执纪部门和行风监督员，积极履行了对政府和司法部门的监督职能。民健会员市人大代表邱德福被评选为“感动山西十佳人大代表”。

（马春录）

**【服务社会工作】** 2009年，市民建会会员正式出版著作7部，在省级以上刊物发表专业论文7篇。据对19个会员企业（会员担任董事长、总经理的企业）统计，安排就业岗位10191个，年度上缴税金2978.9万元，为应对金融危机，稳定社会，做出了重要贡献。会员在《山西农民报》、《山西商报》、《科技导报》等省级媒体38篇，在《团结报》、《农民日报》、《中国科技报》等国家级媒体发表8篇。全年，共有129人次参加了捐款捐物，支持新农村建设、帮扶贫困学生上学、帮助农业生产救灾、资助公益事业建设等活动，捐款金额1219800元，捐赠衣服230套件。（马春录）

**【荣获表彰】** 2009年，市民建会有35人次得到中央、省、市、县级表彰，其中市级表彰17人次，省级以上表彰8人次。盐湖五支部会员张旭婧、临猗支部王兵娟荣获“热爱运城，共谋发展”百名优秀人才称号，市直二支部裴学懿被民建中央画院聘为“画师”，市直一支部王锋获得“英国皇家测量师”资格，盐湖五支部张旭婧还被聘为“联合国文化总署中国执委委员”。（马春录）

## 中国民主促进会运城市委

**【“运城民进席张乡医疗服务站”成立】** 2009年9月26日，运城市政协副主席、民进运城市委主委王正选、副主委李明刚、秘书长安振刚及民进运城市急救中心支部、中医院支部、中心医院支部及民进盐湖区委的10余位医疗专家，在盐湖区举行了“运城民进席张乡医疗服务站”揭牌仪式。王正选主委就当前民主党派如何做好社会服务工作，尤其在医疗下乡服务三农方面做工作。运城市委统战部、盐湖区政府、盐湖区卫生局等有关领导也出席了本次揭牌仪式。（安振刚）

**【视察全市重点工程和农村“六覆盖”工程】** 2009年11月27日~28日，运城市政协副主席、民进运城市委主委王正选、副主委李明刚、秘书长安振刚、民进运城学院支部主委薛淑珍、民进文化支部主委郭瑞倩参加了全市重点工程和农村“六覆盖”工程视察。王正选一行先后视察了空港新区通达重卡项目、空港新区卓里集团年产1万辆半挂及改装车项目、空港新区年产40万千升雪花啤酒项目及闻喜县部分重点工程和“六覆盖”进展情况。在听取了空港新区及闻喜县负责人的汇报后，视察组成员对重点工程和“六覆盖”存在问题提出了一些具体的意见和建议。

（安振刚）

**【举办学习贯彻科学发展观事迹报告会】** 2009年12月4日，民进运城市委举办了学习贯彻科学发展观事迹报告会。运城市委常委、统战部部长于波，副部长李新潮、运城市政协副主席、民进运城市委主委王正选、副主委张亚茜、李明刚、翟冬鸿，以及各基层组织代表共计60余人参加了本次大会。郭林涛、杨良杰等8位会员结合自己学习实践科学发展观的实际进行了精彩发言。

市委常委、统战部部长于波在讲话中指出，统战部门要大力支持民主党派搞好自身建设，进一步为发现人才、培养人才、推荐人才创造更多的机会，为更多的党派成员成长提供更多的帮助，让更多的人了解党派成员的业绩。王正选主委强调指出，学习贯彻科学发展观就是要围绕发展念真经，要以人为本献真情，要统筹兼顾练真功。（安振刚）

**【举办“傅宝善书法艺术展”】** 2009年5月8日，为了庆祝中华人民共和国成立60周年，更好地向社会展示民进会员风采，中国民主促进会运城市委员会在运城市博物馆举办“傅宝善书法艺术展”。

傅宝善，永济市人。1960年入山西大学艺术系美术专业，专攻中国书画。曾多次参加国内外大展。2004年春，因突发脑中风，不能再以右手握笔，便以左手挥笔。他曾任民进永济支部主委、运城市政协常委、永济市政协常委、一级书画师。本次书展共展出作品120余幅。（安振刚）

## 九三学社运城市委员会

**【推荐后备干部】** 2009年1月19日，九三学社市委召开全委会议，向市委统战部推荐副处级后备干部。阎义勇主委介绍学社符合副处级干部推荐条件的社员基本情况后，参会人员填写了推荐表。根据民主推荐情况，最后确定学社社员古建明、张泽良、裴平为副处级后备干部推荐人选。（王宏斌）

**【荣获“凝聚力工程”奖】** 2009年2月19日，九三运城市委参加了山西统一战线“凝聚力工程”暨“优秀中国特色社会主义事业建设者”表彰大会（在省城南宫隆重举行），九三运城市委荣获“凝聚力工程”奖。

（王宏斌）

**【召开二届三次全委扩大会议】** 2009年5月10日，九三学社市委在市国税宾馆召开二届三次全委扩大会议。阎义勇主委代表社市委做二届三次全委扩大会议工作报告。报告全面回顾和总结了2008年社市委的工作，并对2009年的工作提出具体安排意见。学社市委全体委员，基层组织负责人，社员中的各级人大代表、政协委员，退下来的老领导和部分社员共计40余人参加了会议。

（王宏斌）

**【提交政协提案、建议】** 2009年5月13日，政协运城市二届委员会四次会议在运城市委南风厅召开，九三学社市政协委员共向大会提交集体提案5件，个人提案28件。学社委员梁元成、曹德荣分别代表九三学社运城市委做了《大力发展职业教育，为我市经济社会发展提供人才支持》、《多管齐下，多措并举，全力解决我市中小企业融资的问题》的大会议政发言。5月，运城市第二届人民代表大会第五次会议在运城召开。贾爱珍副主委出席了此次会议，并向大会提交了《应尽快解决2007年市直大中专学校招聘教师的工资问题》等7个建议。

（王宏斌）

**【学社文体活动】** 2009年8月8日，九三学社市委为迎接北京奥运会举办一周年，市委统战部和市体育局在新落成的市体育馆举行纪念活动和趣味体育运动比赛。社市委组织社员30余人参加了这次活动。在五个项目比赛中，学社社员获得了2个第二名和1个第三名的好成绩，在参赛的各民主党派队伍中成绩领先。9月21日，全市统一战线举行纪念建国60周年书画展开展仪式，学社社员刘学生的作品《为窑洞歌》在这次活动中获得美术作品一等奖。

（王宏斌）

**【发展新社员】** 2009年11月22日，九三学社市委在运城市政协七楼会议室举办新社员培训会。培训对象是近三年来入社的新社员，学社市委主委阎义勇做了《牢记光荣历史、发扬优良传统、认真履行职能、做出更大贡献》的培训讲座，王建国副主委传达九三学社中央《关于学习贯彻中共十七届四中全会精神的决议》主要内容，新社员刘世宁做了法律知识讲座。12月29日下午，学社市委在党派办公室召开主委会议，研究组织发展工作。会议通过了发展14名新社员名单。

## 运城市工商业联合会

**【开展学习实践科学发展观活动】** 2009年，市工商联针对工作人员大多为年轻人的特点，注重传统教育，促进学习实践活动的深入开展。3月中旬，组织班子成员和机关全体人员及部分非公有制经济代表人士接受了廉政警示教育。清明节前夕，组织机关党员和全体人员到运城烈士陵园扫墓，为革命烈士们敬献鲜花。在全省统一战线“凝聚力工程”表彰中，市工商联及有关负责同志获荣誉表彰。在省工商联、省人事厅联合开展的评比表彰活动中，市工商联和河津市工商联两名干部获全省系统“先进工作者”称号，临猗县工商联获“先进集体”称号。

同时，积极参加市政协举办的“纪念人民政协成立60周年书画展”和政协知识竞赛，获得优秀组织奖。配合人民政协成立纪念活动，市工商联和部分县（市、区）工商联完成了相应史料征集撰写工作。积极参加市委统战部举办的“纪念新中国成立60周年书画展”和全民健身日活动，获得了优秀奖和二等奖。（吴海燕）

**【非公有制经济组织科学发展观活动】** 2009年9月，市工商联配合市委统战部召开专门会议，部署全市非公有制经济组织深入学习实践科学发展观活动。市委常委、统战部长于波，市政协副主席、市工商联主席薛旋民带领市工商局、经委等部门的负责人和系统指导组成员，共同组成调研组深入到各县（市、区）和重点非公有制企业详细了解情况，考察非公有制企业抗击金融危机、恢复生产经营的运行情况。

同时，树立了一批如阳光、海鑫、银光、恒晟、粟海等非公有制企业加强党建、促进企业科学发展的好典型，得到中央巡回指导组的充分肯定。其中，恒晟纺织公司的做法和经验在中央电视台、《人民日报》、《中华工商时报》等多家重要媒体上宣传报道。（吴海燕）

**【建言献策工作】** 2009年2月，市工商联邀请国家发改委宏观经济研究院副院长陈东琪教授举办专题讲座。市四大班子在运的领导、四大办公厅组成人员和市直各部门主要负责人，全市规模以上民营企业的董事长或总经理，共计600余人参加报告会。报告会重点解读了国务院为应对金融危机出台的一系列政策举措，科学预测了宏观经济形势和重点产业行业的发展前景，为全市的民营经济有效抗击金融危机影响，尽快恢复正常生产经营提供了决策参考。（吴海燕）

**【运城市重点民营企业应对金融危机流动研讨活动】** 2009年7月，市工商联与统战部共同组织了“运城市重点民营企业应对金融危机流动研讨活动”。先后实地参观考察了粟海集团、鑫源骏达木业、恒晟纺织、青山化工和阳光集团，并在阳光集团召开了研讨座谈。在座谈会上典型企业介绍了应对金融危机的措施、取得的效果和经验，企业家们就企业如何更好应对金融危机影响进行了深入探讨和交流。

认真组织参与了2008年度全国工商联上规模民营企业调研和全省民营钢铁企业摸底调研工作，完成全市亿元以上规模非公有制企业基本情况调查统计等相关调研工作，为政府宏观经济政策的制定和全省钢铁产业结构调整以及全市保增长、促发展举措提供了决策参考。（吴海燕）

**【参政议政】** 2009年，市工商联在政协会上作了议政发言，从六个方面提出政府加大力度支持帮助中小企业健康发展的建议，还向大会提交了“化解中小企业融资难题”的提案，对解决企业融资难问题拓展了新思路和有效途径。积极参与市政协百名委员调研活动，圆满完成中小企业、重点工程和六个全覆盖等调研、视察任务。（吴海燕）

**【招商引资工作】** 2009年8月，市工商联与市经委、招商办配合，邀请南京市工商联组织江苏雨润集团、上海华联集团、江苏晨林商贸、南京朝中食品等4家食品行业会员企业与市30余家食品加工企业，在运城市举办了“运城·南京食品工业发展座谈会”。11月，由市政府和省政府驻南京办事处主办，市工商联与市经委、南京工商联等有关单位在南京联合成功举办“山西运城特色食品推介会”，市工商联与南京市工商联签署了友好商会协议，本市47家食品企业与南京84家流通企业进行了充分对接和沟通。垣曲山里红食品有限公司、河津农之龙食品有限公司等12家企业与南京方面的企业签订了合作协议。按照市政府的统一安排，市工商联与经委、中小企业局、财政担保公司等方面配合，为晋商银行等金融机构推荐优质中小企业，帮助企业解决贷款困难。（吴海燕）

**【对外联络工作】** 2009年10月，市工商联成立了“运城温州商会”，得到运城、温州两地领导的重视，在外埠企业和政府之间，在运城和温州两地之间架起了联系沟通的新渠道。（吴海燕）

**【举办民企招聘周活动】** 2009年5月，市工商联与市劳动局、人事局等联合举办了民企招聘周活动，重点面向大中专毕业生、返乡农民工及城镇下岗职工，有220家企业参与了活动。在南风广场举行首日式，之后在市劳动局就业大厅举办，参加活动的企业和人员创历届招聘周活动新高。（吴海燕）

**【为企业提供服务】** 2009年，市工商联坚持编发简便、快捷、实用的简报，及时为重点会员企业提供国家新的产业政策及行业动态等方面的相关信息，特别是政府为应对金融危机的负面影响而出台的一系列政策信息。在全省工商联信息工作的评比中居于前列。同时，与市仲裁委配合，在盐湖区工商联开展相应的培训、试点工作的基础上，积极探索全市非公有制企业民商事纠纷仲裁工作机制的建立、完善和推广。与宣传部、经委、广播电视台联合筹办全市首届“十大经济人物”评选活动，为全市经济的平稳健康发展进一步营造良好氛围。（吴海燕）

**【参与光彩事业和社会公益事业】** 2009年，市工商联与市委统战部共同配合参与全省统战系统开展“新晋商万企联万户”活动，帮助“海仓慈善基金会帮扶资助老红军老八路”活动启动开展。“新晋商万企联万户感恩行动”首项活动，首批资助了205名老红军、老八路每人每年6000元。11月，在第三届全国非公有制经济人士“优秀中国特色社会主义事业建设者”颁奖大会上，市政协副主席、市工商联主席、阳光集团董事长薛靛民荣获“优秀中国特色社会主义事业建设者”称号。市工商联企业家副主席朱苏海、李家林、原贵生、王德文、亚宝集团董事长任武贤荣获第二届山西省非公有制经济人士“优秀中国特色社会主义事业建设者”称号。在全国工商联等部门的就业工作表彰中，鑫源公司获“就业工作先进单位”荣誉。在全省第二届“关爱员工、实现双赢”评选表彰活动中，市工商联副主席原贵生等两人获“关爱员工优秀民营企业家”称号，海鑫、天龙等三家企业获“双爱双评先进企业”称号，盐湖、垣曲工商联获组织奖。全省“非公有制经济人士思想政治工作暨工商联组织工作会议”上，市工商联做了《以开展特色活动为载体，探索思想政治工作新途径》典型发言和经验介绍。（吴海燕）

# 群众团体

## 运城市总工会

**【树立“三个发展”工作理念】** 2009年，全市各级工会组织认真开展“学习实践科学发展观活动”，立足对思想理论、工作作风等方面不适应科学发展问题的解决，扎扎实实开展活动。开展了“工会工作与应对危机、促进发展大讨论活动”、“我的岗位与科学发展观”征文、部门负责人谈工作、科学发展观知识测试、“金点子”建议等一系列活动。通过活动的开展，明确树立了“三个发展”工作理念，即：围绕中心、服务大局，转变观念、坚持立足发展；关爱职工、关心企业，有所作为、努力促进发展；以人为本、强化帮扶，为党分忧、做到维护发展。制定和完善了机关14项规章制度和12项党建工作制度。（王　凡）

**【开展基层调研】** 2009年，市总工会把调研工作着力点放在受危机影响严重的重点行业和企业，开展了四次大的调研活动。(1)进行了金融危机对企业和职工造成影响的专题调研，写出了调研报告，并为市委、市政府制定有关应对措施提供了第一手资料。(2)对全市国有、集体及其控股的困难企业生产经营状况和职工生活进行专题调研。使新纺、永纺等困难企业当时存在的突出问题得以解决。(3)深入到华晋纺织印染公司进行实地调研考察，对他们面临的资金紧张等问题给予协助解决。(4)市总工会要

求各工作部门，根据各自工作面临的新情况、新问题进行深入调研。（王　凡）

【重点工程劳动竞赛】 2009年，各级工会按照省总工会“哪里有重点工程，哪里就有劳动竞赛的场面和活动，哪里就有‘工人先锋号’旗帜高高飘扬”的要求，在全市178个重点工程建设项目中开展了“五比五看”（比安全、看文明，比质量、看达标，比进度、看效益，比管理、看规范，比党建、看廉政）立功竞赛活动。市总工会又召开了全市重点项目建设劳动竞赛推进大会，对“五比五看”立功竞赛活动进行了安排部署。2009年，全市工会系统被全国总工会表彰4个。市总工会在省总工会表彰16个“工人先锋号”的基础上，又授予91个基层车间班组“工人先锋号”称号。（王　凡）

【全市首届职工职业技能大赛】 2009年，市劳动竞赛委员会、市总工会、市人力资源联合举办了“首届职工职业技能大赛”。共有30个代表队、136名选手参加比赛。大赛组委会对在比赛中获得前三名的团体和前10名个人进行了表彰奖励，并授予各工种第一名的选手“运城市技术能手”和运城市“五一劳动奖章”称号。通过大赛，使大批优秀技术工人脱颖而出，大大激发和调动了广大职工学技术、练技能的热情。

（王　凡）

【“六项机制”落实】 2009年，市总工会在推进全市职工素质工程上，重点抓好“六项机制”（培训机制、竞赛机制、技术推广机制、技术创新机制、技能鉴定机制、表彰激励机制）的贯彻落实。利用两个月的时间对全市的贯彻落实情况进行了检查，听取了基层工会对“六项机制”落实情况的汇报以及职工对落实“六项机制”的意见和建议、查看了各单位建立和完善“六项机制”的有关资料。切实保证了职工素质工程建设的不断完善和发展。（王　凡）

【开展重点行业竞赛活动】 2009年，各级工会组织积极发动广大干部职工深入开展“节能减排、我为节约型社会做贡献”竞赛活动、节油节电专项竞赛活动、优秀技术创新成果评选表彰活动、“五小”（小革新、小发明、小设计、小创新、小窍门）立功竞赛活动。同时，在政法系统开展了第二届“双十佳”政法干警评选活动和“构建和谐警民关系”先进集体和模范个人评选活动。在全市环卫行业开展以“清洁美丽家园、构建和谐环卫”为主要内容的百日竞赛活动。在旅游系统开展了“关圣杯”第三届导游讲解员大赛。通过各种形式的劳动竞赛活动，大大激发了广大职工开展劳动竞赛的积极性和主动性。（王　凡）

【“职工书屋”建设】 2009年，市总工会深入开展“创建学习型组织、争做知识型职工”活动、实施职工素质工程。截止2009年底，全市建成“职工书屋”206个（含全国总工会示范点6个），其中新建“职工书屋”96个，共覆盖单位150余家，达到了市总工会确定的藏书量1500册以上、报刊10种以上、电子音像制品不少于30种（张）的新建标准。

（王　凡）

【加强工会新闻宣传】 2009年，全市各级工会既重视主流媒体的宣传作用，又重视工会宣传平台的作用发挥。市总工会与《山西工人报社》、《运城日报社》、《黄河晨报》、运城电视台、运城广播电台等建立了长期合作关系。2009年，市总工会在《山西工人报》上发表新闻稿件150余篇，在《运城日报》、《黄河晨报》上发表新闻报道60余篇，在运城电视台播发新闻50余条，在运城广播电台录制播放新闻20余条。同时，编辑发行《运城工人》报36期、《河东工友》杂志4期，印发《工会信息》简报70余期。河津市总工会在建立劳模网站的基础上，正式建立河津市总工会网站。（王　凡）

【丰富多彩的宣传教育活动】 2009年，市总工会在全市组织开展了“歌颂祖国、情暖职工”巡回慰问演出，增强战胜金融危机的信心、勇气。慰问演出团先后奔赴全市大中型企业、重点工程建设工地演出26场，观看职工达十余万人。省劳动竞赛委员会因此专门为市总工会荣记集体一等功。同年，与市职工文联联合举办了“庆祝新中国成立六十周年职工书画摄影展”。开展了“劳模宣传月”活动与市电视台联合开辟了“咱们工人有力量、咱们工会有作为”栏目，为荣获全国、省、市“五一”奖状和“五一”奖章的单位和个人录制专题片14个。

全市各级工会及时组织全市广大职工群众观看电影《铁人》，激励广大职工战胜困难、走出困境的信心。万荣县、绛县总工会成立的职工艺术团，自编自演了反映职工生活的笑话短剧和歌舞节目，深入到企业生产一线巡回演出。

（王　凡）

【平等协商集体合同工作】2009年，市总工会继续开展“平等协商集体合同和工资集体协商活动月”活动。各级工会采取得力措施，利用各种资源和手段，积极维护职工的合法权益，全面推进全市的平等协商工作。全年共签订集体合同企业1443个，覆盖职工275314人，覆盖农民工121631人。其中，区域性集体合同28份，覆盖企业141个；行业性集体合同26份，覆盖企业163个。签订工资专项集体合同企业507个，覆盖职工110375人，覆盖农民工37293人。签订劳动安全专项集体合同企业18个，覆盖职工2480人，覆盖农民工1789人；签订女职工权益专项集体合同421个，覆盖职工17641人，覆盖农民工4109人。

（王　凡）

【全市星级职代会的检查验收】2009年，市总工会对全市申报省五星级、四星级、市五星级职代会的42个单位进行了考评验收。经过检查验收，有7个单位被评为省五星级职代会单位，有9个单位被评为省四星级职代会单位，有20个单位被评为市五星级职代会单位。同时，对全市48家企业的厂务公开民主管理工作进行大检查。通过星级达标竞赛活动和厂务公开大检查活动，使全市民主管理逐步走向了制度化、规范化轨道，职代会建制率较去年提高了3.7%，厂务公开提高了1.2%。

（王　凡）

【全市工会劳动保护工作】2009年，全市各级工会组织按照“明确职责、健全机构、强化监督、抓好班组、深化竞赛”要求，加强工会劳动保护工作。(1)认真贯彻落实运城市人民政府办公厅《关于在全市安全生产工作中进一步发挥工会组织作用的意见》。6月5日，召开了全市工会群众安全生产工作会议，对全市群众安全生产工作做了统一的安排部署；(2)大力实施安康工程，加强安全生产群众监督力度；(3)制定工会《劳动保护目标管理考核办法》，对全市工会劳动保护工作进行规范化、制度化管理；(4)执行安全生产工会一票否决制。制作了“运城市煤矿复产验收工会组织验收表”，要求煤矿要严格按照要求做好验收准备；(5)完善工会劳动保护监督检查三级网络，全市13个县（市、区）和3个开发区全部建立了劳保机构和专职劳保干部，国有企业全部建立了劳动保护监督检查委员会。

（王　凡）

【保持职工队伍稳定】2009年，市总工会参加了市改制企业领导组，积极参与改制方案和有关政策的调研论证和制定实施，对涉及职工切身利益问题据理力争、审核把关并监督实施。严把“三关”，即:要把好政策关、程序关和安置关。坚持“三个原则”，即:坚持公开原则，改制方案提前公开，征求职工意见；坚持表决原则，改制方案必须经职代会无记名投票表决通过；坚持把职工利益放在首位原则。市总工会加强对改制企业的指导。三五三一工厂和永济纺织厂两个企业正在改制破产清算中，为保证职工的权益不受到侵害，多次下企业指导工作，协调矛盾，推动改制工作顺利进行。

（王　凡）

【关注国有企业职工队伍】2009年，各级工会组织严格坚持国有企业工会向县总工会、市总工会的零报告制度，严格坚持与国企工会经常性联系制度，做到对职工队伍动态把握。市总工会要求全市企事业单位要保证假日期间职工的生产、生活安全；特别是山西农药厂、永济纺织厂、三五三一工厂、新绛纺织有限公司等改制企业要做到周详的安排和部署，做到万无一失，以保证职工队伍的稳定。

（王　凡）

【开展“共同约定行动”】2009年，市总工会按照全国总工会、省总工会的要求，在全市各类企业中开展了“共同约定行动”。市总工会与市劳动和社会保障局、市经济委员会联合下发了《关于在全市企业开展“共同约定行动”的意见》文件，成立了由三方联合组成领导小组，领导小组办公室设在市总工会，全市13个县（市、区）均成立了领导小组和办公室。市总工会把“百千万农民工援助行动”、社会保障、争议调解、法律援助、困难帮扶等有关工作融入到“共同约定行动”中。并将“平等协商集体合同和工资集体协商活动月”的主题，确定为“平等协商促发展，同舟共济保增长”，使“共同约定行动”融入了集体合同工作之中。全市共签订“共同约定行动书”1211份，全市各类企业减少裁员12710人，新增就业岗位8000余个，其中新增农民工

5000余人。（王　凡）

【"百千万农民工援助行动"】2009年，按照全国总工会"千万农民工援助行动"和省总工会"十件实事"要求，市总工会开展了"进百家企业、访千户农民工、促万名农民工就业"的"百千万农民工援助行动"。各县（市、区）确定一所农民工培训基地，对农民工提供免费技能培训。平陆县聘请省内外专家、种植、养殖业和加工行业专业技术能手，积极组织引导返乡农民工、下岗职工进行职业技能技术培训。

全年，市总工会就业培训联合基地共举办培训9期，共计2000余人，各县（市、区）总工会培训基地共举办培训103期，共培训12500余人。举办了运城市"2009民营企业招聘周"活动，有万余名求职者进行了就业咨询，近千名职工达成就业意向。开展"树立优秀创业者"活动，对经审查合格的创业实体授予"运城市创业培训站"牌匾。（王　凡）

【帮扶送温暖工作】2009年，在"两节"送温暖活动中，全市各级工会组织充分发挥困难职工帮扶中心作用，共筹集送温暖资金645万元，走访慰问困难企业572个，困难职工13476人，农民工1981人。在"两节"期间农民工平安返乡工作中，各级工会共运送农民工511人次。在"关爱农民工防暑平安度夏活动"中，走访了企事业单位93家，慰问农民工2.5万余人次，发放防暑降温慰问品达30万元。在"金秋助学"活动中，市总工会拿出25万元资助50名困难职工和困难农民工子女上大学，全市共筹集资金111.3万元，共资助困难职工和困难农民工子女3424人。（王　凡）

【组建工会和发展会员】2009年，市总工会把组建工会和发展会员重点放在非公有制企业。全市共建立基层工会组织4782个，其中，村级工会组建达1986家，社区工会24家，并在全市出租车、餐饮、服务、农业专业合作社等特殊行业探索建立了工会组织；该年全市工会会员达67万人，其中，农民工会员26万，2009年新发展工会会员3万余人。（王　凡）

【乡镇（街道）工会建设】2009年，市总工会按照全省乡镇（街道）工会工作会议精神，提出了"六抓"思路，即："抓覆盖、抓规范、抓典型、抓活动、抓培训、抓督导"。同时，开展了创建"模范乡镇（街道）工会"竞赛活动，对20个"模范乡镇（街道）工会"和20名"模范乡镇（街道）工会干部"进行了表彰，其中15家被省总工会评为"标兵乡镇工会"。全市155个乡镇（街道）全部建立了工会组织，配备了专兼职工会干部350余人，逐步形成了地方工会和行业工会纵横交错"立交式"工会组织网络。（王　凡）

【工会干部培训】2009年，市总工会共开办9期培训班，培训工会干部1000余人。其中，乡镇工会干部培训班两期，共培训300余人；私营企业、新到岗工会干部培训班三期，共培训200余人；经审干部培训班两期，共培训300余人；民管干部培训班两期，共培训219人。这些培训班的开办，提升了工会干部的能力和水平，保证了各级工会尤其是基层工会工作的有效开展。（王　凡）

【加大资金投入向基层倾斜】2009年，市总工会在全市许多基层工会遇到了资金困难，压缩机关开支，加大向企业、向下级工会的倾斜力度。在自身资金十分紧张情况下，拿出本级经费123万元，直接对县（市、区）工会、企业工会进行补助和奖励，其中，对困难县（市、区）工会、困难企业工会补助110万元；专项工作奖励13万元，用于表彰和奖励先进基层工会。并在本级经费开支中加大职工活动费、业务费、补助下级支出的比例；2009年，这几项支出合计占到总支出的40%。同时，保证了中央、省、市各级各类帮扶资金和补助及时足额下拨基层。（王　凡）

## 2009年全国五一奖状获得单位简介

【运城供电分公司】2008年，全年投产110千伏及以上变电容量213万千伏安，输电线路71.5公里，运城第二座500千伏变电站开工建设，新建投运了万荣220千伏、空港、吴村110千伏等输变电工程。企业售电量完成173.12亿千瓦时，位居全省第一。上缴国家税收3.92亿元，在全市行业中保持前列。深入开展隐患排查治理、反违章管理年活动，查处违章100起，治理隐患1058项。

2008年，组织1994名人员圆满完成历时最长、规模最大、范围最广的奥运保电任务。安全长周期实现2576天。组织83

名突击队员，完成赴湘抗冰抢险和电网重建任务。捐款155万元，支援四川抗震救灾。配合政府对1331家违法不合格企业实施停电措施。新建电气化村30个、路灯亮化村254个，新建改造变电站台区150个，更换高耗能配变477台。

深入开展营销管理年活动，提高营销队伍素质、技术装备、管理水平。7座变电站、19条线路被命名为“山西省电力公司红旗站线”。实施科技项目18项，应用新技术35项，有效提升设备科技水平。优化人力资源结构，新进101名工作人员充实到生产一线，人才当量密度同比提高2.35%。认真贯彻落实党的十七大、十七届三中全会精神，全面开展“讲党性、重品行、当先锋、作表率”主题实践活动，党员先锋模范作用明显增强。（王　凡）

## 2009年山西省五一奖状获得单位简介

**【运城关铝热电有限公司】** 运城关铝热电有限公司是运城市政府为改善运城市人民的生活条件、投资环境、旅游环境，解决运城市居民冬季采暖集中供热问题，热电联产综合利用项目。2008年，为保证运城集中供热，公司紧紧围绕“安全发展、强化管理、夯实基础、树立品牌”主题，加强领导，规范管理；全体员工精诚团结、勤奋工作、顽强拼搏，克服了煤炭涨价、资金紧张、电力负荷波动较大、任务艰巨等不利因素，实现1#机组平稳运行，安全无事故。全年实现销售收入17256万元。#2机组顺利通过并网安全性评价，具备商业运营条件。克服时间紧、任务重等重重困难，细化施工组织，完成热网首站设备安装、调试工作，实现按期投运。2008年11月8日安装完成，11月10日完成通水调试，于11月13日正式向市区供暖。

整个供暖期，保证机组运行无障碍、供热持续不中断，热电公司坚持领导24小时值班制，制定《保证运城市集中供热应急预案》，做好事故预防，实行运行规范化管理，满足运城市市民冬季供暖要求，受到市民的高度评价，为运城市“碧水蓝天工程”做出了突出贡献。

2008年，大力推进规范化管理，实现安全生产；认真履行环保设施“三同时”；切实做好安全稳定保卫工作，确保了奥运期间和全年的安全稳定；着力开展企业文化建设，精神文明建设，形成企业蓬勃向上，文明和谐的良好局面。

（王　凡）

**【山西省公路局运城分局】** 运城公路分局担负着运城市境内2条国道、12条省道共1128公里的干线公路管养任务。

2008年，站在运城市经济发展的高度，紧紧围绕“三个服务”，为打造魅力运城做出突出贡献，公路养建管征营各项工作均取得新成效。运城公路分局创新理念，积极转变养护发展模式，大幅度提高全市道路通行能力。2008年共完成2.06亿元25公里一级路改造，全市路网等级大幅度提升。克服“工期短、征地拆迁难度大”等困难，高标准完成投资6.78亿元146公里沿黄干线重点建设项目。完成投资7691.7万元路面大修工程，继续保持“百分之百”优良工程的建设品牌。掀起了预防性养护高潮，高质量完成水毁恢复、危桥改造、安保工程、绿化工程，实现了通行环境的“大改善”。超限治理和环境综合治理由集中整治、专项整治向常态治理和长效治理转变，全市干线公路沿线环境及行车秩序状况大大改善。

创新服务，完成了车辆通行费征收任务。先后完成5项科研与新技术推广。积极解决职工关心的热点难点问题，稳定职工队伍，党建工作扎实有效，行业文明建设如火如荼，树立了“和谐、务实、创新、卓越”的公路文化。

运城公路分局养护工作连年在省局年终评比中名列前茅，2008年，养护管理工作及安全生产工作排名全省第二。

（王　凡）

**【芮城中学】** 芮城中学全面贯彻落实科学发展观，以“誉满河东、驰名三晋、蜚声全国”为宏伟办学目标，以“打造‘名师工程’，造就教学精英，提升教育教学质量”为宗旨，教育教学等各项工作取得突出成绩。连续11年高考达线人数名列运城市重点中学榜首，连续7年跻身运城市高考三强校行列。

2008年，全市教育现场会在芮城县召开。“芮中现象”引起各级领导、社会各界、专家学者的广泛关注，《运城教科报》等新闻媒体以《芮城教育持续发展探秘》为题，对芮中教育教学经验进行了连续报道宣传。（1）德育为先，努力创建德育示范校。调整德教工作思路，优化德教队伍，深化德教内容。坚持每周举行升国旗仪式、召开主题班会，每年12月举行校园文化节、秋季开学对高一新生进行军训。(2)打造“名师工程”，努力创建教师发展示范校。以加强师德建设为重点，开展“修师德、铸师魂、树师表”活动；提升师资建设为重点，积极组织业务技能培训及校际教学实践交流活动；以促进教师专业发展为重点，加强落实“一年合格、三年成熟、五年成才、七年拔尖”的青年教师培养目标。先后有180名教师被上级教育部门授予“标兵班主任”、“模范教师”、“优秀班主任”、“优秀教师”、“骨干教师”等荣誉称号。(3)科研立校，努力建设国家级课题实验基地。每年三月，组织开展“芮城中学听课评课活动”，集中一个月时间组织全体教师进行听课评课。2008年，学校制定《芮城中学教师职务试行条例》，通过对教师业务技能的分类管理，改变“大一统”式的教师管理方案，使教师考核机制逐步走向科学、公平、合理的评价原则，激发全体教师投身教育科研建设和教学工作的积极性。2009年，学校参与研究的国家级课题5项，市级课题8项，校级课题21项。(4)提升教育教学质量，全面推进素质教育。高考连续十一年名列全市重点中学榜首，连续七年跻身全市“三强校”行列，突出的教育教学成绩，被市委、市政府称为“芮中现象”。(5)组织教育集团，带动县域教育均衡发展。一花独放不是春，万紫千红春满园。为了促进县域教育公平、均衡发展，充分发挥示范校的辐射带动作用。2008年，以芮城中学为龙头，以陌南中学、博立中学为两翼组建起芮城中学教育集团，通过师资和生源的均衡配置，扩大优质教育资源覆盖面，形成共同发展的新机制。共享品牌资源，降低管理成本，提高管理效益，带动了薄弱学校的办学水平迅速提高，使县域整体办学实力迅速壮大，走出一条农村教育发展的新路子。

（王　凡）

## 共青团运城市委

**【促进青年就业创业】**　2009年4月28日，团市委举办“青年创业事迹报告会”，李恒等5名青年企业家、农村致富青年、大学生村官代表分别作了报告。各大中专院校团委和河津、盐湖、芮城、万荣等县（市、区）团委也组织开展了“青年大讲堂”活动，分析当前的经济和就业形势，讲解国家有关扶持创业、扩大就业的优惠政策，为青年就业创业提供帮助。

（张　杰）

**【分类引导青年试点工作】**2009年，团市委确定运城学院师范分院、永济电机厂、盐湖区盛义堂医院和芮城县南卫乡大禹渡村为分类引导青年试点单位。针对大中专学生、企业青年职工、进城务工青年和农村青年等四类不同青年群体分别开展了调研，共发放调查问卷750份，召开座谈会5次，深度访谈100多人，初步掌握了不同青年群体的思想状况和价值趋向。

（张　杰）

**【“两岸青年黄河行”主题交流活动】**　2009年8月，团市委根据省委、市委领导的批示，承担了台湾青年交流团来运参访的接待工作。40余名台湾青年参加了“华夏文明看山西—两岸青年黄河行”主题交流活动，期间还召开了两岸青年座谈会，就如何做好青年工作进行了交流。整个活动主题突出，气氛热烈，得到了台湾同胞的一致好评。

（张　杰）

**【“保护母亲河”行动】**　2009年，团市委在植树节、地球日、世界水日等主题宣传教育日，利用黑板报、手抄报、征文、摄影、演讲赛、知识竞赛等形式，开展生态环保宣传教育活动，组织青少年积极参加植树造林，积极参与“保护母亲河”行动。

（张　杰）

**【青少年安全意识教育】**　2009年5月，团市委联合市地震局、市教育局举办“中小学防震减灾知识宣传征文”活动，共收到征文7200多篇。各学校团队组织发放“小手拉大手”、“安全、绿色、健康”手册和小贴士8000余份，通过纪录片、黑板报、主题班会、知识竞赛、演讲赛等形式，帮助青少年掌握最基本的安全知识和自救知识，提高自我保护能力。

（张　杰）

**【“青年文明号”创建月活动】**　2009年11月，团市委组织开展了以“热爱运城，共谋发展，青年争先”为主题的“青年文明号”集中创建月活动；对全市各级青年文明号集体进行一次全面摸底和整顿，建立管理台帐和考核档案；开展以集中学习、集中创建、集中展示、集中宣传为主要内容的竞赛活动，提升了“青年文明号”的品牌形象。

（张　杰）

**【创建青年就业创业见习基地】**　2009年，全市共创建“青年就业创业见习基地”40家。其中，团中央、团省委直接联系创建的5家，团市委联系创建的35家，可提供见习岗位572个。已参加见习人员373名，见习期满已录用人员191名。

（张 杰）

**【农村青年创业小额贷款项目】** 2009年3月下旬，团市委与市信用联社达成了合作协议，确定了试点与全面启动相结合的工作思路，建立了分别部署、分别考核、定期沟通、共同推进的协作机制。团市委和市信用联社联合下发了《关于深化实施农村青年诚信创业小额贷款项目的通知》。同时，还将大学生村官作为扶持重点，与市委组织部、市信用联社联合下发《关于做好大学生村干部创业信贷扶持工作的通知》。全市团组织共发放青年创业小额贷款2902人，共计8133万元，其中信用贷款5908万元，担保贷款1868万元，保险保证贷款357万元。（张 杰）

**【开辟“我们身边的青年创业者”专栏】** 2009年9月份，团市委在全市确定薛泽科等9名青年创业典型，联合运城电视台进行了深度采访，在“运城新闻”开辟了“我们身边的青年创业者”专栏，陆续进行了播放。（张 杰）

**【“净化社会文化环境”行动】** 2009年上半年，团市委配合相关部门开展以净化社会文化环境为核心的专项整治行动，对全市428家网吧进行了清理检查和备案工作，共检查各类网站159家，对94家网站进行了登记备案，依法取缔各类“黑网吧”75家。（张 杰）

**【组织青少年与人大代表、政协委员面对面】** 2009年12月4日，团市委举办了以“畅通渠道、创造机会、促进青年就业创业”为主题的面对面活动，人大代表、政协委员号召青年朋友们正确认识当前形势，更新就业观念，不放弃、不气馁，寻找机会就业、自主创业，并表示在2010年两会上为切实服务青年就业创业提出相关提案和议案。（张 杰）

**【大学生村官兼村团支书】** 2009年，垣曲、永济、夏县等五个县（市）团委与组织部门联合下发了“大学生村官兼任村团支部书记”的文件，全市大学生村官3267人中，有1423人已兼任村团支部书记。

（张 杰）

**【爱国主义教育活动】** 2009年清明节前夕，团市委组织4000余名各界青少年在运城烈士陵园举行了以“缅怀革命先烈，弘扬民族精神”为主题的祭奠英烈活动。“五四”期间，全市各级团组织以“我与祖国共奋进，我与运城同发展”为主题，开展了各种形式的纪念五四运动90周年庆祝活动。

以建国建队60周年为契机，结合“全国少先队主题队日活动”，深入开展“红色传递”、“民族精神代代传”等爱国主义教育活动。利用实物、网络、手机进行党旗、国旗、团旗和队旗传递，组织少年儿童唱响红色歌曲，举行新队员入队教育，大大地增进了少年儿童对的党、团、队的衔接意识。10月12日，隆重召开“运城市纪念中国少年先锋队建队60周年大会”，大会向全市少先队员发出“热爱运城，共谋发展”倡议。（张 杰）

**【推荐优秀团干、入党积极分子】** 2009年，团市委按照工作业绩、综合表现等指标，向各级党组织推荐优秀团干，王百锁和张丽娟两位同志被推荐为副处级领导干部。同时，在财力极其紧张的情况下，为每个部室购置了电脑、打印机等设备，进一步优化了办公条件。12月，在市财经学校召开了市直学校思想政治教育工作现场会。仅市直学校团组织就培养入党积极分子2500名，推优入党222名。（张 杰）

**【集中宣传“两法一例”】** 2009年，团市委配合《山西省未成年人保护条例》施行，号召全市各级团组织要认真学习了《中华人民共和国未成年人保护法》、《中华人民共和国预防未成年人犯罪法》、《山西省未成年人保护条例》等方面的知识和内容。11月8日，全国人大内司委副主任委员刘振华就贯彻实施《未成年人保护法》、优化未成年人成长环境来运进行调研，对运城市的未成年人保护工作给予了高度评价和充分肯定。（张 杰）

## 运城市妇女联合会

**【深入开展学习实践科学发展观活动】** 2009年，全市各级妇联组织认真开展第二批深入学习实践科学发展观活动。妇联组织服务科学发展、促进民生改善、推动社会和谐的思路和举措更加明确，服务大局、服务妇女儿童、服务基层的工作机制更加健全。把“保增长、保民生、保稳定”作为紧迫任务，把让“妇女儿童得实惠、普受惠、长受惠”作为工作的出发点和落脚点，切实增强政治意识、大局意识、忧患意识、责任意识和服务意识。带领妇女继续解放思想、坚持改革开放、推动科学发展、促进社会和谐。各级妇联还注重将开展学习实践活动与推动解决妇女儿童发展与维权中的突出问题相结合，切实把学习实践活动的成果转化为促进妇联工作实现科学发展的具体行动。

（杨瑞妮）

**【贯彻山西省第十次妇女代表大会会议精神】** 2009年6月5日，市妇联召开了“传达贯彻山西省妇女十大精神会议”，市直九大系统的妇女干部约120余人参加了会议，此处次会议为新时期的妇女工作指明了工作思路、方向、目标和任务。

（杨瑞妮）

**【组织妇女干部培训考察】** 2009年，市妇联采取“请进来、走出去”方式，邀请专家为广大妇女干部培训“六个为什么”及十七届四中全会精神等理论知识；同时，组织她们参加“全国地县妇联干部科学发展观专题培训班”、“全国部分地区实施妇女儿童发展纲要县长培训班”及“省妇儿工委新一轮妇女儿童发展纲要编制研讨会”等活动，不断提高妇联干部政治素养。11月下旬，组成了由市妇联主席薛印芳、副主席刘红带队，市妇联部室负责人、各县（市、区）妇联主席、妇委会主任、“巾帼文明岗”负责人及部分优秀妇女干部共48人的考察团，赴厦门市妇联进行了考察学习，通过考察学习，大家开阔了视野，解放了思想。

（杨瑞妮）

**【为妇女创业就业提供支持】** 2009年，市妇联为重点推动解决妇女创业就业资金短缺问题，根据《关于完善小额担保贷款财政贴息政策，推动妇女创业就业工作的通知》。市妇联为全市20余家妇字号企业申报了小额担保贷款，为妇女创业就业提供更加有力地支持。发挥妇女手工编织业优势，帮助下岗失业妇女、农村妇女富余劳动力创业就业，对全市妇女手工编织情况进行了摸底。全市有万荣县天赐刺绣厂、万荣县荣河鞋垫厂、平陆县影院十字绣、平陆县张村镇手工编织、平陆县珍爱十字绣、绛县晋乐宝服装厂、永济市手工艺纺织7家手工编织。（杨瑞妮）

**【深化“巾帼建功”活动】** 2009年5月开始，市妇联在全市开展申报运城市“巾帼文明岗”工作，全市共申报了65个单位。10月13日至16日，市妇联在运城市委党校举办了培训班。参加培训的有全市13个县（市、区）和市直机关正在申报和已经获得全国、省、市“巾帼文明岗”称号的单位负责人。之后，市妇联根据管理条例，严格按照考核标准，对5个荣获国家级的“巾帼文明岗”进行了验收考核，并上报全国妇联。12月中旬，对2009年申报的市级“巾帼文明岗”进行了考核验收。为万荣县财政局等“巾帼文明岗”先进典型进行现场挂牌。（杨瑞妮）

**【万名新型女农民教育培训工作】** 2009年，市妇联根据省妇联《关于开展百万新型女农民教育培训工作的意见》，决定在全市开展万名新型女农民教育培训工作，计划在一年内教育培训1万名新型女农民。要求各级妇联组织按照“政府主导、妇联发动、面向市场、妇女受益”的方针，以农村妇女劳动力、返乡女青年和转移就业妇女为重点，以农业科技培训、创业培训、转移就业培训为主要内容，以整合资源、优势互补、协调合作为基础，大力开展农村妇女的教育培训工作，提高妇女创业就业和增收致富能力。（杨瑞妮）

**【维护妇女合法权益法律宣传】** 2009年，市妇联进一步实施“五五”法制宣传教育规划，以“法律知识进万家”为主题，大力开展男女平等基本国策和《妇女权益保障法》的宣传。在“三八”维权周、“3.18”社会治安综合治理宣传日及“6.26”世界禁毒日和“12.4”法律宣传日等时机，向广大妇女宣传《妇女权益保障法》、《婚姻法》、《女职工劳动保护法》等法律法规，发放宣传资料5000余份，接待咨询200多人次。

（杨瑞妮）

**【城乡妇女健康普查】** 2009年3—4月，市妇联为全市妇女进行健康检查。各级妇幼院、计生指导站等部门以最优惠的价格为妇女进行检查和治疗。针对女性患“重大病症”的高危情况，与太平洋保险公司联合开展“送女性一份温情，关注女性健康”活动，组织全市妇女参加太平洋《女职工特病保险》，全市共有900余名妇女参加了此项活动。

本年，根据国务院《政府工作报告》“在全国农村实行住院分娩补助政策，定期为孕产妇做产前检查和产后访视，为3

岁以下婴幼儿做生长发育检查”，提出“在农村妇女中开展妇科疾病定期检查”。全市各级妇联组织积极主动承担组织、动员和宣传任务。平陆县妇联协调县卫生局、县计生办开展“妈妈免费服叶酸，宝宝健康乐万家”出生缺陷防治宣传活动，聘请省级专家进行宣讲，受训妇女达1000余人，咨询3000人次。发放相关宣传资料3万份，叶酸药品发放6箱。万荣县妇联联合县卫生局开展“贫困孕产妇救助”活动，向全县14个乡镇的1000余名贫困孕产妇发放了救助款，共计13余万元。垣曲县妇联与县人口和计划生育局联合举办了“阳光女人杯”“关爱女性，健康全家”知识竞赛。稷山县妇联通过乡镇妇干和县直妇委会主任积极宣传发动，精心组织，全年共普查妇女约6000余人，涉及80多个行政村。（杨瑞妮）

**【来信来访接待工作】** 2009年，市妇联来信来访工作是维权工作的一个重要方面，是直接向广大妇女宣传法律的一个窗口。在日常工作中，市妇联认真接待来信来访，及时处理信访案件，发挥“维权驿站”的优势，接待广大群众“热线”咨询，联合有关部门严厉打击家庭暴力行为等，为营造全社会尊重妇女、关爱儿童的和谐氛围做着多方面不懈的努力。市妇联共接待来信来访（信、电）80余件，结案率达100%。

（杨瑞妮）

**【宣传妇女先进典型】** 2009年3月6日，市妇联在运城市委南风厅主办“运城市庆三八表彰暨巾帼展风采文艺表演”活动，各县（市、区）妇联主席、副县（处）级以上女领导干部及市直各单位妇委会主任和各界妇女代表共500余人参加了活动，表彰各行各业先进妇女100余名。市委四大班子领导出席了活动，并分别为受全国、省表彰的先进集体和个人进行了颁奖。表彰会对宣传、发动、激励和鼓励广大妇女发扬“四自”精神，投身小康社会、和谐社会的建设起到了积极地推动作用。（杨瑞妮）

**【“节能减排绿色家庭”知识竞赛活动】** 2009年6月，市妇联、市环保局于联合发起“节能减排绿色家庭”知识竞赛活动，旨在提高全市妇女学习节能减排的积极性和主动性，提高妇女节能减排的意识和能力。“6.5世界环境日”，市妇联、市环保局和市直九大系统妇委会联合在市委门口举行了“节能减排绿色家庭”宣传活动。共印发知识竞赛试题5000份，节能减排书籍1000本及相关彩页和挂画10000余份，直接受宣传人数达上千人。（杨瑞妮）

**【举办集体婚礼，倡导文明新风】** 2009年，市妇联为推进精神文明建设，在全社会倡导文明节俭，喜事新办的新风俗。8月26日，由山西广播电视总台、永济市人民政府、运城市妇联主办的首届国际“情定西厢”中国式婚俗大典，在永济市普救寺广场拉开帷幕，来自全国各地99对情侣参加了此次活动。情侣中，有新婚燕尔的年轻夫妇，有庆祝婚庆的中老年夫妇，还有外国朋友。此次活动不仅为新人们构建和谐的家庭关系奠定了基础，还充分展示了运城青年良好的精神风貌。（杨瑞妮）

**【运城市第三届妇女书画篆刻作品展】** 2009年，市妇联举办女书画篆刻作品展，共收到作品200余幅，作者是来自全区各条战线上妇女书画爱好者、教育战线的老师、大中专女学生。经专家组评委会严谨评选，评选出41幅书法、37幅绘画作品进行展出，并集结成精美的书画册。3月6日，在河东博物馆举办书画篆刻作品展开幕仪式。

（杨瑞妮）

**【慰问残疾少年儿童】** 2009年5月26日，市妇联主席薛印芳和安利运城分公司的志愿者们到运城市残联，看望慰问听力智障儿童，与市聋哑学校的全体师生开展“相亲相爱一家人”活动，共同庆祝“六一”国际儿童节。聋哑孩子们为他们表演了精彩的节目，认真、动情的表演，充分显示他们身残志坚的意志。薛主席和志愿者们还与孩子一起做游戏、包粽子、互赠纪念品。安利公司志愿者为孩子们做了丰盛的午餐，让他们度过了一个快乐节日。

（杨瑞妮）

**【家庭道德教育的宣传】** 2009年8月16日，运城市妇儿工委和市电视台联合举办2009年家庭道德教育宣传实践月启动仪式暨“我爱我家”暑期特别节目，活动以“热爱祖国、净化环境、亲子携手、家庭行动”为主题，采取全家参与、才艺表演、闯关挑战的形式；促进家庭和谐，培养未成年人战胜困难意志和团队协作精神。

（杨瑞妮）

**【开展2009非凡宝宝活动】** 2009年，市妇联与市妇幼保健院、东方爱婴早期教育中心联合举办"'2009'非凡宝宝风采展示"活动，引导爸爸妈妈、爷爷奶奶们增强对全新的育儿理念理解。活动地点设立于运城市妇幼院、东方爱婴、盐湖、夏县、新绛、永济、稷山、万荣、河津、绛县10个报名点，由各报名点通过海选、初赛后，择优选出参加复赛的孩子们。经过3个多月的报名、海选、初赛。6月1日，"2009非凡宝宝风采展示"运城赛区在金鑫大酒店进行复赛。选出东方爱婴赛区的张浩然小朋友，参加全国"非凡宝宝"总决赛。

（杨瑞妮）

**【妇女干部队伍建设】** 2009年11月17日至20日，市委组织部、市妇联在市委党校联合举办运城市妇女干部培训班，各县（市、区）及市直各单位的科级以上优秀妇女干部共130余人参加了培训。培训班邀请知名专家教授授课。培训期间，召开优秀妇女干部工作经验交流会。市委常委、组织部部长陈振亮、市委党校常务副校长邵景阳、市委组织部部领导任爱梅出席了座谈会。（杨瑞妮）

**【妇联组织建设】** 2009年9月4日，市妇联召开一届五次执委会，会议选举替补执委4名，增补执委7名，增补常委3名。解芳当选为运城市妇联会副主席。同时，积极推进机关事业单位妇委会、社区和新经济组织中的妇联组织建设。2009年，全市党政机关事业单位共建立113个妇委会，组建率达93%，乡镇妇联和村妇代会的组建率达到100%和94.5%。12月下旬，市妇联还开展达标升级活动，对全市市直单位妇委会工作进行了一次全面目标管理考核，对市直各单位新推荐的妇委会主任考核，将基础好、素质高、热爱妇女工作的同志调整到妇委会主任岗位。

（杨瑞妮）

**【机关内部管理规范化】** 2009年，市妇联将机关内部科室设置由原来的"两办一部"(办公室、综合部、妇儿工委办公室）增设为"两办三部"(办公室、组织部、发展部、宣权部和妇儿工委办公室)。并从激发干部活力、全面培养干部的角度出发，按照责权一致和优化组合的原则，对机关科级干部进行了岗位交流，合理配备了部室负责人。3月，市妇联制定下发《关于开展"五型"机关建设活动的实施意见》，机关内部相继制定出台了机关考勤制、首问责任制、岗位目标责任制、党风廉政建设责任制、教育培训等20余项工作制度，加强单位规范化管理。同时，还向基层妇联下发《二〇〇九年度全市妇联工作目标管理考核细则》，将具体工作目标进行细化，分解到岗位、具体到人员，确定相应的岗位责任和评价标准。

（杨瑞妮）

## 运城市侨联

**【组织学习】** 2009年3月，市侨联按照市委安排，开展了学习实践科学发展观活动，组织全体人员系统认真学习了《科学发展观重要论述摘编》、《科学发展观》等重要理论著作。通过活动，研究了新情况，谋新思路，开拓创新谋发展，切实解决遇到的困难和问题。同月，在全国"两会"开幕前，提早通知广大归侨、侨眷收看大会实况；及时并召开座谈会，学习"两会"精神。组织归侨、侨眷围绕《政府工作报告》等大会文件就展开学习、讨论。

本年8月，还召开专门会议，组织安排归侨、侨眷认真学习全国第八次侨代表会精神和新《中国侨联章程》，共印发新章程及辅导材料3600多份。

（王文娟）

**【维护侨权侨益】** 2009年，市侨联就归侨侨眷权益保护进行专题宣传活动。组织侨界委员与广大归侨侨眷进行面对面的沟通，了解他们的基本生活状况。同时，大力宣传《归侨侨眷权益保护法》，使广大归侨、侨眷知侨法，懂侨法，学会运用法律武器维护归侨、侨眷和海外侨胞在国内的合法权益。通过调查活动，深入了解研究归侨、侨眷和海外侨胞权益保障面临的新情况、新问题，探索新形势下维护侨益的新思路、新机制、新途径。（王文娟）

**【积极参政议政】** 2009年，市侨联积极做好参政议政工作。为使侨界委员更深入的了解侨情，市侨联深入基层搜集资料和信息，组织侨界委员不定期的开展调研活动，就全市旅游、经济等问题进行了认真深入的讨论和研究，在汇总大家的意见后，提出了切实可行、有针对性的想法建议与思路。最后就研讨问题以集体提案的形式上报市政协，为上级组织提供了翔实的基础资料和参考依据。通过扎扎实实的工作，在参政议政上有所作为，不断提高侨联组织的影响力，使参政议政有效果，形成侨联地位影响与参政议政工作的良性互动。（王文娟）

**【侨情普查】** 2009年，市侨联为及时准确掌握侨情资源信息，做好为侨服务工作，决定在全市范围内开展侨情普查工作。市侨联负责对市直单位普查，宣传到位、发动到位、责任到位、走访到位、核实到位。做到创新方式与工作实际相结合，确保不错报、不漏报、不留死角，全面建立侨情台帐、全面建立侨情数据库。开展侨情普查，充分发挥侨联为侨服务、促侨为运城服务的作用，团结侨胞、凝聚侨心。（王文娟）

**【开展促侨界和谐活动】** 2009年8月，市侨联组织三十多位归侨侨眷参加全民健身日启动活动。同年，组织了“庆国庆中秋座谈会”，归侨侨眷代表畅所欲言，畅谈新中国成立六十周年。同时，组织归侨侨眷共同观看了电影《建国大业》。

本年，市侨联组织参加了“庆祝新中国成立60周年书画摄影展”中，市侨联有四幅作品获奖，其中，一等奖一名，三等奖一名，优秀奖两名。

（王文娟）

（责任编辑：张武虹）

# 人 民 武 装

## 运城军分区

【工作综述】 2009年，在军区党委和运城市委、市政府的正确领导下，着眼有效履行核心使命任务，深入学习科学发展观，全面打基础、扎实练内功、创新抓落实，思想政治建设更加牢固。学习实践活动取得扎实成效，战备训练不断创新发展，党委班子和干部队伍建设进一步加强，安全工作深入经常、平战保障能力有效提升，各项工作取得长足进步和发展。

（樊旭红）

【思想政治建设】 2009年，运城军分区紧紧围绕“三个确保”，突出中国特色社会主义理论体系武装，突出当代革命军人核心价值观的培育养成，突出深化“四项重大教育”，结合建国60周年庆祝活动和“7·5”等特殊敏感时段教育，认真抓好各项政治教育，确保了官兵思想稳定、立场坚定和内部关系和谐。（樊旭红）

【战备教育】 2009年，运城军分区把经常性战备教育、形势任务教育和职能使命教育紧密结合起来，先后4次在全区范围内广泛开展了以国家周边环境安全、“7·5”乌鲁木齐打砸抢事件等问题为主要内容的形势任务教育，促进了各级抓好战备工作落实的紧迫感和责任感。（樊旭红）

【战备训练】 2009年，运城军分区紧贴使命任务，立足实际需要，于4、6月份先后两次组织人员，对保障主力军团机动、人民防空、兵员动员、基本作战、反恐维稳、抢险救灾、防恐怖袭击等方案进行了修订完善，使各种方案更加符合实际。围绕作战任务，深入细化实案化研究、实战化训练、实质性准备，结合民兵整组、国庆安保、森林防火、特殊时期防范等时机，采取预有准备和不打招呼相结合的方式，先后2次对全区14支民兵应急分队1600余人进行了拉动演练，两级首长机关的组织指挥和部队执行核心军事任务的能力明显提高。

（樊旭红）

【学习“新大纲”】 2009年，认真贯彻落实省军区新大纲集训精神，利用军事工作对口会、月交班会等时机，先后3次组织新大纲理论辅导、理论考核和重难点问题研究探讨。在4月份省军区组织的夜校中，军分区研究探讨的“抢险救灾实兵演习组织实施”交流发言，受到司令部机关的一致好评。担任新大纲试训任务的万荣县人武部，组织完成了黄河抗洪抢险实兵演练，拍摄了教学录像片，按纲施训能力进一步提高。

（樊旭红）

【落实军事训练教学责任制】 2009年3月份，运城军分区组织两级机关、民兵防空团对军事训练教学进行了明确分工，完成了教案、课件的编写与制作。积极与石家庄陆军指挥学院联系，对两级主官所负担的重点难点课目的教学进行深入研究和论证。10月份，组织人武部对军事训练教学法进行了考评，促进了教学责任制的有效落实。各项资料和教练员授课在省军区考评中得到充分肯定。

（樊旭红）

【强化首长机关训练】 2009年，运城军分区采取集中培训，在职自训、以会代训、短期轮训等方法，先后组织了参谋骨干、政工干部、后勤干部和库管人员的业务培训，通过作业展评，量化排队等方法，有效激发了大家的参训热情，两级首长机关的综合素质和指挥能力得到明显提高。10月份，按照省军区年度军事训练考核验收的计划安排，组织军分区、人武部两级采取统一组织、分片实施、同步展开、定期考核的方法，逐课目集中进行了为期1个月的强化训练，在省军区组织的年度军事训练考核中取得了优异成绩。（樊旭红）

【专武干部、民兵分队训练】 2009年，运城军分区把民兵整组与民兵训练紧密结合起来，同步安排、同步组织、同步实施。2~3月份，采取在职学习与集中培训相结合的方式，组织了2期专武、民兵干部集训，提高了专武干部集训能力。组训作战队伍400人，勤务保障队伍1680人，应急队伍1720人，圆满完成了训练任务。在垣曲、万荣扑灭山林火灾、永济抗洪抢险中，出动民兵1400余人次；在全区抗旱工作中，出动民兵2万人次，浇地1万5千余亩，提高了民兵应急分队执行任务的能力。（樊旭红）

**【参加省“联动-2009”实兵演习】** 2009年“八一”期间，运城军分区组织搏击技能团体操方队和冲锋枪阅兵方队在太原参加省“联动-2009”实兵演习。为确保参演分队训练的高质量高标准，分区党委认真筹划，科学安排，将任务分解给5个人武部，由盐湖区和永济人武部分别牵头组训，在人员使用、经费投入、综合保障上给予大力倾斜。机关精心制定方案，先后40余次深入训练场，进行督促检查指导。参训官兵克服炎热酷暑，精心编排课目，扎扎实实抓训练，使组训课目成为实兵演习中的“亮点”，赢得了省军区、北京军区首长的热烈掌声与高度赞扬。（樊旭红）

**【民兵组织建设】** 2009年，运城军分区协调军地联合召开了市、县两级民兵预备役工作会议，领导组落实了承包责任制，高标准完成了省军区赋予的《山西省民兵营（连）部建设标准细则》制定任务。对全区329名人武、专武干部和民兵骨干进行培训，明确了营连部建设标准和整组的程序、要素等。在临猗、闻喜新建了100人的常备民兵应急分队，民兵组织得到新的加强。（樊旭红）

**【国防动员工作】** 2009年，市国防动员委员会下发了《市县国防动员委员会机构规范化建设实施细则》等5个文件，对市县两级工作范围、内容、和程序进行了规范。11月份，军分区机关、万荣人武部、河津人武部迎接了省国动办的综合检查，赢得高度评价。组织两级机关撰写论文60余篇，其中军分区首长机关、盐湖、临猗、芮城、永济、绛县人武部撰写的9篇论文获省军区优秀论文奖，有两篇论文在全省研究会上进行了交流发言，运城市被评为“国防动员建设理论研讨先进单位”。组织全区、协调军地进行了第三次国防潜力调查，进一步完善了各级各类数据资料，摸清了人力、物力、财力动员底数，为实施快速动员提供了可靠翔实的数据。（樊旭红）

**【安全治理工作】** 2009年，运城军分区紧紧扭住影响部队安全稳定的重难点问题和薄弱环节，进行综合治理。开展了5个回合的思想作风纪律教育整顿。对民兵武器装备仓库、出租营房、营门、保密室等重点部位和重要目标进行了安全隐患大排查。落实军区、省军区关于防恐怖袭击指示指标要求，制定了反恐应急预案，购置了防车辆冲击路障、隔离栏、报警器、防暴盾牌、防弹衣、电警棍、对讲机等防爆反恐器材，并组织警卫和应急力量进行了防车辆冲击、防袭击哨兵等士兵演练，确保了遇到情况，能够有效应对和正确处置。（樊旭红）

**【开展“百日安全评比竞赛”活动】** 2009年，运城军分区按照北京军区和省军区“百日安全评比竞赛”活动的总体部署，召开专题会议，传达了上级精神，分析了安全形势，明确了活动的重要意义、方法步骤和目标要求，进行了动员部署。成立了领导机构，制定了活动方案，量化了需要重点解决和把握的问题，明确了责任分工。在营区显著位置悬挂安全警示条幅，设立“百日安全评比竞赛”倒计时牌，营造了“我的安全我负责、单位安全我尽责、他人安全我有责”的浓厚氛围，促进安全稳定工作。（樊旭红）

**【党委班子建设】** 2009年，运城军分区深入学习贯彻省军区三级党委书记座谈会议精神和军区党委8号文件精神，原原本本学经验，扎扎实实抓整改，在全区叫响“学习吕梁、建功运城”的口号，省军区推广了军分区的做法。组织人武部党委正副书记集中进行了民主集中制的学习培训，明规矩、教方法、压担子，提高了议事决策的能力，增强了争荣誉当先进的动力。（樊旭红）

**【干部队伍建设】** 2009年，运城军分区严格执行干部任免使用政策规定，通过基层推荐、组织考察、群众评议，调整选用了9名人武部主官，上下满意，官兵认可。认真学习贯彻《中央军委关于进一步加强军队高中级干部作风建设的意见》和军区党委的《措施》，狠抓部队正风正气建设，制定了畅通民主渠道6项措施。（樊旭红）

**【学习实践科学发展观活动】**

2009年，运城军分区坚持把学习实践科学发展观活动作为贯穿全年的头等大事，高起点筹划，高标准推进，高质量落实。采取人人逐篇通读、重点观点专家解读、重点篇目集中研读等方法，深入学习“四个读本”和规定篇目，集中组织了11次大课辅导、体会交流、思想辨析和解放思想大讨论。采取集体座谈、问卷调查等形式，征求、梳理了5大类22个影响、制约军分区建设科学发展的矛盾和问题。采取“三大阶段统一动员、每个阶段派组督导、重要活动常委参加”的方法，重要环节一步一动员，一步一小结，指导人武部学习实践活动一步一动、步步深入，省军区转发了军分区的做法。

（樊旭红）

**【“双服务”活动】** 2009年，运城军分区深入开展了争创“全国双拥模范城”活动，发动民兵及群众1万余人次，积极进行“一抗双保”工作，共平整修渠20余公里，灌溉麦田15万余亩，中央军事频道、《解放军报》、《国防报》和山西新闻媒体均作了专题报告。筹资15万元，在永济市援建了第6所“八一”希望小学；军分区机关帮扶60名贫困学生，并捐款6万余元资助大雪受灾群众，收到社会各界广泛赞誉。各单位组织民兵成建制统一行动，沿黄、顺路、近山、入滩植树造林1万余亩，为再造秀美山川、建设魅力运城作出了积极贡献。（樊旭红）

**【安全管理】** 2009年，运城军分区坚持以军区党委文件和省军区首长指示为指导，组织两级机关狠抓学习教育，健全制度机制，完善配套设施，强化应急演练。先后开展了条令条例学习、作风纪律教育整顿、重大安全隐患排查和“百日安全活动”屏蔽竞赛等，保持了高度集中统一与稳定。

（樊旭红）

**【后勤建设】** 2009年，运城军分区坚持以提高综合保障能力为目标，大力加强后勤正规化建设，强化党委理财监督，在全区广泛开展了“小金库”专项治理，打击假发票违法犯罪活动。修订完善了《军分区资金集中支付管理办法》，积极推进军人保障卡扩大试点工作，综合保障能力明显提高。

（樊旭红）

**【财务管理】** 2009年，运城军分区大力推进物资集中采购制度，研究探索公务卡支付制度。撤销人武部地方账户，实行集中支付制度。对转业和调整人武部主官进行离任审计，广泛开展以“五查五整顿”为重点的新形势下大力弘扬艰苦奋斗精神教育整顿活动。结合在全军开展的“小金库、假发票”专项治理活动，对军分区各县（市）财务管理情况进行了一次全面检查，查处虚假发票、笼统票据87张，并对6.32万元不合理、手续不全开支进行了纠正。

（樊旭红）

**【空余房地产租赁管理】** 2009年，运城军分区同各租赁户签订了《反恐处突和安全管理责任书》，制定了安全防范联防联管措施，建立完善了《应对多种安全威胁出租房屋防范预案》坚持每周对出租房屋进行安全检查，保证了房地产租赁工作安全健康有序地运行。6月中旬，参加了北京军区房管局太原房管处组织召开的山西片区部队空余房地产租赁管理交流会，运城军分区作为省军区唯一代表在大会上进行了经验交流发言，得到与会领导的充分肯定。（樊旭红）

**【住房清理工作】** 2009年，运城军分区按照上级的有关精神，制定下发了《军分区在职师职以下干部及其他人员住房清理工作实施方案》，成立领导小组，共清理不合理住房19套。结合《军队住房专项清理工作管理信息系统》软件，完善了“房清系统数据库”，收集整理了全区5类人员共300余人的住房情况和基本信息，实现了人员住房信息数字化管理。

（樊旭红）

## 武警运城市支队

**【概况】** 武警运城市支队于1983年2月正式成立。2001年2月因地改市，名称由中国人民武装警察部队山西省总队运城地区支队改为中国人民武装警察部队山西省总队运城市支队（简称运城支队）。市武警支队机关及其所属部队分别担负山西省储备局577处守卫任务、南同蒲线汾河大桥守护任务、山西省永济市监狱看押任务、运城市所辖13个县市的看守所的看守任务以及城市武装巡逻任务。自组建以来，先后6次被总队评为“基层建设先进支队”。2009年，支队被武警部队评为“连续9年预防事故案件工作先进单位”、被总队评为安全工作先进单位，支队团委被团中央、武警部队评为警地“四联”活动十佳单位。（毋晓峰）

【中心工作】 2009年，武警运城支队坚持把执勤工作当作“饭碗工程”来抓，支队连续18年无执勤事故。党委注重把执勤工作摆上重要的议事日程，坚持落实制度定期议、重大任务专题议、特殊时期随时议，始终做到中心居中、主业主抓。采取“常委随时查、值班首长‘双十二’查、作战勤务值班室不间断查、业务股室专人查”等方式，加大网络查勤力度，采取“领导带头亲自查、统一组织全面查、不打招呼突击查、跟踪问卷反复查”等方式加大实地查勤力度，确保各级各类人员集中全部精力，有效履行使命。（毋晓峰）

【培训学习】 2009年，武警运城支队采取“网上辅导、集中培训、观看录像、案例剖析”等方式，规范干部组勤程序和实施方法，提高干部的组勤管勤能力；采取“骨干示范、口述程序、情况诱导、现场演示、对抗练习”等方式加大专哨专训力度，官兵处置程序更加清楚，层次更加分明，发现情况和处置情况的能力有效提高。8月份，稷山县中队哨兵成功处置一起犯罪嫌疑人企图自杀事件。投入55万余元，建设执勤单位备勤室、自卫哨岗楼、“监控扫盲”和信息化，治理执勤隐患5类13处，更换和维修一批不能正常使用的执勤设施。国庆期间派出巡逻哨、增加兵力配置、配备对讲机，确保中心任务万无一失。全年出动兵力1000余人次，圆满完成驻地警卫、抢险救灾、武装押解、安全保卫、机动备勤等6类30起临时任务。（毋晓峰）

【军事训练】 2009年，武警运城支队坚持以贯彻落实新大纲为主线，严格施训、科学组训，训练质量大幅提升。利用信息化系统，开设新大纲宣传专栏，开展网上下达任务、检查课目、试点观摩、交流研讨和资料共享等活动；对擒敌术、刺杀等增改内容进行规范统一，单兵专业训练的整体质量得到提升。采取专人负责、独立训练、教导队驻训、实战拉动、武校送训等方法，积极加强反恐作战训练和演练，全面锻造反恐作战队员的综合素质，增强反恐作战队员的战术协同意识和整体作战能力。首长机关坚持每月适时组织单项体能测试，每季组织体能考核，机关干部体能达标率达到95%以上；利用基层干部集中的各种时机，对基层干部进行综合考核，促进分队警官训练和随队训练内容的落实；利用闻喜中队现场会的时机，采取标兵示范、教员规范的方法，对干部骨干基础体能项目的作业标准和组织程序进行规范演示，增强干部提高实战能力的紧迫感。（毋晓峰）

【主题政治教育】 2009年，武警运城支队坚持用党的创新理论武装官兵头脑，认真贯彻《军队基层理论学习若干规定》，积极开展“小竞赛、小演讲、小谈心、小辩论”等群众性学习宣传活动，广泛借助警营广播、政工网、板报、橱窗等多种载体搞好舆论宣传，形成多层次、立体式的学习宣传氛围，使广大官兵在耳濡目染中领悟理论精髓。认真学习贯彻新的《思想政治教育大纲》，围绕核心价值观主题教育活动，开展“百句格言、百条短信、百个故事”，征集助民爱民、歌咏比赛、先进典型报告会等活动；采取“网络大课堂”、邀请专家教授辅导、参观学习、邀请航天英雄景海鹏父母作报告等形式，丰富教育内容，增强教育效果。通过主题教育活动的开展，广大官兵理想信念进一步坚定，使命意识进一步增强，宗旨意识进一步牢固。（毋晓峰）

【综合保障】 2009年，武警运城支队按照“面向基层、加强管理、提高效益、服务中心”的总体工作思路，提高了后勤综合保障能力。后勤队伍素质不断加强，全部通过计算机一级考试，42%取得二级证书。士官司务长以干部的标准培训使用，以战士的标准管理教育。炊事员培训注重把好选拔关、开训关、实施关、结业关。军械员培训采取学习武器常识与实际操作相结合、学习管理制度与警示案例分析相结合的方法。聘请地方专业教练复训驾驶员。财务管理坚持大项经费开支党委集体研究、大项工程建设党委集体把关、重要物资集中采购，经费管理严把预算、支出、审计关。伙食供应社会化，每月检查督导基层伙食管理，每季开展市场调研，每半年审查供应商资质，在机关和教导队推行聘请地方厨师的社会化保障试点，在三中队因地制宜开展养殖业试点，全年养猪67头，出栏41头，养鱼3000余尾，养兔50余只，种菜9.5亩，生产收益近15万元。卫勤管理，采取果断措施防控甲型H1N1流感，召回探亲休假人员，并进隔离观察；建立隔离观察室和发热门诊室，邀请专家宣传防控知识，营门哨

兵检测出入人员体温。定期巡诊和上卫生课，对病号跟踪检查治疗。（毋晓峰）

【学习实践科学发展观活动】2009年，武警运城支队根据党中央、中央军委、武警部队和总队的安排部署，支队分两批组织开展学习实践科学发展观活动。各级党组织的自建水平得到提升，党员干部的思想观念得到更新，影响和制约部队建设科学发展的突出问题得到有效解决，部队全面建设得到新的加强和推进。（毋晓峰）

【总部首长机关检查指导】2009年5月11日，武警运城支队政治部保卫部安全处处长徐准、保卫部干事赵金宝、西安军事法院副院长李水民一行3人，在总队政治部保卫处干事舒宇的陪同下，深入运城支队开展"法律服务到基层"活动，并对经常性、基础性政治工作落实情况进行检查调研。9月20日至21日，武警部队后勤部政委姚立功带领后勤部副参谋长曹厚琪，在总队政委刘建华、副总队长吕明录、后勤部副部长杨万伟的陪同下，深入运城支队，对部队全面建设和国庆安保工作进行检查指导。

（毋晓峰）

【总队首长机关检查指导】2009年1月20日，武警运城支队总队后勤部副部长赵海滨率工作组，到新训大队亲切慰问全体官兵。4月21日，司令部警务装备处参谋长郝滨、唐东永一行两人，对支队机关、直属单位的"条令学习月活动"进行检查、考核、指导。4月28日，司令部训练处处长李国章带领工作人员对支队首长机关训练情况进行专项考核。5月14日至15日，政治部副主任孙俊田率工作组对运城支队经常性基础性政治工作落实情况进行检查调研。5月20日，副参谋长王树海与省监狱管理局有关领导，到运城支队直属二中队检查中队执勤设施、生活设施建设以及监狱管理工作。5月22日，总队政委刘建华率工作组，视察调研党委机关学习实践活动、支队党委班子建设和部队全面建设等情况。5月25日至26日，总队政治部组织处副处长张国宏、党委秘书崔国林指导支队党委机关深入开展解放思想大讨论。6月24日，总队政委刘建华带领工作组列席支队党委专题民主生活会并作重要指示。9月2日至3日，副参谋长邢起明带领工作组对运城市支队落实《大同现场会》情况进行检查指导。9月4日至6日，总队长仲轩带工作组对支队进行视察。9月15日至19日，总队后勤部副部长杨万伟在支队蹲点帮建，并就国庆安保工作进行检查指导。10月15日，后勤部副部长赵忠义到支队考察拟建山西省北中南部战备物资供应保障基地工作。11月3日至9日，副总队长吕明录率联合工作组，对支队进行考核帮建。11月21日，政治部副主任郑秋申带工作组检查指导支队选退工作。（毋晓峰）

【圆满完成临时勤务任务】2009年1月4日至5日，武警运城支队参谋长闫海涛带领机关2名前指人员和直属一中队3名反恐队员圆满完成新绛县"1·04"绑架勒索案备勤任务。2月9日，支队出动50名官兵圆满完成运城市元宵节社火表演安全保卫任务。5月1日，支队出动兵力25人，担负解州关帝庙古庙会安全保卫任务，于5月3日下午18时圆满完成任务。6月30日，在总队、支队两级首长的指挥下，参谋长张新禄带领临猗县中队6名官兵，协助临猗县公安局成功处置一起绑架勒索案，将犯罪嫌疑人当场抓获。8月5日，支队出动52名官兵，协助稷山县公安局将代押在外县的100名在押犯安全回迁至稷山县看守所。8月24日晚，支队出动217名官兵，圆满完成山西省省委宣传部在永济市鹳雀楼景区举办的"为祖国喝彩"大型演唱会活动的现场安全保卫任务。12月8日，运城市闻喜县公安局在县西湖广场召开公捕公判大会，对64名犯罪嫌疑人进行公开处理，根据闻喜县公安局请求，经请示总队同意后，支队出动23名官兵圆满完成大会主席台两侧的警戒任务。（毋晓峰）

【支队党委班子调整】2009年1月6日，武警运城支队根据武警总部命令和总队党委通知，原支队长、党委副书记周文银转业，原临汾市支队副支队长李文锁担任支队长、党委副书记。（毋晓峰）

【召开支队党委扩大会议】2009年2月5日至6日，武警运城支队召开党委二届八次全体（扩大）会议，会议统一思想、确立目标、明确任务、鼓舞干劲，为推动支队全面建设奠定扎实的基础。7月25日至26日，支队隆重召开党委二届九次全体（扩大）会议，会议进一步统一思想、提高认识、振奋精神、明确重点、理清思

路，为高标准实现“两个确保”，顺利完成年度工作任务，推动部队建设又好又快发展奠定良好的基础。（毋晓峰）

【地方党委机关慰问部队】 2009年1月19日、7月23日，运城市委副书记、市长王安庞带运城市、盐湖区“四大班子”领导两次到运城支队慰问支队官兵。（毋晓峰）

【圆满完成短波二级网建设任务】 2009年3月30日至4月1日，武警运城支队利用三天时间组织相关人员对短波网建设内容进行学习，并高标准地完成支队二级网建设任务。二级网的开通，标志着支队综合通信保障能力的进一步提升。（毋晓峰）

【组织开展主题教育系列活动】 2009年4月3日，武警运城支队组织驻市区中队官兵在运城市烈士陵园开展“缅怀先烈遗址、见证英雄历程、感悟高尚人生”的纪念活动；6月2日，支队以电视会议形式举办了“忠诚·荣誉·誓言”主题演讲比赛活动；6月4日，支队组织开展了“军歌嘹亮颂祖国”歌咏比赛活动。通过系列活动的开展，引导官兵增强践行革命军人核心价值观的自觉性和紧迫感，牢固树立正确的人生观、价值观和世界观，努力打造一支招之即来，来之能战，战之能胜的过硬队伍。（毋晓峰）

【邀请航天英雄景海鹏家人来支队作报告】 2009年4月27日，武警运城支队邀请航天英雄景海鹏的家人和老师来到部队讲述航天英雄的感人事迹，激励广大官兵忠诚于党、报效国家、献身使命，以实际行动自觉践行当代革命军人核心价值观，永远做党和人民的忠诚卫士。（毋晓峰）

【开展法规知识竞赛活动】 2009年5月26日，武警运城支队采取网上对垒形式，在官兵中开展一次法规知识竞赛活动，进一步强化官兵的法规意识，推动法律服务到基层的深入开展。（毋晓峰）

【圆满完成“5.27”抗洪抢险任务】 5月27日22时至28日12时40分，武警运城支队出动150名官兵，圆满完成运城市姚暹渠盐湖区段堤坝决口抢险任务，受到运城市政府、运城市水务局等部门领导和地方群众的高度赞扬，新华网、《人民武警报》、《山西晚报》等新闻媒体先后予以报道。（毋晓峰）

【开展“我为残疾人献上一份爱”捐助活动】 2009年6月2日，武警运城支队积极响应市委市政府号召，组织开展以“我为残疾人献上一份爱”为主题的捐助活动，党委常委和全体机关干部参加活动。共捐款人民币2650元，并于当日送交运城市慈善总会。（毋晓峰）

【直属大队三中队二等功事迹】 2009年，武警运城支队直属大队三中队担负五七七处库区守卫任务，因工作成绩突出被总队荣记“集体二等功”。该中队连续28年无执勤事故，中队连续13次被总队评为“先进中队”，从2004年到2008年，连续五年被总队评为“基层建设标兵中队”，先后9次被总队荣记“集体三等功”。（毋晓峰）

（责任编辑：裴少毅）

# 法　　制

## 检察工作

【维稳工作】　2009年，市人民检察院坚持把维护社会稳定作为检察机关的第一责任，严格依法履行批捕、起诉职能，共依法批准和决定逮捕1607件2691人，同比分别上升2.9%和2.3%。提起公诉2198件3572人，同比分别上升12.9%和11.8%。突出打击黑恶势力犯罪、有组织犯罪、严重暴力犯罪和“两抢一盗”等严重影响群众生命财产安全的犯罪，共批准逮捕864件1473人，提起公诉1116件1745人。继续深化“打黑除恶”专项斗争，依法对盐湖区李某、永济段某等21人组织、领导、参加黑社会组织罪提起了公诉。认真贯彻宽严相济的刑事政策，依法共对422人作出了不逮捕决定，对111人作出了不起诉决定。

（董兆庆）

【信访接待工作】　2009年,市人民检察院认真落实两级院检察长接待日制度，深入一线办案，积极化解矛盾，受到了市委督查组的肯定。畅通信访渠道，正确对待群众诉求，共处理群众来信来访715件（次），检察长批办案件151件，立案复查各类申诉案4件，办结3件。对重信重访案件进行了逐一清理，对2003年以来涉及检察机关申请国家赔偿的案件5件7人，市人民检察院依法进行了处理，共支付赔偿金24万余元，案件全部息诉。

（董兆庆）

【查办和预防职务犯罪】　2009年,市人民检察院认真贯彻落实全国、全省检察长座谈会精神，把执法办案摆在更加突出的位置，进一步加强组织领导，加大工作力度。共立案查处贪污、贿赂、挪用公款等职务犯罪案件111件128人，同比上升6.7%和2.4%，其中大案69件87人，县（处）级干部犯罪要案3件3人，大要案占此类案件总数的62.2%。立案查处渎职侵权犯罪案件47件74人，同比件数上升11.9%，其中重特大案件8件。所立贪污、贿赂、挪用公款等职务犯罪案件已侦查终结110件127人，提起公诉98件114人，法院已作出有罪判决85人；渎职侵权案件已侦查终结62件88人，提起公诉21件45人，法院已作出有罪判决33人。先后立案查处了绛县开发区副主任许某（正处级）贪污、受贿案，市二届人大代表、农行运城分行营业部总经理巴某挪用公款2300万元案，运城邮政学府储蓄所负责人宋某贪污近900万元、挪用公款近400万元案。垣曲县院在审查批捕一起伪造国家机关证件案过程中，探细察微，立案查处3名涉嫌办理偷越国境人员出入境证件罪的嫌疑人；临猗县院立案查处一起税务人员玩忽职守案，同时并案侦查一起偷税700余万元案。市院反渎局在全省检察机关反渎职侵权工作会议上介绍了查办司法人员和行政执法人员渎职侵权犯罪案件的做法。

（董兆庆）

【犯罪预防工作】2009年,市人民检察院在广泛宣传《山西省预防职务犯罪工作条例》的同时，继续通过法制讲座、警示教育、专项预防等形式，推进职务犯罪预防工作的深入开展。共开办法制讲座120场（次）；在警示教育基地开展警示教育21次，涉及35个行业3000人（次）；预防工作中发现案件线索45件，立案7件，移送有关部门16件，帮助建立、落实预防措施23项；对盐湖区解州至芮城陌南、闻喜东镇至临猗高速公路等全市32项重点工程进行了专项预防。　（董兆庆）

【诉讼监督】　2009年,市人民检察院在刑事立案和侦查活动监督方面，共要求公安机关说明不立案理由47件，对应当逮捕而未提请逮捕、应当起诉而未移送起诉的，决定追捕74人，追诉93人。在审判活动监督方面，对认为确有错误的刑事判决、裁定，提出、提请抗诉48件；立案审查不服民事行政判决裁定的申诉案件107件，提出、提请抗诉91件，向法院提出再审检察建议9件，办理刑事附带民事诉讼10件。在刑罚执行和监管活动监督方面，共纠正违法121件，立案查处监管人员职务犯罪案件2件2人，办理被监管人员又犯罪案2件。市院对在执行死刑临场监督过程中发现的欲通过监管人员非法利用人体器官的问题，高度重视，迅速组织开展深入调查，向市中院发出检察建议，以防止类似情况的再次发生。

（董兆庆）

**【刑事审判法律监督专项检查】** 2009年，市人民检察院主要围绕全市检察机关2008年办理案件的刑事审判法律监督情况和2003年以来刑事审判法律监督工作机制、制度的建立健全及落实情况，在全面摸底排查的基础上，重点对58件75人的职务犯罪案件，46件79人的经济犯罪案件，进行了检查和复查，活动中共查办刑事审判人员职务犯罪案件2件，监督法院裁判减刑94人、假释3人、暂予监外执行17人。（董兆庆）

**【看守所监管执法专项检查】** 2009年，市人民检察院通过与公安机关联合检查、深入基层督导等方式，对发现的53起违法情况、18起事故隐患，发出口头和书面检察建议104件（次），打击牢头狱霸苗头2起6人。（董兆庆）

**【安全监管专项活动】** 2009年，市人民检察院制定工作方案，明确工作重点，着力解决监管工作不到位、安全措施不到位、法律监督不到位、责任追究不到位和在押人员死亡事故调查处理机制不完善等问题，促进监管执法和法律监督工作规范化。（董兆庆）

**【服务新农村建设工作】** 2009年，市人民检察院积极服务新农村建设，共查办涉农贪污、贿赂、挪用公款等职务犯罪案件39件43人，占立查此类案件总数的34.5%，提起公诉23人，法院已判决7人。4名制售伪劣小麦种子，致使全市4个县数千亩小麦绝收的犯罪嫌疑人被依法批捕；1名农业行政执法人员因在查处伪劣种子过程中涉嫌玩忽职守，致使农民损失进一步扩大被立案查处。同时，市院针对此案中暴露出来的问题，与市农业局、工商局联合开展了专项预防。（董兆庆）

**【贪污贿赂犯罪案件】** 2009年，市人民检察院继续加大贪污贿赂犯罪案件查处力度，共立查案件13件17人，涉案金额282.9万元，其中大案10件。案件全部侦查终结移送审查起诉，已提起公诉4人，判决1人。在治理商业贿赂专项工作中，共查办案件17件20人，涉案金额163.41万元，其中大案7件，要案1件，已判决4人。

（董兆庆）

**【自侦案件扣押冻结款物清理检查工作】** 2009年，市人民检察院共清理全市检察机关2004年至2009年10月扣押冻结款物的自侦案件576件，涉及扣押冻结案款4000余万元，欧元6万余元，汽车5辆，宅院一座。其中已上缴财政人民币近2000万元，欧元6万余元，汽车1辆；返还当事人或发案单位1000余万元，移送案款50万元，汽车4辆，宅院一座。

（董兆庆）

**【队伍建设】** 2009年，市人民检察院持之以恒地把加强检察队伍建设作为实现检察工作科学发展的根本，多种渠道，多种形式，加强干警的教育培训。在学习实践科学发展观活动中，紧密结合实际，深入查找工作上、思想上存在的与科学发展观要求不相适应的问题，有针对性地制定整改方案，落实整改措施，进一步牢固确立科学发展观在检察工作中的统领地位。结合市委组织开展的“热爱运城，共谋发展”大讨论和省院服务“三个发展”的要求，在深入调研的基础上，找准切入点，明确着力点，增强了广大检察干警服务大局的使命感和责任感。在学习贯彻党的十七届四中全会精神中，以党组为重点，全面加强班子的思想建设、制度建设、作风建设、廉政建设，充分发挥好党组的领导核心作用、党支部的战斗堡垒作用和全体党员的先锋模范作用，以党建工作推动各项检察工作的深入发展。强化干警业务素质，在夏县举办了有90名干警参加的全市检察机关首期司法考试培训班，24名干警通过了考试。结合办案，开展了“一案一总结、一案一分析”和法律文书质量评选活动，进一步提升了干警的业务技能。

（董兆庆）

**【强化内部监督制约】** 2009年，市人民检察院开展了以“四个严格”为主题的案件质量年活动，要求全市检察机关在执法办案中，严格办案程序，以程序公正保障实体公正；严格证据审查，把案件办成铁案、精品案；严格办案责任，把案件质量落实到执法办案的各个环节；严格责任追究，把错案责任追究落到实处，对违法违纪的，绝不姑息迁就。活动开展收到了良好效果，总体办案质量得以提升，工作责任心得以加强，由办案引发的涉检信访问题大幅度减少，较好地体现了办案法律效果、政治效果和社会效果的统一。在审查逮捕一起故意杀人案过程中，市院和河津市院坚持严格证据审查，先后三次对王某作出不批捕决定，防止了冤错案件的发生。（董兆庆）

**【基层基础建设】** 2009年,市人民检察院进一步加强对基层的指导，通过参加民主生活会、工作调研指导、定点帮扶、基层院检察长在市院述职述廉等形式，加强对基层院班子的考核测评和动态管理，保证了各项决策的落实和工作的顺利开展。（董兆庆）

**【检察改革】** 2009年,市人民检察院围绕加强执法办案工作，制定了反贪污贿赂侦查指挥一体化实施方案，并与新绛县院配合，立案查处一名县处级干部涉嫌犯罪案件，同时探索建立反渎职侵权侦查指挥一体化机制，逐步实现对所有职务犯罪案件的侦查实行一体化指挥协作机制。人民监督员共监督“三类案件”37件43人，同时积极开展对“五种情形”的监督。针对于9月1日实施的自侦案件审查逮捕上报一级的规定，组织人员学习省院有关文件要求，组织开展业务培训，确保思想认识、工作措施、办案力量和经费保障四到位。截至11月底，市院共受理县（市、区）院提请决定逮捕案件7件10人，其中决定逮捕4件7人，案件均在法定期限内办结。（董兆庆）

## 法院工作

**【概述】** 2009年，全市法院共受理刑事、民事、行政及执行等各类案件24168件，审执结24035件，结案率为99.5%。其中中级法院受理各类案件3075件，同比增加13.1%，审执结2976件，结案率为96.8%。（卫爱元）

**【刑事审判】** 2009年，全市法院共受理刑事案件2669件4285人，审结2669件，结案率为100%。判处犯罪分子3320人，其中死刑、死缓、无期徒刑76人，有期徒刑2066人，拘役、缓刑等刑事处罚1076人，免予刑事处罚102人；依法减刑、假释219人。中级法院受理一审、二审刑事案件446件，同比增加12.3%，结案率为99.8%。（卫爱元）

**【民事审判】** 2009年，全市法院共受理婚姻家庭、合同纠纷、权属纠纷等民商事案件15437件，审结15380件。其中市中院受理1632件，审结1613件，结案率为98.9%。在民商事审判中：⑴坚持了调解优先的原则，把调解贯穿始终，调解撤诉率达到54.3%。永济、临猗等法院在立案庭设立了调解室，力争诉前化解矛盾、平息纷争。⑵坚持司法为民、利民、便民，送法下乡、巡回办案、就地开庭，市中院下乡办案70次121件，减免缓交诉讼费76万元。⑶面对金融危机，坚持能动司法。市中院对涉及国企发展等敏感案件，主动上门服务，统筹考虑企业发展、职工安置、社会稳定等因素，审理企业破产案件19件，审结涉及企业债务、合同纠纷4231件，盘活资金3.95亿元，营造了良好的市场环境和法治环境。（卫爱元）

**【行政审判】** 2009年，全市法院共受理行政案件381件，审结375件。其中市中院受理并审结120件。市中院受理行政非诉执行案122件，执结110件，并主动向应诉机关提出司法建议，帮助修改和完善了行政执法程序及适用的行政法律文书，临猗县公安局首开行政首长出庭应诉先例。（卫爱元）

**【“春雷行动”】** 2009年春节前后，市法院抓住被执行人返乡过年的有利时机，解决长期困扰法院“被执行人难找”的问题，执结了一大批涉及特困群体、拖欠农民工工资、拖欠工程款案件。（卫爱元）

**【“清积风暴”】** 2009年，全市法院调动一切力量，在媒体舆论上大做文章，大张旗鼓地发布通告、公告，通过“曝光台”、“老赖榜”、“执行在线”等专题栏目，大造声势、大造舆论，在全社会形成高压态势，坚决打压“老赖”的生存空间和发展空间。先后曝光319人，跟踪报道典型案件57案，编发执行新闻稿件106篇，有120余名被执行人主动到法院履行了义务。（卫爱元）

**【强制执行老大难案件】** 2009年，市中院发挥政治优势，紧紧依靠党委领导、人大、政协的监督和政府的支持，积极联动公安、检察、工商、税务、银行等职能部门，对一批“骨头案”、“难缠案”攻坚克难，强制执行了一批老大难案件，共依法拘留581人，逮捕11人，判刑8人，对“老赖”起到了强大的震慑力。（卫爱元）

【力促和谐清理执行积案】 2009年，市中院在清理执行积案中，坚持以人为本，既要实现申请执行人的胜诉权益，又要兼顾被执行人的基本生活，努力寻找各方利益的平衡点，通过协调、执行救助等方法，和解执行了一批案件。专项活动中，全市法院共执结有财产可供执行案件1319件，执结金额2.24亿元，按照最高法院结案标准，执结、终结、中止无财产可供执行积案3844件，执结率达98.3%，运城市也由活动之初的全省末位跃居第二名。截至2009年11月底，全市法院都建立了党委政法委组织协调、人民法院主办、有关部门联动、社会各界参与的执行工作联动长效机制，有财产可供执行案件全部执结，执行信访矛盾得到有效化解，基本实现了中央政法委提出的三大预期目标。在清理执行积案的同时，市中院分析积案产生的原因，完善了执行案件信息统一管理体制，力争从根本上减少和解决执行难，全年新收执行案283件，执结241件，结案率为85.1%，有效地避免了“前清后积”。（卫爱元）

【涉法信访】 2009年，市中院根据省高院部署，全市法院广泛开展了“两案三评一访”（即对重信重访案件和越级上访案件，进行自我评查、交叉检查、社会评议，领导带案下访）和“三争做”（即争做文明接待窗口、争做文明接待员、争做人民群众贴心人）活动。市中院对各级交办的65件涉诉信访案件，逐案分析、领导包案、责任到人、限期解决，使一批上访老户息诉罢访。河津郭某上访一案，因受害方得不到民事赔偿，停尸家中，在当地影响较大，曾受到省、市领导的批示和关注。“两个”活动中，刑事审判庭的法官不分昼夜，数十次前往河津，苦口婆心做双方当事人工作，最终调解解决了民事赔偿部分，受害人得以顺利安葬。省高院对“两项”活动给予充分肯定。2009年，市中院坚持院领导轮流值班接访，共接待来信来访2194件次，审查、复查、申诉、申请再审案件254件，立案再审101件，妥善化解了一批上访案件。（卫爱元）

【思想政治建设】 2009年，市中院通过抓学习、抓教育，使广大干警的政治意识、大局意识、群众意识、公平正义意识和国情意识都有了新的提高，为完成各项工作任务，奠定了政治思想基础。（卫爱元）

【纪律作风整顿活动】 2009年，市中院按照市政法委关于在全市政法系统开展纪律作风整顿活动的部署要求，认真开展纪律作风整顿。先后召开党员民主生活会、党组班子剖析会、中层干部述职述廉，还向社会各界广泛征求意见，特别是观看纪律作风整顿警示片后，针对法院系统个别人违法违纪行为，要求干警人人谈感受，写体会，从中吸取深刻教训。（卫爱元）

【法院文化建设】 2009年，市中院以文化建设为主线，通过开展歌咏比赛、主题演讲、书法摄影展、体育比赛等多种文体活动形式，促进了文明和谐单位建设。（卫爱元）

【提高队伍业务素质】 2009年，市中院通过采取以会代训、专题培训、专家讲座等形式，着力提高队伍的业务素质。全市法院有33名干警通过全国统一司法资格考试，取得了法官资格。（卫爱元）

【推行《岗位目标责任制绩效考核办法》】 2009年，市中院为了加强和规范机关管理，提高办公效率，从三个方面进行了改革。(1) 在全院推行《岗位目标责任制绩效考核办法》。把日常工作全部量化，从“德、能、勤、绩、廉”五个方面考核打分，每季度进行一次考核，并张榜公示考核情况，年终进行总考核、总排名，这项制度充分调动了广大干警的工作积极性，办案质量和工作效率明显提高。院党组还将绩效考核的成果科学地运用到年底评先评优和干部选拔任用中，使全院上下形成了不推自转、争先创优、比学赶帮的良好局面。(2) 实行了电脑分案、流程管理制度。避免了当事人选法官、法官挑案件的现象，从制度上制约法官办关系案、人情案。(3) 建立了当事人接待制度，凡来访当事人均由法警安排在接待室接待。禁止审判人员在办公室接见当事人，从制度上确保法官廉洁办案。（卫爱元）

【基层基础建设】 2009年，市中院党组成员先后多次深入13

个基层法院进行调研，制定了《全市法院审判绩效考评方案》。该《方案》确定21项考核指标，通过考核，促进了基层法院案件质量的提高。为了认真总结全市法院近年来重调息诉、和谐司法以及集中清理执行积案专项活动的成功经验，树立典型，推动工作，市中院先后对临猗、河津、盐湖、闻喜、永济、万荣、绛县法院和中院共8个单位进行了调研总结，其中市中院和盐湖区法院的经验在全省和谐司法交流大会上进行了交流发言，受到了省高院的充分肯定。（卫爱元）

【督促工作】　2009年，市人大二届五次会议闭会后，院党组对代表们提出的4件建议案和政协委员提出的2件提案认真进行了研究，责成专人办理，按期予以反馈。代表和委员们对办理结果表示满意。2009年10月份，市中院又向市人大常委会作了清理执行积案专项工作报告，并按照审议意见及时进行了整改，加强了执行工作。市中院还积极推行阳光司法，最大限度保障人民群众对法院工作的知情权、参与权、表达权和监督权，在审理一些社会影响大、群众关注的案件时，先后邀请了32名人大代表和政协委员进行了旁听，并邀请5名人大代表参与民事案件的现场勘验与调解工作，让人大代表、政协委员及社会各界对法院的敏感案件进行全程监督。

（卫爱元）

## 司法行政工作

【概述】　2009年，市司法局以“着力促进和谐稳定、着力提升法律服务、着力完善工作机制、着力加强队伍建设”为总体思路，通过细化目标任务，强化工作职责，完善制度措施，使司法行政各项业务扎实推进，职能作用得到充分发挥，为运城经济社会发展提供了优质的法律服务，创造了良好的法治环境。（卫跃斌）

【强化网络建设】　2009年，市司法局强化组织网络建设。市、县两级相继成立了以政法委书记为组长、政府分管领导为副组长、各成员单位负责同志为成员的社区矫正工作机构；全市152个乡（镇）街道成立了领导小组，由书记或主任、乡（镇）长担任组长；各行政村成立社区矫正工作站。强化矫正队伍建设。市县两级司法行政机关与编办、人事部门协调充实了司法所人员，确保岗上有人。在全市建立起一支3321人的志愿者队伍，一支由服刑人员家属、亲戚和邻居组成的4375人的亲情帮教队伍，壮大了社区矫正工作队伍。组织市县两级社区矫正工作负责人到司法部行政学院培训，赴北京、内蒙、安徽等地进行考察学习，各县市普遍对工作人员和志愿者进行业务培训，提高了队伍整体素质。强化经费保障措施，争得党委、政府支持，市县两级均将社区矫正工作启动经费列入同级财政预算，逐步落实到位。（卫跃斌）

【以多元化的机制搞好全员接收】　2009年，市司法局与法院、检察院、监狱、劳教所、公安及看守所等单位实行排查机制，对社区服刑人员进行全面摸底核对，做到底数清，情况明。在市《黄河晨报》开辟了社区矫正专栏，创办《运城市（罪犯）社区矫正工作简报》，为顺利移交营造浓厚的舆论氛围。实行倒计时制度，从召开启动会到人员接收实行倒计时制度。确保了4月1日前全员接收。（卫跃斌）

【以科学化的流程实施全程衔接】　2009年，市司法局制定下发了《运城市社区矫正工作流程图》，部分县市结合实际进一步细化了衔接流程。完善衔接档案，各县市对五类社区服刑人员档案分门别类进行了重新整理，确保衔接的规范性。贯通衔接信息，通过公安机关从狱所了解社区服刑人员详细情况，有针对性地做好监管工作；建立起罪犯社区矫正执行情况定期通报制度，及时向狱所反馈假释、保外就医、剥夺政治权利等矫正对象的相关信息。延伸衔接领域，将衔接工作贯穿到矫正的全过程，延伸至解矫时，并最终纳入安置帮教体系，使衔接线纵横贯通，保持不断。以个性化的举措确保全方位管控。通过靠教育增强法制观念、靠引导促进人格塑造、靠帮助催生心灵感化、靠控制预防重新犯罪四项举措，加强对服刑人员全方位教育管控。全市全年共接收社区服刑人员2090名，经过教育、感化、改造，有253名服刑期满解除了矫正，重新犯罪率不到千分之二，初步实现了教育、改造、回归三到位，确保了社会安定、和谐与稳定。

（卫跃斌）

【安置帮教工作】　2009年，市

司法局以“和谐回归”活动为载体，深入实施“面对面”衔接机制，强化帮教责任制，拓展安置帮教渠道，实现了“放出有人接、接回有人管、就业有人扶、困难有人助”的工作目标，最大限度预防和减少重新违法犯罪。全市全年共接受释解人员713人，帮教率达98%，就业率达90%，安置帮教基地帮助就业人员160人，重新犯罪率控制在1%以下。

（卫跃斌）

**【人民调解工作】** 2009年，市司法局以“三建四联”机制为载体，深入开展人民调解与司法调解、行政调解互联互动活动。各县市均聘请了一批基层法庭法官担任人民调解工作指导员；永济市司法局在交警队设立了“交通事故人民调解工作室”；绛县司法局在政府和人大信访室设立联络点，在行政执法单位设立调解室，逐步构建起社会化大调解格局。部署开展了“百日矛盾纠纷大排查、大调解”活动和“规范化人民调解委员会”创建活动，在《黄河晨报》开辟专栏，定期宣传典型调解案例，着力提高人民调解工作水平。全年全市调解组织共排查各类矛盾纠纷19371件，调解18876件，调处重大矛盾纠纷455件，调解成功率达97%，防止民间纠纷转化为刑事案件2194起，促进了社会和谐稳定。（卫跃斌）

**【法制宣传教育】** 2009年，市司法局以“法律六进”为载体，深入开展法制宣传教育。⑴抓工作思路。确定了与党委政府中心工作相结合、与广大人民群众切身利益相结合、与基层民主法治建设相结合的“三结合”工作思路，进一步明确了宣传教育方向和重点。⑵抓建章立制。建立健全机制措施，规范引导“法律六进”深入开展。河津市制定实施了示范标准和百分制考核细则，为活动的有效开展探出了一条新路子。⑶抓方式创新。闻喜县在全县13个乡镇开展了“法律知识进家庭活动”，并充分利用“校园广播”、“广场屏幕”、“法制挂图”等有效载体对青少年和广大群众开展法制宣传。新绛县充分发挥法律讲师团作用，深入开展了“法律六进百、千、万”活动。⑷抓协调配合。充分发挥主管机关职能，形成党委、政府统一领导，各部门协调配合，社会各界齐抓共管的普法新格局。河津市通过“依法治市办搭台，专业法主管部门唱戏”的方式，在该市开展了16次宣传实践主题活动，收到了良好效果。（卫跃斌）

**【“普治并举”推进民主法治化进程】** 2009年，市司法局扎实推进基层依法治理。健全完善了农村“四会两组”机构，规范了村级民主管理，民主监督。积极进行行业依法治理。深入开展“民主法治示范村”、“依法治理示范单位”创建活动，促进推动法治化管理水平不断提高，全年已有4家单位通过省委依法治省办公室检查验收。（卫跃斌）

**【依法治市】** 2009年，市司法局制定下发《关于“法治运城”建设的实施意见》，全面启动“法治运城”建设。各县市、各部门高度重视，积极行动，把“法治运城”建设列入重要工作日程。绛县对全县430名副科级以上干部进行专题辅导，并在电视台开办了《法治绛县》栏目；永济市作为全市试点，初步形成“选准五大重点、强化五项机制、实现五个必须”的法治永济建设模式。

（卫跃斌）

**【加大法律服务监管力度】** 2009年，市司法局进一步健全完善了以“一案一卡、一人一档”为主要内容的法律服务动态监管机制，加大督查力度，严格工作流程，切实实现了业务管理与人员管理的有机结合，使全市法律服务水平明显提高，行风明显好转。（卫跃斌）

**【增强服务经济社会能力】** 2009年，市司法局律师行业扎实推进律师制度改革，顺利完成了合作制律师事务所改制；深入开展了“法律服务河东行”活动，在全市362个农村建立了律师服务联系点，向社会开通了20条服务咨询电话，在电视台设立了“律师信箱”，为社会和群众提供了便捷的服务渠道。公证行业大力开展公证防伪打假活动，建立实施了首查责任制、证据链审查制、公证审核告知和谈话笔录核查监督制、过错追究制等，提高了公证质量和社会公信力；积极拓展业务领域，与金融、房地产等部门协调开拓了新的业务。司法鉴定行业，加强质量管理，规范工作程序，在全市开展了司法鉴定文书档案核查、专项执法检查和监督评议卡实施情况大检查，促进了鉴定质量的不断提高。全年全市律师共办理各类案件4715件，公证员共办证4645件，司法鉴定人共办理鉴定案件823件，促进了经济社会的平稳较快发展。（卫跃斌）

【法律援助工作】　2009年，市司法局继续加强行业和基层法律援助网络建设。分别与市劳动保障局和市工会联合下文，在全市成立了14个农民工法律援助工作站和14个困难职工法律援助工作站；与民政、军分区、公安等部门达成意向，准备成立社会救助、军人和在押服刑人员法律援助工作站；在全市所有行政建制村设立了法律援助联络点，使法律援助社会覆盖面得到进一步扩大。同时，进一步深化了办一案、送一法、破一题“三个一”工作机制，汇集近年典型案例和文件资料编辑出版了《泽被百姓》一书。组织开展了“法律援助宣传月”活动，并三次进行办案质量和目标任务落实督查活动，使法律援助质量和水平得到进一步提高。截至年底，全市法律援助机构共受理援助案件2231件，办结1472件，其中残疾人案件351件，农民工案件704件，困难职工案件102件，有力维护了弱势群体合法权益。同时，严要求，细操作，圆满完成了今年的国家司法考试任务。运城考区共有733名考生参考，成绩达线187人，通过率又创历史新高。　（卫跃斌）

【加强思想政治和党的组织建设】　2009年，市司法局深入开展了学习实践科学发展观活动和“大学习、大讨论”活动，使全体干警及法律服务工作者坚定了立场，解放了思想，为司法行政工作科学发展奠定了坚实的思想基础。律师机构作为全市唯一新社会组织试点单位，学习实践科学发展观活动开展得有声有色、富有成效，受到市委学习实践科学发展观领导组的充分肯定。第四季度，按照市委政法委的统一部署，在全系统开展了纪律作风整顿活动，着力解决司法行政队伍在纪律作风方面存在的突出问题，进一步提升队伍素质和形象。在继续抓好各级司法行政机关党建工作的基础上，进一步加强法律服务机构党建工作。上半年着重抓好律师机构党组织建设，全市已建立起5个律师党支部，律师党员组织关系全部接转，实现了党的组织和党的工作在律师行业的全面覆盖。下半年，已筹备公证机构党组织建设工作。　（卫跃斌）

【加强反腐倡廉和政风行风建设】　2009年，市司法局扎实推进党风廉政建设。严格落实党风廉政建设责任制，健全完善惩治和预防腐败体系。深入开展反腐倡廉教育，组织党员干部赴市廉政教育基地参观学习，筑牢了拒腐防变的思想防线。严格执行财务制度，认真开展“小金库”清查清理工作，防止和减少了腐败。全力抓好政风行风建设。认真开展政风行风评议工作，促进了队伍作风转变和行政效率的提高。深入实施法律服务动态监管机制，促进了行风的进一步好转。

（卫跃斌）

【加强机关形象和能力建设】　2009年，市司法局努力提升司法行政机关社会形象。积极开展新中国成立60周年和司法行政机关恢复重建30周年系列活动，大力加强学习型机关建设。出台了《运城市司法局加强“学习型”机关建设工作措施》，建立起学习考勤制、领导授课制、授课评分制及理论创新奖励措施，增强了干警学习的积极性和主动性，使队伍的理论水平和工作能力不断得到提高。

（卫跃斌）

## 公安工作

【构建“大维稳”工作格局】　2009年，市公安局成立情报信息预警中心，建立完善快捷高效的情报信息收集、综合、分析、研判、指导工作体系，牢牢掌握了斗争主动权。成功预警和劝阻6起群体的预谋赴省进京上访。加强了网上舆情监控和查处力度，进一步加大了对敌斗争的工作力度，严密防范、严厉打击敌对势力的干扰破坏活动，快速侦破了“3.09”张贴“法轮功”标语案、“3.21”煽动颠覆国家政权案、“7.13”“法轮功”喷涂标语案以及“8.12”播放“法轮功”视频案等影响重大的案件。在河津市组织开展了农村反邪教教育试点工作，查处了一批“实际神”邪教骨干成员，教育了一般成员，受到省委610办的肯定。

（吕党亲）

【提高反恐处突工作能力】　2009年，市公安局进行反恐情报信息分析研判，完善反恐怖应急预案。加大督导检查力度，切实做好了应对“7.5”事件、国庆安全保卫等反恐怖防范工作。市局抽调100人，各县（市）公安局、分局抽调不少于50人，组建了1000人的反恐处突力量，并加强训练，提高实战能力。　（吕党亲）

【化解矛盾纠纷】　2009年，全市公安机关结合大走访活动，组织民警深入基层，开展了不稳定因素大排查，及时解决影响社会稳定的突出问题。市局党委严格落实定期接访和预约接访制度，局领导带头接待上访群众，全力解决信访疑难问题。市局领导接访223次156起，其中市长助理、市局局长权志高亲自接访23次89起。9月份，全市开展了集中解决信访问题专项活动。市局党委成员包县（市）公安局、分局，逐案定人定责，多措并举，中央政法委、公安部和省公安厅交办的80起信访案件全部办结，查结率为100%，息诉率73.74%。同时，强化群体性事件预防处置工作。市局指导有关公安局、分局协助党委、政府和有关部门妥善处置了盐湖区周家坡村、永济纺织厂、新绛纺织厂、平陆疙瘩村、盐化中学等群体性事件64起。

（吕党亲）

**【打击刑事犯罪】** 2009年，全市公安机关大力推行打击犯罪新机制，整合打击资源，提升打击效能，加大打击力度，以社会治安整治行动为主线，先后开展了一系列专项行动，始终保持对各类刑事犯罪的高压态势。全年共破获各类刑事案件4901起，其中破年内案件4322起，破年前案件482起，破外省区市案件97起，年内案件的破案率为59.95%，抓获犯罪嫌疑人3017人。查获犯罪集团124个504人，其中强奸集团1个6人，盗窃集团44个171人，抢劫集团20个79人，诈骗犯罪集团3个9人，其他集团56个239人。（吕党亲）

**【打黑除恶】** 2009年，市公安局按照“主动进攻、打早打小、露头就打、除恶务尽”的方针，加强组织领导，全力攻坚克难，重点打击7类涉黑涉恶犯罪组织。全市共打掉黑恶势力犯罪集团31个，名列全省前茅。其中，打掉黑社会性质犯罪集团2个、恶势力犯罪团伙29个。

（吕党亲）

**【命案侦破】** 2009年，市公安局始终坚持完善命案侦破的快速反应机制，坚持主要领导深入案件现场组织指挥侦破工作，使全市侦破命案整体工作上升到一个新的高度。全市共发命案71起，破获68起，破案率达到95.77%，创历史新高；破获命案积案10起，绝对数同样创历史新高。城南、禹门两个辖区没有发生命案；盐湖、河津、临猗、稷山、万荣、闻喜、夏县、新绛、绛县、芮城、垣曲等11个单位现发命案破案率达100%。（吕党亲）

**【打击多发性侵财犯罪】** 2009年，全市以“破大案，打团伙”为突破口，组织开展了打击多发性侵财犯罪专项斗争，打掉犯罪团伙126个，抓获团伙成员484名。盐湖公安分局打掉一个抢劫作案33起的12人特大系列持刀抢劫团伙，涉案手机17部，现金5.7万元。垣曲县公安局打掉一个由6名两劳释放人员组织的盗窃团伙，破获系列盗窃案件40起；新绛县公安局打掉一个飞车抢夺团伙，破获系列抢夺案件13起；中条山公安分局打掉一个特大盗窃摩托车犯罪团伙，追缴被盗摩托车23辆。（吕党亲）

**【追捕逃犯工作】** 2009年，市公安局为进一步拓宽追逃工作渠道，落实追逃奖惩措施。全市共抓获逃犯1911名，创造了历年抓捕逃犯绝对数的新高。其中部督B级逃犯2名，外省逃犯296名，外市逃犯473名，命案逃犯37名。市局经侦支队在乌鲁木齐抓获公安部B级逃犯贾金昆；城南公安分局抓获3名破坏“西油东输”工程的外省网上逃犯。（吕党亲）

**【打击经济犯罪】** 2009年，市公安局共立经济犯罪案件355起，破案328起，涉案犯罪金额52867万余元，抓获犯罪嫌疑人221名，刑事拘留155人，移送起诉139案166人，移送起诉率95.5%，挽回直接经济损失10464万余元。市局经侦支队会同市纪委、永济市公安局，侦破了薛某团伙非法吸收公众存款、挪用资金、职务侵占等犯罪案件，涉案金额8400余万元，挽回和减少金融支付风险金5500余万元。打击假币犯罪“09行动”共收缴假人民币1911694元，假美钞500美元，占同期金融机构收缴量的169.6%。打击非法传销专项行动共取缔非法传销窝点48个，教育遣返1600余人。

（吕党亲）

**【禁赌专项行动】** 2009年，市公安局针对人民群众反映强烈的赌博违法犯罪活动,特别是网络赌博、组织、强迫公民出境赌博等赌博活动愈演愈烈,市局在全市范围内组织开展百日禁赌专项行动。专项行动中，全市公安机关共出动警力8000余人（次），出动车辆2600余台（次）检查娱乐场所700余家（次），检查宾馆、酒店、旅馆2800余家（次），检查网吧900余家（次），查处各类赌博案件307起，查处违法犯罪人员939人，其中刑事拘留17人，劳动教养2人，行政拘留335人，罚款545人，警告40人，罚款、收缴赌资560973元，有力地震慑了参赌违法犯罪分子和行为人，净化了社会风气。通过市局刑侦部门和盐湖公安分局的共同努力，本市被骗至缅甸扣为人质勒索赌债的31人全部安全回国。（吕党亲）

【整治毒品犯罪】 2009年，全市公安局共破获各类毒品案件652起，抓获违法犯罪人员660人，缴获毒品海洛因190克，k粉96克，冰毒42克，咖啡因1850公斤，铲除罂粟5849株。盐湖分局破获一起重大贩毒案，抓获涉案人员8名，缴获海洛因62.3克。（吕党亲）

【推进派出所等级建设及警务战略】 2009年全市加强了公安派出所建设，总结推广不同模式的城乡警务工作经验，进一步推进社区和农村警务战略。全市建成一级公安派出所14个，二级公安派出所45个，三级公安派出所93个，四级公安派出所8个；共建警务室856个，配备民警877人。其中，社区警务室155个，农村警务室701个。加强平安社区和平安村镇创建工作，建立治安互助机制，整合各类群防群治力量，努力减少防范管理盲区。（吕党亲）

【加强人口管理服务】 2009年，全市公安机关从5月至10月开展了加强流动人口和出租房屋治安管理专项行动，登记暂住人口79971人，出租房屋13988户24323间。规范了公民更正出生日期审批，受理1583人，审批1237人。继续做好换发第二代居民身份证工作，受理300853人，制证450693张。加强外国人和公民出入境管理，办理公民出国（境）申请15612人次，台湾居民往来大陆签注申请34人，外国人签证117人。（吕党亲）

【加大治爆缉枪力度】 2009年，市治安部门开展了"地毯式"清查收缴民爆物品和危险化学品专项行动，严厉打击涉枪涉爆违法犯罪活动，及时消除了一批治安隐患。全市共检查涉爆单位580家，排查涉爆从业人员2148人（次），重点人员323人，调整不适合从事民爆岗位工作的人员296人，发现隐患423起，落实整改401起，确保了全市爆炸物品不流失、不炸响。（吕党亲）

【规范交通管理秩序】 2009年，市交警部门大力开展整治酒后驾驶违法行为、机动车涉牌涉证违法行为、预防客车事故排查、侦破交通肇事逃逸案件等专项行动，整顿交通秩序，消除事故隐患。全市共查处违章车辆52383台次，查处无牌无证车辆9437台，查处假牌假证车辆547台;查处客车超员运输73起，转运2300余起，处罚120人次；查处酒后驾驶136起，行政拘留15人。全年共发生交通事故759起，同比减少88起，下降10.39%；死亡242人，同比减少20人，下降7.63%；伤891人，同比减少73人，下降7.57%；经济损失159万元，同比增加34.5万元，上升27.80%。（吕党亲）

【加强消防管理】 2009年，市消防部门按照"检查不漏单位、单位不漏部位、部位不漏隐患"的原则，加大对人口密集场所、高层和地下建筑、易燃易爆单位、劳动密集型企业、"三合一"和"城中村"的火灾隐患排查整治力度。全市共排查各类场所3468家，整改火灾隐患4854处，关停整治186家，行政拘留15人，警告174人，罚款263.5万元。全年共发生火灾183起，同比增加18起，上升10.91%；经济损失约337.5万元，同比增加17.6万元，上升5.52%；全年火灾中无死亡和受伤人员。同时积极参加社会抢险、救援工作，做出了重大贡献。12月13日，稷山消防中队副中队长王兆鹏在抢救一名被困井底的村民时以身殉职，献出24岁的宝贵生命。（吕党亲）

【落实内部单位安全措施】 2009年，全市以"管控严、防得住、基础牢、服务好"为目标，严格落实重点单位、重要目标、重要设施的安全防护措施。经文保部门先后组织了4次安全大检查，检查重点单位511个，重要部位755个，重要基础设施861个，发现治安隐患45处，下发限期整改通知书28份。进一步做好校园及周边环境治安整治工作，新设立治安岗亭164个，交通标志96处，培训学校法制辅导员500余名，检查学校238次，整改隐患364处。（吕党亲）

【加快技术防范建设】 2009年，市公安局积极协调有关部门，进一步完善城市社会治安视频监控网络，形成对重要单位(部位)、主要道路和治安卡口、公共复杂场所和易发案区域的全方位、全天候实时监控。同时，加强对社会面自建监控系统的管理，规范监控行为，落实图像资料存档备查措施。全市已安装摄像头2229个，监控平台148个，传输图像3679路。建立保安报警服务平台和GPS卫星定位系统，已安装160余家。（吕党亲）

【信息化建设】 2009年，市公安机关开展了信息采集录入大会战，大力推广应用警务综合应用平台和动态管控平台，已采集各类信息600余万条。录入各类案事件信息15390条，基层基础信息455625条，情报线索信息613条。通过动态管控平台信息自动比对，抓获在逃人员222名，吸毒人员43名。建设了人工综合信息服务台，向全警提供全天候24小时信息查询服务。同时积极开展信息化教育培训，提高了民警信息化应用技能，整体战斗力有了明显提高。（吕党亲）

【执法规范化建设】 2009年，市公安局制定了切实可行的《执法规范化实施意见》，细化了29个执法执勤规范和配套执法制度，建立了案件评查和接处警报备制度，开展了接处警工作质量年活动和影响司法公正突出问题专项治理活动，集中解决了一批群众反映强烈的突出执法问题。以交警部门为试点，着力开展了规范执法主体工作，实行法制员资格认证，全面清理协警等不合格执法主体。全市公安机关积极推行网上执法办案系统，加大执法监督力度，提高执法办案质量，执法活动逐步走向规范化、程序化的轨道，有效减少了执法“不作为”、“乱作为”，群众对公安机关执法满意度有了明显提升。（吕党亲）

【和谐警民关系建设】 2009年，全市公安机关先后开展了大走访、相约警务室、警营开放、开门评警、“警民心连心”文艺慰问等系列活动，市局出台了26条便民利民措施,不断改进工作作风。市局商请市劳动竞赛委员会、工会、市电视台，开展评选全市和谐警民关系先进集体、先进个人活动，意在通过警民互动和新闻媒体监督宣传，推动和谐警民关系建设。万荣县公安局利用乡情民俗化解矛盾纠纷，在全省公安机关构建和谐警民关系建设工作会议上作了经验发言,并涌现出了全省“警民和谐之星”、芮城县公安局古魏派出所长朱煜等一批先进典型。（吕党亲）

【开展学习实践科学发展观活动】 2009年，全市公安机关广大民警认真开展学习实践科学发展观活动，组织开展了理论测试、笔记展评、问卷调查、演讲比赛、调研征文、人才评选和分析检查等活动，坚持把边学习、边调研、边整改贯彻始终。通过学习实践活动，全体民警在坚持以民为本深入开展“大走访”活动、坚持履职尽责维护社会和谐稳定、坚持固本强基推进“三基”工程建设、坚持从严治警加强公安队伍建设、坚持与时俱进谋发展完成重大任务等五个方面取得明显成效。同时,市局党委把贯彻落实公安部“五条禁令”和省公安厅“六条警规”作为重要抓手，纳入队伍管理长效机制，研究出台了20条具体落实措施，组织开展了为期两个月的集中学习教育活动。市长助理、市局党委书记、局长权志高发出了《给民警家属的一封公开信》，倡导民警家属督促民警认真执行“五条禁令”和“六条警规”。市局制定出台了《全市公安机关加强作风建设严肃工作纪律的规定》、《运城市公安局有关部门警种接待处理信访事项协作机制的规定》、《公安民警重大事项报告制度》等规章。（吕党亲）

【纪律作风教育整顿】 2009年，按照市委政法委统一部署，从11月1日起，全市公安机关集中开展了纪律作风教育整顿活动。组织民警认真学习了十七届四中全会精神，市委常委、政法委书记崔克信在全市政法系统干部会议上的讲话和市长助理、市公安局党委书记、局长权志高在市公安局纪律作风整顿活动动员大会上的讲话等。组织民警揭摆宗旨意识、执法办案、遵章守纪、工作作风、廉洁自律、服务基层和群众等六个方面存在的问题，深入剖析思想根源，主动提出整改措施。（吕党亲）

【反腐倡廉工作】 2009年，全市公安机关继续狠抓党风廉政建设和反腐败工作，努力从源头上预防腐败问题的发生。深入开展了“两整顿两规范”专项治理，有效杜绝滥用执法权、管理权等侵害群众利益问题的发生。开展了经济责任审计、预算执行审计和监管场所专项审计等，审计金额1040余万元，提出整改建议12条。坚持从严治警方针，严肃查处民警违法违纪问题。全年共立案查处民警违法违纪10案22人，被党政纪处分8案15人，被检

察机关立案侦查3案7人，同比下降幅度较大。（吕党亲）

【舆论宣传与监督】　2009年，市县公安机关坚持主动向党委、人大、政府、政协汇报工作，征求意见，并与有关部门建立联席会议制度，大力开展政风行风评议活动，有效引导舆论导向，拓宽让社会了解公安、理解公安、支持公安的主渠道，扩大公安工作的社会影响力。全市公安机关共发表各类稿件2100余篇，其中国家级80余篇，省级825篇。市局与运城电视台联合播出《法制扫描》78期，《有啥谝啥，警察故事》14期，深受广大群众喜爱。通过努力,政风行风评议排名位次不断前移，人民群众满意度不断提升。（吕党亲）

【教育培训工作】　2009年，全市公安机关认真贯彻落实公安部“大教育、大培训”工作体系要求，以提高信息化水平为突破口，创新训练形式，夯实训练基础，提高训练效果，全面提高公安民警的综合素质和实战本领。13名县（市、区）公安局长分5期参加了公安部县级公安局长培训班，市局党委成员和各县（市）公安局、分局政委、副局长共110人参加了省厅组织的全省公安机关领导干部轮训班，全市396名科所队长和423名市局机关民警分两期参加了市局组织的全市“三项建设”教育轮训，各县（市）公安局、分局对本单位民警进行了“三项建设”轮训，同时还组织了全市公安信息化应用、警衔晋升、公务员培训等各类培训班40余期。城南分局成功承办了全省公安系统军用枪应用射击比赛，并取得圆满成功。（吕党亲）

【从优待警】　2009年，市公安机关积极稳妥地实施了市局科级非领导职务选配工作，将144名民警充实到科级非领导岗位，极大地调动了民警的工作热情。全市各级公安机关都建立和完善了民警体检休假制度，体检费用全部列入同级财政预算，同时，为全市5000余名民警办理了人身意外伤害和重大疾病医疗保险，并全部与同级卫生部门联合开通了因公负伤民警紧急救治“绿色通道”。

（吕党亲）

【治安整治行动“五到位”】　2009年市公安机关加强治安整顿行动“五到位”。（1）组织领导到位。2009年市局成立了由市长助理、市局局长权志高任组长的整治行动领导组。市局党委成员按照所包县（市）公安局、分局的分工，坚持深入基层一线，与民警并肩作战，指导整治行动，解决存在问题，有力地推动了各项工作的扎实开展。（2）目标任务到位。市局成立了严打、整治、信息统计、宣传报道、督察5个专项工作组，明确了各县（市）公安局、分局的打击整治任务和破案数、打掉恶势力团伙数、追逃数、信息采用数、宣传报道数，做到软指标量化，硬指标细化。（3）责任措施到位。市局包县（市）公安局、分局领导和各县（市）公安局、分局局长为本辖区第一责任人，各县（市）公安局、分局党委成员分包战区，划片作战。各部门、各警种把所承担的任务层层分解，落实到人，按照规定时限和标准有序推进，形成人人有责任、层层抓落实的良好局面。⑷考核通报到位。实行日通报、月考核制度，并将社会治安整治行动作为全年考核的重要内容。定期召开专项工作组组长及联络员会议，通报工作情况，落实考核任务，协调解决问题，提出整改措施。⑸宣传发动到位。全市公安机关充分利用各种媒体广泛宣传，张贴整治通告，发放宣传材料，公布举报电话，动员广大群众积极参与和大力支持此次活动。在整治行动中，各级媒体报道全市社会治安整治行动3000余条（篇），其中国家级75条（篇），省级825条（篇）。市局还在《公安信息》、《公安简报》上分别开辟了《社会治安整治专辑》，共编发专辑85期，简报19期。（吕党亲）

【加强情报信息工作】　2009年，市公安局建立完善快捷高效的情报信息收集、综合、分析、研判、指导工作体系，牢牢掌握了斗争主动权。组织开展了不稳定因素大排查，积极化解各类矛盾纠纷，及时解决影响社会稳定的突出问题，先后有近百起涉法涉诉信访案件息诉罢访。进一步加强反恐处突工作，定期进行反恐情报信息分析研判，完善反恐怖应急预案。市局抽调100名民警为骨干，各县（市）公安局、分局不少于50人，组建了1000人的反恐处突力量，并坚持适时进行实战演练。（吕党亲）

【打击违法犯罪】　2009年，全市公安机关在继续引深打黑除恶和命案侦破的同时，重点开展了打击拐卖儿童妇女犯罪、打击多发性侵财犯罪、打击破坏电力设施犯罪、打击“黄赌毒”犯罪、打击假币犯罪等一系列专项行动，侦破了一大批严重刑事犯罪案件，抓获了一大批违法犯罪分子，始终保持了对各类刑事犯罪的高压态势。整治行动中,全市共破获各类刑事案件3269起，打掉犯罪团伙108个，抓获犯罪嫌疑人1705名，抓获各类逃犯1005名。其中，破获现发命案36起，命案积案8起，破获八类主要案件340起，破获入室盗窃、抢劫、抢夺等侵财案件2849起，破获拐卖儿童妇女案件60起，破获各类毒品案件227起。

（吕党亲）

**【加强监控工作】** 2009年，全市公安机关加强了特种行业、出租房屋、娱乐、洗浴场所、城中村、城乡结合部等场所和重点路段管控工作。加大治爆缉枪工作力度，开展“地毯式”清查收缴，严厉打击涉枪涉爆违法犯罪活动。交警部门最大限度地把警力、装备投入到一线路面，大力开展整治酒后驾驶违法行为、机动车涉牌涉证违法行为、预防客车事故排查、侦破交通肇事逃逸案件等专项行动，整顿交通秩序，纠正交通违章，规范执法行为，消除事故隐患。深入推进社区和农村警务战略，全面整合群防群治力量，对市区、城区社会面24小时不间断的军警民联合巡逻查控，有效遏制了“两抢一盗”案件高发的势头，人民群众安全感明显提升。整治行动中,全市共整治治安难点、乱点1万余处（次），查处治安案件2671起；检查涉爆单位586家次，排查涉爆从业人员2164人，收缴炸药13694.8公斤，雷管10837枚，导火索类56239.8米，枪支136支，子弹6320发；登记暂住人口54228人，列管重点人口1570人；查处违章车辆52383台次，查处无牌无证车辆9437台，查处假牌假证车辆547台，查处酒后驾驶97起，行政拘留17人。

（吕党亲）

**【国庆六十周年安保工作】** 2009年，全市各级公安机关始终把做好国庆六十周年安全保卫工作当作头等大事。国庆安保期间，局党委先后召开了十余次专题会议，对国庆安保工作进行部署、检查、落实。成立了全市公安机关新中国成立60周年大庆安全保卫工作领导组，组长由市长助理、市公安局党委书记、局长权志高担任。9月1日，召开全市公安机关国庆安全保卫工作再动员再部署会议。市局党委书记、局长权志高作了“全警动员，全力以赴，夺取国庆安保工作的全面胜利”的重要讲话，要求全市公安机关全面地、不折不扣地贯彻落实公安部和省公安厅的工作部署，坚决实现“五个坚决”、“四个确保”目标。

（吕党亲）

**【“二十个一”】** 2009年，全市公安机关和广大民警深入推进各项安保措施的落实，突出抓好“二十个一”，即：一人一档，即国保重点人、“法轮功”邪教重点人、涉枪涉爆、刑释解教等重点人员要逐人建立档案，落实秘密监控责任制和管控措施；一天一综，即国庆安保期间实行日综合报告制度，各单位要将每天国庆安保工作情况信息进行汇总研判，枪库和炸药库实行零报告制度，无事报平安；一情一报，即严格请示报告制度，特别重大紧急情况要随时报告市局，坚决杜绝迟报、漏报、瞒报；一事一卡，即重大警情、事故、案件、群体性事件等要实行书面报告制度，规范填写《请示报告卡》，处置情况存档备查；一日一查，即加强党政首脑、水电油气、炸药库、枪库、交通枢纽、人员密集场所等重点单位、要害部位和重要基础设施安全保卫，每天检查，死看死守，严控严管；一活动一方案，即加强国庆庆祝活动安全管理和检查监督，严格审批，每项活动都必须精心制定安全保卫方案和预案；一隐患一措施，即认真排查影响公共安全的治安、火灾、交通等隐患，对发现的每一处隐患要拿出相应的针对性整改措施，必要时采取行政强制措施督促整改；一岗位一定责，即严格岗位责任制，量化细化每个安保岗位的工作职责，形成“一级一对一级负责、一人对一事负责”的责任体系；一问题一追究，即严格责任追究制，对责任心不强、作风纪律差的予以训诫谈话、批评教育，对工作不深入不细致、失职渎职以致发生影响社会稳定等重大问题的严肃追究有关领导和直接责任人的责任；一民警一考核，即国庆安保工作实行严格的考核奖惩制度，每个民警建立考核档案，对安保工作突出的民警进行表彰奖励，并作为晋级、提拔的重要依据。（吕党亲）

**【国庆安全整治】** 2009年，为了确保国庆期间社会治安稳定，组织开展了民爆枪支弹药整治行动、社会治安整治专项行动、加强流动人口和出租房屋治安管理专项行动、加强民爆物品安全管理专项整治以及治安大清查集中统一行动等专项行动，为国庆60周年庆祝活动构筑了牢固的安全屏障。从9月1日至10月8日，全市公安机关和广大民警发扬连续作战、不怕疲劳的优良作风，放弃休息，加班加点，始终坚守在工作岗位，对重点单位、重要部门、要害部位和重点人员严查、严管、严守、严控，圆满完成了各项安保任务。（吕党亲）

**【审视谋划公安工作】** 2009年，全市各级公安机关特别是市局和盐湖分局领导始终把思想统一到全市经济发展大局和市委、市政府的决策部署上来，更加自觉地把公安工作置于经济社会发展的大局中来审视、来谋划，不断增强工作的预见性、前瞻性和针对性，牢牢把握工作的主动权，扎扎实实地做好维护稳定和服务经济发展的各项工作。（吕党亲）

**【严厉打击各种侵财犯罪活动】** 2009年，结合当前全市公安机关开展的“社会治安整治”专项行动，严厉打击各种犯罪，特别是针对重点项目建设安全开展各种专项行动，确保重点项目的顺利实施。市局及盐湖分局将重点打击那些严重危害重点项目建设及其周边地区社会治安的“市霸”、“路霸”、“村霸”及其他涉黑涉恶犯罪团伙和盗窃、抢劫重点项目生产建设物资的违法犯罪分子，为项目建设提供良好的治安环境。把针对重点项目实施的诈骗、盗窃等侵财犯罪作为打击重点，及时追缴涉案财物，帮助企业尽快恢复正常的生产经营秩序，最大限度减少损失。（吕党亲）

**【重点项目建设安全防范工作】** 2009年，市公安机关主动指导重点项目建设单位、企业加强内部安全保卫，督促他们认真排查整治各种安全生产隐患，堵塞安全防范漏洞，严防发生影响重点项目建设的重、大案事件。同时，及时排查化解、妥善处置有可能影响重点项目建设顺利进行的不安定因素和群体性事件，为重点项目建设创造良好的治安环境。（吕党亲）

**【社会治安防控体系建设】** 2009年，市公安机关为进一步加强巡逻队伍建设，采取民警巡逻与联防队员巡逻相结合，专业巡逻与群众巡逻相结合，点、线、面相结合，车巡与步巡相结合的办法，在易发案时间段和案件多发区域巡逻防范，震慑犯罪，最大限度地减少可防性案件的发生。（吕党亲）

**【公安行政管理工作】** 2009年，市公安局结合机关效能年活动，对涉及本部门的行政许可事项，进一步简化手续，方便办理；积极创造条件，对全市重点项目急需的证照办理事项特事特办，加快办理进度，力争一次办结；加强与市重点项目办的沟通联系，及时了解重点项目建设情况，对运输不可解体物品的超限车辆，安排交通保障措施，确保通行安全。（吕党亲）

**【规范执法行为】** 2009年，市公安机关以执法规范化建设为契机，规范民警执法行为，坚决防止发生乱检查、乱收费、乱摊派、乱罚款等影响重点项目建设的现象。凡对重点项目建设单位进行正当检查，严格按照有关要求落实报批制度。（吕党亲）

**【建立首席联络员制度】** 2009年，建立全市公安机关服务重点项目首席联络员制度，根据属地管理原则，由项目所在地分管局领导担任首席联络员，加强与重点项目建设单位的沟通协调，并及时研究解决项目建设过程中遇到的涉及公安机关的问题。（吕党亲）

**【建立健全警企联系长效机制】** 2009年，全市公安机关组织市局有关部门民警和盐湖分局民警定期深入重点项目建设单位，立足本职积极为企业生产经营提供便利服务。及时了解掌握企业遇到的困难，为重点项目提供办理公安行政管理事项、调处涉企矛盾纠纷、受理刑事治安案件、指导内部安全防范、开展职工安全法制教育等一体化服务，切实提高服务重点项目建设的警务效能。（吕党亲）

**【永济市“2.27”残害致死案】** 2009年2月27日，犯罪嫌疑人李某酒后去村北自家地路过桥洞时，遇到正在桥洞附近玩耍的本村儿童李忆茹（女，4岁）、李增超（男，3岁）、李岩（男，4岁）、李丁（化名，女，5岁）。四个孩子见其酒后醉态大声笑之，李某心生怒气，以给孩子买糖为由，将4人骗至村北一坟地后，使用砖块猛击李忆茹、李增超头部，并恐吓孩子们不准叫喊、乱动。又将李丁挟持到一杏园内欲实施强奸（未遂），李岩见状大骂李某，李某恼羞成怒，又用砖块猛击李岩头部，致其昏迷，并将石块塞到李岩嘴里。作案后，李

某仓皇逃离现场。李岩后经抢救无效死亡。永济市局连续奋战两昼夜，快速侦破了这一案件。（吕党亲）

**【盐湖分局侦破大型抢劫团伙案】** 2009年5月12日、15日、17日，盐湖区境内连续发生持刀抢劫案件，司乘人员全都受到了不同程度的伤害。犯罪分子气焰嚣张，各界群众反响强烈。盐湖分局党委高度重视，迅速成立了以市局纪委书记、分局局长周鑫亲自挂帅的“5.12”专案组,全力侦破这一系列持刀抢劫案。该团伙成员长期游手好闲，又无正当职业和经济来源，遂铤而走险结伙实施抢劫。2007年6月至本年底，该团伙时分时合，先后在运城至东郭路段、禹都和平街、运城学院门口、原王庄村口等地采用拦路持刀、伤害、威胁、恐吓等手段实施抢劫33起，抢劫各类手机17部，抢劫现金达5.7万元。5月23日上午10时许至5月27日晚21时，专案组民警先后将卫国师、卫国杰、曹凯、景超等9名犯罪嫌疑人抓获。至此，这一涉案12人、作案33起的特大持刀抢劫团伙被彻底摧毁。（吕党亲）

**【稷山特大拐卖儿童案】** 2009年，稷山县公安局侦破公安部督办的特大拐卖儿童案。犯罪嫌疑人胡粉娟、王芳娃、毛二虎等人先后多次从他人手中买下婴儿然后高价转手卖给他人，从中牟利。拐卖儿童62人。该案件被公安部定为全国第“44”号督办案件。稷山县公安局在打击拐卖妇女儿童专项行动中成立专案组，转战山东、河北、云南、贵州、重庆、天津等30多个省市，行程8万多公里，历经170多个日日夜夜，成功侦破了这一系列特大拐卖儿童案件。抓获犯罪嫌疑人30人，解救被拐卖儿童18名。打拐战果在全省名列前茅。公安部打拐办为此专门在运城召开了现场会，对稷山局的打拐工作给予了充分肯定。（吕党亲）

**【河津市公安局摧毁恶性犯罪团伙】** 2009年3月，以张晓波为首的4名犯罪成员，5个月来在河津市大肆作案，一度引起市民的恐慌。5月27日凌晨3时许，张晓波、许俊虎、张宾、陆建勇4人在商贸广场门前将刚从港天歌城下班路经此地的庞女士绑架到一黑色桑塔纳轿车内，拉至黄河滩。他们抢走庞女士身上200多元现金和一条项链，张晓波并对庞女士进行了强奸。第二天，该4人让庞某和家人联系索要10000元现金放人。经讨价还价，最后庞女士妹妹往指定的银行账户上打入2000元后才将其放走。3月份一天凌晨1时许，该4人在城北市场旁边绑架一闻喜女士，拉至黄河滩一破屋，让其同家人联系索要10000元，经该女士商量最后索要5000元。4名犯罪嫌疑人先后对该女士进行轮奸，第二天，张晓波再次对该女士进行强奸。当天，该女士母亲将5000元存入指定的银行账户后，他们才将该女士放走。8月12日凌晨3时许，张晓波、张宾、许俊虎三人在安监局门前将一夏县籍女士绑架拉至黄河滩，让其和朋友联系索要10000元才放人。期间三名犯罪嫌疑人先后对毛女士进行轮奸，并抢走该女士手机一部和现金20多元。13日凌晨，毛女士趁3名犯罪嫌疑人熟睡之机逃跑。经查，该团伙在河津、铝厂、运城等地还先后盗窃机动车五辆；盗窃机动车牌照百余副，并敲诈勒索数万元。在市公安局的严厉追查下，这起涉嫌绑架、轮奸、敲诈勒索、抢劫盗窃的恶性犯罪团伙终被绳之以法。（吕党亲）

**【盐湖分局打掉一特大盗窃、抢劫犯罪团伙】** 2009年，犯罪嫌疑人刘革、白洋、景万定、王鹏飞、刘旭、王儒杰等多次在盐湖区大渠办羊驮寺村、北城办西留村、解州、冯村、常平、姚孟等地，抢劫出租车司机手机、财物，作案5起，盗窃翻斗车7辆、铲车一辆及电动自行车4辆，涉案价值50余万元。市盐湖分局全力出击，迅速打掉这一犯罪团伙。

（吕党亲）

**【垣曲县公安局破获特大摩托车被盗案】** 2009年，犯罪嫌疑人王凯、徐常凯自2008年5月至本年底在县城滨河路、玻璃厂、粮食局及东峰山文明区、大楼区、新建北区大肆盗窃摩托车29辆、卡车电瓶7块（总价值达15万余元），后以废品的价格转手卖出。经公安机关连续作战，破获了这起摩托车盗窃案。（吕党亲）

**【经侦支队会同永济市公安局破获“6.12”特大经济犯罪案件】** 2009年，犯罪嫌疑人薛某某（女）在2004年至2009年5月先后担任永济市任阳、赵柏信用社主任期间，为给其自家企业投资和完成信用社业务指标，采取支付储户高额利息手段，伙同犯罪嫌疑人张某（又名张某某，系薛某某丈夫），勾结犯罪嫌疑人岳龙（长期从事放高息），先后指使内部员工贺某某、王某某、某某、黄某某、温某某、王某、卫某某等犯罪嫌疑人，分别参与非法吸收公众存款、挪用资金、违规出具金融票证、职务侵占、背信运用受托资产等经济犯罪活动，累计非法吸收公众存款8044.7余万元、背信运用受托资产300万。其中涉及挪用存款资金8306余万元，涉及违规出具金融票证3484万元，涉及职务侵占4016.7余万元。该案于2009年12月3日侦查终结，并最大限度地挽回损失6000余万元。（吕党亲）

**【闻喜县"10.18"抢劫杀人案】**2009年，犯罪嫌疑人张国微因赌博、嫖娼欠下十几万元的高利贷，便预谋把同厂工人李某的车倒手还自己的高利贷。18日中午，张租上李某的车出去转，联系到买主后，杀害了李某后弃尸，但买主因为见不了车主，不敢要车。张国微遂弃车逃至侯马。民警强大的抓捕声势使其走投无路，跑到海鑫的天车上躲藏，被人发现后，跳入滚烫的废渣池自杀。

（吕党亲）

**【"12.7"绑架案和石家庄"11.25"劫车杀人案】**2009年11月下旬，犯罪嫌疑人张京伟（男，30岁，河北省赵县南柏社乡人）通过网络聊天与运城学院大一学生张女士相识。12月1日，张京伟从河北省石家庄市窜至河南省驻马店市，与犯罪嫌疑人刘海光、孙宁（均为河南省泌阳县官社乡人，在逃）密谋绑架张女士勒索赎金。12月6日17时，三人驾车来到运城市，张京伟以网友相会为名将张女士约出。当晚，张女士在张京伟所住宾馆留宿。12月7日，张京伟以与刘海光、孙宁一起去三门峡市玩耍为由，将张女士骗到河南省洛阳市附近一小网吧。张京伟与张馨月再次发生关系后，指使刘海光、孙宁将张某捆绑后，勒令张女士用她自己的手机向家人要50000元赎金，并将赎金打至自己的卡上。期间，张京伟等三人多次变换藏匿地点。在对作案所用车辆审查时，专案组发现该车系河北省石家庄市灵寿县11月25日失踪的冀A79424普通型桑塔纳出租车。经深挖犯罪，张京伟交待，11月25日，其伙同刘海光、孙宁三人以租车为名，将河北省灵寿县一出租车骗至石家庄市新华区附近，用匕首将司机杀死后，将尸体埋至石太高速公路石家庄段一空地后驾车逃离。在市局、盐湖分局联合作战下最终成功告破这起绑架案。

（吕党亲）

**【"奇强杯"全省公安系统军用枪射击比赛举办】**2009年10月13日至15日，由省前卫体协主办、运城市公安局城南分局承办的"奇强杯"全省公安系统军用枪射击比赛在运城成功举办。公安部前卫体协竞赛处处长谭津生、省公安厅党委委员、副厅长、省前卫体协主席成振林，运城市委常委、副市长张建喜，运城市委常委、政法委书记崔克信，运城市市长助理、市公安局党委书记、局长权志高，中盐运化集团等赞助企业单位领导出席了开幕式。成振林致开幕词，崔克信代表运城市委、市政府致欢迎词。比赛中，全省11个市公安局和运城市公安局城南分局共12支代表队60名运动员参加了男女25米手枪速射，男子50米微冲射击、100米微冲射击、运动后100米微冲射击等四个项目的角逐。公安部前卫体协竞赛处处长谭津生，省公安厅副督察长、政治部副主任郝书宏等领导全程对射击比赛进行了组织领导。本次比赛共产生了4个项目团体奖24个，个人奖14名，体育道德风尚奖4名，优秀运动员12名，优秀裁判员23名。（吕党亲）

**【"警营开放日"活动】**2009年12月4日，市公安局隆重举行"警营开放日"活动。市局邀请市人大代表、政协委员、警风监督员、新闻记者及社会各界群众代表40余人走进市局机关，体验警营生活，感受公安机关日常管理和民警日常工作。参加活动的各界代表在市局党委成员陪同下，一同观看了特警防暴演练，参观了信访接待大厅、出入境办证审批大厅、反恐特警装备、指挥中心110接警服务台、交警车管办证审批大厅和"治爆缉枪"专项行动成果板面。市局机关干净整洁的环境、文明热情的接待、规范的工作程序、严谨的工作秩序、严整的警容风纪赢得了各界代表的一致好评。

（吕党亲）

**【"开门评警"座谈会】**2009年12月4日，市公安局邀请市人大代表、政协委员、警风监督员、新闻记者和社会各界群众代表40余人，举行"开门评警"座谈会，面对面沟通交流，零距离倾听呼声。市局党委成员及市局纪委、政治部、办公室、交警支队有关人员参加了座谈。市长助理、市局党委书记、局长权志高首先向参会代表通报了全市公安工作和队伍建设情况。与会代表对公安机关在打击违法犯罪、加强行政管理、维护社会稳定等方面所做出的成绩予以了充分肯定，对市局党委和广大民警的辛勤工作表示理解和支持，同时对交通管理、打击传销、打黑除恶、规范执法和队伍建设等方面提出了诚恳的意见和宝贵的建议。市局党委副书记孙彦学代表市局党委表态，一定认真听取意见和建议，提出具体整改措施，不断推进公安工作更好的发展。（吕党亲）

**【消防中队副中队长王兆鹏为抢救被困井下村民以身殉职】** 2009年12月13日，稷山县翟店镇宁南村村民黄启元，在维修人畜吃水深井时，因脚手架倒塌被困井下。稷山县消防中队14时34分接县公安局指令，副中队长王兆鹏带领8名战士，出动消防车一辆，携带必要的救器材，于15时10分到达现场，展开救援。村民黄启元被困的井深约150米，黄在井中所处的位置和伤情不明，情况危急。鉴于井内钢索电缆较多情况复杂，救援难度大，为确保营救计划的顺利实施，王兆鹏临危不惧，挺身而出，亲自下井救人。15时40分左右，王兆鹏佩戴空气呼吸器，携带救援器材，利用三角支架下井实施救援。到达井底后，王兆鹏利用随身携带的安全绳将被困人员捆好，向地面发出提升信号，王兆鹏和被困人员提升到距地面约100米左右时，由于井内原有的钢丝绳、电缆与救援绳缠在一起，无法继续提升。王兆鹏试图将缠绕在一起的绳索解开，但多次努力未果，随即请求地面人员增援。一班班长齐松江佩戴空气呼吸器，携带断电剪下到被卡处，将缠绕的绳索剪开，当提升到距地面约70米左右时，王兆鹏和被困人员的救援绳索再次被钢索、电缆紧紧缠绕。此时王兆鹏佩戴的空气呼吸器已发出报警信号，齐松江感觉体力已严重不支，两人均向地面发出求救信号，地面人员立即先行将安全绳未被缠绕的齐松江提升至地面，又派战士程中雷迅速佩戴空气呼吸器，携带断电剪、剪刀和备用空气呼吸器下井增援。程中雷下到王兆鹏被卡处，给王兆鹏更换了备用空呼器，剪断缠绕的电缆，帮助王兆鹏摆脱困境。在地面人员的共同努力下，18时许，将王兆鹏提升至地面。王兆鹏长时间在井下救援，体力严重透支，昏迷不醒，被立即送往人民医院抢救，18时40分到达稷山县人民医院后，经过市、县两级医疗专家近3个多小时的全力抢救，但未挽回王兆鹏宝贵的生命。12月23日上午10点，王兆鹏烈士追悼会在其家乡新绛县泽掌镇北苏村举行。省委常委、省政法委书记、省公安厅厅长杜玉林，副省长张建欣送来花圈并发来唁电。省公安厅政治部副主任刘秉义，省公安厅政治部现役办公室主任张爱国，省公安消防总队政委朱志发，运城市市委常委、副市长张建喜，市委常委、政法委书记崔克信，运城市市长助理、市公安局党委书记、局长权志高，省公安消防总队政治部主任戴芝荣，武警学院（廊坊）消防指挥系政委李春增，以及稷山、新绛县委县政府相关领导和北苏村群众两千余人参加了追悼会。追悼会由运城市市长助理贺红生主持，运城消防支队政委邵铁强致悼词。（吕党亲）

**【市局召开“打黑除恶”专项战果新闻发布会】** 2009年12月18日，市局召开2009年打击刑事犯罪暨“打黑除恶”专项斗争战果通报新闻发布会。《山西法制报》、《山西晚报》、《警方周刊》、《运城日报》、《黄河晨报》、《河东公安报》、运城电视台、运城人民广播电台等8家新闻媒体，20余名记者参加了新闻发布会。市局党委委员、副局长冯文向媒体通报了2009年打击刑事犯罪情况。（吕党亲）

**【打击刑事犯罪情况报告】** 2009年，全市公安机关大力加强公安信息化建设，严厉打击各种刑事犯罪活动，全面开展了“打黑除恶”、打击杀人等严重暴力犯罪、打击拐卖儿童妇女、打击多发性侵财犯罪等一系列的专项打击活动，为全市社会治安稳定和建国60周年安全保卫做出了突出的贡献。打黑除恶、侦破命案、追逃等多项工作在全省名列前茅。年初以来，全市公安机关共立各类刑事案件6787起，破获4571起，破案率为67%。同比多立829起，多破989起，破案率增长了6个百分点。其中，杀人、抢劫等八类严重犯罪案件立656起，破获586起，破案率为89.3%；各类侵财案件立4759起，破获3797起，破案率为79.8%。抓获各类犯罪嫌疑人2589名，刑拘2383名，已逮捕1759名，移送起诉2220名。全市共打掉黑恶势力犯罪集团31

个。其中，打掉黑社会性质犯罪组织2个、恶势力团伙29个。截至11月底，全市公安机关共抓获各类逃犯1657名，其中，抓获公安部督捕逃犯1名，命案逃犯35名，外省逃犯251名，本省逃犯375名。抓获逃犯的数量名列全省第二。

（吕党亲）

**【社会治安“冬季行动”】** 2009年12月30日上午，市公安局召开全市社会治安“冬季行动”电视电话会议，进一步贯彻落实公安部、省公安厅“12.23”会议精神，确保岁末年初及“两节”、“两会”有一个良好的社会治安环境。市长助理、市公安局党委书记、局长权志高出席会议并作重要讲话。市局党委副书记孙彦学主持了会议。

（吕党亲）

（责任编辑：裴少毅）

# 经 济 管 理

## 宏观管理

**【概况】** 2009年，经过全市各级各部门的共同努力，全市投资持续保持了强劲增长，是全市各项主要经济指标中完成最好的一项。据统计快报数据，1~11月，全市全社会固定资产投资累计完成405亿元，同比增长51%左右，占全年任务480.95亿元的84.2%，增幅比上年同期高近20个百分点，总量排名全省第二，增幅位居全省第四。通达重卡、冀东水泥、豪德广场、粟海肉鸡加工扩建等59个项目已建成投产；运城机场航站区扩建、盐湖生态综合治理、闻喜东镇至合阳高速公路、运城至灵宝高速公路、运城至河津高速公路等71个项目已开工建设。全市重点工程完成投资309.4亿元，投资完成率达到138.2%，全省排名第一。同时，一批事关全市长远发展的重大基础设施项目前期工作取得突破性进展。投资拉动对全市经济企稳回升、整体向好发挥了举足轻重的作用。

（梁国栋）

**【投资任务细化分解】** 2009年初，全市发改委系统就围绕全市任务目标，对各县（市、区）进行了分解下达，全年任务目标调整后，市发改委又及时提出了“三个调整”的工作意见，以市政府办公厅文件重新对各县（市、区）的工作任务、投资增速进行了分解，并严格实行一月一汇总、一季一通报、全年总考评，以确保全年投资目标任务的全面完成。

（梁国栋）

**【投资动态监测】** 2009年，按照市政府工作要求，市发改委每月召开一次投资监测碰头会，会同市县两级发改、统计部门抓好工作对接，及时沟通情况，确保投资项目全部进盘子、进统计，保障了投资动态的及时监控和有效掌握。（梁国栋）

**【强化项目责任落实】** 2009年初伊始，围绕抓好178项重点项目，市发改委就按照工作分工，把项目逐个落实到委班子成员，落实到相关科室，落实到具体责任人，明确任务、明确职责、明确时限。先后筹备召开了全市重点工程建设动员大会、重点工程协调推进现场会、六次发改系统挂帅、市直相关部门参加的专题会议，进一步抓好任务落实，推动项目建设。（梁国栋）

**【健全项目推进机制】** 2009年，围绕建立“领导带头、部门服务、督察协调、考核激励”的项目推进机制，市发改委起草了《关于加快推进全市重点项目建设的实施意见》，经市政府研究同意下发全市执行。从6月份开始，对全市重点工程的投资额、投资完成率、开工率、完工率及投资同比增长率五项指标综合评分排名，以市政府办公厅文件一月进行一次通报，进一步强化了项目工作推进机制。（梁国栋）

**【确保重点项目推进】** 2009年9月，是市政府确定的“重点项目推进月”，市发改委联合市劳动竞赛委员会、市总工会、市重点办在全市重点工程中开展了“比安全、看文明；比质量、看达标；比速度、看效益；比管理、看规范；比党建、看廉政”的“五比五看”劳动竞赛活动，确保了一批项目的快开工、快推进、快见效。

（梁国栋）

**【项目建设宣传报道】** 自2009年4月份起，市发改委与运城日报社联合开辟了“项目建设进行时”新闻专栏，先后共刊发79期，集中半年多时间对全市150余个项目推进工作进行了宣传报道，进一步营造了氛围，提振了信心。各部门、各县（市、区）协调联动，加大力度抓手续完善、抓资金到位、抓尽快开工、抓实施进度，从而有效地推动了全市重点工程的建设进度。（梁国栋）

**【大西客运专线运城段开工在即】** 2009年11月27日，国家发改委正式批复大西客运专线可行性研究报告，项目立项程序全部完成，初步设计已经铁道部评审通过。12月3日省政府召开大西客运专线建设动员大会之后，全市抓紧准备开工前的招投标、征地拆迁等准备工作。大西客运专线运城段里程约130公里，总投资约150亿元，将新建闻喜西站、运城北站、永济北站和一个货运站，新建客运站数量和规模在全省各市中独一无二。专线建成后，将实现全市铁路客货分线运输，运城至西安、太原、北京的铁路运行时间分别可缩短40分钟、1.5小时和3.5小时。

（梁国栋）

**【运（城）三（门峡）铁路与侯（马）西（安）铁路运城段扩能改造项目获批复】** 运（城）三（门峡）铁路，总投资109亿元，2009年12月4日项目建议书国家发改委批复，正在抓紧准备可研报告所需的环评、用地、评审、增支等文件。侯西线侯马至禹门口扩能改造，总投资20亿元，项目可研已经国家发改委批复，正式立项。初步设计已经铁道部批复，正在抓紧落实开工前的各项准备工作，预计12月底或明年年初开工。（梁国栋）

**【热电建设项目审报】** 2009年，永济热电厂2×30万千瓦工程，总投资25亿元，已上报国家发改委待核准。运城供热二期2×30万千瓦机组、河津2×30万供热机组、平陆2×30万千瓦低热发电已列入省热电专项规划。五四一电厂压小上大2×30万千瓦机组已向国家发改委申请核准。（梁国栋）

**【争取新增中央投资项目】** 2009年，全市共争取4批新增中央投资项目223项，落实中央资金7.84亿元。围绕抓好新增中央投资项目，最大限度地形成新的实物工作量，最大限度地发挥中央投资政策效应，全市发改委系统严格按照中央和省“六查、七处理”和“三个100%”的要求，狠抓项目管理，严格落实项目责任，严格履行项目程序，严格监督项目实施，严格落实项目整改，确保了全市新增中央投资项目的又好又快实施。（梁国栋）

**【新增中央投资项目落实情况】** 2009年，全市前三批新增中央投资项目163项，已按中央时限要求全部开工，开工率为100%；完成投资15.95亿元，投资完成率67.3%；118个项目完工或部分完工，完工率72.4%；项目存在问题100%整改到位。中央检查组来运进行三轮检查后，对全市的工作给予充分肯定，运城也是全省唯一一个没有查出较大问题的市，并在全省召开的中央投资项目推进会上做了典型发言。

（梁国栋）

**【争取地方财政债券工作】** 2009年，国家安排给山西省地方债券53亿元，省安排给各市的债券有23亿元，运城争取到2亿元，在全省11个市中为最多。这些债券资金全部用于新增中央投资项目的配套。

（梁国栋）

**【多领域争取项目和资金】** 2009年，全市多个领域争取项目数和资金额在全省名列前茅。在争取省煤炭可持续发展基金上，已落实资金3.72亿元。城建环保方面争取国家、省资金2.51亿余元，占全省的17%，居全省第一位；文教卫生方面争取资金1.68亿元，占全省的23%，名列全省第一；水利泵站方面争取中央投资6000万元，占全省的100%；农村饮水安全方面争取资金7914万元，排名全省第一；全省安排节能减排奖励项目19个，全市有9个，占到近一半；信息化方面争取资金占21%；高新技术项目占19%；社会事业方面争取资金占全省的15.2%。

（梁国栋）

**【“请进来”招商】** 2009年，市发改委进一步加大“请进来”招商力度。6月份，广东东莞160余名企业家自费包机来运进行考察，上海9家商会和10多位企业家来运考察洽谈，如此多的富商齐聚运城在全市招商引资史上尚属首次，在全省也是首例。11月25日，由王安庞市长、武宏文副市长率队，又在上海举办了运城市五个产业集群和50个项目招商推介会，取得了丰硕成果，签订了运城·浙商产业园区项目、年产5000吨3—巯基丙酸项目、华夏殷商文化影视城项目等一批项目意向，拟引资58.3亿元，实现了项目推介、引进资金、旅游宣传、提升人气、积聚人脉的多重效益。（梁国栋）

**【产业对接工作】** 2009年，针对沿海产业整体转移的发展趋势，市发改委组织人员专程赴河北曹妃甸、唐山和安徽皖江承接产业转移示范区进行了深入调研，形成了专题报告。在汲取先进地区经验的基础上，结合全市实际，研究制定全市关于加快承接产业转移的实施方案，现初稿已形成，正在抓紧修改完善。（梁国栋）

【充实强化招商队伍】 2009年，按照市政府培育壮大五个产业集群的要求，市发改委向社会发布公告，公开招聘具有良好商业人脉、较强招商能力的5名招商顾问和20余名专业招商人员，组建了5个专业招商项目部，充实了招商引资队伍。全市境外投资企业家协会正在抓紧筹备。（梁国栋）

【招商引资成效显著】 2009年，经过全市上下不懈努力，截至11月底，全市招商引资实际到位资金148.36亿元，占到全年任务的92.73%，预计到年底可超额完成全年任务。中国五矿投资20亿元的关铝技改项目、阳煤集团投资5亿元的永济海丰铝业“1511”项目、江苏雨润集团投资3亿元的新绛肉类加工项目、投资2亿元的历山假日酒店项目等24个上亿元的项目先后落地建设，为全市壮大产业集群，强化产业支撑，调整产业结构，加快转型发展，注入了强劲的动力。（梁国栋）

【培育壮大五个产业集群】 2009年，市发改委围绕国家十大产业振兴规划和省八大产业振兴规划，研究政策、解读政策，内引外联，积极培育新能源新材料产业，新疆金风科技、蓝星化工、风电及设备制造、中科晶电高提纯砷化镓等一批项目取得新进展。（梁国栋）

【加快发展服务业】 2009年，市发改委突出抓好以文化、旅游、现代物流为重点的服务业项目，全力推动全市服务业发展上速度、上规模、上水平。先后争取22个项目进入了全省服务业发展“1+10”项目盘子，筛选储备了143项服务业项目，进一步更新充实了全市服务业重点项目库。全市服务业呈现高速平稳发展态势。前三季度，全市服务业完成增加值186.6亿元，同比增长12%，增幅高于全市GDP增速11.5个百分点，服务业占GDP的比重达到了38%，比去年同期提高5.7个百分点。服务业已成为带动全市经济较快发展、促进转型发展的一大亮点。（梁国栋）

【建设盐湖区经济发展较快集中区域】 2009年，市发改委按照市委、市政府要求，编制了建设盐湖区经济发展较快集中区域2009年项目推进计划，筛选了100项重大项目，提出了实施“3540”工程的项目工作重点。确定的39项计划建成项目中，通达一期年产5万辆重卡项目、华雄纺织一期年产10万锭高支精梳纱项目、豪德贸易广场、阳煤丰喜总部、运天化工淀粉项目、鑫洲年产1.2万吨玻璃器皿项目、运三高速公路改造、大运二级公路改造、解放北路拓宽、市区电网建设、运城职业技术学院、中心医院新院等31个项目已建成，预计到年底，建成或部分建成的项目可达38项。21项新开工项目中，石药与银湖制药年产4亿瓶软包装大容量制剂项目、黄河纺织工业综合项目等13个项目已开工建设，台湾华晨果蔬加工、翱翔铝业年加工20万吨铝材项目12月底前计划奠基开工。（梁国栋）

【发展循环经济】 2009年，市发改委围绕全市循环经济实施方案，编制完成了《运城市粉煤灰、煤矸石综合利用规划》、《运城市秸秆综合利用规划》两个专项规划。永东化工、翔宇化工、历山自然生态旅游区等11个项目被列为省循环经济试点项目。山西阳煤丰喜肥业公司氨醇系统优化节能与改造项目、山西合盛工贸有限公司利用造纸废物生产瓦楞纸项目已通过国家发改委审核。开展了全市循环经济中期评估工作，受到了省评估专家组的肯定。（梁国栋）

【提供“三式”服务】 2009年，市发改委积极提供“三式”服务。即“解读式”政策服务，找准政策切入点，把握市情结合点，把国家和省的政策转化为运城的项目建设，转化为运城的经济增长点；“代办式”委托服务，只要项目单位委托，就责成专人代理为项目单位承办相关审批事项；“上门式”主动服务，主动登门，主动对接，为企业完善生产要素提供支持。（梁国栋）

【开展“六个一线”活动】 2009年，市发改委积极开展“六个一线”活动。即项目在一线谋划、干部在一线服务、问题在一线解决、工作在一线推进、能力在一线体现、形象在一线树立，千方百计为项目建设搞好服务。如重点招商引资项目空港华润雪花啤酒，市发改委灵活执行政策，加班加点，不到两天时间就完善了有关手续，使项目能够尽快落地。为了办理粟海肉鸡加工进口设备免税，市发改委连夜赶往太原向省发改委有关领导汇报，最终为企业落实了800万元设备进口免税。（梁国栋）

【严格落实“七办”要求】

2009年，市发改委严格落实“七办”要求。凡是中央和省、市确定的重点项目，全市发改部门要调查研究主动办、跟踪服务及时办、找上门来马上办、创新思维变通办、多个部门协调办、迎难而上想法办、督促检查尽快办。如从发展集中供热的角度对永济热电厂关小上大、平陆煤矸石发电、河津第二电厂、运城供热二期、垣曲热电厂等项目进行了策划包装，从而使这些项目顺利列入省热电联产专项规划。还先后为沃尔玛超市、中科晶电砷化镓高纯度提纯、运城市老汽车站改造等10余个项目提供了全程的代办服务，大大加快了这些项目的建设步伐，为一批企业抵御金融危机影响，项目顺利开工建设，尽早发挥效益给予了极大的支持。尤其是“三式”服务的作法受到省纪委的充分肯定，并在全市廉政教育现场会上做了典型发言。（梁国栋）

## 国土资源管理

**【积极主动服务】** 2009年，市国土资源局采取班子成员带队调研摸底、帮扶小组现场对接服务、开辟用地报批绿色通道、项目审批限时办结等“一揽子”服务举措，特别是帮助企业通过有效行使土地的他项权利加大融资力度，抵押贷款6.66亿元，破解了金融风暴中企业资金短缺的难题。（杨　超）

**【优化资源配置】** 2009年，市国土资源局充分发挥调控职能，正确把握用地导向，较好地解决了指标有限、需求旺盛的用地供需矛盾。全年全市共上报建设用地24个批次，总面积1.02万亩，国家、省、市、县扩大内需项目用地基本得到保障。（杨　超）

**【严格供地政策】** 2009年，市国土资源局一方面调整了用地审批委员会组成人员，并对工作规程予以重新修订，使集体决策制度更趋科学规范；另一方面，严格执行土地公开出让制度。全年全市共供应国有建设用地172宗，供地面积8560.03亩，实现土地收益12.45亿元。（杨　超）

**【落实保护耕地目标责任制】** 2009年，全市严格落实保护耕地政策已列入各级政府目标责任制，市、县、乡、村层层分解任务，人人落实责任，有效强化了各级政府、部门的主体意识和责任意识。（杨　超）

**【土地开发整理工作】** 2009年，全市国土资源部门继续深入开展以田、水、路、林、村为主要内容的土地开发整理工作，全年部、省、市三级投资2.36亿元的26个项目进展顺利，竣工验收总面积2.88万亩，实现了补大于占。（杨　超）

**【土地节约集约使用工作】** 2009年，全市国土资源部门不断推进土地节约集约使用工作，同时继续加大城市用地内涵挖潜力度，积极服务可持续发展。一方面，全面铺开了第二轮市区闲置土地调查，共清查出闲置土地20宗，面积754.36亩；另一方面，对市区内9宗188.37亩存量土地进行了依法收购，并通过拍卖方式公开处置1宗，收取土地出让金738万元。（杨　超）

**【矿山企业兼并重组及资源整合工作】** 2009年，全市矿山企业兼并重组及资源整合工作进展顺利。煤矿兼并重组整合作为2008年省委、省政府下定决心做出的一项重要决策和政治任务，经市、县两级国土部门全力推进，截至2009年底已全部完成换发证工作；非煤矿山由整合前的541座，压减至372座。通过开展煤矿企业兼并重组和非煤矿山资源整合工作，全市矿业权设置结构得以进一步优化，矿山生产安全水平得以大幅提升。（杨　超）

**【地质找矿工作】** 2009年，全市地质找矿工作力度加大。深入开展了“地质找矿改革发展大讨论”活动，全市投资（包括社会资金）总额达2644万元，对铜、铁、铝土矿等区域重点矿种进行地质勘察，勘测面积140平方公里，增加了一部分储量，提高了矿产资源对经济发展的保障水平。

（杨　超）

**【地质灾害防治】** 2009年，全市地质灾害防治能力进一步提升。地质灾害治理工程项目经过督查和验收，基本上全面完成。制定发布了《运城市2009年地质灾害防治方案》和《运城市突发性地质灾害应急预案》，市、县、乡、村、点层层签订了地质灾害防治责任书，充分发挥了各级政府在地质灾害防治中的主导作用。投资100余万元对全市1200余处地灾隐患点进行了核查，全面完成市、县两级数据库建设；投资50余万元开发建设了国土气象预警系统，国土和气象部门

联合通过市电视台新闻栏目发布地质灾害预警预报信息，全面提高了全市突发性地质灾害防治应急能力。（杨　超）

**【贯彻《违反土地管理规定行为处分办法》】** 2009年，全市国土资源部门充分发挥政府的主导作用，认真贯彻《违反土地管理规定行为处分办法》，并印制一万余份赠送到市、县、乡、村四级主要领导手中，增强了各级领导依法用地、依法管地的责任意识。同时，以贯彻《处分办法》为契机，提请市政府对各县（市、区）2005年~2008年土地违法案件进行了集中清查，共清查案件1110宗，涉案土地面积1.88万亩。同时，对四个土地违法较为严重的县（市）政府下达了《集中清查土地违法案件整改意见》。（杨　超）

**【构建联合执法机制】** 2009年，全市国土资源部门积极构建联合执法机制。建立了由国土、公安、检察、法院和监察等部门参加的联席会议制度和联合执法制度，协同开展了矿山安全专项整治、未报即用违法用地清查等行动，排查非煤矿山、尾矿库1475个，清查出未报即用违法用地106宗、1989.95亩，有效加大了依法查处和责任追究力度。全年全市共查处各类土地、矿产违法案件192宗，移交纪检监察部门建议党纪政纪处分28人，移交司法机关建议追究刑事责任1人，有力维护了正常的国土资源管理秩序。（杨　超）

**【基础测绘工作】** 2009年，全市基础测绘工作成效显著。投资500万元对中条山前沿进行了基础测绘，向各级政府和相关部门提供基础图件130余幅，落实测量标志307个，为全市经济社会发展提供了真实准确的测绘基础资料。（杨　超）

**【二次土地调查工作】** 2009年，全市二次土地调查工作基本完成。市、县两级均成立了由政府领导挂帅的领导组，争取到市级二次土地调查及规划修编专项经费1000余万元，抽调和聘请30余名专业技术人员充实一线力量，保障了人、财、物等各方面需求。截至年底，各项基本成果数据库均已上报省国土资源厅。（杨　超）

**【基准地价更新并公布实施】** 2009年，全市基准地价更新并公布实施。经省国土资源厅验收通过，对全市十三个县（市、区）的基准地价予以更新并公布实施，规范了土地交易行为，增强了市场调控能力。（杨　超）

**【建立健全应急反应机制】** 2009年，全市国土资源部门建立健全了各项应急反应机制。制定完善了突发性群体事件、地震应急等相应预案，一旦发生突发事件，可迅速启动应急机制，实施危机处理。（杨　超）

**【学习实践科学发展观活动】** 2009年，全市国土资源部门深入开展学习实践科学发展观活动。明确提出了“处理六个关系、构建一个机制”的总体思路，组织撰写了七篇涵盖土地、矿产、测绘工作的调研报告，着重解决了六个方面的突出问题，形成了高质量的领导班子分析检查报告，进行了严肃认真的整改工作。同时，结合机关干部群众在思想、作风、纪律等方面存在的突出问题，集中时间部署开展了整改“回头看”活动，取得了显著的实效。（杨　超）

## 工商行政管理

**【帮扶企业渡难关】** 2009年，全市工商系统开展了“千名工商干部进万家企业调研帮扶”活动，对陷入困境的企业进行“全方位、多角度”扶持。截至11月底，全系统共出动工商人员3.2万人次，走访企业12802户次，召开座谈会462次，发放宣传材料20481份，收集整理企业反馈的问题3891条，帮助企业解决实际困难3631个，形成调研帮扶报告50余份，为企业减免年检、登记等费用20余万元。（冯　涛）

**【帮助企业加快创业发展】** 2009年，全市工商系统积极落实相关政策，优化服务，先后为全市重大投资项目、招商引资项目和增资改制企业开辟“绿色通道”61条，提供预约服务3370次，上门服务10784次，提供延时服务2656小时，并组织专人提供跟踪服务；通过以创业带动就业2168户，减免各项费用6.6万元。2009年1~10月，全市新登记注册各类企业1838户，总数达21342户；新登记私营企业1366户，总数达到14046户；新登记注册个体工商户12624户，总数达122166户；引导和支持3000余名下岗失业人员实现就业和再就业。（冯　涛）

【帮助企业解决融资困难】 2009年，全市工商系统创新思路，充分发挥股权出质、股权出资和动产抵押等职能作用，帮助企业拓宽融资渠道。活动开展以来，全市工商系统为各类企业和经济实体办理动产抵押82件，办理抵押贷款23.68亿元，先后为企业办理股权出质登记5件，股权出质额1.3亿元。 （冯　涛）

【帮助企业提升市场竞争力】 2009年，全市工商系统大力实施“品牌兴企”战略，支持企业培育自主商标，鼓励、引导、帮助企业申请注册商标和申报认定驰名、著名商标，帮助企业申报注册商标188件，推荐华晋印染公司的“华晋”被国家工商总局认定为中国驰名商标，“威顿”、“三林”、“维之王”等21件商标被认定为山西省著名商标。开展“广告惠企惠农”工程，帮助策划广告447次，减免广告费用263万元；建设“信用运城”，全市拥有国家级“守合同、重信用”企业17家，省级220家。 （冯　涛）

【帮助企业维护合法权益】 2009年，全市工商系统多次与企业联合开展打假维权行动，帮助南风、亚宝等6家驰名商标企业到安徽、内蒙、广东等地打假维权，查处驰名、著名商标侵权案件29件，查处侵害企业权益的不正当竞争案件13起，查处生产销售假冒伪劣产品案件52起，处理调解消费维权投诉369件。 （冯　涛）

【规范企业经营行为】 2009年，全市工商系统积极推进由管理为主向服务为主转变，强化“重帮扶、少检查，重规范、少处罚，文明执法、和谐监管”的理念。对确因资金紧张无法按期、按约定方式出资的公司，在政策允许的范围内，增加出资期次和变更出资方式113户次；全市工商系统发挥行政指导职能，主动上门为企业服务，实行上门年检（包括个体验照）15947户次。对于生产经营暂时出现困难的个体户、私营企业，在年检验照等方面予以支持，减免年检费用13.15万元。 （冯　涛）

【开展红盾护农活动】 2009年，全市工商系统继续把“护农工程”作为工商部门服务农村发展、促进农民增收、推动农业现代化的具体行动，制定出台了《关于充分发挥工商行政管理职能作用，积极服务农村改革发展的实施意见》。在红盾护农活动中，不断完善规范农资经营行为，大力实施农资连锁经营，经营总店发展到16户，连锁网点达1300余个。还开展了对农村食品市场、家电下乡产品专项检查行动，保护了农民利益。 （冯　涛）

【制定合同帮农措施】 2009年，全市工商系统在全省率先制定农村土地承包经营权出租、转包、转让、互换等四个合同示范文本，得到省局肯定和推广；在全市67个工商所设立合同帮农指导站，编印《运城市工商局合同帮农指导手册》，方便了农民对相关法律知识的了解和查阅。 （冯　涛）

【宣传商标兴农政策】 2009年，全市工商系统深入农户宣传商标法规，引导帮助农民注册商标，全市农副产品注册商标发展到400余件，涉农驰名商标2件（丰喜、卓里），涉农著名商标34件，地理标志2件（标志名称：稷山板枣，品种2个：干枣和鲜枣）。 （冯　涛）

【发展壮大农村经纪人队伍】 2009年，全市工商系统在“经纪人活农”活动中，积极培育壮大农村经纪人队伍，开展经纪业务培训，提高农村经纪人的帮销活农水平。全市发展农村经纪人2300人，年经纪业务量达5亿多元，促进了全市农产品的销售。 （冯　涛）

【发展农民专业合作社组织】 2009年，全市工商系统在“经济组织强农”方面，根据市领导指示，与市农业局共同组织5个县的副县长、工商局长、农业局长赴安徽凤阳、江苏苏州考察农民专业合作社和农村基金互助合作社发展情况。之后，市工商局、农业局联合下发了《关于进一步做好农民专业合作社登记管理有关工作的通知》，起草上报了《进一步加快农民专业合作社发展的意见》，并以市政府文件下发。由于对农民专业合作社发展实行了定点帮扶，零距离服务，全年新登记注册农民专业合作社1309户，总数达到2742家。此外，还开展了“广告惠农”活动，全市共免费发布涉农公益广告78条500次，为农民节省广告费用30万余元。（冯　涛）

【结对帮扶共建文明和谐村】 2009年，市工商局与闻喜县马军庄村联合开展了结对帮扶共建文明和谐村活动，筹资4万余元，帮助该村建设标准化篮球场一个；多方协调，帮助筹资2万余元，建立一个40平方米左右的医疗站，改善了村民医疗条件，使村民做到了小病不出村；帮助筹资1万余元，建设村民健身活动场所200平方米。在此基础上，还进一步引导农民绿化村庄，净化环境，帮助安装路灯40余盏，基本实现路灯亮化，使该村村容村貌有了明显改观。（冯　涛）

**【专项执法行动】** 2009年，全市工商系统先后相继开展了食品安全整治、取缔无照经营、查处虚假广告、打击传销活动、打击合同欺诈、治理商业贿赂、反垄断反不正当竞争、治理超限超载、整治农资市场、取缔黑网吧净化文化环境等10项专项执法行动。截至10月份，共查处各类经济违法案件3001件，案值3177万元，罚没款651万元。其中，商标案件108件，广告案件209件，假冒伪劣商品案件158件，反不正当竞争案件143件，商业贿赂案件10件，无照经营案件1124件，传销案件15件，取缔传销窝点85个，教育遣散传销人员3959人，行政拘留55人，刑事拘留7人。其中的打击传销、查处不正当竞争工作受到省局的肯定。（冯　涛）

**【联合执法工作】** 2009年，市工商部门高度重视联合执法工作，不断增强执法力度。与市检察院、农业局联合制定《关于加大农资打假力度维护农民利益的意见》，建立信息通报、案件会商、联合行动、案件督办等制度，健全了农资市场长效监管防范机制。在全省率先与公安联合开展了“打击传销百日行动”；与市教育局、团市委联合开展了12315消费维权进校园活动，在11所学校设立了12315消费维权站。各项联合执法活动的开展，进一步增强了执法的力度和水平。

（冯　涛）

**【12315申诉举报平台】** 2009年，全市工商系统充分发挥12315申诉举报平台作用，努力保护消费者合法权益。全年12315消费者申诉举报中心共受理消费者咨询9854人次，受理消费者申诉1402起，解决率达95.8%，受理举报393起，解决率87.2%，为消费者挽回经济损失280万元。市局12315中心被国家总局确定为“全国工商系统12315工作联系点”。

（冯　涛）

**【实施商标战略】** 2009年，全市工商系统积极实施商标战略，推动“品牌兴市”工作开展。引导帮助企业注册商标，加大对农户注册商标的引导。规范市场主体依法注册、使用商标行为，支持市场主体制定并实施商标战略。全年帮助企业申请商标注册346件。山西华晋纺织印染有限公司的“华晋”牌商标被认定为中国驰名商标，使全市驰名商标总数达到8件。新增山西著名商标21件，总数达到75件。（冯　涛）

**【干部培训工作】** 2009年，市工商部门研究制定了2009年全系统干部培训计划，组织法律专家、办案能手在全系统进行了巡回授课；采取“一日一题、一周一课、一季一考”的办法，加强了信息化知识的学习培训。按照省局部署，组织部分市局班子成员和县局主要领导参加了4期国家总局举办的培训。

（冯　涛）

**【专项治理和政风行风建设】** 2009年，市工商部门继续开展廉政风险点和监管风险点防范管理工作，认真开展煤焦领域反腐败斗争、“小金库”专项治理和政风行风建设，端正了行风，提升了形象。开展“人人讲责任”活动，每名干部都明确了自己承担什么职责，怎样履行职责，不履行职责会受到什么处分，增强了干部爱岗敬业的责任意识。（冯　涛）

**【设立市场监管服务创新奖】** 2009年，市工商部门设立市场监管服务创新奖，每年拿出10万元，表彰奖励在服务企业和农村发展、维护市场秩序和消费者权益等工作中的创新集体和创新明星，努力使创新成为全系统的主旋律和主色调，全年共收到市场监管创新奖申报项目18个。（冯　涛）

**【工商法制建设】** 2009年，市工商部门继续加强工商法制建设，强化案件审核，发挥案件评审委员会对大要案件的监督作用，规范执法行为，受到了省局肯定。市局被中共山西省委、山西省人民政府评为“山西省公正执法十佳单位”，被山西省劳动竞赛委员会荣记“集体二等功”。（冯　涛）

## 物价管理

**【市场价格监测预警】** 2009年，市物价局在完成169种常规商品和60种重要商品日常监测的同时，重点加强了对防控甲型流感相关商品价格监测预警，全年上报价格监测信息和分析预测一百余篇。（史忙积）

**【发挥价调基金作用，平抑灾后市场菜价】** 2009年，全市共投放价调基金1205万元。其中，强降雪降温期间，一方面拿出30万元价调基金责成蔬菜办调运回200多万斤大路菜；另一方面及时组织市局干部职工一百余人冒着严寒从价调基地抢收回冬菜60多万斤，以低于市场批发价30%的价格全部投放到市场上，有效的平抑了灾后市场菜价。（史忙积）

**【节日市场价格监管】** 2009年元旦、春节、国庆等节假日期间，全市物价部门自觉开展市场价格巡查，强化节日市场价格监管，有力确保了节日市场价格稳定。（史忙积）

**【调整核定收费价格】** 2009年，市物价局先后调整了临猗、平陆自来水价格和新降污水处理费价格，并对全市除居民以外所有用水的水资源费标准进行了调整。对全市260多条线路和800多辆客车票价进行了重新核定，使公路客运中准票价降低了8%左右。积极争取国家、省的价格政策，努力减轻沿黄灌区农民浇地负担。从10月1日起，全市引黄灌溉电价由每度0.269元降为6分钱，水价由平均每方0.507元降为0.25元，年可减轻全市农民负担2.83亿元。对全市八个行业的100多家环保排放达标企业的电价重新进行了调查摸底，建议省上恢复这些企业正常电价，同时在全市八个鼓励类服务行业推行优惠电价、水价政策。（史忙积）

**【查处价格违法行为】** 2009年，市物价管理部门针对部分县市供电、供水部门在企业复产过程中收取用水用电保证金或押金的价格违法行为进行坚决依法查处，同时建议市政府取消全市企业用水用电保证金，直接减轻企业负担1600多万元。（史忙积）

**【医疗价格监管与农村机井限价管理】** 2009年，市物价管理部门积极探索适应新形势监管办法，切实维护人民群众的价格权益。以县、市为单位，从药品的购进、明码标价、药品价格备案、服务收费标准、收费公示等环节，对城市社区和农村“新农合”医疗服务价格进行重点规范，有效解决了群众“看病贵”问题；推行完善农村机井限价管理办法，有效遏止了浇地时向群众乱收费乱加价行为。（史忙积）

**【收费项目年审与整顿】** 2009年，市物价局结合国家取消的100项行政事业收费项目，认真开展《收费许可证》年审工作，共审验收单位3600多个，年审率达到100%。年审后，又对此项工作进行回头看，对收费项目取消后，少数行政事业单位变相乱收费进行认真清理整顿，确保国家取消的百项收费项目政策真正落到实处。（史忙积）

**【免费发放涉农价费手册】** 2009年，市物价局印制了《运城市涉农价费手册》，及时免费发放到全市每户农民手中，提高了农村收费政策的透明度，维护了农民群众的价格权益。（史忙积）

**【推行物业服务收费分等定级办法】** 2009年，市物价局积极借鉴先进省、市经验，在全市推行物业服务收费“菜单式”分等定级办法，严格按照物业服务项目标准内容、服务设施及服务质量，对号入座，核定物业服务收费标准，大大提升了全市物业服务收费管理水平。（史忙积）

**【价格监督检查】** 2009年，全市物价部门以强化市场价格监管为抓手，不断加大价格监督检查的工作力度，着力解决民生热点、难点问题，先后组织开展了涉农、涉企收费、电力、教育、旅游、药品和医疗服务价格、机动车辆收费及粮食价格等专项检查，共查处各类价格违法案件695件，查处价格违法所得金额2434万余元，实施经济制裁2285万余元。（史忙积）

**【提高商品明码标价普及率】** 从2009年9月1日至10月30日，市、县价格部门在全市范围内开展了以“迎国庆、保民生、稳物价、促发展”为主题的大型市场专项整顿活动。重点是普及明码标价、打击价格欺诈、规范市场价格行为等，通过整顿，使全市明码标价普及率达到了95%以上，农村达到了85%以上，市场价格秩序得到进一步规范。（史忙积）

**【价格举报查处】** 2009年，全市物价部门共接受群众来信来电来访1249人（次），立案查处254件，共计没收违法所得金额20.386万元，退还群众4.81万元。（史忙积）

**【煤炭价格稽查】** 2009年，全市物价部门克服全市煤源少，金融危机影响大的困难，认真抓好全市煤炭价格稽查的同时，走出去积极参与全省的交叉稽查，全年共追缴水资源补偿费

和管理费达 300 多万元。（史忙积）

【价格认证工作】 2009 年，全市物价部门共开展价格鉴定 675 起，总标的金额 2.099 亿元。在做好涉案物品认证的同时，面向社会成立了博信价格评估公司，依托物价部门的优势和政府的公信力，广泛开展除涉案领域以外的价格评估工作，取得了较好的社会效益和经济效益。（史忙积）

【成本监审工作】 2009 年，全市物价部门除完成国家、省直报和调查任务外，认真开展定调价前成本监审，全年监审项目 25 个，监审成本费用总额 1.21 亿元，核定定价成本费用 8700 万元，核减不合理成本费用 3430 万元，为合理疏导价格矛盾提供了准确参考依据。（史忙积）

【价格宣传工作】 2009 年，市物价管理部门设立了专门网站，实现了国家、省联网，建立了黄河“金三角”价格信息网络。开展专题价格政策和信息宣传。先后在运城电视台、综合新闻、第一时间等栏目报道 180 余次，在运城日报、黄河晨报刊登稿件 150 多篇，编印《工作快报》、《运城价格信息》160 多期。（史忙积）

【依法治价工作】 2009 年，市物价局成立了法规科，加大依法行政力度，集中对全市物价系统的收发文件、定调价费程序、内设机构进行了规范。认真开展执法案卷清理，规范定调价费、成本监审、价格认证、行政处罚等“四种案卷”。（史忙积）

【机关建设】 2009 年，市物价局机关建设不断实现新跨越。(1)扎实有效开展了深入学习实践科学发展观活动。成立了活动小组，制定了方案和学习计划，通过聘请专家、教授辅导讲课，组织笔记本展评、演讲比赛，开展登山、国防知识教育、红歌赛、拔河等活动，组织调研，查摆问题，提高了学习实践活动效果。(2)开展学习“右玉”精神活动，促进了机关工作作风转变。(3)举办“和谐物价”迎新春文艺晚会，向社会展示了物价部门风采，宣传了物价部门职能，扩大了物价部门影响。（史忙积）

## 质量技术监督

【“质量宣传年”活动】 2009 年，全市质监系统紧紧围绕“质量安全，人人有责”的主题，采取组织活动、开辟专栏、编发简报等形式，着力宣传企业重质量、守诚信的好典型、好榜样，宣传质监部门科学监管、有效监管的好经验、好做法，带动了“质量和安全年”各项工作的有效开展。全市质监系统有效利用 3·15、质量月、安全生产日等主题日开展宣传活动，通过《监督热线》等栏目全程直播了 3·15 宣传咨询活动实况。先后利用《运城日报》、《黄河晨报》4 个整版位置，编发“质量和安全年”活动情况，全年刊发动态消息 470 余条。在市电视台进行了 12 次专题报道，广泛宣传食品和特种设备安全知识，并于 10 月 5 日在该台黄金时间播出了《食品安全法》知识竞赛的实况。在运城质监信息网开设“质量和安全年”专栏，及时报道活动信息，倾听网民的意见和呼声。（张瑞华）

【“质量服务年”活动】 2009 年，在“质量服务年”活动中，市质监局积极帮助指导大运汽车制造有限公司等 12 家企业完善计量检测体系，派出帮扶小组深入中铝山西分公司等名牌企业，与企业负责人进行座谈交流，帮扶企业应对危机渡难关。市质监局还针对企业实际情况，出台了一系列帮扶措施。(1)实施“品牌带动”战略，对全市重点产品进行培育和扶持，争创国家级名牌。(2)为企业举办《卓越绩效评价准则》等质量管理知识培训，完善企业标准管理和计量检测体系。(3)加强能源计量，服务节能减排。(4)减轻企业负担，部分减免或缓缴特种设备检验费和计量器具检定费。（张瑞华）

【“质量提升、整治、建设年”活动】 2009 年，全市质监系统还组织开展了以提高全市蜜饯、小麦粉、农产品总体质量水平为中心的“质量提升年”活动；以整治食品小作坊、土制特种设备、建筑外窗为重点的“质量整治年”活动；以加强质量法制建设、基础工作及检测机构能力建设为主要内容的“质量建设年”活动。各项活动的有效开展，有力地推动了全市质量技术监督工作的健康顺利发展。（张瑞华）

【名牌战略工作】 2009 年，全市质监系统重点抓了名牌企业培育宣传工作，组织 30 家山西省名牌企业在 3·15 活动现场进行集中展示，在形式上统一规划了版面尺寸，内容上要求企业注重品牌宣传，从而为大力宣传全市具有自主知识产权的品牌，鼓励企业争创名牌起到了积极的推动作用。在3月份2008年山西省名牌企业社会投票活动中，全市质监系统还积极联系相关企业，发动各方力量参与网上投票和利用《大众标准化》杂志进行投票，大力扶持全市名牌企业。经评选，全市推荐的3家企业中，有2家获得了山西省名牌企业称号。（张瑞华）

**【宏观质量状况分析启动实施】** 2009年，全市质监系统把开展宏观质量状况分析作为发挥职能优势、服务地方经济发展的重要途径。在认真学习、广泛调研的基础上，起草了《运城市产品质量分析报告》，对2009年上半年全市农用产品、机电产品、建材产品、轻工产品、食品产品等主要工业产品的质量情况进行了缜密分析，突出了用数据和事实说话。《产品质量分析报告》及时向市委、市政府报送，并向社会公布，为市委、市政府调整、出台发展战略提供了科学依据，质监工作服务地方经济发展的有效性不断增强。（张瑞华）

**【建筑外窗产品专项整治】** 2009年，针对建筑外窗市场无证生产居多的情况，全市质监系统坚持扶优与治劣并重的方针，一方面积极扶持舜帝塑业等生产设备齐全、人员素质较高、产品质量稳定的企业尽快领取生产许可证，并对盐湖区境内的30余家企业60余名质量管理及技术人员进行了培训；另一方面联合城建局对全市所有建筑工地进行了排查，无证建筑外窗一律不允许进入工地使用，坚决打击和取缔产品质量不合格、无证生产的企业，维护了全市建材市场的健康发展。（张瑞华）

**【验配眼镜产品专项整治】** 2009年，市质监局先后对盐湖区40余家眼镜店进行了深入调研，同时针对性地开展了中小学生眼镜产品质量比对调查。并在此基础上，向全市107家验配眼镜生产企业质量管理人员宣传了2008版《验配眼镜产品生产许可证实施细则》等相关法律法规及生产许可证办证流程。同时，在《运城日报》上刊发专版，公布了验配眼镜企业“红黑榜”，扩大了专项整治工作的影响力，加快了全市无证眼镜验配企业的办证步伐。截至年底，全市已有70家企业取得了生产许可证，其中50家为2009年新获证企业，获证企业市场占有率达80%以上，基本实现了眼镜验配市场的健康协调发展。（张瑞华）

**【农资市场打假】** 2009年，根据省质监局关于开展农资打假下乡的要求，全市质监系统加大检查力度，对辖区内39家化肥企业和大型农资市场的产品质量、仪器设备、原料把关、产品检验等进行重点检查。及时查处了丰喜化肥股份有限公司等企业产品标识不规范、计量不足、冒用质量体系认证等一批典型案件，有力打击了化肥行业的制假售假行为，维护了广大农民朋友的切身利益。（张瑞华）

**【甲型H1N1流感防控工作】** 2009年，根据市委、市政府的安排部署，全市质监系统先后对流感消毒、杀菌、防护服等物资质量进行了重点监管，对体温检测仪等产品进行了计量校准，为疫情防控工作提供了专业技术保障。同时，市质监局还严格执行信息报告制度，每天18时前向市委、市政府值班室报告防控工作信息和执法检查统计表等资料，保证了防控工作的顺利进行。（张瑞华）

**【危险化学品、常压罐车及3C认证产品执法检查】** 2009年，全市质监系统还开展了危险化学品及常压罐车专项整治活动，协同商务等部门对“家电下乡”产品做好的宣传和引导，并对涉及3C认证的产品进行了执法检查，保证了高危、重点产品的质量安全。（张瑞华）

**【规范面粉小作坊】** 2009年，全市质监系统针对面粉小作坊的规范，重点突出两个方面，(1)产品限区域销售，即要求面粉小作坊企业原则上只限在本乡（镇）范围内销售，特别是在产品标识上要明显标注其销售的范围，且在标注位置、字体字号等都做了统一的要求和规范。(2)坚决不允许面粉小作坊企业添加增白剂，对增白剂添加装置一律予以拆除。市局还在《运城日报》上公示了82家小作坊企业的厂名、厂址、产品名称和限制销售范围等内容，有效引导了消费，确保了辖区内特别是广大农村地区的食品安全。（张瑞华）

**【区域性重点产品整顿】** 2009年，全市质监系统针对区域性重点产品整顿，继续以闻喜山楂和稷山蜜枣行业为重点开展工作。针对闻喜山楂企业原料存储工艺不符合相关要求的问题，于6月4日特邀各方面专家在闻喜康村召开了山楂贮存与加工工艺研讨会，探讨适合企业自身改造、成本较低又符合相关规定的原料存储方法，有效提高了企业产品的整体质量。针对稷山蜜枣行业存在的问题，市质监局和稷山县质监局制定了《蜜枣企业开产验收细则》和《稷山县蜜枣企业生产规范》，组织该县蜜枣企业负责人到生产相对规范、产品质量相对过关的企业现场观摩学习，陆续开展了蜜枣化验员专项培训，推动了该县蜜枣行业新一轮改造高潮。截至年底，该县所有新取证企业、到期换证企业均按照规定保质保量地完成了改造任务，并顺利通过了验收。稷山蜜枣产业步入良性发展轨道，不仅直接吸纳农村剩余劳动力，而且消化了周边县市的青枣，还带动了相关产业的繁荣，在推动农业发展、农民增收和区域经济发展等方面发挥了积极的作用。

（张瑞华）

**【食品添加剂专项整治】** 2009年，根据市政府安排，全市质监系统在食品生产加工领域内开展了为期四个月的食品添加剂专项整治行动，对食品生产者逐个、逐项目安排专项抽查，并根据抽查情况开展后续整治。就群众反映强烈的面粉、稷山蜜枣、闻喜山楂等产品，市质监局安排专人进行抽样，重点对添加剂残留量进行检验，对检验不合格的23家企业依法给予了行政处罚，有力打击了在食品中违法添加非食用物质和滥用食品添加剂的违法行为。全市质监系统还在规范食品添加剂备案工作的基础上，指导食品企业制作专门的食品添加剂宣传版面，悬挂在厂区的醒目位置，对使用的添加剂种类和数量向全社会做出公开承诺。

（张瑞华）

**【特种设备安全监察】** 2009年，全市质监系统根据市政府的安排部署，扎实开展了特种设备安全专项整治工作，以市政府名义召开了全市特种设备安全专项整治动员会，下发了《运城市特种设备专项整治实施方案》。配合各县（市、区）政府先后排查了1480家企业9264台特种设备，其中一类企业9家，二类企业692家2182台，三类企业779家7082台，并在《运城日报》上进行了公告。积极开展了市、县两级联动大检查，对前期排查中存在的问题再次进行了核实和督促整改。尤其针对化肥行业特种设备数量巨大的实际，专门成立工作组，深入全市7个化肥企业进行了详尽的调研，基本摸清了这些企业特种设备的数量、使用、管理等详细情况，明确指出了存在的问题及隐患，并与各企业签订了工作备忘录。并对化肥企业特种设备定检率不高的问题，特检所检验人员积极与企业协调沟通，对超期未检的压力容器全部进行了定期检验。此项活动，为进一步督促企业开展特种设备注册、检验工作打下了坚实的基础，同时也有效消除了企业存在的安全隐患，提高了企业的安全主体责任意识。（张瑞华）

**【民用“四表”首检工作】** 2009年，市质监局加大了以水表为重点的民用“四表”（电能表、水表、热量表、煤气表）首检工作，在对全市30余家房地产开发公司调研的基础上，摸清了全市新开发小区“四表”的数量以及检定机构的检测能力，召开了水表检定研讨会，起草了《运城市“四表”首次检定工作草案》，完成了对市供水公司计量授权工作，基本规范了全市“四表”首检工作。同时，还着力把对能源计量器具的管理转移到对计量数据的管理上来，帮助企业科学分析应用数据，促进重点耗能企业节能减排工作取得实效。

（张瑞华）

**【规范食品添加剂使用行为】** 2009年，市质监局以进一步规范食品添加剂的生产、使用工作为重点，组织专家编写了《食品添加剂应用手册》，汇总了全市主流产品如小麦粉、蜜饯、膨化食品中添加剂的名称、功能、最大用量等内容，较好地贯彻了《食品添加剂使用卫生标准》，大大提高了全市系统食品监管人员日常监管工作的快捷性和有效性。（张瑞华）

**【农产品标准化体系建设】** 2009年，市质监局以优质小麦、水果、蔬菜为重点，加大了农产品标准化体系建设步伐，发布实施了《无公害食品芦笋高产、速成生产技术规程》地方标准。大力推进农业标准化示范区建设，向省质监局推荐了临猗江石榴等三家省级农业标准化示范项目。（张瑞华）

**【实验室检测资质认定】** 2009年，市质监局以实验室计量认证监管为重点，将全市获证的50家实验室进行了类别划分，针对不同的类别采取不同监管手段。聘请技术专家对运城辖区内12家建筑建材实验室进行了专项检查。组织15家环保实验室参加省质监局安排的实验室比对工作，并帮助其全部通过资质认定。规范了系统内13家质检实验室的检验表格和报告格式。督促辖区内4家车检实验室参加了省质监局组织的检测标准变更培训，并协同省质监局对车检实验室检测系统进行升级。 （张瑞华）

【提高检验检测能力】 2009年，市质监局检测所在争取省局下拨的食品快速检测车、气相色谱质谱联用仪等价值200余万元仪器设备的基础上，又自筹资金123万元购置了CT机标准、热电偶热电阻检定装置、电能表检定装置等检测设备，大大提高了检测能力。该所还派出40余人前往河南、天津、青岛的仪器设备生产厂家、省计量所进行培训学习，提高了业务水平。特检所在人员管理、仪器设备和检验质量等方面狠下功夫，先后派出20余人参加了各级培训，取得了3名射线Ⅱ级探伤员证和4名起重机械检验师证。该所还投入近百万元购置了钢丝绳无损检测仪等仪器设备，新建设了安全阀校验工作室。编制出台了该所第一版质量体系文件并严格贯彻落实，完善检验报告，规范检验程序，切实提高检验质量。 （张瑞华）

【开展学习实践科学发展观活动】 2009年，市质监局深入开展学习实践科学发展观活动，全面完成了学习实践活动三个阶段11个环节的各项任务。活动中，共先后组织集中学习7次，全体党员认真撰写学习笔记3万字以上，开展主题调研实践活动7次，撰写调研报告53篇、心得体会文章104篇。围绕政治理论学习和研讨不够深入、思想解放和服务发展不够到位等5个方面的问题，提出了11个方面35条整改措施，明确了整改落实的项目、目标、时限和责任分工。修改不符合科学发展的制度8项，新建制度3项，群众满意度测评满意率为99.1%。此外，市质监局还成功举办了“热爱质监、共谋发展”主题演讲比赛，28名参赛选手紧扣主题，结合自身工作实际，从不同角度、不同侧面讲述了对科学发展观的认识体会和工作中如何践行科学发展观。活动的成功开展使全局上下转变了思想观念，找到了问题和差距，自觉用新的观念和新的思路引领质监事业走上科学发展的轨道。 （张瑞华）

【党风廉政建设】 2009年，市质监局深入学习贯彻中纪委、市纪委会议精神，结合实际狠抓党风廉政工作落实，年初就与各县（市、区）质监局签订了目标责任书，明确了党风廉政建设和反腐败斗争的责任和任务。全市质监系统把党风廉政建设与业务工作、机关干部考核、政风行风民主评议结合起来，做到一起部署、一起落实、一起检查、一起考核，效果明显。全市质监系统的依法行政意识进一步增强，工作作风明显转变，服务态度和服务质量都上了一个新的台阶。

（张瑞华）

【廉政警示教育】 2009年6月23日，按照市委、市政府统一安排部署，市质监局组织机关、各直属单位党员干部84人来到市廉政警示教育基地，观看了版面内容和廉政警示教育片，开展了廉政教育活动，提高了全体党员干部拒腐防变的能力，形成了“以廉为荣、以贪为耻”的廉政文化氛围。 （张瑞华）

## 安全生产监督管理

【概况】 2009年，市安监局始终坚持“安全第一、预防为主、综合治理”的方针，扎实开展“三项行动”，全面推进“三项建设”，以专项整治为主线，以规章制度为保障，以目标责任为抓手，以治大隐患、防大事故为目标，不断加大工作力度，严格落实各项措施，全市安全生产形势得到了明显好转。1~12月份，全市共发生各类事故950起，同比减少66起，下降6.5%；死亡253人，同比减少25人，下降8.99%。其中，道路交通发生事故759起，同比减少88起，下降10.39%，死亡242人，同比减少20人，下降763.%；消防火灾发生事故183起，同比增加18起，上升10.91%，未造成人员伤亡；非煤矿山发生事故3起，死亡3人，去年同期非煤矿山未发生事故；工商贸企业发生事故4起，死亡5人，事故起数和死亡人数同比分别增加1起1人；其它行业发生事故1起，死亡3人；煤矿、农机、农电等行业未发生死亡。

（史全森　兰东俊）

【全市政府系统安全生产专家报告会举行】 2009年4月3日，全市政府系统安全生产专家报告会如期举行。省安监局总工程师刘德政应邀前来作报告。市长王安庞，市委常委、常务副市长张建合，副市长吴菊仙、张建喜等出席报告会。

刘德政全面分析了当前严峻的安全生产形势，并以襄汾尾矿库溃坝事故、屯兰煤矿事故等为例，指出一定要深刻吸取血的教训，切实增强安全生产的责任感和使命感。充分认识安全生产水平受限于安全生产要素中低水平的部分，安全生产成果取决于安全生产系统中最薄弱的环节，安全生产事故后面有大量的未遂事故和事故隐患。在安全生产问题上，政府系统干部要做到认识清、方向明、敢担当、有作为，尽职尽责地搞好安全生产工作，努力使安全生产工作再上新的水平。会议要求，各级各部门要进一步确立安全发展的理念，强化安全生产的责任，落实好安全生产的各项制度，全面推进安全生产专项整治，杜绝重特大事故的发生，促进全市安全生产形势的进一步好转。

（史全森　兰东俊）

**【全市煤矿兼并重组推进会召开】**　2009年4月1日，全市煤矿兼并重组推进会召开。会议提出，要认真贯彻落实省政府《关于加快推进煤矿企业兼并重组整合的安排意见》，把现有的51座煤矿整合成18座，彻底解决运城市煤矿“多、小、散、乱”格局和基础薄弱状况，提高煤炭产业水平和煤矿安全生产水平。副市长张建喜在会上指出，河津、垣曲、平陆等相关县市要明确目标，严格按照省政府的要求，坚定不移地推进全市煤矿兼并重组工作。重组后的煤矿生产规模必须超过45万吨且具备机械化开采能力，井下作业人员必须控制在50人以下并持有上岗资格证。在重组过程中，有关部门要加强煤矿安全监管工作，确保煤矿兼并重组工作顺利进行。

（史全森　兰东俊）

**【《运城市生产经营单位安全生产培训规定》出台】**　2009年，市政府为落实安全生产行政责任、强化安全监督管理，出台了《运城市生产经营单位安全生产培训规定》。规定要求，生产经营单位从业人员应当按规定接受相应的安全培训，并取得相应的安全资格证、特种作业操作证或培训合格证后方能上岗。　（史全森　兰东俊）

**【《运城市高危行业安全生产状况评估规定》出台】**　2009年，市政府为落实安全生产行政责任、强化安全监督管理，出台了《运城市高危行业安全生产状况评估规定》。规定要求在本辖区注册登记的煤矿、非煤矿山、危险化学品生产、经营、使用单位及民爆器材生产、经营单位和烟花爆竹批发企业等，应按照要求进行评估工作，年度评估结论为不合格的企业，由当地政府依法予以关闭。

（史全森　兰东俊）

**【《运城市道路交通安全管理规定》出台】**　2009年，市政府为落实安全生产行政责任、强化安全监督管理，出台了《运城市道路交通安全管理规定》。规定提出公安机关是全市道路交通安全管理的主管机关，公安交通管理部门负责本规定的实施；规划、市政、建设等部门应当按照职责协同做好道路交通安全管理工作。

（史全森　兰东俊）

**【《运城市学校安全工作管理规定》出台】**　2009年，市政府为落实安全生产行政责任、强化安全监督管理，出台了《运城市学校安全工作管理规定》。规定要求，为促进学校安全工作实现规范化、制度化、程序化、科学化管理，要保障学校和全体学生、教职员工的人身、财产安全不受侵害。

（史全森　兰东俊）

**【《运城市人员密集场所消防安全管理规定》出台】**　2009年，市政府为落实安全生产行政责任、强化安全监督管理，出台了《运城市人员密集场所消防安全管理规定》。规定要求，人员密集场所应落实逐级和岗位消防安全责任制，明确专人担当义务消防员和逃生引导员，人数不少于本场所从业人员的30%；义务消防员和逃生引导员应掌握消防安全知识和灭火基本技能，定期开展消防演练，确保人员密集场所安全。

（史全森　兰东俊）

**【运城市安监局空港分局成立】**　2009年4月15日，为加强空港新区安全生产监管工作，经市编委批准，市安监局空港分局成立。副市长张建喜出席挂牌仪式。空港新区已初步建成11平方公里的现代化工业园区，有285家客商入驻，有10家规模以上企业投产运营，产业集群不断完善。为填补空港新区安全监管工作的空白，经市委、市政府同意，空港新区管委会与市安监局决定设立空港安监分局。在挂牌仪式上，市安监局负责人希望空港分局认真履行职责，切实担负起安全监管工作的重任，把握空港新区安全监管工作的特点，认真贯彻落实安全生产的法律法规和政策措施，做到严格依法行政，树立良好形象；紧密围绕新区的发展和建设，构建安全生产长效机制，通过营造安全发展环境，确保新区社会稳定；真正为生产经营单位搞好服务，不断提升企业安全生产水平，通过开展安全生产专项整治活动和隐患排查治理工作，有效预防安全事故发生，实现空港新区安全发展。

（史全森　兰东俊）

**【王家岭煤矿改扩建项目开工】** 2009年6月2日，河津市王家岭煤矿联合工业广场，十余台桩机正在有序打桩，20余台铲车、翻斗车来回穿梭，百余名施工人员忙着扎箍筋打地基。据王家岭煤矿项目部负责人介绍，该项目的选煤厂、综合利用电厂建设工程已于4月份全面开工；矿井井巷工程已完成2.781万米；铁路专用线已完成施工图审查，将于近期开工建设。王家岭煤矿是国家和山西省重点项目，由华晋焦煤有限责任公司投资开发。该项目由年生产能力600万吨的矿井、年入洗原煤600万吨的选煤厂、2×5万千瓦的综合利用电厂(热电联供)和铁路专用线构成的循环经济综合建设项目。项目总投资50.21亿元(动态)，建设工期为33个月，预计于2010年10月竣工。该项目的联合工业场地在河津市境内。王家岭煤矿是华晋焦煤有限责任公司在乡宁矿区建设的第一对矿井，位于本省乡宁县和河津市境内，井田面积约180平方公里，地质储量23.42亿吨，可采储量10.36亿吨。煤种为中灰、低硫、特低磷的优质瘦煤，是极好的炼焦配煤。

（史全森　兰东俊）

**【王家岭煤矿锁定全封闭洁净化生产目标】** 2009年，王家岭煤矿在项目建设、管理过程中，严格按照国家有关法律、法规和华晋公司项目管理的有关规定，坚持“计划管理、预算管理、目标管理、对标管理”的原则，建立了一系列有关工程、计划、安全、造价等方面的管理制度，并在管理中不断完善、修订，在具体工作中严格按照相关的规章制度和办法规范项目管理。在项目建设中，王家岭煤矿坚持“小业主、大监理”的原则，按新企业、新体制、新机制和高标准、高效率、高效益组织建设，引进国内先进的工程设备，尽量缩短工程时间、提高工程质量。该项目坚持走新型工业化道路，投产后将实现全封闭洁净化生产，对拉动当地经济发展，实现资源综合利用具有重要意义。

（史全森　兰东俊）

**【县(市)长安全技术助理工作】** 2009年，为更好地开展安全工作，省里为运城市选配了10名县(市)长安全技术助理。并要求安全技术助理要把握工作重点，正确履行职责，大胆开展工作。要以落实各项法律法规，确保各项制度有效运转；了解各行各业安全生产动态；提供安全生产决策方面的技术依据，推进安全生产整治等为重点，扎实做好所在行政区域的安全整治工作。　（史全森　兰东俊）

**【运城市煤矿兼并三方协议签字仪式举行】** 为加快推进运城市煤矿兼并步伐、推动煤炭企业实现科学发展。2009年10月30日，运城市举行煤矿兼并三方(市、县、主体企业)协议签字仪式。市委常委、副市长张建喜出席协议签字仪式。协议签字仪式上，运城、河津两级市政府分别与省煤焦集团、同煤集团、省煤运公司签订了煤矿兼并协议，运城市、平陆县两级政府与山西科达公司签订了煤矿兼并协议。市、县、主体企业三方协议的签订，标志着全市煤炭资源整合取得了新进展，解决了法律之内的具体问题。河津市、平陆县政府要按照签订的协议，进一步推进煤炭资源整合，完善第一阶段签订的协议，解决好涉及民生的问题。要严格落实10月18日的政府纪要内容，做到变更及时到位，做好复工复产工作，保证城乡居民冬季生活取暖用煤。各级有关部门和煤炭企业要强力做好安全生产工作，特别是在煤矿复工复产期间，要严格按程序办事，明确责任主体，加强安全监管，做好安全隐患排查工作，严防各类事故的发生。　（史全森　兰东俊）

**【市安监局矿山救护队员成功救出被困井下村民】** 2009年12月13日下午2点30分，稷山县翟店镇宁南村一村民在维修该村人畜吃水深井时，不幸被困井下。事故发生后，运城市政府、市安监、稷山县政府、稷山消防中队、公安迅速赶到现场，展开了一场井下生死大救援。

在稷山消防中队第一次救援失败后。14日早，经再次对现场勘查，决定由运城市安监局矿山救护队进行二次救援。运城市安委办主任、市安监局局长赵令刚亲自坐镇指挥，并指定稷山县分管安全的副县长费克仁为抢险总指挥，市安监局矿山救护队队长张国强为井下现场指挥，同时就救援工作进行详细安排部署。市安监局矿山救护队员接到命令后，按照救援方案，迅速对井下进行通风送氧，输送电话线，监测井下气体，派人下井侦查井下情况。10点18分，随着起重机起吊，救护队员佩戴氧气呼吸器，携带对讲机，声力电话等救援器具开始下井救援，随着井下救护队员和地面人员密切配合，10点50分，救护队员将困于井下的黄启元顺利救出。经现场了解，黄启元在结束井下维修工作升井时，身上的绳索断裂，摔至100多米井底时，由于落差过大，当场身亡。

（史全森　兰东俊）

## 国有资产监管

【企业改制工作】　2009年，市国资委狠抓企业改制工作。市无线电厂改制工作，在认真摸排走访的基础上召开了职工大会，职工安置方案已征得全体职工同意，改制进入实施阶段。市百纺公司通过联合开发进行彻底改制，经过公开招标现已确定合作方，改制工作正在实施。临猗、永济医药药材公司改制完成。杜家沟煤矿在完成现代企业制度改革后，现已正式移交霍州矿务局。礼元化肥厂移交闻喜县政府管理。

（陈　晋）

【帮助企业解决实际问题】　2009年，市国资委积极帮助企业解决实际问题，确保正常发展。新纺停产后，市国资委通过多方努力，先后帮助企业争取职工生活费750万元，为符合条件的45、50人员150余人办理了提前退休手续，一定程度上保证了企业稳定。在与新绛县政府积极协调后，已完成了子弟学校移交管理工作，为企业减轻了负担，解决了实际问题。在此基础上，又通过公开招标，实行租赁经营，租赁协议已于2009年10月1日正式签订。运城拖拉机厂子弟学校教职工及资产已全部移交盐湖区，中条山有色金属子弟学校已移交垣曲县。根据商业肉联厂职工反映的职工医保的问题，经与企业协商，各方共同努力后，使职工的医保问题得到彻底解决。

（陈　晋）

【企业破产工作】　2009年，全市企业破产工作稳步推进。永纺政策性破产正式启动。糖酒公司职工安置结束，破产即将终结。食品公司进入破产程序，第一次债权人会议召开，审计、评估和各项费用测算已基本完成。

（陈　晋）

【争取项目和投资工作】　2009年，市国资委特制订《运城市国资委争取项目和投资工作实施方案》，成立了以王新征主任为组长的争取项目和投资工作领导组，有效地保障了此项工作的顺利实施。五色石公司计划淘汰现有立窑生产工艺，新上日产2500吨新型干法水泥熟料生产线，已经省经委核准，现正与龙门集团进行谈判，拟由双方共同建设。市外贸包装公司拟建大型仓储物流中心，建成后物流量可达150亿元，新增营业收入1500万元，安排就业300余人，该项目已报市发改委，正在争取国家、省专项资金。

（陈　晋）

【产权管理工作】　2009年，市国资委进一步加强产权管理工作。(1)产权登记和产权交易管理日益规范，交易程序制度化、程序化，为保证全市国有资产保值增值做出了贡献。全年共发布《国有资产产权交易公告》17宗，成交11宗，涉及评估值2303.7407万元，实际成交价2654.9287万元，平均增值率为15.25%。(2)加强招商引资力度，为关铝热电厂、市建等办理抵押贷款2.2亿元。

（陈　晋）

【企业领导班子建设】　2009年，全市企业领导班子建设效果明显，顺利完成了2009年度企业领导班子和领导人员年度考核工作，监管企业领导班子的整体素质明显提高。在学习实践科学发展观活动中，先后列席参加了市建、五色石公司、永济印染厂等企业的领导班子专题民主生活会。做好了企业后备干部的培养推荐工作，结合年度考核，在7个单位推荐副职后备干部21人，正职后备干部3人，都已上报市委组织部，建立了企业后备干部人才库，现已有7人被提拔使用。

（陈　晋）

【规范企业法人治理结构】　2009年，市国资委按照现代企业制度要求进一步规范企业法人治理结构。对经纬燃气公司领导班子进行了调整加强。对运城大酒店的董事会和经理层领导人员进行了补充提名。通过对公司制组织结构的完善，确保了企业的良好运行。顺利完成了南风集团和关铝股份两家企业领导班子人事档案移交工作。

（陈　晋）

【党建工作】　2009年，市国资委继续扎实做好党员队伍建设工作，全年共发展党员115名，并组织举办了国资委第三期入党积极分子培训班，参加培训的积极分子达70余名。

（陈　晋）

【帮扶慰问老干部、老党员工作】 2009年，市国资委对老党员和生活困难党员253人进行了春节慰问，国庆节前夕对全系统离休老干部等128人进行了走访慰问，并对帮扶困难党员活动进行了动员安排和摸底。

（陈 晋）

【国庆60周年与英雄模范人物推荐工作】 2009年，市国资委根据市委组织部安排，下发了国庆60周年重点活动通知，对全系统建国60周年活动进行了细致安排，取得了比较好的效果。并根据市委宣传部安排，在全系统进行了“100位为新中国成立作出突出贡献的英雄模范人物推荐、100位新中国成立以来感动中国人物推荐表”双评活动。

（陈 晋）

【纪检监察工作】 2009年，市国资委继续稳步推进纪检监察工作。(1)对全市国资委系统科学发展观落实情况进行了进度检查，严肃处理违反国家能源管理和环境保护法律法规的问题，坚决控制低水平重复建设，严格控制“两高”项目上马，加强对“蓝天碧水工程”推进情况的监督检查。(2)做好信访工作，全年共接到各类信访案件38批次323人次，认真做好接待、登记工作，积极解决群众的上访问题。(3)继续开展治理商业贿赂以及煤焦和矿山领域反腐败“专项斗争”，认真贯彻落实中央、省、市有关文件精神，推动国资委系统专项工作深入开展，规范了工作行为，明确了工作目标。(4)改进和完善工作机制，深入开展企业廉政文化建设，营造出了学习廉政、宣传廉政的浓厚氛围。(5)制定了国资委政风行风建设工作实施方案。做到了责任到人，任务到科，职责明确。

（陈 晋）

【学习实践科学发展观活动】 2009年，市国资委起草制定下发了《关于深入学习实践科学发展观活动的实施方案》和市国资委学习实践科学发展观活动流程。在活动开展以来，精心安排组织了委机关的培训工作，同时聘请了市委党校教授及市直工委领导专门就科学发展观进行了专题辅导，并发放了学习资料和笔记本。组织了国资委系统“热爱运城，共谋发展”为主题的演讲比赛，进一步激发了广大党员干部深入学习实践科学发展观的热情，圆满地完成了本次学习活动。

（陈 晋）

## 统计管理

【概况】 2009年，市统计局和13个县（市、区）统计局均被评为第二次全国经济普查先进集体。市统计局、临猗县统计局因在统计工作中做出突出贡献被省劳动竞赛委员会荣记集体一等功，稷山县统计局荣记集体二等功，闻喜县统计局荣记集体三等功。“五一”前夕市统计局被省劳动竞赛委员会荣记集体三等功。市局工业科被省妇联授予全省“三八红旗集体”荣誉称号。在全省统计专业评比中，分别被评为2009年度全省能源统计工作综合先进单位、能耗公报工作先进单位、工交统计工作综合先进单位、工业统计工作先进单位、工业月报统计工作先进单位和工业企业联网直报统计工作先进单位。市统计局还被评为全市信息工作先进单位、新农村帮扶工作先进单位、党风廉政建设先进单位、文化建设先进单位，受到市委、市政府表彰。全市统计系统先后有20名同志被评为国家级先进个人，176名同志被评为省级先进个人，54名同志被评为市级先进个人受到表彰。

（王涑波）

【完善健全内部管理体制】 2009年，市统计局在学习实践科学发展观活动中，机关各项重要规章制度和内部管理体制得到健全，机关财务管理制度、公务车辆管理制度、岗位责任考勤签到制度、网络安全和保密工作制度等新制度不断建立，各科（室、队、站）和各工作岗位的任务职责更加明确，办事程序更加规范，工作效率大幅提高，有力地增强了统计机关服务经济社会发展的能力和水平。

（王涑波）

【完成第二次全国经济普查任务】 2009年，市统计局按照《第二次全国经济普查办法》和《山西省第二次全国经济普查实施方案》规定的步骤、程序和要求，完成机构设立，落实人员和经费，选出普查试点，划分普查区，进行清查摸底，开展业务培训。在此基础上，全市四万余名普查人员深入乡村、企业、单位和个体经营户，严格按照省普查方案要求，对3300个村级普查区的16337个法人单位、12375个产业活动单位和14520个个体经营户进行了普查登记，并通过市、县、乡层层质量抽查，确保了普查表数据符合实际。在数据处理过程中，做到了设备、程序、人员、培训四到位。市经普办制订了专业审查实施细则，专业人员核实数据信息、审查逻辑错误，数据处理人员现场解决疑难问题，确保数据按时上报。6月份，国家和省经普办质量抽查验收小组先后到芮城县进行事后质量抽查验收，普查数据质量完全符合国家经普质量控制要求。（王涞波）

**【第六次全国人口普查前期准备工作】** 2009年，市统计局根据《国务院关于开展第六次全国人口普查的通知》（国发[2009]23号）、《山西省人民政府关于认真做好我省第六次全国人口普查工作的通知》（晋政发[2009]26号）和市政府《关于认真做好我市第六次全国人口普查工作的通知》（运政发[2009]31号）精神，成立了以市委常委、副市长张建喜为组长的全市第六次全国人口普查领导小组。全市13个县（市、区）政府都下发文件，成立普查领导小组和办公室，各乡（镇、街道）也都设立了普查工作机构。市县两级普查办向政府汇报了人口普查经费预算，人口普查准备工作正在有条不紊进行。（王涞波）

**【第二次全国R&D资源清查工作】** 2009年，市统计局根据国家统计局等六部门《关于开展第二次全国R&D资源清查的通知》（国统字[2009]57号），省统计局、科技厅、发改委、教育厅、财政厅五部门《关于开展山西省第二次全国R&D资源清查的通知》（晋统字[2009]73号）和市政府《关于开展运城市第二次全国研究与试验发展（R&D）资源清查的通知》（运政办发[2009]126号）精神，成立全市第二次全国R&D资源清查领导小组，组长由市委常委、副市长张建喜担任，成员由市政府办公厅、统计局、科技局、发改委、教育局、财政局有关人员组成。完成了摸底、调查对象确定、试点等前期准备工作，对全市1000余家涉及R&D活动的企事业单位进行了业务培训。（王涞波）

**【推进地区经济社会发展考核评价工作】** 2009年，市统计局及时起草并以市政府名义下发了《关于贯彻落实〈山西省关于修订“十一五”时期地区经济社会发展考核评价工作方案（试行）的意见〉的实施意见》（运政发[2008]44号）。全省2008年考评结果公布后（2008年全市经济社会发展水平在全省排名第8位，比2007年上升1个位次；发展指数在全省排名第7位，比2007年上升2个位次），根据王安庞市长的批示，市考评办积极开展调研，结合全市考评位次及与其他先进市的差距，及时编写了《发扬优势寻找差距，促进经济社会协调发展》的统计专报，并以市政府办公厅文件（运政办发[2009]121号）通报了各县（市、区）2008年地区经济社会发展考评结果。市委常委、常务副市长王殿民专题听取了统计部门的汇报，四次召开全市考评领导组成员单位一把手会议，进行专题研究，对主要考评指标完成情况进行预计和分析，要求高度重视，寻找差距，采取有效措施，确保考评结果如实反映全市2009年经济社会发展情况。（王涞波）

**【统计年报和定期报表工作】** 2009年，市统计局以市政府办公厅文件下发了《关于切实做好2008年统计年报的通知》（运政办发[2008]134号），召开了年报动员会和专业培训会，制订了岗位目标责任制，严格执行主要统计数据下管一级，基层单位报表上报市局一套，村级报表实行乡管，层层把关，确保了报表数据的真实性。为把提高数据质量的各项措施落到实处，根据市政府办公厅《关于贯彻落实〈山西省统计数据质量控制办法〉的实施意见》要求，市县乡三级和各企事业单位均高标准严要求，深入调查，细致登录，认真汇总，科学分析，严格把关，从制度和行动上保证统计年报和定期报表工作的正常运行。在市县两级统计人员的共同努力下，30个专业统计年报工作大多数获得省局好评表扬。（王涞波）

**【经济运行监测工作】** 2009年，市统计局继续抓好经济运行监测工作。利用《统计报告》、《统计快报》、《统计专报》、《经济运行监测》小册子等固定刊物每月定期向四大班子领导和有关业务部门汇报和报送全市经济运行情况、全市主要经济指标在全省的排队。整理编印《运城概览2008》，由中国统计出版社公开出版了《辉煌运城60年》。每季度定期召开新闻发布会，公布全市经济社会发展情况。及时发布全市经济社会发展统计公报，并在人大、政协会上以参阅资料或文件形式印发给代表和委员，为代表和委员审议政府工作报告起到了积极的参考作用。同时发布了人口公报、劳动和社会保障事业发展公报、单位

GDP能耗公报。积极参与《政府工作报告》等有关重大材料的起草修改工作，受到王安庞市长的表扬。各县（市、区）都发布了统计公报，编印了年鉴、提要和月度经济运行监测，各乡（镇、街道）统计工作站编印统计资料汇编本，利用统计部门特有的手段和方式，及时为党委政府的科学决策提供数据服务。（王涞波）

**【经济形势分析工作】** 2009年，市统计局进一步强化经济形势分析工作，密切监测经济运行情况，组织对全市30户重点工业企业运行进行监测。并以市政府办公厅文件下发通知，建立由市委常委、副市长张建喜为总召集人、市统计局为召集人、12个部门参加的经济运行监测联席会议制度。改革统计分析制度，每月召开全市经济形势分析会，开展旬报、月度预报和环比分析工作。及时、准确、详尽的各种统计数据，为市委、市政府更好地应对国际金融危机、出台各项举措提供了有力的数字支持。逐月向各县（市、区）通报主要经济指标进展情况及排队，通过《运城日报》向全社会公布，千方百计提高统计服务水平。

（王涞波）

**【统计专项调查】** 2009年，市统计局组织专业人员对全市GDP和旅游、文化产业拉动GDP情况进行了调查和测算，对主要工农业产品产量、价格变动及工业企业用电情况进行了调研分析。为反映城市化进程，统筹城乡发展需要，开展了城乡划分清查工作。为落实省委、省政府“保增长、保民生、保稳定”目标任务，及时掌握金融机构对地方经济的支持现状，根据省统计局安排，开展了金融支持山西国民经济实现“三保”目标调查。为掌握广大群众对当前社会治安状况的反映以及公共安全和社会秩序的真实感受，找出影响群众安全感的主要问题，根据省统计局和市政法委安排，开展了群众安全感问卷调查。为了解民众的宗教信仰现状及发展趋势，根据国家统计局安排，抽取夏县160户农户进行了宗教信仰情况问卷调查。为掌握农业生产情况和结构变动情况，满足社会信息需求和农业经济核算需要，根据省统计局安排，开展了农业生产情况大调研和乡（镇、街道）统计工作基本情况调查。此外，还完成了妇女儿童“两纲”监测、家电下乡、重点工业企业运营状况、企业能耗电耗、文化产业、体育及相关产业等多项统计专题调查。（王涞波）

**【统计分析和课题研究工作】** 2009年，市统计局社会经济统计科研课题共结项7项，其中市局3项，盐湖区2项，临猗县、新绛县各1项。市县两级统计局编写的统计分析报告、统计快报、信息专报被各级新闻媒体采用2527篇次。其中，国家级采用26篇，省级采用539篇，市级采用1962篇。分别在《中国信息报》、《农民日报》、新华网、国家统计局内外网、《人口纵横》、《山西经济日报》、《山西发展导报》、省统计局内外网、省局《内部工作动态》、省经普简报、省R&D资源清查简报、《运城日报》、《黄河晨报》、运城电视台、运城电台、市政府公众信息网、市委《发展导刊》、《决策参考》、《运城信息》、市政府《运政信息》、《政务参阅》、市政协《社情民意》上刊登采用。各县（市、区）党委、政府内部刊物及新闻媒体也大量刊载统计局提供的信息。

（王涞波）

**【优秀统计分析报告评选】** 在2009年度全省市级统计分析“精品”评选中，《对优化运城市产业结构的思考》一文被评为二等奖。在“经普杯”第三届全省优秀统计信息评选中，《对运城市“四大产业集群”的现状分析》获二等奖，《改革开放30年，河东大地展新颜》获三等奖。《电力消费居高不下不容忽视》和《节能降耗任务艰巨，调整结构势在必行》被评为全省能源专业优秀统计分析报告。在全市开展的统计分析“精品”评选活动中，共评出一等奖3篇，二等奖7篇，三等奖9篇。（王涞波）

**【宣传贯彻统计法规】** 2009年，市统计局认真贯彻落实新《统计法》和《统计违法违纪行为处分规定》，市纪检委、监察局、法制办、统计局、国家统计局运城调查队以运纪发[2009]17号文件联合下发了《关于认真贯彻落实<统计违法违纪行为处分规定>的通知》，市局下发了《关于学习宣传新〈统计法〉和〈统计违法违纪行为处分规定〉的通知》，市委常委、纪委书记赵建平在《中国信息报》和《运城日报》发表了《坚决惩治和预防“数字腐败”，为科学决策和宏观调控夯实基础》的署名文章。市委常委、副市长张建喜要求全市统计系统认真组织对新《统计法》和

《处分规定》的学习、宣传和贯彻落实工作。市局先后召开局党组会、全局干部职工会和全市统计局长及统计执法人员大会，安排部署学习宣传活动。市局利用《统计专报》向四大班子领导进行宣传。（王涑波）

**【统计法规政策宣传】** 2009年，市统计局加强“五五”普法宣传教育，广泛宣传统计法规政策。利用3.18综治宣传日、4月普法宣传月、12月新《统计法》宣传月和大型普查机会，上街散发传单手册，接受群众咨询，累计发放统计法制宣传资料2万多份，宣传单8万余张，咨询人数10万人次；印发新《统计法》和《处分规定》辅导读本1万余册，给各县（市、区）局、乡（镇、街道）统计站和各企事业单位发放新《统计法》和《处分规定》挂图253套。完善全员执法责任制，对夏县、垣曲、稷山、临猗、闻喜五县进行了统计巡查，加大依法行政力度，对统计违法违纪行为进行查处。（王涑波）

**【统计信息化建设】** 2009年，全市统计系统加大信息化建设投入，加强基础设施建设，实现县乡统计网络全覆盖。市县筹资给专业人员购置高性能计算机80台，实现了市县专业人员人均1台计算机的目标。为全市统计系统每位同志都建立了一个统一规范的业务电子邮箱。改版统计内网，开通统计外网，建立了市县视频会议系统，乡级建立统计站网页，实现国家、省、市、县、乡五级联网，做到了上级会议精神同步视听，所有专业报表数据准时上报。（王涑波）

**【统计基层基础建设工作】** 2009年，为了进一步加强统计基层基础工作，全市统计部门按照省局统一安排，认真贯彻市政府办公厅《关于进一步加强县乡两级统计基层基础工作的通知》（运政办发[2009]68号）精神，组织参观了长治市和临猗县、孙吉镇等市县乡的先进做法，多次召开各县（市、区）基层基础建设工作推进会。各县（市、区）明确标准，细化目标，量化任务，树立样板典型，以点带面，逐项落实。市局党组成员分组包片，督促检查，从机构设置、队伍建设、制度建设、业务建设、法制建设、信息化建设、统计创新七个方面逐县逐乡检查验收，确保基层基础工作达到了“三相符、十二到位”，基础建设水平不断提高。截至年底，13个县（市、区）统计局经市统计局验收全部达标，永济、临猗、稷山、盐湖四县（市、区）已经省局第一批验收合格。全市148个乡（镇、街道）统计站已有144个通过市统计局验收达标，超额完成年初制定的70%的达标任务。全省基层基础建设工作现场会在永济召开。

（王涑波）

**【统计工作制度化建设】** 2009年，市统计局狠抓统计工作制度化建设。建立健全统计工作综合考评、数据质量评估、法制巡查督察、信息化建设、岗位目标责任制等30多项工作制度，实现基本规章制度汇编成册，主要制度制作版面上墙，促进了统计工作的规范化和制度化。（王涑波）

**【统计工作劳动竞赛活动】** 2009年，市统计局与市劳动竞赛委员会继续联合在各县（市、区）开展统计工作劳动竞赛活动，从五个方面进行全方位评比，实行月通报季检查年奖惩，对考评前六名的县（市、区），由市劳动竞赛委员会记功，市政府通报表彰，市局给予物质奖励；对考核不达标的县（市、区）发出黄牌警告。通过“结对子，树榜样”，比学赶超、争先创优在统计系统蔚然成风。

（王涑波）

**【教育培训】** 2009年，市、县两级统计部门坚持办好每周的统计讲坛，由领导班子成员和业务骨干对全体人员进行政治和业务辅导。加强统计职业道德建设，开展了“青春在统计岗位闪闪发光”征文活动，组织全体公务员参加更新知识培训、继续教育培训和法律知识培训。邀请专家教授举办专题讲座，组织专业人员参加国家、省、市举办的各类业务学习培训班，参加了第十一期全国县级统计局主要负责人培训班、第三期全省三级统计局长培训研究班、全省统计骨干（专家）中央党校培训班、全省统计建模培训班、全市第十期中青年干部培训班，组织业务骨干参加赴内蒙古、江西、重庆等地进行工作学习交流。全市有1305人参加统计从业资格考试，378人参加全国初、中级统计职务资格考试，19人参加高级统计师资格考试。各科（室、队、站）也都根据工作实际普遍举办各具特色的业务培训。这些学习培训活动的开展，促进了统计系统浓厚学习氛围的形成，进一步提高了广大干部职工的知识能力和业务素质，有效增强了统计队伍应对复杂局面的能力。（王涑波）

【机关作风建设】 2009年，市统计局狠抓机关作风建设，并新建立和完善了机关财务管理制度、固定资产管理制度、政务公开制度、岗位责任制、公务车辆管理制度、网络安全和保密工作制度。弘扬“右玉精神”，建立《转变机关作风，提高工作效率》制度。多次通过视频会议系统参加国家局和省局组织的政治业务学习，每月初召开局党组扩大会议组织学习政治业务知识，为全体人员购发了政治、业务、工作笔记本。开展了“五型”、“四好”、“三满意”机关党建活动，对党总支进行换届选举，两次到市廉政警示教育基地接受警示教育，推荐选拔了四名副处级后备干部。 （王涑波）

【社会公益活动】 2009年，市统计局积极参加社会公益活动。开展了为受雪灾群众捐款、向全市扶贫助困基金奉献爱心、为“5.12”灾区学生“六一”关爱行动捐款、“我为残疾人献上一份爱”捐助活动和“博爱一日捐”募捐活动，共捐款17510元。春节前夕赴帮扶村万荣县皇甫乡西杜村开展“送温暖，慰问贫困”活动。开展了能源紧缺体验日等节能降耗系列活动，严格执行公车工作日按车牌限行及公休日、节假日封停的规定。 （王涑波）

【学习实践科学发展观活动】 从2009年3月12日开始到8月底的5个多月时间里，全市统计系统按照市委“转型发展、安全发展、和谐发展”这一主题，紧密结合统计实际，开展了学习实践活动集中培训、专题讲座、知识考试、笔记展评、演讲比赛、专题调研、问卷调查、班子民主生活会、形成分析检查报告、落实整改问题等多个环节的工作，群众满意度测评为100%，较好完成了学习调研、分析检查和整改落实3个阶段的各项任务，在提高认识和推动实践等多个方面取得了实效，得到了市委常委、组织部长、市委学习实践活动领导小组副组长陈振亮的好评。 （王涑波）

## 审计监督

【概况】2009年，全市审计机关共审计单位520个，（其中，审计调查121个），查出各类违纪违规金额2.79亿元，应上交财政2862万元，已上交2762万元；核减工程款3600万元；应归还原渠道资金5486万元；移交纪检监察部门48案50人；提交审计专题、综合性报告和信息简报349篇，被批示采纳128篇。 （景 磊）

【财政预算执行情况审计】 2009年，市审计局坚持把财政审计作为审计工作的重头戏。从3月初起，市本级组织力量，集中时间，分别对市财政局、地税局等28个市直单位及其所属二、三级预算单位实施了市本级2008年度财政预算执行情况审计，并对相关专项资金进行了审计调查。以规范预算管理为目标，坚持“揭露问题，规范管理、促进改革、提高绩效”的审计思路，顺利完成了预算执行情况审计。审计局受市政府委托，向市二届人大常委会第25次会议做了《关于2008年市本级财政预算执行和其他财政收支情况的审计工作报告》，人大常委会对审计工作报告给予了较高评价；王安庞市长对审计整改工作非常重视，多次听取汇报，做出重要批示。市政府专门下文，要求各被审计单位认真整改，并出具正式文件向市政府报告整改情况。受市政府委托，市审计局向市二届人大常委会第29次会议做了《关于2008年市本级财政预算执行和其他财政收支情况审计查出问题的整改情况报告》，市人大常委会对审计整改工作给予了充分肯定。 （景 磊）

【财政决算审计】 2009年，市审计局对盐湖区、河津市、绛县、夏县、平陆县、万荣县、垣曲县等七个县市进行了财政决算审计。全市审计机关坚持监督与服务并重的原则，促进了财政管理的进一步规范。 （景 磊）

【经济责任审计】 2009年，全市经济责任审计在继续进行县（市、区）委书记与县（市、区）长“同步审计”的基础上，探索开发区领导干部的经济责任审计。市县两级审计机关共完成经济责任审计项目115个，其中：县委书记1人，县（市、区）长1人，开发区管委会主任1人，乡镇长42人，党政领导28人，事业单位领导干部41人，企业单位领导人员1人，审计总资金12亿元，共查出违纪金额7516万元，领导干部负直接责任的1005万元，负主管责任的6511万元。向司法、纪检机关移交1案1人。 （景 磊）

【重点领域和重点专项资金审计】 2009年，市审计局紧紧围绕“保增长、保民生、保稳定”的工作大局，对人民群众普遍关心的和关系人民群众切身利益的审计项目，进行了重点倾斜。除在预算执行审计中安排了城建、交通、环保、国土资源、劳动社会保险和公、检、法等重点部门的审计外，还安排了对林业、扶贫、农业、水利等专项资金的审计和审计调查。市县两级审计机关会同财政、纪检监察等有关部门开展了清理“小金库”的工作，为规范财政经济秩序，从源头上预防腐败发挥了积极作用。

（景　磊）

**【新增建设项目跟踪审计】** 2009年，市审计局积极开展对拉动内需的重点工程的政策贯彻、资金落实情况的跟踪审计。市县两级审计机关会同纪检委、发改委、财政等部门对贯彻中央扩大内需新增建设项目进行跟踪检查，促进了中央扩大内需政策的落实；2009年市本级投资审计及审计调查资金总额7.35亿元，重点对东城污水处理中心、市城西人家住宅小区节能改造工程、市中医院门诊综合楼、市生活垃圾处理场建设项目和全市中小学校舍安全工程的审计及审计调查。

（景　磊）

**【汶川地震救灾捐赠资金专项审计】** 2009年，市、县（区）两级审计机关对全市汶川地震救灾捐赠资金6771.37万元和物资折价832.96万元进行了专项审计和跟踪调查，及时将审计结果向社会进行了两次公告，市局由一名副局长带队、组成审计组赴四川省茂县，对灾后恢复重建等建设项目进行了专项审计。（景　磊）

**【农村义务教育“普九”债务审计】** 2009年，市审计局根据省政府安排，开展了全市农村义务教育“普九”债务审计，全市各级审计机关组织200多名审计人员，历经一年多时间，审计时间跨度达20年，涉及到全市2804所农村中小学，债务责任主体2963个，债务项目数量28171笔，审计核减金额5.12亿元，核减率达43.62%，摸清了农村“普九”义务教育债务总体情况，促进了农村义务教育的健康发展，维护了农村社会的和谐稳定。（景　磊）

**【严格审计程序，提高审计质量】** 2009年，市审计局狠抓审计质量保障工作。在审计项目组织实施中，(1)严格审计程序。每个审计项目的审前调查、实施方案编制、审前公示、双向承诺到出具审计报告、审计决定、案件移送等工作流程，都严格按照程序规范操作；(2)坚持三级复核制和审计项目集体审定制，严格控制审计质量；(3)坚持围绕大局，强化服务意识。抓住带有倾向性、宏观性的问题，从制度、机制和体制的层面，有针对性地提出解决问题的对策和建议，充分发挥审计监督的建设性作用，均收到了良好效果。（景　磊）

**【机关设施建设】** 2009年，市审计局组织实施“金审”工程，努力改善工作条件和办公环境。全市审计机关投资200多万元，于上年第一季度完成了“金审工程”机房和布线工程，更新和配备了部分电脑、打印机等办公设备，现已向省厅申请安装部署OA系统，待省厅统一启用OA系统以后，初步实现办公自动化；市局办公楼已使用十五年，公共设施老化，破损严重。上年第四季度对局机关大楼实施整修，开通了机关大门，办公环境面貌一新。（景　磊）

**【机关作风建设】** 2009年，市审计局继续狠抓机关作风建设。并结合系统实际，以局党组文件转发了市纪委《关于领导干部进一步改进工作作风严肃工作纪律的若干规定》的通知，并下发了《运城市审计局关于转变作风的决定》，良好的作风和严明的纪律为提升运城审计提供了强有力的保证。

（景　磊）

**【干部教育培训】** 2009年，市审计局加大干部培训教育力度。先后举办了全市审计骨干计算机培训、固定资产审计、经济责任审计等专题培训班；市局在年终进行了为期二十天的集中学习。截止年底，全市审计机关共有228名同志取得中级以上职称，达到全市审计人员总数的45%。（景　磊）

**【审计系统工程建设】** 2009年，全市审计系统工程建设进一步提升。县（市）之间、市局科室之间明争暗赛、求真务实、积极向上，整体工作迈上了新的台阶。夏县、垣曲县审计局的固定资产投资审计、新绛县、闻喜县的审计成果转化、万荣县、平陆县的机关建设等均取得了很好成绩；河津市审计局荣获全国审计系统先进集体和全国精神文明建设工作先进集体，垣曲县审计局荣记市“五一表彰集体一等功；市审计局办公室荣记市“五一表彰”集体二等功，市审计局被市委、市政府命名为“五一劳动先进集体”和新农村建设帮扶先进单位；河津市审计局被评为市五一劳动先进集体、垣曲县审计局长张茂林、盐湖区审计局长原翠霞分别荣获省、市“五一”劳动模范称号。（景　磊）

【审计服务经济社会发展工作】 2009年，市审计局紧紧围绕“保增长、保民生、保稳定”的工作大局，服务中心，突出重点，加强重点领域的审计监督；同时适时调整审计计划，安排了对全市运用外资情况审计调查，促进外资利用工作的规范管理，为应对偿还债务做好准备；煤炭可持续发展基金审计调查转为专项审计，为保证财政收入贡献力量；在预算执行情况审计中，注重从机制、体制和制度的层面，提出防范和化解风险对策的建设性意见，积极促进整改，为深化改革服务，为政府决策服务；审计中发现的八个方面重要问题向市政府主要领导作了专题汇报，引起了领导的高度重视，起到了领导决策的参谋助手作用。同时，积极探索审计为社会服务的路子，计划举办各行业财务、内审人员培训班，从源头上预防财务违规问题发生。（景　磊）

【审计管理工作】 2009年，市审计局在确定审计项目计划上，由过去的经验型管理向科学管理转变，以“科学安排，滚动覆盖；全面依法，突出重点；严格履责，服务发展”为指导思想，围绕党委、政府工作中心，从人民群众最关心、社会各界最关注的焦点、热点、难点等问题出发，合理、科学地安排审计项目，确定审计重点。对财政审计、经济责任审计达到“一审多果，一果多用”的目的。在审计组织方式上，开始打破科室条块独立作战局面，实行项目主管，相关科室参与的审计模式，进一步整合审计资源。在审计质量控制方面，严格坚持三级复核，实行审计项目审理汇报，统一把握处理原则，促进了审计质量和社会效果的提升。（景　磊）

【审计执法制度建设】 2009年，市审计局加大审计执法制度建设力度。（1）成立了审计质量检查小组，制定了工作办法。（2）修订完善了优秀审计项目评选办法、审计案卷初审办法、审计公告试行办法。（3）完善了审计回访制度。（4）出台了进一步加强审计成果转化工作意见。（景　磊）

【学习实践科学发展观活动】 2009年，市审计局坚持把党员干部受教育放在首位，采取多种形式狠抓学习教育。组织全员学习了《十七大报告》和十七届三中全会精神、《毛泽东、邓小平、江泽民论科学发展》、《科学发展观重要论述摘编》和胡锦涛总书记在全党学习实践活动动员大会、纪念党的十一届三中全会召开三十周年大会、十七届中纪委三次全会上的重要讲话精神，学习了中央政治局常委参加深入学习实践科学发展观活动专题民主生活会情况的报告和省市委领导同志在深入学习实践科学发展观活动中一系列重要指示。通过集体学习、举办专题讲座、个人自学、小组集中学习等形式，激发干部职工参与学习的积极性和自觉性，促进全局人员思想认识的提高。在学习的基础上，各小组进行了讨论，同志们根据自身思想实际，工作情况，畅谈对科学发展观的认识，交流如何通过学习促进工作开展，人人写出了心得体会，潜移默化中，提高了自身的政治素质。并结合工作实际，局领导班子成员，列出八个专题，深入县市区局，深入审计一线进行了认真调研活动，写出了有一定质量的调研报告，不仅圆满完成了调研任务，而且对基层工作中的问题进行了现场指导和释疑解难。（景　磊）

【完善政治业务学习制度】 2009年，市审计局不断完善政治业务学习制度。(1)制定了全市审计干部培训教育规划。(2)每月及时作出学习计划安排，全年安排2~3次政治业务学习讲座。(3)完善了机关学习制度。市审计局机关人员政治业务学习制度，市审计局党员学习制度，党组中心组学习制度。(4)修改完善了优秀公务员考评办法及制定优秀党员评选办法。（景　磊）

（责任编辑：武建华）

# 农　林　水　牧

## 农业综合开发

**【2008年度国家农业综合开发项目配套资金】** 至2009年底，全市2008年度农业综合开发（以下简称农发）项目全部完成。2008年度国家农业综合开发项目涉及新绛、稷山、河津、万荣、临猗、盐湖、永济、芮城、平陆、夏县和垣曲11个县（市、区），计划总投资11390.7万元，完成投资11397.4万元，占计划的100.06%。其中完成财政资金6555.8万元，占计划6551万元的100.07%；完成自筹资金4404.4万元，占计划4402.5万元的100.04%。经过全面治理改造，项目区基本达到了田成方、林成网、路相通、渠相连、旱能浇、涝能排、地平整、品种优、机作业、生态好的农业生产新格局。（李　瑛）

**【2008年度土地治理项目建设】** 2009年，土地治理项目完成总投资7030.95万元，占计划7020万元的100.2%。按照“田、林、路、渠、机、电、井、站”综合配套要求高标准完成。其中，完成国家土地治理中低产田改造项目10.24万亩，省中低产田改造项目0.75万亩。据统计，计划新打机井55眼，实际完成56眼，占比101.9%；计划修复旧井160眼，实际完成160眼，占比100%；计划架设输电线路34.38公里，实际完成34.42公里，占比100.2%；计划埋设管灌507.07公里，实际完成521.03公里，占比102.8%；计划衬砌防渗渠道66.95公里，实际完成66.15公里，占比98.8%；计划修建其它水利设施13处，实际完成13处，占比100%；计划新修机耕路230.22公里，实际完成220.68公里，占比95.9%；计划营造防护林0.24万亩，实际完成0.25万亩，占比106.8%；计划改良土壤2.5万亩，实际完成2.5万亩，占比100%，计划购置良种6.53万公斤，实际完成6.69万公斤，占比102.5%；计划购置农机具7台（套），实际完成7台（套），占比100%。计划建设良种仓库1395平方米，实际完成1395平方米，占比100%；计划良种晒场6712平方米，实际完成6712平方米，占比100%；计划购置设备仪器4台（套），实际完成4台（套），占比100%；计划示范推广2.41万亩，实际完成2.41万亩，占比100%。

（李　瑛）

**【2008年度林路工程建设亮点】** 2009年，全市土地治理项目在林路工程上，河津、夏县、临猗、盐湖、永济、稷山、万荣、芮城等县市道路平整笔直，林木整齐，建设标准高，整体效果好。在防护林建设上，夏县作为全国绿化工作先进县，采取乔灌结合、选择胸径六公分以上的杨树和高度在一米五以上的桧柏，标准统一，栽植整齐，三遍大水漫灌，成活率高，效果非常好；芮城县部分路段选择的树木胸径在10公分以上，栽植整齐，成活率很高，整体效果十分喜人。（李　瑛）

**【2008年度机井渠灌工程】** 2009年，全市土地治理项目在机电井渠工程上，临猗、永济、芮城通过招标选择专业施工队，建设的渠道表面光洁，平整顺直，强度达标；垣曲县根据项目区实际，渠、灌等各项工程建设都付出了艰辛的努力，工作很扎实；万荣县根据地处旱垣、打井不易的实际，实行机井和蓄水池双配套灌溉工程，使一井顶两眼井用，年毛收入达到20多万元。新绛的新打井工程、机电配套工程标准高，井房、井院设计建设十分漂亮。据统计，全市项目区可新增和改善灌溉面积8.89万亩，扩大良种种植面积0.83万亩。本年春季，面对30年不遇的旱情，全市所有项目区农作物长势良好，农发工程初显成效。经过综合治理，有效提高了农业综合生产能力特别是粮食生产能力，为农业结构调整和农民增收提供了良好的基础。据统计，全市项目区可新增粮食1005.23

万公斤，为农民增收2378.93万元，人均增收332元。

（李　瑛）

【2008年度产业化经营项目】2009年，全市农业综合开发产业化项目共完成总投资5222.36万元。全市共扶持国家农发产业化项目6个，省农发产业化项目4个。产业化项目按照计划内容建设实施，厂房扩建、改造设备、仪器购置、良种繁育、示范基地建设都按计划批复要求扎实推进。农发产业化项目的实施，有效促进了当地农副产品的转化和农业生产服务体系的建设。据统计，这些项目完成后，可为企业年新增总产值33699万元，年新增利税1944万元。安排农村剩余劳动力4891人。（李　瑛）

【落实2009年农发项目配套资金】　全市2009年度国家农业综合开发土地治理项目涉及中低产田改造项目13个，项目计划总投资9914.5万元，实际完成6655.37万元。其中：中央财政资金5298万元，实际完成3659.2万元；省级财政资金2227万元，实际完成1294万元；市级财政配套160.4万元，实际完成105.5万元；县级财政配套261.1万元，实际完成177.08万元；自筹资金1968万元，实际完成1419.6万元。

（李　瑛）

【2009年国家农发项目工程建设】　2009年度农发项目工程按计划、有步骤、分阶段在建设中。计划土地治理改造11.41万亩，实际完成8.42万亩。其中，计划新打机电井245眼，实际完成185眼；计划埋设管道559.92公里，实际完成431.61公里；计划新修机耕路297.54公里，实际完成249.24公里；计划营造防护林0.29万亩，实际完成0.27万亩；计划改良土壤4.09万亩，实际完成2.91万亩；计划技术培训53050人次，实际完成35500人次。同时，全国第一批农业综合开发支持新农村建设临猗县示范区项目高标准实施，全省第一批现代农业示范区新绛项目扎实推进，全国第一批高标准农田夏县示范区项目正式立项。

（李　瑛）

【2009年度省级农发项目】全市2009年度省立项农业综合开发县土地治理项目计划总投资1169万元，实际完成793万元。从工程任务完成情况看，计划土地治理改造1.34万亩，实际完成0.97万亩。（李　瑛）

【2009年度国家农业综合开发产业化项目】　全市2009年度国家农业综合开发产业化项目，包括7个财政补贴项目和9个贷款贴息项目，其中：中央财政资金1093万元，实际完成1083万元；省级财政资金166万元，实际完成152万元；市级财政配套12万元，实际完成11.5万元；县级财政配套17万元，实际完成11.5万元；自筹资金2003.62万元，实际完成1706.4万元；银行贷款1672.39万元，实际完成1672.39万元。至年底，各项目财政及自筹资金全部到位，工程建设进展顺利。（李　瑛）

【农发项目管理】　2009年，市农业综合开发办全面实行项目和资金公示制，认真落实项目招投标制，积极推行工程监理制，严格执行县级报账制，健全完善工程管护制，逐步形成了统一、完整、规范的农业综合开发制度管理体系，实现了由粗放式管理向精细化管理的转变，对规范开发行为，提高建设标准，保障资金运行安全，确保工程长久发挥效益起到了重要作用。（李　瑛）

【万荣县农发办项目管理】2009年，万荣县农发办严把工程招标、原料选购、工程监督三个环节，如道路、蓄水池等工程，坚持把主要原料单独提出，公开投标，单独采购。在监理环节，实行由工程监理、项目负责人、3—5名村民专职监督员组成的省、县、村“三位一体”工程质量监理机制，全天候跟踪检测。同时组织村里的老党员、老干部定期不定期的到工地巡视，对施工中发现的问题及时予以处理解决，保证了各项工程的高质量完成。

（李　瑛）

【临猗县农发项目管理】2009年，临猗县农发办高度重视选项和质保工作。在项目区的选择上，严格实行“四看一定”，即看乡村班子，看群众意愿，看产业优势，看开发潜力，最后组织有关部门评估论证，通过招投标确定。在工程质量上，严格工程检查、监督和验收制度，各项工程都做到“干前有标准，干中有检查，干后有验收，边干边督促，边验收边付款”。特别是实行工程质量回访制度，在工程或设施经过一段时间考验和运行后，对工程质量进行回访。进一步确认质量及效果，对工程质量不合格者，责令其返工，一切费用自付。

（李　瑛）

【科技示范工程建设】　2009年，市农业综合开发办加大科技推广力度，加强对农民的技术培训。共推广实施了以设施农业新技术、测土配方施肥技术、信息化节水灌溉技术为主的一批科技推广示范项目。河津市在抓中低产田改造工程中，突出节水工程建设，2005—2009年，先后投资1486万元，在全市32个行政村和黄河滩三个国营场圃建设节水灌溉面积17万亩，年节约水资源1500万立方米，相当于河津市区生活用水的6倍。仅灌溉用电一项就可节约电费204万元。在2009年春季，面对三十年不遇的严重旱情，河津市农发项目区10万亩冬小麦，在大旱之年无一受旱，一次灌溉率达100%，二次灌溉率达95%，保证了农作物丰产增收，显现出节水农业的威力。临猗县投资近20万元，建设了精确农业节水信息化平台，集用水自控、土壤养分速测为一体，提高了农业综合开发的科技含量。

（李　瑛）

【督查验收工作】　农业综合开发，项目在农村，工程在田间。2009年，为了切实提高项目工程建设质量，市农发办把监督检查放在十分重要的位置。根据国家和省办要求，由分管领导带队，计财科、土地科牵头，集中时间、人员分别于三月中旬、四月上旬以及9~12月份分别对工程建设和资金报账情况进行了中期检查，及时发现和纠正部分县（市、区）在报账程序、科目票据以及工程质量和数量方面存在的问题，并把一些可能出现的问题消灭在萌芽状态。在项目工程竣工后，按照国家和省农发资金和项目管理工作质量考评办法等规定要求，结合全市实际，进一步修定出台了《运城市2008年度农发竣工项目工程验收标准》，从市办、财政及有关县市区抽调精兵强将，组成市级检查验收组从5月4日开始至5月27日开展了近一个月的全面的市级验收，对全市2008度开发成果进行较为客观全面的评价和总结，为更进一步搞好全市开发工作奠定了坚实基础。

（李　瑛）

【新农村建设】　2009年，市农发工作按照“生产发展、生活富裕、乡风文明、村容整洁、管理民主”20字方针，创新思路，拓展开发范围，延伸开发内容，积极探索农业综合开发支持新农村建设的有效途径，狠抓了国家农业综合开发新农村建设临猗县示范区等一批新农村示范村建设。全市先后涌现出临猗王景、东祁、曹家营、夏县西村、双庙村、芮城周青村、方家村、稷山苑曲村、河津堡子沟村、盐湖区西翟底村等新农村典型，为建设和谐富裕文明民主的社会主义新农村做出了示范样板。（李　瑛）

【农发工程摄影展】　2009年11月7日，市农业综合开发办举办的“希望的田野——运城市农发工程摄影展”在市博物馆隆重展出。分为土地治理夯基础、产业龙头展雄姿、种养基地显特色、新村建设现生机、综合开发见成效5个部分，这些照片，生动记录了全市农发工作的一个个精彩瞬间，不仅展示了农业开发15年的风姿，为全市农业综合开发留下了宝贵的影像资料，有力地推动和方便了本系统的工作，而且达到了宣传农发、展示成果、扩大影响、推动全市农发工作再上新台阶的目的。（李　瑛）

## 农业经济管理

【农村经济】　2009年，全市农村经济总收入4629633.55万元，比2008年的4362827万元增加了266806.55万元，增幅达到6.1%。其中：农业收入1311096.41万元、林业收入42224.27万元、牧业收入150158.88万元、渔业收入2480.2万元。分别占总收入的28.3%、0.91%、3.2%、0.054%。工业和建筑业收入分别是2104125.26万元、214009.2万元，占总收入的45.4%、4.6%。运输业、餐饮业、服务业及其它收入分别是292770.27万元、215931.08万元、133489.78万元、163348.2万元，分别占总收入的6.3%、4.7%、2.9%、3.5%。本市2009年农村经济总费用为2982602.51万元，占总收入的64.4%，比2008年的2838288万元增加144314.51万元，增幅5.1%。本市2009年农村经济净收入1647031.04万元，比2008年的1524539万元增加122492.04万元，增幅8%。

（左　竞）

【运城市农业委员会成立】　运城市农业委员会、中共运城市委农村工作领导组、运城市农村经济管理中心成立于2009年10月15日。2010年1月8日隆重举行挂牌仪式。新成立的运城市农业委员会由原运城市农业局、市委农村工作领导小组办公室、市农业区划办合并组建而成。樊剑展任市农业委员会党组书记、市委农村工作领导组办公室主任；李晋生任市农业委员会党组副书记、市委农村工作领导组办公室副主任（正处级）；李鼎龙、裴宝珠任市农业委员会调研员、市委农村工作领导组办公室副主任；周志华、裴正龙、亢青选、冯树英、刘志英、郝代业、张帆任市委农村工作领导组办公室副主任；陈乃家任市农业委员会纪检组长；李社民任市农业委员会总农艺师。李鼎龙、裴宝珠、周志华、陈乃家、裴正龙、亢青选、冯树英、刘志英、李社民、郝代业、张帆、孙复生任市农业委员会党组成员。

（马利云）

**【现代农业示范区建设】** 2009年，省委、省政府决定在运城建设现代农业示范区。结合本市实际情况，示范区范围定为盐湖、永济、临猗、夏县、闻喜、新绛、稷山七县（市、区）。全市成立了由武宏文副市长任组长的运城市现代农业示范区建设领导组。从3月份开始，由市农委牵头，经过广泛调研和反复论证，两次市政府常务会议讨论，一次专家论证，并经山西省农牧业勘察设计院规范完善，编制完成了《山西运城现代农业示范区建设规划》。10月份，省发改委、农业厅对该《规划》予以批复。按照《规划》，2009–2015年示范区项目建设总投资80.1亿元，其中申请国家投资23.2亿元，地方配套14.1亿元，社会和农民自筹42.8亿元。9月16日，在新绛县举行了项目对接和启动仪式，标志着运城现代农业示范区建设正式启动，2009–2010年规划建设项目91个，当年实际启动项目65个。

（黄晓江）

**【农业信息服务工作】** 2009年，市农业局依托运城农业信息网络服务平台，充分发挥市、县、乡、村、户五级信息服务体系的桥头堡作用，不断拓宽信息服务领域，创新信息服务方式，丰富信息服务内容。共编发各级各类农业信息1万余条，其中农产品预供求信息3000余条、主要农产品价格日报信息1000条，农业科技短信480条，农业预警信息、市场分析预测信息300余条；通过“12316”三农热线、“16855110”专家热线答复群众来电800余次。

（陈高波）

**【农民负担专项治理】** 2009年，市农民负担减负办按照农业部、国务院纠风办、财政部、发展改革委、国务院法制办、教育部、国家新闻出版总署七部委的文件精神和省七厅局的安排部署，全面开展了农民负担专项治理工作。按照谁主管谁负责的原则，对重点问题开展专项治理。纠正乱收费项目10个，减轻合作社负担14.4万元。对2008年财政转移支付和新农村建设资金、2006–2008年扶贫资金、农业开发资金和农机补贴资金开展了专项审计。对2007年以来各级政府拨付到乡、村的农业生产发展资金、良种补贴资金、退耕还林补助及专项资金、安全饮水工程资金、低保金、中职助学金、中小学校舍安全工程专项资金、粮食直补款等支农惠农专项资金的拨付和落实情况开展专项检查，涉及项目32个，金额5.53亿元，查处违纪问题59个，违纪金额104.99万元，给予党纪政纪处分和其他处理35人。

（吉力宏）

**【农村财务公开】** 2009年，市农业局通过与市纪检委、农廉办联合召开“全市2009年深化农村党风廉政建设，加强农村经营管理工作会议”，市农廉办分别印发《关于规范农村“三资”委托代理工作的通知》、《关于清理整顿农村村级账户工作的通知》，市农业局与市农村信用联社联合印发《关于加强农村集体资金监管的通知》，与市民政局、村务公开办等部门联合制定印发《运城市村务公开和民主管理“难点村”治理工作实施方案》；通过规范全省统一的“财务支出审批（审核）单”，进行三次督促检查落实工作，建立一套4张报表制度，直接督办查处8起农村财务管理案件，强力清理整顿村级账户，强化了财务和资金的监管，促使全市153个乡（镇、办）全部建立了农村会计服务中心，143个基本实行了农村会计电算化，有101个乡镇基本实现了一村一账户；共计代理“三资”总数30.18亿元，其中代理农村集体资金3.17亿元、资产24.21亿元、资源2.8亿元。通过审核拒付不合理开支1412笔，涉及金额222.957万元。

（牛秦鹏）

**【户用沼气建设】** 2009年，市委、市政府再次把以沼气为主农村可再生能源建设列为为民所办“十件实事”之一，全市新建户用沼气24600户（其中2008国债14552户、2008扩大内需2518户、2009扩大内需5380户、巩固退耕还林2150户），占到2009年度全省建设任务总数的24%，居全省第一，户用沼气累计达到146709户；服务网点553处（其中2008国债128处、扩大内需新增项目425处）；养殖小区和联户沼气试点建设任务62处（其中2008

国债30处、扩大内需新增项目32处）；省柴节煤灶连炕2100户。共完成投资10566.93万元，其中中央及省投资4877.6万元，市、县两级共配套720.35万元。（郭益鸿）

【规范农民专业合作社】 2009年，市农业局全面贯彻落实《农民专业合作社法》和《农民专业合作社财务会计制度》，新注册登记的合作社1401个，累计达到2863个，其中种植业1642个，养殖业997个，其它224个。入社农户8.1万户，带动农户31.45万户。全市有115个农民专业合作社取得无公害、绿色、有机农产品认证，有176个农民专业合作社注册了自己的产品商标。（赵晓春）

【农业行政执法】 2009年，农业执法工作全面落实《全国农资打假专项治理行动实施方案》，加强市场整顿，强化源头监管，严格市场准入，狠抓大案查处，组织实施“放心农资下乡进村”示范工程，深入开展农资打假专项治理行动，为农业生产安全、农产品质量安全提供保障，深入开展禁限用农业投入品专项整治，严肃查处生产、销售和使用禁限用农业投入品的违法行为，杜绝出现因农资质量引发的农产品质量安全事件。以规范完善2008年底筛选推荐的20多个“放心农资企业”和300余个“放心农资店”为基础，组建运城市放心农资连锁经营网络，全市共出动农业执法人员2600余人（次），排查农资门市部、企业1800余个（次），立案查处606余起。完善诚信档案，构建农资监管长效机制。（陈国飞）

【行风建设】 2009年，全市农业系统以教育作基础、以体系作支撑、以监督作后盾，围绕推进党的强农惠农政策落实这一重点，全面提高干部群众服务意识和水平，大力扭转行业政风行风，促进了全市农业中心工作和机关建设的全面发展。（1）统筹协调，构建市、县、乡三级联动行评网络；（2）教育培训，转变工作作风、提高服务水平。（3）政务公开，营造公平、透明、简捷、高效的服务环境；（4）调研监督，丰富拓展监督的内容和形式。与此同时，积极开展了机关行政效能整顿与督查。通过积极有效的工作，全市农业系统较好实现了执法行为规范、机构运转协调、干部廉洁勤政、办事务实高效的目标。（许仲华）

【农业系统人事劳资】 2009年，全市农业系统职工总数2909人，与上年同期相比增加169人。专业技术人员1613人，占总人数57%。具有高级职称102人，占专业技术人员总数6%，其中正高5人，副高97人；具有中级职称583人，占专业技术人员总数36%；具有初级职称596人，占专业技术人员总数37%；未评职称332人，占专业技术人员总数21%。在专业技术人员队伍中，具有大学本科及以上学历374人，占专业技术人员总数23%；具有专科学历688人，占专业技术人员总数43%；具有中专及以下学历551人，占专业技术人员总数34%。工人787人，占总人数28%。其中技师88人，占技术工人总数11%；高级工121人，占技术工人总数16%。全市农业系统干部职工全年工资总额50123千元，人均月工资1469元。（马利云）

## 种植业

【概况】 2009年，全市农作物播种总面积为1157.76万亩，比上年增加113.65万亩。全年粮食面积937.29万亩，比上年增加115.02万亩，增长14%。总产220.64万吨，比上年增加11.69万吨，增长5.6%，总产创历史最高。其中：夏粮面积494.3万亩，比上年增加31.49万亩，增6.8%；总产90.06万吨，比上年减少14.94万吨，下降14.2%。秋粮面积443万亩，比上年增加83.5万亩，增长23.2%；总产130.58万吨，比上年增加26.6万吨，增长25.6%。秋粮中，玉米总产119.79万吨，比上年增加25.4万吨，增长26.9%；豆类总产5.24万吨，比上年增加0.88万吨，增长20.4%。棉花面积99.3万亩，比上年减少23.07万亩，降幅18.9%；总产7.67万吨，比上年减少2.23万吨，减幅22.5%。蔬菜面积77.61万亩，比上年增加25.53万亩，增长49%；总产180.4万吨，比上年增加71.9万吨，增长66.3%。油料面积19.02万亩，比上年减少1.45万亩，下降7.1%；总产2.11万吨，比上年下降0.1%。瓜果类面积5.78万亩，比上年下降0.8万亩，下降12.5%；总产12.02万吨，比上年下降0.6%。（姜惠民）

【农产品质量安全工作】 2009年，全市新认证无公害农产品产地16.5万亩、无公害农产品21个、名牌产品3个、地理标志产品3个。培训无公害农产品检查员24名、地理标志农产品核查员5名。永济、芮城建设出口芦笋精品示范区4000亩，规划了新绛县、夏县、闻喜县、盐湖区10万亩出口无公害设施蔬菜基地项目。

（张瑞芳）

【耕地综合生产能力建设】 2009年，是耕地综合生产能力建设工程实施的第四年，是工程建设的全面推进年。市农业局本着“集中区域、规模实施”的原则，认真做好土壤墒情及旱情监测、水肥一体化相关技术参数采集等基础性工作，积极完成区域性耕地地力调查与质量评价、坡耕地综合治理、节水农田及旱（薄）平地土壤培肥、盐碱地改良、水肥一体化示范等工程。据统计，全市在13个县（市、区）、101个乡（镇、办事处）、692个村、13.3万个农户共计实施耕地综合生产能力建设工程81.6万亩（其中：中低产田改造工程32.4万亩），总增产值4001.05万元，其中，坡耕地综合治理15.8万亩，总增产值558.32万元；旱薄（平）地培肥49.8万亩，总增产值1877.56万元；节水灌溉高效农田14.5万亩，总增产值1481.75万元；盐碱地综合治理1.5万亩，总增产值83.42万元。

（刘志强）

【蔬菜生产】 2009年，据农业部门统计，全市蔬菜播种面积140万亩，占全省632万亩的22.2%，总产量359万吨，占全省1780万吨的20.2%，总产值55.4亿元，占全省203亿元的27.3%，农民人均蔬菜纯收入810元，比全省人均564元多246元。全市设施蔬菜总面积达78万亩，比去年增加5万亩，占全省125.6万亩的62.19%；其中日光温室20万亩。无公害蔬菜产地认证面积74.676万亩，比2008年增加2万亩。

（畅成德）

【新品种选育应用】 2009年，全市加大自主知识产权农作物新品种的科研开发力度，玉米新品种“永丰玉10号”通过山西省审定，“晋单52号”通过山西省扩区认定；棉花新品种“运棉3539”、“科能0518”、“凯棉1号”通过山西省审定；蔬菜新品种“丰研6号”黄瓜、“良椒2313”辣椒、“长青王5号”长青王6号”西葫芦通过山西省审定。

常规作物良种覆盖率达99%，杂交种达100%。小麦主推品种为烟农19、临丰3号、运旱21-30、晋麦77号、舜麦1718、临汾8050、晋麦84号；玉米主推品种为郑单958、浚单20、浚单18、晋单52号、先玉335，晋单51号；棉花主推品种为晋棉47号、冀丰106、中棉所41号、晋棉48号、银棉2号。

（刘彦军）

【麦棉生产实用技术推广】 2009年，市农业局在小麦、棉花生产中重点推广了8项实用技术，累计推广面积956.73万亩。其中优质专用小麦高产综合栽培技术340万亩，小麦全生育期地膜覆盖栽培技术4.2万亩，小麦氮肥后移技术153.7万亩，小麦机械化精量半精量播种技术316万亩，棉花间作套种高产高效栽培技术18.6万亩，棉花大铃型品种高产栽培技术98.4万亩，杂交棉品种及配套栽培技术推广1.68万亩，棉花抗病新品种及配套栽培技术推广24.15万亩。

（徐隽铭）

【植物检疫】 2009年。全市共签发植物检疫证书16.91万份，其中鲜活农产品额有16.72万份，调运162000余万公斤，比去年同期增加8.3%；非鲜活农产品有种子苗木及其他类签证0.19万份，调运618万公斤和47.8万株种苗，与去年基本持平。产地检疫213.87万亩，比去年增加47%。配合盐湖公安部门重拳出击，一举捣毁了两个假植物检疫证书签证黑窝点，拘留了三名犯罪嫌疑人，规范了检疫签证秩序。全市设立了114个疫情调查监测点，对梨枯梢病、美国白蛾等检疫性有害生物调查面积达135万亩次，涉及215个乡镇3324个行政村，在本市未发现疫情。同时继续完善计算机联网签证和24小时值班制度，为广大农民提供优质服务。

（段运虎）

【绿色有机食品认证】 截至2009年底，全市累计认证绿色食品44个、有机食品86个，共计130个，涉及10个县（市、区）的20个企业。其中新增有机食品认证14个，分别为平陆县田园蜂业有限公司的山花蜜、洋槐蜜、枣花蜜、荆条蜜；山西关圣农产品专业合作社的苹果、桃；河东乌麦黑色食品有限公司的河东乌麦、小麦、大豆、玉米；运城市绿色农产品经营者产业协会的苹果、梨、桃、冬枣。有机食品年生产能力达到14.6万吨，绿色食品年生产能力达到4.7万吨，总生产能力达到19.3万吨。

（吕全春）

【农业专项资金拨付】 2009年，全市农业专项资金指标共

19378.91万元，比上年10523.74万元增加8855.17万元，其中：部、省级专项资金17184.45万元，比上年的9103.49万元增加8080.96万元；市级1548.28万元，比上年的1020.25万元增加528.03万元；县级646.18万元，比上年的400万元增加246.18万元。截至年底，全市十三个县（市、区）的专项资金到位数为13962.75万元，到位率为77.44%，其中盐湖区、芮城县、闻喜县、夏县、平陆县的到位率均达到100%。（曹晓华）

【农业科技入户工程】 2009年，市农业局以新型农民培训、农业科技入户、巩固退耕还林成果、科技培训等工程项目为依托，大力开展技术培训。通过有组织地转移培训，成功向外集中输送1024名农村劳动力，就地转移1462人。运城2008–2009年度农业科技入户小麦丰产方建设涉及闻喜、夏县、临猗、盐湖、万荣、稷山、永济、芮城8个县（市、区），共确定示范户4500户，辐射带动农户90000户，示范种植小麦22.511万亩。示范户平均亩产382.9公斤，比前三年平均亩产274公斤，增产108.9公斤，增39.7%；辐射户平均亩产324公斤，比前三年小麦平均单产274公斤，亩增50公斤，增长率达18.2%。（李江娟）

【农村人才培训】 2009年，市农广校依托十万农村特色人才培训项目，紧紧围绕“服务新农村，培养新农民”这一主题，在广大农村青年中，农村基层干部中，农民经纪人中，农资经营户中广泛开展中专学历教育培训，全年共招中专学历生739人，开展实用技术培训5.8万人次，获中专毕业证书490人。（王永红）

【参加中国特色农产品交易会展销】 2009年10月21–26日，中国（山西）特色农产品交易博览会首次在省城太原隆重举行。运城展区为360平方米的综合展厅和16个展位的龙头企业产品展厅，展区面积在全省各地市中最大。围绕优势龙头企业和特色农产品两大载体，突出组团参展、招商招展、专题推介三大重点，着力抓好龙头企业和特色产品的推荐筛选、设计布展、招商招展、宣传报道四道环节，取得了丰硕的成果。全市共现场销售各类特色农产品2901.38万元；签订销售合同548笔，总销售金额51.68亿元；签订合作意向352笔，意向金额135.3亿元；签约招商引资项目53个，总投资52.19亿元，其中引资47.33亿元。并获得了最佳组织策划奖、运城市展厅以及“运城山西人民的粮仓”造型分别获得最佳设计造型奖，是各地市中唯一获三项大奖的地市。另外，在全省即将表彰100个特色农交会金奖产品中，本市有15个产品获金奖产品，名列全省第一。（李江娟）

【农展中心运营能力提升】 2009年，农展中心通过实行降低门槛、灵活经营、搞好服务、薄利促销的经营策略，组织和承办各种活动13场次，比2008年的3场次增加了10场次，提高了展馆利用率。投资购买了1000把高档座椅，使展馆座位数达到5000个，主机房、配电室、消防控制室、办公室全部安装了防盗门和防盗网，对室外变压器进行了围墙隔离。对门房和主机房后边的夹槽用彩钢搭建成房间，主机房内安装了简易暖气炉。对创办的《河东三农》刊物进行了改版、整顿，与运城科普惠农协会签订了合作协议，开始了正式的刊印工作。（吉力宏）

## 林　业

【概况】 2009年，全市共计完成造林25.95万亩，其中国家工程完成17万亩，比2008年增加6.74万亩，省级工程在全省规模缩小形势下总体规模与上年基本持平，达到8.995万亩，确保了全市林业工程的规模和投资在不利形势下有增无减，造林绿化取得了新突破。至年底，全市有林地面积达502.46万亩，活立木蓄积670万立方米，四旁植树2.12亿株，栽植各种经济林420万亩，通道绿化完成433公里，园林村建设1692个，美化校园532个，生态企业491个，旅游景点绿化217处，培育各类苗木3亿多株。严格执行征占用林地审核和林木限额采伐审批制度。全年共办理林木采伐手续10起，消耗蓄积2056.527立方米。其中：商品林1933.204立方米、非商品林123.323立方米。（王国鹏）

【林业严打整治】 2009年，全市以开展“绿盾三号行动”和“春雷五号行动”为契机，依法严厉打击乱砍滥伐林木、乱占滥开林地、乱捕滥猎野生动物、乱挖滥采野生植物等各种破坏森林资源的违法犯罪行为；同时，通过新闻媒体向全社会广泛宣传森林资源保护政策，使广大人民群众进一步受到了教育。至年底，对全市2008年以来发生的121起林业案件进行了实地督查，共查处各类林业案件21起，刑事立案15人，行政处罚6人，罚款37万元，补种林木24380株，捣毁木炭窑171余孔，收缴各种木材125.7立方米。（王国鹏）

**【护林防火工作】** 2009年，全市始终把森林防火工作作为重点工作常抓不懈，进一步强化森林防火行政领导负责制，严格执行24小时防火值班和零报告制度；同时进一步加大防火宣传力度，强化全民防火意识。投资2000余万元，建立了全市林火视频监控系统，确保了全市1个监控中心，37个监控点，13个视频会场顺利进行，为“打小、打早、打了”提供了强有力的科技支撑。（王国鹏）

**【森林病虫害防治】** 2009年，全市林业有害生物防治检疫工作，全面贯彻“预防为主、科学防控、依法治理、促进健康”的方针，围绕林业重点工程突出防治、积极扩大无公害和生物防治技术，全面加强监督预警、检疫御灾和防治减灾三大体系建设，努力遏制林业有害生物的扩散蔓延势头。全年全市产地检疫苗木1.45万亩，调运检疫苗木162.47万株，调运检疫木材18449立方米，除害处理带病苗木近16000株。

（王国鹏）

**【野生动物保护】** 2009年，全市进一步深入贯彻《野生动物保护法》，以重点打击非法猎捕、繁育、贩卖野生动物的“春雷五号行动”为契机，依法取缔非法驯养繁殖经营户10家，捣毁非法收购野生动物窝点2个。尤其是平陆发生的非法贩卖121只白天鹅案件，对违法犯罪人员进行了严厉打击。同时投资819万元，加强了保护区国家一期工程项目建设。

（王国鹏）

**【集体林权制度改革】** 2009年，市林业局先后十余次深入垣曲县，对林权制度改革试点工作进行督导，确保了按期完成试点任务，圆满通过了省厅的验收。至年底，垣曲县119.87万亩集体林地全部分配到户，基本完成了机构组建、动员部署、组织培训、外出调查、林权纠纷、确权发证等阶段工作。先后组织各种林改培训30余场（次），培训人员2万余人（次），完成林地勘界村168个，林地确权到户村164个，林地确权111.37万亩，调解各种纠纷467起，各项数据高于全省平均水平。（王国鹏）

**【育苗产业化经营】** 2009年，全市育苗工作以荒山造林育苗为重点，以通道绿化育苗为补充，进一步拓宽经济林育苗，注重生态、经济、社会效益相统一，引进新品种，主抓乡土树种育苗。全年总育苗面积达5.6万亩，任务完成率为112%。其中：新育苗4.8万亩，任务完成率达120%。（王国鹏）

**【种子种苗管理】** 2009年，市林业局进一步加强《林木种子生产许可证》和《林木种子经营许可证》管理工作，全市两证办结率达95%，位居全省第一；不断完善林木种苗网站信息，为广大林农搭建信息交流平台，提供优质信息服务；不断加强林木种苗执法员和质量检验员的培训，进一步提高业务素质，熟悉执法程序。在第七届中国花卉博览会上，本市提供的260余种展品，有39种获奖，获得银奖4个、铜奖10个、优秀奖20个、5名同志获得先进个人称号。（王国鹏）

**【科技兴林】** 2009年，全年共争取科技项目7个，科技经费120余万元。积极推广抗旱造林技术、容器苗脱袋造林技术，杨树伐桩造林技术，为实施林业重点工程提供了强有力的科技支撑。（王国鹏）

**【林业产业新发展】** 2009年，坚持生态林经济化、经济林生态化原则，使干果经济林、速生丰产林、果品深加工、皂荚产业、木材加工、经济林等相关林业产业得到了长足发展，呈报各类产业项目四大类三十五个，共争取各种资金二百七十五万余元，林业产业的迅速扩张进一步拓宽了广大群众增收致富渠道。（王国鹏）

**【推进林木工业】** 2009年，全市初步形成了以鑫源板材加工为龙头，山西金丘源皂角基地、北京万富春森森集团构树育苗基地、稷山稷园红饮料、临猗柿子加工、稷山胃乐红枣加工等林产工业，发展速度快、效益好、前景好，为进一步推动林业发展，有效增加农民收入，提供农民就业，走出了一条新型的林业发展道路。（王国鹏）

**【行政效能建设】** 2009年，市林业局进一步规范管理制度，并按照“廉洁、勤政、务实、高效”的要求，以建立“行为规范、运转协调、公正透明、廉洁高效、朝气蓬勃、奋发有为”的机关为目标，明确提出了“多设路标，少设路卡，全方位提高林业行政执法服务”，在为民服务和办事效率上有新的改进，在人民群众的满意度上有新的提高。全年“一站式”网上行政审批窗口受理许可事项424项，办结424项，深得广大人民群众的认可和赞许，被授予为“行政审批先进集体”称号。（王国鹏）

## 水 务

**【概况】** 2009年，全市解决农村饮水不安全人口59.34万人，占计划任务41万人的145%；完成抗旱实灌面积465万亩，占计划任务450万亩的103%；完成水土流失初步治理面积30.05万亩，实施生态修复面积60.1万亩，分别占计划任务30万亩和60万亩的101%；小水电年发电量260万千瓦，100%完成计划任务；应急水源工程建设中，北赵引黄工程，具备上水条件，控制灌溉面积达12万亩，占计划任务6万亩的200%；夹马口北扩工程主体完工，完成投资2.4亿元，控制灌溉面积达到40万亩。

（樊安梅）

**【北赵引黄工程】** 至2009年年底，北赵引黄工程完成投资6.5亿元，灌区工程完成工程总量的90%，引输水渠工程完成工程总量的80%。其中，三级五站的土建工程全部完工，庙前一级站、谢村二级站、南干二级站的设备全部到货，设备安装完成90%；管坡压力钢管安装完成10公里；总干渠全面完成，干支渠砼浇筑完成90公里；输配电线路全部完成。

（樊安梅）

**【石门引水工程】** 2009年，石门引水工程全面开工，隧洞完成3km；闸坝工程全部完工；管槽开挖1.62km。累计到位资金3600万元，其中省水投公司2000万元，社会资金1600万元，累计完成投资5059万元。

（樊安梅）

**【温峪引水工程】** 至2009年年底，温峪引水工程大坝主体完工，高程达到763m；水源一、二级泵站开挖；10千伏输电线路架设完成；隧洞支洞完成1.7km。共到位资金1500万元，其中水利建设基金430万元，社会资金1070万元，累计完成投资6900万元。（樊安梅）

**【农村饮水安全工作】** 2009年，全市农村饮水安全工作以实现农村饮水安全工程管理专业化、供水商品化、服务社会化及持续利用、良性发展为目标，大力实施农村饮水安全工程。全年共完成投资2.9亿元，建成各类规划管理设计超前、质量优良的供水工程509处，其中集中供水31处，解决了1168个自然村，59.34万人的饮水不安全问题，占计划任务的145%。（樊安梅）

**【防汛抗旱】** 2009年，为确保安全度汛，市汛前防汛抗旱指挥办公室（以下简称市防指）先后组织进行了5次大的防汛检查，编制了防洪预案，落实了防汛行政首长和技术负责人，建立了防汛责任制，层层落实防汛抢险队伍5846人，清淤河道28公里，险工险段处理33处，有效保障了河道行洪安全。四座中型水库安全度汛，主要河道保安率达到100%。在抗旱上，面对三十年不遇的冬春连旱和多年少见的主汛期严重伏旱，市防指4次组织了7个抗旱督查组，深入各县（市、区）和大中型灌区督促检查抗旱工作。据统计，在抗旱中全市共完成春浇面积403.7万亩，夏浇面积374.3万亩，临时解决了8.3万人、1.9万头大牲畜的吃水困难。（樊安梅）

**【农田水利灌溉】** 2009年，市水务局认真贯彻落实《山西省大中型泵站灌溉电价水价补贴管理办法》，使农民群众真正得到了实惠。全年共新增有效灌溉农田0.38万亩，改善和划小畦块18.64万亩。完成抗旱实灌面积465万亩，占计划任务的103%。（樊安梅）

**【科技节水】** 2009年，市水务局在借鉴先进的节水灌溉技术的基础上，不断总结经验、寻找差距，切实把农业节水工作推向了一个新阶段。5月20日，在夏县召开全市农业节水现场会，隆重推出了24名节水技术带头人，相互谈经验，共同探索全市农业节水工作的新路子。全年共新增节水面积0.89万亩，改善1.69万亩。（樊安梅）

**【水库安全管理】** 2009年，市水务局重点对吕庄、陈村峪、红旗二库、大河庙、黄华峪5座中小型病险水库进行了改造，完成投资4756万元。至年底，除黄华峪水库外，市水务局对其余4座水库安全工作进行了验收。同时，组织力量对全市水库大坝进行了安全鉴定，降等8座，报废25座。（樊安梅）

【拓展水产养殖】 2009年，市水务局积极拓展水产养殖工作，进行大闸蟹、大鲩示范养殖，并在全市范围内大面积推广，占地357亩的运城市高科技农业综合示范园初具规模。新引进罗非鱼、黄颡鱼、鲶鱼等新品种3.5万尾，推广微生态制剂水产应用新技术面积1500余亩。同时，高度重视水产品生产环节质量安全，对全市171个样品进行检测，全部呈阳性，合格率为100%。 （樊安梅）

【水资源管理】 2009年，市水务局以彻底摸清取水许可底子为重点，以强化取水许可为目标，加强舆论宣传和培训，认真整理资料，圆满完成了取水许可清理工作。面对企业停产、放假和经济危机大环境的不利影响，全年共征收水资源费7500万元，比去年多征收1900万元。 （樊安梅）

【水土保持治理】 2009年，全市采取专业队与大户治理相结合，大示范区建设与生态自然修复相结合，治理与管护相结合的办法，加快水保生态治理步伐。全年共完成水土流失初步治理面积30.05万亩，生态修复面积60.1万亩，新建淤地坝20座。同时，加大水保开发建设项目监管力度，全年共征收水土流失补偿费380余万元。 （樊安梅）

【水务宣传】 2009年，市水务局历时两个月编辑刊印了《运城水务系列丛书》，全书共7册，为社会各界更多地了解运城水务建设和管理，更多地关注和支持运城水务的发展，为水务行业的科技和管理人员进一步学习研究和提高，为以后运城水务建设提供有益的借鉴和参考，社会各界反应良好。同时，制作了60块宣传版面，并在省、市主要媒体发表了题为《千秋基业打造山西粮仓》的文章，全面回顾总结了新中国成立60年来运城水务的辉煌成就，向祖国60华诞献上了一份厚礼。 （樊安梅）

【精神文明建设】 2009年，市水务局加强机关精神文明建设，利用重大节日，组织军民联欢、开展国防教育、组织老干部到革命圣地参观学习等系列活动，极大地增强了干部职工的国防意识，丰富了业余文化生活。市局被中共中央宣传部、教育部、解放军总政治部、国家国防教育办公室联合授予“全民国防教育先进单位”等荣誉称号。 （樊安梅）

## 果　业

【概况】 2009年，面对全球金融危机和风旱霜雪等各种自然灾害，紧紧围绕“转变观念、提升内质、创建名牌、拓展市场、深化加工、增加效益”这一总体思路，以市场为导向，以科技为动力，以提质为抓手，以农民增收为目的，大力发展现代果业，推进了果业标准化，市场化、产业化进程，有力地保障了全市果业健康、稳妥、持续发展。至年底，全市水果面积328万亩，其中苹果238万亩，水果总产量36亿公斤，其中苹果28亿公斤，全市果业总产值58亿元，人均果业收入突破了1400元；全市现有桑园面积3万亩，全市养蚕16281张，总产茧65.95万公斤；全市中药材总面积达56万亩，其中栽培面积41万亩，野生15万亩，年产药材7万吨，药材总产值近4亿元。 （杨建斌）

【科技培训】 科学技术是第一生产力。2009年，市果业发展中心继续把做好技术培训作为各项工作的重中之重。全年共举办果树、蚕桑、中药材产业各类技术培训1400余场次，受训果农、蚕农、药农达102万人次。通过各种形式的培训，极大地推动了新技术的推广应用，2009年，全市果园果实套袋165亿枚，其中套纸袋41亿枚（其中膜加纸10亿枚），膜袋125亿枚，节水灌溉40万亩，疏花疏果225万亩，树形改造32万亩，人工授粉116万亩。蚕桑方面蚕区小蚕共育、壮蚕大棚饲育、方格簇上簇技术普及率分别达到了90%、60%和95%，全市果业生产的科技含量得到了大幅提升。

（杨建斌）

【果业科技交流】 2009年3月中下旬，市果业发展中心先后邀请中国农大国立耘、杜相革教授、国家苹果产业技术体系孙建设、魏钦平、刘俊峰、曹克强、李丙智等专家在本市举办2次春季果树病虫害防治培训会和2次果业技术培训会，来自全市13个县（市、区）的果业科技人员、科技服务团成员及部分示范园代表共计150余人参加了培训；8月27日–30日，又组织果业大县业务负责人、部分示范园主及果农代表45人赴甘肃平凉、天水参观果业生产；9月3日至5日，邀请西北农林科技大学李丙智、河北农大孙建设、曹克强、刘俊峰、北京林科所魏钦平等专家来本市举办果园病虫害防治、现代果业矮化栽培和果园机械培训会；10 月 27 日至 11 月 2 日，组织全市 40 名果农赴日本观摩学习日本果园先进管理经验。同时在各县开展各类培训。

（杨建斌）

**【蚕桑技术交流】** 2009 年 5 月，市果业发展中心专门组织十三个县市在垣曲举办了运城市蚕桑新技术培训现场会，极大地促进了全市蚕桑业的发展。全年市果业发展中心先后采用田间指导、课堂传授，以会代培等形式对广大蚕农广泛开展技术培训。主要内容为桑园栽培、树型培养、肥水管理、病虫防治及蚕室、蚕具消毒、养蚕要点、蚕病防治等实用技术，并编印 3000 册《蚕桑生产技术》一书。全年共举办各种形式的培训 200 场次，受训蚕农 20000 余人，发放资料 20000 余份，大大提高了广大蚕农的科技意识和养蚕水平。（杨建斌）

**【药材技术培训】** 2009 年，市果业发展中心组织业务骨干参加在大同召开的全国中药材技术培训会，充实和提高药材的管理水平与能力。组织市县两级技术骨干到各县（市、区）进行巡回培训，收到预期的效果。专门邀请了市药材公司老专家陈宝生，在夏县、闻喜等县进行了中药材技术培训，使广大药农的科学管理水平得到进一步提高，收到良好效果。

（杨建斌）

**【无公害示范园区建设】** 无公害示范园建设是果业、蚕桑、中药材生产的一项核心内容，是加快科技成果转化、提高产品质量的重大举措，同时也是促进农民增收、实现农民致富奔小康的突破口和切入点。2009 年，市果业发展中心以无公害水果、蚕桑、中药材示范园建设为工作主线，认真实施山西省无公害生产技术规程，组织专家多渠道、多种形式的进行技术培训，组织科技人员下乡包点、现场指导，进一步强化服务职能，实现了果业、蚕桑、中药材生产的大突破、大发展。2009 年，全市共新建无公害示范园区 16 个，达到省级示范园标准的有 40 余个，新建示范园面积达 3 万亩，全市无公害认证面积达到 70 万亩。示范园区成村连片，成为广大农民学习科技应用科技的标榜。示范园区建设，明显地提高了全市果品、蚕桑、中药材质量，提高了果业经济效益。

（杨建斌）

**【提升果品质量】** 2009 年，市果业发展中心加大水果无公害基地面积认证力度，先后邀请国内外知名专家来运城市培训，制订水果无公害生产规程，配备必要人员和设备，积极抓好对果品市场果品的抽检，从生产、销售等各个方面确保果品质量安全。（杨建斌）

**【果业项目招商引资】** 2009 年，市果业部门面对国家越来越大的农业投资契机，多方努力，大力争取，通过各种渠道积极申报果业相关项目 20 余项，共争取国家和省级投资 4000 余万元。通过项目的示范带动，夯实全市果业产业基础，带动项目区果农的增收，拉动项目区周边果业的发展，为全市果业的发展攒足了后劲。

（杨建斌）

**【推广果实套袋技术】** 果实套袋是提高果品质量的关键。2009 年，市果业发展中心结合农业部扶持的苹果套袋关键技术示范补贴项目，深入临猗县，积极发动，多方协调，组织招标，落实袋源，在全市掀起了套袋高潮，5 月下旬至 6 月中旬各个果区均呈现出千村万户无数果农遍布果园搞套袋的宏大场景。2009 年全市共套各类果袋 165 亿枚，其中纸袋和纸加膜双套袋 41 亿枚。（杨建斌）

**【优化果品营销环境】** 果品生产的最终环节是销售，只有实现果品销售，才能有效地增加农民的收入。2009 年，市果业发展中心继续加大力度实施绿色通道建设工程。（1）在果品主产县（市、区）设立了由本级政府牵头，果业（农业）、纠风办、公安、交通、工商、法院等部门参加的果品销售综合办公室，设立了举报电话，实行 24 小时值班，为果农、果商提供果品购销运输全方位服务，及时处理果品销售中的各种问题。（2）对果品运输实行绿色通道保护，对运输果品的车辆发放《果品运输绿色通行证》，保证在本区域内畅通无阻。（3）加强了果品营销源头管理，先后配合公安工商等部门对欺行霸市、强拉硬卖、故意刁难果商等行为给予严肃查处，对果品营销经纪人进行了统一规范的果品营销培训。（4）在全市范围内实现"四保证"，即所有果车绝不盘查罚款，保证一路畅通；所有果品绝不掺杂使假，保证质量一致；所有果农绝不仗地欺客，保证公平交易；所有果区绝不冷落刁难果商，保证服务周到。从而为全市果品营销创建一个宽松的销售环境。

（杨建斌）

【抗灾救灾】 2009年5月，本市临猗、万荣等县遭受冰雹、雷电等强对流天气影响，少部分果园损失严重。灾害发生后，市果业发展中心立即组织科技人员，深入受灾果园实际指导果农开展生产自救。通过采取加强树体营养、摘除严重伤果、对没受伤的幼果全部套袋等方法，提升果业效益，最大限度减少损失。 （杨建斌）

【制约果业发展因素】 2009年，市果业工作成效显著，但在发展中还存在不少问题。(1)服务体系不健全。各级果业部门服务设施、人员严重不足，服务力量薄弱；各类果业协会和经济合作组织化程度差，功能不健全，不能有效地发挥引导组织果农生产销售和内联农户外联市场的作用。(2)观念认识不到位。多数干部群众缺乏市场意识、商品意识、品牌意识，以销促产、以质增效、节约成本和发展循环果业、提高综合效益等顺应科学发展的新观念还十分淡漠，尚未形成主流。(3)整体管理不到位。尽管全市示范园建设成绩显著，但是还有相当一部分果园管理不能按照无公害果品生产的标准来进行生产，相当一部分果农放松管理，影响果园的果品整体质量。(4)品牌打造宣传不到位。缺乏品牌宣传打造投入，没有形成"抱团打天下"的共识，是导致本市果品品牌知名度差的根本原因。(5)加工转化不到位。缺乏标准的产后商品化处理程序，影响了本市果品的市场竞争力。企业加工原料均为低级次果品，缺乏专门的加工原料生产基地，影响了加工产品的市场竞争力，对产业链的稳定发展构成了威胁。 （杨建斌）

## 畜牧业

【概述】 2009年，全市肉、蛋、奶总产量分别为11.5万吨、12.8万吨和3.3万吨，同比增长6.5%、0.8%和32%，肉牛、肉猪、肉羊和家禽存栏分别为15.4万头、95.5万头、64.5万只和1871.5万只，同比增长-11.3%、1.03%、1.4%和5.7%；存栏分别为6.8万头、108.8万头、33.4万只和1986.1万只，同比增长13.3%、17.3%、3.7%和21.8%。畜牧总产值达到41亿元，人均畜牧纯收入达295元。 （郭红生）

【重大动物疫病防控】 2009年，畜牧部门进一步强化重大动物疫病防控工作，坚决杜绝重大疫病发生和蔓延。加强疫情排查和监测工作，强化免疫密度，不断强化应急准备，制定应急预案，贮备充足的应急物资等。组织各县、市（区）疾控中心、乡镇兽医人员、村级防疫员定期排查疫情，及时发现和处理疫情隐患。加大对交易市场、流通环节的监测和流行病学调查，尤其是加强高风险地区高致病性禽流感和猪蓝耳病的监测。 （郭红生）

【强化动物免疫密度】 2009年，全市全年共组织调拨禽流感灭活疫苗3984万毫升、冻干苗3200万羽份、猪口蹄疫疫苗470万毫升、羊口蹄疫疫苗285万毫升、蓝耳病疫苗403万毫升、猪瘟疫苗560万毫升，布病疫苗50万头份，使全市重大动物疫病免疫密度达到100%。 （郭红生）

【动物卫生监督执法】 2009年，畜牧部门加强了动物卫生监督执法力度，明确监管职责，规范产地检疫和屠宰检疫，强化兽医安全监管和兽药残留监控。确保了群众吃上放心安全的畜产品。全市全年共出动执法人员500余人次，监督检查104个屠宰场，504个规模养殖场，112个肉类市场，并对全市10206个规模养殖场的防疫条件进行重新验收，对合格的9457个养殖场发放了《动物防疫条件合格证》，全市共抽取兽药样品98批，清缴假劣兽药200kg，并全部进行了销毁。 （郭红生）

【规模健康养殖】 2009年，畜牧部门大力发展畜禽规模健康养殖，提升全市养殖档次和水平。至年底，全市共发展大型养殖场（小区）272个，其中五千头以上猪场57个（其中万头猪场11个）；百头以上牛场（小区）55个（其中500头以上奶牛场5个，肉牛场6个）；万只以上蛋鸡场（小区）57个；年出栏3万只以上肉鸡养殖场（小区）28个；200只以上羊场（小区）63个。 （郭红生）

【草地建设】 2009年，全市草地建设蓬勃发展。全市新建草地面积12.43万亩，完成全年任务12万亩的103.6%，其中人工种草新增面积6.58万亩，天然草地改良面积5.85万亩。 （郭红生）

【应对暴雪灾害】 2009年11月11日至12日，运城连续强降雪，使全市畜牧业遭受严重灾害。受灾养殖场（户）5305户，死亡各类畜禽335008头（只），其中奶牛12头、肉牛49头、猪8534头、羊1829只、鸡314404只、兔4476只、倒(压)塌畜禽圈舍总计285229m²，预计经济损失达6215万元。针对灾情，畜牧部门迅速投入抗灾救灾工作。在全面细致摸清灾情基础上，对受灾畜禽的动物尸体进行了无害化处理，并对圈舍及周边环境进行消毒，加大对活畜禽交易市场、屠宰场及公路运输检疫力度，杜绝疫情的发生。此外，对圈舍防寒保温、特殊情况下的畜禽管理进行现场技术指导，保证畜牧业的正常生产进行。

（郭红生）

## 农业机械

【概况】 2009年，全市发放农机补贴资金11733万元，完成机具补贴26028台，其中：轮式拖拉机2746台，手扶拖拉机4169台，谷物收割机864台，玉米收割机390台，播种机1356台，根茎收获机47台，耕地机械4620台，磨粉机械229台，水泵1586台，植保机械1260台，修剪机械687台，生物智能设备21台，日光温室设备2636台，废弃物清除设备854台，脱粒机14台，秸秆收集处理设备973台。受益农户达15200余户。

（张红卫 梁五刚）

【农机服务】 2009年，全市天气持续干旱少雨。基于这种情况，农机各部门未雨绸缪，相互配合，充分发挥机械作用，组织安排春耕、夏收秋播工作。各县（市、区）农机部门深入农业生产一线，采取“一规”“两卡”“三服务”（一规即机车调度配置规划；两卡即农户明白卡、机手明白卡；三服务即技术服务队，维修、零配件供应、油料供应服务队，农机安全、“三包”服务队）的服务格局，切实做到了机具合理调配，技术维修、零配件供应、油料供应到田，保证了农业生产的顺利进行。“三夏”期间，全市共检修各类农业机械20余万台件，投入5117台小麦联合收割机、12350台播种机具、294203台农机具参加了机收会战及复播作业。

（张红卫 梁五刚）

【农机抗旱】 2009年，面对干旱少雨的天气，运城农机部门积极加入到农业抗旱工作中去。期间，采取特事特办的方法，简化办事程序，让农民先行登记购买抗旱急需的水泵、水管等，并抽调农机精干技术力量到各县、乡、村排查、抢修机电排灌设备，对旱情严重的乡、镇进行重点支援，把灾害的损失降到最低。

（张红卫 梁五刚）

【农机夏秋作业】 2009年，在三夏秋收季节，运城市农机局组织了机车参加机收会战，全市共完成小麦收获面积495.2万亩，其中机收面积459.5万亩，机械收割水平达到93%；机播面积229.4万亩，复播秋作物310.5万亩，机械播种水平达到73.9%。（张红卫 梁五刚）

【购机补贴促进装备提升】 2009年，在机补政策的引导下，全市购机形势呈现出“四大变化”：（1）农机装备结构明显改善。农民购买重点开始转向先进适用的大中型农业机械，果园植保机械、农产品加工机械、大棚温室机械明显增加。（2）农机科技含量明显提高。在新增加的农业机械中，保护性耕作、秸秆综合利用、玉米联合收获等一大批科技含量高、节能效果好的农业机械成为农民抢购的热点，各式新型农机具总量达到了60%。（3）农民增收致富渠道明显拓宽。随着农机补贴项目的推进，激发了农户的购机热情，购买欲望空前高涨。也促使一批有头脑、有知识、有见识的农民选择从事农机服务业，加快了农机服务产业化发展，拓宽了农民增收渠道。（张红卫 梁五刚）

【农机专项整治】 2009年，运城市农机局分区域，按农时，抓重点，在全市组织开展了形式多样的农机专项整治，全面落实农机安全生产责任制。通过健全市、县、乡、村、驾驶员安全生产责任制，层层签订安全生产责任书，真正将农机安全生产责任横到底，纵到边。

（张红卫 梁五刚）

【农机源头管理】 2009年，市农机局在安全管理工作中，注重源头管理，注重与农机补贴相结合，加强农机驾驶操作培训、检审落户等管理，提高了农机的“挂牌率、持证率、参检率”：应上户机车登记注册率达到100%，所有登记机车配有正式驾驶员达到100%，所有登记机车应检率达到100%，彻底治理了无证驾驶，无牌行驶，不参加年度安全检验等违章违法行为，没有出现一起特重大农机事故。（张红卫 梁五刚）

【创建平安农机活动】 2009年，市农机局根据省农机局的统一部署，在全市深入开展农机安全生产和创建平安农机活动。通过层层负责，层层贯彻，使活动的各项具体工作得到落实。全年共开展农机执法检查

4000多人次，发放整改通知书3万多份，落实整改近1万份，宣传教育人数达15万人，农机安全生产形势得到进一步好转。全市建立“平安农机”示范县2个，“平安农机”示范乡（镇）18个，“平安农机”示范村180个，“平安农机”示范户1800个。

（张红卫　梁五刚）

**【农机回访】** 2009年，市农机局大力开展农机大回访行动。通过制定具体实施方案，召开动员大会，依托运城电视台、运城日报等新闻媒体及信息网络，多形式、多渠道加以广泛宣传，使农机大回访行动家喻户晓。抽调骨干力量组成回访工作队，深入农业生产第一线，进村入户，见机见人，对2004年以来享受补贴政策的拖拉机和联合收割机进行了全面回访，摸清农机家底，排查各种农机安全生产隐患，弄清了农机发展现状问题和发展趋势，为农机化事业的大发展提供了第一手可靠详实的资料。至12月底，全市年度检验拖拉机等农业机械8400台，新报户7649台，新增驾驶员6000名，培训驾驶员3185名，无一起特重大农机事故发生。

（张红卫　梁五刚）

**【农机科技推广】** 2009年，市农机局利用科技下乡、举办培训班、召开现场会等形式，重点推广保护性耕作技术、秸秆还田机具及技术、节水灌溉技术等农业机械的应用。3月，在盐湖区举办春耕生产新技术、新机具培训会及棉花铺膜穴播现场会；4月下旬，结合“阳光工程”培训，在临猗举办玉米、小麦收获机械培训会；6月份，在夏县仪门高标准示范园区召开现场观摩培训会、保护性耕作和设施农业技术培训会等，通过连续举办各种培训演示会，使农民群众对农业机械和技术的认知得到进一步提高。

（张红卫　梁五刚）

**【建立推广体系网络】** 2009年，各级农机部门以县（市、区）农机化技术推广站为中心，以乡镇农机推广站和农机大院为载体，依靠农机大户示范优势，形成以县、乡、村、户四位一体的推广体系网络，覆盖率达到100%。同时，借助这一体系，对一些农机专业合作社、农机协会和农机大户的农机中介组织进行扶持和培训，引导他们参与农田作业、农业综合开发等多项服务，增加农民群众收入，促进农机服务社会化、市场化发展。至年底，全市农机作业服务组织发展到982个，其中注册成立的农机专业合作社108个，合作社成员共400多人，注册资金1000余万元，资产总额4607.84万元，拥有大中型拖拉机500多台，小麦联合收割机300多台，玉米联合收获机210台，配套农具2300台（套）。（张红卫　梁五刚）

**【“星级文明农机维修网点”创建活动】** 2009年，各级农机部门为了加强农机维修网点的审定管理，结合实际，通过组建农机维修专业合作社、县级农机化服务维修中心和加强对农机维修从业人员的培训来进一步提升农机维修网点的服务质量，提高维修人员的职业技能和技术水平。并在此基础上，采用个人申报、乡镇农机站推荐的方式，对一些条件具备的网点进行投票评选，挂牌公布，使之逐步建立“星级文明农机维修网点”竞争有序、优胜劣汰的创建机制，全面提升农机维修服务的规范化、专业化、品牌化水平。2009年，全市农机维修网点2150个，农机维修企业82个，其中发放农机维修技术合格证和营业执照367个，农机维修人员6300多个。

（张红卫　梁五刚）

**【保护性耕作技术推广】** 大力推广和普及保护性耕作技术是农机化工作的一项重点。2009年，为确保这一耕作技术有计划、按步骤进行，市农机局成立了保护性耕作领导小组，由一把手亲自挂帅，负责对此项惠民工作进行指导、协调和督办，并形成主要领导亲自抓，分管领导具体抓，成员单位协同办的工作机制，为保护性耕作项目的实施提供组织保障。通过专题培训、召开现场演示会等途径，宣传该项技术，并以优先补贴保护性机具这一政策来调动农民群众购置使用先进适用的农业机械。至年底，全市新增免耕播种机300余台，总数达到4646台，创历年新高。（张红卫　梁五刚）

**【农机科技研发】** 2009年，市农机局重视农机科技研发，先后完成果园生产机械化综合技术试验、两行玉米自走式联合收获机研制、气流式棉花花壳分离机的研制、轻小型采棉器等研制工作，为促进全市农业生产机械化程度提升，不断提高农机化作业水平和节本增效新技术的应用水平打下良好基础。（张红卫　梁五刚）

**【跟踪调查农机质量】** 2009年，市农机局配合省农机局对全市16家补贴机具定点经销企业服务质量保障能力和小四轮拖拉机等6类产品质量进行了跟踪调查。通过为期一个月的走访调查，询问指导，提高了经销企业的产品质量，确保下一年购机补贴政策顺利实施。

（张红卫　梁五刚）

**【农机维权】** 2009年3月15日，根据全省安排，运城市农机局在闻喜举行了“3.15”农机维权活动。为营造声势，扩大影响，农机局对一些新机具新技术进行了现场演示，并增设农机具真假识别、农机法律培训等环节，提高了农民选购和使用农机的维权意识。期间，现场设立宣传咨询台8个，印发各种宣传资料3万份。至年底，运城农机部门先后解决12起投诉案件，挽回经济损失20余万元，切实维护了农机户的合法权益。（张红卫　梁五刚）

（责任编辑：杨春英）

# 工 业 商 贸

## 经贸工作

**【概况】** 2009年，市经贸委面对国际金融危机的严峻形势，把工作重点定位在“保增长、促转型、降能耗、推改革”上，主动出击，积极应对，化危为机，逆势奋进。全市工业逐步收窄降幅，止跌回升。从去年6月份开始，单月增加值连续七个月增长，到10月份累计实现利税转为正数，各项指标逐月向好，工业生产实现了由下滑到增长的重大转折，在困难的形势下保持了适度增长。全年461户规模以上工业企业累计完成工业增加值238.4亿元，同比增长6%。 （任永强 李亚琦）

**【解决企业融资难题】** 2009年，市经贸委以银保企合作为重点，努力缓解企业资金瓶颈。牵线搭桥，组织银行、担保公司和企业对接信息、洽谈合作，努力解决企业融资难题。全年通过省、市金融部门共为企业落实信贷资金580.1亿元。3月份，与市人行、银监局共同举办了全市第五届银保企合作洽谈活动。15家省市金融部门、12家担保公司和全市百余家企业，经过洽谈对接，共签署融资协议226项，涉及融资额381.2亿元。全年共为197户企业落实资金203.2亿元。4月份，在市政府组织下，与市人行等单位在北京共同参与了金融生态城市申报，经过努力，运城成功荣获“第五批中国金融生态城市”。7月份，在太原与山西晋商银行签订了长期战略合作协议。该行全年向丰喜、亚宝、南风等14户重点企业投放信贷资金10亿元。

（任永强 李亚琦）

**【帮助中小企业融资】** 2009年，市经贸委积极协调帮助中小企业融资，在全市筛选了120户“三好”企业，推荐给省、市银行争取信贷支持。截至年底，省、市银行已为全市62户中小企业落实贷款6.3亿元。

（任永强 李亚琦）

**【运城特色食品南京推介活动】** 2009年，市经贸委以特色食品南京推介活动为重点，积极破解企业营销难题。与山西省驻南京办事处联合，在南京市举办了运城特色食品推介活动，全市60余家食品企业与当地百余家商贸企业直接对接，推介的200余种产品好评如潮。经过洽谈，两地食品企业共签署各类购销协议32项，涉及销售金额5000余万元，密切了两地食品工业的合作关系，为全市产品进军长三角地区积累了经验。 （任永强 李亚琦）

**【推动企业产销对接】** 2009年4月1日，在永济新时速召开现场协调会，推动企业产销对接。当场永济新时速就与临猗卓里等13家企业达成了价值4.5亿元的机械加工配套意向。为认真落实市政府《加强本地企业产品销售的意见》，与发改、建设、交通、公路、铁路等相关单位分工协作，动员全市67个在建重点工程优先使用本地产品，促成运三高速改造、西南绕城高速、候风公路改造等重点工程全部采用本市钢材和水泥，有效缓解了部分企业的销售难题。 （任永强 李亚琦）

**【落实企业减负政策】** 2009年，市政府建立联席会议制度，经委、财政、劳动、税务等部门每周召开一次碰头会，专题研究企业减负政策的落实。从省经委为中条有色、丰喜化工等10户企业争取到3850万元的贷款贴息和补助；对困难企业实行“五缓四降三补”措施，筹资解决了山西农药厂、永济印染厂、恒运彩印厂、市磷肥厂等困难企业职工的基本生活费和三项保险费；帮助停产后的新纺争取职工生活费750万元，为150余名“4050”人员办理了提前退休手续。

（任永强 李亚琦）

**【停产限产企业复产工作】** 2009年，市经贸委狠抓停产限产企业复产工作。加大对工业经济的运行监控，变过去方阵企业、规模企业月报为旬报，对困难企业重大问题实行五日一报，警惕和关注苗头性、倾向性问题，未雨绸缪，及早应对。特别是认真分析企业停产、限产的原因，一企一策，针对性地做好复产工作。截至年底，全市规模以上工业企业停产、半停产企业分别比上半年减少了23户和31户。

（任永强　李亚琦）

**【协调煤源和电力负荷】**　2009年，市经贸委积极协调煤源和电力负荷。建立煤电热日报制度，随时掌握发电企业电煤储备和机组运行状况，了解供热、供电动态，完善电力应急预案。高书记、王市长、张副市长多次带领市经贸委到省政府协调煤电供应，争取发电负荷。达成了阳煤、同煤、焦煤集团等企业每年供应运城电煤1500万吨、焦煤1500万吨的协议；为关铝争取到80%以上的发电负荷，高于全省5个百分点；为大唐发电公司争取到1.3亿千瓦时的发电指标。

（任永强　李亚琦）

**【引导用煤企业多渠道购煤】**　2009年，市经贸委鼓励引导用煤企业多渠道购煤。加强与省内外煤炭基地的战略合作，建立长期稳定的煤源供应渠道，阳光、太兴等企业从俄罗斯、澳大利亚进口煤炭，各大电厂从陕西、甘肃、青海等地购进煤炭，有效缓解了煤源紧张和发电负荷不足的问题。

（任永强　李亚琦）

**【组织制定产业调整和振兴实施方案】**　2009年，市经贸委参照“国家十大产业调整和振兴规划”和“省八大产业调整和振兴规划”，结合全市五大产业集群建设，组织各县（市、区）经贸局和有关企业参加培训，针对全市传统工业规模小、布局散、技术层次低、产品档次低的问题，研究制定了汽车零部件、装备制造、焦化、煤化工和食品等行业调整和振兴实施方案。特别是在全省率先制定了《焦化产业调整和振兴实施方案》，明确提出了今后三年的发展思路、调整目标和保障措施，对近三年乃至2015年以前全市焦化行业的发展有着重要的指导意义。

（任永强　李亚琦）

**【推进项目施工建设和投产达效】**　2009年，市经贸委以“项目建设年”为契机，围绕传统产业巩固提升和新兴产业培育壮大，积极推进年初确定的123个技术改造重点项目，实行月统计、月调度，严格监控施工质量和实施进度。努力争取国家、省专项资金，国家保增长、扩内需十项措施出台后，全市共有29个项目争取到焦炭、电力、技改、技术创新、节能等专项资金8326万元。全年完工项目63个，完成投资85亿元，当年新增销售收入85亿元。其中产业集群项目占到项目总数的75%：汽车和运输设备集群12个，有大运汽车一期投资11亿元年产5万辆重卡项目等；铝镁深加工集群8个，有晋都铝业总投资1亿元年产3.6万吨棒材项目等；化工集群18个，有丰喜化工设备总投资3.5亿元年产5万吨化工装备扩能提升项目等；农副产品加工集群9个，有粟海集团总投资3.5亿元肉鸡加工项目等；此外还有冀东海天总投资7.2亿元日产4500吨新型干法水泥生产线、华雄纺织总投资6亿元年产20万锭高支精梳纯棉纱等项目相继竣工投产。同时，新开工项目28个，续建项目39个，前期项目24个。

（任永强　李亚琦）

**【企业技术创新】**　2009年，市经贸委在继续深化与中科院北京分院战略合作的基础上，引导企业与发达国家企业进行技术合作。5月份，与韩国全罗南道镁集群协会举办交流洽谈活动，签订了两地“镁工业交流合作协议书”。连续多年的产学研合作，推动全市企业自主创新水平不断提高。全年新增青山化工、永东化工、晋铝耐材、永济化机4家省级企业技术中心和兵娟制衣等9家市级企业技术中心。10月下旬，组织23家拥有国家级、省级、市级技术中心的企业，到重庆考察学习了长安汽车等国家级企业技术中心的经验，收到了较好效果。同时，分两批上报了112个技术创新项目，其中90项列入省计划。（任永强　李亚琦）

**【加强节能降耗工作】**　2009年，市经贸委对全市13个县（市、区）列入“双百家”、“省千家”的重点耗能企业，进行了年度节能目标责任考核，完成了“双百企业”的能源审计和节能规划审核工作，实行重点耗能企业能耗直报制度；开展企业节能对标活动，对重点用能单位的节能管理人员进行知识培训；严格新建固定资产投资项目的节能评估审查，积极推广合同能源管理模式；加大差别电价的实施力度，遏制高耗能产业过快增长；开展大型节能宣传周活动，增强全社会节能意识。抓住国家节能扶持政策机遇，鼓励动员企业节能改造，争取到国家、省节能专项扶持资金4000万元；落实节能奖励项目27个；完成节能改造项目29个，总投资12.9亿元，实现节能量69.3万吨标煤，如海鑫投资8361万元的炼钢二、三厂转炉煤气回收项目，实现节能6.7万吨标煤，银光镁业投资1.5亿元的6.5万吨原镁综合节能改造项目，实现节能18万吨标煤。同时，申报工业节能减排技改储备项目36个，其中22项纳入国家工信部储备库。

（任永强 李亚琦）

**【淘汰落后生产能力】** 2009年，市经贸委按照省下达的年度关停淘汰任务，与县（市、区）经贸局签订关停目标责任书，把任务分解落实到企业和具体责任人，严格督促检查核实，确保了关停任务的圆满完成。全年关停铁合金企业3户，拆除6300千伏安矿热炉3台，淘汰产能2.3万吨；水泥企业7户，拆除机立窑8座、磨机7台，淘汰产能100万吨；焦化企业1户，淘汰产能10万吨；造纸企业2户，拆除纸机8台，淘汰产能2万吨。争取到国家、省淘汰落后专项补偿资金5920万元，并逐一核发到位，确保关停企业的职工安置和社会稳定，受到国家、省、市淘汰落后产能专项检查组的好评。

（任永强 李亚琦）

**【推进资源节约综合利用】** 2009年，市经贸委选择煤炭、冶金、焦化、电力、建材等行业，重点推进循环经济和资源节约综合利用。全年申报认定8个资源综合利用项目，全市综合利用煤矸石250万吨，焦炉煤气13亿立方米，消化粉煤灰、炉渣、矿渣等废渣180万吨以上，回收尾矿、废矿石75万吨，城区新型墙材占比超过40%，节约耕地500余亩。同时造纸黑液、废旧轮胎、废旧报纸等废物的处理和综合利用水平明显提高，进一步改善了生态环境。初步预计，2009年全市万元GDP综合能耗为2.9吨标煤,同比下降8%，其中规模以上工业单位增加值能耗为6.4吨标煤,同比下降9.5%，可以完成万元GDP综合能耗下降5.5%的年度目标任务。

（任永强 李亚琦）

**【国企兼并重组工作】** 2009年，盐化与中盐、关铝股份与五矿成功合作之后，在资金、项目、管理等方面得到大力支持，增强了抵御金融危机的能力，企业生产经营步入良性发展轨道。杜家沟煤矿按照煤炭资源整合的相关要求，正式移交山西焦煤集团管理，为进一步发展打下了坚实基础。

（任永强 李亚琦）

**【推进国企改制退出】** 2009年，市无线电厂改制工作在认真摸排走访的基础上召开了职工大会，职工安置方案获得通过，改制进入实施阶段。市百纺公司通过联合开发彻底改制，经过公开招标现已确定合作方，改制工作正在实施。新纺通过公开招标，签订租赁协议，实行租赁经营。临猗、永济的医药药材公司改制工作基本结束。

（任永强 李亚琦）

**【国企破产关闭工作】** 2009年，糖酒公司职工安置结束，破产即将终结。永纺政策性破产正式启动。食品公司进入破产程序，召开了第一次债权人会议，审计、评估和各项费用测算基本完成。

（任永强 李亚琦）

**【国企主辅分离工作】** 2009年，经过多方共同努力，运城拖拉机厂子弟学校全部移交盐湖区政府管理，中条山有色金属子弟学校移交垣曲县政府管理，新纺子弟学校移交新绛县政府管理等等。通过减少企业应由政府完成的社会公共职能，使企业甩掉包袱，轻装上阵，一心一意地抓好生产经营。

（任永强 李亚琦）

## 电力工业

**【概况】** 截至2009年底，运城供电分公司（以下简称运城分公司）拥有35千伏以上变电站159座，主变292台，变电总容量9620.8兆伏安，其中500千伏变电站1座，主变6台，总容量1500兆伏安，220千伏变电站13座，主变27台，总容量3960兆伏安，110千伏变电站51座，主变91台，总容量3017.1兆伏安，35千伏变电站94座，主变168台，总容量1143.75兆伏安。35千伏及以上输电线路299条，总长度3739公里，其中220千伏线路37条、972.55公里，110千伏线路96条、1334.39公里，35千伏线路166条、1432.36公里，基本形成了以500千伏、220千伏双环网为主干，以110千伏、35千伏为辐射状的供电网架，为运城市的经济发展提供了可靠的电力保障。并先后获得全国五一劳动奖状、全国精神文明建设工作先进单位、全国“安康杯”竞赛活动优胜企业、运城市文明和谐行业、运城市2009年度“服务企业”先进单位、省公司综合先进单位、省公司安全生产优胜单位、省公司审计工作先进单位、省公司电网建设工程先进单位、省公司先进党委等多项荣誉。

（陈秋萍）

**【运城电网建设】** 截至2009年底，运城电网已形成500千伏运城变电站与临汾变电站之间双回路500千伏线路连接、500千伏稷山变电站与临汾、吕梁相连接，形成北有河津电厂和华泽电厂，南有关铝、蒲光、大唐运城电厂和500千伏运城变电站作为电源支撑；以三家庄、新绛、龙门、临晋、闻喜、桃园、绛县，盐湖、金鑫、杏园、平陆、万荣、梁村13座220千伏变电站为节点，贯穿南北的220千伏双环网；构成龙门、闻喜、盐湖、永济四大供电区域；以220千伏变电站为中心的110千伏、35千伏辐射性的供电网。拥有35 kV及以上变电站（含自备）266座，主变563台，总容量1680.8255万kVA。其中公用160座，主变298台，容量1162.085万kVA；用户自备106座，主变265台，容量518.7405万kVA。共有发电厂23座，装机容量415.4万千瓦，其中省调主力电厂6座，装机容量370万千瓦，包括大唐电厂2×60万千瓦、河津电厂2×35万千瓦、华泽电厂2×30万千瓦、永济电厂1×10万千瓦+2×5万千瓦、蒲光电厂2×30万千瓦、关铝热电厂2×20万千瓦;地调小电厂17座，装机容量45.4万千瓦。（陈秋萍）

**【机构设置】** 2009年，运城分公司机构设置为本部处室（部门）19个，分别为经理办公室、发展策划处（技经中心）、人力资源处、财务处（核算中心）、营销处、生产技术处、农电处、营销稽查处、安全监察处、科技信息处、基建处、审计处、思政处、监察处、离退管理处、综合产业处、行政事务处、工会、企协；直属生产单位13个，分别为电力调度所、变电运行工区、输电工区、变电检修工区、电力试验所、继电保护自动化所、电费管理中心、电能计量中心、客户服务中心、大用户所、物资供应中心、职工学校、后勤服务中心；县级供电企业13个，分别为盐湖供电支公司、永济供电支公司、河津供电支公司、芮城供电支公司、临猗供电支公司、万荣供电支公司、新绛供电支公司、稷山供电支公司、夏县供电支公司、绛县供电支公司、平陆供电支公司、垣曲供电支公司、闻喜供电支公司；多产、辅业单位5个，分别为舜源有限公司、恒运工程公司、送变电公司、电力设计院、夏县培训中心。2009年7月底，13个县支公司机构岗位规范工作均已先后通过分公司验收合格，在支公司初步建立了机构精简、职责明晰、运转高效的组织体系。（陈秋萍）

**【员工队伍建设】** 2009年末，运城分公司共有员工3105人，其中：年龄29岁及以下的387人，占总人数12.46%；30～39岁的1079人，占总人数的34.75%；40～49岁的1063人，占总人数的34.23%；50岁及以上人员 576人，占总人数的18.55%。具有大学本科及以上学历的665人，占总人数的21.42%；大学专科学历的1263人，占总人数的40.67%。具有高级专业技术资格的142人，占总人数的4.57%；中级专业技术资格的347人,占总人数的11.17%。具有高级技师职业资格的114人，占总人数的3.67%；技师职业资格的418人，占总人数的13.46%；高级工810人，占总人数的26.08%。人才密度91.53%,高技能人才比例72.66%，人才当量密度0.8535。（陈秋萍）

**【教育培训】** 2009年，运城分公司培训计划完成率100%，共计参加培训12841人/次，全员培训率达100%，技能竞赛及调考完成率100%。分公司积极组织各类管理人员和专业人员参加省公司组织的领导干部、变电运行人员仿真、审计会计人员财会知识、新安规培训等各类培训，特别是ERP关键用户和最终用户共计671人次的培训组织工作。组织参加省公司各类调考、竞赛人员进行封闭式培训，经多次选拔后参赛。先后共取得财务知识竞赛团体第一名，供电所人员营销调考团体第二名、配电团体第三名、综合团体第三名，信息系统安全运行维护技能竞赛团体第一名，电力工程造价知识竞赛个人第一名、电气专业个人第一名、土建个人第三名的好成绩。（陈秋萍）

**【110千伏及以上在建电网建设项目】** 2009年，运城110千伏及以上在建电网建设项目共18项，总投资24.33亿。其中500千伏1项，为稷山输变电工程；220千伏5项，为稷山梁村、河津干涧、芮城输变电工程及500千伏稷山变电站220千伏接续工程和运城220千伏电网完善工程；110千伏12项，其中新开工项目为平陆寨头、新绛柳泉、闻喜后宫垣、河津城南、运城城中输变电工程及临猗北景、夏县夏禹、河津清涧、闻喜姚村、临猗郇阳主变

增容工程，2008年前输变电工程有运城城东输变电工程和220千伏杏园变电站110千伏接续工程。由于冰雪灾害新增220千伏桃平双回线抢修改造工程1项。（陈秋萍）

**【500千伏输变电工程投运项目】** 运城第二座500千伏稷山输变电工程于2009年12月25日启动投运，同期建设的稷山至闻喜、稷山至梁村、稷山~龙门、汾闻I回π接入绛县金鑫站，新三线改接入闻喜、龙新双回改接入梁村站等220千伏线路相继投运，进一步完善和加强了运城电网结构，为运城市经济的快速发展奠定了强有力的电力供应基础。

（陈秋萍）

**【220千伏输变电工程投运项目】** 2009年12月23日，220千伏稷山梁村输变电工程启动投运；运城220千伏电网完善工程完成汾闻I回II入金鑫、绛县变电站工程，及龙新I、II回短接工程；500千伏稷山站220千伏接续工程完成稷闻I、II回，稷梁I、II回线路接续工程。220千伏河津干涧、芮城输变电工程为2010年投产项目，前期土建施工工作已经开始。（陈秋萍）

**【110千伏输变电工程投运项目】** 110千伏输变电工程按照省公司要求完成2009年投产计划。投运项目包括：扩大内需项目平陆寨头输变电工程于8月9日投运，新绛柳泉输变电工程于12月7日投运，闻喜后宫垣输变电工程于12月25日投运。运城城中、河津城南工程为2010年投产项目，正进行土建施工工作。2008年前的110千伏工程运城城东输变电工程于11月24日投运，杏园变电站110千伏接续工程的杏黄线、永杏I、II回线路工程于10月26日投运。（陈秋萍）

**【110kV及以上在建工程项目】** 2009年在建500kV工程1项，新建稷山~吕梁线路，长度220 km；在建220kV工程2项，新建变电站2座，主变容量660MVA，接续线路长度147.9km；110kV工程2项，新建变电站2座，主变容量180MVA，接续线路长度19.47km。新建投运的四座110千伏变电站全部采用“两型一化”设计，110千伏线路全面采用“两型三新”设计，变电站、塔基占地面积小，设计充分应用新设备、新材料、新工艺，应用材料环境污染小，充分体现了当前工程建设的新理念。

（陈秋萍）

**【电网安全生产】** 2009年，运城分公司主网运行 110千伏及以上变电站65座，其中500千伏变电站1座，220千伏变电站13座，110千伏变电站51座；主变压器共124台，总容量847.71万千伏安。110千伏及以上输电线路共122条，总长度2234.9公里，其中220千伏线路33条，882.2公里，110千伏线路89条，1352.7公里。全年未发生人身、电网、设备事故，未发生电气误操作事故，未发生变电一类障碍,发生输电一类障碍3次。未发生火灾事故；未发生误操作事故；未发生负同等责任及以上的道路交通事故。实现连续安全生产2941天。（陈秋萍）

**【电网春、秋检工作】** 2009年，运城分公司春检进行了19座变电站和26条输电线路的清扫、预试、刷漆、喷涂RTV、保护校验等工作，共处理严重及危急缺陷34项，消缺率为100%；一般缺陷295项，消缺率为98%。秋检完成了3座220千伏变电站、13座110千伏变电站和5条110千伏线路的秋检任务，同时完成了2台110千伏主变、3台10千伏断路器、9台110千伏隔离开关、28台35千伏隔离开关、2台10千伏隔离开关大修工作，完成了4座变电站部分设备和1条线路喷涂RTV、11条线路更换复合绝缘子工作。秋检中共处理严重及危急缺陷17项，消缺率为100%；一般缺陷32项，消缺率为86%。全年综合电压合格率：完成99.40%，同比提高0.11个百分点。市区供电可靠率指标RS1完成99.8569%，同比提高0.051个百分点。

（陈秋萍）

**【完成主网老旧改造项目】** 2009年，运城分公司完成主网老旧改造项目6个，总投资608万元，共计新增及更换110千伏开关3台、电压互感器9台、隔离开关6组、电流互感器9台。110千伏变电站已全部实行无人值班，盐湖、闻喜、永济、河津等4个操作基地已具备运行条件，8座220千伏变电站已经过省公司无人值班验收。

（陈秋萍）

**【科技开发与推广项目应用】** 2009年，运城分公司完成省公司科技开发与推广项目共计13项，其中第一批10项，资金380.5万元，第二、第三批2项，资金135万元，ERP专项资金80万元，共计595.5万元。年底已完成10项，2项已完成进度 80%。其中在线式变压器局部放电监测系统扩展研究，与中低压城乡多分支配电网远程自动化管理系统的推广应用 2 项，被列为 2009 年省公司科技重点创新任务项目。

（陈秋萍）

**【鼓励群众性技术创新】** 2009 年，运城分公司积极鼓励群众性技术创新，共申请 4 项专利，其中实用型专利 1 项，为施工用双挂滑轮；外观设计专利 2 项，分别是输电线路带电更换绝缘子卡具装置和带电更换蓄电池装置；发明专利 1 项，是保护跳闸逻辑辅助检验电路设计，已全部向国家知识产权局提交申请资料；2009 年已获得实用型授权专利 2 项，分别是密封垫制作手工刀具和密封垫制作钻床刀具；论文发表 16 篇。获得省公司科技进步奖 3 项，获得山西省“科技奉献奖”集体三等奖，5 名工程技术人员获得华北公司、省公司优秀工程师荣誉称号。（陈秋萍）

**【应用网络系统建设】** 2009 年，运城分公司狠抓应用网络系统建设。实现了机关及所属各单位网络安全稳定运行，系统可用率 >99.7%。配合省公司完成桌面终端安全管理系统和协同办公及门户建设，完善公司网站内容及 OA 系统权限勾对。从五月开始进行 ERP 系统建设，从项目计划、项目宣传贯彻、数据清理、构建与测试、用户培训、系统上线及支持等措施，保障公司在 9 月 25 日成为全省首批上线单位之一。

（陈秋萍）

**【标准化信息机房建设】** 2009 年，分公司新生产调度大楼搬迁严格按照《国家电网公司信息机房设计及建设规范》有关信息机房建设的标准、规定，建设完成的信息化大楼内共有 80 余台交换机，近 3000 个信息点，5000 米光缆，200 平方米的标准化机房。采用服务器虚拟化新技术，涉及 400 余台计算机的安装调试及 IP 划分，保证整套系统平稳无缝迁移成功，确保 12 月 23 日之前机关本部及五个直属单位在新大楼内正常办公。2009 年获得省公司信息网络运维竞赛团体第一名，并派人代表省公司参加国网公司竞赛取得好成绩。（陈秋萍）

**【省公司总经理王抒祥来运调研】** 2009 年 5 月 21 日，省公司总经理王抒祥一行深入新绛横桥供电所、横桥变电站、营业厅、调度中心、稷山管村变电站、稷峰供电所、营业厅、调度中心、稷山 500 千伏变电站、河津城东变电站、调度中心、营业厅、柴家供电所进行调研。（陈秋萍）

**【110 千伏临猗北景变电站综自改造工程建成投运】** 2009 年 6 月 24 日，北景变电站 2 号主变及三侧间隔、35 千伏 II 段母线及 PT、347 王景线间隔启动送电，至此 110 千伏临猗北景变电站 1 号主变增容（40MVA）和全站综自改造工程全面完成，该工程的顺利投运，标志着运城电网 110 千伏、220 千伏所有变电站全部具备无人值班条件。

（陈秋萍）

**【省公司总经理张建坤来运调研】** 2009 年 8 月 23 日，省公司总经理张建坤先后到电力调度所、客服中心、生产调度楼建设工地、万荣支公司解店供电所、500 千伏稷山变电站施工现场调研并检查指导工作。

（陈秋萍）

**【部分机组关停工作】** 2009 年 9 月 18 日，根据国发 2 号文件精神，公司积极配合运城市经委对运城市境内 14 家 32 台机组进行“上大压小”关停，关停总容量达到 32 万千瓦，关停时间除了 2 家企业为 2010 年 6 月，其余均为 2009 年底拆除。

（陈秋萍）

**【特大暴雪袭击运城电网】** 2009 年 11 月 11 日，运城市遭受百年不遇特大暴雪袭击，220 千伏桃平双回输电线路部分铁塔发生不同程度的损坏，公司对该线路实施紧急抢修改造。

（陈秋萍）

**【新生产调度楼正式落成启用】** 2009 年 12 月 23 日，运城供电分公司新生产调度楼正式落成启用。新生产调度楼于 2002 年开始前期准备，2006 年底完成主体封顶，2009 年 11 月 6 日全部竣工。（陈秋萍）

## 城镇集体工业

**【经济指标企稳回升】** 2009 年，市联社系统干部职工坚定信心、迎难而上，扎实推进市委、市政府“保增长、保民生、保稳定”等各项决策部署，积极应对国际金融危机挑战，使城镇集体经济保持较好的发展态势。全系统全年销售收入增长 16.5%，工业增加值增长 8.1%，实现利税增长 26.1%，圆满完成了省联社年初下达的目标任务，综合考评在全省处于领先地位。

（张来发　曹希望）

**【项目建设】** 2009 年，市县两级联社和企业都把项目建设作为加快转型的切入点来抓紧抓好，确保重点工程建设顺利进行。闻喜选煤设备公司，总投资3.5亿元的大型煤化工装备生产基地项目第一期于5月份建成投产，完成投资额1.2亿元；宇达集团投资3500余万元的全国文化产业园示范基地三个项目，其雕塑放样工坊和展览馆基本竣工，全球艺术馆开始实施；安顺生物科技有限公司投资8000余万元的高效生物肥产业化项目，部分点火投运；平陆宏益达轴瓦公司投资1亿元的异地搬迁改造项目，土地已确权划界，附着物赔偿全部结束，即将开工兴建；华隆瓷业投资1500余万元工艺改造，已完成两条生产线；华恩汽配开发的意大利传动箱体和德国西门子底壳等新产品项目，为企业增加产值3000余万元。

（张来发　曹希望）

【完善服务协调机制】　2009年，市联社重点是建立和完善以服务为核心的工作机制。在协调服务上，先后通过省科技厅和省经委为制版集团解决200万元创新资金，为临猗绿海公司解决300万元发展资金。通过联系银监局，协调解决了安顺生物科技有限公司5000万元专项贷款使用问题。另外，协调制版集团与新绛机床厂签订价值近200万元的生产订单。在政策服务上，面对国家提出的出口退税、鼓励家电下乡等一揽子经济刺激政策，5月上旬和6月中旬分别举办了“触动技术创新”专题讲座和劳动就业政策及税收减免政策培训班，确保基层联社和企业熟悉国家政策、用足用活政策。在参谋服务上，同基层企业一起分析市场形势，找准发展定位，放大竞争优势，对调研发现的外部干扰问题，及时向市政府分管领导和主要领导汇报，为领导创优环境的正确决策提供可靠依据，从而使企业的经营环境明显改善。

（张来发　曹希望）

【困难企业职工社保工作】2009年，市县两级联社践行人本理念，利用政策机遇，把职工“参保”问题作为重头戏，使之取得了重大突破性进展。平陆县阀片厂连同刚兼并的工程塑料厂共有460名退休和下岗职工，县联社与企业不懈努力，一次性全部解决“参保”问题，标志着整个平陆二轻系统退休下岗职工老有所养问题圆满解决；盐湖区联社力排万难，使原运城市冶炼铸造厂、棉织厂久拖不决的破产案得以清算终结，为236名职工办理了养老保险手续并进行了一次性经济补偿。同时为320名下岗职工申请了最低保障金，为127名所属破产企业的退休职工补办养老保险；河津市联社多方筹资，按时为14户入保企业足额缴纳了社保金，对符合政策要求的297名困难企业职工申请了最低保障金，协调解决了全系统520余人参加医疗保险；芮城县联社克服困难，圆满解决了380名职工养老保险问题，还为430名职工办理了医疗保险，为140户租房的职工办理了住房补贴，为15名特困职工办理了大病救助。全市联社系统先后为3000多名职工解决了老有所养问题。

（张来发　曹希望）

【清产核资工作】　2009年，市联社组织专门力量，对系统集体资产运营情况进行摸底调查，对账核实，清产核资。经过半年时间的艰苦努力，初步摸清了联社系统企业个数及资产底数。截至2008年底，企业数由1978年的203户减为53户。其中关停破产134户，划出系统外16户；资产数由1978年的3.13亿元发展到2008年的42.37亿元。这就是说，生产的企业数减少了150家，但集体资产却增加了39.24亿元。总负债12.7亿元，负债率33.36%。在此基础上，进一步澄清了县（市、区）联社及成员企业借用省、市联社资金情况，为分期分批做好产权归属工作打下了良好基础。（张来发　曹希望）

【推动工艺美术产业发展】2009年，按照省联社要求，市联社经过深入调研，制订了《运城市工艺美术产业五年发展规划》，提出了发展目标和发展重点及相关措施，并组织部分工艺美术企业参加国家在杭州、广州举办的展销会、项目洽谈会等，进一步提高全市工美企业和产品的知名度。通过省财政、省联社为新绛马首山石雕工艺厂、新绛县店头特种漆厂、芮城县佳天下饰物工艺品有限公司、芮城县永乐纯阳观桃木文化研究所等四户工艺美术企业争取了一定数量项目扶持资金，其项目数和资金数在全省名列前茅。（张来发　曹希望）

【学习实践科学发展观活动】2009年，市联社按照市委学习实践活动领导小组的统一部署，市联社党委广泛发动、精心组织、周密安排，广大党员和全体干部职工积极投入，紧紧围绕“提高思想认识、解决突出问题、创新体制机制、促进科学发展”的目标要求，经过“学习调研”、“分析检查”、

“整改落实”三个阶段，推进各项活动有序开展。在“热爱运城，共谋发展”的主题实践活动中，市联社张堂民主任积极参加演讲比赛，他亲自撰写演讲稿，为运城市转型发展献计献策，经过层层选拔，最后成功晋级决赛，并荣获二等奖；市联社王同华副主任带队参加了科学发展观知识竞赛，最后代表第二十五检查指导组进入决赛，荣获三等奖。

（张来发　曹希望）

## 供　销

**【概况】**　2009年，市供销社紧紧围绕参与新农村建设工作大局，以推进“新网工程”建设、整合优化社有资产和发展农民合作经济组织为重点，努力克服金融危机带来的不利影响，从而使全市供销社经济呈现逆势上扬态势。主要经济指标实现三超。全市供销社商品购进总额完成15.8亿元，较上年同期11.7亿元增长25.9%；商品销售总额18亿元，较上年同期13.9亿元增长29.6%；利润总额完成386万元，比上年同期254.4万元增长52%。购销利实现超计划、超上年、超历史最高的“三超”目标。（董晓霞）

**【“新网工程”建设】**　2009年，全市供销社系统狠抓“新网工程”建设。建立和完善配送中心（购销中心）52个，其中农资配送中心16个、日用消费品配送中心15个、农副产品购销批发市场21个，建立和完善再生资源集散市场5个。新建配送中心3个、农副产品购销批发市场4个、再生资源集散市场2个，发展便民店337个、重点推进村254个。（董晓霞）

**【推动合作经济发展】**　2009年，全市供销社系统大力发展合作经济，新建农民专业合作社14个，各类专业协会6个，发展协会会员766人、农民经纪人1460人，带动周围农户35915户。（董晓霞）

**【推进社企改革】**　2009年，全市供销社系统不断推进社企改革。关注民生，体恤民情，面向基层，服务职工。加大养保、医保、低保工作力度。通过改革，打破了制约供销社发展的瓶颈，甩掉了沉重的包袱，初步解决了关系职工切身利益的养老保险、医疗保险等问题，使职工老有所养、老有所医。

（董晓霞）

## 中小企业管理

**【概况】**　2009年，全市以民营经济为主的中小企业发展到9659个，从业人员38.13万人，其中有185名中级技术职称和286名初级技术人员。分别完成总产值708亿元，营业收入651亿元，增加值172.95亿元，出口交货值9.95亿元，上缴税金29亿元，为农民提供人均纯收入1089元。（张展科　武兆文）

**【“绛州绿”实现连锁销售】**　2009年1月26日，新绛“绛州绿”蔬菜有限公司首批万余箱精品蔬菜发往全省70家连锁超市。该公司与山西吉隆斯公司“联姻”，使“绛州绿”蔬菜进一步拓宽了市场销售渠道。

（张展科　武兆文）

**【“华丽服饰”揭牌】**　2009年2月15日，“华丽服饰”国家紧急救援防护装备物资研发生产基地和华丽特种防护装备技术研究所，在本市稷山华丽服饰有限公司揭牌。

（张展科　武兆文）

**【银湖制药实现联合投资】**　2009年4月18日，银湖制药有限公司与河北石家庄制药集团应对危机，联合投资5.5亿元建设塑瓶大输液和软袋大输液生产线,首期投资3亿元项目奠基开工建设。（张展科　武兆文）

**【协调中小企业融资】**　2009年5月13日，市政府召开“中小企业融资银保企对接会”，把具有发展潜力的163个项目，推介给各商业银行、信用社和担保公司。11月20日，市委常委、常务副市长王殿民就金融机构支持中小企业发展等工作到农发行、邮储银行、中行运城分行调研。12月1日，市政府与晋商银行支持中小企业发展对接座谈会召开，双方就提供金融服务、支持中小企业发展等共同关心话题进行充分交流。晋商银行行长助理王培明表明高度重视同运城市政府的战略合作，把运城市作为支持中小企业发展的重点和首选地区。（张展科　武兆文）

**【芮城县举办产学研对接会】**　2009年5月26日至27日，芮城县委、政府举办第四届中小企业产学研对接会，邀请北京化工大学、中国化工研究所、西北农业科技大学、第四军医大、山西农业大学等20多家科研所的12名专家、教授，围绕推介的170多项新技术进行实地考察。并与当地中小企业家，农民创业者进行探讨交流，解决企业技术和营销难题8个，签约资金2500万元，达成合作项目10个。

（张展科　武兆文）

**【推进中小企业发展】** 2009年，全市认真贯彻中央、省应对金融危机的系列政策和市委、市政府“保增长，促发展”十项措施，切实推进500户骨干企业转型发展、安全发展、和谐发展。5月23日，市长王安庞带领市中小企业、国土、安监、税务、供电、金融等职能部门负责人，深入海鑫集团调研，现场了解企业生产经营情况，应对金融危机遇到的实际困难，并与企业负责人座谈，共同探讨应对措施。6月5日，全市500户骨干中小企业推进工作会议召开。各县（市、区）、开发区和空港新区共30余人参加会议。要求重点抓好“六推进”，即：企业恢复生产推进、项目建设推进；融资推进、市场营销推进、生产要素推进、减负推进。

（张展科　武兆文）

**【参加第六届中国国际中小企业博览会】** 2009年9月22日至25日，运城市组团参加第六届中国国际中小企业博览会。此次参展以市委常委、副市长张建喜为团长，组织天祥、华恩机械、新环橡塑等企业的十大系列200余种产品参展，会上共签订合同4个，金额1.23亿元。副省长陈川平莅临本市展厅观摩，对参展产品予以充分肯定。（张展科　武兆文）

**【大运重卡投产】** 2009年10月26日，本市大运重卡项目正式投产。省领导张宝顺、王君、胡苏平、高建民、李政文、杨安和、陈川平、韩儒英，市委书记高卫东、市长王安庞等四大班子领导及市直有关部门负责人出席投产仪式，该项目投资20多亿元，投产后年产重卡5万辆，产值150亿元，利税10亿元以上。

（张展科　武兆文）

**【民营企业调研】** 2009年6月16日，　全市百名政协委员分别由市政协主席柴林山，副主席李玉燕、王七庚、史海涌、杨泽生、薛靓民、潘和平带队，深入全市13县（市、区）百家中小企业调研。10月28日，省委书记张宝顺、省长王君分别深入运城市今麦郎、华润雪花啤酒、华雄纺织、晋龙集团、武圣铝业等民营企业调研。省委书记张宝顺要求当地领导帮助企业开拓市场，提供信息、协调金融贷款、支持企业发展。王君省长要求继续加强对企业的帮扶工作，帮助企业摆脱危机，开展正常生产经营，不断提升工业经济增长速度。

（张展科　武兆文）

## 粮油购销

**【概况】** 2009年，全市粮食系统在粮源不足、资金偏紧、价格不稳等不利情况下，采取多种措施，开展多种方式，积极扩大收购，大量掌握粮源，确保全市总量平衡。年初，在全市粮食工作会议上，就做出安排，要求各县市发挥国有粮食购销企业的主渠道作用，一定要坚持常年收购与季节收购相结合，坚持夏粮收购与秋粮收购相结合，坚持区内收购与区外收购相结合，大量掌握粮源，为加强宏观调控，确保粮食安全打下坚实基础。5月6日，市粮食局又召开了有各县市副县市长参加的全市粮食工作会议，安排部署全市收购5亿斤小麦任务。会议结束后，各县市立即行动，精心组织，全面部署，扎实工作。截至年底，全市各类收购企业共收购粮食10.5亿斤，超额完成了省定10亿斤的收购任务。各级粮食部门在扩大收购的同时，积极主动搞好销售，增加赢利。全市共销售粮食高达10.2亿斤，全面完成了省定10亿斤销售任务，取得了较好的经济效益。粮食外调5200万斤，完成5000万斤任务，新增市级储备粮9000万斤，使全市市级储备规模达到1.63亿斤。（王茂林）

**【确保两节市场繁荣】** 2009年元旦、春节期间，在市政府的带领下，市粮食局与工商、商务、物价、食品药品监管局等部门紧密配合，对全市粮油市场进行多次检查，对一些扰乱市场，缺斤短两，以次充好，胡乱涨价的不法行为进行了坚决打击，维护了粮食市场秩序，确保了市场供应和市场价格稳定，让全市人民吃上了“放心粮油”。（王茂林）

**【粮食流通体制改革】** 2009年，全市粮食流通体制改革，主要抓好企业产权制度改革。截至年底，全市国有粮食购销企业由原来的140家减少到80家，减少43%，共完成核销不良贷款2亿元，基本完成省局下达的任务。为搞好此项工作，市局采取多种措施，主动与农发行联系，重点争取解决不良贷款，对部分国有粮食购销企业实施破产、关闭、合并、重组等政策。其中，夏县粮食局与农发行联手，争取解决不良贷款8000万元，使企业甩掉包袱，轻装上阵。闻喜县也对两个资不抵债的购销企业实施破产，解决不良贷款1300万元。

（王茂林）

**【确保储粮科学安全】** 2009年，全市库存粮食4.4亿斤，但储存条件差。所以，对仓储管理工作市粮食局始终没有放松和掉以轻心，而是不断继续加强管理，加大力度，完善基础设施，切实在防盗、防火、防汛等方面加大投资，加强力量，确保了全市的储粮安全。同时，继续不断做好春秋两季库存粮油大检查，及时消除隐患，以巩固和提高“一符六无”粮仓水平，保持“一符六无”粮仓水平达到92%以上，完成了省局下达的目标任务。继续推广塑料薄膜六面密闭储粮技术。凡是新入库的粮食，全部推行这一保粮技术，确保了储粮科学安全。（王茂林）

**【粮食统计工作】** 2009年，市粮食局狠抓粮食统计工作。首先是在现有统计人员的基础上，根据各县市情况，继续加强统计人员队伍建设，提高统计人员的整体素质。其次是加强对统计工作的领导。认真做好调查摸底工作，确定好统计对象，全面掌握全市社会粮食现状，真正把全社会的粮油统计工作做好。第三是做好社会统计培训工作，落实好新的统计制度，准确提供统计数据，为全市的宏观调控提供了真实可靠的依据。各县（市、区）粮食统计工作严格实行局长负责制，明确任务，分清责任，全力加强对全社会的粮食管理工作，从而使全市的粮食统计工作跃上了一个新台阶，确保了粮食统计工作的顺利有效开展。

（王茂林）

**【清仓查库工作】** 2009年3月25日，全国粮食清仓查库动员电视电话会议之后，市、县两级积极行动，全市组成十三个普查工作组，三个普查督导组，抽调280名检查人员，在全市开展了声势浩大为期十天的普查工作。按照实地检查和“有仓必到、有粮必查、有帐必核、查必彻底”的原则，对全市所有粮食库、点进行了认真的检查。通过对全市140个购销企业、6个中央和省储备库进行普查，清查单位数99个，仓库数532座。清查结果显示，全市所有库存粮食处于安全状态，粮食工作总体发展态势健康良好，能够更好的服从和服务于全市经济建设。（王茂林）

**【粮食市场监管】** 2009年，按照《粮食流通管理条例》要求，全市市、县两级粮食行政管理部门，大部分成立了粮食市场稽查执法队，为搞好市场有序流通，加强粮食市场管理打下了基础。全市13个县（市、区）全部组建执法稽查队伍，使全市的粮食执法队伍建设在全省走在了前列。同时，结合治理商业贿赂，还在全市粮食系统大力开展市场诚信体系建设，并且组织各县市学习行政复议法等相关法律知识，全面提高执法人员整体素质。另外，还进一步加强市场的监督检查。在通过报纸、电视等新闻媒体宣传粮食流通法律、法规的基础上，对已获得粮食收购资格的企业，进行指导、服务和监督，并定期进行审核。结合夏粮收购和全省开展成品粮油监督检查，对全市粮食收购市场、成品粮油销售进行了专项检查，保障了全市粮油市场的安全稳定。（王茂林）

**【放心粮油工程建设】** 2009年，全市放心粮油工程进展顺利。在年初的全市粮食工作会议上，市局就把此项工作提到了政治高度，要求各县市一定要提高认识、解放思想、统一规划、全面推进。截止10月底，已超额完成省局分配给运城的90个“放心粮油店”的建设任务，并达到100家，1个市级配送中心与5个县（市、区）配送中心已全部建成，并投入运行，初显经济效益。

（王茂林）

**【落实扭亏增盈目标责任】** 2009年，全市粮食财务工作，根据年初省局下达的全市粮食购销企业减亏1500万元目标，全市粮食系统从管理着眼，从节约入手，抓了以下四方面工作：(1)层层签订目标责任书，将扭亏目标落实到每个企业，每个职工的头上；(2)召开专题会议，总结经验，推广先进；(3)狠抓收购，掌握粮源，大力销售，增加收入；(4)狠抓管理，节约费用，加强核算，盘活资金，预计到12月底，全市将超额完成省局下达的减亏任务。

（王茂林）

## 石油销售

**【概况】** 2009年，中石化运城分公司面对全球金融危机带来的困难和挑战，不断调整思路，从实决策，在极其困难的情况下，全市系统纯销量完成年计划的116.93%，同比增长12.18%；轻油完成年计划的117.09%，同比增长14.07%。其中：零售完成年计划的96.78%，同比减少5.44%，直销批发完成年计划的199.6%，同比增长94.8%；润滑油完成年计划的101.32%；非油品业务完成年计划的77.23%。经营总量直销批发同比增幅在全省系统分别位居第一，人均销量位居第六。（刘　杰）

**【绩效考核】** 2009年，中石化运城分公司不断完善新的绩效考核方案，新增加了零售管理部与全市系统零售任务挂钩考核方案，把经营部门的业绩纳入考核和竞赛的范围。对新一年市场走势进行了可行性分析，提前定做了促销品，配合春节假日促销，利用电视媒体进行了为期一个月的宣传，从思想上、组织上、策略上，及早地进行了调整和全方位的准备，为应对市场变化发挥了应有的作用。（刘　杰）

**【"千人百站客户走访"活动】** 2009年，中石化运城分公司大力开展"千人百站客户走访"活动，共走访客户2346个，建立和完善客户档案3620个，在走访中干部员工受教育，增强了市场意识、责任意识、营销意识和紧迫意识。（刘　杰）

**【拓展非油品营销空间】** 2009年，中石化运城分公司努力实现由单纯加注油品到综合性服务的转变。以拓展非油品经营业务为重点，为帮助客户解决实际问题提供便利为切入点，充分利用现有便利店和泵岛销售，采取送货上门，盯住传统节日、盯住单位团购，努力拓宽营销空间。开展加油、购物一站式服务，使客户到站加油是一种消费享受，处处感到快捷、便利、周到。（刘　杰）

**【加油站现场管理】** 2009年，中石化运城分公司努力实现由粗放型管理到精细化管理的转变。强化加油站现场管理，全员苦练八步法，进行加油站管理规范再学习，制定了严格的考核和末尾淘汰机制，擦亮石化油站的名片，吸引客户眼球，提升应对市场变化的能力。（刘　杰）

**【实施灵活经营策略】** 2009年，中石化运城分公司根据市场竞争实际，实施灵活经营策略，拓宽营销空间。对中石油加油站采取既竞争又协调，以协调为主，建立了站、片区、市公司三级协调机制，尽量缩小价格差异，共同稳价保价，把握市场走势；对社会加油站实施调整和策略转变，争取其从系统内进货，建立既竞争又合作的同盟关系。同时，还以延炼办为支点，开展区外销售，与贩油车辆和地下批发窝点进行资源抗衡；完善和规范航油供应，打造跨行业经营新亮点，紧紧盯住国家和当地政府拉动内需的重点工程，抢占商机，拓市增量。（刘　杰）

**【开展"比比看"活动】** 2009年，中石化运城分公司不断改进工作方式、方法和思路，深入开展"比比看"活动。市公司建立了每月各县公司任务完成排行榜，前三名贴红旗，后三名贴黑旗，定期对完成任务滞后、全市系统任务完成排队倒数第一的县公司经理和相关责任人，进行黄牌警告和戒免谈话，先后有4人受到处分；对任务完成差距大的公司进行现场解剖，查明原因，制定措施，重点进行帮扶；每月一期经营通报，天天盯住销量、盯住市场、盯住任务完成进度不放松。（刘　杰）

**【特色化销售服务】** 2009年，中石化运城分公司根据每个销售季节的特点，实施特色化销售服务战略，有的放矢地开展了"节日促销有奖"、"客户走访"、"全员销售竞赛"、"优质服务月"、"支援三夏"、"服务秋收秋播"等活动，把油品送到田间地头，送到工厂学校和施工工地，以各种活动为载体，不断鼓劲加油，激励全市系统干部员工的士气。（刘　杰）

**【干部队伍建设】** 2009年，中石化运城分公司不断加强干部队伍建设。立足当前，着眼企业的长远发展，研究制定了《运城公司中层干部管理实施意见》，经过广泛推荐、考察公示，新聘用了9名年富力强的副科级干部，对10名干部进行了岗位调整，优化了干部队伍结构，推进了干部队伍的年轻化、知识化建设步伐。（刘　杰）

**【推进机关作风转变】** 2009年，中石化运城分公司对机关工作作风和劳动纪律进行了整顿，从办公室卫生和上下班迟到早退现象抓起，严肃企业纪律，加大检查和督导力度。机关科室以岗位责任制和公司的各项规章制度为依据，横到边，竖到底，逐个岗位对工作进行定期反思，开展"四比四看"，对查找的问题和不足，制定措

施，在企业公示栏内公示，大家监督。通过机关作风整顿、劳动纪律整顿和工作反思，全员受教育，推进机关作风转变。（刘　杰）

【节能降耗】　2009年，中石化运城分公司从领导班子自身做起，带头过紧日子，压缩各种非经营开支，把有限的费用用在提高销量、拓展市场的刀刃上。规范了来客接待制度，原则上不准在娱乐场所和高消费场所消费；规范了下基层准则，经营部门除正常检查外，管理科室下基层需要公司领导批准，无论检查和验收，不准在县公司留宿，严禁大吃大喝和高标准消费；规范了会风、文风，整合有效资源，减少会议、减少文件，推广无纸化办公。严格推进全面预算管理，严格执行各项费用先请示后支出，清理和理顺了职务消费，从节约一分钱、一度电、一滴油入手，严把审批程序和报销关，杜绝人为的“跑、冒、滴、漏”。以油库、加油站和机关办公室为重点，深化内部改革和开源节流，实施时段经营和节电、节水措施，扎扎实实开展节能降耗。（刘　杰）

【强化安全管理】　2009年，中石化运城分公司按照集团公司和省公司的安排部署，强化安全管理，深入开展“我要安全”主题活动。公司先后召开安委会、“我要安全”主题活动动员大会，整体动员，人人参与。制定了实施方案和具体措施，利用黑板报、简报、横幅标语广泛宣传。组织员工开展“我要安全”大讨论，以历年来各种事故通报为反面典型，以发生在身边的不安全因素和未遂事故为反面教材，深刻理解“我要安全”主题活动的内涵和实质。开展了有奖征文和演讲比赛，与消防部门联合举行了两次规模较大的消防实战演习。各县公司结合工作实际和特点，全员进行消防知识、安全知识培训和应对突发事件预案演练，使安全经营深入人心。积极争取投资，对7座加油站进行了形象改造，完成了半坡油库铁路卸油栈桥改造和半坡油库办公楼、润滑油库建设，为企业更好地发展奠定了基础。（刘　杰）

【提高政治思想工作影响力】　2009年，中石化运城分公司充分发挥党委的核心作用、支部的堡垒作用、党团员的先锋模范作用，提高政治思想工作的浸透力和影响力。开展一个党员一面旗帜、一个示范站一块阵地，用科学发展观攻坚克难。按照市委市政府和省公司党委的安排，市公司领导班子成员深入营销前沿，了解实情、鼓实劲、谋措施，通过征求意见卡、座谈会、专题调研等形式，广泛征求干部员工的意见和建议，促进公司各项业务顺利开展。（刘　杰）

【坚持民主生活会制度】　2009年，中石化运城分公司坚持民主生活会制度，不断查找影响企业科学发展和干部员工关心的热点、难点、焦点问题，查找问题存在的思想根源，从不适应科学发展要求的观念、思维方式、工作作风中解脱出来，统一思想，形成共识，进一步增强学习贯彻科学发展观的自觉性和坚定性，激励干部员工迎难而上，坚定信心。（刘　杰）

【企业文化建设】　2009年，中石化运城分公司结合党建工作的实际，对13个县级公司党支部进行了换届选举。结合庆国庆60周年，以油站文化、企业廉政文化建设为重点，组织开展了书画、摄影展、文艺汇演，领导班子成员带头参加大合唱。闻喜分公司自编自演的《油花朵朵献祖国》音乐快板，参加了销售公司汇演和全国产业板块演出，分别获银奖、金奖和创作奖。积极开展献爱心募捐活动，彰显石化企业干部员工高度的政治责任感和社会责任感。（刘　杰）

## 烟草专卖

【概况】　2009年，全市烟草行业完成卷烟销量20.59万箱，比上年增长4.13%；卷烟毛利率为24.97%，比上年提高了0.31个百分点。特别是农村市场销售业绩更加明显，农村市场完成卷烟销量12.989万箱，比上年增长3.37%；条均价达到44.54元/条，比上年提高5.24元，提高13.3个百分点。全市卷烟销量为全省最高，销量增长幅度也为全省最高；特别是农村市场销量和增长幅度更高于全省平均水平。（陈开忠）

【持续开展六项创新】　2009年，全市烟草行业持续开展六项创新。首先紧紧抓住农村服务大厅建设，根据行业的统一标识，对所有的服务大厅进行了更新和改造，实现了全市行业服务大厅整体面貌焕然一新。坚持本土化模式，使员工到大厅工作成为一种向往和习惯；坚持“信息化”支撑，使大厅成为本土化与现代化有机结合的载体；坚持市场化推进，使大厅“航母”始终逐浪前行，不断适应新形势和新任务需求。并根据省局“打造服务头等舱”的服务理念，着力塑造“乡亲服务”品牌，倾情打造“金叶乡亲工程”，实现了“让农民到最近的地方买到最放心的烟、最满意的烟”，而且通过精心指导，尽量提高客户赢利水平。全市行业客户经理每天在零售终端的工作时间在5小时以上，对零售客户的经营指导面在60%以上，经营指导有效率在80%以上。2004年前，零售客户盈利一般在3%~5%，现在已普遍达到两位数。六项创新，使农村网建的软实力、硬效率得到全面提升，进入了乡亲化、现代化、规范化高度统一的新境界。（陈开忠）

**【推进网上订货工作】** 2009年，市烟草专卖局（公司）坚持把以电子商务为标志的现代烟草建设作为工作重点，努力创新和优化营销模式。经过同交通银行等相关金融部门的共同努力，尽量给客户提供就近服务的方便条件，使全市农村市场的电子结算率达到了85%以上。同时，又加快制定了《网上订货实施细则》和《网上订货流程指南》，本着“成熟一批发展一批”的原则，经过调查摸底、重点实施，全面推进、巩固提升几个阶段，网上订货工作稳步推进，网上订货客户已经达到6920户，占到有效客户的42%。（陈开忠）

**【网上订货多维度开发】** 2009年，市烟草专卖局（公司）坚持对网上订货平台进行多维度开发，实现一网多能，使货源信息发布更加及时清晰，品牌宣传和培育更加直观透明，客户互动更加便捷高效。8月，市局通过移动、联通等电信公司开发了“运城烟草飞信平台”，零售客户可以通过此平台随时了解需求信息，随时同客户经理和其他客户进行信息交流，有效地发挥了“空中金色通道”的潜能。（陈开忠）

**【卷烟品牌培育】** 2009年，全市卷烟市场品牌培育态势良好，品牌格局逐步趋于明朗，重点骨干品牌所占市场份额逐年提高，新的卷烟品牌格局更受消费者喜爱，呈现出三个明显特征：（1）销量明显上涨：上年重点骨干品牌销售86612箱，占总量的43.8%；2009年为113664箱，同比增加27052箱，增长31.23%。（2）比重明显上浮：上年全国性重点骨干品牌销售比重为43.8%，2009年比重为55.2%，同比提高11.4个百分点。（3）结构明显提升：2008年全市农村市场卷烟结构比2007年提高了3.11元，2009年与2008年同比又提高了5.24元。（陈开忠）

**【订单供货全面优化】** 2009年，全市行业根据专卖体制下按订单组织货源的特点，紧紧抓住订单供货的生命线、生命力和生命值，使订单供货迈上了规范化、高效率的运行轨道。（1）“7.1.3”岗位规范体系全程强化了订单供货的生命线；（2）工商客户消费有效互动增强了订单供货的生命力；（3）两个持续优化不断提升了订单供货的生命值。全市行业的订单供货工作在实践中不断走向成熟，形成了“市场作蓝天、流程为航线、预测是指南、运行必规范”的工作理念，销量预测吻合度已达到98%，订单满足率达到96%，协议履约率达到99%，合同执行率达到99.5%。（陈开忠）

**【打造运烟物流品牌】** 2009年，市烟草专卖局（公司）高度重视物流配送现代化建设，以物流达标为核心，优化调度监控信息系统，优化工作流程，优化送货线路，强化安全管理，降低成本费用，对物流员工实施准军事化管理，对零售客户提供柔情化服务，努力打造“铁骨柔情”的运烟物流品牌。尤其是实施的“统一规划、统一平台、统一标准、统一流程、统一数据库”的“五个统一”战略，对全市卷烟物流信息资源进行了全面整合，开发出了全市行业物流信息一体化平台，实现了对卷烟流通作业的全程、实时监管，达到了全省一流水平。并通过对送货线路的第三次整合，进一步细化客户坐标，科学确定配送范围，建立以配送线路为基准的物流访销系统，既提升了服务效率，又节约了成本费用，全市单箱物流费用为109元，远远低于全省行业平均水平。市四大班子领导多次到物流中心进行视察，称其为运城物流的样板和标杆。

（陈开忠）

**【打假打网络机制建设】** 2009年，市烟草专卖局（公司）在继续坚持“司、政、商”三方联手打假打网络机制的基础上，注重科学统筹四个关系，即科学统筹市场监管与卷烟打假破网之间的关系，科学统筹优秀县级局创建活动和专卖管理之间的关系，科学统筹专卖综合管理与卷烟打假之间的关系，科学统筹四部门联合打假与跨省三市联管联动之间的关系，使打假打网络更加符合市场规律。并把“端窝点、断源头、破网络、抓主犯”作为卷烟打假工作突出重点，充分发挥市局专卖稽查支队引领作用、县级局主体作用和相关部门的合力作用，打假打网络取得了重大成效。全年全市查扣的非法卷烟数量和非法烟叶数量均为全省之最。（陈开忠）

**【健全内部专卖管理监督检查制度】** 2009年，市烟草专卖局（公司）继续坚持“管心为上、自控为重、诊治必严、保健促强”的内管工作核心理念，健全预警问题研究解决周例会制度，健全内部专卖管理监督自查检查制度，健全考核考评制度，注重学习与实践相结合，确保《工作规范》内化于心、外化为行；持续发挥监管系统作用，将“流程化、精细化、痕迹化、规范化”要求贯穿于监管的每个环节，做到流程不减、标准不降、成效不落，有效防范了以牺牲规范来保增长的短期行为发生，使心正、步正、身正、行正、风正的内部管理监督措施更加扎实有效。

（陈开忠）

**【现代烟草农业基地建设】** 2009年，市烟草专卖局（公司）将烟叶生产经营放在更加突出的位置。(1)采取“四限八控”的硬措施，将国家局和省局“烟叶防过热”的要求落实到烟叶生产经营的各个环节。(2)继续狠抓烟叶基础设施建设工程，确保各项工程项目全部达标，在国家局和省局各自检查中均受到高度评价。(3)努力促进传统烟叶生产经营向现代烟草农业转变，“规模化种植、集约化经营、专业化分工、信息化管理”水平又向前迈进了一步，为全市发展现代农业发挥了带头和示范作用。2009年全市烟叶实际销售收入总计达到1.2亿元，实现税利近3000万元，有36户烟农收入达10万元以上，有3户种植大户收入突破100万元。烟叶工作为建设社会主义新农村做出的重要贡献，有力地提升了行业的社会威望和社会形象。（陈开忠）

**【全市行业三个“科学定位”】** 2009年，市烟草专卖局（公司）通过在全市系统深入开展学习实践科学发展观活动，形成了全市行业思想认识领域的三个“科学定位”：(1)科学意识得到强化。使科学发展观能够融入员工工作和生活的各个方面，着力破除影响科学发展的陈旧观念，坚持与时俱进和实事求是，用科学思维谋求科学发展，勇于探索科学发展的新途径。(2)科学理念得到升华。使员工的思想、工作和文化建设都能够达到与时俱进，不断升华思想理念、工作理念和文化理念。(3)科学道德得到遵循。使员工的学习和实践活动能够沿着正确的方向发展，摒弃那些不道德的思想意识和行为，树立马克思主义的科学道德观。三个思想定位为贯彻落实科学发展观奠定了坚实的思想基础。

（陈开忠）

**【营销市场调研】** 2009年，市烟草专卖局（公司）为了找准制约全市行业科学营销的瓶颈问题，将学习实践科学发展观活动引向深入，市局领导班子成员、市局各科室和各县局班子围绕“影响卷烟上结构和销量下滑等主要原因、当前卷烟市场基本情况、培育重点骨干品牌存在的问题”，“卷烟市场净化问题”，“基层员工思想状况”三个课题，采用跟班送货、走访零售户、与基层员工座谈等形式进行了市场调研，到各服务大厅召开座谈会，了解、收集和掌握了大量的一线市场信息，在全市行业形成了“五个科学的总体思路”，即“在五个科学上下功夫”：(1)科学培育市场上下功夫；(2)科学培育品牌上下功夫；(3)科学把握价位上下功夫；(4)科学服务上下功夫；(5)科学投放策略和调控上下功夫。（陈开忠）

**【解决行业发展六大课题】** 2009年，市烟草专卖局（公司）坚持用科学发展观分析新形势、破解新难题，着力解决了事关全市行业科学发展的六大课题。(1)科学解决了促销量与上水平的关系，在严格规范的前提下经济效益明显提升；(2)科学解决了卷烟经营与烟叶生产经营管理的关系，有力地唱响了“两台大戏”；(3)有效解决了改革、发展与稳定之间的关系，全党工作大局在新的形势下得到了新的推进；(4)较好解决了有效货源供应与真实需求之间的关系，不断提高了订单供货工作水平；(5)有效解决了内管与外打之间的关系，为行业发展创造了全方位的良好环境；(6)有效解决了创新与再创新之间的关系，使农网建设不断实现新跨越和新提升，使全市行业改革发展的各方面工作不断获得新的生机与活力。

（陈开忠）

**【“安居乐业”工程建设】** 2009年，全市烟草行业在经济效益连年大幅度增长的同时，市、县、大厅三级的办公条件和员工生活环境也得到了明显改善，新建成的16层市局办公大楼已投入使用，文化苑六栋职工住宅楼已竣工交住，空港区11栋职工住宅楼已基本建成，共可使全市行业700余名员工移居新楼。（陈开忠）

**【党风廉政建设】** 2009年，市烟草专卖局（公司）不断增强党风廉政建设的使命感与责任感，把党风廉政建设摆在党组工作的重要位置。进一步加强了由班子成员组成的党风廉政建设责任制领导小组，基层单位完善了以一把手负总责的党风廉政建设责任制领导小组，把党风廉政建设纳入整体工作目标管理考核中，做到党风廉政建设同经济建设一起部署、一起落实、一起检查、一起考核。市局党组书记同班子成员、各县局局长（经理）、各科室科长（主任）一一签订了党风廉政建设责任书，各县级局同各服务大厅、各股室也分别签订了责任书，形成了一级抓一级、层层抓落实的领导工作机制。市局领导班子各成员实行“一岗双责”，既对分管部门的业务工作负责，又对分管部门的党风廉政建设工作负责。市局党组大力支持纪检监察工作，为他们创造有利的工作环境和条件，使他们能够在党风廉政建设中充分发挥职能作用。

（陈开忠）

**【惩治和预防腐败体系建设】** 2009年，市烟草专卖局（公司）在建立健全惩治和预防腐败体系建设方面，始终坚持标本兼治、综合治理的工作方针，高度重视从源头治理和预防腐败现象的发生与蔓延。根据中共中央《建立健全惩治和预防腐败体系2008~2012年工作规划》，全市行业制定了《建立健全惩治和预防腐败体系2008~2012年工作规划》的实施方案。并不断创新载体，丰富内涵，突出廉政主题教育，先后开展了教育倡廉、短信示廉、读书思廉、文艺宣廉、报告讲廉、网络导廉、警示促廉、包点抓廉等“八廉”活动，并以“三项检查”为助推力，促进政务公开、企务公开和财务公开，坚持阳光采购和公开招投标制度，形成了全方位、多层次、立体化的反腐倡廉的整体合力，营造了“以廉为荣、以贪为耻”的良好氛围。尽管全市行业连年经济效益实现跨越式发展，但继续始终坚持过紧日子的思想，全市行业的营销费用和三项费用均低于全省平均水平。（陈开忠）

**【实现开拓创新新突破】** 2009年，市局领导班子带领全市行业干部职工继续发扬运烟人团结进取、开拓创新的精神，不断实现开拓创新新突破。农村网建在历经七个创新阶段之后，开始进入科学发展阶段，创建了乡亲化、现代化、规范化“三化一体”的新模式，使之更加适应现代市场经济需求。以农网建设为主线，带动了各项工作都有创新亮点，专卖打假的“五指并拢形成打假铁拳头”，内部监管的“六扬六止”，品牌培育的“六情模式”，订单供货的“七·一·三岗位规范体系”，物流建设的“准军事化管理”，烟叶生产经营的“四限八控十二关”，等等，共同组成了运城烟草2009年开拓创新的新突破、新亮点，奠定了继续持续发展的坚强动力和基础。

（陈开忠）

## 商务工作

**【概况】** 2009年，全市对外贸易完成81979万美元，同比减少39.4%，比上半年（-61.9%）收窄22.5个百分点。绝对额在全省继续保持排名第二。其中，出口完成15702万美元，同比减少71.2%，进口完成66277万美元，同比减少18.0%，贸易逆差50575万美元。社会消费品零售总额完成328.2亿元，同比增长22%。绝对额在全省排名第二。实际到位外资4214.64万美元，同比下降83%。按商务厅口径统计，利用外资完成14917万美元，同比下降40.7%。

三个省级开发区科工贸总收入完成222.04亿元，同比增长18.71%，区内生产总值完成51.61亿元，同比增长29.54%，财政收入完成4.7亿元，同比增长13.8%，进出口完成5032.81万美元，同比减少52.45%，引进国内资金25亿元，同比减少7.3%。（李香翠）

**【“万村千乡”市场工程】** 2009年，全市万村千乡市场工程新增8个承办企业，承办企业数量累计达到19个，年内累计投资总额已经超过1000万元，新建配送中心7个，累计达到25个。新建改建农家店600个，累计达到2027个。新增销售额5500万元，带动就业700人。

（李香翠）

**【“家电下乡”工作】** 2009年3月，全市家电下乡工作在临猗郇阳广场启动；5月份 “山西省电脑+宽带下乡惠农行动”启动仪式在河东广场启动。全市全年备案登记家电下乡销售网点1030个，销售产品15.39万台，销售额3.25亿元。

（李香翠）

**【农产品流通网络建设】** 2009年，全市农产品流通网络建设进展顺利。运达果品有限公司、运城蔬菜批发市场等4家“双百”市场工程实施企业，稷山两红农副产品开发有限公司、绛州绿蔬菜有限公司等6家“双三十”农产品市场工程实施企业，以交易大棚、冷链系统、电子信息系统等为主要建设内容，累计投资达1亿多元，基本完成年度建设任务。

（李香翠）

**【商务执法工作】** 2009年，市商务局申报并开展了全国商务执法试点工作，通过国家商务部与省商务厅的联合检查验收。开通了“12312”商务专项举报电话。全年共出动执法人员1.5万人次，查处酒类违法案件332起、销毁假酒8000瓶，查处肉类违法案件45起，没收私宰肉制品1020公斤，有效地规范了酒类屠宰市场经营秩序。完成了《2007~2015运城市加油站行业发展规划》草案，取缔违规站点14座，关停违规加油站86座，取缔立桶摊点40个。

（李香翠）

**【出口基地建设】** 2009年，市商务局向省商务厅申报建设以闻喜宏伟玻璃器皿有限公司为主的玻璃器皿出口基地，以山西银光华盛镁业为主的金属镁出口基地。闻喜县金属镁行业技术改造，全年投入技改资金13亿元，建成和在建煤气发生炉达65座、蓄热式还原炉173座、回转窑13座，建成全球第一条热铸连轧板生产线。

（李香翠）

**【招生引资工作】** 2009年，市商务局组织全市企业参加了“中博会”、“中国~东盟博览会”等七大投资贸易展会和山西省重大项目签约仪式，共签约项目55个，其中框架协议项目1个；投资项目48个，总投资180.38亿元，拟引资162.36亿元；贸易项目6个，销售合同总额4.85亿元。签约项目涉及到化工、能源、新材料、新技术、钢铁、医药、农产品加工、酒店、基础设施等行业。

（李香翠）

## 贸易促进

**【出证认证工作宣传】** 2009年，市贸促会加大出证认证工作宣传力度，并组织有关人员将出证认证业务的主要内容，具体操作程序和注意的问题印制成宣传资料发放给各涉外企业。走访了银光集团、华晋纺织、萨瓦莱斯等6家企业，全面了解企业在办理单证过程中遇到的困难，并给予现场指正。通过宣传，全年新注册8家企业，注册企业累计达到72家。

（畅　毅）

**【出证认证企业管理】** 2009年，随着办证企业和办证数量的增多，市贸促会进一步加强了对办证企业的管理。组织对企业进行年检，规范了企业档案及数据库，完善了企业申办证流程。准确地掌握了每个企业申办证情况，全年为企业签发一般原产地证628份，签证数量略高于去年，但涉及金额3978万美元，较去年有明显下降，签发数量继续在全省四个有签证资格的地市级贸促会中名列第一。

（畅　毅）

**【开展网上签证】** 2009年，为适应电子商务的发展要求，市贸促会不断积极引导企业开展网上签证，全年网上签证605份，占总签证量的96%，网签工作的快捷、方便已得到了大多数企业的高度认可，同时，也为全会向无纸化签证过渡打下了坚实的基础。

（畅　毅）

**【多渠道协作为企业办好领事认证】** 2009年，市贸促会为帮助企业应外方要求办理领事认证，需通过外交部在驻华使馆办理，费时、费事、费钱等困难。积极同省贸促会、国家贸促会以及北京市贸促会建立合作关系，多渠道合作为企业办理商事证明和领事认证。全年共办理领事认证10份，国际商事证明书11份。

（畅　毅）

**【出认证业务技能培训】** 2009年，市贸促会继续与省贸促会法律部合作，主要针对全市近年来新取得进出口经营权企业中，业务人员新，专业知识和业务技能比较薄弱的状况，先后分两期，对8家企业15名业务人员进行了培训，主要学习国际贸易规则、出认证业务申办和网上申证三方面内容，帮助企业业务人员掌握对外经贸的基础知识和操作技能，掌握出证认证的申办规则、程序和规范要求等申证知识，掌握网上制单做证的操作要领。通过培训，全市各涉外企业外销人员的业务素质得到明显提高。

（畅　毅）

【班子建设】 2009年，市贸促会继续加强班子建设，增强班子的组织领导能力。多次组织班子成员认真学习“三个代表”重要思想，学习十七大精神和十七届三中全会精神，学习党章关于领导干部的要求，按规定召开民主生活会，开展批评与自我批评，不断增强班子成员的责任心和事业心。同时，组织班子成员认真学习各级关于扩大对外开放的方针政策，开展对外经贸工作和招商引资工作的业务知识，使班子成员的政治素质、业务能力不断得到提高，使班子总体团结更加牢固，组织领导更加得力，工作更富有成效。 （畅 毅）

【党风廉政建设】 2009年，市贸促会继续加强党风廉政建设，增强拒腐防变的能力。经常组织全体人员认真学习中央和中纪委颁发的“廉政准则”和党内监督、处分两个条例等有关廉政建设的各项规定，学习市纪委关于建立党风廉政建设责任制的有关要求，引导大家结合实际，不断加强“三观”改造，使大家都能做到廉洁自律，实实在在地为企业服务。

（畅 毅）

【贸促业务培训】 2009年，市贸促会不断强化贸促队伍建设，增强签证人员业务能力培训。4月份，应邀特派两名同志前往上海参加省贸促会举办的2010年山西省参与上海世博会工作及贸促业务培训。通过此次学习，业务人员的工作能力进一步得到增强，工作效率也进一步得到提升。 （畅 毅）

## 物资系统工作

【企业资产运营和稳定工作】 2009年，圣惠小区管委会狠抓企业资产运营和稳定工作，确保了物资企业在经济危机的大背景下艰难支撑，并且做到了上岗人员的工资发放以及“三保”的缴纳。在日常工作中，要求企业根据市场经济的特点和形势的变化，做好做活资产运营工作，在场地出租、联营、加工、服务、配送上做文章。截至年底，市民爆、再生等企业的商品购进和销售基本与上年购销总量持平，企业没有形成新的亏损，职工的工资发放到位，“三保”如数缴纳，较好地完成了年初所确定的各项目标任务。 （赵培京）

【市直物资系统改革发展】 2009年，圣惠小区管委会面对市直物资流通企业的实际，继续坚持“深化改革、调整结构、振兴企业、致富职工”的总体思路，结合市委市政府对国有企业发展的战略部署，从保民生、抓稳定、促发展入手，着力抓好企业的各项工作、抓好系统的党建和企业的文化建设、抓好廉政建设、抓好关系职工切身利益的相关问题，做到企业职工“三保”缴纳、做到困难企业和特困职工及时得到关爱与帮扶、做实做好企业改制的准备工作以及破产企业的后续工作，通过求和谐、保民生、促发展的一系列举措，从而达到一方平安稳定。 （赵培京）

【市直物资流通企业党建工作】 2009年，圣惠小区管委会从抓企业的党建入手，以开展“抓党建、正作风、促和谐”为总体思路，以“五型、四好、三满意”为抓手，努力使职工的思想、认识、行动统一到发展与稳定的大框架上来。面对系统的困难状况，局党委和各企业支部始终注重抓党员思想教育工作以及困难党员与困难职工的救助工作，使市直物资系统一直保持了稳定和谐的局面。并参加了第二批学习实践科学发展观活动，活动中完成了所有的规定程序，也做了一些自创性活动，使得科学发展观活动达到了“提高思想认识、解决突出问题、创新体制机制、促进科学发展”的目标，实现了“党员干部受教育、科学发展上水平、人民群众得实惠”的总体要求。 （赵培京）

【企业职工切身利益保障工作】 2009年，圣惠小区管委会坚持以人为本，关心职工的切身利益，努力确保一方平安。继续在送温暖、再就业、最低保障及大院的综合治理、采供暖等方面下功夫，先后为230余名困难职工提供帮助，救济金额达3万元，为130名困难职工协助申办了城市居民最低保障，为困难企业退休职工一次性办理了基本医保和大病医保，彻底解决了退休人员看病方面的后顾之忧。同时还解决了其他一些历史遗留问题，维护了一方平安。 （赵培京）

（责任编辑：武建华）

# 建 设 环 保

## 城乡建设

【概况】 2009年，市建设局抓住国家扩大内需、促进经济增长的战略机遇，以“强化城市功能，提高城市品位”为目标，科学规划、克坚攻难，圆满完成了年初与省厅、市政府签订的各项目标任务。全市建成区绿化覆盖率达到29.63%，中心城市达40.5%。全市生活垃圾无害化处理率达20%，中心城市达85%。全市处理生活污水1680万吨，完成COD减排4300吨，中水回用量500余万吨，污水处理率达58.6%，中心城市达85%，超额完成5个百分点。全市集中供热普及率达41%，中心城市达86%。城镇居民人均住宅面积达35.1平方米。农村居民人均住宅面积达29.5平方米。 （王　磊）

【引水供水】 2009年，全市共引水总量1416.76万方，同比增加3.77万方，增长0.07%；供水总量1361.66万方，同比增加9.09万方，增长0.67%；销售水量1269.5万方，同比增加63.11万方，增长4.97%；实现销售收入2550万元，同比增收204万元，增长8.69%；上缴国家税金136万元，增长7.94%。 （徐瑞芳）

【城市建设资金融资】 2009年，城市投资建设公司积极争取政策资金，其中污水处理争取省环保以奖代拨资金400万元；供热争取省环保补助资金600万元、煤炭可持续发展资金500万元的扶持资金。落实国家开发银行资金6.97亿元、其中长期新增3.97亿元、短期新增3亿元。其中包括北内环3亿元、条山街2亿元、疏通工程1700万元、市中心医院5000万元、周西路3900万元、垃圾处理3500万元、八一湖大桥2600万元、市卫生学校3000万元。完成德国复兴银行贷款的各项手续，预计贷款金额为1600万欧元，贷款年限为40年，年利率为2%，2009年10月16日，财政部与德方KFW银行签署了此项目贷款合同。 （徐瑞芳）

【债券发行前期准备】 2009年，城市投资债券拟发行10亿元。至9月底，审计、评估、法律、证券等中介机构联合对运城城投债券发行资料进行收集与调查摸底，前期工作基本到位。 （徐瑞芳）

【城投战略重组】 2009年，市城投公司按照总资产规模80亿元的要求，打造实力雄厚、运行规范的城市投资平台，实现城市投资战略重组稳步推进。初步确定拟注入资产，包括18亿元道路资产、18亿元企业资产、53亿元土地资产。至年底，国有资产划拨、土地注入、财政资金进账等工作尚在进行中。 （徐瑞芳）

【农村住房解困】 2009年年初，省建设厅下达解困任务后，各县（市、区）要按照省、市下达的目标任务，及时足额落实配套资金，开展专门培训，做到解困对象认定公正、解困档案完备、质量有人监督、工作开展顺利。全市解决农村困难群众住房1000户，其中永济市150、河津市100、芮城县100、临猗县100、万荣县100、新绛县50、稷山县100、闻喜县50、夏县50、绛县50、平陆县50、垣曲县50、盐湖区50。此项工作在9月底全部竣工完成。 （王　磊）

【解放北路改造工程】 2009年3月19日，解放北路改造工程（一期）开工。根据运城市的总体规划和发展要求，解放路为纵贯南北的交通主干道及城市景观大道。作为解放路北段的解放北路更是本市重要城市出入口，其拓宽改造工程对提高城市形象有重要意义。解放北路拓宽改造工程南起工农街，北至侯运互通桥，全长6100米，工程总投资1.16亿元。道路规划绿线控制100米，红线60米，三块板形式。其中机动车道为双向六车道21米；两侧各5米隔离绿带；5.5米非机动车道；5米人行道及24米绿地。本次拓宽改造工程为一期工程，主要完善工农街至姚孟引黄桥段5340米的非机动车道、人行道、强电直埋入地和机动车道补强工程。（王　磊）

【环境综合整治】　2009年7月7日，市政府召开“创双优迎国庆”动员大会，开展以城乡环境卫生、广告牌匾整治、早夜市摊点、市政设施维修、交通秩序、城市违法建设查处、规范市场经营秩序为重点的综合性环境大整治。经过近两个月的整治，全市的城市环境有了明显改善，店外经营基本取缔，市政设施得到修复，违规广告牌匾得到了整治，公交客运质量进一步提升，取得了阶段性成果，为60周年国庆的到来创建了良好的环境。（王　磊）

【医疗垃圾处理工程】　2009年8月30日，运城市医疗垃圾集中处置工程开工建设。工程位于夏县庙前镇师家庄村，占地13亩，总建筑面积2000余平方米，设计规模为日处理医疗垃圾8吨，采用高温蒸气灭菌处理工艺，总投资1082万元。建设工程主要包括：医疗废物收运、贮存系统，高温灭菌处理系统，废气、废液处理系统以及供配电给排水、化验等配套公用设施设备的购建。工程建成后，全市13个县（市、区）医疗机构产生的医疗垃圾可全部得到有效处理。（王　磊）

【圣惠路立交桥加固工程】　2009年，圣惠路立交桥桥体因使用年限较长，设计承载能力低，桥体出现裂缝，经山西省交通建设工程质量检测中心鉴定，存在重大安全隐患，急需加固改造，概算投资600万元。市委市政府高度重视此桥安全运行工作，经与太原铁路局等相关部门进行了协调，于2009年10月18日开始封闭交通，19日开工，12月20日完工。（王　磊）

【解放南路道路拓宽改造工程】　2009年12月2日，解放南路拓宽及旧城改造工程开工。本次拓宽改造，包括解放南路、南城墙路、凤凰路两侧；北起红旗街，南至盐化铁路，全长1285米；道路红线50米，绿线80米，采用三块板形式，双向六车道。其中：主车道21米，绿化隔离带2×5米，非机动车道2×7.5米，人行道（含绿化带）2×11米，便道2×6米，府西街、凤凰路、南城墙路各40米，采用一块板形式。此工程在对解放南路道路进行拓宽的同时，对道路两侧建筑物进行统一规划，统一设计，统一改造。这有利于缓解交通压力，方便市民出行，从而打造富有运城特色的街道，达到提升城市品位的目的。（王　磊）

【解放南路旧城改造工程】　2009年12月2日旧城改造工程开工。旧城改造工程在解放南路以西，老东街以南，凤凰路以东，南城墙路以北的范围内，建设一个环境优美、基础设施配套齐全的居住小区，并将被拆迁户在此区域内进行安置，总拆迁面积22.5万平方米，涉及住户769户。建设面积32万平方米。小区具体规划为：建设12栋6层多层住宅、9栋11层小高层住宅，6栋18层高层建筑，临解放路、府西街建2栋28层高层建筑；总户数1398户。所有临街一、二层规划商业用房，三层以上为住宅。同时在小区东南角及高层建筑地下建设地下车库，设停车位1100个。并对改造区内的实验小学进行重新建设。旧城改造设计风格注重突出盐文化特色，打造盐文化片区。（王　磊）

## 城市集中供气

【概况】　2009年，民生天然气公司建成了天然气门站1座，日供城市天然气能力为50万$m^3$；铺设中、支管网240余公里，安装小区150余个，通气小区130余个，居民用户4.2万余户；发展工、商业用户90多户。经纬燃气公司置换煤气用户近3万余户，铺设中、低压管线230余公里。发展工业、商业、公福、营业性用户210余户。至年底，中心市区天然气铺设中、支管网470余公里，居民用户共计7.2万余户，工、商业用户300余户，日用气量5万立方米，冬季供热期日用气量8万立方米。（郭　红）

【天然气长输管线建设顺利】　2009年，运城天然气长输管线建设顺利推进。其中，运城—临猗—永济天然气输气管网工程管网全长近70公里，设计输气量每年3.5亿立方米，概算投资16725万元。全长28公里的运城—临猗天然气输气管网工程全线贯通，并于12月11日在临猗县合欢小区广场顺利通气点火。临猗—永济天然气输气管网工程全长42公里，本年开始施工建设，计划2010年完工。运城—平陆天然气输气管网工程管网全长39公里，设计输气量每年1.5亿立方米，概算投资 8900 万元。本年完成环评、征地等工作，项目核准和前期准备工作尚在进行。

（郭 红）

【天然气置换人工煤气】 2009年，市供热供气办根据市人大二届五次会议政府报告和市政府53次常务会议要求，组织两个燃气公司对中心市区的所有人工煤气用户进行天然气置换，并要求国庆节前拆除煤气焦化厂。在本办牵头组织下，市公安局、市安监局、市质监局、市消防支队、市交警支队、盐湖区交警队参加，市经纬燃气公司、山西民生天然气公司配合，在 2008 年成功置换 7200户的基础上，于本年 8 月 15 日到 9 月 26 日，历时 44 天，对每一户用户都进行了入户抄表、置换数据、安全宣传等工作，确保不漏 1 户，逐户置换，中心市区煤气用户全部用上了天然气，置换工作圆满完成。天然气置换人工煤气，是全市推进“蓝天碧水”工程，完成节能减排任务的重要举措，对优化能源结构，改善城市环境，提高居民生活质量，具有十分重要的作用。 （郭 红）

【中心市区实行天然气全覆盖】 2009 年 10 月，天然气置换人工煤气工作顺利完成，标志着中心市区居民户告别了使用人工煤气时代，实现中心市区天然气全覆盖。使用绿色、环保、清洁的天然气，为改善大气环境创造了有利条件，掀开了全市燃气发展史上崭新的一页，圆满完成了市委、市政府年初向全市人民承诺的十件实事之一。

（郭 红）

【运城区域天然气战略合作框架协议】 2009 年，经市供热供气办多次协调、协商，11 月 21日，市政府与山西省国新能源发展集团有限公司、山西煤炭运销集团有限公司三方在太原市签署了《天然气全面气化运城区域战略合作框架协议》，全市将大力发展天然气产业，力争在 2010 年用气量达到 2 亿 $m^3$~3 亿 $m^3$，2012 年达到 3 亿 $m^3$~5 亿 $m^3$，2015 年达到 7 亿 $m^3$~9 亿 $m^3$。框架协议的签署，将为转变发展方式，实现转型发展提供可靠的能源保障；对于扩大和普及清洁能源的使用，提升人民群众生活水平和质量，对于调整全市的能源资源利用结构、改善大气环境、实现节能减排的目标，对于全市经济社会又好又快发展，都具有十分重要而深远的意义。

（郭 红）

【各县（市）天然气发展】 2009 年，运城各县（市）天然气发展进展顺利。(1)稷山县、闻喜县、夏县、河津市、新绛县、万荣县、临猗县七个县（市）天然气行业发展迅速，实现了通气点火。至年底，天然气行业总投资 18738 多万元，建成门站 7 座，铺设中、低管线 311 余公里，发展居民用户15600 余户，工业、商业、福利用户 112 余户；日用气量 16.9万方。(2)永济市、平陆县市区管网建设前期工作结束。2009年 3 月 26 日，永济市举行了开工仪式，至年底建成市区中、低压管网 12 公里。(3)绛县、垣曲县、芮城县由于天然气建设工程量大投资大，尚在做工程建设前期调研、资金落实工作。

（郭 红）

【协调天然气结算价格】 2009年，根据省物价局晋价商字[2008]348 号文件，省天然气公司与民生天然气公司的结算价格为居民用气 1.596 元 / 立方米，工业用气 1.94 元 / 立方米，省天然气公司与民生天然气公司结算是按工业用气占一定比例来结算，造成民生天然气公司经营亏损，无法加快天然气的发展。为此，市供热供气办多次到省天然气公司协商，协调省天然气公司与民生天然气公司的天然气结算价格。省天然气公司经调查核实后，结算价格的问题圆满解决。

（郭 红）

【协调解决运营相关问题】 2009 年，市供热供气办协调解决夏县华昌天然气公司和山西金星镁业公司天然气的问题。针对夏县华昌天然气公司和山西金星镁业公司会议提出的天然气价格问题、税票问题、天然气供应管网损耗问题、天然气的计量问题，市供热供气办多次召开两家公司会议并现场办公，对提出的四个问题进行了讨论、协调、现场查看，最终两家公司达成一致，四个问题得到彻底解决。工业用气价格经与省天然气公司协调由 2.3元 / 立方米降至 2.11 元 / 立方米。 （郭 红）

【燃气安全知识培训】 2009年，市供热供气办为了搞好天然气安全工作，提高安全意识，推进“安全生产年”各项措施的落实，确保供气安全运营，举办了天然气安全知识培训班。并分两次对民生天然气公司、经纬燃气公司的员工进行了安全知识培训，组织了考试，对合格人员颁发了合格证，不合格人员进行了补试。通过这次安全知识培训和考试，使员工的安全意识普遍得到了增强，

取得了很好的效果。（郭　红）

【燃气安全管理】　2009年，市供热供气办为了确保燃气工作安全稳定运行，规范要求各燃气公司强化安全意识和安全教育工作，强化安全值班和隐患排查工作，强化监督检查工作。要求对各燃气公司的储气柜、阀门、调压柜、管网、消防等设施坚持安全抽查，并将排查情况上报该办。组织人员对各燃气公司进行了三次安全隐患大检查，共查出隐患215条，立即下发了整改通知书，责成各公司限期整改，做到监督隐患排查到一线，杜绝一切安全事故。（郭　红）

## 城市集中供热

【概况】　2009年，由于受到强降雪影响，气温骤降，为保证市民温暖过冬，关铝热电公司、风源热力公司按照市委、市政府的要求，于11月11日提前供热。当年，实际供热面积达651万平方米，新增供热面积300万平方米，使中心市区热电联产集中供热能力达到1000万平方米。至年底，完成敷设一次管网12公里，建设热力站19座；敷设二次管网11公里。累计完成敷设一次管网46.6公里；建设热力站51座；敷设二次管网23.6公里，完成投资3.66亿元。（郭　红）

【区域锅炉房集中供热工作】　2009年，空港新区铁路以南和铁路以北部分区域、运城经济技术开发区实行区域锅炉房集中供热，由运城市万得福热力有限公司负责投资并建设，本年冬供暖面积达25万$m^2$；空港新区铁路以北部分区域由运城市富兴热力有限公司负责投资并建设，本年冬供暖面积达30万$m^2$。（郭　红）

【集中供热技术对接会】　2009年，市供热供气办为了做好集中供热工作，使广大人民群众温暖过冬，早安排、早动手，从10月20日开始召开集中供热技术对接会，至12月21日，采暖期累计召开12次。负责人主持召开集中供热技术对接会由关铝热电公司、风源热力公司等有关单位有关人员参加。会议对供热首站的供水温度、回水温度、一次网补水、流量、压力、负荷、煤炭储备、设备维修、突发停电、停水应急情况等问题认真研究，及时采取措施解决，使集中供热正常运行。（郭　红）

【气象服务供热】　2009年，市供热供气办根据市气象局提供的气象资料，调节供热温度；根据气象局提供的下一周天气预报，及时通知供热单位，做好供热工作安排，保证正常供热。（郭　红）

【供热每日专报制】　2009年11月2日，市供热供气办根据市长王安庞、副市长张建喜、王健康检查指导供热工作要求，实行每日专报制。至12月21日，采暖期每日专报累计出了50期。每日专报制将每天的供热情况、供热问题、供热动态和处理办法、处理结果，上报市政府。为市政府掌握供热动态，科学决策提供基础资料。（郭　红）

【协调制定供热价格】　2009年，根据省政府《关于认真做好2009年冬季全省城镇供热和解决农村取暖用煤问题的通知》（晋政发电[2009]4号）和省物价局、建设厅《关于城市供热价格管理有关问题的通知》（晋价商字[2009]150号）的有关精神和要求，结合全市实际，经认真测算，并经省物价局批准，以运价管字[2009]208号文件，明确了2009年冬季供热价格。出台了“两部制”热价，为正常供热，推行热计量改革打下了良好的基础。（郭　红）

【督促自建锅炉及时供热】　2009年，市供热供气办组织对自建锅炉房单位及小区设备、管网检修情况、供暖准备情况进行了摸底调查，督促各小区按时供热。采暖期，多数小区积极响应政府号召，采取各种措施降低成本，购置冬季取暖用煤。或采用电暖气、空调、补贴电费等方式进行取暖。对个别供热不好或不供热的小区，市供热供气办派技术人员现场调查，解决问题，妥善处理，直至居民满意。（郭　红）

【供需热力结算】　2009年，针对关铝热电公司与风源热力公司对2008年度热费结算出现争议的情况，市供热供气办多次召开协调会议，并对数据进行分析。本着和谐发展，有利于集中供热事业发展和解决问题的原则，在本办协调下，两家公司就热费结算达成共识。热费结算数据完全符合市物价局的要求。（郭　红）

【供热质量监督投诉】　2009年，市供热供气办重新启动供热质量监督投诉电话：2065266，从11月15日起执行，时间8：00—22：00，每天安排专人值班接听电话。供热投诉做到了三点：电话有人接听、问题有人处理、结果有人告知。至12月21日共接到投诉电话470余条，主要有管网循环不畅、室温不高、价格咨询、供热入网等，每一条投诉电话值班人员都认真给予答复。有的投诉电话，本办技术人员到现场处理，解决问题，直至居民满意。（郭　红）

**【供热测温抽查制】**　2009年，市供热供气办成立两个供热测温组，在不同地段确立检测点，热电联产集中供热区域内，选定100户居民家作为固定测温点，在区域锅炉和小区自建锅炉选定30户居民家作为固定测温点。11月15日~11月30日实行逢周二、周五测温，从12月起实行每周五测温。截至12月21日累计测温82个换热站、小区、单位，共156个测温点，基本情况良好；对不合格的小区下发整改通知书，要求立即采取措施，搞好供暖。对室温达不到16℃，市供热供气办立即派专人查找原因，并督促供热企业予以解决。（郭　红）

**【《运城市中心城区集中供热管理暂行办法》颁布实施】**　2009年，市供热供气办针对国家、省未出台集中供热管理办法的实际情况，根据运城实际和有关规定，起草了《运城市中心城区集中供热管理暂行办法》（以下简称《办法》），市政府办公厅以运政办发[2009]141号文件颁布实施。《办法》的实施，为推动全市集中供热事业的发展，加强城市集中供热管理，维护热源单位、供热单位和用户的合法权益，产生深远的意义。（郭　红）

**【协调关铝热电公司供热】**　2009年，市供热供气办为保障正常供暖，积极协调煤源，做好冬季取暖用煤工作。针对关铝热电公司资金困难的实际，协调风源热力公司预付热费，协调周转金，列专户监督。派专人督查拉煤，保证了关铝热电公司的运行和供热，使供暖得到保障。关铝热电公司冬季供热需煤量60万余吨。煤源落实情况为：阳煤集团15万吨，山西焦煤集团18万吨，省煤运公司6万吨，阳煤集团签订5万吨,共计43万吨。12月初，经协调，市财政局负责购煤10万吨，其中：12月份、1月份、2月份各3万吨，3月份1万吨。（郭　红）

**【协调锅炉供热用煤】**　2009年，市供热供气办根据市政府安排，将万得福热力公司、富兴热力公司取暖用煤纳入调控范围，协调区域锅炉房集中供热用煤量。万得福热力公司用煤量约在3.2万吨，富兴热力公司用煤量约0.8万吨，通过协调，用煤量得到保证。协调自建锅炉小区用煤量。为了使全市人民都能过一个温暖祥和的冬季，10月中旬组织人员对中心市区所有冬季取暖用煤情况进行调查摸底，经调查，总需用煤51650吨，自行解决37800吨，需要帮助13850吨，由本办负责协调，煤运公司组织煤源，满足了自建锅炉供热用户需求。（郭　红）

**【供热安全管理】**　2009年，市供热供气办以运供热供气办发[2009]88号和运供热供气办函字[2009]59号文件，分别给各热力公司、燃气公司、关铝热电公司、各有关单位、小区发文件，要求各公司、单位认真落实文件精神，搞好安全隐患排查治理工作，确保正常供热。搞好安全检查。牵头组织对中心市区风源、万得福、富兴三个热力公司的供热运行隐患排查情况进行了3次安全大检查，共查出隐患85条，立即下发整改通知书，责成各公司限期整改，确保供热正常运行。做好日常安全教育和隐患排查工作。要求各热力公司对所有员工进行安全意识教育和安全知识培训，强调排查安全隐患的重要性；建立安全生产责任制和应急抢险预案。健全安全生产制度，强化安全隐患排查工作，施工中要做到安全施工，文明施工。在抓好供热施工保安全的同时，认真检修供热设备，检查仪器、仪表等设施，排查各种安全隐患，为冬季取暖奠定扎实的安全基础，确保冬季取暖安全运行。（郭　红）

## 圣惠小区改造工程

**【概况】**　圣惠小区位于市区西部，东至解放路，西至圣惠路，北至工农街，南至同蒲铁路及部分河东西街，占地约2平方公里，合3000亩。是运风高速、运临一级、运解旅游专线的出口和进市区的必经之路；是市区重要的交通枢纽和城市的西大门，是城市的一个主窗口。这一区域由于开发建设滞后，公共基础配套设施严重不足。为了改变这种状况，2008年初市政府决定对这一区域进行改造。圣惠小区管委会受市政府的委托，担负着这一社区的旧城改造任务。圣惠小区旧城改造项目的主要目标是改善人居环境，提升城市品位，创建园林城市。通过对圣惠小区的开发建设，形成功能完善、设施齐全、交通便利、环境优美的宜居宜商的大型城市社区。（赵培京）

**【圣惠小区规划编制】** 2009年,圣惠小区的控制性详细规划由省城乡规划设计院承担编制任务,经过技术审查、方案论证、征求意见、专家评审、社会公示等环节，报市规划局评审通过，并上报市政府,等待批复。为了统一建筑风格,遵照市规划局要求,统一编制圣惠居住社区修建性详细规划。管委会于2008年12月20日发布招标公告,最后确定由北京清华城市规划设计院编制圣惠居住社区修建控规性详细规划，市规划局于2008年12月31日下达了修建性规划条件。2009年3月3日市规划局组织召开了“修规”方案论证会议,下午召开了联合改造企业和开发商征求意见座谈会,4月29日召开了技术审查会,随后又广泛征求多方意见,并于5月26日再次召开“修规”专题会议,对“修规”进一步修改和完善。经过技术审查、方案论证、征求意见和专家评审等环节,“修规”全部编制完成。（赵培京）

**【开发用地组团与评估】** 2009年，在圣惠小区控制性详细规划中，共规划了十个大的组团。为了便于操作，按照不同的用地性质，又细分为20个用地组团。在落实用地组团和企业参与开发方面，确定的开发用地组团的单位有17家。小区管委会与改造企业和开发商反复就改造用地、改造模式、规划条件、建筑体量、建筑风格以及同一组团地块分属不同用地单位等具体问题反复研究、论证、协调，使修建性详细规划更切合实际，既调动各改造企业和开发商的积极性，又保证小区整体改造的统一，最终达到改造企业、开发商和居民都满意，保证旧城改造圆满成功。并对以上单位拟开发的土地进行评估，配合规划局下达用地规划许可条件，待修规批复后即可开工建设。（赵培京）

**【铁北街道路工程】** 铁北街是圣惠小区内规划的一条东西走向的主干道，东起解放路、西至圣惠路，全长1860米，红线宽30米，绿线宽40米。打通铁北街是管委会工作的重中之重，其对形成小区内的路网格局，推动全面改造开发意义重大。2009年铁北街勘探、测量、评估、设计、可研等前期工作完成。拆迁工作开始进行。施工招标7月份完成。（赵培京）

**【河东西街改造前期准备工作】** 2009年，根据市政府51次常务会议精神，河东西街改造前期准备工作开始实施，主要包括：道路测绘、土地估价、房产评估、方案论证等工作。招商工作同步展开。（赵培京）

**【招商引资工作】** 2009年，圣惠小区管委会始终把招商引资工作当做重中之重来抓，印制了精美的招商手册，建立了自己的招商网站，通过各种渠道宣传推介圣惠小区旧城改造项目。先后共接待了全国各地大大小小的房地产投资商、开发商20多家，达成合作意向的有10余家。按照修规分组团、分区域因地制宜、因企制宜，逐步进入实质性开发改造阶段。（赵培京）

## 环境保护

**【概况】** 2009年，全市环境质量明显改善。大气环境质量方面，中心城市市区二氧化硫（$SO_2$）、氮氧化物（$NO_X$）、可吸入颗粒物（PM10）三项污染物的平均浓度比2008年有明显下降，污染综合指数由2008年的1.93下降到2009年的1.58，同比下降了19%。二级以上优良天数达到354天，比2008年增加14天。以上两项指标均列全省第三。其他12个县（市）城区，空气质量二级以上优良天数全部突破300天，均完成了市政府下达的指标任务。水环境质量方面，本市两条主要河流汾河、涑水河水质持续改善，汾河河津大桥、涑水河张留庄两个入黄河断面主要污染物化学需氧量（COD）浓度分别控制在85.9mg/L和36.3mg/L，完成了省政府下达的汾河河津大桥断面100mg/L、涑水河张留庄断面150mg/L的任务。（市环保局）

**【主要污染物减排】** 2009年初，市环保局制定了《2009年主要污染物总量减排计划》，将年度减排任务分解落实到各市（县、区）及具体减排项目中，并明确各项减排工程进度和完成时间，以确保年度减排任务完成。至年底，二氧化硫（$SO_2$）削减18000吨，总量控制在13.1万吨，化学需氧量（COD）削减6700余吨，位居全省第一，总量控制在7.76万

吨，全面完成了省政府下达的年度减排任务。（市环保局）

**【工程减排】** 2009年，市环保局开展工程减排，组织实施燃煤电厂二氧化硫（$SO_2$）减排项目，推进焦化企业焦炉煤气脱硫，实施工业企业化学需氧量（COD）减排项目，加快污水处理厂建设步伐，为完成全年减排任务奠定了坚实基础。

（市环保局）

**【结构减排】** 2009年，市环保局按照环保法律法规和国家产业政策的要求，继续在冶金、焦炭、化工、电力、建材等五大高耗能行业企业中，开展节能减排技术改造，全面提升工艺技术和装备水平。与有关部门密切配合，依法关闭小水泥、小炼焦、小造纸、小印染、小玻璃企业26家，对9家环境污染企业实行末位淘汰。

（市环保局）

**【排污量化管理】** 2009年，市环保局健全企业污染减排台账，实行严格的排污量化管理，对53家企业安装污染源自动监控系统87套，其中废气在线监测设备50套，废水在线监测设备37套，实行全天候24小时监控。

（市环保局）

**【“蓝天碧水”工程成果展】** 2009年，市环保局为了进一步推动“蓝天碧水工程”，举办了“蓝天碧水工程”成就展，总结三年多的经验和做法，寻找差距和不足，瞄准薄弱环节制定新的目标和措施，强力推进环保工作上新台阶。中心城市集中供热方面，供热面积达到1400万平方米，供热率达85%。集中供气方面，天然气用户达到7.2万户，供气率达99%。绿化方面，全市建成区新增绿化面积180万平方米(其中运城市区30万平方米)，建成区绿化覆盖率达到28%。污水处理厂建设方面，城东污水处理厂建成，稷山、河津、夏县3个县市污水处理厂建成并投入运行。垃圾处理场建设方面，中心城市生活垃圾填埋场投入运行，临猗、新绛垃圾处理场尚在建设之中。

（市环保局）

**【区域环境综合整治】** 2009年，市环保局将汾河、涑水河流域作为区域环境综合整治重点，采取政府组织、部门参与、领导挂帅、靠前指挥、明确责任、制定目标等一系列有效措施，对所辖区域内存在的突出环境问题展开了规模宏大的治理行动。对汾河（运城段）、涑水河实行跨县（市）断面水质考核，确保出境断面水质达标。对绛县、万荣、芮城、华信开发区、浍河（新绛段）等重点区域的建材、金属镁、果汁加工、焦化等行业企业进行分类处置，从而确保企业健康发展。至年底，列入汾河流域规划的44个水污染防治项目，有34家通过全面达标或竣工验收，淘汰关闭5家，列入规划的60家关停焦化企业，淘汰关闭59家。涑水河河道全线清淤疏浚工程完工，永济城区段景观工程基本完工，闻喜城区段景观工程开工建设，沿河排污企业全部做到了达标排放。通过一年的综合整治，综合整治区域内各县市环境质量明显改善，区域内违法排污、违法建设、环境监管不到位等问题得到有效解决。（市环保局）

**【环保执法】** 2009年，市环保局围绕污染减排和“蓝天碧水”工程各项中心工作，组织开展了一系列环保执法专项行动。全市累计出动环保执法人员2000多人次，检查企业800多厂次，开展了钢铁、重金属、造纸、规模化畜禽养殖、饮用水源地治理等10余次环保专项执法行动，取得了明显成效。全年共接到群众投诉356起，其中水污染案件23起，大气污染案件136起，噪声污染案件78起，受理办结数356起，全部做到了来电登记、处理、反馈确认及回访，办结率达到100%。加大排污收费力度，依法全面足额征收，全年共征收排污费3761.04万元，其中市级2286.11万元，县级1474.913万元，入库3735.07万元，焦炭排污费共征收8000万元。

（市环保局）

**【项目管理】** 2009年，市环保局控制新增排污量，抬高准入门槛，提高准入标准，积极推进规划和区域环评，坚决禁止重污染项目立项。将排污总量指标作为建设项目环保审批的前置条件，否决22个不符合环保政策的高污染、高耗能项目立项，使新增排污总量得到有效控制。同时，坚持“分类指导、有保有压”的原则，对国家鼓励的高技术、高附加值、低消耗、低排放等优化存量、调整产品结构的项目，以及淘汰落后、兼并重组、技术升级改造等有利于结构调整、改善环境的项目，提高审批效率，全力给予支持。采取上跑项目，下搞服务，减程序、提效率、开通道、快审批等一系列行之有效的措施，对上报市环保局的重点工程和扩内需保增长的项目全部办结，得到了市委、市政府的肯定，被授予招商引资优质服务单位。2009年，全市环保部门共审批新建项目100多个，并对50多个符合环保竣工条件的项目予以竣工验收。（市环保局）

**【生态环境保护】** 2009年，市环保局积极推进农村和生态环境保护，全市有6个环境优美乡镇，40个生态文明村，1个生态示范矿井通过了省环保厅组织的检查验收，芮城县被中华环保联合会等5家单位联合命名为“中国绿色名县”。完成《运城市生态功能区划》和《运城市生态经济区划》评审，完成《运城市生态市建设规划》初稿，各县（市、区）均编制完成了《生态县（市、区）建设规划》及《农村环境保护综合整治规划》。（市环保局）

（责任编辑：杨春英）

# 交 通 邮 电

## 公 路

### 国道干线公路建设管理

**【山西省沿黄干线公路运城段改建工程竣工】** 2009年，山西省沿黄干线公路运城段改建工程实现新突破。178公里全线竣工。沿黄干线公路运城段改建工程以其“畅、洁、绿、美、安”的服务通行环境不仅兑现了市委、市政府向全市人民承诺的十件实事之一，而且成为一条引领运城经济发展的新生公路经济带。（梁孟华）

**【路面改造】** 2009年，市公路局按照年初职代会上提出的“质量零缺陷、安全零事故、廉政零违纪、速度超常规、管理创品牌、工程塑文明”六大要求，以大运路70公里路面改造工程为龙头，优质高效地完成了候风线、临风线、平风线、沁东线、108线总计114公里建设任务，实现了“速度、质量、社会效益”三方面多赢，取得了路面大修局面的新突破，进一步刷新和改写着运城市干线公路版图。（梁孟华）

**【公路养护】** 2009年，市公路局以完成特色路段创建130km、大中修及挖补罩面工程49.5公里、水毁恢复工程28项、绿化工程214.5公里、危桥改造9项等为主线，实现了养护质量好路率一路攀升，各项指标超计划完成，养护质量优良路率达86.9%，MQI达89.3。（梁孟华）

**【路政管理】** 2009年，市公路局治超工作在与超限超载的艰难工作中，顶住各方压力，面对反弹挑战，理清思路，明确重点，整合行业力量，争取地方政府和相关部门支持，抓住源头和联动治超两个重点环节，完成投资922.3万元，以建成通化和杨赵两个超限检测站点为载体，依法治路得到有效实施，超限车辆控制率为0%。

（梁孟华）

**【公路收费管理】** 2009年，市公路局积极应对燃油税改革，全局5个收费站顺利撤销，裁撤员工工资按时发放,人员安置工作按照省局要求,稳步推进,整体队伍稳定。正常运营的209线通化和北景两个收费站继续坚持以收费为依托，以管理为手段，全年共完成通行费征收1809万元。（梁孟华）

**【扶持运城路桥发展】** 2009年,市公路局积极扶持路桥公司发展。帮助路桥公司先后中标省厅扶持项目6项,自主开发项目先后中标5项,全年共计中标11项，合同额累计达18.384亿元。加强对在建项目监管力度,全年在建项目13项，实现利润3825万元,公司各项目全年获业主奖金累计达562万元。督促公司及时归还贷款,运城路桥公司历史贷款为11720万元,2009年开始归还银行贷款利息及本金1420万元。（梁孟华）

**【党风廉政建设】** 2009年，市公路局进一步落实党风廉政责任制，建立党风廉政建设四级责任体系。所有工程项目实行双合同制和纪检派驻制，落实重点工程项目廉政建设巡查制度，加大对专项资金和重点工程的监管。继续推行“四个必审”，即“工程项目完工必审、“一把手”离任必审、年度经济目标必审、专项资金必审”，通过制度管人、管事、管钱，着力推进“廉政阳光工程”。全市公路系统全年没有发生一起违纪违规事件。（梁孟华）

**【精神文明建设】** 2009年，市公路局结合文明创建活动，营造氛围，继续在干部职工中引深精神文明建设。“七一”前夕，全市公路系统组织参加运城市“‘党旗飘飘’爱国歌曲大家唱”红歌比赛，获一等奖；国庆来临之际，市公路局组织全系统500余人参加的“祝福你，祖国”红歌演唱赛，并在全省公路系统庆祝建国六十周年红歌大赛中获二等奖；至年底，全市公路系统各基层单位基本保持了市级文明和谐单位称号；3个单位保持“省交通厅文明和谐示范窗口单位”光荣称号，5个单位保持“省公路局文明和谐示范窗口单位”光荣称号，1个单位创建了省级青年文明号。在保持2008年3个公路段省级文明和谐单位的基础上，2009年又增了四个省级文明和谐单位，分局连续六年保持了省级文明和谐单位，被省劳竞委授予“五一劳动奖状”光荣称号。（梁孟华）

## 地方公路建设管理

**【概况】** 2009年，全市交通运输系统按照保增长、扩内需、抓安全、重民生的要求，坚持深化改革，抢抓发展机遇，基础设施建设力度继续加大，交通行业管理全面加强，客货运输效益不断提高。全市地方公路建设共完成投资6.52亿元，完成县乡公路改造1110公里，超出省定900公里目标计210公里；新增高级、次高级路面1065.2公里，全市通车总里程达到14649公里，公路网密度达到103公里/百平方公里。完成32个建制村村通油（水泥）路138公里，比省定5个建制村目标超出27个。工程合格率达到100%，年末优良品率达到85.93%，超目标任务20.93%。公路年末好路率达到85.1%，超省定72%目标13.1个百分点。全市道路共完成客运量4750万人，客运周转量196635万人公里；货运量4538万吨，货运周转量1226000万吨公里。村通客车率达到99.5%。（杜流程）

**【优化农村公路】** 2009年，全市农村公路建设工程实现重大突破，沿黄扶贫旅游公路完成路面铺装389公里，进入最后完工阶段；芮城县陌南—圣天湖10.7公里旅游公路、万荣县李家大院—后土祠25公里旅游公路、永济市万固寺—鹳雀楼12公里旅游公路相继建成通车；提前一年完成了“村通全覆盖”，争取村通工作补助资金2160万元，在11月上旬顺利完成32个建制村共138公里的“全覆盖”工作，被省政府授予“全省村通水泥（油）路‘全覆盖’工程优秀单位”称号；积极实施村村通客车工程，至年底，共开通农村班线345条，营运班车1085辆，座位13250座，安装候车亭559个，招呼站牌2640个，村通客车率达到99.5%，农村公路“双通”工程建设继续走在全省前列。

（杜流程）

**【道路养管机制建设】** 2009年，全市交通局遵循“建养并重，协调发展，深化改革，强化管理，有路必养，保障畅通”的方针，建立养管责任主体。进一步强化各县（市、区）人民政府在农村公路养护管理中的主导地位，13个县（市、区）普遍成立了农村公路管理总站、养护公司或养护中心，实现了管养分离，形成了政府主导、交通主抓、部门结合、分级负责、全民参与、管理有序的工作机制。（杜流程）

**【养管资金落实】** 2009年，全市地方公路养管资金落实有了重大进展。各县（市、区）政府都不同程度地加大了资金补助力度，县级一般财政收入1%以上和转移支付用于乡村公路养护资金基本落实到位，有力地支撑和保障了农村公路养管。

（杜流程）

**【创新养管模式】** 2009年，运城市各县（市、区）因地制宜，创新发展，制定了符合各自实际的地方公路养管模式。临猗县创新完善了“县上统揽、乡镇主管、部门协调、群众参与、市场运作”的“五位一体”模式；河津市实行政府统一投资、县道交通局管、乡道乡镇管的“一统两管”模式；垣曲、闻喜、稷山等县的“县道县管、乡道乡管、村道村管”的“分级管理”模式；夏县的路面养护专业化、路基养护社会化模式；万荣、平陆的机关人员分线路、分路段全员养护等模式，均在农村公路养管中取得了良好的效果。（杜流程）

**【公路建养】** 2009年，全市路况整体水平有了明显提高。市交通局着重加强公路桥梁的安全检测和管养，共完成投资529万元，改造稷山、新绛、闻喜等六县（市、区）危桥7座。积极安排安保工程建设，加强防汛和自然灾害防治工作，实现了路田分离、路街分离，提高了公路安全通行能力。农村公路综合养护以绿化、美化、标准化为切入点，全面提升公路服务品位，基本实现了路面平整畅通，路肩整洁密实，边沟畅通无阻，标志齐全无缺，标线喷涂无漏，绿化栽植无空。4月16日，运城市农村公路改造和“五位一体”养护经验在全国农村公路建设西安现场会上进行了交流，受到与会代表的关注和好评。（杜流程）

**【源头治超工作】** 2009年，市交通局强化道路运输管理，依法监管，做好源头治超工作。全市运管机构共登记源头出站货运车辆1.013万辆次，装载货物212.88万吨，查处未经政府公示的非法货运源头企业11家，处罚违规装载源头企业13家，严厉打击非法超限超载行为，确保了超限超载车辆不出监管范围。（杜流程）

**【重点时段客运工作】** 2009年春运期间，全市道路运输共组织客运车辆1943辆，发送班车68356车次，输送旅客316.7万人次，其中，客运中心站共发送班车28360班次，加班547班次，运送旅客达53.6万人次。“十一”黄金周期间，客运中心站安全运输旅客13.85万人次，同比增长9.3%。（杜流程）

**【农村客运】** 2009年，全市农村客运通达深度、公司化运营率进一步提高，汽车站场建设、农村物流发展顺利。农村客运网络建设步伐加快，新增23个直通客车建制村，全市直通客车建制村达到3169个，村通率达到99.5%；同时完成105个候车亭、90个招呼站牌安装任务；全市新增客运企业4家，农村客车公司化运营率达到91.6%。垣曲、夏县、新绛、万荣等县汽车站竣工，12个乡镇汽车站全部完工。全市农村物流信息服务网点发展到482个。（杜流程）

**【交通执法】** 2009年，全市、县两级交通综合执法部门认真推行行政执法责任制，以“严格规范执法、立足属地管理、依法行政治理”为原则，积极开展了多项专项执法行动，加大对县、乡道路的巡查和监管力度，共检查客货运输企业（站场）、维修企业、驾校900余次，查处各类违法违章运输经营行为540起，查处各类路政案件1060起，收取路产赔(补)偿费420万元。充分发挥治超主力军作用，先后投入执法人员34.97万人次，出动执法车辆3.5万辆次，检测货运车辆407.23万辆，查处非法超限超载车辆217辆，卸货282.84吨，收取路产赔（补）偿费5470元，罚款22.72万元，车辆非法超限超载率下降到了0.02%，全年无重大执法过失和违法执法行为，无公路“三乱”现象发生，有力地打击了违法违规营运行为，维护了路产路权，保障了运输市场规范、有序竞争。（杜流程）

**【交通工作典型】** 2009年，全市交通工作呈现出“三大亮点”即农村公路改造、交通综合执法和城乡客运一体化，“三面旗帜”即永济市高起点、高标准改造农村公路的先进典型，河津市依法治交、高效便民的综合执法先进典型，新绛县创新机制、实现城乡客运一体化的先进典型。对推动全市交通运输业发展起到了典型和推动作用。2009年11月20日，全市在永济市召开了农村公路建养现场会，全市县乡公路改造共完成1110公里，公路升级换代取得了显著的效果。全市农村公路养护年末好路率达到85.1%，被省公路局授予“农村公路养护优秀单位”称号。以河津市综合执法为先进典型，在全市范围内掀起了“依法治交、高效便民”活动热潮，组织全市680名交通综合执法人员，于10月26日开展了业务大比武活动，有效提高了人员的业务素质，展示了综合执法队伍的良好形象。同时，号召全市以新绛县推进城乡客运一体化先进典型为榜样。学习新绛县在完全实现城乡客运一体化的基础上，继续完善管理机制和体制，行业监管扎实到位，走出了一条“兼顾城乡，并重发展”的新路子，学习其接收公交车、出租车管理业务，实现城乡客运一体化的宝贵经验。（杜流程）

**【安全生产】** 2009年，全市交通运输系统严格遵循“安全第一，预防为主、综合治理”的工作方针，按照“无事当作有事抓，小事当作大事抓，重大安全隐患按照事故进行处理”的原则，认真落实安全责任，切实加强源头管理，狠抓监督检查和隐患治理，将安全生产专项整治、“三项行动”、“三项建设”和“安全生产年”等活动紧密结合起来，严格按照“谁检查、谁签字、谁负责”的原则，由班子成员带队，派出8个督查组，对全市道路、水路、汽车站场共进行交叉检查9次，督促检查8次，共排查各类道路运输企业1041家，其中符合安全生产的三类企业831家，停业整顿的二类企业189家，无牌无证取缔的一类企业19家，消除隐患29处，诫勉谈话1人，全年没有发生任何安全生产责任事故。（杜流程）

**【应急管理】** 2009年，市交通局为认真贯彻落实省交通厅关于加强应急管理工作的要求，及时成立了应急管理领导小组和办公室，先后制定了《突发公共事件应急预案》、《农村公路应急抢险预案》等相关应急预案，规范了突发事件处置程序，明确了突发事件处置责任。11月11日晚，运城突降30年未遇的暴雪，根据省市紧急电视电话会议精神，市交通局连夜立即启动了冰雪灾害应急预案，指挥各县市区交通部门携带救援物资，采取各种办法上路，确保了县乡公路无车辆滞留、无司乘人员受冻挨饿，应急预案通过实践得到了检验和完善。（杜流程）

**【重点监管】** 2009年，运管部门派员驻站，抓好货运源头现场监督；海事部门认真落实派员分片包干责任制，抓好现场监控；质检站紧紧围绕“两项达标”、“四项严禁”、“五项制度”整治工作目标，从参业单位的质量安全行为和建设工程的工序、工艺、场所上查隐患，从创建项目建设法人、监理、施工单位质量安全长效机制上狠抓落实；综合执法队伍加强对公路的巡查，加大对违规违法行为的查处力度；各客运站严格按照规定，各负其责，确保了监管到位。（杜流程）

**【党风廉政建设】** 2009年，运城市交通运输局坚持全面落实党风廉政建设责任制各项要求，取得了明显成效。加强教育，筑牢思想道德防线。组织县处级领导干部和科级干部参加了市委和市直工委举办的学习培训班，组织党员干部参观了廉政警示教育基地，观看反腐倡廉警示教育片。完善制度，规范交通行业从政行为。在行政审批上实行“一站式”网上行政审批制度，在交通工程建设中实行工程合同与廉政合同一起签订、一起检查的“双合同制”。推行纪检监察派驻巡查制和廉洁工程“一路一档”制，对工程建设转包分包、资金拨付、设计变更、物资采购等关键环节全过程加强了管理监督。强化监督，有效预防腐败行为。把监督和预防关口前移，通过实行中层干部任职前廉政谈话、个人重大事项事前申报、年终对中层以上干部进行考核等，对干部实施有效的监督。积极参加《监督热线》节目12次，接听热线反映事件53件，督办解决群众疑难36件，反馈意见满意率达100%。（杜流程）

**【精神文明建设】** 2009年，市交通局结合学习实践科学发展观活动，大力提高党员干部思想政治素质。市县两级交通部门领导班子都参加了十七届四中全会精神学习轮训班，市局邀请有关专家，为党员干部和职工做三次科学发展观辅导报告，每名党员的学习笔记和心得体会都达到了3万字以上。积极开展各项创建活动。组织干部职工观看了爱国教育影片《情暖万家》，开展了“博爱一日捐”和雪灾捐款。加强节能降耗工作，单位油、水、电等消耗较上年度降低10%。结合部门实际，开展了争创客运文明线路、文明司乘人员活动，司乘人员整体素质明显提高。运城市交通运输局荣获交通运输部“全国推行执法责任制示范单位”，省交通运输厅“1999-2009依法治理先进单位”、“安全生产先进单位”、和“完成工作目标责任制优秀单位”称号，被市文明委授予“2008-2009年度文明和谐单位标兵”。运管处、交通综合执法支队、客运中心站运稷路管理处等部门和各县（市、区）交通部门也都获得了一系列荣誉，实现了交通行业形象的整体提升。（杜流程）

## 高速公路建设管理

**【闻喜—合阳高速公路建设】** 闻喜—合阳高速公路是山西第一条“省投市建”项目，是出省高速重点工程。2009年，工程前期各项准备工作4个月后，顺利地进入建设阶段。至年底，项目完成投资10.4896亿元，完成年度投资计划104.8%。路基工程完成55%，桥梁桩基完成74%，承台完成15%，预制梁板110余片，小型构造物完成45%，实现了阶段性的质量、进度计划。同时，路面材料储备也提前进行，总吨位达到2.7万吨，其中，钢筋1.5万吨、沥青1.2万吨，石料储备达16.3万$m^3$。各项工作有序有效开展，均衡快速推进，均处于良性受控状态。（李改霞）

**【工程前期筹备】** 2009年，闻合高速公路管理处开始了工程前期准备工作，项目水土保持方案、工程环境影响报告书及初步设计均通过批复；地质灾害性评估报告、压覆矿产资源储量核实报告通过了评审并在省国土资源厅备案；林地报批资料通过了省林业厅评审；土地预审报送省国土资源厅。最棘手的征地与拆迁，在市委市政府领导的多次现场办公和建管处的深入协调下，得到了妥善处理和解决。完成征地6362.07亩，拆迁各类建筑物18859.83$m^2$，搬迁坟墓746穴，征地拆迁款支付到位9632万元。沿线电力、通讯、广电等行业线路迁改工作全面开始。万荣、闻喜、稷山等四处古墓群和古遗址的文物考古发掘工作全部结束，并撤离现场。（李改霞）

**【体制机制建设】** 2009年，闻合高速公路管理处组织各专业部门，按照行业规程规范的标准，夜以继日地工作，通过精心设计，先后完成了《闻合高速管理制度汇编》、《施工组织设计大纲》和《合同化管理体系》，施工、监理招投标方案和与工程项目相关的配套制度的完善等工作。为提前开工建设争取到至少两个月的时间，中标的施工、监理单位按预定的时间于2009年9月全部进场就位，投入路基工程建设之中。

（李改霞）

【质量管理体系建设】 2009年，闻合高速公路管理处遵循质量就是生命的理念和质量终身制的原则以及"抓质量就是抓工艺"的思路，把"事前计划、事中控制、事后检查、事终评定"落实到工程项目建设的每个环节，形成和完善了闻合高速质量管理体系，编制一部《施工过程控制计划书》；把好材料、工艺、成品三道关；"建立"政府监督、法人管理、社会评价、企业自查"四级质量管理体系，贯彻落实六项质量管理制度，即首件产品认证制、重点难点工程施工方案评审制、设计深化制、工程质量自检制、试验检测盲检制、质量巡检制。 （李改霞）

【施工单位能力建设】 2009年，闻合高速公路管理处会同总监办，先后对12家路基桥涵中标单位法人代表进行了约谈。要求中标单位全面加大在管理和技术人员、施工队伍和机械设备等方面的投入力度。特别是桥梁、高填方路基等控制性工程，要求加大资金投入力度，做到事先计划，充分考虑天气、设备、协调等因素，开足作业面，进一步锁定和控死工期。并运用最低计量支付限额杠杆，调高了最低支付限额，促使各承包人加快与推动工程进度。同时，加强施工单位资金控制管理，杜绝建设资金用作其他用途，要求大于20万元的资金支出，必须依据合同进行支付，确保专款专用。至年底，各单位人员、设备，按照实际要求基本落实到位，参建单位建设能力得到明显提升。 （李改霞）

【材料储备】 2009年，闻合高速公路管理处为确保材料供应充足，预防价格上扬带来的风险，提前谋划，积极做好料场、拌和站的建设工作，并督促施工单位全面做好材料储备工作。至年底，钢筋储备100%、沥青储备80%、路面碎石储备40%。

（李改霞）

【科学施工】 2009年，闻合高速公路管理处科学制定可行的施工组织计划。根据合同工期与全线控制性工程具体特点及要求，遵循"统筹计划、工期不变、阶段控制、均衡发展"的思路，编制了《施工组织设计大纲》。9月11日，组织召开了闻合高速公路第一次工地会议，对建设目标、管理思路、工期计划进行了部署，明确了阶段实施计划。并将1座特大桥、17座大桥、16段高填方路基确定为控制性工程，重点加强计划的落实。并在施工过程中，采取旬统计、月调整的方式，及时对存在的进度差距进行调整，确保施工组织计划的科学可行。 （李改霞）

【工程监理管理】 2009年，闻合高速公路管理处在工程建设过程中，采取"小业主，大监理"的管理模式，充分授权监理、依靠监理、服务监理，充分调动监理人员的工作积极性和能动性。同时强化监理责任，按照《工程施工监理工作考核办法》的规定，每月定期对总监办进行监理工作考核。进行过的三次监理考核工作结果表明，各总监办的考核成绩呈现逐步上升的趋势，且均稳定在"良好"考核等级范围内。通过严格监理考核，不仅使监理人员能够深刻认识到自己工作中存在的问题和不足，还促进了总监办之间竞争机制的形成，从而进一步强化了监理的职能。同时，结合工期进展较快，监理数量无法满足实际要求，与山东格瑞特、西安方舟两家监理公司进行了协商，先后共增加监理人员21名，并配齐了办公车辆和设备，切实满足监理工作需要。 （李改霞）

【施工单位业务考核】 2009年，闻合高速公路管理处加强对施工单位业务考核，用不同的方式加强对施工单位工作考核认定。(1)履约考核。在开工前，建管处先后两次对各合同段主要管理、技术人员和施工设备的到位情况，进行了人对人、面对面的检查，并将相关证件全部收回建管处备案，确保队伍及设备满足施工的要求。(2)加强月度考核。每月由总监办牵头，从质量控制、安全控制、文明施工、进度控制、合同管理五个方面，对施工单位工作完成情况进行考核。并将考核结果报建管处，由建管处在全线进行统筹排名，对单位及个人进行奖励。(3)全面开展劳动竞赛评比活动。分三个阶段制定了"闻合高速公路工程建设劳动竞赛实施方案"，将施工计划细化到旬、量化到天，在全线开展劳动竞赛活动。

（李改霞）

【奖惩激励】 2009年，闻合高速公路管理处在加大考核力度的同时，加大奖罚力度。先后拿出210万元，对月进度完成情况及冬季施工措施落实到位的10家单位进行了不同程度的奖励。并通过班子会研究决定，将奖励金额的60%直接奖励给项目经理和管理人员等个人，并将其中的25%奖励给项目经理，全面调动参建人员建设积极性。针对个别施工单位进展缓慢，落实指令不到位的问题，闻合高速公路管理处加大处罚力度，先后处罚履约金1260万元，清退更换项目经理1名。在下一步工作中，对无法完成工作计划的单位继续采取约谈法人、更换项目经理，甚至合法分包工程的办法，全力确保各项任务指标的落实。

（李改霞）

【廉政建设】 工程建设是滋生腐败的易发地，而工程项目招投标、大宗材料采购、工程分包、设计变更、资金拨付等环节则是高发点。为了有效防止腐败现象发生，2009年，闻合高速公路管理处主要通过严格程序、强化监督，着力将廉政建设贯穿于工程建设的全过程。加强廉政监督。在签订施工合同的同时，签订廉政合同和党风廉政建设目标责任书，提高廉政意识和责任意识，明确各方的廉政责任和义务。将廉政目标考核作为重要指标，逐月进行考核。并加强廉政知识学习，将其作为政治理论学习的重点内容来抓，并将学习制度化、经常化，常抓不懈、警钟长鸣，确保不出现重大违规违纪和商业贿赂问题。营造廉政文化。深入贯彻“修好一条路，不倒一个人”的建设目标，全面践行“不是查不出问题，而是无问题可查”的庄严承诺，切实从廉政教育上解决不想贪、制度上解决不能贪、惩戒上解决不敢贪的问题，先后制定并印发了《闻合高速公路建管处工作人员廉洁自律若干准则》、《廉政漫画》、《廉政短信》、《廉洁自律手册》等廉政制度及手册，做到警钟长鸣。向施工单位和社会公开做出“廉政建设五项承诺”，建立完善《廉政档案》，加强关键岗位人员的监督和管理，严禁建管处和监理单位任何人员向施工单位推荐人员、队伍、设备和材料，努力实现工程优质、干部优秀的“双优”目标。深入开展工程建设领域突出问题专项治理活动，对专项治理活动进行了安排部署。各级干部的廉洁自律意识不断增强，至年底，未发生一宗腐败案例。

（李改霞）

【运城解州至陌南（黄河桥头）高速公路建设】 运城解州至陌南（黄河桥头）高速公路是本省高速公路网“三纵十一横十一环”主骨架中纵的重要组成部分，也是山西省连通陕西、河南以及南下两湖、两广的重要战略通道，公路建成后对完善区域路网、改善区域投资环境，促进山西省与中原地区经济文化交流具有十分重要的意义。公路项目于2009年1月15日经山西省发展和改革委员会晋发改交通发[2009]33号文件批准立项。起点位于运城市盐湖区解州镇白家庄村，与运城绕城高速公路相接，沿中条山北坡向西南方向，在白峪口南折向东南，穿中条山隧道后向南，终点止于芮城县陌南镇枣树巷南，接拟建的黄河特大桥，路线全长30.95公里，中条山特长隧道长9670米。该项目全线采用双向四车道高速公路技术标准，设计行车速度采用80公里/小时，路基宽度24.5米，全线设2处互通（解州枢纽互通和芮城互通），设服务区1处（芮城服务区），1处养护工区，2处收费站（匝道及主线）。项目总投资25.93亿元，建设工期四年。

（李改霞）

【成立运城至灵宝高速公路建设管理处】 运城至灵宝高速公路建设管理处成立于2009年7月，设四部一室（综合办公室、工程财务部、工程管理部、技术质检部、安全管理部），有工作人员30名。承建运城解州至陌南（黄河桥头）高速公路项目，该项目属“省投市建”项目，即由省负责投资，市政府负责建设。

（李改霞）

【高速公路管理】 2009年，高速公路管理处加强基础管理，加大营销力度，全年征收通行费5.29亿元。加大路面预防性养护，完成运三、侯运88万$m^2$路面微表处理，以及运三K28—K33路面补强罩面，道路使用性能大为改善。全面处治路面沉陷和桥头跳车病害，路面平整度和行车舒适度明显提高。在专项工程管理中，实行了施工安全可行性评审机制，形成了项目部主管、监理单位监督、施工单位主抓、路政协调、高速交警配合的五方联动抓安全的新格局。进一步美化路容路貌，见缝插针搞绿化，实施景点建设，全年共栽植苗木1.7万株。

（赵瑞杰）

【收费管理】 2009年，高速公路开展树形象、优服务，开展品牌收费站建设，形成“两个标准”、“三个百分百”和“程晓琳礼仪”服务标准。发放《交通导航卡》和《山西高速路网卡》，利用广场可变情报板、网络广播和岗亭信息屏，介绍路况、旅游景点、航班等信息，开展“行高速路，景点享受半价优惠”活动，为社会公众提供更贴切更细致的服务。建立机电系统设备信息数据库，完善备品备件采购、使用机制，确保机电系统高效运行。联合动植物检疫部门，加强运输鲜活农副产品车辆管理；开展打击不规范过磅、中途逃逸、冲卡、倒卡、假冒证件等专项整治活动。2009年9月18日，全省收费工作精细化管理推进会在运城召开。（赵瑞杰）

**【路政管理】** 2009年，运城市高速公路系统全面推广特色中队建设五大成果。(1)实行“四位一体”巡查机制，提高应急处置和路产管控能力，全年路政案件发现率、查处率均达到99.9%，路产赔偿率、恢复率、建筑红线控制率均达100%。(2)路政巡查与事故处理分离机制，提高了班组的工作效率，完善了内部监督。(3)规范化管理，认真贯彻落实交通运输部《五个规范》，开展知识竞赛和比武活动，路政人员规范执法、公正执法、文明执法、廉洁执法意识明显提高。(4)执法活动全过程军事化管理，路政人员遵章守纪、纪律严明、服从指挥、雷厉风行、令行禁止的工作作风有所增强，执法形象得到改善。(5)治超岗位十步曲和治超外勤定点执勤，治超工作更加规范。（赵瑞杰）

**【超限超载治理】** 2009年，高速公路管理处进一步建立治超工作长效机制，完善综合治理、联防联治和责任倒查机制。加强正规化、科技化治超站点建设，制定完善《治超机电员工作手册》、《系统实用操作手册》和《设备巡检手册》；完成河津西、东郭治超设备搬迁调试任务；除新绛、稷山、解州、南坡站外，其他检测点均实现不停车检测；率先在侯马、东镇、闻喜治超点实行了治超信息联网监控试点。2009年，收费站入口共检测车辆407万余辆。在全国治超现场会期间，代表全省高速公路系统制作宣传板面，展示了山西省高速治超的良好形象。（赵瑞杰）

**【服务区管理】** 2009年，高速公路服务区管理以“星级享受、人文关怀”为主题，开展“优质服务体验年”活动，设计顾客体验流程，形成了服务站PDA日常巡检九步曲、餐厅、超市服务六步曲等操作流程；制定顾客接触点要素构成图，力求满足每位顾客的服务要求，通过与顾客进行模拟互动，改进服务品质，实现全年工作“九个零”管理目标。注重增加特色餐饮，提供运城当地的“名、优、特”产品，自创“河东飨客居”经营品牌。完成了服务区信息联网、房屋加固、污水处理及下水管网改造、餐厅超市通道改造、加油站顶棚修复、房屋防水处理等工程，完善了服务区标识、标线、霓虹灯及公厕安装热水转换器。河津、平陆、闻喜服务区荣获市级“青年文明号”称号。（赵瑞杰）

**【信息化建设】** 2009年，高速公路管理拓展服务渠道，与运城市交通广播电台建立联系，确保第一时间重大路况信息通过电波发布。全年受理咨询电话3000余次，为700多辆故障及事故车提供了救援信息服务；发布情报板信息1500余条，在省局网站二级栏目发布出行参考260余篇。建立养护综合管理系统，优化业务流程，实现了数据统计自动化和信息共享。研发收费票证自动报表系统，提升了票证统计效率和准确率。服务区实现POS机联网，在各经营场所安装了监控设备，配备了银联卡刷卡机。（赵瑞杰）

**【应急管理】** 2009年，高速公路管理处成立5支应急保障队伍和7支应急救援小分队，组织开展各类应急演练36次，实施路政5.30紧急救援32起，抗击雪灾2次，应急保障及突发事件处置能力得到加强。建立专项工程施工安全评估体系。开展安全生产专项整治活动，全年无安全生产责任事故发生。（赵瑞杰）

**【科研创新】** 2009年，高速公路管理处与同济大学联合开展《山区高速公路长大纵坡货车运行安全控制指标及安保对策》研究，拟建立安全职能预警系统；与交通运输部公路科学研究院开展《龙门黄河特大桥运营安全健康监测系统》研究；以风陵渡黄河大桥加固维修工程为载体，建立了基于光纤传感器的大桥长期监测系统，通过对相关数据采集，实现对结构应力、挠度、吊杆内力等参数的实时监测，随时掌握桥梁结构状态。围绕提高收费站快速放行能力和节能降耗两个主题，成立了10个QC活动小

组，解决了轴限修改率高、写卡差错率高、空调、照明能耗大等问题。全年全公司受到表彰的管理与技术创新项目16个。(赵瑞杰)

【队伍建设】 2009年，围绕人才发展战略，先后组织20余次大型培训，至2009年底，公司大专以上学历员工占员工总数的79%，本科以上学历员工占24%，100余人取得相应职称或职业资格证。2009年，公司共为4个项目建管处输送管理人员27名、工程技术人员29名，极大地支持和保证了项目建设的顺利进行；同时，输出公司企业文化，形成了先进的项目建设管理文化理念，引领项目建设管理创新，确保了工程质量、进度、安全、廉政目标实现。(赵瑞杰)

【党建和精神文明创建】 2009年，高速公路管理处新成立党支部2个，党支部达到14个。调整党员分布，保证了各收费站都有党员，党组织与群众生活更加贴近。深入开展“三有一好”争创和党员“一带三”活动，党员自我发展和带动群众发展能力进一步增强。加强廉政教育，先后组织16批1200余人到运城市7个党风廉政警示教育基地开展警示教育活动，公司连年荣获“省直文明和谐单位标兵”、“完成目标责任制优秀单位”，被市政府授予“服务企业先进单位”、“重点项目建设先进单位”称号，新增“全国学习型班组”1个、“山西省三八红旗集体”1个、其它文明称号4个。(赵瑞杰)

## 水运

【水运管理】 2009年，全市水路运输管理工作以“航行更安全、人民更满意”为目标，以开展文明和谐创建活动、加强正规化建设和执法能力建设为载体，不断提升海事监管能力。举办了水运安全管理员培训班，对46名乡镇船舶管理员、渡口安全管理员、船舶安全员进行了培训。对全市7家水路运输企业、1家水路运输服务企业、5家个体业户进行了水路运输业核查，换发了《水路运输许可证》和《船舶营业运输证》。为增强应对水上突发事件的能力，于6月17日在平陆县三门镇岳庄渡进行了人员落水、机舱着火等实际操作水上应急演练。全年水上运输共完成客运量1.421万人，周转量8.486万人公里；完成货运量0.9万吨，周转量8.1万吨公里。(杜流程)

【水运安全工作】 2009年，市海事管理部门加大安全隐患排查，共取缔非法水运企业（业户）11个，对符合各项规定的22个水运企业（业户）以及农用船舶加强了日常监管，积极应对水上漂流、浮桥架设、旅游船舶等新情况和新问题，10项安全隐患全部得到整改。本年度市海事局被评为“水上交通安全专项整治先进单位”。(杜流程)

## 铁路建设

【概括】 2009年，在铁路建设上，运城市委、市政府主要领导和分管领导高度重视、从项目谋划争取到落实工作给予极大的推动。市发改委把大西客运专线运城段争取工作作为头等大事，重中之重，全力以赴，创造条件，主动争取。大西客运专线运城段、运城至三门峡铁路和侯西铁路电气化扩能改造三大项目前期立项工作基本完成。三条铁路在运城境内建设里程278公里，总投资200多亿元，是运城市前所未有的大项目，在运城铁路建设史上具有里程碑的意义。项目争取过程中，运城市遇到的困难和波折最多，付出的艰辛和努力最多，得到的收获也最多，运城市在沿线各市中实现了“四个惟一”：唯一经过市区时不再走老线而建新线；唯一的客站、货站都建新站；唯一建设走行线即车库，可以始发车；唯一设立4个站台可以同时停放九列车，具备了枢纽站的功能。(杨春英)

【大西铁路客运专线】 大西铁路客运专线，北起本省大同市，南至陕西省西安市，全长859公里，设计行车速度为250公里/小时。运城市境内约130公里，途经新绛、闻喜、夏县、盐湖、临猗、永济6个县（市、区），新建闻喜、运城北、永济3个客运站和1个货运站，总投资130亿元。建设工期为46个月，2013年建成通车。2009年3月，大西客运专线运城段开工建设。客运专线建成后，将实现本市铁路客货分线运输，运城至西安、太原、北京的铁路运行时间分别可缩短至40分钟、1.5个小时和3.5个小时。(杨春英)

【运城至三门峡铁路】 运城至三门峡铁路，北起本市南同蒲兴南站，途经夏县、盐湖区、平陆县。跨黄河至河南省三门峡市，客货双线分别连接大西客专、郑西客专和陇海铁路，正线长 82.7 公里，总投资约 120 亿元，运城市境内约 71 公里，投资 105 亿元。运三铁路建成后，运城市货物运输比原绕行华山站可缩短 228 公里，而且减少铁路编组作业，对全市经济社会发展具有重要的战略意义。（杨春英）

【侯西铁路电气化扩能改造】侯西铁路电气化扩能改造，设计为将原有单线改造为双线电气化铁路，运城市境内约 77 公里，总投资约 20 亿元。2008 年国家发改委批复项目可研报告，铁道部批复初步设计，在落实开工前的各项准备工作后，2009 年二季度开始动工建设。（杨春英）

## 民用航空

【概况】 2009 年，运城机场共保障航班安全起降 6635 架次，其中正班 6116 架次，运送旅客 50.66 万人次，运输货物 1024 吨，新增机票销售网点两个，使机场售票处达到 6 个。圆满完成了年初制定的各项目标任务。全年安全无事故发生。（吴彩云）

【机场扩建】 2009 年 3 月 25 日，运城机场航站区扩建工程顺利开工。到年底，完成站坪、消防和航站楼基础工程，航站楼主体桩基浇注完成进度 77.6%。（吴彩云）

【航路建设】 2009 年，运城机场新增运城至南京、厦门、海口和天津 4 条航线，恢复三亚、武汉、重庆航班，航线数达到 15 条，通航城市达到 15 个。（吴彩云）

【安保工作】 2009 年国庆 60 周年期间，为了保障机场工作安全无事故，机场方面加强安全工作管理力度，制定了严密的安保方案，加强了值班备勤、证件、人员出入隔离区、消防等方面管理，确保了国庆期间的安全平稳。（吴彩云）

【拓宽服务领域】 2009 年 3 月，运城机场拓宽了服务领域，航食配餐开始试运营，填补了运城机场无航食配餐的空白。7 月份，组建了运城机场货运部，使运城机场机构设置更加完善，服务能力进一步提升。（吴彩云）

【福利保障】 2009 年，运城机场进一步完善管理机制，完善职工福利。本年 1 月，理顺人事档案，并顺利完成人事档案转接手续。关心职工生活，为员工办理了养老保险、医疗保险，进一步把职工生活保障纳入管理范畴，为机场科学、持续发展提供人力保障，图求人文支撑。（吴彩云）

## 邮政电信

### 邮　政

【概况】 2009 年，全市邮政业务总收入实现 17756 万元，完成省公司收入计划的 96.03%，比 2008 年增长 7.5%，收入规模由 2008 年底的全省第四位跃升至第三位。三大板块业务中：邮务类业务收入完成 4676.96 万元，同比增长 10.21%，在邮政总收入中的占比达到 24.36%，同比增加 0.61 个百分点；速递物流类业务收入完成 1984.16 万元，同比增长 7.43%，在邮政总收入中的占比达到 11.47%；金融类业务收入累计完成 11008.25 万元，同比增长 6.72%，在邮政总收入中的占比为 63.66%。（谢江生）

【传统专业势头稳健】 2009 年，市邮政代理保险专业实现手续费收入 882.16 万元，完成省公司计划的 135.51%，同比增长 21.80%，手续费收入规模首次跃居全省第三位，实现了较大突破，收入增幅列全省第二位；电子商务收入实现 442.11 万元，完成省公司计划的 121.12%；函件专业实现收入 1722.71 万元，完成省公司计划的 100.16%，同比增长 13.46%，收入规模重新跃居全省第二位；发行专业（含零售）实现收入 1401.71 万元，完成省公司计划的 105.39%，同比增长 10.99%，收入规模列全省第三位；代理汇兑收入实现 477.84 万元，完成省公司计划的 109.60%，预算比例完成情况在全省列第二位；代理储蓄收入实现 9648.24 万元，完成省公司计划的 91.94%，同比增长 5.98%，收入规模仍然列全省第四位；速递专业（含礼仪）实现收入 1867.99 万元，完成省公司计划的 97.04%，同比增长 14.93%，收入规模位列全省第二位；除物流专业因政策调整同比下降外，集邮、包件等专业收入增幅全部保持正增长。12 个县（市）局中，永济和绛县两个局完成了年度预算目标，夏县局收入增幅达到 23.88%，列全市第一。（谢江生）

【其它业务】 2009 年，全市新增邮储余额 4.41 亿元，其中新增活期余额占到 56.83%，拉动总余额活期比2008年末提升了1个百分点，达到44.13%。非利差业务从9月份起逐步扭转了发展颓势，全市累计净增“商易通”189户，沉淀资金5549万元。发展小额质押贷款583笔，贷款金额2711万元。销售国债1182万元、基金211万元、理财产品7418万元。发展绿卡通18611张，卡户余额实现19684万元，卡均余额实现11644元。短信收入同比增长9.64%，占到电子商务收入的62%。2010年一次性报刊大收订流转额完成4908万元，同比增长6.16%，收益率达到24.89%，报刊回款率达到83.17%。2010年贺卡营销中，定制型贺卡收入完成615.77万元，占贺卡总收入的68.96%，同比提高26.45个百分点，有效降低了库存积压风险。其中小批量贺卡开发取得积极成效，客户数同比增长25.63%。

（谢江生）

**【成本费用控制】** 2009年，市邮政局针对支出紧张的严峻形势，按照集团和省公司要求，经过多方调研，出台了“降本增效”实施方案及19个配套附件，明确降本增效的重点环节和具体措施，并在全市进行广泛宣传贯彻落实。各级各部门进一步细化措施，积极落实，取得明显效果。扩大成本集中管控范围，加大集中审批力度，按月进行预算执行分析和监控，有效控制了成本总量的增长。全市固定成本支出基本控制在年度预算目标以内，可控成本同比下降1.62%。全市共计降本309万元，其中：低值易耗品下降137万元、运输费下降43万元、水电暖费下降35万元、差旅费下降26万元、业务招待费下降20万元、业务材料费下降12万元。（谢江生）

**【优化网运流程】** 2009年，市邮政局简化流程3处，剔除多余工作环节5处，减少了邮件经转层次，精简了基层单位分拣人员，降低了封发成本。对全市邮政机动车辆实施了集中管控，建立单车费用核算机制，每年可降低车辆维修、燃油、保险等费用100多万元。同时，集中管控后，通过合理调拨车辆，减少急需新增和更新车辆投入50多万元，大大缓解了车辆投资压力。（谢江生）

**【网点优化调整】** 2009年，市邮政局出台了网点优化调整指导意见，共确定对36个网点进行逐步改制，年内撤并了3个自办局所和7个委代办局所，改制委代办局所20个。根据网点营业时间的分类标准，全市共划定一类网点85处，占自办网点总数的53.8%，二类网点52处，占总数的32.9%，三类网点21处，占总数的13.3%。网点的优化调整，有效促进了网点工作的精细化管理，降低了网点的运行成本。（谢江生）

**【规范经营行为】** 2009年，市邮政局对存货积压严重、收入不实等突出问题，果断采取措施，对历年积累的遗留问题下大力气进行了清理。存货方面，在盘点清账、查明原因、明确责任的基础上，将清理责任落实到具体单位和人员，要求限期完成。其中，清理历年库存积压存货207万元，家乡包裹库存30万元；积压最为严重的2008年秋季化肥基本清理完毕，将险些造成的重大损失减少到了最低限度。欠费方面，加大了各项欠费的清缴力度，每月对各单位欠费进行及时督办，有效减少了企业坏账损失。收入核算方面，坚持实事求是，冲销分销损失55万元。

（谢江生）

**【人力资源管理】** 2009年，市邮政局重视人工成本快速增长的问题，在对各县（市）局的绩效考核办法中，提高了劳产率指标的考核比重，引导各级各部门更加重视人工效能。加强岗位定编管理，进一步明确了各类人员的控制数量和考核办法，对全市108名冗余人员进行了清理。加强对各类奖项的清理，对奖励项目进行了统一规范，进一步优化了奖励资源配置。（谢江生）

**【资金安全管理】** 2009年，市邮政局将金融资金安全管理作为工作重心，加大日常检查和违规操作处罚力度,推进金融机构安全达标，着力夯实案件风险防控基础，取得较好成效。特别是在金融从业人员管控方面，建立了以“三证”上岗、约见谈话、异常情况举报、道德行为排查、规范操作承诺、六级责任追究、违规积分管理等为主要内容的立体管控模式。全年金融从业人员轮岗824人，排查2139人次，约见谈话1356人次，对违规人员累计积分676分。此外，建立了全市邮政金融从业人员联系卡和全市104名邮政金融网点负责人、79名金融业务管理人员的详细信息档案；在内控建设方面，实行了网点综合柜员委派制，加强了网点负责人的职责、权限管理，这一做法得到了银监部门的肯定。同时，积极开展企业安全隐患排查治理工作、国庆60周年安全生产专项整治活动和邮政储蓄信息系统安全运行年竞赛活动，保障了生产经营的安全有序进行。（谢江生）

【审计监管】 2009年，市邮政局通过各种途径，加强对资金的审计监管。加强成本费用审计。对各单位成本费用管理和控制情况进行审计监督；加强工程项目审计。从仅对决算环节进行审计改变为对所有工程项目预算、施工、决算等环节进行全面审计监督；加强营销项目审计。对各单位组织落实情况、业务发展思路及措施等进行审计监督，减少企业损失；开展“降本增效”审计。对各单位成本费用的节支和人工成本的节约情况进行审计监督；开展欠费审计。主要从各单位欠费产生的真实性、欠费回收的时间性、欠费责任的落实等三个方面进行审计调查，不断促进欠费单位加大清欠力度，加快回收进度，实现企业可用性现金最大化。（谢江生）

【速递物流改革】 2009年，全省邮政系统25个纳入改革的县市中，运城占据12个。3月初，按照省公司部署，成立了市邮政速递物流公司，下设三个职能部室、三个现业分局、六个县市分公司、六个县市营业部，划分人员总数达到170人。同时，通过整合速递物流的业务资源、营销资源、网络资源，实现资源共享。通过试行新的经营管理体系和新的财务核算体系，初步建立了清晰的代理结算关系。（谢江生）

【完善金融机制】 2009年，市邮政局建立了全市邮政金融协调工作例会制度和内控、经营、建设工作协调小组例会制度，对邮政、银行（以下简称邮银）双方运行中的有关问题及时进行了沟通协调。邮银双方关联交易事项基本达成一致。按照省公司的要求，完成了市县邮银代理业务协议的签订工作，为促进邮银双方长期、稳定、健康发展奠定了基础。进一步充实了金融专业人员，加强了市县局代理金融业务机构的管理力量。（谢江生）

【人力资源管理】 2009年，市邮政局进一步优化人力资源结构，完善人事制度，广开渠道，优先选拔和使用营销一线和经营管理部门的优秀干部进入生产经营领导班子，体现以经营为中心的企业特性。同时，通过采取特殊选拔、聘任及考核等方式，公开竞聘了23名精英人才，充实到邮储精品网点担任负责人，强化了储汇从业队伍的力量。强化“人工成本”概念，通过优化作业时间，试行梯形排班法等措施，进一步盘活人力资源，有效改善现有的用工结构。在分配制度改革上，加大经营管理者、营销人员、基层高管人员的考核力度，降低一线生产员工绩效考核挂钩比例，保障一线生产人员固定收入增幅，形成个人收入与岗位职责、营销业绩等挂钩的动态调整办法。在此基础上，制定科级干部及机关部室管理人员绩效工资考核暂行办法，最大限度调动管理层人员的工作积极性、主动性和创造性。

（谢江生）

【管理职能优化整合】 2009年，市邮政局根据现实需要，将督察保卫部划分为安全保卫部和督察审计部，在督察审计部下设了营投管理中心、业务视检中心和审计监察中心，并综合利用现有人力资源，将市局综合办公室督查中心职能，整合到督察审计部，有效推进全市督察、审计工作；成立金融业务局，按专业局管理，有效解决部门间界面不清，人员兼职过多等现象；将市局客户服务中心单设，不再挂靠市场经营部，按专业局进行管理，进一步强化客户服务管理和市场营销职能；将包件业务局更名为分销寄递局，理顺业务管理体制，推进包件、分销及代理速递物流业务协调、快速发展。

（谢江生）

【创新流程模式】 2009年，市邮政局根据合规性、创新性、便民性、绩效性、选择性等流程再造的基本原则和优化、精简、统一、规范、便捷、高效的总体目标，建立了包括业务操作、生产作业、综合管理和支撑保障等四大部分为主要内容的市县两级层面308项企业新流程模型。同时，对全局员工进行合规文化教育、风险警示教育，让每个人熟悉和了解管理控制的思想、目的和意义以及失控带来的危害，在全局上下营造以流程开展工作的氛围。（谢江生）

【安全设施配备】 2009年，市邮政局设立专项资金用于基础和防范设施建设，新建邮政支局（所）2处，改迁址农村邮政支局（所）6处，全市103个邮储网点均安装了电视监控系统、防弹玻璃、报警设施，102个邮储网点安装了防尾随联动门，63台ATM机安装了防撬、防盗报警器，49个过夜现金网点全部安装了活动金库，为45个邮储网点、8座金库增加了56路摄像机，为23个邮储网点更换了防盗报警器，及时更换、配

备防弹衣、防弹头盔11套，配备狼牙棒138根。（谢江生）

【营销平台建设】 2009年，市邮政局建立“客户中心、客户经理、营销人员”三位一体的市场营销管理架构，实行营销团队运作管理制；将业务发展与市场需求相结合，注重营销项目开发的针对性、适宜性和长效性，注重营销项目的过程监控和阶段总结；加大了对专、兼职营销人员的绩效考核，拓宽了营销系列岗位晋级空间和晋升渠道；对组建的市县两级客服中心，强化管理，选配精兵强将，在客户情感沟通、维系、开发上切实发挥作用。

（谢江生）

【信息科技网建设】 2009年，市邮政局牢固树立“信息网络应用就是生产力”的理念，实现技术手段促进业务创新。完成全市13个单位乡镇局所投递信息系统推广、网运信息系统三期、邮政电子商务信息平台系统、物流综合信息平台系统、11185客户服务中心大集中、保险系统全国大集中、储蓄系统物理大集中等信息工程建设任务。完成邮储短信抽奖软件、票务销售前台预定系统和金融客户管理网站的开发和应用。建设了全市邮政网络视频会议系统，提高办公效率，促进降本增效。完成两会期间和建国60周年信息网络、系统的安全保障工作。（谢江生）

【员工素质教育】 2009年，市邮政局开展了“大教育、大学习、大练兵”活动。在领导干部层面开展了以切实转变领导干部思想和工作作风的主题教育活动。在营销层面、基层高管层面、业务骨干和技术型人才层面等三个层面组织开展培训学习，切实提升核心人员的综合能力。组织全市241名职工参加了邮政储蓄、营业、投递、分拣、发行、业务档案六个工种的“大练兵”比赛，掀起“学习业务、钻研技术”的热潮；举办了首期“大堂经理”培训班，采取封闭集训方式，对营销技巧、服务引导、沟通协调等专业内容进行了强化训练，收到了良好的效果；组织全市29名县（市）局长及助理参加远程教育考核，全部顺利结业，并组织全市电子化支局邮政营业工种89人和业务检查员、档案员、邮储业务员计314人参加远程教育网上报名和培训工作。（谢江生）

【元宵灯展宣传】 2009年2月9日，市邮政局在邮政大厦楼前，展出了以邮务类、金融类、速递物流类三大板块花灯为主打、10个专业花灯为辅助的邮政灯展区，为观灯的市民增添了无穷的乐趣，成为今年元宵夜花灯大展中一道靓丽的风景。灯展期间，市局出动宣传人员100余人次，散发各类业务宣传单30000余份，赠送各类纪念品4000余份，收回各类调查问卷300余份，实现业务收入3000余元。由于准备充分、组织到位，市局花灯展区成为元宵灯展期间规模最大、花样最多、宣传效果最好、最吸引人眼球的品牌展区，引来游人纷纷驻足观看，收到了很好的效果。（谢江生）

【运城市邮政速递物流公司揭牌成立】 2009年2月24日，运城市邮政速递物流公司揭牌成立，省公司人力资源部、市邮政局、市分行及各县（市）邮政局共计60余人参加揭牌仪式。省邮政公司资深经理、省邮政速递物流公司副总经理张安乐与市邮政局局长、市邮政速递物流公司总经理何将祚一同为运城市邮政速递物流公司成立揭牌。（谢江生）

【《鹳雀楼与金门》特种邮票发行】 2009年8月14日，由中国邮政与乌克兰邮政联合发行的《鹳雀楼与金门》特种邮票首发式暨山西永济第三届黄河风情文化旅游节开幕式在永济鹳雀楼景区广场内隆重举行。中国邮政集团公司副总经理冯新生，山西省、运城市、永济市领导，省公司、市（地）局领导及来自五湖四海的嘉宾出席了首发式。首发式由永济市市长主持，省公司领导、运城市领导及永济市领导分别发表了热情洋溢的讲话，中国邮政集团公司副总经理冯新生、山西省政协副主席韩儒英、山西省邮政公司总经理关荣顺、运城市政协主席柴林山共同为新邮揭牌。在悠扬的乐曲声中，与会领导一一在揭幕牌上签名留念，将首发式推向高潮。此套邮票是地方党委、政府为进一步扩大鹳雀楼社会知名度，依托邮票这一国家名片优势宣传魅力运城的深厚文化底蕴，推动运城根祖旅游文化事业发展，进一步提升运城形象而积极申报的，通过省、市两级邮政部门多年争取和努力，终获批准。中国邮政与乌克兰联合发行《鹳雀楼与金门》特种邮票一套2枚，面值均为1.2元。这是山西省有史以来第一枚中外联合发行的邮票，意义非凡。

为使首发活动全方位展现鹳雀楼的魅力和风采，纪念伟大祖国60年来的光辉历程，第三届黄河风情旅游文化节活动与“新中国成立60周年”大型邮品展销活动同时启幕，在推出“鹳雀楼”邮票首发纪念封、首日封、明信片、极限片、邮折、卡书等系列邮品的基础上，现场展销以新中国成立60周年为主题的各类极具收藏价值的邮品。《鹳雀楼与金门》特种邮票的发行，成为运城市对外宣传的“名片”，对扩大鹳雀楼知名度，推动全市、全省旅游事业发展发挥重要作用。

（谢江生）

# 电 信

## 中国电信运城分公司

**【概况】** 2009年，中国电信运城分公司在经历2008年10月1日新一轮电信企业重组安排，收购运城联通CDMA网络资产及业务后，全面推进“聚焦客户的信息化创新战略”，围绕全业务经营，坚持品牌统领，聚焦客户需求，优化资源配置，深化企业转型，加快网络建设，注重网络优化，坚持企业员工精神文化建设，各项工作取得了新的进展，整体收入累计完成8000多万元，移动业务累计出账用户达到9万多户，宽带用户累计达到3万多部，固定电话用户累计达到2.7万多部。

（侯金茹）

**【推进服务渠道建设】** 2009年，中国电信运城分公司继续开拓服务渠道，加强渠道建设力度，增强企业竞争实力。至年底，公司内设7个部门、1个中心，共8个职能管理部门，下辖城区营销中心及12个县市分公司共13个经营单位的组织管理架构。共有员工406人，其中管理员工82人，生产员工324人。累计建成自有营业厅18个，合作厅20个、专营店82个（其中卖场25个）、代理店69个、代理服务点1050个(其中空中充值代理服务点306个)，提高了为用户的服务能力。同时，加大了网上营业厅等电子渠道的宣传力度，提高了电子渠道的使用率。在终端管理方面，理顺了库存管理和物流管理流程，实行自有营业厅销售区域外包。（侯金茹）

**【加快网络建设步伐】** 2009年，中国电信运城分公司网络建设共投资12000多万元，其中：固网投资1400多万元，移动网投资6900多万元，传输线路投资3400多万元，管道投资250多万元。在加快自建网络的同时，积极与其它运营商开展共享共建工作，节约了投资，提高了网络设施的利用率。根据宽带市场需求，继续加大广覆盖建设投资，有力支撑了宽带业务的快速发展，至年底共新增广覆盖楼宇980栋，覆盖用户45000余户，新开县市基本具备宽带接入能力；同时，加快3G网络建设，实现了市区、县区、重要乡镇、交通干线、风景旅游区的EV-DO连续覆盖，实现了盐湖区、河津市区的双载覆盖。（侯金茹）

**【项目管理】** 2009年，中国电信运城分公司实行项目主管区域负责制，工程主管对分管区域内的工程项目全权负责，关注工程的全过程管理，资本性支出、送审、转固等重要指标按照月度计划均衡体现。完善库存物资管理，对市场、运维、工程物资进行分类存放，建立健全实物台帐，清理以前年度沉淀的帐、物差异，逐步理顺物资出库领料流程。（侯金茹）

**【网络维护管控】** 2009年，中国电信运城分公司围绕面向用户、面向产品、面向网络“三个面向”的工作思路开展运维工作。根据网络实际情况，集中开展宽带网络、移动网络的整治工作，提升了网络质量和网络安全性。重点解决了汇聚层上行链路带宽不足、楼宇交换机和汇聚交换机的供电、电缆接头过多及老化等目前影响网络质量的突出问题。移动网络整治主要进行了电池更换、基站外电整治、传输成环等工作，有效降低了基站退服率。网络优化工作集中进行了手机DO上网掉线、手机通话杂音、通话断续等12个专项优化工作，及时解决了用户反映的无线网络热点难点问题，使网络质量得以提升。建立了与相邻省市边界漫游沟通机制，完成了边界互联电路的开通工作，实现了边界区域正常切换，提升了边界区域的CDMA的网络质量。公司在2009年全省运维考核中整体排名第三，被山西省通信管理授予“互联互通先进单位”，在山西分公司组织的移动互联网业务维护技能竞赛中，获团体一等奖。（侯金茹）

**【基础管理】** 2009年，中国电信运城分公司实行领导分片负责管理，开展调研帮扶活动，市场部、政企客户部同步开展分片轮回的市场调研和指导帮扶活动，确保分公司的各项政策的落实和贯彻。同时，分公司每周召开一次经理办公例会，及时解决了生产一线的困难和问题，有效推动了分公司的业务发展。深化全面预算管理，分公司整体预算进度控制良好；完善内控流程、权限列表，充分考虑控制与效率的有机结合，减低了经营风险；强化人力资源管理，完善机构设置，配备相应的政企、家庭客户经理，并继续坚持“人力投资”思想，将员工绩效与业绩挂钩；注重员工素质的提高，除了参加省公司的各类培训外，公司积极组织开展内部培训，使培训工作更加规范化、制度化。（侯金茹）

【党建工作】 2009年7月，中国电信运城分公司为进一步发挥党组织在企业生产经营中的战斗堡垒作用，适应新形势下的党建工作，向市委组织部和市直工委提出成立公司党委的请示。11月份，市委组织部和市直工委批复同意，至12月底，党员大会及“中共运城市电信分公司委员会”和“中共运城市电信分公司纪律检查委员会”的选举等各项筹备工作基本完成。加强员工思想建设，以庆祝新中国成立60周年为契机，在公司上下深入开展社会主义核心价值体系教育，在公司全体党员干部中大力弘扬以爱国主义为核心的民族精神和以改革开放为核心的时代精神，通过展示新中国60年来特别是改革开放30年来发生的巨大变化，让全体党员干部坚定社会主义好、中国共产党好、改革开放好的信念，不断增强走有中国特色社会主义道路的决心，树立正确的价值观。（侯金茹）

【精神文明建设】 2009年，中国电信运城分公司为了丰富员工的精神文化生活，工会先后组织了“员工拓展训练”、“职工书屋”建设、“职工篮球比赛”、“共铸理想信念、共促科学发展”演讲比赛、“练功比武”，开展合理化建议征集等活动，推进了文明单位创建工作，创建活动取得实效，展现出很强的凝聚力和向心力，提高了企业核心竞争力，有效地推动了分公司各项工作展开。（侯金茹）

## 中国联通运城分公司

【主题营销活动】 2009年，中国联通运城分公司相继开展了形式多样，丰富多彩的主题营销活动。“联通送吉祥·好礼进万家”、“情满三晋·联通你我”、“可持续发展四大战役”及“决战60天·迈上新台阶”等四次大型主题营销活动，均取得良好效果。2G业务发展上，及时推出月租按天收取的计费模式，有效开展了沉默用户激活竞赛，适时开展缴费送费、盛夏送好礼等营销活动。（杨　军）

【宽带拓展】 2009年，中国联通运城分公司进一步拓展宽带业务发展，制定出台《宽带容量分级预警》等制度；紧紧抓住宽带ARPU值主线，通过“星级宽带”、“电脑＋宽带”、“家庭网关”等组合新产品的推广，持续保持宽带ARPU值稳定，稳步提升宽带2M占比。（杨　军）

【融合业务发展】 2009年，中国联通运城分公司将融合产品发展贯穿于全年，出台了一系列组合产品政策；将融合产品发展贯穿于所有活动，每项活动都突出融合产品的激励，极大地促进了融合业务的发展。（杨　军）

【无线市话】 2009年，中国联通运城分公司对小灵通发展始终不放松，出台组合营销方案，研究制订小灵通与G网的双过渡政策，确保小灵通用户群的稳定，无线市话累计收入同比增幅8.36%，全省排名第一，也是全省唯一一家保持正增长的单位。（杨　军）

【信息化建设】 2009年，中国联通运城分公司积极开展综合语音VPN业务的研究和营销，成功营销了烟草集团客户，成为全省联通第一家真正意义上的集团综合语音VPN用户，并以此为成功案例拉开了行业化营销的序幕。密切关注政府投资动向，细致分析建设需求，积极为中小企业提供综合解决方案，稳步推进信息化建设工作。（杨　军）

【3G业务顺利投入市场】 2009年10月1日，中国联通“沃·3G”业务在全国285个城市正式商用，运城联通也在全市范围内正式开展3G业务。中国联通3G业务采用最先进的WCDMA技术制式，无论是网络、芯片还是终端，都具有明显的优势。至6月末，世界上超过70%以上的运营商选择了WCDMA技术；在全球4.9亿3G用户中，WCDMA用户超过了72%。此外，基于WCDMA的3G，相应的内容与应用也比较丰富，可为用户提供多种选择。联通3G率先突破了2G时代对长途、漫游、市话的定义，

直接实行全国拨打一个价、接听全免费的全新模式。3G 业务正式商用后，运城联通开展了紧凑严密的营销活动，在五大促销措施的基础上，宣传造势迅速跟进，领导带头上门演示，“精彩在沃，责任有我”劳动竞赛激发全员营销热情，“百日促销”活动中，运城联通连续 25 天日发展量保持全省第一。同时，持续做好支撑工作，对存在的系统、终端、号源、平台等问题积极协调解决，坚持“谁发展、谁维系”，确保了 3G 业务的正常顺利发展。2009 年共发展 3G 用户 10000 余户，完成比例全省排名第三。

（杨　军）

【服务体系建设】　2009 年，中国联通运城分公司建立了涵盖全业务的服务标准规范和达标考核机制。更换了营业厅、俱乐部及户外媒体广告等 VI 标识，服务体系融合取得阶段性成果，客服热线实现了全业务服务。（杨　军）

【营销渠道整合】　2009 年，中国联通运城分公司实施渠道有效整合，调整激励政策，规范佣金管理，构建富有竞争力的营销渠道体系。率先在全省启动“流动营业厅”建设，弥补了农村地区营销能力的不足。作为全省营销体制改革的试点单位之一，结合运城实际，大力推进农村地区试点改革，全市 18 个经营单位，35 个支局（社区）参与试点，一线员工主动性有效提高，收入增长明显。（杨　军）

【客户维系工作】　2009 年，中国联通运城分公司针对热点投诉问题进行督办，推进了“积分换保险”等客户维系活动。将客户维系工作提到与发展并重的位置。对原组织架构进行梳理和调整，加强了维系力量，做到会员客户一对一维系。建立《集团客户经理责任制考核办法》、《个人客户维系考核办法》，变被动维系为主动维系，变简单维系为差异化维系。

（杨　军）

【提升网络运行质量】　2009 年，中国联通运城分公司移动网络方面，圆满完成 2A 达标工作；与三门峡联通组成边界漫游小组，制订详细的整改计划，有效减少省际边界漫游投诉；全面开展网优会战和以“畅网行动”为主题的专项优化，网络运行质量指标明显改善；2G 网络系统接通率达到 97.39%，寻呼成功率指标完成 98.04%，业务信道掉话率指标完成 0.38%。3G 网络高标准通过集团公司的评估验收，取得了全国中小城市第七名的优异成绩。固网方面，完成了网络融合及优化工作，实现了长途传输网集中监控、集中调度、集中管理，并将移动网所有集团客户纳入统一的大客户故障处理流程；精心组织电缆线路专项整治工作，完成整治项目 128 项，获得全省整治竞赛优秀组织一等奖；组织开展了全市网络运维 3A 达标工作；调整了城域光缆维护模式；开展网络瘦身、盘活资源、节能降耗、板件维修等“经营网络”活动，全年共节约各类费用 65 万元；圆满完成国庆 60 周年通信保障任务。（杨　军）

【网络项目建设】　2009 年，中国联通运城分公司在固网建设中，第三期“光进铜退”、第二期“迅雷行动”工程提前完工；前二期“光速城市”项目顺利完成，第三期“光速城市”全面铺开，四期尚在设计编制；移动配套传输建设同步跟进，新建传输站点 186 个，科学实现传输网络融合，运城移动网络传输网成环率达到 54%，全省排名第一。全年共支持大客户应急项目 335 项，全市新增交换能力 1.92 万线，新增宽带 13.68 万线。新增电缆 185.2 皮长公里、光缆 1156.7 皮长公里、新增管道 128 管孔公里。城市 2M 及以上带宽接入能力占比达到了 98%，超额完成了全年城市宽带指标要求；设计准确率由上年度平均 96%提升至 98%以上，审检率控制在 3%以内。积极推进技术创新，在全省新技术创新的 7 个项目中，运城联通占 2 项，是地市级公司中唯一一家通过省公司审核的项目。移动网络方面，实施了十大建设工程，快速高效，量质并重地完成了 3G 网络一期、二期建设，3G 精品网络初具规模；紧锣密鼓开展 2G 网络一期、二期工程建设，一期全部完工，二期基站开通率达到 79%；启动了 2010 年预建设工程。全年共计建设 3G 基站 197 个，2G 基站 207 个，室内基站 122 个。（杨　军）

【运城联通产品体验中心隆重开业】　2009 年元月 13 日，联通运城分公司产品体验中心隆重开业。产品体验中心集业务演示与手机终端销售为一体，将为用户提供购买手机与入网一台清、购电脑与装宽带一次成、终端维护与服务一条龙的一体化服务，是营业厅由被动受理向体验销售的又一个转变，是运城联通在自有营业厅职能转型上的又一新举措。

（郑　峰　杨　军）

**【提升节日服务质量】**　2009年，中国联通运城分公司为了展示“全新联通，全心服务”的良好企业形象，于春节前在全市开展了“三心三提”服务活动，即“热心，提升用户满意度；贴心，提升用户感知度；诚心，提升用户忠诚度”，以做到进一步提升服务质量。要求营业员严格执行“五声服务”，开展“多说一句话”业务促销活动，并将各营业厅装扮一新，布置了彩带、条幅等烘托节日气氛。缩短服务时限，认真检查各项业务的受理、派单、预约、施工、回访等环节，保证业务流程顺畅，认真开展“预约式服务”和“规范化服务”。认真受理、妥善处理客户投诉。强化对节日期间各类投诉渠道的督查和考核，对客户的咨询、投诉做到有问必答，有疑必解，迅速处理。春节期间，业务办理及时率达到100%、障碍修复及时率达到100%、客户投诉处理及时率达到100%，展示了运城联通新春服务的新气象。

（翟新英　杨　军）

**【新春营销】**　2009年，中国联通运城分公司春节期间，围绕“加快发展、增量增收、实现首季开门红”的总体目标，紧抓节日契机，通过多种营销方式相结合，周密安排，注重实效，为全年经营工作创造良好开端。1月24日至2月9日，运城分公司共发展G网业务11000余户、宽带业务近2000户、小灵通和固话近3000户。加大节日期间的宣传力度，通过搭拱门、“摆摊设点”、“促销大篷车”等方式吸引用户参与。同时，还深入用户社区、农村集会等人流集中的区域进行现场宣传营销。利用农民工返乡、学校放假这一时机，认真划分用户群与适用产品特点，推出了多种资费标准，进行针对性的营销。积极开展电话拜年活动，既拉近了公司与客户的感情，又巧妙地宣传了通信业务。

（杨　军）

**【运城联通“3·15”活动】**　2009年3月15日，中国联通运城分公司公司总经理赵立勤深入“3·15”活动现场，和用户直接对话，亲自指导客户使用业务，答复客户咨询，广泛听取客户意见和建议。市工商局将“12315”投诉热线设置在全市“3·15”活动现场，分公司提前在现场进行了布线和设备安装，为活动提供了可靠的通信保障，得到了市政府的高度评价。活动当天，全市共组织宣传摊点18个，印制和发放业务宣传资料2万份，在营业大厅设立经理接待台席18个，现场解答用户业务咨询656人次；收回征询用户意见卡582份，用户满意率达到98.5%；现场受理用户投诉69件，当日和相关部门联系后全部予以处理和解决，客户满意率99%。此次活动受到了广大消费者的好评，企业形象和服务感知度明显提高。

（杨　军）

**【全省“电脑＋宽带下乡惠农大行动”启动仪式在运城召开】**　2009年4月17日上午，中国联通运城分公司在运城市河东广场隆重举行了由山西省商务厅、山西省财政厅、运城市人民政府主办，联通运城分公司、运城市商务局、运城市财政局承办的山西省“电脑＋宽带·下乡惠农大行动”启动仪式。省政协常务副主席郭良孝，市委书记高卫东、政协主席安永全，山西联通总经理苏强，省商务厅、省财政厅、运城市、英特尔公司、海尔集团相关领导共同为大行动剪彩，山西联通苏强总经理在启动仪式上讲话，副总经理董瑞主持启动仪式，各市商务局及全省各市联通公司代表参加了此次活动。联通运城分公司还组织了千人队伍进行电脑＋宽带家电下乡的业务宣传，确保家电下乡工作稳妥扎实地向前推进，真正把家电下乡办成惠及千家万户的民心工程。此次活动旨在进一步落实和深化家电下乡工作，本着政府主导、企业让利、农民受益的原则，在农村通过惠农电脑、联通宽带优惠和英特尔信息化培训的创新服务模式来共同拓展农村市场，农民买海尔电脑不仅可享受13%的政府补贴，而且使用联通包年宽带还可一次性优惠260元，使农民朋友能够享受信息化建设的成果。此外，4月16日下午，山西联通副总经理董瑞还出席了与英特尔公司、海尔集团的签字仪式，三方就成立山西省电脑信息化战略联盟达成合作协议。

（杨　军）

**【组建全市抗震救灾通信保障队伍】**　2009年5月9日，运城市政府在河东广场举行地震灾害救援队成立大会。中国联通运城分公司将地震应急通信队伍的组建和演练作为“纪念5.12抗震救灾活动”的一项主要内容，积极履行社会使命，凭借雄厚的综合实力，作为通信运营商代表担负了全市通信保障队伍的组建工作。在成立大会上，组建了50人的专业救援队伍，队列整齐、训练有素，市长王安庞亲自为救援队伍授旗。联通分公司还制定了详细的地震应急演练方案，并进行了桌面推演，再一次显示了新联通强大的网络实力和应急通信能力，得到了市政府的充分认可。（杨　军）

**【世界电信日系列活动】** 2009年5月17日是第41届世界电信日。为了迎接世界电信日的到来，联通运城分公司对“5.17”活动进行了详细的安排和部署，再次掀起了业务发展的新高潮，树立了“全新联通，全心服务”的崭新企业形象。“5.17”活动与“结对子、促发展”和“流动营业厅”活动相结合，深入社区、广场、农村、集市等特定用户密集区散发各种业务宣传单，提高用户认知度，并现场受理业务；“5.17”活动与“沃”全业务品牌宣传相结合。邀请全市200余家重要客户代表举办“精彩在‘沃’”客户联谊会。利用电视、报纸等媒体进行企业形象和全业务品牌宣传，通过大规模的系列活动产生扩大影响；“5.17”活动与“家电下乡”活动相结合。专门在营业厅和“流动营业厅”布置手机下乡和电脑下乡的宣传板面。严格业务办理流程和补贴申报流程，切实让农民从惠农政策中得到实惠。（杨　军）

**【流动营业厅规范管理】** 2009年，运城联通把“强化服务理念、树立企业形象，挖掘特定市场，加快业务发展”作为流动营销的目标。对“流动营业厅”的人员、形象、内容和实施做到“四统一”。在人员上，对营销服务人员数量和职责分工进行了统一规定；在形象上，对宣传大篷车、宣传台席、宣传设备的尺寸和布置进行了统一要求；在内容上，对版面、展柜、传单、标语等进行了统一设计；在实施上，对活动的行进过程、宣传形式、活动步骤、营销服务内容进行了统一安排。通过全面详细的规范管理，确保把“流动营业厅”打造成运城联通又一个宣传营销服务渠道，成为农村地区营销渠道的有益补充。“流动营业厅”在运城的全面推广，加快业务发展，送电脑、送手机、送服务到百姓身边，促进“情满三晋，联通你我”营销活动和“家电下乡”活动的深入开展；“流动营业厅”现场解答用户咨询、处理服务问题、了解用户需求，真正成为政府家电下乡惠及三农的一个载体，成为联通服务上门方便百姓的一个平台，在群众中树立全新联通的品牌形象。活动开展以来，得到了广大用户的欢迎，办理业务的客户成倍增加，运城联通各项主要业务发展也取得了明显效果。

（杨　军　郑　峰）

**【营销体制改革】** 2009年3月下旬，中国联通运城分公司启动了全市营销体制改革工作，并就此项工作积极部署、周密组织，多措并举，确保营销体制改革工作扎实推进。结合实际，形成自有厅、农村支局、社区、集团客户、商务客户和驻地网六个方案。制订分类实施指导意见，扶持帮助承包人大胆实践，积极探索。在测算上取同比、环比数据，通过比较确定承包指标，增量提成采取台阶式激励，确保承包提成的合理性。安排专人跟踪试点效果，及时关注试点中各项指标变动情况，建立周通报、旬点评、月总结制度，及时发现和解决存在的问题。至6月上旬，各试点相关指标均取得了预期效果，尤其是7个农村市场试点效果明显。按分专业进行收入预测值为基值，7个试点中有6个超过基值，平均增幅达3.28%，增量分成收入为11030元，涉及人员38人，人均增收290.26元。（杨　军）

**【3G业务商用启动仪式】** 2009年9月28日，中国联通运城分公司隆重举办3G业务正式商用启动仪式。运城市副市长王健康，市政府办公厅、工商局、物价局、质量技术监督局、无线电管理处等单位领导出席仪式并共同剪彩，公安局、工商银行、南风集团等重要客户代表，以及各主要新闻媒体也应邀出席了启动仪式。启动仪式上，运城市副市长王健康代表市委市政府，向运城联通表示热烈的祝贺。王健康在致辞中说，WCDMA的正式商用，标志着运城走进了通信新纪元。商用率先推出的是中国联通“沃·3G”品牌中最具亮点的五大业务：可视电话、3G手机上网、3G手机电视、3G手机音乐和无线上网卡。在国际漫游方面，联通3G率先开通50个国家和地区的国际可视电话业务，而使用186的用户可直接漫游的国家多达215个。

（杨　军）

**【山西联通与运城市政府签订战略合作协议】** 2009年10月27日，山西联通与运城市政府在运城市金鑫大酒店举行了隆重的战略合作协议签字仪式。签字仪式由运城市政府副秘书长陈省平主持，运城市委常委、副市长张建喜，山西联通副总经理张世勇出席签字仪式并签署协议。运城市委组织部、发改委、经委等19个单位的领导，以及山西联通相关部门的领导出席了签字仪式。根据协议约定，双方将在加快通信基础设施建设、积极推进电子政务建设、深入推进国民经济信息化、稳步推进社会领域信息化和确保国家骨干通信网络安全等方面进一步深化合作。在2009年后的五年内，山西联通将投资15亿元推进运城市通信基础设施建设。双方将以此为契机，进一步加深合作，发挥信息通信产业作为基础先导性产业的作用，有效支撑运城市国民经济和社会发展。在签字仪式上，张建喜副市长对运城联通在社会经济发展中所做出的贡献给予了充分肯定。

（杨　军）

**【互联网手机涉黄信息清理整顿工作】**　2009年，中国联通运城分公司为坚决打击利用互联网及手机传播色情淫秽信息等违法行为，向用户提供绿色健康的信息服务，促进电信增值业务的健康发展，中国联通运城分公司站在讲政治的高度，明确职责，细化步骤，从严从速开展互联网手机涉黄信息清理整顿工作。成立了以总经理为组长的专项领导组和工作组，明确了各单位职责，建立防范淫秽色情等违法有害信息的长效管理机制和技术手段。要求各经营单位成立组织机构，明确了负责人和主要责任，确保通信工具24小时开机。在严把网站备案信息初审关的基础上，建立动态核查机制，并健全完善了未备案网站和淫秽色情网站处理流程，缩短了处理时限。成立市、县两级拨测队伍。要求经营单位对互联网专线和IDC用户进行拨测，每天拨测总量的20%，每周拨测率100%，并留有记录。分公司进行全面抽查，日拨测率5%，月拨测要求达到100%，并留有记录。　（刘海民　杨　军）

**【学习实践科学发展观活动】**　2009年，中国联通运城分公司历时4个多月，开展了深入学习实践科学发展观活动，经过学习调研、分析检查、落实整改3个阶段、6个环节，共收集各类意见、建议93条，制定了包括6个方面21项具体措施在内的整改方案，并按整改时限进行了落实。学习实践活动满意度达到99.8%。　（杨　军）

**【纪检监察】**　2009年，中国联通运城分公司大力加强干部队伍建设。严格落实党风廉政责任制，充分发挥纪检监察效能，促进干部廉洁从政；围绕工程招投标、物资设备采购、建设管理等重点内容开展效能监察。公开进行后备干部选拔考试，建立了干部选拔梯队。制定中层干部责任考核办法，全面实施红黄牌责任考核机制，将经营业绩与干部履职相结合，强化了中层干部队伍建设。

（杨　军）

## 中国移动运城分公司

**【市场经营多样发展】**　2009年，移动运城分公司实施区域化、差异化的营销策略，推广适合农村家庭的神州行低端机；实施6元新轻松卡和农村V网产品等资费产品策略和农村渠道能力提升策略，形成了对农村市场“最后一公里”的拓展。企业信息化项目成果显著，新增森林防火监控、医保合作、人行短信平台信息化合作、农行视频监控系统等大型信息化项目。创新合作营销模式，建立相对独立的校园产品体系，深入开展校园营销活动，积极拓展校园市场。以语音产品为突破口，推出了家庭V网。在城市、县城区域内加快自助渠道建设，在乡镇地区以农村分支机构建设为重点，形成了以自办为主、代办为辅的渠道体系，全年共完成82个自助式代理点建设，实现县城区域内人流密集地的布点。完成了19个乡镇营业部的选建，乡镇营业部累计达到42个，实现对83%的乡镇覆盖管理。　（刘国亮）

**【服务领先优势持续巩固】**　2009年，运城移动分公司紧紧围绕“便捷服务满意100”服务主线，大力落实六项服务举措；以满意度提升为目标，强化工作落实；规范代办渠道基础服务，完善培训管理体系。同时，强化品牌服务意识，开展“我爱我家营业厅”评比、营业厅现场驻地辅导等活动，进一步提升差异化服务水平。以客户经理全天候服务、组织信息化产品巡展与推介会、优化机场贵宾厅服务、举办梅花戏曲答谢客户晚会、“个性化话费预警”等特色服务，树立高品质的商务服务形象。分公司全年满意度83.48，领先度14.1，完成了省公司既定目标，并在山西省通信管理局2009年度全省移动电话用户满意测评

中获得第一名。大客户部被市直工委评为“十佳人民满意岗位”。（刘国亮）

【网络建设与维护】 2009年，移动运城分公司网络承载能力进一步增强,完成了森林防火工程、数据工程等重点工程。按照强化客户网络感知和强化市场支撑“两个强化”的要求，努力打造具有市场竞争力的精品网络。做好网络基础管理，对代维质量全程监督，自主开发代维管理系统、设立基站故障短信通知平台、推进自动巡检管理系统，确保维护作业落实、网络运行更加稳定。所有核心网元和关键节点实现零故障，小区完好性达到99.99%，名列全省第一。开展网络深度优化，建立以业务感知为目标的指标体系，强化对网络性能指标和客户感知度指标的考核。规范日常优化工作，加强对性能指标的监控分析，优化均衡核心网元负荷，确保网络优化成果的持续性。深度挖掘网络潜能，开展网优工作创新，加强高拥塞小区整治。积极配合推动共建共享工作，有效提升了网络资源使用效率。强化数据网维护力度，完善了维护站、代维公司的管理与考核，建立了“四位一体”运行模式，及时开展对数据网的优化升级工作，提高了数据网感知度。（刘国亮）

【精细化管理】 2009年，移动运城分公司面向基层一线，强化对基层发展支撑力度，加大调研力度，开展公司领导、机关部室包片“结对子”活动，每周收集答复基层单位需支撑的需求与建议。通过“无缝对接”的管理方式，保证了各项工作的落实到位和各个管理环节的有序畅通。建立机关部室工作分管领导负责制，从各专业口不断优化流程、完善制度，建立以客户为中心的企业管理机制和以市场为中心的管理应变模式，强化财务及风险防范机制，有效防范了企业运营风险。同时，在管理层推行“弹钢琴”式管理，做到重点分明、统筹兼顾。改革优化人力资源管理体系，强化卓越团队建设。深化职位、薪酬、绩效管理，开展了新增岗位竞聘、调整营业员薪酬结构等工作，有效强化了支撑、执行与发展力度，激发了队伍活力。同时，强化培训力度，促进了员工队伍综合素质的提升；关注员工福利待遇，完善了全体合同制员工和派遣制员工“五险一金”福利保障，提高了队伍稳定性。（刘国亮）

【学习科学发展观实践活动】 2009年，移动运城分公司结合公司发展战略和经营目标，完成了学习科学发展观实践活动3个阶段6个环节的工作任务，进一步理清了科学发展思路，解决了影响和制约公司科学发展的突出问题，在群众满意度问卷测评中，群众满意度达到了100%，实现了党员干部受教育，科学发展上水平，人民群众得实惠的目标。分公司被省公司评为“党建工作先进单位”、“党风廉政建设先进单位”、被市直工委授予“十佳五型党组织”。（刘国亮）

【精神文明建设】 2009年，移动运城分公司班组文化建设蓬勃开展，形成了以点带动、全面开花的良好局面，基层员工的凝聚力和执行力得到增强。分公司被省文明委授予“山西省文明和谐单位”；被市文明委授予“创建文明和谐行业工作先进行业”；被市行风办评为“政风行风评议先进单位”。青年文明号活动深入开展，分公司16个青年文明号被继续认定。健全完善了分公司职代会制度与机构，被山西省总工会授予“山西省五星级职代会”单位。深入实施员工关爱工程，和谐劳动关系得到进一步巩固。劳动竞赛活动深入开展，形成了比、学、赶、超的竞赛氛围，涌现了一批先进集体与个人。分公司网优部被省竞赛委员会授予“山西省集体一等功”；霍军立同志和景小辰同志分别被授予“中央企业劳动模范”、“山西省个人二等功”；闻喜县分公司被授予“运城市集体二等功”；万荣县分公司被授予“运城市集体三等功”；盐湖营业部被授予“山西省工人先锋号”；大客户部、郊区营业部、夏县分公司被授予“运城市工人先锋号”荣誉称号。在全省第三届“卓越杯”员工岗位技能竞赛中，分公司获得网络维护类竞赛（自维部分）团体一等奖；营销服务类总决赛团体三等奖；计算机操作应用类竞赛团体三等奖。（刘国亮）

（责任编辑：杨春英）

# 财 税 金 融

## 财 政

【概况】 2009年，受国际金融危机和宏观经济持续低位徘徊的多重影响，以及全市煤炭资源匮乏和长期积累的经济结构不够合理等矛盾的层层困扰，全市财政运行遇到严峻挑战。面对种种不利因素，各级财政部门千方百计抓收入，迎难而上保增长，全市财政预算执行在困难形势下取得了来之不易的成绩。财政收入下行趋势得到有效扭转，财政总收入完成63.7亿元，同比下降31.19%，比上半年（-51.2%）收窄20.1个百分点；一般预算收入完成26.2亿元，同比下降19.5%，比上半年（-40.9%）收窄21.4个百分点。 （马 魏）

【保障重点支出】 2009年，全市财政总收入完成63.7亿元，比年初预算98亿元减收34.3亿元，全市及市本级的预算平衡压力增大。面对困难和压力，各级财政部门积极主动与财政部、财政厅沟通，采取有效措施，争取各种财政转移支付40亿元，在保增长、保民生、保稳定的基础上确保了年初预算盘子的正常执行。同时，各级财政大力调整优化支出结构，严格压缩一般性支出，切实加大资金整合力度，全力保障重点支出需要。全市一般预算支出执行103.2亿元，同比增长10.94%，增支10.1亿元，其中民生领域的各项重点支出实现大幅增长，全年全市民生支出高达62.6亿元，占一般预算支出的60.4%，“十件实事”、“六个全覆盖”及市委、市政府确定的重点建设项目资金得到有效保障，有力地推进了运城转型发展、安全发展、和谐发展。 （马 魏）

【减轻企业负担】 2009年，全市财政系统全面落实国家“五缓四降三补”政策，坚持从大局出发，加大协调力度，宁可财政暂时受些影响，也要采取有力措施支持企业发展，千方百计帮助企业渡过难关。

（马 魏）

【拓宽融资渠道】 2009年，各级财政部门支持全市举行重点项目推介会、举办第5届银保企洽谈会和参加各种招商引资活动，积极支持争取金融组织信贷资金和省财政借款，有效缓解了企业融资难、贷款难问题，增强了经济发展后劲。

（马 魏）

【拉动项目投资】 2009年，各级财政部门紧紧围绕经济平稳较快发展这一中心，坚持把抓项目、扩投资摆在经济发展的核心地位来抓，积极支持、配合、协调投资主管部门和相关行业主管部门加快项目审核、申报和资金分配工作，通过项目快速推进，实现投资持续高速增长。 （马 魏）

【支持带动社会消费】 2009年，各级财政部门扎实开展“家电、汽车摩托车下乡”工作，全市共兑付“家电下乡”补贴3579万元，“汽车摩托车下乡”补贴2910万元，活跃了农村市场，扩大和促进了农村消费。 （马 魏）

【完善社会保障体系】 2009年，全市就业和社会保障支出178564万元，同比增长15.89%，增支24489万元，有力地支持了下岗失业人员再就业和城乡社会救助体系建设，促进了社会保障制度的完善。支持城镇新增就业人数5万人，帮助1.2万下岗失业人员实现再就业；支持农村劳动力技能培训1.5万人，转移富余劳动力11.7万人；农村社会养老保险覆盖62.4万人，城镇居民和城镇职工基本医疗保险覆盖67万人；扎实推进新农保试点工作，新增参保人数40.2万人；城乡低保纳保人数分别达到8.9万人和14.5万人。福利彩票公益金支出1576万元，新建、改建、扩建敬老院、社区服务站48个，450户农村贫困残疾人住进新房，5000名残疾人得到康复和技能培训。 （马 魏）

【推动教育优先、均衡发展】 2009年，全市教育支出247288万元，同比增长10.76%，增支24020万元，支出规模不断扩大。认真落实城乡义务教育阶段各项政策，全市共拨付“两免一补”专项资金37034万元，受益学生近80万人；下达中小学校舍安全工程资金18993万元，维修面积106万平方米；认真落实大中专院校国家励志奖学金、助学金及家庭经济困难学生资助政策，大力发展职业教育，全市教育水平得到全面提升。 （马 魏）

【支持医疗卫生事业发展】 2009年，全市医疗卫生支出86941万元，同比增长30.67%，增支20406万元。新型农村合作医疗参合率达92.1%，县、乡、村三级医疗卫生机构达标率86%，支持改建、扩建了53所中心院和边远山区卫生院。全市范围内实行了城市医疗救助和农村医疗救助，社区卫生服务网络进一步完善，公共卫生保障水平进一步提高。 （马 魏）

【加快保障性住房建设】 2009年，市财政及时下达保障性住房建设资金11234万元，支持完成经济适用房35.8万平方米，廉租住房4.9万平方米，13966个城市低收入无房户领到了住房补贴，进一步缓解了城市低收入群体和农村困难群众住房困难。 （马 魏）

【支持公共安全事业发展】 2009年，全市公共安全支出59035万元，同比增长15.84%，增支8073万元，有力地支持了各级政法机关装备建设、监所维修和严打办案等，有效保障了广大人民群众生命财产安全，维护了社会稳定。 （马 魏）

【加大财政支农投入力度】 2009年，各级财政部门按照城乡统筹发展的要求，积极调整财政支出结构，加大“三农”投入力度，全市农林水事务支出120604万元，同比增长19.36%，增支19566万元，重点支持了全市农业生产、农村基础设施建设和农村社会事业发展。 （马 魏）

【落实涉农补贴相关政策】 2009年，各级财政部门认真落实粮食直补、良种补贴和农资综合补贴政策，不断完善农业补贴机制，稳步提高补贴标准，扩大补贴范围，提升拨付效率。及时拨付各种补贴资金50644万元，其中：粮食直补5984万元，良种补贴10980万元，农资综合补贴33680万元。所有直补农户的资金均通过“一卡通”足额发放到农户手中，确保了国家惠农政策的落实到位。 （马 魏）

【着力提升现代农业发展水平】 2009年，各级财政部门按照市委、市政府的整体部署，大力支持“五个计划”的顺利实施和现代农业示范区建设。安排2000万元农业产业化专项资金，重点扶持了53个农业产业化建设项目。加大农业综合开发投入力度，支持新增和改善农田灌溉面积37.6万亩，完成中低产田改造32.4万亩，农业基础条件逐步改善，农业产业化步伐不断加快。 （马 魏）

【支持农村公共事业发展】 2009年，各级财政部门大力推进“六个全覆盖”，建制村通水泥（油）路和村级卫生室已实现全覆盖，中小学校舍改造、村村通广播电视、农村饮水安全、村级组织活动场所四个全覆盖均完成当年任务。支持259个新农村重点村搞好建设，80%的村完成了规划编制和“四化四改”。完成了39个村的整村推进任务。深入推进“万村千乡”市场工程，大力扶持发展连锁农家店和放心粮油店，农村生产生活条件明显改善，农民群众得到了实实在在的好处。 （马 魏）

【深化各项财政改革】 2009年，各级财政部门不断引深预算管理体制改革，预算编制完整性进一步提高，所有预算都做到了公开、公正、合理、透明。国库集中支付改革有序推进，操作程序逐步完善，国库集中支付业务日益规范化、程序化，政府宏观调控能力增强，财政资金使用效益进一步提高。同时以“体系完善、反映全面、分类明细、口径可比、便于操作”为具体目标，积极推进政府收支分类改革，为预算管理、统计分析、宏观决策和财政监督等提供了全面、真实、准确的经济信息。 （马 魏）

【强化财政监督检查】 2009年，各级财政部门不断完善政府采购管理制度，全市采购规模达到50512万元，累计节约资金6009万元，节约率达10.03%。继续加强财政投资评审职能，全年评审项目19个，审减财政资金6547万元，平均审减率21%。进一步强化非税收入管理，财税协调联动机制逐步完善。严格实行“票款分离、收支脱钩”,“收支两条线”

工作不断深化，“小金库”专项治理工作取得了阶段性成果。继续加大对教育、社保、三农资金等民生支出的监督检查和绩效考评力度，有效遏制了挤占、挪用、截留资金行为，确保了资金高效规范使用。

（马 魏）

【规范财经秩序】 2009年，市财政局通过召开座谈会、专题培训等活动，进一步对《会计法》、《山西省会计管理条例》等一批会计方面的法律、法规和制度进行了全面贯彻，不断强化岗位责任，努力提升会计工作水平；精心组织会计从业资格考试和会计专业技术资格考试，圆满完成了考试任务；加强对会计师事务所以及财会人员的监管力度，增强了财会人员的社会公信力，同时健全了企业财务管理，促进了企业会计信息质量的提升和财经秩序的规范。（马 魏）

【强化队伍建设】 2009年，市财政局扎实开展深入学习和贯彻科学发展观活动，始终坚持“一把手”亲自抓，主管领导具体抓，一级带着一级学，使广大党员干部在思想政治、责任观念和工作作风上有了切实提高。在局机关认真开展“内强素质、外树形象”活动，不断提高财政干部队伍整体素质，切实转变机关工作作风，提高办事效率和服务质量，努力树立起财政部门在群众心中的良好形象。同时以开展廉政警示教育活动为契机，狠抓反腐倡廉和党风廉政建设，出台了《领导班子成员违反廉洁自律有关规定的责任追究》、《财政系统关于加强党风政风行风建设规定》等一系列规章制度，以制度管理人，以制度约束人，取得了显著成效，市局连续多年被评为全市政风行风建设先进单位。（马 魏）

# 税 务

## 国家税务

【概况】 2009年，全市国税系统累计完成税收收入434630万元，同比下降36.95%，减收254690万元，完成省调整计划431400万元的100.75%，完成与地方财力挂钩收入402529万元，完成市政府调整计划400000万元的100.63%。全市十八个征收单位，全部完成了税收收入调整目标。分税种看，五大主体税种“两增三减”。增值税入库363862万元，同比下降38.89%，减收231557万元；消费税入库6604万元，同比增长14256.52%，增收6558万元；企业所得税入库28095万元，同比下降48.75%，减收26720万元；个人所得税入库3968万元，同比下降54.34%，减收4722万元；车辆购置税入库32101万元，同比增长5.77%，增收1751万元。

（市国税局）

【加强税收分析预测】 2009年，市、县（区）两级国税部门全面落实税收分析例会和发布制度，拓宽分析思路，拓展分析方法，集中开展了对有色金属、煤焦、电力、钢铁等重点税源主要产品的产销和价格变动趋势以及企业资金运行情况的联动分析。强化税收收入分析预测，预测准确率位居全省前列。对年纳税在500万元以上企业逐户开展了调研分析和纳税评估。进一步加强税收政策效应的跟踪分析、管理风险分析、税负预警分析，查找税收征管中的薄弱环节和问题，更好地发挥了税收分析的发现和反馈问题功能，为组织收入工作提供了决策支持。

（市国税局）

【强化重点税源监控】 2009年，市、县（区）两级国税部门继续扩大重点税源监控范围，建立起“纵向集中管理，横向成果共享”的管理方式，加强重点税源监控数据的分析应用，以重点税源监控和税收调查数据为基础，定期测算下发行业税负等预警信息，为开展税收分析和纳税评估提供了参考。建立特大型企业联系制度，对年税收在1亿元以上企业，市局直接和县局、税收管理人员联系，及时掌握动态。2009年市级监控税源增加到1400户次，企业所得税监控户达到76户次，监控税收占全市税收的比重超过80%，进一步提高了监控质量。（市国税局）

【加大清欠考核力度】 2009年，市国税局下发了《运城市国家税务局欠税清缴考核办法》，建立欠税清缴目标责任制及欠税清缴机制。要求县（市、区）局对当月新增欠税在200万以上向市局专题上报情况说明，并对清欠工作进行不定期情况通报。实行市、县两级联动问责制，县市局如有新欠，取消当年一切评先资格，追究县局主要领导相关责任，并扣除包片市局领导、包县科室主要负责人一个季度奖金。2009年，全市共清理陈欠10118万元，占期初陈欠余额43325万元的23.35%。当年形成新欠

646万元，均属于破产或停产企业，比上年同期新增欠税18211万元下降96.45%。全市18个征收单位5个单位实现无陈欠，13个单位实现无新欠，清理欠税工作取得良好效果。

（市国税局）

**【税收专项检查】** 2009年，市国税局积极不断开展税收专项检查，努力做到以查促管，以查促收。先后开展了大型连锁超市及电视购物企业、建筑安装业、办理出口退（免）税业务的重点企业、三年以上未实施稽查的重点税源企业、煤焦企业及非煤矿山企业、非居民企业、电力、水泥生产和医药生产等行业的税收专项检查，税收收入下滑的势头得到了明显遏制，查补税款达到2552万元。

（市国税局）

**【自查自纠与重点稽查】** 2009年，市国税局狠抓自查自纠与重点稽查工作。先后开展了农副产品收购企业、福利企业、废旧物资企业、所得税总分支机构等行业的自查自纠，并重点筛选了一批纳税评估异常企业、农副产品加工企业、废旧物资收购企业进行重点稽查。为保障增值税转型政策的实施，还开展了对申报抵扣的固定资产进项税额的专项核查。进项税额转出1044万元，补税48万元。

（市国税局）

**【税收交叉大检查】** 2009年8月，市局抽调人员组成13个检查组在全市范围内开展了税收交叉大检查。通过开展交叉检查，检查纳税人201户，查出涉税违法问题20类，查补税款5951万元；截止12月底，全市共计检查纳税人451户，其中有问题422户，查补收入18064万元，其中税款16188万元，滞纳金1952万元，罚款464万元，同比增长109.67%，绝对额增加9731万元，实际查补收入占到全市税收收入总额的4.28%，检查面、入库率达到100%，进一步发挥了税法的震慑作用。

（市国税局）

**【落实结构性减税政策】** 2009年，全市国税系统认真落实结构性减税政策，深入组织开展“税收服务年”活动，积极主动地做好政策服务工作，支持企业渡过难关，帮助弱势群体创业就业。不折不扣地做好即征即退、先征后退、税前扣除、税收减免等工作，确保应退尽退快退，应抵尽抵快抵。累计为纳税人减税90010万元。其中，实施增值税转型改革，为338户次一般纳税人抵扣固定资产进项税额24468万元；矿产品增值税税率调整累计减少增值税43409万元；小规模纳税人征收率降低减税4592万元；落实新企业所得税法翘尾和其它优惠政策减税5791万元；1.6升及以下排量车辆车购税降低税率减税7028万元；暂免征收储蓄存款利息个人所得税减收4722万元。

（市国税局）

**【税收风险点管理】** 2009年，全市国税系统以梳理税收执法风险点为突破口，强化风险管理理念。并将风险点范围覆盖了税收管理、征收监控、税务稽查、税收法制等各个系列的各个执法环节。共计梳理执法项目58个，税收执法风险点110个，注意事项178项。对梳理出的风险点，根据发生的可能性、频率和产生后果的严重性，确定风险等级，实施分级管理。按照“高风险岗位，高等级防范，高标准要求”的原则，划分为高、中、低三个风险等级。其中，高风险税收执法项目10个，风险点17个，注意事项42项。中风险税收执法项目21个，风险点43个，注意事项65项。低风险税收执法项目27个，风险点50个，注意事项71项，为税务人员在实际工作中识别风险、防范规避风险提供了有效的行为指南和操作规范。

（市国税局）

**【税收执法风险预警管理体系建设】** 2009年，全市国税系统进一步完善长效机制，初步建立起岗责体系、风险提示和分级控制“三位一体”的税收执法风险预警管理体系，极大地增强了税务人员防范和规避执法风险的能力，形成了以制度约束执法、靠机制控制风险的格局。

（市国税局）

**【规范税收执法管理信息系统运行工作】** 2009年，全市国税系统积极规范税收执法管理信息系统运行工作。以保证质量、拓展效应、强化内控、减负增效为重点，重新细化征管流程，完善事前防范机制，确定专职人员负责综合征管软件和执法管理信息系统的监控、管理和服务。注重过程监控，完善事中整改机制，保证纠正过错信息的及时与准确。运用考核结果，狠抓事后追究机制。通过规范税收执法管理信息系统运行工作，执法正确率达99.9%，名列全省前茅。责任追究282人次，经济追究2460元，批评教育279人次，责令书面检查3人次，最大限度地减少了执法

随意性，切实降低了执法风险。（市国税局）

【加强税收规范性文件管理】 2009年，全市国税系统继续加强税收规范性文件管理。完善了规范性文件会签、备查备案和检查制度，进一步规范了规范性文件起草、审查、发布、备案备查程序。完成了第二次税收规范性文件清理工作。共计清理文件2646份，其中有效文件2481份，全文废止165份。（市国税局）

【统筹开展执法检查】 2009年，全市国税系统统筹开展执法检查。开展了税收执法检查和征管基础检查，及时发现和纠正了征管工作中存在的制度缺陷、薄弱环节和落实不到位等问题。共计查出27类65项日常管理和执法问题。针对查出的问题，严格进行责任追究和整改，纠正执法过错行为191户次，整改率达到97.5%，责任追究198人次，追究金额5486元，进一步规范了执法行为。（市国税局）

【税法宣传】 2009年，全市国税系统以整合资源、打造品牌、提高实效为出发点，和市地税局联合组织开展了第十八个全国税收宣传月活动，主要开展了国地税主要领导在《运成日报》发表署名文章、宣传月活动启动仪式、编创现代税收题材眉户剧《马蜂庄的犟女婿》、组织戏曲巡演、举办豫秦晋“金三角”河东国税论坛、举行“五个十佳”标兵先进事迹巡回报告、举办“税收·发展·民生”专题座谈会、税法宣传走进校园、网上税法知识有奖问答和竞赛等一系列辐射面广、影响力大、实效性强的宣传活动，重点开展了结构性减税政策、各项惠民税收政策、国税部门发挥职能作用的宣传，受到了省局的通报表扬。组织开展了“12·4”第九个全国法制宣传日活动。（市国税局）

【《运城国税季度报告》编印工作】 2009年，市国税局继续做好《运城国税季度报告》编印工作。共向社会赠送《运城国税季度报告》2100册，向内发放2800余册，涉及到30个行政部门和250个重点纳税企业以及400多名税务干部，相互传阅人数达万余人，展示了国税部门服务经济发展、促进民生改善取得的新成效，对推进行政权力公开透明运行、优化税收环境、促进依法诚信纳税、赢得社会各界支持发挥了重要作用。（市国税局）

【金税工程】 2009年，全市国税系统继续确保金税工程运行质量。全年报税系统累计申报户数33563户次，报税率达到了100%，报税系统共采集发票存根联397220份，存根联采集率达到了100%。对于认证环节，严格执行省局“不认证、不抵扣”的有关规定，认证系统共对15863户次一般纳税人提供的417971份发票抵扣联进行了认证，抵扣联重号率为零。（市国税局）

【落实卷烟产品和白酒消费税政策】 2009年，全市国税系统认真落实卷烟产品和白酒消费税政策。开展政策宣传和调研，对符合核定条件的山西洞宾酒业有限公司9个品牌产品的最低计税价格进行了核定、报批和下发执行，确保了税收政策落实到位。（市国税局）

【集中销毁报废“两卡工作】 2009年，全市国税系统集中销毁报废“两卡”。经省局授权，集中销毁了全市14个基层单位上缴的报废“两卡”，共销毁2008年以前已经报废和物理损坏不能使用的548块防伪税控系统金税卡和567张IC卡，整个销毁过程做到了规范、透明、公开。（市国税局）

【落实出口退税政策】 2009年，全市国税系统严格落实出口退税政策。截至11月底，共下达11批退免税计划，审核出口企业退免税申报近600余户次，审核退免税总额11623万元，其中免抵调库额5485万元，办理5485万元；退税额6138万元，办理5812元，其中生产企业退税5374万元，外贸企业退税56万元，外商投资企业购买国产设备退税382万元，及时足额为纳税人办理退库，提高了生产企业出口效益，调动了企业的出口积极性，发挥了外贸出口拉动经济增长的作用。（市国税局）

【企业所得税汇算清缴工作】 2009年，全市国税系统组织开展了企业所得税汇算清缴工作。共有4131户纳税人参加了汇算清缴，其中内资企业4061户，外资企业70户，同比增加252户。盈利企业2190户，占汇算清缴总户数的53.01%；零申报1033户，占汇算清缴总户数的25.01%；亏损企业908户，同比增加191户，亏损面21.98%，同比增加3.5%。（市国税局）

【规范涉税项目审核审批】

2009年，全市国税系统继续规范涉税项目的审核审批。认真做好税前扣除项目和优惠政策的备案审批管理工作。对已公示取消的企业所得税行政审批项目，停止审批。规范审批程序，简化审批手续，减少对保留审批项目的审批层次。建立各项台账底册，改变重事前审批、轻事后管理的状况。针对《企业资产损失税前扣除管理办法》新的变化，把审批权限全部下放到县局，最大程度地方便了纳税人。强化监督检查，加强下放后的后续管理工作，防止因取消审批而疏于管理。

（市国税局）

**【推进电子纳税申报】** 2009年，全市国税系统扎实推进电子申报。对同时属于增值税一般纳税人的企业所得税管户推行电子申报，并免费为纳税人提供培训及升级服务。截至9月底，共有3591户纳税人采用电子纳税申报方式，占总户数的61.89%，进一步提高了纳税申报质量。（市国税局）

**【企业所得税分类管理】** 2009年，全市国税系统探索实施企业所得税分类管理，按照“抓住大户、管好中户、不放小户”的思路，对纳税人进行分类分行业管理。对于大户，实行同增值税联动分析、联合评估的方法，建立行业投入产出标准模型；对于中户，重点加强对亏损企业特别是“长亏不倒”企业的预警分析和专项评估；对于小户，强化核定征收，严格后续管理，最终实现查账征收。通过实行分类管理，提高了所得税专业化管理水平。

（市国税局）

**【外资企业联合年检】** 2009年，全市国税系统完成外资企业的联合年检工作。截至12月底，全市办理注册登记的外资企业共68户，其中分支机构10户，独立法人58户，澄清了全市外商投资企业的底子。

（市国税局）

**【税收户籍管理】** 2009年，市国税局和工商、地税、质监部门协调配合，组织开展管户清理，共采集组织机构代码22220户，正常办理税务登记户15460户，组织机构代码与税务登记相一致12088户，有组织机构代码无税务登记的有10132户，其中，应办未办户1039户，各单位已对未办证户进行督办和检查，补税18万元。

（市国税局）

**【“税银信息状态比对系统”工作】** 2009年，市国税局开发应用“税银信息状态比对系统”,加强对非正常户的有效管理。市局与人民银行运城市支行合作订合作协议，建立信息共享制度。由税务机关开发税银信息比对软件，联合开展对税务登记证件失效或暂停使用的纳税人银行帐户进行清理整顿。通过软件进行信息比对，筛选出在税务机关是“非正常”状态，而在银行帐户管理系统中是“正常”状态的纳税人，由人民银行通知各商业银行将上述单位或个人的银行帐号状态转为久悬户，并通知其到税务机关进行处理，待其纳入正常的税收管理后，其银行帐号才能正常启用。此举对持税务登记证到银行开户后就走逃以及不使用税务发票，但在银行开立帐户进行资金结算，脱离正常税收管理的纳税人，具有很强的管理针对性。通过对盐湖区国税局600多户非正常户进行信息比对，银行帐号依旧在用的有230户，达总户数的39.2%，由人民银行运城支行通知将其银行帐号状态转为久悬户，接受税务机关处理的有50户，最大限度地减少了虚假非正常户的发生和国家税款的流失。（市国税局）

**【开发小规模普通发票稽核管理系统】** 2009年，市国税局积极开发小规模普通发票稽核管理系统。该软件将普通发票的购领、缴销、保管、查询、日常检查等环节全部纳入计算机管理，发票只有通过所有监控信息，才能进入下一环节，实现了发票管理的过程控制，发挥了即时票表比对、完善环节监控、降低执法风险、提高税法遵从度、完善查询统计、提高工作效率等六大功能，解决了纳税人购领发票手续繁、时间长、排队等的问题，杜绝了纳税人不如实申报、隐瞒销售收入等现象，强化了以票控税。

（市国税局）

**【发票管理】** 2009年，市国税局继续加强发票管理。加强计划管理，确保票证运输、保管、领用各环节的安全。健全相关账簿，做到账机（电脑）、账账、账实“三相符”。同时，对小规模纳税人实行新的普通发票“验旧购新”的购票方式，强化了以票控税。（市国税局）

**【税务稽查工作】** 2009年，市国税局建立了统一规范的稽查制度体系，全面推行了重点税源分级分类检查和查前告知制度。加强稽查环节之间的沟通，统一稽查案件取证、结案、审理要求，规范《税务稽查报告》，完善相关稽查工作制度，明析稽查工作操作流程，推进案卷标准化。认真落实案件复查制度，对复查不合格的案件严格进行责任追究。提高案件查办质量，确保每一起案件经得起推敲、经得起复查、经得起监督。严格落实大要案报告制度和一案双查双报告制度，不断提高稽查选案准确率、查案正确率、审案合格率、结案执行率。（市国税局）

**【国税“四位一体”互动机制】** 2009年，市国税局继续推动“四位一体”的互动机制良性运转。(1)完善运行机制。将相关责任分解固化到具体部门、岗位和人员，明确了工作内容、职责和标准。完善信息反馈和共享制度，畅通各环节联系渠道和联系手段，确保了各部门的工作成果可以被其他部门共享和应用，提高了互动机制的运行质量。(2)构建“五个一”工作体系。主要包括一个平台，即“四位一体”互动协作信息发布反馈工作平台；一套制度，即实施互动工作方案、互动协作工作制度、岗责流程及考核办法等；一套办法，即收入分析、纳税评估、稽查建议反馈报告办法；一套规程，即税收分析规程、纳税评估规程、税务稽查规程等；一套模板，即行业纳税评估模板、税收分析模板等。(3)强化环节良性互动。形成了以部门互动、上下互动、环节互动为链接点，以税收联动分析为先导，以多税种联合评估为手段，以税务稽查为保障，以数据有效共享、增值利用为支撑的税源监控机制。

（市国税局）

**【纳税评估】** 2009年，全市将纳税评估作为强化征管、堵漏增收的重点工作来抓，截止11月底，共评估企业3291户次，补征税款11395万元。在增值税评估方面，共补征增值税9924万元。其中，水泥行业专项评估35户，补征税款548万元；医药行业评估71户，补征税款98万元；固定资产进项税额抵扣评估253户，补征税款363万元，进项转出528万元；商贸企业专项评估532户，补征税款1412万元；进出口企业评估11户，补征税款313万元；重点税源评估16户，补征税款7671万元；其他行业零负申报、低申报评估1726户，补征税款68万元。（市国税局）

**【企业所得税纳税评估】** 2009年，市国税局在企业所得税纳税评估方面，重点对房地产开发、餐饮业和连续三年以上亏损企业进行了纳税评估，纳税评估面达到100%。对长期微利微亏、跳跃性盈亏、减免税期满后由盈转亏或应纳税所得额异常变动等企业的纳税评估面达到50%。共对647户纳税人实施了评估，调增应纳税所得额8224万元，补缴企业所得税925万元，达到了“以评促改、以评促管、以评促查、以评促收”的目标。（市国税局）

**【落实信息管税】** 2009年，市国税局认真落实“信息管税”的新思路和新目标，强化以数据分析指导工作的理念，加强了数据采集、录入、传输、清理、发布等方面的管理，开展了征管基础数据检查清理和数据质量竞赛。利用综合征管软件查询功能，严格数据审核，拓宽数据应用领域，充分利用各种数据开展税收经济分析、企业纳税评估等工作，查找税收漏洞，促进税收管理，发挥了税务信息在税收征管中的作用。充分利用省局数据质量监控系统，定期对相关指标进行提取、分析，按季对数据质量监控情况进行通报，为提高征管水平提供了强有力的信息支持。

（市国税局）

**【建立网络信息安全和运维管理工作】** 2009年，市国税局进一步加强网络信息安全和运维管理工作，对主干和备份线路进行了全面摸排，撤消了已取消征收职能的18个税务分局的网络节点，极大地节约了运行费用，并对备份线路的运行通畅情况进行检测调试，对市、县、所三级结点所有线路进行测试和主备线路切换实验，达到市局和所有县级结点可以顺利切换。完成了运开分局和夏县办税服务厅设备的搬迁、安装、网线的布置和网络调试工作。（市国税局）

**【网络信息安全监控长效运行机制】** 2009年，市国税局认真开展“两会”和国庆期间网络与信息安全大检查，实行了PC机管理责任人办法，建立了网络信息安全监控长效运行机制。积极构建科学合理的运维流程，健全运维管理体系，提高了运维质量和效率。积极参加全国税务系统网络与信息安全论文征集活动，被省局评为优秀组织奖，市局组织编写的《基层国税部门信息安全风险评估的量化分析》论文被评为全国一等奖，得到了总局的通报表彰。

（市国税局）

**【网站建设与公文处理工作考核】** 2009年，市国税局不断加强内部网站建设，调整机关内部网站，新网站与原网站相比，页面更加漂亮美观，栏目更加科学合理，内容更加丰富多彩，为宣传工作提供了平台。继续加强公文处理工作考核，规范公文处理程序，提高了公文处理系统应用质量。省局4月份在运城召开了全省公文会审工作会议，对市局的工作给予了好评。（市国税局）

**【信息宣传与科研调查】** 2009年，市国税局继续加强信息宣传，设立了学习实践科学发展观、工作创新、强化组织收入等专题栏目，发挥了信息对税收中心工作的促进作用。加强保密和档案管理，杜绝了泄密事件发生。加强税收科研和调查研究工作，结合实际下发了七个科研课题，按期完成了省局分配的“金融危机下结构性减税对山西经济的影响”课题任务。（市国税局）

**【政务公开与财务管理】** 2009年，市国税局全面推行政务公开，对涉及广大群众利益的重大事项决策、重大经费列支、基建项目等工作进展和落实情况进行公开，主动接受群众监督。开展了清理小金库及财务收支监督检查。规范财务管理，优化支出结构，坚持预算安排向征管、向基层、向组织收入工作倾斜的经费分配原则，确保了各项经费落实到位。

（市国税局）

**【机关规范化管理】** 2009年，市国税局认真落实机关规范化管理，完善了卫生、基建、环境、车辆、食堂、后勤保障等各项工作制度，保障了机关工作的正常运转。在爱卫会组织的“第二十一个爱国卫生月”活动和市直单位“创双优、迎国庆”活动中，市局机关被评为一类单位。（市国税局）

**【办税服务厅标准化建设】** 2009年，市国税局研究出台了《办税服务厅标准化建设指导意见》，明确标准化建设的指导思想、总体目标、基本原则、主要任务及办税环境规范。按照“试点先行、全面推进”的思路，在运开分局、夏县、新绛三个办税服务厅率先实施标准化建设。在具体建设过程中，市局领导多次深入基层实地勘察，进行具体指导，并在经费方面给予大力支持，先后向县市局拨付了185台计算机、17台路由器、15台票据高速打印机，促进了办税服务厅标准化建设的实施。（市国税局）

**【标准化办税服务厅运行模式】** 2009年，全市国税系统建成后的标准化办税服务厅开辟了“六大功能区”：即咨询服务区、资料取阅区、取表填单区、办税服务区、自助办税区和办税等候区，实现了“八统一”：即统一各类标识、统一窗口设置、统一业务流程、统一办税指南、统一服务内容、统一岗责体系、统一管理制度、统一文明用语，达到了环境整洁优美、办税简便快捷、功能实用齐全、服务优质高效、管理统一规范的要求，确立了办税服务厅在纳税服务工作中的主导和核心地位，使办税服务厅成为税务机关的信息采集中心、数据录入中心和业务衔接中心，成为促进征纳和谐的枢纽。（市国税局）

**【出口退税管理创新试点工作】** 2009年，市国税局大力推进出口退税管理创新试点工作。根据试点单位运行中出现的问题，市局先后多次召开研讨会，与纳税人座谈，完善运行程序和岗位设置，形成了县级国税部门出口退税管理规程及操作规范，明晰了从资格认定、申报、接单、受理、审核、审批、单证出具、退（调）库到违章处理各环节的操作程序，并明确了各岗位工作时限、流转程序、质量标准及操作要点，建立了对业务流程的实时监控及工作质量标准跟踪评价体系。

（市国税局）

**【出口退税政策培训班】** 2009年，市国税局先后聘请省局主管退税业务的专家等师资力量举办了三期出口退税政策培训班，保证了征退税工作在基层的有序衔接。在试点单位顺利运行的基础上，市局制定了《运城市国税局出口退（免）税规范化操作规程（试行）》，并从2009年7月在全市11个有出口货物退（免）税业务的县市局全面推行新的管理模式，强化了征退税管理的衔接，有效遏制了出口骗税与未征即退行为的发生，促进了出口贸易的快速发展。（市国税局）

**【“两个减负”工作】** 2009年，市国税局大力推广“两个减负”经验做法。主要是优化业务流程，对设立登记、一般纳税人认定、发票领购等10类日常工作进行流程再造，打破部门壁垒，合并简化办税环节。业务流转环节由69个减少为24个，减幅达65%。62项业务可在办税服务厅一次办结。与法定办理时限相比，缩短了392个工作日，减幅达44.04%；与省局承诺时限相比，缩短了158个工作日，减幅达 24.08%。

（市国税局）

【实行办税“一次完成”制】2009 年，市国税局将除减免税审批外的所有审批权限下放给税源管理部门，实施了“科股长终审制”的审批制改革，实现了扁平化管理。进一步简并报送资料，探索实行“一次完成”制，将除一般纳税人资格认定外的 9 类日常业务申请报告与申请审批表合并，将一般纳税人资格认定、发票使用资格、最高开票限额等 3 项业务合并实施一次性综合调查等措施，共计减少主表 182 份，减少附表 338 份。通过这些措施，切实解决了纳税人办税过程中存在的多头找、来回跑、重复报、多头审等问题。

（市国税局）

【成立执法督察组】 2009 年，市国税局以强化内控机制和事先防范为着力点，成立了执法督察组，承担征管流程整合后的执法监察和执法检查职能，负责重点岗位、重点事项、重点环节的事前、事中、事后全过程监督，确保了新流程的健康运行。（市国税局）

【完善干部监督机制】 2009 年，市国税局认真落实领导干部收入申报和重大事项报告制度，建立了有效的干部监督机制。加强和改进巡视监督工作，对 10 个县（市、区）局领导班子开展了新一轮巡视工作，并对 2008 年巡视过的五个单位进行了整改检查。针对省局巡视组对市局巡视检查反馈的巡视意见，及时研究整改措施，认真抓好整改落实工作。

（市国税局）

【国税干部培训工作】 2009 年，市国税局根据干部教育的长期规划，有针对性地加强行政法律知识、涉税法律法规、税收政策、税收征管、财务会计、信息化等相关知识和实际操作技能的培训。全年先后共组织安排了 26 期 369 人参加了省局组织的税收管理员、办税大厅人员培训、股级干部更新知识培训、科级干部更新知识培训、县局长更新知识培训、县处级干部更新知识培训、科级干部任职培训等。同时，注重在受训人员中培养充实师资力量，以这些师资力量为辐射点进行全员培训，提高了培训效果。（市国税局）

【文明和谐创建工作】 2009 年，市国税局进一步扩大文明行业和谐创建成果，积极引导各单位积极申报更高层次的文明单位。市局继荣获省级文明单位、省级文明和谐单位标兵荣誉之后，2009 年 1 月份又被全国精神文明建设指导委员会表彰为全国精神文明建设工作先进单位，被省劳动竞赛委员会荣记集体一等功，绛县国税局被中央文明委授予“全国文明单位”称号，国税部门的良好形象进一步树立。同时，市局对全市国税系统涌现出的 20 个文明单位和作出突出贡献的 32 名精神文明建设先进工作者进行了表彰。不断引深争创“五个十佳”活动，4 月份，对全市国税系统“五个十佳”标兵进行了表彰，在全市开展了先进事迹巡回报告，通过报刊媒体、内部网络对十佳标兵进行了大力宣传，在全市兴起了学标兵赶先进，讲奉献比贡献，抓创新争一流的高潮。

（市国税局）

【党风廉政建设】 2009 年，市国税局认真落实党风廉政建设责任制，建立了分级、分线、分项“三个负责制”，初步构建起党风廉政建设责任制网络，实现了反腐倡廉与依法治税、税收管理、纳税服务、队伍建设等各项税收工作的有机融合、协调发展和相互促进。

（市国税局）

【规范领导干部廉洁从政行为】2009 年，市国税局认真贯彻落实省局“两个禁令”，狠刹税务干部参与赌博的歪风。开展警示钟专题教育活动，为全市国税系统每个班子成员配备了“清廉铭”警示钟。组织市局机关、直属分局全体党员干部前往运城市廉政教育基地，接受警示教育。加强廉政文化成果展示，对 2008 年度全市国税系统廉政文化建设成果进行了评比表彰，共评选出 6 个优秀组织单位、104 个获奖作品，营造了崇尚廉洁的良好氛围。

（市国税局）

【查办信访举报案件】 2009 年，市国税局认真查办信访举报案件，保证了初信初访案件的查实率和办结率。先后共受理信访案 13 件，其中省局转办 7 件，自收 6 件。（市国税局）

【深化政风行风建设】 2009 年，市国税局继续深化政风行风建设。通过行风问题专项调查、明察暗访、宣传咨询、召开座谈会等多种形式，着力解决了一批群众反映强烈的突出问题。积极参与“监督热线”节目，在 12 期节目中共解答群众咨询电话 115 个，做到了件件有落实、事事有回音。

（市国税局）

【“两权”监督】 2009 年，市

国税局继续强化“两权”监督，并将着力点转向对税务人员执行各项税收政策全过程的监控。组织241名业务骨干，组成46个检查组，对市局8个业务部门、基层县市局95个征收单位、14个稽查局2008年以来的税收执法情况开展了全面自查和重点检查。通过检查，对存在的8个方面27类问题进行了整改，进行责任追究198人次，追究金额5484元。

（市国税局）

**【“改革创新年”活动】** 2009年，全市国税系统围绕组织收入工作的总体要求，将“改革创新”列入全年工作重点和目标考核内容，深入开展“改革创新年”活动，通过机制创新、方法创新、手段创新来推动落实，逐渐形成了创新实践—总结—评估—完善—推广的完整链条，产生了一批走在全省前列的新成果，有力地拉动了组织收入工作。对在创新中涌现出的先进经验，市局在《运城国税信息》开辟了“工作创新”专栏，及时全面地反映创新成果。设立了“工作创新基金”，激发干部职工的创新潜能，营造出积极破解发展难题，打造工作亮点的浓厚氛围。

（市国税局）

**【落实“一线工作法”】** 2009年，全市国税系统认真落实“一线工作法”，即做到情况在一线了解，问题在一线解决，人才在一线培养，工作在一线落实，感情在一线融洽，进一步推动了创新工作的发展。全市申报创新项目31个，共编发《工作创新专栏》23期，其中《中国税务报》选用2篇，省局《山西国税信息》选用6篇，山西国税网站选用12篇。从创新项目看，内容涵盖了税收管理各个方面各个环节，其中征收管理类项目15个，法治类项目2个，纳税服务类项目5个，队伍建设类1个，体现了多层次全方位有重点的创新意识和实践。（市国税局）

**【学习实践科学发展观活动】** 2009年，市国税局扎实开展学习实践科学发展观活动。此次活动从3月1日开始，到8月中旬结束。先后组织开展了中心组理论学习、学习笔记展评、学习实践科学发展观知识测试、“热爱运城、共谋发展”演讲、征文和征集金点子等系列活动；组织集中培训，邀请专家学者作了专题辅导报告；开展了调查研究，领导班子成员深入14个基层单位进行调研；通过召开座谈会、问卷调查、发放征求意见卡等形式征集意见和建议，初步梳理出在贯彻落实科学发展观方面存在的主要问题共6个方面16类问题，找准了制约国税事业科学发展的主要症结所在。在此基础上，召开了领导班子专题民主生活会，认真开展自我剖析和自我批评，形成了领导班子分析检查报告，查找出了影响国税事业科学发展的突出问题，深刻剖析了存在问题的根源，提出了努力方向和改进措施。针对梳理出来的问题，采取有效措施认真加以整改，对已经解决或正在解决的问题的整改落实情况在局域网上予以公布，听取党员干部和群众的意见，确保了学习调研、提高认识阶段有深度，分析检查、查摆问题阶段有广度，制定措施、整改提高阶段有力度，学习实践活动取得初步成效，达到了“党员干部受教育、科学发展上水平、人民群众得实惠”的要求，广大干部职工的满意度达到98.3%。

（市国税局）

## 地方税务

**【组织收入】** 2009年，全市地税系统累计组织各项收入21.27亿元，其中：税收收入完成17.74亿元，占省局调整后计划任务17.5亿元的101.32%，占市政府下达年计划21.5亿元的82.5%，比上年同期下降11.3%，减收2.26亿元；完成其他收入2.53亿元，包括煤炭可持续发展基金完成1.05亿元，占年征收计划0.96亿元的109.52%。（史景宇）

**【规费（基金）征收管理】** 2009年，全市地税系加强规费（基金）征收管理工作，理顺征纳关系，促进规费征管工作的良性和可持续发展，确保完成各项规费（基金）征收任务。市局制定出台《运城市地方税务局规费（基金）征收管理暂行规定》，组织规费征管资料展评会，召开全市地税系统规费（基金）规范化管理现场会，推进了规费（基金）管理的规范化、科学化进程。（史景宇）

**【确保收入增长专题调研】** 2009年，针对重点企业税源萎缩，全市经济税收大幅下滑的不利形势，市地税局积极应对，果断采取有效措施，加强税收调研和税收分析工作。组织开展“应对金融危机，确保收入增长”专题调研活动，形成调研报告18篇，及时研究制定《关于科学合理组织收入的实施意见》，明确提出八项措施，加大对组织收入工作的指导。根据全市经济税收发展态势，市、县局层层召开组织收入攻坚动员会，成立组织收入攻坚领导组，提出“突出重点抓收入、夯实基础要收入、挖潜堵漏增收入、全力清欠保收入、强化稽查促收入”的具体措施，建立了“市局领导包片、科长包县、县局长包所、所长包户、税干蹲点”的上下联动工作机制，全力以赴狠抓组织收入工作，确保税收收入不致出现大的滑坡。（史景宇）

**【税收预警软件测试运行】** 2009年，按照“完善、引深、推进、服务”的工作要求，市地税局进一步完善“五位一体”税收预警工作模式，积极提供业务需求，参与省局税收预警软件开发研制和软件测试工作，确保了试点运行的成功。结合税收预警工作操作流程，编写了《税收预警分析管理系统操作手册》，保障了税收预警软件的可靠运行。（史景宇）

**【税收征管文书上线】** 2009年，省局确定运城市局为综合征管系统征管文书上线试点单位。市地税局先后在闻喜县局、盐湖区局进行首批试点并取得成功，并将8大类、28种文书设置为40个业务流程，在全市17个基层单位进行了全面上线运行，圆满完成了征管文书上线试点预期任务。并认真总结编写了《征管文书上线运行操作规范》和《征管文书上线操作手册》，为全省地税系统推行征管文书上线工作积累了阶段性经验。（史景宇）

**【重点项目税收管理】** 2009年，市地税局加强与发改委、城建、交通等部门联系，掌握辖区内重点项目立项分布和开工建设情况，即时监控和跟踪管理服务，抓好重大项目建设税款的代扣代缴和委托代征管理工作。2009年，全市总投资额在5000万元以上重点工程共267项，总投资1729.89亿元，计划投资200亿元。年底，据调查统计，未开工项目93个，停工项目18个，取消项目32个，开工项目124个，在建项目共计入库税款7251万元。（史景宇）

**【税收征管质量监控】** 2009年，市地税局为推进信息管税，科学评价基层税务所的征管现状，开展了基层税务所征管状况监控分析工作，对管户控管、税源管理、申报管理、申报后续管理、税款征收管理等五大类八项指标进行监控分析。在《全省地税系统基层税务所征管状况监控分析情况的通报》中，测评成绩在70分以上的税务所265个，运城市局入选76个税务所，占到28.7%，入选最多、效果最好。在全省地税系统2009年优秀征收管理员评选工作中，市局采取按月监控，认真把关，层层选拔，择优推荐，取得了入选人数最多的优异成绩。全局共推荐人员40名，入围人数33名，比例为82.5%，在全省入围人数中排列第一，并有12名税收管理员考评成绩取得满分。（史景宇）

**【车船税代收代缴】** 2009年，市地税局组织开展了保险机构代收代缴车船税专项检查，共查补各项地方税费102万元，其中查出保险机构未（少）代收车辆车船税90万元。为进一步规范财险公司的代收代缴行为和巩固整顿工作成果，采取以会代训的形式召开了全市财险公司代收车船税业务培训会，确保全市车船税代收工作走入规范化管理轨道。（史景宇）

**【城镇土地使用税整顿】** 2009年，市地税局按照“试点先行，全面推广，集中整顿，确保实效”的工作思路，基层地税机关利用PDA测量仪和实地丈量相结合的办法，对纳税人的占地面积进行了测量，进一步核实土地面积，增加税收收入。通过整顿工作，共登记土地使用税纳税人2760户，增加746户，增加了37.04%；占地面积增加1779万平方米，增加了30.29%；年应纳税额增加6098万元。（史景宇）

**【个税自行申报户较往年增长】** 2009年，市地税局加强全员全额扣缴申报管理工作，逐步扩大个人所得税管理系统上线范围。全市年扣缴10万元~30万元以上的扣缴义务人共有136户，正常上线运行，涉及纳税人53269人，比上年增加了112户。在扩大重点纳税人监控范围上，全市共有712个纳税人进行了年所得12万元以上自行纳税申报，比上年增加35人，主要分布在制造、电信、金融、批发零售、煤焦、电力等行业，实现应纳个人所得税额3333.16万元。（史景宇）

**【信息化网络管理应用】** 2009年，全市税收信息化建设进一步拓展和完善，在加强网络安全运行的前提下，及时完成货运税控管理系统、个人所得税代扣代缴系统的升级，推广和培训了内网邮件系统的管理与使用，改进了运城市地方税务局门户网站，配合征管文书上线，提供网络运行技术支持，有序更新网络设备，提高信息化工作效率。（史景宇）

【案例分析与行政处罚听证会】2009年，市地税局组织了一次税务案例分析会暨税务行政处罚模拟听证会，实现了对业务培训形式的改革和创新，为基层税干有效防范和规避执法风险、进一步提高执法水平打下了基础。通过对典型案例涉税违法行为的普遍性、代表性的问题进行汇总归集，根据违法事实链接大量相关法律法规，确保税务行政处罚的合法性、准确性。（史景宇）

【税收宣传月优秀项目】2009年4月，在第18个税收宣传月活动期间，市地税局主办的税收题材眉户剧目《马蜂庄的犟女婿》在全市巡回演出，并荣获全国税收宣传月活动优秀项目。同时，基层单位分别开展的第三届“中国联通杯”《感恩父母·点燃亲情书信绘画大赛》、“感恩社会、共享和谐”和“新发票样板巡回展”，荣获全省地税系统税收宣传月活动优秀项目。（史景宇）

【打击制售假发票行为】2009年，全市共查处百万元以上违法发票案件3起，违规使用发票123份，发票金额达4680万元，涉及税款162.3万元。市地税局以暗访形式组织开展了发票突击检查，加大对违章、违法使用发票纳税人的税收管理力度，在依法进行处罚的同时，对借用发票或使用假发票的业户调高纳税定额50%，对出借发票的业户减少发票供应量50%，并严格追查管理人员责任。另外，对盐湖区范围内12户餐饮业纳税人存在发票使用违法行为进行了公开处理，并通过《运城日报》公布了行政处罚结果，较好地打击了“买方市场”，维护了发票管理秩序。（史景宇）

【税收执法案卷评查】2009年，在省局对11个市局稽查局和22个县局稽查局的2008年度税收稽查处罚案卷重点评查工作中，市局稽查局和永济局稽查局、新绛局稽查局共10件案卷参加了评比，并以均分88.35分的优异成绩，获全省第一名。在参加评比的33个单位中，市局有5件案卷评分达到90分以上，占到全省案卷评查户数五成以上。（史景宇）

【落实税收优惠政策】2009年，对享受税收优惠政策的失业人员、残疾人员、福利企业、盲人按摩机构、医疗机构、其他单位等进行分类、分所建立税收台帐，做到管户底子清楚、减免税费数据准确、资料真实。全市下岗失业人员享受再就业税收减免优惠政策1241户，减免税额255.57万元；残疾人员享受减免优惠政策385户，减免税额45.11万元；军转退役人员享受优惠政策9户，减免税额4.26万元。对部分企业落实税收减免政策，减少税收10009万元；支持农业发展，减免所得税8672万元；对小型微利企业、高新技术企业以及企业购置国产设备投资抵免税收3784.7万元。（史景宇）

【税务所长异地挂职锻炼】2009年，市地税局不断拓宽思路和途径，选派干部跨省市赴经济发达市局挂职锻炼，学习借鉴发达地区的征收管理经验，提高干部队伍素质。通过组织税务所长交流推荐选拔考试，从中选拔出20名优秀税务所长，赴山东淄博市地税局进行为期两个月的学习锻炼。干部挂职交流结束后，各税务所长认真总结所学的经验，在系统内部推广和应用，有效转化交流学习成果。同时，为加强交流合作，实现优势互补，运城市局与淄博市地税局缔结为友好单位，搭起了促进双方共同发展的友谊桥梁和纽带。（史景宇）

【引深全员读书活动】2009年，市地税局在全系统广泛开展了“好书连载”、“读书大讨论”、“读书演讲比赛”、“原创精品征文”等活动，将读书活动不断引向深入，通过完善网络交流平台，丰富读书活动形式，进一步构建了读书活动长效机制。7月，省局在运城市局召开了全省地税系统全员读书活动汇报座谈会，对市局开展读书活动的做法予以高度肯定。在省局组织的“爱我中华、做优秀税官”读书演讲比赛中，市局参赛代表的演讲充分展现了开展读书活动取得的丰硕成果，夺得了演讲比赛一等奖。（史景宇）

【干部教育培训】认真落实“大教育、大培训”工作部署，切实抓好“一季一考”、“业务大比武”和全员综合素质实战竞赛，提高干部的实战应用能力。2009年，在全国稽查业务考试中，市局有24人进入了全省前100名，取得了均分全省第一。在全省地税系统业务能手选拔考试中，市局共有25名选手参加了考试，其中20人获得省级业务能手称号，入选人数排名全省第一，并且有5名同志进入全省前十名行列，受到了省局的通报表扬。同时，加大培训力度和培训覆盖面，市局对35岁以下税干组织开展税收基础知识竞赛；组织业务骨干参加更新知识培训，最大限度的满足干部培训需求，提升干部队伍综合素质。

（史景宇）

【构建科学选人用人机制】 2009年，根据省局关于对部分基层税务所和直属二分局机构级别进行升格的工作需要，市局分别在年初和年末组织了副科级税务所长和基层县局直属二分局局长的选拔任命工作。通过民主推荐、认真考察、充分酝酿，共为51个基层税务所和12个基层直属二分局配备了德才兼备、素质较高的科级干部，使基层一线的干部整体素质得到了充实加强，有力地推动了基层各项税收工作更好的开展。同时，通过组织程序，还对27名群众公认的长期扎根基层默默奉献的老股所长解决了个人待遇问题，受到了广大税干的拥护和称赞，也激发了在岗税干的工作积极性。市局注重发现人才、培养人才、使用人才，对在全省业务能手考试中名列全省前10名的5名同志破格提拔为副科级干部，营造了重学习、钻业务，比素质、提能力的良好导向。

（史景宇）

【廉政教育基地建设】 深入贯彻落实《建立健全惩治和预防腐败体系2008~2012年工作规划》，创新廉政教育方式，提升反腐倡廉建设水平。2009年7月，市地税局在机关十楼建成了廉政教育基地，面积600平方米，主要包括“一廊六室”，即廉政文化长廊、镜鉴室、励志室、践行室、诫勉室、感悟室、图书室。基地综合运用版面、展柜、书刊、影视和多媒体等载体，宣扬税务系统的先进典型和河东古代廉吏事迹，展示典型腐败案例，传播廉政文化，着力营造浓厚的廉政教育氛围。为充分发挥廉政教育基地的作用，市局建立健全了基地管理制度和教育计划，出台了《关于利用廉政教育基地开展反腐倡廉教育的实施意见》，采取定期办班的方式，对全系统股所级以上党员干部，尤其是新任科级、股级干部，重点部门、关键岗位的党员干部进行集中反腐倡廉教育。11月，全市引深廉政警示教育工作推进会专门在市地税局召开。

（史景宇）

【“清风伴我行”主题实践活动】 2009年，市地税局创新性地开展了“清风伴我行”主题实践活动，引导党员干部增强党性理念，践行科学发展观，努力在系统上下营造风清气正的良好氛围。主要开展了正反典型教育，在内外网站上开设了“廉政课堂”，开展了“爸爸（妈妈）我为您自豪”有奖征文，编印了廉政刊物《清莲》，举办了廉政专题讲座，组织了“政风行风调查进千户”问卷调查，开展了行政管理权专项监督检查等系列活动，取得了突出成效。（史景宇）

【党建工作】 2009年，按照市委提出的“构建学习型、先进型、服务型、廉洁型、创新型党组织，实现班子作风好、队伍素质好、高效服务好、团结和谐好，达到市委满意、基层满意和群众满意”机关创建活动目标，立足创建标准化党支部，创建“共产党员先锋岗”，积极开展纳税服务和帮扶活动，不断创新基层组织建设、作风建设、行风建设，取得了明显成效。6月，市直机关构建“五四三”党建工作现场会在市地税局召开。在纪念建党88周年之时，市局党委被授予创建“五型四好三满意”先进单位。

（史景宇）

【开展“与祖国同辉，与地税同行”活动】 2009年，市地税局结合新中国成立60周年和地税建局15周年，在全市地税系统开展了“与祖国同辉，与地税同行”的主题实践系列活动，通过征文、摄影比赛，楹联、书法作品征集活动，群众性文体活动、召开座谈会等形式，进一步弘扬地税文化，展示地税良好形象。举办了庆祝新中国60华诞暨建局15周年纪念大会和“向共和国纳税人报告”图片展，整理编写了地税15年发展回眸《我们一起走过》一书，得到了省局和市委市政府有关领导以及广大地税干部、家属一致好评。学先进、树典型，市局举行了“爱岗敬业、奉献地税”王大宝事迹报告会，在全系统掀起了学习王大宝立足本职、恪尽职守，奋发有为、奉献地税的热潮，涌现出一大批大宝式的优秀税干。

（史景宇）

【基层基础建设】 在省市县三级的共同努力下，先后投入3284万元用于基层基础设施建设，2009年底，除盐湖区局10个所、河津市局5个所的建设项目在建外，其余11个县、市局全部完成了三年规划建设项目，共新建、购置税务所（分局）36个，改、扩建税务所18个。市局召开了全市地税系统基层基础建设工作会议，回顾总结了三年来基层基础建设工作的经验和成绩，进一步完善基层“硬件”建设，不断提升基层“软件”建设，推动基层建设工作取得新进展、新成效。

（史景宇）

# 金融

## 中国人民银行运城市中心支行

**【概况】** 2009年,人行运城市中心支行各项存款继续增长，但增速趋缓。截至2009年12月末，全市金融机构本外币各项存款余额达830.04亿元，全年新增111.71亿元，增长15.55%，同比少增17.16亿元，增速低于去年同期6.3个百分点。金融机构存贷比为58.17%，在全省各地市中排名第一。各项贷款快速增长，结构调整力度加大。截至2009年12月末，全市金融机构本外币各项贷款余额482.86亿元，当月新增1.29亿元，增长0.27%；较年初增加41.18亿元，增长9.32%，同比多增36.49亿元，增速较去年同期提高8.21个百分点。在扩大内需政策和适度宽松的货币政策引导下，全市整体信贷总量呈现“前期宽松、中间调整、后面平稳”的态势。现金呈现投放态势。至2009年12月末，全市金融机构现金累计收入1990.23亿元，支出1997.96亿元，收支相抵，累计净投放7.23亿元。银行结售汇业务呈下降趋势。今年1-12月份累计，全市银行结售汇总额达51341万美元，同比下降31.49%，其中，结汇16421万美元，同比下降54.5%，售汇34920万美元，同比下降20.79%。

（赵振波）

**【落实宏观调控政策】** 2009年,人行运城市中心支行认真贯彻落实宏观调控政策，推动全市经济平稳健康发展。全市人行系统积极、主动、广泛联系政府与各经济部门，利用各种方式，采取多种手段，宣传宏观调控政策，并注重通过有效运用相关货币政策工具，使之具体化，使之更具影响力。坚持按季召开经济金融分析会，定期向政府汇报工作情况和调研成果，及时提出各项宏观政策建议。

（赵振波）

**【强化信贷政策指引】** 2009年,人行运城市中心支行不断强化“窗口指导”和信贷政策指引，结合实际，先后制定并下发了《关于加大金融支持中小企业发展的指导意见》、《关于做好当前春耕化肥供应工作的通知》和《关于做好集体林权制度改革与林业发展金融服务工作的指导意见》，并按照《信贷政策导向效果监测评估报告实施方案》，加强对信贷投向的监测和指导，引导金融机构贯彻落实“保增长、扩内需、调结构”的各项政策，不断改进信贷管理和服务方式，在确保流动性较为充足和切实防范风险的前提下，合理摆布信贷资金，进一步发挥了信贷对全市经济的支持作用。

（赵振波）

**【涉农贷款投放】** 2009年，人行运城市中心支行结合实际，针对性的地采取措施，有效运用货币政策工具，加大涉农贷款投放力度。如继续对流动性不足、可用资金有限的临猗、新绛等6家农村信用社实行相对较低的准备金率，使其增加流动性资金8400万元。并对2009年前三季度涉农贷款比例达不到50%要求的河津农村合作银行，从11月25日起将其存款准备金率提高0.5个百分点（11.5%），以此引导农村金融机构加大对涉农贷款的投放力度；通过2.72亿元支农再贷款的有效发放，带动农村信用社新增农业贷款14.54亿元，占全市农业贷款增加额的92.09%，使“三农”支持力度进一步得到加强。

（赵振波）

**【搭建中小企业融资服务平台】** 2009年,人行运城市中心支行积极搭建中小企业融资服务平台，配合市政府组织召开了“2009年运城市银保企洽谈工作会”，会议期间共签署银保企融资协议226项，涉及信贷融资担保资金381.2亿元，签约项目数及金额均创历史最好成绩；逐步推进以Shibor为基准的产品定价体系，制定了《运城市农村信用社存贷款计结息规则和计息方法》，辖区农村信用社存贷款计息工作进一步规范，金融机构利率市场化进程进一步加快。

（赵振波）

**【社会薄弱环节金融服务】** 2009年,人行运城市中心支行认真做好社会薄弱环节金融服务工作。积极贯彻落实《就业促进法》，组织制定了辖区金融支持再就业信贷工作方案，配合政府有关职能部门大力推进小额担保贷款与创业培训的长效联动机制建设，引导金融机构不断加大对就业、再就业工作的支持力度。4季度末，全市下岗失业人员小额担保贷款余额达到2156.5万元，较年初增加565万元，增长35.5%，在促进就业方面的效果进一步显现。继续推进辖区助学贷款业务开展，截止12月末，全市金融机构助学贷款余额为1946万元，业务运行情况良好。加强消费信贷政策指导，引导金融机构加大消费信贷产品创新力度。1-12月份，全市金融机构消费贷款总额达到19.47亿元，较年初增加2.67亿元，增长15.89%。（赵振波）

【央行票据全部兑付工作】2009年,人行运城市中心支行继续加强对已兑付专项中央银行票据的10家农村信用社的后续监测考核工作，针对检查中发现的股本金减少、资本充足率下降、不良贷款增长、置换资产处置缓慢等问题，按照相关规定进行了严肃处理和限期整改。特别是通过对存在突出问题的永济市农村信用联社，认真落实太原中支要求，冻结其法定存款准备金4929万元，对于巩固和提高全市农村信用社经营水平产生了较大的震动效果。对未通过最终审查的万荣、闻喜两家农村信用社，严格按照标准积极督促其进行整改，并做好与有关部门的协调配合工作。11月底，这两个县联社的票据兑付申请通过人总行和银监会的终审，分别兑付票据资金9868万元和9951万元。至此，全市农村信用社2005年认购的70753万元专项央行票据全部兑付到位。（赵振波）

【农村信用社信贷评级授信工作】 2009年,人行运城市中心支行制定并实施了《关于推行农村信用社信贷评级授信管理办法的实施方案》，有效推动了农村金融产品和服务方式的创新。全市农村信用社按新型评级授信标准评定农户总数达24.8万个，农户授信总额33.3亿元，实际发放贷款24.2亿元，较好地解决了农民贷款难问题。此项工作得到了人总行金融市场司和太原中支的高度肯定，认为有在全国推广的价值。

（赵振波）

【小额贷款公司推广工作】2009年,人行运城市中心支行配合政府部门制定并实施了《运城市小额贷款公司试点暂行管理办法》，小额贷款公司推广工作进展顺利。截止12月末，全市共有10家小额贷款公司获准筹建，吸收民间资本总额5.57亿元，其中5家已挂牌营业，累计发放贷款3.2亿元，较好地支持了辖区“三农”和中小企业发展，试点工作取得良好开局。（赵振波）

【金融稳定分析评估】 2009年,人行运城市中心支行认真做好金融稳定工作。积极发挥牵头组织作用，起草并以市政府名义印发了《运城市金融突发事件应急预案》，提高了应对系统性金融风险的能力。同时，不断完善银行、证券和保险业金融稳定状态监测指标体系，认真开展金融稳定分析评估，完成了《2008年运城市金融稳定报告》的撰写和上报工作，有效地防范了流动性风险和跨行业、跨市场金融风险的发生。此外，扎实开展平陆、芮城两家停业整顿城市信用社市场退出后的资产清理工作。

（赵振波）

【贸易信贷管理】 2009年，人行运城市中心支行认真落实贸易信贷管理新政，连续出台了多项措施简化企业登记手续，继续对优质企业提供“绿色核销通道”和“一对一”的外汇服务，并组织外汇金融系统试点银行成功进行了业务切换，工作效率和质量进一步提升。截止12月末，共办理外商直接投资登记金额4214.64万美元，境外投资外汇资金来源初审2笔，金额1600万美元；出口收汇核销金额达到1.85亿美元，核销率和收汇率分别达到97.02%和93.96%；进口付汇4.99亿元，同比增长9%；企业到货报审8.18亿美元，同比增长25%。（赵振波）

【支持辖内企业“走出去”发展】 2009年，人行运城市中心支行积极支持辖内企业“走出去”发展，允许对外投资企业购汇汇出15%的前期费用，鼓励其加大境外战略投资的力度。批准山西东方资源发展有限公司购汇出资1500万美元进行境外资源开发类收购，成为全市企业境外投资的一个新亮点。（赵振波）

【外汇服务工作】 2009年，人行运城市中心支行创新外汇服务工作，在互联网上建立了“运城外银企交流信息港”网站。充分发挥了指导各项外汇业务的规范操作、普及外汇业务知识、宣传地方良好投资环境、推动企业“走出去”发展等作用，得到了省外汇管理局

的高度重视和肯定，《运城日报》也于2009年12月26日进行了专题报道。（赵振波）

【外汇指定银行现场核查】2009年，人行运城市中心支行不断加大外汇指定银行现场核查力度，通过对辖区外商投资企业利润汇出情况的专项检查，对辖区15家外汇指定银行内控制度、纸质申报单和电子申报单等的现场检查，在全市营造了良好的外汇金融秩序。

（赵振波）

【现代化支付系统建设】2009年，人行运城市中心支行现代化支付系统建设取得新进展。中央银行会计集中核算系统升级至5.1版，中央银行会计核算电子对账系统成功上线运行，非现金支付结算工具得到广泛应用，促进了社会资金的高效运转。全年支付系统共处理支付业务1.29万笔，金额达252.6亿元，全辖金融机构共与162家财政预算单位签订了公务卡合作协议，发放公务卡2327张；发行惠农卡8.4万张。

（赵振波）

【推进农村支付环境建设】2009年，人行运城市中心支行制订了《运城市农村支付结算环境建设实施方案》，并按照因地制宜、循序渐进、分步实施的原则，多方位、多层次、多举措全力推进农村支付环境建设。截止12月末，全市农村信用社和邮政储蓄银行共开通“农民工银行卡特色服务”营业网点393个，发展特约商户210家，布放POS机具250台，共发生交易笔数1.9万笔，交易金额759万元。（赵振波）

【货币管理】2009年，人行运城市中心支行积极优化发行库设置，货币管理工作进一步加强。货币金银部门不断加强现金投放回笼的监测和分析，合理调拨和摆布发行基金，保障了全市各方面的合理用现需求。截止12月末，全市货币投放78.82亿元，回笼70.64亿元，组织发行基金调拨63次，金额138.98亿元，办理商业银行出入库业务942笔，金额149.45亿元；全年共回收残损人民币8.52亿元，完成全年任务的128%。同时，按上级行要求，于2009年9月15日顺利恢复辖内闻喜县和永济市两个县级发行库业务。截止12月末，这两个库共办理各金融机构调、缴款业务39次，共计1.77亿元，不仅使两县（市）84.4万人、101个金融机构网点受益，还辐射带动了周边的绛县、垣曲等县，为其现金投放和回笼提供了方便。（赵振波）

【完善反假货币长效机制】2009年，人行运城市中心支行扎实开展反假货币宣传月活动，健全完善反假货币长效工作机制，努力做好“HD90”、“HB90”假币专案上报工作，全力配合公安机关开展打击假币犯罪专项整治“09行动”。截至年底，共收缴假币4.56万张，面额336.49万元，同比分别增加114.88%和116.89%；配合公安机关侦破假币案件6起，涉案金额7.2万元，有效地维护了人民币的信誉和流通秩序。（赵振波）

【社会信用体系建设】2009年，人行运城市中心支行充分发挥“管理征信业，推动社会信用体系建设”的职能作用，以市政府办公厅名义制定并实施了《加快完善企业和个人征信系统的实施意见》，辖区金融生态环境建设步伐进一步加快。截至年底，已累计收集中小企业信用档案3447份，更新率达76%；成功采集并上报企业QS（全国工业产品生产许可证）认证信息196条，企业环境许可信息86条，企业环境违法信息10条；分别更新个人住房公积金、企业住房公积金信息63万条、8500条；评定创建信用乡（镇）17个，信用村1056个，信用户53.03万个，信用市场12个，信用商户555个，一个良好的信用环境初步形成。在2009年4月份召开的第五届中国金融年会上，运城被评为“中国金融生态城市”。

（赵振波）

【反洗钱监管职能落实】2009年，人行运城市中心支行反洗钱监管职能得到有效落实。继续强化反洗钱非现场监管预警机制，开展了办理现金业务、网上金融业务、银行卡等案件多发领域的反洗钱业务检查，并有重点地对河津农村合作银行等三家金融机构开展反洗钱工作情况进行了执法检查。同时，认真开展反洗钱宣传，联合电视台制作了反洗钱法制宣传专题节目，在《运城日报》等报纸上开辟了专栏介绍反洗钱相关知识。开展了对辖内新设立的6家保险业金融机构高管的反洗钱约见谈话工作，使之在设立之初就明确了反洗钱工作的方向和目标，为金融机构更好地维护金融稳定、遏制洗钱犯罪、履行反洗钱义务起到了积极的促进作用。此外，5月份，协助太原中支在本市成功举办了第二届中部六省反洗钱论坛，有力地促进了辖区反洗钱工作的深入开展。

（赵振波）

**【推广应用“国库业务考评系统”】** 2009年，人行运城市中心支行在全辖推广应用“国库业务考评系统”，指导全市12个县（市）支库实行了国库会计核算“四统一”管理模式，在国库会计核算、国库监督、国债发行兑付、调研统计分析等方面较好地履行了人民银行经理国库的工作职责。1~12月份，共办理入库各级预算收入186.93亿元、支出142.78亿元；组织各商业银行发行五期凭证式国债2.67亿元，八期储蓄式国债1.4亿元，有力地支持了地方经济的发展。（赵振波）

**【政府性补助资金国库直接支付工作】** 2009年，人行运城市中心支行把政府性补助资金国库直接支付工作，作为推动和谐社会发展、提高人民银行的金融服务水平的一项重要工作来抓，主动向地方党政部门汇报，并积极与相关职能部门和各金融机构进行沟通协调，形成共识，共同推动此项工作。全市共有9亿多元各种政府性补助资金通过国库直接支付，惠及百姓7万多人，经济效益和社会效益十分显著。此种做法引起了多家媒体的高度关注，2009年10月18日和12月1日，人民日报和金融时报分别以《补助款搭上‘直通车’》、《形象在服务中提升》为题，对运城中支扎实推动政府性补助资金发放模式创新的做法进行了专题报道。（赵振波）

**【完善落实规章制度】** 2009年，人行运城市中心支行整章建制，狠抓各项制度的完善和有效落实。年内，修改和完善的各项制度88个，如：《全市人民银行货币信贷及金融稳定工作考核办法》、《中国人民银行运城中支政务主动公开制度》、《中国人民银行运城中支党风廉政建设责任制》；新制定制度22个，如：《中国人民银行运城中支创新管理办法》、《中国人民银行运城中支机关一般干部交流、轮岗实施方案》、《中国人民银行运城中支会议费管理办法》等。同时，通过多种方式，加强对制度落实情况的督促和监督，特别是涉及人、财、物方面的制度，从严把关，并调动组织、纪检、工会、内审、财务等一切有效因素，形成了相互制约、监督格局。通过一年的工作，收到了明显的效果。（赵振波）

**【依法行政工作】** 2009年，人行运城市中心支行积极贯彻《全面推进依法行政实施纲要》，及时修订完善了《中支执法检查管理办法》、《中支行政处罚程序实施细则》等规范性文件，为进一步规范中支行政执法行为奠定了坚实的制度基础。全年市、县两级法律事务部门共审核行政处罚32笔，金额15.2万元。（赵振波）

**【政务公开与信访接待】** 2009年，人行运城市中心支行认真落实《政府信息公开条例》，结合实际制定实施了《关于运城市中心支行政务公开工作实施意见》，并积极与市政府信息中心联系，在运城市政府公众信息网设立了人民银行专栏，及时向社会公布行政许可事项49项。同时，认真开展“信访积案化解年”活动，加强信访接待工作，建立完善矛盾纠纷排查调处机制，最大限度地减少不稳定因素，为建国60周年创造了良好的社会环境。

（赵振波）

**【应急预案演练及应急知识普及工作】** 2009年，人行运城市中心支行认真开展应急预案演练及应急知识普及工作，分别组织了处置火灾、地震、发行基金、国库业务系统、计算机网络等突发事件演练活动。特别是在“5·12”防震减灾日期间，组织中支机关和部分支行开展了处置突发性地震灾害事件应急预案演练活动。面对甲型H1N1流感，制定了《处置突发公共卫生事件应急预案》，并及时将相关卫生防疫知识通过网络、邮件和机关公告栏等形式传达给全行人员，提高了全员应对突发及灾害事件的意识和能力。（赵振波）

**【大宗物品采购】** 2009年，人行运城市中心支行大宗物品的采购，重大开支项目的确定，如集中供暖设备、天然气使用、支行发行库改造、计算机机房改造、锅炉、监控设备购置都是经过集体决策，交由采购小组论证、招投标，具体实施的。全年共召开集中采购工作会议11次，组织集中采购8次，累计成交金额307万元，比报价金额节约48万元，节约率为13.5%，此种做法得到了分行执法监察组的充分肯定。

（赵振波）

**【节约型机关建设】** 2009年，人行运城市中心支行积极推动节约型机关建设。5月份，召开了全辖人民银行节能工作会议，对今明两年的节能工作进行了安排部署，并在全市人行系统开展了多种形式的节能专题学习教育活动，形成了“节约光荣、浪费可耻”的节能文化氛围，广大干部职工的节能意识明显增强，效益逐步显现。1~12月份，全辖累计节约办公经费123万元，其中，中支机关节约办公经费55万余元，水、电、油三项消耗分别比目标值下降12.8%、11.6%、10.5%。（赵振波）

**【学习实践科学发展观活动】** 2009年，人行运城市中心支行认真开展学习实践科学发展观活动。从2008年10月开始，按照总行、分行党委的部署和要求，深入开展学习实践科学发展观活动，认真开展分析检查，扎实做好整改工作，取得了明显效果，群众对学习实践活动的满意度到达了100%。同时，及时组织开展学习实践科学发展观“回头看”活动，对于学习培训不够扎实、活动开展不够深入、党员干部参与不够广泛的单位和部门，及时进行了“补课”。此外，5月12日专门召开全行思想、安全、廉洁、内控、节能教育大会，对于进一步提升中支机关全体干部职工学习、贯彻科学发展观水平，推动全行各项工作高效、顺利开展起到了较好效果。（赵振波）

**【基层央行履职核心价值观大讨论】** 2009年，人行运城市中心支行深入贯彻落实天津分行党委提出的“三十二”字基层央行履行职责核心价值理念。中支党委通过组织市、县两级行开展基层央行履职核心价值观大讨论、召开践行“基层央行履职核心价值观”专题研讨会等形式，使广大干部职工在思想上明晰了基层央行履职核心价值观同社会主义核心价值体系高度一致性，是对科学发展观在基层央行的进一步明晰和诠释，为基层央行如何有效履行好职责指明了方向。同时，还广泛开展了“学习型支部”、“党员示范岗”等主题实践活动。“七一”前夕，中支对辖区评选出的6个“学习型党支部”、27名“共产党员先锋岗”进行了表彰，并组织了优秀党员先进事迹报告会。（赵振波）

**【领导班子建设】** 2009年，人行运城市中心支行进一步加强领导班子建设。继续抓好党委（党组）理论中心组和党员领导干部的理论学习，进一步统一了思想，凝聚了力量，推动了工作。同时，坚持集体决策制度下的个人能动性和主动性的发挥，精诚团结，分工协作，在各项具体分管的工作中，出主意、想办法、创造性地开展工作，为各项工作的顺利完成奠定了坚实的基础。（赵振波）

**【干部队伍建设】** 2009年，人行运城市中心支行在干部队伍建设方面，于3月份制定并下发了《运城中支副科级干部选拔任用方案》。根据《方案》的精神，在组织相关人员进行干部基本素质考试的基础上，公开选拔了8名副科长和3名副主任科员，干部结构在年轻化、知识化方面进一步改善，凝聚力和战斗力明显提高。同时，顺利完成了干部交流和岗位轮换工作，共交流、轮换各层次干部40人，占机关总人数的20.9%，科室涉及面达100%。（赵振波）

**【党风廉政建设和反腐败工作】** 2009年，人行运城市中心支行深入推进党风廉政建设和反腐败工作。认真贯彻落实胡锦涛总书记在十七届中央纪委第三次全会重要讲话中提出的“六个着力，六个切实”要求，继续加强对党员干部特别是党员领导干部的理想信念教育、党纪法规教育和警示教育，共举办各种形式的廉政教育33场次，接受廉政教育党员达1344人次。认真落实“三谈两述”制度，3月份，中支党委、纪委分别对新任命的17名副科级干部进行了任前集体廉政教育谈话。同时，以廉政文化活动促进党风廉政建设，开展了“发送廉政短信”、读书心得交流等十项廉政文化活动。此外，认真做好执法监察和信访核查工作，全年辖区没有发生重大违法违纪案件。（赵振波）

**【发挥工青妇等群团组织作用】** 2009年，人行运城市中心支行继续发挥工青妇等群团组织作用，扎实做好2009~2011年度文明单位创建工作，全面推进“职工之家”、“青年文明号”、“青年岗位能手”和“女职工文明示范岗”等创建工作。积极引申“金融知识进社区”活动，组织青年志愿者进入社区、校园，开展金融知识讲座。以建国60周年为契机，制定了“我和我的祖国”主题教育活动实施方案，通过活动的开展，增强了全行干部职工的凝聚力和创造力，取得了优异的成绩。中支代表队在全省国库业务理论以及保卫业务技能竞赛中，分别获得“二等奖”和团体“第一名”，国库科还被山西省劳动竞赛委员会记“集体二等

功”一次。（赵振波）

## 运城市银监分局

**【加大信贷投放力度】** 2009年，市银监分局不断督促银行业加大对重点行业、重点项目和重点企业贷款支持力度，有力遏制地方经济增速下滑，并实现企稳回升，贷款增量和增速创3年新高。（摆丽娜）

**【解急救困扶弱工作】** 2009年，市银监分局狠抓解急救困扶弱工作，不断督促银行发放3922万元贷款支持2009年上半年全市抗旱工作，指导市联社加强农村青年创业的金融服务，银监会和《金融时报》对此举做了报道。（摆丽娜）

**【推进小企业贷款工作】** 2009年，市银监分局配合政府召开了2009年度银保企洽谈会、中小企业融资银企对接会议，120户“三好”推荐会和全市银行业小企业贷款落实会议，出台了《进一步做好小企业金融服务的意见》，督促3家银行设立小企业金融服务专营机构，积极促请市政府建立全市担保体系，破解小企业融资难的瓶颈。（摆丽娜）

**【深化农村信用社改革】** 2009年，市银监分局积极推动闻喜、绛县联社完成统一法人社改制，指导万荣、闻喜联社兑付央行票据，全市农村信用社统一法人组建和央行票据兑付至此全面完成。（摆丽娜）

**【银行监管工作】** 2009年，市银监分局不断加强对邮政储蓄银行改革的持续性监管。尤其是重点督促抓好内控建设关、抓紧教育培训关、抓牢制度梳理关和抓实风险排查关等，保障了邮政储蓄银行改革的顺利进行。（摆丽娜）

**【机构改革指导工作】** 2009年，市银监分局继续做好其他机构改革指导工作，督促农发行加强内控建设和案件治理；督促国有商业银行确保协解人员稳定，严防不良贷款和案件反弹。督促农行按照三农金融事业部制改革与监管指引要求，建立相应的组织机构和管理制度，提高三农服务水平和市场竞争力。（摆丽娜）

**【严格市场准入监管】** 2009年，市银监分局严把市场准入条件，开展了农村合作金融机构行政许可操作培训，加强对高管履职和任职资格的监管，全年审批124个行政许可事项。开展了许可证检查，处罚17家机构，提高了辖内许可证管理水平。（摆丽娜）

**【提高非现场监管风险预警能力】** 2009年，市银监分局督促银行业机构开展信息科技风险自查信息系统应急演练，建立了信息科技风险管理工作机制。创办了《运城银行业监管统计信息快报》，对多项风险点进行提示。开展了农村合作金融机构的监管评级，对未达标县联社明确了监管要求，分类监管力度进一步加强。（摆丽娜）

**【提升检查有效性】** 2009年，市银监分局不断提升检查有效性。先后开展9项快速调查和16项现场检查，检查机构464个，查处违规金额27.2亿元，提出监管意见138条，现场检查的针对性和有效性进一步增强。（摆丽娜）

**【分局领导班子建设】** 2009年，市银监分局不断加强分局领导班子建设。认真开展学习实践科学发展观活动，加强党委中心组学习，召开专题民主生活会，下发了《运城银监分局关于加强和改进领导班子思想政治建设的实施意见》，有力促进了班子建设。（摆丽娜）

**【干部队伍建设】** 2009年，市银监分局采取多种措施加强党员经常性教育工作。召开了第一届第二次职工大会，深入推进“创建学习型机关，争做知识型职工”活动，完成了试用期满的6名副科级领导职务考核工作，开展了360度的年度考核，不断丰富干部文化生活，构建了讲文明、重业绩、强素质、促和谐的分局文化，推动了监管工作的顺利开展。（摆丽娜）

**【反腐倡廉建设】** 2009年，市银监分局层层签订党风廉政建设责任书，确定了7个方面21项工作53项具体任务。通过季度纪委会议，研究部署分局党风廉政建设。举办以加强干部党性修养为主题的季度警示教育活动，组织“小金库”清查，开展了民主评议行风活动和廉政从业行为的督促检查，为做好银行业监管提供了有力的纪律保证。（摆丽娜）

**【内部管理】** 2009年，市银监分局开展了公众金融意识和银行业社会舆情调研，下发了《关于做好信息建设等工作的紧急通知》，督促各机构完善机制，落实措施，“大信息”建设实现了良好开局。制定了《关于进一步做好信访工作的指导意见》和《关于做好信访工作的通知》，分局和银行机构信访工作更加规范科学。省局检查组对分局信访工作给予了好评。举办了保密教育，召开了三次保密工作会议和保密检查，促进分局和银行业机构加强保密工作。在省局监察室指导下，加强了行政处罚档案规范化管理，得到了银监会执法监察抽查组的肯定。（摆丽娜）

## 中国工商银行运城分行

**【概况】** 2009年，工行运城分行全年实现利润2.43亿元。各项存款时点余额为152.6亿元。各项贷款余额为66.8亿元。各项工作安全稳健运行，实现无案件、无差错、无事故的“三无”目标。（陈广洛）

**【实施绩效激励机制】** 2009年，工行运城分行实施强有力的激励措施，有效调动员工工作积极性。深入贯彻省行创新发展研讨会精神，引导全辖牢固树立科学发展观和“不唯总量唯同业”、“不唯增量唯增幅”、“不唯指标唯排名”的业绩观。认真分解全年指标的发展计划，科学制定劳动竞赛方案，奠定各项业务快速发展的基础。经过反复研究，制定下发了“营业费用管理”等四个考核办法，实行产品计价和计分考核相结合的方式，将经营绩效与产品营销数量、与任务完成率、增长率、人均效率、贡献度、市场占比等指标进行挂钩，指导全辖制定对员工具体的考核办法，并严格按照考核办法兑现绩效工资，充分调动了员工的工作积极性。

（陈广洛）

**【优质市场拓展】** 2009年，工行运城分行加大优质市场拓展力度，推进存贷款业务持续发展。推行重点客户名单制管理，与支行签订《贷款增长合约》，加大对公司客户及其上下游企业的营销力度。成立小企业金融业务部，出台“中小企业专项奖励和考核办法”、“尽职免责管理规定”，筛选了一批符合授信政策的目标客户。突出个人按揭贷款，建立“公私联动、抓重促优”的营销机制，实现增量、存量同业第一的目标。抢抓重点客户票源，创新融资产品，优化了资产结构。

（陈广洛）

**【高收益型产品营销】** 2009年，工行运城分行围绕重点业务和新兴业务，深入挖掘中间业务增收潜力。围绕高收益型产品，加强宣传营销。组织开展营销个人网上银行证书活动。采用“名单式”跟进管理的方式，成功举办企业年金集中签约仪式，共签约企业16户。与当地医保中心密切合作，在全省率先推出牡丹医保灵通卡。大力拓展信用卡市场，新增信用卡发卡完成省行年任务的116%。（陈广洛）

**【企业文化建设】** 2009年，工行运城分行加快企业文化建设步伐，着力增强领导班子和员工队伍战斗力。先后制定了企业文化建设和宣传推广活动实施方案，明确全辖企业文化建设的指导思想、总体思路和实施步骤。采取视频培训与现场授课相结合的方式，举办了三期六场企业文化专题讲座，使员工掌握了企业文化理念的深层次内涵，初步达到以文化理念统一思想、凝聚人心的目的。深入开展学习实践科学发展观活动，提高领导班子适应新形势、解决新问题的能力；坚持民主集中制原则，加强班子成员间的沟通协调，提高领导班子凝聚力。先后举办了8期一线柜员培训班，对支行员工、网点新进柜员进行了分层次的系统培训，进一步提高了员工的综合素质。通过跨区域、跨支行流动，优化了人力资源配置。（陈广洛）

**【营业网点渠道建设】** 2009年，工行运城分行合理规划营业网点布局，稳步推进网点渠道建设。发挥网点办的职能和作用，加快重点区域网点布局调整和升级改造步伐。所有城区网点均已升格为二级支行，提高了网点在战略核心区域的竞争优势。立足战略发展规划，及时成立平陆、稷山支行筹备组，加强与当地政府和监管部门的协调沟通，全力做好网点迁址更名、机构设置地点、人员选聘以及办公场所装修等前期准备工作。截至年底，稷山支行已经对外营业，平陆支行也将很快完成报批手续。加大离柜业务考核力度，强化对自助设备的日常维护管理，有效分流客户，缓解柜面压力，提升服务效率。（陈广洛）

**【提升风险管理水平】** 2009年，工行运城分行采取主题教育与重点查防相结合的方式，不断提高全面风险管理水平。先后举办了《员工违规行为处理暂行规定》、安全消防知识和内控管理制度等三期八个专题讲座，引导全辖树立“抓管理、保安全、促业务”的理念，培养“用制度管人，按流程办事”的习惯。严格落实“经营管理十条禁令”，扎实开展“纠违规、促内控、防案件百日集中教育整治活动”，堵塞管理漏洞，消除风险隐患。圆满完成监督体系改革和远程授权改革任务，增强对操作风险的控制能力。采取安全检查与教育演练、规范整改相结合，提高预防、处置外部突发事件能力，保障各项工作安全运行。

（陈广洛）

## 中国建设银行股份有限公司运城分行

**【概况】** 2009 年，建行运城分行克服国际金融危机的强烈冲击和经济运行下行压力等困难，坚持发展为第一要务，以提升市场份额、提高资产质量、防控案件、提升服务水平为中心，在复杂多变的环境中保持了各项业务平稳发展，部分业务指标创历史最高水平。全年实现净利润 2.37 亿元，完成计划的 187%，同比增长 28%；实现经济增加值 1.6 亿元，同比增加 31%，完成全年计划的 245%。

全口径存款余额 94.47 亿元，新增 14.46 亿元。一般性存款新增占比 26.8%，比去年同期提高 2.8 个百分点。其中，对公存款新增 8.73 亿元，完成计划的 109%，新增占比 29.4%，同比提高 1.72 个百分点。

年末贷款余额 84.82 亿元，比年初增加 4.46 亿元。票据业务发展迅速。全年累贴额、累计签发银行承兑汇票量在全省系统内均排名第一。在当地同业中，累签量、承兑余额排名第二。不良贷款余额净减少 1.74 亿元，完成计划的 247%，全省排名第一。不良贷款率 1.22%，比年初下降 2.23 个百分点，完成计划的 233%。

实现中间业务收入 6336 万元，同比增长 1153 万元，同业占比同比提高 1.71 个百分点。新增信用卡 9730 张，系统排名第二。电子银行分流率达到 35.63%，圆满完成计划。累计完成国际结算量 2.1 亿美元，增幅 38.58%。证券三方托管开户新增 3772 户，全省排名第三；基金销售 2.44 亿元，国债销售 4853 万元，账户现金交易 45.54 万克，金额 9311 万元，代理保险销售 5524 万元，累计发放理财卡 1680 张，支付宝卡 3950 张。

（赵更生）

**【持续性营销活动】** 2009 年，建行运城分行在全行开展以“抢市场、争份额、增客户”为主题的竞赛活动，有效促进对公存款和账户增长。开展了“上下联动、自我加压、增存款、上份额”个人存款联手营销活动，促进了运城市区市场占比的进一步提升。举办“企业年金业务推介会”，22 个企业现场签约，年末签约总量全省排名第一。成功办理两笔国内保理，实现了零的突破。开展了“珍惜每一天，客户就在你身边”为主题的预审批系统发卡竞赛活动，实现发卡 2000 多张。组织开展以“大战 5 个月，短信银行客户新增 3 万户”为主题的营销活动，取得较好的成效。

（赵更生）

**【建立有效促进业务发展的考核机制】** 2009 年，建行运城分行确立了存款、客户和战略业务三大营销重点，进一步明确了争抢市场占比的要求，提出了实现主要业务指标“双提双降双控”的年度经营目标，以及未来三年的总体要求。在这一思路的指导下，认真落实“以客户为中心”的经营理念，坚持“发展优先”的原则，合理配置财务资源，突出对市场占比、存款日均新增、战略性业务等可持续发展指标的考核，发挥财务资源的激励作用，充分调动全行员工的工作积极性。在省行配置费用之外，额外再拿出专项费用与部分战略性业务的拓展挂钩，全力助推战略性业务发展。

（赵更生）

**【实现不良贷款双降目标】** 2009 年，建行运城分行通过完善和细化资产质量考核办法，强化市分行集中经营不良资产的管理机制，进一步提升不良贷款处置和经营力度，减少了各网点因经营不良资产而必须付出的压力和精力。同时，围绕不良大户处置，集中人力、物力，充分考虑处置当中会出现的情况，采取倒排时间表的方式，确定环节及每个环节时限，指定专人负责按时保质保量完成。通过一系列举措，全年处置不良资产 2.32 亿元，不良贷款压缩计划完成率排名全省第一。

（赵更生）

**【强化基础管理】** 2009 年，建行运城分行加强信贷资产质量的管理和日常监控，及时发现处置客户风险隐患，规范信贷资产风险分类，促进贷款基础管理。开展了中介风险清查、一手清专项清查、个贷业务流程检查及员工行为排查等工作。深入推进全面成本管理，健全集中采购工作制度，切实提高规范化管理水平。营运管理部门积极配合做好账户开销及维护工作，严格落实现金集中清分配送、重控集中配送等要求。实行纸张等一般物品的市分行统一配送，在给基层机构减压的同时，有效减少了风险隐患。对全行各类印章进行了清点核查，规范了涉密载体、保密事项的管理。（赵更生）

**【“平安网点”创建活动】** 2009年，建行运城分行开展了“降差错、防风险、促规范、保质量”活动，柜面业务差错率得到有效控制。修整完善了各机构消防设施，认真组织开展自助机具运营安全防范活动，制定了自助机具班前班中班后巡查制度，从细安排，从实督查。24个行处被授予“平安网点”，“平安网点”创建率全省系统最高。（赵更生）

**【风险防控管理】** 2009年，建行运城分行继续加大风险防控管理，选优配齐了会计主管、柜员主管、风险经理和纪检特派员等四类管理人员，充分发挥各个管理层次在风险防控方面的作用。通过远程监控、现场检查、日常督导、事后稽核等方式，及时发现存在问题和疑点，强化审计问题整改，加大责任处理力度。对自办业务等违规行为进行了严肃问责，继续坚持积分管理定期通报制度和“橙、黄、红”警示制度，全年共发现处理轻微违规行为为138人次，积分288分，行政处分19人次。通过学习教育、查找隐患、制定整改措施、检查落实，梳理工作中存在的风险漏洞，实时防查，及时整改，确保了全年“零案件”。（赵更生）

**【企业和谐文化建设】** 2009年，建行运城分行坚持以人为本，在全行营造积极向上、团结稳定的和谐氛围。高度重视发展青年党员工作，发展党员、预备党员各11名，不断改善党员队伍的结构和分布，不断提高基层党组织的凝聚力和战斗力。加大培训力度，关心员工健康和个人发展，关爱离退休老干部。组织丰富多彩的群众文体活动，陶冶员工的情操。发挥互助基金的帮扶作用，积极履行社会责任。全年慰问困难员工79人次，发放慰问金8.2万元。捐款1.6万元，帮助受雪灾的运城农民群众渡过难关。大力开展红梅示范点创建活动，结合“两度”测评及神秘人检查，对网点和机关服务内容进行了细化深化，通过严格规范管理，强化服务意识，提高了办事效率，增强了全行服务客户的水平。（赵更生）

**【领导班子建设】** 2009年，建行运城分行领导集体坚持从自身做起，正视当前业务发展中存在的矛盾和问题，积极寻求和探索解决之道，讲实话，办实事，求实效，带领大家踏踏实实地往前走。深化干部交流制度，进一步加大各级班子的建设力度。对6个基层机构的主要负责人和18名委派会计主管进行了交流，促进了业务发展和风险防范。加强各级班子成员之间的交流和沟通，充分开展批评与自我批评。在重大事项的决策上，集体酝酿、讨论，提高透明度。深入开展党风廉政建设和反腐倡廉警示教育活动。认真执行领导干部廉洁自律各项规定，在全行营造出廉洁奉公、务实高效的良好风气。（赵更生）

## 中国农业银行运城分行

**【概况】** 2009年，农行运城分行本外币各项存款余额达122.64亿元，市场份额第二，较年初增加13.41亿元，市场份额第三;各项贷款余额41.44亿元，较年初增加7.66亿元；实现中间业务收入4410万元，同比增加137万元，完成省分行年计划5481万元的80.46%；全行实现拨备前利润9926万元，完成年计划7917万元的125.37%，实现拨备后利润为–5121万元，较年计划–7130万元减亏2009万元。同时，多次与政府部门及土地部门协调沟通。全行房地产确权、换证工作达双100%，全面完成任务。（李跃平）

**【服务“三农”工作】** 2009年，农行运城分行服务“三农”工作取得明显进展。先后推出了“公司+惠农卡+养殖户”、“购机农户+惠农卡+机具抵押”、“烟叶订单作业”、“农资企业+惠农卡+经销户”等贷款模式。到12月末，全行发行惠农卡86252张，完成省分行计划任务84400张的102%。其中激活80145张，激活率达92.92%；完成惠农卡授信988户，授信金额3076万元，已向925户出贷2825万元；全行涉农贷款余额23.22亿元，占全行贷款总余额的56.03%。（李跃平）

**【营业网点硬件建设改造工作】** 2009年，农行运城分行加快营业网点硬件建设改造工作。永济大楼分理处装修已接近尾声，监控设备到位后将全部竣工；解州分理处已完成工程量的70%以上；北城支行营业部工程队已进驻；学苑路分理处正在做设施搬迁和临时办公设施的安装等准备工作；禹都支行营业部新址装修已于12月28日开过交底会；其余2个营业网点已做好开工前的各项准备工作。（李跃平）

【自助银行安装布点工作】 2009年，农行运城分行加快自助银行机具安装布点工作。永济许家营工业园区自助银行已完成装修工作，盐湖城区自助银行安装地点已确定为市医院，正准备装修。计划新布放的4台ATM机、6台存取款一体机，已全部运送网点。（李跃平）

【内训师培训工作】 2009年，农行运城分行年初就成立了内训师队伍，通过内训师的层层扩展培训，使新的经营理念、服务规范、业务流程等为一线员工所熟知和应用。五月份对全辖44个网点主任及城区行大堂经理总计65人进行了培训，培养了规范化服务内训师9名，其中1名已被省分行评为全省优秀内训师。（李跃平）

【样板网点导入工作】 2009年，农行运城分行加快样板网点导入工作，进一步提高营业网点优质服务水平。并对城区网点进行明察暗访，通过调研，选择分行营业部作为全区的标杆网点，于六月下旬对分行营业部进行了网点文明标准服务导入。从七月份开始，对剩余的11个城区网点和河津支行4个网点进行了逐一导入。到12月末，全行已导入网点16个，占全行44个网点的36%。此举受到省分行的一致好评，受到了运城市电视台《每日金融》栏目的关注，并做了专题报道。（李跃平）

【营销个人优质存款】 2009年，农行运城分行大力营销个人优质存款。(1)对全行所有网点的PCRM系统操作人员和分管行长134人进行培训，3月18日完成了全市所有网点PCRM系统的上线工作。(2)全面做好金穗通宝贵宾卡发卡工作。在全行17个支行44个营业网点开展了金穗通宝贵宾卡发放工作。同时，在所有营业网点都设立了贵宾理财室、贵宾服务窗口等贵宾客户的专属服务区，并由专人负责贵宾客户的接待、服务工作。到12月末，全行共发放金穗通宝贵宾卡250张，其中钻石卡21张，白金卡147张，金卡82张；全行人民币个人存款余额81.69亿元，较年初增加8.97亿余元，完成省分行下达年计划16.2亿元的55.37%。（李跃平）

【营销对公存款】 2009年，农行运城分行大力营销对公存款。在继续做好烟草、中石化、通讯、电力、交通等存款大客户维护管理工作，增强存款后劲的同时，客户部门积极上门公关，行领导亲自拜访洽谈，收到了良好效果。4月份，南风集团与中国盐业、丰喜肥业与阳煤集团等近十家企业与行业旗舰企业进行合作重组。分行紧紧抓住这一契机，全面加大营销力度，先后营销回了阳煤丰喜肥业有限公司、亚宝药业有限公司等优良客户。（李跃平）

【大客户基本账户管理】 2009年，农行运城分行全面加强对大客户基本帐户管理，通过对资金往来、货款归行的监管，使大客户最低货款归行率不小于本行信用占比，确保本行对公存款市场份额不减少。截止12月末，全行人民币对公存款余额40.95亿元，较年初增加4.44亿元，完成省分行下达年计划8.57亿元的51.81%。（李跃平）

【营销集团性贷款项目】 2009年，农行运城分行大力营销集团性贷款项目，努力拓展大项目。从年初开始，分行党委就明确了“紧紧抓住各级政府加大投资力度，全力保增长、保民生、保稳定的契机，大力营销本地区启动的重点工程项目贷款”的工作思路。市分行党委班子成员多次向市委党政府主要领导汇报工作，多次与政府有关部门、项目主体召开座谈会进行积极沟通，多次下乡调研、指导、帮助基层行营销项目。一季度全行新增贷款就达到7.18亿元，春天行动取得良好开局。阳煤丰喜集团3亿元、运城豪德贸易广场项目贷款1亿元都已投放，亚宝药业6000万元项目贷款投放到位。到12月末，在市“银企洽谈会”上签约的32个项目32.52亿元中，已实际投放24个21.68亿元。闻垣高速公路4亿元周转贷款和华润啤酒有限公司1.5亿元项目贷款总行已经批复，高速公路周转贷款已出贷1个亿，其余7个项目正在做资料准备工作。同时，营销的南风集团、山西铝厂、运城机场等4.3亿元项目贷款，也已上报总、分行等待审批。（李跃平）

【优质中小企业综合授信工作】2009年，农行运城分行积极拓展优质中小企业综合授信工作。重点营销符合产业政策、环保政策、科技创新、有市场、有效益、有发展前景的中、小企业客户。对运城安得利有限公司综合授信800万元，彩虹集团授信4700万元，均已发放。山西迎太塑料有限公司综合授信3000万元，运城天佳实业有限公司综合授信1500万元，运城天王台混凝土有限公司综合授信800万元，相关调查工作正在积极进行。（李跃平）

【存量客户营销维护工作】2009年，农行运城分行切实加强存量客户营销维护工作。为海鑫集团授信5亿元，曙光集团3个亿，通达集团1.8亿元，山西高义煤化有限公司6000万元、山西翔宇化工有限公司3000万元，龙飞有色金属公司2000万元，河津达康铸业6000万元。通过优质、高效的服务，进一步优化了全行信贷结构，增强了客户对分行的依存度，使分行优良客户基地得到进一步壮大。到12月末，全行各项贷款余额41.44亿元，较年初增加7.66亿元。（李跃平）

【银行卡营销业务】2009年，农行运城分行大力营销银行卡业务。经过多次上门协商和宣传，和全市唯一的一个五星级酒店——运城金鑫大酒店、运城市餐饮行业的旗舰店——今日海港大酒楼签订了合作协议，使用农行卡刷卡消费时将享受最低的折扣和优惠；和全市最大的超市——运城华联购物广场达成协议，在5.1期间开展了联合促销活动，对贷记卡的营销起到了很好的促进作用。同时，加大对信用卡、特约商户营销的考核激励。每发一张卡、客户成功激活奖励各级营销人员工资30元，对客户奖励20元电话卡或等值礼品。仅一季度，全行就发行公务卡3396张，净增量全省第一，完成任务情况排名全省第二。截止12月末，全行借记卡发卡量535075张，较年初净增84226张；贷记卡8096张，较年初净增5841张；新增有效特约商户89户，收单收入达201万元。（李跃平）

【网银业务拓展】2009年，农行运城分行积极拓展网银业务。通过散发传单、产品手册等方式向社会大众普及网上银行业务知识。同时，组织骨干人员深入企业，有选择地开展重点公关。截止12月末，全行发展网上银行个人客户达24984户，新增10407户；企业客户586户，新增342户；全年网银交易额达391.21亿元，同比增加98.35亿元；在全辖17个支行全部开通转帐电话业务，共安装转帐电话1852台。（李跃平）

【代理保险业务】2009年，农行运城分行大力营销代理保险业务。年初，经过网点竞标，寿险业务分别由中国人寿、太平洋人寿、新华人寿、中保人寿四家寿险公司合作运营。4月份分行继续与中国人寿开展2009年二季度业务竞赛，使全行的期缴业务有了快速的发展。截止12月末，全行代理保险手续费收入346.37万元，完成省分行下达全年手续费收入计划420万元的82.47%。（李跃平）

【投行业务营销】2009年，农行运城分行大力营销投行业务。通过努力，已与海鑫集团、忠民集团、通达集团3个客户成功签订了财务顾问服务协议，实现投行业务收入518.32万元，同比增加197.99万元。同时，在现金管理业务方面，及时做好对已上线18个客户的维护和服务工作，实现了系统性大客户的主要结算由分行办理，不断增加分行的中间业务收入。到12月末，全行现金管理累计交易金额达40.3亿元。（李跃平）

【服务“三农”试点工作】2009年，农行运城分行扎实推进服务“三农”试点工作。到12月末，全行发行惠农卡86252张，完成省分行计划任务84400张的102%。其中激活80145张，激活率达92.92%；完成惠农卡授信988户，授信金额3076万元，已向925户出贷2825万元；全行涉农贷款余额23.22亿元，占全行贷款总余额的56.03%。其中，对国家级龙头企业忠民集团发放贷款2.12亿元；为河津海尔公司发放“家电下乡”贷款1610万元。（李跃平）

【服务“三农”专题调研】2009年，农行运城分行积极开展服务“三农”专题调研。正月十六，市分行党委主动邀请了市农业局、林业局、畜牧局、农机局、果业局、水利局等部门的局长召开新春座谈会，了解涉农部门的现行惠农政策和产业现状，并与六个涉农市局达成了全面合作的意向；市分行“三农”业务调研组先后40余次就惠农卡发卡及授信、农户小额贷款发放、支持中小企业和农业产业化龙头企业发展等课题在全辖开展调研。6月1日，调研组永济市城西办事处西姚温村就发展大棚（日光温室）蔬菜进行专题调研，召开了调研座谈会。（李跃平）

【惠农卡发放业务培训】 2009年，农行运城分行不断加强惠农卡发卡业务培训。由农贷处和银行卡部组成授课组，从惠农卡的发卡流程、章程、授信程序等内容着手对各支行惠农卡营销队伍进行逐行培训。上至行长、分管行长下至环节干部、普通客户经理，从惠农卡发卡、激活到授信、出贷、贷后管理、自助功能使用各个环节进行了详细讲解，对授信前至关重要的访谈调查从谈话技巧到注意事项做了细致的辅导。内部不定期地编写《三农业务进行时》，对好的经验及时总结，对出现的问题进行通报。（李跃平）

【惠农卡发放调研】 2009年，农行运城分行加大惠农卡发放调研力度。市分行组织70余名客户经理对全市“三农”经济情况进行了逐乡、逐村、逐户的调查，及时锁定惠农卡的发卡范围和对象；各支行因地制宜，一县一策，制定了个性化的服务“三农”方案和县域“三农”金融服务手册，形成了“三农”金融生态图谱；建立了由2000余户农户、600余个农村专业合作组织、1427家农业产业化龙头企业和县域涉农小企业组成的“三农”客户信息库。夏县支行跟进政府土地流转工作对南大里村的新式大棚蔬菜生产农户给予了集中支持，找到了服务“三农”的切入点，取得了良好的社会效应；稷山支行主要支持了一批已有多年收购麦草经验的有经营头脑的“农村能人”；其他一些经济相对发达的县市则选择已经有规模的个体经商户作为支持重点。（李跃平）

【惠农卡授信监管】 2009年，农行运城分行加大惠农卡授信监管力度。要求12家经营行对已办理的“三农”个人业务进行一次全面自查。三农部实地调阅各种资料，进行认真排查，并对已授信农户及担保人进行不定期的电话回访，判断客户经理对农户的总体评价是否存在较大偏差，是否在用心收集和贷款相关的各种信息，对每一笔贷款的收益风险预测水平如何等。（李跃平）

【创新农户贷款模式】 2009年，农行运城分行积极创新以惠农卡为载体的农户贷款模式。(1)依托龙头企业的带动，积极探索“公司＋惠农卡＋养殖户”贷款模式。(2)依托国家对购买农机具补贴政策，积极探索“购机农户＋惠农卡＋机具抵押”贷款模式。(3)依托平陆县烟叶生产规模优势和订单作业的支撑，积极探索“烟叶订单作业”贷款模式。截止12月末，粟海公司推荐的803户养鸡户信息已经下发到各支行，永济支行第一批5户养鸡贷款50万元已发放到养殖户；临猗支行50多户农机购机户的基础资料准备到位，并已向2户农机具抵押户发放贷款3万元；平陆支行对700多户烟农进行入户调查，并为75户种烟农户已发放贷款138.7万元。其它各支行针对不同区域的实际，对农户小额贷款也进行了积极探索。北城支行“农资企业＋惠农卡＋经销户”的模式和垣曲支行“农副产品加工企业＋惠农卡＋养蚕户”模式已经初步形成，正在进行完善和修订工作。（李跃平）

【支持农业产业化龙头企业发展】 2009年，农行运城分行在加大监管、防范信贷风险的同时，继续强化服务农业产业化龙头企业力度，确保分行在全市农业产业化龙头企业服务中的主体地位，并带动基地农户发展。(1)为山西忠民集团综合授信28000万元，为晋美油脂有限公司综合授信7000万元，为这些龙头企业提供一年期正常生产经营性流资贷款和季节性收购流资贷款，全年累计为忠民集团办理流动资金贷款达10笔25521万元；为山西粟海集团发放流动资金贷款2230万元。(2)结合农副产品加工型农业产业化龙头企业“公司＋农户”生产经营模式，创新服务，发放农户生产经营贷款，并结合农户惠农卡的发放，做实做全惠农卡功能，方便快捷其业务结算。（李跃平）

【中小企业信贷业务】 2009年，农行运城分行积极开展中小企业信贷业务，支持县域经济发展。深入到30余户中小企业客户作调研调查，客户涉及各类农副产品生产及加工型企业、其它各种类型加工制造业及商贸流通业，出具50余篇调查调研报告，发放中小企业短期流动资金贷款13户15笔5790万元，办理银行承兑汇票3户4笔1915万元。其中为河津市海尔专卖有限公司综合授信1870万元，新增流资贷款1610万元；为山西凯盛肥业有限公司新增流资贷款800万元；

为山西卓里集团有限公司综合授信2350万元，发放流资贷款1350万元。（李跃平）

【扶贫助残贷款业务】 2009年，农行运城分行扎实做好扶贫助残贷款业务，积极承担社会责任。(1)作好运城豪德贸易广场建设项目贷款调查发放工作。省分行为该项目下发总额1亿元的固定资产贷款批复，已投放到位，按揭贷款已收集客户资料80户，其中调查完毕正在办理抵押登记手续的5户8套。(2)作好2009年度省残联推荐贷款项目调查工作。山西德信隆化工有限公司1000万元贷款项目已审批发放，山西凯盛肥业有限公司1000万元贷款项目已上报省分行。（李跃平）

【不良贷款清收】 2009年，农行运城分行多法并举，全力清收，不良贷款余额和占比顺利实现“双下降”。到12月末，全行不良贷款余额为76379万元，绝压4550万元，完成省行下达年绝压任务2700万元的168.5%；完成不良清收8110.2万元，占省行下达年清收任务5406万元的150%；不良占比18.43%，比年初23.95%降低5.52%。（李跃平）

【多法并举抓清收】 2009年，农行运城分行不良贷款余额8.1亿元，占年初贷款余额的近四分之一。不良绝对额占全省30亿的近三分之一。巨额不良资产仍是制约本行业务发展的沉重包袱。对此全行上下多法并举，奋力拼搏，继续把加大清收不良贷款作为挖潜增效提高全行盈利水平的主要措施。信贷、相关前台、风险部门共同配合，协同作战，深入客户，研究具体的清收措施和办法，在全行形成抓清收的良好氛围。（李跃平）

【建立委托资产清收激励机制】 2009年，农行运城分行对委托资产清收处置实行奖罚严明的激励机制。7月27日省行会议之后，全行对委托资产清收在省行奖励0.9%的基础上，又拿出200万元费用，按3.6%奖励委托资产清收。对完不成年任务80%的支行按欠任务绝对额的1%扣减费用指标。完成年任务且排队前三名的支行分行奖励5、3、2万元。（李跃平）

【实施委托资产清收末位淘汰制】 2009年，农行运城分行根据委托资产总额建立了不少于4人以上的17个专业清收处置小组。对委托资产清收实行一把手负总责，分管行长具体抓，分层次明确客户经理管理职责。并不断加压，落实措施，采取强硬行政组织措施确保任务完成。11月上旬针对委托资产清收进度萎缩不前的现状，分行又召集支行行长、分管行长专题会议，明确规定12月20号前对未完成任务排名最后的支行行长、分管行长末位淘汰，倒数第二名由行长写出书面检查，接受问责，限期年底完成，否则分管行长年底末位淘汰，倒数第三名扣除班子成员全年绩效考核效益工资。（李跃平）

【处置有效抵押资产清收】 2009年，农行运城分行抢抓时机，依法合规全面实施有效抵押资产公开拍卖变现处置。各行对剥离资产有效易变现的抵押物进行筛选，在选准对象的前提下，实施仲裁依法公开拍卖，最大限度收回不良贷款。闻喜、万荣、垣曲、新绛、永济、北城、禹都、稷山、平陆等八个支行采取此办法，仅11月份一个月处置有效抵押资产收回贷款2000余万元，占全年清收额4157.2万元的48.1%。夏县支行从担保单位扣收款项100万元，占该行任务的80%以上。全年共清收委托资产4157.2万元，仅11月、12月两个月就清收3622万元。完成省行全年任务5500万元的75.58%。（李跃平）

【信贷结构调整】 2009年，农行运城分行狠抓信贷结构调整。加大了对AAA级客户的贷款投放力度，全行AAA级客户占比为29.56%，同比提高了11个百分点。（李跃平）

【信贷审批体制改革】 2009年，农行运城分行从3月初就着手对信贷审批体制进行改革，选拔出1名独立审批人，14名专家委员，6名专职审查人员。同时，制定并开始实行新的信贷操作流程，简化了操作手续，提高了办贷效率。截止到12月末，各项贷款较年初增加7.66亿元，增量排队全省靠前。（李跃平）

【风险经理选拔派驻】 2009年，农行运城分行加快风险经理选拔和派驻。在省行的统一安排下，经过层层推荐和严格考试，在全市选拔了18名同志担任驻县风险经理。并制订了适合分行实际的操作规程和培训计划，对这些驻县风险经理进行专业培训。（李跃平）

【建立客户风险报告制度】 2009年，农行运城分行建立了客户风险报告制度和客户名单制。对全行现有的89户存量法人客户逐户明确客户经理和贷后监管责任人。其中:市分行22户，支行67户，全面加强了对全行法人客户的管理。

（李跃平）

**【实施贷审会网上操作机制】** 2009年，农行运城分行对贷审会实施网上操作运行，规范了审议和表决操作的一些重点环节。截至年底，全年共召开贷审会42次，审议贷款57笔，金额148516万元；审议承兑汇票20笔，金额30565万元。

（李跃平）

**【实行领导干部廉洁自律提示制度】** 2009年，农行运城分行严格实行领导干部廉洁自律提示制度。全年对副科级以上干部45人寄送了《廉政提示函》，从5个方面提示他们廉政从政，力争从源头上杜绝各类问题的发生。（李跃平）

**【落实党风廉政建设暨防范案件责任制】** 2009年，农行运城分行全面落实党风廉政建设暨防范案件责任制。在年初工作会议上市分行党委和全辖17个支行党委（总支、支部）签订了《2009年综合治理责任书》；市行纪检书记与各处室负责人签订《2009年党风廉政建设责任书》，严格实行百分考核和责任制追究。（李跃平）

**【完善干部廉政档案】** 2009年，农行运城分行落实党内监督制度，充实和完善干部廉政档案。全年共有105人进行了述廉，其中副处级以上干部4人，副科级以上干部101人。新建和完善副科以上干部廉政档案101份，辖内各支行对106名股级干部建立了《廉政档案》。（李跃平）

**【执行“约见谈话”制度】** 2009年，农行运城分行认真执行“约见谈话”制度。6月和11月份，市分行纪委书记分别与17个支行的主要负责人进行了谈话。通过询问被约谈人配偶的工作情况、子女的学费、生活费的支出情况等生活细节，了解其家庭收入与支出是否相符；通过询问被约谈人的业余爱好、双休日的安排等，了解其“八小时”之外的活动圈等。

（李跃平）

**【强化合规教育】** 2009年，农行运城分行不断强化合规教育。(1)认真开展“遵纪守法光荣、违规违纪可耻”主题教育活动和2009制度执行年活动。制定了活动方案，召开了动员大会，统一印制了学习资料下发到各部门，并在学习结束后对员工学习笔记进行了集中展评、围绕学习内容出了考试题。(2)认真组织开展警示教育活动。6月8日，机关副科级以上干部参加了银监局组织的“银行业案件防控警示教育大会”，会上听取了运城市人民检察院检察长作如何预防职务犯罪的报告及金融系统服刑人员的现身说法；8月27日，全体党员干部前往运城市廉政警示教育基地接受教育，认真观看了古今廉政楷模图片，典型腐败案例；9月25日，全行副科以上干部共52人参观了银监局主办的“银行业反腐倡廉警示教育展览”，全行领导干部受益颇深。

（李跃平）

**【成立案件专项治理工作领导组】** 2009年，农行运城分行成立以行长任组长的案件专项治理工作领导组，下设案件风险排查、会计结算、印章管理、外欠款项专项整治、员工不良贷款和不良透支专项整治、虚假住房按揭贷款、虚假汽车消费贷款专项整治、违规车辆专项整治等七个治理工作小组。同时，要求辖内各支行均成立相应的领导组织和工作机构。全行上下形成了“一把手”亲自抓、分管领导具体抓、监察部门牵头、有关部门协调配合，齐抓共管的工作机制。

（李跃平）

**【制定案件专项治理工作实施方案】** 2009年，农行运城分行制定出台了《中国农业银行运城分行2009年案件专项治理工作实施方案》，明确治理的目标、内容、重点、步骤、具体要求等，为全行案件专项治理工作的顺利开展提供了行动指南。（李跃平）

**【多次召开会议部署案件专项治理工作】** 2009年，农行运城分行先后多次召开会议部署案件专项治理工作。年初工作会议上，行党委就对全行案件专项治理工作进行安排部署；在5月20日召开的业务经营推进会议上，再次把案件专项治理作为一项重点工作进行了强调安排，进一步统一和提高了全行员工的思想认识。6月9日，又组织召开支行行长会议，就自查情况进行再次专题汇报，并结合会议的贯彻进行再部署、再安排。（李跃平）

**【案件专项治理“六定”工作法】** 2009年，农行运城分行案件专项治理继续推行“六定作业”工作法，确保每一项治理工作在市分行有专人在条线上负责，在基层有经营行承担具体任务的执行，建立横向到边、纵向到底的工作网络，形成一级抓一级、一级带一级层层抓落实的工作机制。

（李跃平）

**【领导干部治理包片制】** 2009年，农行运城分行实行领导干部治理包片制度。规定在案件专项治理中，市分行党委成员包支行、支行党委成员包营业网点，做到“五个亲自”：定期亲自到营业网点查库；坚持亲自对部分大额存款账户对帐；亲自过问营业网点员工教育、制度执行情况；亲自核对抽查营业网点印、押、证管理情况和查看柜员业务处理录像；亲自对重点岗位、重点部位员工进行思想行为排查。明确五项重点，责任到位抓治理。在积极落实总、分行加强风险防控的各项部署和措施，认真开展业务经营自查自纠、集中审计“回头看”及后续整改等活动的同时，全行继续深入开展案件专项治理活动。（李跃平）

**【开展各种专项活动】** 2009年，农行运城分行不断开展各种专项活动。在全行全面推广了“指纹认证系统”，有效解决了柜员签到及主管授权时“密码不密”、“飞卡”、“混岗操作”等问题；对全行单位结算帐户和已清理帐户进行了全面合规性检查，确保了存量单位结算帐户和已清理帐户的合规性；开展了集中对帐签约活动，截止12月20日，全行重点账户（300万元以上）已签约1081户，完成应签约1195户的90.46%。组织了支付密码器集中推广活动，已推广236户，全面完成省分行任务。（李跃平）

**【实施网点整体接管工作】** 2009年，农行运城分行积极实施网点整体接管工作，自3月份起分别对禹都安邑营业所、临猗东街分理处、万荣东城分理处、河津北街分理处实施了整体接管；积极实施金库改造工程，全市多个金库都已改造完毕并通过了公安消防部门的验收。（李跃平）

**【违规车辆治理与外欠费用清理】** 2009年，农行运城分行在违规车辆治理中，共处置帐外、超编车辆52辆，已全部进行了公开拍卖。帐外、超编车辆全部清理完毕。外欠款项整治中，2008年以前发生的外欠费用36.8万元，已全部清理。

（李跃平）

**【维护职工切身利益】** 2009年，农行运城分行始终把维护职工切身利益作为大事来抓，尽力为职工排忧解难，为广大员工多办好事、多办实事，使员工自觉地关心农行，回报农行。(1)营造民主氛围。按照落实职权、程序规范、讲求实效的原则召开了职工代表大会，积极推行行务公开，把职工最为关心的人、财、贷事项向职工公开，努力疏通信息渠道，扩大知情权。(2)努力改善职工生活。重修了职工食堂，合理调整了伙食标准，实行了菜谱预告制，美化了就餐环境，注重职工伙食的多样性和色香味美，为职工提供了安全、方便、可口的膳食，为其安心工作创造条件。(3)切实为职工排忧解难。每逢职工及离退休职工遇到工作和生活方面的暂时困难；每逢春节、“三八”妇女节、“五一”劳动节等重大节日时，市分行党委都会进行上门慰问，及时解决问题送去温暖。全年共慰问生病住院的职工60余人次。（李跃平）

**【企业文化建设】** 2009年，农行运城分行进一步加强企业文化建设。全面落实总、省行企业文化建设要求，开展了一系列形式多样的教育和文体活动。在全辖组织开展了“遵纪守法光荣，违规违纪可耻”主题教育活动；市分行机关举办了“庆五一、迎五四”乒乓球和羽毛球比赛；组织了全市女职工“爱我农行”主题演讲比赛和女性健康知识讲座；在全市青年员工中组织开展了“多读一本书，多提一个建议”活动；组织开展了运城分行近年来组织的规模最大、选手最多、实力最强的业务技术比赛，并且在省分行组织的全省农行业务技术比赛中取得了团体第一的好成绩；积极开展唱红歌和体育项目训练，并在9月19日省分行组织的运动会和红歌比赛中，分别夺得了“精神文明奖”和“二等奖”。

（李跃平）

**【维护稳定和信访矛盾化解工作】** 2009年，农行运城分行继续做好维护稳定和信访矛盾化解工作。按照“谁主管、谁负责”和“属地管理、分级负责”原则，多次通过谈话、劝阻等方式将矛盾和问题解决在当地。同时，积极组织开展各种送温暖活动，关心生活困难的员工，尊重员工的民主权利，消除各种不和谐因素，为全行的科学发展营造了一个团结向上、和谐共进的好环境。

（李跃平）

**【委托资产清收尚有差距】** 2009年，农行运城分行尽管全行自营不良贷款绝压、货币清收完成了省行任务的168.5%和150%，但在全省排队仍在最后一名；委托资产清收完成年任务的75.6%，是全省4家没有完成任务的分行之一，因此一定利润被扣减。（李跃平）

【资产业务拓展缓慢】 2009年，农行运城分行与同业比，各项贷款余额40.64亿元，在全市排名最后。与系统比，股改时全国农行剥离不良贷款8000多亿元，2009年新增贷款约1万亿元，已超过了剥离前的水平；全省农行剥离不良贷款215亿元，新增142亿元，已占剥离贷款的66.05%，而分行剥离不良贷款27亿元后，仅新增了8亿元，占比不到30%，差距很大，已影响到了全行员工的吃饭问题。（李跃平）

【主要业务指标市场份额较低】 2009年，农行运城分行主要业务指标在四大商业银行中的份额较低。截至年底，全行各项存款（不含同业）较年初净增13.41亿元，市场占比21.99%，排在工行（30.53%）和建行（26.79%）之后，排名第三;全行实现中间业务收入3933万元，市场占比同样靠后。

（李跃平）

## 运城市农村信用联社

【概况】 2009年，全市农村信用社各项存款余额达252.61亿元，较年初净增35.54亿元，增长16.4%，完成全年计划的101.55%，市场份额为30.51%，存款总量稳居全市金融机构之首。各项贷款余额167.53亿元，较年初增加17.75亿元，增长11.85%；其中农业贷款余额为139.4亿元，较年初净增15.73亿元，增长12.72%，占比83.2%。全辖累放各项贷款96.85亿元，其中累放农业贷款83.51亿元，占比86.2%；其中累放农户贷款61.26亿元，占比63.2%，累放农业经济组织贷款10.03亿元，占比10.4%，圆满完成了“支农惠民行动计划”。实现各项收入13.52亿元，其中贷款利息收入11.24亿元；各项支出12.69亿元；实现经营利润25353万元；全辖13个统一法人县联社（合行）全部实现盈余。（李　峰）

【产权制度改革】 2009年，全市农村信用社产权制度改革顺利完成。年末，除河津已于2007年成为全省唯一一家农村合作银行外，全市12家县联社已全部实现以县为单位的统一法人改革，并挂牌开业。

（李　峰）

【央行票据兑付】 2009年，全市农村信用社央行票据兑付全部到位。全市13家联社（合行）全部成功兑付专项央行票据70753万元，并按照银监部门要求，扎实做好后续监测；全市共到位返还保值贴补10309万元，返还免征税金6222万元，较好地完成了省联社下达的年度改革计划。（李　峰）

【健全法人治理结构框架】 2009年，全市农村信用社法人治理结构得到改善。全市13家县级联社（农合行）全部搭建起了“三会一层”的组织管理框架，明确了“三会一层”的职责边界，建立健全了相关内控管理制度，增强了理事会的决策能力、监事会的监督能力、经营层的经营管理能力，初步形成了决策、监督和执行相互制衡的运行机制。（李　峰）

【重组县级联社组织架构】 2009年，全市农村信用社重组县级联社组织架构。所有县级联社均成立了“三会四部”：即信贷资产管理委员会、贷款审批委员会、不良贷款责任听证复议委员会、信贷管理部、个人客户部、公司客户部、风险资产管理部。同时基层信用社分别按客户类型分为“农村型”、“城区型”两个类型并重新调整服务功能和布局，重新构建能够为农民提供优质服务的组织架构。（李　峰）

【信贷集约化、精细化管理】 2009年，全市农村信用社实施信贷集约化、精细化管理。在信贷管理上实行了正常和不良贷款两大阵营齐头并举、双管齐下，相互制衡、协调运行，促进了信贷资产质量的根本性好转。通过信贷资金统一使用，信贷操作统一流程，贷款利率统一定价，业务经营统一考核，经营效益统一核算等“七统一、一出口”的分级授权经营管理，实现了机构管理扁平化、业务管理垂直化，缩短了决策链条、减少了传导节点、提高了管理效能，促进了贷款集约化、精细化管理。（李　峰）

【实行层层授权经营】 2009年，全市农村信用社对各级实行层层授权经营。要求各县联社50万元以上贷款、河津农合行超100万元以上贷款，要上报市联社咨询备案。对50万元以下(含50万元)贷款、河津农合行对100万元以下(含100万元)贷款发放，要结合实际逐级向基层授权、审批发放。以此确保全市农村信用社有效管控信贷风险，提高了信贷资产质量，促进了业务规范化经营。（李　峰）

**【“收储、收贷、收息”活动】** 2009年，全市农村信用社积极审时度势，利用二、三季度在全市开展了一次以“收储、收贷、收息”为核心的“三收”工程活动，组织动员全辖广大干部职工，集中精力，振奋精神，克难攻坚，扎实苦干，在全辖大打一场收储、收贷、收息攻坚战，掀起了一场“比贡献、争先进、创佳绩”的劳动竞赛热潮，确保了各项存款持续增长、资产质量有效改善、经营效益大幅提升。全市共组织存款29亿元，收回贷款利息7.9亿元，超额完成“三收”工程任务，为实现全年经营目标打下了良好的基础。（李　峰）

**【强化营销措施】** 2009年，全市农村信用社面对金融危机冲击和农村金融市场竞争环境日益复杂的严峻形势，采取扩大宣传、强化考核和积极营销等一系列有效措施，努力实现各项存款持续快速增长，最大限度壮大经营实力。全市信用社在利用好常规吸储方法的同时，采取正常上升一部分、竞争回流一部分、深挖大户一部分、开户增存一部分等措施，深挖市场潜力，控制资金分流，多策并举确保存款稳定增长。（李　峰）

**【劳动用工制度改革】** 2009年，全市农村信用社继续深化劳动用工制度改革。大胆实践、精心组织，周密部署、扎实工作，确保了此项改革工作的顺利完成。全市共分流员工402人，清退冗员68人，内退221人，有偿辞职33人，清退2007年底以后业务岗位临时工80人。同时对各联社职能部门进行了重组，统一设置为13个部门。通过重组组织架构，转换经营机制，打破员工身份界限，实行全员竞聘上岗，取消结构工资制，实行薪点工资制，真正做到了干部能上能下、员工能进能出、工资能高能低，员工的危机意识明显增强、干部队伍结构明显优化、县联社职能全面转型、用工管理进一步规范、薪酬考核机制得到改善，初步构建起了与现代金融企业相适应的人力资源管理制度体系，为全市农村信用社向现代化金融企业转型奠定了坚实的基础。（李　峰）

**【联社市县两级班子建设】** 2009年，省联社党委对市联社班子成员进行了两次调整，进一步充实了领导班子。同时，市联社党组积极配合省联社党委对各县联社班子先后进行了两次大的调整和交流。按照“两个依靠”、“三个推荐”原则，对各县联社班子调整均做到公开透明，民主规范，任人唯贤，进一步改善了选人用工渠道，充实了县级联社领导班子。（李　峰）

**【创建学习型机关】** 2009年，市联社党组十分注重加强各级领导班子和党员干部的政治理论学习，并积极改革完善现有的学习方式，使理论学习更具有针对性、实效性。首先，制定了切实可行的学习制度，党组学习中心组每季度集中学习2~3天，使理论学习制度化、经常化。第二，领导干部主动挤出时间抓好业余自学，带动党员干部的学习积极性，努力创建学习型联社。第三，坚持学用结合，把对科学发展观的学习同推动农信社发展结合起来，发扬理论联系实际的学风，带着问题学习和思考，努力提高解决具体问题的能力，尤其是运用科学发展观指导农信社发展的能力。（李　峰）

**【党风廉政建设】** 2009年，市联社党组不断加强党风廉政建设。建立了良好的激励机制，推广宣传先进典型，保持奋发有为的精神状态。各级班子成员自觉遵守中央、省委、省联社关于廉洁自律的规定，自觉接受监督，自觉抵制不良诱惑，慎重对待手中的权力，做到不徇私情，不谋私利。真正做到干干净净办事，堂堂正正做人，一身正气、一尘不染。（李　峰）

**【学习实践科学发展观活动】** 2009年，市联社党组非常重视开展学习实践科学发展观宣传发动工作。市联社和各县级联社共刊发活动专题简报122期；制作宣传版面260块；换写专题黑板报669块；悬挂活动标语500条；在报刊、网络刊登稿件182篇；利用当地电视台专题报道活动情况95次，营造出了良好的学习舆论氛围。（李　峰）

**【组织实施学习实践科学发展活动】** 2009年，市联社党组认真组织实施学习实践科学发展活动。印发了《深入学习实践科学发展观活动党员必读》，做到党员人手一册，并制定了学习培训计划。各联社组织开展了员工学习笔记和心得体会展评，聘请专家专题讲座 18 人次。市、县联社各级党组织组织集体学习 159 次，参训达 11942 人次，单位领导授课 98 次。（李　峰）

**【分片包县指导学习实践活动】** 2009 年，市联社党组分片包县指导学习实践活动。市联社抽调人员组成两个指导检查组分赴 13 个县联社进行检查督导，对不到位的要求“补课”，确保每一环节工作都能按照方案要求做好、做实、做到位。（李　峰）

**【带头开展学习实践活动】** 2009 年，市、县两级联社领导干部按照党员领导干部“五带头”的要求，以身作则，带头参加学习讨论、开展调研活动，开展民主生活会，指导本单位开展学习实践活动，调动了党员干部的学习热情。同时，组织广大党员，深入开展解放思想大讨论，认真梳理和查找影响科学发展的突出问题，把大家的积极性、创造性引导和凝聚到推动科学发展上来。（李　峰）

**【引深“求和谐树形象创佳绩”主题竞赛活动】** 2009 年，全市农村信用社以学习实践科学发展观为契机，进一步引深“求和谐树形象创佳绩”主题竞赛活动，层层召开动员会进行再学习、再动员、再部署，借助报纸、杂志等媒体加强宣传发动，采取组织座谈讨论、交流心得体会、开展思想大发动等多种形式，针对性地解决全体员工思想认识上存在的问题，将全员的思想和行动统一到省联社党委的决策部署上来。通过持续引深“求树创”活动，营造了和谐务实的工作氛围，树立了良好的社会形象，取得了较好的工作业绩。特别是在完善经营机制、优化资产质量、提高服务水平、防范化解风险、提高经营效益等方面创新思路、狠抓落实，开创了全新工作局面。（李　峰）

**【“支农惠民行动计划”宣传发动工作】** 2009 年，全市农村信用社不断加强“支农惠民行动计划”宣传发动工作力度。全市共播发广播 20000 余次，并要求社主任带头亲播，做到了“村村有广播，天天有声音，人人听得到”，取得众多农户最广泛的关注和理解。（李　峰）

**【村村设立“阳光信用工程宣传栏”】** 2009 年，全市共设立“阳光信用工程宣传栏”3438 个，责成专人定期更换内容，更换 13782 栏次。宣传内容主要涵盖农户评级授信的流程、标准及结果，支农惠民计划的内容、条件及政策，辖内包片的人员、电话及监督热线等等，让支农惠民工作更加透明、公正、公开。（李　峰）

**【借助多种媒体宣传支农惠民政策】** 2009 年，全市农村信用社借助多种媒体宣传支农惠民政策，进一步扩大支农惠民政策的社会影响力。全市共在各类报刊、电视、电台登载和播发有关惠农工程的稿件 1500 余篇（次），其中省级以上媒体播发 900 余篇（次），散发宣传材料 30 万份、悬挂横幅 3300 余条、刷写墙体标语 5600 余条，编发内部简报 420 期次，大大提高了农村信用社的知名度和信誉度。金融时报、山西日报、运城日报等党报要刊及省、市电视台，都分别进行了长篇幅、大版面、长时间的专访报道。（李　峰）

**【实施支农惠民计划考核办法】** 2009 年，全市农村信用社积极实施支农惠民计划考核办法。(1)市联社与县联社层层签订了目标责任书，按月对完成情况进行通报，促进了支农惠民计划的有效开展。(2)要求各级联社具体做到“四个靠前”：即农户调查靠前、评级授信靠前、贷款发放靠前、优惠政策靠前。(3)突出“两倾斜一稳定”。所谓“两倾斜”即：向农民倾斜、向农业产业化优质客户倾斜。“一稳定”即：稳定老客户。（李　峰）

**【实施“阳光放贷工程”】** 2009 年，全市农村信用社积极实施“阳光放贷工程”。就是将农户贷款的办理机构、信贷政策、办理环节、办理结果全面实行“阳光”作业，做到公开政策、公正评定、公开标准、简化程序，确保公开公正、公平透明，服务要更加贴近农户，有效解决农户贷款难问题。（李　峰）

**【全力做好抗雪救灾工作】** 2009 年，全市农村信用社全力支持受灾群众渡过难关，帮助受损设施农业恢复生产。市联社迅速行动，组织全市信用社深入调查摸底，紧急筹措资金，开通“绿色通道”，全力做好雪灾之后信贷帮扶工作，配合当地政府和有关部门投入到抗雪救灾、抢险救援之中。截至年底，全市农村信用社已发放抗灾减灾(不享受财政贴息)贷款 625 户，金额 627.62 万元。（李　峰）

**【支农惠民政策落实】** 2009 年，全市农村信用社狠抓支农惠民落实工作。两大目标进度情况基本良好，全市累计发放支农贷款 96.85 亿元，完成计划的 85.7%；为农民提供金融服务 93.6 万户，完成计划的 196.2%。（李　峰）

**【“七大工程”普惠三农】** 2009 年，全市农村信用社“七大工程”普惠三农。(1)“基地建设工程”有重点地支持了粮、棉、果、畜、菜等五大类 35 个基地（园区）建设，支持规模经营户 2412 户；(2)“龙头带动工程”有重点地支持了 219 个农业龙头企业，带动 187692 户农户增收；(3)“三社联动工程”有重点地支持 91 个农民专业合作社和 58 个供销社（流通企业），带动农户 26839 户；(4)“青年创业工程”重点扶持了 2559 名农村青年创业；(5)“农村信用工程”重点培育和扶持了 209 个示范信用村、59 个信用市场、2004 户信用商户、18 个新创建示范企业信用共同体；(6)“组织资金工程”全辖当年共新增存款 35.5 亿元，完成计划的 126.8%；(7)“盘活旧贷工程”全辖共清理盘活不良贷款 96879 万元，完成清降任务的 176.1%。（李　峰）

**【签订安全保卫目标责任书】** 2009 年，全市农村信用社强化安全教育，加强检查监督，防范操作风险，以人为本抓防范，三位一体保安全，营造出良好的安全经营氛围。并层层落实责任，市、县、社及员工逐级签订安全保卫三防一保目标责任书，基层营业网点与左邻右舍签订安全保卫联防协议，上下联动、齐抓共管，形成一个人人想安全、人人抓安全的良好工作局面。（李　峰）

**【“安全达标年”活动】** 2009 年，全市农村信用社大力开展“安全达标年”活动。在对上年安全评估检查验收中发现的问题进行全面纠改的基础上，全市农村信用社基础安全设施初步达标的营业网点（指柜台、防弹玻璃）已达 350 个，占到全市营业机构总数的 97%，安全防范系数大大提高。

（李　峰）

**【安全培训】** 2009 年，市联社不断强化安全培训工作。并举办了 2009 度年保卫人员安全业务培训班，对全市 137 名专职保卫守押人员进行了培训，重点学习了防暴枪使用、保养、射击常识、枪支管理法规等内容，并进行了实弹射击训练。

（李　峰）

**【加强安全检查】** 2009 年，市联社利用常规检查与节日突击检查相结合，先后组织开展了元旦、春节、五一等节假日安全检查和一季度定期检查，发现问题立即纠改，将问题消除在萌芽状态。全市农村信用社都制定有应急预案，守库、押运、交接款等都按规范操作，时时刻刻保持高度警惕，加强安全值班，提高防范意识，确保全市信用社无安全责任事故发生，为农村信用社的改革和发展创造了良好环境。

（李　峰）

## 农业发展银行运城市分行

**【加大信贷支农力度】** 2009 年，农发行运城市分行加大信贷支农力度，全行累计发放各类贷款 252377 万元，年末各项贷款余额达 482682 万元。(1)以传统业务为主体，确保粮棉油收购资金及时足额供应。累计发放各类粮棉油收购贷款 59545 万元，支持企业购进粮食 33020 万公斤，食油 39 万公斤，收购棉花 21363 担，较好地履行了农发行的政策性职能，保护了农民利益，促进了农民增收。(2)以农业开发和农村基础设施建设贷款业务为一翼。先后与市、县政府达成 8 大类 10 大项近 20 亿元的贷款意向。当年发放农村公路建设贷款 5900 万元，发放农业综合开发贷款 4900 万元，促进农业农村基础设施建设。(3)以农业产业化龙头企业为一翼，择优支持农业产业化龙头企业发展。全年累计为 79 个中小企业发放各类贷款 200858 万元，在全球金融危机的严峻形势下，支持企业战胜困难、渡过难关，健康发展。

（武克勤）

**【不良贷款清收处置】** 2009 年农发行运城市分行以提高信贷资产质量为目标，加大不良贷款清收力度，坚持做到任务、时间、责任人、措施“四到位”。将全市 158 个不良贷款企业全部进入清收处置程序。到 2009 年底，已经完成项目 100 个，金额 50694 万元，完成了省分行下达的保底清收任务 37959 万元的 133.5%。

（武克勤）

**【粮油购销企业信贷监管】** 2009 年，农发行运城市分行严格落实粮油库存监管措施，彻底杜绝传统粮棉企业的挤占挪用，基本实现了省政府确定的每县保留 1~2 个粮食收购企业改革目标。截至年底，全行传统粮食购销企业商品粮库点由上年同期的 183 个下降到 74 个。全市 13 个县（市）2008 年度前的商品粮库存全部实现了零库存管理。2009年度收购的小麦购销比和收贷比分别达到64%和62.3%，走上了良性循环的轨道。同时对棉花企业贷款全面推行第三方库存监管，首次实现了“双结零”目标，实现了历史性突破。（武克勤）

**【企业货款归行工作】** 2009年，农发行运城市分行严格落实货款归行管理，促进企业货款归行，从而扭转企业货款归行率低，资金体外循环的局面。全市58家商业性贷款企业累计归行货款77.3亿元，完成全年约定归行额度60.2亿元的128.4%。（武克勤）

**【强化市分行经营管理职能】** 2009年，农发行运城市分行扎实推进市分行经营管理基础平台建设。按照审贷分离原则，强化经营管理职能，成立了贷款调查、贷款审查和贷款风险监测三个中心，强化市分行经营管理职能。在加强信贷基础管理上，把好贷款准入关，严格贷款资格认定和企业信用等级评定。将风险防控的关口前移；严格贷款支付环节的监督，确保按用途使用贷款；完善贷款抵押担保手续，对民营企业贷款实行“双保险”；加强贷后管理，定期组织开展贷后评价，密切关注企业生产经营情况、监测贷款使用和现金流变化，提高了风险防控能力。

（武克勤）

**【会计基础管理】** 2009年，农发行运城市分行在加强会计基础管理上，围绕综合系统运行和推广综合柜员制改革，落实精细化管理措施，确保系统安全运行，提升会计核算水平。（武克勤）

**【完善业绩考核奖惩制度】** 2009年，农发行运城市分行在业绩考核方面，建立和完善各项考核奖惩制度。实行按月考核，按季兑现，扎实推进精细化管理，切实解决制度难落实、责任难追究、奖惩难兑现等管理难题。实行行长包片，科室包点，加大对县支行的工作指导和检查监督力度，基本实现了扁平化管理的目标。同时优化资源配置。在人力资源、财务费用和固定资产配备上向基层倾斜，增强支行经营前台和服务窗口作用。（武克勤）

**【县（市）支行改革工作】** 2009年，农发行运城市分行推行县（市）支行改革取得成效。改革选人用人机制，实行支行正副行长公开竞聘；积极推行县支行副职兼部门主管，实现全行干部人事制度改革新突破；全面开展县支行员工双向选择、竞争上岗；积极推行综合柜员制改革，实行试点先行，总结经验，全面推进。全系统12个县（市）支行全部改革到位，全面进入综合柜员制上线运行。（武克勤）

**【案件防控警示教育】** 2009年农发行运城市分行狠抓党风廉政建设责任落实，大力开展案防教育活动。通过开展案件防控警示教育活动，特邀市检察院的同志进行法律法规正面教育，由经济犯罪人员现身说法进行了反面教育，组织观看廉政教育图片展览等活动，把廉政警示教育活动引向深入。

（武克勤）

**【案件风险排查】** 2009年，农发行运城市分行认真开展案件风险排查，充分发挥审计、监察等部门的职能作用。组织监察审计部门对14个环节63个风险点进行了认真的排查，对部分县支行行长进行了异地交流，对重要岗位人员推行强制休假与岗位交流；同时全面落实党务、行务、财务“三公开”制度，确保了办事程序公开、透明。（武克勤）

**【违规违纪行为查处】** 2009年，农发行运城市分行从严查处违规违纪行为。先后组织审计、信贷、会计、监察等部门对新绛、绛县支行棉花贷款未结零问题进行了现场执法监察和责任认定，依据《中国农业发展银行违反规章制度行为处理暂行办法》有关条款，对相关责任人进行相应的党纪政纪处分，有效地提高了制度执行力和教育全体干部职工“遵章守纪、合规经营”的自觉性。

（武克勤）

**【员工队伍建设】** 2009年，农发行运城市分行不断加强员工队伍建设。扎实开展了“四好”班子创建活动和“争当合格党员”活动，充分发挥党员的先锋模范作用。认真开展了学习实践科学发展观整改落实“回头看”活动，对9个县支行12名班子成员进行调整充实。积极开展岗位培训和业务竞赛活动。围绕信贷基础管理和业务营销，会计综合柜员制改革和系统升级等重点工作，多次组织开展了信贷、会计新业务培训、档案管理培训、代理保险培训等活动，组织开展了“财会业务专业知识技能竞赛”和“客户经理贷款管理尽职记录”展评活动，促进全行人员业务

素质的提高。（武克勤）

【企业文化建设】 2009年，农发行运城市分行在办公室认真组织开展了“服务年”活动，推进内部管理规范化。组织开展形式多样的企业文化建设活动。通过开展迎新春职工联欢活动，“青年、责任、使命”主题演讲比赛，开展“迎国庆、唱红歌”比赛活动，充分展示了农发行员工团结向上、勇于拼搏的精神风貌，在全行上下形成一个风正、气顺、劲足、绩优、争创一流的良好氛围。

（武克勤）

## 中国邮政储蓄银行运城市分行

【概况】2009年，全市邮政金融业务收入完成1.89亿元，同比增长28.53%，其中全市邮储银行业务收入完成7815.13万元，同比增长50.15%，占全市总收入的41.25%，完成省行计划的100.2%。业务收入总规模列全省第二位，其中：储蓄业务收入4635万元，信贷业务收入1912.41万元，公司业务收入699.10万元，其它业务收入568.6万元，全年实现利润2155万元。（王秀军）

【信贷业务发展】 2009年，全市邮储银行大力发展农村市场，启动信用村镇建设，同时加快城区信用专业市场和信用商贸街区建设，实现小贷、个贷、质贷等业务的联动发展，强力推进信贷业务发展。全年小额贷款发放6611笔，发放金额达到3.62亿元，完成省行计划的103.66%，列全省第2位，贷款结余金额达到2.28亿元，列全省第1位，逾期率为1.23%，不良率为0.95%，均控制在省行要求范围内。全市发放小额质押贷款8981.48万元，其中银行发放6270.07万元，占比达到69.82%。个人商务贷款发放127笔，放款金额达到4076.5万元。二手房贷款发放8笔，发放金额139万元。（王秀军）

【公司业务发展】 2009年，全市邮储银行立足网络优势，以支付结算为切入点，突出做好专项资金、政府部门存款、社保类资金、企业类资金等四大项目营销活动。围绕“营销策划组织”与“客户服务管理”两条主线，进一步完善组织机构，做好专职营销队伍建设、营销激励政策落实和客户管理与维系等方面的工作。并重点做好市场调研与行业分析，充分发挥领导营销团队、经理营销团队和信息提供团队作用，全力实施资金大归集日均余额保障措施，实现净增与日均余额的双丰收。2009年，开立单位帐户633个，存款余额净增5.1亿元，列全省第6位，日均余额达到2.68亿元。（王秀军）

【储蓄业务】 2009年，在邮银双方的共同努力下，克服市场环境的不利影响，全市邮储余额稳步增长。截至年底，全市邮储余额总规模达到89.46亿元，其中银行余额达到28.19亿元。全市邮储净增余额达到7.37亿元，其中银行净增余额达到2.96亿元，邮储总余额市场占有率达到15.44%，列全市各金融机构第3位。（王秀军）

【绿卡业务】 2009年，全市邮储银行大力发展以卡为载体的各类支付结算业务，尤其是突出绿卡通、商易通和普通绿卡的市场拓展，不断优化和调整存款结构，有效拉动了活期比例的稳步提高，全市邮储活期比例达到45.28%，其中银行达到47.77%。全年全市绿卡发放达到193.58万张，其中银行发放62.88万张，卡均余额达到1529元；全市绿卡通发放达到4.11万张，其中银行发放2.42万张，卡均余额达到5181元；全市发展商易通客户达到2789户，其中银行发展客户达到1867户，户均余额达到3.26万元。（王秀军）

【理财中间业务】 2009年，全市邮储银行不断完善营销机制，加强理财营销队伍建设，变单纯做业务为发展业务时重点做好客户开发和维护，积极发展理财业务来吸引和稳定高端客户群，形成不同层次的客户群体，为全行理财基金业务全面发展奠定良好基础。全年全市代理保险业务代收保费3.8亿元，其中银行代收9506.89万元，全省排名第二；全市累计销售各类理财产品3.76亿元，其中银行完成3.01亿元，超额完成省行计划，列全省第五位；销售基金产品1.02亿元，其中银行销售9937.25万元，超额完成省行计划，列全省第4位。

（王秀军）

【审计专业化改革】 2009年，全市邮储银行积极推进审计专业化改革，在审计部设立二室一中心，进一步加强网点和机构专业化审计工作。完善制定全年内控管理岗位人员管理及考核办法，加强新业务检查，修订违规积分办法，加大违规

操作处罚力度。（王秀军）

【细化内控管理职责】 2009年，全市邮储银行每月召开内控管理质量分析会，进一步细化和明确业务、财务、安全、人力资源、渠道科技及风险合规等部门的内控管理职责。深入推进全市审计稽查工作，按月召开全市审计稽查人员月度工作质量分析会，规定必查的24个重点项目，细化明确了各级审计稽查人员检查的内容、频次。（王秀军）

【内控管理活动】 2009年，全市邮储银行扎实深入开展内控管理“四规范两促进”、“制度执行年”、“网点资金安全防范达标升级”等各项活动，有效发挥案件防控管理职能，防范操作风险，消除案件隐患。

（王秀军）

【非现场稽查工作管理】 2009年，全市邮储银行加强非现场稽查工作管理，充分发挥非现场电子稽查监控作用。在资金安全达标升级活动中，全市所辖网点资金安全防范达标率为94.1%，其中银行网点达标率为96.8%，全市AA级网点达到2008年达标网点总数的49.35%，其中银行网点占到23.38%。（王秀军）

【“合规管理年”活动】 2009年，全市邮储银行积极开展“合规管理年”活动，组织开展了小额贷款、反洗钱、机构合规风险评估活动。深化了各层面对合规工作的认识，提高了规章制度合规性和业务流程的标准化程度，提升了合规文化意识，营造出一种积极向上的合规氛围。针对储蓄业务网点人员的操作行为、公司业务的操作风险，小额贷款的贷后管理、借款合同的签订、信用风险等，及时下发风险提示。加强三级权限考核检查、责任追究、举报制度的落实。

（王秀军）

【构建安全管理网络】 2009年，全市邮储银行积极构建安全管理网络，各县支行配备专兼职安全管理人员，一类支行明确一名安全人员，与社会保安公司签订协议，每个网点配备两名安保人员，搭建自上而下的安全管理网，明确各级人员安全管理职责。（王秀军）

【安防设施建设和管理】 2009年，全市邮储银行不断加强安防设施建设和管理，对安防设施进行全面的扩容改造，新增监控主机20台，报警主机21台，摄像头153个，移动金库3个。同社会专业公司签订监控报警设备日常维护维修合同，确保安防设施正常运行。

（王秀军）

【安全防范专项检查】 2009年，全市邮储银行加强全员安全意识和安全防范知识培训，开展各种安全预案的学习和演练。阶段性地开展安全防范专项检查和隐患排查整改活动，全面加强安全管理，提高管理水平。（王秀军）

【加强业务检查力度】 2009年，全市邮储银行加强业务检查力度，特别是对信贷业务、公司业务等新业务加强检查，及时发现问题，寻找对策。按照三权制衡、岗位制约、分级分片管理、分工协作的原则，对全市一类支行实行风险经理派驻和综合柜员上收。统一系统权限、完善授权制度，严格网点、新业务及人员准入机制。加大事后监督力度，切实把好事后管理关口。（王秀军）

【会计管理】 2009年，全市邮储银行在会计管理上，加强权限管理，规范业务操作，强化资金管理；加强三率管理，提高资金上划率和收益率；加强分户管理，对各单位资金分户情况进行动态管理；强化内控履职，有效防范风险。

（王秀军）

【金融从业人员管理】 2009年，全市邮储银行不断加强金融从业人员管理。为预防金融从业人员道德风险，经常性开展警示教育活动，并组织人员参加省行和市银监局警示教育大会。通过学习教育，使大家心灵受到洗礼，安全意识得到提高，认真落实人员岗位轮换、强制休假、思想行为排查管理等制度，加大违规问责力度，并因严重违规操作辞退5人。通过培训教育和严格管理，员工行为逐步得到规范。

（王秀军）

【网点改造】 2009年，邮储银行运城分行出台了全市网点改造建设规划方案，规范了网点迁址改造的流程，网点面积增加了6570平方米，其中营业面积增加了3470平方米，对外营业台席增加了24个，新建平陆、河津、夏县支行营业部3处，完成了永济府东等16个支行的迁址改造工作，新增ATM机7台，POS机16台，商易通机具963台；加大电话银行宣传推广，自5月18日正式开通95580电话银行，共发展柜面注册用户1.9万余户，电话银行交易笔数11.1万余笔，各项指标

均在全省名列前茅。（王秀军）

【营销体系建设】 2009年，邮储银行运城分行加快制定全市营销体系建设实施方案，完善营销人员绩效考核办法，优化绩效考核流程，实行统一的营销积分考核办法；在全省组织开展的“金雁奖”活动中名列全省第一，在“优秀客户经理”和“优秀营销项目”评选活动中成绩显著；积极探索大客户服务管理工作，通过完善大客户资料，组织召开大客户座谈会，启用VIP室或VIP专柜，配备大堂经理，组织全市客户经理进行营销知识培训等手段，提高营销能力。建立了市－县－网点三级营销管理体系，设置营销岗位173个，配备专兼职客户经理155人，占全市从业人员的29%，达到了省行营销队伍建设目标。（王秀军）

【信息化建设和网络维护工作】 2009年，全市邮储银行按照设备更新计划安排，分批对设备进行更新。全年共更新各类设备269台，小型器具249台。与邮政技术部门、设备厂商、线路运营商等机构做好沟通协调工作，做好各类设备的日常维护及定期巡查检修工作，确保各类设备正常运行，信息技术网络畅通运行。（王秀军）

【营业网点规范化服务活动】 2009年，邮储银行运城分行在全行组织开展营业网点规范化服务活动，对全市的服务主管、服务检查及前台营业人员进行服务礼仪知识培训，培训率达到100%；在全行开展“三统一、二规范、一监督”服务整顿活动，网点的服务环境和服务能力得到明显改善；通过创新客户投诉处理手段，加大客户投诉考核处罚力度，实行服务主管、网点负责人连带考核，开展客户投诉案例大讨论活动，开展客户调查问卷活动等措施，提升服务客户水平。（王秀军）

【完善职能管理体系】 2009年，邮储银行运城分行为理顺管理体制，年初就将5个县二级支行调整为市分行直管模式，实现扁平化管理；根据经营和管理需要在市分行成立信贷业务部、公司业务部，细化业务管理职能；在县支行成立信贷业务部，强化信贷业务管理；成立了理财业务营销中心、公司业务营销中心、安保中心和资金调拨中心，突出工作重点，为经营服务提供支撑；进一步完善风险管理，做好风险经理派驻和综合柜员管理上收工作，积极推进审计专业化改革进程，实现了全市审计队伍专业化集中管理，完善了审计机构和队伍，提升了审计质量和效率。

（王秀军）

【财务管理】 2009年，邮储银行运城分行按照业务发展的进度，科学合理地制定绩效考核办法、业务发展考核办法以及季度绩效挂钩费用考核办法，用绩效考评及业务发展奖励加快业务发展。认真核算考核结果，按月、按季及时兑现，提高了业务发展的积极性。严肃财经纪律，严格执行财务制度，加大检查力度，杜绝违纪现象的发生。充分发挥好资金调拨职能，满足业务发展资金需求，加强三率指标控制，合理调配资金头寸，提高资金归行率及上划率，实现资金效益最大化。

（王秀军）

【高管人员管理】 2009年，邮储银行运城分行分类做好高管人员管理，制订高管管理考核办法。通过德、能、勤、绩、廉多方面考核，不断提高高管工作能力和综合素质。同时建立高管后备人才队伍和助理人员队伍，为分行持续快速发展储备人才。（王秀军）

【专业人员和劳动用工管理】 2009年，邮储银行运城分行组织开展专业人员交流锻炼活动，通过利用岗位实践锻炼，开阔视野，增长才干，积累经验；加强劳动用工管理，专门出台了全行劳务工考核管理办法，分三级动态管理，根据表现定级别，10%末位淘汰。

（王秀军）

【客户经理人队伍建设】 2009年，邮储银行运城分行继续加强营销客户经理人队伍建设，制订下发信贷员晋级考核管理办法，通过信贷员调整、降级、退出机制，强化岗位管理，不断提升履职能力；强化薪酬管理，加大过程控制，规范工资总额和劳务性支出。（王秀军）

【强化邮银合作】 2009年，邮储银行运城分行始终本着共同维护邮政储蓄品牌形象这个大局，按照“理解包容、和谐共赢”原则，充分发挥邮储银行在金融业务方面的管理指导作用，加强沟通协调，共享网络资源，共推业务发展，共同推动内控管理，维护邮政储蓄良好社会形象。邮银双方签订了代理协议，进一步明确了双方责任，形成协调机制，共同推动邮政金融业务又好又快发展。（王秀军）

**【考核培训机制建设】** 2009年，邮储银行运城分行建立统一的日常考核标准，统一的考核内容，统一的教学管理制度，将日常考核与培训考试相结合，建立健全员工培训档案，建立培训班主任制，分业务分层次共举办集中培训班29余期，培训率达到100%。（王秀军）

**【员工培训与素质教育】** 2009年，邮储银行运城分行采取“请进来，走出去”的方式，不断创新培训方法，确保培训质量。请进来就是请专家进行高层次培训，走出去就是到先进省市单位学习先进经验；结合“转型规范提升”素质教育活动，分工种分阶段进行全员轮训，组织中层管理人员参加户外拓展训练；组织员工参加远程培训教育，提高员工业务技能。同时开展各项教育，加强服务礼仪规范教育、安全防范及警示教育、内控管理及案件防控教育、合规经营教育、专业知识教育，通过“专业+综合”的培训，增强员工各专业知识，提升员工的整体素质。

（王秀军）

**【干部队伍建设】** 2009年，邮储银行运城分行在全市系统开展“四讲、四新、四满意”主题教育活动，组织做好“七一”评选表彰活动和庆祝建国60周年群众性爱国主义教育活动，按照学习实践科学发展观活动实施方案要求，组织全市党员干部开展学习实践活动。制定党委中心组学习制度，激励引导各级党组织和广大党员争当实践科学发展观的排头兵，更好地发挥领导核心、战斗堡垒和先锋模范作用。（王秀军）

**【企业文化建设】** 2009年，邮储银行运城分行在春节、妇女节、端午节前为全行员工发放福利，组织员工进行体检，送去了企业的关心和温暖。编纂制定了2009年形势教育读本，并印制成册确保人手一份。在全市开展“谏言献策”合理化建议活动，鼓励广大员工积极参与企业管理、献智献策，增强员工主人翁责任感。开展“三杯”及各类先进评比竞赛活动，建立劳动竞赛体系。开展“迎国庆比贡献”演讲比赛活动、企业文化理念征集活动，激发员工才智和热情，丰富员工文化生活。（王秀军）

**【审计稽查】** 2009年，邮储银行运城分行要求审计稽查人员在日常检查中，切实抓住重点业务、重点环节、重点岗位、重点人员等方面的每个风险点，明确了审计稽查人员每月必须进行重点检查的19个重点项目内容。同时，通过坚持每月召开全市审计稽查人员工作质量分析会议，落实审计稽查人员对各个风险点的检查情况。

（王秀军）

**【内控管理】** 2009年，邮储银行运城分行要求内控管理工作由审计部总牵头、总负责。首先，按照总行、省行下发的一系列规章制度，整理形成了《运城市邮储银行内控管理体系金融资金安全检查规定》，依照各个职能部门所辖职能，明确了各自的管理和检查职责，以及检查的频次、周期和内容。其次，每月由审计部门牵线，在对各职能部门履职情况督导监督考核基础上，坚持每月召开一次市分行内控管理质量分析会，各职能部门在会上对各自履职与检查情况进行汇报，提出发现问题，并分析原因、提出整改措施和解决方案。其三，对于各职能部门之间、各种业务之间需要协调解决的事项，共同协商解决，从而使各职能部门步调统一，齐抓共管，确保内控管理制度落实到位。

（王秀军）

**【安全管理】** 2009年，邮储银行运城分行在建立健全各单位内设管理机构且明确内控管理职责基础上，要求各管理层依据检查规定，在各种业务管理、安全管理等方面设立检查岗，使管理层各带一面、独当一面，每月深入基层进行检查，及时发现存在的问题，对违规违纪行为实施考核、处罚，从而转变过去内控管理由审计稽查一个部门“唱独角戏”的误区，实现了全行管理层共抓内控，各负其责，各显神通，全面防范金融资金案件、风险的管理格局。（王秀军）

**【签订内控管理责任书】** 2009年，邮储银行运城分行明确了从各职能部门到一级支行、二级支行以及一类、二类网点的各岗位人员管理责任，规范了操作流程，层层签订了《邮政金融内控管理及邮储案件专项治理工作目标责任书》。同时，每月通过会议、通报等形式进行督导落实，及时查处违规违纪行为，确保邮政金融资金安全管理制度落到实处，使全行上下各司其职，各尽其力，在内控管理及检查上形成横到边、纵到底的“安全网”。

（王秀军）

**【举办信用风险培训会】** 2009年，邮储银行运城分行以举办信用风险培训会的方式，聘请信用联社资质较深、经验丰富的专业人士，为全行信贷业务员工进行授课。通过理论联系实际，讲解小额信贷业务中的风险点、疑难点、关键点，以及在贷款调查过程中应注意的事项等专业知识，进而提高全行信用风险的识别能力和防控能力。（王秀军）

**【开展服务规范系统培训工作】** 2009年，邮储银行运城分行为实现服务培训立足长效，组织培训人员系统地学习了《服务质量管理办法及考核办法》、《窗口人员积分管理办法》、《省分行规范服务标准》等服务体系文件。同时，印发了《中国邮政储蓄银行营业网点柜员服务规范》手册，内容涉及所有服务礼仪规范、客户投诉处理规范及服务应急预案等，并保证人手一册，使服务规范不断深化。（王秀军）

**【举办服务规范高级培训班】** 2009年，邮储银行运城分行为做好服务培训及时高效，专门聘请了北京朝晖策划咨询有限公司的资深讲师，从不同层面、不同角度深入浅出地阐述了服务礼仪，重点强调增强自觉主动服务意识，用诙谐幽默的方式将礼仪规范穿插于营业网点柜员服务规范，充分调动培训人员的学习兴趣，营造浓厚的学习氛围。（王秀军）

**【全省邮政储蓄银行理财业务研讨会在运城召开】** 2009年6月12日，全省邮政储蓄银行理财业务研讨会在运城召开。省行冯志怀副行长、个人二部杨丽萍总经理，市分行赵金贵行长，各市分行分管行领导、业务部经理，省行直属支行分管行领导、业务部门负责人，以及运城各县（市）一、二级支行行长（总负责人）等共计40余人参加了会议。此次会议，个人二部从业务发展基本情况、业务发展特点等方面总结了1~5月份理财业务经营情况，同时从提高思想认识、加强能力建设、加强队伍建设、加强政策落实等方面对理财业务下步工作进行了安排。（王秀军）

**【理财业务经验交流与培训】** 2009年，全省邮政储蓄银行理财业务研讨会运城现场会上，运城、忻州、吕梁、晋城介绍了各自理财业务的经验做法。同时，并邀请理财专家进行授课培训，讲解基金定投知识，解析重点理财产品。与会人员踊跃发言、各抒己见，相互交流，共同学习，充分讨论了当前理财业务发展中存在的问题和不足，提出今后业务发展思路和措施。会议还专门安排与会人员到中行参观了“中银理财”中心，借鉴中行先进的管理理念和模式。（王秀军）

**【“邮储信贷进农村”主题营销活动】** 2009年，邮储银行运城分行为进一步提高邮储贷款业务在广大农村地区的市场占有率，积极促进农村经济发展。在全市77个镇、58个乡、3338个行政村，开展了针对农村市场的“邮储信贷进农村，惠济三农共发展”主题营销活动。截至年底，全市村均放款额达5万元以上，全市农村市场累计放款1.5亿元。从而实现“信贷进农村，村村有业务”的发展目标。（王秀军）

**【服务“三农”发展网络建设】** 2009年，邮储银行运城分行以书面形式加强与当地政府部门沟通联系，争取地方政府的支持。(1)组织开好“邮储信贷进农村，服务三农共发展”启动会，邀请当地政府部门领导参加，营造声势，扩大邮储银行信贷知名度。(2)在全市每个行政村设立一名信贷联络员，由各村委会推荐，县（市）支行审批确定，通过联络员介绍推荐客户并提供必要的信用担保，迅速启动各村小额贷款市场。(3)在信用村镇的建设上，与当地政府、工商部门联合，以乡镇户均放款和逾期率各占50%进行计分，各县（市）支行到年底对每个乡镇推荐上报信用村镇进行汇总，最终推荐2个行政村参加全市信用村的评选。（王秀军）

**【选定服务“三农”目标客户】** 2009年，邮储银行运城分行针对与“三农”有关联的行业、产业选定目标客户群。一类是农村的种植户、养殖户等；二类是经营农资销售、面粉加工、农产品加工、纸箱果袋制造、果库等；三类是乡镇或农村的个体工商经营户、微小企业等。（王秀军）

**【营销宣传】** 2009年，邮储银行运城分行不断加强营销宣传。(1)按行政村（镇）、专业村（镇）或在全县范围内组织多种形式的业务宣传、媒体广告宣传，提高品牌知名度，同时体现“阳光、快捷、方便”的产品特色。(2)将所辖行政村和乡镇科学划分，指定信贷员分区包片，负责承包区域信贷业务的宣传、调查、发放及信贷联络员的维护。(3)对重点专业市场抽调人员进行开发，可以采用联动营销方式，通过市场管委会召集所有商户集中营销；也可以采用上门营销方式，通过散发宣传单逐门逐户进行宣传；还可以通过产业链营销方式，对重点行业整个产业链的上下游进行营销。通过多种形式营销宣传，确保小额贷款天天有，个商、房贷周周办，逐步实现村村通。 （王秀军）

**【严控信贷风险】** 2009年，邮储银行运城分行不断加大严控信贷风险力度。(1)严格执行“八不准”，在广大农村地区树立廉洁从业、高效快捷的企业形象。(2)按照小额贷款业务管理办法和操作规程处理业务。与各行政村签订信用担保协议，促使借款人按时还款；充分调查借款人的还款能力和还款意愿，谨防骗贷；根据农村经济发展规律确定合适的还款方式，严禁一律采取阶段性等额本息还款方式。 （王秀军）

**【开发农村、校园邮储市场】** 2009年，邮储银行运城分行加大开发农村、校园两大市场力度。(1)开发好农村市场。选择正逢水果、经济作物成熟上市旺季，采取主动上门对果农及农村经济作物销售资金进行揽收，同时利用网点优势，加强对外地果商沟通交流，争取果商在邮储银行开户。(2)开发好校园市场。选择各大院校开学之际，组织营销人员加大对校园市场开发力度，争取做好代收学杂费工作。 （王秀军）

**【中间业务】** 2009年，邮储银行运城分行继续注重抓好中间业务。(1)针对商易通业务。做好对所有商易通客户回访活动，了解掌握商易通客户上下游资金流向，引导客户群使用邮政金融业务，使商户资金始终处在邮储银行内部循环，并做好跟踪服务，提高客户对商易通使用率，扩大储蓄市场份额。(2)针对代发工资业务。加快代发工资项目开发，对辖区内所有单位的工资发放情况进行一次全面摸底，对适用于代发项目的商场、商户、代收付资金的单位有针对性地开展营销活动，扩大代发量，以此增加活期余额，提高活期比重。

（王秀军）

**【开展针对性营销活动】** 2009年，邮储银行运城分行继续注重运用两种营销。(1)分层分类营销。组织管理人员分片包点加强对商贸、农村等市场的调研，制定营销方案，对所有的市场进行分层分类营销，并形成调研报告，有针对性开展营销活动，提高营销效果。(2)组合联动营销。将储蓄业务发展同信贷业务有机结合起来，在信贷放款时站在为客户着想的角度，加强与客户感情沟通，让客户闲散资金存放在信贷放款帐户上，不仅避免了发生逾期，而且产生了利息收入，又为储蓄业务发展奠定了良好基础。 （王秀军）

**【王殿民副市长检查工作】** 2009年11月20日，王殿民副市长在市财政局、人行、银监局等相关单位领导的陪同下一行11人莅临市分行检查工作。并对分行工作提出四点要求：(1)灵活掌握政策。将储蓄资金变上划转为下放贷款，为运城经济发展产生效益；(2)加大贷款力度，扩大贷款规模。将邮行放款数额作为政府考核的一项重要标准；(3)强化自身素质，适应新的转机。加快渠道能力建设、员工素质建设，提高服务水平，改善服务环境；(4)发挥邮行优势，政府全力支持。在政府的会议安排、经济决策、文件传达等方面给予支持，配合邮行做好对外宣传营销，帮助邮行加强与担保公司合作。同时，希望邮行作为新生力量，要以新形象、新姿态、新思路、新作为、新贡献，为运城社会经济发展做出更多更大贡献。

（王秀军）

**【公司业务提前完成全年目标计划】** 截至2009年11月30日，邮储银行运城分行对公存款达到5.22亿元，本年累计净增3.44亿元，完成省行二台阶计划的108.29%；日均余额达到24182万元，完成省行平均余额计划的101.4%；公司存款账户累计达到611户。分行通过以政府资金为主、企业资金为辅的发展模式，用劳动竞赛活动驱动、用项目营销活动拉动、用加大日常管理推动、用加强队伍建设带动，实现了公司业务提前完成全年目标计划。

（王秀军）

**【项目营销】** 2009年，邮储银行运城分行开展了以专项资金、政府部门存款、社保类资金、企业类资金为主的四大项目营销活动。在营销活动中对各类资金情况、来源、主管部门、资金量等进行详细介绍，并通过加大与政府部门的沟通与交流，实现了项目开展时间的及时性以及信息资源的完整性。增设了旅游质保金项目和新农保项目，制定了详细的开户结算方案，提升了项目营销的范围与规模。同时，建立项目营销周报告制度，业务发展日通

报制度，在全行营造出促进业务发展的氛围。（王秀军）

【日常管理】 2009年，邮储银行运城分行继续加大日常管理工作力度。(1)重申业务操作规程，细化账户管理、档案管理和事后管理，在业务操作过程中建立问题处理备案制。(2)定期对业务发展、制度执行、项目开发等情况进行摸底调查，通过通报与贺电的形式及时进行相应的考核与奖励。(3)定期开展公司业务会审，通过交叉检查、集体解答等方式解决业务操作过程中的问题;(4)积极完善业务检查内容，组织开展了多次公司业务专项检查，并通过后续的跟踪验证，确保各类问题整改到位。（王秀军）

## 运城市国际金融组织贷款管理局

【世行贷款农业扶贫项目后续管理】 2009年，市国际金融组织贷款管理局对世行贷款农业扶贫项目，重点抓好项目的后续管理，促进项目效益的持续发挥。通过举办培训班、现场指导等方式，对项目户进行全面培训，把科技种田知识送到田间地头，广泛提高其项目管理的能力，全年共组织4期专业技术培训班，培训项目户800人次。加强对项目运行的跟踪监测，通过国际贷款网站发布市场供求等信息，创建互动平台，为项目产品的生产销售提供信息，牵线搭桥，共发布新闻信息31篇，业内资讯40篇。（毛晖林）

【扶持受灾项目户】 2009年，市国际金融组织贷款管理局针对上年初冬全市遭受强降雪自然灾害，尤其是日光温室项目户受灾比较严重、损失较大的实际情况，根据市委、市政府的要求，在积极组织人员进行灾情调查的基础上，想方设法抽调资金，帮助全市13个县（市、区）日光温室项目解决资金120万元，扶持受灾项目户开展生产自救，把损失减少到最低程度。（毛晖林）

【债务本息回收工作】 2009年，市国际金融组织贷款管理局面对世行贷款农业扶贫项目进入还贷高峰期这一实际情况，把还本付息债务落实作为一项中心工作来抓。在继续实行回收工作目标责任制，市局领导分片包县，分管科室人员配合，定期下乡督促还本付息工作的基础上，积极帮助债务偿还任务大、财政欠收困难多的县市，采取提前预告、分析原因、帮助解决困难等办法，促进还贷工作的顺利进行。全年共偿还省级世行贷款到期债务5150万元，占应交省里到期债务的93%。截至年底，世行贷款扶贫项目还清了历年的陈欠。（毛晖林）

【争取新项目工作】 2009年，争取的新项目主要是利用亚行贷款河川流域农业综合开发项目、运城市区节能减排集中供热项目、职业教育三个项目。特别是亚行贷款河川流域农业综合开发项目，经过几年的努力，开始初建成效。2009年11月中旬中国政府与亚行正式签订了项目贷款协议，亚行贷款河川流域农业综合开发项目很快就将投入实施。（毛晖林）

【亚行贷款河川流域农业综合开发项目】 2009年，亚行贷款河川流域农业综合开发项目涉及永济、盐湖、稷山、万荣、临猗5个县（市、区），覆盖60个乡镇，262个村，项目建设总投资2.8亿元，利用贷款1.3亿元，省级配套1731万元。建设内容主要是扶持农户种植速生杨、中药材、苹果、枣、芦笋等经济作物3895公顷（5.8万亩），发展养鸡147万只，养殖猪羊16500头，扩建千吨冷藏库一个，项目受益人口84670人，新增就业岗位28710个。

2009年，市国际金融组织贷款管理局在亚行贷款河川流域农业综合开发项目前期准备阶段做了大量的工作。(1)圆满完成亚洲开发银行专家两次考察接待任务。(2)根据省发改委的意见对可研报告进行多次修改，并正式印刷，按时上报省发改委。(3)积极配合省有关专家完成了对项目的正式评估。(4)协助省项目办在与外方的会谈中明确了项目贷款的基本条款，确保了项目谈判的顺利进行。（毛晖林）

【后备项目库建设】 2009年，市国际金融组织贷款管理局根据市委、市政府招商上项目的总体思路，积极建立后备项目库，适时向外推介争取。(1)围绕新农村建设和节能减排，开展秸秆汽化清洁能源项目的前期调研。项目申报3.5亿元，其中利用外资3500万美元。(2)职业教育已申报15家，项目总投资6.8亿元。(3)各县市共上报新项目19个，项目投资2亿多元。其中农产品加工类项目8个，农产品物流项目3个，清洁能源项目2个，种养项目6个。（毛晖林）

【项目绩效评价工作】 2009年，为了对全市世行贷款农业扶贫项目实施以来的经验教训进行全面回顾总结，市国际金融组织贷款管理局开展了项目绩效评价工作，组织专人编写反映项目运行成果，总结项目管理经验的丛书《天籁心语》，该书已由中国农业出版社出版发行，全书共收编各类文章170篇，总计60万字。由于此项工作具有前瞻性、创新性、探索性，得到了国务院扶贫办、省财政厅和省项目办等有关部门的肯定和支持。（毛晖林）

【定点帮扶工作】 2009年，市国际金融组织贷款管理局根据市委、市政府安排部署，对万荣县西汶村、王正村两个联系点进行定点帮扶，帮助其改善生产生活条件，建设社会主义新农村。并积极与省、市有关部门沟通协调，先后为两个村解决发展资金15万元，硬化了道路，翻修了学校，购置了科普器材、健身器材等，有效推动了两村的脱贫致富和新农村建设步伐。（毛晖林）

【机关建设】 2009年，市国际金融组织贷款管理局继续加强机关建设，着力提高人员素质，提高办公效率。(1)狠抓党风建设。要求广大党员干部在思想上时刻保持清醒头脑，立党为公、执政为民；在行为上廉洁从政，清廉自律;在工作上时刻要求勤恳务实，争先创优；使机关工作呈现出良好的工作氛围。(2)抓制度建设。建立健全了机关财务内控、公车管理、会议接待、财产管理、廉政建设等一系列规章制度，严格遵章办事，奉公守法，厉行节约，转变作风，勤政为民。在机关经费紧张的情况下，合理安排，保证了工作的正常进行。(3)开展文明和谐创建活动。大力倡导讲文明话，做文明事，当文明人，全局上下协力同心，真抓实干，和谐融洽，干部职工精神面貌焕然一新。上年市局机关被市文明委评为“文明和谐”单位。（毛晖林）

## 中国人寿保险股份有限公司运城分公司

【概况】 2009年，人寿运城分公司全市系统累计实现总保费12.98亿元，同比增长2.69%，保费收入再创历史新高。在受全球金融危机影响，发展环境恶劣、市场竞争激烈的形势下，实现了平稳增长。累计给付保险金2.52亿元，短期险业务赔款支出1930万元，赔付率52%。在经营管理上，坚持依法合规经营，坚持又好又快健康发展，依托遍布全市各乡镇的服务机构和6000人的代理人队伍，为广大客户提供了高效优质的服务。（马小平）

【金牛风暴业务活动】 2009年，人寿运城分公司大力开展金牛风暴业务活动，并通过编发业务快报，鼓励先进，鞭策后进，使全市系统呈现出良好发展势头，实现保费收入3290.59万元，完成任务3275万元的100.48%。活动中，有222人新单期交保费达3万元以上，有148人新单期交保费达6万元以上，26人新单期交保费达10万元以上，其中有2人新单期交保费达40万元。（马小平）

【鸿瑞满期转保】 为确保实现转保保费目标，给2009年的首卖活动推波助澜，分公司制定了“鸿瑞”转保特别企划案。活动中，成功转保2800万元，共有12人获得“转保标兵”称号，1人荣获省公司“百亿公司庆典大型文艺晚会”参会资格。（马小平）

【新单期交保费见成效】 2009年，人寿运城分公司紧紧抓住春节资金回笼、压岁钱多、在外做生意和务工人员返乡机遇，积极拜访，强势发展，共收取新单期交保费457.73万元，其中十年期交保费242.03万元。（马小平）

【新单十年期交保费工作】 2009年，人寿运城分公司通过抓管理层坚定完成任务的决心，抓200名精英、抓访量、抓每周一单提升三率，抓产品说明会、抓大公司迎头赶队，开展成功创富一帮一，向专业化行销之路迈进。此次活动共收取新单十年期交保费2952.01万元，完成任务3200万元的92.25%；有450人达到2.6万元以上，获得笔记本电脑。其中有214人新单十年期交保费达3万元以上，有65人新单十年期交保费达6万元以上，40人新单十年期交保费达10万元以上，2人新单十年期交保费达30万元以上。（马小平）

【“精英会师千岛湖，喜迎60双华诞”活动】 2009年，人寿运城分公司大力开展“精英会师千岛湖，喜迎60双华诞”活动。此次活动共收取新单期交保费3254.12万元，完成任务3100万元的104.97%。其中350人新单十年期交保费达3万元，111人新单十年期交保费达

6万元以上，33人新单十年期交保费达10万元以上，3人新单十年期交保费达20万元以上。（马小平）

【双节短期险业务竞赛】2009年春节期间，为了抢抓市场先机，增强营销人员的假日经营意识，为全年短期险业务发展争取主动，分公司适时推出了“2009年喜迎双节短险业务竞赛活动”，打响了2009年运城国寿短期险业务发展第一枪。竞赛活动中实行单位业绩和个人业绩排行榜，在团队中积极营造争先创优竞赛氛围，促进业务快速发展。通过一系列的激励措施，极大地调动了全员积极性，活动20天，收取短险保费159万元，到3月底实现短期险保费891万元，超额完成了原定目标任务，取得了丰硕的成果。（马小平）

【十·一黄金周全员卡折业务】2009年9月，全市系统开展了“十·一”黄金周卡折业务竞赛活动。此次活动重点推广“五个一”工程，即领导与员工一齐动，机关与一线一齐动，个险与团险一齐动，专职与兼职一齐动，散单与团单一齐动。各销售渠道优势互补，相互促进，共同发展。各支公司更是精心组织，统筹兼顾，周密安排，个险、团险和银保三个渠道充分发挥渠道销售队伍优势，大力推进卡折业务的组合销售。通过假日经营大力宣传分公司不同的卡折产品的保障功能，满足不同客户的保障需求。由于全员思想认识统一，组织措施到位，迅速掀起“假日经营”销售卡折业务的热潮。7天时间实现卡折保费83万元。（马小平）

【网点客户经理技能培训】2009年，人寿运城分公司狠抓网点客户经理技能培训。全年累计举办营销技巧和新产品培训班5期，及时对一线销售人员进行了“充电”，有效提升了一线人员的综合素质。（马小平）

【各代理渠道维护】 2009年，人寿运城分公司积极做好各代理渠道维护。按照“经理与行长、分管经理与分管行长、部门经理与网点主任、客户经理与网点柜员”的四级沟通方法，积极做好工作沟通，确保渠道关系畅通。（马小平）

【“511”工作模式推广】 2009年，人寿运城分公司全力做好“511”工作模式的推广。按照总公司、省公司推出的“511”银保客户经理工作模式，为提升银保渠道网点经营能力和市场竞争力，夯实队伍的发展带来了新的契机。为了迅速推广该工作模式，分公司及时组织了培训，制定了实施方案并对各单位推广落实情况进行抽查和督导，确保“511”工作模式真正落到实处，并把“511”工作模式的落实作为队伍日常化管理的考核标准，为银保队伍的建设和业务发展奠定了基础。（马小平）

【中行渠道银保通测试成功】2009年，人寿运城分公司中行渠道银保通测试成功。分公司作为全省首批试点单位对中行渠道银保通系统进行上线测试，取得了成功。至此，全市四行一邮全面实现代理渠道现场出单，为银保业务的快速发展提供了后台保障。（马小平）

【团补业务结构调整】 2009年，人寿运城分公司调整团补业务结构，实行“三个一部分”承保方式。以省公司强管政策为指导，对全市15个统筹单位进行了认真分析，依据历年经营效益及基本医疗保障，对基本医疗封顶线在三万元以下，团补业务赔付率波动大，潜在经营风险大的垣曲、夏县、平陆、稷山等县进行了彻底调整，2009年全部转为康安基金承保。为了妥善解决以上几个公司团补业务积压赔款对整体业务造成的冲击，健康险部多次赴各县进行磋商，最终达成由医保基金消化积压赔案达一百余万元，有效减轻了公司的经营压力。对市直、盐湖、闻喜等经营稳健的公司以团补B+康安基金的组合承保，预提了风险备用金，通过调整为实现团补业务的持续健康发展提供了承保保障。对于其余赔付率低、经营效益好的单位暂时仍以团补方式承保。（马小平）

【介入城镇居民医疗保险业务】2009年，人寿运城分公司积极介入城镇居民医疗保险业务。三月初，在得知市医保即将启动城镇居民医疗保险，并准备外出学习取经时，分公司积极沟通，争取及早介入，与劳动部门一道去长治学习。并已与市劳动部门达成一致意见，分公司全面承保城镇居民的所有相关业务，并迅速启动此项业务。（马小平）

【理赔管理】 2009年，人寿运城分公司不断加强理赔管理，努力降低经营风险。在承保方式调整的基础上，只有严格执行基本医疗保险的《三个目录》，才能规范理赔标准。国家药品目录未调前，服从医保的特殊规定，对癌症患者自费药适当比例赔付。目录扩大后，分公司及时与各家医保中心进行沟通，取消了重症病人自费药适当比例给付的规定，严格执行药品目录。（马小平）

**【转外住院赔案调查】** 2009年，人寿运城分公司针对随着基本医疗保障程度的不断提高，参保职工转诊率逐年上升，约占案件的70%的实际情况，在严格执行转诊转院扣除比例基础上，加大了案件调查力度。全市外出就医的主要去向为北京、西安、太原，对于在北京住院的赔案，委托保定分公司进行调查；对于在太原住院的赔案，委托太原分公司进行调查；西安及其它地方的赔案由分公司调查人员进行调查，全年调查转外住院赔案86件，减少给付金额达35万元。（马小平）

**【医保合同续签工作】** 2009年，人寿运城分公司继续密切医保关系，确保合同续签。适时加费、提现，确保稳健经营，借助国家提高参保职工基本医疗保险保障水平的惠民政策，积极与医保部门沟通，适时提现。2009年提现的有六家公司，市直、盐湖提至6万元，河津提至6.24万元，临猗提至4.3万元，稷山、垣曲提至3万元。（马小平）

**【大病医疗保险强管工作】** 2009年，人寿运城分公司认真落实“10道防火墙”和“30条实施细则”。根据省公司要求，于三月份成立了大病医疗保险强管工作组，并制定了《2009年团补业务管理规定》，对各县支公司的承保模式、风险备用金的提取，合作协议签订等事项都作了具体规定。与医保联合组建的监察队伍不定时到定点医院进行检查，有效杜绝了冒名住院的发生，降低了经营风险。（马小平）

**【风险备用金管理】** 2009年，人寿运城分公司认真执行风险备用金管理办法，按标准提取风险备用金。根据省公司下发的《团补业务风险备用金管理办法》，严格制定了相应的实施细则，对实行组合承保有保费进帐的市直、河津、永济、临猗等七家公司，按规模10%提取风险备用金80万，确保强管政策落到实处。（马小平）

**【保监会吴定富主席视察张庄保险村】** 2009年6月6日，中国保监会吴定富主席在山西保监局幕福明局长、省公司赵立业总经理的陪同下，深入夏县张庄保险先进村视察农村小额保险试点及保险村建设工作。在张庄保险工作室，吴主席听取了省、市分公司及夏县政府关于农村小额保险发展的情况汇报。吴主席就如何进一步做好农村小额保险工作，提出了四点意见。(1)要以科学发展观为指导，积极服务和谐社会建设。(2)要坚定小额保险的发展方向，积极服务新农村建设。(3)要积极稳妥发展，努力实现共赢。(4)要加强队伍建设，做到诚信服务。并参观了张庄保险工作室、国寿保险图书室、国寿博爱医院、中国人寿井等惠农设施等。（马小平）

**【保监会陈文辉主席助理来运调研】** 2009年7月15日，中国保监会陈文辉主席助理在山西省保监局幕福明局长的陪同下，莅临运城国寿视察工作，深入夏县张庄保险村调研农村小额保险发展情况，在张庄保险工作室与市、县两级公司有关领导、业务员及客户代表进行了座谈。并就当前形势，提出工作要求。(1)认清形势，坚定信心。(2)逆势而上，加大结构调整力度，真正实现行业发展方式的转变。(3)尊重行业发展规律，促进行业健康持续向前发展。（马小平）

**【CCMS（柜面综合管理系统）系统】** 2009年，人寿运城分公司CCMS（柜面综合管理系统）开始上线运行。该系统可以实现对柜面硬件建设维护及更新（柜面装修及电子设备管理等），也可实现对柜员进行精细化管理（柜员基本信息更新、柜员工作量考核监控、柜员薪酬评估及柜员流动统计等），与此同时，排队管理服务评价系统配套运行上线，实现了客户叫号排队及满意度评价功能。（马小平）

**【差错统计平台应用】** 2009年，人寿运城分公司新契约差错统计平台开始上线应用。该系统主要用于新单承保过程中对契约各种错误的上下沟通，以便于及时修改，并能提供更高效的出单服务。核保差错统计平台也同时上线应用。该系统主要用于核保时对各种错误进行上下沟通，以便及时修改。保单邮寄管理系统的应用，可以完成新单邮寄后实物与系统双项核对的功能。（马小平）

**【影像化管理系统应用】** 2009年，人寿运城分公司影像化管理系统开始上线应用。大部分业务只需要简单受理，而后扫描到影像系统中，由省、分公司来进行业务及时审核，既提高了业务处理效率，又保证业务处理质量。（马小平）

**【多种服务管理系统应用工作】** 2009年，人寿运城分公司实现多种服务管理系统应用工作初见成效。保全免填单功能的应用，实现了客户只需要提供身份证明及保险合同就可以办理各种保全业务，既减少了客户填写申请材料繁琐流程，又节省了公司运营成本。SDMS（服务管理系统）系统的应用，主要是员工权限上报管理，也可以通过此系统实现对超权限业务进行上报的功能。排队评价管理系统应用，可以统计客户排队叫号和满意度评价的功能，通过统计数据可以帮助分析办理业务时长及员工服务水平。

（马小平）

**【"国寿1+N"客户服务系列活动】** 2009年，人寿运城分公司以活动促发展，以活动树品牌。在全市范围内举办了"国寿1+N"客户服务系列活动。(1)4月10日至4月30日，为全市金卡及以上VIP客户22人在运城市第三人民医院提供了免费健康体检。(2)5月25日在运城市检察院篮球场举办了第二届"中国人寿姚明杯"趣味篮球赛。(3)2009年6月14日，举办了全市团险高端客户"家庭投资理财"高峰论坛会。(4)在全市系统统一开展了2009年国寿"客户节"活动。通过这一系列的客户服务活动，有效地宣传了公司的品牌形象，推动了"国寿1+N"服务品牌的发展。（马小平）

**【建立投诉管理体系】** 2009年，人寿运城分公司强化投诉管理，提高客户满意度。在全辖范围内建立了由各单位、各部门协调员组成的投诉管理体系，形成了一套完整的客户投诉处理流程，实现了投诉处理的五个百分之百，即100%受理，100%处理，100%答复，100%回访，100%公示，最大限度地化解了客户的抱怨情绪。2009年全年共受理各类投诉20起，投诉解决率为100%，平均处理时长为5天，投诉满意度为100%。（马小平）

**【二线系统流转问题单管理】** 2009年，人寿运城分公司二线流转及时跟进处理，进一步提高服务品质。在全市建立了一支二线协调员队伍，并制定了相应的管理办法，对省公司通过二线系统流转的问题单（包括呼入问题单、呼出问题单）进行及时跟进处理，及时在省公司要求的时限内进行结案，更好地为客户解决问题。2009年全年共受理二线问题流转单5364件，平均每天10件以上，均在时效内处理完毕。

（马小平）

**【保险回访管理】** 2009年，人寿运城分公司加强回访管理，提高回访成功率。加大拨打电话的频率，在不同时点多次拨打电话，确保各类回访在时限内完成。通过用心工作，真诚服务，获得了客户和业务员的支持与理解，回访成功率在90%以上，比去年提高了10个百分点。全年共进行各类回访109154件，其中新单回访20939件，续期交费回访75826件，失效及永久失效保单回访9045件，离司业务员回访139件，其他业务回访3205件。对于在回访中发现的代签名、业务员不能及时交费等问题均填写"回访问题登记表"流转至相关部门进行处理，通过回访共发现问题3003件，及时堵塞了漏洞，有效地防范和化解了经营风险。（马小平）

**【VIP客户服务工作】** 2009年，人寿运城分公司加大邀请VIP高端客户入会工作力度，实施重宣传、重宣导、重发展战略。全市2636名贵宾卡客户及1037名银卡、金卡及钻石卡高端客户圆满完成了入会邀请工作。在跟踪服务方面，公司每季度为每一位VIP客户发送资讯和健康类的短信，体现公司对客户的贴心关怀；并且在上半年，对所有的金卡以上的客户进行了免费的体检；并多次召开专场VIP客户健康知识讲座，树立起了中国人寿的良好服务形象。（马小平）

**【特约商家签订工作】** 2009年，人寿运城分公司共签订特约商家43家，遍布运城市区及各个县、市区，面向高端客户及普通客户，服务范围全面，折扣也比较大。（马小平）

**【鹤卡发放及推广】** 2009年，人寿运城分公司为促进"国寿1+N"服务品牌建设，进而将其打造成为国内寿险业服务品牌的"第一联想"，按照省公司的部署在全市开展了鹤卡发放及推广工作，全年共发卡145890余张，超额完成了省公司下达的发卡目标。（马小平）

**【非现金收付费推广工作】** 2009年，根据保监会〔2008〕

97号文《关于加强人身保险收付费相关环节风险管理的通知》及省公司《关于在全省强势推行“银行转账”收费工作的方案》，分公司首先与工行进行了协商并签订了银行转帐收费协议，并及时上报了省公司，并成立了非现金收付费工作领导组，组织财务、客服、信息、个险等部门召开了多次专题会议，研究出台了非现金收付费工作实施方案，并于3月28日举办了由全市所有县支公司经理，柜面经理、客服经理、收付费人员、分公司各部门负责人及骨干参加的首次非现金收付费培训会，宣读了运城分公司推行非现金收付费工作方案，对非现金收付费工作作了时间安排，要求各基层营业单位及相关部门要精心组织、密切配合、统筹协调，做到无缝衔接。根据各阶段要求推动相关工作，保质保量确保目标顺利完成；2009年4月1月正式在运城市区推行银行转帐业务;在同城银行转帐工作顺利进行的前提下，于4月27日举办了全市第二批10家单位非现金收付费工作推广会议。（马小平）

【费用佣金管控】 2009年，为了控制不必要的开支，真正体现费用佣金服务于业务发展，在全市积极开展增收节支活动。分公司按照总公司、省公司费用佣金预算管理办法的具体要求，对各项费用佣金开支做出了明确预算，并就重点指标对各单位进行考核，同时为了确保公司业务健康发展，要求各基层公司及时兑现营销员的各项收入。（马小平）

【新财务系统成功上线】 经过2008年新财务系统上线前的数据收集工作，新财务系统于2009年1月至2月与旧财务系统实行了两个月的并行，并成功上线。新财务系统的成功上线是公司为了进一步深化经营体制改革，为下一步的费用报销系统上线打下了良好的基础。（马小平）

【廉政警示教育】 2009年8月7日，分公司组织全市系统各营业单位及分公司各部门负责人共同收看了总公司的廉政警示教育片《高墙内的忏悔》。8月25日，分公司组织机关党员和部门副经理以上干部共计30余人，专程来到运城市廉政警示教育基地接受警示教育。在廉政警示教育基地，全体人员首先观看了廉政楷模和腐败典型的图片展示，随后在会议室观看了原永和县及临汾市等有关领导腐败案件警示教育片，并学唱了廉政歌曲。这次廉政教育从传统的书本、口头灌输变为形象直观的示范、警示，使参加警示教育的全体人员受到了一次深刻、生动的现场教育，大家纷纷表示要在以后的工作中坚决执行上级公司各项规章制度，坚决不踩违法违规违纪的红线，做一名遵纪守法的好干部、好党员。（马小平）

【河津秦某意外身故理赔案】 河津市阳光集团于2009年6月份在中国人寿河津支公司为全体员工投保了国寿绿洲团体意外伤害保险，意外身故保额6万元。2010年1月20日，该公司员工秦某在上班期间，不小心从电厂运煤架上摔下来，急送山西铝厂职工医院，抢救无效身故。2010年3月17日，被保险人家属到公司申请理赔，河津支公司理赔人员经调查属责任范围，报请分公司批准后，于3月23日，公司将60000元身故保险金送到了该家属手中。（马小平）

【永济刘某重大疾病保险赔案】 被保险人刘某，男，45岁，1999年投保康宁定期保险，保险金额10万元。2009年11月份被保险人在活动后感觉心跳加速，到北京阜外心血管病医院检查，诊断为退行病变性心脏瓣膜病、二尖瓣重度关闭不全，并住院进行冠状动脉旁路移植术。2009年12月份被保险人向永济支公司提出理赔，经过公司核赔人员详细调查取证，最后认定其进行冠状动脉旁路移植术符合理赔条件，经报省公司审批，给付重大疾病保险金10万元。（马小平）

【临猗钱某意外身故赔案】 钱某，男，临猗县三管乡陆喜营村人，2008年1月22日在中国人寿临猗支公司投保新简易人身保险，年交保费1000元。2009年4月25日5时50分驾驶农用三轮车拉水泥，在河津至稷山的公路上因车翻身故。临猗县人寿保险公司根据保险条款送去意外身故保险金171360元。（马小平）

【芮城李某意外身故赔案】 2009年2月24日，芮城支公司委派专人为大王镇南辿村李某家属送去了3万元农村小额保险赔款。这是该司发生的首例农村小额保险赔案。李某，男，现年46岁，2008年11月在芮城支公司投保了国寿农村小额意外伤害保险，年缴保费50元，保险金额30000元。2009年1月30日，被保险人在村巷道用三轮车拉石头时，因三轮车刹车失灵，自行滑下坡，被保险人在右侧追赶三轮车时，被三轮车挤在崖边的槐树上，当场死亡。（马小平）

【平陆马某意外身故赔案】 马某，男，25岁，平陆县圣人涧镇槐下村人，2007年9月在中国人寿平陆支公司投保康宁终身保险，年交费620元，基本保额10000元。被保险人生前在江苏省徐州供电承装公司大唐线项目部工作（为地面勤杂工），2009年4月18日，被保险人在地面收剪旧导线时因线路漏电，不慎触电当场死亡。平陆支公司赔付被保险人身故保险金30000元，合同效力终止。（马小平）

【夏县刘某意外身故赔案】 刘某，男，夏县泗交村电工、护林员，2009年1月3日投保农村小额意外伤害保险，保额4万元。2009年1月29日在山上放牛时，不慎从山上摔下身故。经夏县支公司理赔人员调查属保险责任，给付身故保险金4万元。（马小平）

【闻喜胡某重大疾病赔案】 2000年4月，闻喜县胡某在中国人寿闻喜支公司为其女儿投保了康宁终身保险，年交保费665.2元，基本保额为3万元。2009年6月胡某因患脑纤维瘤住院，经核定属保险责任，闻喜支公司给付其重大疾病保险金9万元。（马小平）

【垣曲赵某重大疾病赔案】 赵某，女，44岁，2001年10月在中国人寿垣曲支公司投保康宁终身保险，年交保费3850元，保额50000元。2009年3月感觉身体不适，2009年4月1日到有色医院检查，被确诊为宫颈癌，后到第四军医大住院治疗。接到报案，垣曲支公司理赔人员迅速展开调查，通过走访周围邻居、查阅赵某的住院记录及其相关检查资料，确认赵某已患宫颈癌，属保险责任，给付赵某理赔金10万元，并免交以后保险费。

（马小平）

【绛县陶某意外身故赔案】 陶某，女，48岁，绛县卫庄镇卫庄村村民，中国人寿绛县支公司业务员。2007年11月，投保国寿新简易人身保险，年交保费1200元，基本保额12288元。2009年12月20日晚上8时，被保险人陶某与丈夫回家步行至沁东线二里半路段时，被身后一辆摩托车撞到，经抢救无效身故。12月26日被保险人下葬当天，公司为陶某召开追悼会，并将98304元的赔偿款送到了被保险人家属手中。

（马小平）

【新绛黄某重大疾病赔案】 黄某，女，42岁，新绛县万安镇万安村人。2002年1月投保康宁终身保险，年交保费1500元，保险金额20000元。2009年6月被中国科学院肿瘤医院诊断为非霍奇金淋巴瘤。中国人寿新绛支公司经调查属保险责任，给付重大疾病保险金4万元，并免交以后各期保费1.95万元。（马小平）

【万荣程某重大疾病赔案】 被保险人程某，女，现年52岁，万荣县万泉乡北涧村人。2000年5月在中国人寿万荣支公司投保康宁终身保险，年缴保费2940元，保额30000元。2009年1月10日患宫颈癌在万荣县人民医院住院治疗。经调查属保险责任，万荣支公司给付重疾保险金60000元，并免交以后各期保险费，合同继续有效。

（马小平）

【稷山陈某重大疾病赔案】 陈某，男，13岁，稷山县稷峰一中学生。2008年9月由学校统一在中国人寿保险稷山支公司投保学生平安保险，年交保费38元，保额68000元。2009年3月30日，被保险人在家中感到头疼，先后在稷山县人民医院、山西省儿童医院、太原市第四人民医院、中国人民解放军总医院第二附属医院住院治疗，被诊断为：结核性脑膜炎。经调查情况属实，属于保险责任范围。中国人寿稷山支公司给付住院医疗保险金6万元，保险合同终止。（马小平）

## 中国人民财产保险股份有限公司运城市分公司

【概况】 2009年，人保财险运城分公司紧紧围绕“系统领先、行业一流”的目标定位，围绕“促发展、保效益、防风险”工作主基调，圆满完成省公司下达的各项任务指标。全年共实现保费收入28290.67万元，完成省公司下达任务计划（26500万元）的106.76%，同比增幅为11.25%。综合赔付率60.69%，费用率29.8%，综合成本率90.48%，当实现利润2300万元，完成省下达利润计划工作2200万元的104.55%。

（潘志芳）

【绩效常规考察】 2009年初，人保财险运城分公司就组成三个考察小组对全市所辖19家经营单位进行年度常规绩效考察。按照《人保财险运城市分公司年度内部经营绩效考察、班子考核实施方案》，整个考察过程严格按要求和步骤进行，召开全体员工动员大会、被考察单位班子成员述职、进行民主测评和个别谈话等四项议程。通过考察，全面了解各基层公司年度经营情况，督促基层单位完善业绩考核评价体系，不断提高公司精细化管理水平，加强基层公司班子队伍建设，防范和化解经营风险，实现管理、效益双丰收。（潘志芳）

**【团队建设】** 2009年初，由人保财险运城分公司渠道管理部牵头组织的“精英带团队”营销竞赛活动适时启动。市区四家经营单位试点运作“精英带团队”模式，即各单位除一把手外所有班子成员均要带团队，实行全员营销，分公司会定期组织团队拓展训练和培训活动等，以培育团队文化，增强团队凝聚力，依靠团队的力量有效推动业务发展。经过一个多月的紧张准备，市区共组建29个团队，其中综合展业团队21个，非车险专业团队4个，内勤管理团队4个，部分优秀员工与营销骨干被聘为团队经理。分公司同时出台《人保财险运城市分公司2009年“精英带团队”实施办法》，设立统一的展示平台、统一的考核激励机制和季度竞赛规则，进行团队业绩大比武，月通报、季考核，对获胜的优秀团队和团队经理进行奖励，并对特别优秀的团队经理重点培养，纳入后备干部队伍。（潘志芳）

**【“见费出单”工作系统成功对接】** 2009年，省公司出台全省车险“见费出单”实施工作方案，运城市分公司基于省公司与省工行银行卡联网支付合作协议、银企网络接口和业务系统改造开发、系统改造联网测试等重点工作，积极组织市分公司财务相关人员迅速行动，通过与市工行牡丹支行的多次协调，来回往返各出单点测试，不分昼夜、加班加点、克服重重困难，截至2月9日，全市“见费出单”正式运转，提前一天完成省公司下达的任务，为“见费出单”工作提供了坚强的技术保障，走在了全省此项工作的前列。（潘志芳）

**【新理赔中心开始运营】** 2009年，人保财险运城分公司始终坚持把履行社会责任与实现自身发展紧密结合起来，主动把公司发展放到经济社会发展的全局中去谋划、去推进，在履行责任中拓市场、在促进和谐社会建设中树形象，在践行“人民保险，服务于民”的宗旨中显价值，充分发挥保险的经济“助推器”和社会“稳定器”作用。新的理赔中心以公司宗旨为目标，不断拓展服务平台，打造公司品牌形象。努力提高理赔质量，强化售后服务，创新服务内容，以客户需求推出服务新举措，以尽职尽责的服务建立起忠诚的客户群。尽量减少不必要的环节，为客户提供快捷、高效的理赔售后服务，不断深化“理赔金牌服务工程”，继续扩大“三日付款、七日提车”的惠及范围，为公司窗口形象建设打下了坚实的社会基础。（潘志芳）

**【“客户大回访”活动】** 2009年，人保财险运城分公司“95518”专线充分利用“3.15”的社会影响力，组织开展“客户大回访”活动。活动期间在全市范围内以抽样的方式共回访客户450名，完成系统记录1350条。通过回访客户，用心聆听客户心声，虚心听取客户意见，发现服务中的问题和不足，从而进一步改善服务质量，切实提高诚信服务水平，真正做到了“人保财险为人民”。（潘志芳）

**【“95518开放日”暨客户座谈会】** 2009年6月15日，市分公司举行“95518开放日”暨客户座谈会。此次活动共邀请到30多名客户代表、车行代表及营销代表参加。在分公司客服代表的引领下，大家参观了售后理赔服务职场，听取了理赔服务流程和承诺时限的介绍。在客户代表亲身体验95518工作平台时，大家饶有兴趣的围绕专线坐席即时倾听客服代表接听报案、处理调度、回访客户等一系列服务，特别是对车辆出险处理流程专线采取的跟踪回访服务给予了高度评价。（潘志芳）

**【车辆保险业务与林场林业保险】** 2009年3月27日，运城市分公司营业部成功续保市交警支队全部车辆保险业务，收回保费26万元。营业部成功承保夏县国营林场林业保险，收回保费15.2万余元。（潘志芳）

**【家财险与雇主责任险】** 截至2009年3月底，盐湖营销服务部完成家财险12万余元，仅在首季就超额完成了全年的家财险任务，完成比例134%，与去年同期的20050元相比，增长了502%。河津支公司成功签下

天泽公司建筑企业工程雇主责任险102000元。（潘志芳）

【联通运城分公司200余车辆续保】 2009年3月24日，城区营销部成功续保中国联合网络通讯有限公司运城市分公司（以下简称中国联通）200多辆车辆保险，在上年32万元保费规模的基础上，新增39万，同比增长121.87%。（潘志芳）

【团体意外险与建筑安装工程险】 2009年，城区营销部成功签下建筑工人团体意外险第一单，收回保费3万余元。5月28日，城区营销部又与万荣支公司联合承保运城市北赵引黄项目工程建筑安装工程险，收取保费181万余元，创下本年度以来工程险单笔保费的最高纪录，为全市非车险业务竞赛活动注入了强劲的动力，同时也彰显了人保财险的强大实力和整体的竞争优势。盐湖营销服务部成功承保运城机场航站区扩建工程建筑安装工程险，收取保费45万元。（潘志芳）

【机动车险与小麦火灾统保险】 2009年，垣曲支公司提前成功续保汽运集团十台客车，收回机动车保费137578.48元，承运人责任人险保费35000元，共计保费172578.48元。稷山支公司成功续签全县小麦统保，在全县范围内实现小麦火灾保险的续签统保，收回保费7万元。（潘志芳）

【乡村干部综合保险与企业财产综合保险】 2009年6月10日，平陆支公司与平陆县张村镇政府成功签订首笔“乡村干部综合保险”，为62名村干部投保了乡村干部综合保险，也是签订的首笔农村系列保险，收取保费9300元。6月23日，垣曲支公司与中条山新型建材有限公司成功签定该企业的财产综合险保险，收回保费1221111.65元，比上年保费净增57万元。（潘志芳）

【开展“幸福通保”新业务】 2009年7月16日芮城支公司顺利承保“幸福通保”第一单。客户缴纳车险保费3626.17元，附加家财意外责任险保费360元，合计3986.17元。由于此单是全省第一单，出单过程中遇到了不少新问题，芮城支公司通过与渠道管理部、承保中心、信息技术部的协调努力，最终完成了核保、打印、出单的全过程，为全市“幸福通保”新业务的开展推广起到了良好的示范带头作用。（潘志芳）

【团体人身意外伤害保险】 2009年，盐湖营销部成功续回新绛县公安干警团体人身意外伤害保险，继续为其243名公安干警办理了团体人身意外伤害保险，每人保额5万元，并附加意外伤害医疗保险，每人1万元。（潘志芳）

【运城人保召开产寿险交叉销售联席座谈会】 2009年4月14日，运城人保财险与人保寿险公司召开交叉销售座谈会，就兄弟公司间业务互动进行了探讨，双方业务合作全面展开。在交叉销售中，运城人保产寿险公司员工与营销人员在有保险需求时要绝对购买彼此的产品，并进行经常性的相互培训，提高业务员综合展业能力。（潘志芳）

【运城分公司成功冠名“PICC”首届超级车手大赛活动】 2009年4月18日、19日，由人保财险运城分公司冠名的首届“PICC”杯超级车手大赛在运城南风广场隆重举行，运城分公司副总周继腾亲临现场并在大赛活动开幕仪式上致辞。在本次活动举行过程中，运城分公司在活动现场搭建了人保财险展台，宣传人员身着正装，身披绶带，向过往群众散发宣传资料，解答群众的各种咨询，极大地提高了公司的社会影响力，使人保财险的品牌更加深入人心。（潘志芳）

【河津支公司五小车辆险业务实现新突破】 2009年，河津支公司通过积极争取，力排众多同业对手，与交警大队达成协议，派专人配合交警执法大队深入各乡、村，轮流为各村的摩托车、三轮车等办理相关保险业务，为各地农户提供上门保险服务，工作人员认真、热情、专业的工作态度，得到了广大村民朋友的一致好评，取得了良好的社会效益，为公司推动五小车辆险业务奠定了良好的社会基础。（潘志芳）

【参加社会募捐活动】 2009年，人保财险运城市分公司积极响应市政府、市红十字会关于在全市开展“博爱一日捐”募捐活动的号召，共筹得善款近2000余元。又响应市政府号召开展“救灾、帮困、送温暖”活动，大家再次献出自己的爱心，伸出援助之手，积极踊跃参加此次捐助活动，短短半天共筹得善款4650元。为加快社会主义新农村建设，提高部分困难群众的生活水平，帮助城乡特困家庭改善基本生产、生活条件，构建和谐社会贡献出了自己应有的一份力量。

（潘志芳）

【深化与通达汽贸战略合作】 2009年5月12日，人保财险运城市分公司副总经理周继腾赴通达汽贸同朱建军总经理进行座谈。周总介绍了人保公司通过夯实基础管理，改进工作作风、提高工作效率、提升理赔服务，打造全省一流窗口，实施“金牌服务工程”所做的一系列努力。通达汽贸的朱总当场表示与人保战略合作的决心不动摇，并将进一步加强售后服务建设，特别是通过提高事故车修理的速度与质量，赢得更多的客户，突破传统经营模式，在稳健中创新发展，把保险营销工作推向更深、更广的领域。（潘志芳）

【新《保险法》主题宣传活动】 2009年5月26日，全市辖内20多家产、寿险公司在市保险行业协会的统一安排和部署下，在市南风广场开展新保险法主题宣传活动，向社会各界群众广泛宣传将于2009年10月1日起正式实施的新修订的《保险法》。此次活动，人保公司精心准备了电视机、DVD及各种宣传材料；制作了大气、精美、丰富、翔实的宣传版面；制作了“热烈祝贺新保险法于10月1日正式实施”的宣传横幅；并悬挂了公司司旗和带有“PICC”标识的刀旗。活动中，一边持续播放人保财险形象宣传片，一边向过往的群众散发各种宣传材料和运城市保险行业协会印制的新《保险法》宣传材料，并耐心、详细的解答过往群众的各种咨询。（潘志芳）

【打击“三假”主题宣传活动】 2009年，人保财险运城市分公司扎实开展打击“三假”宣传活动，积极营造打假舆论氛围。(1)在各自营业大厅悬挂“严厉打击假机构、假保单、假赔案”、“严厉打击三假，维护保险市场秩序”、“打击三假，维护行业形象和消费者利益”等丰富多样的宣传条幅；(2)制作了内容详实的宣传版面。版面分别设置了打击“三假”的重要意义、“三假”的具体内容、典型案例、举报电话等主要内容。(3)各经营单位印制了打击“三假”的宣传材料，向过往的行人发放，并耐心解答群众咨询。（潘志芳）

【开法寺住持释悲文车辆刮擦理赔案】 2009年农历三月十三，芮城县新开发的百梯山风景区寺庙进行重修奠基仪式，河北省邯郸市涉县开法寺住持释悲文被邀请前来做法事，其乘坐的现代轿车下山途中不慎被岩石刮擦。芮城支公司代为查勘定损，半小时之内为远道而来的出家人完善了相关手续。芮城支公司工作人员认真的服务态度和专业的理赔素质，受到高僧的赞许。（潘志芳）

【翟某小麦意外失火理赔案】 2009年6月9日，夏县支公司接到胡张小李村翟某的报案，报称地里的三亩小麦意外失火，毁于一旦。接道报案后，公司领导非常重视，立刻组织人员赶赴现场进行勘查。经过详细勘查，了解失火原因，认定该事故属于保险责任后，该公司连夜缮制赔案，于次日清早，将1200元的赔款送到客户手中。这种急客户之所急，想客户之所想，对客户高度负责，快速理赔的作风受到了村里百姓的普遍欢迎和称赞。

（潘志芳）

【芮城张某解放牌大货车成都撞人理赔案】 2009年，车主张某在人保芮城支公司投保了交强险、商业三者、车损、不计免赔等险种，其经营的一辆解放牌大货车在四川省成都市内某停车场倒车时，不慎将一行人撞到，碾压造成第三者大腿粉碎性骨折、肌肉严重撕裂伤。伤者先后在成都市军区医院，西安唐都医院就医，三个多月后出院，总共花费医疗费124155元。在伤者出院并提供全部有关资料后，芮城支公司快速理赔，及时上报审批，全额支付赔款12万元，给限于困境的车主解了燃眉之急。

（潘志芳）

【闻喜昌利达物流公司货车出险理赔案】 2009年5月30日，海鑫营销部接到报案称被保险人昌利达物流公司旗下的一辆货车在陕西榆林出险，造成一人身亡，一人受伤，该部领导予以高度重视，迅速与出险地公司联系，及时了解出险情况，同时告知并指导客户日后申请理赔时所需提供的相关证明材料等事项。7月初，申请人持准备好的相关资料申请理赔，该营销部在理赔中心的大力配合下，于一周内将137062.11元的理赔款送到客户手中，客户对海鑫营销部的优质服务深表感谢和赞扬。（潘志芳）

【闻喜县化工编织厂火灾事故理赔案】 2009年10月26日，市分公司总经理郭益民一行在闻喜县政府副县长曹秦峰的陪同下来到闻喜县化工编织厂，将 240 余万元的火灾事故赔款送到该厂负责人手中，公司合理、快速的理赔受到了闻喜县领导和该公司员工的一致肯定和赞许。（潘志芳）

**【福达新华夏公司驾驶员杜某骗赔案】** 2005 年，运城市福达新华夏汽车连锁销售有限公司就车牌号为晋 M24535 的大客车，向人保夏县支公司投保了车辆损失险和第三者责任险。当年 11 月 6 日该投保车辆发生交通事故，造成三者死亡，获赔 3 万余元。2009 年 7 月，运城分公司接到举报：称该事故中的驾驶员杜某肇事时并未持有驾驶大客车的有效驾驶证。经过多方取证调查，核实了此次骗赔案件的真实性，并追回全部赔款。（潘志芳）

**【晋 M43984/ 晋 M8279 挂交通事故抚养人口骗赔案】** 2009 年 6 月 8 日，运城公司城区营销部承保的晋 M43984/ 晋 M8279 挂在济南卢氏与一现代轿车相撞，造成双方车损及三者司机死亡的交通事故。被保险人向公司索赔金额高达 43 万余元，其中涉及人员抚养费 11 万元左右。核赔人员对该案件抚养人口进行了认真的调查核实，查实该案存在瞒报被抚养人的情况，剔除抚养费 7 万余元，从而有效地遏制了此次骗赔案的发生。（潘志芳）

（责任编辑：武建华）

# 教　　　育

## 教育工作

**【中小学校舍安全工程进展顺利】** 实施中小学校舍安全工程，是省政府、市政府向全省、全市人民承诺办好的实事之一。按照总体规划，2009年,全市改造危房77万平方米，改造项目学校842所。对此，市教育局高度重视，统筹各方面力量，科学规划、加大投入、确保工程质量和进度。

首先成立校舍安全领导小组，与各县（市、区）教育局、项目学校一一签订目标责任书，“一把手”亲自抓、负总责；坚持领导包片、定期督察制度，实行联校经常检查、县级定期巡查、市级重点督查的检查监督机制，一月一汇报，一季度一通报；严格工程资金管理，设立专户，封闭运行，集中支付，提高资金使用效益；严把工程建设质量关，坚持“先勘察、后设计、再施工”和“牢固、实用、够用、安全、方便学生”的原则，统一规划设计，统一招标管理，统一验收审计，保证新建校舍寿命在50年以上，维修、加固和改造校舍达到防震抗震标准要求。

截至2009年10月底，全市校舍安全工程到位资金3.06亿元，其中中央资金3336万元、省级资金1.3亿元、市级资金1500万元、县级资金12258.9万元，其它资金543万元；已开工项目学校817所，开工面积69.63万平方米，达到90.4%；已竣工项目学校518所，竣工面积43.79万平方米，达到56.9%。省政府督导室10月份第三次大检查之后，各县（市、区）正在全力实施最后阶段的攻坚，力争年底前全面完成任务，向市委、市政府、全市人民交一份满意答卷。

（张晓志）

**【维护教育系统安全稳定】** 2009年，全市教育系统始终把维护学校安全稳定放在工作首位，把接待群众来访和处理信访工作，作为沟通民意的重要渠道，做到有访必答，有访必接，特访特接特办，全力维护稳定。一年来，做到了学校安全每会必讲，树立人人有责，常抓不懈的意识，定期部署检查。年初下发了《关于在全市教育系统开展不稳定因素大排查活动的通知》，明确各县（市、区）教育局长、学校的校长是第一责任人，周密部署，认真组织，对厂矿学校移交、老民办教师遗留问题、临时代课教师等不稳定因素进行全面、深入、细致的拉网式专题排查，把矛盾和问题化解在基层。同时，严格落实学校安全稳定工作责任制和责任追究制，进一步完善综合防控体系和应急管理体系，提高各类突发事件预警、防范和处置能力，确保了教育系统的安全稳定。

（张晓志）

**【教育督导】** 2009年，全市教育督导工作围绕教育重点和难点，加强督促检查，在中小学校舍安全工程全覆盖、新课程改革等工作中，多次组织专项督导检查，积极发挥导向和推动作用。（张晓志）

**【开展学习实践科学发展观活动】** 2009年，全市教育系统作为第二批学习实践科学发展观活动单位，坚持带头学习和实践，自觉把学习实践活动作为推进教育事业又好又快发展的重要契机和强大动力，与贯彻中共十七大精神相结合，与巩固和扩大解放思想学习讨论活动成果相结合，与解决教育突出问题相结合，坚持边学边改、边查边改，突出实践特色，在分析原因、制定措施、抓好整改方面下功夫，学习实践活动不走过场，不流于形式，围绕“五大重点”，通过“五个面对面”，梳理出制约教育发展的各类问题21条，使事关民生的上学难、教学质量提升慢、大中专毕业生就业难等问题得到有效解决，真正实现党员干部受教育、科学发展上水平、人民群众得实惠的活动目标。市委书记高卫东、市长王安庞、市委常委、组织部长陈振亮先后深入局机关进行调研和指导，对市教育局学习实践科学发展观活动给予了高度评价。

8月份，第三批学习实践科学发展观活动全面开展，全市中小学校、中等职业学校全面启动，为了使学习实践活动在第二批基础上开展的更加扎实，效果更加明显，市教育局局长李晋杰带头先后多次深入基层学校、偏远农村学校，调研指导教育工作，以实际行动转变作风，真正将学习实践活动落实在具体工作中，在扎扎实实解决教育改革和发展存在问题上下功夫，在推进教育科学发展上下功夫，在谋划新时期新阶段教育公平、均衡发展、和谐健康发展上下功夫。推动全市教育改革发展。（张晓志）

【党风廉政建设】 2009年，市教育局将党风廉政建设作为一项重点工作，与各校签订目标责任书，全方位开展廉政建设进校园、进头脑、进课堂活动。狠抓行风评议工作，进一步加大工作力度和考核力度。建立“阳光收费”制度、财务审查制度和社会监督机制，坚决治理教育乱收费，严格禁止“一边免费，一边乱收费”，严肃查处学校的违规收费行为。严格禁止学校举办或参与举办各种重点班、提高班、特长班、竞赛班等。严禁学校和教师以各种理由向学生推销或变相推销辅导材料和其它学习用品，办班补课、收取临时代教工资等突出问题。组织机关100余名党员干部参观了市廉政警示教育基地，观看了宣传版面和腐败官员忏悔警示片，集体学唱了廉政歌曲，使广大党员干部接受了一次触动心灵的廉政警示教育。严肃查处招生考试中徇私舞弊、弄虚作假的行为，对违纪违规的人和事进行了严肃查处。全市共查处乱收费案件26件，8人受到党纪政纪处分。（张晓志）

## 基础教育

【推进城乡免费义务教育】 2009年，市教育局认真落实各项政策，全面推进城乡免费义务教育，全市67万名中小学生免除学杂费共计1.35亿元，其中中央资金1.03亿元，省级配套资金2296万元。按照省财政厅、教育厅要求，全市2009年中小学生均公用经费标准要提高到小学生每生每年329元，初中530元。市、县（市、区）在财政困难的情况下，千方百计落实和筹措资金，基本达到了省定标准。（张晓志）

【全方位资助贫困生】 2009年，市教育局在资助贫困生工作方面，注重完善以奖学金、助学金、减免学费、勤工助学有机结合的贫困生资助体系。认真落实农村义务教育贫困寄宿生的生活补助，按时将中职生每生每年1500元（半年750元）国家助学金发放到学生手中。落实国家中职生生活补助政策，推行阳光发放办法。一生一卡，按时拨付，惠及4.6万余名中等职业学校学生。（张晓志）

【加快城乡教育一体化进程】 2009年，全市教育行政部门坚持把农村教育放在“重中之重”的位置，继续推进城镇学校和农村寄宿制学校建设。4月份，在新绛县召开了全市寄宿制学校现场会，推广新绛县的先进经验，全市寄宿制学校努力向规范化、标准化方向迈进。城乡学校“捆绑式”发展，30余名市直学校教师到夏县乡镇中小学送教下乡。加强运城市城区初中、小学招生管理工作，所有公办学校实行“就近免费入学、学校审查资格、教育局审批录取”的管理办法，规范城区中小学办学行为。继续实行优质高中招生指标分配到农村初中的办法，努力缩小城乡教育差距。大力开展勤工俭学活动，推进劳动实践基地建设，新建市级绿色学校16所。（张晓志）

【提升高中教育质量】 2009年，以新课程改革为契机，加快质量提升方式转变，坚持走内涵发展道路，向遵循教育教学规律要质量，向课堂教学改革要质量，向提高教师素质要质量，向增强学生学习动力要质量，向科学评价要质量，高考成绩稳步提高，达线人数持续增长。11月8~10日，全省高中教育工作会议在本市隆重召开，充分展示了本市高中教育改革和发展成果，充分展示了高中教育的新思路和新目标，参会领导和专家对本市高中教育所取得的成就给予高度评价。（张晓志）

【依法规范办学行为】 2009年，市教育局下发了《关于认真落实省人民政府办公厅＜关于进一步加强普通高中教育管理工作的意见＞的紧急通知》，严禁义务教育阶段学校举办或变相举办重点校、重点班、实验班等，规范普通高中招生“三限”政策，不得以任何名义高收费、乱收费，规范中、高考信息管理。（张晓志）

【学校德育工作】　2009年，以庆祝建国60周年为契机，积极组织“运城市中小学交通安全有奖征文大赛”、“中小学校防震减灾知识宣传征文活动”和消费维权“进校园、进课堂”等活动，广泛开展爱国主义教育。加大对青少年校外教育活动场所的建设和管理力度，对新绛等8个县青少年校外活动场所进行了评估。巩固提高首批省级德育示范校的成果，对14所首批省级德育示范校进行了复查验收。　（张晓志）

【平安校园建设】　2009年，全市教育系统始终把学校安全放在第一位，把每学期第一个月作为“安全教育月”，第一周作为“安全应急演练周”，积极开展安全教育活动，收到了良好的效果。对全市农村寄宿制学校的取暖设施进行了改造，彻底告别学生宿舍明火取暖的历史。严肃整治学生接送车辆，狠抓学校周边环境的综合治理，不留死角，努力建成最牢固、最安全、最让家长放心的学校。

（张晓志）

【招生考试坚持“三公”原则】 2009年，招生考试工作继续坚持公平、公正、公开的工作原则，成功地组织了高考、中考、对口升学和专升本等14万余名学生参加的考试工作，为师生提供优质高效服务，圆满地完成了各项工作任务，没有出现一例抄袭、雷同试卷，受到省招考中心充分肯定。　（张晓志）

## 学前教育

【加快发展学前教育】　2009年，全市学前教育工作以乡镇中心园建设为切入点，不断加强幼儿教师队伍建设。利用暑期，邀请幼教专家对200余名幼儿骨干教师进行了培训；结合对甲型H1N1流感和手足口病的防控，对各县（市、区）妇幼院院长和省级示范园的保健医生进行了专业培训。加快省级示范园和市级示范园建设，垣曲县顺利通过省教育厅“普三”复验。　（张晓志）

## 职业、成人教育

【扩大中等职业教育规模】 2009年，市教育局注重加强宣传和引导适龄青年接受职业教育，严格控制普通高中办学规模，认真落实限人数、限分数、限钱数的“三限”招生政策，让普高降温，让职高升温。积极落实国家每生每年1500元的奖励政策，推出加强助学金管理五项新办法，为4.6万名中职生发放了国家助学金。大力推进职业教育集团化办学，新绛县占地1000亩的职业教育集团进入筹建阶段，永济市新建旅游中专，闻喜县正在加快第二职业中学建设。　（张晓志）

【职业学校基础能力建设】 2009年，紧密结合本市煤炭、焦化、电力、旅游等八大支柱产业的需要，建设设备先进、区域共享的实训基地，启动中等职业教育改革发展示范学校建设计划。规范中等职业学校办学行为，对全市中等职业学校办学资质进行清查，通过验收合格学校24所，限期整改、暂同意招生学校12所，取消学历教育招生资格学校14所。

（张晓志）

【深化办学机制改革】　2009年，积极应对金融危机的挑战，围绕全市“五大产业集群”建设对人才的需求，开辟新型专业，培植重点专业，建立人才供求关系，推进订单培养，大力推行校企合作、工学结合的办学机制，认真落实中职学生顶岗实习一年和高职生顶岗实习半年制度。采取有效措施，走出去与上海制造城等大企业合作，拓宽毕业生就业渠道，中专中职毕业生就业率达到95%以上。　（张晓志）

【科教兴乡兴县工程】　2009年，面对金融危机，大批农民工返乡，积极开展各种形式的职业培训，一方面从本地实际出发，让农村青壮年劳动力“换脑充电”，培植建筑、装潢、水暖等具有地方特色的主导行业；另一方面，建立农民、学校、公司、基地循环链，与市内外建材、汽车制造、纺织、彩印、家电、医药等大中型现代制造业和服务业联合，有计划地进行劳动力转移和劳务输出。本市各类职业学校，一年内开展农村劳动力转移和农村实用人才培养50000余人次。

（张晓志）

## 远程教育

【现代远程教育】　2009年，深入开展中小学现代远程教育应用年活动，校校开展赛讲优质课评选活动，实行教学应用“教师实名课表制”，全面普及光盘应用教学，努力做到“班班通、人人会、堂堂用”。对13965名教师进行了信息技术应用能力考核测试，9874名教师通过了考核认证。在《运城教科报》开辟了《远教应用在行动》专栏，在运城教育网开辟《远教应用大讨论大实践活动》专栏，推广新方法、新经验。市教育局被省教育厅表彰为电教工作先进单位。

（张晓志）

## 教研教改

【深化基础教育课程改革】2009年，在教育科研改革方面，认真落实国家课程计划，注重综合实践活动、通用技术课程的开设和管理，进一步加快省、市级示范高中通用技术实验室建设。

大力实施“有效课堂教学”工程。4月份，在绛县召开了“全市初中课堂教学改革暨横水初中现场会”，400余名校长参会并观摩学习。

加强教学管理。3月份，市教育局组织专家对全市30所高中进行督导检查。5月份，再次组织60余名专家，对全市义务教育教学管理进行了专题检查，努力提高教学管理水平。

打造中考体育考试阳光工程，双机现场一次性输入，两次公示学生成绩，考生现场签字，多重密码管理，7.9万名考生在公开、公平、公正的环境中进行了体育测试。（张晓志）

## 教师队伍

【教师队伍建设】 2009年，把教师队伍建设作为实现教育新跨越的关键，以农村教师队伍建设为重点，积极探索校本培训、招考特岗教师、青年教师培养、骨干教师管理等方面的有效途径，优化校长和教师队伍整体素质。

2009年，全市教育系统启动中小学教师教育技术能力建设计划和班主任培训计划，加强各级教师培训基地和资源库建设，暑假期间，对3800余名高一教师进行了新课程网上培训，对200余名小学、初中骨干教师进行省级培训，选派30名骨干校长参加了北师大专家型校长培训，开展全市小学科学实验教师实验操作技能竞赛，推荐出全国、省、市模范教师、优秀教师、先进教育工作者346名，评选出全国、省、市教育系统先进集体40个。按照新任务新形势的要求，加快培养、加大培训、提高待遇，精心打造学习型、务实型、创新型、专家型的教师和校长队伍。

2009年，市教育局对全市中小学教师队伍情况进行了全面摸底，坚决清退不具备教师资格的临时代教。严格清查各类在编不在岗人员，取缔教师参与举办的各类辅导部、培训班30多个。健全完善学校领导和教职工请假、脱产进修、考勤等制度，强化师德师风教育，严格规范教师行为。（张晓志）

【全面实行义务教育绩效工资制度】 2009年，对义务教育阶段教师实施绩效工资制度，是国家加强教师队伍建设、优先发展教育事业的重大举措。按照省教育厅的要求，积极做好改革前的调查摸底、考核评价制度建立等各项工作，到年底为止，全市所有义务教育阶段教师全部按照绩效工资标准领取工资，极大地调动了广大教师教书育人的积极性。

（张晓志）

【完善中小学教师补充机制】为从根本上解决农村教师队伍整体素质不高、缓解大中专学生就业难等问题，国家从2009年开始推行“农村义务教育学校教师特设岗位计划”。全市纳入实施范围的有平陆、闻喜、夏县、垣曲等4个县，共设岗位304个。市教育局精心组织，严格按照“面向社会，公开报名，统一考试，择优选聘”的办法，把专业水平测试和教学技能考核结合起来，严把师德关、学历关和能力关，坚持公开、公平、公正，真正将优秀人才选拔到教师队伍中。

（张晓志）

【教学仪器装备工作】 2009年，仪器装备工作狠抓中小学教师实验操作技能培训提高，全市自下而上层层选拔，精心组织，389名教师参加了市级实验操作技能竞赛，推动全市实验操作水平进一步提高。

（张晓志）

## 社会力量办学

【全市民办教育机构概况】2009年，本市共有各级各类民办教育机构750所，在校生26万余人，教职工2.7万余人，总投资达30亿元。其中幼儿园280所，小学145所，初中120所，高中43所，中等职业培训类学校129所，与高校联合办学33所，与高校联合办研究生班1所，在校生千人以上学校达108所，投资千万元以上学校达80所。民办学校覆盖学前教育、普通教育、成人教育、职业教育各个层次。近几年，本市民办教育质量稳步上升，办学规模不断扩大，办学条件逐渐改善，办学形式呈现多元化发展，民办教育向农村延伸，达到了全面开花结果，逐步基本形成了公办学校与民办学校互相促进、互相竞争、协调发展的格局。民办教育已经发展成为全市教育事业的重要组成部分，在增加教育供给、推动教育创新、提高教育效益等方面发挥着巨大作用。（张晓志）

**【民办教育法规宣传】** 2009年，为更好地做好民办教育管理工作，全市把学习作为一项重要工作，不断加强《民办教育促进法》、《民办教育促进法实施条例》、《山西省实施<民办教育促进法>办法》及其《释义》的学习，加深对其精神实质的理解，同时注意学习与工作密切相关的《教育法》、《职业教育法》、《教师法》、《行政诉讼法》等法律法规以及上级文件。为使全社会更加了解、关心、支持民办教育事业，市教育局坚持不懈地通过座谈、咨询等各种方式，将民办教育的性质、地位和作用向社会进行积极的宣传，逐步提高社会对民办教育的认识，为民办教育事业的发展营造良好的氛围。1. 在“运城市教育局”网站上设置民办教育风采展示版块，及时更新和链接有关民办教育方面的内容，宣传民办教育的法律法规和方针政策；2. 对凡是来咨询、申请举办民办教育机构的申请者，在受理其申请前，都耐心宣传有关法律法规，介绍对民办教育机构的审批程序、设置标准以及管理方式等，以进一步端正其办学动机；3. 利用答复人大代表关于民办教育议案、办理县政府及信访局批转的有关来信的机会，全面或专项汇报民办教育实际情况，宣传《民办教育促进法》等法律法规和政策文件，积极争取社会各界的关心与支持；4. 要求民办学校通过招生、家长会、与社会其他单位合作交流等多种形式，大力宣传其办学业绩，展示教育成果。（张晓志）

**【民办教育机构审批】** 2009年，在审批民办教育机构工作中，坚持按《民办教育促进法》和《民办教育促进法实施条例》所规定的材料要求和审批程序开展工作：1. 在“运城市民办教育网”公布有关申请举办民办教育机构相关文件和材料要求，印发了“申请举办民办教育机构材料目录”，拟举办者可以上网或到教育局直接咨询，了解办校要求，然后根据要求来组织申请材料，教育局社管办对申请材料进行初步审查，并决定是否予以受理；2. 制定了各级各类学校审批标准，从民办学校的申报、考察到评估、评审及批复等都规定了严格的操作程序；3. 在审核评议阶段，由社管办组成专家评议小组，对申请材料进行全面审查，并赴实地进行查看，对照《民办教育促进法实施条例》等文件规定，提出考察报告，报社管办主任会议决策；4. 在发证阶段，凡经评议合格或经告知后改正符合条件的，颁发办学许可证，并通过报纸、网络等新闻媒体向社会进行公告，不予批准的，书面告知并说明理由。（张晓志）

**【查处非法办学行为】** 非法办学，主要是体现在学前教育、校外辅导部、各种培训班，这一直是民办教育管理的一大难题。为切实解决未经批准擅自办学等问题，2009年，全市从整顿办学秩序入手，积极开展民办教育机构的清理整顿活动，并结合安全检查及年度考核评估工作，联合市工商、物价、公安、卫生、新闻媒体等多部门，进行了为期一个月的清理整顿活动，在一定程度上规范了办学秩序，维护了依法办学的严肃性。（张晓志）

## 高等教育

**【构建高等教育新体系】** 2009年，在全市高等教育建设方面，积极创建运城高等职业教育试验示范区，打造3万人的高职教育基地。加快运城学院盐湖校区建设步伐。运城职业技术学院在上年首次招生745名的基础上，立足市场，开设了15门专业一跃成为面向全国统招的一所高等职业技术学院，至年底在校生1408名，其中，大专学生879名。加快运城财经学院、运城医科学院积极申报和筹建工作。运城农业职业学院、水利职业技术学院、广播电视大学加快优化升级。运城师范学院新校区建设启动，建校图纸基本绘就。运城物流技术学院已经省政府批准进入筹建阶段。同时，进一步深化教育教学改革，推进学科专业结构调整，创新人才培养模式，提高办学质量。（张晓志）

**【高等教育自学考试】** 2009年，全市高等教育自学考试，报名人数达到8214人，22792科次，新增考生1837人，报名人数和科次均处于全省前列，上半年共有1131名考生获得本科、专科自考毕业证书。

（张晓志）

## 运城学院

**【运城学院法学等5个专业通过学士学位授予专业评审】** 2009年，运城学院法学、科学教育、艺术设计、信息与计算科学、旅游管理等5个本科专业通过了山西省学位办专家组的评审。至此，学院设置的22个本科专业全部具有学士学位授予权。

4月8日，省学士学位评审专家组来到学院，通过听汇报、实地查看教学资料、课堂教学考察、召开专业负责人座谈会等形式，深入考察了五个专业的教学、管理、师资队伍建设、实验室建设、资料室建设、学生毕业论文等，形成了最终评审意见。在4月9日的专家组意见反馈会上，专家一致同意将运城学院法学、科学教育、艺术设计、信息与计算科学、旅游管理等5个专业列为学士学位授予专业。（马青峰）

**【举办2009届毕业生就业洽谈会】** 2009年，针对严峻的就业形势，学院党委高度重视，把促进毕业生就业作为学习实践科学发展观的主要内容之一，党政一把手亲自抓，各相关部门密切配合，共同促进就业。4月12日，在有关部门的努力下，来自北京、山东、河南和本省的260余家单位参加了学院举办的毕业生就业洽谈会，为毕业生提供了近6000个工作岗位，是历年毕业生就业洽谈会参会单位和提供就业岗位最多的一次。

院长姚纪欢、副院长王卓民陪同市教育局副局长翟立明参加洽谈会现场检查指导工作。

本次洽谈会有1500多名毕业生与用人单位达成了初步意向，取得了良好的效果。同时，招生就业处和学生处向用人单位征求学院就业指导和毕业生能力素质方面的意见和建议，与用人单位建立了长期合作关系。（马青峰）

**【2009年首期大学生创业培训班开班】** 为贯彻落实《山西省人民政府关于实施创业就业工程的意见》和《运城市人民政府办公厅关于进一步加强创业就业工程的实施意见》，提高大学生创业能力和就业率，2009年，运城学院与市劳动保障局联合主办运城学院首期大学生创业培训，并于5月15日隆重举行开班仪式。

2009年，面对国际金融危机对中国经济和就业产生的不利影响，国务院出台了高校毕业生就业7项措施（简称“国7条”），教育部也出台了七大举措、四大新政全力促进2009年高校毕业生就业，温家宝总理在主持召开的国务院常务会议上，强调要把高校毕业生就业摆在就业工作的首位，充分体现了党和政府对大学生的关怀与希望。

在这样的背景下，学院开办创业培训班，目的是充分利用大学生群体良好的知识基础，通过进行创业基本理论、创业案例分析、创业政策解析和创业实训等具有针对性的培训，切实增强大学毕业生的创业能力和持续发展能力，使具有创业意向的大学生具备管理、经营的基本知识、实务操作能力和应变能力，进一步转变就业观念，了解创业政策，确定创业项目，切实提高创业成功率并带动就业。首批60名学员分两期接受了创业知识和创业技能培训。（马青峰）

**【酒店管理专业实习学生“两会”服务受褒奖】** 3月13日，运城学院收到全国“两会”设立在北京首创新大都饭店驻地发来的感谢信。参与“两会”服务的本学院酒店管理专业实习学生表现突出，会务组决定授予他们荣誉证书，为运城学院颁发了“接待大会无私奉献、服务代表热情周到”的奖牌。

2009年，学院特别重视学生实践能力的培养，积极开拓实习基地。经济管理系酒店管理专业学生多次承担在国内有一定影响力的大型酒店的接待任务，参加过奥运会、十七大、“两会”等大型活动的接待工作并获得广泛好评。本学期旅游管理专业150人参加实习，除20人安排在太原晋祠宾馆实习外，其余全部在北京的各大酒店实习，其中23人在北京首创新大都饭店承担两会接待服务工作。他们分布在礼仪、餐厅、客房、康乐部等不同的服务岗位，主要任务是参与湖北代表团和甘肃代表团的接待服务工作。同学们规范的礼仪流程、热情周到的服务，受到代表、委员们的一致好评。“两会”代表和北京首创新大都饭店对同学们任劳任怨、细致入微的服务态度和良好的精神面貌予以高度赞扬。（马青峰）

**【第六届青年教师教学基本功竞赛落下帷幕】** 2009年，为进一步加强青年教师队伍建设，提高青年教师的教学能力，营造交流和鼓励先进的氛围，学院于5月5日~6月7日举办了第六届青年教师教学基本功竞赛活动。

本次竞赛活动分系部级竞赛和院级竞赛两个阶段。系部级竞赛时间为5月5日至28日，由各系部自行组织，参赛对象为学院各教学系部讲师职称以下的青年教师，参赛内容包括教案评比和课堂教学比赛。各教学系部择优推荐优秀青年教师参加院级竞赛。6月7日开始院级竞赛，由教务处组织实施，分为文科、理工科和艺体类三组进行。学院教学督导委员会成员、各系部主任、教学副主任或教研室主任共24人组成的评委团对各系部推荐的32位青年教师进行了评审。最后，计算机科学与技术系杨秀荣、中文系杨丽两位教师荣获院级竞赛一等奖；外语系段爱兰、应用数学系李晓霞、机电工程系孙培禄、思政部张艳、音乐系王维娜和张星高等6名教师荣获院级竞赛二等奖；中文系李爽、体育系朱继丽、公共计算机教学部张雷等14名教师荣获院级竞赛三等奖。（马青峰）

**【丁绍光先生来学院作报告】** 2009年10月24日上午，旅美华人、世界画坛巨匠丁绍光先生在市委常委、统战部长于波陪同下，在运城学院为师生作题为《中华民族文化的复兴—关于增强中国软实力》的报告。报告会由副院长王卓民教授主持。

丁绍光，祖籍运城市盐湖区席张乡，是以中国现代重彩之神韵领世界画坛之风骚的顶尖艺术家。1990年，在日本世界艺术博览会上，丁绍光先生被选入14世纪以来百名艺术大师排行榜，名列第29位，是唯一入选的华人艺术家。联合国连续三处撰文向世界一百六十个国家介绍丁先生的艺术和生活，现任中外二十余所大学名誉和客座教授，是国际中国美术家协会会长。

报告会从上午9点开始，整个博识堂内座无虚席。丁先生报告论述精辟，见解独到，语言生动形象、诙谐幽默，以艺术家的视野与思考，探索了中华民族文化复兴的道路，博得师生们的阵阵掌声。报告结束后，先生还对现场师生的提问进行了回答。（马青峰）

## 运城广播电视大学

**【招生工作】** 2009年，市电大成立专门招生领导工作机构，划片宣传，领导包点，责任到人，为招生工作的顺利开展提供了组织和领导上的保证。严格执行规章制度，规范招生行为。具体做到招生广告、招生对象、招生收费、入学测试和系统维护五规范。多方宣传，营造招生气候，全员参与，走访发动，媒体广告，在校学员现身说法，借助“电大三十年校庆”平台进行积极的宣传和动员。

经过全体教职工的共同努力，开放教育本、专科招生2283人，成人大专招生录取91人，奥鹏和联合办学招生201人，中职教育招生200余人。

（卫　强）

**【教学管理和服务】** 2009年，以“电大30年校庆”为契机，狠抓教学改革，注重教学支持服务，全面提高了教学质量。1. 加强教学支持服务，做好基层工作站的培训工作。为使县级电大工作站能尽快进入现代远程开放教育教学模式，由校领导带队，送教上门，针对各环节、程序及改革等内容进行培训。2. 加大网上教学检查力度，提高在线平台使用率，提高县级电大工作站在网络环境下进行导学和教研的能力。3. 发挥网络优势，保证教学过程的落实。全部专业都建有QQ群，适时在网上发布导学信息和教学要求，通过电话答疑、网上留言、实时答疑等方式，及时解决学员学习过程中出现的问题。4. 抓好实践环节，落实培养目标。专门成立集中实践领导组，全面负责集中实践教学工作，重视对参与学员和导学员、评阅教师的培训工作，从源头上保证了毕业论文的质量。5. 规范导学服务，细化教学管理。导学教师从开学到考试结束，全程服务，如期完成全年的导学任务，有力地推动教学工作的顺利完成。（卫　强）

**【教务管理和服务】** 教务管理和服务工作涉及教学过程的规范和学员毕业时间的保证。2009年，学校重点从三个方面进行落实：1. 规范教学管理，提高教学质量。2009年，共组织两次教学工作会议，开展两次教学督导；2. 规范学籍管理，科学保管学员档案。共完成了2226名毕业生的办理，2083名学生证的打印，40000多课次的课程注册和3000多名学员的数码照相的组织工作；3. 严格考务管理，确保考试的顺利进行。认真执行中央电大、省电大关于考试工作的有关要求，严肃考风考纪，考试工作运行良好。全年共组织开放教育全国统考两次，全国统一网络考试四次，基于网络课程改革的模拟考试四次。同时，还组织了国家司法考试、自学考试和成人英语统考等社会大型考试，圆满完成了各级各类办学形式的考试任务。

（卫　强）

**【教学科研】**　2009年，学校加大教科研力度，增强学术研究氛围。成立文法、理工和财经三个教研室，完成省重点课题《提高农民素质　推动社会主义新农村建设的对策研究》的结题审报，完成省级课题《远程开放教育中实践教学环节的研究》项目审报和立项，开展青年教师教学技能比赛，组织教职员工参加“电大30年”主题征文，倡导师生参与全省开展的“09湿地中国行”读书活动。（卫　强）

**【基础设施建设】**　2009年5月，学校新建的高标准、高质量的教学办公大楼正式投入使用。大楼铺设了200多个网络节点，30个教室全部安装云台摄像机、视频接口、音频接口、网络接口、电铃系统和手机屏蔽系统，满足社会各类考试和日常教学需求。15个固定摄像机对校园和楼道进行全方位的监控，现代化的网络总控中心、监控室和机房，确保日常教学和考试工作的正常进行。学校在信息化、数字化方面走到了全省电大教育的前列。

（卫　强）

**【党建工作】**　2009年，学校党总支积极组织党群进行政治理论和方针政策的学习。坚持“一课三会”制度，并注重联系实际，把电大的发展放到运城经济社会发展的大环境中，放到运城教育事业发展的大局中来思考。认真组织并开展了“学习实践科学发展观”、“深入学习右玉精神，大力加强作风建设”为主题的学习教育活动。利用电大远程教育的网络优势，开辟网上专栏，进行网上心得体会的交流。加强党风廉政建设，要求班子成员和教职员工严格执行廉洁自律“五不准”规定。严格执行六人（经手人、部门负责人、财务负责人、分管副校长、党支部纪检委员、校长）签字的财务报销审批制度，努力做到财务公开、政务公开。（卫　强）

**【校庆文化】**　2009年是运城广播电视大学成立30周年，为总结经验、展现成就、扩大影响、树立形象，学校组织开展了一系列庆典活动。成立校庆筹备工作委员会，下设校庆办、活动组、外联组和宣传组，为校庆活动的圆满举办提供了组织上的保证。

相继出台校庆总体活动方案，向广大校友发出了公开信，还在《运城日报》上发布校庆公告，开辟了校庆专栏和专刊，建立校庆网站。征集、制作了30年校庆标志和校徽，编辑摄录《运城广播电视大学辉煌30年》专题片，编辑出版《运城广播电视大学30年校庆纪念册》、《运城广播电视大学30年校庆校友通讯录》、《运城广播电视大学30年校庆专刊》、《运城广播电视大学30年校友事迹》和其他有关校庆的书刊。举办了一系列学术报告会、学术研讨会、教学成果汇报会，举办师生书法、摄影、绘画展和校园名家笔会。评选出一批优秀工作站、优秀教育工作者、优秀导学员和优秀教师，6月2日，举办了隆重、热烈、俭朴的庆典大会。三十周年校庆系列活动的开展，真正达到了以庆促建、以庆促改、以庆促发展的目的，有效促进了电大校园文化建设。（卫　强）

（责任编辑：石少青）

# 科 学 技 术

## 科技工作

【科技项目】 2009年，市科技局共争取国家、省级各类科技计划项目73项，到位资金2706万，比上年增长了28%，再创历史新高。同时，市科技局还注重以充足的项目储备增强本市科技工作发展后劲，组织申报了2010年各类科技计划83项，其中：科技攻关计划21项，火炬计划16项，星火计划12项，成果推广计划24项，软科学计划2项，科技创新项目6项，国家科技富民强县专项行动计划试点县项目2项。

(宁谦祥)

【高新技术产业稳步发展】 2009年，市科技局通过多种渠道、多种方式为企业争取财政、金融等政策支持，共为企业争取到省科技成果转化资金800万元、开发银行700万元贷款。为企业牵线搭桥，为绿康实业、金绛食品、鸿昌工贸等13家企业引进了先进技术。经过培育扶持，2009年，本市共有关铝股份、万荣恒磁、丰喜化工等5家企业被认定为高新技术企业，使本市高新技术企业达到了8家，总数在全省仅次于太原市。市科技局积极与国税局、地税局等部门协调，落实了这8家高新技术企业应享受的优惠政策。 (宁谦祥)

【民营科技企业健康发展】 1. 积极培育有前途的民营科技企业。2009年，山西奥信动物药业有限公司、闻喜县鸿鹄特种钢制品有限公司、山西大新传动技术有限公司、山西禹鑫管业有限公司、山西格菲玻纤有限公司等5家企业被认定为山西省民营科技企业。2. 对民营科技企业统一审核换证。经审核和实地考察，全市有10家企业符合换证条件。新审批成立四家科技类民办非企业单位，并对全市科技类民办非企业单位进行了年检。3. 积极服务民营科技企业。2009年加大了市本级科技研发经费在民营科技企业上的投入，并积极帮助企业争取上级科技研发经费。通过各种媒体、科技活动周、知识产权周及时宣传国家关于民营科技企业的优惠政策、创新经验。运城市技术市场办、生产力促进中心、科技情报研究所还深入企业，为企业提供科技情报信息，帮组企业引进人才、解决生产中的技术难题。

(宁谦祥)

【农村主导产业科技合作社建设】 2009年底，全市13个县(市、区)已分批次建立各类主导产业科技合作社145家。科技合作社作为一种以科技吸引农民、服务农民、组织农民发展规模经营的创新模式，拓展了农业科技成果转化的新渠道，开辟了科技服务三农的新路径，为农村经济发展注入了活力，是农民增收致富的有效保障。农村主导产业科技合作社构建起一个新的农业技术集散地。截至年底，全市各类主导产业科技合作社已举办各种技术培训600余场次，受益社员25万余人。 (宁谦祥)

【科技合作社示范基地建设】 2009年，全市农村主导产业科技合作社积极打造农业新技术运用的样板工程。在专家的指导下，每个科技合作社都建立2至3个科技示范基地，通过科技示范基地将大量先进实用技术、优良品种和生产开发性项目不断输入农村。夏县禹王乡中其村惠农枣业生产科技合作社，建起了500亩示范基地，自愿加盟入社的枣农560户，辐射周边3个县市、6个乡镇，带动发展枣林面积2万余亩，产值5000余万元。 (宁谦祥)

【科技合作社技术指导和培训】 2009年，农村主导产业科技合作社积极输送为农民服务的各类科技专家。万荣县汉薛镇的南景村，于2006年成立万红宝桃生产科技合作社，经常请市、县的果业专家来田间地头为社员进行技术指导和培训。2009年，“万红宝”桃生产科技合作社辐射带动周边2万亩桃农生产。

(宁谦祥)

【科技合作社“一村一品”农业

**工程】** 2009年，全市农村主导产业科技合作社承载着一村一品工程的试验田。全市145家专业科技合作社，涉及20多个具有运城特色的优质农产品，这些专业科技合作社突出各个专业品牌，在实践中探索适合当地发展的特色农产品，打造一村一品的精致农业工程。（宁谦祥）

**【农村主导产业科技合作社经济效益显著】** 2009年，农村主导产业科技合作社帮助农民在市场经济中站稳了脚跟，取得了显著的经济效益。临猗县孙吉镇王显庄村高光农果业生产科技（SOD）合作社，在省农科院果树专家指导下，采用中国农业大学研制的SOD系列微生物制剂技术和生物防治等综合技术，生产出具有抗衰老和抗癌功效的SOD苹果，在这一苹果生产新科技的带动下，这个科技合作社由最初的10户社员发展到现在的113户，合作社服务的面积由29亩扩大到1700多亩。2009年，合作社生产的SOD苹果，平均每个苹果价格高达3.1元。（宁谦祥）

**【科技培训和宣传】** 2009年5月19～25日，市科技局围绕"携手创建创新型运城"这一主题，组织各县（市、区）及有关部门开展了一系列贴近生活、贴近群众、内容丰富的群众性科技活动。组织广大科技人员深入农村、深入基层，通过科普大篷车、横幅版面、实物展示、举办讲座、专家咨询等多种形式，加强对广大人民群众的科普教育。（宁谦祥）

**【知识产权工作】** 2009年，市科技局在全市范围内组织举办了"保护知识产权宣传周"活动，围绕"保护知识产权，促进创新发展"主题，宣传知识产权的基本知识，提供相关咨询服务。利用各种媒体对专利工作典型企业、技术发明人进行了宣传报道。鼓励企业和个人申报专利技术，2009年，全市专利申请399件，超额完成了全年380件的任务。（宁谦祥）

**【学习实践科学发展观活动】** 2009年，市科技局把学习实践科学发展观活动作为促进科技工作和加强自身建设的契机，认真组织学习，深入调查研究。围绕自主创新能力建设、重大产业技术需求、科技成果转化运用和"三农"等9个主题，深入企业、农村、高等院校、科研院所开展专题调研，深刻剖析制约本市科技发展的突出问题，理清发展思路，提出整改措施。在充分调研的基础上，制定了《关于建立完善科技创新和推广应用机制的意见》，并列为全市学习实践科学发展观活动十个长效机制之一。通过开展学习实践科学发展观活动，全市科技系统进一步统一了思想，形成了共识，坚定了信心，增强了工作的紧迫感、责任感和使命感，促进了各项工作的开展。（宁谦祥）

## 科协工作

**【科普惠农兴村计划工作】** 2009年，为了进一步加强对农技协和科普示范基地的指导力度，市科协在继省检查组实地检查了盐湖区农业标准化协会和盐湖区2000—1桃基地之后，又先后利用一个月的时间，深入绛县、平陆、万荣、临猗、夏县，对2008年申报的科普示范基地和"科普惠农兴村计划"中的先进集体获得者进行了检查和指导。最终推荐的垣曲舜王食品养猪协会、临猗县临晋江石榴协会等6个推荐对象，经中国科协审查，分别荣获2009年度全国科普惠农兴村先进单位和带头人称号。为了进一步引深"科普惠农行动计划"工作，市科协还与万荣县科协、市绿莹特色产业技术推广协会联合在万荣县闫井村隆重举办了"运城市科普惠农服务月活动启动仪式"。启动仪式结束后，各下乡服务队分赴临猗、芮城等县连续举办了10余场果树管理技术知识讲座，累计发放技术资料上万份。充分发挥县级科协的"建栏、管栏、用栏"的积极性，进一步加强"科普惠农信息栏"长效机制的建设。

2009年，经市、县两级共同努力，盐湖区在314个行政村安装了320块科普惠农信息栏，实现了村村覆盖，成为全省乃至全国首个依靠市场化运作机制实现行政村全面覆盖的县（区）。（李伶旗）

**【"防灾减灾宣传周"活动】** 根据中国科协和省科协《关于积极开展防灾减灾科普宣传工作的通知》精神，2009年，市科协重点作了两方面工作：1.5月9~12日，在市区河东广场和南风广场举办大型"防灾减灾科普知识宣传活动"，累计发放科普资料8000余份，科普挂图2000余幅，接待咨询260人（次）。市长王安庞视察时称"宣传就是要有针对性，这样的'家庭应急计划'挺实用"。2.

11 月，面对全市突如其来的暴雪灾情，市科协党组紧急启动应急预案，号召全市科技涉农组织和广大科技人员全力以赴，广泛开展各种类型的技术救灾服务活动。号召一经发出，便得到了来自各方面的积极响应。市蔬菜协会会长李春藻身先士卒，带领本会 145 名技术人员积极投身各个蔬菜主产县，指导群众科学自救，使束手无策的灾民们得到技术援助。新绛县作为全市最大的蔬菜产区，因降雪受灾严重。县科协迅速组织 30 余名技术人员，昼夜倒班巡逻紧急避险，并调配育苗科学补种，有效地弥补了灾民的损失。垣曲县科协还将防冻减灾培训课堂设到了乡村，累计举办专题培训班 30 余场，1500 余名群众从技术援助中受益。（李伶旗）

**【“全国科普日”系列活动】** 2009 年的“全国科普日”系列活动呈现“一高两新”的新格局，“一高”即与夏县县委联合举办了“运城·夏县‘全国科普日’系列活动启动仪式”，县四套班子领导及县直各部门、企事业单位一把手、各乡镇领导全部到会，规格很高。“两新”，即在盐湖区小张村隆重举办了共建“华硕图书室”揭牌仪式，再掀“科普日”活动的新高潮。此外，全市首个科普公园——运城航天公园正式向游人开放，垣曲县舜宝科普教育基地被正式命名为省级科普教育基地，标志着运城市科普阵地建设再度得以增强。“科普日”期间，各个县（市、区）科协亦分别组织开展了形式多样的宣传活动。稷山、闻喜的“甲型 H1N1 流感防治知识”系列宣传活动，垣曲、临猗丰富多彩的健康义诊、科普知识讲座、测土配方施肥技术推广，绛县的大樱桃花期授粉及微肥区域实验推广等活动，均为 2009 年“科普日”及后续科普活动的亮点，呈现出上下联动，不断创新的新格局。据统计，全年市县两级利用科技周、科普日等活动，累计开展科技下乡 147 次，科技培训、讲座 397 场（次），开展科普宣传、科技咨询 140 余次，受众人数 71000 余人（次），印发各种科普资料、书籍、光盘 24 万余份（册、套），为群众解决实际问题 430 个。（李伶旗）

**【学会重点工作年建设】** 2009 年初，市科协制定出台了《重点工作年实施方案》、《2009 年学会目标管理办法》和《2009 年市级学会工作评价考核办法》，要求市属学会要以重点工作年为契机，不断创新经营理念，切实增强学会的实力、活力和影响力，切实加大了对新组建学会的管理力度。先后对申请入会的市消防协会、市医学外治研究会等 6 家学会进行了入会前的实地考察，使其在成立之初便步入了规范化和制度化的管理轨道。切实加大了对市属学会的整顿、换届和年检审查力度，对长期不活动的咨询工程协会和中西医发展联合会予以注销，对食品安全协会进行了重新组建和更换法人，并先后促使 7 家学会按期进行了换届选举。切实加大了对市属学会的网络建设和制度化建设，全年先后促使 6 家学会设立了 21 个基层分会，5 家学会增设了 7 个专业委员会，80%以上的学会建立和完善了例会制度。切实加大了学会的实力建设，促使水利学会建立了学会科技示范园，健康教育协会成立了健康教育网，绿莹特色产业技术推广协会成立了支农服务队，并开通了 24 小时农事咨询热线，创办了《农业科技信息》会刊和运城绿莹农业网。（李伶旗）

**【学术交流活动】** 2009 年，市科协积极探索学术活动社会化和社会资源整合的有效方式，积极指导和帮助直属学会广泛开展各种类型的学术交流活动。在市科协的协助和指导下，市健康教育协会先后举办了中小学生心理沙龙、亲子关系心理沙龙、中小学老师心理沙龙活动；市林学会举办了小康林业建设研讨会和退耕还林学术研讨会；市刮痧循经火疗协会举办了经络养生学术交流活动；市非公有制企业家协会举办了企业家领导执行力的学术交流等较高水平的学术交流活动；市红枣协会举办的冬枣研讨会，将研讨活动开到了田间地头，吸引了大批慕名而来专家、枣农和经销人员，为全市的枣农增收做出了贡献；市医学会、中医药学会和中西医结合学会则率领广大医护人员活跃在宣传预防“甲流”的第一线。据统计：市直各学会累计举办各类学术交流活动 355 次，邀请省内外专家讲学 207 场，听讲人数达 7.4 万余人。（李伶旗）

**【学会科普成果】** 2009 年，为了充分彰显学会的科普功能，面向农村，市科协积极组织涉农学会广泛开展“科技入户工程”。市农学会精选出 200 名优秀科技指导员，采取“责任到人、分包到户”的办法，在全市确定了500家科技示范户作为主要科技培训对象，累计推广主导品种和主推技术5至10项，并依此辐射带动周围农户。市蔬菜协会要求学会科技人员常年驻扎在当地跟踪指导，被当地菜农誉为“点土成金的绿野集团军”。市好普生果树科技服务协会多次深入各个县举办大规模的“优质苹果示范园观摩”活动，有力推动了全市科普惠农活动的开展。“十进一延伸式”科普工作也得到进一步发展，市属各学会分别深入社区、企业、机关、学校、农村等地组织开展了各种类型的科普展教、健康咨询和便民服务等活动，深受群众欢迎。5·12国际护士节前后，市护理学会在南风广场和西花园两地集中组织开展了健康义诊和防震减灾宣传，咨询宣传义诊人数达2000余人，发放宣传资料、挂图5万余份。市水利学会利用“世界水日”、“中国水周”等节日，举行了大型宣传活动和“共享的水，共享的机遇”万人签名活动。据不完全统计：全年市直学会共开展科技培训679场次，培训人数达43余万人。举办科技讲座166场，听讲人数达23万余人次。（李伶旗）

**【青少年科技教育工作】** 2009年，市科协举办了第24届运城市青少年科技创新大赛，共340件（篇、幅）作品获市级奖励，48件（篇、幅）作品获省级奖励。河津市西辛封小学组织开展的《关于落叶的回收与处理》科技实践活动获全国二等奖，另有3幅科幻绘画作品获三等奖。组织开展了“节约纸张、保护环境——2009年青少年科学调查体验活动”，共有10余所学校相继举办了启动仪式，数万名中小学生参加了科学调查体验活动。英特尔求知计划活动进一步得以拓展，3名教师出席参加了山西省项目庆典和培训，盐化中学、永济北郊中学和运城二中，保质保量完成了400名学生的培训任务。此外，首次选派5名学生出席参加了第九届全国机器人竞赛——山西赛区联赛，并全部获奖。进一步加大了科技辅导员队伍建设，组织部分科技辅导员出席参加了省第三届科技辅导员科教创新竞赛活动，共有3件作品获一等奖，一名教师获十佳科技辅导员光荣称号，市科协获组织奖。出席参加了第24届全国青少年科技创新大赛辅导员板块竞赛活动，两件作品获全国奖励。进一步加大了农村青少年科普教育设施的创建力度，经层层筛选，共向省申报农村青少年科学工作室两处，从而逐步缩小了城乡差距，提高了农村青少年的科学素养。（李伶旗）

**【科技工作者新春茶话会及中国科协会员日活动】** 2009年，市科协在市委大楼关铝厅举办以“学习贯彻胡锦涛总书记在纪念中国科协成立50周年大会的讲话精神”为主题的运城市第七届科技工作者新春茶话会。与会同志畅谈学习感悟、人才建设、自主创新、科学普及等等，表达了科技工作者的信心和决心。茶话会上，市委副书记尚平安称赞运城市科技工作者新春茶话会“年年有新意、年年有变化、年年有突破”，要求市科协应长期坚持，并着力打造成为“品牌产品”和“拳头产品”。此外，为了深入开展第二届中国科协会员日活动，市科协组织举办了“运城市学会重点工作年经验交流会”，来自市直学会的60余家理事长和秘书长总结交流了工作，畅谈了学会组织的创新发展。12月15日，组织召开了“中国科协会员日启动仪式”，先后为200余名科技人员进行了“行气通脉疗法”免费体验，并组织慰问了5名做出突出贡献的优秀科技工作者。（李伶旗）

**【《运城科协志》编纂完成】** 2009年6月，市科协全体人员历经一年多的共同努力，众手修志，圆满完成了《运城科协志》后期的编纂修改和补充完善工作，顺利付梓印刷。这部志书“内容详实、图文并茂，纵贯科协30年的发展历史，共10章30余节，总字数约40万字”。《运城科协志》是全市30年来科协历史的总体回顾和各方面工作的全面展现，是科学精神的充分弘扬和科普资源的有力整合。《运城科协志》的出刊，成为全市上下了解科协的桥梁和纽带，成为科协人今后相当长时间内值得认真学习和研读的一本教科书。（李伶旗）

**【学习实践科学发展观活动】** 2009年，市科协作为全市第二批学习实践科学发展观的成员单位，坚持以“科学发展与社会责任”为主题，以“提高服务能力”为载体，前后历时五个来月，做到了规定动作扎实到位，不打折扣，自选动作贴近实际，富有特色。据统计，活动中累计举办座谈研讨活动

8 场次，撰写体会文章 60 余篇，开展专题调研活动 10 余次，征得各类意见建议近百条，并形成了具有较强指导意义的“领导班子分析检查报告”，提出了 20 余项明确具体的整改措施，为科协事业的进一步健康发展建立了科学规范的长效机制。切实加强了学习型机关的创建力度。2009 年，先后组织召开了十七届四中全会精神和右玉精神系列讲座，举办了“运城五千年文明史”、“科协业务知识”和“书法、写作知识”轮流授课活动，组织观看了纪录片《航天之父——钱学森》和科普片《黄帝内经》，呈现出灵活多样的学习形式，营造了良好的学习氛围。（李伶旗）

## 防震减灾

**【防震减灾经费保障】** 2009 年 4 月 3 日，市政府印发了《关于进一步加强防震减灾工作的意见》，提出了全市当前和今后三年内的十方面能力目标，提出了防震减灾经费按辖区人口人均 1 元或当地财政收入的万分之三列入年度经费预算，为保障全市防震减灾事业发展提供了刚性政策保障。

（胡宗勇　邢　瑾）

**【全市防震减灾工作会召开】** 2009 年 4 月 22 日，市政府召开全市防震减灾工作会，会议明确提出“四个纳入”，即防震减灾工作纳入政府考核内容，纳入财政预算，抗震设防要求纳入行政审批，地震部门纳入国土规划、新农村建设、移民搬迁领导组。副市长吴菊仙在会上代表市政府与各县（市、区）、市直各有关部门签订了防震减灾年度目标责任书。

（胡宗勇　邢　瑾）

**【地震应急检查】** 2009 年 5 月 17 日，市长王安庞主持召开市抗震救灾指挥部会议，安排部署地震应急突击检查工作。四个检查组会后立即分赴夏县、垣曲、平陆、万荣以及市民政局、联通运城分公司、市中心医院、市消防支队等单位采取不打招呼、现场拉动、抽查提问等方式进行了检查，促使各有关单位认真做好地震应急各项准备工作，加强了对防震减灾工作的领导。

（胡宗勇　邢　瑾）

**【数字地震台网项目通过验收】** 2009 年 2 月 15 日，运城市数字地震台网顺利通过省专家组验收，并批准于 3 月 15 日正式运行纳入省网。台网加强业务培训和规范管理，严格双岗震情值班责任制，及时维修维护监测仪器，做好资料整理和分析，保证了仪器正常运转、资料连续可靠。年底，运城辖区内地震监测手段涵盖了测震、电磁、地下流体和形变四个学科：电磁波测项 13 家，已形成监测网络；临猗水氡测项，虽然条件艰苦，但监测规范到位；河津二氧化碳测项、平陆土地电测项坚持土洋结合，丰富了监测内容，地震活动监测能力提升。

（胡宗勇　邢　瑾）

**【严格日报制度和零报告制度】** 2009 年，市地震局继续在全市地震系统实行震情值班日报制度和宏观异常零报告制度，要求做到“四个强化”，强化震情跟踪、及时上报信息，强化地震监测、加密观测网点，强化异常跟踪、做好震情会商，强化地震速报、做好应急准备。（胡宗勇　邢　瑾）

**【异常考察落实和震情会商工作】** 2009 年全年，共落实宏观异常 16 起，召开全市会商会 12 次，给市委政府领导上报震情内参 6 期，本局《2010 年度地震趋势研究报告》在全省评比中荣获三等奖。

（胡宗勇　邢　瑾）

**【夯实群测群防基础】** 2009 年，市地震局建立健全了全市“三网一员”队伍和管理制度，全市共有“三网一员”人员 3689 名，基本达到每个村、社区均有一名灾情速报员，将其基本情况和通讯号码全部登记造册。全市有 6 个县（市、区）落实了三网一员补助，50～60 元 3 个县（市）：永济、临猗、万荣；10～30 元 3 个县（区）：盐湖、绛县、闻喜。

在春节慰问、基层调研、目标考核检查中，市地震局把 116 个宏观场点作为主要对象和重要内容，送去慰问品，了解工作困难，进行业务查问，提出了完善制度、规范管理、落实补助、及时上报的要求。每个宏观点基本上达到了七有：“有聘书、有牌子、有记录、有制度、有宣传资料、有通讯联络表、有补助”。

（胡宗勇　邢　瑾）

**【房地产企业建筑工程抗震设防检查】** 2009 年 6 月，市地震局下发了《关于对房地产企业进行建设工程抗震设防要求执法检查的通知》，在各单位自查上报的基础上，市地震行政执法监察支队于 6 月 15 日∽9 月 30 日，对各房地产企业新建工程抗震设防要求审批情况、重大工程地震安评情况、已建工程抗震性能鉴定情况进行检查，针对检查中发现的一些单位在立项、规划、开工前未进行抗震设防要求审批，少数高层建筑未进行地震安评等问题。检查组确定了强化宣传、敢于执法、抓好整改、健全机制四项措施，加强整改落实，确保检查实效。（胡宗勇　邢　瑾）

【学校建设工程抗震设防要求检查】　6月15日，市地震局、教育局联合下发了《关于对全市各级各类学校建筑物进行工程抗震检查的通知》。结合开展校舍地震安全普查工作，市地震局9月9日下发了《关于配合做好中小学校舍安全工程实施工作的通知》，各县（市、区）地震局配合教育等部门对辖区学校的工程建筑抗震设防情况进行了检查、排查。全市地震部门共对2193所学校进行了排查，摸清了各所学校所处的经纬度、地下地质情况、疏散通道、避难场所规划建设、校舍抗震安全隐患等情况，并指导开展了宣传演练活动。

（胡宗勇　邢　瑾）

【农居抗震示范工程】　2009年，各县（市、区）地震局结合新农村建设、移民搬迁、城中村改造，积极推进农村民居地震示范工程建设，制定了农村民居地震安全工程实施方案，印制、发放农村民居抗震房屋设计图册，深入各村进行房屋抗震技术宣传和指导，对农村工匠进行抗震施工技术培训等措施，努力提高农村民居的抗震能力。

永济、临猗、新绛、绛县四县（市）采取开会动员、建立队伍、强化培训、量化考核、加强督查、宣传服务等措施，开展农村民居抗震性能普查工作，通过入户调查、填表登记、汇总分析、数据上报，高标准完成了普查任务和资料上报工作，摸清了本县（市）农村民居的抗震能力底数。

（胡宗勇　邢　瑾）

【防震减灾宣传】　2009年，在5·12汶川地震纪念日、7·28唐山大地震纪念日，市地震局举行了声势浩大的宣传活动。全市采取街头咨询宣传、开展应急演练、召开联席会议、举行应急救援队授旗仪式、群发手机短信、举办防震减灾知识讲座等形式进行宣传，形成了全社会关注地震应急工作的浓厚氛围。（胡宗勇　邢　瑾）

【"五进六个一"宣传活动】2009年，市地震局防震减灾宣传"大篷车"拉上宣传版面、图书、折页等资料，进学校、进农村、进社区、进机关、进企业开展六种形式的防震减灾宣传。先后为市委党校举办的中青年领导干部培训班、市教育局组织的暑期校长安全培训班、万荣县新任领导干部培训班、盐湖区和稷山县的四大班子领导、市委政府机关事务管理局组织的机关大院副处级以上干部进行了地震基础知识、防震减灾法律法规知识及应急救援常识宣讲，增强了全社会的忧患意识、法律意识、责任意识。

2009年3月，市地震局、教育局、团市委联合组织开展全市中小学校防震减灾征文活动，共收到征文7200篇，扩大了宣传覆盖面，促进了地震科普示范校创建工作的开展。

（胡宗勇　邢　瑾）

【及时平息地震谣言】　2009年5月中旬，运城市区、平陆等县出现局部地震谣言。在市委、市政府和省地震局的指挥下，市地震局强化应急值班，统一宣传口径，加强与县政府、县地震局联系，携手开展辟谣宣传，及时平息了这起地震谣言，维护了社会稳定。

（胡宗勇　邢　瑾）

【建立地震灾害救援队伍】2009年5月，市抗震救灾指挥部以市消防支队为主，市急救中心协同组建了市地震灾害综合救援队伍，负责迅速搜救因地震或其他灾害造成建筑物破坏埋压的人员，是震后开展应急救援的主要力量。综合救援队共52人，日常管理、装备配备、经费保障由各部门自行负责，市抗震救灾指挥部进行有关地震应急工作检查和业务指导，发生震灾，由指挥部按《预案》规定的程序，统一指挥调用；以生命线工程和次生灾害源抢险重点单位为主，组建了交通、通信、供水、电力、供热供气、医疗救护、卫生防疫、次生灾害、社会治安和后勤保障10支520人的专业抢救、抢险、抢修、保障队伍。

5月9日，市政府在河东广场召开市地震灾害救援队伍成立大会，市长王安庞为各支救援队伍授旗，副市长吴菊仙主持大会。市应急办、地震局、民政局等单位向现场观看的千余名群众发放了应急知识读本和宣传资料。市综合救援队和次生灾害抢险队进行了装备展示和现场演练。

（胡宗勇　邢　瑾）

【市抗震救灾指挥部应急演练】2009年5月9日，吴菊仙副市长组织了市抗震救灾指挥部进行室内应急模拟演练。演练主要内容为虚拟震情与启动预案、下达命令与指挥协调、应急决策与行动措施三大块内容。指挥部成员单位分13个工作组，根据各阶段的震情和命令迅速作出情况判断、应急决策和行动措施，完成了预定的目标和任务。省地震局郭君杰副局长等领导对演练给予充分肯定。

（胡宗勇　邢　瑾）

**【地震系统演练】**　节假日紧急拉动是市地震系统的必修课。2009年春节前1月14日下午5时20分、5月16日双休日下午3时、国庆节前9月29日上午8时，市地震局先后三次对机关人员进行了紧急拉动和全系统应急突击检查，强化了应急意识，熟悉了预案程序，提高了实战能力，发现了问题与不足，锻炼了地震队伍。

（胡宗勇　邢　瑾）

**【学校应急演练】**　2009年，市地震局利用新生开学第一周的安全教育和军训之际，先后深入市运城学院、运城工学院、运师附小等16所大中小学校进行地震应急演练。

盐湖区在解放路三小、平陆在西街小学、万荣在城镇中学、夏县在夏县中学、稷山在稷峰中学分别召开了县领导参加的学校应急演练现场会。河津市每年组织三个乡镇的所有中学进行地震应急演练。垣曲、闻喜、永济等县（市）都组织辖区学校普遍进行了地震应急演练。　（胡宗勇　邢　瑾）

**【重点部门演练】**　2009年5月和9月，市地震局组织市供热供气办、市商务局开展了紧急拉动和应急演练；永济、绛县在人行开展了地震应急演练；万荣组织电力、通信、医疗、交通等专业救援队演练；绛县组织水利专业救援队演练；闻喜在海鑫集团、石油公司组织了演练。　（胡宗勇　邢　瑾）

**【完善地震应急预案】**　2009年，市地震局在《运城市地震应急预案》修订中，充分征求13个县（市、区）政府、九大工作组部门负责人修订意见，三次修改完善，10月13日正式印发。新修订的预案章节条目更清楚、工作原则更科学、职责划分更清晰、应急体系更完善、工作程序更规范、任务要求更具体、通讯联络更便捷，增强了预案的可操作性。并专门编制了一份程序简洁明了、主要环节工作具体的应急指挥方案，报市政府供领导指挥决策参考。

市县乡三级政府、各大型企业、事业单位、生命线工程、次生灾害源单位、学校、医院以及人员集中的大型商场、影剧院、宾馆、网吧等都进行了新一轮的预案修订工作。

12月5日，《运城市地震局地震应急预案》修订完毕印发。12月9日，局机关组织了学习，要求各组熟悉职责，编制科室方案，准备好应急器材和资料，科室组织演练，熟悉工作程序。并完善了现场工作方案，配备了应急工作专柜和应急包，配置了海事卫星电话、笔记本电脑、数码摄像机等应急装备，提高应急能力。

（胡宗勇　邢　瑾）

**【建设应急避难场所】**　2009年7月份，市抗震救灾指挥部印发了《运城市地震应急避难场所建设方案》，在财政十分紧张的情况下，迎难而上，努力推进避难场所建设工程。8月25日，副市长吴菊仙组织召开了避难场所建设动员会，盐湖区、市直有关部门、学校、运城经济开发区和空港管委会共40余人参加会议。会上明确了建设标准和任务分解，建立了避难场所基础建设、物资储备、医疗防疫、疏散预案和日常管理目标责任；会后，盐湖区、建设、卫生、民政、商务、社区、学校等部门密切配合、各负其责，克服经费短缺，缺少经验等困难，积极想法筹集资金、规划选点、安排施工。市建设局在南风广场避难场所上投入20万元。市地震局加强协调指导、督促检查，保障了避难场所建设顺利进行。

截至2009年底，市城区充分利用现有公园、绿地、广场、体育场，已建成初步达标的Ⅱ类避难场所1个，即南风广场避难场所，达到有指挥管理设施，有医疗卫生、卫生防疫设施，有应急供电、供水、排污、垃圾处理等设施，能容纳4.6万人。Ⅲ类避难场所为人民公园、运城学院西校区、运城师范、康杰二中等8个，分别容纳人数3400人至3.4万人不等。一般避难场所50个。

（胡宗勇　邢　瑾）

**【荣誉】**　2009年，市地震局被市劳动竞赛委员会荣记集体一等功。在本年初的全省市县防震减灾工作综合评比中，市地震局荣获二等奖和地震应急单项奖，永济、新绛、临猗三县（市）地震局获全省县级防震减灾工作先进单位。

（胡宗勇　邢　瑾）

2009年运城市2级以上地震一览表

| 日期 | 时间 | 经度 | 纬度 | 地点 | 震级 |
|---|---|---|---|---|---|
| 2009.1.21 | 09时44分 | 35度14分 | 111度42分 | 山西垣曲 | 2.1级 |
| 2009.1.26 | 04时05分 | 34度58分 | 111度36分 | 山西夏县 | 2.7级 |
| 2009.1.18 | 18时45分 | 35度26分 | 110度57分 | 山西万荣 | 3.5级 |
| 2009.6.16 | 21时31分 | 35度16分 | 110度59分 | 山西运城 | 2.0级 |
| 2009.7.18 | 06时04分 | 35度29分 | 110度32分 | 山西万荣 | 3.0级 |
| 2009.9.15 | 21时04分 | 35度31分 | 111度15分 | 山西新绛 | 2.4级 |

（闫亚荣）

## 气象工作

【气象服务工作】 2009年，在上半年持续干旱、冬季暴雪等各种灾害性天气频繁发生的形势下，全市气象部门积极开展面向各级政府的决策气象服务，面向社会公众的防灾减灾气象服务，面向各行各业的专业专项气象服务，为全社会趋利避害和方便人民群众生活发挥了重要作用，多次受到各级政府的表彰和社会各界的广泛好评。

在春季、夏季和秋季大旱期间，多次组织实施人工增雨作业，受到市委市政府领导的批示表扬和高度评价。在冬季暴雪天气发生期间，市政府以明传电报形式启动了暴雪灾害预警响应，全市各县局启动了降温降雪加密观测，将当天的降温幅度、雨雪量、积雪深度等实况和未来天气趋势预报，第一时间通过新闻媒体、网站及手机短信报告给各政府部门及广大人民群众，并提出相关应对服务建议。各地政府根据气象部门的服务建议，紧急安排提前供暖保民生。市委书记高卫东在气象局现场办公，对气象部门提出表扬。2009年市气象局获得全省重大气象服务先进集体。（张祥乐）

【气象灾害应急预警服务】 2009年，市气象局重点加强了面向全社会的应急预警服务体系建设和应急服务工作，加强与多部门的联合与合作，积极开展面向全社会的气象应急预警服务，有力地拓展了气象服务领域，增强了全市气象灾害应急预警能力。

2009年，运城市政府正式发布《运城气象灾害应急预案》，规范了运城气象灾害应急管理工作，建立了在气象灾害应急管理、预报预警服务当中的联动应急管理机制，同时结合运城经济社会发展对气象防灾减灾事业发展的需求，将气象灾害预警支持系统列为其中的一项重要内容，从气象灾害预警监测、移动气象台、信息综合收集评估、信息发布中心、人工影响天气等五个方面提出了具体的建设目标，为运城气象防灾减灾事业的可持续发展注入强劲动力。

市气象局与交通部门联合开展道路交通安全预警气象服务，在运城市交通广播电台专门开设了针对全市周边及全国主要交通干线公路的适时天气实况和预报信息，实施交通部门的道路通行信息与气象部门的天气服务信息共享，更好地为安排车辆出行和确保交通安全服务。2009年与交通部门共计发布各类交通安全预警18次，尤其是在冬季道路结冰和大雾天气频繁的形势下，为各级政府和相关部门指挥决策提供了第一手资料，起到了很好的服务作用。与国土资源局联合开展地质灾害预测预警发布工作，年内发布地质灾害预警1次。通过与运城市移动、联通、电信三大通信运营商联合发布气象灾害预警信息，短信平台已成为政府发布公共应急信息的主要渠道。（张祥乐）

【气象科技服务】 2009年，市气象局将气象防灾减灾作为气象科技服务的重中之重，不断健全气象灾害预警信息发布系统，完善气象科技服务体系，增强全社会气象防灾减灾能力。“12121”信息内容不断整合完善，新增添全省各地市气象预报信箱，增加了中高考期间、麦收期天气预报，农业信箱中增加土壤干旱分析专题。在气象短信服务方面，积极向市直10余家单位联系发展“MAS”预警短信合作，2009年利用MAS短信群发系统，共发送各类预警信息80余次50余万条，得到了各级领导和广大用户的好评。影视天气预报节目调整趋势预报内容，延长了天气预报时效，加播了春播、冻害、干旱和麦收气象服务，气象影视节目质量明显提高，在全省电视气象节目竞赛评比中获得一等奖，代表全省市级气象部门参加了全国气象部门影视竞赛。防雷服务加强了雷电防御知识的宣传和业务培训，先后为高速公路、地方税务局网络维护员80多人讲解了专业防雷知识，为全市教育系统600名校长分两批进行了防雷知识讲座，对房地产开发企业进行防雷法律法规现场解答。加大了全市范围内的防雷检测、防雷工程、防雷装置设计审核工作力度。（张祥乐）

**【气象业务管理】** 2009年，市气象局出台了《运城市气象业务动态督促通报管理暂行办法》，对县、市气象局基础业务实行全面动态管理，有效地促进气象基础业务向规范化管理迈进，同时保障了各项业务服务质量的稳步提高。（张祥乐）

**【气象科研】** 2009年，针对气象业务服务需求，积极谋划科研为业务服务应用的发展思路，提高气象科研和现代化水平。2009年在SCI发表论文2篇，在国家核心期刊发表论文2篇，参加全国性学术交流3人次，参加全省气象学术论文交流14篇，获得优秀论文二、三等奖各1篇，申请立项科研课题3项，其中市科技局项目1项，省气象局科研项目2项，年内有2项科研课题完成鉴定。

（张祥乐）

**【气象科技应用】** 2009年积极开展上级指导产品的应用，应用中央、省气象台精细化指导预报以及中央气象台的降水、大风、高温、强对流天气等落区指导预报，极大地提高了灾害性、转折性天气的预报能力。对Micaps平台进行本地化及二次开发，建立本地历史资料查询业务系统、灾害性天气过程查询业务系统等，Micaps平台与本地业务系统融为一体，更好地满足业务工作需求。

（张祥乐）

**【开发人工影响天气综合分析处理系统】** 2009年，市气象局开展“市－县天气预报远程业务系统”的研究，实现了以Web网络交互进行常规天气图、卫星云图、数值预报、指导预报等分析查看，以及气象业务规范共享等功能，使全市气象台的气象信息在县级气象局得到最大化应用。围绕提高人工影响天气作业效益，开发“运城市人工影响天气综合分析处理系统”，在地理信息系统构建的平台上，进行地理信息数据、气象观测数据、713C数字化天气雷达数据及自动雨量站数据的有机整合处理，建成市、县两级人工影响天气作业指挥系统。（张祥乐）

**【开展多普勒雷达资料共享业务】** 2009年，市气象局积极开展雷达资料共享业务，实现了临汾、三门峡多普勒雷达资料实时共享，为全市开展人工增雨防雹作业、短时临近天气预报等业务提供基础数据支持。同时为运城民航机场提供临汾、三门峡多普勒雷达、运城713雷达资料的共享服务。完成了临汾铁路工务段多普勒雷达实时资料、区域自动站资料的拼图业务系统。（张祥乐）

**【申报及获奖情况】** 2009年，市气象局全年申报100班14个、250班9个；申报重要天气奖34项，其中已经过省气象局落实验收重要天气预报一等奖3项、二等奖10项、三等奖13项；永济局代表省局在“第二届全国气象行业气象观测技能竞赛”中获得优秀奖。

（张祥乐）

（责任编辑：石少青）

# 文　　化

## 文化工作

**【运城市文化广电新闻出版局成立】** 2009年12月21日，运城市文化广电新闻出版局正式揭牌成立。市委常委、宣传部长王蕾、政府副市长吴菊仙参加揭牌仪式。新成立的文化广电新闻出版局是由原来的市文化新闻出版管理局和市广播电视局合并成立的。这是本市文化管理体制的一项重要改革，它对于充分发挥文化广电新闻出版的行政管理职能、优化文化发展环境、进一步解放文化生产力具有重大意义。

（李筠霞）

**【运城市设立"文化菊花奖"】** 为了进一步发展繁荣全市文化艺术事业，不断推动文化艺术出人才、出精品，市文化新闻出版管理局提请市委、市政府会议同意，决定从2009年起设立运城市"文化菊花奖"。"文化菊花奖"为运城市人民政府文化最高奖，由市文化新闻出版管理局主办，各县（市、区）政府和社会各艺术团体协办。"文化菊花奖"每年举办一次，奖项内容包括戏剧、曲艺、音乐（声乐、器乐）、书法、美术、摄影等。年度项目各有侧重，具体奖项由市文化新闻出版管理局根据情况拟定。

（李筠霞）

## 群众文化

**【春节元宵节文化活动】** 2009年2月9日（农历正月十五），运城市、盐湖区两级政府在河东广场共同举办了一场盛大的民间社火表演。万余市民在喜庆、祥和的氛围中欢度元宵佳节。当天的元宵民间社火表演从上午10时持续到11时30分，来自盐湖区东城办事处、大渠办事处、龙居镇、上王乡和金井乡5个乡镇办的2000多名群众参加了演出。（李筠霞）

**【非物质文化遗产保护"记住回家的路"图片展】** 2009年2月15日，由市文化新闻出版管理局主办，市群艺馆、新元素杂志社、恒隆国际购物中心承办的非物质文化遗产保护"记住回家的路"图片展于春节期间在恒隆国际购物中心举办了为期一个月的展览。副市长吴菊仙、市政协副主席史海涌等领导出席了开幕式。（李筠霞）

**【关公文化、绛州鼓乐荣获山西十大文化品牌】** 2009年2月23日，历时半年的"山西十大文化品牌"、"山西省十大文化创新人物"、"山西省十大文化领军人才"、"山西省十大非物质文化遗产传承人"评选活动揭晓，运城大获丰收。获奖的项目（人）分别是："关公文化"被评为"山西十大文化品牌"，并位列首位；山西绛州鼓乐艺术团的"绛州鼓乐"被评为"山西十大文化品牌"，位列第三；市文化艺术学校副校长、市蒲剧青年实验演出团团长景雪变被评为"山西省十大文化领军人物"，并位列首位；山西宇达公司董事长卫恩科被评为"山西省十大文化领军人物"，位列第二；市文联副主席武俊英被评为"山西省十大杰出非物质文化遗产传承人"，并位列首位。（李筠霞）

**【全国六大媒体对本市文化体制改革予以专题报道】** 4月23日，由中央宣传部新闻小组负责人带队的人民日报、中央电视台、新华社、光明日报、中央人民广播电台、经济日报六大媒体到运城进行采访，采访组先后到绛州鼓乐艺术团、绛州蒲剧团视察了文化体制改革，观看了刚从上海回来的绛州鼓乐艺术团的精彩表演。人民日报、中央电视台、新华社、光明日报、中央人民广播电台、经济日报都先后做了专题报道，对本市的文化体制改革进行了正面报道并给予充分肯定。

（李筠霞）

**【赴省城参加国庆60周年系列活动】** 2009年8月10～12日，市文化局选送的舞蹈《渔夫与河蚌》(平陆县文化馆)、器乐《笛子技艺》和小曲《报一个喜》(河津市文化馆)赴省城参加了由山西省宣传部、省文化厅举办的国庆六十周年系列活动——山西省“民歌、民舞、民乐”调演，《渔夫与河蚌》、《笛子技艺》获银奖，《报一个喜》获铜奖。（李筠霞）

**【本市参加全省重大文化活动表彰大会载誉而归】** 2009年12月24日，本市参加了在省城举办的“2009年山西省重大文化活动表彰大会暨文化惠民工程设备配送仪式”，运城市文化艺术学校荣获“全国性戏剧赛事暨艺术展演先进集体”，孔向东等7人荣获先进个人称号；南风广场荣获“第三批全国特色文化广场先进集体”；运城市群众艺术馆荣获“山西省第六届广场艺术节暨全国民歌民舞民乐调演活动先进集体”。

（李筠霞）

**【临猗县、永济市荣获山西省“文化强县”称号】** 2009年12月26日，在山西电视台演播大厅举行了“2009年山西省文化强县暨文化创新人物颁奖盛典”，本市的临猗县、永济市荣获“2009年至2010年度山西省文化强县”称号，临猗县委书记胡宝、芮城县委书记王正风荣获“2009年度文化创新人物”称号。（李筠霞）

## 戏剧艺术

**【盐湖区蒲剧团孔向东荣获“戏曲梅花奖”】** 2009年4月16日，盐湖区蒲剧团孔向东在河南省平顶山参加了“第二十四届中国戏曲梅花奖”的评比演出，以第三名的好成绩夺得“第二十四届戏曲梅花奖”，这是本市夺得的第6朵“梅花奖”。（李筠霞）

**【垣曲曲剧团参加首届“中国曲剧艺术节”并获奖】** 5月18~22日，垣曲曲剧团参加首届“中国曲剧艺术节”并获“剧目奖”、“优秀奖”、“观众最喜爱的剧目奖”、“优秀演员奖”、“中国当代曲剧十大提名奖”等奖项，垣曲县文体局获“组织奖”共六项大奖。

（李筠霞）

**【首届文化“菊花奖”戏剧展演】** 2009年9月12日，庆祝新中国成立60周年第二十届国际关公文化旅游节暨首届文化“菊花奖”戏剧汇演在河东会堂隆重开幕。全市15个剧团演出27天，时间之长、效果之好、观众人数之多为历史少有；夏县蒲剧团《斩公槐》荣获优秀创作剧目奖，奖励5000元，盐湖蒲剧团《孝祖虞舜》等5个剧团获得创作剧目奖，奖励3000元，夏县的高吉林获得优秀编剧奖，奖励1000元。此外，还评出了优秀演出剧目奖2个、演出剧目奖3个、优秀组织奖1个、组织奖10个、育苗特别奖1个、编剧奖9个、优秀表演奖8个、表演奖15个、优秀导演奖1名、导演奖4名、优秀音乐设计奖1名、音乐设计奖5名、优秀舞美设计奖1名、舞美设计奖4名、优秀伴奏奖1名、伴奏奖3名。

（李筠霞）

**【《山村母亲》入选国家舞台艺术精品工程剧目】** 2009年11月23日，由青年实验蒲剧团创作的《山村母亲》被文化部选为国家舞台艺术精品工程剧目名录，名列第11名。运城市蒲剧青年实验团获由国家人力资源和社会保障部及文化部联合颁发的全国文化系统先进集体奖。（李筠霞）

**【电视艺术片《中国戏曲瑰宝—蒲剧表演特技》录制完成】** 2009年11月底，由市文化新闻出版管理局精心拍摄的电视艺术片《中国戏曲瑰宝—蒲剧表演特技》第一集录制完成。《蒲剧表演特技》电视片的拍摄由市文化新闻出版管理局主办，邀请著名导演、《水浒传》的执行导演潘引来执导，市戏剧研究所和市非物质文化遗产保护中心具体承办。该系列片内容包括蒲剧的帽翅功、翎子功、梢子功、鞭子功、椅子功等多种绝活表演，全面介绍蒲剧表演特技的渊源和概况。此项工作技术要求高，过程繁杂，牵涉面广，任务艰巨，是本市2009年戏剧艺术研究整理和非物质文化遗产保护工作的一项重点工程。如此大规模抢救保护蒲剧绝活工作在本市尚属首次，将对本市戏剧艺术和非物质文化遗产保护工作起到良好的示范和推动作用。余下9集计划下年继续开拍。（李筠霞）

**【《河东优秀剧作选》出版】** 2009年12月底，市文化广电新闻出版管理局编辑出版了《河东优秀剧作选》上下卷。上卷剧本均为省级以上获奖作品，下卷为近年来演出创作剧本。这部书籍的出版展现了市文化局党委立足运城、狠抓艺术创作取得的重要成果，收录的优秀剧本凝结了本市剧作者的心血和文艺创作成就。（李筠霞）

# 文学艺术

【纪念建国60周年系列活动】 2009年，是中华人民共和国成立60周年，隆重举行新中国成立60周年庆祝活动，是中国共产党和国家政治生活中的一件大事。根据运城市委、市政府关于庆祝新中国成立60周年重点活动实施意见，市文联召开党组会进行了专题研究，对文艺界庆祝建国60周年活动进行了具体安排部署，主题以热情讴歌本市三个文明建设的成就、丰厚的历史文化、自然风光及运城改革给经济社会带来的巨大变化为主。《河东文学》举办庆祝建国60周年征文大赛，并出专刊一期。（李晓娟）

【隆重纪念“5·23”毛泽东主席《在延安文艺座谈会上的讲话》发表67周年】 2009年5月，在毛泽东主席《在延安文艺座谈会上的讲话》发表67周年之际，全市文学艺术界开展了隆重的纪念活动，召开了13个县（市、区）和十大协会的文艺工作者座谈会，大家畅所欲言，对如何用毛泽东思想、科学发展观统领文艺工作、努力提高打造文艺精品的能力，如何加强联合，努力形成推动工作的整体合力，如何发挥职能、努力提高服务文艺工作的质量水平，如何加强自身建设，努力增强文联组织的吸引力和凝聚力，如何坚持“二为”方向和“双百”方针等进行了研讨，通过领会《讲话》精神，进一步端正了文艺方向。（李晓娟）

【文学作品获奖情况】 2009年12月23日，在中国最高文学殿堂——中国现代文学馆隆重举行“新中国六十年优秀中短篇报告文学奖”颁奖大会。本市著名作家、市文联主席魏荣汉的报告文学《昂贵的选票》获此殊荣。这次由中国报告文学学会组织的对建国60年来全国中短篇报告文学评奖，引起中国文坛高度关注，并将这次评奖视为一种时间和历史的检阅。经过专家反复讨论、协商之后，最后评选出魏巍的《谁是最可爱的人》、穆青的《县委书记榜样——焦裕禄》、徐迟的《歌德巴赫猜想》等共30篇获奖作品。全市仅魏荣汉获此殊荣。（李晓娟）

【摄影】 2009年4月，市摄影家协会组织了300多名会员赴平陆县采风。随后，市文联、市摄影家协会联合举办“谷威、妹妮五老峰人与自然摄影作品展。7月，协会组织60名会员和摄影爱好者赴万荣西滩采风，并和万荣县摄影家协会联合举办了“摄影人看西滩摄影展览”。9月，组织摄影家分两组深入13个县（市、区）进行为期半个月的“绿染河东”摄影创作活动。市美术家协会、书法家协会、摄影家协会和市政协在市博物馆联合举办庆祝建国60周年书画、摄影精品展。市文联和盐湖区文联在盐湖广场联合举办庆祝建国60周年书法、美术、剪纸、摄影作品展。（李晓娟）

【摄影作品获奖情况】 2009年，市摄影家协会党永立的作品《乔迁》、路伟的作品《出征》获中国摄影家协会主办的“网络摄影”优秀奖。王红旗的《河东风光》等二十余幅作品入选第六届中国平遥国际摄影大赛。（李晓娟）

【音乐舞蹈】 2009年，市音乐家协会梁晓丽获文化部“文华奖”，选送的歌曲“千古关公”参加山西省2009年春节联欢晚会获最佳表演奖。

2009年，市舞蹈家协会经过多方努力，将盐湖区上王小学列入全国新农村少儿美育工程试点单位，18名学生进京参加了由中国舞协主办的演出比赛并获优秀奖。市舞协主席杨晋兴编导的稷山高台花鼓参加2009年中央电视台春节联欢晚会。2009年5月10～16日，市文联、市舞蹈家协会组织策划举办了庆祝建国60周年“新领航”杯全国舞蹈精英大赛，来自全国20多个城市的120名街舞爱好者参加了比赛。（李晓娟）

【书法美术】 2009年8月，市文联、市书法家协会在市博物馆举办庆祝建国60周年书法家协会会员作品展。9月，市文联、市民间文艺家协会在中国盐湖养生城举办“运城市第二届民间剪纸艺术展”。市书法家协会被中国书法家协会评为全国十佳协会。9月30日，市文联和美术家协会在空港新区举办庆祝建国60周年美术作品展。同时出版《庆祝建国六十周年第二届运城市美术展作品集》一书。（李晓娟）

【民间文艺获奖情况】 2009年，市民间文艺家协会选送的两组故事，参加了分别于本年6月和11月由中国民间文艺家协会主办的“第二届中国故事节”获故事表演最佳辅导奖、表演铜奖，市民间文艺家协会获优秀组织奖。5月份至年底，市曲艺家协会为庆祝建国60周年，组织曲艺家深入工厂、农村、学校演出达30余场。

（李晓娟）

**【协会换届工作】** 根据省文联所属文艺家协会各自章程关于换届的有关规定，结合本市各协会工作实际，经市文联党组研究决定，2009年6月22日，市文联党组下发了协会换届工作方案，要求坚持“民主、团结、鼓励、繁荣”的要求，坚持德才兼备、德艺双馨的原则，紧密结合本市文艺界和各文艺家协会的实际、严格按照章程规定组织开展换届工作，以顺利实现协会班子新老交替，进一步加强文艺队伍的建设，充分发挥各文艺家协会的作用，为促进全市文艺界的大团结、大繁荣、大发展起到推动作用。

根据工作需要，成立了市文联协会换届协调组，组长由文联主席魏荣汉担任。8月9日，市民间文艺家协会按照章程规定的程序、按照会员人数确定的理事人数比例提出方案，由市文联换届协调组考察报请市文联党组审查同意后召开了市民间艺术家协会第二届会员代表大会，11月13日，市音乐家协会召开第二届会员代表会，选举产生了新一届领导班子，宗国昌连任协会主席。12月3日，市曲艺家协会召开第四次代表大会，本市干板腔青年演员王泽峰当选协会主席；推选出了既懂艺术又懂文化产业经营管理的主席团成员。12月4日，市书法家协会召开第五次代表大会，选举产生了新一届主席团。李盛全当选为主席。市电视艺术家协会在12月20号前召开会员代表大会进行换届。

（李晓娟）

## 非物质文化遗产保护

**【第一次非物质文化遗产普查工作全面铺开】** 2009年2月9日，山西省文化厅社文处副处长王建军、省非物质文化遗产保护中心主任赵中悦等专家在运城文化新闻出版局四楼会议室对各县文化局、文化馆、非遗保护中心的工作人员进行了非物质文化遗产普查培训。

3月10日，本市第一次非物质文化遗产普查工作全面铺开，至6月30日，历时三个月的全市非物质文化遗产普查工作结束，这次普查遍及全市13个县（市、区），每个县平均收集信息、线索1100余条，全市共搜集线索14000条，网上录入9746条，发现重大项目20条，出动宣传车辆1500余次，组织普查人员800余人，发放宣传单12万份，动员群众10万余人。这次普查内容包括民间文学、民间音乐、民间舞蹈、戏曲、曲艺、民间杂技等17大类，是本市历史上第一次针对17大类非物质文化遗产资源开展的范围最广的普查。

（李筠霞）

**【本市新增省级非物质文化遗产33项】** 2009年4月24日，山西省人民政府公布了第二批省级非物质文化遗产名录，共计167项。其中，本市新入选的项目中民间文学类有8项，传统音乐和传统舞蹈各1项，传统戏剧类有3项，传统美术类有2项，传统技艺类有6项，传统医药类有3项，民俗类1项，扩展项目7项。本市申报了35项，其中33项被批准，在全省名列前茅。（李筠霞）

**【第二批省级非物质文化遗产项目确定代表性传承人】** 2009年5月25日，山西省文化厅公布了第二批省级非物质文化遗产项目代表性传承人，本市的李有益、任兴舜被确定为尧的传说传承人，解放、屈殿奎、王克勤被确定为万荣笑话传承人，李英杰、闫慧芳被确定运城眉户的传承人，支健康、刘红菊被确定为闻喜花馍传承人，支藕叶、王文华、张青民被确定为新绛面塑的传承人，藺涛、藺永茂被确定为砚台制作技艺传承人，王义平、王殿杰被确定为抬阁传承人。（李筠霞）

**【稷山高台花鼓多次赴京参加全国性文艺演出】** 2009年1月25日，省级非物质文化遗产项目稷山高台花鼓参加2009年春节联欢晚会，也成为全省唯一参加2009年央视春节晚会的艺术团体，受到观众好评。3月27日，中央电视台《乡约》栏目著名主持人、“金话筒”获奖者肖东波来到稷山，采访稷山高台花鼓。稷山高台花鼓先后走进奥运会和2009年央视春晚，成为本市的一大品牌，吸引了中央电视台《乡约》栏目到安福艺校采访并录制节目。该节目全面反映了稷山高台花鼓的历史渊源及编导者勇于创新、不屈不挠、无怨无悔的心路历程。

6月1~10日，稷山高台花鼓参加文化部与四川省人民政府共同举办的“第二届中国成都国际非物质文化遗产节”，并获太阳神鸟金奖。（李筠霞）

**【“闻喜花馍”参加中国非物质文化遗产传统技艺大展】** 2009年2月5日，本市国家级非物质文化遗产项目“闻喜花馍”赴京参加由文化部等部门在北京农展馆举办的“中国非物质文化遗产传统技艺大展”。本次展览共有133项国家级和省级“非遗”名录构成，这是新中国成立以来规模最大、种类最全、内容最丰富的一次非物质文化遗产传统手工技艺大展。闻喜花馍精彩的制作技艺受到参观者的高度评价。
（李筠霞）

## 文化产业

**【市文化产业协会成立】** 6月18日，运城市文化产业协会在市宾馆成立。中共运城市委常委、宣传部长董鹏翔、副市长吴菊仙、市政府副秘书长郭健平等领导和市文化新闻出版管理局领导班子及全市文化产业企业代表260余人参加了大会。大会通过了《运城市文化产业协会章程》和《运城市文化产业协会行业自律公约》，山西宇达集团有限公司董事长卫恩科被推选为运城市文化产业协会会长，市演出服务中心经理陈春旺被聘为秘书长。（李筠霞）

**【运城被选为电视剧《杨贵妃秘史》拍摄景地】** 2009年6月15日，著名导演尤小刚率《杨贵妃秘史》剧组来运城选景。作为杨贵妃的娘家，山西运城成为剧组选景地之一。尤小刚导演认为，运城市有运城盐池、五老峰景区、蒲津渡遗址、黄河唐开元大铁牛、鹳雀楼、关公家庙、后土祠、杨贵妃故里—独头村、舜帝陵庙、永乐宫、普救寺等丰富的拍摄景地，在运城拍摄电视剧《杨贵妃秘史》是最佳的选择。

电视剧《杨贵妃秘史》在运城拍摄，将会为弘扬河东文化，提高运城知名度，推动文化产业发展起到很大的促进作用。
（李筠霞）

**【文化产业发展实现新突破】** 2009年本市在“突出特色、夯实基础、抓好龙头、铸造品牌、新型引导、培育市场”上下功夫。(1)工艺美术业发展良好。夏县宇达集团年产值近亿元，闻喜惠通文化创意公司的“本命年”系列产品，年销售达1500万元，成为全市创意文化产业的新品牌。(2)包装印刷业增长较快。全市124家包装印刷业总产值近14亿元，其中恒森包装彩印厂年产值突破1亿元，比2008年翻一番；凯达彩印厂年产值6000万元，比上年增长近两倍，新增利润400万元。(3)电影放映率大幅增多。2009年增加商业性放映590场，世纪电影城票房收入超过200万元，比2008年增加80万元。(4)歌舞娱乐业前景可观。仅市区范围内2009年投资建成营业性豪华KTV六家，总投资4500余万元，其中金樽KTV投资2500余万元，国会俱乐部投资1000余万元，有力地促进了本市旅游业的发展。（李筠霞）

**【“宇达青铜器”等文化品牌被授予本市文化知名品牌】** 为进一步提升文化品牌的影响力和带动力，推动全市文化产业整体快速发展，2009年3月24日，市文化新闻出版管理局授予“山西宇达集团有限公司——夏县宇达青铜器、山西绛州鼓乐艺术团——绛州鼓乐、稷山安福艺校——稷山高台花鼓、新绛县绛州澄泥砚研究所——绛州澄泥砚、闻喜惠通文化创意有限公司——闻喜惠通本命年文化创意、万荣笑话园——万荣笑话”6家文化企业的核心品牌为运城市文化知名品牌。授予山西省新绛县黄河云雕工艺厂、河津市吕氏祖传琉璃厂、山西省关公绒绣研究中心、山西省稷山仿古旅游工艺厂、小学生拼音报印刷有限公司、凯达印刷包装有限公司、魅力运城之窗文化创意中心、芮城县永乐镇纯阳桃木文化研究所、山西芮城雅琴传统布艺研制所、鑫玉都网络有限公司、绿苹果网吧共11家文化企业为运城市文化产业企业。
（李筠霞）

**【中国·魅力运城文化产业网正式开通】** 2009年6月，市文化新闻出版管理局和市文化产业协会主办的“中国·魅力运城文化产业网”经过近半年的精心筹备，正式开通与网民见面。该网站设置“运城概况、产业快讯、产品鉴赏交易、文化旅游、文化名人、传统文化、演艺文化、产业协会、文化论坛、投资项目”等栏目，内容丰富，全方位展示和介绍运城文化产业发展状况。为本市文化产业企业和广大群众提供了一个广阔的文化信息与服务平台。
（李筠霞）

**【文化企业参加中国（北京）国际文博会收获颇丰】** 2009年11月25～29日，在北京国际展览中心举办的第四届中国（北京）国际文化创意产业博览会上，本市宇达集团和北方鹅业有限公司参加了本次博览会。宇达集团以关公圣像为品牌的六十多个系列产品受到参展商家的青睐，现场销售10余万元，并与甘肃敦煌研究院、四川电力公司、天津汗血宝马养殖基地等商家签订了制作意向协议500余万元。山西北方鹅业有限公司（关公圣迹园）与河南召威黄金有限公司签订了9000万元的投资意向协议，项目投资包括关公雕塑群、刀文化博物馆、赤兔场、杏坛等十几个景点建设。该投资意向占山西本次文博会六个签约项目2.6亿元意向投资总额的36.5%。（李筠霞）

## 广播电视

**【围绕中心工作加强宣传报道】** 2009年，市广播电视局（台）紧紧围绕市委、市政府的中心工作，强化主流媒体的中心意识、经济意识、服务意识，营造强势的新闻舆论场，为市委市政府各项中心工作提供强大的新闻舆论支持。3月份，市委召开学习实践科学发展观活动动员大会后，市广播电视局（台）立即打破常规、突显主题宣传，在《运城新闻》推出大型主题报道专栏：《深入学习实践科学发展观》、《学习调研》、《科学发展在运城》、《科学发展大家谈》、《科学发展践行者》、《热爱运城、共谋发展》等五个子栏目，并参与策划录制播出了“热爱运城，共谋发展”的演讲比赛、知识竞赛、大讲述活动、大访谈活动，有力发挥了新闻媒体的舆论导向作用。

为应对国际金融危机，市委市政府提出了建设五大产业集群的发展规划与“项目建设年”的决定，《运城新闻》立即开设了《培育壮大五个产业集群，促进产业结构优化升级》和《抓项目、保增长、抓机遇、促发展》等专栏，全面介绍五大产业集群发展的现状、比较优势、发展思路和推进路径，以提振全市人民应对危机谋发展的信心。

2009年是中华人民共和国成立60周年。为了做好庆祝活动的宣传工作，市广播电视局（台）采用电视、广播、广电报、网站四位一体的强势覆盖，分别开设了《走过六十年》、《风云60年》、《辉煌60年》、《激情岁月——记忆60年》、《我和我的家乡》、《庆祝新中国成立60周年》、《爱祖国、爱运城》、《农民红歌大赛》等专栏，全方位、多侧面、多层次、多角度深刻展示了60年来运城市的新成就和新变化。（原吉刚）

**【加大评论力度】** 2009年，市广播电视局（台）为进一步突出栏目特色，提高对观众的思想引导力，在《运城新闻》和《第一时间》开设了《本台评论》和《我来评说》子栏目，特别是《第一时间》，明确提出了要以评论树旗、深度树威，力求评论思想化，节目深度化，新闻解读化，凸显人文关怀，彰显平民风格。在评论上，要求在报道中因事而论，入情入理，因事而导，从小事谈起，大处落笔，形成栏目观点化的特色。（原吉刚）

**【确保广播电视安全播出】** 2009年是新中国成立60周年，同时也是西藏实行民主改革50周年、新疆和平解放60周年、澳门回归祖国10周年，还是平息1989年春夏之交政治风波第20个年头、取缔“法轮功”邪教组织第10个年头，安全播出的任务尤为繁重。运城市广播电视局（台）把安全播出工作作为重中之重，坚持“认识到位、指挥靠前、责任到人、确保安全”的工作原则，认真抓好组织落实、健全机制、协调管理、加强保障期值班等方面的工作，确保了本市广播电视的安全播出。1. 召开了全市广播电视安全播出工作会议，强调提高思想认识，细化防范措施，开展自查自纠，确保万无一失。市广播电视局（台）长柴建良分别与分管局长和各县市广电中心的负责人签订了安全播出责任书；2. 加强了24小时值班制度。领导带队，专人值班，责任到人，确保信息畅通，反应迅速；3. 改造了机关主楼的监控设施，完善了单位的监控系统。除更换了主楼门口的摄像头外，还在单位大门口增加了一个摄像头，严格监控人员的进出，确保无关人员不得进入主楼；4.对所有播出节目必须严格进行审查，坚持重播重审，再播再审，严格按程序传单签字的制度，确保播出的节目不出问题；5.和610办、无委会、综治办等相关部门紧密配合，做好群防群治，在公安系统的配合下认真做好传输线路的巡查工作，做好有线、无线防范干扰和插播工作，确保线路畅通无阻。（原吉刚）

**【取缔非法广播电视播出机构】** 2009年,自8月13日市委召开取缔非法广播电视播出机构工作会议，8月17日市政府发布《运城市人民政府关于取缔非法广播电视播出机构差转台站的通告》以来，市广播电视局（台）同各县（市、区）国安、

610、公安、工商等部门的倾力配合，市、县局（台）领导深入到全市13个县（市、区），133个乡镇（办事处），3338个行政村，进行了全面细致地彻底清查，共取缔小前端20个、小差转36个、小片网6个，关闭大屏幕7块、车载电视32台、楼宇电视40台。同时还对卫星地面接收设施的销售和使用进行了严厉的打击和整治，共收缴卫星地面接收设施400余套，查处非法销售地面卫星接收设施网点92个。

（原吉刚）

**【广播电视村村通工作】** 2009年，根据市委市政府实现“六覆盖”要求，市广播电视局（台）一方面千方百计筹措资金，继续光缆入户，一方面采取微波传输，进行有线电视安装。到2009年年底，全市广播电视村村通已经解决了502个村（分别是：新绛45个村、夏县112个村、平陆219个村、万荣27个村、芮城25个村、稷山4个村、绛县34个村、闻喜19个村、垣曲17个村）的广播电视覆盖问题。特别是新绛县，发挥自身优势，牺牲部门利益，让利百姓，免除农村有线电视初装费，免除农村低保户、孤寡老人和残疾人的收视费，两个月就免费为5000个农户安装了有线电视，既实现广播电视全覆盖，又提高了有线电视入户率，率先于5月底前在全省完成广播电视村村通任务。 （原吉刚）

**【广告经营管理模式改革】** 多年来，市广播电视局（台）广告一直实行对外承包制经营，这种做法，一是管理与经营结合不力，二是广告经营与品牌栏目不能深度融合，三是广告市场不能充分开发，广告资源严重流失，严重影响了电视事业的发展。针对上述情况，2009年，广播电视局（台）内部实行了广告统一管理，统一经营，深度开发的经营管理模式。1.实行广告统一经营管理模式。加强广告中心队伍建设，广告中心与广告经营公司两块牌子，一套人马，定岗定人，定目标任务，实行岗位目标责任制考核办法。2.加强广告市场开发。广告中心内设客服部、策划部、制作部、业务部等经营部门，充分开发本地广告客户和区域之外的客户群。3.广告管理经营部门实行目标责任考核制。广告收入是全台创收的主要经济来源，是事业发展的基础，是宣传工作的保障，其收入量的考核至关重要，根据两年来广告收入和栏目收入的情况，科学制定频道栏目的广告收入指标，实行广告管理经营考核新机制。4.广告经营与频道、节目的互动化管理。核算频道广告收入指标，通过频道和品牌栏目的经营拉动广告收入，从广告收入中按比例返还频道和栏目，用于节目的生产，实现节目与广告的相互融合。 （原吉刚）

**【改革创新提高节目质量】** 2009年，市广播电视局（台）把提高广播电视节目质量作为一项重要工作来抓，树立质量就是生命，质量就是效益的理念，不断推陈出新，对原有品牌栏目，如《第一时间》、《监督热线》、《蒲乡红》等进行了全新改版，同时推出了一系列新栏目，观众反应普遍不错，收到了良好的效果。1.对外宣传力度加大。1~9月，在中央台播发稿件8件，在省台发布稿件281.5件，一直稳居全省前三名；2.喜获多项奖项。据不完全统计，全年获山西广播影视奖广播新闻、专题节目11件；获山西广播影视奖电视新闻、专题节目13件；获山西广播影视奖县级电视节目36件；获山西广播影视奖广播文艺节目1件。11月6日，本台杨文斌、李小芬、王芳又分别荣获“山西省第五届百佳新闻工作者”称号；冯永丽、杨洁在全省新闻战线开展的“增强政治素质，提升职业道德，做新时代优秀新闻工作者”演讲比赛中分别荣获二等奖和三等奖。在市委宣传部、市新闻工作者协会举办的“热爱运城、共谋发展”新闻大赛中，张碧晶、郑佳拍摄的《运城市启动农民工统收统支工作》获一等奖，聂旭光、赵青拍摄的《河津阳光集团：转危为机》获三等奖；丁理获“山西新闻奖”三等奖；《监督热线》荣获市直工委组织评选的“十佳人民满意岗位”称号。

（原吉刚）

## 报刊通讯

### 运城日报社

**【“保增长、保民生、保稳定”新闻报道】** “保增长、保民生、保稳定”是2009年全党全国工作的首要任务，也是运城日报社宣传报道的重中之重。《运城日报》一版上开辟了“千方百计保增长、保民生、保稳定”、“深入基层、促进三保”、“坚定发展信心、促进经济增长”等栏目，组织采写刊发了大量报道。特别是为配合市委、市政府开展的“项目建设年”活动，日报社从4月起推出“项目建设进行时”栏目，对全市经济社会方面的在建项目进行了持续跟踪报道。到年底这个栏目刊发稿件120多篇，照片30余幅，为全市的项目建设营造了强大的舆论氛围。6月份市政府出台“保增长促发展”十项措施后，在报纸上开辟“十项措施解读”栏目，对十项措施逐项解读，促进了十项措施的贯彻落实。

2009年，运城日报社报道了一批在抗击金融危机、保持经济增长方面的典型，如青山化工、运城恒磁、卓里集团、河津宏达、新绛县工业等，用典型报道提振信心、鼓舞士气、促进“三保”。针对大学生、农民工就业的严峻形势，《黄河晨报》先后开设“踏上春天的列车”、“身边创业者”、“就业突围之路”等专栏，本着“以创业带动就业”的新理念，推出一大批创业典型，先后刊发稿件100余篇，为就业起到启迪、引导作用。“就业突围之路”系列报道受到省委宣传部及市委宣传部通报表扬。

为配合市委、市政府“再建一个经济发展较快的集中区域”，本报在做好动态报道的同时，7月至8月推出3篇系列评论员文章，阐述再建一个经济发展较快集中区域的几个重大问题。这些评论在读者中引起较大反响。（王崇杰）

**【“学习实践科学发展观”报道】** 2009年3~8月，日报社密切配合第二批学习实践科学发展观活动，在《运城日报》上开辟了“深入学习实践科学发展观”、“热爱运城、共谋发展大家谈”、“科学发展践行者”等栏目，持续报道了科学发展观活动。先后撰写、组织评论员文章和特约评论员文章8篇，全部在头版显要位置刊发，对指导活动开展发挥了积极作用。在活动中采写推出了赵芳琴、杨新屯等12个人物典型报道，其中赵芳琴的通讯发表后，市委学习实践活动领导组作出了向赵芳琴学习的决定，引起较大反响。赵芳琴等被评为“热爱运城、共谋发展”百名优秀人才。（王崇杰）

**【“纪念新中国成立60周年”系列报道】** 2009年是新中国成立60周年。《黄河晨报》编辑部从年初就开始筹划迎接和庆祝新中国60华诞的报道工作，4月初开始启动新中国成立60周年宣传报道工作，围绕“激发爱国热情，振奋民族精神”这一主题，不断将这一重大报道推向深入。《黄河晨报》在新闻版上先后开辟“河东革命老区行”、“运城60年·城乡村家看变化”等专栏。其中，“河东革命老区行”发稿18篇，“运城60年·城乡村家看变化”发稿22篇。同时，在副刊版上集中展现60年的文化成就，选择影响几代人成长的红歌、电影、小说等方面的名作，进行情节上的重温，主题上的认知，引导和激励人们热爱祖国，投身到先进文化建设事业上来。其中，《穿越60年的记忆》刊发20余期，《传唱经典红歌，呼唤精神回归》刊发16期，《光影60年——经典电影回顾》刊发11期，《回望六十年文学经典》刊发7期，《纪念新中国成立60周年文学副刊》刊发13期。

《运城日报》从5月份起在三版上陆续推出“我和我的祖国”、“一个摄影人眼中运城的发展与变化”、“新中国成立60周年回忆录”、“穿越历史烟云、回首光辉足迹”、“历史上运城的第一”、“流金岁月、家国情怀：我的名字叫建国”系列专版。8月起，在二版上开辟了“辉煌60年河东之光”栏目，报道运城60年来在全国有影响的人和事。9月起在一版上开辟“辉煌60年、数字看运城”栏目，配以图表，形象地反映了运城60年巨变。四版时事版也刊发了许多新华社关于新中国60年的报道。

（王崇杰）

**【“关注‘三农’”系列报道】** 在办好每周一期“新农村”专版的同时，2009年2~6月，在《运城日报》一版上推出“一号文件在河东”系列报道，5个月共刊发50多篇现场目击式报道，充分反映了中央一号文件给全市农村带来的新变化、新成就。其中有些典型报道引起较大反响。如报道永济北梯村的《土地入股、规模经营》、报道绛县史村的《这里的樱桃树好栽》、《樱桃红了》等，都受到农民群众的好评。此外日报社2月份组织的“六个全覆盖解读”，8月份推出的“大中型灌区抗旱灌溉促增收巡礼”系列报道，对促进“六个全覆盖”和抗旱保增收都发挥了积极作用。（王崇杰）

**【新闻报道工作力求“三贴近”】** 为增强报纸的可读性，弥补法治报道的不足，2009年起在《运城日报》三版上增加了“法治”专版，每半月刊发一次。“法治”专版辟有“以案说法”、

“半月谈访”、“律师释疑”等栏目，报道法治新闻，普及法律知识，受到了读者的欢迎。

为使报纸内容更加贴近群众、贴近实际、贴近生活，11月上中旬，本市遭遇雪灾后，《运城日报》开辟了“深入基层、抗雪救灾、促进三保”等栏目，刊发了40多篇稿件、图片。《黄河晨报》针对大雪造成的灾情及时开辟了“众志成城，共抗雪灾”、“抗灾、救困、送温暖”栏目，针对冬季供暖问题及时开辟了“你家暖气热不热，晨报帮你解难题”栏目。由于这些栏目贴近生活，贴近群众，受到广大读者的极大关注和好评。

2009年4月，《运城日报》、《黄河晨报》分别被评为2008年度山西省一级报纸。

（王崇杰）

## 市委新闻中心

**【围绕中心工作倾力打造精品】** 2009年，市委新闻中心紧紧围绕市委、市政府的中心工作，全力打造精品。这一年，金融危机的风暴席卷全球，本市在不同程度上也受到了冲击。市领导结合实际情况，进企业下农村，于4月初把中心组的学习安排在受冲击较严重的河津市，结合科学发展观学习，听取基层企业家和农民代表的讲课，市新闻中心紧紧抓住这一热点问题，采写了《一堂开展基层的中心组学习课》，发表在山西日报4月6日的显著位置。新闻中心就如何应对金融危机深入平陆县采访，对他们的做法深入采访之后，撰写了《清思路宣举措传办法强信心》一组稿子，在《山西日报》4月13日头版刊登。

应对金融危机，本市出台了一系列举措，市新闻中心对此采写了《合作共赢提振信心战胜危机运城战略重组妙棋激活工业经济》一稿在5月19日《山西日报》头版头条刊登，接着又在新华社发了通稿；新华社每日电讯、《新华社经济参考报》、新华网等均予采用。采写的《农民身边的“钱袋子”就信用社如何以“超值服务”支农惠民》的通讯在《山西日报》6月12日予以刊发。2009年新闻中心全体人员，认真总结经验，共在各级媒体发表新闻作品达40余篇。（张美娜）

**【通联工作】** 2009年是第四届全国网络媒体山西行运城采访活动，市委新闻中心根据领导的安排，主动出击，顺利完成各项任务，并承担新闻通稿的写作，工作人员加班加点写了《变资源优势为产业优势，运城市创新文化产业发展思路》被多家网站在网上登出，对本市的文化产业进行了又一次宣传。年初中央宣传部长刘云山一行来运城调研，在接到通知后连夜采访平陆县县长任秀红为民办实事的线索，当时已是晚上6点多，积极联系任秀红县长的同时，和新华社记者及时赶到平陆，第二天稿子发出，中央各大媒体全在主要位置刊登。在刘云山部长调研结束后，中宣部立即组织中央6大新闻单位采访新绛县文化体制改革的典型，新闻中心一次次从机场接上记者，到新绛县全程陪同，使记者们顺利完成了采访任务，接待工作得到了充分肯定。在全省农产品博览会上，本市组织了一次新闻发布会，在接到这次发布会通稿的采写任务后，新闻中心立即组织人员进行采写，在规定的时间写出了《运城农产品全国有席位》，被多家媒体发表。

（张美娜）

**【创建学习型机关】** 2009年，市委新闻中心坚持每周集中学习，不断巩固新闻理论基础的同时，组织大家认真学习时事政治，对一些报纸杂志的新闻精品予以讨论学习，进一步提高了大家的写作水平和技巧，使大家的业务、理论水平有了一定的提高，充分认识了新闻舆论导向在新时期的重要作用，形成了单位内比学习、比干劲的良好风气。（张美娜）

# 文物保护

**【文物保护基础工作】** 2009年，市文物局组织实施了山西南部早期建筑保护工程，全国重点文物保护单位河津古垛后土庙、稷山稷王庙、新绛稷益庙、临晋县衙、舜帝陵庙、后稷庙、万荣稷王庙、万泉文庙等一大批文物保护项目在山西省文物局等得到立项，夏县司马光墓、河津古垛后土庙、芮城城隍庙等7处保护工程已经开工建设；完成了2009年度文物保护专项补助经费申报工作，共申报国拨项目31项，省拨项目43项；完成了第七批国保单位申报工作，全市共申报119处，为确保运城市国保数量全省第一打下了坚实的基础；开展了第五批中国历史文化名镇（村）申报工作，永济蒲州镇和新绛泉掌镇、泽掌镇光村参与了申报；向山西省文物局呈报了稷山稷王庙保护修缮方案和

闻喜文庙整体保护规划；为稷山县博物馆、平陆泰山庙等四处文物单位申请文物保护专项经费。（叶春艳）

**【第三次全国文物普查】** 截至2009年12月底，运城第三次全国文物普查工作田野调查和信息登录工作基本完成，文物普查总量达到八千余处，新发现总量达到六千余处，复查量达两千余处。全市13个县(市、区)的文物普查工作全部通过了山西省文物局专家组的验收。在全省文物局长会议上，临猗、绛县、芮城三个县的文物普查工作和十余名队长受到省文物局表彰奖励，奖金总额达8.5万元。临猗县的文物普查工作被国家局向全国推广。（叶春艳）

**【考古发掘】** 2009年，市文物局配合全市重点工程组织完成了禹门口黄河提水工程新绛段干支渠范围内的文物调查和抢救性发掘工作；完成了闻垣高速公路发掘及赵载墓搬迁工程；对运城——临猗天然气管道工程、市电业局下辖的7个在建变电站占地范围进行了调查勘探；对北赵引黄工程进行了调查、勘探和发掘。全年勘探总面积达200多万平方米，发现古文化遗址9处，各类墓葬254座，抢救发掘30座古墓葬，出土保护了一大批珍贵文物。

（叶春艳）

**【博物馆建设】** 2009年12月28日，运城黄河文化博物馆举行了奠基仪式，正式开工建设。该馆位于运城市新东区，禹西路以东，魏南大街以南，占地面积38.07亩，总投资1.5亿元，建筑面积2.357万平方米，其中展厅面积1.5万平方米，文物库房、文物修复5000平方米，科研、办公、服务等设施3570平方米。主要建筑和功能分区为陈列展示区、文物藏品库、休闲活动区、业务办公区、后勤管理区等。建成后的博物馆将集中展示运城悠久的文明、辉煌的历史、灿烂的文化和现代化建设的成就，将成为中小学生及市民爱国、爱家乡的爱国主义教育基地。（叶春艳）

**【文物安全检查工作】** 2009年，市文物局开展了春季文物消防安全大检查工作，对全市木构文物建筑消防安全进行了重点检查；建立健全了全国重点文物保护单位和省级文物保护单位的安全档案；向山西省文物局报送了运城市有资质的消防设计单位和施工单位，进一步完善了文物保护单位安全基础设施建设工程的管理；对张定中反映的省级文物保护单位池神庙遭人破坏一案进行了立案查处，并对中盐运城盐化集团有限公司进行行政处罚。

（叶春艳）

**【文物保护利用】** 2009年5月底，解州关帝庙御花园工程竣工，该工程由山西省文物技术中心设计，市文物技术中心承建，总投资2500万元。9月25日,关帝御花园已正式向游人开放，成为解州关帝庙旅游景区增加旅游收入的又一亮点。李家大院景区对外开放后也成功进入旅游市场，4月，李家大院在西安、渭南、临汾、侯马等市共签约41家旅行社。“李家大院－孤峰山－后土祠”文物旅游线路已初步形成。

（叶春艳）

**【文物宣传活动】** 5月18日，市文物局举办了“5.18”国际博物馆日庆祝与宣传活动，全市13个县（市、区）共发放宣传册10万余份、宣传袋5万个。6月13日，为庆祝第四个“中国文化遗产日”，在临猗县郇阳广场举办了“保护文化遗产，促进科学发展”大型主题活动。活动由副市长吴菊仙主持，临猗县代县长史凯为大会致辞，运城市委常委、宣传部长董鹏翔作了讲话。当日，《运城日报》第一版还刊登了市长王安庞为纪念文化遗产日发表的署名文章，题目是“保护文化遗产促进科学发展”。本年还举办了第20届国际关公文化旅游节、吕祖诞辰纪念节、后土大祭、舜帝大祭等活动。

（叶春艳）

## 文化新闻出版市场管理

**【规范新闻采访秩序“百日整治”活动】** 2009年1月1日—3月10日，市文化新闻出版管理局在全市范围开展规范新闻采访秩序“百日整治”活动。对驻运各记者站进行了整顿和规范。在运城电视台、《运城日报》对各报社驻运记者站进行了公告，对内部资料性出版物进行专项治理。严厉打击“假报刊、假记者站、假记者、假新闻”，全市共收缴假《记者证》等非法证件、无效证件100余个。（李筠霞）

**【运城市“扫黄打非”工作受到表彰】** 2009年1月16日上午，第22次全国全省“扫黄打非”工作电视电话会议召开。会议总结了2008年“扫黄打非”工作，对2009年“扫黄打非”工作进行了总体安排部署，运城市扫黄办受到表彰。副市长吴菊仙和局长杨金贵、市“扫黄打非”领导组成员单位负责人及新闻出版科和稽查队全体人员在运城分会场收看了会议。（李筠霞）

**【集中销毁非法出版物】** 2009年4月26日，进行非法出版物集中销毁活动和知识产权宣传咨询活动，共销毁各类非法出版物四万余册（盘、张）。发放宣传材料3000余份。副市长吴菊仙、局长杨金贵、副局长董刚、新闻出版科全体人员、各县新闻出版局负责人和稽查队长参加。（李筠霞）

**【收缴临猗飞云印刷厂非法出版物】** 2009年7月，市文化新闻出版管理局在临猗飞云印刷厂查处非法出版物“《金钥匙丛书系列·高分考王》”、“《期中质量评估测试卷》封面的PS版”200张，成品50本，半成品1500张，对全部非法出版物予以没收。在对该厂法人代表董某进行询问笔录时，董某承认共印《新编小学习题解答》12万余册，《一本全》3万余册，《期中质量评估测试卷》、《高分考王》84000余册。市文化新闻出版管理局依法对其进行了处罚。（李筠霞）

**【市网络行业协会成立】** 2009年7月2日，运城市网络行业协会成立大会隆重召开，市委常委、宣传部长董鹏翔，文化、公安、工商等职能部门相关领导及广大网吧业主参加了大会。会上选举产生了第一届协会会长、副会长和秘书长。各级领导和相关部门都对行业协会的工作提出了宝贵意见和建议。（李筠霞）

**【查处网络文化经营和网络侵权行为】** 2009年8月12日，在全市范围内开展了违规倒卖《网络文化经营许可证》的专项整治，严格控制网吧的法人变更，要求各县（市、区）加大查处力度，一经发现，坚决从重从严处罚。9月，市文化局对“运城视听网”和“中国运城网”的侵权行为进行了查处，责令其停止侵权行为，有力打击了网络侵权行为。（李筠霞）

**【文化市场行政执法队伍检查】** 2009年10月15日，市文化局对全市十三个县（市、区）和一个经济开发区的文化市场行政执法进行了大检查，比较翔实地掌握了各县（市、区）的编制、人员、市场管理等基本情况，并评比、排队，对各县（市、区）行政执法工作做出客观评价。（李筠霞）

**【全市文化市场管理工作会议召开】** 2009年11月20日，市文化局召开全市2009～2010年全市文化市场年检换证工作会议，各县（市、区）分管局长、市场股长、稽查队长参加，对全市文化市场年检作了安排，严格按照要求换证。12月20日召开全市文化市场安全、稳定、和谐、发展大会，随后印发了全市文化市场安全、稳定、和谐、发展实施方案。加强两节期间文化市场管理，确保人民群众过一个祥和的元旦、春节。（李筠霞）

**【注销不合格网吧《网络文化经营许可证》】** 为了进一步规范网吧管理,推进“绿色网吧”建设,市文化新闻出版管理局根据晋文办发(2008)32号《关于对全省网吧等互联网上网服务场所进行2008—2009年度审核验收的通知》和运公发（2008）32号《关于对网吧验收和对酒吧、歌舞厅、游戏厅等人员密集娱乐场所集中整治的实施方案》规定，经集体研究决定，对未通过整顿验收且未参加2009年审核换证的“红树林”等13家网吧予以注销《网络文化经营许可证》。这13家被注销的网吧分别是：盐湖区红树林网吧、绿野仙踪网络有限公司、禹都天天网城，万荣三联网络中心、新源网吧，平陆赤马天下网吧、舒心网吧、心迹网吧、佳友网吧，芮城西部风暴网城，闻喜自由空间、妞妞网吧、丑丑网吧。（李筠霞）

（责任编辑：石少青）

# 卫生　医药　体育

## 卫　生

### 农村卫生工作

**【新型农村合作医疗】** 2009年，全市共有377.1397万农民参加新型农村合作医疗，参合率92.1%，同比高出0.36个百分点。1~10月，全市农村医疗共补偿152.3008万人，占参合总人数的40.38%，补偿金额30339.505196万元，占总基金的88.06%，其中：门诊补偿111.3720万人，补偿金额3742.07833万元；住院补偿40.9288万人，补偿金额26597.426866万元。

2009年，本市出台《运城市新农合监管整治年活动实施方案》，开展"新农合监管整治年"活动，重点对新农合账目设置、基金封闭运行、《实施方案》执行、审核补偿程序、大额费用审核、补偿资料装订存放、工作人员服务态度以及对定点医疗机构行为等方面进行监管。在自查自纠中，发现问题200余处，纠正违规行为150余起；在交叉检查中，发现35个医疗机构不合理用药64例、不合理检查35例、不合理收费56例、自费药未扣除83例、放宽医疗指征59例；共扣除286个定点医疗单位不合理补偿费用39.66万元。共下发督导意见书30余份，并责令限期整改。对不实行直接补偿的市内定点医疗机构，实行"一票否决"，取消其新农合定点资格。对因审核不严格导致基金流失的从违规定点医院扣除补偿费用，追回流失资金十余万元。市级定点医院统一安装新农合补偿程序软件，全面开展直补工作，减少报销程序，方便患者就医。市新农合管理中心正在起草《运城市新农合管理制度规范》，力争实现全市新农合监管工作制度化、规范化、效率最大化，确保本市新农合工作持续稳定健康发展。

（李　哲　王彩红）

**【国债项目建设】** 2009年，全市共争取到卫生项目300个，总投资20249万元，其中国债资金11924万元。

中央1000亿项目。本市共有272个项目，总投资5879万元，其中国债资金3234万元。截至年底，市中医院门诊综合楼一期工程10000m$^2$主体已封顶；闻喜县人民医院住院楼10200m$^2$已投入使用；盐湖、稷山、永济等11县（市、区）43所卫生院全部交付使用；闻喜县和夏县219个村卫生室主体全部投入使用。

中央13000亿项目。本市共有18个项目，总投资7160万元，其中国债投资4080万元。截至年底，稷山中医院综合住院楼6000m$^2$主体已完工；永济市人民医院综合住院楼13000m$^2$和芮城县人民医院住院大楼10000m$^2$正在紧张施工之中；平陆、夏县、垣曲、万荣、闻喜、新绛6县12所中心卫生院业务用房全部完工，垃圾、污水处理设备已投入使用；盐湖区中城和河津市城区社区中心主体已完工，永济市城北社区正在建设之中。

中央第三批67亿项目。本市共有9个项目，总投资6080万元，其中国债投资3510万元。盐湖区人民医院17000m$^2$综合楼和新绛县人民医院10000m$^2$住院楼已开工建设；绛县、河津、临猗7个中心卫生院业务用房主体已完工，下年底投入使用。

中央第四批33亿项目。闻喜县中医院综合楼5500m$^2$工程已完成图纸设计，正在办理前期相关手续。

（李　哲　王彩红）

**【村卫生室"全覆盖"工作】** 2009年初，市卫生局印发《运城市行政村卫生室全覆盖实施方案》，成立行政村卫生室"全覆盖"工作领导组，对13个县（市、区）农村卫生工作及群众看病就医情况做了调研。全市共有3194个行政村，有279个行政村无卫生室。采取多渠道解决人员资质问题：加快乡村医生再注册和从医20年以上的当地"红医"资质认定；通过向社会招聘有资质人员；有资质的个体行医者调整到“空白”村从事医务工作的方法，解决“空白村”医务人员无资质或无医务人员的问题。采取多方筹资解决房屋建设问题：利用国债建设资金；争取地方债券资金；结合新农村统筹规划；村医自筹资金建设村卫生室业务用房；利用村闲置校舍解决村卫生室业务用房等方法，解决村卫生室无房屋的问题。同时，实行乡镇卫生院轮流派驻有资质人员在村卫生室坐诊、临近村卫生室进行托管或乡镇卫生院托管和个体诊所有条件的转型为村卫生室的形式解决村人口过少、养不住村医的问题。2009年全年完成279个“空白村”卫生室建设，完成率100%。（李　哲　王彩红）

【乡村两级医疗机构达标工作】 2009年市卫生局下发《运城市2009年县乡村三级医疗机构标准化建设达标任务分解的通知》，明确达标任务,列入年终考核。严格资质，规范医疗行为。从对所辖乡村医疗机构的依法执业情况进行检查入手，按照审批的诊疗科目逐单位逐科室进行了检查规范，清退医、护、技无资格人员。要求在达标工作中，做到“三个五”即五统一（文书、制度、牌匾、操作程序、收费标准），五落实（设备、质量、人员、任务、责任），五齐全（门诊登记、进药发票、留观病历、诊疗处方、妇幼及防保科资料）。加大投资，以奖代补，推动标准化建设。在全市推广新绛县对达标的村卫生室补助资金500~1000元；河津市为每一个达标村卫生室配备价值5000元的设备。11月上旬，市卫生局组织有关专家采取“听、查、看、问、考、入户调查”等办法对13个县（市、区）所有乡镇卫生院及5%的村卫生所进行了评审验收。全年136所乡镇卫生院中，达标118所，达标率86.76%；村卫生室3563所，达标3156所，达标率88.58%；乡村两级医疗机构3699所，达标3274所，达标率88.51%，圆满完成了乡村两级医疗机构标准化建设任务。

（李　哲　王彩红）

【偏远山区卫生院建设】 2009年，为解决偏远山区群众看病就医问题，对14所偏远山区卫生院进行标准化建设，组织专人对偏远山区卫生院房屋、设备、人员现状进行了摸底调查，投资210万元对偏远山区卫生院业务用房进行了改扩建，共建设7000m²；投资150万元对基本医疗设备进行填平补齐，并为每个卫生院各配备一辆卫生惠民服务车、30张病床、一台心电监护仪和一台除颤仪；对无学历业务人员定点在卫校免费培训，提高偏远山区卫生院整体服务水平；使14所偏远山区卫生院全部达到中心卫生院的功能标准，满足偏远山区农民群众的基本医疗保障需求。

（李　哲　王彩红）

【农村卫技人员培训】 2009年初，制定《运城市2009年农村卫生人员培训实施方案》，选聘副高级以上职称的专家或学科带头人，采取统一组织、统一管理、统一教材、统一课程、统一食宿的方法，在市卫生学校举办了全市乡镇卫生院业务人员内儿科知识培训班；采取分片包县巡回授课的方法，对13个县（市、区）的村卫生室从业人员进行了内儿科知识培训；在市委党校举办全市乡镇卫生院院长培训班，市委组织部部长陈振亮、副市长吴菊仙到会并讲话。2009年全年共培训人员达3818人次。投入10万余元，委托市卫生学校分5个专业对乡村两级医疗机构无学历人员免费进行中专学历教育。制定《运城市二级以上医疗卫生机构对口支援乡镇卫生院实施意见》，使专家们深入基层，对乡村卫生技术人员实行“传、帮、带”。

2009年，以市政府文件下发了《关于加强乡镇卫生院人才培养和队伍建设的通知》，规定：乡镇卫生院在职人员取得高一级学历教育的学费由各县（市、区）财政补助50%，所在乡镇卫生院承担50%；乡镇卫生院人员在全市县级以上医疗机构的进修学习费用由县级以上医疗卫生机构承担。凡报考医学类专业院校毕业生，自愿毕业后到乡镇卫生院10年以上者，学费由县级财政承担，毕业后纳入全额事业编制，财政支付全额工资。

（李　哲　王彩红）

## 疾病预防控制

【计划免疫工作】 2009年，在计划免疫宣传工作方面，强化意识，营造人人参与免疫规划活动的氛围。利用“4.25全国儿童预防接种宣传日”开展形式多样的宣传活动，共制作横幅254条，版面24块，张贴标语4900万余条，印发宣传资料20万份，出动宣传车76台次，为提高群众预防接种意识发挥了积极作用。计划免疫接种方面，召开2009年免疫规划工作会议，与教育局联合下发通知，制定实施方案，开展流行性腮腺炎疫苗和乙肝疫苗接种补种工作，有效遏制疫情的传播和蔓延。计划免疫规划监测方面，提高免疫规划监测质量。2009年1～12月份共报告AFP病例33例（包括临汾乡宁1例），48小时内调查率100%，合格粪便标本送达及时率100%；共报告疑似麻疹病例35例（排除13例），及时报告率100%；新生儿破伤风报告1例，及时报告率100%。乙肝首针及时接种率为98.54%。截至年底，全市已连续16年维持无脊灰状态，白喉连续25年无发病。

（李 哲 王彩红）

**【麻疹疫苗查漏补种】** 2009年4月，严格按照全省麻疹查漏补种方案要求，市疾控中心对全市所有8月龄至14岁儿童以及2008年12月份未接受麻疹疫苗强化免疫的儿童进行补种。全市共调查摸底19466人，接种19069人，接种率为97.96%。其中本地儿童18356人，接种17993人，接种率为98.02%；流动儿童1110人，接种1076人，接种率为96.94%。以县为单位儿童查漏补种率和分年龄组接种率均大于95%。

（张希森）

**【流行性腮腺炎和乙脑疫苗的普种工作】** 根据疫情监测，2009年流行性腮腺炎和乙脑应为防控的重点。截至年底，全市共有216312名2~15岁儿童接受了腮腺炎预防接种。下发乙脑疫苗93757支，为有效控制流行性腮腺炎和乙脑在运城的发生起到了积极作用。

（张希森）

**【监测系统常规运行】** 2009年，市疾控中心监测质量稳步提高。1. 全市1～10月份共报告AFP病例32例，包括临汾乡宁1例，分布全市10个县（市、区），48小时内调查率100%，合格粪便、标本采集率均为90%，粪便标本送达及时率100%，本地31例除1例未到随访时间外，30例病例随访率为100%，AFP病例旬报1～10月份应报390次，及时报告390次，及时报告率100%。2. 全市1～10月份共报告调查麻疹疑似病例35例（排除12例），采集标本送检19例（麻疹5例，风疹4例，排除8例，2例结果未报告），采集率为54.29%。全市旬报应报390次，及时报告390次，及时报告率100%；月报应报130次，及时130次，及时报告率100%。3. 8月份在永济市发现1例新生儿破伤风病例，及时进行个案调查。全市新生儿破伤风疑似病例报表和新生儿破伤风主动监测报表1~10月份均应报130次，及时报告130次，报告及时率均为100%。4. 按照《生物制品技术管理规程》要求，完成全市一类疫苗的计划、分发、统计和报告工作。全市应报65次，及时报告65次，及时报告率100%。BCG、OPV、DPT、MV、HBV、乙脑、流脑和甲肝的接种率分别为99.89%、99.78%、99.67%、99.72%、99.77%、99.72%、99.74%和98.69%，乙肝首针及时接种率为98.68%。5. 全市1~10月份15岁以下乙肝新发病例255例，（其中包括3例外地病例），本地病例分布在13个县（市、区），所有病例均进行了个案调查。6. 乙脑监测工作：根据全省统一安排，本市临猗县临晋镇下豆氏村为省级乙脑监测点。为了确保工作质量，市疾控中心严格按照监测方案要求，4月份采集了流行季节前健康人群的血液标本640份，已送省CDC进行检测。

（张希森）

**【甲型H1N1流感防控】** 2009年，面对日趋蔓延的甲型H1N1流感，运城市卫生局快速作出反应，制定预案，及早安排防控工作。成立运城市甲型H1N1流感防治工作领导组，下设办公室、疫情控制组、医疗救治组、新闻宣传组、后勤保障组，做到职责明确，任务到组，责任到人。制定《运城市卫生系统甲型H1N1流感应急预案（试行）》，下发《关于做好甲型H1N1流感防控工作的紧急通知》等30余份文件，多次召开甲型H1N1流感防控工作会议。对各医疗卫生单位开展监测、流调、宣传、治疗、物资储备等提出明确要求。成立市级甲型H1N1流感防控专家队伍和医疗救治专家队伍。指定甲型H1N1流感定点治疗医院，市、县两级疾控机构成立了甲型H1N1流感的流行病学调查队、消毒监测队、样品采运队；各定点医疗机构、市急救中心成立甲型H1N1流感救治队、转运队。

强化监测报告。做好关口前移，向辖区二级以上医疗机构派驻传染病督察员。设立发热门诊180个，加强对发热、咳嗽、头痛、乏力等流感样病例和不明原因肺炎病例监测、登记、报告工作；建立疫情直报制度，严格执行疫情日报告和零报告制度，杜绝缓报、瞒报和漏报情况发生；利用广播电视、电台、报纸等多种媒体，采取讲座、专题等多种形式广泛深入开展宣传活动。累计广播宣传1万余小时，出黑板报3000余块，张贴宣传画6万余张，接待群众8万余人次，发放各种宣传资料200余万张，举办培训班300余期（次），培训各类医疗卫生人员8000余人次。建立了横向到边，纵向到底的宣传网络；搞好物资储备，做到有备无患。全市累计储备消杀药品6.5吨，喷雾器5000余个，防护服6000余套，口罩5万余个，负压救护车1辆，120急救车50余辆，呼吸机20余台；开展模拟演练，发现问题，及时处理，提高了应急处置能力；开展中药普服和疫苗接种，构筑免疫屏障。共免费发放25560袋甲型H1N1流感中药汤剂和18万份中药冲剂，接种甲型H1N1流感疫苗10余万人份，未接到异常反应报告；规范诊断治疗秩序，全力以赴救治患者。年底，全市共报告37例甲型H1N1流感确诊病例，全部治愈。（李　哲　王彩红）

**【手足口病防治】**　从2009年3月份开始，全国手足口病疫情呈明显上升趋势，本市手足口病病例比上年同期明显增高。为及时了解和掌握本市手足口病病原谱及其动态变化情况，根据山西省疾病预防控制中心晋疾控业[2009]34号《关于开展手足口病患者标本采集、运送等相关工作的通知》要求，市疾控中心下发了《关于开展手足口病患者标本采集运送等相关工作的通知》文件，全市每月采集3例普通病例的相关标本，其中粪便标本和咽拭子必须同时采集，疱疹液、脑脊液标本送省疾控中心进行检验，对于重症和死亡病例必须全部采集标本。6月份卫生部出台了《2009版手足口病预防控制指南》后，疾控中心按要求采集标本及时送省疾控中心进行检验。截至10月底，全市上报手足口病病例1207例，重症病例30例，其中进行流行病学调查27例，25例治愈，2例死亡，其余3例为外地报本地病例。对临猗牛杜镇铁匠营村、万荣县上井村、万荣县通化镇二村等9起聚集性手足口病病例进行了流行病学调查。共采集普通患者标本85份，25份经省疾控检验，检出阳性18份，所有阳性标本已通知相关县疾控中心进行了订正报告。（张希森）

**【其它传染病防治】**　1.狂犬病：2009年1～10月全市共上报狂犬病临床诊断病例12例，12例均已死亡。夏县、稷山、临猗和绛县均为首次报告，这12例均为狗咬伤后未注射狂犬疫苗或未全程注射疫苗引起，有关县市疾控中心对12例患者都进行了流行病学调查，完成了个案表的填写，并上报了突发事件相关信息。2.出血热检测：通过疾病监测信息系统共上报出血热病人6例，流行病学调查6例，采集2例患者2份血清送省疾控检验科，结果阴性。3.疟疾：2009年1～10月通过疾病监测信息系统上报疟疾患者4例，这4例患者分布在盐湖、平陆、临猗，均由所在县疾控中心进行了流行病学调查，个案调查表完成。4.包虫病：外地报闻喜1例。由于患者长期居住外地无法进行流行病学调查。5.黑热病：永济市上报1例黑热病病例，该患者为男性，原籍河南省三门峡市灵宝市故县镇尚家湾3组人，永济市疾控中心完成了该患者的流行病学调查。（张希森）

**【传染病自动预警信息处理】**　截至2009年10月底，市疾控中心共接到各类传染病预警信息511条，其中499条做到了及时处理。发现可疑事件10条，均进行了现场流行病学调查。单病例自动预警信息2条，1条是万荣县脊灰疑似病例，经调查已排除，1条是新绛县中医院传染病报告卡错报鼠疫1例。（张希森）

**【传染病信息管理】**　截至2009年10月底，全市共报告法定传染病24种，19988例，均为乙、丙类，发病率为396.31/10万，死亡60例，死亡率为1.19/10万。与上年同期相比新增了甲型H1N1流感一种，总发病率与上年相比上升了7.43%，死亡率下降了1.69%。与上年同期相比发病率上升的疾病有：流行性感冒、手足口病、出血热、疟疾、风疹、猩红热、狂犬病、急性出血性结膜炎、乙脑、流脑、梅毒、流行性腮腺炎、淋病、伤寒、感染性腹泻、病毒性肝炎和肺结核；分别上升了2700%、366%、300%、300%、288%、266%、266%、200%、100.00%、100.00%、76.97%、57.14%、49.23%、35.06%、12.84%、6.73%和6.02%。发病率下降的疾病有麻疹、百日咳、艾滋病、包虫病、布病和痢疾；分别下降了94.23%、80.00%、71.00%、50.00%、12.70%和5.585%。

加强传染病网络直报工作管理，及时督促各县做好传染病报告和审核工作。全市截至10月底共报告21564例传染病病例，无一例迟报和迟审。传染病综合报告质量位居全省第一名。

顺利完成了每年两次医疗机构和疾控中心传染病疫情网络直报督导检查工作。5月13~27日、10月13~30日，对全市13个县（市、区）的疾控中心信息和部分医疗机构传染病疫情信息管理工作，进行了全面细致的督导检查。了解了全市疾控中心从事传染病疫情信息管理人员的现状及组成，对传染病网络的单位进行全面清理和整顿，截至年底，全市传染病网络直报单位91家，县级医疗机构63家。

扩大死亡病例的报告管理工作范围。1~10月份，全市共报告死亡病例6881例，与2008年同期5371例相比，报告率提高了28.11%。全市报告医院数由2008年的13家，增加到本年底的17家，特别是万荣县疾控中心实现了传染病和死亡病例均有乡镇卫生院上网录入报告，为本市一大特点和全省一大亮点。（张希森）

**【结核病防治】** 2009年，在结核病防治方面，注重强化培训，提高结防人员素质；举办“全市结核病防治工作临床培训班”和“运城市全球基金项目痰检培训班”，培训县级师资120余人次。加大宣传力度，提高群众结防知识知晓率；3.24世界结核病日，全市共发放宣传资料20余万份，设立咨询台14个，接待咨询群众2万余人次，悬挂宣传标语50余幅，展出版面30余块，收到良好宣传效果。加大结核病人转诊督导力度，落实肺结核病人归口管理；截至12月底，全市共发现新涂阳肺结核病人1749例，完成全年任务的101.51%，治愈率为93.56%；追踪率达97.5%，总体到位率为98.34%，家属筛查率达100%。（李　哲　王彩红）

## 艾滋病防治

**【艾滋病防治】** 2009年，市卫生局强化责任意识，与各县（市、区）人民政府签订《运城市2009年度防治艾滋病工作目标责任书》，明确防治目标和任务。举办运城市MSM人群干预方法暨MSM人群志愿者培训班、运城市艾滋病综合防治数据信息管理及防治措施落实质量考评方案培训班、运城市艾滋病综合防治数据质量评估培训班，提高了防控工作水平。

2009年，继续做好自愿咨询检测和被监管人员的HIV抗体筛查，截至12月底，全市53个自愿咨询检测点共接受咨询检测10166人，超额完成任务41.2%，确认阳性46人；完成被监管场所人员艾滋病抗体检测3330人，超额完成任务33.2%，发现9例阳性感染者。对一线抗病毒药物产生耐药及严重毒副反应的7名患者，实施二线抗病毒药物治疗。同时开展耐药检测和CD4检测，并首次对479人进行病毒载量监测。检测结果表明，全市患者服药依从性良好，治疗效果明显。全年累计治疗艾滋病人612人。（李　哲　王彩红）

**【艾滋病综合防治数据信息管理】** 截至2009年10月底，全市累计报告HIV/AIDS1451例，其中外地病例105例，实际管理HIV/AIDS1440例，2009年10月底前共报告HIV/AIDS89例，都在24小时内进行了网络直报。

每年2月10日前全市所有疾控中心均按时报告本县（市、区）HIV/AIDS相关背景情况一览表，并在规定期限内全部及时上报国家艾滋病综合信息网。

13个县（市、区）均按时报告了本辖区内高危人群数量和干预人次数，包括暗娼、男男性行为者、外来务工人员、吸毒者、性病就诊者等人群。

1~10月份，全市13个县（市、区）自愿咨询检测人数为8913人，确认阳性37人，充分发挥了VCT在高危人群监测中的重要作用。1~10月份，全市医疗机构报告HIV抗体检测份数为137778人，确认阳性89人。1~10月份，全市范围内公安司法监管场所被监管人员HIV抗体筛查2683人，发现阳性6人。（张希森）

**【艾滋病治疗】** 2009年1~10月份，全市新增抗病毒治疗病人78人，截至10月底，累计治疗病人共593人，其中死亡84人，停药30人，失访1人，实际治疗478人。主要做了以下三方面工作：3月份，市疾控中心举办了“全市抗病毒治疗数据及综合防治信息网络规范化管理培训班”；4月份，配合国家完成抗病毒治疗，在新绛、夏县开展2009年度耐药调查98人，结果已反馈给各县；5月份，配合省疾控中心在新绛、夏县共对85人进行了评估调查，完成了本年度艾滋病抗病毒治疗的有效评估。

（张希森）

**【全球基金项目——运城市艾滋病心理关怀工作体系】** 2009年2月20日在盐湖区召开了“运城市县级平台与靠背医院建

设研讨会”，会议对县级平台的一些规范性细则进行了深刻探讨，明确了县级平台建设框架以及与靠背医院的转介方式。

4月中旬，国家级专家对“创建运城市艾滋病心理关怀体系项目”进行了结题评审，结论如下：运城市艾滋病心理关怀工作体系（3351工程）的创建，搭建起省、市、县三级艾滋病相关人员心理关怀平台，形成了对HIV/AIDS、艾滋病防治工作人员、VCT求询人员三个人群的心理支持体系，创造性的通过五项创新（队伍、教材、专家组、模式、期刊）实现对艾滋病相关的各类人员进行心理支持与关怀的目标。并在两个试点县（盐湖区、绛县）成功运作。这一心理关怀工程在国内率先开创艾滋病相关人员的群体心理支持体系。项目负责人通过大量的实际工作实证了心理关怀工作的规范化和模式化运作的可能，在为大众的社区心理关怀与支持的长效机制建设方面有一定的创新。

4月24日，国家项目办陈淑蓉、董永坤两位官员专家在省项目办的陪同下对本市承办的“3351”项目进行了终期评估，给予了很高的评价。希望作为山西的亮点进一步完善后在全国推广。（张希森）

【艾滋病防治专项工作】 1. MSM人群干预工作首次在运城开展。在山西省全球基金项目综合管理办公室的支持下，市疾控中心在1～6月开展了“运城市MSM人群干预”项目。在项目工作中，一切工作以高标准高起点要求，使“运城市MSM人群干预项目”的各项指标达到或超过国家标准和项目要求。共干预MSM235人次，HIV抗体检测14人，确认阳性4人。

2. “艾滋病和病毒性肝炎等重大传染病防治”科技重大专项课题“HIV感染的免疫保护机制研究”项目在运城开展，在复旦大学生物医学研究院的支持下，作为项目合作单位，市疾控中心在2009年10月份开展项目，项目预计招募75名未治疗的既往献血感染HIV人群，为期一年，进行4次随访。

3. 艾滋病哨点监测工作，省疾控中心在本市设立孕产妇人群、结核病人群、吸毒人群、暗娼人群、性病门诊就诊人群5个艾滋病、性病监测哨点。从4月份起，分别从这5个哨点采集血样1823份，经HIV、HCV初筛和梅毒检测，共发现梅毒阳性16份，HCV阳性38份，HIV初筛阳性2份，并按要求完成了监测数据的录入和发送。8月份从南京报回永济市1例麻风病患者，并已安排流调工作。圆满地完成了本年度艾滋病性病哨点监测工作任务。

（张希森）

## 妇幼保健

【妇幼卫生保健】 2009年，围绕“一法两纲”，狠抓两个系统管理，以“强化母婴保健管理，实现住院正常分娩免费全覆盖”为重点，进一步健全网络、强化功能。先后出台《运城市农村孕产妇正常住院分娩免费全覆盖的实施意见》、《运城市农村孕产妇住院分娩补助实施意见》、《运城市孕产妇系统管理规范》、《运城市助产医疗机构分级管理标准》、《运城市孕产妇死亡责任追究制度》、《运城市2009年妇幼卫生工作要点》等规范性文件。举办全市预防出生缺陷视频培训、县级助产医疗机构母婴保健技术服务培训及孕产妇保健系统管理、儿童保健系统管理、托幼园所卫生保健管理、预防艾滋病母婴传播等专业性培训，并委托各县（市、区）卫生局对乡、村两级妇幼人员进行了12项全员强化培训，市、县两级共培训妇幼人员1800余人次，全市妇幼人员在岗培训率达95%以上。在全省率先对农村孕产妇实行免费保健及住院分娩全程服务。召开“山西省增补叶酸预防出生缺陷夏县现场会”，夏县母子保健项目成效显著，国家卫生部、商务部、联合国儿基会驻华代表视察后予以高度评价。运城市2009年妇幼卫生工作要点被全文转发11个市学习借鉴。（李　哲　王彩红）

【母婴保健】 2009年，进一步加大母婴保健执法力度，市、县两级共免费核发《母婴保健技术服务执业许可证》150余家、《母婴保健技术服务考核合格证》893人；明察暗访爱婴医院55所；分级评审助产医疗机构150余所。临猗县妇幼院顺利通过省卫生厅二甲评审，平陆县、新绛县、绛县妇幼院通过一甲评审，等级妇幼保健机构数名居全省前列。全年妇幼卫生指标有效控制在《两纲》范围内，其中孕产妇保健覆盖率达92.09%，孕产妇住院分娩率达99.42%，孕产妇死亡率为10.43/10万，儿童保健管理覆盖率达69.07%，5岁以下儿童死亡率为8.79‰，婴幼儿死亡率为7.70‰，农村孕妇增补叶酸知识知晓率达88%以上，服用率达 80%以上，依从率达 50%以上。

（李 哲 王彩红）

## 地方病防治

【碘盐监测】 2009 年，全市 13 个县（市、区）共抽检居民户食用盐 3768 份，其中合格 3675 份，不合格 72 份，非典盐 21 例，碘盐覆盖率为 99.39%，碘盐合格率为 98%，合格碘盐食用率为 97.4%，三率比上年都有所提高，尤其是平陆县合格碘盐食用率达到 100%，结果较为满意。（张希森）

【布鲁氏菌病监测】 2009 年，全市 1～5 月份布病新发病人 103 例，比上年同期 120 例减少了 14.17%。13 个县（市、区）均有发病，尤以闻喜、盐湖、万荣、临猗、绛县、永济等县（市、区）发病较多。

（张希森）

【氟中毒病情调查】 2009 年，按照氟中毒病情调查方案要求，在永济市 3 个病区村共调查成人氟骨症 3188 人、尿氟 60 份、X 线片 30 张及 8～12 岁儿童氟斑牙 235 人、尿氟 100 份的工作目标。（张希森）

【地方性砷中毒水砷筛查】 2009 年，按照《国家饮水型砷中毒病情监测》的要求，对永济市第二人民医院的 5 名医生和村卫生所人员进行了有关砷中毒知识的培训，在村委会的配合下，7 月 3～7 日顺利完成了 667 人的病情普查任务。

（张希森）

【大骨节病防治】 2009 年，在垣曲县完成了三村 650 人临床监测，共拍 X 片 330 人，5 月中旬调查表及 X 线拍片已全部上报省地病所。平陆县疾控中心也完成了 300 人份 X 线拍片任务，结果已上报省地病所。

（张希森）

【积极开展地方病宣传活动】 2009 年“5.15”是第十六个“防治碘缺乏病”日，市及各县（市、区）疾控中心、地病办、盐务局、盐业公司在全市范围内开展了一次“全社会共同参与，持续消除碘缺乏病”为主题的大型宣传活动，宣传咨询的内容主要有碘缺乏病的危害，碘盐的有效食用等，本次宣传共制作横幅 18 条，版面 65 块，散发宣传单、宣传折页 43000 份，宣传画 2600 余张，出动宣传车辆 40 车次，接受群众咨询 40000 多人次。同时，在运城电视台连续一周播放国家地病中心预防碘缺乏病专题宣传片。

（张希森）

## 公共卫生

【卫生应急工作】 2009 年，以市政府名义下发《运城市突发公共卫生事件应急预案》和《运城市突发公共事件医疗卫生救援应急预案》。调整充实市级领导组和专家咨询委员会，市级专家咨询委员增加至 44 人。组建 24 名高级专业技术人员组成医疗救治组和 97 人的应急工作队。成立独立设置的卫生应急管理办公室，具体负责卫生应急日常工作。规范报告程序，网络直报工作综合质量在全省排名第一。成功处理了垣曲卓越双语学校学生发热、平陆县长乐镇文家滑村村民感染性腹泻等 7 起突发公共卫生事件，维护了社会稳定。（李 哲 王彩红）

【突发事件应急处置】 截至 2009 年 10 月底，共处置 5 例突发公共卫生事件：1. 4 月 20 日，平陆县常乐镇西侯小学发生水痘 14 例，均为学生，经隔离治疗，于 5 月 4 日前全部痊愈返校。2. 6 月 5～6 日，垣曲卓越双语学校 26 名学生陆续出现发热、腹泻疫情，根据临床表现和流行病学调查，认为此次发病是由不洁食物引起的感染性腹泻。3. 6 月 11～15 日，芮城县风陵渡西柏台小学累计发生 22 例乙型流感，采集 10 例患者的咽拭子标本送省疾控中心，8 例显示乙型流感核酸阳性，经采取部分班级放假、消毒、预防服药等措施，该校至今无新发病例。4. 7 月 29 日～8 月 6 日平陆县常乐镇文家滑村发现腹痛、腹泻患者 129 例，经过对该村水源消毒、整治环境卫生、预防性服药，该村疫情得到有效控制。5. 10 月 11～12 日，盐湖区实验中学 20 名学生发热、咳嗽，抽检 3 名发病学生的咽拭子标本，经检验 2 份甲型 H3N2 阳性，确定本次疫情是一起甲 3 流感聚集性发病。（张希森）

【职业健康体检】 2009 年，市疾控中心按预定时间召开职业病诊断会议，共诊断 75 例，已按专家组意见反馈了诊断意见书，完成了本年度职业病诊断工作。对食品、公共场所 2108 名从业人员进行体检，查出不合格人员 86 人，占 4.08%，合格者全部发放了健康合格证。开展职业健康监护，对山西省高义煤化公司、市山河铝业有限公司、大唐国际运城有限公司、晋信铝业有限公司、蓝星化工芮城分公司、曙光运城煤气焦化厂共6家计742人进行了职业卫生监护。积极开展学生体检工作，对市口腔学校、稷山师范学校1001名在校学生进行了体检。（张希森）

【健康教育工作】 2009年，市卫生局下发《运城市健康教育与健康促进实施意见》，实行责任制，做到“六个一”，即每县一个健康教育宣传团，一台健康教育宣传车；每乡（镇）一支健康教育宣传队；每村一个健康教育宣传员，一个健康教育宣传室，一个健康教育宣传栏。编纂农村健康教育科普资料、《新农村健康生活手册》。利用“联合国糖尿病日”、“爱牙日”、“世界狂犬病日”、“全国高血压日”、“5.13世界无烟日”，开展多种形式的宣传活动，普及卫生法律法规和卫生防病知识，同时积极开展无烟医院、无烟学校、无烟机关创建活动，倡导健康文明的生活方式，提高群众维护健康、珍惜生命的自觉性。

（李　哲　王彩红）

## 卫生监督

【卫生监督体系建设】 2009年，全市卫生系统召开各县（市、区）卫生局长专题会议，要求参照省卫生厅制定的区域卫生监督人员配置指导标准，积极协调人事、编办等职能部门，理顺工作机制，落实人员工资，保障工作经费。截至年底，全市已建立卫生监督站100个，占乡镇总数的88.8%。对全市卫生监督员资格进行审核认定，对各级卫生监督机构330名新进人员进行培训，组织全市556名卫生监督员综合执法资格考试，提高了卫生监督人员的业务素质和执法水平。（李　哲　王彩红）

【严格规范餐饮服务许可工作】 2009年，全市卫生系统继续严格规范餐饮服务许可工作，加强对餐饮经营单位餐饮服务许可的审核发放和监督管理，依照国家食药监局餐饮服务许可证发放标准，从市药监局领取《餐饮服务许可证》，并及时发放到各县（市、区），全年共受理餐饮服务许可212户，发放《餐饮服务许可证》55家，经验收需整改127户。同时，做好公共卫生监督管理工作。全市共出动执法人员13301人次，车辆2287台次，监督检查餐饮单位（食堂）5526户次，行政处罚178户次，罚款4.4万元，取缔无证经营31户。

（李　哲　王彩红）

【医疗市场整治】 2009年，继续加大医疗市场整治力度，强化依法监管责任，建立长效治理措施。县级以上城市医疗机构监督覆盖率达96%以上；采供血机构的监督覆盖率达100%；群众投诉举报案件的调查处理率达100%。另外，将电视、网络、报刊等媒体上的医疗广告监测作为工作重点，设立专门举报电话和电子邮箱，查处非法发布广告35家，停业整顿9家。（李　哲　王彩红）

## 社区卫生工作

【社区卫生服务网络基本形成】 2009年，本市将“大力发展社区卫生服务，进一步完善社区卫生服务体系”作为年初确定的“五个重点”工作之一。印发了《2009年城市社区卫生工作目标责任分解》，抽调市、区两级科级干部包点帮扶，以建立居民健康档案、慢病管理为突破口，狠抓内涵建设，完善“六位一体”功能。组织专家对全市社区卫生机构逐一进行督导考核，奖优罚劣。多次举办社区卫生服务技能专题讲座，超额完成了省卫生厅全科医师和社区护士的岗位培训任务（省厅确定150人，实际完成170人）。积极开展社区卫生服务创优示范活动，如盐湖区东城社区卫生服务中心顺利通过省级示范机构验收。协调相关部门进一步落实社区卫生服务配套政策，督促市编办为一区两市社区卫生服务机构核定了编制；社区卫生机构医保定点率达86%；建立了社区卫生计算机网络应用终端。本市全部完成社区卫生机构设置任务（15个中心45个站共60所），社区卫生机构规范化建设率达85%，覆盖城市人口80余万人。全市建立城市居民健康档案48.6万份，举办健康教育讲座469场次，发放健康教育处方55万份，发放健康宣传画5968套，糖尿病、高血压管理3.3万人，上门服务15.5万人次，200余名社区妇幼卫生人员参加了手足口病防治工作，600余名社区卫生人员参与了甲型H1N1流感防控，顺利完成了省厅下达的各项工作任务。

（李　哲　王彩红）

## 中医工作

【中医工作新起色】 2009年3月29日（农历三月初三），是本市第二个“中医药宣传日”，全市百余家中医医疗机构开展了不同形式的大型中医药科普知识宣传和大型义诊活动，进一步将“治未病”的理念推向基层，为本市中医药事业的发展起到了良好的带动作用。拨出专项经费，在全市基层推广治疗各种常见病的包括针灸、刮痧、推拿、拔罐等中医药适宜技术，并对全市104名中医临床人员进行了培训。本市积极申报全国基层中医药工作试点市，探索中医药事业发展的新途径，国家中医药管理局副局长李大宁来本市调研，并对试点工作提出指导性意见。具体方案已上报省卫生厅。全市50名老中医赴省城参加中医医师资格认定考核，占全省近1/3。多次召集知名中药材专家研究《运城地产中草药》编纂工作，初稿已完成。积极争取中医药文化科技产业园区建设项目，各项工作进展顺利，年底已和3家企业初步达成投资意向，投资金额约100亿元。市政府正积极与禹都经济开发区协调，拟在禹都经济开发区的豪德贸易广场以北划出5000亩土地作为园区建设用地。承担国家中医药管理局法监司的立法项目。《中医民间医生范畴及管理的立法研究及法律(草案)》起草，这是全国首个由地级市承担的国家级立法项目，经多次座谈、调研、讨论，已将修改完善的法律草案上报至国家中医药管理局。

（李　哲　王彩红）

## 爱国卫生

**【环境卫生整治】**　2009年，制定工作规范和措施，突出整治农村环境卫生、农（集）贸市场、公共场所、小街小巷以及广告牌匾等脏、乱、差问题，集中清理村镇、城乡结合部、城中村、公路沿线及旅游景区周边环境；加大对农村环境卫生基础设施建设的投入力度，建立和完善合理的城乡垃圾收集、清运、处理体系，提高垃圾无害化处理水平；建立和完善城乡日常保洁体系，注重长效管理机制建设和队伍建设。大力开展“创双优、迎国庆”城乡环境卫生大整治活动，收到明显效果。以清洁工程推动和普及农村卫生厕所改造。截至年底，全市共完成农村改厕8955户。营造良好氛围，开展卫生创建工作。年底，全市有省级卫生城市2个、卫生县城6个，超额完成省厅规定的目标任务。　（李　哲　王彩红）

## 医政管理

**【医院管理】**　2009年，为进一步深化医院管理年活动，巩固等级医院创建成果，全市二级以上综合医院认真学习省卫生厅医院管理评审评价标准，深入开展“以病人为中心”的医疗安全百日专项检查活动和“医疗质量万里行”活动，查找医疗安全隐患，提高医疗安全意识，改进医疗安全管理。另外，加强血液管理和院内感染控制工作，确保临床用血和医疗安全。同时，继续推进并逐步规范单病种限价管理，规范公立医院医疗济困工作，缓解群众看病难、看病贵问题。

（李　哲　王彩红）

**【卫生支农及白内障复明工程】**2009年，调整了卫生支农对口援助单位，市中心医院重点支援平陆县、新绛县、垣曲县3所县级医院，并力争2年内达到二乙以上标准。白内障复明工程从7月1日起实行网络直报，共为2383例白内障患者进行了复明手术，名列全省前茅。

（李　哲　王彩红）

**【医疗纠纷事件处理】**　2009年，成功处理了几起医疗纠纷事件，晓之以理、动之以情地给患者家属讲解事件的发生真实过程和相关的法律法规；同时邀请电视、报纸等新闻媒体介入，召开新闻发布会，跟踪报道事件处理过程；并建立医疗纠纷应急处理机制，与公安部门密切配合，依法处理医疗纠纷事件。10月29日市急救中心医疗纠纷事件，虽采取各项措施，毫无效果，反而愈演愈烈。公安部门以扰乱社会公共秩序罪，抓捕30余人，行政拘留5人。最终，患者家属认识到错误行为，向医院赔情道歉。鉴于该家庭经济困难，医院给予经济补偿10000元。

（李　哲　王彩红）

**【医德医风建设】**　上年，全市卫生系统完善了各项行风工作制度，开展丰富多彩的行风活动，推行单病种限价，实行挂网药品招标采购，降低患者费用收到了较好效果。在全市社会管理部门评议中排名第五。

2009年，狠抓医德医风建设。落实医德医风责任制，加强行风建设目标管理。修订年度目标责任书，进一步明确了医德医风建设工作的责任主体、责任内容，做到职责分明、任务清楚、责任到人。加强医德医风建设，规范医务人员服务行为，提高医务人员思想道德水平。狠抓医德医风教育和医院文化建设、廉政文化教育、优秀护士和青年岗位能手评选活动；印制《运城市中心医院工作人员服务行为规范》，人手一本，举办“规范”学习知识竞赛和闭卷考试。积极完善各项工作制度，推行“三首负责制”、“三种问卷”、“出院病人回访制度”，制定医德医风百分量化考评细则，实行不当处方院内公示点评制度，对医疗服务收费项目及价格进行公开。据统计，全市医疗机构制定完善医德医风制度累积达117项，制定医德医风教育计划71项。

（李　哲　王彩红）

**【医务人员医德考评试点工作】** 2009年，全市扎实推进医务人员医德考评试点工作。全市医务人员医德考评试点是运城市中心医院、芮城县人民医院。运城市中心医院成立了医德考评委员会，制定了医师医德规范、护士医德规范、医技人员医德规范及行政后勤人员医德规范。芮城县医院完善医务人员医德考评细则，增强了可操作性，细化了各类人员考评标准、各种考评打分表、统计表、个人档案等。采取院内考评与院外考评相结合，自本考评和相互考评相结合的方式，每个人的考评分数都是由自本考评、患者（服务对象）测评、职能科室（临床医技科室）考评、上级对下级（下级对上级）考评分数的综合。同时，将出院病人回访、工休座谈会、监督员座谈会、职能部门相关人员的意见、建议以及意见箱、举报箱、投诉电话等方面搜集到的意见建议都纳入院外测评的范围，与个人的考评结果联系。考评结果与医师定期考核挂钩，考评结果要报送医师定期考核机构和注册的卫生行政部门，考评结果为较差的，要暂停执业。（李　哲　王彩红）

**【医疗机构不正之风自查自纠】** 2009年，全市卫生系统深入开展医疗机构不正之风自查自纠活动。与市纠风办下发《关于开展“三乱”等不正之风自查自纠活动的通知》，组织全体医护人员重学卫生部“八不准”和省卫生厅“十不准”等有关规定。回访出院病人，发放问卷调查表，征求意见建议，制定整改措施，坚持边查边改，同时完善合理收费、合理检查、合理用药制度。在医疗收费方面，公示医疗检查、手术等收费项目，发放收费明细到每位患者手中。开展打击“医托”专项治理活动，不准收取“开单费”，向院外介绍病人。实行病例分型、优化流程、临床路径三步联动的方式，推进病种临床路径管理，控制医疗费用。制定一系列合理用药措施：门诊处方限价，实行抗生素三线分级管理，签订医药购销合同，规范医药购销行为。

（李　哲　王彩红）

**【药品采购】** 2009年，全市挂网药品采购工作顺利实施。成立了运城市医疗机械药械集中网上竞价采购工作领导组及办公室，组织全市35家医疗单位的药剂科主任和微机操作人员在运城市二院进行了网上招标采购监督平台培训。组织人员对全市35家参加全省药品集中网上竞价采购的医疗单位挂网药品采购工作执行情况进行了督查，通报好的做法和存在的问题。2009年，全市35家医疗机构药品采购进价总金额为23621万元，采购挂网药品金额为22485万元，采购挂网药品金额占总采购金额的95.1%，支付本年度药品采购款23621万元，年度支付款占当年采购金额的100%，挂网药品的零售价与国家最高限价相比降低11822万元，降幅为32%。

（李　哲　王彩红）

**【查处信访案件】** 2009年，全市卫生信访系统共受理《监督热线》反映问题28起，全部妥善解决；接省卫生厅转来信访案件2起，处理2起，接市纪委转来信访案件3起，处理3起。5月14日，接到市纪委批转市卫生局卫生监督科和市口腔卫校私设“小金库”问题后，立即进行了核实并在全市卫生系统进行了通报，对8名责任人给予行政记过、警告和批评教育处理。（李　哲　王彩红）

# 医　药

## 食品药品监督管理

**【依法治理工作获全国殊荣】** 2009年1月，市食品药品监督管理局被中共山西省委依法治省领导组命名为2008年度“省级依法治理示范单位”；2009年3月，又被中宣部、司法部、全国普法办表彰为全国“五五”普法中期先进集体，这是全国食品药品监管系统唯一一个获此殊荣的市级局。（宁俊奎）

**【全市首批食品安全监督员持证上岗】** 2009年，市食品药品监督管理局注重发挥群众监督作用，动员社会力量关注食品安全。5月份，采取自荐与推荐相结合的方式，在全市公开聘任了一批责任心强、热心公益、关注食品安全的人士作为食品安全监督检查信息报告员，经培训后统一颁发由市食品安全协调委员会制作的《食品安全监督员证书》，充分发挥广大群众、社会力量、新闻媒体对食品安全的监督作用。市县两级全年共颁发《食品安全监督员证书》300余个。　（宁俊奎）

**【开展《食品安全法》专题学习调研活动】**　2009年6月中旬起，市食品药品监督管理局在全市系统组织开展了以“学习新知识、掌握新情况、迎接新挑战”为主题的学习贯彻《食品安全法》大学习大调研活动。在组织干部职工全面细致学习《食品安全法》的同时，分别就全市餐饮服务业行政相对人基本情况、质量管理状况；城乡食品、保健品和化妆品市场状况；食品、保健品和化妆品监督管理方面好的做法和经验，存在的主要问题等方面进行了全面深入地调研，形成系统的调研报告21篇10万余字，为机构改革后履行新的职能做了充分准备。　（宁俊奎）

**【全国中药创新与研究论坛在运城举行】**　2009年8月22~23日，由中华医药学会中药制剂分会和世界中医药学会联合会中药药剂专业委员会共同主办、山西亚宝药业集团股份有限公司承办的主题为“继承传统、自主创新、推进中药创新与国际化进程”的“全国中药创新与研究论坛”在运城举行。来自全国高等院校、科研院所、医药企业等领域的170余名专家、知名学者及专业技术人员参加会议并发表了论文。会议就中药药剂学理论基础、中药新药开发与临床应用、中药药剂的国际化等核心问题进行了探讨与交流。山西省卫生厅副厅长兼省食品药品监督管理局局长赵光国、中国中药协会会长房书亭、中华中医药学会制剂分会会长罗杰英、运城市副市长吴菊仙、亚宝药业集团公司董事长任武贤等出席了会议。　（宁俊奎）

**【迎接全国人大《食品安全法》检查】**　2009年，为做好全国人大《食品安全法》执法检查组对本市检查的准备工作,市食品药品监督管理局高度重视，将联系协调、督促检查、资料收集、文字材料起草等任务落实到人，在做好本单位自查工作的同时，认真履行市食品安全协调委员会办公室职责，通过多种形式与工商、质监、卫生、农业等部门沟通协调，了解工作进展情况，督促各职能部门按照相关要求做好全国人大执法检查的准备工作，并认真总结提炼，起草专题工作汇报，为市政府向执法检查组汇报做好了准备。10月13~14日，全国人大常委会副委员长陈昌智率团对本市进行了检查，市食品药品监督管理局全力以赴，从路线设计、行程安排、参观点选择、后勤保障等都一一做了精心准备和细致安排，各项工作受到了相关首长的充分肯定。　（宁俊奎）

**【组织辖区药品生产企业赴石药集团参观学习】**　2009年10月17~20日，市食品药品监督管理局组织辖区内各药品生产企业总经理以及分管质量、生产的副总经理一行28人，由市局领导李东阳、陈汪利带队赴河北省石药集团参观学习，听取企业发展历程和发展规划介绍，现场参观了该集团通过欧盟和美国FDA认证的部分生产车间，对集团先进的工艺、设备、管理等内容进行了学习了解，为本市企业借鉴先进经验、提升质量管理水平起到了良好的促进作用。　（宁俊奎）

**【药品快检车工作】**　市食品药品监管局充分发挥药品快检车快捷方便、权威高效的优势，流动执法，一车多能，有力促进了药品市场的监管。2009年，该局2辆药品检测车累计下乡170余天，行程3万余公里，出动290余车次，对13个县（市、区）380余家涉药单位的1万余批次药品进行了快检，发现可疑药品1120批次，监督性抽验1002批次，经实验室检验确认不合格药品511批次，假劣药品靶向抽验命中率达51%。一年来，全市共出动执法人员2344人次，监督检查涉药单位2116家，查处各类涉药违法案件170起，没收假劣药品标值1.33万元，罚没款共计32万余元。运城市药品快检车工作的经验在全国工作会上作了典型交流，并被《中国食品药品监管》杂志专文介绍。　（宁俊奎）

**【王文玉一家荣获全国“安全用药、家庭健康”知识竞赛三等奖】**　2009年8月份，国家食品药品监督管理局启动了“扬子江药业杯”安全用药、家庭健康全国知识竞赛活动，运城市食品药品监管局高度重视，从参赛家庭的选拔、报名程序、题库下载、参赛相关费用、选手学习计划甚至于帮选手到单位请假都一一作了细致的安排。为准备好才艺展示这个环节，还专门联系了市文化艺术学校的专业老师为参赛家庭量身订制编排了家庭安全用药的小品。经过几个月的艰苦努力，该局选送的运城市华强百汇医药连锁有限公司员工王文玉一家被省局选中，代表山西省参加全国复赛并以小组第一的成绩进入全国总决赛，最终名列第四，荣获三等奖，为本市、本省争得了荣誉。（宁俊奎）

# 体　育

## 群众体育

**【群众体育】** 2009年，群众体育工作围绕庆祝建国60周年和迎接全国第一个“全民健身周”两条主线，组织开展了有地方特色、喜闻乐见、聚集人气的体育活动。营造了全民健身氛围，健身大拜年、健身进万家活动。其中，农民掰手腕大赛体现了农民的质朴本色，最受农民朋友欢迎。全市共9个县（市、区）设立了10个分赛区，吸引了30万余名农民群众积极参与，掀起了农村体育的新高潮。全国群众登山健身大会暨永济第九届五老峰登山节继续打造有影响力的体育活动品牌项目。本市承办的2009年全国形意拳邀请赛暨山西省第二十六届传统武术锦标赛，弘扬了传统武术文化，扩大了本市的知名度。（卫旭红）

**【农民体育健身工程建设】** 2009年，继续发扬多年来“各级领导调试重视，体育部门超前运作，县级财政积极投入，基层群众热情参与”的基本经验，积极推进农民体育健身工程建设，新建了920个村的农民体育健身工程（其中“两区”行政村已全覆盖）。获得金额和器材价值千万元以上，超额完成当年任务指标，继续保持工程覆盖率全省领先位置。2009年山西省“体育三下乡”永济新街村健身行活动，得到省政府副秘书长郭慧民、省农民体协主席杨文宪、省体育局副局长李振生等领导与全省其他地市体育、农业部门的代表的高度评价，是继夏县全国现场会、夏县全省现场会、新绛全省现场会之后，第四次在本市召开省级以上的农民体育健身工程现场会。本市推荐的农村体育典型人物王国庆作为全国六个群众体育先进代表的一员，参加了首都迎国庆群众游行体育成就展活动，成为全省六十年来的第一人。新创建了河津五环国家级青少年体育俱乐部，运城中学、新绛中学、新绛二中、河津三中被命名为省级体育传统项目学校，新成立了运城市乒乓球协会，强化了体育协会、体育俱乐部、新社会体育组织的日常管理。先后组织了以村级人员为主的三级体育指导员培训15期，共培训1339人，培训二级社会指导员184人；有6个先进集体、4名先进个人，在第十一届全运会期间受到国家体育总局表彰。（卫旭红）

## 竞技体育

**【运城籍乒乓球小将尚坤获得国际公开赛男单冠军】** 2009年11月28日，在波兰举行的国际乒联公开赛上，运城籍19岁的乒乓球小将尚坤，经过激烈比赛战败韩国新秀徐贤德获得21岁以下组比赛男单冠军。这是本市近三十年来培养的运动员中取得的最佳成绩。当日比赛中，尚坤以顽强的毅力和不服输的精神，在连败两局的不利局面下，最终以7:11、3:11、11:5、11:6、9:11、11:9、12:10的比分险胜韩国队徐贤德，获得21岁以下组男单冠军。比赛中，他不仅在局分0:2、2:3落后的情况下追到决胜局，而且在决胜局对方10:3握有7个金牌赛点时，奇迹般连取9分，实现了“惊天大逆转”。

尚坤，1990年11月出生于运城市区，为国家健将级运动员，属左手横板快攻结合弧圈型打法。1996年至2003年在运城市乒乓球游泳学校训练，2003年进入世界冠军曹燕华乒乓球学校训练，2005年进入曹燕华乒乓球俱乐部一线专业队，2007年调入国家乒乓球二队，2009年调入国家一队。曾获2007年朝鲜公开赛团体亚军、单打季军，2007年第六届城市运动会双打亚军，2008年全国乒乓球锦标赛团体季军。

（卫旭红）

**【组队参加全国第十一届运动会】** 2009年，在全国第十一届运动会比赛中，由本市培训的田径中长跑水平运动员于漫、丛琳琳获得参赛资格，于漫在决赛中获得女子1500米第六名，实现了本市自己培养的运动员在全国综合性运动会比赛中获得名次的零突破。由本市输送到省体工队的跆拳道运动员倡慧、古典式摔跤运动员赵敬顺分别获得67KG级第三名和60KG级第七名。（卫旭红）

**【参加第十三届省运会】** 2009年，组队参加了第十三届省运会资格赛13个大项比赛，共获得金牌15枚，银牌21枚，铜牌22枚，874.5分的成绩，共有290名运动员获得344个项次参加下年山西省第十三届运动会决赛资格。同时加大体育后备人才基地创建，河津、永济、稷山被命名为山西省摔跤柔道三级训练网点，加大对优势项目的扶持力度，为部分优势项目提供了资金扶持，保证了正常的训练经费。（卫旭红）

**【主办及承办各项赛事】** 2009年，市体育局还主办了运城市田径、武术、国际式摔跤比赛，检验了部分项目的训练成果，承办了2009年山西省青少年乒乓球比赛暨山西省第十三届运动会资格赛和2009年第二届山西跤王争霸赛的初赛和南部区决赛；举办了一次高水平的国际男篮邀请赛，来自美国圣芭芭拉海浪队、巴西宇宙队以及国内CBA球队、八一双鹿、青岛双星队，用精湛的球技，为河东人民奉献了六场高水平的篮球比赛，极大地丰富了全市人民的文化生活，宣传了本市经济社会发展的新面貌。

（卫旭红）

## 体育产业

**【体育馆运营管理】** 2009年，市体育馆通过多方面努力，克服种种困难，圆满成功举办了四次赛事、三次大型活动，初步形成了以体育馆、游泳馆为主的市本级体育产业运营机制。永济县多次筹资近50万元的综合训练馆投入使用，万荣县体育馆获得总局“雪炭工程”扶持资金150万元，临猗县高标准、高质量的体育广场已启用。

（卫旭红）

**【体育彩票发行管理】** 2009年，市体育局加强体育彩票发行管理力度，全年共增机50台，全市电脑彩票终端机数量达到336台，乡镇覆盖率达到39%，全年销售体育彩票1.16亿元，完成了全年销售任务。

（卫旭红）

（责任编辑：石少青）

# 社　会　生　活

## 劳动就业

**【劳动就业】** 2009年，年末全市就业人员264.2万人，其中城镇就业人32.1万人。城镇新增就业人员5.1万人，完成全年目标（4.49万人）的113.6%。下岗失业人员再就业人数1.35万人，就业困难对象再就业人数0.37万人。年末城镇登记失业率2.4%，控制在4.2%的目标范围之内。（市统计局）

**【联手打击黑中介】** 2009年2月13日起，由运城市劳动和社会保障局牵头，市人事局、公安局、工商局参与，在全市开展清理整顿人力资源市场秩序专项行动。主要针对三种情况：(1)严厉打击以职业中介为名，坑骗求职者钱财、拐卖妇女儿童、从事其它违法犯罪活动。(2)对未经许可和登记，擅自从事职业中介活动的以及虽然有职业中介许可证和营业执照，但在从业中严重违反法律法规，扰乱正常职业中介秩序，坚决取缔。(3)对在招工中发布虚假广告或就业信息，以中介名义牟取不正当利益的，要责令改正和予以处罚。

（市劳动保障局）

**【促进就业工作】** 2009年2月3日，运城市政府常务会议研究部署就业工作，要求劳动保障部门密切关注全市就业动态，把实现充分社会就业作为头等大事来抓。2月7日，市劳动力交流中心在市南风广场、河东广场分别举办了针对大中专毕业生和返乡农民工的两场大型现场招聘会。参会企业400余家，提供岗位15000个，前来咨询求职人员达到2万余人。2月10日，夏县组织首批30名农民工赴利比亚务工，首开运城大规模组织农民工出国务工先河。盐湖、永济、新绛等县（市、区）按照市局部署，充分挖掘就业岗位，多次召开供需见面会，帮助广大求职者实现就业。2月9日，临猗在郇阳广场举办“2009年农民工专场招聘会”，近百家用人单位为求职者备足了丰富的“就业大餐”，提供就业岗位达1800多个，有3000多名应聘者前来咨询，200名返乡农民工与用人单位签订了就业意向。（市劳动保障局）

**【全市劳动保障工作会议召开】** 2009年2月24日，运城全市劳动保障工作会议召开。运城市人大副主任刘振龙、市政府副市长张建喜、市政协副主席潘和平出席。市劳动保障局党组书记、局长张建设作了题为《把握新形势，迎接新挑战，全力推进我市劳动保障工作再上新台阶》工作报告。针对严竣的经济形势，张建设局长要求全市劳动保障系统2009年要紧紧围绕“保企业、保就业、保稳定”这条主线，以推进民生建设为着力点，突出抓好就业、维权、社保三项重点，千方百计稳定就业局势，努力做好和谐劳动关系调整和权益保障工作，加快建立健全社会保障体系，力争在城镇居民医疗保险、新型农村养老保险和农民工工资统收统支试点等方面取得新成效。（市劳动保障局）

**【就业援助活动】** 2009年3月5日开始，运城市劳动和社会保障在全市范围内开展就业援助活动。以下五类人将获得援助：(1)国有企业下岗失业“4050”人员；(2)城镇零就业家庭；(3)享受城市低保且登记失业1年以上人员；(4)大学毕业一年内未就业的大学生；(5)残疾人。另外，针对市直国有企业下岗职工，启动小额担保贷款工作，经审核后最高可获得3万元贴息或减半利息贷款，使用期两年，用来鼓励他们自主创业。

（市劳动保障局）

**【全市2009年劳动就业工作会议召开】** 2009年3月10日上午，运城市2009年劳动就业工作会议召开。市人才交流中心主任李随法就全市职业介绍特别是针对困难人员的职业介绍工作进行了安排布置，就业指导科科长赵丙寅传达了《2009年就业工作实施意见》，明确了市本级和各县（市、区）2009

年就业工作目标任务。会议要求统一思想，提高认识，把促进和扶持农民工、零就业家庭、4050人员、长期失业人员、高校毕业生就业当做一项重要任务。 （市劳动保障局）

**【全省企业养老保险出席工作会议在运召开】** 2009年3月26日，全省企业养老保险会议召开。运城市人民政府副市长吴菊仙致欢迎词，省劳动保障厅副厅长杨培岳出席。会议学习贯彻了全国社保局长座谈会和全省劳动保障工作会议精神，重点安排部署了2009年各项工作，对2008年做出突出贡献的先进单位、先进个人和从事养老保险工作满20年的工作人员，以及缴费诚信单位进行了表彰。全省11个市的劳动保障局共计180余人参加会议。

（市劳动保障局）

**【学习实践科学发展观活动】** 2009年4月，运城市劳动保障局深入学习实践科学发展观活动，制定了具体工作思路为："突出三个重点，完成十项任务，抓好十类典型，推进全面工作。"即：突出深入学习实践科学发展观活动、启动建筑领域农民工工资统收统支试点、启动城镇居民医疗保险和新型农村养老保险试点三个重点。完成以下十项任务：举办一次人大代表科学发展观恳谈见面会；专题研究一次乡镇卫生院小集体人员参加养老保险问题；组织一次学习实践科学发展观笔记展评；开展一次学习实践科学发展观演讲活动；写出一份高质量的调研报告；讨论起草一个事业单位设岗方案；编写一本简明扼要的就业优惠政策汇编；安排一次机关离退休老干部体检、游览活动；召开一次城镇居民医疗保险、新型农村养老保险财政资金督促协调会；上报一个建筑领域农民工工资统收统支试点方案。

（市劳动保障局）

**【运城市劳动能力鉴定委员会第一次会议】** 2009年5月5日，运城市劳动能力鉴定委员会第一次会议召开。委员会成员单位由市劳动保障局、人事局、卫生局、总工会、企业联合会和企业家协会相关单位组成。会议宣读了《关于成立运城市劳动能力鉴定委员会的通知》，讨论通过了《运城市劳动能力鉴定管理办法（试行）》，研究了列入劳动能力鉴定专家库的医疗卫生专业技术人员应当具备的条件。明确鉴定委员会及其办公室人员组成及承担职责，规范了工作流程，强化了专家库管理。标志着运城市劳动能力鉴定工作全面步入规范化。

（市劳动保障局）

**【"帮企业、保就业、促和谐"工作会议】** 2009年5月11日，全市劳动保障系统"帮企业、保就业、促和谐"稷山现场会顺利召开。会议传达了全省劳动保障系统帮企业、保就业、促和谐工作会议精神。会议强调，全市劳动保障系统围绕"促进发展，保障民生"这个主题，认真抓好帮企业、保就业、促和谐三个重点。

帮企业，继续落实"五缓四减三补两协商一支持"优惠政策，为企业送政策、送信息、送温暖、送环境，为企业营造宽松的发展氛围。保就业，坚定不移地执行"八个一批保就业"措施，树立创业带动就业十类典型，全面推进就业再就业工作。促和谐，充分做好两协商（工资支付协商机制、经济补偿金协商机制）、两制度（工资保证金制度、农民工工资统收统支制度）、两基础（劳动保障监察执法、劳动争议调解仲裁）、两改革（城镇居民医疗保险、三个县新型农村养老保险）等工作，尤其要确保在9月全部建立工资保证金制度，各县（市、区）至少确定2—3户企业开展农民工工资统收统支试点工作，全力促进劳动关系和谐稳定。 （市劳动保障局）

**【实施"八个一批"保就业初见成效】** 2009年5月11日，自全市"帮企业、保就业、促和谐"工作会议后，1—4月，全市"八个一批"保就业成效显著。(1)技能培训、劳务输出。稷山县在抓技能培训时突出自身特色，组织打饼子、煮麻花、管枣树技术人才，先后向外地输出7000余人。永济打响永济扯面、牛肉饺子品牌，在外开饭店就业人数大有增加。(2)龙头企业就业带动就业潜力大。粟海集团、忠民集团等吸纳农村富余劳动力近3000人。(3)重大项目拉动就业。全市在建、拟建国家重大项目50余项，1—4月，市劳动保障部门通过责任到人，安排各类人员就业超过6000人。(4)多种就业服务平台相继成立。稷山成立创业者联谊会、闻喜县成立创业者协会、夏县成立农民工工会组织。(5)境外劳务输出。继夏县向利比亚、临猗向阿尔及利尔劳务输出之后，万荣将向日本输出农业养殖和花卉管理农艺师。 （市劳动保障局）

**【消防基础知识培训】** 2009年5月12日，市劳动保障局专门邀请省消防培训中心为机关全体人员和下属单位负责人、分管消防工作的分管领导、办公室主任等人进行基础消防知识培训，深入宣传贯彻《中华人民共和国消防法》。同时，局党组要求机关后勤中心和下属单位必须在人员集中场所按要求配备消防器材，切实减少各种火灾安全隐患，保护职工群众生命财产安全。

（市劳动保障局）

**【运城2009民营企业招聘周活动】** 2009年5月18日，市劳动保障局围绕“为民营企业招聘员工搭桥，为高校毕业生农民工就业铺路”的主题，充分发挥民营企业在吸纳就业方面的主渠道作用，为有效缓解因金融危机带来的就业压力，帮助高校毕业生和广大农民工实现就业铺路搭桥。整个活动周进场民营企业220家，提供岗位10000余个，职位涵盖金融、房地产、教育、高新科技、服务业等多个行业，共有14000多人入场求职，初步达成就业意向4000多人。

（市劳动保障局）

**【全市劳动能力医学鉴定顺利开展】** 2009年5月22日，运城市劳动能力鉴定委员会首批劳动能力医学鉴定顺利开展。这是市劳动能力鉴定委员会成立以来的第一次鉴定。经过周密安排，精心组织，从专家库中随机抽取了5名各相关门类的医学专家，对首批33名鉴定对象进行了劳动能力医学鉴定。从专家培训、鉴定对象审核、医学专家抽取到鉴定地点选择、鉴定结论作出和公布，全程高效、快捷、优质、便民，突出彰显了公平、公正、公开的工作原则。 （市劳动保障局）

**【农民工工资统收统支试点工作】** 2009年4月13日，经市人民政府批准，《运城市农民工工资统收统支试点工作方案》正式发布实施。《试点方案》力求实现“从源头上治理，从制度上落实，从管理上规范”工作目标，突出解决农民工工资拖欠这一重点难题。5月25日，试点工作启动仪式在空港劳动力交流中心举行。此项工作首先在8家用人单位进行试点。各县(市、区)也确定两家到3家试点单位。全年，共为农民工发放工资1000余万元。随后，永济市、芮城县农民工工资统收统支试点工作也正式启动。6月1日，芮城县劳动保障部门在芮城县七一小学教学楼项目工地上，将总计12万多元的工资全部发放到40名农民工手中。 （市劳动保障局）

**【省政协来运调研“创业就业”工作】** 2009年6月16日，在省政协副主席周然带领下，省政协“创业就业”工作调研组一行20余人来本市开展专题调研。市政协主席柴林山、市政府副市长张建喜、市政协副主席王正选等参与调研。张建喜副市长详细汇报了2009年就业工作面临的形势、采取的积极应对措施、取得的实际效果。省政协调研组对本市在促进就业方面的工作进行了充分的肯定。 （市劳动保障局）

**【帮扶企业工作】** 2009年6月17日，市劳动和社会保障局张建设局长一行到临猗县劳动和社会保障局、山西一洲纺织有限公司、阳煤丰喜临猗化肥厂，了解基层实际情况，帮助企业解决实际困难。张建设局长在得知困难企业所需的各项资金情况上报市局后，当场表示一定要在第一时间将此事落实到位，全力确保国家帮扶政策用足用实用好。山西一洲纺织有限责任公司，面对全球金融危机的强烈冲击，和员工共渡难关，不仅未裁一员，未欠一薪；还吸收了原临猗油厂、县造纸厂、康美食品厂、针织厂等国有企业下岗工人32人，接收了原城关棉油加工厂转制职工20余名。劳动保障部门根据该公司的实际情况，按照相关政策，及时为他们提供200万元的财政贴息贷款。阳煤丰喜临猗化肥厂，面对这种严峻考验，采取轮岗培训、脱产学习、进修提高、转岗安置等多种形式，确保没有一人放假。劳动保障部门，得知这个情况后，为该企业缓缴社会保险费700余万元，降低社会保险费率，减轻企业负担15.04万元，提供岗位补贴37.8万元，共计752万余元。 （市劳动保障局）

**【高校毕业生专场招聘会】** 2009年7月25日，市劳动和社会保障局联合灵通资讯、消费广场等宣传媒体分别在市南风广场、河东广场，同时举办“高校毕业生专场招聘会”，入场企业、学校等用人单位共计350余家，提供岗位2786个，受到了广大高校毕业生的热烈欢迎。据统计，当天初步达成意向2076人。（市劳动保障局）

**【城镇居民医疗保险工作】** 2009年8月20日，运城市召开城镇居民医疗保险制度实施动员大会，传达贯彻《山西省城镇居民基本医疗保险办法(试行)》和《运城市城镇居民基本医疗保险试行办法》。市政府秘书长肖暹东主持会议，各县（市、区）分管财政、劳动的县（市、区）长、劳动保障、财政、民政、教育等相关部门负责人共150余人参加会议。山西省人力资源和社会保障厅副厅长王建文、运城市市长王安庞出席会议并作重要讲话。副市长张建喜对开展城镇居民医疗保险各项工作进行了详细周密的安排部署。

全市城镇居民基本医疗保险的总体计划：2009年参保覆盖面超过50%，2010年达到90%，2011年实现全覆盖，届时受惠人口将达53万。将具有本市城镇户口，又不属于城镇职工基本医疗保险制度覆盖范围的学生、少年儿童和其他非从业城镇居民等全部纳入覆盖范围。（市劳动保障局）

**【全市社保基金专项治理工作】** 2009年9月15日至18日，省社会保险基金专项治理检查组对本市社会保险基金专项治理工作进行了验收检查。检查组先后抽查了市基金监督科、市医疗保险服务中心、市企业养老服务中心、万荣县社会保险基金专项治理办公室、平陆县社会保险基金专项治理办公室等单位，通过听取汇报、实地检查、专题座谈等形式，对运城市社会保险基金专项治理工作进行了全面验收并给予了较高评价。（市劳动保障局）

**【市就业工作受到省督察组好评】** 2009年9月15、16日，由省总工会副主席安娜带队的全省就业工作部门联席会议督察组一行对运城市就业政策落实情况开展专题督察。督察组先后来到市劳动力交流中心、盐化蓝星公司、闻喜县劳动保障局、海鑫集团、中信集团下属企业等单位，开展实地督察，深入了解就业优惠政策落实情况。督察组对运城市劳动保障部门在面对金融危机不利影响的形势下，积极应对，主动出击，提出“八个一批保就业”、“五项政策帮企业”，全面贯彻国家、省“五缓四降三补”社保优惠政策和促进高校毕业生就业相关政策。

（市劳动保障局）

**【政风行风评议听证对话会召开】** 2009年10月29日，市劳动和社会保障局政风行风评议听证对话会在局机关召开，来自市人大代表、政协委员、企业代表、群众代表、退休老干部等群体的20余名行风监督员受邀参加会议，对市劳动保障局2009年政风行风建设工作进行听证质询和评议。通过加强政风行风评议工作，不断增强服务意识，规范行政行为，创新工作机制，转变工作作风，确保行政科室和下属单位行政规范，服务到位。

（市劳动保障局）

**【市劳动保障系统新春联欢会】** 2009年1月10日，在运城师范学院大礼堂，运城市劳动保障系统与300余名返乡农民工欢聚一堂，共同欢庆2009年新春佳节。市劳动保障局党组书记、局长张建设代表市局党组致新年贺辞，向广大农民工朋友送去节日的问候和诚挚的祝福。各县（市、区）局也组队奉献精彩的节目。受邀参加新春联欢的民工们感激地说：“作为一名普普通通的农民工，劳动保障部门介绍我们出外打工，回家后还能受到领导的看望慰问，真正感受到家一般的关怀和温暖”。（市劳动保障局）

**【市直劳动保障系统总结表彰大会】** 2009年2月11日，市直劳动保障系统2008年度总结表彰暨党风廉政建设大会召开。局党组成员、副局长赵振明宣读表彰决定，对2008年度市直劳动保障工作中做出突出贡献的61名同志予以通报表彰。张建设局长提出了市局2009年劳动保障工作总体思路。2009年，以落实科学发展观为统领，按照改善民生、服务民生、保障民生的总体要求，全面贯彻国家、省、市关于劳动和社会保障的决策部署，深化“四个百姓”服务理念，突出抓好就业、社保和维权三项重点，认真落实市局应对金融危机“十项举措”和扩大就业“八条措施”，千方百计促进就业再就业，稳定就业局势；多管齐下完善社会保障体系，提高保障水平；扎实推进构建和谐劳动关系，维护合法权益；不断加快劳动保障基础能力建设步伐，推进科学发展。（市劳动保障局）

## 收入与消费

**【居民收入】** 2009年，本市城镇居民人均可支配收入为12656.7元，比上年增长12.1%；城镇居民人均消费性支出8061.8元，增长12.0%。农村居民人均纯收入4110.5元，增长8.2%；农村居民人均生活消费支出2943.4元，增长2.2%。城镇占调查总户数20%的低收入家庭人均可支配收入6463.0元，增长9.6%；农村占人口20%的低收入者收入

1708.0 元，增长 8.5%。城镇居民家庭恩格尔系数（即居民家庭食品消费支出占家庭消费支出的比重）33.0%，农村居民家庭恩格尔系数 35.3%。城镇单位在岗职工平均工资 21186 元，增长 7.2%。（市统计局）

【存款余额】 2009 年，年末全市金融机构本外币各项存款余额 830.0 亿元，比年初增长 15.6%。各项贷款余额 482.9 亿元，增长 9.3%。年末全市金融机构人民币各项存款余额 827.9 亿元，比年初增长 15.6%；各项贷款余额 479.6 亿元，比年初增长 9.1%。人民币个人消费贷款 19.5 亿元，增长 15.9%。全年累计现金收入 1990.2 亿元，累计现金支出 1998.0 亿元，货币净投放 7.8 亿元。城乡居民储蓄存款 580.4 亿元，比上年增长 12.0%。其中：人民币 579.4 亿元，比上年增长 12.0%。

（市统计局）

【居民消费】 2009 年，全年全市社会消费品零售总额 328.2 亿元，比上年增长 22.0%。其中，城市消费品零售额 184.7 亿元，增长 16.9%；县以上消费品零售额 79.9 亿元，增长 26.4%；县以下消费品零售额 63.5 亿元，增长 33.1%。

2009 年，居民消费价格比上年下降 1.4%，其中食品价格下降 4.1%。商品零售价格下降 0.8%。

**2009 年限额以上批发零售业零售额及其增长速度**

（单位：万元）

| 指　标 | 绝对数 | 比上年增长% |
|---|---|---|
| 汽车类 | 134626.8 | 28.1 |
| 石油及制品类 | 311616.9 | 17.0 |
| 文化办公用品类 | 216.6 | -4.5 |
| 家用电器和音像器材类 | 9397.1 | -1.4 |
| 中西药品类 | 5132.2 | 30.5 |
| 日用品类 | 7991.7 | 102.3 |
| 食品、饮料、烟酒类 | 25585.3 | 53.2 |
| 服装类 | 43574.4 | 119.8 |
| 化妆品类 | 4840.9 | 122.4 |
| 金银珠宝类 | 1888.2 | 110.2 |

（市统计局）

【居民住宅建设】 2009 年，全市房地产开发投资 40.2 亿元，比上年增长 14.8%。按工程用途分，其中住宅投资 29.5 亿元，增长 28.4%。

**2009 年全市房地产开发和销售指标完成情况**

| 指　标 | 单位 | 绝对数 | 比上年增长% |
|---|---|---|---|
| 投资完成额 | 万元 | 401944 | 14.8 |
| 其中：住宅 | 万元 | 294591 | 28.4 |
| 房屋施工面积 | 万平方米 | 644.3 | 8.7 |
| 其中：住宅 | 万平方米 | 511.4 | 10.9 |
| 房屋新开工面积 | 万平方米 | 305.6 | 30.3 |
| 其中：住宅 | 万平方米 | 249.2 | 34.1 |
| 房屋竣工面积 | 万平方米 | 219.7 | -14.3 |
| 其中：住宅 | 万平方米 | 191.3 | -0.9 |
| 商品房销售面积 | 万平方米 | 177.3 | -4.1 |
| 其中：住宅 | 万平方米 | 159.2 | 11.1 |

（市统计局）

【生活环境】 2009 年，全年市区二级以上优良天数达到 354 天以上，综合污染指数预计可由 2008 年的 1.98 降低到 1.67。全市污染物二氧化硫、化学需氧量的排放总量分别控制在省定指标 13.1 万吨和 7.8 万吨之内。

2009 年，年末全市城市污水处理率达到 85%，提高了 10 个百分点；城市生活垃圾无害化处理率达到 85%，提高了 29 个百分点；集中供热面积 1206 万平方米，增长 9.6%；集中供热普及率达到 86%，提高 6 个百分点。（市统计局）

## 救济福利

【福利性康复手术】 2009 年，市民政局积极实施“明天计划”、申报“重生行动”。全年呈报符合救助条件需进行康复手术 26 人，成功为运城市 14 名孤残儿童做了康复手术，分别为夏县、垣曲、绛县向省厅呈报手术人数 18 例。

（李俊民　闫向明）

【社会福利化建设】 2009 年，市民政局争取上级公益金资助建设新项目。申报闻喜、稷山、万荣 3 个福利服务中心建设项目，申报流浪未成年人救助保护中心（站）、优抚对象服务机构项目、其他公益事业项目、养老服务基础设施更新改造项目各 1 个，积极落实孤儿养育标准，提高了收养质量。

（李俊民　闫向明）

【福利收养】 2009 年，年末全市各类福利收养单位床位数 0.27 万张，收养各类人员 0.15 万人。城镇建立各种社区服务设施 88 个，其中综合性社区服务中心 48 个。（市统计局）

【彩票销售】 2009年，全年销售社会福利彩票2.1亿元，筹集社会福利资金0.21亿元，直接接收社会捐赠款0.04亿元。全年全市销售中国体育彩票1.16亿元，比上年增长8.4%。

（市统计局）

## 社会保障

【社会保险】 2009年，年末参加城镇基本养老保险人数为40.23万人；参加城镇基本医疗保险的人数为67.79万人；参加失业保险的人数为23.29万人；参加工伤保险的人数为17.96万人，其中参保农民工6.00万人；参加生育保险的人数为6.60万人。 （市统计局）

【城市低保】 2009年，全市城市低保纳保达到4万余户、9万余人，占城镇人口的5%，月人均补助水平达到156元，基本达到应保尽保，累计发放1.8亿余元，较2008年增加2500万元。为了解决受金融危机影响困难企业下岗职工的基本生活，为全市33个市属困难企业3304户、8460名困难职工纳入城市低保救助，为其发放救助金1200余万元。

（李俊民 闫向明）

【农村低保超额完成】 2009年，全市农村低保纳保9万余户、14万余人，占乡村人口的4.5%，月人均补助水平达到66元，累计发放1.2亿余元，较2008年增加4300万元，超额完成了市政府“2009年新增农村低保5000人”的目标任务。

（李俊民 闫向明）

【农村五保任务】 2009年，全市农村五保对象10608户、10885人，实现了应保尽保、按标施保；启动100万元市级福利金，资助全市10个乡镇敬老院进行改扩建。

（李俊民 闫向明）

【商业保险】 2009年，年末全市入户保险公司18家，全年保费收入27.7亿元，比上年增长23.8%。在保费收入中，人身险业务保费收入21.8亿元，增长20.2%，其中：健康险和意外伤害险业务保费收入1.2亿元，增长16.4%；财产险业务保费收入5.9亿元，增长39.1%。支付各类赔款及给付5.7亿元，下降2.4%。其中，人身险业务给付3.1亿元，下降19.1%；财产险业务赔款2.7亿元，增长27.6%。 （市统计局）

## 救灾捐助

【灾情检查】2009年，全市农业生产先后遭受旷日持久多年罕见的干旱、风雹、洪涝、病虫害等自然灾害侵袭，特别是初冬季节，又遭遇几十年来罕见的大雪，致使农作物严重受损，给灾区群众生活造成很大困难。市民政局针对实情展开全面普查。

2009年，各种自然灾害致使全市农作物受灾511.71万亩。其中,成灾面积326.68万亩，绝收面积99.2万亩。受灾人口176万人，倒塌房屋3780间。灾害造成直接经济损失14亿元，其中，农业经济损失12.93亿元。因雪灾造成滞留人口65人，死亡1人，伤病17人。全市各级民政部门逐乡逐村查灾核实，积极上报灾情，争取上级救助资金3240万元，确保了重点灾民有饭吃、有衣穿、有房住、有干净水喝。

（李俊民 闫向明）

【慈善捐助活动】 2009年，市民政局成功地组织了“我为残疾人献上一份爱”和“救灾帮困送温暖”两次专项捐助活动。在稷山、临猗等地开展了“慈善情暖万家”专项资助活动。在康杰中学、蓝海中学新增两个“福彩慈爱阳光班”，解决了200余名贫困学生上学难的问题。 （李俊民 闫向明）

【举行贫困“艾滋病家庭”救助金发放仪式】 2009年11月30日，运城市红十字会在盐湖区举行783名贫困“艾滋病家庭”救助金发放仪式，此次活动救助金额达156600元，救助金全部来源于“博爱一日捐”。运城市红十字会副会长沈玉明、秘书长王蕊萍、盐湖区疾控中心主任马祥、50名艾滋病患者代表参加了发放仪式。运城市红十字会副会长沈玉明鼓励大家说：“不能让病魔击垮我们的意志，坚信在国家‘四免一关怀’政策及全社会的共同帮助下，一定会过上幸福安定的生活，红十字会永远是大家的朋友！” （李俊民 闫向明）

## 拥军优抚

【重点解决优抚对象就医问题】 2009年3月，市民政局联合有关部门出台《运城市优抚对象医疗保障实施意见》。各县（市、区）民政部门为每个重点优抚对象办理了参加新农合有关手续，为1000余人发放住院补助资金达208余万元，对年老体弱、行动不便的优抚对象进行上门服务，为6163名重点优抚对象进行了体检，补助资金达103余万元。

2009年，全市用于优抚对象医疗补助财政配套资金达398万元。全市2.5万名重点优抚对象就医问题得到妥善解决。（李俊民 闫向明）

**【创建全国“双拥模范城”动员大会】**2009年7月16日，运城市召开创建全国“双拥模范城”动员大会。市长王安庞主持会议。市委副书记、市拥军优属拥政爱民工作领导组组长尚平安宣读实施方案。运城军分区司令员刘桂国宣读《关于调整运城市拥军优属拥政爱民工作领导组的通知》。市政协主席柴林山、市人大常委会副主任刘冠生出席会议。市委书记高卫东作动员讲话。2009年，围绕发展促“双拥”，抓好“双拥”促发展。在全市形成领导高度重视、部门齐抓共管、军地协调联动、社会广泛参与的“双拥”工作新格局，开创军地和谐、军政团结、军民友爱的“双拥”工作新局面。会议提出，力争在2010年被省命名为“双拥模范城”，在2011年被国家命名为“双拥模范城”。创建标准共7条：组织领导坚强有力，宣传教育氛围浓厚，爱国拥军特色鲜明，拥政爱民成效明显，优抚安置政策全面落实，军民共建创新创优，军地关系密切和谐。（李俊民 闫向明）

**【市委、市政府高度重视“双拥”活动】** 2009年，为深入开展群众性的拥军优属、拥政爱民活动，加强军政军民团结，构建和谐运城，进一步提升运城市的城市品位，市委、市政府决定在全市开展创建全国“双拥模范城”活动。市委书记高卫东多次讲话指出：“各级各部门要充分认识到开展创建活动，是应对复杂形势，加强军事斗争准备，维护政治安定、社会稳定的需要；是军民团结一致，推动经济平稳较快发展的需要。”“各级各部门要坚持围绕发展抓‘双拥’、抓好‘双拥’”促发展，以发展社会生产力、提高部队战斗力为着力点，加大力度、扎实工作，积极支持部队建设；部队要积极支持地方建设”。

（李俊民 闫向明）

**【退役士兵安置工作】** 2009年，市民政局积极推进城镇退役士兵安置工作改革，督促市营以上企业接收安置对象346人，400名士兵签订了自谋职业协议，实现自谋职业，450名退役士兵经市复退军人培训中心培训后推荐上岗就业，此项工作受到了省厅的表彰。

（李俊民 闫向明）

## 基层组织建设

**【村级组织场所全覆盖】** 2009年，根据市政府“六个全覆盖”的安排部署，村级组织活动场所全覆盖共有931个村。市政府要求2009年村级组织活动场所全覆盖完成565个，占60.7%，2010年村级组织活动场所全覆盖完成366个，占39.3%。2009年，经过市民政局和全市13个县（市、区）共同努力，2009年，实际完成任务数为569个，占总覆盖数的61.1%，超额完成市政府下达任务。

（李俊民 闫向明）

**【社区建设】** 2009年，市民政局在深入开展和谐城市社区建设示范创建活动中，推荐盐湖区中城街道办、西城街道办、中城办解放路社区、西城办圣惠桥社区为全国和谐社区建设示范单位。（李俊民 闫向明）

**【民间组织管理】** 2009年，市民政局全年共审批、核准登记民间组织51家，其中，社团组织25家，民间非组织26家，依法撤销68家，使市直390家民间组织顺利完成了年检工作。（李俊民 闫向明）

**【区划地名管理】** 2009年，市民政局所有建制镇和90%的行政村完成了地名标志设置任务，盐湖、河津、永济完成了城市地名规划的编制工作，全年投入制作简易街道标志和巷牌300块，并对省委、省政府确定的新农村试点村和推进村进行了地名标志设置。

（李俊民 闫向明）

## 人口与计划生育

**【人口状况】** 据2009年人口抽样调查，年末全市常住人口为509.5万人，比上年末增加1.9万人。全年全市出生人口5.7万人，人口出生率为11.2‰；死亡人口3.1万人，死亡率为6.1‰；自然增长率为5.2‰。

**2009年人口数及其构成**
**（单位万人）**

| 指 标 | 年末数 | 比重(%) |
|---|---|---|
| 全市常住人口 | 509.5 | |
| 其中：城镇 | 186.7 | 36.6 |
| 乡村 | 322.8 | 63.4 |
| 其中：男性 | 258.4 | 50.7 |
| 女性 | 251.1 | 49.3 |

（市统计局）

**【市委、市政府召开专门会议研究计生工作】** 2009年4月份和7月份，高书记两次专门听取市人口计生委主任卫新平的工作汇报。8月，在全市开展的贫困计生家庭女大学生资助活动中，高书记专门拿出3000元，资助一名贫困女大学生。王安庞市长亲自主持召开领导组成员单位工作会议，同14个成员单位签订《2009年综合治理人口和计划生育目标管理责任书》；并先后四次召开全市政府常务扩大会议。尤其在运城市财政收入几乎减少一半情况下，仍明确要求，计生部门的经费一分都不能少。

6月，市人大副主任刘冠生亲自带领执法调研组，深入盐湖、临猗、绛县、闻喜四县对计划生育“一法一条例”执行情况进行了督查。3—4月份，市委督查室、市政府督查室将人口计生工作列入重大事项督查范围，两次会同计生委对全市企业、学校、医院、乡镇人口计生工作进行检查。

（刘菊红）

**【市人口计生委领导组工作】** 2009年，市人口计生委领导组坚持每季一次工作会议。4月14日，召开全市企业、学校、医院、乡镇人口计生工作检查总结表彰会，对盐湖区解州中学等15个单位给予表彰奖励；对万荣中学、芮城风陵渡镇等12个单位给予全市通报批评。7月28日，吴菊仙副市长同各成员单位签订了《流动人口综合治理目标管理责任书》。8月6日，吴菊仙副市长就流动人口“一盘棋”和打击“两非”工作进行了安排部署。10月10日—23日，又对2009年目标责任制完成情况进行了检查验收。本年，专门下发《人口和计划生育相关部门综合治理信息互通制度》、《运城市综合治理出生人口性别比问题的实施方案》，建立健全了综合治理出生人口性别比问题的各项制度。

（刘菊红）

**【相关单位积极配合计生工作】** 2009年，市纪检委在党员干部违纪超生查处中，共处理97人。市委组织部严把计生政策关口，在选拔的381名副处级后备干部、86名新提拔县处级领导干部，都征求了计生部门的意见。市公安、民政、卫生等部门坚持每季与计生部门进行一次信息互通，通报出生上户人数和新婚人数。4月13至14日、6月29日至7月7日，计生、卫生、工商、药监、公安五部门两次联合抽调34人次，对13个县（市、区）计生药械市场进行督查。（刘菊红）

**【出台计生优惠政策】** 2009年，全市共召开计生领导小组联席会43次，各职能部门出台相关规章制度和文件146个；联合调查37次，各部门单独检查326次，检查出动3704人次。

市卫生局在农村新型合作医疗实施过程中，对计生家庭在原有基础上，收费降低50元，补偿比例提高5%。本年全市共有12451户计生家庭享受优惠政策，优惠金额141.3万元。市教育局对夫妻双方及子女均属农业户口、并领取“独生子女父母光荣证”的独生子女，在录取本市普通高中和职业高中时，降低10分投档。市民政局在城市低保发放中，全年共优惠计生家庭2385户，优惠金额263.1万元。市劳动局对计划生育奖励扶助对象参保的，按本人缴费额给予补贴。全年共优惠计生家庭866户，优惠金额43.2万元。市林业局在林权制度改革中，对领取《独生子女父母光荣证》的家庭和双女绝育户家庭，奖励一人份林地承包面积。全年共有723户享受优惠政策，优惠金额1.8万元。市扶贫办对实行计划生育的家庭每户，多发一人份的补助资金，全年共有422户计生家庭享受优惠，优惠金额63.9万元。

市农业局在集体收益分配时，对计划生育家庭增加1人份额的优惠，对违反计生政策的家庭减去1人份额的惩罚。全年，共有2777户计生家庭享受政策优惠，优惠金额190.3万元。全市共有21406户计生家庭享受惠民政策，优惠金额达703.6万元。8月份，市人口计生委还对考上大学的贫困女大学生进行资助，每县一名，每人资助3000元。资助独生子女6人，双女绝育户7人。

（刘菊红）

**【计生服务阵地标准化建设】** 2009年，对市计生委全市村级服务室提出了“建设一批，提升一批，三年任务两年完成”的目标。6月，对服务网络建设情况进行了专项检查。2009年，全市已建成1909个村级服务室。全市3367个标准规范的村级服务室全部建成并投入使用。市计生委对每个县服务网络建设补贴了10万元。全市基层服务网络建设共投入经费696.1万元，其中，市级240万元，县级403.8万元，乡级52.3万元。

年初，市人口计生委、市民政局联合下发《关于加强城镇社区计划生育服务机构建设的意见》，为城镇社区计划生育服务机构建设统一了标准。据统计，全市已建成社区计生服务室62个，投入专项经费15.5万元。市人口计生委专门下发了《关于进一步加强县、乡人口计生服务站、所国债项目建设的通知》，就计生国债项目管理的规范化、制度化、科学化提出明确要求。全市21个乡镇中心服务所的建设任务已全部竣工；全市23个国债项目共投入资金774万元，其中，争取中央投资金额445万元；市级配套资金210万元，县级配套资金119万元。（刘菊红）

**【计生队伍职业化建设】** 2009年4月，举办了县、乡、村三级服务人员岗位技术比武大练兵活动，受教育人数达100余人。6月份，举办了计划生育避孕药具管理人员、全员人口信息系统网络版人员培训班，受教育人数达400余人。7月份，举办了流动人口“一盘棋”信息化培训班，培训人数达200余人。7月—9月，全市13个县（市、区）对乡村两级计生人员进行了轮训，受教育人数达5700余人次。（刘菊红）

**【全员信息网络化建设】** 2009年，市人口计生委把信息化建设作为人口计生重点工作，纳入对各县（市、区）计生目标责任指标考核范围。特别是针对省人口计生委提出的问题，专门下发两期通报，组成督查组，检查督促，整改落实。在经费十分紧张的情况下，市、县、乡三级仍想方设法，筹措资金，为乡镇更换了电脑，购置了激光打印机，配备专职的电脑操作人员。2008、2009两年，全市共投入专项资金325万元，市本级投入就达到65万元。（刘菊红）

**【流动人口管理和服务】** 2009年2月，市人口计生委举办“全市计划生育流动人口服务管理平台操作人员的业务培训”。4月24日，在永济市召开了渭南、三门峡、运城黄河金三角流动人口计生服务管理工作协作交流会，签订了《联合加强流动人口计划生育协议书》又同北京市昌平区、陕西省汉中市、延安市、湖北省钟祥市、新疆库尔勒市、山西省孝义市签订了流动人口共管协议。6月，市人口计生委下发《运城市流动人口计划生育工作“一盘棋”实施方案》，成立以市政府副市长吴菊仙为组长，综治、公安、民政、劳动、卫生、城建、工商、人口计生等部门领导为成员的“一盘棋”工作领导小组；建立健全领导组联席会议制度、全员流动人口统计信息规范制度。

7月17日至18日，分两批在市卫校对各县（市、区）流管股长及乡镇流管人员，共计200余人进行《流动人口计划生育工作条例》集中培训。7月底，副市长吴菊仙同各成员的单位签订了《流动人口计划生育工作“一盘棋”责任书》。同时，还坚持流动人口季报告制度、开展每季一次的服务月活动。2009年，全市共有流动人口147088人，录入信息138042条，个案信息录入率93.8%；流出/流入接受信息3287条，反馈3114条，反馈率为94.7%。（刘菊红）

**【计生药械市场专项整治】** 2009年4月3日，市政府召开“全市计划生育药械市场专项整治工作”视频会议，成立专项整治领导小组，联合下发《关于在全市开展计划生育药械市场专项整治行动的通知》，建立了联席会议和定期召开协调会议制度。市、县、乡三级通过在广播电台、电视台、《运城人口》等新闻媒体，开辟专题宣传栏目，设立举报投诉电话，开办计划生育药械市场整治《专题简报》40余期。广泛宣传计划生育药械生产经营法律法规知识，使群众对计划生育药械的相关知识知晓率达到50%以上，销售、经营人员的知晓率达100%。10月份，市人口计生领导组建立健全了联席会议制度、定期通报制度，建立“谁审批谁负责、谁主管谁负责、谁的属地谁负责”的工作机制。2009年，全市共有706家经营药品药械企业，整改521家；经营成人性用品企业198家，整改61家；经营成人性用品个体工商户702家，整改468家；广告经营者22家，整改13家；计划生育技术服务机构159家，整改10家；医院及妇幼保健机构207家，整改5家。（刘菊红）

**【落实计生奖励政策】** 2009年，市委、市政府把计划生育奖励政策的落实作为刚性指标，纳入市级财政予以保障。全市共投入奖励经费4511万元，其中，市级配套资金1249万元，比2008年增加了724万元。

春节期间，对村级计生工作连续20年以上且已离岗的计生专干每人发放了不低于500元的生活补助，全市共给602人发放补助款31.28万元。母亲节，在盐湖区安邑办黄家卓村举办“生育关怀行动”慰问贫困母亲活动，给10户计生贫困母亲送去慰问品价值3000余元。稷山县对从事计生工作20年以上的村级计生人员60人，每人每月给予24元的退职生活补助；对计划生育双女户380个家庭发放"十年早得利"生活补助，每户每年100元，对全县独女户每人资助了300元。平陆县计生协与县保险公司联合推出"生育关怀育龄妇女人身意外伤害保险"，入保13884人共20.8万元，发生意外理赔65人，理赔金额2.2万元；为全县1792个独生子女户，每户入30元的人身意外伤害保险；为全县229个村级计生管理员，每人入一份50元的人身意外伤害保险，为从事计生工作有着20年以上的村级计生干部，每人发放现金500元，物品100元。（刘菊红）

**【宣传教育工作】** 2009年初，市人口计生委制作新修订的《山西省人口和计划生育条例》瓷砖版面3237块，并村村上墙；投资10万元，翻印了新《条例》20余万册，发放到广大城镇和农村。投资13万元，制作"关爱女孩"宣传挂历1.5万本。投资10万元，制作人口计生知识环保袋，免费发放到群众手中。3月—9月，在全市开展计划生育"千场电影进农村"活动，每个县上演100场电影，全市共上演1300场电影。2009年"7.11"世界人口日，全市人口计生部门开展了形式多样的宣传活动。在全市"五到家"活动中，共投资260余万元，印发宣传品50余万份，制作大型宣传牌100余块，新建人口文化大院350座、人口文化长廊130个、人口文化广场92个。（刘菊红）

**【"阳光计生行动"】** 2009年，全市大力推行"阳光计生行动"，在研究使用干部、政府各项表彰，执行"一票否决"制上，事先征求计生部门的意见。2009年，全市人口计生系统共审查单位1699个，个人8706人；否决单位15个，个人78人。2009年，全市人口计生系统共处理来信来访案件879件（次），结案率达95%以上；上级转办和领导批示的信访案件8件，结案率达100%。《监督热线》专栏调查核实反馈要结果案件23件，全部得到解决。

在中共党员和国家工作人员违法生育专项治理行动上，全市共登记19312人，政策内生育18335人，政策外生育977人。违纪超生人中，国家工作人员918人，村（居）干部59人；受到党纪处理39人，政纪处理582人，征收社会抚养费536万元。按照人事管理权限，移交纪检监察等部门239人，处理97人，其余142人正在处理中。在请流动人口、请农民兄弟姐妹、请城镇人口评计生和政风行风下评上的"四项"评议活动中，全市共下发评议问卷14259份，群众满意率达95%以上。在全市政风行风评议中，市人口计生委在社会管理部门中，位居第四名。（刘菊红）

**【计生工作优质服务】** 2009年，市人口计生服务部门利用流动服务车和阵地服务等形式，积极为广大群众提供计划生育和生殖保健服务。2009年，共深入群众服务12000余次，受服务群众达86万人。市人口计生委和各县（市、区）计生部门还在女干部、女职工中开展了关爱妇女"三查两补一治疗"活动。仅市计生指导、生殖保健中心从2—5月，就为市直单位4300名妇女进行了体检，查出各种妇女病800多例，落实节育措施238例。在出生缺陷干预工程上，市人口计生委投资20万元专款，用于印制宣传资料、培训和购买叶酸药品，2009年，全市政策内出生35494人，一级干预29153人，一级干预覆盖率达到78.7%。（刘菊红）

## 老龄工作

**【概述】** 2009年，市老龄委坚持"党政主导、社会参与、全民关怀"工作方针，围绕"六个老有"目标，以农村基层为重点，不断加强老龄工作规范化建设。本年，市老龄办被评为"全省老龄工作先进单位"，荣获全国"敬老爱老助老"主题教育活动"优秀组织者奖"，出席了全国老年学会经验交流会。（黄　俊）

**【基层老龄工作规范化】** 2009年，市老龄委在全省创建老龄工作示范县工作中，把加强基层老龄工作规范化建设作为推动示范县建设的抓手，提出"树立150个市一级老龄工作示范典型"的目标。深入到全市13个县（市、区）、26个乡（镇）、130个村中进行检查验收，确定老龄工作的示范典型，并进行挂牌确认。结合新农村建设，部分县把老年协会建设纳入到新农村建设。使老典型有了新的提高，新典型又有新特点。拆旧房盖新房，老年活动场地大有好转。本年，临猗、芮城两县被确定为省老龄工作

示范县。（黄　俊）

【加大老龄工作宣传力度】2009年，市老龄委充分发挥新闻媒体和各级老龄工作通讯、农村黑板报、广播喇叭及宣传专栏宣传作用。在《运城日报》设立“老年天地”栏目，电视台设立“法制在线”节目，发动各县（市、区）为省老龄工作通讯直接送稿。各县（市、区）办好工作简报、农村黑板报。老年协会利用黑板报宣传党的政策和敬老爱老的先进事迹。老年学会撰写的调查报告分别刊登在2009年的《老龄问题研究》和《社会导刊—中国老龄》上。

各县（市）农村老年协会都成立有“老年文艺演唱队”，自编自演节目，宣传党的政策。绛县老龄委在老年节期间，结合国庆60周年庆祝活动，在县电影院广场举行“国庆60周年暨九.九老年节庆祝大会”。芮城县召开全县“老龄工作暨老年节庆祝大会”，扩大了老龄工作知名度；积极开展“敬老模范”评选活动。老年节期间，各乡村都要结合当地实际开展评选“文明家庭”、“好媳妇”、“好婆婆”、“好老人”等评选活动。（黄　俊）

【老年维权工作】　2009年，市老龄委在加强老年维权工作中，采取了四项措施：(1)建立健全市、县、乡、村四级老年维权组织网络，加强对老年维权工作的领导，做到维权工作有人抓。(2)协调配合司法部门开展《中华人民共和国老年人权益保障法》和《山西省实施〈老年法〉办法》宣传教育活动，举办法律讲座、知识竞赛进行宣传，把老年法宣传纳入到普法宣传工作之中。(3)联合人大、司法等部门深入基层进行执法检查，对于侵犯老年人合法权益的典型案件进行公开审理，以儆效尤。(4)充分发挥基层老年维权组织和老年协会的作用，搞好民事调节，维护社会的稳定和谐。（黄　俊）

【加强与各涉老部门协调配合】2009年，市老龄委针对各涉老成员单位人员变化，及时报请组织部门调整充实了老龄委成员单位，明确各部门的职责。要求各成员单位参加老龄工作会议，统一安排部署老龄工作，年初安排，年终汇报，建立协调联动机制推动老龄工作。与成员单位联合出台政策、联合执法检查，联合开展活动。深入基层的各涉老部门调查研究、综合分析、提出加强老龄工作的措施意见、为市委、市政府决策提供依据。（黄　俊）

【新型农保试点工作】　2009年，河津、垣曲、新绛等三个省级新型农保试点县（市），60岁以上老年人每月30元的养老补贴已发放到位。万荣县从2010年列入“全国新型农保试点县”。芮城县为300名90岁以上老人每人发放生活补贴800元。河津市城区办和清涧办三个村每年为老年人发放养老补贴。城区办米家关村60岁以上老年人119人，每年老年节该村都要给每位老年人发放200—400元不等的营养补助。到年底每人得到集体分红2000元，再加上养老保险，每位老年人每年最少可以领到2560元。清涧办侯家庄村，60岁以上老年人163人，居住老年公寓的82人。村委投资400万元建起了4796平方米的老年公寓，可入住60岁以上老年人91户。村委每年给每位老年人分红1800元，另外分年龄段分别补助100到400元。清涧办龙门村，60岁以上老年人394人，占总人口11.25%。由村干部和企业捐赠建起了“老年基金会”。村里划拨出15亩果园，经营收入作为协会活动经费，对10%的困难户老年人实行廉租房。老年人只需交1000—2000元就可住进水、电、暖齐全配有卫生间、洗澡间的住宅楼，每年给60岁以上老年人发放1100—1400元不等的生活补贴。（黄　俊）

【敬老工作】　2009年，市老龄委对全市40位百岁老人每人每月200元的养老补助发放到位。省老龄委给运城104名特困老人每人发放500元补助。各县（市、区）在老年节期间深入基层走访慰问了百岁老人和高龄特困老人。组织有关单位和老年人代表明察暗访，对各旅游景点、医疗单位、公交车辆落实老年优待服务的情况进行监督落实。市老龄委与旅游部门联合推出惠老旅游服务活动。在市区20多个医药店开展为老年人免费体检，优惠购药，免费送药上门活动。（黄　俊）

【创办老年人食堂】　2009年，全市各县（市、区）针对农村老人吃饭困难的问题，部分村创办起了老年食堂。芮城县陌南镇刘保村在党支部重视下，办起了老年食堂，每个老年人每天只需缴1元钱；农闲时有30多名老年人就餐；农忙时周边5个村有近百余名老年人在此就餐。盐湖区车盘村根据留守老人生活困难的情况，办起“老年食堂”，每天每位老人只需缴两元钱，享受一日三餐。不足部分由村委会补足。

（黄　俊）

【老年学研究】　2009年，市老龄委进一步加强老年学研究工作。收集整理有关老年学方面资料，建立健全老年学各类档案。认真总结了多年来老年学会建设和老年学研究方面的经验，出席了全国老年学会在安徽芜湖召开的老年学会工作经验交流会。发动各县（市、区）深入基层调查研究，撰写调查报告，为决策老龄工作提供依据。（黄　俊）

## 残联工作

【康复服务工作】　2009年，省、市两级残联共为5000名残疾人实施康复救助。其中，省政府投入资金达154.48万元；市政府投入资金达96.1万元。其中，白内障复明手术335名，配发助听器40台，聋儿康复训练150名，肢体矫形手术50名，智力残疾儿童康复训练180名，肢体残疾人康复训练110名，精神病免费住院和服药735名，配发辅助器具3400名。

全市共在8个县（市、区）开展社区康复创建培育工作，确定河津市为“全国残疾人社区康复示范县”；闻喜县、盐湖区为“全省残疾人社区康复示范县”；永济市、临猗县、芮城县、稷山县、垣曲县为“全市残疾人社区康复示范县”。全市各示范县共为7414名残疾人提供了社区康复服务。

2009年，本市圆满完成省下达的各项康复任务。其中，白内障复明手术1749例，低视力患者配用助视器100例，盲人定向行走训练40名，新收训聋儿70名，智残儿童康复训练55名，肢体残疾人康复训练69名，组织供应各类辅助器具2000件。完成“彩票公益金康复项目”、“富士康爱心助残康复项目”救助残疾人545名。新农合残疾人参合率达到93%。组织开展了“爱耳日”、“爱眼日”、“精神卫生日”宣传活动。全市共为17342名残疾人提供了各种康复服务。

（闫晓晨）

【各级残联组织建设】　2009年，市、县两级残联积极向市编委打报告，将残联归类为公益一类事业单位。经市编制部门批准，增加了一个内设科室维权科，调整3个编制。全市150个乡（镇、街道）残联全部配齐专职委员，3307个村（社区、居委会）中，有2564个成立残协，占村（社区、居委会）数的78%。其中，配备残疾人专职委员2450个，占成立村（社区、居委会）残协数的96%。（闫晓晨）

【残疾人专门协会工作】　2009年，市盲人协会配合市就业服务部，举办了盲人电脑和按摩培训班4期，培训学员94名。市肢残协会在“助残日”期间，积极响应“两办”号召，组织广大肢体残疾人进行捐款，共捐款1080元。“精神病残疾人亲友会”多次组织医务人员进行科普知识宣传，发放宣传手册、材料2万余份，亲友会主席所在的市荣军医院（市精神卫生中心）承担部分县二代残疾人证核发评定工作。

（闫晓晨）

【核发二代残疾人证】　2009年4月，市残联联合市卫生局在临猗县召开“全市核发二代残疾人证培训会”。市政府拨付8万元办证专项经费，确保这项工作顺利开展，并成立市、县两级各类残疾人鉴定医疗小组，配备专门人员，明确鉴定医院，保证了残疾人鉴定的准确性。如：永济市残联在市政府便民服务中心设立核发二代残疾人证服务窗口，集中办理。芮城县分乡镇排出时间表，下乡集中办证。闻喜县深入到后宫等9个偏远乡镇开展核发工作。

（闫晓晨）

【保障残疾人合法权益】　2009年，全市残疾人法律援助机构共受理各类维权案件87例，其中法律援助案件48例，法律救助案件39例。市残联共接待群众来信、来访81人（次），没有发生群访、越级上访等重大突发事件。临猗县牛杜镇村民彭荣华，因帮邻居盖房摔伤致残，县残联积极协调，通过法律援助，使彭荣华获赔医疗费、误工费共计12万元。永济市残联协调交警、法院落实城东街道残疾人郭同录的交通肇事赔偿案，使郭同录获得6万元赔偿。（闫晓晨）

【创建“全国无障碍建设城市”】　2009年，运城市市区共新建改建盲道111公里，无障碍设施在主要街道和大商场、大酒店普遍得到推广。全市2008、2009年审批的新建工程和旧工程改建项目，均按城市建筑物无障碍规范化标准设计和建设。全市实施家庭无障碍改造29户。

（闫晓晨）

【残疾人文化体育生活】　2009年，在“助残日”期间，全市各级残联围绕“关爱残疾孩子·发展特殊教育”主题，举办了丰富多彩的活动。市残联深入永济市、夏县和芮城县，慰问特困残疾人。临猗县以县政府名义举办捐赠辅助器具（500件）发放仪式和残疾人感恩社会文艺汇报演出。稷山县四套班子领导参加“爱心助行轮椅捐赠”仪式，为贫困肢体残疾人捐赠100辆轮椅。助残日期间，全市共募集资金544万元，走访慰问残疾人2600余户，发放慰问款物价值49万余元，张贴宣传标语5000余条，发放宣传单、宣传册等材料8万余份。

（闫晓晨）

**【残疾人宣传工作】** 2009年，全市残联累计在各类新闻媒体刊发稿件420篇（次），其中，省级以上新闻媒体40篇（次），市级130篇（次）。运城电视台录制播放《用爱铸就梦想》、《心愿》、《情系残疾人家庭》、《十二岁孩子撑起一个家》等四部专题片。市残联副理事长孟保林撰写《残疾人心理疏导工作系统之我见》在《中国残疾人》刊发。特别是中央电视台《道德观察》栏目、山西电视台，分别对临猗县残疾人杨恒渡、胡红印自强事迹和周萍、陈玉芳的扶残事迹进行专题报道。

本年，市残联还组织选送95件作品（节目）参加“残疾人事业好新闻奖”、“全国残疾人书法绘画大赛”、“省第七届残疾人艺术汇演”等活动。（闫晓晨）

**【特奥活动丰富多彩】** 2009年，市残联在上年建立1个国家级特奥活动进社区示范点基础上，又建立14个县级示范点。8月份，万荣县蓝天培智学校和银鹰启智学校代表运城市，参加省第三届特奥运动会，取得10金、18银、23铜的良好成绩。10月，万荣县云岭社区举行市特奥足球周活动，80余名特奥运动员参加了足球个人技术赛。（闫晓晨）

**【提高残疾人自我发展能力】** 2009年，市残联认真贯彻落实省、市《残疾人教育“十一五”实施方案》，全市适龄残疾少年儿童入学率继续保持在90%以上；符合国家招生标准的残疾大中专生录取率达100%。同年，市委组织部、市残联等五部门开展的资助优秀贫困大学生工作，资助贫困学生193名，发放助学资金20.1万元。

新绛县争取特教学校建设资金380万元，完成主体了工程建设。平陆县残联，为5名贫困残疾学生解决助学资金3500元。临猗县博达学校（民办）董事长陈玉芳免费招收残疾学生和残疾人子女38名。在市残联、市教育局的帮助下，永济市12岁重度残疾人尚妮，免费就读于市实验中学。

（闫晓晨）

**【“残疾人职业技术培训年”活动】** 2009年，全市建有残疾人职业技能培训基地22个，举办培训班100余期，培训城镇残疾人680人（次），农村残疾人4931人（次），培训盲人267人（次）。11月份，与渭南市残联联系，利用渭南西北工业技术学校，对本市50余名残疾人进行了为期两个月的电焊、面点、修锁等项目的技能培训。还利用芮城县刺绣及果业培训基地、新绛县无公害蔬菜培训基地、万荣县养殖培训基地对残疾人进行职业技能培训。

（闫晓晨）

**【凯盛公司扶残助残事迹】** 2009年，市残联继续开展“千家万户达小康春元·凯盛项目”，扶持13000余个残疾人（户），优惠提供肥料3600吨，深入田间地头服务130人（次）。凯盛公司也因此荣获“全国扶残助残先进集体”荣誉称号，该公司董事长王开成被评为“山西省扶残助残先进个人”。7月中旬，中残联常务副理事长王乃坤在凯盛公司调研时，对该公司的扶残助残事迹再次给予充分肯定，并表示“非常感动，向你们表示敬意”。（闫晓晨）

**【残疾人脱贫致富】** 2009年，市残联积极申报财政扶贫项目5个，资金138万元；争取康复扶贫项目2个，贷款2295.96万元，其中，项目贷款2000万元，到户贷款295.96万元，是全省最多的一家。8县（市、区）完成省下达农村贫困残疾人危房改造任务450户。此外通过自筹资金和争取城建部门危改项目，解决了667户残疾人住房困难问题。

2009年，全市新纳入低保贫困残疾人41971人，累计12.6万人；新增社会保险2535人，累计4795人；参加新型农村合作医疗24.64万人。募集扶贫解困资金142.5万元，救助慰问9656个残疾人（户）。特别是闻喜县残联全年共拿出63万元救助慰问4000余户残疾人。绛县残联自筹资金59.78万元，基本满足了全县所有残疾人安装假肢的需求。全市完成就业保障金征收2031万元，其中财政代扣161万元；新增残疾人就业城镇451人，农村1662人；完成就业扶持41名；失业登记209名。（闫晓晨）

【基础设施建设】　2009年，市特教学校建设完成教学楼、宿舍楼、会堂餐厅的内外装修。康复中心、托养中心、职教中心综合楼完成项目立项、土地征用、规划设计。闻喜县争取政府无偿划拨土地22亩，建成一个总投资1200万元，总建筑面积8000平方米的职教及托养中心。夏县新建一座占地7亩，总投资200余万元，建筑面积2435平方米的综合服务中心。河津市残联将建筑面积3000余平方米的原市直幼儿园无偿提供给残联语训部使用。全市有综合服务设施的县（市、区）有11家。（闫晓晨）

【创新残联工作】　2009年，临猗县抓住农村招录大学生村官的机遇，在全县260个村推行了由大学生村官兼任所在村残协主席，促进村残协对贫困残疾人服务。市残联在全市推广这一做法。永济市、河津市、稷山县等县（市、区），结合当地实际，学习临猗经验。

（闫晓晨）

【社会关心支持残疾人事业】　2009年，全市各级城建部门在农村贫困残疾群众危房改造中，同等条件下残疾人户优先。民政部门把农村贫困残疾人优先纳入五保、低保范围，从福利彩票资金中为市特教学校建设拿出450万元。教育部门也从教育附加费中拿出了300万元支持市特教学校建设。卫生部门在核发二代残疾人证工作中，积极配合，搞好评残鉴定工作。

芮城县在全县开展为期数月的向残疾人捐赠旧家电旧家具活动，参与捐赠的单位有124个，个人1037人，共捐赠家电1263台，家具621件。稷山县“网络义工助残联盟”通过QQ群把社会爱心人士组织起来，开展多种形式的扶残助残活动，累计为残疾人提供服务100余次。（闫晓晨）

【荣誉】　2009年，山西省凯盛肥业有限公司获得“全国扶残助残先进集体”荣誉称号，总经理王开成受到党和国家领导人接见。市残联贠洁在“山西省第七届残疾人艺术汇演”中获得“优秀工作者”。稷山县残联由县委宣传部推荐，参加了中宣部组织的全国“中华创新人物高峰论坛”，县残联理事长兰金安代表县残联出席了在北京钓鱼台国宾馆召开的表彰会，稷山县残联被“中华创新人物高峰论坛”组委会授予全国“中华创新优秀单位”。在2009年省政府残工委召开的全省“双先”表彰会上，运城市地税局和凯盛公司总经理等12个先进集体和个人受到表彰。

（闫晓晨）

## 民族宗教工作

【民族政策法规宣传】　2009年，市民族宗教局认真贯彻落实国办发[2008]33号文件《关于严格执行党和国家民族政策有关问题的通知》精神，依据中宣部、国家民委联合下发的《党和国家民族政策宣传提纲》，在市电视台开辟民族政策宣传专栏，进行为期半个月的电视宣传。同时，还整理印发宣传材料3万份，下发到全市13个县（市、区），特别是散发到少数民族聚居村和外来少数民族较多的街道、社区，做好民族政策的宣传工作。（王阳洋）

【关怀支持少数民族经济发展】　2009年，市民族宗教局积极争取少数民族特需用品定点企业国家财政补助资金。认真落实国家扶持少数民族特需用品定点企业的优惠政策，在全市原有8家定点企业的基础上，2009年又成功申报以生产清真食品油为主的永济晋美油脂有限公司为少数民族特需用品定点企业。

2009年，市民族宗教局针对全市大部分少数民族群众都居住在偏远地区，经济状况和生产生活条件相对较差，积极向上级有关部门反映，为全市6个少数民族聚居村争取到打井、修路、建校等专项发展资金42万元，极大地支持了全市少数民族聚居村的基础设施建设。（王阳洋）

【为少数民族考生提供便利服务】　2009年，市民族宗教局认真贯彻落实国家少数民族子女升学的优惠政策，为全市参加中、高考的少数民族考生开具身份证明。在办理相关手续的过程中，得知不少少数民族学生家长因对政策不了解，对程序不熟悉，或对环境生疏，跑了许多冤枉路；市民族宗教局与市教育局联系，在电视台联合发布消息，将办理少数民族考生身份证明所需的相关资料、工作流程及市民族宗教局办公地址、联系电话向社会进行了公布，切实替少数民族群众考虑，为他们提供了方便。

（王阳洋）

【天主教“选圣”工作圆满成功】　自2006年，市天主教两位主教相继去世后，尽早“选圣”主教已迫在眉睫。2009年，按照王安庞市长“要以高度的政治责任感认真做好‘选圣’工作”指示，市委成立由市委常委、宣传部长王蕾任组长，省宗教局副局长卫望军，市委常委、统战部长于波、市人大副主任、新绛县县委书记李景发、市政府秘书长肖暹东任副组长的选举工作领导组。

2009年9月8日，在主教府所在地的新绛县的正平坊教堂，选举出了一位学识上有造诣、品德上能服众、管理上有经验、爱国爱教的主教—武俊维神甫。为全省“选圣”工作创造了经验，受到省领导的一致好评。对此，省委统战部、省宗教局专门向市委、市政府发了嘉奖电。（王阳洋）

**【“十首爱国歌曲进教堂”活动】** 2009年，为喜迎新中国成立60华诞，市民族宗教局在全市宗教界组织开展了“十首爱国歌曲进教堂”活动。国庆前夕，各宗教活动场所纷纷进行了爱国歌曲汇报演出。市委常委、统战部长于波深入盐湖区、垣曲县的宗教活动场所检查指导，还与信教群众同台歌唱，充分展示了本市宗教界在新时期的新风采、新面貌。通过活动，激发了信教群众的爱国热情，歌颂了祖国，凝聚了人心。

（王阳洋）

**【民族宗教调研工作】** 2009年下半年，市民族宗教局与市委统战部联合开展“一县（市、区）一个重点乡镇宗教信仰状况大调研”活动，对全市13个县（市、区）的13个重点乡镇的宗教信仰情况进行全面详实的调研。做到一户不错，一户不漏，掌握第一手资料，形成质量较高的调研报告。

（王阳洋）

**【加强宗教团体建设】** 2009年，在市民族宗教的帮助指导下，全市部分县（市、区）顺利完成宗教团体换届选举。盐湖区伊协、夏县伊协顺利完成换届选举工作。

2009年10月20日，本市“第一届佛教代表大会”在芮城胜利召开，全市65名佛教界代表参加了会议，成功选举产生运城市佛协第一届领导机构，释益西当选为会长。市佛教协会的成立，作为全市佛教界群众联系党和政府的桥梁纽带，对促进全市佛教事业的健康发展和社会稳定有着积极作用。

（王阳洋）

**【为宗教活动场所争取修缮资金】** 2009年，市民族宗教局针对全市部分寺观教堂年久失修，已成危房，存在安全隐患。为使广大信教群众能够平安、正常的开展活动，向上级主管部门申请，为全市6个宗教活动场所争取到修缮资金17万元。（王阳洋）

**【民族宗教干部队伍建设】** 2009年，市民族宗教局共组织了2次30名民族宗教干部，参加国家宗教局组织的行政执法及业务知识学习培训。局机关全体人员坚持每周一、周五集中学习制度不动摇，采取集中学习科学发展观、十七大、十七届三、四中全会精神，党的民族宗教方针、政策、法律法规，研究新形势下民族宗教工作出现的新情况、新问题，不断增强做好民族宗教工作的能力和水平。根据市委《关于学习弘扬“右玉精神”大力加强作风建设的决定》有关精神，局机关狠抓作风建设，专门成立了由局长杨生荣任组长的学习弘扬“右玉精神”领导组，制定《运城市民族宗教局学习弘扬“右玉精神”实施方案》和学习计划。建立健全保密安全制度、信息报告制度、工作落实检查制度、学习制度、签到签退制度等机关各项规章制度。并要求全局工作人员对照“右玉精神”结合自身实际，总结经验、查找不足、思考对策、寻求突破，切实做到坚定不移跟党走，全心全意分民忧。

（王阳洋）

（责任编辑：张武虹）

# 旅　　游

## 旅游经济

【全市旅游市场概况】 2009年，面对金融危机、甲型H1N1流感的影响，旅游下滑的现实，市旅游局审时度势，沉着应对，全市旅游工作保持了稳步增长。据统计，全市全年共接待游客1275万人次，同比增长10%；旅游总收入87亿元，同比增长19%，名列全省第三，全市旅游业保持了持续平稳、健康发展的良好态势。 （孙红斌）

## 旅游宣传

【运城和临汾、渭南、三门峡四个地市联合推出“一证游”】 2009年运城和临汾、渭南、三门峡四个地市联合推出“一证游”。具体规定，凡属于四个地市的群众，只要持工作证、身份证和驾驶证等有效证件，就能在四个市58个主要景点享受半价门票优惠。“一证游”的实行，使景点人气指数提高了27%，旅游综合收入提高了19%，运城的知名度明显提高。 （孙红斌）

【出台奖励政策激活旅游市场】 为了调动旅行社为本市输送游客的积极性，2009年2月，经市政府批准，市旅游局制定了为运城输送游客的奖励办法：一个包机奖一万，一个专列奖两万，输送三千游客奖三万，输送五千游客奖六万，输送一万游客奖十五万。实践证明，实行这个优惠政策，对于调动旅行社积极性，激活周边客源市场，起到了推动作用。

（孙红斌）

【旅游媒体宣传】 “地上看山西，地下看陕西”，运城和西安，地域相连，条件相通，经济相融，人缘相近。所以，区域合作，旅游互动，有着得天独厚的条件。因此，2009年市旅游局把西安客源市场作为主攻方向，多方筹集资金150万元，在陕西《华商报》、西安电视台、公交车体、地下通道、电梯入口、大型社区和繁华地段，全方位、高覆盖、立体式的宣传本市景区景点。宣传效果已经初步显现。 （孙红斌）

## 旅游项目建设

【景区景点修建】 2009年，按照市委、市政府“项目建设年”的要求，市旅游局积极招商引资，狠抓项目建设，完成了市政府下达的五千万招商引资任务。本年底，万荣西滩、关帝御花园和凤凰谷景区已经建成并对外开放，全市旅游业已形成三片四线的新格局。

（孙红斌）

## 旅游线路推介

【上海旅游推介会】 为了抓住2010年上海世博会的机遇，吸引上海市民和参会人员来运城旅游，按照市政府的安排，2009年11月25日，市旅游局在上海举办了运城（上海）旅游推介会。本市10家旅行社与上海50家旅行社签订了合作协议，把运城作为上海世博会期间第56条旅游线路，力争输送游客达到11.6万人次。为了引深和扩大这次推介会的效果，12月11日邀请上海50家旅行社经理（其中有14家全国百强旅行社）来运城实地踩线考察，进一步加强交流，深化合作。

（孙红斌）

## 旅游安全管理

【旅游安全生产工作】 2009年，市旅游局局长杨忠庭高度重视旅游安全生产工作，把安全工作放在一切工作首位，紧紧围绕旅游安全发展的总体目标，认真开展了安全生产专项整治等各项工作，切实落实安全生产责任制，实现了旅游安全无事故的总体目标。1. 完善机制，促进旅游安全责任制的落实。市旅游局成立了旅游行业安全生产专项整治领导组和旅游行业专项整治市、县联合检查工作组，对全市旅游行业安全生产进行统一领导、统一安排、统一部署。从市局到县一级旅游管理部门，和各旅游企业都成立了旅游安全领导组，切实把旅游安全工作作为“一把手工程”，坚持“谁主管、谁负责”和“属地管理，分级负责”的原则，明确各级、各部门的安全职责，形成了强有力的指挥、协调和防范机制。2. 强化宣传，提高对旅游安全工作重要性认识。2009 年先后召开了两次全市旅游安全工作会议，对全年、国庆和“黄金周”旅游安全工作进行安排部署，充分利用参加“3.18 综治宣传”、“6.14 安全生产月宣传”、“12.4 普法宣传”等活动，共发放旅游安全宣传资料 5 万余份，进一步普及群众的旅游安全常识。3.加强监管，保障旅游产业安全健康发展。2009 年在市旅游局经费十分紧张的情况下，优先保障安全检查车辆和经费。全市共出动检查车辆 109 台次，出动人员 466 人次，检查旅游企业 159 家。其中，关闭 1 家，停业整顿 3 家，限期整改 21 家，排除安全隐患 300 余处。为运城旅游业安全稳定发展打下了坚实的基础。（孙红斌）

（责任编辑：石少青）

# 人　　物

## 全国五一劳动奖章获得者

**【贾建民】** (1962.02—)，47岁，大学文化，中共党员，闻垣高速公路建设管理处处长。

始终致力于交通建设管理事业，团结带领全体员工，为运城乃至全省经济社会发展做出了突出贡献。在闻垣高速公路建设中，他把科学发展观与项目建设紧密结合，实行党委对项目的集中统一领导，把支部建到施工一线，强化党组织的政治保证作用；坚持依法建设，统筹协调，使闻垣高速在全省15条拟建项目中率先开工建设；创新项目管理模式，实行业主监理一体化管理，确保工程建设全面受控，开工4个月完成投资11.2亿元；积极推广新技术、新材料、新工艺，确保中条山隧道等重点项目全面受控；完善合同管理，加强质量监控，强化安全治理，实现质量安全无事故；倡导和谐共赢新观念，提高两个协会服务质量，确保人民群众、监理、承包人多方受益，节约建设成本5500多万元；深化优化设计，保护生态环境，移植拆迁树木820余棵；立足打造一流管理团队，创建一流高速工程的建设目标，锻炼队伍，培养人才，为交通事业发展储备技术智力资源。(王　凡)

**【李春藻】** (1949.11—)，大专文化，中共党员，农业技术推广研究员，运城市农业局蔬菜站站长。

1999~2009年，先后建成运达高科技园艺示范园、运达蔬菜技术指导集团和运城市蔬菜协会。引进103个高新产品，转化科技成果42项，推广面积55万亩，推广高科技物资200余种，参观农民达5万余人。承包日光温室蔬菜面积累计18万亩，为农民创造产值20亿元，发展会员5万名，145名技术员。共荣获9项科研成果奖，其中“7315型二代日光温室蔬菜高产栽培技术”获1997年国家级二等奖，省科技推广一等奖，2007年市级科技进步一等奖；2004-2008年承担省“绿色食品蔬菜安全标准化生产研究”，获2009年省科技厅科技进步一等奖，填补了山西的空白。他共出版著作8本100余万字。代表作《“7315”型二代日光温室蔬菜高产栽培技术》、《绿色食品蔬菜安全生产标准化指南》；论文35篇，其中国际论文1篇，文章105篇。2005年3月，运城市农业局发出“关于在全市系统开展向李春藻同志学习，争当新时期好党员的决定”。

先后荣获运城市“五大科技英才”、“省农业先进科技工作者”、“华夏英才”、“运城地区特级劳模”、“山西省劳模”、“山西省农村改革发展30年功勋人物——科技功臣”等荣誉称号。(王　凡)

## 山西省五一劳动奖章获得者

**【袁明科】** (1966.05—)，高中文化，中铝山西分公司检修分厂修造车间工人。

爱岗敬业，刻苦钻研，勇于对技术难题攻关，总结出了一套判断各种平面、曲面的显点和刮研技巧，形成自己独有的专业技术，经他调整后的备件，均达到了优良品质，保证了长周期高效运转，明显降低了设备检修费用。在连轴器同轴度的找正、调整技术方面，经他检修、调整过的风机、磨类等旋转设备，试车振动值达到了0.02mm~0.06mm的高水平，受到同行的赞誉。在球磨机衬板安装中，他研制出专业关机机械化设备，减轻职工劳动强度，成倍提高劳动效率；先后提出多项合理建议，完成了碳分连续分解改造、沙伏氧化铝试验机械设备革新改造等近十项技术革新项目，为开辟沙伏氧化铝产品先河做出了贡献，解决了许多影响设备正常运转的“卡脖子”问题。

传艺带徒，不求回报。积极主动将自己学到的知识毫不保留传授给青工，使广大青工迅速掌握设备修理过程中的细节处理，培养了一批一线职工。2008 年 11 月，代表中铝山西企业参加“中国铝业杯”第二届全国有色金属行业职工技能竞赛，获得钳工技术比武第一名，同时，获得“全国技术能手”称号。（王　凡）

【张伟斌】（1974.05—），大学文化，运城路桥有限公司第二工程处工程师。

成功研发了多项科研成果，他研发的“BH 型公路基层专用养护液”获得了国家专利，此项技术通过国家交通部公路工程检测中心的鉴定。山西省科技厅和交通厅联合组织的科学技术鉴定会一致评定：该养护液操作简便，节水环保效果显著，该研究成果达到国内领先水平。这项养护液技术成果在国内土建和公路工程建设中得到广泛应用，先后为企业盈利 1500 余万元。成功研发和解决了“集尘灰综合利用”的难题，山西省科学技术情报研究所对该研究项目结论是：本项目研究对解决沥表集尘灰污染问题有积极的促进作用，至 2009 年底在国内尚无先例，对“建设环境友好型、资源节约型”新型公路发展模式起到了积极推动作用。张伟斌利用自己的“BH 型公路基层专用养护液”、“低液塑限性粉土作为路基填料施工工艺”、“任意里程中边桩测量放样程序”等 10 项科研成果为工程建设创造利润 2700 余万元。2006 年 1 月，荣记“山西省个人二等功”；2007 年 11 月，荣获“山西优秀青年服务创新能手”称号；2008 年 2 月，荣获山西省路桥行业 2007 年度“科技带头人”称号。（王　凡）

【李文杰】（1971.06—），硕士学历，民盟会员，山西海鑫钢铁有限公司总经理。

坚持“身在兵位、胸为帅谋”，强力辅助李兆会董事长，着力打造“科技海鑫、绿色海鑫、人文海鑫、和谐海鑫”。他不分昼夜，积极督促落实公司老区技术改造、顺利淘汰了 124 □高炉、15 吨转炉等不具备环保要求的设备，加速建设热轧板卷生产线及其辅助配套的炼铁、炼钢项目，使企业资产和产值均从 70 亿元提高到 120 亿元；纳税从 4 亿元增长到 6.63 亿元；产能从 260 万吨剧增到 600 万吨；产品从单一的长材发展到长材、优钢和板材兼备。努力推动海鑫品牌创建，海鑫商标荣膺“中国驰名商标”；海鑫产品达到国家免检，使海鑫集团成为世界最大的跨海大桥——杭州湾大桥独家钢筋供应商。协助董事长沉着应对金融危机，力促企业面对困境仍然“限产不放假、限产不裁员、限产不欠薪”。在以他为代表的万名海鑫人的共同努力下，企业三年累计纳税 17.43 亿元，其中 2006 年纳税 4.2 亿元、占县财政的 70%，2007 年纳税 6.63 亿元、占县财政的 80%，2008 年面对危机仍然纳税 6.4 亿元、占县财政的 64%；三年累计创造就业岗位 2880 余个；每年直接带动当地相关产业 30 多亿元；累计捐资 18088 万元用于社会公益事业，其中 2008 年他个人捐款 55 万元支援汶川抗震救灾。建议公司在 2008 年成立了“海仓慈善基金会”，以更加专注的团队和更加专业的方法，面向社会实施更广泛的慈善救助和公益活动。

2002 年、2003 年连续两年被山西省劳动竞赛委员会记一等功，2004 年荣获“运城市劳动模范”，2006 年被中央统战部授予“各民主党派、工商联、无党派人士为全面建设小康社会作贡献先进个人”，2008 年被民盟中央授予“抗震救灾先进个人”，2008 年被北京奥组委授予“北京奥运火炬手”等多项荣誉称号。（王　凡）

【李咏梅】（1965.10—）女，大专学历，中共党员，永济新时速电机电器有限公司电机事业部线圈车间工人。

2006—2008 年，主持技术引进产品 YJ87A，YJ90A，YJ85A，YJ92A 等电机的线圈、嵌线试制及批量供货，圆满完成任务。工作中，用心学习技术引进先进方法，并组织技术人员不断推广至公司的产品中，将交流线圈制作及嵌线水平提升了一个档次，重点的优秀作业法 32 项在定型产品制作过程中实施应用。她负责车间大型工艺布局调整、搬迁及交流线圈制作能力提升及整合，落实方案，编制网络计划，通过规划后的线圈车间，形成了交、直流独立作业环境，形成了交流 700 台，直流 350 台，嵌线 300 台的综合生产能力。2008—2009 年 2 月，组织落实各项生产因素，实施了 YJ127 月产 25 台生产能力的布局。她推行可视化工艺：为加强过程质量控制，提示引导员工按图纸、工艺操作，确保产品质量项点的有效实施，组织技术系统编制下发了 13 种产品 310 张工艺参数卡片；对于车间的人员管理，通过轮流、交叉培训的方式和激励政策，鼓励员工掌握更多的技能，有效解决了公司不同生产时期出现的人员瓶颈问题。2008年，共完成各类配套电机线圈生产任务12581台，在公司组织的劳动竞赛活动中，线圈车间每月排名前列，全年排名第一。（王　凡）

**【王树琪】**（1958.04—），大学学历，中共党员，中条山有色金属集团有限公司董事长。

2003年10月担任中条山有色金属集团公司董事长、党委书记，他以科学发展观为指引，深化改革，扩大合作，创新管理，稳健经营，使企业实现了由脱困到良性发展的转折。2007年实现利税6.38亿元，资产总额61亿元、销售收入63.63亿元，提前三年实现了“十一五”计划目标。

不断深化企业改革。抓住政策机遇，稳妥地完成了集团下属九个单位的关闭破产项目，并对破产有效资产进行了重组，妥善安置了职工，为企业的生存发展创造了机遇。完成了住房、医疗、水、电、暖和液化气市场化收费等内部改革，逐步实现市场化运作。资本开放合作实现突破。集团控股子公司北方铜业的上市准备工作基本完成，待股市稳定后再择机实施上市。同世界500强韩国SKN进行战略合作，通过北方铜业增资扩股，组建中外合资股份公司，成功引进外资15.8亿元，实现了中条山集团对外合作的历史突破。产品、产业结构调整取得实效。经过不懈努力，主产品极铜配套产能已达10万t/a，质量达到高纯阴极铜标准，并在上海期货交易所注册。同时开发了金锭、银锭、粗硒、硫酸镍等产品。非铜产业发展迅猛。曲沃200万吨新型干法水泥项目符合国家产业政策，工艺先进、环保达标，一期100万吨生产线2007年6月建成投产；自强公司年产2000万条编织袋项目2008年10月建成并投入试生产。企业文化建设工程全面启动，提炼了企业精神，完善了企业形象标识，编制了文化手册。强化了理念渗透和行为养成，促进了企业文化与制度的对接。大力实施企业文化硬件建设，改造了生活区道路及活动场所，开发新建职工住宅楼27栋1188套，矿区人居环境大为改善。（王　凡）

**【杨静涛】**（1975.12—）女，大学文化，河津发电分公司集控运行班工人。

立足平凡岗位，执着追求，走出一条不平凡的岗位成才之路。先后成长为分公司的第一名女电气值班员、女机组长。2008年6月在中电投举办的300MW火电机组竞赛中，她和其他三名选手在集团公司16支参赛队伍中取得团体第四名的佳绩。2008年11月在国资委举办的2008年度“华电杯”中央企业火电机组集控值班员技能大赛中勇夺个人铜奖。她爱岗敬业，多次发现重大缺陷，避免机组非正常停运。2008年7月，及时发现、判断1#锅炉水冷壁泄漏，控制水位、降压降负荷运行，由于她的处理得当，避免了设备损坏扩大，防止了设备非计划停运。2008年12月，在设备定期切换中发现2A循环水泵自供密封水逆止门不严导致循泵电机冷却水流量低，及时采取措施、更改运行方式，防止设备损坏，消除了单台循泵运行跳闸时备用循泵不能及时启动的重大隐患。刻苦钻研，积极开展各种节能降耗尝试。2008年7月份，2#机组温态启动中，在她的建议和专工指导下，首次尝试机组暖机中启动磨煤机和并网前启动汽动给水泵的节能措施，减少并网后机组投油数量和电泵运行时间，使得机组温态启动用油比计划控制值降低28.6吨，节约厂用电约5.5万度。日常操作勤调细调，经她调整的机组各项小指标在值际竞赛中名列前茅。

十多年的集控运行工作，她屡获殊荣，先后荣获“分公司三八红旗手”、“河津发电分公司劳动模范”、“漳泽电力先进个人”、“运城市劳动模范”等荣誉称号。（王　凡）

**【王　英】**（1961.11—），大学学历，中共党员，山西大唐国际运城发电有限责任公司总经理。

2008年年初，面对冰雪灾害导致公司断煤、机组停产的问题，他多方努力，有效组织、最终引进了铁路煤，使机组复产，全年累计上缴税金8千万余元。5月12日，四川发生特大震灾，立即组织动员员工向灾区捐款捐物，累计达24.28万元，并亲自安排给灾区同胞送去了药品。2008年5~9月，公司出现严重煤电倒挂，时值奥运保电，又逢当地陷入严重电荒，在此关头，他选择了保政治、保民生用电，放弃了经济效益。其间共发电25.5亿度，有效缓解了运城地区严重缺电的问题，受到省、市政府的肯定。他是电力生产方面一流的技术能手和管理专家。2008年，亲自主持技术改造20多项，创造经济价值约1.1亿元，并保持了无人身、设备事故的良好局面。

特别关注困难群众的生活，将2008年获得的3万元个人奖金用于帮扶困难村民，使他们渡过一个快乐、安逸的春节。先后被中国大唐集团公司授予2008年“先进个人”、被大唐国际发电股份有限公司授予2008年“保奥运先进个人”、被芮城县授予2008年“明星企业家”称号。

（王　凡）

【陈新安】　(1968.09—)，大学学历，中共党员，运城市鑫佰融交通建设有限公司融资员。

2008年，他紧紧围绕制约交通发展的资金短缺问题，进一步解放思想，开拓创新，千方百计扩大招商引资，为运城交通重点项目建设提供了有力的资金保障。继为闻（喜）垣（曲）二级公路、运（城）稷（山）一级公路成功融资之后，2008年3月，又承担了运城市第一条市场化模式建设的城市北内环及连通工程项目。为了不让资金问题成为项目建设的瓶颈，他采取“贷、借、集”等办法多渠道融资：用政府储备的土地抵押贷款，在浦发银行、兴业银行、农行、信用社先后贷款1亿元；打破常规，动员3家施工企业为工程垫付资金1.1亿元；通过向市财政、交通等部门和职工多方筹资8000万元；向私人朋友临时借款500万元。由于资金到位十分及时，该项目征地拆迁以及工程建设十分顺利，4月份开工，11月底全线基本竣工，得到了运城市委、市政府主要领导和社会各界的高度赞扬。

严守党纪法规，保证清正廉洁。在资金拨付上，他始终坚持公开、公正、透明的原则，按照合同约定款额严格拨付，从未吃过施工单位一顿饭，从未接受过任务人的礼金等贵重物品，更没有利用职权插手、干预工程或为亲友谋取私利，确保了运城市北内环及连通工程建设成为“廉政阳光工程”。

（王　凡）

【赵立勤】　(1963.10—)，大学学历，中共党员，中国联合网络通信有限公司运城分公司经理。

2008年，他带领运城联通分公司全体干部员工，面对前所未有的多变的发展形势，复杂的经营环境，繁重的各项任务，巨大的工作压力，直面挑战，迎难而上，较好地完成了年初制定的各项经营指标，顺利地实现了网通与联通的融合重组，为新联通步入全新的发展阶段奠定了坚实的基础。坚持以发展为第一要务，狠抓经营管理，注重创新突破，企业各项工作始终走在全省乃至全国的前列。小灵通收入在连续8个月环比正增长，在北十省地市分公司中是唯一一家；在全省开展的劳动竞赛中，先后获得光进铜退竞赛一等奖、盘活库存闲置物资竞赛一等奖；“奥运保障先进单位”、经营网络竞赛优秀组织奖、宽带提速竞赛二等奖、政企客户支撑响应竞赛二等奖、“亲情1+”业务专项竞赛第二名、“ICI”业务欠费控制专项竞赛A类第三名等奖项；牵头组织了运城联通重组合并工作，使公司稳步跨入正常运转轨道，并在实现全业务经营后积极发展手机用户，完成预算比例位居全省前三名。

充分发挥信息化建设主力军作用，积极配合市政府，全面启动了全市党员干部现代远程教育网工程项目，制定了中小企业信息化、教育信息化、医疗卫生信息化、农村信息化、城市社区信息化、平安城市建设等多项实施方案，对推进运城市信息化进程起到积极的促进作用。特别是通过实施光进铜退工程建设，使全市行政村通宽带率达到94%、通光缆比例达到55%，两项指标均名列全省第一，方便了农民上网，支持了新农村建设。

积极响应省公司党组和地方党委的号召，紧急部署，广泛动员，开展抗震救灾工作。南方遭受雨雪冰冻灾害期间，紧急抽调两台油机支援贵州公司；汶川大地震发生后，迅速调拨海事卫生设备支援四川灾区，在全省支援的十台中运城占到六台，并启动应急保障预案，对涉及抗震救灾抢险的电路进行重点保障，确保国家干线、党政军重要通信和全市通信网络的安全畅通；通过捐赠热线、寻亲热线、短信捐款平台、信息查询专席、减免灾区漫游话费等一系列举措，千方百计提供支援服务；积极组织公司员工募捐，带头缴纳特殊党费，分公司共向灾区人民捐款21.06万元。此外，他还带领运城联通圆满完成了奥运火炬传递、神舟七号载人航天飞行、汛期通信保障等一系列重要通信保障任务。（王　凡）

【王艺华】　(1957.08—)，52岁，中专学历，中共党员，运城市蒲剧团演员。

在艺术上，勇于探索，刻意求新。唱腔上既慷慨激昂，又清脆洪亮，表演上集蒲剧小生名家之大成，翎子功、梢子功、帽翅功特技表演精彩绝妙，被观众誉为蒲剧小生行当自成一家的“王派”。曾获中国戏剧梅花奖和优秀表演奖、金牌奖等。

积极参加上山下乡演出活动，并深入山庄窝铺为看不上戏的群众表演清唱，深受好评。他每年参加演出都在二百场以上。他组织改排了大型古典剧《狸猫换太子》，并担任主演，演出后引起轰动，取得社会效益和经济效益双丰收。为了培养戏曲新人，他甘为人梯，为青年演员导戏，并配演补角赴省参赛，三名小演员荣获金、银、铜三等大奖，受到人们的赞誉和尊敬。在南方的冰冻雪灾和汶川特大地震发生后，积极奉献爱心，五次参加义演活动，并主动捐款3千余元；响应党的号召，积极缴纳“特殊党费”3千元，起到了党员干部先锋模范带头作用。

（王　凡）

**【谭定金】**　（1966.10—），初中学历，中共党员，运城市杜家沟煤矿工人。

积极响应安全生产法规、政策要求，建立健全队组安全生产责任制，贯彻安全技术措施计划，严格工程质量检查验收，促进和谐、文明、安全生产。针对工程的技术人员、各工种操作人员年年流失状况，他在短暂一年中培养一批新型的技术工人，坚持“安全第一、预防为主、综合治理”新的安全生产方针，坚持“管理、装备、培训”并重原则，重安全，轻生产，落实各个环节，各个岗位，促进工人整体素质提高，按质量标准化施工，保证采掘关系平衡，使矿井经济效益取得可喜成绩。

对掘进岩石分级评定，对围岩进行分类认定，总结上下岩层覆存状况为开采11#煤提供地质分析材料。2008年度共掘煤巷2563米，岩巷395米，约出煤26130T。矿主平硐末端43米处支护落后，指挥将木垛支护改用锚杆、锚索复合支护，使用混凝土喷浆加固。为了保持通风系统完善，安全出口符合规程要求，建议对失修段起底51m，并对本阶段更换工字钢加以维护。为保证运输系统良好，共安装运行41部刮板输送机，保证输送机运输能力和有效铺设长度，满足生产要求。配合运输队安装机采工作面运输机械装备。在6025巷与皮带上山巷交叉处、皮带延伸巷与轨道上山巷交叉处起底、砌筑两座风桥，达到以风定产，形成安全、合理、完善的通风系统。将各部皮带机头、机尾20m范围内的木支护，全部更换为金属支架支护。刷大北回大巷巷道断面，工程为850m，同时对本阶段进行起底、清渣、更换枕木，重新钉道。对六采区材料联巷（230m）、六采区材料大巷（445m）、六采区轨道上山巷（240m）按照设计尺寸，进行刷帮、清渣，而后采用金属支架重新维护。

坚持预防为主，轻工伤事故由2007年的11起降至2008年的5起之内，无重大工伤事故发生。

（王　凡）

**【孙一平】**　（1965.11—），大学学历，中共党员，新绛县国家税务局局长。

坚持以科学发展观为指导，带领全局取得了不凡的业绩。大力加强组织税收工作，尤其是在经济危机的时刻，服务大局、创新发展，破难攻坚，2008年共完成税收收入23773万元，占计划的117.40%，同比增长43.14%，增收7165万元，是历年来增幅最大、发展最快的一年。坚持依法治税，建立了纳税申报、发票管理、收入缓缴等23项管理制度，实现全年无执法过错信息。认真落实税收执法制，开展专项检查，检查各类纳税人72户，查补税款860万元，从源头整顿规范了税收秩序。认真落实税收优惠政策，为98名下岗再就业人员办理税务登记征减免工本费4900元，办理减免抵各项税款986万元、审批缓缴税款2252万元，为支持企业发展做出了突出贡献。优化纳税服务，采取优化流程、简化报表、简并征期等五条措施，切实减轻纳税人不必要的负担，得到了纳税人的称赞。着力改革创新，一年8项创新成果，名列全市第一，三级税收宣传网络，被评为市局优秀创新项目。积极开展文明创建活动，办税服务厅获运城市“巾帼文明岗”荣誉称号。加强反腐倡廉和政风行风建设，连续多年被评为政风行风建设先进单位。

坚持不断提高自身素质，先后取得中国注册会计师、中国税务师等资格，获得省级查账能手、省财税系统微机应用比武第二名等荣誉。工作中廉政勤政，政绩突出，被评为“市级劳模”、“廉洁从政好局长”、“优秀党员”、“先进工作者”等。

（王　凡）

**【柴斌杰】**　（1969.06—），大专学历，中共党员，助理经济师、国家二级厨师，现任运城市宾馆餐饮部副经理。

勤奋好学，勇于创新。在刻苦钻研中国八大菜系和河东名菜的基础上，先后挖掘、整理、引进了百余种农家菜，地方菜，推出了具有浓郁河东风味的地方菜系。他注重管理，善于经营。健全并完善了餐饮部 8 项制度；狠抓规范服务，制定了奖励处罚措施，以“零缺点”验收；严把人情饭菜关，2008 年仅严管理增效 50 余万元，年接待宾客量突破五万人次，实现年经济效益 160 余万元。

爱岗敬业，默默奉献。不嫌餐饮工作繁忙低贱，经常深入在炉台案前，全年几乎没有休息日，节假日经常在餐厅度过；二十年如一日，毫无怨言，以求真、务实、清廉、高效的优秀品格，赢得了社会各界及宾馆上下的一致好评。先后获得运城市劳动竞赛委员会“个人一等功”、“全省旅游饭店百佳部门经理”、宾馆“优秀管理者、优秀党员、先进工作者”等荣誉称号。（王 凡）

**【马德礼】** (1969.07—)，硕士学历，中共党员，河津市铁路改扩建领导组副组长。

围绕河津市及周边铁路扩改建施工建设，大力发展地方交通运输网，积极协调地方和铁路局关系，想尽办法，克服困难，保质保量顺利拆除经过市区的铁路平交道口 3 座，新建立交 3 座，配合地方政府完成河津火车站改扩建施工任务，对河津市延平街、九龙街、龙国路、高龙路等市重点建设工程项目施工设计方案，多次提出建设性意见和建议。积极协调，抢抓机遇，争取支持，从铁道部为河津争取平交改立交道投资 4000 余万元。全力推进侯西电气化复线改造施工和沿线绿化建设，为河津及周边乡镇的经济发展作出了积极的贡献，为创建安全和谐平安的周边环境进行了不懈的努力，并取得了突出成效。（王 凡）

**【马运虎】** (1960.07—)，大专学历，中共党员，盐湖区教育局局长。

2008 年，多方筹资 2000 余万元，对全区 176 所中小学进行提升改造。其中投资 1000 余万元完成危改面积 21230m²；投资 1000 多万元用作添置电脑 500 台、购置图书、体育器材、教学仪器等。筹资 490 余万元建成 15 所农村高标准寄宿制学校和 30 所标准化园林式学校。为了争取危改资金，他七上省城，倾力争取，使盐湖区的危改资金由 2007 年的 100 余万增加到 2008 年、2009 年和 2010 年各 816 万，累计 2448 万元。完成盐湖区舜帝复旦小学和青少年活动中心立项，并分别争取到省级 100 万元和国家级 300 万元建设资金。

在全系统确立“小学打基础、重养成，初中抓管理、强素质，高中抓质量、出成果”的教学理念。盐湖区中高考连续五年稳居全市第一。倡导下校调研，全区 176 所学校每年少则去三遍，多则七八遍。并坚持不打招呼推门听课，每年听课都在 60 课时以上，被大家称为“老师局长”。2008 年，筹措 15 万元创办《河东教育》，免费覆盖全市，盐湖区 5000 余名教师人手一册。筹资 10 万元购置 3000 块小黑板，所有小学教师人手一块，提升全区小学教师整体素质。（王 凡）

**【樊双全】** (1977.01—)，大学学历，中共党员，稷山县稷峰镇镇长。

立足创新，大力度提升管理。针对农村开展“一整五清”，兑现合同 90 多万元，解决问题 200 多起，清理积案 56 件，52 个村财务全部纳入镇经管站统一管理；针对机关推行“三公开”，即公开服务窗口，公开岗位目标，公开工作流程，匡扶了正气，鼓足了干劲，开启了工作新局面。

和谐稷峰建设，多措并举，成效显著。完成总投资 1800 万元的 118 件为民工程。新建门楼 8 座、舞台 2 座、老年活动中心 3 个、休闲文化广场 5 个，新建标准化学校 2 座，硬化 17.4 公里干线路，33.5 公里通村路，沼气入户三年累计 3000 户，新建农业示范园 2000 亩的 1 个，300 亩的 3 个，100 亩的 6 个，创优环境积极引资 1.65 亿元，增强了稷峰发展的后劲。协调县级重点工程建设是稷峰镇的一项硬任务，步行街、南大门、稷王庙、昆仑冈、两红市场、育英街、大佛路、稷王中学、丰喜工业园、汾河河坝、金龙道旅游路、运稷一级路过城段、大红楼拆建改造、民乐园协调工程、育英街开通工程的顺利实施，都倾注了稷峰一班人的心血。

注重党性锤炼，把自我教育、自我改造、自我提高作为信条，以学立志，以勤立业，以廉立身，用科学发展观统一思想、武装头脑、推动工作，在副处级后备干部党性理论考试中名列第一。（王 凡）

（责任编辑：杨春英）

# 县（市、区）、开发区概况

## 盐湖区

**【概况】** 2009年，盐湖区生产总值完成105亿元，增长8.1%；区属规模以上工业增加值完成9亿元，增长12.5%；全社会固定资产投资完成125.5亿元，增长72.6%；财政总收入完成12.3亿元，增长13.6%，其中一般预算收入完成3.4亿元，增长23.2%；社会消费品零售总额完成105.6亿元，增长14.9%；城镇居民人均可支配收入达到13416元，增长5.2%；农民人均纯收入达到5115元，增长18.3%；万元GDP能耗下降5%，万元GDP主要污染物排放量下降10%；居民消费价格涨幅、人口自然增长率、城镇登记失业率分别控制在4.5%、4.2‰和3%以内，基本完成了年初制定的各项工作任务。（王英杰）

**【项目建设】** 2009年，盐湖区紧紧抓住国家扩大内需一揽子计划的历史机遇，把项目建设作为建设经济发展较快集中区域的总抓手，作为为以后发展打基础、攒后劲的过程，全区重点项目投资完成23.1亿元。凯盛肥业等18个项目建成投产，石药银湖、舜蒲胶辊、鑫洲玻璃等22个项目开工建设。舜帝陵景区扩建、舜帝复旦小学、运城卫校等民生项目建成并投入使用。区文体中心、运城学院一期工程、运城特教学校、区社会福利中心等项目基本完工。区人民医院门诊综合大楼等项目开工建设。积极做好鑫源骏达木业扩建、常运动力、铁力建材、恒达蕾傲、双龙水利机械等项目的前期准备工作，为该区积蓄了发展后劲。（王英杰）

**【工业经济】** 上年年初，受国际金融危机影响，盐湖区大多数企业经营困难、效益急剧下滑。面对这一严峻形势，区政府多次召开银企联谊会，邀请各大商业银行为企业负责人和财务人员进行融资业务培训，增强金融部门和企业的联系。拿出专门资金注入区担保公司，解决企业融资难题。实行区领导和职能部门包联企业帮扶制度，积极帮助企业办实事、解难事，与企业同呼吸、共命运，共渡难关，促进全区工业经济保持了良好的发展态势。2009年，全区规模以上工业企业达到35家，实现利税1.3亿元。全区新增中小企业160个，总数达到3362个。（王英杰）

**【农业经济】** 2009年，盐湖区深入开展“百企帮百村、百局包百村”和“万名干部下基层”活动，强力推进农业产业化，促进农业和农村经济保持了稳定发展的良好势头。全年完成中低产田改造9000亩，完成以金井、龙居、车盘为主的土地开发复垦1.3万亩，新发展节水灌溉面积5000亩，完成水土保持综合治理面积12.5平方公里，改善了农业生产条件。全年粮食总产2.03亿公斤；棉花总产1672万公斤；水果面积达到32万亩，总产值达12.6亿元；蔬菜面积达到10.7万亩；畜禽养殖小区达到60多个，实现产值4亿元。农产品绿色认证、无公害认证品种达到12个，无公害基地认证达到55万亩；新发展农民专业合作社132个，总数达265个。新增造林面积2万亩，发展干果经济林1000亩，绿化道路130公里，全年植树总数超过300万株。（王英杰）

**【第三产业发展】** 2009年，盐湖区积极搞活商贸流通，以二郎庙商业金街、华联购物广场、百货大楼、购物中心、东星时代广场、恒隆广场等大型商贸企业为龙头，以专业市场为骨干，以农贸市场为基础的市场体系初步形成。全区营业面积5000平方米以上的商业网点达到32个，年成交额超亿元的大型商品市场13家，连锁经营店198家，新建和改造农家店100个、农资店40个。大力发展旅游产业，完成舜帝陵景区自然湿地、博物馆展馆、护城河等工程建设。积极参加西安、三门峡、大连等地旅游推介会，推出三省四地一证游，开展旅游消费春季行动，2009年，全区的旅游收入达到1500万元。

（王英杰）

【民主法制和精神文明建设】 2009年，盐湖区政府主动向人大及其常委会报告工作，自觉接受监督。积极支持人民政协工作，广泛听取各方面的意见和建议。全年共办理人大代表建议108件，政协委员提案83件，满意率均达到100%。深入推进行政监察和行政效能建设，依法行政水平进一步提高，政务环境得到优化。大力推行政务公开和村务公开，继续推行“11211”民主理财管理机制，农村财务管理得到进一步加强，基层民主政治建设进一步推进。扎实开展“五五”普法教育，加大社会治安综合治理力度，深入开展打击“两抢一盗”专项行动，严厉打击各类犯罪行为，社会治安进一步好转。坚持推进安全文明小区、安全文明村镇、文明单位、文明家庭以及评选表彰孝顺媳妇、孝顺儿女等群众性精神文明创建活动，进一步弘扬了健康向上的文明新风尚。（王英杰）

【社会各项事业】 2009年，盐湖区财政继续向民生倾斜，全年用于民生投入达到5.5亿元。积极推进以“六个全覆盖”为重点的民生工程建设，新铺设农村道路30公里，全区农村道路总里程达1227公里，实现了村通油（水泥）路全覆盖；消除76所学校D级危房面积5.4万平方米，舜帝复旦示范小学一期工程完工并投入使用；新建6个农村卫生室，实现农村卫生室全覆盖；全区共建图书室272个，藏书达到38万册，实现人均一册图书全覆盖；完成王范、杨家门、上王等供水工程建设，解决了4万名群众饮水安全问题；完成111个村级组织活动场所建设。继续完善新型农村合作医疗制度，区、乡、村三级医疗卫生服务网络进一步健全。不断完善城乡义务教育经费保障机制，教师队伍素质整体提升，课改工作逐步深化，教育教学质量不断提高。强化文化市场管理，推进文化企业改革，加快农村文化事业发展，营造了健康活跃的文化氛围。积极落实计划生育奖励扶助政策，全区低生育水平保持稳定。开展丰富多彩、健康向上的体育健身和竞赛活动，竞技体育和全民健身运动得到加强。积极推进就业和再就业工作，社会保险覆盖面进一步扩大。不断提高城乡低保标准，全年共发放城乡低保金2500万元。深入开展军民共建活动，“双拥”工作整体水平得到提高。与此同时，以节能减排为中心，强化环境监察，深入推进“蓝天碧水”工程，积极开展“全面整治企业环境行为”和“保护南山生态环境”等专项行动，全区环境质量显著改善，城区二级以上天数达到了354天。广泛开展安全生产宣传教育，持续推动安全专项整治，确保了全区安全生产大局的稳定。审计、人事、人武、民族宗教、老龄、档案、区志等工作，也都取得了新的成绩。（王英杰）

【领导人名录】

区委书记　于　波*
　　　　　李润山
副书记　张建元
人大主任　李　治
副主任　李振太　耿析镭
　　　　雷进存　李仲管
区　长　邓雁平*
副区长　靳虎刚　张天才
　　　　祁武昌　王宗勤
　　　　陈建国
　　　　周茂玉（挂职）
　　　　巴　黎
政协主席　柴存喜
副主席　曹玉贤　皮振江
　　　　冯淑芳

# 河津市

【概述】 河津市地处山西省西南部，汾河与黄河交汇的三角地带，南有台地与万荣毗连，北枕吕梁山与乡宁接壤，东连汾水与稷山毗邻，西隔黄河与陕西省韩城市相望。市内有汾河横穿中部而过，形成自北向南呈两端高中间低的马鞍状。全市南北长35千米，东西宽27.5千米，总面积593平方千米。市辖2个街道办事处、2镇、5乡，148个行政村，总人口390996人。河津历史悠久，位置险要，交通便利，地矿资源和水利资源丰富、境内大中型企业云集，是山西省经济强市之一。

2009年，是改革开放以来河津经济发展最为困难的一年，面对国际金融危机的严峻考验，全市人民在市委市政府的正确领导下，坚持科学发展观，围绕“保民生、保增长、保稳定”的目标任务，全面贯彻落实中央一揽子宏观经济刺激政策和措施，全力推进项目建设、城乡建设、生态建设和民生建设，经济内生动力增强，二次创业之势初显，全年完成GDP161亿元，财政总收入18.4亿元，固定资产投资82.6亿元，城镇居民人均可支配收入16045元，农民人均纯收入8625元，经济社会发展和各项工作都取得了新的进展。（原青昌）

【工业经济企稳回升】 2009年初，受国际金融危机影响，本市经济遭到前所未有的困难。年初，全市主要工业产品价格大幅度下降，氧化铝、电解铝、焦化、钢铁行业生产成本上升，效益大幅下滑，企业陷入困境，全市多数企业限产，部分企业停产，面对严峻形势，市委、市政府采取各种措施，积极应对挑战，帮助企业联系原煤300万吨，新增贷款12亿元，缓解了原料，资金压力，组织关联企业，相互帮助，抱团过冬。号召企业家承担社会责任、尽量少裁员、不放假。企业员工、周边群众支持企业，共渡难关。经过努力，全市68家规模以上企业，虽然还有部分限产，2家停产，但没有一家破产。年末，焦化产能恢复到70%，钢铁产能恢复到90%，氧化铝产能恢复到95%，电解铝产能恢复到85%，全市规模以上工业总产值完成263亿元，只比上年下降了16.2%，规模以上工业企业主营业务收入和主营业务成本分别为228.3亿元和216.4亿元，从产销情况来看，规模以上工业产销率98.4%。工业生产先抑后扬，全市经济出现回升向好的态势。

（原青昌）

【项目建设扎实推进】 针对金融危机中暴露的本市传统产业结构偏重、资源依赖、抗风险差等情况，2009年，市委、市政府把项目建设作为推进转型发展的切入点，围绕产业链条延伸，资源综合利用，新型产业发展，煤焦企业转型四个方面，先后建成康庄12万吨铝板材，晋都5万吨铝材，博翔5万吨铝棒材，鑫升4万吨炭黑，达康20万吨镍铁，华鑫源50万吨线材，凯特2万吨石油催化剂，鑫诚3万根液压支柱及宏泰2亿块粉煤灰砖等10多个项目。总投资50亿元的王家岭煤矿项目进展顺利，年产7000万立方米液化天然气的太工天成项目进入调试阶段，宏达80万吨螺纹钢项目试车运行，华晟60万吨焦炉等项目进展顺利，喜民6000吨药源材料项目开工建设。煤炭资源整合基本完成，兼并重组后的腾晖、海圣、杜家沟等煤矿开始复工复产。全市在建工业项目总投资达100亿元，培育了一批新的经济增长点。（原青昌）

【新农村建设步伐加快】 2009年，全面落实惠农政策，全年发放粮食直补和农资补贴2980万元，实施双创增粮计划。全市粮食总产达1.4亿公斤。大力发展设施农业，新建无公害蔬菜大棚210个。加强农村基础设施建设，提前实现村通油路、村通广播电视、村级卫生室、村级组织场所四个全覆盖。加强农村教育、医疗、文化投入，充实完善农村中小学卫生设施，改扩建柴家、阳村、樊村、僧楼、下化5所乡镇卫生院和城区卫生服务中心。农民群众生产生活条件进一步得到改善。

（原青昌）

【重点工程建设】 加大跑项目、争资金力度，全年共争取水利、交通、城建、卫生等140多个项目，争取资金2.1亿元。全部用于基础建设。投资2500万元，新建北城公园；投资6000余万元，开工建设城市六座铁路立交桥；投资4000万元，开工建设108和209国道城市立交桥；投资1400万元，改造鑫光大道；投资700万元，改造老209国道小梁至城区段；投资500万元，扩大集中供热管网覆盖，新增供热面积25万平方米；投资2.4亿元，开工建设220千伏干涧变电站、110千伏城南变电站和110千伏石庙梁变电站；投资3100万元，完成龙门集中供水一期工程，城乡基础设施进一步完善。

（原青昌）

【人民生活和社会保障】 2009年，民生保障力度加大，坚持教育优先发展，整合教育资源，撤并百人以下中小学5所，择优录取教师165名，中高考达线率稳步提高。高考二本以上达线人数704人，较上年增长16.7%，交通邮电快速发展，全市公路总里程达831公里，年末汽车拥有量34678辆，宽带用户4.2万户，移动电话26.3万户。医疗卫生工作进一步加强，全市152个村级卫生室全部达标，年末卫生机构拥有病床1880张，新型农村合作医疗参合率达99.1%。社会保障体系进一步完善，全年发放城乡低保金1888元。全面推行新型农村社会养老保险，参保人数达12.6万人，征缴保险费3352万元，发放养老金1021万元。启动城镇居民基本医疗保险，参保人数达2.3万人。加大职业技能培训力度，全年培训各类人员8000余人，转移农村剩余劳动力7000余人。（原青昌）

【和谐社会建设】 2009年，全面加强党的建设，深入开展科学发展观学习实践活动，各级党组织的凝聚力和战斗力进一步加强，严格落实党风廉政建设制度，加强宣传文化阵地建设，全市农村图书室达195个。全面加强社会管理，加大生态建设和环境保护力度，关停9家污染严重企业。完成三北防护林7000亩，沿黄沿汾绿化工程，道路绿化工程，北城公园绿化工程全面完工，全市二级以上天气达345天，跨入全省空气质量优良行列。加强土地市场管理，坚决狠抓安全生产，全年没有发生重特大安全生产事故。加强甲型流感疫情防控，全市没有发生一例病例。完善社会保障体系，启动城镇居民基本医疗保险，参保人数达2.1万人，深入开展严打整治，社会治安秩序明显好转。加强信访稳定工作，积极排查和处理各种矛盾，全国“两会”和新中国成立60周年和全省“两会”期间，基本实现赴京进省零上访。 （原青昌）

【领导人名录】

| | |
|---|---|
| 市委书记 | 崔克信* 杨勤荣 |
| 副书记 | 杨勤荣* 李亚丽 |
| 市委常委 | 崔克信 杨勤荣 李亚丽 阎新民 赵玉明 杨敬福 张有荣 邓文义 胡凯旋 侯鹏程 刘宽亮* 张作伟 杨国栋* 赵红权 |
| 秘书长 | 胡凯旋 |
| 人大主任 | 崔会民 |
| 副主任 | 薛振中 师文科 郭建立 原慧芳 卫学瑞 武建军 |
| 秘书长 | 吕俊康 |
| 市长 | 杨勤荣* |
| 副市长 | 阎新民 杨敬福 刘宽亮* 张作伟 武俊喜 董耿 马振河 |
| 秘书长 | 柴存建 |
| 政协主席 | 王锡义 |
| 副主席 | 李琦 |
| 秘书长 | 王建荣 |

## 永济市

【概况】 2009年，永济市辖7镇，3个街道办事处，265个村民委员会，402个自然村。国土总面积1221.06平方公里，全市总户数131579户，总人口446375人，比上年增加1082人，人口自然增长率为5.03‰，在总人口中男性223773人，女性222602人，女性与男性比例为100：100.53。城镇人口260898人，乡村人口185477人。年末在岗职工27479人，职工年平均工资22334元，比上年增长9.6%。 （薛越茜）

【国民经济】 2009年，全市生产总值完成65.5亿元，同比增长7.2%；财政收入完成5亿元，比上年下降16.6%；固定资产投资完成21.3亿元，同比增长56.8%；城镇居民人均可支配收入完成12516元，增长6.8%；农民人均纯收入完成5090元，增长13.9%；金融机构各项存款余额53.9亿元，增长19.7%，全年累计投放各项贷款27亿元，同比增长50%；社会消费品零售总额完成24.9亿元，同比增长15.7%；实施招商引资项目61个，到位资金14.66亿元。 （薛越茜）

【工业】 2009年，全市规模以上工业总产值123.5亿元，同比增长4.3%；规模以上工业增加值28.3亿元，同比增长9.7%；规模以上工业企业纳税30605万元。全年组织实施了17项重点工业项目，总投资27.3亿元，其中，投资3.5亿元的粟海集团肉鸡扩建项目、投资1.5亿元的丰喜化工设备公司煤化工装备二期工程、投资5000万元的广海铝业年产4万吨铝合金棒等8个项目已建成投产，新时速电机电器公司风力发电及动车电机技改项目、海丰铝业“1151”工程等9个项目正在实施。

（薛越茜）

【“三农”工作】2009年，全市粮食播种面积60667公顷，其中小麦面积26000公顷，棉花面积16800公顷，芦笋面积7867公顷，干鲜果林面积12000公顷，设施瓜菜面积733公顷。畜牧业保持旺盛发展势头，年末全市牛存栏2030头，出栏肉牛658头；生猪存栏35622头，出栏肉猪47618头；羊存栏23001只，出栏肉羊14336只；鸡存栏102.97万只，出栏肉鸡298.38万只；肉类总产量546.6万公斤，鲜蛋总产量289万公斤。全市新农村建设完成投资1.5亿元，新农村建设村达到195个，12个村被授予“省级卫生村”称号，28个村达到电气化村标准，124个村达到园林村标准。2009年，永济市先后获全国科技进步先进市、全国粮食生产先进市、全省“禹王杯”农田水利基本建设先进市、全省造林绿化先进市称号。

（薛越茜）

【城市建设】 2009年，全县城市基础设施建设工程全年完成投资8.5亿元。中山街电机大道主车道、运蒲旅游路永济段、西厢路立交桥提升改造工程先后竣工并投入使用；鑫大国际广场主体工程建设接近尾声；城市沿街商铺改造成效显著，银杏商厦、舜都家电市场建成运营；市人民医院住院楼主体工程已经完工；城市天然气建设工程取得突破性进展；涑水河城区段一期治理工程进展顺利，舜都涑水桥建成通车；惠民小区经济适用房和廉租住房建设项目全面竣工，城市新增公共绿化面积11.4万平方米，城市绿化覆盖率达到36.8%。

（薛越茜）

**【交通建设】** 2009年，全市公路交通总投资1.6亿元，新增通车里程400余公里。村通水泥（油）路建设工程全面完工，完成全覆盖目标；翻新改造通村道路75个村236公里；修建六大乡村道路循环圈50余公里；完成鹳雀楼旅游路、王任线、董屯线、张梼线、张北线、北方线、干古线7条农村公路新建改建102公里；永临路高市桥改造工程顺利竣工，沿黄干线公路除黄河大道铁路桥未建成外，项目基本完工。

（薛越茜）

**【人民生活】** 2009年，全市“六个全覆盖”工作扎实推进，建制村通水泥（油）路、市镇村三级卫生服务体系暨村级卫生室建设实施全覆盖目标。中小学校舍安全改造实现全覆盖目标，同时新建标准化寄宿制学校35所；农村安全饮水全覆盖解决了2个农场、59个村5.3万人的饮水安全问题；村通广播电视覆盖率达85%；村级组织活动场所全覆盖完成了12个村。社会保障能力不断增强，全年共发放城乡保障金2689万元。启动实施了城镇居民医疗保险工作，参保覆盖面达60%；农村住房解困工程新解决了150户困难群众的住房问题。城镇登记失业率控制在3.7%，被省政府授予“创业就业先进县市”称号。家电下乡、良种补贴、农机具购置补贴等惠民政策全面落实，农民生活质量稳步提高。

（薛越茜）

**【社会事业】** 2009年，全市教育事业健康发展，素质教育全面推进，高考各类考生达二本线963人，同比增加237人。医疗卫生事业得到加强，甲型H1N1流感等传染病防治工作成效明显。新农合参保率达到96.1%，全年农民看病报销3400余万元。低生育水平保持稳定，为农村计划生育家庭发放奖励金530万元，同比增长117%。“蓝天碧水”工程全年完成二级以上天数356天。成功组织了第九届五老峰登山节、全国形意拳邀请赛、《鹳雀楼与金门》特种邮票首发式、山西省“为祖国喝彩”大型文艺演出、“八大剧种”同唱《西厢记》、“情定西厢”大型中式婚俗大典等活动，荣获“山西省文化强县”称号。水峪口、秀水山庄等休闲旅游快速发展，旅游客栈、农家乐达到17家，西厢仿唐一条街改造全面完工。荣获“中国十大最佳投资环境城市”称号，实施招商引资项目61个，到位资金14.66亿元。安全生产卓有成效，全年无一起重特大事故发生。信访维稳工作扎实推进，开展了一系列信访积案化解工作。社会治安综合治理力度进一步加大，应急管理、防震抗灾和治理非法超载超限车辆工作不断加强。人民防空、拥军优属、档案、统计、物价、老龄、残疾人等工作都取得了新的进展。

（薛越茜）

**【民主法治建设】** 2009年，全市坚持向市人大及其常委会报告工作和向市政协通报情况制度，主动接受监督，全年共办理人大代表建议138件，政协委员提案170件，按时办结率100%。加强与工会、共青团、妇联等人民团体的联系，认真听取各方面意见和建议。完善重大行政决策程序，进一步规范决策行为。不断深化行政审批制度改革，完善政策投资项目招投标制度，加大信息公开力度，推动行政权力公开阳光运行。强化行政监察和审计监督，积极开展专项治理，惩治和预防腐败体系建设工作深入推进。

（薛越茜）

**【农村公路建设】** 2009年，市委、市政府按照中央“保增长、保民生、保稳定”的总体要求，强力推进交通重点工程建设，农村公路建设取得显著成效：1.投资180余万元，为蒲州镇的宝泉村、石庄修建通村公路7公里，实现了全市村村通水泥（油）路100%全覆盖；2.投资500余万元，翻新改造了全市10个镇办75个村236公里的通村道路；3.投资1300余万元，在全市修建了6大乡村道路循环圈50余公里，即吴村—王朔、开张—普乐头、常青—王店、下吕芝—介峪口、枣圪塔—石桥、梼栳—韩村，实现了村村相通；4.投资3000余万元，新建改建7条农村公路。自2009年4月25日至11月底，相继完成了万鹳旅游路、王任线、董屯线、张梼线、张北线、北方线、干古线等7条农村公路的新建改建任务，总里程102公里；5.投资5000余万元，完成沿黄干线公路48公里的二期建设任务；6.永临路高市桥改造工程竣工。2009年，全市农村公路建养实现总投资1.6亿元，翻新改造里程达400余公里，惠及全市10个镇办142个村庄，沿线直接受益群众达26万余人。 （薛越茜）

**【银杏商厦投入运营】** 2009年10月，银杏商厦竣工并投入运营。银杏商厦是永济市2009年沿街建筑物提升改造的一项重要工程。该工程位于市区舜都大道与银杏街交汇处，由西北综合勘察研究院设计，永鑫房地产开发公司投资建设，总投资1500万元。工程于2008年5月动工兴建，建筑面积1.3万平方米，分为地下一层，地上五层。商厦为全框架仿唐风格，内部配置有中央空调，电梯4部。商厦的商业布局为：临街门面13间，地下一层经营好风景家私，地上一、二层为好又多购物广场，三、四层经营全友家私，五层为商业办公。其中投资2000余万元的好又多购物广场于2009年10月投入运营，总营业面积5800平方米，职工200余人。经营项目有购物、休闲、娱乐等。 （薛越茜）

**【蒲州老围埝修复工程】** 黄河蒲州老围埝应急防洪修复工程位于蒲州镇黄河滩区，始建于1967年，西与城西工程路堤相接，北与引黄二级退水渠相连，全长4.15公里，因年久失修，毁坏严重。2009年3月26日，黄河龙门流量2780立方米/秒，导致蒲州镇黄河漫滩，漫滩总面积42000公顷，河水从老围埝缺口流入该镇的西厢村，对人民生命财产安全造成威胁。国家黄河治理委员会、省、市各级领导对老围埝修复工程高度重视，多次亲临现场检查指导黄河防汛工作，对老围埝修复作出重要指示。永济市委、市政府积极筹措资金，组织工程实施。该工程由运城市水利勘测设计研究院设计，标准为龙门流量3000立方米/秒，按龙门流量5000立方米/秒，在该段洪水位校核，围埝顶宽6米，边坡1：2。经过招投标后，由运城市聚鹏水利工程有限公司承建，运城市源泉水利水电监理公司负责质量监理。该工程于2009年7月10日开工，8月15日全面完工，总投资495万元，投入大型自卸汽车、装载机、挖掘机、推土机、振动碾等各类机械50余台（辆），完成土方14.11万立方米。该工程的建成，对保护黄河蒲州滩区鹳雀楼、唐代大铁牛和运城市水源地及沿河12个村庄人民群众生命财产安全具有重要的作用。 （薛越茜）

**【山西丰喜化工设备研发技改工程】** 山西丰喜化工设备有限公司是在原山西化工机械厂的基础上，按照企业制度的要求，精干主体、分流辅助、以多元投资为主体重组设立的新型现代化企业。公司于1999年9月进行了公司化改制，2003年10月又进行民营化改制，实行动态股权。2008年6月与阳煤集团签署联合协议，属国有控股公司。公司的主导产品为煤化工设备中的压力容器、不锈钢特种材料设备、换热器和机械产品四大系列，其中部分压力容器产品出口泰国、马来西亚、印度等国家。

公司自2006年9月至2009年9月，投资5亿元，分两期实施了5万吨煤化工成套设备研制开发技术改造工程。该工程项目的建设规模为煤化工专用压力容器25000吨，不锈钢及特种材料设备10000吨，换热器产品8000吨，煤化工设备配件4000吨，环保设备3000吨。项目投产后，新增煤化工设备5万吨，新增销售收入10亿元，新增利税1.75亿元，新增出口创汇1000万美元，新增就业岗位300个。 （薛越茜）

**【领导人名录】**

| | |
|---|---|
| 市委书记 | 武宏文 |
| 人大主任 | 杨文宁 |
| 市　　长 | 冯方汇 |
| 政协主席 | 刘临生 |

## 芮城县

**【概述】** 2009年，全县克服金融危机不利影响，各项主要经济指标均保持了较高增幅，特别是三项指标实现了新突破。县内生产总值突破40亿元大关，完成42.5亿元，可比增长7.5%；规模以上工业增加值突破10亿元大关，完成11.3亿元，可比增长17.9%；财政总收入突破3亿元大关，完成3.34亿元，同比增长13.3%。同时，一般预算收入完成9730万元，同比增长18.8%；固定资产投资完成17.6亿元，同比增长47.6%；社会消费品零售总额完成12.96亿元，同比增长28.6%；城镇居民人均可支配收入完成11950元，同比增长14%；农村居民人均纯收入完成4504元，同比增长13.7%。约束性指标，万元生产总值综合能耗下降到2.275吨标准煤，比上年2.41吨降低5.6个百分点；化学需氧量、二氧化硫排放量分别为2097吨和2236吨，均控制在3000吨以内；空气质量二级以上天数达336天，超全年任务76天，比上年增加26天。全县人口出生率控制在6.5‰，自然增长率控制在2.44‰，分别低于控制目标5.5和3.56个千分点。全年，全县紧紧抓住国家扩大内需一揽子计划的历史机遇，积极争取到中央投资和省市资金9758.2万元。（卫亚敏）

【工业经济平稳增长】 1.抓大，优势企业支撑作用明显。大唐电厂完成发电量61.2亿度，超出年初目标11.2亿度，完成产值15.6亿元，上缴税金8584万元。亚宝集团本部完成产值7.73亿元，同比增长26.5%；上缴税金8762万元，同比增长11.8%；实现利润1.34亿元，同比增长57.4%。两家企业对财政的贡献率高达52%，为全县经济在逆境中保持平稳较快增长提供了有力支撑。2.扶小，中小企业发展势头良好。通过成功举办第二届中小企业产学研对接会和洞宾酒业振兴专家组论坛、积极发挥信用担保公司作用、狠抓技改投入推动，大禹兽药、爱尔织业、乐达生化、亚宝兽药、义诺电子等一批中小企业跻身规模企业行列。全县工业上缴税金达2.55亿元，占财政总收入76.2%；利润减亏3.84亿元，减亏比达61%。《运城日报》以《在率先转型中嬗变》为题，对该县工业发展进行了重点报道，把芮城工业称作是“经济寒流中的一枝报春梅花”。（卫亚敏）

【“三农”工作】 2009年，全县农业生产全面发展。全年粮食总产2.33亿公斤，同比增长7.6%，荣获全省粮食生产先进县。农业基础条件不断改善。大禹渡灌区续建改造工程如期建成通水，新增水地面积6万亩；风陵渡、阳城、西陌3处集雨灌溉工程建成运行，新增管灌、滴灌面积6700亩；完成中低产田改造1.43万亩；实施农机具补贴1500余台（件）；引黄灌溉水价由每方0.6元降为0.25元。农业科技含量有效提升。对40万亩农田进行了测土配肥，建立夏粮免耕示范区5万亩、小麦丰产方1.7万亩、苹果标准化示范园2045亩。专业合作社建设不断加强。新增农民专业合作社98个，全县合作社总数达到279个，辐射带动农户6.5万户，带动农民增收3500余万元。新农村建设扎实推进。新建新农村重点推进村20个，全县省级新农村数量达到72个，其中80%的村完成了规划编制、“四化四改”和“五个一”工程建设任务。新发展农村户用沼气2000户。同时，全年通过职业技校培训农民工2000人，转移、输出农村劳动力8240人。农民人均纯收入比上年净增541元。

（卫亚敏）

【旅游经济】 2009年，洞宾文化园项目前期筹备工作全部完成，本年将开工建设。成功举办中国·芮城第二届永乐宫国际书画艺术节和北京、西安旅游招商推介会，成立芮城籍在京人士联谊会，逐步打开北京、西安等客源市场。百梯山景区规划通过验收；城隍庙修缮方案和保护规划通过国家文物局评审；芮城大酒店荣膺四星级旅游酒店。影印出版《吕祖洞宾故事图集》；成功开通吕祖洞宾文化网；挖掘开发出五毒戏蟾布艺、郭子仪拜寿图水晶制品、兰亭真迹长卷等具有浓郁地方特色的旅游产品。溢香牌酱菜获全市“十佳旅游特色食品奖”。（卫亚敏）

【交通建设】 2009年10月28日，运灵高速公路正式开工建设，芮灵黄河公路大桥已由交通设计院完成设计,并通过国家黄委防洪评价，制约芮城发展的交通瓶颈被彻底打破。同时，平风线大王至风陵渡段27公里路面改造工程、圣天湖10公里二级旅游公路建设工程、沿黄干线县城过境段和平风线绕城公路后续工程以及26公里县乡道路翻新改造工程，均建成通车。（卫亚敏）

【城市建设】 永乐广场北扩拆迁工程，总投资5407万元，拆迁面积50139平方米，是该县有史以来拆迁面积最大、涉及户数最多的市政拆迁工程。8月25日动员会之后，仅用半月时间就全部签订了搬迁协议，仅用两个半月时间就圆满完成了拆迁任务，并实现了“零投诉、零上访、零冲突、零事故”，再一次彰显了芮城干部谋事成事的效率和水平、芮城群众顾全大局的境界和襟怀。污水处理工程，本年底主体大楼建设已经完工，预计下年4月份完成一期工程，9月份竣工运营。舍利街新修两侧排水渠道4600米，硬化人行道16600平方米；永乐南路新埋设两侧排水管道

2100米，改造主车道路面13200平方米，新修自行车道13528平方米；亚宝路改造路面和埋设排水管道320米。同时，全县以“三无三化”为目标，坚决取缔店外经营、随地摆摊设点和车辆乱停乱放，统一门头牌匾，规划流动摊点，划定停车区位，绿化新增面积6.82万平方米，亮化临街建筑70余栋，清运垃圾13650立方米。城市形象得到进一步提升。

（卫亚敏）

**【民生工程】** (1)义务教育阶段债务化解全面启动，化解中小学债务1800万元。(2)投资2014万元，完成集中供水工程5处，单村供水工程31处，解决了130个自然村3.9万人的饮水安全问题。(3)投资76万元，为各乡镇机关所在地和71个新农村配备了84辆垃圾清运车、192名保洁员，并对保洁员给予了工资补贴。(4)投资230万元，拓宽县乡道路八字口18处，为8条县、乡道安装标志牌533块。(5)投资336万元，完成廉租房和农村解困住房建设，解决了140户城乡低收入家庭住房困难。(6)出资24万元，为全县290名90岁以上高龄老人每人给予了800元的健康补贴。(7)全县农村低保总人数突破万人大关，达到11220人，比上年净增1956人。(8)公职人员津贴补贴从7月起由每月400元提高到600元，增幅达三分之一。烤火费由上年每人600元提高到700元并落实到位。(9)总投资991万元，消灭中小学校舍危房16122平方米。(10)总投资2000万元，新建县人民医院住院楼两栋1万平方米，年底主体工程已经完工，下年4月底将投入使用。同时，“六个全覆盖”全力推进。建制村通水泥（油）路、村通广播电视、村级卫生室已实现全覆盖。中小学校舍安全、农村饮水安全、村级组织活动场所三个全覆盖均如期完成当年任务。全年，县财政直接用于民生工程、民生实事方面的支出占一般预算支出的79%。（卫亚敏）

**【安全稳定工作】** 2009年在安全生产工作方面，深入推进“安全生产年”和“专项整治年”活动。出台了8项安全生产制度；关闭取缔179家非法生产经营单位，停产整顿181家存在重大安全隐患的生产经营单位；聘请专家对35家化工企业进行了安全评估，与北京化工大学联合建立了“科技特派员”制度，编制了《山西芮城化工企业安全生产规划》。应急管理工作，积极探索完善“五进五查五强化”机制，在全省综合考评中名列县级第一。7月份，市政府在该县召开了全市应急管理工作现场会。防控甲型H1N1流感、抗击暴雪冰冻天气工作扎实有效。维护稳定工作，先后投入500余万元，建立县乡综治服务中心，为政法系统充实装备、人员等，并通过严打、矛排、防控、加大县城严管区域治安、交通巡查力度等措施，确保了全县政治稳定、社会安定。

（卫亚敏）

**【领导人名录】**

| | | |
|---|---|---|
| **县委书记** | 王正风 | |
| **副书记** | 陈　杰 | 李泽亮 |
| | 胡金虎 | |
| **常　委** | 姚新亭 | 余妙珍 |
| | 王吉敏 | 秦全法 |
| | 李建刚 | 贾国平 |
| | 杨国义 | |
| **人大主任** | 周敬安 | |
| **副主任** | 任武贤 | 郑建斌 |
| | 范孟春 | |
| **县　长** | 陈　杰 | |
| **常务副县长** | | 姚新亭 |
| **副县长和县长助理** | | 张自刚 |
| | 时定乾 | 姚广升 |
| | 任　刚 | 卢志刚 |
| | 李建武 | 李中贤 |
| **政协主席** | 李万廷 | |
| **副主席** | 王建业 | 高亚平 |
| | 刘百威 | 李秀民 |

# 临猗县

**【概况】** 临猗县位于山西省西南部，地处东经110° 37′ ~ 110° 54′、北纬34° 58′ ~ 35° 18′之间，东西阔55公里，南北长33公里，面积1339.3平方公里。东南与盐湖区接壤，西南与永济市毗邻，西濒黄河与陕西省合阳县相望，北面与万荣县相连。辖猗氏镇、牛杜镇、楚侯乡、嵋阳镇、庙上乡、临晋镇、东张镇、七级镇、角杯乡、孙吉镇、北辛乡、耽子镇、北景乡、三管镇、卓里工贸区、闫家庄工贸区。下辖375个村委会、550个自然村。2009年末，全县总人口567174人，其中：男性人口287118人，女性人口280056人，城镇化率26.08%，人口出生率11.26‰，人口死亡率6.10‰，人口自然增长率5.16‰。（程明清）

**【综合经济】** 2009年，受全球金融危机的影响，临猗经济经受严峻考验，农业生产遭受多重自然灾害，工业发展形势严峻，全县人民在县委的正确领导下，坚定信心，沉着应对，“危”中求机，全力以赴促发展，千方百计保增长，全县经济社会保持了平稳较快发展、和谐稳定的良好局面。2009年，全县生产总值完成62.06亿元，增长8%；农业总产值完成39.4亿元，增长11.4%；工业总产值完成56.1亿元，规模以上工业产值完成41.8亿元，均与上年持平；固定资产投资完成32.24亿元，增长80.6%；社会消费品零售总额完成25亿元，增长35.6%；财政收入完成2.34亿元，下降12%；城镇居民人均可支配收入11794元，增长12.4%；农民人均纯收入5019元，增长9.9%。

（程明清）

**【农业经济】** 农业生产喜获丰收。围绕“农民持续增收”，认真落实“一三产补二产”举措，不断强化基础设施建设，积极推广农业新技术、新品种，稳定粮棉生产，提升果林产业。全县农业获得好收成，为近年来最好的年份之一。

农业基础设施上，夹马口北扩续建顺利推进，新增和改善灌溉面积10万亩，回龙灌区节水改造工程完成投资800万元，增加了提水能力。北赵引黄工程顺利启动，完成征地清障工作，部分标段已开始施工。粮棉生产上，粮食总产量达21.36亿公斤，增长3200万公斤；棉花总产量2800万公斤，增长175万公斤。果业生产上，提出了“抓龙头、抓精品、抓品牌、抓市场”的发展思路，建成精品示范园60个，苹果套纸袋7亿个，膜袋40亿个，产量18.5亿公斤，新增产值10亿元。尤其值得一提的是，在传统农业大县向现代农业强县转变中，实现了三大突破。1.成立了鲜水果加工出口企业——万腾果业开发有限公司，注册了“万腾”牌鲜水果商标；2.通过了省出入境检验检疫局的出品认证，为临猗苹果打入国际市场奠定了基础；3.组织农口部门赴河南、河北等枣业发达地区学习考察，在庙上乡新建十个储藏库，试储冬枣40万斤，将鲜枣销售期延长了4个月，增值近3倍，为本县枣业二次振兴闯出了新路。全县枣业面积发展到20万亩，被评为“全国枣业十强县市”之一。与此同时，参加首届中国（山西）特色农产品交易博览会，并荣获现场销售奖、农业高科技产品奖、优质产品奖等四项大奖。在农业产业化上，新建13个高标准的养殖小区，累计达到28个。积极开展农村土地流转管理工作试点，流转面积12.2万亩。争取专项资金180万元，扶持6个农业产业化龙头企业发展。新发展农民专业合社社174个，累计达到344个，入社社员覆盖农户6.2万户，统一销售农产品2.12亿元，在全市名列第一。在新农村建设上，新启动31个省级重点推进村，投资1475万元，大力实施“四化四改”和“五个一”工程，共硬化巷道73.97公里，栽植树木花卉35万株，新建村级科技文化活动室29个，便民连锁店30个，农民休闲健身广场17个。大力开展“创双优、迎国庆”城乡环境综合整治活动；共清理垃圾1.1万立方米，拆除户外厕所1.3万个，为群众创建一个干净、整洁的生活环境。对全县16个乡镇所在地、375个行政村、公路沿线的环境卫生进行了全面的检查排队，对前5名乡镇和前30名的村给予表彰。本县被省委表彰为“新农村建设先进县。”

（程明清）

**【工业经济】** 2009年，县委、县政府始终把保企业作为“三保”的核心来抓，按照“内部挖潜、外部招商”，实现工业跨越发展的工作思路，促进企业逆势而上，转型发展。1.积极开展县四大班子领导包企业和县直单位干部帮扶企业活动，深入企业排忧解难；2.出台一系列促进企业发展的文件，对重点企业实行挂牌保护，为企业创造宽松的发展环境；3.召开企业转型发展华晋现场会，取长补短，抱团取暖，并以县委、县政府名义出台《关于进一步推进全县工业转型发展的实施意见》；4.带领企业负责人赴江、浙、沪学习考察，学习先进企业的发展经验；5.邀请国家工信部、发展改革研究院相关专家为企业举办专题讲座；6.多次组织银政座谈会，邀请银行部门到企业考察，调研了解情况，为企业新增贷款4亿多元，工商银行结束十年来未向企业贷款的历史，为企业贷款6500万元。民营金融机构首次进入本县，拓宽了企业融资渠道，有效缓解了企业资金困难的问题。翔宇化工有限公司自主开发的石油裂解催化剂，被省科技厅鉴定为国际先进产品。华晋公司开发的纳米环保多功能仿旧休闲面料和50次水洗免烫服装布料，填补了市场空白，并在香港收购了16家贸易公司和销售点，聘请10名犹太人为业务员，将产品直接打入欧美市场。全年新增1个中国驰名商标，2个省级著名商标，1个省级技术中心，3个市级技术中心，新开发5项在国际、国内市场具有领先水平的新产品，新增亿元产值企业2家。尽管受到原材料涨价和产品销售价格降低等不利因素影响，工业生产总值和规模企业工业产值依然与上年持平，全县规模企业中没有出现停产停工和裁员减薪的现象，为支持全县经济发展和社会稳定做出了特殊贡献。本县工业应对金融危机的做法被省委政研室以《成效在危机中显现》和《规模不小等于实力差》为题分别刊登在省委《调查与分析》和《山西日报》上，得到了省委书记张宝顺和市长王安庞的关注和肯定。（程明清）

**【城市建设】** 城市面貌变化明显。2009年，按照“做好规划、改善环境、完善功能、增强实力、丰富内涵、提升品位”的思路，以项目建设为载体，积极推进城镇化建设。在改善城市基础设施上，投资3800万元，启动实施了五一路北延、峨嵋大道、嶷山路、郇阳街、北环路改造等道路新建扩建工程，县城道路基本实现网络化。在完善城市功能上，启动了经济适用房、廉租住房、农村危房解困、城市生活垃圾处理场、峨嵋公园、污水处理场、体育场改造和工人文化宫建设等工程，完成投资2700万元。尤其是天然气供气工程，结束了本县没有城市管道燃气的历史。完成县城集中供热、涑水河治理、建筑节能项目立项工作。在城市管理上，结合城乡环境卫生整治，加强城市交通、建筑施工、环境卫生管理，新建“名吃一条街”，整体搬迁了县城夜市，对县城主要街道的门店牌匾进行规范，新增设一批公交站台、出租车停靠点和公共停车场，新建5处水冲式公厕，城市功能日趋完善，环境明显改观，被省爱委会表彰为“卫生县城”。（程明清）

**【民生问题持续改善】** 2009年，全县以改善民生为目标，使发展成果更多地惠及城乡群众。圆满完成了省、市“六覆盖”和“十件实事”，解决了一批影响群众生产、生活的突出问题：1. 打通交通瓶颈。投资1360万元，改建了王开线临晋至北辛段、李汉至运临一级路、三管至运稷一级路等道路，结束了最后5个行政村不通水泥路的历史；2. 加强医疗卫生工作。争取国债投资480万元，完成角杯、嵋阳、孙吉等3所乡镇卫生院改造任务；投资700万元迁建妇幼院；实现村级卫生室全覆盖；积极开展甲型H1N1流感防控工作；为新农合配套资金470万元，全年为参合农民报销医药费4757万元，有效缓解了农民“因病致贫，因病返贫”的问题；3. 大力实施校舍安全改造工程。投资1114万元，新建7所寄宿制学校，完成校舍改造2.1万平方米，为义务教育阶段学生发放免费教科书810.9万元，为家庭困难寄宿生发放生活补助618.8万元。通过公开考试，为农村中小学聘用了101名教师。高考文理两大类达线885人，六大类达线1286人，创历史新高；4. 大力实施“三房”工程。启动了经济适用房、廉租住房、农村危房解困等工程。廉租住房主体工程年底基本完工，154户农村困难群众搬进新居；5. 继续实施防氟供水工程。4个乡镇72个村8万余人喝上安全卫生达标水，累计解决18万人的饮水安全问题；6. 完善社会保障体系。全面启动了城镇居民医疗保险和农村居民养老保险，全县医疗、养老、工伤、失业、生育等社会保障面进一步扩大。为624名大病患者救助资金84.7万元，安置就业人员3541人，全年共发放低保资金2245万元；7. 积极落实支农惠农政策。为5.7万户农民发放粮食直补资金2380万元。发放农机具购买补贴1964万元，补助总额位居全省第一，荣获“全国平安农机示范县”称号。发放家电下乡补贴438万元。兑现计生奖扶资金605万元。争取到全市唯一的“一事一议”奖补试点，总金额达1080万元，支持了全县339个行政村的367个公益事业项目建设；8. 文化事业成效显著。强力推进工作文化宫、体育场改造等公共文化设施建设，顺利通过“全国文化先进县”复查验收，被省政府授予“山西省文化强县”称号。（程明清）

**【财源建设不断巩固】** 2009年，“一财两税”部门面对收入减少、刚性支出增加的实际，加大征收力度，强化监管措施，做到依法征收，应收尽收。特别是财政部门千方百计、想方设法为本县辟财源、争资金、谋利益，全年新增转移支付资金近亿元，为全县经济社会发展提供了强有力的财力保障。同时严格支出审核，实施“四压四控”，保证了年初预算的正常执行，财政状况呈现出“一少三多”特点：“一少”，就是财政收入总量有所减少，全年财政收入完成2.34亿元，较

2008年减少3400万元；“三多”，一是可用财力有所增加。二是支出安排有所增加，个人该得的工资、津贴部分，全部足额发放到位，该增加的全部兑现；特别是在财政紧张的情况下，拿出550余万元用于公务员第二批过渡和事业人员的调资补发资金，拿出850余万元用于义务教育阶段教师的绩效工资及边远地区教师生活补助；各单位工作经费全部保障。三是对重点项目的资金安排也有所增加，2009年工程资金按进度支付到位，2010年重点工程预留资金也有所增加。

（程明清）

**【和谐社会建设】** 2009年，圆满完成第三次文物普查工作，全市在临猗召开现场会。建成“吴王水乡”一期工程，并完成吴王景区规划工作，标志着本县旅游业发展进入一个新阶段。在全县扎实开展“市级文明和谐县城”创建活动，并通过市文明委的检查验收，县城居民的整体素质和文明程序得到提高。注重民主法制建设，三级干部法制观念得到强化。破获各类案件361起，打掉犯罪团伙11个，有力地维护了社会稳定。扎实开展安全生产年和安全生产专项整治年活动，安全生产事故起数和死亡人数较上年大幅下降。大力实施“蓝天碧水”工程，二级以上天数达344天。县委办、人大办、新农村建设办公室、文体广电新闻出版局、农业委员会、农机中心、统计局等单位工作受到省级以上表彰。国土、监察、审计、粮食、金融、税务、工商、物价、地震、文物、档案、老龄、残疾人、地方志、妇女儿童等工作也取得新成效。

（程明清）

**【领导人名录】**

| | |
|---|---|
| **县委书记** | 胡　宝 |
| **副书记** | 史　凯　金永德　周邦稳 |
| **人大主任** | 路香芳 |
| **副主任** | 陈志兴　董海水　陈正道　杨文斌 |
| **县　长** | 史　凯 |
| **副县长** | 王玉民　杨建民　杨　湜　张富有　李志远　王启安　董学刚　陈竹琴 |
| **政协主席** | 孙正来 |
| **副主席** | 罗西文　王前科　陆展院　荆国杰 |

## 万荣县

**【主要经济指标平稳增长】** 2009年，全县地区生产总值完成29.9亿元，同比增长8.1%；规模以上工业增加值完成47亿元，同比增长5%；全社会固定资产投资完成17.6亿元，同比增长60.1%；财政总收入完成2.17亿元，同比增长8.06%；城镇居民人均可支配收入10326元，同比增长14.4%；农民人均纯收入3549元，同比增长14.5%；社会消费品零售总额13.7亿元，同比增长24%。

（薛勇勤　张东宏）

**【“三农”工作】** 2009年，粮食总产量达到1.27亿公斤。大葱、芦笋、中药材等特色农产品种植面积进一步增加。25个新农村建设重点推进村共投资3451万元，完成工程142项。全县苹果形势喜人，套纸袋13亿枚，总产量6亿公斤，同比增长20%，总产值10.7亿元，同比增长35%，果业人均纯收入2044元，比2008年净增494元。南景和汉薛两个节水园区建成。新建沼气池1700个，服务网点3个。汉薛、贾村1.5万亩中低产田改造完成。中小学校危房改造、村通广播电视、农村安全饮水、村级办公场所建设完成2009年目标任务，建制村通水泥（油）路和村级卫生所建设已提前实现全覆盖。

（薛勇勤　张东宏）

**【工业经济】** 2009年，受国际金融危机影响，全县规模以上企业运行困难，最严重的时期，共有8家企业处于停产、半停产状态。有关部门及时采取有效措施，对23家规模以上企业包联帮扶，先后为恒磁、鑫峰、黄腾、海兴等6家企业争取回扶持资金4800万元。总投资1.4亿元的镁业技改、化工扩建、恒磁扩建等工业项目建成投产，工业经济回升势头不断加固。恒磁科技、黄腾化工两家企业产值超过2.5亿元，鑫峰煤化、凯迪建材、汇源果汁、华康药业4家企业产值超亿元，恒磁科技、黄腾化工税金超2000万元，汇源果汁、鑫峰煤化、华康药业、中鲁果汁税金超千万元。有关部门大力招商引资，引进各类项目86个，到位资金8.54亿元。特别是与汇源集团签订投资5亿元建设PET灌装和瓶装生产工厂协议，与TCL集团达成投资4.9亿元建设镁合金铸件生产线合作意向，工业发展的后劲不断增强。

（薛勇勤　张东宏）

**【文化旅游】** 2009年，黄河西滩景区建成开业，黄河湿地首届休闲旅游文化节成功举办，李家大院景区被评为山西省十大杰出旅游品牌之一，初步形成了全县六大旅游景区共同繁荣的大发展格局。通过开展旅游护照大发放，百家旅行社和媒体采风等活动，万荣旅游形象大幅度提升。全年接待游客突破60万人次，实现旅游收入500万元。万荣被正式命名为“中国笑话之乡”，电视连续剧《万荣人在北京》剧本已经完成，100集系列电视动漫剧《万荣笑话》已制作完成30集。新建图书馆大楼、7个乡镇综合文化站。建成了20个农村文化活动中心、文体广场、20个农家书屋、200个信息共享基层服务站点，极大地丰富了农民群众的业余文化生活。

（薛勇勤　张东宏）

**【基础设施不断完善】** 2009年，新城区实现24小时集中供暖，供暖面积达20万平方米，老城区铺设天然气管道20公里，7个单位安装了天然气锅炉，天然气用户达260多户。污水处理厂进水调试，垃圾处理场开工建设。人民公园一期工程建设完成，府东巷绿地建设接近尾声，荣河路、新建北路、西环路建成投入使用，对8条小街小巷进行了亮化。道路建设上，闻合高速公路路基基本形成，李家大院至后土祠旅游路一期工程和沿黄扶贫路改线工程建成通车，文华线至稷王山道路改建和西卫至西孙石道路改建工程竣工通车。水利建设上，北赵引黄渠系建设全面启动，里望集中供水工程完工，荣河集中供水工程开工建设。（薛勇勤　张东宏）

**【生态环境明显改善】** 2009年，有关部门通过节能减排、工程减排、管理减排等三大减排行动，二氧化碳、化学需氧量两项主要污染物排放分别比上年减排1204吨和980吨。全年二级以上天数331天，城区空气质量稳步好转。扎实推进造林绿化工作。汾河流域建成绿化带4300亩，实施荒沟绿化9900亩，通道绿化21公里，村庄绿化28个村，县城绿化率达到27.8%，全县生态环境明显改善。（薛勇勤　张东宏）

**【安全生产整治】** 2009年，组织各类安全生产专项整治小组，对非煤矿山、危化企业、道路交通、消防等14个重点行业和领域进行全面整治。排查各类生产经营单位7079个，其中，关闭取缔1068个，停产停业整顿124个，对正常经营的5887个加强日常监督，将责任具体落实到相关监管部门、分管领导和监管人员。本县的安全生产专项整治工作经验在全省召开的安全监管工作会议上进行了典型发言。

（薛勇勤　张东宏）

**【各项社会事业】** 2009年，“科技富民强县”项目通过省科技厅验收，科技下乡活动蓬勃开展。全县高考文理两类达线人数历史以来首次突破300人大关，达线306人。农村寄宿制初中改造完成7所。新型农村社会养老保险国家级试点项目正式启动，全县4.8万名60周岁以上农民每人每月将领取养老金55元。119831人次享受到新农合补偿2805万元，全县受益面达到34.66%。新增城市低保200人，人均月补助130元，新增农村低保1200元，人均月补助66元。城乡大病医疗救助人数355人，救助资金118万元。全年共补发企业志愿兵和伤残军人拖欠工资184.9万元。解决了100户农村困难群众的住房问题。全年共发放计生奖扶金300万元。万荣县慈善总会成立，筹集到慈善基金150余万元。依法打击各类犯罪活动，全年共破获各类刑事案件323起，查处治安案件1741起，打掉各类犯罪集团12个，抓获网上逃犯132名，共批准逮捕122人，审查起诉91案136人，立查职务犯罪案8案4人，有力地维护了社会稳定。

（薛勇勤　张东宏）

**【县委、县政府自身建设】** 2009年，全县深入开展学习实践科学发展观活动，坚持解放思想，转变作风，强力推进各项工作。坚持依法行政，认真履行职责，不断推进职能转变。县政府全年办理人大代表建议249件、政协提案114件。为了深化行政审批制度改革，政务中心正式启动运行，率先在全运城市启动了行政审批专用章，全年办理行政许可项目442项、非行政许可项目28项、便民服务项目2668项。严格落实行风评议、检查收费备案、投诉举报受理、政务公开制度，发展环境进一步优化。积极推进党风廉政建议，全年立查各类案件50件，清理乡科级干部6人，已查结23件，正在查处27件。共处理各类违纪人员23人，给予党纪处分16人，政纪处分8人，撤职2人，免处1人，有效地惩治了腐败。

（薛勇勤　张东宏）

**【领导人名录】**

| | |
|---|---|
| **县委书记** | 卫孺牛 |
| **人大主任** | 王崇智 |
| **县　　长** | 张汪尤 |
| **政协主席** | 高彩青（女） |
| **纪检书记** | 刘政光 |

## 新绛县

【经济运行情况】 2009年，国民经济形势总体回升向好，各项社会事业取得新的进展，人民群众生活水平明显提高。据初步核算，全年全县生产总值达到398592万元，按可比价格计算，比上年增长10.3%。其中，第一产业增加值110888万元，增长5.1%；第二产业增加值168209万元，增长19.2%；第三产业增加值119495万元，增长3.4%。第三产业占生产总值的比重分别为27.8%、42.2%和30.0%，对经济增长的贡献率分别为10.6%、77.2%、12.2%。全县人均生产总值12068元，按年平均汇率折算1767美元。

第三产业比例由2008年的21.9:42.0:36.1调整为27.8:42.2:30.0。与上年相比，第一产业比重上升5.9个百分点，第二产业比重上升0.2个百分点，第三产业比重下降了6.1个百分点。

全县居民消费价格比上年上涨0.4%。商品零售价格下降0.9%。工业品出厂价格下降19.9%。（许 隽）

【农业】 2009年全县农作物总播种面积61155公顷，比上年增加7405公顷，增长12.1%。其中：粮食43630公顷，比上年增加3172公顷，增长7.3%。在粮食作物中，夏粮26028公顷，秋粮20774公顷。玉米播种面积达到18288公顷。在经济作物中，棉花1406公顷，上升0.4%；油料657公顷，下降33.0%；瓜果25公顷，上升25.0%；水果2141公顷，下降10.8%。由于种植结构的优化和农业投入的增加，全年蔬菜获得了大丰收。全年全县蔬菜播种面积10373公顷，增长76.7%。其中，大棚蔬菜3950公顷，增长35.2%；蔬菜产量达到518721吨，比上年增长67.0%。据抽样调查推算，全县粮食总产量达到175964吨，比上年增长3.6%。其中，夏粮79805吨，减产12.4%；秋粮96159吨，增长22.2%。

全年全县肉类总产量16574吨，比上年增长26.1%；奶类产量10448吨，比上年增长15.4%；禽蛋产量18147吨，比上年下降1.2%。全年完成造林面积2.42万亩，四旁植树25万株，跨入全省林业先进县行列。（许 隽）

【工业和建筑业】 全县工业完成增加值15.16亿元，比上年增长19.9%。其中：规模以上工业完成增加值10.9亿元，比上年增长50.16%。产品销售率95.74%，比上年上升2.5个百分点。

全县规模以上工业主营业务收入32.4亿元，比上年增长27.88%；实现利税16310万元，下降15.5%；实现利润2356万元，下降53.79%；亏损额4673万元，下降31.8%。

初步测算，全年能源消费总量131.14万吨标准煤，比上年增长9.8%。其中，电力消费10.5亿千瓦时，比上年增长7.8%。全县万元地区生产总值能耗3.29吨标准煤，比上年下降8.4%；万元地区生产总值电耗2634千瓦时，比上年下降24.05%；规模以上工业增加值能耗5.39吨标准煤/万元，比上年下降36.1%。

2009年末，全县具有资质等级的建筑企业2个，共完成总产值16077万元，比上年增长29.1%。具有建筑资质等级的总承包和专业承包建筑企业实现利润27.1万元。（许 隽）

【固定资产投资】 全年全社会固定资产投资完成279005万元，比上年增长48.1%。其中，城镇以上投资241303万元，增长68.6%；农村投资37702万元，下降30.3%。

按产业分，第一产业投资25271万元，比上年增长82.1%；第二产业投资149915万元，增长30.6%；第三产业投资103819万元，增长41.1%。按登记注册类型分，国有投资完成62373万元，增长128.6%，非国有投资216632万元，增长34.5%。（许 隽）

【交通和邮电】 截止2009年底，全县铁路营运里程18.3公里。公路线路里程658公里（含村道）。其中：国道、省道44公里，县道、乡道、村道及专用道614公里。2009年，全县公路客运量94万人，比上年增长16.2%；公路货运量108.5万吨，增长6.5%。公路旅客周转量3352万人公里，比上年增长3.5%；公路货物周转量5000万吨公里，增长1.9%。

全年全县完成邮政业务总量1620万元，比上年增长15.6%；全年订销报纸301万份，下降6.25%；订销杂志6万份，下降16.52%；收寄国内函件19.5万件，下降14.93%；收寄国内包件7780万件，下降13.97%。

全年全县完成电信业务总量9025万元，比上年增长7.5%。年末固定电话用户

33366户，比上年下降9.3%；移动电话拥有量为123523部，比上年增长7.8%。宽带接入用户达14207户。（许 隽）

【商业和市场物价】 全年全县社会消费品零售总额180021万元，增长24.2%。其中：县的消费品零售额96107万元，增长21.4%；县以下消费品零售额83914万元，增长28.5%。在零售总额中，批发业完成83693万元，增长38.0%；零售业完成63116万元，增长11.9%；住宿餐饮业完成34212万元，增长18.8%。（许 隽）

【财政金融】 2009年全县财政总收入完成27868万元，比上年减收2495万元，下降8.22%。财政总收入占全县生产总值的比重由上年的8.8%下降为7.0%。其中：一般预算收入8828万元，比上年下降1.55%。四大税种共完成税收23565万元，占到财政总收入的84.6%。其中：增值税完成18538万元，下降13.83%；营业税完成3286万元，增长18.89%；企业所得税完成927万元，下降12.9%；个人所得税完成814万元，下降15.1%。

全年全县一般预算支出46979万元，比上年增长26.94%。其中：农林水事务支出增长20.31%，教育支出增长26.47%，科学技术支出增长20.45%，文化体育与传媒支出增长19.80%，社会保障和就业支出增长22.0%，医疗卫生支出增长18.11%，环境保护支出（焦炭排污费标准降低减征，支出减少）下降8.97%。

年末全县金融机构各项存款余额350818万元，比年初增加45446万元。其中：企业存款27064万元，比年初增长27.0%；财政存款15379万元，比年初减少37.9%；活期储蓄存款70259万元，比年初增长23.0%。年末金融机构各项贷款余额195263万元，比年初增加5823万元。其中：短期贷款147531万元，比年初增长6.5%；中长期贷款47733万元，比年初减少6.2%。在短期贷款中：工业贷款15836万元，比年初下降16.8%；农业贷款104932元，比年初增长13.1%；中小企业贷款3074万元，比年初减少14.4%。

全年全县财险、人寿险两大公司保费收入为5573万元，比上年增长13.0%。其中：财险业务保费收入1561万元，增长40.29%；寿险业务保费收入4012元，增长0.05%。全年支付各类赔款及给付901.91万元。其中，财险业务赔款663.91万元，寿险业务给付238万元。

（许 隽）

【科技、教育、文化和卫生体育】 科技队伍稳定发展，群众科技意识进一步增强。2009年全年专利申请9件，比上年增长50.0%。

2009年全县年末各类学校在校学生70138人，专任教师4387人。小学在校学生31992人，普通中学在校学生34276人，高等学校3870人。学龄儿童入学率达到100%。

全县年末共有各种艺术表演团体4个，文化馆1个，公共图书馆1个。农村电影免费放映率达到100%。全县拥有电视台1座，广播人口覆盖率80%，电视人口覆盖率98%，有线电视用户达到17587户，数字电视用户达到824户。

全县年末共有博物馆1个，馆藏文物1107件。重点文物保护单位157处，其中：国家重点文物保护单位8处，省级重点文物保护单位8处，市级重点文物保护单位3处，县级重点文物保护单位138处。历史文化名城建设取得新成就。

广播电视事业进一步发展，有线电视网络建设步伐加快，数字电视起步良好。全县拥有电视台1座，广播人口覆盖率为80%，电视人口覆盖率为98%，有线电视用户达17587户，数字电视用户达824户。

群众性文化体育生活日益活跃。全县组织了国庆广场文化周以及象棋、围棋、戏曲比赛和篮球、乒乓球比赛等，极大地丰富了广大群众的文化娱乐生活。截至年末，全县220个行政村中有193个村兴建了文体广场和群众文化活动室，农村文化体育事业得到长足发展。

全县年末共有医疗机构23个，其中，县级医疗卫生单位5个，乡（镇、街道）卫生院8个，社区卫生服务中心（站）4个，民营医院6个，村卫生所171个。各类医疗卫生技术人员1141人，其中医生146人。病床床位数899张。县乡村三级医疗卫生机构达标率97%。新型农村合作医疗覆盖率100%，参合率为95.1%。

（许 隽）

【人口和人民生活】 据抽样调查统计，全县2009年末总人口为330980人，比上年年末增加1806人。其中：男性166277人，占50.2%；女性164703人，占49.8%。人口出生率为11.13‰，人口死亡率为5.67‰，人口自然增长率为5.46‰。全县城镇人口 105441 人，乡村人口 225539 人，城镇化率达到 31.86%，比上年提高 1.39 个百分点。男女性别比为 100.96（女性为 100）。

2009 年全县城镇居民人均可支配收入 11451 元，比上年增长 12.6%；城镇占调查户数 20%的低收入者收入 6931 元，增长 13.8%；农民人均纯收入 4588 元，比上年增长 13.8%；农村占人口 20%的低收入者收入 2252 元，增长 14.0%。

年末全县从业人员 16307 人，比上年末增加 3749 人。全县在岗职工为 14745 人，比上年增长 31%，年平均工资 18338 元，增长 17.6%。其中：企业单位在岗职工年平均工资 16416 元，增长 31.7%；事业单位在岗职工年平均工资 20045 元，增长 15.1%。行政单位在岗职工年平均工资 18897 元，增长 1.3%。

年末全县城乡居民储蓄存款余额 277933 万元，比年初增长 15.3%。人均储蓄存款为 8397 元。

年末全县全年新增就业岗位 2557 个，下岗再就业 792 人，城镇登记失业率 2.5%。城市和农村低保人数分别为 3272 人和 8256 人。年末全市参加失业保险职工 10400 人，参加基本医疗保险职工 28123 人，参加工伤保险职工 4405 人，参加基本养老保险人数达到 1.1 万人，5300 多名离退休人员按时足额领到基本养老金。

（许　隽）

**【领导人名录】**

**县委书记**　李景发
**副 书 记**　王志峰　卢天狮　范宽衍
**县委常委**　赵顺太　李铁路　王功成　薛学农　王荣光　陈接运
**人大主任**　平兴旺
**副 主 任**　王宝奎　马新立　尚根全　史海菊
**县　　长**　王志峰
**副 县 长**　李铁路　杨振龙　赵高棠　田艺斌　卫保平　陈接运
**政协主席**　马怀茂
**副 主 席**　朱淑贞　许永红　王喜明　张　茜

## 稷山县

**【地理人口】**　气候　2009 年，全县年平均气温为 14.1℃，年极端最高气温为 40.1℃（6 月 24 日），年极端最低气温 -13.2℃（1 月 25 日），年日照时数为 2091.2 小时，年总降雨量为 343.1 毫米。初雪日 2 月 25 日，终雪日 3 月 2 日，最大积雪深度为 8 厘米（11 月 13 日）。最深冻土层为 35 厘米。初雪日 10 月 24 日，终霜日 3 月 14 日，年无霜期为 233 天。

人口　据测算，2009 年全县常住人口 343852 人。其中，城镇人口 91010 人，乡村人口 252842 人；男性 175476 人，女性 168376 人，人口性别比 104.22（以女性为 100，男性与女性的比例）；城镇化率 26.47%；人口自然增长率 5.08‰,人口出生率 11.59‰，人口死亡率 6.51‰。（程明云）

**【综合经济指标】**　综合初步核算，2009 年全县实现地区生产总值 398964 万元，按可比价计算，同比增长 11.3%。（比全国 8.7%高 2.6 个百分点；比全省 5.5%高 5.8 个百分点；比全市 6.7%高 4.6 个百分点）分产业看，第一产业实现增加值 61144 万元，同比增长 6.6%；第二产业实现增加值 201726 万元，同比增长 14.2%；第三产业实现增加值 136094 万元，同比增长 9.0%。三次产业结构比例由上年的 14.4：53.0：31.6 调整为 15.3：50.6：34.1。三次产业对经济的贡献率分别为 9.4%、63.5%、27.1%，拉动经济增长点数分别为 1.1%、7.1%、3.1%。2009 年人均 GDP 达到 11635 万元。（程明云）

**【农业】**　2009 年“三农”工作卓有成效。全年聘请省市专家蹲点指导，举办科技培训会 173 场，培训农民 2 万余人次；改造中低产果园 2 万亩，推广病虫害防治技术 11 项，建成板枣、葡萄、苹果、桃种植基地 61 个，新增红枣面积 1 万亩，水果 1 万亩；新建西社、化峪全宝兴、风柏种鸡等规模养殖示范基地 30 个。2009 年完成黄华峪水库加固工程，加高培厚汾河大坝 17.15 公里，同时新修引黄渠 15 万米，增加水地面积 5 万亩；发放小麦、玉米、农机等十项惠农补贴 5787 万元。2009 年全县农林牧渔业总产值为 108284 万元，同比增长 1.3%：实现增加值 61144 万元，同比增长 6.6%。

2009 年全年粮食种植面积 722427 亩，增长 1.2%。其中，夏粮面积 398134 亩，增长 3.4%；秋粮面积 324293 亩，增长 23.6%；红枣面积 54547 亩，增长 11.7%；葡萄面积 12015 亩，下降 0.3%。

2009 年粮食总产量 170860 吨，同比增长 6.8%。其中，小麦产量75764吨，同比下降14.9%；秋粮产量95096吨，同比增长34%。2009年红枣产量15583吨，同比增长11.9%。葡萄产量12379吨，同比增长9.9%。

2009年全县肉类总产量10993吨，增长24.8%；鸡存栏524万只，减少18%；猪存栏88486头，增长16%；猪出栏98421头，增长32.8%；禽蛋产量38500吨，增长1.0%。

（程明云）

**【工业和建筑业】** 2009年全县完成工业总产值496299万元，同比下降14.1%。31家规模以上工业企业实现产值424800万元，同比下降1.2%；实现工业增加值149957万元，同比增长22%（按可比价计算）。其中，轻工业实现产值13637万元，同比增长12.3%，重工业实现产值136320万元，同比增长22.9%。2009年规模以上工业实现利税2.03亿元，同比下降46.6%。其中，上缴税金1.86亿元，同比下降48.3%。亏损企业7家，停产2家。

在全县规模以上工业企业中，农副产品加工业实现增加值6283万元，增长25.9%；食品制造业实现增加值360万元，下降81.7%；纺织业实现增加值1479万元，下降4.7%；造纸及纸制品业实现增加值4936万元，增长30%；石油加工、煤焦及加工业实现增加值55405万元，增长69.7%；化学原料及化学制品制造业实现增加值17385万元，下降1%；医药制造业实现增加值580万元，下降13.5%；非金属矿物制品业实现增加值1437万元，增长17%；黑色金属冶炼及加工业实现增加值61066万元，增长25%；有色金属冶炼及加工业实现增加值848万元，下降96%。

2009年全社会建筑业实现增加值13916万元，同比增长6.6%。其中，具有资质的总承包和专业承包企业完成产值11191万元，同比增长21%。资质以上建筑企业房屋竣工面积162088平方米，增长11.6%。其中新开工面积134048平方米，占施工面积82.7%；房屋建筑竣工面积121736平方米，同比略有下降。 （程明云）

**【固定资产投资】** 2009年，全县共完成固定资产投资304588万元，同比增长85.9%。其中，城镇固定资产投资完成297423万元，同比增长83%；农村非农户完成7165万元，同比增长5.3倍；房地产完成投资1843万元，同比增长16.4%。

从建筑性质看：新建完成135616万元，增长147.1%；扩建完成33912万元，下降26.6%；改建和技术改造完成117938万元，增长113.6%。

从分行业看：制造业完成145791万元，增长66.5%；电力、煤气及水的生产完成102977万元，增长4倍；水利、环境和公共设施完成7484万元，增长97.1%；交通运输、仓储和邮政业完成10137万元，增长68.1%。

完工主要项目有：完成投资12.9亿元的太阳500KV变电站和化峪220KV变电站工程；东方公司总投资18000万元的三期工程、锰铁高炉建设和金属镁生产线；永东化工投资12000万元的30万吨煤焦油深加工及炭黑联产生产线；华南纺织有限公司总投资28645万元的10万枚精密纺及300台无梭织机生产线。 （程明云）

**【批零贸易和物价】** 2009年全县实现社会消费品零售总额为121177万元，同比增长32%。按销售地区看：县城实现消费品零售额72942万元，同比增长26.2%；乡镇实现消费品零售额为48235万元，同比增长41.9%。按行业看：批发零售贸易业实现消费品零售额100699万元，同比增长30.4%，其中限额以上企业11778万元，同比下降27.3%；限额以下企业及个体户88921万元，增长45.8%。住宿餐饮业零售额13033万元，增长54.1%，其中，星级企业476万元，增长3.6%；星级以外企业及个体户12557万元，增长57.7%。其它行业7445万元，增长21.3%。

2009年全县外贸进出口总额2788万美元，同比下降64.2%。

2009年全县城镇居民消费价格总水平（CPI）为100.3%，其中，食品价格上涨4.1%，交通和信息上涨9.8%；工业品出厂价格(PPI)下降19.7%，其中生产资料价格下降19.8%，生活资料价格下降1.81%。

（程明云）

**【交通与通信】** 2009年，全县公路通车里程累计达到700公里。全年新增里程35.9公里，新增高级、次级路面75.67公里，新建文明路5公里。2009年新建范家庄至兴宁坂儿上旅游公路7.25公里；改造管裴线太阳至翟店段公路6.7公里；改造宁仁线坑东至闻苍线3.6公里；完成村道、乡道29个项目67公里的建设工程。

2009年全县交通运输业完成客运量191万人，同比增长13%；完成货运量178万吨，同比增长16%。年末全县民用车辆达25507辆，同比增长10.6%。

2009年末全县固定电话达51023户，小灵通用户达8549部，手机用户达191583部。宽带用户27836户，同比增长184%。（程明云）

**【财政与金融】** 2009年全年财政总收入34155万元，比上年下降26.6%。其中，国税完成24001万元，同比下降29.8%；地税完成7401万元，同比增长6%；财政完成2753万元，同比下降48.6%。2009年一般预算收入完成10952万元，同比下降23.6%，一般预算支出62149万元，同比增长12.8%。其中，教育支出14310万元，增长19.8%；科技支出627万元，增长36.6%；农业支出7208万元，增长55.8%；医疗卫生支出5288万元，增长17.5%；文化与传媒支出547万元，增长14.2%；社会保障和就业支出11848万元，增长22.0%。

2009年金融机构存款余额350911万元，比年初增长14.8%。其中，城乡居民储蓄存款余额291371万元，比年初增长11%。金融机构贷款余额153068万元，比年初增长2.4%。2009年累计现金总收入132711万元，累计现金总支出137461万元，累计货币净投放4750万元。（程明云）

**【教育与科学技术】** 2009年末全县拥有各类学校289所。其中，职业中学1所，普通中学31所，小学121所，幼儿园136所。在校学生66002人。其中，职业中学在校生2095人，普通中学在校生25404人，小学在校生28144人，在园幼儿10359人。全县专职教师4497人。其中，职业中学专职教师94人，普通中学专职教师1534人，小学专职教师2228人，幼儿教师641人。2009年参加高考人数2636人，文理两大类录取1250人。

2009年全年科技创新配套资金累计达1076万元。全年申报成功科技计划项目9项，其中国家级2项，省级3项，市级4项。年末全县拥有各类技术人员4616人，其中高级职称106人，中级职称1479人，初级职称3031人。（程明云）

**【文化、卫生和体育】** 2009年继续打造彩印包装、螺钿、仿古青铜、杨赵灯笼四大支柱产业，其中螺钿、仿古工艺品在中国深圳第五届文化博览会争取到展位，签订合同、销售产品达30余万元；《稷山高台花鼓》参加了2009年中央电视台春节联欢晚会和《盛世和谐赞》国庆晚会，并在成都举办的非物质文化遗产评选节上被联合国教科文组织和文化部授予金奖。

2009年末全县新增文化活动广场25个，新增农民书屋23个；全年出版《后稷》文化会刊4期，组织力量编写《后稷》剧本，旨在提炼后稷精神，弘扬后稷文化；剧团巡回演出100余场，电影下乡2400场次；举办各类摄影、书法、美术大赛5次；新编《稷王传》在全市菊花奖汇演中获得五项大奖。

年末全县卫生医疗机构442个，其中医院11个，卫生院7个。卫生人员达到1774人，其中卫生技术人员1478人。2009年县乡村三级医疗卫生机构达标率84.53%。全县参加新型农村合作医疗的农民288785人，参合率95.41%。

2009年先后开展“华源杯”太极拳交流赛，“立功杯”门球赛，以及“农业杯”和“环保杯”篮球赛等体育活动；摔跤、武术、田径在省市比赛中均获得较好成绩。（程明云）

**【人民生活和社会保障】** 2009年全县城镇单位在岗职工平均工资为19966元，同比增长18.1%。全县城镇居民人均可支配收入10864元，同比增长13.1%。其中，财产性收入增长20.7%，经营净收入增长19.3%，工薪收入增长13.1%。城镇居民人均消费支出6718元，同比增长7.5%。其中，衣着类支出增长16.8%，交通通讯类支出增长12.6%，居住支出增长9.3%。全县农民人均纯收入4293元，同比增长10.4%。其中，工资性收入1991元，家庭经营性收入1902元，转移性收入295元。农民人均消费支出2973元，同比增长8.9%。其中食品支出923元，衣着246元，居住支出478元，家庭设备、用品支出248元。

2009年全县民政审定城市低保对象2949户5897名，占非农业人口的7.4%，全年发放城市低保金980万元；审定农村低保3939户10437名，占农业人口的4%，发放农村低保金625万元。全年共发放各类重点优抚对象抚恤补助款660余万元，发放五保供养经费和生活补贴 74 万元。

2009 年全县基本养老保险参保人数 8284 人，增长 6.8%；失业保险参保人数 1107 人，下降 5%；城镇职工保险参保人数 15470 人，增长 9.6%；农村养老保险参保人数 21521 人，增长 1.8%。2009 年企业养老保险完成基金征缴 3350 万元；医疗保险完成基金征缴 711 万元；机关事业养老保险完成基金征缴 104 万元；农村养老保险完成基金征缴 101 万元。全年职业介绍转移人数 6089 人，其中省外 3420 人，省内 2669 人。

（程明云）

**【城市建设和生态保护】** 2009 年全县中心城市建成区面积达到 7.8 平方公里，县城人口 8 万余人，县城绿化覆盖率 30%，人均公共绿地 7.8 平方米，集中供热总面积达 80.5 万平方米，天然气用户 5200 户。

2009 年，完成国家、省级重点造林工程 6 项，实施了“双十”绿化工程，新建园林村 13 个，林木覆盖率增加 3.6 个百分点。同时狠抓“一河两区”环境治理，沿河 4 家企业全部完成污水深化处理并安装在线监测；翟店镇区内 56 家纸箱企业实行了集中供热；9 家重点企业高标准实施了绿化工程；COD 减排 600 余吨；县城二级以上良好天数达到 362 天，比上年增加 55 天。（程明云）

**【领导人名录】**

| | |
|---|---|
| **县委书记** | 李润山 |
| **副书记** | 乔登州　董旭光　王勇强 |
| **县　长** | 乔登州 |
| **副县长** | 高根立（常务）　辛福集　午志维　费克仁　武胜强 |
| **县长助理** | 高吉华（正县级）　薛克学　郝长安 |
| **人大主任** | 郭崇学 |
| **副主任** | 兰虎泉　兰文力　乔挨选 |
| **政协主席** | 马卯录 |
| **副主席** | 黄伟祖　赵高云 |

## 闻喜县

**【概况】** 2009 年，全县地区生产总值（GDP）完成 669518 万元（按可比价计算），同比增长 0.5%。其中：第一产业增加值完成 61663 万元，同比增长 7.8%；第二产业增加值完成 365692 万元，同比下降 3.4%；第三产业增加值完成 242163 万元，同比增长 9.1%。三次产业的比重为 9.2:54.6:36.2。人均地区生产总值 16766 元，按 2009 年平均汇率计算达到 2454.8 美元。全县居民消费价格总水平比上年下降 0.5%，其中服务项目价格下降 1.4%。在八类居民消费品价格的变化中,食品类下降 0.3%（粮食价格上涨 18.3%）；烟酒及用品类下降 0.1%；衣着类上涨 0.3%；家庭设备用品及维修服务类上涨 0.5%；医疗保健和个人用品类上涨 0.6%；交通和通讯类上涨 0.3%；娱乐教育文化用品及服务类下降 4.8%；居住类上涨 1.7%。商品零售价格总水平比上年下降 0.4%。农业生产资料价格总水平比上年下降 2.9%。

（樊香叶　孟令燕）

**【农业】** 全年完成农林牧渔业总产值 108143 万元（现价计算，下同），比上年增加 32814 万元，同比增长 31%，按可比价计算同比增长 6.3%。其中：农业产值 76249 万元，同比增长 30%；林业产值 3496 万元，同比增长 39%；牧业产值 20612 万元，同比增长 42.9%；渔业产值 156 万元，同比增长 28.8%；全县农作物种植面积 1155338 亩，比上年增加 94808 亩，同比增长 8.9%。其中：粮食种植面积 1028463 亩，同比增长 8%；小麦种植面积 649991 亩，同比增长 1.2%；秋粮种植面积 378472 亩，同比增长 22.3%；烤烟种植面积 1360 亩，同比增长 78.9%；油料种植面积 21558 亩，同比减少 23.9%。全年粮食总产量 162877 吨，比上年减少 66980 吨，同比减少 29.1%，其中：秋粮 86479 吨，同比增长 4.1%；夏粮 76398 吨，同比减少 47.9%。

年内猪、牛、羊出栏数分别为 61107 头、1734 头和 25030 头，分别比上年增长 -9%、-62.5% 和 10.2%。全年肉类总产量 16940 吨，比上年增加 8358 吨，同比增长 97.3%；禽蛋产量 7853 吨，同比增长 30.8%；水产品产量 130 吨，同比减少 0.9%。

（樊香叶　孟令燕）

**【工业】** 全年完成工业总产值 1424618 万元，同比下降 25.1%（现价计算，下同）；全年完成工业增加值 352247 万元，按可比价计算同比下降 3.7%。其中：规模以上工业总产值 1290538 万元，比上年减少 496260 万元，同比下降 27.8%，按可比价计算同比下降 16.1%；规模以下工业总产值完成 134080 万元，同比 0.1%。全县规模以上工业企业实现增加值 312135 万元，比上年减少 117330 万元，同比下降 27.3%，按可比价计算同比下降 10.2%。

规模以上工业企业实现利税70687万元，同比下降38.2%；实现利润11238万元，同比下降75.5%；应缴增值税57724万元，同比下降10.6%。

（樊香叶　孟令燕）

**【固定资产投资】**　全年完成全社会固定资产投资406033万元，比上年减少159040万元，同比下降28.1%。其中：城镇固定资产项目投资392570万元，同比下降28.5%；农村固定资产项目投资13463万元，同比下降16.8%。年内施工建设项目100项，其中500万元以下施工项目20项,新开工73项,实际建成投产69项。全县建筑业共完成总产值6300万元，同比增长74.3%,实现工程结算利润448万元，实现工程结算税金及附加46万元。竣工产值达到137880万元,全部从业人员年平均人数达到735人。

（樊香叶　孟令燕）

**【国内贸易和对外经济】**　2009年，全年全县实现社会消费品零售总额179717万元，比上年增加27527万元，同比增长18.1%。按地域划分，县级完成零售额106033万元，同比增长10.2%；县级以下完成零售额73684万元，同比增长22.9%。按行业划分，批发业和零售业完成零售额124757万元，同比增长24.9%；住宿业完成零售额3530万元，同比增长24.8%；餐饮业完成零售额8238万元，同比增长28.5%；其它行业完成零售额43192万元，同比增长11.9%。外贸进出口总额39284万美元，同比下降16.4%。

（樊香叶　孟令燕）

**【交通运输、邮电】**　2009年，年内全县公路通车里程1161公里。年末民用汽车拥有量1093辆，其中：班线客车108辆、出租车240辆、公共交通车42辆。全年完成客运量102.1万人，客运周转量5311万人公里；货运量94万吨，货运周转量9603万吨公里。全年县内邮政、联通、铁通等信息网络公司邮电业务营业总收入完成8229万元，同比增长1.5%；其中：邮政业务总量1222万元；电信业务总量7007万元。邮路总长度329公里；全县固定电话80366户，移动电话149000户，互联网用户19317户。

（樊香叶　孟令燕）

**【财政、金融和保险】**　2009年，全年完成地方财政总收入49636万元，同比下降51.9%；其中：地方一般预算收入14879万元，同比下降41.2%；地方一般预算支出68412万元，同比增长1.7%。年末金融机构各项存款余额624842万元，同比增长20.4%，其中：各项存款余额393425万元，同比增长25.5%；各项贷款余额393425万元，同比增长25.5%。金融机构全年累计现金收入978733万元，累计现金支出1106175万元，收支相抵，累计净投放现金127442万元。

（樊香叶　孟令燕）

**【教育】**　2009年，年末全县有高级中学5所，初级中学32所，小学校180所，职业中学4所，教师进修学校1所。适龄儿童毛入学率、初中阶段毛入学率和高中阶段毛入学率分别为100%、98%和65%。

（樊香叶　孟令燕）

**【文化、卫生和体育】**　年末全县有艺术表演团体1个，图书馆1个，青少年校外活动中心1个，乡镇文化站所（室）13个。年末有线电视用户35000户,其中农村有线电视用户25000户。年末全县共有卫生机构25个（不含个体诊所），其中乡（镇）卫生院13个。医院和卫生院床位1459张，专业卫生技术人员2412人，其中医生486人。

（樊香叶　孟令燕）

**【人口、人民生活和社会保障】**　按2009年人口抽样调查，年末全县常住人口为400295人，比上年末增加5068人。2009年全县出生人口5347人，人口出生率11.31‰，死亡人口1165人，人口自然增长率5.48‰；年末全县总户数116912户。总人口中，农业人口295550人，非农业人口104745人，城镇化率26.17%；女性人口196101人，男性人口204194，男女性别比为104.13。年末在岗职工20888人，同比减少0.5%，在岗职工人均年工资18690元，比上年增加795元，同比增长4.4%。其中：国有单位19099元，同比增长4.5%；城镇集体单位13115元，同比增长3.8%。全年农民人均纯收入3795元，同比增长7.0%；城镇居民人均可支配收入11823元，同比增长12.5%。全年城镇新增就业和再就业人数5512人，其中：下岗失业人员再就业1134人；特殊困难群体实现再就业329人。城镇登记失业率为4%。年末全县参加基本养老保险职工人数24623人，同比增长6.4%，全年收缴企业养老保险基金总额11685万元。参加失业保险职工人数16000人，全年共发放失业保险金36.4万元。参加基本医疗保险人数32674人，同比增长1.3%，全年支付基本医疗保险基金总额3065万元，同比增长20%。年末参加农村社会养老保险27332人，保险基金累计645万元。

（樊香叶　孟令燕）

**【资源、环境和安全生产】** 2009年，年末实有耕地面积52531公顷，全年净减少耕地708公顷，全县森林覆盖率达21.1%。全年全县降雨量418毫米，月平均气温13.2℃，年日照2076.3小时。年底工业二氧化硫排放量18872.4吨，工业废水排放达标率100%，工业烟尘排放量达标率100%。城乡环境质量明显改善，县城二级以上天数达到358天，比上年增加55天。其中一级天数达到101天，比上年增加56天。

（樊香叶　孟令燕）

**【海鑫钢铁集团有限公司七机七流方坯连铸技改项目】** 该项目总投资8000万元，2009年1月开工建设，主要生产150mm×150mm、定尺长度为6m和12m两种规格方坯。年可新增销售收入29亿元，利税3.6亿元。（樊香叶　孟令燕）

**【银光集团年产1万吨高速列车用镁合金型材项目】** 该项目总投资1.4亿元，从2009年开始，建设期1年。年底已完成投资2100万元，采用连续蓄热式天然气熔化炉代替煤气发生炉，新上一条全自动连续镁合金铸棒生产线，全部完成后年产高速列车用型材1万吨，年平均销售收入达3.9亿元，年上缴税金5600万元，年平均利润总额6200万元。镁合金型材用于高速列车，已经通过铁道部专家组评审，并与清华大学共同承担动车组行李架开发任务，第一批产品已供应四方机车厂装车试运行。

（樊香叶　孟令燕）

**【银光集团年产1万吨镁合金连铸连轧板材建设项目】** 项目总投资2.4亿元，利用具有自主知识产权的镁合金熔炼及镁合金铸轧技术，对原有2000吨镁合金板材生产线进行技术改造，形成年产1万吨镁合金轧板生产能力。建设期为两年。项目建成后，年可新增销售收入5.8亿元，实现利润9700万元，税金3200万元。年底项目进展顺利，已完成投资2700万元。形成了年产3000吨板材的生产能力，可生产幅宽600mm、厚度0.3～9mm各种规格的板材。产品已小批量应用于军工、汽车、3C、电池、工艺品制作等行业，客户信息反馈良好。正在开展幅宽1800mm板材的前期调研工作，后期重点进行镁合金宽幅板材生产线的研发建设，为镁合金板材应用于汽车外壳提供条件。（樊香叶　孟令燕）

**【冀东海天水泥闻喜公司日产4500吨水泥熟料生产线项目】** 项目规划建设两条日产4500吨熟料水泥生产线。一期先建设一条4500吨熟料水泥生产线，总投资7.2亿元。7月31日，熟料系统回转窑点火成功；8月3日，熟料系统成功实现带料联动，8月18日熟料生产线运行达产，基本正常。日产熟料可达5500吨，超过设计能力。水泥系统已于8月20日投产试运行，日产水泥将近1万吨，基本达到设计能力。同步配套建设的纯低温余热发电机系统已于9月20日运行。该项目年可综合利用镁渣、炉渣、粉煤灰、矿渣等工业废渣130万吨，年产熟料200万吨、水泥300万吨。可新增就业人数300余人，年产值可达8亿元，利税1亿元。

（樊香叶　孟令燕）

**【森特集团洁净煤大型煤化工装备生产基地技改项目】** 该项目是山西省“十一五规划”和省“两区”建设重点项目。项目总投资3.5亿元。其中，一期工程投资1.1亿元，主要建设下料车间、重型焊接车间及配套设施，建筑面积4.5万平方米。年底已完成投资8600万元，预计下年3月份竣工投产。一期工程完成后，年可新增销售收入3.25亿元，利润4000万元，税金2000万元，可安置800余名劳动力就业。二期工程下年开始建设，2011年完工。年可新增销售收入4.5亿元，利润6000万元，税金3000万元。

（樊香叶　孟令燕）

**【领导人名录】**

| | |
|---|---|
| **县委书记** | 裴良杰 |
| **副书记** | 李尧林　闫　宏<br>赵州平<br>曹　林（挂职） |
| **常　委** | 谭淑珍　任红可<br>高克敏　逯光耀<br>许中义　李红民 |
| **人大主任** | 张英生 |
| **副主任** | 吕士学　邢炜平<br>李瑶璋　杨文龙<br>罗创业 |
| **县　长** | 李尧林 |
| **副县长** | 任红可（常务）<br>杨仕伟　葛旭元<br>杨正义　孙中全<br>拉尔其布（挂职） |
| **政协主席** | 王延平 |
| **副主席** | 王金狮　柴振民 |

## 夏　县

**【概况】** 2009年，夏县县委、政府紧紧围绕“保持经济平稳较快发展”这一首要任务，团结带领全县人民抢抓机遇，克难攻坚，使县域经济呈现出总体回升向好的发展态势。全县地区生产总值完成19.9亿元，增长7%；财政收入完成1.1亿元，实现了年初预期目标；工业增加值完成2.14亿元，增长3%；固定资产投资完成17.2亿元，增长76.1%；社会消费品零售总额11.14亿元，增长24.4%；城镇居民人均可支配收入突破万元大关，达10609元，增长14.8%；农民人均纯收入3102元，增长14.3%，首次突破3000元。（孙英杰）

**【项目建设】** 2009年，全县共实施各类重点项目78个，总投资10.08亿元，其中中央新增项目52个，投资5301.8万元，省、市、县重点工程26个，投资9.55亿元。中央新增投资项目的开工率、县级配套资金到位率和问题纠正率均达100%，其中已完工项目40个，其余12个项目正在加紧实施。省、市、县重点工程进展顺利，夏南公路圪马沟至祁家河段水毁公路修复、温峪引水一期工程、污水处理厂、夏泗旅游公路翻新改造、裴介初中新建工程、闻夏线道路翻新改造和文化馆、图书馆等一大批基础设施建设项目全面完工；泰顺食品番茄酱加工、禹鑫管业钢骨架复合管、鹏晋镁业煤气发生炉节能改造、鹏胜油脂棉籽油等生产性项目陆续建成投产，为扩大就业、加快发展奠定了坚实的基础。（孙英杰）

**【新型工业化发展】** 2009年，县委、政府不仅及时制定出台了《关于支持工业企业应对金融危机的十条措施》，成立了中小企业信用担保公司，明确要求除环保、安监部门外，任何单位不得进入企业检查收费，进一步为企业发展创优了环境，而且积极开展县级领导下企业帮扶解困，协调银企关系，帮助企业解决具体问题。2009年，全县工业企业累计贷款1.5亿元，比上年净增4200万元。并为全县重点企业向上争取技术改造、节能减排等各类无偿专项扶持资金2000余万元。全县规模企业由年初的25家发展到28家。特别是晋新双鹤、宇达集团、骏达木业、安瑞风机、运力化工、冠宇化学、康宝单采血浆等企业着力抢抓困难中的机遇，不断创新经营理念，使企业效益持续攀升，企业税收明显增长。（孙英杰）

**【农业和农村经济】** 1.千方百计确保粮食安全。2009年全县粮食总产达20.4万吨，被评为“全省粮食生产先进县”。特别是在本年底，本县又被列为全省三个国家高标准农田建设示范县之一。此项目分三年实施，总投资达4233万元，这将进一步提高本县的粮食综合生产能力。2.大力调整产业结构。在南大里、裴介、胡张、尉郭、埝掌5个乡镇各规划建设一个高标准设施农业示范园区，已新发展“83355型”标准化日光温室2000亩。金融部门累计投放涉农资金4.08亿元，净增8700万元。年底，全县蔬菜种植面积达18万亩，优质水果面积达15.2万亩。3.大力发展农民专业合作组织。围绕农产品生产加工、运输、销售等环节，积极培育龙头企业，大力发展各类专业合作经济组织，不断提高农民的组织化程度和农业产业化水平。年底，全县已涌现出蔬菜协会、养殖协会等各类中介组织200余个，农产品经纪人800余名。（孙英杰）

**【生态文明建设】** 1.持续加大造林绿化。在进一步巩固提高近年来造林绿化成果的基础上，全年又完成通道绿化补植补栽13.6万株，荒山造林9500亩，天保封育工程3000亩，平原绿化300亩，非煤矿山植被恢复805亩。2.积极推进节能减排。主要是对重点领域、重点行业进行综合治理，金星镁业、广聚镁业、运力化工等企业实施的节能技术改造项目，有效减少了污染排放，降低了生产成本。并不断加大城乡环境综合整治，不仅新发展农村沼气2568户，而且使县城空气质量二级以上天数达到331天。3.全力加快生态旅游开发。依托漂流项目的成功开发，进一步发挥泗交镇独特的生态优势，全面整合各种开发要素，不仅对景区内的配套设施进行了完善，而且与市电视台联合举办了“水上激情大挑战”活动，使景区内人气大增，夏季来泗交的游客日平均3000人次，双休日高达5000人次，使生态旅游日渐成为本县旅游产业的“龙头”。（孙英杰）

**【安全生产】** 2009年，围绕开展“安全生产专项治理年”活动，重点对非煤矿山、危险化学品、民用爆炸物品、建筑施工等行业领域进行大排查、大治理，先后排查整改各类安全隐患229个。并制定了全县安全生产“八项制度”及“五项规定”的实施细则，制定了安全生产应急预案，建立了县乡村三级安全生产责任体系和安全监管网络，为进一步抓好安全生产、推动安全发展提供了重要保证。同时，破获各类刑事案件310起，打掉犯罪团伙8个，查处治安案件1000余起，化解重点信访案件87件，并不断加强重大疫病防控，积极应对强降雪灾害，促进了社会和谐稳定。（孙英杰）

**【保障和改善民生】** 2009年，根据省、市要求，结合夏县实际，提出2009～2010年在全县农村实现“七个全覆盖”，建制村通水泥（油）路，共5个村23公里，争取上级资金230万元，县上每公里又补助3万元，已全部完成村通任务。县乡村医疗卫生服务体系特别是村级卫生室建设，全县21个“空白村”，已有19个村配备村医，其余两个村由邻村托管，并投资1800万元，其中县级配套200万元，改造了8所乡镇卫生院、新建了73个农村卫生室、完成了县医院住院楼和中医院住院楼建设工程，为8个乡镇卫生院各购置了一辆救护车。村通广播电视，争取投资163万元完成了163个自然村的村通广播电视任务。山下园林村建设，投资200余万元，其中县上补助66万元，新建46个园林村，在全省率先实现了村村园林化。中小学校舍安全改造，投资3693万元，其中县上配套888万元，完成了39所中小学危房改造41853平方米。农村饮水安全，争取投资1693万元解决了75个自然村3.4万人的饮水安全问题。村级组织活动场所，投资204万元，其中县上拿出68万元对每处新建场所补助2万元，新建了34个村级组织活动场所。到年底，已有建制村通水泥（油）路、村级卫生室、村通广播电视、山下园林村建设四项工程实现了全覆盖。同时，进一步加大中小学布局调整力度，撤并中小学43所，公开招录学科性短缺教师47名，投资300万元完成了14所学校暖气安装工程，并全部消除了中小学D级危房。新增就业2580人，转移农村劳动力2.3万人，全县在外务工人员总数超过5万人。县上配套新型农村合作医疗资金300万元，使全县农民的参合率达94.52%，县、乡、村三级医疗卫生机构达标率达88.8%。全县城市低保对象4006人，发放救助金813万元，农村低保对象8513人，发放救助金802万元，城乡低保覆盖面分别达到3.8%和3.3%。启动了城镇居民医疗保险，参保人数突破1万人。启动了瑶台花苑80套廉租房和434套经济适用房建设工程，并为干部职工配套住房公积金160万元。同时，投资355万元实施农村住房解困工程170户，年底已完成50户，其余120户正在实施。

坚持民生为本的执政理念，千方百计调配资金，最大限度地保障和改善民生。1.从本年4月份起规范了全县行政事业单位人员津贴，年均增支3000余万元，工资水平位居全市前列；2.彻底解决了多年来遗留的160名乡镇“三定人员”和计生聘干的工资问题，年增支300余万元；3.拿出417万元为全县1万余名寄宿学生每人每月发30元交通和生活补助，特困生每人每月50元；4.拿出399万元支持新农村建设；5.减免全县中小学的学杂费2101.8万元；6.拿出3105万元用于支付粮食直补及综合直补；7.拿出577.8万元用于退耕还林补助；8.拿出319万元用于家电和汽车摩托车下乡补助。这些惠民举措，使广大干部群众更多地享受到改革发展的成果。（孙英杰）

**【领导人名录】**

| | | |
|---|---|---|
| **县委书记** | 苏安乐 | |
| **副书记** | 李晋学 | 薛玉马 |
| **人大主任** | 黄保龙 | |
| **副主任** | 张创立 | 郑景山 |
| | 裴涛虎 | 李 玮 |
| **县长** | 李晋学 | |
| **副县长** | 姚仁义 | 郭刘龙 |
| | 高小俊 | 祁彦军 |
| | 田成贵 | 张高学 |
| **政协主席** | 刘永录 | |
| **副主席** | 杨可臻 | 张大平 |
| | 陈全狮 | 赵建国 |

# 绛 县

**【概况】** 绛县位于山西省南部，运城地区东北端。县境东部和南部由中条山环抱，高峻而挺拔，西部和北部由平川和盆地构成，低凹而平坦。东部与翼城县毗连，西部和闻喜县接壤，南跨中条山与垣曲县相邻，北部自东而西由翼城、曲沃两县和侯马市环绕。地处东经110° 24'～110° 48'，北纬35° 20'～35° 38'。东西长49.1公里，南北宽3504公里，总面积993.49平方公里。

2009年，全县生产总值预计完成33.2亿元，同比增长8.7%；规模以上工业增加值完成11.9亿元，同比增长20.1%；全社会固定资产投资23.78亿元，同比增长52.6%；财政收入1.7亿元，同比下降27.2%；社会消费品零售总额10.3亿元，同比增长32.86%；城镇居民人均可支配收入10476元，同比增长14.39%；农民人均纯收入3946元，同比增长12.1%。

2009年重点工程建设成效明显。道路、城建、电力、通讯、水利、土地六个领域实施了12类重点工程，包含40个项目，文公南路建设、陈村峪水库除险加固、省道沁东线二里半段改造等19个项目圆满完成，闻垣高速公路等6个项目进展顺利，二里半至翼城一级公路、紫家峪水库除险加固等15个项目的前期工作加紧进行，全年重点工程建设完成投资超过10亿元，有力地拉动了县域经济的恢复性增长。

（刘　超）

【工业经济】　2009年工业经济大幅下滑，规模以上企业停产、限产一度达到60%。面对严峻形势，县委、县政府认真落实国家“五缓四减三补贴”扶持政策，全县困难企业缓缴社保基金30万元。实行县级领导包企业制度，帮助企业解决融资难问题，连续召开银企座谈会，搭建银企合作平台，为中小企业新增贷款4790万元，有效促进了中科晶电砷化镓半导体材料、江河生物发电、明迈特4×25000KVA矿热炉二期、德生公司一期年产30万套全钢丝载重子午线轮胎、维之王有机山楂种植加工综合开发等产业转型和传统技改项目的顺利实施。特别是事关全县经济发展的标志性项目——大唐安峪2×300MW热电联产项目经过多次谈判，反复努力，与大唐山西分公司、翼城县达成框架合作协议，前期工作的各项资料全部完成，上报至国家发改委，进入立项审批阶段。

（刘　超）

【农业经济】　现代农业加快发展。粮食生产上，建成千亩示范区3个，200亩示范方6个，粮食总产量1.35亿公斤，超额完成年度目标任务。特色农业上，大樱桃面积达到1.08万亩，山楂面积达到5万亩，中药材面积达到3.8万亩，新建养殖小区10个，规模养殖场达到56个。农业产业化上，新建标准化生产基地1万亩，总面积9万亩，规划建设了10个无公害农产品生产基地。新增农民专业合作社52个，累计注册达到164个，带动农户2000余户。维之王被评为国家驰名商标。新启动实施了14个新农村重点推进村建设。（刘　超）

【第三产业】　2009年，改造了县文化馆和灯光球场，修缮了景云宫和长春观，积极争取文庙、南樊石牌坊等23处文物成为国保和省保单位；理顺了东华山森林公园管理体制，新成立了东华山森林公园管理办公室；积极实施“万村千乡”和“新网”工程，建成便民连锁店14个；销售家电下乡产品5471台，补贴资金132万元；物流、房地产、通讯等新兴服务业取得了新发展。全县第三产业增加值达11.8亿元，同比增长7.5%，在三产中的比例达到35.6%，比上年提高2.1个百分点。

（刘　超）

【社会事业】　2009年，为2318名家庭困难学生发放住宿生活补助161万元。完成了南樊中学搬迁、职业中学改造和青少年活动中心建设。新建了4个乡镇综合文化站。新农合参合率达到92.12%，县、乡、村三级医疗卫生机构达标率85%，改扩建3所乡镇卫生院和1所边远山区卫生院。城镇新增就业岗位3600个，转移农村富余劳动力9845人，实现就业再就业882人。农村养老保险覆盖4115人，城镇企业职工和机关事业单位养老保险覆盖26822人，城镇职工和居民医疗保险覆盖44103人，失业保险覆盖16001人，工伤保险覆盖12348人。城乡低保分别达到5616人和7102人，808名农村五保户应保尽保。新建经济适用房10000平方米，廉租住房20000平方米，解决农村困难群众住房50户。人口自然增长率3.97‰。安全整治成效明显，荣获市级安全生产先进县。全年检查15个行业4350家生产经营单位，关闭取缔23家非法生产经营单位，停产整顿188家存在重大安全隐患的生产经营单位。统计、档案、人事、编制、广电、史志、地震、气象、老龄、残疾人、民族宗教、妇女儿童、人民武装等工作取得了新成绩。（刘　超）

【改革开放】　2009年，全县政府机构改革顺利完成，事业单位分类改革全面启动；乡财县管试点改革、部门预算改革、农村义务教育“普九”债务化解工作有序推进；粮食流通体制改革力度加大；企业改制取得新进展。大力开展招商引资，全年共引进项目32个，引进资金6.84亿元。（刘　超）

【民主法制和精神文明建设】自觉接受县人大、县政协、新闻媒体和社会各界的监督，

2009年全年办理人大代表建议75件，办理政协委员提案103件。依法治县深入推进，"五五"普法深入开展。社会治安综合治理全面加强，连续十年荣获全市"社会治安综合治理先进县"称号。应急管理体制和机制不断完善，预防和处置突发公共事件的能力进一步提高。信访工作不断加强，息诉罢访率得到较大提高，省市重点督办的5件信访案件全部得到妥善处理。行政监察和审计监督力度加大。政府系统党风廉政建设责任制全面落实。建设领域反腐败专项斗争取得初步成效。治理车辆非法超限超载工作取得阶段性成果。"迎国庆、创双优"环境卫生综合整治富有成效。（刘　超）

**【领导人名录】**

| | | |
|---|---|---|
| **县委书记** | 张　冠 | |
| **副 书 记** | 梁潞阳 | 李国平 |
| | 李百选 | |
| **人大主任** | 韩廷海 | |
| **副 主 任** | 魏守峰 | 郭文魁 |
| | 魏金发 | 王永华 |
| **县　　长** | 梁潞阳 | |
| **副 县 长** | 张新进 | 赵永强 |
| | 马建萍 | 董稷强 |
| | 景　涛 | |
| **政协主席** | 李服役 | |
| **副 主 席** | 史秉福 | 刘　波 |
| | 李晓燕 | 王述江 |

## 平陆县

**【概况】** 平陆县位于山西省运城市最南端，北纬34°41′20″～35°00′59″，东经110°52′47″～111°37′42″之间。北依中条山，南临黄河水，西邻芮城，北面和东北面隔山与盐湖区和夏县接壤，南面和东南面隔河与河南省灵宝、陕县、渑池三县相望。县境周长216公里，东西直线长67.5公里，南北直线宽34.5公里，总面积1173.5平方公里。共辖6镇4乡1区，228个村（居）民委员会，1154个自然村。2009年，据公安部门统计，全县总人口247418人，其中非农业人口34318人，女120532人。当年，全县出生32906人，死亡1599人；迁入1908人，迁出1804人。

2009年，全县共完成生产总值175367万元，按可比价格计算，比上年增长6.5%。分产业看，第一产业增加值33209万元，增长6.5%；第二产业增加值67960万元，增长3.7%；第三产业增加值74198万元，增长9.3%。（杨卯翠）

**【农业经济】** 2009年，全县粮食作物播种面积33038公顷，比上年增加1078公顷。粮食总产79553吨，比上年减少6.4%。其中生产小麦36822吨，比上年减少28%；秋粮42731吨，比上年增长26%；棉花224吨，比上年增长37%；油料1130吨，比上年减少25%；水果93703吨，比上年增长15%；蔬菜33559吨，比上年增长37%。

全年全县共完成造林面积967公顷。干果产量730吨。

全年全县肉类总产量5606吨，比上年增长25%。其中猪牛羊肉产量5246吨，比上年增长26%；牛羊奶产量1400吨，比上年增长106%；禽蛋产量2240吨，比上年增长6.7%。年末大牲畜存栏8795头，比上年增长18.8%；羊存栏34919只，比上年增长13%；猪存栏69889头，比上年增长38.6%；家禽存栏36.7万只，比上年增长20.7%。水产品产量35吨，比上年增长25%。（杨卯翠）

**【工业生产】** 2009年，全县全部工业增加值60795万元，按可比价格计算，比上年增长1.8%。全县国有企业和年产品销售收入500万元及以上非国有工业企业共完成工业增加值49475万元，比上年增长1.5%。其中，国有及国有控股企业比上年下降1.16%，集体企业比上年下降49.3%，股份制企业比上年增长5.2%，外商及港澳台商投资企业比上年下降27.29%；从轻重工业看，轻工业比上年增长67.22%，重工业比上年下降1.24%。销售收入完成164971万元，比上年下降20.01%。主要产品产量：全年全县化肥产量（含成氨）6.99万吨，比上年增长30.6%；水泥产量5.97万吨，比上年下降19.8%；铁合金产量75551吨，比上年增长26.4%；铝产量16988吨，比上年增长0.4%。（杨卯翠）

**【基建、固定资产投资】** 2009年全年全县建筑企业完成增加值7165万元，按可比价格计算，比上年增长34.2%。全年房屋施工面积58100平方米，比上年增长25%。

全年全社会共完成固定资产投资188364万元，比上年增长57.1%。其中，城镇固定资产投资164255万元，比上年增长53%；房地产投资8383万元；农村非农户投资15726万元，比上年增长25%。在城镇投资中，第一产业投资16240万元，比上年增长281.1%；第

二产业投资116099万元，比上年增长134.2%；第三产业投资56025万元，比上年增长4.6%。（杨卯翠）

【商贸、交通、邮电】 2009年全社会消费品零售总额105035万元，比上年增长40.68%。其中，城市消费品零售额为45885万元，比上年增长52.5%；县以下的消费品零售额为59150万元，比上年增长34.3%。2009年，居民生活消费价格指数97.6，商品零售物价指数104.6，农业生产资料价格指数99.5。

全年完成公路客运量217万人，比上年增长24.7%；旅客周转量10320万人公里，比上年下降11.6%；完成公路货运量236万吨，比上年增长38.8%；货物周转量13480万吨公里，比上年增长16.9%。

全年全县完成邮电业务总量9017万元，其中联通业务总量6530万元、邮政业务总量2487万元。全县固定电话用户达到30038户，小灵通用户5791户，移动电话用户90000户，计算机互联网络用户达到8217户。已通电话的村数达224个，占全县行政村总数的100%。（杨卯翠）

【财政、金融、保险】 2009年，全县财政收入完成13828万元，比上年下降30.6%。一般预算收入完成5175万元，比上年下降7.4%。一般预算支出执行58850万元，比上年增长24.4%；社会保障和就业支出8063万元，科学技术支出75万元，农林水事务支出9977万元，教育文化卫生支出20658万元，（其中教育事业费支出15635万元），一般公共服务支出7752万元。

年末，全县金融机构各项存款余额302079万元，比年初增加35563万元，增长13.3%。其中企业存款余额31796万元，增长7.4%；城乡居民储蓄存款余额224375万元，比年初增加19179万元，增长9.3%。金融机构各项贷款余额为77104万元，比年初增加9007万元，增长13.2%。其中短期贷款余额7016万元，下降88.6%；中长期贷款余额6940万元，增长8.4%。全年全县金融机构现金收入498704万元，现金支出516577万元，收支相抵净投入现金17873万元。

全年全县保费收入9632万元，比上年下降1.6%。其中，财产保险费收入1418万元，增长40.3%；人身险保费收入8214万元，下降6.4%。全年全县支付各类赔款及给付款1016万元，比上年增长39%。其中财产险赔款582万元，下降15.4%；人身险赔款及给付434万元，增长45%。（杨卯翠）

【教育、文化、卫生】 2009年，全县拥有普通中学13所、职中1所、小学88所，在校学生40371人。年末，全县教师总数达到3304人，其中中学教职工21495人、小学教职工1620人。适龄儿童入学率达到100%，小学毕业升学率达到99.9%。

年末，全县有文化馆1个、图书馆1个、剧团1个、博物馆1个、文化站10个、电影公司1个、黄河书画馆1个、档案馆1个。平陆电视台有线电视用户达18900户，电视节目收视套数达到30套，电视人口覆盖率98%。

年末，全县拥有卫生机构18个，其中医院、卫生院16个，病床床位854张；卫生技术人员854人，其中医生643人，护师、护士211人。年末，拥有疾病控制中心1个、卫生监督机构1个、妇幼保健机构1个。（杨卯翠）

【环境保护】 2009年，全县环境保护系统共有60人，其中环境监测专业人员18人。全年环境监测数据537个。全县工业废气处理率达到92.48%，工业用水重复利用率92.94%，工业固体废物综合利用率达到91.98%。全县完成环境污染限期治理项目12家，总投资1357.5万元。（杨卯翠）

【人民生活和社会保障】 2009年，全县城镇居民人均可支配收入9589元，比上年增长14.3%；城镇单位在岗职工平均工资19185元，比上年增长27%；城镇居民人均消费性支出6154元，比上年增长14.2%；全年农村居民人均纯收入2897元，比上年增长4.3%。

年末，城镇人均住宅建筑面积32.61平方米，农村人均住宅建筑面积33平方米。

年末，全县有20830人领取最低生活保障救济金2261万元，其中城镇低保6947人。有8320名职工参加了失业保险，有284人领取失业保险金123万元。企业和机关事业单位有18852人参加养老保险，企事业离退休人员有2408人领取养老保险金2942.92万元；有14991名职工参加基本医疗保险，收缴医疗保险基金708.9万元；新型农村合作医疗参加率95%，新型农村合作医疗基金累计支出总额为1911.9万元，累计受益14.73万人次。

年末，全县在岗职工13074人，下岗失业人员再就业人数达到980人，其中安置困难职工326人，小额贷款扶持下岗失业人员48人。年末城镇登记失业率1.9%。（杨卯翠）

**【农村危房改造】** 2009年，平陆县委、县政府把农村危房改造列为全县12项重点民生工程之一。成立了领导机构，制定实施方案，实行班子成员包片、工程技术人员包村的办法。采取入户实地调查、与基层干部座谈、典型解决等方式，对困难群众的住房面积、危旧状况等进行全面调查，并建立档案。尊重群众意愿，因户制宜，区别实施，采取“集中搬迁、就地新建、集中安置、修缮改造、新近置换”五种模式，做好科学规划工作。从强化管理着眼，对危改对象、建筑标准、操作程序严格规范，确保危房改造有序推进。全年全县危房改造1650户，建筑面积10.8万平方米。

（杨卯翠）

**【青少年活动中心投用】** 2009年4月，平陆县青少年活动中心投入使用。它是本县唯一一所经上级教育行政部门认定的综合性、多功能的校外教育活动场所。该活动中心于2005年7月12日开工，2008年9月竣工，总投资600万元，由第三批国家彩票公益金扶持建设。内设有舞蹈、绘画、书法、声乐、器乐、英语、写作、计算机、珠心算、科技、乒乓球、跆拳道等30个活动室，一次能容纳1000名学生开展活动。

（杨卯翠）

**【15万千瓦风力发电项目落户平陆】** 2009年，平陆县围绕风力发电项目，招商引资、强化服务、优化环境。7月21日，县政府与北京金风科技公司、中广核风力发电有限公司举行签约仪式，共同合作开发平陆风电项目，总投资15亿元，规划总容量15万千瓦。其中与北京金风科技公司合作开发项目总投资10亿元，项目共分两期，一期工程装机容量为5万千瓦，总投资5亿元，建设工期为两年；与中广核风力发电有限公司合作开发项目总投资5亿元，装机容量为5万千瓦，两年之内建成投运，并网发电。至此，全县在建风力发电项目总装机容量已达到15万千瓦。

（杨卯翠）

**【平陆张店举办风口民俗文化节】** 2009年7月27日，风口民俗文化节在张店镇风口村举行。主要内容包括书画展览、文艺演出、农产品展销、商贸交流等。市人大常委会副主任梁天管、市纪委副书记蔡铁刚、市政府副秘书长李丰林及县四大班子领导和黄河两岸周边县市近千名群众参加了开幕式。近年，张店镇按照平陆县委、县政府“文化兴县”的战略部署，大力实施生态文化旅游工程，规划伯乐文化景区、横涧九龙沟、安沟民俗馆、古城垂钓、四州农家园等景点建设，特别是在风口村投资3000万元，建设休闲山庄、滑雪滑草场、博西度假村，并配套完善水电路等基础设施建设。这些景点与万亩油松林、风力发电、地窨院、红不软桃、露地西红柿等景观连成一片，相映成趣，构成了理想的消夏避暑旅游观光胜地。游客在消夏避暑的同时，可以登山观盐湖，骑马游松林，入住农家院，品尝农家饭，尽享田园之乐。（杨卯翠）

**【平陆县发现新石器时代文化遗址】** 2009年10月18日，在平陆县常乐镇文家滑村南350米处，发现一新石器时代文化遗址。该遗址位于黄河支流南侯沟涧北岸台地，南北长约1000米，东西宽约300米，文化层厚0.5～2米。在遗址地表和断崖灰坑内发现大量遗物。采集有尖底瓶、钵、罐等器物残片，有泥制红陶、夹砂灰陶。纹饰有黑彩、划纹、附加堆放、蓝纹等。该遗址的发现对研究黄河流域新石器时代文化遗址分布及其当地文化渊源提供了新的资料。（杨卯翠）

**【领导人名录】**

| | | |
|---|---|---|
| **县委书记** | 姚十保 | |
| **副书记** | 任秀红 | 廉广锋 |
| | 杨彦康 | 惠安和 |
| **人大主任** | 王再刚 | |
| **副主任** | 王引平 | 赵占民 |
| | 关玉生 | 王纪刚 |
| **县长** | 任秀红 | |
| **副县长** | 赵建新 | 潘长青 |
| | 吴　宣 | 张孝木 |
| | 赵甲义 | |
| **政协主席** | 赵旭光 | |
| **副主席** | 杨献真 | 毛振忠 |
| | 关　红 | |

## 垣曲县

**【概况】** 位置面积　垣曲县地处北纬34°59′～35°26′，东经111°30′～112°05′之间，位于黄河北岸，中条山北部，山西省南端，运城市东北隅。东接河南省济源市，东北与阳城、沁水县毗连，北、西北与翼城、绛县接壤，正西方衔闻喜，西南方连夏县，南隔黄河与河南省新安、渑池县相望。极点直线距离东西65公里，南北48公里，总面积1620平方公里。县治位于县境西北的新城镇，距运城市115公里，省城太原440公里，首都北京910公里。县城平均海拔550米。

*气候水文* 本年度平均气温13.5℃，较历年同期均值偏高0.2℃，年极端最高气温40.3℃，出现在6月25日。年极端最低气温-12.8℃，出现在1月23日。年总降水量为498.8mm，比历年均值偏少97.7mm。自2008年11月16日至2009年1月31日连续77天，全县无任何降水，加上气温偏高，致使土壤失墒加快，全县出现了多年罕见的冬旱。

*生物资源* 本县植物有木材植物、药材植物、淀粉及糖类植物、油脂类植物、芳香油类植物、纤维植物、观赏植物、食用菌类植物等。动物有鸟类、兽类、爬行类、鱼类、昆虫类等。

*矿产资源* 迄今探明矿藏46种，金属矿产有铜、铁、金等。铜储量270余万吨，多分布于胡家峪、老宝滩、桐木沟、篦子沟、铜矿峪、洛家河等地。铁储量为1800万吨，多分布在毛家湾、皋落、长直、解峪、窑头、同善等地。金矿多分布于望仙河、淘金河、文堂、沙金河、胡家峪等。非金属矿产有煤、石灰石、白云岩、重晶石、方解石、磷矿、大理石、铝土矿等。

*行政区划* 2009年，垣曲县有5镇6乡，辖188个行政村。其中新城镇辖15个行政村；毛家湾镇辖10个行政村；王茅镇辖13个行政村；古城镇辖26个行政村；历山镇辖22个行政村；皋落乡辖15个行政村；长直乡辖17个行政村；华峰乡辖24个行政村；英言乡辖21个行政村；蒲掌乡辖15个行政村；解峪乡辖10个行政村。

（王建民）

**【国民经济和社会发展】** 2009年全县地区生产总值（GDP）完成166904万元，同比下降17.7%，占计划的85.2%；人均地区生产总值达到7257元，同比下降18.1%，占计划的85.5%；规模以上工业增加值完成37298万元，同比下降43.7%，占计划的41.6%。固定资产投资完成205393万元，同比增长58.3%，占计划的124.8%。社会消费品零售总额完成99285万元，同比增长17.1%，占计划的97.6%。粮食总产量完成3569万公斤，同比下降30.7%，占计划的46.7%。居民消费价格指数为100.9%，同比增长0.9个百分点。财政总收入完成20245万元，同比下降48.5%，占计划的49%；一般预算收入完成7281万元，同比下降24.2%。小学五年巩固率99.07%，同比下降0.08个百分点，占计划的99.07%；初中三年保留率98.17%，同比增长1.1个百分点，占计划的98.17%。公共文化服务体系建设达标率66.65%，同比增长0.01个百分点，占计划的74%。县乡村三级医疗卫生机构达标率80%，同比增长10个百分点，比计划高4.2个百分点。人均公共体育场地面积1.11平方米，同比增长8.82%，占计划的123.3%。公路密度达54.4公里/百平方公里，同比增长0.74%，占计划的98.9%。城镇基本社会保障覆盖率89%，同比增长15个百分点，比计划高9个百分点。新型农村合作医疗参合率90.9%，同比增长3.4个百分点。人口自然增长率5.34‰，同比下降0.81个千分点，比计划低0.16个千分点。城镇化率35.98%，同比增长1.39个百分点，比计划高0.98个百分点。城镇失业登记率2.5%，同比增长0.2个百分点，占计划的100%。城镇居民人均可支配收入10773元，同比增长12.1%，占计划的97.5%；农民人均纯收入1504元，同比增长10.4%，占计划的100.4%。占城镇人口20%的低收入者人均收入5436元，同比增长0.93%，占计划的90.6%；占农村人口20%的低收入者人均收入1352元，同比增长3.9%。城镇居民人均住宅建筑面积29平方米，同比增长3.57%，占计划的103.6%；农村居民人均住宅建筑面积25.2平方米，同比增长1.61%，占计划的100.8%。万元地区生产总值综合能耗同比下降6%，比计划下降0.5个百分点。大气污染综合指数为1.41%，比上年下降0.63个百分点，比计划低0.59个百分点。耕地保有量为39万亩，同上年持平。林木绿化率为37.14%，同比增长0.14个百分点。建成区绿化覆盖率为26%，同比增长1个百分点。

（王建民）

**【历山自然保护区落户垣曲】** 历山自然保护区位于山西省中条山东端，地跨翼城、垣曲、阳城、沁水四县。保护区南临黄河谷地，北倚汾渭地堑。历山1983年建立自然保护区，

1988年经国务院批准为国家级自然保护区。总面积23950公顷。本区为南、北野生动、植物的过渡地带，具有一定的代表性，是山西省面积最大、物种资源最为丰富的地段。

保护区山峰林立，主峰舜王坪海拔2358米。属暖温带季风型大陆性气候，夏季炎热多雨，冬季寒冷干燥，年降水量600～800毫米，植物生长茂盛，素有“山西植物资源宝库”之称。区内有野生植物600多种，植物区系具有亚热带向暖温带过渡的特点，与秦岭北坡植物组成相似，多为温带植物，但也生长着亚热带植物，如红豆杉、领春木、四照花、连香树、野茉莉等。森林植物以油松、栎类占优势，伴生白皮松、华山松，形成针阔混交林。保护区植物资源丰富，有华北面积最大的、保存最完整的原始森林，有中国最大的暴马丁香树，胸径达1．6米的最大的连香树，有山西唯一的人参种植场，引种的人参、西洋参达到国际水平。野生乔木、灌木达560余种。国家二级保护植物有莲香树、翅果油杉等。三级保护植物有红豆杉、领春木等9种。菌种类植物资源有猴头、灵芝、银耳、冬虫夏草等。主要药材资源有：麝香、菖蒲、黄芩、党参、人参、何首乌、当归、苍术、五味子、连壳、籽黄等220种。药材以产量高、质量好而著称，年供全国各地百万斤以上，部分药材还销往海外。

保护区内动物种类丰富，有陆栖脊椎动物250种，鸟类175种，列入中日候鸟保护协定名录的鸟类有48种，兽类有45种。国家一级保护动物有金钱豹、黑鹳、金雕等9种；二级保护动物有白鹭、大天鹅、猕猴、娃娃鱼等29种；省级保护动物有苍鹭、刺猬等26种。我国和澳大利亚共同保护的候鸟有大按锥等23种；和日本共同保护的候鸟有大雁等86种。区内还有属于热带、亚热带的菜花蛇、长尾山椒鸟、大鲵等，是在我国分布范围的最北线。在保护区内海拔1500米的地段，栖息着成群的猕猴。历山标本馆现有鸟类标本220种，17目、35科；兽类33种，7目、14科；植物标本57科，237种；两栖爬行动物25种。矿产资源也十分丰富。地下蕴藏有金、银、铜、石英石等矿藏。矿泉水和温泉大有开发潜力。

保护区自然风光、原始森林和古人类文化融为一体。山下仰望，奇峰峭壁，挺拔俊秀，林木参天，高耸入云。山上观望，平坦辽阔，山花烂漫，芳草遍野，奇花异草，争相吐艳。周围峰谷相连，林木挺拔，云雾缭绕，变幻无穷，一年四季景色各异。烈日盛夏，山风沁人，气候凉爽。严寒隆冬，雪景诱人，冰凌倒挂，大山森林素装淡裹，仿佛成为水晶的世界。舜耕历山的传说、各呈异彩的溶洞群、下川遗址、瀑布、冰帘、一线天、斩龙台、试刀石等景点精华形成七个自然风景区，即白云洞景区、舜王坪景区、西峡景区、东峡景区、山山岩景区、涧河狩猎区、下川景区，景景奇丽，处处迷人。舜王坪景区因舜耕历山于此而得名，总面积为4000亩的绝顶平坦，天然绿色草地如毯，山巅有舜耕历山遗迹、古庙碑记、南天门、斩龙台等胜景。为了加强对历山保护区的管理，2009年历山自然保护区落户垣曲。

（王建民）

**【公开选拔乡（镇）长】** 为了深入贯彻落实党的十七大精神，进一步落实《党政领导干部选拔任用工作条例》、《公开选拔党政领导干部工作暂行规定》和《山西省公开选拔党政领导干部工作办法》，拓宽选人用人渠道，促进优秀人才脱颖而出，2009年12月11日中共垣曲县委以垣组发[2009]35号文件出台了公开选拔乡（镇）长的方案。

选拔名额共10名。35岁以下4人，其中妇女干部1人；36岁至40岁6人，其中妇女干部1人。

选拔的范围和资格是面向全县党政机关、人民团体、事业单位的现任副局级两年以上或正局级、具有大学专科文化程度、中共正式党员、身体健康的正式干部。

公选按照公告、报名、资格审查、笔试、面试、组织考察、讨论决定、公告公示、任职的程序进行。12月14日上午8时开始报名，18日下午六时截止，全县报名干部共152人。12月21日在垣曲中学进行了笔试，24日在垣曲宾馆进行了面试。2010年1月10名乡（镇）长赴任：毛家湾镇镇长李海勇，新城镇镇长赵磊，皋落乡乡长郭亚明，长直乡乡长杨春霞（女），王茅镇镇长王爱东，华峰乡乡长韩俊辉，古城镇镇长狄雷霆，英言乡乡长张艾红，历山镇镇长郭红云，蒲掌乡乡长张海岗。

（王建民）

**【集体林权制度改革】** 根据山西省委省人民政府《关于全面

推进集体林权制度改革的意见》，垣曲县被列为山西省集体林权制度试点县。2008年8月28日，中共垣曲县委以垣发[2008]14号文出台了《关于全面推进集体林权制度改革的意见》。此次林权改革坚持依法改革，分类经营、尊重农民群众意愿、尊重历史、科学发展、维护稳定的原则，对尚未承包到户的集体林，采取以家庭承包经营为主、集体股份合作经营、联户承包经营和其他经营方式为辅的方式落实到经营主体；对已落实经营主体的集体山林，本着尊重历史、依法办事的原则进一步稳定和完善承包关系，至2009年底，全县119万亩集体林地全部确权到户，初步建立起了产权归属明晰、经营主体到位、流转程序规范、监管服务有效、责权利相统一的现代化集体林权制度，实现了“山有其主，主有其权，权有其责，责有其利”的目标。

（王建民）

**【垣曲县被列为全国新农保试点县】** 根据中共十七大和十七届三中全会精神，按照加快建立覆盖城乡居民的社会保障体系要求，逐步解决农村居民老有所养的问题，省委省政府在2008年度启动了新型农村养老保险试点工作。同年12月份垣曲县被列为山西省22个首批试点县。2009年4月14日，垣曲县召开了县、乡、村新型农保试点工作启动动员会。截止2009年11月底，全县16~59周岁的适龄农民参保人数达到89000人，占适龄农民总数的82%。共征收保费1385.67万元，全县12810名60周岁以上老年农民都按时领到了由省、市、县三级政府财政按1：1：1的比例提供的每月30元的基础养老金。

2009年12月，垣曲被国家以10%的覆盖面列为试点县，成为山西省15个国家试点县之一。垣曲首批享受国家新农保政策，与国家新农保政策最后覆盖的县相比，广大农民提前享受新农保政策11年，国家财政直接投入经费1亿元以上。

省级新农保试点县和国家级新农保试点县相比，基础养老金的标准提高了83%。同时，政府对参保个人的缴费实行补贴激励机制，根据垣政发[2009]60号文，垣曲县个人具体缴费标准为每人每年50元、100元、200元、300元、500元6个等级，政府对参保人员补贴标准为年缴100元的补30元，缴200元补35元，缴300元补40元，缴400元补45元，缴500元及以上补50元；对农村重度残疾人、五保户等缴费困难群众，政府为其代缴最低标准的养老保险费。

养老保险待遇由个人账户养老金和养老补贴两部分组成，具有政府补贴与个人积累相结合的特点，政府补贴搭建养老平台，个人缴费提高养老待遇，共同构建新型农村社会养老保险制度，实现老有所养、社会和谐的双赢局面。（王建民）

**【领导人名录】**

| | |
|---|---|
| 县委书记 | 侯伟建 |
| 副书记 | 杨彦康　张春吉 |
| | 刘景锋　王志超 |
| 人大主任 | 郭儒社 |
| 副主任 | 王维学　杜兰纯 |
| | 李月贵　王淑静 |
| 县长 | 杨彦康 |
| 副县长 | 荀明林　刘社院 |
| | 张飞　贺志荣 |
| | 韩小青 |
| 政协主席 | 赵恒坚 |
| 副主席 | 刘绪成　车增民 |
| | 雪增元 |

## 运城经济开发区

**【经济发展】** 2009年，运城经济开发区以上项目、抢投资、保增长为重点，加快推进区域总部基地、中小型科技环保企业集群和现代物流服务园区建设，切实巩固和开创开发区经济社会的又好又快发展。全年开发区科工贸总收入完成164.7亿元，同比增长19.5%；区内生产总值完成33.6亿元，同比增长38.3%，财政收入总计完成2.3亿元，同比增长35.4%，基金收入完成5541万元，其中国税收入3669万元，同比增长3.64%，地税收入5588万元，同比增长22.22%，财政部门收入1027万元。固定资产投资15.9亿元，同比增长1.3%，全社会消费品零售总额46.6亿元，同比增长22.9%。（刘三红）

**【创建投资环境】** 2009年11月底，运城开发区完成河东街延长线、安东路、国粮街开发区段建设任务。机场路北“三纵两横”的道路框架基本形成，新增道路里程达4.18公里，总投资5500万元，集通道功能和景观功能为一体的八一湖大桥完成投资2700万余元，大型公益基础项目禹都公园，正在办理立项、环评等手续，已确定了投资商，12月28日正式开工。进一步提高了绿化覆盖率，全年新增绿化面积48亩。投资48万元对城楼进行了改造，彻底解决了菜市场口和四、七区南楼前雨季严重积水问题；对城门楼和双龙桥进行了粉刷、翻新；对中兴路、禹都大道、清泉路、禹西路、东华路、摩托街等路灯进行了维修、改造。

（刘三红）

**【招商引资和重点工程】** 2009年全年，开发区从运城市境外引进项目5个，续建项目5个，政府行为资金项目2个，到位资金共计5.3867亿元，完成市政府下达目标任务5个亿的107.7%。化工产业在开发区区内生产总值所占比例为2.29%，服务业在开发区区内生产总值所占比例为61.8%。另外市属重点工程汽车东站项目于2009年2月开工奠基。

1.在建重点项目4项，1至11月份完成投资1.979亿元。

*豪德光彩贸易广场* 项目总投资5.2亿元，由香港豪德集团有限公司投资建设，被列入“全国光彩事业重点项目”和“运城市十一五规划重点项目”。

2007年3月开工建设，到年底已完成建筑面积40万平方米，2009年8月29日开业运营，已在全国各地招商2900余户，初步形成了五金机电、陶瓷建材、百货副食、服装鞋帽等五大专业批发市场。可提供近6万个就业岗位，并对加快城市化步伐，提升城市品位，建设黄河金三角地区率先崛起，文明和谐的工贸旅游中心城市将发挥重大作用。豪德广场预计年销售收入50亿元，利税4500万元。

*运城职业技术学院* 项目总投资10亿元，由山西长江源实业有限公司投资建设，是经省人民政府批准，在国家教委备案的重点项目，全面建成后教学区建筑面积将达108万平方米，可招收全日制学生2万人。

2007年3月开工建设，2009年底完成投资3.844亿元。公共教学楼、餐厅、学生宿舍、教工住宅楼、体育场、锅炉房、4#配电所、学院大门、南区室外道路、管网、景观绿化等工程已完工，2008年9月开始招生，2009年底，已累计招生3500余名，有在校生2000多名，计划2012年8月全部建成。

*八一湖大桥至东外环路连通工程项目* 项目总投资4500万元，长2350米，宽50米。2008年完成投资900万元，2009年完成投资2250万元。年底路基、水稳层、管道铺设、平石和侧石安装工程全部完工。计划2010年12月完成。

*安东路建设工程铺油工程* 项目总投资2800万元，长1960米，宽50米。2008年完成投资1800万元，2009年完成投资1200万元。至年底路基、水稳层、管道铺设、平石和侧石安装工程全部完工。计划于2010年12月完工。

2.新开工项目6项，1至11月份完成投资2.0092亿元。

*海博瑞丰壁纸项目* 项目总投资1.5亿元，由山西海博瑞丰实业有限责任公司与大同世居实业有限责任公司共同投资兴建。建成后车间19170.94平方米、仓库5627.14平方米、办公楼5900平方米，可引进10条国际领先水平的全自动印刷同步压花生产线，主要从事高端工程、家装材料墙纸的生产经营。

2009年8月29日开工建设，至年底已完成投资8000万元，仓库前期工程、车间基地已完工，办公楼基础正在做三七混土层。计划2010年8月建成投产，可年产1100万卷墙纸材料，实现销售收入10亿元，利税2亿元，可提供500余名大中专学生就业岗位。

*蒲津塑料管材及型材项目* 项目总投资1.25亿元，由运城市蒲津工贸有限公司投资建设。建成后主厂房9420.58平方米、原料和成品库房4224平方米、研发培训中心3000平方米、办公楼3832.58平方米。主要研制开发、生产销售环保型PE、PPR和排水硬聚氯乙烯（PVC–U）管材管件、电线电缆套管、塑钢型材各种建筑材料。2009年8月29日开工建设，年底已投资约4800万元，1号厂房正在进行土方工程，计划下年底完成。项目投产后每年将实现销售收入2.5亿元，利税2400万元，可解决300余人就业。

*八一湖大桥工程* 项目总投资4780万元，桥长180米，宽37.6米，为三跨飞燕式拱桥，中间跨度82米，两边跨度各45米。

工程于2009年5月11日开工建设，年底已完成投资3122万元，陆续完成围堰工程、桩基工程、东西两个桥台和中间两个承台、拱座的钢筋制作和浇筑工程。计划在2010年7月前完成桥拱工程、梁板和桥面铺装工程。

*国粮街开发区段道路工程* 项目总投资4992万元，长3512米，宽50米。2009年7月开工建设，年底已完成投资2350万元。库东路至安中路700米路段11月23日开始铺油，预计下年11月底完成铺油任务。

军屯街道路工程　项目总投资1683万元，长1273米，宽30米。2009年年底，已投资完成招标工作，12月初开工建设。

禹都公园　项目总投资1亿元，位于安邑水库、八一水库周围，总占地面积3000亩。其中历史文化景观区占地1250亩，休闲娱乐景观区占地750亩，森林湿地景观区占地1000亩。已投资1200万元用于征地，正在办理立项、环评手续，下年12月底开工。

3.开发区重点项目3项，2009年1至11月份完成投资2.6431亿元。

阳煤丰喜总部　项目总投资2亿元，由阳煤丰喜集团建设。2008年3月开工建设，主要建设总部大楼及研发基地，全面运营后，年可实现利税5000万元。

天网安防科技大厦　项目总投资7800万元，2009年年底已投资2500万元，由山西省运城市天网安防科技有限公司投资建设，建筑面积1.5万平方米，主楼16层。将年产防劫电子网2万套，变压器防盗器10万只，无线远程控制系统5000套。2008年5月开工建设，主体完工。项目建成后预计年可实现产值10.48亿元，利税3.67亿元。

运城移动公司研发中心　项目总投资1亿元，由运城移动通信公司投资建设，主要建设移动研发机楼，已开工建设，计划2010年底完工。项目建成后预计新增销售收入12亿元，新增利税2700万元。

（刘三红）

**【安全生产】**　2009年，开发区以安全生产无事故为目标，强化安全生产监督，着力实现安全发展。制订了2009年安全生产考核指标体系、重特大生产安全事故应急救援预案，出台了安全生产联席会议制度、安全生产联合执法制度、责任事故约谈制度等8项安全生产监管制度，建立起安全长效管理机制。全年共开展安全生产“三项行动”、重点行业领域安全检查和隐患排查、校园安全专项检查等综合性安全专项检查工作30余项，排查治理各类事故隐患500余处，查处“三违”生产经营行为20余个，依法关闭取缔非法生产经营单位19家。通过一年来安监、消防、经贸、工商、质监、文教、市场服务中心等部门的密切配合、重点排查、严防死守，有效确保了各行业领域的生产安全。

（刘三红）

**【社会事业】**　2009年，运城经济开发区继续加强以改善民生为重点的社会事业，把关系群众切身利益的实事办实、办好。财政一般预算支出涉及民生的部分占支出总额的近50%。一年来，对开发区20个单位400余人的工资进行了套改，落实了住房公积金，缴存金额达76万元。对禹都学校教师发放基础性绩效工资和退休人员生活补贴共计10.72万元。做好养老金及参保人员的扩面工作。年度基金征缴135万元，历年累计结余600万元。加强劳动用工检查，责令补发农民工工资13.2万元；依法追回拖欠劳动者工资35.2万元，补缴各类社会保险费10.7万元。11月暴雪灾害发生后，立即拨付20万元专款，抢修受损的1300余家商户用电线路，安全恢复了供电；同时，完成了和平小区、儿童福利院等居民小区共10.5492万平方米近千户的集中供热工程，确保了群众温暖过冬。以食品卫生安全为重点，全面强化了卫生监督管理工作，严格卫生许可证的申请资料管理，建档率达到了100%；规范了医疗服务行为，举报投诉查处率达到了100%。（刘三红）

**【机构设置】**　运城经济开发区管理委员会和中共运城经济开发区工作委员会分别是运城市人民政府和中共运城市委的派出机构、副厅级建制，拥有市级经济管理权限和部分行政管理权限，负责行使开发区的管理职责。

管委会内设管委会办公室（政务服务中心）、人劳局、财政局、经贸局、建设局、社会局、安监局、综治办、土地办、招商局、文教卫生局、环保局、计生局、园林环卫局、市场管理服务中心。

党工委设置党工委办公室（工会、团委、妇联）和纪检委办公室。

开发区内派驻单位有公安分局、土地分局、规划分局、工商分局、国税分局、地税分局、质监分局。（刘三红）

**【领导人名录】**

**管委会主任**　王瑞宝

**党工委书记**　原起宏

**管委会副主任、党工委副书记**　吴清普

**管委会副主任**　原胜学　张岳群

**管委会副主任、纪检委书记**　王　刚

**党工委委员、公安分局局长**　吴素萍

**党工委委员**　康自修

## 山西绛县经济开发区

**【概述】** 山西绛县经济开发区（原名山西省华信经济技术开发区）是1997年12月31日经国务院备案、山西省人民政府批准的省级开发区。2006年4月，经国家发改委对省级开发区审核后，“山西省华信经济技术开发区”更名为“山西绛县经济开发区”（以下简称绛县开发区）。

绛县开发区位于绛县县城正东9公里的二里半（地名）。开发区规划面积14.98平方公里，有人口约10万人，企业职工约3万余人。开发区以国家特大型企业中信机电制造公司（原五四一军工企业）为依托，拥有冶炼、铸造、冲压、机加等雄厚的工业基础。有注册企业70余家，固定资产原值28亿余元。

2009年，全区上下认真贯彻落实中央、省、市经济工作会议精神，积极应对金融危机的冲击，围绕建设南部汽车零部件基地的总目标，克难攻坚，奋力拼搏，实现了开发区的转型发展、安全发展、和谐发展。

（王学军　侯伟宏）

**【招商引资】** 2009年，开发区加大招商引资力度，强化招商引资责任，努力营造亲商、爱商的氛围，全力以赴做好每一个项目的引进。管委会领导亲自出马，参加市政府组织的中博会、东盟博览会，亲赴四川、山东、广东等地着力开展招商活动。先后有山西鑫亚实业有限公司年产10万吨汽车铸件及为50万吨汽车配件铸造基地建设铸造炉、四川华勋畜牧机械有限公司工程运输车、曲沃恒通公司离心铸管等项目在开发区注册和签订框架协议。全年招商引资到位资金5.04亿元，同比增长113%。

（王学军　侯伟宏）

**【工业经济】** 2009年，面对全球金融危机的冲击，开发区管委会按照“政府推进、市场引导、企业运作”的原则，引导企业明确思路、增强信心，提出六大主导产业要扬长避短、突出自身优势的举措：煤化工企业要整合资源，充分发挥集群优势；冶炼业要不断延伸产业链条；铸造行业要狠抓技术创新；机加、医药行业要加强同大型企业集团的合作；信息材料业要做大做强，迅速扩张规模。区辖企业采取有效手段，积极应对经济危机的影响，最大限度地遏制经济下滑趋势。6月份以来，企业生产经营形势趋于好转，工业经济稳步回升。2009年开发区工业总产值累计完成16.48亿元，同比下降12.9%；区内生产总值5.07亿元，同比下降12.76%；财政收入5706万元，同比下降25.33%；外贸出口3529.8万美元，同比下降13.72%。

（王学军　侯伟宏）

**【基础设施建设】** 2009年，开发区主要抓了三大基础设施建设工程：1.华信大道建设工程。项目总投资1100万元，于9月28日竣工通车，结束了开发区没有主要街道、交通严重不畅的历史。2.积极向省政府及省电力部门申报110千伏变电站工程。此项目已得到批复，总投资3890万元，将于2010年开工建设。3.完善招商引资接待中心部分设施建设。对招商引资接待中心餐厅、会议室等进行装修，进一步改善招商引资硬环境。

（王学军　侯伟宏）

**【社会事业发展】** 2009年，深入贯彻落实中央关于保增长、保民生、保稳定的方针政策，在发展工业经济、壮大开发区经济实力的同时，积极推进社会事业发展。以有限的财力支持社会事业。筹资130万元对区辖红山机械厂职工医院进行设备更新、完成华信大道6000平方米的绿化、完成防洪涵洞等建设。积极推动社会事业健康发展。推动完成投资1600万元的华信大道路东1.63万平方米的商住楼建设、投资300万元的华晋冶金铸造厂3000平方米的经济适用房建设、投资3000万元的东华山农贸市场改扩建等工程。加强职业培训，提供就业帮助。免费为260余名在岗工人进行特种设备操作培训，先后为区辖200余名农民工进行电焊、机加、钳工等工种的培训，免费对区辖餐饮业服务业人员进行服务技能培训等。

（王学军　侯伟宏）

**【社区环境建设】** 2009年开发区大力开展思想作风纪律整顿，大力开展建设学习型、节约型、服务型、效能型机关活动，在区辖开展安全生产、环境保护、特种设备、创双优迎国庆等专项整治活动，以落实“三保”精神为要求，以改善社区脏、乱、差环境为重点，以建设优美宜居环境为目标，管委会统一领导，各部门各负其责，全面共同参与，区域环境明显改善。（王学军　侯伟宏）

**【领导人名录】**

**管委会主任**　魏爱军

**副　主　任**　周光辉　王伟栋

罗崇强
党工委书记　张　冠
副　书　记　魏爱军　周光辉
委　　　员　王伟栋　罗崇强
马喜才

## 山西风陵渡经济开发区

**【基本情况】** 风陵渡经济开发区位于山西最南端，地处晋、秦、豫黄河金三角腹地，华北、西北、中原三大经济区域的交汇处，是我国东部发展的后门，西部发展的前沿，其地理位置得天独厚，素有“鸡鸣一声听三省”的美称。1992年11月经山西省人民政府批准设立，2006年3月经国家发改委审核公告，2006年10月四至范围经国土资源部审核公告。2004年2月，省政府批复开发区辖区范围为风陵渡镇行政辖区范围，面积188.5平方公里，近期规划面积为7.06平方公里，远期规划面积为17.2平方公里，现有人口10万余人，现有工商企业191户，其中规模以上工业企业13户。　（姚洪涛）

**【机构设置】** 风陵渡经济开发区管委会下设一室四局，即：管委会办公室、经济贸易局、规划建设环保局、财政局、社会发展局。派驻机构7个，即：运城市国税局风陵渡经济开发区分局、运城市地税局风陵渡经济开发区分局、运城市工商局风陵渡经济开发区分局、运城市质监局风陵渡经济开发区分局、山西省国土资源厅风陵渡经济开发区土地分局、运城市公安局风陵渡经济开发区分局、运城市人民检察院风陵渡经济开发区检察室。　（姚洪涛）

**【经济发展】** 2009年，风陵渡经济开发区科工贸总收入完成36.95亿元，较上年增长12.45%；国内生产总值完成10.95亿元，较上年增长12.44%；工业总产值完成31.07亿元，较上年增长13.56%；财政总收入完成2.58亿元，较上年增长19.44%；出口创汇776万美元，较上年下降86.29%。

（姚洪涛）

**【优化投资环境】** 2009年，风陵渡经济开发区坚持“经营城市”的理念，多轮驱动，借助外力，千方百计筹措建设资金，不断加快基础设施建设。

在争资工作上紧紧抓住国家扩大内需、拉动经济增长的政策机遇，围绕国家和省的投资方向，积极向上争取资金和项目。污水处理工程列入新增中央投资项目，中央预算内投资安排950万元，省煤炭可持续发展基金安排1000万元。

在风陵渡开发区争取纳入运城市全面天然气化目标规划的项目上，开发区有关人员多次往返太原，拜访山西省压缩天然气集团有限公司领导和有关人员，几经周折，多方协调，超常规工作，最终圆满达到预期目的。2010年底前，天然气管线可从永济接入风陵渡开发区，仅此一项增加该公司投资1.5亿元。

成立了“城市建设投资管理有限公司”，创新融资模式，搭建融资平台，积极争取国家开发银行政策性贷款。风陵渡西街及高速公路西侧辅道改造工程总投资3067万元，全长3180米，招标工作已经完成，国家开发银行2900万元贷款手续已办妥，资金将按项目进度分批到位。

千方百计确保西南外环路建设工程顺利进行。该工程全长11.32千米，雨污分流管网18802.5米，总投资1.6亿元，其中省公路局沿黄干线专项资金3000万元，开发区需自筹1.3亿元。风陵渡开发区采用置换的办法，缓解部分建设资金。

通过招商引资引进了晋中嘉华热力公司建设集中供热项目和陕西中盛置业有限公司黄河南路开发改造项目。集中供热项目一期投资3000万元，供热面积202.38万平方米。黄河南路开发改造项目一期总投资约9000万元，主要建设黄河南路市场和金三角商贸区。

同时，加大城市管理力度，深入开展“创双优、迎国庆”及“迎双节”城乡环境综合整治活动，有效解决了环境卫生、交通秩序、市场管理等方面存在的突出问题，开发区环境面貌有了明显改观。　（姚洪涛）

**【招商引资与利用外资】** 风陵渡开发区不断创新招商思路，改革招商方式，拓宽招商渠道，以项目为载体，抓项目带产业，强力推进招商引资工作。2009年，先后组团参加了西洽会、深交会、东盟博览会等各类洽谈活动，利用一切机会，宣传、推介风陵渡开发区。先后邀请了意大利艾贝斯公司、博通汽车公司及广东佛山、浙江杭州等地数十名企业家来本区考察洽谈，达成了一批投资合作意向。开发区管委会以“一个窗口对外，一条龙服务”的方式为投资者提供全程代理服务，凡入区项目均实行限时跟踪服务制度，一切手续均由开发区代为办理。风陵渡开发区继2008年荣获“中国最具投资价值开发区”之后，2009 年 5 月份在杭州举办的第三届投资招商浙江春洽会暨创投发展峰会上，又荣获“中国最具潜力开发区”称号。

2009 年共铺开了 6 个工业项目，总投资 10 亿元，到位资金 5.366 亿元。项目全部实施后，可实现产值 30 亿元，利税 2 亿元。

开发区成立优化环境领导组，除安监、环保等部门外，凡进入企业检查必须经优化环境领导组办公室批准，否则企业有权拒绝检查。（姚洪涛）

**【主导产业和重点企业】** 2009 年，风陵渡开发区强力实施大企业战略，不断培育优势产业，调整经济结构，转变发展方式，帮助企业渡过难关，积极走新型工业化发展之路。初步形成了绿色食品、新型材料、生物医药、电子材料等四大产业，积极培育包括电动汽车、风力发电在内的新能源产业。一批产品在国内外市场占有一席之地。大唐国际、亚宝药业、嘉生药化、海泰电子材料、义诺电子材料、金水河金属材料等规模以上企业成为经济发展的重要支柱。（姚洪涛）

**【社会事业】** 风陵渡经济开发区基础教育、职业教育、成人教育三教并举，共有幼儿园、小学、中学及各类职业学校 51 所，在校学生 15000 人。其中，省级示范高中 1 座，初级中学 3 座，职业高中 2 座。

开发区有不同类别、不同层次医疗单位 8 家，从事医疗卫生专业医护人员 230 人，床位 300 张。开发区内设有影剧院、电视台、报社、新华书店等。（姚洪涛）

**【领导人名录】**

| | |
|---|---|
| **管委会主任** | 王宏伟 |
| **党工委书记** | 王正风 |
| **管委会副主任** | 谭建合 |
| | 陈新民 |
| | 徐少峰 |
| | 李中贤 |
| **党工委副书记** | 陈新民 |

（责任编辑：石少青）

# 附　　录

## 中共运城市委 运城市人民政府 关于实施《五个产业集群发展规划》的通知

各县（市、区）委和人民政府，市委各部委，市直各委、办、局，各人民团体，各经济开发区党工委和管委会：

为了深入落实科学发展观，推进“两个基地一个中心”战略目标的实现，市委、市政府在认真审视我市产业发展现状的基础上，通过不断解放思想，深入调查研究，提出五个产业发展的思路、目标和实施措施，形成了《五个产业集群发展规划》，希望抓紧实施。

《五个产业集群发展规划》覆盖三次产业，立足通过优化投资结构，转变发展方式，逐步改变目前整个经济过度依赖二产拉动、二产增长又过度依赖能源、原材料的偏重格局，形成新型、多元、稳固可持续的产业体系，为加快转型发展奠定基础。

产业集群在强化专业分工、发挥协作配套效应、降低创新成本、优化生产要素配置等方面作用显著，是工业化发展到一定阶段的必然趋势，已经成为我国区域经济发展的重要产业组织形式和载体。从我市产业现状看，汽车和运输设备、铝和金属镁深加工、化工、农副产品加工、服务业等领域已有了一定的产业发展基础，具备了相当的产业规模，集群发展势在必行。

为了使规划科学可行，在制定《五个产业集群发展规划》过程中遵循了四个原则：一是突出导向性，注重把握国家产业政策导向，立足我市产业比较优势，明确提出产业发展重点；二是突出时效性，在“十一五”后三年要集中实施一批项目；三是突出针对性，力求分类指导，解决各产业集群发展面临的不同问题；四是突出可操作性，把各项工作和项目真正落实到领导，落实到部门，落实到企业，落实到操作层面。

为加快推进规划实施，市委、市政府要求各级各部门通力协作，奋力攻坚，并决定建立领导机构，成立全市五个产业集群发展领导组和各产业集群发展推进工作组，具体协调解决产业发展中的重大问题；健全工作机制，对各产业项目实行分工负责制，跟踪指导和服务；优化发展环境，减少审批环节，提高行政效能；加强督查考核，把实施五个产业集群发展规划纳入年度考核范围。总之，市委、市政府要求全市上下要进一步解放思想，深化认识，通力协作，为推动全市经济社会又好又快发展，为尽早实现“一个中心、两个基地”的目标而不懈努力。

# （一）

## 汽车和运输设备产业集群发展规划

汽车和运输设备产业关联度大，产品附加值高，环境污染小，是从整体上提升区域经济竞争力的战略性、先导性产业。目前，我市汽车和运输设备业已具备了一定基础。为推动这一产业持续健康发展，从而辐射带动整个产业结构向高层次演进，加快推进新型加工制造业基地建设，结合我市实际，特制定运城市汽车和运输设备产业集群发展规划。

**一、发展现状**

（一）基本情况

目前，全市从事汽车及运输设备加工生产的规模以上工业企业18家，总资产83.5亿元，从业人数1.7万人。主要分布在临猗、绛县、盐湖、永济、河津等县（市、区），其中总资产在10亿元以上的8家，有通达、中信车桥、卓里机械、河津三联、华恩汽配、永济新时速等。产品以整车、汽车主要部件、铸造件、机械加工件为主，有汽车整车、农（矿）用三轮车、商用半挂车厢、缸盖、车桥、离合器、纽杆、空气悬挂系统、半轴、变速箱壳体、粉末制品、柴油机等20余种，主要为一汽、二汽、福田、玉柴、金龙、三菱、大洋等国内30余个整车生产厂家配套，部分出口。2007年，实现销售收入20亿元，利税2亿元以上。

（二）比较优势

（1）我市拥有汽车和运输设备行业部分老牌定点生产企业。中信机电是国家最早确认的68家汽车定点生产特大型企业之一；永济新时速电机电器公司是我国最大的机车牵引电传动装置研制企业，亚新科国际铸造（山西）有限公司是我国最大的独立生产用于柴油机发动机铸件的厂家之一。再加上通达、三联、华恩汽配、卓里机械等一批民营汽配生产企业的崛起，为我市汽车和运输设备产业的发展奠定了一定基础。

（2）相关企业拥有一定水平的铸造技术和机加工技术。我市汽车和运输设备企业普遍与大专院校、科研院进行技术合作。永济新时速电机电器公司建立了国家级企业技术中心，引进国外先进设备130套，自主研发的三种矿用隔爆型水冷电机完全替代进口；三联集团与清华大学联合自主研发了YC4110、4G6缸体精密铸件产品；亚新科国际铸造的大型连铸技术、华恩汽配的EPC消失模铸造工艺，均居国际国内先进水平；金宇粉末冶金公司从日本、台湾引进了全自动粉末成形压机和烧结机，采用一流的模具加工设备和检测设备，基本实现了生产流程自动化。

（3）部分汽配产品在国内外市场占有一席之地。永济新时速电机电器公司产品广泛用于铁路牵引电传动、城市轨道交通等领域，出口美、英等30多个国家和地区；中信机电公司的重型车桥和离合器占国内同类产品市场的15%，位踞国内四大商品重桥生产企业第二位，JN重车离合器、车桥、汽车纽杆弹簧等产品被评为“中国著名品牌”；亚新科国际铸造车用铸件出口量达71%，精密铸件汽车发动机缸体缸盖等产品畅销美、英、日等国；三联集团的缸体铸件获第七届、第八届“中国国际铸造、锻造及工业展览会金奖”。

（三）存在问题

企业布局分散，规模偏小，产业集中度低；零配件产品多，部件和总成件少，汽车整车的生产能力和规模还没有完全形成；铸件产品多，初级加工产品多，产品的技术含量和附加值低；专业协作意识不强，多数企业没有进入国际国内汽车零部件采购体系，不能直接为整车生产厂家配套，产品利润空间小。

**二、发展目标**

随着经济社会的发展和人民生活水平的提高，汽车和运输设备产业将继续保持快速增长的态势。特别是我国加入世贸组织后，全球最大的11家跨国公司和50家汽车零部件企业进驻中国。我国将成为世界第二大汽车市场和第三大汽车制造国，对重型载货汽车、大中型客车、经济型轿车的需求量不断增加。据有关资料表明，2010年全球汽车保有量在5500万辆左右，汽车将达到40辆/千人，国内市场需求量在800万-900万辆左右，产销量在900万-1000万辆左右，其中卡车市场的销量将达到150万辆，有望成为仅次于美国的第二大重卡市场。可以说，我市汽车和运输设备产业发展正当其时，面临着良好的历史机遇，市场前景广阔。

（一）框架性目标

通过努力，做大做强我市汽车和运输设备整车和配件生产能力。一是形成以大运重卡为核心的汽车和运输设备整车生产企业板块。通达集团要完善一期5万辆重卡项目，积极启动二期工程，争取形成年产10万辆重卡的生产能力。同时要加大与福建东南、金龙客车的引进合作力度，力争早日在我市落户，尽快形成一定的生产能力。卓里集团的商用挂车年产量扩大到1万辆，农用和矿用三轮车年产量达到5万辆；二是形成以中信机电、亚新科国际铸造、三联集团、华恩汽配、永济新时速和粉末冶金企业为依托的汽车和运输设备配套生产企业板块。大型铸造要围绕亚新科公司，生产60吨以上载货卡车及大型设备的大型铸造产品，力争产量由现在的20万吨增加到60万吨；精密铸造要以三联集团为重点，将汽车精密铸造配件产量提高到20万吨以上。以此为支撑，形成我市汽车和运输设备产业集群，力争把我市建设成为山西省的汽车和运输设备制造基地。

（二）阶段性目标

到2010年，全市汽车和运输设备产业形成年产重卡整车5万辆，商用挂车1万辆的实际生产能力。发动机缸体缸盖产量达到20万吨，车用重桥产能25万件，离合器等机加工件30万套；粉末冶金汽车配件180万套，全市汽车和运输设备产业力争新增销售收入150亿元；力争五年内通达集团形成年产10万辆重卡的生产能力。

**三、发展思路**

发展方向：立足我市现有基础和比较优势，延伸产品链条，提高附加值，重点发展汽车、摩托车整车及发动机、关键零部件产品、自动变速箱、重型卡车变速箱等关键零部件的生产制造，铝镁合金等汽车轻量化及环保型新材料制造，汽车重要部件的大型铸造和精密铸造，醇醚类燃料汽车和混合动力汽车等新能源汽车及关键零部件的开发制造，甲醇燃料汽车发动机及整车改造，大吨位专用重型载货卡车的组装生产，大中型客车的生产制造和商用挂车、农用三轮车的生产制造。

总体思路：以市场和国家产业政策为导向，立足现有基础，有效整合资源，总体提升，重点突破；承接转移，自主创新；突出成套、壮大集群。

以大运重卡为依托，积极促成福建东南汽车、厦门金龙客车公司到我市投资落户，借助其雄厚的资本、技术、品牌、营销等优势，形成汽车整车批量生产的能力；以中信机电、三联、亚新科、华恩为依托，做大汽车大型铸造、精密铸造和机加工生产规模，形成我市汽车整车和国内外大型汽车公司配套能力；以永济新时速、卓里为依托，做大机车牵引、商用挂车等运输设备产业，由零部件向总成件转变，由单个企业竞争向规模集群竞争转变，整体提升汽车和运输设备产业核心竞争水平，成为我市率先崛起的新型支柱产业。

**四、推进路径**

（一）通过重大项目带动集群发展。重点抓好“十一五”后三年规划的22个重点项目，主要有卓里集团商用挂车和3万辆载货汽车，陕西法士特与中信机电合作，华恩机械年产8万吨铸造配件，东盛公司年产1000台风力发电机组等项目。特别是要集中力量抓好通达集团10万辆重卡及我市与东南、金龙的合作，永济粟海福跃与中汽集团合作的400万件轮毂铸造一期工程，北车集团永济新时速扩能项目，使之成为产业集群的重要支撑。

（二）通过技术创新支撑集群发展。大力引进国内外先进适用技术和工艺设备，通过基本和关键部位的技术引进、消化和吸收，形成自主知识产权，提升行业技术水平。通过自主研发，升级改造，重点发挥我市工业大型铸造、精密铸造和机加工生产的技术优势。加快信息技术在汽车和运输设备中的应用步伐，大力推进计算机辅助设计(CAD)、计算机辅助制造(CAM)、产品数据管理(PDM)及并行工程、虚拟技术等信息化生产技术的应用，大幅度提升企业的自动化水平和加工能力。

（三）通过龙头企业引领集群发展。通达集团要抓紧解决汽车生产目录问题，尽快成为全省最具竞争力的重卡制造企业，同时积极吸引汽车零部件企业为其加工配套，辐射带动周边汽车零部件企业的发展。中信机电要打破条块分割和地域分割，加大与陕西法士特等国内外汽车制造企业的合作力度，做大汽车零部件产业。永济新时速要抓好电传动和扩能项目的实施，拓展产品市场，进一步提升竞争力。三联集团要做大做精汽车发动机缸体缸盖和变速器壳体高档铸件产品，努力成为全省最大的汽车铸件生产企业。亚新科、华恩、卓里等企业要进一步做精产品、做大规模，成为全国制造行业的排头兵，带动全市汽车和运输设备产业集群的快速健康发展。

（四）通过落实国家产业政策规范集群发展。引导企业大力发展国家支持的具有区域带动作用的汽车整车、大型铸造、精密铸造、电传动等高附加值产品，加大淘汰落后工艺力度。推广应用节能减排的新工艺、新技术和新产品，提升行业节能降耗水平。科学合理布局，因地制宜，因企制宜，以通达、华信开发区、永济循环经济园区、新时速、卓里和河津三联为依托，有效整合企业和资源，完善产业链条，壮大企业规模，发展各具特色的优势产业集群，实现资源、技术、人才、规模和效益的最大化，确保“十一五”末全市汽车和运输设备产业的企业和产品都符合国家产业政策要求，工艺和规模居于国内同行业前列。

## （二）

## 铝和镁深加工产业集群发展规划

铝镁工业在我市工业中占有较大比重，特别是原铝和原镁生产总量在全省、全国都占有较大份额，具备了向深加工发展转化的原材料工业优势。为推动我市铝和镁深加工产业快速发展，向产业链高端延伸，加快推进新型加工制造业基地建设，结合我市实际，特制定运城市铝和镁深加工产业集群发展规划。

**一、发展现状**

（一）基本情况

目前，全市规模以上铝镁企业共44户，占规模以上工业企业总量的10%，2007年实现销售收入240亿元，占全市总量的29.1%；实现利税52.5亿元、占全市总量的45.2%；完成工业增加值80.1亿元，占全市总量的30.7%。

全市铝工业企业18户，从业人员2.7万人，均达规模以上。其中氧化铝生产企业2户（1户在建）、电解铝生产企业9户、铝加工企业7户。2007年，全市氧化铝产量224.3万吨，占全国的11.5%，全省的73.3%；电解铝产量78.2万吨，占全国的6.4%，全省的73.1%；铝合金产量1.9万吨，铝材加工10.8万吨，铝行业实现销售收入210亿元，占到规模以上工业的1/4。

全市金属镁生产企业90余家，从业人员2.2万人。其中规模以上企业26家，万吨以上生产能力的企业13家，5万吨以上生产能力的企业2家，总产能接近40万吨。镁合金深加工能力约15万吨，2007年金属镁实际产量21.9万吨，占全省的一半以上，实际加工11.8万吨，全行业实现销售收入70.7亿元，实现利税7.3亿元。

（二）比较优势

1、原材料优势。依托境内丰富的铝矾土、白云石矿产资源，全省的电力、煤炭资源支撑，我市铝镁工业快速发展。目前全市已形成氧化铝产能250万吨，电解铝产能80万吨，金属镁产能近40万吨，在全省、全国甚至在全球市场都占有一定份额，为延伸加工、拉长链条提供了可靠的原材料保障。

2、技术优势。我市的铝镁企业普遍重视深加工技术研发，先后同中科院北京分院、中科院长春所、清华大学等建立了技术研发合作关系，在技术工艺、新产品开发、环保治理等方面达到国内先进水平。

3、市场优势。铝产品作为金属材料已经得到广泛应用。镁和铝镁合金产品被誉为本世纪最具开发和应用潜力的绿色工程材料，我市银光镁业的部分产品已经应用到航空航天和汽车领域，金水河公司的镁合金产品全部出口，是大众、奔驰、宝马等汽车生产企业在中国唯一认证的镁合金供应商。随着经济社会的发展，镁和镁合金在汽车、摩托车、家电、通讯材料及军工方面的应用会更加广泛。我国是世界铝镁生产大国，氧化铝、电解铝、铝材、金属镁产量多年来一直居世界首位，但我国人均铝镁消费水平较低，随着经济社会的快速发展，铝镁产品的市场需求会进一步增加，铝镁深加工产业的市场前景看好。

（三）存在问题

一是原铝、原镁生产能耗高、污染重，节能减排压力较大；二是产品技术层次低，转化能力差，特别是金属镁深加工的发展中还存在着表面氧化、焊接处理、强度和耐热性等方面的技术瓶颈；三是专业化协作配套能力差，产业链条短，多数铝、镁企业产品类同，都以原镁、原铝为主打产品，后续加工能力不足，相互间不能协作配套，存在低水平重复现象。

## 二、发展目标

（一）铝工业

重点围绕“三个板块”，延伸和拉长产品链条。即重点发展解州、永济、河津铝加工三大板块。解州铝加工板块要以关铝集团为依托，积极完善铝电联产，实现电解铝生产向精铝、铝板带箔加工转化，精铝生产能力达到3万吨、高精度铝板带箔加工能力达到2.5万吨，铝合金生产能力达到12万吨。永济铝工业板块要充分利用华圣铝业的资源优势，生产铝型材、铝合金棒、铝高压化成箔、汽车、摩托车配件及精加工；使铝合金棒生产能力达到10万吨、铝合金型材达到10万吨、永济中汽国际铝业有限公司汽车轮毂产量达到68万只。河津铝加工板块要围绕丰富的铝资源，发展铝合金、铝镁合金等深加工产品，使精铝生产能力达到7万吨、铝合金生产能力达到10万吨，铝镁合金能力达到10万吨。通过以上“三个板块”的建设，最终使我市成为铝工业规模大、技术水平高、加工转化能力强的专业化生产区域，成为国家在氧化铝、电解铝、铝产品深加工的生产基地。

铝工业发展的阶段性目标是：到2010年，全市氧化铝生产能力达到300万吨，电解铝产能稳定在80万吨，加工转化率达到60%以上，新增销售收入120亿元。力争五年内，全市氧化铝产量达到350万吨，电解铝产量达到120万吨，深加工转化能力提高到70%以上，为铝镁深加工产业集群发展奠定良好基础。

（二）镁工业

以闻喜为生产研发基地，以银光镁业为龙头，辐射带动稷山、万荣、夏县金属镁生产企业，使银光镁业形成年产10万吨原镁、5万吨镁合金、3万吨铸件冲压件、镁合金连铸连轧板材、镁合金挤压型材等深加工产业链，实现镁资源优势向经济优势转变，带动我市向全国乃至全球最大的镁及镁合金深加工基地迈进。

镁工业的阶段性发展目标是：到2010年，原镁产量控制在30万吨，加工转化率达50%以上，新增销售收入100亿元；力争五年内通过整合提升，全市金属镁生产规模达到50万吨，加工转化率达到60%以上。

## 三、发展思路

继续落实国家各项宏观调控政策，重在控制总量，优化结构，合理布局，降低消耗，推动全市铝镁工业走新型工业化道路，提高整体水平，壮大单体企业规模，积极向深加工方向转变，将铝镁工业的发展方向定位在深加工转化上，控制原铝、原镁的生产规模，鼓励发展高性能、高精度、硬质铝镁合金及深加工产品；发展高精铝板、带、箔及高速薄带铸轧生产技术的研发与生产；发展高品质镁合金铸造及板、管、型材加工技术及生产，变资源优势为经济优势，变产品优势为品牌优势，变一般加工优势为制造业优势。

## 四、发展路径

（一）抓好一批项目。重点抓好已经规划确定的铝镁加工规划项目，确保按期投产达效。铝工业要重点抓好华圣集团的技改项目，关铝与中国五矿合作，河津铝工业园区（含中铝80万吨氧化铝），华泽铝电10万吨铝合金，武圣铝业50万吨氧化铝，华圣铝业10万吨铝合金圆铸锭，关铝集团2万吨精铝，2.5万吨铝带箔，粟海三鑫铝业10万吨型材，粟海三鑫电子180万电极簿箔，建康集团精铝二期扩建等项目。镁工业要重点抓好闻喜银光镁业6万吨镁合金生产线扩建、2万吨镁合金压铸件和1万吨镁合金连铸连轧板材生产线建设，山西中电联合镁业年产5万吨镁合金，金水河3万吨镁合金汽车压铸件生产，山西亚都公司20万吨镁合金铸件，绛县三和禄华镁业1.7万吨镁合金及压铸件，德盛镁年产500万套（件）镁合金汽车压铸件生产线，启真镁业镁合金铸件生产线等重大建设项目。

（二）推进技术创新。铝工业要通过提高电流强度、电流效率、石墨化阴极炭块等技术降低电解铝生产过程中的电耗，降低生产成本；镁工业要提升镁冶炼水平，提高镁合金的稳定性，完善镁合金深加工技术，提高机械化、自动化水平，提高劳动生产率，注重环保治理，发展循环经济。通过技术创新，不断推进产品结构调整，重点发展高精铝板、带、箔及高速薄带铸轧生产技术及设备、开发轨道交通用大型材等高附加产品，增加高附加值铝加工材比重，提高电解铝液直接铸轧比例和铝材综合成品率，降低加工材的能耗水平。镁工业要大力开发高强高韧、耐热耐蚀镁合金，尤其是开发镁板铸轧产品，扩大应用领域。

（三）拉长产业链条。鼓励现有铝镁企业通过兼并联合、资产重组等方式，优化资源配置，延伸铝镁工业产品链条。铝工业要围绕中铝、华泽、华圣、关铝、振兴等企业集团，形成集铝土——氧化铝——电解铝和电力为一体的产业链，提高产业集中度，培育具有核心竞争力的大型铝业集团。镁工业要围绕闻喜银光镁业、稷山华宇等核心龙头企业，通过优化资源配置，按照煤气发生炉——硅铁——原镁——镁合金——镁深度加工——还原渣制水泥等上下游产业链齐全的模式，做大一批企业集团，成为镁工业集群的有力支撑。

（四）严格市场准入。严格执行电解铝、氧化铝、金属镁投资项目核准及土地、环保审批手续，新建和改造项目必须经过有效核准，必须达到国家产业政策的有关规定。不允许建设不符合国家产业政策和规划布局及产业结构不合理、环境容量不足，配套条件不落实的电解铝、氧化铝、金属镁项目。运用经济政策、手段合理配置资源，完善差别电价政策，推进产业升级和技术进步，依法关停淘汰，促进煤耗高、电耗水平高的电解铝、金属镁企业退出市场。

以电解铝、金属镁等优势产品为依托，重点发展铝镁深加工产品，加快技术改造，提高资源利用率，向“精、专、特、新”方向发展，构筑完整的产业体系。

## （三）

## 化工产业集群发展规划

以无机盐、煤制化工、医药化工产品为主的化工行业曾占据我市工业的半壁江山，至今在全市仍有相当份额。为全面贯彻落实科学发展观，加快转变经济发展方式，结合我市实际，特制定运城市化工产业集群发展规划。

**一、发展现状**

（一）基本情况

化工作为我市的传统工业，已经形成门类比较齐全、品种大体配套的产业体系，产品涉及无机化工原料、有机化工原料、化学肥料、高分子聚合物、化学添加剂、日用化学品、医药、农药、橡胶制品、化学机械、煤炭化学等领域，其中无机盐化工、日用化工、医药、煤化工等有较好的基础。截至目前，全市拥有规模以上各类化工企业40多家，从业人数2万余人。2007年全市化工行业主要产品合成氨年产87.6万吨，化肥(折纯)82.7万吨，纯碱17.9万吨，洗涤剂13.8万吨，煤气523万立方米，精甲醇29.3万吨，焦油2.8万吨，炭黑15万吨，实现销售收入82亿元，完成工业增加值23.4亿元，实现利税8.8亿元，分别占到全市工业的10.1%、9.5%和7.8%。

**（二）比较优势**

1、原材料优势。我市拥有全国最大的硫酸钠型内陆盐湖，是全国最大的无机盐生产基地，主要化工原材料元明粉、硫化碱、硫酸镁、硫酸钡、氯化钡产量在国内市场占有较大份额。又依托山西这个全国重要的能源基地，具有能源保障优势。焦炭在生产过程中，会产生大量的焦炉煤气和煤焦油，回收利用进行精深加工的潜力巨大。中药材种植历史悠久，黄芪、党参、地黄、柴胡、远志等在全国占有一席之地，为医药工业发展提供了充足的原料供应。这些都为我市化工行业的延伸发展提供了丰富的原材料资源。

2、企业优势。南风化工集团是目前全国最大的无机盐、洗涤剂、钾肥生产基地之一。阳光集团综合实力居全国民营企业500强前列，是全省“300万吨以上三大焦化龙头企业”之一。丰喜集团是我省最大的合成氨、尿素、甲醇生产企业，2006年跃居全国化工企业50强和全国氮肥企业10强。亚宝药业是2007年中国最具成长力企业，集药品生产、研发、物流于一体，是山西省首家医药股票上市企业。晋新双鹤药业是全国最大的小容量注射剂生产企业。绛县志信化工是全省最大的民营炭黑生产企业。南风亚宝成功上市，阳光、丰喜正在积极筹备争取上市，为企业融资奠定了坚实的基础。

3、产品优势。南风集团的“奇强”和“运牌”系列洗涤剂产品均为中国驰名商标，被评为“中国名牌产品”和国家免检产品，“运牌”无机盐系列产品被评为山西省标志性名牌产品。丰喜集团获中国驰名商标企业，主导产品“丰喜”牌尿素被评为“山西标志性名牌产品”。“亚宝”商标认定为中国驰名商标，“丁桂”商标被认定为山西省著名商标，“曲克芦丁片”、“尼莫地平片”、“复方利血平片”等产品年产销量居全国第一。这些企业基本建立了完整的销售体系和网络，如南风集团在全国地（市）级以上城市设立了销售点，产品出口27个国家和地区。亚宝药业在全国省会城市和直辖市设立了27个省级营销网点，建立了2600家医药分销网点，产品覆盖全国近20余万家终端及医疗机构。丰喜集团在全国主要销售区域及主要乡镇建立了销售网络，产品覆盖国内20多个省（直辖市、自治区），并出口东南亚。

4、产业聚集优势。无机盐化工和日用化工主要集中在南风集团；煤化工行业主要集中在河津、稷山、新绛三个县市；化肥行业主要集中在丰喜集团和舜都集团；炭黑生产主要集中在绛县，占了全国市场的近1/6；医药工业主要集中在芮城、万荣、夏县等地，并拥有一批自主知识产权。运城化工行业的各个门类已经形成了产业聚集的优势，具备了进一步延伸拓展的条件。

（三）存在问题

一是产品层次低下。企业加工转化能力差，产品链条短，化工产品在品种和质量上不能适应市场快速变化的要求，多以原材料产品为主。中药现代化程度不快，产品种类、剂型等研发滞后。焦炉煤气可开发的产品百余种，而我市目前仅开发了十余种，产品附加值低，化产产值仅占焦炭行业的6%。二是多数企业规模偏小。如全市40余家焦化企业，仅22家企业规模达到国家产业政策门槛。企业小而散、集中度低，没有形成规模效益，同时也加大了环保治理难度，环保设施成本过高，影响了企业改进工艺的积极性，大量的废渣、废气得不到利用，不仅造成了污染，而且浪费了资源。三是企业间协作程度不高。化工行业内部各个子行业，大多是各自发展，横向联系少。即使是同类产品的生产企业，在信息、资源、技术上也没有形成共享平台，企业仍然在市场上单打独斗，不能很好地发挥群体优势，形成行业间的战略联盟。

**二、发展目标**

（一）框架性目标

努力培植四大龙头企业和五个产业带，形成化工产业集群。“四大龙头”，即南风集团、阳光集团、丰喜集团和亚宝集团，要把这四个企业分别打造成全省最具竞争力的日化企业、焦化企业、化肥企业和医药企业。“五个产业带”，即以盐湖为核心的无机盐和日用化工产业带、以河津为核心辐射稷山新绛的煤化工产业带、以丰喜集团为核心的化肥产业带、以绛县为核心的炭黑产业带和以芮城、闻喜、万荣为主的中药种植产业带。

（二）阶段性目标

到2010年，全市化工行业生产合成洗涤剂80万吨，合成氨150万吨，尿素150万吨，甲醇80万吨，炭黑50万吨，焦炭化产回收和开发比重提高到20%，精苯、萘、蒽油等形成一定规模，加快中医药生产现代化进程，全行业新增销售收入80亿元。力争五年内把丰喜集团、阳光集团、南风集团打造成为全国最具竞争力的化工企业集团，为化工产业集群的健康发展奠定坚实的基础。

**三、发展思路**

发展方向：无机盐化工和日用化工要以南风集团为龙头，重点发展硫酸盐、无磷洗衣粉等系列产品。医药要以亚宝为龙头，鼓励发展具有自主知识产权的新药和天然药物的开发与生产，重点发展具有高科技含量的中药和生物制药产品。煤化工要以阳光集团为龙头，带动河津、稷山等焦炭生产企业，发展“肥、醇、炔、苯、油”及下游产品。煤制化肥要以丰喜集团为龙头，自主发展与引进合作相结合，发展以煤炭为原料的合成氨和尿素等化肥和甲醇及下游产品。绛县意信、稷山永东等炭黑生产企业，要积极与焦炭企业建立协作关系，在规范整合现有炭黑企业的基础上，扩大单体企业规模，改进工艺技术水平，提高炭黑产品品质，形成炭黑行业强有力的竞争群体。

总体思路：以国家产业政策为指导，以市场为导向，立足现有基础，重点围绕无机盐化工、日用化工、医药、煤化工等行业，积极推广清洁生产，大力发展循环经济，努力转变经济增长方式，拉长产品链条，做大企业单体规模，提高产业集中度，全面提升我市化工产业整体实力，带动行业发展水平稳步提高。

**四、发展路径**

（一）抓好重点项目施工建设。要重点抓好“十一五”后三年已确定的56个化工行业项目，重点抓好南风集团8万吨/年脂肪酸甲酯磺酸钠技改和40万吨/年PVC树脂项目一期工程，福斯特5万吨二期扩建和万吨邻甲酚，丰喜临猗分公司年产5万吨乙酸、阳光集团20万吨苯加氢及“千万吨级焦化园区”，华瑞公司“1830”二期，复肥公司双力打造“百年丰喜”和“百亿丰喜”。阳光集团要发挥全国独立焦化行业旗舰企业和省方阵企业的优势，重点实施千万吨焦炭、百万吨煤化工生产项目，努力建设全国一流的煤焦化清洁型生产示范基地和龙头企业。亚宝集团要加快口服胰岛素等重大项目的实施工作，努力建成全省最具竞争力的现代化大型医药企业。

（四）落实产业政策。化工行业是高耗能、高污染、高危险行业，我市化工产业集群的发展，要严格遵循国家的产业政策。一要把好行业准入门槛。对安全设施不到位，节能评估未达标，环保设施不齐全的企业，坚决不允许生产。二要加大对已生产企业的监督检查。凡有安全、环保、节能评估不达标者，一经发现，勒令停产整顿，直至没收生产许可证。三要积极推广清洁生产。降低能耗，提高资源综合利用率，确保我市化工产业集群健康发展。四要鼓励关联企业兼并重组，形成上下游资源、研发、生产、市场一体化经营，提升和强化竞争力。

# （四）

# 农副产品加工产业集群发展规划

农副产品加工业是我市经济的支柱产业，已成为解决“三农”问题、发展现代农业的主引擎，转移农村剩余劳动力的主阵地，农业增效和农民增收的主渠道。为加快推进高效生态农业基地建设，特制定农副产品加工产业集群发展规划。

## 一、发展现状

### （一）基本情况

目前，全市农副产品加工企业已发展到1427家，从业人员7.8万人。其中规模以上企业114家，年销售亿元以上企业20家。市级以上农副产品加工龙头企业80家。其中忠民、粟海、丰润、胃乐、维之王5家获得国家级农副产品龙头企业，农之龙、金绛、后稷、晋龙、华康等22家获得省级农副产品龙头企业。2007年，全市农副产品加工企业实现销售收入89.8亿元，完成增加值23.8亿元，带动35万户农户增收创收15亿元。

### （二）比较优势

1、资源优势。我市是全省最大的农副产品生产基地，具有得天独厚的农业生产条件和丰富的农产品资源。目前，全市已形成粮、棉、果、畜、菜五大主导产业格局，年种植小麦面积450万亩以上，总产量达10亿公斤左右，占全省的40%；棉花120万亩，总产量lO万吨，占全省的90%；水果148万亩，总产量198万吨，其中苹果103.7万亩，总产量150万吨，占全省70%；林木面积5.6万亩，年产苗木7.5万株；花卉2400亩，中药材10万亩，总产量6.1万吨；肉鸡年出栏1300万只，蛋鸡存栏1100多万只；猪、牛、羊、兔存栏分别为70万头、28万头、60万头、63万只；肉、蛋、奶总产量分别达到10.2万吨、8.3万吨、2.4万吨，为农副产品加工产业集群发展提供了资源保障。

2、市场优势。全市果汁生产能力达到30万吨，浓缩果汁出口成为农业第一大出口产品；紫山、中粮大宝等20多家芦笋加工企业，年加工芦笋罐头5万吨，90%以上出口日本、韩国以及欧美等国家，占世界芦笋贸易的30%以上，已成为国内最大的芦笋加工出口和世界最大的芦笋集散地；绛县的维之王成为世界500强之首沃尔玛供应商；永济粟海的肉鸡年加工能力达12000万只，已成为肯德基、麦当劳、德克士等快餐店及部分航空公司的合格供应商，在西安、成都、兰州肯德基连锁店的供货份额达70%。这些产品的品牌、产地效应为进一步拓展市场空间奠定了良好基础。

3、加工优势。全市逐步形成以永济中粮大宝、紫山、芮城联侨等为依托的芦笋加工业；以万荣汇源、中鲁，盐湖海升、临猗恒兴、湖滨，永济安德利、绛县维之王、垣曲山里红、稷山胃乐、后稷等为依托的果品加工业；以新绛亿家康、夏县顺天、盐湖今麦郎、运乐锅巴等为依托的粮食加工业；以永济忠民、晋美、强胜等为依托的油脂加工业；以永济粟海、绛县金绛牛肉、万荣宁老大等为依托的畜制品加工业；以临猗恒晟、华晋，稷山华南、华丽，芮城露露、闻喜芬德等为依托的纺织服装加工业；以新绛永恒、稷山翟店等为依托的网袋包装加工业；以芮城维尔富、宏达，临猗澳迩、万荣华康等为依托的中医药加工业，这些加工业布局相对集聚，呈现出集群发展的良好态势。

4、区域特色优势。近年来，各县（市、区）发挥区域特色优势，先后建成以临猗为主的苹果生产基地；以永济、芮城、河津为主的芦笋基地；以盐湖、平陆、垣曲为主的优质梨桃杏生产基地；以稷山、临猗、芮城为主的红枣基地；以新绛、夏县为主的蔬菜基地，以稷山为中心的葡萄基地；以绛县、垣曲为主的山楂基地；以垣曲为主的蚕桑生产基地；沿黄河滩涂建设的林木基地；中条山药材基地；河津、盐湖的花卉基地；以永济为主辐射周边的肉鸡养殖基地；以新绛、绛县、万荣等为主的养牛养羊养鹿养猪基地等，这些基地的规模化发展，为农副产品加工产业做强做大提供了有力的保证。

（三）存在问题

目前，全市农副产品加工产业存在的主要问题：一是转化率低，不足40%。二是技术装备老化，除少数企业外，大多数仍然使用90年代的技术设备。三是融资渠道不畅，相当部分企业因流资短缺影响正常生产。四是品牌意识不强，至今没有一个获得国家级名牌产品。五是财政支持不足，服务体系建设滞后，信贷、税收、土地等政策落实还不到位。

**二、发展目标**

力争到2010年，全市农副产品加工企业营业收入达到130亿元，农副产品转化率达到50%。亿元以上农副产品企业达到30家，市级以上农副产品龙头企业达到100家，带动50万农户，新增就业岗位2.5万个。实现全市国家级农副产品加工名牌产品零的突破，力争培育1个“中国驰名商标”，20个省级名牌产品。

**三、发展思路**

总体思路：以市场为导向，项目为载体，体制、机制和科技创新为动力，立足现有基础，有效利用资源，强龙头，优基地，上规模，重特色，创品牌，重点发展果品加工、粮油加工、蔬菜加工、畜制品加工、特色农产品加工、纺织服装加工等六大加工行业，促进农副产品加工水平的大提高，品牌建设的大突破，产业集群带动能力的大提升和农村经济大发展，为推进全市社会主义新农村建设，构建和谐运城奠定物质基础。

**四、实施步骤**

（一）抓基地建设，提升发展空间。重点抓好六大农副产品基地建设。

1. 果品基地面积稳定在250万亩左右，在稳步发展苹果、红枣、山楂、葡萄、梨、桃、杏等水果的同时，重点抓好以盐湖、临猗、芮城、万荣为主的150万亩澳洲青苹高酸苹果基地建设，提高加工利用率，解决果品加工企业原料紧缺的问题。

2. 芦笋基地面积发展到30万亩。适度扩大规模，提高单产，依托现有的加工企业，重点抓好永济、芮城、万荣等县市黄河滩涂地，河津和平农场万亩芦笋基地建设。

3. 蔬菜种植面积扩大到120万亩。以新绛、夏县、盐湖辐射到永济、闻喜、临猗、绛县等县市区，重点发展以新绛绛州绿为主的绿色无公害蔬菜示范基地。

4. 粮油加工基地建设：小麦种植面积稳定在450万亩左右，年生产10亿公斤小麦全部转化制粉；棉花保持在120万亩，积极扩大油菜、大豆、花生、葵花等油料作物种植面积，满足我市忠民、强盛、晋美等油脂龙头企业生产需要。

5. 畜牧业基地建设：以肉禽蛋奶等为主，不断扩大猪、牛、羊、鸡、鸭、兔等的存栏数量，重点发展芮城风陵渡、新绛桃园、健比特的大黄牛养殖基地，力增5年时间使基地的黄牛的存栏数量达到万头，羊存栏超过万头，盐湖宏远、永济北梯的养猪存栏超过10万头，永济、临猗、芮城等县市区养鸡存栏年达到百万只，万荣、临猗等地养兔业快速发展。

6. 特色农产品基地：以垣曲、闻喜、盐湖种桑养蚕为主，发展蚕茧基地，以万荣、芮城、平陆为主的中草药基地建设，力争5年时间蚕桑扩大到5万亩，中草药40万亩，洋麻1.5万亩。另外，加强绛县、平陆养鹿基地建设，扩大鹿茸的医药应用，积极开发鹿酒、鹿肉、肉干新产品，以满足养生保健品的生产所需。

（二）抓项目建设，培育新的经济增长点。项目是促进农副产品加工业发展的重要支撑，培育新的经济增长点的主要途径。

2008年底，建成绛县金绛食品有限公司年产625万罐牛肉罐头，平陆华人祥瑞灵芝有限公司投资年产500吨的灵芝粉，北京汇源万荣分公司年产500万箱灌装饮料生产线、山西粟海集团年加工12000万只肉鸡加工生产线、芮城昌兴纸业年产50万吨文化用纸等5个项目。

2009年底，建成稷山后稷食品公司年产万吨红枣及果脯系列食品生产线、永济华鑫食品有限公司双孢菇和芦笋扩建、山西金大悦食品有限公司苹果醋保健饮料；北京汇源万荣分公司果酱生产线、芮城微利恒康干鲜果购销有限公司年产8000吨果汁生产线、山西佳维食品有限公司山楂系列产品等6个项目。

2010年底，建成山西农之龙食品有限公司年加工15万吨红薯、稷山华南纺织有限公司年产9000吨纱和2000万米布生产线、垣曲山里红食品公司年产3000吨果蔬食品生产线、芮城东盛餐饮食品有限公司年产16000只可降解餐饮用品等4个项目。

（三）实施品牌战略，扩大市场占有率。由市中小企业局牵头，市科技、工商、质检等部门密切配合，力争5年时间积极发展市级以上农副产品加工龙头企业200个，科技型农副产品加工企业100个。加大科技创新力度，建立农副产品技术研发机构（中心）80个，科研经费要占到规模企业销售收入的3%，80%以上农副产品加工企业要与院校联姻，厂所挂钩，积极研发农副产品新技术新产品。同时，采取多渠道引进高级人才，依托高等院校培养中级人才，有计划的培训初级人才，到2010年，使全市农副产品加工企业大中专以上学历达到3万人，取得初级以上技术职称1万人以上。大力实施品牌战略，积极争创名牌产品，到2010年，实现全市国家级农副产品加工名牌零的突破，力争培养2个“中国驰名商标”，50个省级名牌产品，促进农副产品加工企业产品质量提高，建立健全营销网络，扩大市场占有率，进一步激发农副产品加工企业的发展活力。

## （五）

## 服务业集群发展规划

服务业发展水平是衡量现代经济社会发展程度的重要标志。发挥我市区位、交通、文化和旅游资源等优势，加快服务业发展，是优化产业结构、转变发展方式的现实需要，是节能减排的内在要求，是扩大就业和增加地方财力的现实选择。为此，特制定全市服务业集群发展规划。

### 一、发展现状

（一）基本情况

“十一五”以来，我市服务业年均增长12.8%，对经济社会发展的贡献不断提高。2007年服务业增加值占全市地区生产总值的34.2%，从业人数占全社会从业人员的26.4%，初步形成了以商贸流通、旅游、文化和现代物流为支撑的服务业产业体系。

目前，全市共有旅游景区（点）52个，国际国内旅行社78家，星级饭店44家，旅游汽车公司3家，旅游院校2所，旅游从业人员3.2万人。

全市共有各类文化产业经营单位1200多家，从业人员2万余人，2007年营业总收入19.1亿元。

全市共有各类大型仓储库房10家，仓储面积约10万平方米，大型商业网点20个，商品交易市场310个，连锁经营、物流配送、特许经营企业240家，2007年产值为8.3亿元。

全市商贸流通业单位（包括个体工商户）约11万家，从业人员30万人，营业面积430万平方米。其中，各类综合和专业市场93家，限额以上商贸企业104家，限额以上餐饮服务企业250家。2007年社会消费品零售总额214.2亿元。

（二）比较优势

1、资源优势。运城是中华民族的重要发祥地之一。根祖文化底蕴深厚，文明遗存星罗棋布，目前全市有文物旅游景点1600余处，其中国保文物44处，省保文物92处，加之盐湖、历山、五老峰等独特的自然风光，发展文化旅游产业潜力巨大，前景广阔。

2、区位优势。我市位于华夏腹地，通西北，连西南，达中原，是连接中西部地区的桥头堡，距古都西安和洛阳仅200公里。具有发展物流和商贸业的先天条件。在产业格局上，我市位于山西省南大门，是全省能源南下和外省物资流入的重要通道。

3、交通优势。境内基本形成以运城为中心的一小时经济圈，公路网密度达到99.2公里/百平方公里。与境外联系通道全部实现了高速化。南同蒲铁路纵贯南北，侯西铁路横穿东西。运城机场已开通了直达北京、上海、重庆、沈阳等9市的15条航线。一个多层次、立体化的交通网络初步形成，为人流、物流的集散提供了便利。

4、产业优势。一是部分企业在国内外具有较高的知名度和相当的竞争力。以萨瓦莱斯制版为龙头的制版印刷业在国内外市场占据着一席之地；绛州鼓乐艺术团和宇达集团被文化部授予“文化产业示范基地”，还有一批文化旅游企业迅速崛起。二是我市的铝镁、化工等行业在全国、全省都有相当的份额和比较优势，汽车和运输设备、铝镁加工业正在兴起，随着这些产业的壮大，必然为我市现代物流业的快速发展开拓空间，提供契机。

虽然我市发展服务业的条件和优势十分明显，但与发达地区相比，总体上还处于低水平发展阶段，存在的主要问题：一是规模总量偏小，对经济增长和促进就业的拉动作用不强；二是传统行业所占比重较大，现代服务业发展明显滞后；三是改革创新力度不够，市场主体的活力不强，产业化程度较低；四是各类专业人才仍然匮乏，综合竞争力不强。

**二、发展目标**

“十一五”末我市服务业发展的目标是：服务业增长幅度高于地区生产总值增幅，力争未来三年服务业占 GDP 的比重年均提高 1 个百分点，2010 年达到 37%左右，从业人员比重上升到 30%左右；内部结构和组织方式不断优化，城乡发展趋于协调，对经济结构调整、节能减排的带动作用明显增强；区域特色更加突出；使我市向晋陕豫黄河金三角地区物流中心、文化旅游大市和现代服务业较发达城市的目标不断靠近。

到 2010 年，全市旅游业接待国内外游客达到 1400 万人次，旅游收入突破 88 亿元。全市文化旅游产业总产值增加到 100 亿元，文化旅游产业增加值占到 GDP 的贡献率达到 4.5%。现代物流业初步形成以公路、铁路、航空运输体系为依托，以中心城市为枢纽，以河津、东镇、风陵渡等为主要节点的覆盖全市及周边地区的现代立体化物流网络。商贸流通业基本建成现代化商贸中心、专业批发市场、传统集贸市场“三位一体”的市场体系。

**三、发展思路**

紧紧抓住国家大力推进服务业发展的战略机遇，以市场化、产业化、社会化、信息化为方向，以优化结构，扩大供给、增加就业，增强企业竞争力为着力点，加快改革开放，推进结构调整，加大投入力度，优化发展环境，力争形成高增值、多层次、广就业、强带动的现代服务业体系。力求在重点领域实现“三个突破、一个提升”。即实现旅游业、文化产业和现代物流业在规模和实力上的大突破，实现商贸流通业整体发展水平大幅提升。

**四、发展规划**

（一）旅游业

重点是融入“一圈”，做强“三线”，办好“五节”，打造“十个品牌”。融入“一圈”，就是融入黄河金三角区域旅游合作圈。按照资源共享、客源互送、优势互补的原则，加强与临汾、三门峡、洛阳、渭南、西安的旅游合作。对区域的品牌定位、线路编排、宣传促销进行统一筹划，实现区域联网、整体促销，构建黄河金三角无障碍旅游圈。做强“三线”，就是做强三条精品线路：第一条是以关帝庙、舜帝陵、鹳雀楼、大铁牛和普救寺为主体的寻根问祖之旅，与华山、西安方向线路衔接；第二条是以盐湖黑泥洗浴、垣曲历山为主的生态休闲之旅，与洛阳方向线路衔接；第三条是以舜帝陵景区、李家大院、后土祠为主体的北部历史文化之旅，与临汾、壶口瀑布线路衔接。办好“五节”，就是办好关公文化节、后土文化节、舜帝后裔年会、吕祖道教文化节和世界情侣月活动。打造“十个品牌”，就是打造始祖一后土圣母，创世帝王一尧、舜、禹、诚信之神一武圣关公、史学泰斗一司马光、中华名楼一鹳雀楼、世界艺术瑰宝一永乐宫壁画、中国死海—运城盐湖、无形文化遗产一绛州鼓乐、中国十佳魅力城市一运城市和笑遍天下的万荣笑话。

（二）文化产业

重点是实施“261”规划，“2”是做强“两大特色文化”，即：“关公文化和盐文化”。关公文化。主要是深度挖掘关公文化内涵，重点开发关公精神信仰文化，提升现有的关公文化节档次和关公拜祭档次，举办世界性的关公朝觐祭拜节，大量吸引海内外关公信徒来此朝拜，扩大运城知名度、美誉度、和谐度；充实和完善关帝庙、关公家庙和关帝祖茔为主体的“三关”景区，加快提档升级和品牌增效，建设关公文化旅游园区和关公精神信仰朝觐园区，大力支持和发展关公文化衍生产品，多渠道、多方式开发关公文化的戏剧、电影、电视剧等与之关联的工艺品、小吃、民俗活动等系列产品。盐文化，积极推进盐文化的深度开发、组合开发和特种产品开发、形成融历史文化、地质文化、休闲文化和工业旅游为一体的盐文化旅游圈。充分利用盐池独特的地质生态资源，规划建设“盐湖地质公园”和传统“垦畦浇晒”产盐自然博物馆；积极拓展与盐文化相关的影视、动漫、书法、绘画、网络创意等各种产业。

“6”是建设六大文化产业园区。即发展以运城萨瓦莱斯制版集团为龙头，南光、凯达、英发、翔宇、小学生拼音报等为主干的盐湖印刷工业园；创建以南风广场为中心，以运城移动、网通、联通、小学生拼音报社等为依托，以网络书店、网络音像等为内容的文化网络服务产业园；巩固提升关帝庙传统旅游品牌的管理层次和服务水平，拓展以关帝庙为核心，以东、西长街仿古农家游为特色，融解州古镇游、购、娱为一体的关公文化旅游产业园；以万荣县李家大院为依托，建设万荣笑话园区和秦、晋、豫黄河金三角最大的民间古玩艺术品展销市场；建设以吕祖道教文化园区为基地，以永乐宫和洞宾酒为龙头的吕祖道教文化旅游产业园；建设吃、住、行，游、购、娱为一体的文化旅游、名优名吃产业园。①在空港新建一个集晋南名吃、风味小吃为一体的高档美食城。②建设以运城大酒店、运城宾馆、金鑫大酒店、空港度假村等高档酒店为核心的旅游住宿基地。③在今日国际商场一楼组建以旅游工艺纪念品、民间传统工艺品、仿古青铜彩绘艺术品、盐湖黑泥化妆品以及运城地方特产为主的旅游产品交易市场。④构建以体育馆为中心各类小型会馆、各种茶艺演艺场所为补充的旅游文化演艺小区。⑤建设土特产品市场。中心城市规划建设集研、产、展、销为一体的大型土特产品专业市场。

“1”是打造一台富有黄河风情，彰显古老河东文明，体现“魅力运城”特色的文化演艺精品。

（三）现代物流业

一是构建四大物流群。依托交通枢纽，建设“十”字形物流节点格局。着力打造以东镇、平陆、河津和风陵渡为节点的四大物流群。二是建设五大物流园区。依托中心城市，建设豪德城市型配送物流园；依托运城机场，建设空港枢纽转运型物流园；依托交通枢纽，建设平陆路铁联运型物流园；依托大型专业市场，建设新绛、绛县果蔬市场流通型物流园；依托特色经济，建设丰喜集团、运达果品生产基地型物流园区。三是建成十大物流配送中心。结合各县市产业特点和发展需求，着重以县市为中心，建设十大物流配送中心，形成市县连接县辐射乡村的梯级物流网络，建成以商贸流通、连锁经营、物流配送、电子商务为一体的现代物流综合体系。四是构筑四大物流服务网络体系。以空港物流园为依托，建设以电子、高附加值产品为主的航空物流体系；以运城果品蔬菜等专业市场为依托，建立布局合理、安全快捷的农产品流通体系；围绕工业集群，建立新型工业品批发市场体系；进一步发展现代流通方式和零售业态，建立集约便利的现代零售服务体系。

（四）商贸流通业

一是积极培育一批现代流通企业集团。支持各类流通企业以优势企业为龙头，以资产为纽带，以品牌为载体进行资产重组和连锁经营，形成一批具有创新能力、产权明晰、竞争力强的流通企业集团。重点抓好沃尔玛、鑫源商贸城、运城市购物中心、河津东都商城等项目。二是以现代流通方式改造、提升传统商贸企业。以各县（市、区）百货大楼为依托，积极发展物流配送；以社区为依托，发展具有多项功能的连锁便利店；鼓励特色突出、信誉良好的企业发展特许经营和专业连锁；改造和提升传统餐饮服务业。重点抓好河东美食城建设项目，运城一枝花餐饮有限公司、稷山红楼宾馆改造等项目。三是加快农村市场体系建设。深入实施“万村千乡市场工程”。科学规划，合理布局，加大商品配送中心和农家店的基础设施建设，已建成的农家店，要开展农产品收购，家电下乡，增加图书、音像制品等特殊商品的经营业务。到2010年，全市农家店要达到2000个，配送中心达到17个，覆盖全市100%的县（市、区），90%的乡镇和60%的行政村。加快“双十”农产品市场工程建设。重点扶持10个农产品批发市场和10个农产品流通企业。

## 五、推进路径

以科学发展观为统领，通过“政府推动、社会参与、科学规划、多元投入、市场运作、龙头带动”，以资源整合、重点开发、综合利用为手段，带动全市的服务业集群整体发展。

（一）汇聚人才。树立人才资源是服务业集群发展第一资源的观念，培养、吸引和用好一批懂经营、善管理的复合型人才，造就一批服务业经营型人才，建立健全服务业人才的培养，引进选拔和激励机制，推动服务业集群更快更

# 中共运城市委
# 运城市人民政府
# 关于《运城市人民政府机构改革方案》的
# 报　　告

省委、省政府：

《运城市人民政府机构改革方案》已经运城市委、市政府研究通过，现上报给你们，请审核批复。

中共运城市委
运城市人民政府
2009年7月30日

---

好地发展。

（二）龙头带动。充分灵活运用联合、重组、兼并等现代化企业的运作手段，对服务业单位实行企业改制，公司改造，不断完善法人治理结构，建立现代企业制度。充分发挥大集团、大企业带动大产业的龙头作用。积极培育市场主体，提高服务业的集群竞争力，进一步促进跨区域、跨行业、跨所有制的集群建设。

（三）相互依存。积极促进文化与服务业的有机融合，不断增强服务业的文化内涵，进一步彰显文化是服务业的灵魂作用，增强服务业产品的文化含量，实现文化与服务业的相互依存和有机结合。同时也要不断提升服务业产品的经济价值，创造更好的社会效益和经济效益。

（四）科技创新。坚持科技创新的服务业发展原则，服务业发展与科技进步的有机结合，提高集约化经营水平，转变传统的经营理念，运用高新技术促进产业的升级。鼓励开发具有自主知识产权的文化旅游等服务业产品，促进我市服务业集群更快更好地发展。

# 运城市人民政府机构改革方案

根据党的十七大、十七届二中全会关于深化行政管理体制改革的精神和省委、省政府《关于市县政府机构改革的指导意见》(晋发[2009]10号) 的要求，结合运城市实际，制定本方案。

**一、机构改革的指导思想和原则**

(一) 指导思想

高举中国特色社会主义伟大旗帜，以邓小平理论和“三个代表”重要思想为指导，深入贯彻落实科学发展观，按照精简统一效能的原则和决策权、执行权、监督权既相互制约又相互协调的要求，着力优化组织结构，规范机构设置，完善运行机制，为全面建设小康社会提供组织保障。

(二) 基本原则

1. 按照精简统一效能的原则，理顺部门职责关系，明确和强化责任，优化政府组织结构，完善体制机制，推进依法行政，提高行政效能，积极探索实行职能有机统一的大部门体制。

2. 合理配置部门职能，整合完善经济和信息化、农业、文化广电和交通运输行业管理体制，同时以改善民生为重点，加强与整合社会管理和公共服务部门。

3. 着力解决职责交叉、权责脱节等突出问题，不断健全部门协调机制。

**二、机构改革的主要内容**

(一) 转变政府职能

加快推进政企分开、政资分开、政事分开、政府与市场中介组织分开，把不该由政府管理的事项转移出去，把该由政府管理的事项切实管好，从制度上更好地发挥市场在资源配置中的基础性作用，更好地发挥公民和社会组织在社会公共事务管理中的作用，更加有效地提供公共服务。在全面履行职责的基础上，突出市政府履行职责的重点。更加有效地贯彻执行党的路线、方针、政策和国家的法律法规，加强对本地区经济社会事务的统筹协调，更加注重社会管理和公共服务，着力解决民生问题，强化执行和执法监管职责，增加处置突发公共事件和社会治安综合治理的能力。改进面向基层和群众的服务与管理，转变工作作风，提高工作透明度和公信力。

(二) 理顺职责关系

按照权责一致的原则，合理界定和调整政府部门的职能，明确相应的责任，做到权力与责任相对等；坚持一件事情原则上由一个部门负责，确需多个部门管理的事项，明确牵头部门，分清主次责任，避免职能交叉重叠、政出多门，着力解决权责脱节、推诿扯皮等问题；建立健全部门间的协调配合机制，切实提高行政效率。

(三) 明确和强化责任

按照大部门管理体制的原则，在进行机构调整、职能整合的同时，尽可能实现职能、权限的完整与统一。推进政务公开、绩效考评、行政问责，强化责任追究，切实解决权责脱节的问题。

(四) 调整优化组织结构

合理配置区域经济调节部门职能，市发展和改革委员会要进一步转变职能，减少微观管理事务和具体审批事项，集中精力搞好区域经济调节，理顺其与行业管理部门的关系，发挥行业管理部门在制定和组织实施产业政策行业规划等方面的作用。加强对农业和农村工作的综合管理与统筹协调，进一步完善服务农业、农村、农民的管理体制，将市畜牧、果业、农机、扶贫、农经管理等涉农机构的行政管理职能整合到新组建的市农业委员会，继续保留事业服务职能，规范名称，加强对“三农”的服务。加强对工业的统筹协调，推进信息化和工业化融合，将市国资委、经委、中小企业局、城镇集体工业联合社行政职能整合到市经济和信息化委员会。理顺食品、药品市场监管体制，整合执法监管力量，解决多头执法、重复执法问题。整合理顺人力资源和社会保障、住房与城乡建设、交通运输等部门职能，加强社会管理和公共服务部门建设，健全管理体制，强化服务功能，保障和改善民生。

具体调整及机构设置如下：

1. 加强对农业和农村工作的综合管理与统筹协调，进一步完善服务农业、农村、农民的管理体制。在市农业局和市委农村工作领导小组办公室基础上，将市畜牧兽医局、果业局、农机局、扶贫开发办、农经管理局等涉农机构的行政管理职能整合，组建市农业委员会，挂市委农村工作委员会牌子，为市政府工作部门。市畜牧、果业、农机、扶贫、农经管理等涉农机构继续保留事业服务职能，名称规范为市畜牧兽医发展中心、市果业发展中心、市农机发展中心、市扶贫开发中心、市农经管理中心，业务归口市农业委员会管理。

2. 加强对工业的统筹协调，推进信息化和工业化融合。将市经济委员会、市中小企业局和市城镇集体工业联合社承担的行政职能整合，组建市经济和信息化委员会，为市政府工作部门。将市国有资产监督管理委员会并入市经济和信息化委员会，挂市国有资产监督管理委员会牌子。市中小企业局和市城镇集体工业联合社继续承担相应的事业职能，业务归口市经济和信息化委员会管理。同时将市中小企业局改为市中小企业服务中心，将原市中小企业局承担的农产品加工及质量监督管理等职能划入市农业委员会。

3. 促进各种交通运输方式相互衔接，发挥优势和组合效率。加快形成城乡一体化的综合交通运输体系，在市交通局基础上组建市交通运输局，为市政府工作部门。将市建设管理局指导和管理城市客运及出租车行业管理职能划归市交通运输局。

4. 加强城乡建设管理规划统筹，加快城乡住房保障体系建设。将市建设管理局更名为市住房保障和城乡建设管理局，为市政府工作部门。履行住房保障、基础设施建设、综合管理等职能。

5. 加强人力资源统一管理、合理流动和有效配置，整合人才市场和劳动力市场，完善就业、劳动权益和社会保障体系。将市人事局与市劳动和社会保障局合并，组建市人力资源和社会保障局，为市政府工作部门。

6. 加强对文化、新闻出版、广播电视的综合管理与统筹协调，建立大文化管理体制，实行统一管理、统一执法。将市文化新闻出版管理局的职能和市广播电视局管理广播电视的行政职能整合，组建市文化广电新闻出版局，为市政府工作部门。撤销市广播电视局，成立市广播电视发展中心，与市广播电视台一套机构，两块牌子，行使原事业职能，业务归口市文化广电新闻出版局管理。

7. 加强食品药品安全监管，落实安全监管责任，调整完善管理体制。将运城市食品药品监督管理局建制移交市政府管理，为市政府工作部门。

8. 市安全生产监督管理局独立设置，为市政府工作部门，负责综合监督管理全市安全生产等工作。市经济委员会不再挂市安全生产监督管理局牌子。

9. 将市农业综合开发办公室的农业综合开发资金管理职能并入市财政局，隶属关系调整为市财政局管理，名称规范为市农业综合开发中心。

10. 将市人民防空委员会办公室由政府议事协调机构的常设办事机构调整为市政府工作部门。

11. 将市人民政府外事办公室（挂市人民政府侨务办公室牌子）更名为市人民政府外事侨务办公室，为政府工作部门，不再挂市人民政府侨务办公室牌子。

12. 将市委市政府机关事务管理局调整为部门管理机构，隶属市政府办公厅管理。

13. 将市物价局调整为部门管理机构，隶属市发展和改革委员会管理。

14. 将市人民政府法制办公室调整为市政府办公厅内设机构。

市政府不再分组成部门和直属机构，统称为政府工作部门，均为正处级，内设机构原则上为正科级。

经过上述调整，市政府工作部门为 32 个，部门管理机构 2 个。具体为：

1. 工作部门：政府办公厅、发展和改革委员会、监察局（与市纪律检查委员会机关合署办公，列入政府机构序列，不计入政府机构个数）、经济和信息化委员会（挂国有资产监督管理委员会牌子）、教育局、科学技术局、民政局、财政局、人力资源和社会保障局、国土资源局、住房保障和城乡建设管理局、交通运输局、水务局、农业委员会（挂市委农村工作委员会牌子）、林业局、商务局、文化广电新闻出版局、卫生局、人口和计划生育委员会、审计局、环境保护局、安全生产监督管理局、体育局、统计局、旅游局、民族宗教事务局、粮食局、外事侨务办公室、人民防空委员会办公室、公安局、司法局、食品药品监督管理局、文物局。

2. 部门管理机构：物价局、市委市政府机关事务管理局。

（五）严格控制人员编制和领导职数

严格执行机构编制审批程序，按规定核定部门和内设机构的领导职数，确保行政编制不突破机构改革前的总量。加强对机构编制规定执行情况的监督检查，对违反规定的要认真查处、限期纠正。同时，建立和完善机构编制考核、责任追究制度，全面推行机构编制实名制管理。

新组建和调整设置的行政机构，按“编制随职能走、人员随编制走”的原则进行人员编制划转。

**三、组织实施**

1. 加强领导，精心组织。市政府机构改革工作在市委、市政府的领导下进行，具体工作由市编委负责，市编办承办实施。市纪检、组织、人事、财政、审计等部门要紧密配合，认真履行有关职能，确保机构改革顺利进行。

2. 妥善处理改革发展稳定的关系。认真做好政府职能的衔接和协调工作，抓好改革变动部门的“三定”工作和其他部门“三定”内容的重新修订和完善，切实理顺部门职能分工，明确部门责任，确保权责一致。重视研究和解决改革进程中出现的新情况和新问题，加强思想政治工作，妥善安置有关人员，做到机构改革中工作不断、秩序不乱，保持社会和谐稳定。正确引导舆论宣传，积极争取各方面支持，为政府机构改革顺利推进营造良好氛围。

3. 严肃纪律，确保政府机构改革顺利进行。要严肃组织人事纪律、机构编制纪律和财经纪律，严禁借政府机构改革之机突击提干、突击进人、分钱分物，严防国有资产流失。

4. 时间要求：市政府机构改革工作于2009年下半年基本完成。

# 中共运城市委<br>运城市人民政府<br>关于深化文化体制改革的实施意见

(2009年11月13日)

为了加快推进文化体制改革，实施文化强市战略，促进全市文化事业和文化产业大发展大繁荣，根据中共中央、国务院《关于深化文化体制改革的若干意见》(中发[2005]14号）和山西省委、省政府《关于深化文化体制改革的实施意见》(晋发[2009]24号)、山西省委办公厅关于《转发 < 关于在各市县建立文化市场综合执法机构的实施意见 > 的通知》(晋办发[2009]24号)、山西省人民政府办公厅《关于印发山西省文化产业发展规划纲要（2009-2015年）的通知》(晋政办发[2009]81号）和《关于印发贯彻落实国办发[2008]114号文件的补充规定的通知》(晋政办发[2009]83号）文件精神，结合我市实际，制定本实施意见。

**一、深化文化体制改革的重要意义、指导思想和基本原则**

（一）重要意义。深化文化体制改革，是贯彻落实党的十七大精神，深入贯彻落实科学发展观，促进文化与经济、政治、社会协调发展的必然要求；是解放和发展文化生产力，推动社会主义文化大发展大繁荣的必由之路；是满足人民群众日益增长的精神文化需求全面建设小康社会的客观需要；也是落实省委、省政府实施转型发展、安全发展、和谐发展的要求，建设文化强市，打造具有华夏根祖文化特色的文化产业基地的重要举措。近年来，各级党委和政府在深化文化体制改革方面，积极探索，勇于创新，为推动文化强市战略、繁荣文化事业、发展文化产业做出了积极的努力。但是，我市文化体制改革任务仍然十分艰巨，影响和制约文化生产力发展的深层次矛盾和问题依然存在。各级党委和政府要从巩固马克思主义在意识形态领域指导地位的高度，从贯彻落实党的十七大精神、学习实践科学发展观的高度，从实现省委省政府提出的转型发展、安全发展、和谐发展的高度，充分认识文化体制改革的重要性和紧迫性，把思想认识统一到中央和省委关于深化文化体制改革的部署要求上来，把力量凝聚到推动文化体制改革的实际行动上来，切实把文化体制改革列入重要议事日程，深化改革，促进发展，努力开创全市文化体制改革新局面，为推动文化事业大繁荣、文化产业大发展注入强大动力。

（二）指导思想。以邓小平理论和“三个代表”重要思想为指导，深入贯彻落实科学发展观，围绕中心、服务大局，牢牢把握先进文化的前进方向，遵循社会主义文化建设的特点和规律，适应市场经济发展的要求，全面推进体制机制创新，解放和发展文化生产力，调动广大文化工作者的积极性和创造性，大力繁荣社会主义文化事业，发展文化产业。

（三）基本原则。深化文化体制改革，要坚持解放思想，勇于实践，大胆创新，把发展作为改革的立足点，把社会效益放在首位，努力实现社会效益与经济效益的统一；坚持以人为本，切实维护文化工作者权益，充分调动他们支持、参与改革的积极性；坚持一切从实际出发，分类指导、区别对待，循序渐进、逐步推进，积极稳妥地搞好改革。

## 二、深化文化体制改革的主要任务

（一）建立文化产业综合协调部门。市县两级党委宣传部设立专门的文化产业管理机构，具体负责对全市文化产业的发展进行宏观管理，加快文化产业发展，推动文化强市建设。

（二）组建文化广电新闻出版局。认真落实中央和省关于深化行政管理体制改革的意见，按照职能分开、机构分设、财务分离及强化政策调节、市场监管、社会管理和公共服务职能的要求，实现从办文化向管文化转变，以管理直属单位为主向管理社会公共文化转变。重点推进市县两级的文化新闻出版管理局、广播电视局实行机构合并、职能合并，统一组建新的文化广电新闻出版局。市文化广电新闻出版局，挂版权局牌子，将市文化新闻出版管理局的职责、市广播电视局的职责进行整合，划入市文化广电新闻出版局，不再保留市文化新闻出版管理局、市广播电视局。市县两级文化广电新闻出版局成立后，要按照政事分开、管办分离的要求，将广播电视台设为独立的事业单位。

（三）建立文化市场综合执法机构。按照山西省委办公厅关于《转发<关于在各市县建立文化市场综合执法机构的实施意见》（晋办[2009]24号）的要求，市县两级要对现有的文化、广播电视、新闻出版及“扫黄打非”等有关行政执法队伍进行调整归并，市组建文化市场行政执法大队，各县（市、区）组建文化市场行政执法队，实行统一执法。文化市场行政执法机构主要职能包括：查处演出和娱乐、网吧及互联网上网服务、电子游戏、美术品销售、文物经营等活动中的违法行为，查处违法安装和设置卫星电视广播地面接收设施、违法接收和传送境外卫星电视节目和走私盗版影片放映行为，查处图书、报纸、期刊、音像制品、电子出版、网络出版、计算机软件等方面的违法违规出版活动和印刷、复制、出版物发行中的违法经营活动，查处盗版侵权行为，承担“扫黄打非”有关工作任务等。各级文化市场行政执法机构为文化广电新闻出版局直属事业单位，人员参照公务员管理。

（四）加快推进广播电视节目制播分离改革。市县两级广播电视台的文艺、科教、体育类节目以及影视剧的制作与销售，可以吸收社会资本组建节目制作公司，引入市场机制，丰富节目资源，降低节目成本，提高节目质量，为发展壮大宣传主业服务。广播电视台的新闻及新闻类、社会访谈、调查类节目的策划、采编、制作、审查、播出等环节，均由广播电视台自行承担，不得委托或外包。市广播电视台要按照制播分离的改革要求，一方面要保留新闻及新闻类、社会访谈、调查类等公益性质的事业体制不变，不断完善其内部采、编、播运行体制改革，另一方面要将广告、网络等具有经营属性的业务进行整合，进一步探索组建市广电传媒产业集团。

（五）切实抓好党报经营体制改革。运城日报社要按照宣传业务与经营业务分开的原则，保留宣传业务部分的事业属性，将所属广告、印刷、发行等经营性业务剥离出来，组建经营性质的实体公司，转制为企业，进行市场化运作。

（六）稳步推进艺术表演团体转企改制。要按照艺术水平不降、地方特色突出和有利于出人才、出成果、出效益的思路，尽快制定全市艺术表演团体改革实施方案，整合资源，调整布局，优化结构，提高效益，逐步完成转企改制任务。转制后，政府要保持投入不变并逐步加大，不断改善艺术表演公司基础设施和设备，提升创作生产实力和市场竞争力。

（七）推动国有电影发行、放映单位转企改制。市县两级电影公司要在前段改革的基础上，制定切实可行的实施方案，积极推动电影公司整体转制为企业。同时要支持和引导社会资本、非公有资本参与电影发行、放映，建设、改造影院和组建院线。

（八）积极探索非时政类报纸出版单位和新闻网站转企改制工作。根据国家关于确定时政类报刊出版单位的指导原则和基本标准，按照转企改制与以资本业务为纽带整合资源同步推进的总体思路，推动我市非时政类报纸出版单位转企改制。各类经营性质的新闻门户网站，要逐步与主管部门剥离，转为企业。

（九）加快推进公益性文化事业单位的运行机制创新。各级公益性文化事业单位要根据省、市关于事业单位改革的总体安排，进一步转换内部机制；强化公益属性，整合文化资源，完善法人治理结构，加强政府监管，特别要推进以聘用制度和岗位管理制度为主要内容的人事管理制度，形成合同用人、公平竞争、绩效评价、分配激励、人员退出和监督管理等新机制，实现固定用人向合同用人的转变，身份管理向岗位管理的转变。

**三、深化文化体制改革的政策保障**

（一）关于社会保障和人员分流安置。认真执行国务院办公厅印发的《文化体制改革中经营性文化事业单位转制为企业和支持文化企业发展两个规定》(国办发[2008]114号）和省政府办公厅《关于印发贯彻落实国办发[2008]114号文件的补充规定的通知》(晋政办[2009]83号）精神，有关职能部门要结合实际，尽快研究制定转制单位人员分流安置和社会保障具体扶持配套政策，解决好转制过程中人员分流及社会保障问题，保证全市文化体制改革顺利进行。

（二）关于改革中国有文化资产的处置和管理。经营性文化事业单位转制为企业，要认真做好资产清查、资产评估等基础性工作，严格执行国务院办公厅《关于印发文化体制改革中经营性文化事业单位转制为企业和和支持企业发展两个规定的通知》(国办发[2008]114号）和省政府办公厅《关于印发贯彻落实国办发[2008]114号文件的补充规定的通知》(晋政办发[2009]83号）有关规定，理顺国有文化资产管理体制，探索制定国有文化资产监管实施细则和绩效考评办法，并逐步调整、完善和规范。

（三）关于土地政策。对列为市重点建设的文化产业项目，国土资源管理部门要在土地安排方面予以优先解决。鼓励盘活存量土地资源，经营性文化事业单位转制为企业后，其使用的原划拨土地用途符合《划拨用地目录》的，仍可以划拨方式使用；不符合《划拨用地目录》的，报省以上国土资源管理部门批准，可以作价出资（入股）等方式处置。作价出资（入股）形成的国有股权，由有资格的国有股权持股单位统一持有。

（四）关于奖励优惠政策。各级要积极鼓励、支持经营性文化事业单位转企改制，对提前完成转企改制任务的单位，要在资金投入、资源配置、评奖评优等方面给予重点扶持。各级税务、工商部门要大力支持文化体制改革和文化产业发展，认真贯彻落实国家和省、市有关优惠政策。

（五）关于公益性文化事业的发展和投入。各级政府兴办的图书馆、博物馆、文化馆（站）、科技馆、群众艺术馆、艺术类学校等为群众提供公共文化服务的公益性文化事业单位，以政府投入为主，不得企业化或变相企业化，不得以拍卖、租赁等形式改变其文化设施的用途。各级党报、广播电视台，继续执行全额事业工资和事业体制，由政府重点扶持。各级政府要把公共文化服务体系建设纳入经济社会发展总体规划，对公益性文化事业投入增长不低于同级财政收入增长幅度，采取建立基金、项目补贴、定向资助、贷款贴息以及政府采购文化服务等办法，不断提高财政资金使用效益。财政新增文化事业经费和固定资产投资增量主要用于农村。大力实施广播电视村村通工程、文化信息资源共享工程、乡（镇）文化站建设工程、农村电影放映工程、农家书屋等重点文化工程，加强公共文化设施的建设和管理，最大限度地发挥公益性文化事业的社会效益。完善鼓励企业、个人捐助公益性文化事业的各项政策，吸纳更多社会资金以多种方式投入文化公益事业。

（六）关于市级文化产业发展专项资金。市级财政要以市政府《关于支持促进文化产业发展的决定》(运发[2007]36号）所规定的拨付数为基数，每年随财力增长有所递增，建立市级文化产业发展专项资金，同时采取贷款贴息、项目补助、奖励等多种方式，积极支持文化产业发展。各县（市、区）财政也要建立文化产业发展专项资金，并制定相应的使用和管理办法。市发展和改革委员会会同相关部门，积极申报文化事业和文化产业项目，争取国家和省更多的资金支持重大文化事业、文化产业项目和文化产业园区的建设。要加快建立运城市文化产业投资基金，作为我市文化领域的战略投资者，对重点领域的文化企业进行股权投资，推动我市骨干文化企业健康发展，切实提升我市文化产业的整体实力。

（七）关于文化产业投融资渠道。认真贯彻落实国务院《关于非公有资本进入文化产业的若干规定》(国发[2005]10号）和文化部等五部委印发的《关于文化领域引进外资的若干规定》（文办发[2005]19号）以及省政府有关文件精神，鼓励和支持非公有资本以多种形式进入政策许可的文化产业领域。制定《运城市社会资本投资文化产业指导目录》，引导民间资本从传统产业进入文化产业。鼓励企业、团体、个人组建各类文化产业投资公司、文化发展基金或中小企业担保基金（公司）。引导支持符合条件的文化企业进入资本市场，发行债券，申请上市或借“壳”上市。鼓励社会资本投资文化设施建设和经营，参与文化产业园区和特色街区开发建设。

（八）关于培育现代文化市场体系。制定相关政策措施，推动资本、人才、技术、品牌、著作权等要素市场建设。通过政策引导和扶持，大力发展市场中介机构和行业组织，为各类文化单位提供专业化社会服务。严格执行制版印刷、广播、影视、文化娱乐业的市场准入和退出机制，文化单位和文化产品的审查和许可制度，文化从业人员的准入进入、资格认定、考核录用、持证上岗等制度。规范文化市场建设和监管，形成依法经营、诚实守信的市场秩序，为全市文化体制改革和文化产业发展创造良好市场环境。

**四、加强对深化文化体制改革的组织领导。**

文化体制改革涉及面广、政策性强、工作难度大。各级党委、政府要切实加强领导，始终掌握对重大事项的决策权、对资产配置的控制权、对宣传内容的终审权、对领导干部的任免权，形成“党委统一领导、政府组织实施、党委宣传部门协调指导、行政主管部门具体落实、有关部门密切配合”的工作格局。市、县（市、区）要成立常设的文化体制改革和文化产业发展领导组，统一指导，协调有关工作。领导组由组织、宣传、文化、财政、发改、编制、商务、工商、税务、人力资源和社会保障等相关部门组成；正、副组长由党委、政府负责同志担任；办公室设在党委宣传部。各级各部门要按照中央和省、市关于深化文化体制改革的安排部署，加强组织领导，明确改革任务，扎实稳妥地推进改革，注重协调，加强督查，耐心细致地做好思想政治工作，认真解决改革过程中出现的各种问题，确保社会大局稳定；加强对文化体制改革理论和实践问题的调查研究，认真总结先行单位的成功做法，推动全市文化体制改革深入进行。

各县（市、区）和市直宣传文化系统各单位要根据本方案，结合实际制定具体改革实施细则。重大改革措施和政策调整要按规定报批，重大情况及时请示报告。

（责任编辑：杨春英）

# 索　引

**说　明**

1.本索引采用主题分析索引方法，按汉语拼音字母（同音字按声调）顺序排列。

2.主题名称后的数字表示内容所在的页码，数字后的字母(a、b、c)表示该页自左至右的栏别。

3.文献、大事记、附录、彩图等不作索引。

## 2010

### A



### B



### C

## D



## F

## G

## H



## J

## K



## L

P



Q



R



S

## X



## Y

（责任编辑：武建华　石少青　张武虹　杨春英）